한국세무사회 주관 국가공인자격시험

전산 세무

이론 + 실무 + 기출문제

한권으로 끝내기 **2급**

Always **with you**

사람이 길에서 우연하게 만나거나 함께 살아가는 것만이 인연은 아니라고 생각합니다.
책을 펴내는 출판사와 그 책을 읽는 독자의 만남도 소중한 인연입니다.
SD에듀는 항상 독자의 마음을 헤아리기 위해 노력하고 있습니다.
늘 독자와 함께하겠습니다.

머리말

전산세무 2급 자격시험 특징

전산세무회계 자격시험은 전산세무회계 실무처리능력을 보유한 전문 인력을 양성할 수 있도록 하기 위하여 조세의 최고전문가인 1만여 명 세무사로 구성된 한국세무사회가 엄격하고 공정하게 자격시험을 실시하여 그 능력을 등급으로 부여하는 시험입니다.

전산세무 2급 자격시험은 제조기업에서 필요로 하는 회계 및 세무실무자의 능력을 평가합니다. 시험에 출제되는 과목은 총 4과목으로 제조원가의 프로세스 이해를 토대로 한 원가회계, 중급수준 이상의 재무회계, 이윤창출 과정에서 빠질 수 없는 부가가치세 그리고 근로소득자의 소득을 중심으로 하는 연말정산이 시험에 출제됩니다.

전산세무 2급 자격시험은 「일반기업회계준」을 적용한 회계이론과 「KcLep(케이렙) 프로그램」을 활용한 실무수행으로 진행됩니다. 회차가 거듭되면서 자격시험이 어려워지고 있으며 부가가치세와 소득세는 매년 개정되는 세법을 정확히 반영하여야 하므로 회계이론과 세법 적용을 정확히 숙지하여 시험을 대비해야 합니다.

본 교재 특징

Ⅰ 이론 학습은 각 단원별로 빈출 분개연습 및 빈출 객관식문제를 통해 시험을 대비할 수 있도록 하였습니다. 교재에 수록된 빈출문제는 최근 10년간 출제되었던 기출문제 중에서 선별하여 구성하였습니다.

Ⅱ 실무 학습은 프로그램을 활용하는 능력이 중요합니다. 따라서 답안을 확인하는 과정에서 괴리감이 느껴지지 않도록 실제 프로그램에 입력된 화면을 답안으로 구현하려고 노력하였습니다. 이에 따라 실무수행 결과에 대한 피드백을 보다 명확하게 확인할 수 있습니다.

Ⅲ 2022년 개정세법 및 2022년도부터 변경된 평가범위에 맞추어 새롭게 출제되는 전자신고(부가가치세, 원천징수) 실무수행을 하는데 있어 어려움이 없도록 해당 부분을 교재에 자세히 수록하였습니다.

Ⅳ 최신기출문제 8회분과 기출특선 1회분(59회~88회 기출문제 26선)을 추가하여 총 9회분 기출문제풀이를 통해 시험대비를 충분히 할 수 있도록 하였습니다.

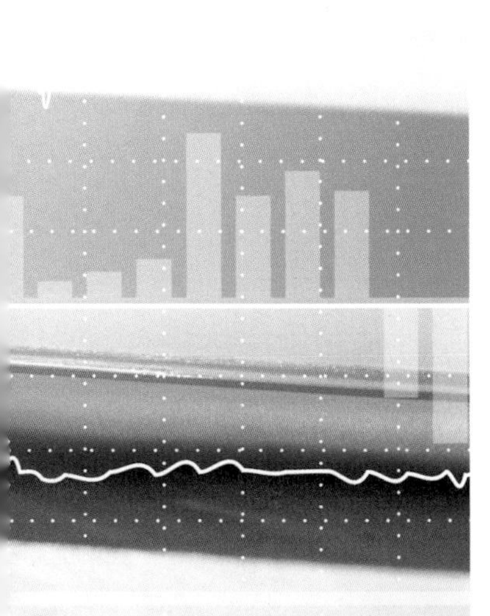

본 교재를 출간하는데 도움을 주신 SD에듀 출판관계자분들과 그 외 도움주신 분들께 감사드립니다. 본 교재가 자격증 취득이 필요한 분들에게 합격의 길을 제시해줄 수 있는 가이드가 되길 바랍니다. 감사합니다.

with G. **박명희** 저자

자격시험 안내

개 요

전문대학 졸업수준의 재무회계와 원가회계, 세무회계(소득세, 부가가치세)에 관한 지식을 갖추고, 기업체의 세무회계 책임자로서 전산세무회계프로그램을 활용한 세무회계 전반의 실무처리 업무를 수행할 수 있는지에 대한 능력을 평가함

시험정보

시험구분	국가공인 민간자격증
응시자격	제한 없음(단, 부정행위자는 해당 시험에 2년간 응시할 수 없음)
시험시간	90분(이론시험 및 실무시험 동시시행)
접수방법	한국세무사회 국가공인자격시험 사이트(license.kacpta.or.kr)에서 접수
주의사항	• 시험 당일 유효신분증 미소지자는 시험에 응시할 수 없음 • 원서접수는 해당 접수기간 마지막 날 18시까지만 가능
응시료	25,000원

※ 자세한 사항은 한국세무사회 국가공인자격시험 사이트(license.kacpta.or.kr)에서 확인하여 주십시오.

검정방법 및 합격기준

종목 및 등급	시험구성	평가방법	합격기준
전산세무 2급	이론시험 30%	객관식 4지선다형 문제	100점 만점에 70점 이상
	실무시험 70%	KcLep 프로그램 이용	

2022년 시험일정

회 차	원서접수	시험일	합격자 발표
제100회	01.05 ~ 01.11	02.13	03.03
제101회	03.10 ~ 03.16	04.10	04.27
제102회	05.03 ~ 05.09	06.04	06.23
제103회	07.06 ~ 07.12	08.06	08.25
제104회	08.31 ~ 09.06	10.02	10.20
제105회	11.02 ~ 11.08	12.03	12.22

※ 시험일정은 주관처의 사정에 따라 변경될 수 있사오니 자세한 사항은 한국세무사회 국가공인자격시험 사이트(license.kacpta.or.kr)에서 확인하여 주십시오.

평가범위

구 분		평가범위
이 론 (30%)	재무회계 (10%)	1. 회계의 이론적 기초
		2. 당좌자산
		3. 재고자산
		4. 유형자산
		5. 무형자산
		6. 유가증권과 투자유가증권
		7. 부 채
		8. 자 본
		9. 수익과 비용
		10. 회계변경과 오류수정
	원가회계 (10%)	1. 원가의 개념
		2. 요소별 원가계산
		3. 부문별 원가계산
		4. 개별원가계산
		5. 종합원가계산
	세무회계 (10%)	1. 부가가치세법
		2. 소득세법
실 무 (70%)	재무회계 및 원가회계 (35%)	1. 초기이월
		2. 일반전표입력
		3. 입력자료의 검토 · 수정
		4. 결산자료의 입력
		5. 입력자료 및 제장부의 조회
	부가가치세 (20%)	1. 매입 · 매출거래 자료의 입력
		2. 부가가치세 신고서의 작성 및 전자신고
	원천제세 (15%)	1. 사원등록 및 급여자료 입력
		2. 근로소득의 원천징수와 연말정산 기초 및 전자신고

시험장소

서울, 부산, 대구, 광주, 대전, 인천, 울산, 강릉, 원주, 춘천, 안양, 안산, 수원, 평택, 성남, 고양, 의정부, 청주, 충주, 천안, 당진, 구미, 포항, 안동, 창원, 진주, 김해, 전주, 순천, 여수, 익산, 제주 등

ANALYSIS

출제경향 분석

이론시험

객관식 15문항은 재무회계 5문항, 원가회계 5문항, 부가가치세 3문항, 소득세 2문항으로 매회 거의 동일한 문항으로 출제되고 있습니다. 최근 4~5년간(총 25회) 기출문제를 분석한 결과 과목별, 챕터별 출제비중은 아래와 같습니다.

한 회에 출제되는 문제의 분포도이며 매회 빈출되는 문제(예를 들어 원가회계 5문항 중에서 원가개념 관련 문제는 매회 1문제 이상 출제되고 있음을 의미)는 반드시 학습해둘 필요가 있습니다. 그렇다하여도 출제빈도가 낮은 문제(예를 들어 회계변경)라고 하여 학습에 소홀히 해서는 안 된다는 점도 말씀드립니다.

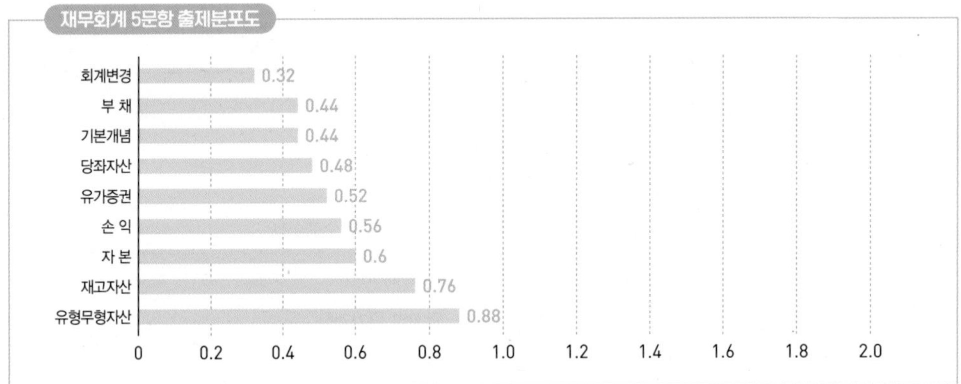

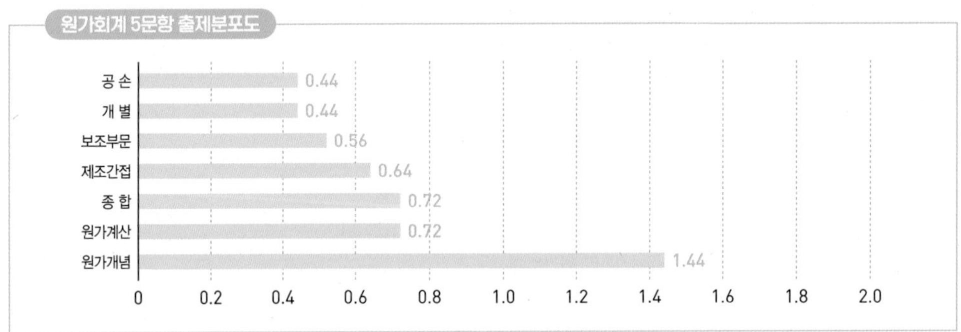

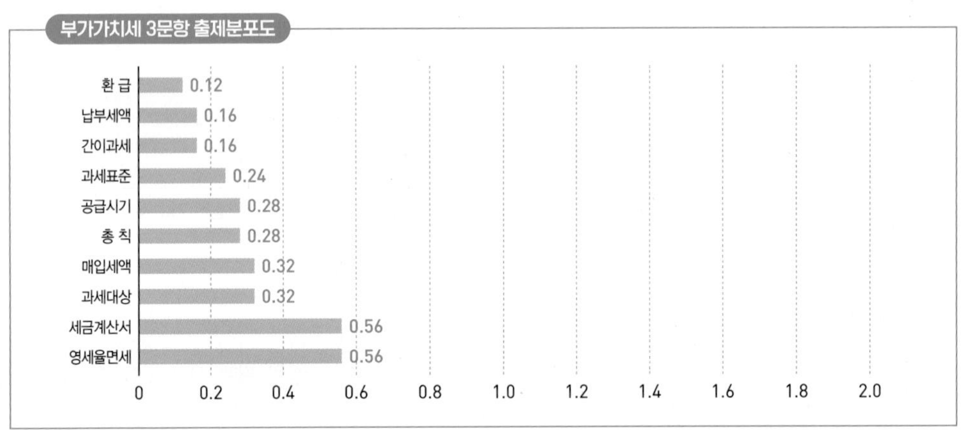

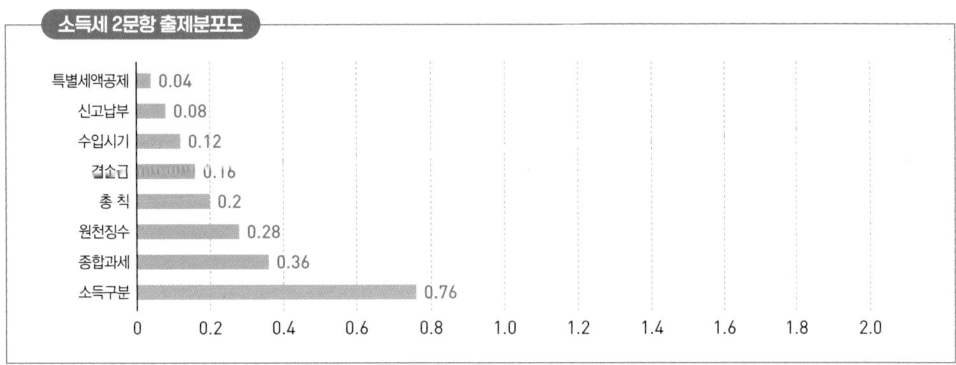

실무시험

실무시험문제는 이론형 객관식문제와 달리 KcLep 회계프로그램을 활용하여 입력하거나 조회하는 수행능력 시험입니다. 실무시험은 이론 학습이 탄탄해야만 프로그램 활용이 가능합니다. 따라서 이론 학습이 충분히 된 상태에서 전표입력 및 부가세 신고서 작성과 연말정산자료입력 등의 실무수행을 반복하여 학습하시기를 바랍니다.

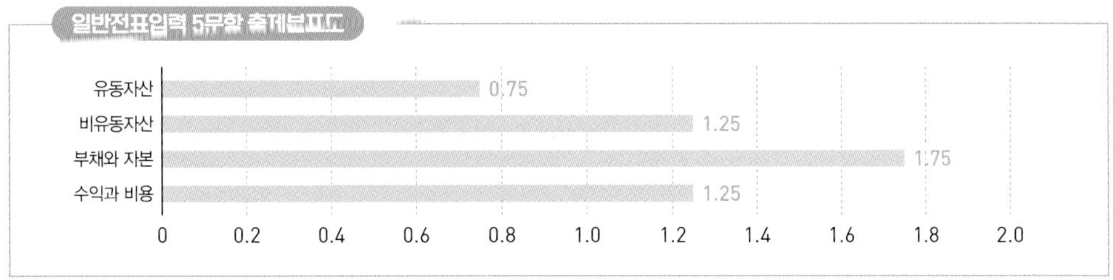

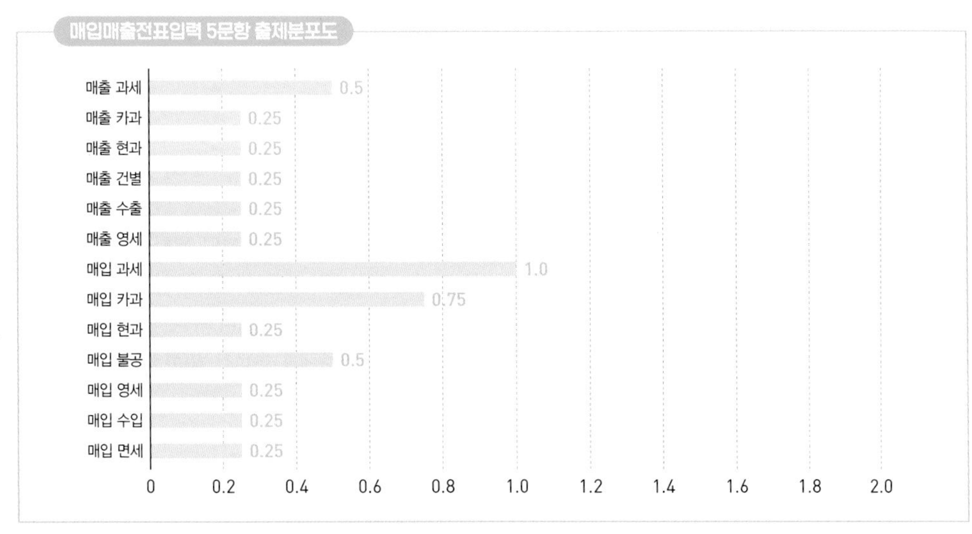

출제경향 분석

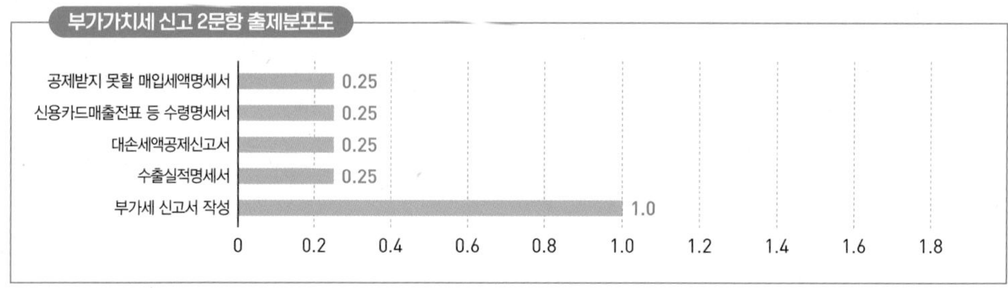

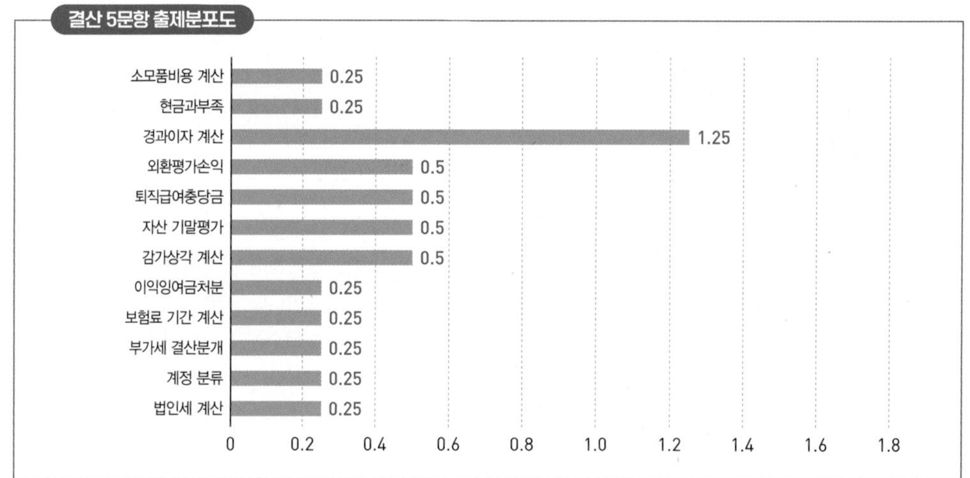

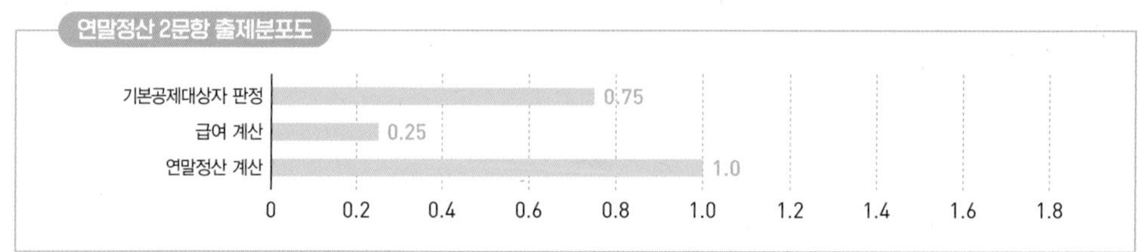

최근 기출문제 출제 추이

2022년도에 새롭게 출제되는 전산세무 2급 자격시험문제 중 하나는 부가세신고와 원천징수이행상황신고를 홈택스에서 전자신고하는 실무수행입니다. 최근 기업현장에서 대부분의 세금신고를 전자신고하는 추세이므로 이를 자격시험에 반영한 것으로 보입니다. 또한 사채 이자상각에 대한 회계처리나 유형자산의 공정가치 재평가모형 회계처리 등 재무회계 중심의 과목별 회계처리를 심도있게 학습해둘 필요가 있습니다.

STRUCTURES

이 책의 구성과 특징

빈출 분개연습

제2절 재무상태표(유형자산) 정답 및 해설 : p.10

01 공장부지로 사용할 토지를 다음과 같이 매입하였다. 그 중 토지취득 관련세액과 중개수수료는 현금으로 납부하고, 토지매입대금은 보통예금에서 이체하였다.

- 토 지 : 50,000,000원
- 취득세와 농어촌특별세 : 1,100,000원
- 등록세 및 교육세 : 1,200,000원
- 취득에 관련된 중개수수료 : 300,000원

(차) (대)

02 신축공장건물에 대한 소유권 보존 등기비용으로서 취득세 및 등록세 합계 2,000,000원이 보통예금에서 인출되다.

적중률 높은 단원별 빈출문제

최근 10년간 출제되었던 기출문제 중 중요도를 고려하여 엄선한 문제를 단원별 이론 학습 뒤에 수록하여 복습과 이해도 점검을 동시에 하고 출제유형에 자연스레 익숙해질 수 있도록 하였습니다.

개정세법 및 변경된 평가범위 반영

2022년 개정세법 및 2022년도부터 변경된 평가범위에 맞추어 새롭게 출제되는 전자신고(부가가치세, 원천징수) 실무수행을 하는데 있어 어려움이 없도록 해당 부분을 교재에 자세히 수록하였습니다.

03 부가가치세 전자신고

2022년 4월 자격시험부터 부가가치세 전자신고 기능을 프로그램에 추가하여 출제한다. 아래의 예제를 통하여 전자신고 실무수행을 숙지한다. 부가세 신고서 전자신고를 하기 위해서는 부속신고서인 세금계산서합계표 등을 먼저 마감한 뒤 수행해야 한다.

(마감 순서)

부속신고서(세금계산서합계표 등) 마감 → 부가세 신고서 마감 → 전자신고 실무수행

(주)시대사랑 (회사코드 : 5014) ✓ 회사변경 후 실무수행 연습하기

작성예제

부가가치세 1기 확정신고서(4월 ~ 6월)를 작성하고 마감하여 가상홈택스에서 부가가치세 전자신고를 수행하시오. 전자신고용 전자파일 제작 시 신고인 구분은 2.납세자 자진신고로 선택하고, 비밀번호는 '12345678'로 입력한다.

작성방법

기출문제편

최신기출문제 8회 + 기출특선 26문제 제공

최신출제경향이 반영된 최신 기출문제 8회분을 수록하여 실제 시험을 대비하기에 충분하도록 구성하였으며 과년도 기출 중 실무 26문제를 엄선하여 다양한 기출유형에 모두 대응할 수 있도록 구성하였습니다.

CONTENTS

이 책의 차례

이 책의 차례

※ 2022년 5월 기준 세법을 적용한 도서입니다.

전산세무 2급 한권으로 끝내기

이론편

■ 이론편 출제비중 ■

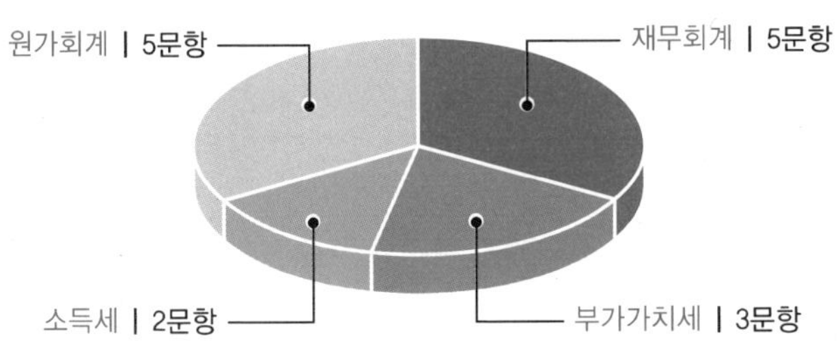

※ 최근 4~5년간 기출문제를 분석한 통계값입니다.

재무회계 5문항
출제분포도

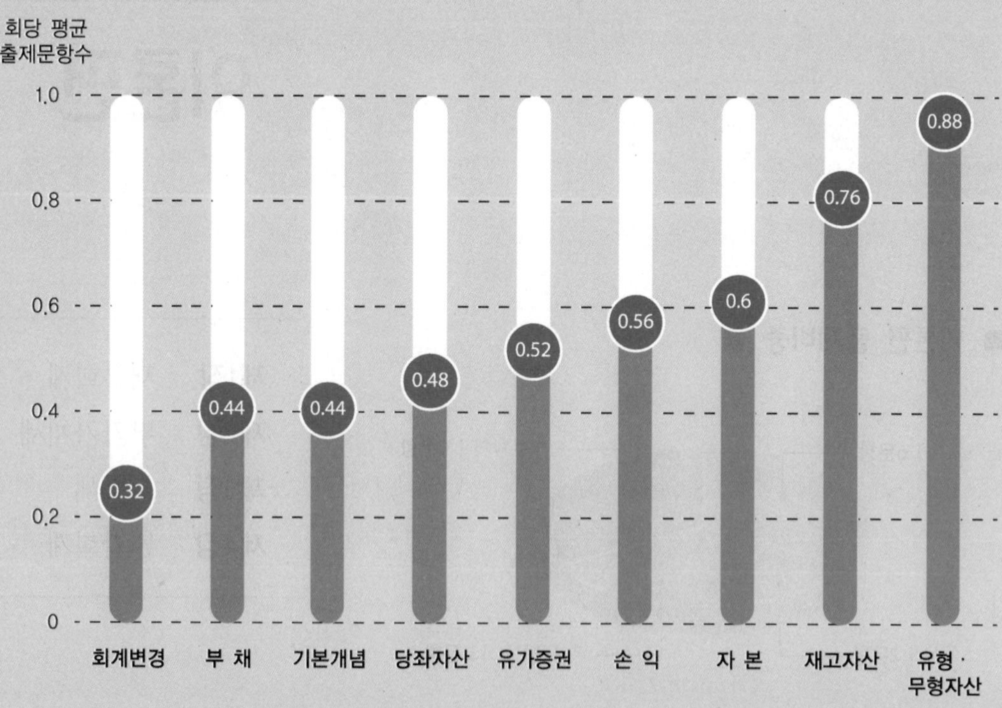

※ 최근 4~5년간 기출문제를 분석한 통계값입니다.

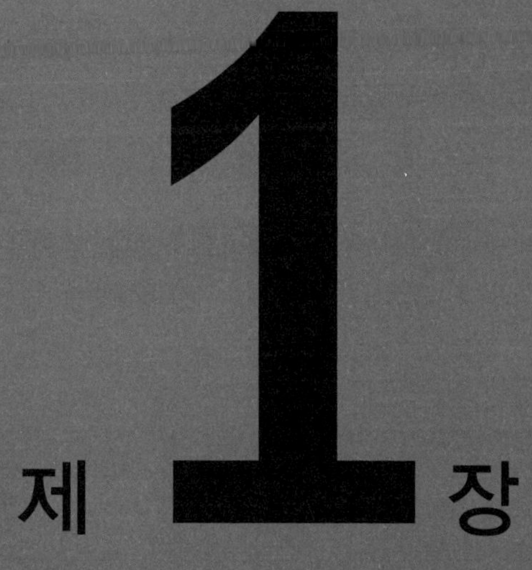

제 1 장

재무회계

재무회계 개념체계

01 기본개념

1. 회계의 정의

회계(accounting)란 정보이용자들이 경제적인 의사결정을 할 수 있도록 기업실체에 관한 재무적 정보를 식별 및 측정하여 보고하는 과정을 말한다.

2. 회계의 분류

구 분	재무회계	관리회계	세무회계
목 적	외부정보이용자에게 유용한 정보 제공	내부정보이용자에게 유용한 정보 제공	세금 신고납부
정보이용자	투자자, 채권자 등 외부정보이용자	경영자, 관리자 등 내부정보이용자	과세당국
작성원칙	회계기준 있음	–	관련 세법
보고양식	재무제표	–	세무신고서
보고시점	1년(반기, 분기)	수시(일별, 월별, 분기별 등)	신고납부기한
특 징	과거정보의 보고 (과거지향적)	미래와 관련된 정보 위주 (미래지향적)	과세당국에 세금신고납부 의무(세법적용)

3. 재무보고

(1) 재무보고 수단

재무보고의 가장 핵심적인 수단은 '재무제표'이다. 재무보고는 외부의 다양한 정보이용자의 경제적 의사결정을 위해 경영자가 기업실체의 경제적 자원과 의무, 경영성과, 현금흐름, 자본변동 등에 관한 재무정보를 제공하는 것을 말한다.

(2) 재무보고 목적

- 투자 및 신용의사결정에 유용한 정보의 제공
- 미래 현금흐름 예측에 유용한 정보의 제공
- 재무상태, 경영성과, 현금흐름 및 자본변동에 관한 정보의 제공
- 경영자의 수탁책임 평가에 유용한 정보의 제공

(3) 재무보고 작성책임

경영자는 기업실체 외부정보이용자에게 재무제표를 작성하고 보고할 일차적인 책임을 진다. 경영자는 회계기준에 근거하여 적정한 재무제표를 작성하여야 한다.

4. 질적특성

재무보고의 목적이 달성되기 위해서는 재무제표에 의해 제공되는 재무정보가 정보이용자들의 의사결정에 유용하여야 한다. 재무정보의 질적특성이란 재무정보가 유용하기 위해 갖추어야 할 주요 속성을 말하며, 재무정보의 유용성의 판단기준이 된다. 재무정보가 갖추어야 할 가장 중요한 질적특성은 목적적합성과 신뢰성이다. 단, 질적특성은 회계기준에 우선하지 않는다.

(1) 목적적합성

예측가치	정보이용자가 기업실체의 미래 재무상태, 경영성과, 순현금흐름 등을 예측하는데 그 정보가 활용될 수 있는 능력을 의미한다.
피드백가치	정보이용자에게 제공되는 재무정보가 기업실체의 재무상태, 경영성과, 순현금흐름, 자본변동 등에 대한 정보이용자의 당초 기대치(예측치)를 확인 또는 수정되게 함으로써 의사결정에 영향을 미칠 수 있는 능력을 말한다.
적시성	재무정보가 정보이용자에게 유용하기 위해서는 그 정보가 의사결정에 반영될 수 있도록 적시에 제공되어야 한다. 적시성 있는 정보가 반드시 목적적합성을 갖는 것은 아니나, 적시에 제공되지 않은 정보는 주어진 의사결정에 이용할 수 없으므로 목적적합성을 상실하게 된다.

(2) 신뢰성

표현의 충실성	재무제표상의 회계수치가 회계기간말 현재 기업실체가 보유하는 자산과 부채의 크기를 충실히 나타내야 하고, 또한 자본의 변동을 충실히 나타내고 있어야 함을 의미한다.
검증가능성	재무정보가 신뢰성을 갖기 위해서는 객관적으로 검증가능하여야 한다. 검증가능성이란 동일한 경제적 사건이나 거래에 대하여 동일한 측정방법을 적용할 경우 다수의 독립적인 측정자가 유사한 결론에 도달할 수 있어야 함을 의미한다.
중립성	재무정보가 신뢰성을 갖기 위해서는 편의 없이 중립적이어야 한다. 의도된 결과를 유도할 목적으로 회계기준을 제정하거나 재무제표에 특정 정보를 표시함으로써 정보이용자의 의사결정이나 판단에 영향을 미친다면 그러한 재무정보는 중립적이라 할 수 없다.

(3) 이해가능성

이해가능성은 이용자가 정보를 쉽게 이해할 수 있어야 한다는 것으로, 정보를 명확하고 간결하게 분류, 표시하는 것은 정보를 이해가능하게 한다.

(4) 비교가능성

기업 간 비교가능성	상이한 기업들의 회계처리방법이 서로 유사할 때 재무정보의 비교가능성이 제고된다.
기간별 비교가능성	동일 기업이 동일 종류의 회계사건에 대해서 계속 같은 회계처리방법을 사용하여야 한다.

(5) 질적특성 간 절충의 필요

재무정보의 질적특성은 서로 절충이 필요할 수 있다. 예를 들어, 유형자산을 역사적원가로 평가하면 일반적으로 검증가능성이 높으므로 신뢰성은 제고되나 목적적합성(공정가치)은 저하될 수 있으며, 시장성 없는 유가증권에 대해 역사적원가를 적용하면 자산금액 측정치의 검증가능성은 높으나 유가증권의 실제 시장가치를 나타내지 못하여 표현의 충실성과 목적적합성이 저하될 수 있다. 이와 같이 질적특성 간의 절충의 필요는 목적적합성과 신뢰성 부분만이 아니라 주요 질적특성의 구성요소 간에도 발생할 수 있다.

구 분	목적적합성	신뢰성
자산 측정	재평가모형(공정가치)	원가모형(역사적원가)
손익 인식	발생주의	현금주의
수익 인식	진행기준	완성기준
재무 보고	중간 재무제표(반기, 분기)	연차 재무제표

5. 재무정보의 제약요인

(1) 포괄적 제약 (비용 < 효익)

재무보고를 통하여 제공되는 정보의 효익이 재무제표 등을 작성하는데 지출된 원가보다 커야 한다는 것이다. 다만 이러한 효익과 원가는 상당 부분 주관적인 판단이 개입될 수 있다.

(2) 인식의 제약 (중요성)

재무정보가 정보이용자의 의사결정에 영향을 미치는 정도로 목적적합성과 신뢰성을 갖춘 항목이라도 유용한 정보로서의 중요성이 떨어진다면 반드시 재무제표에 표시되는 것은 아니다. 중요성은 일반적으로 당해 항목의 성격과 금액의 크기에 의해 결정되지만 어떤 경우에는 금액의 크기와는 관계없이 정보의 성격 자체만으로도 중요한 정보가 될 수 있다.

6. 기본가정

기업실체의 가정	기업을 소유주와는 독립적으로 존재하는 회계단위로 간주하고 이 회계단위의 관점에서 그 경제활동에 대한 재무정보를 측정, 보고하는 것을 말한다. 일반적으로 개별 기업은 하나의 독립된 회계단위로서 재무제표를 작성하는 기업실체에 해당한다.
계속기업의 가정	기업실체는 그 목적과 의무를 이행하기에 충분할 정도로 장기간 존속한다고 가정하는 것을 말한다. 기업실체는 그 경영활동을 청산하거나 중대하게 축소시킬 의도가 없을 뿐 아니라 청산이 요구되는 상황도 없다고 가정한다.
기간별보고의 가정	기업실체의 존속기간을 일정한 기간 단위로 분할하여 각 기간별로 재무제표를 작성하는 것을 말한다. 즉, 기업실체의 존속기간을 일정한 회계기간 단위로 구분하고 각 회계기간에 대한 재무제표를 작성하여 기간별로 재무상태, 경영성과, 현금흐름 및 자본변동 등에 대한 정보를 제공하게 된다.

7. 발생주의

발생주의는 기업실체의 경제적 거래나 사건에 대해 관련된 수익과 비용을 그 현금유출입이 있는 기간이 아닌 당해 거래나 사건이 발생한 기간에 인식하는 것으로 현금주의와 상반된 개념의 회계를 말한다. 발생주의 회계는 현금거래뿐 아니라 외상거래, 재화 및 용역의 교환 또는 무상이전, 자산 및 부채의 가격변동 등과 같이 현금유출입을 수반하지 않는 거래나 사건 모두를 인식하는 것을 말한다.

8. 보수주의

보수주의란 어떤 거래나 경제적 사건에 대한 회계처리를 선택할 때 재무적 기초를 견고히 하는 관점에서 이익을 낮게 보고하는 방법을 선택하는 것을 말한다. 예를 들어 재고자산의 저가법에 의한 평가방법이 보수주의의 대표적인 사례라고 볼 수 있다.

02 재무제표

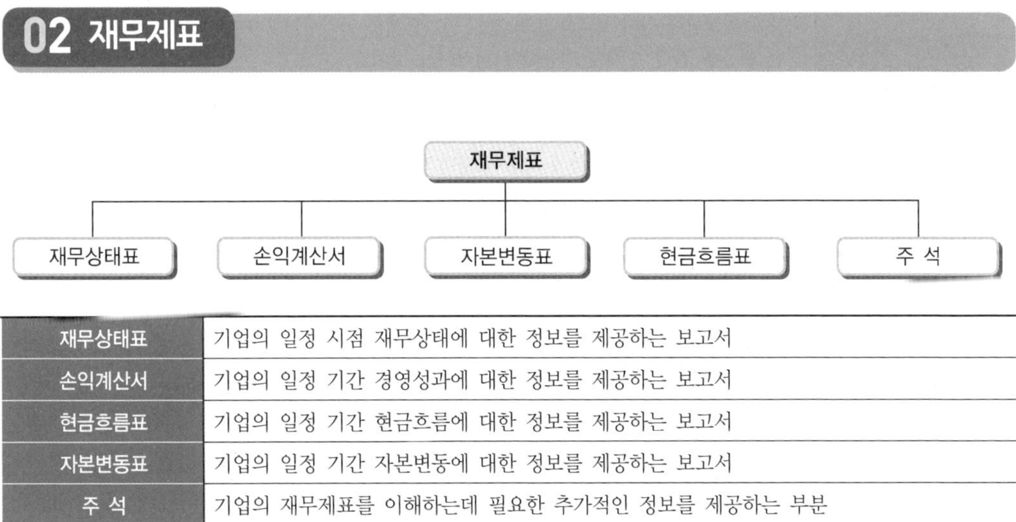

재무상태표	기업의 일정 시점 재무상태에 대한 정보를 제공하는 보고서
손익계산서	기업의 일정 기간 경영성과에 대한 정보를 제공하는 보고서
현금흐름표	기업의 일정 기간 현금흐름에 대한 정보를 제공하는 보고서
자본변동표	기업의 일정 기간 자본변동에 대한 정보를 제공하는 보고서
주 석	기업의 재무제표를 이해하는데 필요한 추가적인 정보를 제공하는 부분

1. 재무상태표

구분표시	재무상태표는 자산, 부채, 자본으로 구분한다. 자산은 유동자산 및 비유동자산으로, 부채는 유동부채와 비유동부채로, 자본은 자본금, 자본잉여금, 자본조정, 기타포괄손익누계액, 이익잉여금(또는 결손금)으로 각각 구분하여 표시한다.
총액주의	자산과 부채는 원칙적으로 상계하여 표시하지 않고 총액으로 표시한다. 다만, 기업이 채권과 채무를 상계할 수 있는 법적 구속력 있는 권리를 가지고 있고, 채권과 채무를 순액기준으로 결제하거나 채권과 채무를 동시에 결제할 의도가 있는 경우에는 상계하여 표시할 수 있다.
1년 기준	자산과 부채는 1년을 기준으로 유동자산 또는 비유동자산, 유동부채 또는 비유동부채로 구분하는 것을 원칙으로 한다. 다만, 재고자산, 매출채권 및 매입채무 등 운전자본과 관련된 항목들에 대하여는 1년을 초과하더라도 정상적인 영업주기 내에 실현 혹은 결제되리라 예상되는 부분에 대해서는 유동으로 분류한다.

유동성배열법	재무상태표에 기재하는 자산과 부채는 유동성이 큰 항목부터 배열하는 것을 원칙으로 한다.
잉여금 구분	자본은 자본잉여금과 이익잉여금은 구분하여 표시한다.
구분과 통합표시	중요한 항목은 재무제표의 본문이나 주석에 그 내용을 가장 잘 나타낼 수 있도록 구분하여 표시하고, 중요하지 않은 항목은 유사한 항목과 통합하여 표시할 수 있다.
미결산 표시금지	가지급금 또는 가수금 등의 미결산항목은 그 내용을 나타내는 적절한 과목으로 표시하고 자산 또는 부채항목으로 표시하지 않는다.

2. 손익계산서

발생주의	현금 수수에 관계없이 그 발생시점에 수익과 비용을 인식하는 기준을 말하므로 발생기준에 의하면 수익은 현금의 입금여부와 관계없이 발생될 때 인식하여 장부에 기록하고 비용은 현금의 출금여부와 관계없이 발생될 때 인식하여 장부에 기록한다.
실현주의	수익과 비용은 발생주의에 의해 인식하는 것이 대전제이며, 수익에 대해서는 구체적으로 실현주의를 채택하고 있다. 실현주의란 수익창출활동이 완료되거나 실질적으로 거의 완료되고 수익획득과정으로 인한 현금수입을 합리적으로 측정할 수 있을 때 수익을 인식하는 것이다.
수익비용대응의 원칙	비용을 인식함에 있어 성과와 노력 간의 인과관계를 연결시키고자 수익을 창출하기 위하여 발생한 비용을 관련 수익에 대응하여 인식하는 것이다.
총액주의	수익과 비용을 총액으로 기재하는 것을 원칙으로 하고 수익과 비용항목을 상계하지 않는다. 따라서 매출총이익을 보고하기 위해서는 매출액과 매출원가를 각각 총액으로 기재하고, 이자수익과 이자비용도 각각 총액에 의하여 영업외수익과 영업외비용으로 기재하여야 한다.
구분계산의 원칙	손익계산서 작성은 매출총손익, 영업손익, 법인세비용차감전계속사업손익, 중단사업손익, 당기순손익으로 구분하여 손익계산을 표시하여야 한다.

3. 현금흐름표

현금흐름표란 기업의 현금흐름을 나타내는 표로서 일정 기간 동안 현금의 변동내용을 명확하게 보고하기 위하여 당해 회계기간에 속하는 현금의 유입과 유출내용을 적정하게 표시하는 보고서이다. 현금흐름표의 '현금'은 재무상태표의 '현금및현금성자산'을 의미하며 현금흐름은 활동별로 영업활동, 투자활동, 재무활동으로 구분하여 작성한다. 현금흐름표는 재무제표 중 유일하게 발생기준이 아닌 현금기준에 의해 작성하는 유일한 재무제표이다.

① **직접법** : 영업활동 현금흐름 항목을 직접적으로 현금유입과 유출을 표시하는 방법

② **간접법** : 영업활동 현금흐름 항목을 당기순이익에서 관련 항목을 가감하여 표시하는 방법

4. 자본변동표

자본변동표는 일정 기간 동안 자본의 크기와 그 변동에 관한 정보를 제공하는 재무보고서이다. 재무상태표의 자본을 구성하고 있는 자본금, 자본잉여금, 자본조정, 기타포괄손익누계액, 이익잉여금의 변동에 대한 포괄적인 정보를 제공해 준다. 기업실체의 자본변동에 관한 정보는 일정 기간에 발생한 기업실체와 소유주(주주) 간의 거래 내용을 이해하고 소유주에게 귀속될 이익 및 배당가능이익을 파악하는데 유용하다.

5. 주 석

주석은 재무제표를 이해하는데 필요한 추가적인 정보를 기술한 것이다. 주석은 외부정보이용자에게 유용하고 의미 있는 재무정보를 제공하기 위해 작성되는 재무제표이다.

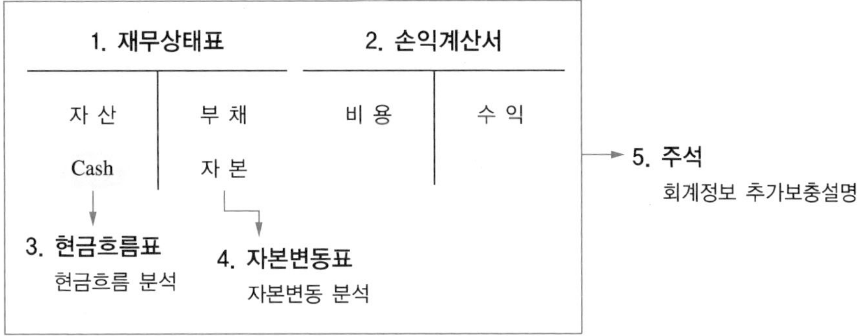

6. 재무제표 요소

구분	내용
자 산	자산은 과거 사건의 결과로 기업이 통제하고 있고 미래 경제적 효익이 기업에 유입될 것으로 기대되는 자원이다. 즉, 자산은 과거의 거래나 그 밖의 사건으로부터 창출되며, 자산이 갖는 미래 경제적 효익이란 직접, 간접적으로 미래 현금및현금성자산이 기업에 유입되도록 하는 잠재력을 말한다. 또한 반드시 물리적 실체가 있어야 하는 것이 아니며, 직접 소유권이 없더라도 자산으로 인정될 수 있다.
부 채	부채는 과거 사건에 의하여 발생하였으며, 경제적 효익이 내재된 자원이 기업으로부터 유출됨으로써 이행될 것으로 기대되는 현재 의무이다. 부채란 과거의 거래나 그 밖의 사건에서 발생하고, 부채의 본질적 특성은 기업이 현재 의무를 가지고 있다는 것이다. 의무란 법적의무와 의제의무가 있다. 법적의무란 기업이 법적으로 행해야만 하는 일을 말하며, 의제의무란 기업으로써 마땅히 해야 할 것으로 기대되는 것을 말한다. 또한 부채는 상당한 정도의 추정을 해야만 측정이 가능한 충당부채도 포함된다. 그러나 우발부채는 재무상태표에 기입하지 않고 주석으로만 기재한다.
자 본	자본은 기업의 자산에서 부채를 차감한 잔여지분이다. 재무상태표에 표시되는 자본의 금액은 자산과 부채 금액의 측정에 따라 결정된다. 또한 일반적으로 자본총액은 그 기업이 발행한 주식의 시가총액이나 순자산 공정가치와는 다르다.
수 익	수익은 자산의 유입이나 증가 또는 부채의 감소에 따라 자본의 증가를 초래하는 경제적 효익의 증가로, 지분참여자에 의한 출연과 관련된 것은 제외한다.
비 용	비용은 자산의 유출이나 소멸 또는 부채의 증가에 따라 자본의 감소를 초래하는 경제적 효익의 감소이며, 지분참여자에 대한 분배와 관련된 것은 제외한다.

7. 재무제표의 작성과 표시원칙

(1) 재무제표를 작성할 때 계속기업으로서의 존속가능성을 평가한다.

(2) 재무제표의 작성책임과 공정한 표시에 대한 책임은 경영진에 있다.

(3) 재무제표 중요항목은 구분표시하고, 중요하지 않은 항목은 성격이나 기능이 유사한 항목과 통합표시할 수 있다.

(4) 재무제표의 기간별 비교가능성을 제고하기 위하여 전기 재무제표의 모든 계량정보를 당기와 비교하는 형식으로 표시한다.

(5) 재무제표의 기간별 비교가능성을 제고하기 위하여 재무제표 항목의 표시와 분류는 특수한 경우를 제외하고는 매기 동일해야 한다.

(6) 재무제표는 이해하기 쉽도록 간단하고 명료하게 표시하고 다음이 기재되어야 한다.

- 재무제표 명칭
- 기업명
- 보고기간종료일 또는 회계기간
- 보고통화 및 금액단위

8. 재무제표의 특성과 한계

(1) 재무제표는 화폐단위로 측정된 정보를 주로 제공한다.

(2) 재무제표는 대부분 과거에 발생한 거래나 사건에 대한 정보를 나타낸다.

(3) 재무제표는 추정에 의한 측정치를 포함하고 있다.

(4) 재무제표는 특정 기업실체에 관한 정보를 제공하는 것이지, 산업 또는 경제 전반에 관한 정보를 제공하지는 않는다.

9. 중간재무보고서

(1) 의 의

중간재무보고서는 한 회계연도보다 짧은 회계기간(분기 또는 반기)을 대상으로 하는 재무제표를 말한다. 중간재무보고의 목적은 재무정보의 적시성을 확보하여 재무정보의 유용성을 높이는데 있다. 다만 중간재무보고를 할 때 주관이 개입될 수 있으므로 재무정보의 신뢰성이 떨어질 수 있는 문제점이 있을 수 있다. 그러나 이러한 문제점이 있음에도 재무정보의 적시성을 높여주기 위하여 우리나라에서는 상장회사나 코스닥 상장법인의 경우에는 중간재무보고서를 작성・공시하도록 규정하고 있다.

(2) 작성방법

중간재무보고서는 다음 기간에 대한 중간재무제표(요약 또는 전체)를 포함하여야 한다.

① **재무상태표** : 당해 중간보고기간말과 직전 연차보고기간말을 비교하는 형식

② **손익계산서** : 당해 중간기간과 당해 회계연도 누적기간을 직전 회계연도의 동일기간과 비교하는 형식

③ **자본변동표** : 당해 회계연도 누적기간을 직전 회계연도의 동일기간과 비교하는 형식

④ **현금흐름표** : 당해 회계연도 누적기간을 직전 회계연도의 동일기간과 비교하는 형식

만약 당기 20×2년 12월 말 결산법인이 '2분기 중간재무보고서'를 작성한다면 다음과 같다.

재무제표 종류	당기(20×2년)	전기(20×1년)
재무상태표	20×2.06.30 현재	20×1.12.31 현재
손익계산서	20×2.04.01 ~ 20×2.06.30	20×1.04.01 ~ 20×1.06.30
	20×2.01.01 ~ 20×2.06.30	20×1.01.01 ~ 20×1.06.30
자본변동표, 현금흐름표	20×2.01.01 ~ 20×2.06.30	20×1.01.01 ~ 20×1.06.30

10. 중소기업 회계처리 특례

중소기업 회계처리 특례(일반기업회계기준 제31장)는 외부이해관계자가 적은 중소기업의 회계처리 부담을 완화하기 위하여 일반기업과 다른 회계처리를 허용하는 기준이다. 따라서 중소기업은 다음 사항들과 관련한 회계처리에 대해 특례규정을 적용할 수 있으며, 이를 적용한 경우에는 관련 내용을 주석으로 기재하여야 한다. 다만, 상장법인, 금융회사 등은 이 규정을 적용할 수 없다.

① **파생상품의 평가** : 정형화된 시장에서 거래되지 않아 시가가 없는 파생상품의 계약시점 후 평가에 관한 회계처리는 아니할 수 있다.

② **시장성이 없는 지분증권의 평가** : 시장성이 없는 지분증권은 취득원가로 평가할 수 있다. 다만, 이러한 경우에도 유가증권 손상차손의 규정은 적용한다.

③ **지분법 평가** : 관계기업 및 공동지배기업에 대해서도 지분법을 적용하지 아니할 수 있다.

④ **장기성채권 및 채무의 현재가치평가** : 장기연불조건의 매매거래 및 장기금전대차거래 등에서 발생하는 채권과 채무는 명목금액을 재무상태표 금액으로 할 수 있다.

⑤ **주식기준보상거래** : 주식결제형 주식기준보상거래가 있는 경우에는 부여한 지분상품이 실제로 행사되거나 발행되기까지는 별도의 회계처리를 아니할 수 있다.

⑥ **단기용역매출 등의 수익인식** : 1년 내의 기간에 완료되는 용역매출 및 건설형 공사계약에 대하여는 용역제공을 완료하였거나 공사 등을 완성한 날에 수익으로 인식할 수 있으며, 1년 이상의 기간에 걸쳐 이루어지는 할부매출은 할부금 회수기일이 도래한 날에 실현되는 것으로 할 수 있다.

⑦ **유형・무형자산의 내용연수 및 잔존가치의 결정** : 유형자산과 무형자산의 내용연수 및 잔존가치의 결정은 법인세법 등의 법령에 따를 수 있다.

⑧ **장기할부판매 시의 수익인식** : 토지 또는 건물 등을 장기할부조건으로 처분하는 경우에는 당해 자산의 처분이익을 할부금 회수기일이 도래한 날에 실현되는 것으로 할 수 있다.

⑨ **이연법인세 및 법인세비용** : 법인세비용은 법인세법 등의 법령에 의하여 납부하여야 할 금액으로 할 수 있다.

빈출 객관식문제

제1절 재무회계 개념체계

정답 및 해설 : p.2

01 **다음 중 재무회계에 관한 설명으로서 가장 적절하지 않는 것은?**

① 재무제표에는 재무상태표, 손익계산서, 이익잉여금처분계산서, 자본변동표, 현금흐름표 등이 있다.
② 특정 시점의 재무상태를 나타내는 보고서는 재무상태표이다.
③ 기업의 내부이해관계자에게 유용한 정보를 제공하는 것을 주된 목적으로 한다.
④ 일반적으로 인정된 회계원칙의 지배를 받는다.

02 **다음 중 재무회계에 관한 설명으로 적절하지 않은 것은?**

① 재무제표에는 재무상태표, 손익계산서, 자본변동표, 현금흐름표, 주석이 있다.
② 일반적으로 인정된 회계원칙의 지배를 받는다.
③ 기업의 외부이해관계자에게 유용한 정보를 제공하는 것을 주된 목적으로 한다.
④ 특정 시점의 재무상태를 나타내는 보고서는 손익계산서이다.

03 **다음 중 재무회계 개념체계에 따른 재무보고의 목적에 해당하지 않는 것은?**

① 기업 근로자의 근로 성과평가에 유용한 정보의 제공
② 미래 현금흐름 예측에 유용한 정보의 제공
③ 투자 및 신용의사결정에 유용한 정보의 제공
④ 경영자의 수탁책임과 평가에 유용한 정보의 제공

04 **다음 중 재무제표 작성과 표시에 대한 설명으로 틀린 것은?**

① 자산과 부채는 유동성이 큰 항목부터 배열하는 것을 원칙으로 한다.
② 수익과 비용은 각각 총액으로 보고하는 것을 원칙으로 한다.
③ 제조업, 판매업 및 건설업에 속하는 기업은 매출총손익의 구분표시를 생략할 수 있다.
④ 자산과 부채는 원칙적으로 상계하여 표시하지 않는다.

05 **다음 중 재무제표 작성과 표시에 대한 설명으로 틀린 것은?**

① 자산과 부채는 유동성이 높은 항목부터 배열하는 것을 원칙으로 한다.
② 자산은 1년 또는 정상영업주기를 기준으로 유동자산과 비유동자산으로 분류한다.
③ 중요하지 않은 항목은 성격이나 기능이 유사한 항목과 통합하여 표시할 수 있다.
④ 기타포괄손익누계액은 만기보유증권평가손익, 해외사업환산손익 및 현금흐름위험회피 파생상품평가손익 등으로 구분하여 표시한다.

06 **다음 중 재무제표의 작성과 표시에 대한 설명으로 잘못된 것은?**

① 재무제표 항목의 표시나 분류방법이 변경되는 경우에도 전기의 항목은 재분류하지 아니한다.
② 재무제표가 일반기업회계기준에 따라 작성된 경우에는 그러한 사실을 주석으로 기재하여야 한다.
③ 재무제표는 재무상태표, 손익계산서, 현금흐름표, 자본변동표 및 주석으로 구분하여 작성한다.
④ 재무제표의 작성과 표시에 대한 책임은 경영진에게 있다.

07 **다음은 일반기업회계기준상 재무제표의 목적에 대한 설명이다. 틀린 것끼리 묶인 것은?**

> ㉠ 재무상태표 : 일정 기간 동안의 자산, 부채, 자본에 대한 정보를 제공한다.
> ㉡ 손익계산서 : 일정 시점의 경영성과에 대한 정보를 제공한다.
> ㉢ 자본변동표 : 일정 기간 동안의 자본의 크기와 그 변동에 관한 정보를 제공한다.
> ㉣ 현금흐름표 : 일정 기간 동안의 현금흐름에 대한 정보를 제공한다.

① ㉠, ㉡ ② ㉠, ㉢
③ ㉡, ㉣ ④ ㉡, ㉢

08 **재무제표의 기본요소에 대한 설명으로 옳지 않은 것은?**

① 자산은 과거의 거래나 사건의 결과이어야 한다.
② 자산의 취득은 반드시 지출을 동반하여야 하는 것은 아니다.
③ 운수업의 미래 예상수리비는 부채로 인식할 수 있다.
④ 부채는 채무·금액·시기가 반드시 확정될 필요는 없다.

09 **다음 중 재무제표에 대한 설명으로 올바른 것은?**

① 재무상태표는 자산, 부채, 자본, 수익 및 비용으로 구성되어 있다.
② 재무상태표는 일정 기간 동안의 기업의 경영성과에 관한 정보를 제공한다.
③ 기타포괄손익누계액은 부채에 해당한다.
④ 재무제표는 재무상태표, 손익계산서, 현금흐름표, 자본변동표 및 주석으로 구분하여 작성한다.

10 **다음 중 유동자산 또는 유동부채가 아닌 것은?**

① 기업의 정상적인 영업주기 내에 실현될 것으로 예상되거나 판매 목적 또는 소비 목적으로 보유하고 있는 자산
② 보고기간종료일로부터 1년 이내에 상환되어야 하는 단기차입금 등의 부채
③ 보고기간종료일로부터 1년 이내에 상환기일이 도래하더라도, 기존의 차입약정에 따라 보고기간종료일로부터 1년을 초과하여 상환할 수 있고 기업이 그러한 의도가 있는 경우의 차입금
④ 사용의 제한이 없는 현금및현금성자산

11 **다음 중 보수주의에 대한 설명으로 잘못된 것은?**

① 우발손실의 인식은 보수주의에 해당한다.
② 보수주의는 재무적 기초를 견고히 하는 관점에서 이익을 낮게 보고하는 방법을 선택하는 것을 말한다.
③ 재고자산의 평가 시 저가법을 적용하는 것은 보수주의에 해당한다.
④ 보수주의는 이익조작의 가능성이 존재하지 않는다.

12 **다음 중 회계상 보수주의의 예로서 가장 거리가 먼 것은?**

① 광고비는 미래의 효익이 불확실하므로 무형자산으로 하지 않고 비용으로 처리
② 발생가능성이 높은 우발이익을 이익으로 인식하지 않고 주석으로 보고
③ 회계연도의 이익을 줄이기 위하여 유형자산의 내용연수를 임의단축
④ 연구비와 개발비 중 미래의 효익이 불확실한 것을 연구비(판관비)로 처리

13 **재무제표정보의 질적특성인 신뢰성에 대한 내용이 아닌 것은?**

① 재무정보가 의사결정에 반영될 수 있도록 적시에 제공되어야 한다.
② 재무정보가 특정이용자에게 치우치거나 편견을 내포해서는 안된다.
③ 거래나 사건을 사실대로 충실하게 표현하여야 한다.
④ 동일사건에 대해 다수의 서로 다른 측정자들이 동일하거나 유사한 측정치에 도달하여야 한다.

14 **다음 중 현행 일반기업회계기준에서 규정하고 있는 재무제표가 아닌 것은?**

① 재무상태표　② 현금흐름표
③ 제조원가명세서　④ 자본변동표

15 **일반기업회계기준에서 계속성원칙을 중요시하는 이유는?**

① 중요한 재무정보를 필요한 때에 적시성 있게 제공하기 위함이다.
② 기간별로 재무제표의 비교를 가능하도록 하기 위함이다.
③ 수익과 비용을 적절히 대응하기 위함이다.
④ 기업 간 회계처리의 비교가능성을 제고하기 위함이다

16 **다음은 재무정보가 정보이용자의 의사결정에 유용성을 충족하기 위해서 갖추어야할 재무정보의 질적특성 중 목적적합성에 대한 설명이다. 목적적합성의 하부속성에 해당하지 않는 것은?**

① 예측가치　② 표현의 충실성
③ 피드백가치　④ 적시성

17 **재무정보의 질적특성 중 목적적합성과 신뢰성의 사례로 옳은 것은?**

	구 분	목적적합성	신뢰성
①	자산평가방법	시가법	원가법
②	수익인식방법	완성기준	진행기준
③	손익인식방법	현금주의	발생주의
④	재무제표 보고시기	결산재무제표	분기·반기재무제표

18 **다음 중 기업회계기준서에서 설명하고 있는 재무제표의 특성과 한계가 아닌 것은?**

① 재무제표는 추정에 의한 측정치를 허용하지 않는다.
② 재무제표는 화폐단위로 측정된 정보를 주로 제공한다.
③ 재무제표는 대부분 과거에 발생한 거래나 사건에 대한 정보를 나타낸다.
④ 재무제표는 특정 기업실체에 관한 정보를 제공하며, 산업 또는 경제 전반에 관한 정보를 제공하지는 않는다.

19 **다음 중 재무상태표에 대한 기업회계기준서의 내용으로 틀린 것은?**

① 재무상태표는 일정 시점 현재 자산과 부채, 그리고 자본에 대한 정보를 제공하는 재무보고서이다.
② 재무상태표에 나타난 자산과 부채의 가액만으로 기업실체의 가치를 직접 평가할 수 있다.
③ 불확실성이나 비용 대 효익의 고려 등으로 인해 재무상태표는 모든 자산과 부채를 나타내지 않을 수 있다.
④ 재무상태표는 정보이용자들이 기업실체의 유동성, 재무적 탄력성, 수익성과 위험 등을 평가하는데 유용한 정보를 제공하여야 한다.

20 **다음은 재무제표의 작성과 관련된 설명이다. 올바르지 못한 것은?**

① 자산·부채 및 자본은 총액에 의하여 기재함을 원칙으로 하고, 자산의 항목과 부채 또는 자본의 항목을 상계함으로써 그 전부 또는 일부를 재무상태표에서 제외하여서는 아니된다.
② 모든 수익과 비용은 그것이 발생한 기간에 정당하게 배분되도록 처리하여야 한다. 다만, 수익은 실현시기를 기준으로 계상하고 미실현수익은 당기의 손익계산에 산입하지 아니함을 원칙으로 한다.
③ 이익잉여금처분계산서는 자본금과 이익잉여금의 처분사항을 명확히 보고하기 위하여 자본금과 이익잉여금의 총변동사항을 표시하여야 한다.
④ 자산과 부채는 1년을 기준으로 하여 유동자산 또는 비유동자산, 유동부채 또는 비유동부채로 구분하는 것을 원칙으로 한다.

21 **재무제표의 작성책임과 공정한 표시에 관한 설명 중 틀린 것은?**

① 재무제표는 재무상태, 경영성과, 이익잉여금처분(또는 결손금처리), 현금흐름 및 자본변동을 공정하게 표시하여야 한다.
② 기업회계기준에 따라 적정하게 작성된 재무제표는 공정하게 표시된 재무제표로 본다.
③ 재무제표가 기업회계기준에 따라 작성된 경우에는 그러한 사실을 주석으로 기재하여야 한다.
④ 재무제표의 작성과 표시에 대한 책임은 대주주와 경영자에게 있다.

22 **소액의 소모품은 구입시점에서 자본화(자산으로 처리)하지 않고 비용처리하는 것이 일반적이다. 이와 가장 관련된 회계개념은?**

① 수익비용대응 ② 객관성
③ 중요성 ④ 발생주의

23 **재무회계에서 당기에 입금된 수입금액 중 차기에 확정되는 금액을 차기로 이연하여 인식하는 것과 가장 관련이 있는 이론은?**

① 신뢰성 ② 수익비용대응
③ 실현주의 ④ 중요성

24 **다음 중 재무정보가 갖추어야 할 질적특성에 대한 설명으로 틀린 것은?**

① 예측가치란 정보이용자가 기업실체의 미래 재무상태, 경영성과, 순현금흐름 등을 예측하는 데에 그 정보가 활용될 수 있는 능력을 의미한다.
② 피드백가치란 제공되는 재무정보가 기업실체의 재무상태, 경영성과, 순현금흐름 등에 대한 정보이용자의 당초 기대치를 확인 또는 수정되게 함으로써 의사결정에 영향을 미칠 수 있는 능력을 말한다.
③ 중립성이란 동일한 경제적 사건이나 거래에 대하여 동일한 측정방법을 적용할 경우 다수의 독립적인 측정자가 유사한 결론에 도달할 수 있어야 함을 의미한다.
④ 표현의 충실성은 재무제표상의 회계수치가 회계기간말 현재 기업실체가 보유하는 자산과 부채의 크기를 충실히 나타내야 한다는 것이다.

25 **다음 중 회계공준에 대한 설명으로 틀린 것은?**

① 회계공준은 회계이론과 실제를 이끌어 나가기 위한 가정이라고 할 수 있다.
② 기업실체의 공준은 개인기업의 경우 기업과 기업주의 가정을 하나의 동일한 실체로 보아 회계처리를 하여야 한다는 공준이다.
③ 계속기업의 공준은 기업이 영속적으로 혹은 적어도 미래 예측 가능한 기간 동안 존재하여 경제활동을 수행할 것이라는 공준이다.
④ 화폐평가의 공준은 기업경제가치의 변동을 화폐량에 의해 측정표시하며 화폐단위도 물가수준에 관계없이 일정하게 안정되어 있다는 공준이다.

26 **반기별 재무제표의 공시와 관련 있는 재무정보의 질적특성은?**

① 적시성 ② 표현충실성
③ 중립성 ④ 검증가능성

27 **다음 중 일반기업회계기준상 중소기업 회계처리 특례사항이 아닌 것은?**

① 재고자산을 저가법으로 평가하지 않을 수 있다.
② 유형자산과 무형자산의 내용연수 및 잔존가액의 결정은 법인세법의 규정에 따를 수 있다.
③ 법인세비용은 법인세법 등의 법령에 의하여 납부하여야 할 금액으로 할 수 있다.
④ 장기연불조건의 매매거래 및 장기금전대차거래 등에서 발생하는 채권·채무는 현재가치평가를 하지 않을 수 있다.

재무상태표

01 당좌자산

당좌자산은 유동자산 중 재고자산을 제외한 자산이다. 즉, 당좌자산은 판매과정을 거치지 않고 보고기간종료일로부터 1년 이내에 현금화할 수 있는 유동성이 매우 큰 자산이다.

1 현금및현금성자산

현금및현금성자산이란 현금뿐만 아니라 사용에 제한이 없는 요구불예금, 현금성자산 등을 포함하는 통합표시계정이다.

현금및현금성자산
- 현 금
- 보통예금
- 당좌예금
- 현금성자산
- 소액현금

현 금	현금은 통화증권인 주화나 지폐, 통화대용증권을 포함한다. • **통화대용증권** : 타인(동점)발행당좌수표, 자기앞수표, 가계수표, 송금환, 우편환증서, 대체저금환급증서, 배당금지급통지표, 공고송금통지서, 만기도래 공사채이자표, 만기도래 선일자수표, 일람출급어음 등(단, 우표, 인지, 만기가 도래되지 않은 선일자수표는 제외)
당좌예금	당좌수표를 발행하는 경우에 당좌예금에서 차감하여 처리하는 요구불예금이다. • **당좌차월(단기차입금)** : 당좌예금 잔액을 초과하여 수표를 발행한 경우에는 처리하는 부채계정이다. • **당좌개설보증금** : 당좌예금 개설을 위해 은행에 예치하는 보증금으로 투자자산의 장기금융상품인 '특정현금과예금'으로 처리한다. • **부도어음과수표** : 타인이 발행한 당좌수표를 수취한 이후에 추심 의뢰 시 부도가 발생한 경우에 처리하는 계정으로 부도 관련 소송제비용을 포함하여 부도어음과수표(기타비유동자산)로 처리한다.
보통예금	예금주가 언제든지 예입 및 인출할 수 있는 요구불예금이다.
소액현금	업무상 경비로 사용하기 위하여 일정 기간 동안 해당 지점 또는 부서에 지급한 후 차후에 정산하는 계정이다.

현금성자산	큰 거래비용 없이 현금으로 전환이 용이하며, 이자율의 변동에 따른 가치변동의 위험이 크지 않은 금융상품으로서, 취득 당시 만기가 3개월 이내인 정형화된 금융상품(상환우선주, 채권 또는 환매채 등)을 말한다. • 취득 20×2년 12월 20일 ~ 만기 20×3년 3월 10일 → 현금성자산 해당 ○ • 취득 20×2년 12월 20일 ~ 만기 20×3년 3월 25일 → 현금성자산 해당 ×
현금과부족 (임시계정)	일일 현금의 장부상 잔액과 실제 잔액이 일치하지 않을 경우 원인이 판명될 때까지 일시적으로 처리하는 임시계정이다. 만약 결산일까지 원인을 알 수 없는 경우 아래와 같이 대체하고 결산 재무제표에는 현금과부족 잔액은 반영되지 않는다. • **기중 현금부족액이 결산일까지 원인불명인 경우** : 잡손실 대체 • **기중 현금과잉액이 결산일까지 원인불명인 경우** : 잡이익 대체 • **결산당일에 현금과잉(또는 부족)액이 발생한 경우** : 즉시 잡이익(또는 잡손실) 처리

2 단기투자자산

단기투자자산은 기업이 여유자금을 활용할 목적으로 보유하는 자산으로 단기적 자금운용 목적으로 소유하거나 보고기간말로부터 1년 이내에 만기가 도래하는 금융상품, 대여금, 유가증권을 포함하는 통합표시계정이다.

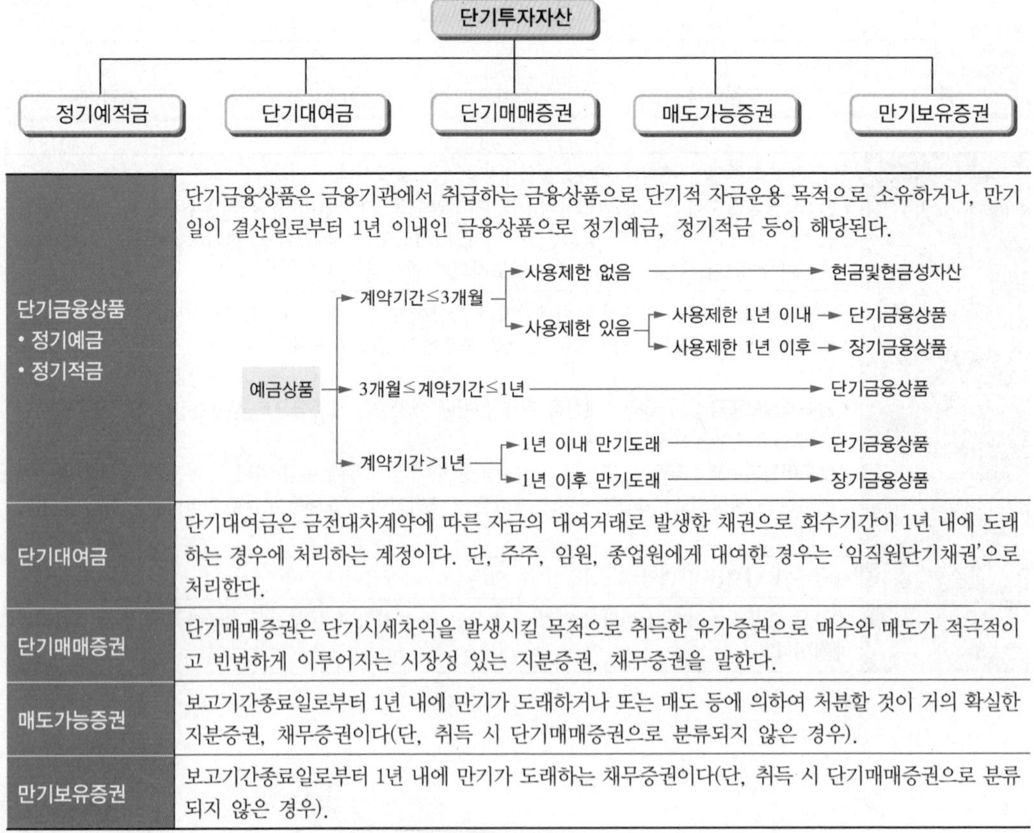

단기금융상품 • 정기예금 • 정기적금	단기금융상품은 금융기관에서 취급하는 금융상품으로 단기적 자금운용 목적으로 소유하거나, 만기일이 결산일로부터 1년 이내인 금융상품으로 정기예금, 정기적금 등이 해당된다. 예금상품 → 계약기간≤3개월 → 사용제한 없음 → 현금및현금성자산 예금상품 → 계약기간≤3개월 → 사용제한 있음 → 사용제한 1년 이내 → 단기금융상품 예금상품 → 계약기간≤3개월 → 사용제한 있음 → 사용제한 1년 이후 → 장기금융상품 예금상품 → 3개월≤계약기간≤1년 → 단기금융상품 예금상품 → 계약기간>1년 → 1년 이내 만기도래 → 단기금융상품 예금상품 → 계약기간>1년 → 1년 이후 만기도래 → 장기금융상품
단기대여금	단기대여금은 금전대차계약에 따른 자금의 대여거래로 발생한 채권으로 회수기간이 1년 내에 도래하는 경우에 처리하는 계정이다. 단, 주주, 임원, 종업원에게 대여한 경우는 '임직원단기채권'으로 처리한다.
단기매매증권	단기매매증권은 단기시세차익을 발생시킬 목적으로 취득한 유가증권으로 매수와 매도가 적극적이고 빈번하게 이루어지는 시장성 있는 지분증권, 채무증권을 말한다.
매도가능증권	보고기간종료일로부터 1년 내에 만기가 도래하거나 또는 매도 등에 의하여 처분할 것이 거의 확실한 지분증권, 채무증권이다(단, 취득 시 단기매매증권으로 분류되지 않은 경우).
만기보유증권	보고기간종료일로부터 1년 내에 만기가 도래하는 채무증권이다(단, 취득 시 단기매매증권으로 분류되지 않은 경우).

단기매매증권	
취 득	**단기매매증권 취득원가 = 발행가액(공정가치)** 취득 시 부대비용(수수료 등)은 별도의 영업외비용으로 회계처리하며, 종목별로 단가가 다른 경우에는 단가산정방법(이동평균법, 총평균법 등) 중 선택하여 적용한다. **학습 PLUS** 자산의 취득 시 부대비용 • 원칙 : 자산의 취득 시 부대비용은 해당 자산의 취득원가에 포함하여 처리한다. • 예외 : 단기매매증권 취득 시 부대비용의 경우에만 자산의 취득원가에 포함하지 않고 '수수료비용(영업외비용)'으로 처리한다. 예 시장성 있는 주식을 단기시세차익 목적으로 100주를 주당 10,000원(액면 8,000원)에 취득하다. 취득 시 수수료 10,000원 포함하여 현금으로 지급하다. (차) 단기매매증권 1,000,000 (대) 현 금 1,010,000 수수료비용(영) 10,000
처 분	**• 단기매매증권 처분가액 > 장부가액 = 단기매매증권처분이익(영업외수익)** 예 단기시세차익을 목적으로 보유 중인 주식 100주(취득단가 10,000원)를 주당 12,000원에 처분하였으며 처분 시 발생한 수수료 5,000원 차감되어 보통예금에 예입되다. (차) 보통예금 1,195,000 (대) 단기매매증권 1,000,000 단기매매증권처분이익 195,000 **• 단기매매증권 처분가액 < 장부가액 = 단기매매증권처분손실(영업외비용)** 예 단기시세차익을 목적으로 보유 중인 주식 100주(취득 시 단가 10,000원)를 주당 9,000원에 처분하였으며 처분 시 발생한 수수료 5,000원 차감되어 보통예금에 예입되다. (차) 보통예금 895,000 (대) 단기매매증권 1,000,000 단기매매증권처분손실 105,000 처분 시 부대비용(수수료 등)은 별도의 비용으로 처리하지 않고 단기매매증권처분이익에서 차감하거나, 단기매매증권처분손실에 가산한다.
평 가	**• 장부가액 < 공정가치 = 단기매매증권평가이익(영업외수익)** 예 결산일 현재 보유 중인 단기매매증권의 장부가액(1,000,000원)을 공정가치(1,100,000원)로 평가하시오. (차) 단기매매증권 100,000 (대) 단기매매증권평가이익 100,000 **• 장부가액 > 공정가치 = 단기매매증권평가손실(영업외비용)** 예 결산일 현재 보유 중인 단기매매증권의 장부가액(1,000,000원)을 공정가치(950,000원)로 평가하시오. (차) 단기매매증권평가손실 50,000 (대) 단기매매증권 50,000 단기매매증권은 보고기간종료일 현재 공정가치로 평가한다. 종목별로 평가 시 단기매매증권평가이익과 평가손실은 상계하지 않고 총액으로 표시하는 것이 원칙이지만, 금액이 중요하지 않는 경우에는 상계하여 표시할 수 있다.

<table>
<tr><td rowspan="2">보유손익</td><td>• 채무증권 보유 : 이자수익
예 보유 중인 단기매매증권(사채)의 이자 500,000원이 현금으로 입금되다.
(차) 현 금 500,000 (대) 이자수익 500,000</td></tr>
<tr><td>• 지분증권 보유 : 현금배당금은 배당금수익, 주식배당은 회계처리 없음(단, 주식수와 단가 재계산)
예 보유 중인 단기매매증권(주식)에 대해 현금배당금 800,000원, 주식배당 2주를 수령하다. (배당 이전의 보유주식수 10주, 장부가액은 150,000원으로 가정)
(차) 현금 등 800,000 (대) 배당금수익 800,000
* 주식배당 이후 주식수는 12주로 변동하고 장부가액은 150,000원 동일하므로 보유단가는 주당 @12,500원으로 감소</td></tr>
</table>

3 매출채권

1. 매출채권과 매입채무

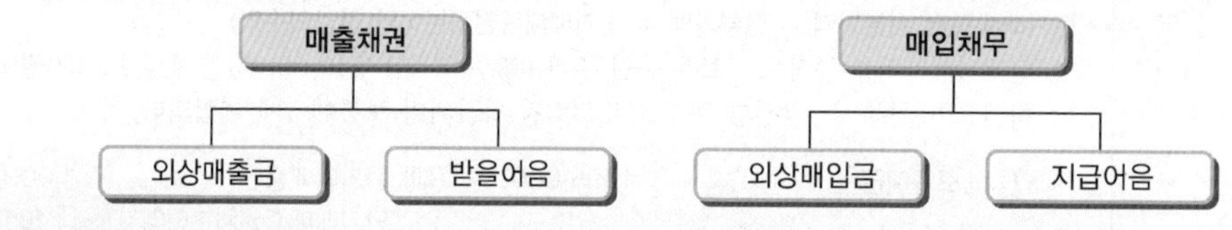

매출채권	외상매출금	일반적 상거래에서 발생한 매출채권 중에서 어음상의 채권이 아닌 것
	받을어음	일반적 상거래에서 발생한 매출채권 중에서 어음상의 채권인 것
매입채무	외상매입금	일반적 상거래에서 발생한 매입채무 중에서 어음상의 채무가 아닌 것
	지급어음	일반적 상거래에서 발생한 매입채무 중에서 어음상의 채무인 것

2. 매출채권의 발생과 회수

<table>
<tr><td>발 생</td><td>제조업의 일반적인 상거래는 '제품매출', 상기업의 일반적인 상거래는 '상품매출'이다.
예 (주)건국에 제품 100,000원(부가세 별도)을 매출하고 40%는 어음을 수취(1년 만기), 나머지는 6개월 뒤에 수령하기로 하다.
(차) 외상매출금 [(주)건국] 66,000 (대) 제품매출 100,000
받을어음 [(주)건국] 44,000 부가세예수금 10,000</td></tr>
<tr><td>회 수</td><td>예 (주)건국의 외상매출금 66,000원은 6개월 만기어음으로 회수, 받을어음 44,000원은 당좌예입되다.
(차) 받을어음 [(주)건국] 66,000 (대) 외상매출금 [(주)건국] 66,000
당좌예금 44,000 받을어음 [(주)건국] 44,000</td></tr>
</table>

3. 받을어음의 제거

추심위임 배서

소유하고 있는 어음의 대금추심을 위해 배서하고 은행에 추심의뢰를 하는 것을 말한다.
추심의뢰 시 금융기관에 지급하는 수수료는 수수료비용(판매비와관리비)으로 처리한다.

예 (주)진주로부터 제품매출하고 받은 어음 500,000원이 만기가 되어 은행에 추심의뢰하였으며 추심료 1,000원이 차감되어 보통예금에 예입되다.

(차) 보통예금	499,000	(대) 받을어음 [(주)진주]	500,000
수수료비용(판)	1,000		

배서양도

소유하고 있는 어음을 만기 전에 배서하여 타인에게 양도하는 것을 말한다.

예 (주)영진의 외상매입금 500,000원을 상환하기 위해 (주)진주로부터 제품매출하고 받은 어음 500,000원을 배서하여 지급결제하다.

(차) 외상매입금 [(주)영진]	500,000	(대) 받을어음 [(주)진주]	500,000

할 인

어음할인은 어음상의 권리를 만기 전에 은행에 양도하고 만기까지 이자(할인료)를 공제한 금액을 지급받는 것을 말한다. 어음상의 권리와 의무의 실질적 이전 여부에 따라 매각거래와 차입거래로 구분한다.

할인료(이자) = 어음가액 × 이자율 × 할인기간/365(366)일

〈매각거래〉

매각거래는 어음을 양도한 후 소유권의 위험과 보상 대부분을 이전하는지 평가하여 소구권이 없는 경우에 배서양도 되는 것으로 보는 것이다. 매각거래의 할인료는 '매출채권처분손실(영업외비용)'로 처리하고 매출채권은 즉시 제거한다.

예 (주)진주로부터 제품매출하고 받은 어음 500,000원(3개월 만기)을 우리은행에서 할인받고 할인료 15,000원을 차감한 잔액은 당좌예입되다(매각거래로 회계처리할 것).

(차) 당좌예금	485,000	(대) 받을어음 [(주)진주]	500,000
매출채권처분손실	15,000		

〈차입거래〉

차입거래는 매출채권을 담보로 금융기관에 제공하고 자금을 차입한 것으로 보는 것이다.
차입거래의 할인료는 '이자비용(영업외비용)'으로 처리하고 금융기관의 부채(차입금)계정으로 인식한다.

예 (주)진주로부터 제품매출하고 받은 어음 500,000원(3개월 만기)을 우리은행에서 할인받고 할인료 15,000원을 차감한 잔액은 당좌예입되다(차입거래로 회계처리할 것).

(차) 당좌예금	485,000	(대) 단기차입금 [우리은행]	500,000
이자비용	15,000		

부 도

받을어음이 부도가 나면 부도어음과수표(기타비유동자산)로 대체한다. 또한 부도처리를 위해 발생한 비용은 별도의 비용으로 처리하지 않고 부도어음과수표에 가산한다.

예 (주)진주로부터 제품매출로 받은 어음 500,000원이 부도처리되었음을 우리은행으로부터 통보받다.

(차) 부도어음과수표 [(주)진주]	500,000	(대) 받을어음 [(주)진주]	500,000

4 기타의 당좌자산

미수금	미수금은 주된 영업활동 외의 거래에서 발생한 기타채권으로 외상거래, 어음상의 거래 모두 미수금으로 처리한다. 예 사용하던 비품을 100,000원에 (주)고려물산에 처분하고 대금 중 50%는 외상, 50%는 어음으로 받다(비품의 취득원가 200,000원, 감가상각누계액 170,000원, 부가세는 고려하지 않음). (차) 감가상각누계액(비품 차감) 170,000 (대) 비 품 200,000 미수금 [(주)고려물산] 100,000 유형자산처분이익 70,000
가지급금	가지급금은 임직원 등에게 출장비 등 자금을 지급할 때 일시적으로 처리하는 계정이며, 추후에 실제로 사용한 금액과 사용내역이 확정되었을 때 정산한다. 예 영업부 직원 백장미 사원이 출장을 마치고 아래와 같이 정산하다. 출장비는 한 달 전에 600,000원 지급하였다. 정산 후 잔액 20,000원은 현금으로 수령하다. • 출장비 사용내역 : 교통비 100,000원, 숙박 및 식대 300,000원, 거래처 접대 180,000원 (차) 여비교통비(판) 400,000 (대) 가지급금 [백장미] 600,000 접대비(판) 180,000 현 금 20,000
선납세금	선납세금은 기중에 법인세를 먼저 납부할 때 처리하는 자산계정이다. 선납세금은 법인세 중간예납세액과 이자수령 시 원천징수세액이 해당되며, 기말 결산 시 법인세비용(지방소득세 포함)으로 대체된다. 예 예금 이자 8,460원(원천징수세액 1,540원 차감된 금액)이 보통예금에 입금되다. (차) 보통예금 8,460 (대) 이자수익 10,000 선납세금 1,540 예 법인세 중간예납세액 2,000원을 현금으로 납부하다. (차) 선납세금 2,000 (대) 현 금 2,000 예 당기 법인세(지방소득세 포함)는 33,000원으로 확정되었다. 결산분개를 하시오. (차) 법인세비용 33,000 (대) 선납세금 3,540 미지급세금 29,460
선급금	선급금은 재고자산 등을 매입하기 위해 계약금을 먼저 지급할 때 처리하는 계정으로 매매거래가 이행되면 제거되고 본 계정으로 대체된다. 예 원재료 100,000원을 매입하기로 (주)한솔과 계약하고 계약금 10,000원을 현금으로 지급하다. (차) 선급금 [(주)한솔] 10,000 (대) 현 금 10,000 예 (주)한솔로부터 원재료 100,000원을 매입하고 계약금을 제외한 나머지는 수표를 발행하여 지급하다. (차) 원재료 100,000 (대) 선급금 [(주)한솔] 10,000 당좌예금 90,000

선급비용

선급비용은 차기비용을 당기에 선지급한 것으로 결산일 현재 미경과된 부분에 대해 당기비용으로 인식하지 않고 차기로 비용을 이연시키는 자산계정이다.

예 보험료 120,000원 납부 시 비용으로 처리한 경우(가입기간 : 20×1년 10월 1일 ~ 20×2년 9월 30일)

구분	차변	금액	대변	금액
20×1.10.01 보험료 비용 처리	(차) 보험료(비용)	120,000	(대) 현 금	120,000
20×1.12.31 미경과분 자산 계상	(차) 선급비용(자산)	90,000	(대) 보험료(비용)	90,000

예 보험료 120,000원 납부 시 자산으로 처리한 경우(가입기간 : 20×1년 10월 1일 ~ 20×2년 9월 30일)

구분	차변	금액	대변	금액
20×1.10.01 보험료 자산 처리	(차) 선급비용(자산)	120,000	(대) 현 금	120,000
20×1.12.31 경과분 비용 계상	(차) 보험료(비용)	30,000	(대) 선급비용(자산)	30,000

미수수익

미수수익은 기간이 경과함에 따라 발생하는 수익 중 기말 현재 경과된 수익을 처리하는 자산계정이다.

예 기말현재 정기예금에 대한 당기분(20×1년) 경과이자를 회계처리하시오(월할계산).

- 예금금액 : 200,000,000원
- 가입기간 : 20×1.07.01. ~ 20×2.06.30.
- 연이자율 : 2%
- 이자수령시점 : 만기에 일시 수령

차변	금액	대변	금액
(차) 미수수익(자산)	2,000,000	(대) 이자수익(수익)	2,000,000

부가세대급금

부가세대급금은 재화나 용역을 공급받을 때 부담한 10% 부가가치세 매입세액으로 매입세액 공제요건을 갖추었을 때 처리하는 자산계정이다.

예 (주)기린으로부터 원재료 500,000원(부가세 별도)을 외상으로 매입하고 세금계산서를 수취하다.

차변	금액	대변	금액
(차) 원재료	500,000	(대) 외상매입금 [(주)기린]	550,000
부가세대급금	50,000		

소모품

소모품이란 사무용품 등의 미사용액을 자산으로 처리하는 계정이다(단, 소모품을 성격에 따라서 재고자산으로 분류하기도 함). 결산 시 소모품 중 당기사용액은 해당 비용(소모품비, 광고선전비 등)으로 처리하고, 미사용액은 자산(소모품)으로 처리해야 하는데 이는 발생주의에 의해 비용을 인식하기 위함이다.

예 소모품 100,000원 구입 시 비용으로 처리

구분	차변	금액	대변	금액
기중 : 소모품 구입 시 비용으로 처리	(차) 소모품비	100,000	(대) 현 금	100,000
기말 : 미사용액은 40,000원으로 파악	(차) 소모품	40,000	(대) 소모품비	40,000

예 소모품 100,000원 구입 시 자산으로 처리

구분	차변	금액	대변	금액
기중 : 소모품 구입 시 자산으로 처리	(차) 소모품	100,000	(대) 현 금	100,000
기말 : 미사용액은 40,000원으로 파악	(차) 소모품비	60,000	(대) 소모품	60,000

5 대손회계

1. 대손처리방법

채권의 회수가 불가능하다고 판단될 때 비용으로 계상하는 대손회계처리방법은 직접차감법과 충당금 설정법이 있다.

구분	내용
직접차감법	대손이 발생하는 시점에 비용(대손상각비)으로 처리하고 매출채권을 제거하는 방법으로 직접차감법은 대손충당금을 미리 설정하지 않는 방법이다.
충당금 설정법	충당금 설정법은 보고기간종료일 현재 회수가 불확실할 것으로 추정되는 채권에 대해 합리적이고 객관적인 기준에 따라 대손추산액을 미리 설정하는 방법이다. 결산시점에 대손추산액을 미리 비용(대손상각비)으로 처리하고 매출채권을 간접적으로 차감하는 대손충당금 계정을 설정하여 매출채권의 장부가액을 감소시키는 방법이다. 일반기업회계기준은 충당금설정법을 인정하고 있으며 대손충당금 계산방법에는 연령분석법 등이 있다.

2. 대손충당금 설정

보충법

대손추정액은 재무상태표를 접근하여 단일대손율에 의해 계산하는 방법과 연령분석법에 의해 추정하여 계산하는 방법이 있다.

대손충당금 보충설정액 = (기말채권잔액 × 대손율) − 대손충당금 설정 전 잔액

회계처리

• **매출채권의 대손충당금 설정**

예 기말 외상매출금 잔액 1,000,000원, 단일대손율 1% = 대손추정액 10,000원

대손충당금 설정 전 잔액	• 매출채권의 대손상각비 → 판매비와관리비 • 매출채권의 대손충당금환입 → 판매비와관리비의 차감			
0원	(차) 대손상각비(판)	10,000	(대) 대손충당금(외)	10,000
2,000원	(차) 대손상각비(판)	8,000	(대) 대손충당금(외)	8,000
13,000원	(차) 대손충당금(외)	3,000	(대) 대손충당금환입(판)	3,000
10,000원	회계처리 없음			

• **기타채권의 대손충당금 설정**

예 기말 미수금 잔액 1,000,000원, 단일대손율 1% = 대손추정액 10,000원

대손충당금 설정 전 잔액	• 기타채권의 기타의대손상각비 → 영업외비용 • 기타채권의 대손충당금환입 → 영업외수익			
0원	(차) 기타의대손상각비(영)	10,000	(대) 대손충당금(미)	10,000
2,000원	(차) 기타의대손상각비(영)	8,000	(대) 대손충당금(미)	8,000
13,000원	(차) 대손충당금(미)	3,000	(대) 대손충당금환입(영)	3,000
10,000원	회계처리 없음			

재무상태표 공시

재무상태표(부분)

외상매출금	1,000,000	
대손충당금	(10,000)	990,000 ☞ 회수가능액, 순실현가능액

3. 대손채권 확정과 회수

실제로 대손이 확정된 시점에 대손충당금과 매출채권을 상계제거한다. 단, 대손충당금 잔액이 부족한 경우 그 차액은 대손상각비(기타채권은 기타의대손상각비)로 처리하므로 대손충당금의 잔액여부에 따라 회계처리가 달라진다. 또한 대손채권이 부가세 10%가 포함된 경우에는 부가세법상 대손세액 공제 여부도 고려해야 한다.

<table>
<tr><td>채권 발생</td><td>매출채권의 경우에는 부가세 10% 과세거래로 인해 부가세가 포함되어 있는 경우가 많다.
예 (주)삼진에 제품 100,000원(부가세 별도)을 외상으로 매출하다.
(차) 외상매출금 [(주)삼진] 110,000 (대) 제품매출 100,000
부가세예수금 10,000</td></tr>
<tr><td>대손 확정</td><td>• 대손세액 공제(부가세예수금) 고려하지 않음
<table>
<tr><th>대손충당금 잔액</th><th>(주)삼진의 외상매출금 110,000원(부가세포함)의 대손이 확정되다. 대손충당금 잔액을 고려하여 대손처리하시오.</th></tr>
<tr><td>150,000원</td><td>(차) 대손충당금(외) 110,000 (대) 외상매출금 [(주)삼진] 110,000</td></tr>
<tr><td>70,000원</td><td>(차) 대손충당금(외) 70,000 (대) 외상매출금 [(주)삼진] 110,000
대손상각비(판) 40,000</td></tr>
<tr><td>없 음</td><td>(차) 대손상각비(판) 110,000 (대) 외상매출금 [(주)삼진] 110,000</td></tr>
</table>
• 대손세액 공제(부가세예수금) 고려함 ☞ 부가가치세 대손세액 공제와 연계하여 학습
<table>
<tr><th>대손충당금 잔액</th><th>(주)삼진의 외상매출금 110,000원(부가세포함)의 대손이 확정되다. 대손충당금 잔액을 고려하고, 대손세액을 공제받도록 대손처리를 하시오.</th></tr>
<tr><td>150,000원</td><td>(차) 대손충당금(외) 100,000 (대) 외상매출금 [(주)삼진] 110,000
부가세예수금 10,000</td></tr>
<tr><td>70,000원</td><td>(차) 대손충당금(외) 70,000 (대) 외상매출금 [(주)삼진] 110,000
대손상각비(판) 30,000
부가세예수금 10,000</td></tr>
<tr><td>없 음</td><td>(차) 대손상각비(판) 100,000 (대) 외상매출금 [(주)삼진] 110,000
부가세예수금 10,000</td></tr>
</table></td></tr>
<tr><td>대손채권의 회수</td><td>전기 이전에 대손처리한 채권이 당기에 다시 회수되는 경우, 회수된 채권가액을 대손충당금 계정으로 대변에 증가시킨다. 단, 채권 대손처리 시 대손세액 공제여부에 따라 회계처리가 달라진다.
예 전기에 대손처리하였던 외상매출금 110,000원이 당기에 전액 현금으로 회수되어 입금되다. 단, 전기에 대손처리 시 대손세액 공제를 받지 않았다.
(차) 현 금 110,000 (대) 대손충당금(외) 110,000
예 전기에 대손처리하였던 외상매출금 110,000원이 당기에 전액 현금으로 회수되어 입금되다. 단, 전기에 대손처리 시 대손세액 공제를 받았다.
(차) 현 금 110,000 (대) 대손충당금(외) 100,000
부가세예수금 10,000</td></tr>
</table>

6 외화채권의 환산

외화거래로 인한 채권이 발생되는 경우 해당 거래가 발생된 날부터 해당 채권이 회수되기까지 원화로 환산하는 과정에서 환산차손익이 발생된다.

구분	내용
외화채권 발생	예 미국 ABC에 제품 $10,000을 외상으로 수출하다(선적일 현재 기준환율 1,000원/$). (차) 외상매출금 [ABC] 10,000,000 (대) 제품매출 10,000,000
외화채권 평가 • 외화환산이익 • 외화환산손실	기말 현재 외화채권은 결산일 환율로 장부가액을 평가한다. 환율차이로 인한 환산손익은 외화환산이익 또는 외화환산손실로 당기손익에 반영한다. 예 거래처 ABC의 외상매출금 10,000,000원(외화 $10,000)을 기말현재 환율로 평가하시오. • 발생일 환율 1,000원/$ • 결산일 환율 1,200원/$ (차) 외상매출금 [ABC] 2,000,000 (대) 외화환산이익 2,000,000
외화채권 회수 • 외환차익 • 외환차손	기중에 외화채권을 회수하면서 발생하는 환산손익은 외환차익 또는 외환차손으로 처리한다. 예 거래처 ABC로부터 외상매출금 $10,000이 입금되어 보통예금에 예입하다. • 발생일 환율 1,000원/$ • 전기말 환율 1,200원/$ • 회수일 환율 1,350원/$ (차) 보통예금 13,500,000 (대) 외상매출금 [ABC] 12,000,000 외환차익 1,500,000

학습 PLUS

외화채권의 환산

구 분	영업외수익	영업외비용
기중 채권회수	외환차익	외환차손
기말 환율평가	외화환산이익	외화환산손실

- 환율이 상승하면 외화채권은 증가, 증가액만큼 이익이 발생한다.
- 환율이 하락하면 외화채권은 감소, 감소액만큼 손실이 발생한다.

빈출 분개연습

제2절 재무상태표(당좌자산)

정답 및 해설 : p.3

01 (주)나라에 대한 외상매출금 10,000,000원이 보통예금 계좌로 입금되었다.

(차) (대)

02 해외 매출처인 New York의 외상매출금 $50,000(외상매출금 인식 당시 적용 환율은 $1당 1,200원임)이 전액 외화로 입금되어 보통예금에 예입하였다. 입금시점의 적용 환율은 $1당 1,150원이다.

(차) (대)

03 전기에 제품을 수출한 수출거래처 STAR사의 외화외상매출금 $100,000이 전액 보통예금으로 입금되었다. 전기 선적일 적용 환율은 $1당 1,300원이었고, 전기말 적용 환율은 $1당 1,200원으로서 외화자산, 부채평가는 적절하게 이루어졌고, 회수 시 적용 환율은 $1당 1,100원이다(단, 계정과목은 외상매출금 계정과목으로 반영할 것).

(차) (대)

04 (주)동남상사의 제품매출의 외상매출금 11,000,000원에 대하여 조기회수에 따른 매출할인액(할인율 : 외상매출금의 3%)을 차감한 나머지 금액이 보통예금으로 입금되었다(단, 매출할인액에 대하여는 매입매출전표에 반영되었으므로 회수에 대한 회계처리만 하시오).

(차) (대)

05 8월분 전자제품 소매판매에 따른 신용카드매출액(외상매출금) 1,000,000원 중 비씨카드사 수수료 50,000원을 제외한 잔액 950,000원이 보통예금 통장으로 입금되었다.

(차) (대)

06 제품을 매출하고 광주상사로부터 수취한 약속어음 2,200,000원이 부도처리되었다는 것을 거래처 주거래은행으로부터 통보받았다.

(차) (대)

07 강서상사로부터 제품 판매대금으로 수령한 약속어음 30,000,000원을 할인하고, 할인비용 700,000원을 차감한 잔액이 보통예금에 입금되었다(매각거래로 회계처리할 것).

(차) (대)

08 매출처 그린(주)에 제품을 매출하고 수령한 그린(주) 발행 약속어음 12,000,000원을 국민은행에 추심의뢰하였는데 금일 만기가 도래하였다. 이에 대하여 은행으로부터 추심수수료 70,000원을 차감한 잔액을 당사 당좌예금 계좌에 입금하였다는 통지를 받다.

(차) (대)

09 당사는 (주)진달래로부터 원재료 1,430,000원(부가세 포함)을 외상으로 구입하고 지급하지 못한 외상매입금을 결제하기 위하여 (주)대신으로부터 매출하고 받은 약속어음 1,000,000원을 (주)진달래에게 배서양도하고 잔액을 보통예금 계좌에서 지급하였다.

(차) (대)

10 (주)현대에 보통예금 계좌에서 5,000,000원을 6개월 후 회수조건으로 빌려주었다.

(차) (대)

11 (주)중진상사에 외화로 단기대여한 $3,000에 대하여 만기가 도래하여 회수되어 원화로 환전하여 보통예금 계좌에 이체하였다(대여 시 환율은 $1당 1,000원, 회수 시 환율은 $1당 1,100원이다).

(차) (대)

12 단기투자 목적으로 주식시장에 상장되어 있는 (주)중앙의 주식을 주당 13,000원의 가격으로 1,000주를 매입하였으며, 이 매입 과정에서 카오증권에 80,000원의 수수료가 발생하였다. 주식 매입과 관련된 모든 대금은 보통예금에서 이체하였다.

(차) (대)

13 보유 중인 단기매매증권(취득가액 9,500,000원)을 에스제이(주)에게 9,000,000원에 매각하고, 대금은 다음 달에 받기로 하였다.

(차) (대)

14 단기보유 목적으로 전기 12월 12일에 구입한 시장성이 있는 (주)국현의 주식 1,000주를 15,000,000원에 처분하였다. 처분대금은 거래수수료 10,000원을 차감한 잔액이 보통예금에 입금되었으며, 증권거래세 45,000원은 현금으로 납부하였다.

- 전기 12월 12일 취득 : 2,000주
- 주당 취득가액 : 18,000원
- 취득부대비용 : 67,000원
- 전기 12월 31일 시가 : 주당 16,000원

(차) (대)

15 단기매매 목적으로 보유 중인 주식회사 삼진의 주식(장부가액 30,000,000원)을 전부 40,000,000원에 매각하였다. 주식처분 관련 비용 30,000원을 차감한 잔액이 보통예금 계좌로 입금되었다.

(차) (대)

16 당사가 보유 중인 유가증권(보통주 1,000주, 액면가액 : 1주당 5,000원, 장부가액 : 1주당 10,000원)에 대하여 현금배당액(1주당 800원)과 주식배당액을 아래와 같이 당일 수령하였다.

구 분	수령액	공정가치(1주당)	발행가액(1주당)
현금배당	현금 800,000원		
주식배당	보통주 100주	9,000원	8,000원

(차) (대)

17 업무차 지방 출장을 가게 된 영업팀 사원의 출장비로 1,000,000원을 회사 보통예금 통장에서 계좌이체하여 지급하였고 사후 정산하기로 하였다(단, 본 거래는 전도금 계정을 사용할 것).

(차) (대)

18 생산직 근로자 정찬호의 출장비로 가지급금 700,000원에 대해 다음과 같이 정산되었다(단, 가지급금에 대하여 거래처를 입력하고 하나의 전표로 처리할 것).

출장비 정산내역	• 정찬호의 출장비(여비교통비) : 850,000원 • 부족분 150,000원은 현금으로 지급하였다.

(차) (대)

19 영업부 차장은 부산출장에서 돌아와 출장 전 현금으로 지급된 출장비 500,000원(지급 시 선급금으로 처리함)에 대한 지출내역을 다음과 같이 제출하였다. 모든 비용에 대해 적격증빙을 첨부하였으며, 잔액 50,000원은 현금으로 반환하였다(단, 부가가치세는 고려하지 않으며 선급금의 거래처 입력은 생략함).

- KTX 승차권 구입 : 100,000원
- 현지 택시비 : 50,000원
- 거래처 미팅 시 식대 : 300,000원

(차) (대)

20 원재료를 매입하기 위해 (주)SV전자와 계약하고, 계약금 5,000,000원을 보통예금으로 지급하였다.

(차) (대)

21 (주)지순상사로부터 공장에서 사용할 기계장치를 구입하기로 계약하고, 계약금 2,000,000원을 당좌수표를 발행하여 지급하였다.

(차) (대)

22 원재료를 매입하기 위해 (주)팽전자와 계약하고, 계약금 7,000,000원은 당사발행 약속어음(만기 2개월)으로 지급하였다.

(차) (대)

23 다음 통장거래를 회계처리하시오(단, 이자소득세는 자산계정으로 처리한다).

입금액	내 역
169,200원	예금결산이자는 200,000원이며, 이자소득세 30,800원을 차감한 금액을 보통예금 계좌에 입금하였다.

(차) (대)

24 하나은행에 예치된 정기적금이 만기가 되어 원금 30,000,000원과 이자 900,000원 중 이자소득세 138,600원이 원천징수되어 차감 잔액인 30,761,400원이 보통예금 계좌로 입금되었다(단, 원천징수세액은 자산으로 처리할 것).

(차) (대)

25 매출처 신속전자에 대한 외상매출금 4,700,000원을 금일자로 연 8% 이자율로 동점에 3개월간 대여하기로 하고 이를 대여금으로 대체하다.

(차) (대)

26 단기매매증권인 (주)강철전자의 주식 500주를 주당 13,000원에 매각하고, 매각수수료 250,000원을 제외한 매각대금을 보통예금으로 받다. (주)강철전자 주식에 대한 거래현황은 다음 자료 이외에는 없으며, 단가의 산정은 이동평균법에 의한다.

취득일자	주식수	취득단가	취득가액
1월 7일	300주	13,200원	3,960,000원
1월 26일	400주	12,500원	5,000,000원

(차) (대)

27 강북상사에 대한 외상매출금 33,000,000원의 소멸시효가 완성되어 대손처리하였다. 기설정되어 있는 대손충당금 잔액은 10,000,000원 있으며 부가가치세는 고려하지 않기로 한다.

(차) (대)

28 당사는 (주)호주무역에게 대여한 단기대여금 20,000,000원을 회수불능채권으로 보아 전액 대손처리하였다(단, 대손충당금 잔액은 9,000,000원 있음).

(차) (대)

29 전기에 대손처리한 (주)지구상사에 대한 외상매출금 전액이 보통예금 계좌로 입금되었다. 전기에 회계처리한 내용은 아래와 같았고, 부가가치세법상 대손세액 공제는 적용하지 않았다.

(차) 대손상각비	1,000,000원	(대) 외상매출금	2,000,000원
대손충당금	1,000,000원	[(주)지구상사]	

(차) (대)

30 전기 이전에 부도처리되었던 (주)우리건업의 외상매출금 중 8,800,000원이 보통예금으로 입금되었다. 동 금액은 전기 5월 31일자로 대손처리를 하였고 전기의 부가세 확정신고 시에 대손세액 공제를 받은 바 있다.

(차) (대)

31 영업부서가 5월에 구입한 소모품 900,000원 중 결산일까지 사용하지 못하고 남아 있는 것이 200,000원이다. 회사는 소모품 구입 시 모두 당기비용으로 회계처리하였다. 결산 시 회계처리하시오.

(차) (대)

32 당기 중 현금시재가 부족하여 현금과부족으로 처리했던 130,000원을 결산일에 확인한 결과 내용은 다음과 같았다(단, 관련 회계처리 날짜는 결산일이며 하나의 전표로 입력하며, 기중에 인식된 현금과부족은 적절히 회계처리되었다고 가정함).

내 용	금 액	비 고
영업부 매출 거래처 대표이사의 자녀 결혼 축의금	100,000원	적절한 계정과목 선택
원재료 매입 시 운반비 지급액 누락분(간이영수증 수령)	30,000원	적절한 계정과목 선택

(차) (대)

33 당기 기말에 보유하고 있는 단기매매증권의 내역은 다음과 같다. 기말 현재 (주)코텍의 공정가치는 주당 120,000원이다. 결산 시 회계처리를 하시오.

주식발행법인	취득일	처분일	주식수	주당 단가
(주)코텍	당기 1.30.	-	1,000주	100,000원
(주)코텍	-	당기 10.25.	300주	130,000원

(차) (대)

34 회사가 단기간 내의 시세차익을 목적으로 보유한 유가증권의 내역은 다음과 같다. 제시된 자료 이외의 다른 유가증권은 없고, 당기 중에 처분은 없었다고 가정한다(단, 당사는 일반기업회계기준에 근거하여 회계처리한다).

- 취득금액 : 12,000,000원
- 전기 12월 31일 공정가치 : 13,000,000원
- 당기 12월 31일 공정가치 : 12,500,000원

(차)	(대)

빈출 객관식문제

제2절 재무상태표(당좌자산)

정답 및 해설 : p.5

01 **다음 중 현금및현금성자산에 해당하지 않는 것은?**

① 당좌차월
② 보통예금
③ 타인발행수표
④ 취득 당시 만기가 3개월 이내에 도래하는 금융상품

02 **다음 중 일반기업회계기준에 따라 현금및현금성자산으로 분류되지 않는 것은?**

① 사용제한기간이 1년 이내인 보통예금
② 환매채(3개월 이내의 환매조건)
③ 취득 당시 상환일까지의 기간이 3개월 이내인 상환우선주
④ 취득 당시 만기가 3개월 이내에 도래하는 채권

03 **다음 중 현금및현금성자산에 속하지 않는 항목은?**

① 미화 $100 지폐
② 즉시 인출가능한 보통예금 잔고 300,000원
③ 7월 1일에 수취한 받을어음 1,000,000원(만기일 9월 30일)
④ 12월 1일에 (주)한국에 대여한 단기대여금 500,000원(상환일 다음 연도 3월 15일)

04 **다음 중 현금및현금성자산에 해당하지 않는 것은?**

① 타인발행수표 등 통화대용증권
② 당좌예금
③ 20×4년 11월 1일 취득하였으나 상환일이 20×5년 3월 1일인 상환우선주
④ 취득 당시 만기가 3개월 이내에 도래하는 채권

05 다음 중 기업회계기준상 현금및현금성자산의 합계액은 얼마인가?

• 현 금 : 50,000원	• 자기앞수표 : 100,000원
• 우편환증서 : 100,000원	• 정기예금(장기보유 목적) : 60,000원
• 외상매출금 : 300,000원	• 단기대여금 : 100,000원

• 취득 당시 만기일이 3개월 이내 환매조건부 채권 : 500,000원
• 3월 전에 가입한 정기적금(만기일 : 가입일로부터 1년) : 100,000원

① 850,000원
② 750,000원
③ 810,000원
④ 760,000원

06 다음 중 일반기업회계기준의 금융자산 및 금융부채에 대한 설명으로 틀린 것은?

① 금융자산이나 금융부채는 금융상품의 계약당사자가 되는 때에만 재무상태표에 인식한다.
② 금융자산의 이전거래가 매각거래에 해당하면 처분손익을 인식할 수 있다.
③ 신규로 취득하는 금융자산의 공정가치를 알 수 없는 경우 '0'으로 보아 처분손익을 계상한다.
④ 선급비용과 선수수익은 금융상품으로 볼 수 있다.

07 다음 중 자산에 속하지 않는 계정과목은?

① 개발비
② 선급비용
③ 미수수익
④ 선수수익

08 다음 중 당좌자산 내에 별도 표기하는 항목의 예가 아닌 것은?

① 선급비용
② 임차보증금
③ 단기투자자산
④ 매출채권

09 다음 중 유동자산으로 분류할 수 없는 것은?

① 사용의 제한이 없는 현금및현금성자산
② 정상적인 영업주기 내에 판매되거나 사용되는 재고자산과 회수되는 매출채권
③ 영업활동에 사용할 목적으로 보유하는 유형자산
④ 보고기간종료일로부터 1년 이내에 현금화 또는 실현될 것으로 예상되는 자산

10 **다음은 매출채권에 대한 설명이다. 틀린 것은?**

① 매출할인은 제품의 총매출에서 차감한다.
② 매출채권이란 주된 영업활동의 상품이나 제품판매 혹은 서비스를 제공하고 아직 돈을 못받은 경우 그 금액을 말한다.
③ 매출채권에서 발생한 대손상각비는 영업외비용으로 처리한다.
④ 대손충당금은 매출채권의 평가성 항목으로서 매출채권에서 차감하는 형식으로 표시한다.

11 **(주)한국은 12월 1일에 (주)서울에 대한 외상매출금 1,000,000원에 대하여 (주)서울의 파산으로 대손처리하였다. 대손처리 전에 외상매출금 및 대손충당금의 잔액이 다음과 같을 때 다음 설명 중 틀린 것은?**

- (주)서울에 대한 외상매출금 : 1,000,000원
- 외상매출금에 설정된 대손충당금 : 1,000,000원

① 대손처리 후의 외상매출금의 총액은 1,000,000원이 감소된다.
② 12월 1일의 회계처리에서는 일정한 비용이 인식된다.
③ 대손처리 후의 대손충당금의 잔액은 1,000,000원이 감소된다.
④ 대손처리 후의 외상매출금의 순액은 변동이 없다.

12 **다음 재무상태표상의 당좌자산에 대한 설명 중 옳지 않은 것은?**

① 단기금융상품과 장기금융상품의 분류는 보고기간종료일 현재 만기가 1년 이내에 도래하는지 여부에 따른다.
② 현금성자산이란 큰 거래비용 없이 현금으로 전환이 용이하고 이자율 변동에 따른 가치변동의 위험이 경미한 금융상품으로서 취득 당시 만기일이 3개월 이내인 것을 말한다.
③ 단기매매증권을 공정가치법에 의하여 회계처리하는 경우, 당기의 공정가치 변동에 따른 공정가치와 장부금액의 차액은 단기매매증권평가이익(또는 손실)으로 인식하여 기타포괄손익에 반영한다.
④ 외상매출금의 발생액은 외상매출금 계정의 차변에 기입한다.

13 **대손금 회계처리에 대한 다음의 설명 중 틀린 것은?**

① 대손예상액은 기말 매출채권 잔액에 대손추정률을 곱하여 산정한다.
② 모든 채권에서 발생된 대손처리 비용은 판매비와관리비로 처리한다.
③ 대손 발생 시 대손충당금 잔액이 있으면 먼저 상계한다.
④ 대손의 회계처리는 직접상각법과 충당금설정법이 있다.

14 **(주)세무는 (주)회계로부터 받은 어음(액면가액 10,000,000원)을 9,500,000원에 할인 받고자 한다. 다음의 설명 중 틀린 것은?(단, 단기차입금과 장기차입금을 구분하지 않고 차입금으로 인식한다고 가정)**

① 해당 거래가 매각거래로 분류될 경우 매출채권처분손실을 인식할 것이다.
② 해당 거래가 차입거래로 분류될 경우 이자비용을 인식할 것이다.
③ 해당 거래가 차입거래로 분류될 경우 차입금 계정은 10,000,000원 증가할 것이다.
④ 해당 거래가 매각거래로 분류될 경우 받을어음 계정은 변동이 없을 것이다.

15 **일반기업회계기준상 유가증권에 대한 설명 중 가장 옳지 않은 것은?**

① 지분증권 중 단기매매증권이나 만기보유증권으로 분류되지 아니하는 유가증권은 매도가능증권으로 분류한다.
② 매도가능증권 중 시장성이 없는 지분증권의 공정가치를 신뢰성 있게 측정할 수 없는 경우에는 취득원가로 평가한다.
③ 유가증권 보유자가 유가증권에 대한 통제를 상실하지 않고 유가증권을 양도하는 경우, 당해 거래는 담보차입거래로 본다.
④ 단기매매증권에 대한 미실현보유손익은 기타포괄손익누계액으로 처리한다.

16 **다음은 유가증권에 대한 설명이다. 틀린 것은?**

① 유가증권에는 지분증권과 채무증권이 포함된다.
② 단기매매증권에 대한 미실현보유손익은 당기손익항목으로 처리한다.
③ 매도가능증권에 대한 미실현보유손익은 기타포괄손익누계액으로 처리한다.
④ 만기가 확정된 채무증권으로서 상환금액이 확정되었거나 확정이 가능한 채무증권을 만기까지 보유할 적극적인 의도와 능력이 있는 경우에는 매도가능증권으로 분류한다.

17 **유가증권에 대한 내용으로 틀린 것은?**

① 상품권은 회계상 유가증권에 해당된다.
② 단기매매증권의 평가손익은 미실현보유손익이지만 당기손익에 반영한다.
③ 유가증권에는 지분증권과 채무증권이 포함된다.
④ 유가증권의 손상차손 금액은 당기손익에 반영한다.

18 **(주)우연의 단기매매 목적으로 취득한 유가증권의 취득 및 처분 내역은 다음과 같다. (주)우연의 손익계산서에 보고될 유가증권의 평가손익은 얼마인가?(단, (주)우연의 결산일은 12월 31일이며, 시가를 공정가액으로 본다)**

> • 02. 15 : 1주당 액면금액이 4,000원인 (주)필연의 주식 20주를 주당 150,000원에 취득함
> • 10. 20 : (주)필연 주식 중 6주를 220,000원에 처분함
> • 12. 31 : (주)필연의 주식의 시가는 주당 130,000원이었음

① 평가이익 80,000원
② 평가이익 420,000원
③ 평가손실 280,000원
④ 평가손실 120,000원

19 **다음 자료를 보고 20×2년에 인식할 처분손익을 계산하면 얼마인가?**

> • 20×1년 기말 단기매매증권 1,000주, 주당 공정가치 10,000원
> • 20×1년 기말 단기매매증권평가이익 1,500,000원
> • 20×2년 8월 1일에 1,000주를 주당 8,000원에 처분하였다.

① 처분이익 500,000원
② 처분손실 1,500,000원
③ 처분이익 1,500,000원
④ 처분손실 2,000,000원

20 **다음의 유가증권을 단기매매증권으로 분류하는 경우와 매도가능증권으로 분류하는 경우의 20×8년에 계상되는 당기손익의 차이 금액은 얼마인가?**

> (주)대한은 A회사 주식 1,000주를 주당 5,000원(공정가치)에 매입하면서 거래비용으로 50,000원이 발생하였고 기말에 주당 공정가치가 5,500원으로 평가되었다.

① 50,000원
② 450,000원
③ 500,000원
④ 550,000원

21 **다음 중 '유가증권' 양도에 따른 실현손익을 인식하기 위한 원가산정방법으로서 가장 합리적인 것은?**

① 정액법
② 이동평균법
③ 정률법
④ 이중체감법

22 다음은 단기매매 목적으로 매매한 주식회사 학동의 주식 거래 내역이다. 당기 12월 31일에 주식회사 학동의 공정가치가 주당 10,000원이면 손익계산서에 표시될 단기매매증권평가손익은 얼마인가?

거래일	매입주식수	매도주식수	거래가액
당기 1월 20일	1,000주		10,000원
당기 5월 30일		500주	12,000원
당기 11월 1일	1,000주		7,000원

① 단기매매증권평가손실 3,000,000원
② 단기매매증권평가이익 3,000,000원
③ 단기매매증권평가손실 1,000,000원
④ 단기매매증권평가이익 1,000,000원

23 다음 자료에 의한 시장성 있는 단기매매증권과 관련된 내용으로서 틀린 것은?

종 목	취득원가	20×4년 말 공정가액	20×5년 말 공정가액
(주)한국 보통주식	2,000,000원	1,900,000원	2,100,000원

① 20×4년 말 단기매매증권평가손실은 100,000원이다.
② 20×5년 말 단기매매증권평가이익은 200,000원이다.
③ 단기매매증권의 20×5년 말 재무상태표의 가액은 2,100,000원이다.
④ 단기매매증권평가손익은 재무상태표 계정 중 자본조정항목이다.

24 다음은 (주)한국산업의 대손충당금과 관련된 내용이다. 거래 내용을 반영한 후 당기 대손충당금으로 설정될 금액은 얼마인가?

- 전기 말 매출채권 잔액은 500,000원이고 대손충당금 잔액은 180,000원이다.
- 당기 매출채권 중에 150,000원이 대손 확정되었다.
- 전기 대손처리한 매출채권 중에 10,000원이 회수되었다.
- 당기 말 대손충당금 잔액은 210,000원이다.

① 180,000원　② 170,000원
③ 150,000원　④ 130,000원

25 아래 자료에 의하여 손익계산서에 계상할 대손상각비를 계산하면 얼마인가?

- 기초 대손충당금 잔액 : 500,000원
- 7월 15일에 매출채권 회수불능으로 대손처리액 : 700,000원
- 9월 30일에 당기 이전에 대손처리된 매출채권 현금회수액 : 1,000,000원
- 기말 매출채권 잔액 : 100,000,000원
- 대손충당금은 기말 매출채권 잔액의 2%로 한다(보충법).

① 1,200,000원　② 1,000,000원
③ 700,000원　④ 500,000원

26 다음은 (주)한국산업의 대손충당금과 관련된 내용이다. 거래내용을 확인한 후 당기 대손충당금으로 설정될 금액을 구하시오.

가. 기초 수정 전 매출채권 잔액은 300,000원이고 대손충당금 잔액은 18,000원이다.
나. 당기 외상매출금 중에 15,000원이 대손 확정되었다.
다. 전기 대손처리한 매출채권 중에 10,000원이 회수되었다.
라. 당기 말 대손충당금 잔액은 21,000원이다.

① 8,000원　② 12,000원
③ 18,000원　④ 21,000원

27 (주)갑을은 외상매출금의 대손을 연령분석법으로 추정한다. 12월 31일 현재의 대손추정 관련 내용은 다음과 같다.

기 간	금 액	대손추정율
60일 이하	10,000,000원	5%
60일 이상	5,000,000원	20%

당기 말 재무상태표상의 대손충당금은 얼마로 계상하여야 하는가?

① 300,000원　② 500,000원
③ 1,000,000원　④ 1,500,000원

02 재고자산

1 의의 및 종류

재고자산이란 정상적인 영업과정에서 판매를 위해 보유하는 자산, 판매를 위해 생산과정에 있는 자산, 판매할 자산의 생산과정에 투입될 자산이다. 재고자산은 물리적 형태에 의해 분류하는 것이 아니라 보유하는 목적에 따라 분류되며 판매를 통해 매출이라는 영업수익을 창출하고, 동시에 매출액에 대응되는 매출원가라는 비용을 발생시킨다.

상 품	정상적인 영업과정에서 판매 목적으로 외부에서 구입한 재고자산
원재료	제품을 제조하기 위해서 보유하고 있는 재료(부재료) 등의 재고자산
제 품	판매를 목적으로 제조된 완성품
반제품	자가제조한 중간제품 또는 부분품으로 판매가 가능한 재고자산
재공품	제품을 제조하기 위해 생산 중에 있는 재고자산
미착품	운송 중에 있는 자산으로 도착하지 않은 상품, 원재료 등의 재고자산
저장품	공장용, 사무용으로 쓰이는 소모품 등으로 기말 현재 미사용 재고자산

〈기업의 업종과 목적에 따른 토지의 분류〉

부동산매매기업이 판매 목적으로 토지를 외상 매입 → 재고자산	(차) 상 품	×××	(대) 외상매입금	×××
제조기업이 장기투자 목적으로 토지를 외상 매입 → 투자자산	(차) 투자부동산	×××	(대) 미지급금	×××
제조기업이 영업활동 목적으로 토지를 외상 매입 → 유형자산	(차) 토 지	×××	(대) 미지급금	×××

2 취득원가

1. 자산별 원가계산	
상품, 원재료 → 취득원가(순매입액)	순매입액 = 총매입액 + 취득 시 부대비용 − 매입환출 − 매입에누리 − 매입할인 • 취득 시 부대비용 : 매입 시 운임, 매입 시 수수료, 하역비, 수입 시 관세 등 취득과정에서 발생되는 지출
제품, 재공품 → 제조원가	제조원가 = 직접재료비 + 직접노무비 + 제조간접비

2. 운임 회계처리	
구매자가 운임 부담	상품 또는 원재료를 매입 시 운임을 구매자가 부담하는 경우에는 매입하면서 발생한 부대비용의 성격이므로 자산의 원가에 포함한다. (차) 상품/원재료 ××× (대) 현금 등 ×××
판매자가 운임 부담	상품 또는 제품을 판매 시 운임을 판매자가 부담하는 경우에는 판매자의 판관비에 해당하는 비용이므로 운반비(판)로 처리한다. (차) 운반비(판) ××× (대) 현금 등 ×××

〈차감계정〉

매입액의 차감계정	매출액의 차감계정	조정내용
매입환출	매출환입	상품의 품질불량 등의 사유로 반품(수량 감소)
매입에누리	매출에누리	상품을 반품할 정도로 중대한 하자는 아니지만 하자가 미미하여 대금 일부를 에누리
매입할인	매출할인	결제대금을 조기에 상환 시 일부 할인 예 5/30, n/50 : 30일 이내 결제 시 5% 할인. 단, 대금결제기한 50일 내

3 기말재고자산 포함

구분	내용
미착상품	운송 중인 상품으로 법률적인 소유권의 유무에 따라 재고자산 포함여부를 결정한다. • **선적지 인도조건** : 선적된 시점에 소유권이 매입자에게 이전되므로 매입자의 재고자산에 포함한다. • **도착지 인도조건** : 목적지에 도착하여 매입자가 인수하는 시점에 소유권이 매입자에게 이전되므로 판매자의 재고자산에 포함한다.
시송품	매입자가 일정 기간 사용한 후에 매입 여부를 결정하는 조건으로 판매한 상품을 말한다. 시송품은 비록 상품에 대한 점유는 이전되었으나 매입자가 매입의사표시를 하기 전까지는 수익을 인식하지 않으므로 판매자의 재고자산에 포함한다.
적송품	위탁자가 판매를 위탁하기 위하여 수탁자에게 보낸 상품이다. 수탁자가 보관하고 있는 적송품을 제3자에게 판매하기 전까지는 수익을 인식하지 않으므로 위탁자의 재고자산에 포함한다.
저당상품	금융기관 등으로부터 자금을 차입하고 그 담보로 제공된 상품이다. 저당권이 실행되기 전까지는 담보제공자가 소유권을 가지고 있으므로, 저당권이 실행되어 소유권이 이전되기 전까지는 담보제공자의 재고자산에 포함한다.
할부판매	재고자산을 고객에게 인도하고 대금을 미래에 분할하여 회수하기로 한 경우를 말한다. 할부판매는 대금이 모두 회수되지 않았다고 하더라도 상품의 인도시점에서 수익을 인식하므로 판매자의 재고자산에서 제외한다.
반품조건판매	반품률이 높은 상품판매는 반품률의 합리적 추정가능성 여부에 의하여 재고자산 포함 여부를 결정한다. 반품률을 과거의 경험 등에 의하여 합리적으로 추정가능한 경우에는 상품 인도 시에 반품률을 적절히 반영하여 판매된 것으로 보아 판매자의 재고자산에서 제외한다. 그러나 반품률을 합리적으로 추정할 수 없을 경우에는 구매자가 상품의 인수를 수락하거나 반품기간이 종료된 시점까지는 판매자의 재고자산에 포함한다.

4 재고자산 평가

1. 수량결정방법

구분	내용
계속기록법	기초재고수량 + 당기매입수량 − 당기매출수량 = 기말재고수량
실지재고조사법	기초재고수량 + 당기매입수량 − 기말재고수량 = 당기판매수량
혼합법(병행법)	계속기록법의 기말재고수량 − 실지재고조사법의 기말재고수량 = 재고감모수량

2. 단가결정방법(재고자산 원가흐름에 대한 가정)

재고자산의 기말평가는 그 재고자산의 취득원가에 의하여 결정된다. 따라서 동일한 품목의 재고자산의 취득원가는 물가가 변하지 않는다면 구입시점에 관계없이 동일하겠지만, 현실적으로는 물가가 변동하기 때문에 구입시점에 따라서 취득원가가 달라질 수 있다. 이와 같이 각각 상이한 가격으로 구입한 재고자산 중 일부는 판매되고 일부는 기말재고로 남아있는 경우 과연 얼마에 구입한 재고자산이 매출원가라는 비용으로 처리되었으며 기말재고로 남아있는 원가가 얼마인지 결정하여야 한다. 이러한 문제를 해결하기 위해 인위적으로 원가흐름에 대한 가정이 필요하다. 일반기업회계기준에서는 원칙적으로 개별법을 사용하여 취득단가를 결정한다. 그러나 개별법으로 원가를 결정할 수 없는 재고자산의 원가는 선입선출법, 평균법, 후입선출법 등을 사용한다.

구분	내용
개별법	개별법은 실제로 판매한 원가흐름을 적용하여 실제 매출원가와 기말재고액을 구할 수 있기에 가장 타당한 원가배분방법으로 꼽힌다. 그러나 현실적으로는 쉽지 않기 때문에 소수의 상품을 취급하는 경우에만 적용이 가능하다.
선입선출법	선입선출법은 먼저 매입한 상품이 먼저 판매되는 것으로 과거에 매입한 상품의 단가가 매출원가를 구성하고 최근 매입한 상품의 단가가 기말재고액으로 남게 된다. 가격이 상승하는 인플레이션의 경우에 이익이 과대계상되는 특징이 있으며 실지재고조사법과 계속기록법의 결과가 동일하게 산출된다. 실제물량흐름과 일치한다는 장점이 있는 반면에 현행수익과 현행비용(매출원가)의 대응이 적절치 못하다는 단점이 있다.
후입선출법	후입선출법은 나중에 매입한 상품이 먼저 판매되는 것으로 최근에 매입한 상품의 단가가 매출원가가 되고 과거에 매입한 상품의 단가가 기말재고액을 구성하게 된다. 인플레이션의 경우에 이익이 가장 과소계상되는 특징이 있다. 실제물량흐름과 불일치하는 단점이 있는 반면에 현행수익과 현행비용(매출원가)의 대응이 보다 적절하다는 장점이 있다.
총평균법	총평균법이란 기말시점에 단위당 총평균단가를 산정한 후, 이를 각각 매출수량과 기말재고수량에 곱하여 매출원가와 기말재고액을 결정하는 방법이다. 총평균법은 계속기록법과는 병행하여 사용할 수 없으며, 총평균법에 의한 단위당 평균취득원가는 결산 시 한 번 계산하므로 기중에 매출하는 때에 매출원가를 산정할 수는 없다.
이동평균법	이동평균법은 재고자산을 매입할 때마다 단위당 평균취득단가를 산정한 후, 이를 매출수량에 곱하여 매출원가를 산정하는 방법이다. 이동평균법은 매입시점마다 새로이 단가를 산정하기 때문에 실지재고조사법과는 같이 사용될 수 없으며 기중에 매출하는 때에 매출원가를 산정할 수 있다는 장점이 있다.

〈수량결정방법과 단가결정방법〉

구 분	개별법	선입선출법	후입선출법	총평균법	이동평균법
계속기록법	○	○	○	×	○
실지재고조사법	○	○	○	○	×

예 제

다음의 자료로 선입선출법, 후입선출법, 이동평균법, 총평균법에 의한 기말재고자산과 매출원가를 구하여 비교하시오(단, 후입선출법은 계속기록법을 적용하여 계산할 것).

- 기초재고(01월 01일) 수량 10개 단가 ₩70
- 상품매입(03월 05일) 수량 30개 단가 ₩90
- 상품매출(04월 15일) 수량 20개 단가 ₩200 (판매단가)
- 상품매입(05월 20일) 수량 20개 단가 ₩100
- 상품매출(06월 12일) 수량 10개 단가 ₩200 (판매단가)

정답 및 해설

단가결정방법 수량결정방법	선입선출법 (실지/계속)		이동평균법 (계속)		총평균법 (실지)		후입선출법 (계속)
매출액	6,000	=	6,000	=	6,000	=	6,000
− 매출원가	2,500	<	2,625	<	2,700	<	2,800
= 매출총이익	3,500	>	3,375	>	3,300	>	3,200
기말재고자산	2,900	>	2,775	>	2,700	>	2,600

〈선입선출법 적용〉

상 품

기초상품재고	700	매출원가	2,500
당기순매입액	4,700	기말상품재고	2,900
계	5,400	계	5,400

4월 15일 매출원가
: (10개 × @70) + (10개 × @90) = 1,600
6월 12일 매출원가 : 10개 × @90 = 900

〈후입선출법 적용〉

상 품

기초상품재고	700	매출원가	2,800
당기순매입액	4,700	기말상품재고	2,600
계	5,400	계	5,400

4월 15일 매출원가 : 20개 × @90 = 1,800
6월 12일 매출원가 : 10개 × @100 = 1,000

〈이동평균법 적용〉

상 품

기초상품재고	700	매출원가	2,625
당기순매입액	4,700	기말상품재고	2,775
계	5,400	계	5,400

4월 15일 매출원가 : 20개 × @85 = 1,700
6월 12일 매출원가 : 10개 × @92.5 = 925

〈총평균법 적용〉

상 품

기초상품재고	700	매출원가	2,700
당기순매입액	4,700	기말상품재고	2,700
계	5,400	계	5,400

4월 15일 매출원가 : 20개 × @90 = 1,800
6월 12일 매출원가 : 10개 × @90 = 900

5 감모손실과 평가손실

1. 재고자산감모손실(수량부족)

재고자산의 장부수량과 실제수량과의 차이에서 발생하는 원가를 재고자산감모손실이라고 한다. 정상적으로 발생한 감모손실은 매출원가에 가산하고, 비정상적으로 발생한 감모손실은 영업외비용으로 분류한다.

정상적인 손실 (원가에 포함)	(차) 매출원가	×××	(대) 재고자산	×××
비정상적인 손실 (영업외비용)	(차) 재고자산감모손실	×××	(대) 재고자산 [적요 : ❽타계정으로 대체]	×××

2. 재고자산평가손실(저가법 : 보수주의)

재고자산의 평가는 원칙적으로는 취득원가를 적용하지만, 재고자산이 물리적 손상, 장기체화, 진부화 등의 사유로 인해 재고자산의 시가가 취득원가보다 하락한 경우에는 저가법을 적용하여 재고자산의 시가를 재무상태표 가액으로 평가해야 한다.

저가법에 의한 평가로 인해 발생하는 재고자산평가손실은 재고자산의 차감계정으로 표시하고 매출원가에 가산한다. 재고자산은 종목별로 평가하는 것이 원칙이지만 유사한 항목들은 통합하는 것도 가능하다. 또한 저가법의 적용으로 평가손실을 초래했던 상황이 이후에 해소되어 새로운 시가가 장부가액보다 상승한 경우에는 최초의 장부가액을 초과하지 않는 범위 내에서 평가손실은 환입하고 매출원가에서 차감한다.

평가방법	**저가법 평가 = MIN[취득원가, 시가]** ① 상품, 제품의 시가 : 순실현가능가치(추정판매가 – 추정판매비) ② 원재료의 시가 : 현행대체원가
저가법 평가	예 20×1년 기말 현재 상품 장부가액 100,000원, 시가 130,000원이다. 평가하시오(저가법 적용). ☞ 회계처리 없음(장부가액보다 시가가 높은 경우에는 평가하지 않음) 예 20×1년 기말 현재 상품 장부가액 100,000원, 시가 95,000원이다. 평가하시오(저가법 적용). (차) 재고자산평가손실 5,000 (대) 재고자산평가충당금 5,000 (매출원가 가산) (재고자산 차감) **재무상태표** 20×1.12.31 재고자산 100,000 재고자산평가충당금 (5,000) 95,000 ⇨ 순실현가능가치(시가)
시가 회복	시가가 장부가액보다 상승한 경우에는 최초의 장부가액을 초과하지 않는 범위 내에서 환입한다. 예 20×2년 기말 현재 상품 장부가액 95,000원, 시가 110,000원, 최초 장부가액 100,000원이다. 시가의 상승으로 인한 회계처리를 하시오. ☞ 최초 장부가액을 초과할 수 없다(95,000원 < 100,000원). (차) 재고자산평가충당금 5,000 (대) 재고자산평가충당금환입 5,000 (재고자산 차감) (매출원가 차감)

6 원가의 배분

1. 매출원가

매출원가란 매출액에 직접적으로 대응되는 비용이다. 예를 들어 상품을 ₩1,000에 취득하여 ₩1,300에 팔았다면 ₩1,000 매출원가, ₩1,300 매출액, ₩300 매출총이익이 된다. 판매된 자산의 원가는 손익계산서 비용(매출원가)으로 처리하며 만약 판매되지 않았다면 기말재고자산이 되어 차기로 이월된다.

〈상품 T-계정으로 매출원가 이해하기〉

	상품		
판매가능원가 →	기초상품재고	상품매출원가	→ 비용 : 판매된 상품
판매가능원가 →	상품매입액	기말상품재고액	→ 자산 : 미판매 상품

- 상품매출원가 = 기초상품재고액 + 당기상품순매입액 - 기말상품재고액 - 타계정대체
- 매출총이익 = 상품(순)매출액 - 상품매출원가

2. 타계정대체

재고자산을 판매 이외의 다른 목적으로 사용하는 것을 타계정으로 대체한 금액이라고 하며 타계정대체액은 기말재고자산, 매출원가에 포함되지 않는다. 타계정으로 대체한 예로는 재고자산의 비정상감모손실, 재고자산을 견본이나 광고 목적, 접대 목적 등에 사용한 경우가 해당한다.

<table>
<tr><td rowspan="2">재고자산의 타계정대체</td><td>재고자산을 판매 아닌 용도로 사용하는 경우에 원가만큼 제거하고 타계정으로 사용한 내역에 반영한다.
재고자산을 사업 관련(견본제공)하여 사용하는 것은 부가세법상 간주공급에 해당하지 않는다.
예 당사 제품(원가 800,000원, 시가 1,100,000원 - 부가세 포함)을 매출처에 견본품으로 무상제공하다. 회계처리하시오.
☞ 견본비는 부가세법상 간주공급에 해당하지 않음
(차) 견본비(판) 800,000 (대) 제 품 800,000
[적요 : ❽타계정으로 대체]</td></tr>
<tr><td>[VAT 간주공급]
재고자산을 거래처에 무상으로 제공하는 거래는 부가세법상 간주공급(사업상 증여)에 해당한다. 따라서 과세표준(시가)의 10%를 부가세 매출세액으로 신고, 납부해야 한다.
예 당사 제품(원가 800,000원, 시가 1,100,000원 - 부가세 포함)을 매출처에 명절선물용으로 무상제공하다. 회계처리하시오.
☞ 접대비는 부가세법상 간주공급에 해당함
(차) 접대비(판) 900,000 (대) 부가세예수금 100,000
제 품 800,000
[적요 : ❽타계정으로 대체]</td></tr>
</table>

빈출 분개연습

제2절 재무상태표(재고자산)

정답 및 해설 : p.6

01 수입한 원재료에 대하여 다음과 같은 비용이 보통예금에서 지급되었다.

• 통관서류작성 대행 수수료 : 10,000원 • 창고까지 운반한 비용 : 20,000원

(차)	(대)

02 제품(원가 800,000원, 시가 1,100,000원)을 국군장병 위문금품으로 전달하였다(단, 국군장병 위문금품은 법인세법상 법정기부금에 해당한다).

(차)	(대)

03 영업부에서 원재료로 사용하기 위해 구입한 미가공식료품(취득원가 : 1,000,000원)을 거래처 직원을 위한 선물로 지급하였다.

(차)	(대)

04 원재료로 사용하기 위해 구입한 부품(취득원가 : 700,000원)을 생산공장의 기계장치를 수리하는 데 사용하였다. 수리와 관련된 비용은 수익적 지출로 처리하시오.

(차)	(대)

05 당사의 제품(원가 : 100,000원, 판매가 : 120,000원)을 생산직 직원의 복리후생 목적으로 제공하였다(단, 재화의 간주공급에 해당하지 아니함).

(차)	(대)

06 당사에서 구입했던 상품인 텐트 100개를 수재민을 도와주기 위해 서울시에 기부하였다. 텐트의 구입 원가는 10,000,000원이며 시가는 12,000,000원이다(단, 재화의 간주공급에 해당하지 아니함).

(차)	(대)

07 회사는 매출처인 일흥기획의 제품매출에 대한 외상매출금 5,000,000원을 보통예금으로 송금받았다. 동 대금 잔액은 4월 30일에 발생한 (2/10, n/15)의 매출할인 조건부 거래에 대한 것으로서 동 결제는 5월 7일의 최초 결제한 것이다(단, 부가가치세는 고려하지 않는다).

(차)	(대)

08 매입처 제일물산으로부터 외상으로 매입한 상품 중 품질불량으로 인해 에누리 받은 금액이 500,000원이다(단, 부가가치세는 고려하지 아니한다).

(차)	(대)

09 매입처 동국상사(주)로부터 매입하였던 원재료에 대한 외상매입대금 8,200,000원 중 품질불량으로 인하여 700,000원 에누리 받은 금액을 제외하고 당좌수표를 발행하여 지급하다(단, 부가가치세는 고려하지 아니함).

(차)	(대)

10 기말 현재 제품에 대한 실지재고조사 결과는 다음과 같다. 감모된 수량은 모두 비정상적인 것이다. 재고자산감모손실과 관련된 회계처리를 하시오.

- 장부 재고수량 : 500개
- 실제 재고수량 : 430개
- 단위당 취득원가(또는 공정가치) : 10,000원

(차)	(대)

빈출 객관식문제

제2절 재무상태표(재고자산)

정답 및 해설 : p.7

01 **다음 중 재고자산의 종류에 대한 설명이 틀린 것은?**

① 상기업의 경우 판매를 목적으로 소유하고 있는 상품
② 제조기업의 경우 제품 생산을 위해 소유하고 있는 원료, 제품, 재공품
③ 부동산매매업의 경우 판매 목적으로 소유하고 있는 토지, 건물 등
④ 부동산임대업의 경우 소유하고 있는 토지, 건물

02 **다음 중 재고자산 취득원가에 포함되지 않는 것은?**

① 취득과정에서 정상적으로 발생한 하역료
② 제조과정에서 발생한 직접재료원가
③ 추가 생산단계에 투입하기 전에 보관이 필요한 경우 외의 보관비용
④ 수입과 관련한 수입관세

03 **다음 사료에 근거하여 손익계산서에 반영되는 순매입액을 계산하라.**

- 당기에 상품 1,000,000원을 외상으로 매입하였다.
- 위 상품을 매입하면서 매입운임으로 80,000원을 지급하였다.
- 위 외상으로 매입한 상품 중 100,000원을 불량품으로 반품하였다.
- 외상매입금을 조기에 지급하여 30,000원의 매입할인을 받았다.

① 1,050,000원 ② 1,080,000원
③ 950,000원 ④ 980,000원

04 **다음 중 판매회사의 재고자산으로 분류되지 않는 항목은?**

① 위탁자의 결산일 현재 수탁자가 판매하지 못한 적송품
② 판매회사가 도착지 인도조건으로 매입한 결산일 현재 미착상품
③ 결산일 현재 매입자의 매입의사 표시 없는 시송품
④ 반품률을 추정할 수 없는 경우로 반품기간이 종료되지 않은 상품

05 **다음 자료를 이용하여 순매출액을 계산하는데 있어 차감하면 안 될 항목은?**

① 매출운임 ② 매출에누리
③ 매출환입 ④ 매출할인

06 **다음 중 재고자산의 매출원가에 반영되지 않는 경우는?**

① 재고자산을 제작하는 비용
② 재고자산 판매 시 판매수수료
③ 재고자산의 시가하락에 따른 평가손실
④ 재고자산 보관 중 감모에 따른 정상적인 감모손실

07 **일반기업회계기준상 재고자산에 대한 설명으로 가장 틀린 것은?**

① 목적지 인도조건으로 매입하는 미착상품(목적지에 도달되지 않은 상품)은 매입자의 재고자산이 아니다.
② 위탁매매계약을 체결하고 수탁자가 위탁자에게서 받은 적송품은 수탁자의 재고자산이다.
③ 매입자가 사용해본 후 구입결정을 하는 조건으로 판매하기 위하여 공급하고 구입의사결정이 안된 시송품은 판매자의 재고자산이다.
④ 장부상 재고보다 실제 조사한 재고의 수량이 적은 경우로써 감모된 원인이 원가성이 없는 경우에는 영업외비용으로 처리한다.

08 **다음 재고자산에 대한 설명 중 (주)태성의 소유가 아닌 것은?**

가. (주)태성은 선적지 인도조건인 운송 중인 상품을 (주)황소로부터 구입하였다.
나. (주)태성이 (주)북부에게 판매를 위탁한 상품(적송품)이 (주)북부의 창고에 보관 중이다.
다. (주)태성은 (주)한국에게 반품률을 합리적으로 추정가능한 상태로 상품을 판매(인도)하였다.
라. (주)태성은 운송 중인 상품을 도착지 인도조건으로 (주)남부에 판매하였다.

① 가 ② 나
③ 다 ④ 라

09 **다음의 재고자산의 단위원가를 결정하는 방법 중 수익비용의 대응에 있어서 가장 정확한 방법은 무엇인가?**

① 후입선출법 ② 선입선출법
③ 가중평균법 ④ 개별법

10 **기말재고자산의 원가흐름가정 구분에 해당하지 않는 것은?**

① 실지재고조사법
② 개별법
③ 평균법
④ 선입선출법

11 **재고자산의 평가방법 중에서 다음에서 설명하고 있는 재고자산의 원가흐름의 가정은 무엇인가?**

- 계속기록법을 적용하는 경우와 실지재고조사법을 적용하는 경우 모두 동일한 매출원가와 기말재고자산 금액을 갖게 된다.
- 인플레이션 상황에서는 최근 수익에 과거원가가 대응되므로 수익비용대응 측면에서는 부적합하다.
- 인플레이션 상황에서는 최근 구입한 재고자산이 재무상태표에 계상되므로 자산의 평가가 비교적 합리적이다.

① 개별법
② 평균법
③ 선입선출법
④ 후입선출법

12 **다음 중 재고자산의 저가법에 관한 설명으로 틀린 것은?**

① 재고자산의 손상으로 재고자산의 시가가 취득원가보다 하락하면 저가법을 사용하여 재고자산의 장부금액을 결정한다.
② 재고자산의 시가는 매 회계기간말에 추정하고 재고자산평가손실의 환입은 매출원가에서 차감한다.
③ 재고자산 평가를 위한 저가법은 항목별로 적용한다. 그러나 경우에 따라서는 서로 유사하거나 관련 있는 항목들을 통합하여 적용하는 것이 적절할 수 있다.
④ 원재료를 투입하여 완성할 제품의 시가가 원가보다 높을 때에도 원재료에 대하여 저가법을 적용한다.

13 **재고자산의 시가가 취득원가보다 하락한 경우에는 저가법을 사용하여 장부금액을 결정한다. 이와 같이 저가법을 적용하는 사유에 해당하지 않는 것은?**

① 보고기간말로부터 1년 또는 정상영업주기 내에 판매되지 않았거나 생산에 투입할 수 없어 장기체화된 경우
② 진부화하여 정상적인 판매시장이 사라진 경우
③ 완성하거나 판매하는데 필요한 원가가 하락한 경우
④ 기술 및 시장여건 등의 변화에 의해서 판매가치가 하락한 경우

14 **다음 중 계속적으로 물가가 상승하고, 기말상품재고량은 기초상품재고량보다 증가한 상황일 때 미치는 영향으로 옳지 않은 것은?**

① 매출원가는 선입선출법이 총평균법보다 작게 평가된다.
② 기말상품가액은 선입선출법이 후입선출법보다 크게 평가된다.
③ 당기순이익은 선입선출법이 후입선출법보다 크게 평가된다.
④ 기말상품가액은 선입선출법이 이동평균법보다 작게 평가된다.

15 **재고자산에 대한 설명 중 옳지 않은 것은?**

① 재고자산의 감모손실 중 정상적으로 발생한 감모손실은 매출원가에 가산한다.
② 재고자산의 비정상적으로 발생한 감모손실은 영업외비용으로 인식한다.
③ 재고자산의 시가가 장부가액 이하로 하락하여 발생한 평가손실은 재고자산의 차감계정으로 표시하고 매출원가에 가산한다.
④ 저가법으로 평가한 재고자산의 시가가 장부가액보다 상승한 경우에는 상승분 전액을 당기 수익으로 인식되어야 한다.

16 **다음은 무엇에 관한 설명인가?**

재고자산의 시가가 취득원가보다 하락한 경우 저가법을 사용하여 결정한다.

① 재고자산평가손실
② 비정상적 재고자산감모손실
③ 정상적 재고자산감모손실
④ 타계정대체

17 **다음 중 일반기업회계기준의 재고자산감모손실에 대한 설명으로 올바른 것은?**

① 정상적으로 발생한 감모손실은 매출원가에 가산한다.
② 재고자산감모손실은 시가가 장부가액보다 하락한 경우에 발생한다.
③ 비정상적으로 발생한 감모손실은 판매비와관리비 항목으로 분류한다.
④ 재고자산감모손실은 전액 제조원가에 반영하여야 한다.

18 **재고자산에 대한 설명 중 틀린 것은?**

① 선입선출법에 의해 원가배분을 할 경우 기말재고는 최근에 구입한 상품의 원가로 구성된다.
② 재고자산의 가격이 계속 상승하는 경우 재고자산을 가장 낮게 보수적으로 평가하는 방법은 후입선출법이다.
③ 총평균법에 비해 이동평균법은 현행원가의 변동을 단가에 민감하게 반영시키지 못한다.
④ 재고자산을 저가법으로 평가하는 경우 제품, 상품 및 재공품의 시가는 순실현가능가액을 적용한다.

19 **재고자산에 대한 평가방법 중 재고자산이 존재하는 상황에서 후입선출법에 대한 설명으로서 알맞지 않은 것은?(단, 기말재고자산이 기초재고자산보다 증가하는 상황이라고 가정한다).**

① 물가가 지속적으로 상승 시 선입선출법에 비해 매출원가를 크게 계상한다.
② 물가가 지속적으로 상승 시 선입선출법에 비해 기말재고자산은 시가를 적정하게 표시하지 못한다.
③ 물가가 지속적으로 하락 시 선입선출법보다 이익을 작게 계상한다.
④ 물가가 지속적으로 하락 시 기말재고자산은 선입선출법에 비해 크게 계상된다.

20 **다음 중 재고자산에 대한 설명으로 가장 옳지 않은 것은?**

① 계속기록법은 입출고 시마다 계속적으로 기록하여 항상 잔액이 산출되도록 하는 방법이다.
② 실지재고조사법은 정기적으로 재고조사를 실시하여 실제 재고수량을 파악하는 방법이다.
③ 계속기록법하의 평균법을 총평균법이라 한다.
④ 원칙적으로 개별법을 사용하여 취득단가를 결정하고, 개별법으로 원가를 결정할 수 없을 때에 선입선출법, 가중평균법 및 후입선출법에서 선택하여 사용하도록 규정하고 있다.

21 **다음 중 재고자산평가손실로 처리해야 하는 변동사항인 것은?**

① 분 실
② 가치하락
③ 도 난
④ 파 손

22 **다음의 자료에서 설명하는 재고자산의 평가방법은?**

- 일반적인 물가상승 시 당기순이익이 과대계상된다.
- 기말재고자산이 현시가를 반영하고 있다.
- 인플레이션 시에는 경영진의 경영실적을 높이려는 유혹을 가져올 수 있다.

① 선입선출법
② 후입선출법
③ 개별법
④ 이동평균법

23 **재고자산의 원가흐름에 대한 가정 내용 중 틀린 것은?**

① 일반적으로 선입선출법은 후입선출법보다 수익비용대응이 적절하다.
② 이동평균법은 상품을 구매할 때마다 가중평균단가를 계산하여 기말재고액을 결정하는 방법이다.
③ 후입선출법은 재무상태표보다는 손익계산서에 충실한 방법이다.
④ 개별법은 실제 물량의 원가대응에 충실한 방법이다.

24 **다음 중 재고자산에 대한 설명으로 옳은 것은?**

① 평균법은 기초재고와 기중에 매입 또는 생산한 재고가 별도의 구분 없이 판매 또는 사용된다고 가정하는 원가의 흐름이다.
② 제품의 기말재고가 과소계상되면 이익잉여금이 과대계상된다.
③ 재고자산의 수량결정방법에는 실지재고조사법, 개별법, 계속기록법이 있다.
④ 정상적인 재고자산감모손실이 발생한 경우 영업외비용으로 처리한다.

25 **다음은 재고자산에 대한 설명이다. 옳지 않은 것은?**

① 재고자산의 매입원가는 매입금액에 매입운임, 하역료 및 보험료 등 취득과정에서 정상적으로 발생한 부대원가를 가산한 금액이다.
② 후입선출법에 의해 원가배분을 할 경우 기말재고는 최근에 구입한 상품의 원가로 구성된다.
③ 선적지 인도조건으로 판매한 운송 중인 상품은 판매자의 재고자산이 아니다.
④ 재고자산의 원가결정방법에는 평균법, 선입선출법, 후입선출법 등이 있다.

26 **다음 중 재고자산에 대한 설명으로 옳지 않은 것은?**

① 재고자산은 이를 판매하여 수익을 인식한 기간에 매출원가로 인식한다.
② 재고자산의 시가가 장부금액 이하로 하락하여 발생한 평가손실은 재고자산의 차감계정으로 표시하고 영업외비용으로 처리한다.
③ 재고자산의 장부상 수량과 실제 수량과의 차이에서 발생하는 감모손실의 경우 정상적으로 발생한 감모손실은 매출원가에 가산한다.
④ 재고자산의 장부상 수량과 실제 수량과의 차이에서 발생하는 감모손실의 경우 비정상적으로 발생한 감모손실은 영업외비용으로 분류한다.

27 **재고자산의 원가흐름에 대한 가정 내용 중 옳지 않은 것은?**

① 개별법은 실제 물량의 흐름과 원가흐름을 정확하게 일치시킨다.
② 이동평균법은 재고자산의 수량이 바뀔 때마다 단가를 새로 평균내는 방법으로서 실지재고조사법 하에서의 평균법이다.
③ 후입선출법은 물가하락 시 선입선출법보다 이익이 상대적으로 과대계상된다.
④ 선입선출법은 후입선출법보다 수익비용대응이 부적절하다.

28 다음의 자료에서 설명하는 재고자산의 평가방법은?

> • 일반적인 물가상승 시 당기순이익이 과소계상되어 법인세를 설감하는 효과가 있다.
> • 기말재고자산이 현시가를 반영하지 못한다.
> • 디플레이션 시에는 경영진의 경영실적을 높이려는 유혹을 가져올 수 있다.

① 선입선출법　　② 후입선출법
③ 개별법　　④ 이동평균법

29 다음 자료를 기초로 하여 매출원가를 계산하면 얼마인가?

항 목	금 액	비 고
기초재고액	100,000원	–
당기매입액	500,000원	도착지 인도조건의 미착상품 30,000원 포함
기말재고액	50,000원	창고보유분
시송품	30,000원	고객이 매입의사를 표시한 금액 10,000원
적송품	100,000원	00% 판매완료

① 430,000원　　② 440,000원
③ 450,000원　　④ 460,000원

30 (주)세무는 홍수로 인해 재고자산이 유실되었다. 다음 중 유실된 재고자산은 얼마인가?

> • 기초재고자산 : 80,000원
> • 당기 중 매입액 : 1,020,000원
> • 당기 중 매출액 : 800,000원
> • 매출총이익율 : 20%
> • 기말재고 실사금액 : 100,000원

① 360,000원　　② 460,000원
③ 560,000원　　④ 640,000원

31 다음은 일반기업회계기준상 재고자산에 대한 설명이다. 괄호 안에 들어갈 내용으로 옳은 것은?

> 재고자산은 이를 판매하여 수익을 인식한 기간에 (㉠)(으)로 인식한다. 재고자산의 시가가 장부금액 이하로 하락하여 발생한 평가손실은 재고자산의 차감계정으로 표시하고 (㉡)에 가산한다. 재고자산의 장부상 수량과 실제 수량과의 차이에서 발생하는 감모손실의 경우 정상적으로 발생한 감모손실은 (㉢)에 가산하고 비정상적으로 발생한 감모손실은 (㉣)(으)로 분류한다.

	㉠	㉡	㉢	㉣
①	매출원가	영업외비용	영업외비용	매출원가
②	매출원가	매출원가	매출원가	영업외비용
③	영업외비용	매출원가	매출원가	영업외비용
④	영업외비용	영업외비용	영업외비용	매출원가

32 손익계산서상 매출총이익이 2,600,000원일 경우, 아래 자료를 보고 매출액을 추정하면?(단, 아래 이외의 자료는 없는 것으로 가정한다).

> • 기초상품재고액 : 3,000,000원
> • 당기상품매입액 : 2,500,000원
> • 상품 타계정대체액 : 1,000,000원(※ 접대 목적 거래처 증정)
> • 기말상품재고액 : 2,000,000원

① 2,500,000원
② 3,500,000원
③ 5,100,000원
④ 6,100,000원

33 재고자산에 대하여 선입선출법을 적용한다. 다음 자료를 이용한 경우에 기말재고액은 얼마인가?

날 짜	내 용	수 량	단 가	금 액
01월 01일	기초재고	100개	10원	1,000원
03월 10일	매 입	50개	12원	600원
05월 15일	매 출	70개		
12월 31일	기말재고	80개	?	?

① 900원
② 880원
③ 800원
④ 960원

34 다음은 재고자산(상품) 관련 자료이다. 손익계산서상 매출원가는 얼마인가?

- 기초재고액 : 150,000원
- 당기매입액 : 270,000원
- 매입환출액 : 50,000원
- 매입할인 : 30,000원
- 타계정대체액 : 20,000원(접대 목적의 거래처 증정분)
- 기말재고액 : 30,000원

① 270,000원　② 290,000원
③ 320,000원　④ 340,000원

03 투자자산

1 의의 및 종류

투자자산이란 일반적으로 사업의 주된 영업 목적이 아닌 타 회사의 지배나 통제 혹은 유휴자금의 활용을 목적으로 장기투자한 자산으로 비유동자산으로 분류한다. 투자자산은 기업 본연의 영업활동을 위해 장기간 사용되는 유형자산, 무형자산과 성격상 다르기 때문에 별도로 구분한다.

투자부동산	투자 목적으로 소유하는 토지, 건물 및 기타 부동산
장기금융상품	• 장기성예금 : 보고기간종료일로부터 만기가 1년 이후에 도래하는 정기예적금 • 특정현금과예금 : 사용이 제한된 예금성격으로 당좌거래개설보증금
장기대여금	상환기간이 1년을 초과하는 대여금
매도가능증권	장기간 투자수익을 얻을 목적으로 보유하는 유가증권(지분증권, 채무증권)
만기보유증권	만기까지 보유할 목적으로 보유하고 있는 유가증권(채무증권)
지분법적용투자주식	투자자가 지분법피투자기업에 대하여 일정비율 이상의 지분을 취득하거나 의사결정과정에 참여하여 유의적인 영향력을 행사할 수 있는 지분증권

2 유가증권

투자자산으로 분류되는 유가증권은 매도가능증권, 만기보유증권, 지분법적용투자주식이 있다. 단, 매도가능증권과 만기보유증권은 보유기간에 따라 당좌자산(단기투자자산)으로 분류되는 경우도 있다.

1. 유가증권의 분류

지분증권(주식)은 투자자의 지분증권에 대한 보유의도와 지분법피투자기업에 대한 영향력 행사 여부에 따라 단기매매증권, 지분법적용투자주식, 매도가능증권 중의 하나로 분류된다. 채무증권(채권)은 투자자의 채무증권에 대한 보유의도와 보유능력에 따라 단기매매증권, 매도가능증권, 만기보유증권 중의 하나로 분류된다. 유가증권의 분류의 적정성은 보고기간종료일마다 재검토해야 한다.

유가증권 종류	보유 목적	계정과목	분 류
지분증권 채무증권	단기간 내에 매매차익을 목적으로 취득하였으며 시장성이 있는 유가증권	단기매매증권 [107]	당좌자산(유동)
지분증권 채무증권	단기매매증권, 만기보유증권, 지분법적용투자주식으로 분류되지 아니한 유가증권	매도가능증권 [123]	당좌자산(유동)
		매도가능증권 [178]	투자자산(비유동)
채무증권	만기가 확정되어 상환금액이 확정된 채무증권을 만기까지 보유할 적극적인 의도와 능력이 있는 채무증권	만기보유증권 [124]	당좌자산(유동)
		만기보유증권 [181]	투자자산(비유동)
지분증권	투자자가 피투자회사에 중대한 영향력(지분율 20% 이상)을 행사할 수 있는 지분증권	지분법적용투자주식 [182]	투자자산(비유동)

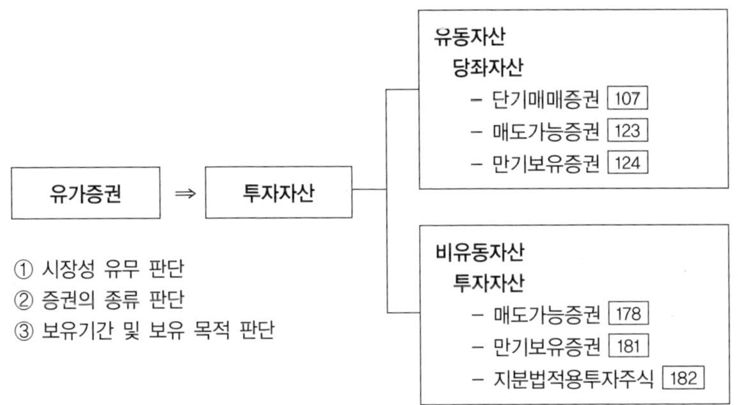

① 시장성 유무 판단
② 증권의 종류 판단
③ 보유기간 및 보유 목적 판단

2. 유가증권의 취득원가

단기매매증권	취득원가 = 취득시점의 공정가치 [취득 시 부대비용은 수수료비용(영업외비용)으로 처리] 예 단기시세차익 목적으로 주식시장에 상장되어 있는 (주)가가오의 주식을 주당 12,000원의 가격으로 1,000주를 매입하였으며, 이 매입과정에서 카오증권에 80,000원의 수수료 및 증권거래세가 발생하였다. 주식 매입과 관련된 모든 대금은 보통예금에서 이체하였다. (차) 단기매매증권 107 12,000,000 (대) 보통예금 12,080,000 수수료비용(영업외비용) 80,000
매도가능증권	취득원가 = 취득시점의 공정가치 + 취득 시 부대비용 예 장기투자 목적으로 주식시장에 상장되어 있는 (주)가가오의 주식을 주당 12,000원의 가격으로 1,000주를 매입하였으며, 이 매입과정에서 카오증권에 80,000원의 수수료 및 증권거래세가 발생하였다. 주식 매입과 관련된 모든 대금은 보통예금에서 이체하였다. (차) 매도가능증권 178 12,080,000 (대) 보통예금 12,080,000
만기보유증권	취득원가 = 취득시점의 공정가치 + 취득 시 부대비용 예 (주)가가오에서 발행한 만기 5년인 채권을 구입하였다. 당사는 동 채권을 만기까지 보유할 의도 및 능력을 갖추고 있다. 채권가액은 10,000,000원이고 채권 구입 시 증권사에 지급한 수수료 50,000원을 모두 포함하여 보통예금에서 이체하였다. (차) 만기보유증권 181 10,050,000 (대) 보통예금 10,050,000

3. 유가증권의 평가방법

계정과목	시장성 유무	평가방법	
단기매매증권	시장성 有	공정가치법	평가손익 : 당기손익
매도가능증권	시장성 有	공정가치법	평가손익 : 기타포괄손익누계액(자본)
	시장성 無	원가법	평가손익 없음
만기보유증권	–	상각후원가법	유효이자율법에 의한 상각액 : 원가에 반영
지분법적용투자주식	–	지분법	지분법손익 : 당기손익

4. 매도가능증권 178

취 득

매도가능증권 취득원가 = 발행가액(공정가치) + 취득 부대비용

매도가능증권의 취득원가는 발행가액(공정가치)에 취득 시 수수료 등을 포함한다. 종목별로 단가가 다른 경우에는 단가산정방법(평균법 등)을 선택하여 적용한다.

예 시장성 있는 주식을 장기투자차익 목적으로 100주를 주당 10,000원(액면 8,000원)에 취득하다. 취득 시 수수료 10,000원 포함하여 현금으로 지급하다.

(차) 매도가능증권	1,010,000	(대) 현 금	1,010,000

평 가

매도가능증권은 보고기간종료일 현재의 공정가치로 평가한다. 단, 시장성이 없는 경우에는 평가하지 않는다.

매도가능증권평가손익은 기타포괄손익(자본계정)으로 분류되므로 당기손익에 영향을 주지 않는다. 재무상태표 자본에 계상되어 있다가 차기에 재평가를 하는 시점에 기타포괄손익누계액의 잔액을 우선상계하여 평가한다.

- **장부가액 < 공정가치 = 매도가능증권평가이익(기타포괄손익누계액)**

예 20×1년 결산일 현재 보유 중인 매도가능증권의 평가액은 다음과 같다. 회계처리하시오.

구 분	수 량	20×1년 기중 취득가액	20×1년 기말 공정가액
(주)가가오	100주	1,010,000원	1,100,000원

(차) 매도가능증권	90,000	(대) 매도가능증권평가이익 (기타포괄손익누계액)	90,000

재무상태표

20×1. 12. 31 평가 이후

매도가능증권	1,100,000		
		매도가능증권평가이익	90,000

- **장부가액 > 공정가치 = 매도가능증권평가손실(기타포괄손익누계액)**

예 20×2년 결산일 현재 보유 중인 매도가능증권의 평가액은 다음과 같다. 우선상계하여 회계처리하시오.

구 분	수 량	20×1년 기중 취득가액	20×1년 기말 공정가액	20×2년 기말 공정가액
(주)가가오	100주	1,010,000원	1,100,000원	950,000원

(차) 매도가능증권평가이익 (기타포괄손익누계액)	90,000	(대) 매도가능증권	150,000
매도가능증권평가손실 (기타포괄손익누계액)	60,000		

재무상태표

20×2. 12. 31 평가 이후

매도가능증권	950,000		
		매도가능증권평가손실	△60,000

처 분

- **장부가액(평가손익 제거) < 처분가액 = 매도가능증권처분이익(영업외수익)**
- **장부가액(평가손익 제거) > 처분가액 = 매도가능증권처분손실(영업외비용)**

매도가능증권 처분 시 장부금액(매도가능증권평가손익 잔액 제거)과 처분금액과의 차액을 매도가능증권처분손익(당기손익)을 인식한다. 처분 시 수수료 등의 비용은 매도가능증권처분손익에서 차가감한다.

예 20×2년 기중에 보유하던 매도가능증권(투자자산)을 다음과 같은 조건으로 처분하고 대금은 현금으로 회수하였다(단, 전기 기말평가는 일반기업회계기준에 따라 처리함).

20×1년 기중 취득가액	20×1년 기말 공정가치	20×2년 기중 처분가액	비 고
1,010,000원	1,100,000원	960,000원	시장성이 있음

(차) 현 금	960,000	(대) 매도가능증권	1,100,000
매도가능증권평가이익 (기타포괄손익누계액)	90,000		
매도가능증권처분손실 (영업외비용)	50,000		

☞ 전기말 평가이익 90,000원은 미실현보유손익이며 평가손익의 잔액을 제거하여 처분손익을 인식한다.
결국 1,010,000원에 취득하여 960,000원에 처분하여 실현된 50,000원이 당기에 처분손익에 반영된다.

예 20×2년 기중에 보유하던 매도가능증권(투자자산)을 다음과 같은 조건으로 처분하고 대금은 현금으로 회수하였다(단, 전기의 기말평가는 일반기업회계기준에 따라 처리함).

20×1년 기중 취득가액	20×1년 기말 공정가치	20×2년 기중 처분가액	비 고
1,010,000원	1,100,000원	1,150,000원	시장성이 있음

(차) 현 금	1,150,000	(대) 매도가능증권	1,100,000
매도가능증권평가이익 (기타포괄손익누계액)	90,000	매도가능증권처분이익 (영업외수익)	140,000

☞ 전기말 평가이익 90,000원은 미실현보유손익이며 평가손익의 잔액을 제거하여 처분손익을 인식한다.
결국 1,010,000원에 취득하여 1,150,000원에 처분하여 실현된 140,000원이 당기손익에 반영된다.

보유손익

- **채무증권 보유** : 이자수익

예 보유 중인 매도가능증권(사채)의 이자 500,000원이 현금으로 입금되다.

(차) 현 금	500,000	(대) 이자수익	500,000

- **지분증권 보유** : 현금배당금은 배당금수익, 주식배당은 회계처리 없음(단, 주식수와 단가 재계산)

예 보유 중인 매도가능증권(주식)의 배당으로 현금배당금 800,000원, 주식배당 2주를 수령하다(배당 이전의 보유주식수 10주, 장부가액은 150,000원으로 가정).

(차) 현 금	800,000	(대) 배당금수익	800,000

* 주식배당 이후 주식수는 12주로 변동하고 장부가액은 150,000원 동일하므로 보유단가는 주당 12,500원으로 감소

5. 만기보유증권 181

구분	내용
취 득	만기보유증권의 취득원가는 발행가액(공정가치)으로 측정된다. 사채의 발행가액은 시장이자율로 할인할 사채의 현재가치로 결정된다. 예 (주)가가오에서 발행한 5년 만기 채권을 구입하였다. 당사는 동 채권을 만기까지 보유할 의도 및 능력을 갖추고 있다. 채권의 발행가액은 950,000원이고, 액면가액은 1,000,000원이다. 채권 구입 시 증권사에 지급한 수수료 50,000원을 모두 포함하여 1,000,000원을 보통예금에서 이체하였다. (차) 만기보유증권 1,000,000 (대) 현 금 1,000,000
평 가	만기보유증권은 매매차익을 얻을 목적으로 취득한 유가증권과 달리 만기까지 채무증권을 보유하면서 이자수익을 얻을 목적으로 취득한 채무증권이다. 따라서 만기보유증권은 공정가치로 평가하지 않고 상각후원가로 평가한다. '상각후원가'란 채무증권의 취득원가에서 상환기간에 걸쳐 유효이자율법에 적용할 경우의 할인(할증)차금 상각 누적액을 만기보유증권 취득원가에 가산(차감)한 금액을 말한다. 예 (주)가가오로부터 취득한 만기보유증권의 액면이자 300,000원이 보통예금에 입금되었다. (주)가가오가 발행한 사채의 당해 연도분 사채할인발행차금상각액은 18,256원이다. (차) 보통예금 300,000 (대) 이자수익 318,256 만기보유증권 18,256

6. 유가증권의 재분류

유가증권의 보유의도와 보유능력에 변화가 있어 재분류가 필요한 경우에는 다음과 같이 처리한다.

① 단기매매증권 107은 다른 범주로 재분류할 수 없으며, 다른 범주의 유가증권의 경우에도 단기매매증권으로 재분류할 수 없다. 다만, 일반적이지 않고 단기간 내에 재발할 가능성이 매우 낮은 단일한 사건에서 발생하는 드문 상황에서 더 이상 단기간 내의 매매차익을 목적으로 보유하지 않는 단기매매증권은 매도가능증권이나 만기보유증권으로 분류할 수 있으며, 단기매매증권이 시장성을 상실한 경우에는 매도가능증권으로 분류하여야 한다.

② 매도가능증권은 만기보유증권으로 재분류할 수 있으며 만기보유증권은 매도가능증권으로 재분류할 수 있다.

③ 보고기간종료일로부터 만기가 1년 이내 도래하는 투자자산(매도가능증권 178, 만기보유증권 181)은 당좌자산(매도가능증권 123, 만기보유증권 124)으로 재분류하여야 한다.

7. 유가증권의 손상차손

손상차손	유가증권으로부터 회수할 수 있을 것으로 추정되는 금액(회수가능액)이 지분증권의 취득원가(또는 채무증권의 상각후원가)보다 작은 경우에 손상차손의 인식을 고려하여야 한다. 손상차손의 발생에 대한 객관적인 증거가 있는지는 보고기간종료일마다 평가하고 그러한 증거가 있는 경우에는 손상차손이 불필요하다는 명백한 반증이 없는 한, 회수가능액을 추정하여 손상차손(영업외비용)을 당기손익에 반영해야 한다. **학습 PLUS** 손상차손의 객관적인 증거 • 은행법에 의해 설립된 금융기관으로부터 당좌거래 정지처분을 받은 경우, 청산 중에 있거나 1년 이상 휴업 중인 경우, 또는 완전자본잠식 상태에 있는 경우와 같이 유가증권발행자의 재무상태가 심각하게 악화된 경우 • 이자 지급과 원금 상환의 지연과 같은 계약의 실질적인 위반이나 채무불이행이 있는 경우 • 회사정리법에 의한 정리절차개시의 신청이 있거나 정리절차가 진행 중인 경우 또는 화의법에 의한 화의개시절차의 신청이 있거나 화의절차가 진행 중인 경우와 같이, 유가증권발행자의 재무곤경과 관련한 경제적 또는 법률적인 이유 때문에 당초의 차입조건의 완화가 불가피한 경우 • 유가증권발행자의 파산가능성이 높은 경우 등 예 20×1년 기말 현재 (주)타타오의 주식(매도가능증권)을 10,000,000원에 취득하여 보유하고 있다. (주)타타오가 금융기관으로부터 당좌거래 정지처분을 받아 매도가능증권의 회수가능액이 3,000,000원으로 평가되었다. 손상차손을 인식하는 회계처리를 하시오. (차) 매도가능증권손상차손 (영업외비용) 7,000,000 (대) 매도가능증권 7,000,000
손상차손 환입	손상차손을 인식한 이후에 신용등급 향상, 법정관리 종료 등의 객관적인 사유로 인해 손상차손의 회복이 객관적으로 입증된다면 손상차손환입(영업외수익)을 인식한다. 단, 최초의 장부가액을 한도로 손상차손환입을 인식하며 장부가액을 초과하여 환입하지는 않는다. 예 (주)타타오가 금융기관과 당좌거래가 정상화되어 20×2년 기말 현재 (주)타타오의 주식(매도가능증권)의 공정가치가 12,000,000원으로 평가되었다. 손상차손환입에 대한 회계처리만 하시오. (차) 매도가능증권 7,000,000 (대) 매도가능증권손상차손환입 (영업외수익) 7,000,000 ☞ 최초의 장부가액(10,000,000원)을 한도로 손상차손환입을 인식하며 장부가액을 초과하여 환입하지 않음 취득원가 10,000,000원을 초과하는 2,000,000원은 기타포괄손익으로 처리하며 이에 대한 학습은 생략함

빈출 분개연습

제2절 재무상태표(투자자산)

정답 및 해설 : p.8

01 당좌거래개설보증금 1,700,000원을 현금으로 예치하여 은행에 당좌거래를 개설하였다.

(차) (대)

02 투자 목적으로 토지를 (주)제일건업으로부터 88,000,000원에 취득하면서 이에 대한 취득세 4,000,000원은 현금으로 납부하였다. 토지매매 취득대금 중 80,000,000원은 당일에 보통예금으로 지급하였으며 나머지 잔액인 8,000,000원은 다음 달 10일에 지급하기로 하였다(단, 하나의 전표로 입력할 것).

(차) (대)

03 (주)대한에 9,000,000원을 36개월 후 회수조건으로 대여하기로 하고 보통예금 계좌에서 이체하였다.

(차) (대)

04 기말 현재 장기대여금 계정과목 중에는 RET사에 외화로 빌려준 10,000,000원($10,000)이 계상되어 있다. 기말 현재 기준환율은 $1당 1,200원이다. 결산 회계처리를 하시오.

(차) (대)

05 거래처인 (주)설현에 대한 외상매출금 20,000,000원을, 금전소비대차계약으로 전환처리하기로 하고 36개월간(연 5%) 대여하기로 하였다.

(차) (대)

06 삼진상사에게 투자부동산 전부(장부가액 200,000,000원)를 250,000,000원에 매각하면서 대금은 약속어음(만기 1년 이내)을 받았다.

(차) (대)

07 장기투자 목적으로 주식시장에 상장되어 있는 (주)비상의 주식을 주당 12,000원의 가격으로 1,000주를 매입하였으며, 이 매입과정에서 카오증권에 50,000원의 수수료가 발생하였다. 주식 매입과 관련된 모든 대금은 보통예금에서 이체하였다.

(차) (대)

08 당기에 장기투자 목적으로 보유한 유가증권(주식)의 내역은 다음과 같다. 당기 말 매도가능증권 평가에 대한 회계처리를 하시오.

주식명	당기 취득당시			당기 12월 31일 현재	
	취득일	취득 주식수	주당 취득단가	보유 주식수	주당 공정가치
(주)우리세무	당기 12월 6일	100주	10,000원	50주	12,000원

(차) (대)

09 당기 말 현재 보유하고 있는 매도가능증권(투자자산)에 대한 내역은 다음과 같다. 기말 매도가능증권 평가에 대한 회계처리를 하시오(단, 제시된 자료만 고려하며 하나의 전표로 입력할 것).

회사명	전기 취득가액	전기 기말 공정가액	당기 기말 공정가액
(주)마인드	25,000,000원	24,500,000원	26,000,000원

(차) (대)

10 결산일 현재 보유 중인 매도가능증권(투자자산)에 대한 내역은 다음과 같다. 기말 매도가능증권 평가에 대한 회계처리를 하시오.

회사명	전기 취득가액	전기 기말 공정가액	당기 기말 공정가액
(주)플러스	25,000,000원	25,500,000원	24,000,000원

(차) (대)

11 회사가 보유하고 있던 매도가능증권(투자자산)을 다음과 같은 조건으로 처분하고 대금은 현금으로 회수하였다(단, 전기의 기말평가는 일반기업회계기준에 따라 처리하였다). 당기 처분 시 회계처리 하시오.

전기 취득가액	전기 기말 공정가액	당기 처분가액	비 고
28,000,000원	24,000,000원	26,000,000원	시장성이 있다.

(차) (대)

12 (주)서울상사에서 발행한 만기 3년인 채권을 다음과 같이 구입하고 현금으로 지급하였다. 당사는 동 채권을 만기까지 보유할 의도 및 능력을 갖추고 있다(단, 하나의 전표로 처리할 것).

구 분	금 액
(주)서울상사가 발행한 채권의 구입비	1,000,000원
채권 구입과 관련하여 (주)한국증권에게 지급한 수수료	30,000원
계	1,030,000원

(차) (대)

13 업무용승용차를 구입하기 위하여 액면금액 1,000,000원의 10년 만기 무이자부 국공채를 액면금액으로 현금으로 매입하였다. 당 회사는 해당 국공채를 만기까지 보유할 예정이며, 보유할 수 있는 의도와 능력이 충분하다. 구입 당시의 만기보유증권의 공정가액은 600,000원이다.

(차) (대)

빈출 객관식문제

제2절 재무상태표(투자자산) 정답 및 해설 : p.9

01 유가증권에 대한 내용으로 틀린 것은?

① 상품권은 회계상 유가증권에 해당된다.
② 단기매매증권의 평가손익은 미실현보유손익이지만 당기손익에 반영한다.
③ 유가증권에는 지분증권과 채무증권이 포함된다.
④ 유가증권의 손상차손 금액은 당기손익에 반영한다.

02 다음 세 가지 조건에 모두 해당하는 유가증권은?

- 보유기간 중 평가방법은 원칙적으로 공정가액법에 의한다.
- 보유기간 중 평가손익은 재무상태표상 자본항목에 표시한다.
- 지분증권 또는 채무증권에 해당한다.

① 단기매매증권 ② 매도가능증권
③ 만기보유증권 ④ 지분법적용투자주식

03 다음 중 유가증권에 대한 설명으로 옳지 않은 것은?

① 유가증권은 증권의 종류에 따라 지분증권과 채무증권으로 분류할 수 있다.
② 단기매매증권과 매도가능증권은 지분증권으로 분류할 수 있으나 만기보유증권은 지분증권으로 분류할 수 없다.
③ 보고기간종료일로부터 1년 이내에 만기가 도래하는 만기보유증권의 경우, 유동자산으로 재분류하여야 하므로 단기매매증권으로 변경하여야 한다.
④ 단기매매증권은 주로 단기간 내에 매매차익을 목적으로 취득한 유가증권을 말한다.

04 유가증권에 대한 설명 중 잘못된 것은?

① 단기매매증권과 매도가능증권은 원칙적으로 공정가치로 평가한다.
② 단기매매증권의 미실현보유손익은 당기손익항목으로 처리한다.
③ 매도가능증권의 미실현보유손익은 당기손익항목으로 처리한다.
④ 단기매매증권이 시장성을 상실한 경우에는 매도가능증권으로 분류변경하여야 한다.

05 다음 중 유가증권에 대한 설명으로 틀린 것은?

① 단기매매증권에 대한 미실현보유손익은 당기손익항목으로 처리한다.
② 단기매매증권이 시장성을 상실한 경우에는 매도가능증권으로 분류하여야 한다.
③ 채무증권은 취득한 후에 만기보유증권, 단기매매증권, 매도가능증권 중의 하나로 분류한다.
④ 지분증권과 만기보유증권으로 분류되지 않는 채무증권은 매도가능증권으로 분류한다.

06 다음은 유가증권에 대한 설명이다. 틀린 것은?

① 단기매매증권은 주로 단기간 내에 매매차익을 목적으로 한다.
② 유가증권은 취득한 후에 만기보유증권, 단기매매증권, 매도가능증권, 지분법적용투자주식 중의 하나로 분류한다.
③ 단기매매증권의 미실현보유손익은 단기매매증권평가손익으로 처리한다.
④ 매도가능증권은 만기보유증권으로 재분류할 수 있으며, 만기보유증권은 매도가능증권으로 재분류할 수 없다.

07 유가증권에 대한 설명이다. 옳은 것은?

① 유가증권 중 채권은 취득한 후에 단기매매증권이나 매도가능증권 중의 하나로만 분류한다.
② 단기매매증권이 시장성을 상실한 경우에는 매도가능증권으로 분류하여야 한다.
③ 단기매매증권과 만기보유증권은 원칙적으로 공정가치로 평가한다.
④ 매도가능증권은 주로 단기간 내의 매매차익을 목적으로 취득한 유가증권이다.

08 다음 유가증권의 분류 중에서 만기보유증권으로 분류할 수 있는 판단기준이 되는 것은 무엇인가?

① 만기까지 보유할 적극적인 의도와 능력이 있는 채무증권
② 만기까지 매매차익을 목적으로 취득한 채무증권
③ 만기까지 다른 회사에 중대한 영향력을 행사하기 위한 지분증권
④ 만기까지 배당금이나 이자수익을 얻을 목적으로 투자하는 유가증권

09 다음은 유가증권에 대한 설명이다. 틀린 것은?

① 유가증권에는 지분증권과 채무증권이 포함된다.
② 단기매매증권에 대한 미실현보유손익은 당기손익항목으로 처리한다.
③ 매도가능증권에 대한 미실현보유손익은 기타포괄손익누계액으로 처리한다.
④ 만기가 확정된 채무증권으로서 상환금액이 확정되었거나 확정이 가능한 채무증권을 만기까지 보유할 적극적인 의도와 능력이 있는 경우에는 매도가능증권으로 분류한다.

10 **다음 자료를 보고 20×3년에 인식할 처분손익을 구하시오.**

- 20×2년 기말 매도가능증권 1,000주, 주당공정가치 7,000원
- 20×2년 기말 매도가능증권평가이익 2,000,000원
- 20×3년 7월 1일 500주를 주당 6,000원에 처분하였다.

① 처분이익 1,000,000원
② 처분이익 500,000원
③ 처분손실 500,000원
④ 처분손실 1,000,000원

11 **다음의 유가증권을 단기매매증권으로 분류하는 경우와 매도가능증권으로 분류하는 경우의 당기손익의 차이 금액은 얼마인가?**

A회사 주식 1,000주를 주당 5,000원(공정가치)에 매입하면서 거래비용으로 70,000원이 발생하였고 기말에 주당 공정가치가 5,500원으로 평가되었다.

① 50,000원 ② 430,000원
③ 500,000원 ④ 530,000원

04 유형자산

1 의의 및 종류

유형자산은 판매를 목적으로 하지 않고 영업활동(재화의 생산, 용역의 제공 등)에 사용하기 위하여 보유하는 물리적 실체가 있으며 1년을 초과하여 장기간 사용할 것이 예상되는 자산을 말한다.

토 지	대지, 임야, 전답, 잡종지 등으로 영업활동을 위해 취득(감가상각대상 아님)
건 물	토지에 정착하는 공작물 중 사실상 준공된 것으로 지붕 및 기둥 또는 벽이 있는 것과 이에 부수된 시설물과 건축물 등
구축물	건물 이외의 토목설비, 공작물 및 이들의 부속설비(교량, 저수지, 터널, 정원설비 등)
기계장치	제조업이 영업용으로 사용하는 기계, 부속설비 등
차량운반구	육상운송수단으로 승용차, 화물차, 이륜차 등
비 품	컴퓨터, 에어컨, 복사기 등
건설중인자산	유형자산이 완성할 때까지 지출되는 계약금, 중도금 등을 지급할 때 처리하는 일종의 임시계정이다. 이후 완성되어 영업에 사용될 때 유형자산 본 계정으로 대체(감가상각대상 아님)

학습 PLUS

유형자산 취득 이후

2 취득원가

1. 외부구입

유형자산의 취득원가 = 매입가액 + 취득 시 부대비용 − 매입할인

〈취득 시 부대비용〉

① 설치장소 준비를 위한 지출 예 구건물철거비용 등
② 외부 운송 및 취급비 예 취득 시 운임 등
③ 설치비
④ 설계와 관련하여 전문가에게 지급하는 수수료 예 중개, 법률자문수수료 등
⑤ 유형자산의 취득과 관련하여 국·공채 등을 불가피하게 매입하는 경우 당해 채권의 매입금액과 일반기업회계기준에 따라 평가한 현재가치와의 차액
⑥ 자본화대상인 차입원가
⑦ 취득세, 등록세, 수입 시 관세 등 유형자산의 취득과 직접 관련된 제세공과금
⑧ 해당 유형자산의 경제적 사용이 종료된 후에 원상회복을 위하여 그 자산을 제거, 해체, 부지를 복원하는데 소요될 것으로 추정되는 원가(복구원가)
⑨ 유형자산이 정상적으로 작동되는지 여부를 시험하는 과정에서 발생하는 원가(단, 시험과정에서 생산된 시제품의 순매각금액은 당해 원가에서 차감)

예 공장부지로 사용할 토지를 다음과 같이 매입하였다. 그 중 토지취득세와 중개수수료는 현금으로 납부하고, 토지매입대금은 보통예금에서 이체하였다.

• 토 지 : 50,000,000원	• 취득세와 농어촌특별세 : 1,100,000원
• 등록세 및 교육세 : 1,200,000원	• 취득에 관련된 중개수수료 : 700,000원

(차) 토 지	53,000,000	(대) 현 금	3,000,000
		보통예금	50,000,000

2. 일괄 구입 후 사용할 목적

토지와 건물을 사용할 목적으로 일괄 구입하는 경우 개별자산의 취득원가를 개별자산들의 상대적 공정가치(시가)를 기준으로 안분하여 배분한다.

예 대방건설로부터 토지와 건물을 70,000,000원에 일괄 취득함과 동시에 당좌수표를 발행하여 전액 지급하였다. 토지와 건물의 공정가치는 아래와 같다.

• 토지의 공정가치 : 60,000,000원	• 건물의 공정가치 : 40,000,000원

(차) 토 지	42,000,000	(대) 당좌예금	70,000,000
건 물	28,000,000		

3. 일괄 구입 후 즉시 건물 철거

건물 신축을 목적으로 기존 건물이 있는 토지를 취득하고 그 건물을 철거하는 경우에는 기존 건물의 철거 관련 비용에서 철거된 건물의 부산물을 판매하여 수취한 금액을 차감한 금액을 토지의 취득원가에 산입한다(기존건물의 철거비용이 토지를 의도했던 대로 사용할 수 있는 상태에 이르기까지 발생한 취득부대비용으로 봄).

예 건물을 새로 신축할 목적으로 건물이 있는 토지를 구입하고 즉시 건물을 철거하였다. 토지와 건물의 일괄 취득가액은 70,000,000원이며, 취득과 동시에 건물의 철거비용 5,000,000원을 포함하여 전액을 수표를 발행하여 지급하였다.

(차) 토 지	75,000,000	(대) 당좌예금	75,000,000

4. 사용하던 건물의 철거비용

건물 신축을 목적으로 사용 중인 기존 건물을 철거하는 경우 그 건물의 장부가액은 제거하고 철거비용은 전액 당기비용(유형자산처분손실)으로 처리한다.

예 사용 중인 공장건물을 새로 신축하기 위하여 기존 건물을 철거하고 철거비용은 전액 현금으로 지급하였다. 철거 당시의 기존 건물의 취득가액 및 감가상각누계액의 자료는 다음과 같다.

> • 건물의 취득가액 : 100,000,000원
> • 철거 당시 감가상각누계액 : 80,000,000원
> • 건물철거비용 : 3,000,000원(부가세 고려하지 말 것)

(차) 감가상각누계액	80,000,000	(대) 건 물	100,000,000
유형자산처분손실	23,000,000	현 금	3,000,000

5. 자가건설의 건설자금이자

자가건설 자산의 취득원가도 외부구입과 동일하다. 건설 제비용을 건설중인자산의 취득원가에 포함시키고 해당 자산이 완공되면 본 계정으로 대체한다. 또한 자가건설을 위한 차입금의 금융비용은 이자비용으로 처리하는 원칙이다. 다만, 예외적으로 차입원가에 대해 자본화대상 요건을 충족하는 경우에는 유형자산의 취득원가에 가산한다. 이를 '차입원가의 자본화'라고 한다.

예 신축 중인 공장의 건설자금으로 사용한 특정차입금의 이자비용 2,500,000원을 당좌수표를 발행하여 지급하였다. 동 이자비용은 자본화대상에 해당되며, 공장은 3년 뒤에 준공예정이다.

(차) 건설중인자산	2,500,000	(대) 당좌예금	2,500,000

6. 국공채 강제매입

유형자산(토지, 건물, 차량운반구 등)의 취득과 관련하여 국・공채 등을 불가피하게 매입하는 경우에 유가증권의 현재가치와 취득금액의 차액은 유형자산의 취득원가로 계상한다.

예 업무용승용차를 구입하기 위하여 액면금액 1,000,000원의 10년 만기 무이자부 국공채를 액면금액으로 현금으로 매입하였다. 당 회사는 해당 국공채를 만기까지 보유할 예정이며, 보유할 수 있는 의도와 능력이 충분하다. 구입 당시의 만기보유증권의 공정가액은 600,000원이다.

(차) 차량운반구	400,000	(대) 현 금	1,000,000
만기보유증권 181	600,000		

7. 무상취득

증여 등 무상으로 취득한 자산은 당해 자산의 공정가치를 취득원가로 계상하고 자산수증이익(영업외수익)으로 처리한다.

예 당사의 대주주로 있는 나부자씨가 본인이 50,000,000원(3년 전 취득)에 취득한 토지를 당사에 무상으로 기증하였다(증여 당시 토지의 시가 70,000,000원).

(차) 토 지	70,000,000	(대) 자산수증이익	70,000,000

8. 현물출자

기업이 자산을 취득하고 그 대가로 주식을 교부하는 것을 현물출자라고 한다. 현물출자로 취득한 자산은 교부한 주식의 공정가치를 취득원가로 한다.

예 1주당 액면금액 5,000원인 보통주 10,000주를 발행하여 토지를 취득하였다. 토지의 시가는 현재 80,000,000원이다.

(차) 토 지	80,000,000	(대) 자본금	50,000,000
		주식발행초과금	30,000,000

9. 교환취득

(1) **동종자산의 교환** : 제공한 자산의 장부가액 + 현금지급액 − 현금수령액

동종자산의 교환으로 제공받은 자산의 취득원가는 교환을 위해 제공한 자산의 장부가액으로 측정한다. 동일한 업종 내에서 유사한 용도로 사용되고 공정가치가 비슷한 동종자산과의 교환거래는 해당 유형자산으로부터 수익창출활동이 아직 완료되지 않았기 때문에 교환에 따른 거래손익을 인식하지 않는다.

예 사용 중이던 차량운반구 A(취득원가 2,000,000원, 감가상각누계액 800,000원, 공정가치 900,000원)를 거래처가 사용하던 차량운반구 B(장부가액 1,700,000원, 공정가치 1,300,000원)와 교환하였다. 교환 시 50,000원을 현금으로 지급하였다. 해당 거래는 동종자산의 교환으로 인식한다.

(차) 감가상각누계액(차량A 차감)	800,000	(대) 차량운반구(A)	2,000,000
차량운반구(B)	1,250,000	현 금	50,000

(2) **이종자산의 교환** : 제공한 자산의 공정가치 + 현금지급액 − 현금수령액

다른 종류의 자산과의 교환으로 제공받은 자산의 취득원가는 교환을 위해 제공한 자산의 공정가치로 측정한다. 다만, 교환을 위하여 제공한 자산의 공정가치가 불확실한 경우에는 교환으로 취득한 자산의 공정가치를 취득원가로 할 수 있다. 자산의 교환에 현금수수액이 있는 경우에는 현금수수액을 반영하여 취득원가를 결정한다.

예 사용 중이던 차량운반구 A(취득원가 2,000,000원, 감가상각누계액 800,000원, 공정가치 900,000원)를 거래처가 사용하던 차량운반구 B(장부가액 1,700,000원, 공정가치 1,300,000원)와 교환하였다. 교환 시 50,000원을 현금으로 지급하였다. 해당 거래는 이종자산의 교환으로 인식한다.

(차) 감가상각누계액(차량A 차감)	800,000	(대) 차량운반구(A)	2,000,000
차량운반구(B)	950,000	현 금	50,000
유형자산처분손실	300,000		

10. 정부보조금에 의한 취득

(1) 정부보조금 의의

정부보조금이란 국가 또는 지방자치난제가 산업정책적 견지에서 기업설비의 근대화, 시험연구의 촉진, 기술개발 및 향상, 재해복구 등의 목적을 위하여 국가가 무상으로 교부하는 금액이다.

정부보조금은 상환의무 여하에 따라 회계처리가 다르다.

- **상환의무 있는 수령 :** (차) 예금 등 ××× (대) 장기차입금(부채계정) ×××
- **상환의무 없는 수령 :** (차) 예금 등 ××× (대) 정부보조금(차감계정) ×××

(2) 상환의무 없는 정부보조금

정부보조금 등으로 유형자산을 무상 또는 공정가치보다 낮은 대가로 취득한 경우 그 유형자산의 취득원가는 취득일의 공정가치로 한다. 정부보조금은 취득원가에서 차감하는 형식으로 표시하고, 그 자산의 내용연수에 걸쳐 감가상각비와 상계하며, 해당 유형자산을 처분하는 경우에는 그 잔액을 처분손익에 반영한다. 다만, 자산관련 보조금을 받는 경우 관련 자산을 취득하기 전까지는 받은 자산 또는 받은 자산을 일시적으로 운용하기 위하여 취득하는 다른 자산의 차감계정으로 회계처리하고, 관련 자산을 취득하는 시점에서 관련 자산의 차감계정으로 회계처리한다.

예 기계장치를 취득하는 조건으로 상환의무가 없는 국고보조금 8,000,000원을 보통예금으로 수령하였다.

차변	금액	대변	금액
(차) 보통예금	8,000,000	(대) 정부보조금(보통예금 차감)	8,000,000

예 기계장치를 50,000,000원에 취득하고 국고보조금을 포함하여 전액 보통예금에서 지급하였다.

차변	금액	대변	금액
(차) 기계장치(제)	50,000,000	(대) 보통예금	50,000,000
정부보조금(보통예금 차감)	8,000,000	정부보조금(기계장치 차감)	8,000,000

예 제품 생산을 위해 취득한 기계장치를 감가상각하시오(정액법, 잔존가액 없음, 내용연수 5년).

- 기계장치 감가상각비(10,000,000원) = (취득원가 − 잔존가액) ÷ 내용연수
- 정부보조금 상각액(1,600,000원) = 감가상각비 × 정부보조금 ÷ (취득원가 − 잔존가액)

차변	금액	대변	금액
(차) 감가상각비(제)	8,400,000	(대) 감가상각누계액(기계장치 차감)	10,000,000
정부보조금(기계장치 차감)	1,600,000		

재무상태표

기계장치	50,000,000	
감가상각누계액	(10,000,000)	
정부보조금	(6,400,000)	33,600,000 ☞ 장부가액

3 취득이후 지출

자본적 지출	자본적 지출은 당해 유형자산의 내용연수를 증가 또는 가치를 현실적으로 증가시키는 지출을 뜻한다. • **해당사례** : 엘리베이터나 냉난방 설치, 본래 자산의 증설, 확장, 개조, 용도변경으로 자산가치 증대 • **회계처리** : 해당 유형자산의 원가에 포함 예 공장 생산설비 중 절단기계장치의 엔진을 개조하고 개조비용 20,000,000원을 (주)파워크린에 당점 발행 당좌수표로 결제하다. 엔진 개조로 인해 생산성 향상을 기대하고 있으므로 자본적 지출로 처리한다. (차) 기계장치 20,000,000 (대) 당좌예금 20,000,000
수익적 지출	수익적 지출은 유형자산의 원상회복, 능률유지 등의 지출을 뜻한다. • **해당사례** : 건물의 도장, 소모된 부속품, 벨트의 교체 등과 같은 자산유지 • **회계처리** : 제조원가와 판관비로 구분하여 비용(수선비 또는 차량유지비) 처리 예 공장 벽면이 노후가 되어 새로 도색작업을 하고 이에 대한 비용 1,000,000원은 (주)금강에 외상으로 하였다. (차) 수선비(제) 1,000,000 (대) 미지급금 [(주)금강] 1,000,000 예 영업부 승용차의 수리비 500,000원을 국민카드(법인신용카드)로 결제하였다. (차) 차량유지비(판) 500,000 (대) 미지급금 [국민카드] 500,000

4 감가상각

1. 의 의

유형자산은 취득 이후에 영업활동에 사용되면서 미래 경제적 효익의 가치가 감소한다. 경제적 효익의 감소가 되는 원인은 매우 다양하고 복잡하므로 유형자산은 합리적인 방법에 따라 매년 안분하여 비용으로 계상하는 과정을 거치는데 이를 감가상각이라 한다. 감가상각의 목적은 수익비용대응원칙에 따라 감가상각대상금액(취득원가 − 잔존가치)을 자산의 내용연수 동안 체계적이고 합리적인 방법으로 비용을 배분하는 것이다.

2. 감가상각 3요소

취득원가	유형자산의 매입가액에 취득 시 부대비용을 가산한 금액이며, 자본적 지출에 해당하는 금액을 포함한다.
내용연수	유형자산이 수익획득과정에 사용될 것으로 기대되는 예상 기간 또는 유사한 단위를 말한다.
잔존가치	자산의 내용연수가 종료되는 시점에서 그 자산의 예상처분가액을 말한다.

3. 감가상각방법

감가상각방법이란 감가상각대상금액(취득원가 – 잔존가치)을 내용연수기간 동안 체계적이고 합리적으로 배분하는 방법을 말한다. 만약 기중에 취득하는 경우에는 월할상각으로 계산하며 1월 미만은 1월로 보아 계산한다.

구분	내용
정액법	매 회계기간의 감가상각비가 균등액이 되도록 하는 방법 (취득원가 – 추정잔존가치) ÷ 추정내용연수
정률법	장부가액에 일정율을 곱하여 감가상각비가 초기에 많이 계상되어 매년 감가상각비가 감소되는 방법 (취득원가 – 감가상각누계액) × 상각률
연수합계법	취득 초기에 감가상각비를 많이 계상하고 점차 감소되는 방법 $(취득원가 - 추정잔존가치) \times \frac{잔여내용연수}{내용연수의\ 합계}$
이중체감법	취득 초기에 감가상각비를 많이 계상하고 점차 감소되는 방법 $(취득원가 - 감가상각누계액) \times \frac{2}{내용연수}$
생산량비례법	자산의 유용성이 생산량 등에 비례하여 감소한다고 가정하고 생산량으로 감가상각비가 계상하는 방법 $(취득원가 - 추정잔존가치) \times \frac{당기실제생산량}{총추정예정량}$

4. 회계처리 및 재무상태표 공시

감가상각비는 제조원가와 판관비로 구분하여 비용처리하고, 감가상각누계액은 해당 유형자산의 차감적 평가계정이므로 자산을 차감하는 방법으로 장부에 반영한다.

• 취득 시

(차) 기계장치	60,000,000	(대) 현금 등	60,000,000

• 결산 시

(차) 감가상각비(제)	8,000,000	(대) 감가상각누계액(기계장치 차감)	8,000,000

재무상태표

유형자산		
기계장치	60,000,000	
감가상각누계액	(8,000,000)	52,000,000

학습 PLUS

기중 취득 시 → 월할상각

- 취득일자 : 20×1년 4월 1일
- 취득원가 : 1,000,000원
- 내용연수 : 4년
- 잔존가치 : 100,000원
- 감가상각방법 : 정액법

☞ 20×1년 감가상각비 ₩168,750

$$(1{,}000{,}000\text{원} - 100{,}000\text{원}) \div 4\text{년} \times \frac{9\text{개월}}{12\text{개월}}$$ ☞ (4월 1일 ~ 12월 31일)

5 손상차손

유형자산이 손상되는 징후가 발생하면 그 가치를 다시 평가하는 것으로 물리적인 손상, 또는 시장 상황이 변해 자산가치가 일시에 하락하는 경우에 손상에 대한 평가를 진행하고 장부가격을 조정하는 것이다.

<table>
<tr><td>손상차손</td><td>
손상차손 = 장부가액 − 회수가능액
회수가능액 → Max(순공정가치, 사용가치)
유형자산은 매 보고기간말마다 자산손상을 시사하는 징후가 있는지를 검토하고, 만약 그러한 징후가 있다면 자산의 회수가능액을 추정하여 손상차손(영업외비용)으로 처리하고 손상차손누계액으로 처리하여 유형자산을 간접 차감한다.
예 기말 현재 보유 중인 기계장치(취득원가 100,000,000원, 감가상각누계액 30,000,000원)에 대해 회수가능액을 참고하여 손상차손을 인식하시오.
(기계장치 순공정가치는 50,000,000원, 사용가치는 40,000,000원임)
(차) 기계장치손상차손 (영업외비용) 20,000,000 (대) 손상차손누계액 (기계장치 차감) 20,000,000
손상차손(20,000,000원) = 장부가액(70,000,000원) − 회수가능액(50,000,000원)
재무상태표
유형자산
기계장치 100,000,000
감가상각누계액 (30,000,000)
손상차손누계액 (20,000,000) 50,000,000
</td></tr>
<tr><td>손상차손 환입</td><td>
차기 이후에 손상된 자산의 회수가능액이 장부금액을 초과하는 경우에는, 그 자산이 손상되기 전의 장부금액의 감가상각을 먼저 하고 잔액을 한도로 하여 그 초과액을 손상차손환입(영업외수익)으로 처리한다.
(차) 손상차손누계액(기계장치 차감) ××× (대) 손상차손환입(영업외수익) ×××
☞ 최초의 장부가액을 한도로 손상차손환입을 인식하며 장부가액을 초과하여 환입하지 않음
</td></tr>
</table>

6 재평가

유형자산은 인식시점 이후에 측정방법으로 원가모형과 재평가모형이 있다. 이 중 하나를 회계정책으로 선택하여 유형자산 분류별로 동일하게 적용한다.

1. 원가모형

원가모형은 유형자산의 장부금액을 취득원가에서 감가상각누계액과 손상차손누계액을 차감한 금액으로 공시하는 방법이다.

2. 재평가모형

재평가모형은 취득일 이후에 재평가일의 공정가치로 해당 자산을 수정하고, 당해 공정가치에서 재평가일 이후의 감가상각누계액과 손상차손누계액을 차감한 금액을 장부금액으로 공시하는 방법을 말한다.

- **재평가모형 평가방법**
  재평가는 보고기간말에 장부금액이 공정가치와 중요하게 차이가 나지 않도록 주기적으로 수행한다. 공정가치의 변동이 빈번하고 금액이 중요하다면 매년 재평가할 필요가 있으나, 공정가치의 변동이 중요하지 않다면 3년~5년마다 할 수 있다. 또한 유형자산별로 선택적 재평가를 하거나 동일한 분류 내의 유형자산은 동시에 재평가한다.

- **재평가모형 회계처리**
  (1) **최초평가** : 장부가액 < 공정가치 = (+)증가액 → 재평가잉여금(기타포괄손익누계액)
  후속평가 : 재평가손실(영업외비용)이 있다면 금액 한도까지는 재평가차익(영업외수익)으로 우선상계하고 초과분에 대해 재평가잉여금(기타포괄손익누계액)으로 처리한다.
  (2) **최초평가** : 장부가액 > 공정가치 = (−)감소액 → 재평가손실(영업외비용)
  후속평가 : 재평가잉여금(기타포괄손익누계액)이 있다면 금액 한도는 우선상계하고 초과분에 대해 재평가손실(영업외비용)로 처리한다.
  (3) **처분(제거)** : 재평가잉여금 잔액을 당기손익(이익잉여금)으로 대체한다.

예 최초 평가

20×1년 12월 31일 현재 보유하고 있는 토지에 대한 감정평가를 시행한 결과 다음과 같다. 20×1년 최초(1차) 유형자산 재평가익(손)의 회계처리하시오.

- 20×1년 10월 20일 토지 취득가액 : 510,000,000원
- 20×1년 12월 31일 토지 감정평가액 : 650,000,000원

(차) 토 지	140,000,000	(대) 재평가잉여금(기타포괄손익누계액)	140,000,000

예 후속 평가

20×2년 12월 31일 현재 보유하고 있는 토지에 대한 감정평가를 시행한 결과 다음과 같다. 20×2년 후속(2차) 유형자산 재평가익(손)의 회계처리하시오.

- 20×1년 10월 20일 토지 취득가액 : 510,000,000원
- 20×1년 12월 31일 토지 감정평가액 : 650,000,000원
- 20×2년 12월 31일 토지 감정평가액 : 500,000,000원

(차) 재평가잉여금(기타포괄손익누계액)	140,000,000	(대) 토 지	150,000,000
재평가손실(영업외비용)	10,000,000		

예 후속 평가

20×3년 12월 31일 현재 보유하고 있는 토지에 대한 감정평가를 시행한 결과 다음과 같다.
20×3년 후속(3차) 유형자산 재평가익(손)의 회계처리하시오.

- 20×1년 10월 20일 토지 취득가액 : 510,000,000원
- 20×1년 12월 31일 토지 감정평가액 : 650,000,000원
- 20×2년 12월 31일 토지 감정평가액 : 500,000,000원
- 20×3년 12월 31일 토지 감정평가액 : 530,000,000원

(차) 토 지	30,000,000	(대) 재평가차익(영업외수익)	10,000,000
		재평가잉여금(기타포괄손익누계액)	20,000,000

7 처 분

자발적 처분

- **장부가액(취득원가 - 감가상각누계액) < 처분가액 = 유형자산처분이익**
- **장부가액(취득원가 - 감가상각누계액) > 처분가액 = 유형자산처분손실**

단, 기중에 처분하는 경우 기초부터 처분시점까지 월할상각을 한 후에 처분손익을 계상한다.

예 사용 중이던 비품을 300,000원에 (주)청솔에 외상으로 매각하였다. 매각 직전 비품의 취득원가는 1,200,000원, 감가상각누계액 1,000,000원이다. 부가가치세는 고려하지 않고 회계처리하시오.

(차)		(대)	
감가상각누계액(비품 차감)	1,000,000	비 품	1,200,000
미수금 [(주)청솔]	300,000	유형자산처분이익	100,000

예 사용 중이던 비품을 170,000원(부가세 별도)에 (주)청솔에 외상으로 매각하고 전자세금계산서를 발급하였다. 매각 직전 비품의 취득원가는 1,200,000원, 감가상각누계액 1,000,000원이다. 부가가치세를 고려하여 회계처리하시오.

(차)		(대)	
감가상각누계액(비품 차감)	1,000,000	비 품	1,200,000
미수금 [(주)청솔]	187,000	부가세예수금	17,000
유형자산처분손실	30,000		

예 회사가 소유하고 있는 오토바이(취득원가 30,000,000원, 감가상각누계액 27,000,000원)가 금일 사고가 발생하여 폐기처분하였다.

(차)		(대)	
감가상각누계액(차량 차감)	27,000,000	차량운반구	30,000,000
유형자산처분손실	3,000,000		

비자발적 처분

예 화재로 인하여 창고건물(취득가액 100,000,000원, 감가상각누계액 65,000,000원)이 소실되었다. 화재보험은 가입되어있다. 당기분 감가상각비는 고려하지 말고 회계처리하시오.

(차)		(대)	
감가상각누계액(건물 차감)	65,000,000	건 물	100,000,000
재해손실	35,000,000		

예 창고건물 화재와 관련하여 (주)한국보험으로부터 보험금 25,000,000원이 보통예금에 입금되었다.

(차)		(대)	
보통예금	25,000,000	보험금수익	25,000,000

빈출 분개연습

제2절 재무상태표(유형자산)

정답 및 해설 : p.10

01 공장부지로 사용할 토지를 다음과 같이 매입하였다. 그 중 토지취득 관련세액과 중개수수료는 현금으로 납부하고, 토지매입대금은 보통예금에서 이체하였다.

- 토 지 : 50,000,000원
- 등록세 및 교육세 : 1,200,000원
- 취득세와 농어촌특별세 : 1,100,000원
- 취득에 관련된 중개수수료 : 300,000원

(차) (대)

02 신축공장건물에 대한 소유권 보존 등기비용으로서 취득세 및 등록세 합계 2,000,000원이 보통예금에서 인출되다.

(차) (대)

03 업무용으로 사용할 중고자동차를 비사업자로부터 취득하였다. 그와 관련된 내용은 다음과 같다. 차량가액은 당좌수표를 발행하여 지급하고, 취득세와 등록면허세는 현금으로 지급하였다.

- 차량가액 : 12,000,000원
- 취득세 : 300,000원
- 등록면허세 : 60,000원

(차) (대)

04 신축 중인 공장의 건설자금으로 사용한 특정차입금의 이자비용 2,200,000원을 당좌수표를 발행하여 지급하였다. 동 이자비용은 자본화대상이며, 공장은 3년 뒤에 준공예정이다.

(차) (대)

05 업무용 차량을 구입하면서 다음과 같은 현금지급액이 발생하였다(단, 공채는 단기매매증권으로 분류할 것).

• 취득세 등 : 1,000,000원	• 공채 매입액 : 250,000원(공정가치 200,000원)

(차)	(대)

06 당사의 대주주로 있는 이강인씨는 본인이 50,000,000원에 취득한 기계장치를 무상으로 회사에 기증하였다(단, 기계장치의 시가 70,000,000원).

(차)	(대)

07 최대주주인 이재민으로부터 업무용 토지를 기증 받았다. 본 토지에 대한 취득세로 15,000,000원이 현금으로 은행에 납부되었다. 이재민이 실제 취득한 토지의 가액은 200,000,000원이었으며, 수증일 현재의 공정가액은 300,000,000원이다.

(차)	(대)

08 화재로 인하여 공장의 기계장치(취득가액 10,000,000원, 감가상각누계액 4,500,000원)가 소실되었다(단, 화재보험 가입은 되어있지 않았고, 당기 감가상각비는 고려하지 않는다).

(차)	(대)

09 (주)지순상사로부터 공장에서 사용할 기계장치를 구입하기로 계약하고, 계약금 2,000,000원을 당좌수표를 발행하여 지급하였다.

(차)	(대)

10 공장용 주차장부지(토지)를 취득하고, 이와 관련하여 아래와 같은 지출이 발생하였다(단, 토지구입과 관련해서 전월에 계약금으로 50,000,000원을 지급한 사실이 있으며, 모든 거래는 비사업자와의 거래이고, 거래처등록은 생략함).

항 목	지출액(원)	비 고
잔금지급액	257,000,000	전액 보통예금에서 이체
중개수수료	780,000	원천징수세액(기타소득세 및 지방소득세) 220,000원을 차감한 금액으로서, 전액 현금지급

(차) (대)

11 회사는 공장 벽면이 노후되어 새로이 도색작업을 하고 이에 대한 비용 1,000,000원을 (주)금강에 600,000원은 현금으로 결제하고 잔액은 외상으로 하였다.

(차) (대)

12 원재료로 사용하기 위해 구입한 부품(취득원가 : 1,000,000원)을 생산공장의 기계장치를 수리하는데 사용하였다. 수리와 관련된 비용은 수익적 지출로 처리하시오.

(차) (대)

13 당사는 사옥으로 사용할 목적으로 (주)남방건설로부터 건물과 토지를 300,000,000원에 일괄 취득하였고, 대금은 약속어음(만기 1년)을 발행하였다(단, 취득 당시 건물의 공정가액은 160,000,000원, 토지의 공정가액은 80,000,000원이었으며, 건물과 토지의 취득원가는 상대적 시장가치에 따라 안분(소수점 이하 첫째 자리 반올림)하며, 부가가치세는 고려하지 않기로 한다).

(차) (대)

14 전년도 말로 내용연수가 경과하여 운행이 불가능한 승용차(취득가액 8,500,000원, 감가상각누계액 8,499,000원)를 폐차대행업체를 통해 폐차시키고, 당해 폐차대행업체로부터 고철비 명목으로 10,000원을 현금으로 받다(단, 부가가치세는 고려하지 않는다).

(차) (대)

15 새로운 공장을 짓기 위하여 건물이 있는 부지를 구입하고 동시에 건물을 철거하였다. 건물이 있는 부지의 구입비로 100,000,000원을 보통예금 계좌에서 이체하고, 철거비용 5,000,000원은 당좌수표로 지불하였다.

(차)	(대)

16 (주)한국물산으로부터 토지(공정가치 : 200,000,000원)를 취득하면서 보유 중인 토지 120,000,000원(장부가액)과 당좌수표 40,000,000원을 발행하여 지급하였다. 현금수수액이 유의적이므로 해당 거래는 이종자산으로 보아 회계처리하시오.

(차)	(대)

17 보유 중인 사업용 토지 일부분을 (주)부천전자에 40,000,000원(장부가액 23,000,000원)에 매각하고 대금은 (주)부천전자의 전기이월 외상매입금 15,000,000원과 상계처리하고 잔액은 보통예금에 입금하였다.

(차)	(대)

18 원재료 운반용 트럭이 노후되어 매각 처분하고 매각대금 300,000원을 현금으로 수령하다. 처분한 트럭의 취득가액은 12,000,000원이며, 전기 말까지 감가상각누계액 계상액은 7,200,000원이다. 당사는 트럭에 대하여 잔존가액 없이 내용연수 5년, 정액법으로 상각하여 왔다(단, 당기 처분일은 8월 31일이며 처분 시까지 당기분 감가상각 분개는 이미 처리되었다고 가정하고 감가상각을 반영하여 처분 시 분개만 처리하며, 부가가치세는 고려하지 아니한다).

(차)	(대)

19 제조설비를 취득하는 조건으로 상환의무가 없는 정부보조금 30,000,000원을 보통예금으로 수령하였다.

(차)	(대)

20 제품 생산을 위해 1월 10일에 구입한 기계장치(밀링머신) 10,000,000원은 정부보조금 5,000,000원으로 취득한 자산이다. 12월 31일 결산 시 기업회계기준에 따라 정액법으로 기계장치의 감가상각비를 계상하시오(내용연수 5년, 잔존가액 없음).

1월 10일	(차) 기계장치	10,000,000원	(대) 보통예금	10,000,000원
	정부보조금(보통예금 차감)	5,000,000원	정부보조금(기계장치 차감)	5,000,000원

(차) (대)

21 당사는 재평가모형에 따라 유형자산을 인식하고 있으며, 12월 31일자로 보유하고 있던 토지에 대한 감정평가를 시행한 결과 다음과 같이 평가액이 산출되어 유형자산재평가손익으로 처리하였다.

- 당기 토지 취득가액 : 455,000,000원
- 당기 12월 31일자 토지 감정평가액 : 600,000,000원

(차) (대)

22 당사는 매년 유형자산을 재평가모형에 따라 인식하고 있으며 12월 31일에 보유하고 있던 토지를 감정평가한 결과 아래와 같이 평가액이 산정되었다. 유형자산재평가손익을 반영하시오.

- 당기 1월 20일 토지 취득가액 : 700,000,000원
- 당기 12월 31일 토지 감정평가액 : 600,000,000원

(차) (대)

빈출 객관식문제

제2절 재무상태표(유형자산)

정답 및 해설 : p.11

01 **다음 중 유형자산과 관련한 용어의 설명으로 옳지 않은 것은?**

① 유형자산은 재화의 생산 등에 사용할 목적으로 보유하는 물리적 형체가 있는 자산으로서, 1년을 초과하여 사용할 것이 예상되는 자산을 말한다.

② 감가상각은 감가상각대상금액을 그 자산의 내용연수 동안 체계적인 방법으로 각 회계기간에 배분하는 것을 말한다.

③ 감가상각대상금액은 취득원가에서 잔존가액을 차감한 금액을 말한다.

④ 내용연수는 실제 사용시간 또는 생산량의 단위를 말한다.

02 **다음은 일반기업회계기준에 따른 유형자산의 취득원가에 대한 설명이다. 가장 잘못된 것은?**

① 유형자산의 취득에 사용된 차입금에 대하여 당해 자산의 취득완료시점까지 발생한 이자비용은 자산의 취득원가에 가산함을 원칙으로 한다.

② 유형자산이 정상적으로 작동되는지 여부를 시험하는 과정에서 발생하는 원가는 취득부대비용으로 보아 취득원가에 가산한다.

③ 현물출자, 증여, 기타 무상으로 취득한 자산은 공정가치를 취득원가로 한다.

④ 국고보조금 등에 의해 유형자산을 공정가액보다 낮은 대가로 취득한 경우에도 그 유형자산의 취득원가는 취득일의 공정가액으로 한다.

03 **다음 중 유형자산에 대한 설명으로 가장 옳지 않은 것은?**

① 유형자산의 취득원가는 당해 자산의 제작원가 또는 매입가액에 취득부대비용을 가산한 가액으로 한다.

② 새로운 건물을 신축하기 위하여 사용 중이던 기존건물을 철거하는 경우에는 기존건물의 장부가액은 새로운 건물의 취득원가에 가산한다.

③ 유형자산의 감가상각은 감가상각대상금액을 그 자산의 내용연수 동안 합리적이고 체계적인 방법으로 각 회계기간에 배분하는 것이다.

④ 제조설비의 감가상각비는 제조원가를 구성하고, 연구개발 활동에 사용되는 유형자산의 감가상각비는 무형자산의 인식조건을 충족하는 자산이 창출되는 경우 무형자산의 취득원가에 포함된다.

04 다음 중 자산의 종류가 다른 것은 무엇인가?

① 건설중인자산 ② 구축물
③ 임차보증금 ④ 비 품

05 다음 중 유형자산으로 분류되지 않는 항목은?

① 제조공장의 부지 ② 투자 목적으로 보유하는 토지
③ 건설 중인 제조공장의 건물 ④ 출퇴근용 사내(社內)버스

06 다음은 모두 업무에 사용 중인 자산이다. 다음 중 유형자산으로 분류되지 않은 것은?

① 건 물 ② 상표권
③ 구축물 ④ 기계장치

07 다음은 유형자산과 관련한 설명이다. 가장 옳지 않은 것은?

① 영업활동을 위한 토지도 유형자산에 해당된다.
② 유형자산의 취득원가를 경제적 내용연수 동안 비용화시키는 절차를 감가상각이라 한다.
③ 유형자산 보유기간 동안에 발생한 모든 지출은 이를 지출 시 당기비용으로 회계처리한다.
④ 유형자산의 취득원가에는 그 자산을 본래의 의도대로 사용할 수 있을 때까지 발생한 모든 지출을 포함한다.

08 다음 중 유형자산의 취득원가에 포함되는 요소를 모두 고른 것은?

ㄱ. 설계와 관련하여 전문가에게 지급하는 수수료
ㄴ. 매입 관련 운송비
ㄷ. 설치장소 준비를 위한 지출
ㄹ. 취득세
ㅁ. 재산세

① ㄴ, ㄷ, ㅁ ② ㄱ, ㄴ, ㄷ, ㄹ
③ ㄴ, ㄷ, ㄹ, ㅁ ④ ㄱ, ㄴ, ㄷ, ㄹ, ㅁ

09 **다음 중 유형자산의 취득원가에 포함되지 않는 것은?**

① 취득세, 등록세 등 유형자산의 취득과 직접 관련된 제세공과금
② 자본화대상인 금융비용
③ 매입할인
④ 설치비

10 **다음은 유형자산의 취득원가에 관한 설명이다. 가장 잘못된 것은?**

① 유형자산의 취득과 관련된 운송비와 설치비용은 취득원가에 가산한다.
② 유형자산의 취득과 관련된 중개인 수수료는 취득원가에 가산한다.
③ 유형자산의 보유와 관련된 재산세는 취득원가에 가산한다.
④ 유형자산의 취득과 관련된 취득세는 취득원가에 가산한다.

11 **다음은 일반기업회계기준상 유형자산의 교환에 대한 내용이다. 틀린 것은?**

① 이종자산 간 교환하는 경우에는 교환으로 취득한 유형자산의 취득가액은 취득자산의 공정가치로 측정한다.
② 자산의 교환에 있어 현금수수액이 있는 경우에는 그 현금수수액을 반영하여 취득원가를 결정한다.
③ 동종자산의 교환인 경우에는 제공한 자산의 장부가액을 취득한 자산의 취득가액으로 할 수 있다.
④ 동종자산과의 교환 시에 교환에 포함된 현금 등의 금액이 유의적이라면 동종자산의 교환으로 보지 않는다.

12 **다음 중 기업회계기준서에서 인정하는 유형자산의 감가상각방법으로서, 내용연수 동안 감가상각비가 매 기간 감소하는 효과가 나타나는 것은?**

① 정액법
② 생산량 비례법
③ 조업도 비례법
④ 연수합계법

13 **감가상각대상자산이 아닌 것은?**

① 건 물
② 건설중인자산
③ 기계장치
④ 장기할부로 구입한 업무용 트럭

14 **다음 중 감가상각대상자산이 아닌 것은?**

① 일시적으로 사용중지 상태인 기계장치
② 금융리스로 이용 중인 차량운반구
③ 할부로 구입하여 사용 중인 비품
④ 사옥으로 이용하기 위해 건설 중인 건물

15 **다음 중 현행 기업회계기준서상 감가상각대상인 것을 모두 골라내면?**

가. 사옥으로 사용 중인 건물　　나. 업무용으로 사용 중인 오토바이
다. 매매 목적으로 보관 중인 토지　　라. 폐기예정으로 보관 중인 기계장치

① 가, 나　　② 가, 나, 다
③ 나, 다　　④ 나, 다, 라

16 **기업회계기준서상 유형자산의 감가상각에 관한 내용이다. 옳지 않은 것은?**

① 사용하지 않는 자산도 진부화나 마모 등이 있는 경우 내용연수를 결정하여야 한다.
② 기업의 자산관리정책에 따라 일정 기간이 경과되거나 경제적 효익의 일정 부분이 소멸되어 처분될 경우는 유사한 자산에 대한 기업의 경험에 비추어 해당 유형자산의 내용연수를 추정하여야 한다.
③ 유형자산의 감가상각방법에는 정액법, 체감잔액법(예를 들면, 정률법 등), 연수합계법, 생산량비례법 등이 있다
④ 감가상각방법의 선택은 현금흐름과 절세 등 각종 지표를 고려하여 선택하여야 한다.

17 **당기 중에 공장건설용 토지를 구입하면서 다음과 같은 지출이 이루어진 경우 토지의 취득가액은 얼마인가?**

- 토지 취득대금 : 30,000,000원
- 토지상의 구건물 철거비용 : 3,700,000원
- 구건물 철거 시 철골자재 등 매각대금 : 2,100,000원
- 토지 취득세, 등록세 : 1,400,000원
- 토지 재산세 : 450,000원

① 30,000,000원　　② 33,000,000원
③ 33,450,000원　　④ 35,100,000원

18 **다음 중 모든 감가상각방법이 선택가능하다면 일반적으로 첫 해에 회사의 이익을 가장 많이 계상할 수 있는 방법은?**

① 정률법　　② 이중체감법
③ 연수합계법　　④ 정액법

19 **수익적 지출 항목을 자본적 지출로 잘못 회계처리한 경우 재무제표에 미치는 영향으로 틀린 것은?**

① 당기순이익이 과대계상된다.
② 현금유출액에는 영향을 미치지 않는다.
③ 자산이 과대계상된다.
④ 자본이 과소계상된다.

20 **자본적 지출이 수익적 지출로 처리되었을 경우 그 결과는 어떻게 되는가?**

① 부채가 과소계상된다.
② 자산이 과대계상된다.
③ 당기순이익이 과소계상된다.
④ 자기자본이 과대계상된다.

21 **다음은 자본적 지출과 수익적 지출에 대한 설명이다. 틀린 것은?**

① 엘리베이터 설치 등 자산의 가치를 증대시키는 지출은 자본적 지출로 처리한다.
② 증축, 개축 등 자산의 내용 연수를 연장시키는 지출은 자본적 지출로 처리한다.
③ 파손된 유리 교체 등 자산의 원상복구를 위한 지출은 수익적 지출로 처리한다.
④ 건물의 도색 등 자산의 현상유지를 위한 지출은 자본적 지출로 처리한다.

22 **유형자산의 취득원가 구성항목으로 옳지 않은 것은?**

① 유형자산 취득과 관련하여 불가피하게 매입하는 국공채의 매입가액
② 설치장소 준비를 위한 지출
③ 취득과 직접 관련이 있는 제세공과금
④ 취득 시 소요되는 운반비용

23 유형자산의 감가상각방법 중 정액법, 정률법 및 연수합계법 각각에 의한 3차년도 말 감가상각비가 큰 금액부터 나열한 것은?

- 기계장치 취득원가 : 1,000,000원(1월 1일 취득)
- 내용연수 : 5년
- 잔존가치 : 취득원가의 10%
- 정률법 상각률 : 0.4

① 정률법 > 정액법 = 연수합계법
② 정률법 > 연수합계법 > 정액법
③ 연수합계법 > 정률법 > 정액법
④ 연수합계법 = 정액법 > 정률법

24 기계장치의 감가상각 관련 자료가 다음과 같을 때 제2기인 20×3년 말 결산 시에 계상하여야 할 감가상각비와 감가상각누계액을 바르게 표시한 것은?

- 취득일 : 20×2년 1월 1일
- 취득원가 : 2,000,000원
- 내용연수 : 10년
- 정률법 상각률 : 10%
- 상각방법 : 정률법

	감가상각비	감가상각누계액
①	200,000원	300,000원
②	180,000원	380,000원
③	200,000원	400,000원
④	180,000원	180,000원

25 자본적 지출로 처리하여야 할 것을 수익적 지출로 잘못 회계처리한 경우 재무제표에 미치는 영향으로 옳지 않은 것은?

① 당기순이익이 과소계상된다.
② 현금 유출액에는 영향을 미치지 않는다.
③ 자산이 과소계상된다.
④ 자본이 과대계상된다.

26 **다음 중 기업회계기준(서)상 유형자산의 감가상각에 대한 설명으로 틀린 것은?**

① 감가상각비는 다른 자산의 제조와 관련된 경우에는 관련 자산의 제조원가로, 그 밖의 경우에는 판매비와관리비로 계상한다.

② 유형자산의 잔존가액이 중요할 것으로 예상되는 경우에는 자산의 취득시점에서 잔존가액을 추정한 후 물가변동에 따라 이를 수정하여야 한다.

③ 감가상각방법은 매기 계속하여 적용하고, 정당한 사유 없이 변경하지 않아야 한다.

④ 내용연수란 자산의 예상 사용기간 또는 자산으로부터 획득할 수 있는 생산량이나 이와 유사한 단위를 말한다.

27 **다음은 일반기업회계기준에 의한 유형자산 손상에 대한 회계처리에 대한 설명이다. 이 중 가장 옳지 않은 것은?**

① 유형자산의 사용강도나 사용방법의 현저한 변화가 있거나, 심각한 물리적 변형이 오면 손상차손을 검토하여야 한다.

② 유형자산의 사용 및 처분으로부터 기대되는 미래의 현금흐름 총액의 추정액 및 순공정가치가 장부가액에 미달할 경우에는 손상차손을 인식한다.

③ 유형자산의 회수가능가액은 순매각가액과 사용가치 중 큰 금액을 말한다.

④ 손상차손누계액은 재무상태표의 부채로 표시한다.

05 무형자산

1 의의 및 종류

무형자산이란 재화의 생산이나 용역의 제공, 타인에 대한 임대 또는 관리에 사용할 목적으로 기업이 보유하고 있는 자산이다. 무형자산은 물리적 형체가 없지만 식별가능하고, 기업이 통제하고 있으며, 미래 경제적 효익이 있는 비화폐성자산을 말한다. 무형자산은 장기간 사용할 목적으로 보유하는 자산이라는 면에서 유형자산과 공통점이 있으나 물리적인 형체가 없다는 점은 유형자산과 다르다.

무형자산의 특징	유형자산의 특징
• **물리적 형태 없으나 식별가능성** : 무형자산이 식별가능하다는 것은 그 자산이 기업실체나 다른 자산으로부터 분리될 수 있거나 계약상 또는 법적 권리를 창출할 수 있는 경우 등을 의미한다.	• **물리적 형태** : 유형자산은 물리적인 실체나 형태가 존재하는 자산이다.
• **통제가능성** : 무형자산의 미래 경제적효익을 확보할 수 있고 그 효익에 대한 제3자의 접근을 제한할 수 있는 것을 의미한다.	• **영업활동에 사용할 목적** : 유형자산은 판매를 목적으로 하지 아니하며 영업활동에 사용할 목적으로 취득한 자산이다.
• **미래 경제적 효익** : 재화의 매출이나 용역수익, 원가절감 또는 그 자산의 사용에 따른 기타 효익의 형태로 발생한다.	• **미래 경제적 효익 기대되는 내구성 있는 자산** : 1년 이내에 그 사용이 완료된다면 유형자산으로 처리하지 않는다.

구분	내용
영업권	• 영업권은 기업과 합병하거나 영업을 양수하는 경우 그 대가로 지급한 금액이 당해 기업의 순자산의 공정가치를 초과할 때 해당 초과액을 의미한다. • 영업권 = 합병 등의 대가로 지급한 금액 − 취득한 순자산의 공정가치
개발비	개발비란 신제품, 신기술의 개발과 관련하여 발생한 비용(소프트웨어 개발과 관련된 비용을 포함)으로서, 개별적으로 식별가능하고 미래 경제적 효익을 확실하게 기대할 수 있는 것을 말한다.
산업재산권	• **특허권** : 정부가 특수한 기술적인 발명이나 사실에 대하여 그 발명인 및 소유자를 보호하려는 취지에서 일정한 기간 동안 그 발명품의 제조 및 판매에 관하여 부여하는 특권이며, 특허법에 의하여 등록을 함으로써 취득된다. • **실용신안권** : 특정고안이 실용신안법에 의하여 등록되어 이를 일정 기간 독점적 · 배타적으로 이용할 수 있는 권리를 말한다. • **의장권(디자인권)** : 특정의장이 의장법에 의하여 등록되어 이를 일정 기간 독점적 · 배타적으로 이용할 수 있는 권리를 말한다. 실용신안권은 미감을 무시하고 물품의 형상, 구조 등의 고안적 가치에 중점을 두고 있는데 비하여 의장권은 전적으로 미감에 중점을 두고 있다. • **상표권** : 특정상표가 상표법에 의하여 등록되어 이를 일정 기간 독점적 · 배타적으로 이용할 수 있는 권리를 말한다.
라이선스	일정 기간 특정기술 또는 지식에 대한 이용권을 말한다.
프랜차이즈	일정 지역 또는 특정 상품이나 용역에 대한 독점적인 영업권리를 의미한다.
소프트웨어	자산인식조건을 충족하는 소프트웨어를 구입하여 사용하는 경우의 동 구입비용은 소프트웨어로 인식한다(단, 내부에서 개발된 소프트웨어에 소요된 원가가 자산인식조건을 충족하는 경우 : 개발비).
저작권 등	저작권, 광업권, 어업권, 임차권리금 등

1. 영업권(외부창출)

사업결합으로 인식하는 영업권은 사업결합에서 획득하였지만 개별적으로 식별하여 별도로 인식하는 것이 불가능한 그 밖의 자산에서 발생하는 미래 경제적 효익을 나타내는 자산이다. 그 미래 경제적 효익은 취득한 식별가능한 자산 사이의 시너지효과나 개별적으로 인식기준을 충족하지 않는 자산으로부터 발생할 수 있다.

영업권은 기업 내부적으로 창출된 영업권과 외부에서 구입한 영업권으로 구분할 수 있다. 그러나 내부적으로 창출된 영업권은 취득원가를 신뢰성 있게 측정할 수 없을 뿐만 아니라 기업이 통제하고 식별가능한 자원도 아니므로 무형자산으로 인식하지 않는다. 한편, 외부에서 구입한 영업권이란 합병, 영업양수 등의 경우에 유상으로 취득한 것을 말하며 합병 등의 대가가 합병 등으로 취득하는 순자산의 공정가치를 초과하는 금액이 영업권에 해당한다. 일반기업회계기준은 외부에서 구입한 영업권만을 인정한다.

2. 개발비(내부창출)

개발비란 신제품, 신기술의 개발과 관련하여 발생한 비용(소프트웨어 개발과 관련된 비용을 포함)으로서, 개별적으로 식별가능하고 미래 경제적 효익을 확실하게 기대할 수 있는 것을 말한다. 개발비는 다른 무형자산과는 달리 내부적으로 창출된 무형자산에 해당한다. 그러나 내부적으로 창출된 무형자산이 자산의 인식기준에 부합하는지를 평가하기는 쉽지 않으므로 내부적으로 창출된 무형자산이 인식기준에 부합하는지 평가하기 위하여 무형자산의 창출과정을 연구단계와 개발단계로 구분한다. 무형자산을 창출하기 위한 프로젝트를 연구단계와 개발단계로 구분할 수 없는 경우에는 발생한 지출은 모두 연구단계에서 발생한 것으로 본다.

<table>
<tr><td rowspan="2">연구단계</td><td>미래 경제적 효익을 창출할 무형자산이 존재한다는 것을 제시할 수 없으므로 연구단계에서 발생한 지출은 발생시점에 경상연구개발비(제조원가 또는 판관비)로 인식한다.</td></tr>
<tr><td>• 새로운 지식을 얻고자 하는 활동
• 연구결과나 기타 지식을 탐색, 평가, 최종 선택, 응용하는 활동
• 재료, 장치, 제품, 공정, 시스템이나 용역에 대한 여러 가지 대체안을 탐색하는 활동
• 새롭거나 개선된 재료, 장치, 제품, 공정, 시스템이나 용역에 대한 여러 가지 대체안을 제안, 설계, 평가, 최종 선택하는 활동</td></tr>
<tr><td rowspan="2">개발단계</td><td>개발단계는 연구단계보다 더 진전되어 있는 상태이다. 따라서 프로젝트의 개발단계에서는 무형자산을 식별할 수 있고 무형자산이 미래 경제적 효익을 창출할 것임을 입증할 수 있기 때문에 개발단계에서의 지출은 조건을 충족하면 무형자산으로 인식한다.</td></tr>
<tr><td>• 생산이나 사용 전의 시제품과 모형을 설계, 제작, 시험하는 활동
• 새로운 기술과 관련된 공구, 지그, 주형, 금형 등을 설계하는 활동
• 상업적 생산 목적으로 실현가능한 경제적 규모가 아닌 시험공장을 설계, 건설, 가동하는 활동
• 신규 또는 개선된 재료, 장치, 제품, 공정, 시스템이나 용역에 대하여 최종적으로 선정된 안을 설계, 제작, 시험하는 활동</td></tr>
</table>

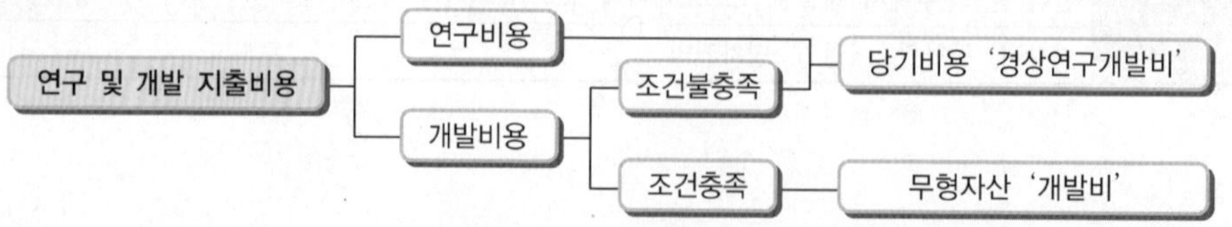

2 상 각

무형자산의 상각은 무형자산의 상각대상금액을 내용연수 기간 동안 합리적인 방법을 선택하여 비용으로 배분하는 절차를 말한다.

1. 상각대상금액

무형자산의 취득원가에서 잔존가치를 차감한 잔액을 말한다.

<table>
<tr><td>취득원가</td><td>(1) 외부취득
무형자산을 최초로 인식할 때에는 원가로 측정한다. 무형자산의 취득원가는 구입가격과 자산을 의도한 목적에 사용할 수 있도록 준비하는 데 직접 관련되는 부대비용(등록비, 법률관련 수수료 등)을 포함한다.
(2) 내부창출
내부적으로 창출된 무형자산의 취득원가는 그 자산의 창출, 제조, 사용, 준비에 직접 관련된 지출과 합리적이고 일관성 있게 배분된 간접지출을 모두 포함한다.
〈무형자산 취득원가에 포함되는 항목〉
① 무형자산의 창출에 직접 종사한 인원에 대한 급여, 상여금, 퇴직급여 등의 인건비
② 무형자산의 창출에 사용된 재료비, 용역비 등
③ 무형자산의 창출에 직접 사용된 유형자산의 감가상각비와 무형자산(특허권, 라이선스 등)의 상각비
④ 법적 권리를 등록하기 위한 수수료 등의 무형자산을 창출하는데 직접적으로 관련이 있는 지출
⑤ 무형자산의 창출에 필요하며 합리적이고 일관된 방법으로 배분할 수 있는 간접비(건물 등 유형자산의 감가상각비, 보험료, 임차료, 연구소장 또는 연구지원실 관리직원의 인건비 등)
⑥ 자본화대상 차입원가
(3) 취득 이후 지출
무형자산의 취득, 완성 후의 지출로서 다음의 요건을 모두 충족하는 경우에는 자본적 지출로 처리하고, 그렇지 않은 경우에는 발생한 기간의 수익적 지출(비용)로 인식한다.
요건 1. 관련 지출이 미래 경제적 효익을 실질적으로 증가시킬 가능성이 매우 높은 경우
요건 2. 관련 지출이 신뢰성 있게 측정될 수 있으며, 무형자산과 직접 관련되는 경우</td></tr>
<tr><td>잔존가치</td><td>무형자산의 잔존가치는 없는 것을 원칙으로 한다. 다만, 경제적 내용연수보다 짧은 상각기간을 정한 경우에 상각기간이 종료될 때 제3자가 자산을 구입하는 약정이 있거나, 그 자산에 대한 거래시장이 존재하여 상각기간이 종료되는 시점에 자산의 잔존가치가 거래시장에서 결정될 가능성이 매우 높다면 잔존가치를 인식할 수 있다.</td></tr>
</table>

2. 내용연수

무형자산의 내용연수(상각기간)는 독점적, 배타적인 권리를 부여하고 있는 관계 법령이나 계약에 정해진 경우를 제외하고는 20년을 초과할 수 없다.

(1) 상각은 자산이 사용가능한 때부터 시작한다.

(2) 무형자산 내용연수는 법적 내용연수와 경제적 내용연수 중 짧은 기간으로 한다.

(3) 무형자산을 사용하는 동안 내용연수에 대한 추정이 적절하지 않다는 것이 명백해지는 경우에는 상각기간의 변경이 필요할 수 있다.

3. 상각방법

무형자산의 상각방법은 자산의 경제적 효익이 소비되는 행태를 반영한 합리적인 방법이어야 한다. 무형자산의 상각대상금액을 내용연수 동안 합리적으로 배분하기 위한 상각방법에는 정액법, 체감잔액법(정률법 등), 연수합계법, 생산량비례법 등이 있다. 다만, 합리적인 상각방법을 정할 수 없는 경우에는 정액법을 사용한다. 만약 기중에 취득하는 경우에는 무형자산의 사용개시일 부터 월할상각 하며 1월 미만은 1월로 보아 계산한다.

4. 회계처리 및 재무제표 공시

무형자산의 상각비는 직접법과 간접법을 모두 허용하고 있으나 대부분의 경우 '직접법'을 선택하여 처리한다. 직접법에 의한 회계처리 시 취득원가와 상각누계액은 재무상태표에 공시되지 않으므로 주석에 공시하며 무형자산상각비는 제조원가와 판관비로 구분하여 처리한다.

구분	차변	금액	대변	금액
직접법	(차) 무형자산상각비(제/판)	×××	(대) 무형자산	×××
간접법	(차) 무형자산상각비(제/판)	×××	(대) 무형자산상각누계액	×××

직접법

예 20×1년 12월 31일 영업권에 대한 상각을 하시오.

- 취득원가 : 36,000,000원
- 취득일자 : 20×1년 1월 3일
- 내용연수 : 6년(월할 균등상각)

(차) 무형자산상각비	6,000,000	(대) 영업권	6,000,000

☞ 상각비 6,000,000원 = (36,000,000 − 0) ÷ 6년 × 12개월/12개월(월할상각)

예 20×1년 12월 31일 특허권에 대한 상각을 하시오.

- 취득원가 : 12,000,000원
- 취득일자 : 20×1년 10월 15일
- 내용연수 : 5년(월할 균등상각)
- 사용개시일 : 20×1년 12월 10일

(차) 무형자산상각비	200,000	(대) 특허권	200,000

☞ 상각비 200,000원 = (12,000,000 − 0) ÷ 5년 × 1개월/12개월(사용개시일부터 월할상각)

예 20×3년 12월 31일 개발비에 대한 상각을 하시오.

- 20×3년 12월 31일 결산수정 전 개발비 미상각 잔액이 7,200,000원이다.
- 개발비는 20×1년 1월 10일에 취득하였으며 취득 즉시 사용하였다. 내용연수는 5년이다.

(차) 무형자산상각비	2,400,000	(대) 개발비	2,400,000

☞ 상각비 2,400,000원 = 7,200,000(미상각잔액) ÷ 3년(남은 내용연수)

3 손상차손

자산의 진부화 및 시장가치의 급격한 하락 등으로 인하여 무형자산의 회수가능액이 장부금액에 중요하게 미달하게 되는 경우에는 장부금액을 회수가능액으로 조정하고 그 차액을 손상차손으로 처리한다. 다만, 차기 이후에 손상된 자산의 회수가능액이 장부금액을 초과하게 되는 경우에는 그 자산이 손상되기 전 장부금액의 상각 후 잔액을 한도로 하여 그 초과액을 손상차손환입으로 처리한다. 아직 사용가능하지 않은 무형자산은 최소한 매 보고기간말에 회수가능액은 반드시 추정하여야 한다.

손상차손	예 무형자산인 특허권(장부가액 20,000,000원)은 특허효력의 상실로 인해 사용이 중지되었다. 당기말 현재 기업회계기준에 의한 특허권의 회수가능가액은 7,000,000원이다. 손상 회계처리를 하시오. (차) 무형자산손상차손 13,000,000 (대) 특허권 13,000,000 ☞ 무형자산의 상각 및 손상차손 회계처리는 간접법보다는 직접법으로 회계처리하고 있다.

4 처 분

무형자산의 처분 (VAT 10%)	**• 장부가액 < 처분가액 = 무형자산처분이익(영업외수익)** **• 장부가액 > 처분가액 = 무형자산처분손실(영업외비용)** 기중에 처분하는 경우 기초부터 처분시점까지의 감가상각을 먼저 계상한 후에 처분손익을 계상한다. 또한 무형자산의 처분은 부가세법상 재화의 공급에 해당하므로 부가세 10% 과세된다. 예 당사는 보유 중인 특허권(장부가액 30,000,000원)을 25,000,000원(부가가치세 별도)에 (주)청솔에 외상으로 처분하고 전자세금계산서를 발행하였다. 부가가치세를 고려하여 회계처리하시오. (차) 미수금 [(주)청솔] 27,500,000 (대) 특허권 30,000,000 무형자산처분손실 5,000,000 부가세예수금 2,500,000 예 당사는 보유 중인 특허권(장부가액 30,000,000원)을 32,000,000원(부가가치세 별도)에 (주)청솔에 외상으로 처분하고 전자세금계산서를 발행하였다. 부가가치세를 고려하여 회계처리하시오. (차) 미수금 [(주)청솔] 35,200,000 (대) 특허권 30,000,000 부가세예수금 3,200,000 무형자산처분이익 2,000,000

빈출 분개연습

제2절 재무상태표(무형자산)

정답 및 해설 : p.12

01 유명대학교에 의뢰한 신제품 개발에 따른 연구용역비 20,000,000원을 보통예금에서 인터넷뱅킹으로 이체하여 지급하였다(단, 자산으로 회계처리하고, 부가가치세는 고려하지 말 것).

(차)	(대)

02 사무실에서 사용할 회계프로그램을 (주)소프트개발에서 50,000,000원에 구입하고 당점발행 당좌수표를 발행하여 지급하다(단, 부가가치세는 고려하지 말 것).

(차)	(대)

03 보유 중인 특허권(장부가액 15,000,000원)을 20,000,000원에 매각하고, 대금은 보통예금으로 입금되었다(단, 부가가치세는 고려하지 말 것).

(차)	(대)

04 무형자산으로 계상되어 있는 특허권(장부가액 5,000,000원)은 더 이상 사용을 할 수 없어 사용을 중지하고 처분을 위해 보유하고 있는데 당기말 기업회계기준에 의한 회수가능가액은 3,000,000원이다.

(차)	(대)

05 회사는 기말 현재 결산항목 반영 전에 재무상태표상 개발비 미상각 잔액이 4,800,000원이 있다. 개발비는 전기(20×1년) 초에 설정되어 전기 초부터 사용하였고 모든 무형자산은 사용가능한 시점부터 5년간 상각한다. 당기(20×2년) 개발비 상각을 하시오.

(차)	(대)

06 결산 마감 전 영업권(무형자산) 잔액이 3,300,000원이 있으며, 이 영업권은 20×1년 1월 초에 취득한 것이다(단, 회사는 무형자산에 대하여 5년간 월할 균등상각하고 있으며, 상각기간 계산시 1월 미만의 기간은 1월로 간주한다. 당기(20×3년) 개발비 상각을 하시오).

(차)	(대)

빈출 객관식문제

제2절 재무상태표(무형자산)

정답 및 해설 : p.12

01 **다음 중 무형자산에 대한 설명으로 틀린 것은?**

① 무형자산을 창출하기 위한 내부 프로젝트를 연구단계와 개발단계로 구분할 수 없는 경우에는 그 프로젝트에서 발생한 지출은 모두 연구단계에서 발생한 것으로 본다.
② 무형자산의 공정가치가 증가하면 그 공정가치를 반영하여 상각한다.
③ 합리적인 상각방법을 정할 수 없는 경우에는 정액법을 사용한다.
④ 무형자산의 잔존가치는 없는 것을 원칙으로 한다.

02 **무형자산에 대한 설명으로 틀린 것은?**

① 무형자산의 상각기간은 독점적·배타적 권리를 부여하고 있는 관계 법령이나 계약에 정해진 경우를 제외하고는 20년을 초과할 수 없다.
② 내부적으로 창출한 영업권의 경우, 미래 경제적 효익을 창출할 수 있다면 자산으로 인식할 수 있다.
③ 무형자산의 합리적인 상각방법을 정할 수 없는 경우에는 정액법을 사용한다.
④ 무형자산의 잔존가치는 없는 것을 원칙으로 한다.

03 **다음 중 무형자산에 대한 설명으로 틀린 것은?**

① 기업회계기준에서는 사업 결합 등 외부에서 취득한 영업권만 인정하고, 내부에서 창출된 영업권은 인정하지 않는다.
② 무형자산은 인식기준을 충족하지 못하면 그 지출은 발생한 기간의 비용으로 처리한다.
③ 무형자산을 개별적으로 취득한 경우에는 매입가격에 매입 부대비용을 가산한 금액을 취득원가로 한다.
④ 무형자산의 합리적인 상각방법을 정할 수 없는 경우에는 정률법을 사용한다.

04 **다음은 일반기업회계기준상 무형자산에 대한 설명이다. 옳지 않은 것은?**

① 연구단계에서 발생한 지출은 무형자산으로 인식할 수 없고 발생한 기간의 비용으로 인식한다.
② 무형자산의 취득 후의 지출로서 일정한 요건을 충족하는 경우에는 자본적 지출로 처리한다.
③ 특허권, 영업권, 실용신안권, 연구비는 무형자산에 포함된다.
④ 무형자산의 상각기간은 관계법령이나 계약에 정해진 경우를 제외하고는 20년을 초과할 수 없다.

05 **다음 중 무형자산에 대한 설명으로 옳은 것은?**

① 무형자산의 상각대상금액을 내용연수 동안 합리적으로 배분하기 위해 다양한 방법을 사용할 수 있다.
② 무형자산이 법적권리인 경우 법적 권리기간이 경제적 내용연수보다 긴 기간이면 법적 권리기간 동안 상각한다.
③ 내부적으로 창출된 영업권의 경우 그 금액을 합리적으로 추정할 수 있는 경우에는 무형자산으로 인식할 수 있다.
④ 연구단계에서 발생한 지출은 모두 발생 즉시 비용으로 인식하며, 개발단계에서 발생한 지출은 모두 무형자산으로 인식한다.

06 **다음 중 무형자산에 해당하는 것으로 볼 수 없는 것은?**

① 산업재산권
② 특허권
③ 내부적으로 창출한 영업권
④ 내부 프로젝트의 개발단계에서 발생한 지출로서 자산인식요건을 모두 충족하는 개발비

07 **다음 무형자산의 상각과 관련한 설명 중 옳지 않은 것은?**

① 무형자산의 상각방법에는 정액법, 체감잔액법(정률법 등), 연수합계법, 생산량비례법 등이 있다.
② 무형자산을 사용하는 동안 내용연수에 대한 추정이 적절하지 않다는 것이 명백해진다 할지라도 상각기간은 변경할 수 없다.
③ 무형자산의 잔존가치는 없는 것을 원칙으로 한다.
④ 중소기업기본법에 의한 중소기업의 경우 무형자산의 내용연수 및 잔존가치의 결정을 법인세법의 규정에 따를 수 있다.

08 **다음 중 무형자산의 인식요건이 아닌 것은?**

① 식별가능성
② 검증가능성
③ 통제가능성
④ 미래의 경제적 효익의 유입가능성

09 **무형자산에 관한 다음의 내용 중 옳지 않는 것은?**

① 외부에서 구입한 무형자산은 자산으로 처리한다.
② 무형자신의 상각방법으로 합리적인 상각방법을 정할 수 없는 경우에는 정액법을 사용한다.
③ 무형자산 내용연수는 법적 요인에 의한 내용연수와 경제적 요인에 의한 내용연수 중 긴 기간으로 한다.
④ 내부적으로 창출한 영업권은 자산으로 인식하지 아니한다.

10 **일반기업회계기준상 무형자산에 대한 설명으로 올바른 것은?**

① 무형자산의 상각은 당해 자산을 취득한 시점부터 시작한다.
② 사용을 중지하고 처분을 위해 보유하는 무형자산은 사용을 중지한 시점의 장부가액으로 표시한다.
③ 무형자산의 공정가치 또는 회수가능액이 증가하면 상각은 증감된 가액에 기초한다.
④ 무형자산은 상각기간이 종료되는 시점에 거래시장에서 결정되는 가격으로 잔존가치를 인식하는 것이 원칙이다.

11 **일반기업회계기준상 무형자산에 대한 설명으로 잘못된 것은?**

① 무형자산으로 분류되기 위해서는 식별가능성, 자원에 대한 통제, 미래 경제적 효익의 유입가능성을 충족해야 한다.
② 무형자산에 대한 상각은 관련 법령이나 계약에 의한 경우를 제외하고는 원칙적으로 20년을 초과할 수 없다.
③ 무형자산의 상각은 당해 자산이 사용가능한 때부터 시작한다.
④ 무형자산 원가의 인식기준을 최초로 충족시킨 이후 이미 비용으로 인식한 지출도 무형자산의 원가로 인식할 수 있다.

12 **무형자산에 대한 설명 중 옳지 않은 것은?**

① 무형자산이란 업무용도로 보유하는 비화폐성 자산으로 일반적으로 미래 경제적 효익이 있는 물리적 형체가 없는 자산을 말한다.
② 무형자산의 취득원가는 그 자산의 창출, 제조, 사용 준비에 사용된 직접비뿐만 아니라 간접비도 포함한다.
③ 무형자산의 인식기준을 충족하지 못하면 그 지출은 발생한 기간의 비용으로 인식한다.
④ 무형자산의 상각은 항상 판매비와관리비로 처리한다.

13 **다음의 무형자산에 관한 내용 중 옳지 않은 것은?**

① 개발비는 개별적으로 식별이 가능하고 미래의 경제적 효익을 기대할 수 있어야 한다.
② 연구비는 개발비와 달리 모두 비용으로 처리해야 한다.
③ 개발비상각액은 판매비와관리비로 처리해야 한다.
④ 개발비는 정액법 또는 생산량비례법 등에 의해 관련 제품 등의 판매 또는 사용가능한 시점부터 20년 이내의 합리적 기간 동안 상각한다.

14 **다음 중 현행 기업회계기준(서)상 무형자산상각에 관한 설명으로 옳지 않은 것은?**

① 원칙적으로 무형자산에 대한 상각기간은 관련 법령이나 계약에 의한 경우를 제외하고는 20년을 초과할 수 없다.
② 제조와 관련된 무형자산의 상각비는 제조원가에 포함한다.
③ 무형자산의 잔존가액은 없는 것을 원칙으로 한다.
④ 무형자산 상각방법으로는 정액법만 사용하여야 한다.

15 **현행 기업회계기준서에서는 '내부적으로 창출된 무형자산'의 취득원가는 그 자산의 창출, 제조, 사용 준비에 직접 관련된 지출과 합리적이고 일관성 있게 배분된 간접 지출을 모두 포함하도록 규정하고 있다. 다음 중 '내부적으로 창출된 무형자산'의 취득원가에 포함될 수 없는 것은?**

① 무형자산의 창출에 사용된 재료비, 용역비 등
② 무형자산을 운용하는 직원의 훈련과 관련된 지출
③ 무형자산의 창출에 직접 사용된 유형자산의 감가상각비
④ 자본화대상 금융비용

06 기타비유동자산

기타비유동자산이란 비유동자산 중 투자자산, 유형자산, 무형자산에 속하지 않는 자산을 의미한다.

임차보증금	임대차계약을 체결하여 임차인이 임대인에게 지급하는 보증금
전세권	전세금을 지급하고 타인의 부동산을 그 용도에 따라 사용, 수익하는 권리를 의미한다.
장기매출채권	일반적인 상거래 채권으로 1년 이내(정상적인 영업주기 내)에 회수가 어려운 채권을 의미한다.
장기미수금	일반적인 상거래 이외의 채권으로 1년 이내(정상적인 영업주기 내)에 회수가 어려운 채권을 의미한다.
부도어음과수표	어음의 만기일에 어음대금의 청구를 하였으나 어음발행인이 자금부족 등의 이유로 지급을 거절한 것을 부도라고 한다. 어음소지인은 배서인, 발행인 기타 어음상의 채무자에게 상환청구권을 행사할 수 있으며 이 경우 받을어음 또는 당좌수표를 부도어음과수표로 대체시킨다. 또한 부도처리 시 발생하는 부대비용은 부도어음과수표에 포함한다.

빈출 분개연습

제2절 재무상태표(기타비유동자산) 정답 및 해설 : p.13

01 (주)동국 소유의 건물로 사무실이전을 하면서 임차보증금 15,000,000원 중 한 달 전 지급한 계약금 5,000,000원을 제외한 10,000,000원을 보통예금에서 지급하였다.

(차) (대)

02 생산부 직원용 기숙사 제공을 위해 원룸 2채에 대하여 임대차계약을 맺고, 이와 관련한 보증금을 당좌예금 계좌에서 전액 지급하였다. 임대차 계약기간은 3년이고 계약한 금액은 보증금 200,000,000원이다.

(차) (대)

03 당사는 매출처인 (주)부진전자로부터 제품매출 대가로 50,000,000원에 대하여 어음을 받아 소지하고 있었으나, (주)부진전자의 자금사정 악화로 당일 금융기관으로부터 최종 부도처리되었음이 확인되었다(단, 대손세액 공제 부가가치세는 고려하지 않음).

(차) (대)

04 거래처 (주)만도에 사용 중이던 토지(취득원가 50,000,000원)를 90,000,000원에 매각하고 3년 만기 어음으로 받았다.

(차) (대)

05 중도물산에게 투자부동산 전부(장부가액 230,000,000원)를 250,000,000원에 매각하면서 대금은 약속어음(만기 2년)을 받았다.

(차) (대)

07 유동부채

자산의 정의	자산은 과거의 거래나 사건의 결과로서 현재 기업실체에 의해 지배되고 미래에 경제적 효익을 창출할 것으로 기대되는 자원이다. 자산은 일반적으로 물리적 형태를 가지고 있지만 무형자산과 같이 물리적 형태가 자산의 본질적인 특성은 아니다.
부채의 정의	부채는 과거의 거래나 사건의 결과로 현재 기업실체가 부담하고 있고 미래에 자원의 유출 또는 사용이 예상되는 의무로서 기업실체가 현재 시점에서 부담하는 경제적 의무이다. 또한 부채의 액면금액은 확정되어 있지만, 제품보증을 위한 충당부채와 같이 그 측정에 추정을 요하는 경우도 있다.

1 의의 및 종류

유동부채는 재무상태표일로부터 1년 이내 또는 정상적인 영업주기 내에 지급기일이 도래하는 부채를 의미한다.

매입채무 • 외상매입금 • 지급어음	매입채무는 일반적 상거래(상품, 원재료) 매입으로 발생한 외상매입금과 지급어음을 의미한다. 일반적인 상거래라 함은 당해 회사의 사업 목적을 위한 경상적인 영업활동에서 발생하는 거래를 말한다. 예 (주)대방에서 원재료를 10,000,000원(부가세 별도)매입하면서 전자세금계산서를 수취하였다. 대금 중 30%는 어음(1년 만기)을 발행하여 지급하고 잔액은 다음 달에 지급하기로 하였다. (차) 원재료 10,000,000 (대) 지급어음 [(주)대방] 3,300,000 부가세대급금 1,000,000 외상매입금 [(주)대방] 7,700,000
미지급금	미지급금은 일반적 상거래 이외 거래로 발생하는 기타채무를 말한다. 예 영업부 직원의 야근식대 105,000원을 가나분식에서 신용카드(우리카드)로 결제하였다 (차) 복리후생비(판) 105,000 (대) 미지급금 [우리카드] 105,000
단기차입금	단기차입금은 금융기관으로부터의 당좌차월액과 1년 내에 상환될 차입금으로 한다. 예 당사는 하나은행으로부터 1년 갱신조건의 마이너스통장 대출을 받고 있다. 12월 31일 현재 보통예금 통장 잔고는 (−)17,260,000원이다. 결산분개를 하시오(단, 음수(−)회계처리하지 마시오). (차) 보통예금 [하나은행] 17,260,000 (대) 단기차입금 [하나은행] 17,260,000
유동성장기부채	유동성장기부채는 장기차입금 중 상환일이 결산일로부터 1년 이내에 도래하게 되면 유동부채로 재분류하는 계정이다. 예 당기 말 현재 나라은행으로부터 차입한 장기차입금 중 56,000,000원은 차기 6월 30일에 상환기일이 도래한다. 결산수정분개를 하시오. (차) 장기차입금 [나라은행] 56,000,000 (대) 유동성장기부채 [나라은행] 56,000,000 예 전기에 유동성장기부채로 대체한 중앙은행의 장기차입금 20,000,000원에 대하여 자금사정이 어려워 상환기간을 2년 연장하기로 계약하였다. (차) 유동성장기부채 [중앙은행] 20,000,000 (대) 장기차입금 [중앙은행] 20,000,000

예수금

예수금은 개인에게 소득을 지급할 때 원천징수하여 일시적으로 보관하고 있다가 과세관청 등에 신고납부하기 위해 예치해 둔 부채계정이다. 대표적으로 개인에게 소득을 지급 시 원천징수하는 소득세, 건강보험료 본인부담분, 국민연금보험료 본인부담분 등을 처리한다.

예 당사는 성희롱 예방교육 전문가를 초빙하여 영업부서 직원들을 대상으로 교육을 실시하였다. 교육강사에게 지급할 강사료 600,000원 중 원천징수세액 19,800원을 제외한 금액을 보통예금 계좌에서 지급하였다(단, 강사료는 '수수료비용' 계정과목으로 회계처리하시오).

(차) 수수료비용(판)	600,000	(대) 예수금	19,800
		보통예금	580,200

예 영업부 과장 최상도의 5월분 급여에 대한 급여명세서는 다음과 같으며, 공제 후 차감지급액에 대해서는 당사 보통예금 계좌에서 이체하였다.

급여지급일자 : 5월 25일(단위 : 원)					
지급내역	기본급	3,000,000	공제내역	소득세	72,300
	직책수당	50,000		지방소득세	7,230
	월차수당	70,000		국민연금	144,900
	근속수당	100,000		건강보험	98,530
	식 대	100,000		장기요양	6,400
	기 타			고용보험	20,930
	급여 계	3,320,000		공제 계	350,290
			지급총액		2,969,710

(차) 급여(판)	3,320,000	(대) 예수금	350,290
		보통예금	2,969,710

예 공장 생산부의 4대보험 및 근로소득세 납부내역은 다음 표와 같다. 회사는 보통예금으로 동 금액을 납부하였다. 국민연금은 세금과공과로, 건강보험과 장기요양보험은 복리후생비, 고용보험 및 산재보험은 보험료 계정을 사용한다.

구 분	근로소득세	지방소득세	국민연금	건강보험	장기요양	고용보험	산재보험	계
회사 부담분			50,000원	30,000원	2,000원	550원	1,200원	83,750
본인 부담분	100,000원	10,000원	50,000원	30,000원	2,000원	850원		192,850
계	100,000원	10,000원	100,000원	60,000원	4,000원	1,400원	1,200원	276,600

(차) 예수금	192,850	(대) 보통예금	276,600
세금과공과(제)	50,000		
복리후생비(제)	32,000		
보험료(제)	1,750		

가수금

가수금은 현금 등 수령은 하였으나 거래내용이나 처리할 계정 등이 확정되지 않아서 일시적으로 기록하는 임시계정이다.

예 결산일 현재 가수금 3,000,000원은 (주)한솔로부터 받은 제품매출의 계약금으로 파악되었다.

(차) 가수금	3,000,000	(대) 선수금 [(주)한솔]	3,000,000

선수금

선수금은 일반적 상거래에서 미래에 재화 또는 용역을 제공한다는 약속하에 미리 받은 계약금 등을 처리하는 계정이다.

예 (주)대림에게 제품을 880,000원(부가가치세 포함)에 판매하고 현금영수증을 발급하였다. 대금은 기존에 (주)대림에게 발행하였던 상품권 1,000,000원으로 수령하고, 잔액은 현금으로 지급하였다.

(차) 선수금 [(주)대림]	1,000,000	(대) 제품매출	800,000
		부가세예수금	80,000
		현 금	120,000

선수수익

선수수익은 영업외수익에 관한 선수금액이다. 시간이 경과하면 자동적으로 해당 수익으로 이전해 간다는 점에 있어서 선수금과 차이가 있다.

예 임대료 120,000원 입금 시 수익으로 처리한 경우(임대기간 : 20×1.10.1 ~ 20×2.9.30)

20×1.10.01 임대료 수익 처리	(차) 현금 등	120,000	(대) 임대료(수익)	120,000
20×1.12.31 미경과분 부채 계상	(차) 임대료(수익)	90,000	(대) 선수수익(부채)	90,000

예 임대료 120,000원 입금 시 부채로 처리한 경우(임대기간 : 20×1.10.1 ~ 20×2.9.30)

20×1.10.01 임대료 부채 처리	(차) 현금 등	120,000	(대) 선수수익(부채)	120,000
20×1.12.31 경과분 수익 계상	(차) 선수수익(부채)	30,000	(대) 임대료(수익)	30,000

미지급비용

미지급비용은 당기에 기간이 경과되어 비용으로 발생은 되었으나, 아직 계약상 지급기일이 도래하지 않아 대가를 지급할 의무가 법적으로 확정되지 않은 부채 계정이다.

예 다음의 금융기관 대출약정을 보고 이자비용에 대한 결산분개사항을 입력하라(월할계산).

- 대출기관 : 국민은행
- 대출기간 : 당기 9월 1일 ~ 차기 8월 31일(1년)
- 대출금액 : 100,000,000원
- 대출이자율 : 연 6.0%
- 원금 및 이자 상환조건 : 만기시점 일시상환조건

☞ 당기 이자비용 : 100,000,000원 × 6% × 4개월/12개월 = 2,000,000원

(차) 이자비용	2,000,000	(대) 미지급비용	2,000,000

안심Touch

<table>
<tr><td>미지급세금</td><td>미지급세금은 결산 시 법인세(지방소득세 포함)의 미지급액을 말한다. 또한 부가가치세 계정을 대체하면서 발생하는 납부세액을 처리하기도 한다.
예 당기 법인세(법인세에 대한 지방소득세 포함)는 8,500,000원이고 결산일 현재 선납세금 계정에는 법인의 이자수익에 대한 선납세금과 법인세 중간예납세액 3,500,000원이 있다. 결산 회계처리를 하시오.
(차) 법인세등 8,500,000 (대) 선납세금 3,500,000
미지급세금 5,000,000
예 다음 자료를 이용하여 6월 30일 부가세대급금과 부가세예수금을 정리하는 분개를 입력하시오(납부세액은 미지급세금, 환급세액은 미수금, 가산세는 세금과공과(판)로 처리하고, 거래처는 생략함).
• 부가세대급금 : 18,000,000원 • 부가세예수금 : 20,000,000원
• 가산세 : 50,000원 • 예정신고 미환급세액 : 800,000원
(차) 부가세예수금 20,000,000 (대) 부가세대급금 18,000,000
세금과공과(판) 50,000 미수금 800,000
미지급세금 1,250,000
예 제1기 부가세 확정신고 시 납부세액 1,250,000원을 당일(7월 25일) 보통예금에서 납부하였다.
(차) 미지급세금 1,250,000 (대) 보통예금 1,250,000</td></tr>
<tr><td>미지급배당금</td><td>미지급배당금은 주주총회에서 현금배당이 결의된 후 실제로 현금배당을 지급하기 전까지 부채로 인식하는 계정이다. 주주총회 결의 시 미지급배당금으로 처리하였다가 이후 현금배당금으로 지급한다.
예 3월 28일에 열린 주주총회 결의에 따른 현금배당 5,000,000원을 당일(4월 2일) 실시하고 현금으로 지급하다. 4월 2일 회계처리를 하시오. 단, 원천징수세액은 없는 것으로 가정한다.
(차) 미지급배당금 5,000,000 (대) 현 금 5,000,000</td></tr>
<tr><td>부가세예수금</td><td>부가세예수금은 재화나 용역을 공급할 때 부가가치세 10% 매출세액을 상대방에게 전가하고 이를 징수하여 대신 신고 납부하는 세액으로 과세당국에 납부해야 할 부가세 부채계정이다.
예 (주)광진에 제품 700,000원(부가가치세 별도)에 매출하고 전자세금계산서를 교부하였으며, 대금은 현금으로 수령하다.
(차) 현 금 770,000 (대) 제품매출(수익) 700,000
부가세예수금(부채) 70,000</td></tr>
</table>

빈출 분개연습

제2절 재무상태표(유동부채)

정답 및 해설 : p.13

01 상신물산에 대한 외상매입금 10,000,000원 중 5,000,000원은 보통예금 계좌에서 이체하였고, 나머지 금액은 다음과 같은 내용의 금전대차거래로 전환하기로 하였다.

- 이자율 : 연 12%
- 원금상환기한 : 차용일로부터 10개월
- 이자지급기한 : 원금 상환 시 일시지급

(차) (대)

02 (주)경일상사에 원재료를 구입하기로 하고 계약금 3,000,000원을 어음(만기 1년)으로 발행하여 지급하였다.

(차) (대)

03 한국기술교육재단에서 실시하는 정기교육에 본사 회계부서 직원을 참가시키면서 교육참가비와 교재비 150,000원을 법인 삼성카드로 결제하다.

(차) (대)

04 당사는 (주)우주상사에 제품을 공급하기로 계약을 맺고, 계약금 11,000,000원을 보통예금 계좌로 이체 받았다.

(차) (대)

05 당사는 제품을 교환할 수 있는 상품권(1장당 10,000원) 300장을 시중에 판매하고 현금 3,000,000원을 획득하였다(단, 본 거래는 거래처 입력은 생략할 것).

(차) (대)

06 당기 말 현재까지 경과된 기간에 대해 미지급된 비용 내역은 다음과 같다. 기말 결산 회계처리를 하시오.

- 기간경과 이자비용 미지급분(제조원가 아님) : 2,000,000원
- 기간경과 영업부서 자동차 보험료 미지급분 : 1,000,000원

(차)	(대)

07 미국 뉴욕은행으로부터 금년 1월 10일 차입한 단기차입금 $10,000에 대해 원화를 외화($)로 환전하여 보통예금으로 이체하여 상환하였다. 차입 당시 환율은 $1당 1,300원이었고, 상환 당시 환율은 $1당 1,200원이었다. 상환 시 회계처리를 하시오.

(차)	(대)

08 당사는 일본에 소재한 소나상사로부터 원재료 ¥1,000,000을 구매하면서 이를 외상매입금으로 처리하였고, 금일(5월 27일) 외상매입금 전액을 현금으로 상환하였다(단, 전기 말 외화자산부채와 관련해서는 적절하게 평가하였다).

일 자	환 율
전기 08.09	1,000원/¥100
전기 12.31	900원/¥100
당기 05.27	950원/¥100

(차)	(대)

09 주주총회 시 결의하였던 현금배당 7,000,000원의 배당을 실시하다(단, 개인주주에게 배당금 지급하므로 원천징수세액 1,724,800원을 제외한 금액을 당좌수표 발행하여 지급함).

(차)	(대)

10 미지급세금으로 계상되어 있는 지방소득세 10,000,000원을 법인카드인 비씨카드로 결제하였다.

(차)	(대)

11 제조부 생산부 직원 홍사부의 당월 급여 2,000,000원에 대하여 근로자 부담분 사회보험료(국민연금 100,000원, 건강보험료 80,000원, 장기요양보험료 10,000원, 고용보험료 13,000원)와 근로소득세 90,000원 및 지방소득세 9,000원을 차감한 나머지 1,698,000원을 보통예금에서 이체하였다.

(차)	(대)

12 지난 달 사업소득에 대한 원천세 예수금 110,000원 중 100,000원은 보통예금에서 지급하고 나머지는 현금으로 납부하였다(단, 거래처 기재하지 말고 하나의 전표로 처리할 것).

(차)	(대)

13 당사는 (주)마중에게 제품을 공급하기로 계약하고 계약금 20,000,000원을 보통예금 계좌로 이체받았다.

(차)	(대)

14 당사는 미지급세금으로 처리되어 있던 전기 2기 확정신고기간의 부가가치세 미납세액 1,000,000원을 납부불성실 가산세 50,000원과 함께 법인카드(우리카드)로 납부하였다. 국세카드납부 수수료는 결제대금의 1%로 가정한다(단, 가산세는 세금과공과(판), 카드수수료는 수수료비용(판)으로 하나의 전표에 회계처리할 것).

(차)	(대)

15 직원이 업무용으로 사용하던 자동차를 (주)인성에 판매하기로 계약하고 계약금 5,000,000원을 만기가 3개월인 (주)인성에서 발행한 약속어음으로 수령하였다.

(차)	(대)

16 국민은행에 대한 외화차입금 5,000,000원($5,000)이 단기차입금으로 계상되어 있다. 당기 말 현재 적용 환율은 $1당 900원이다. 결산 시 기말수정분개를 하시오.

(차)	(대)

17 당기(20×3년) 기말 현재 장기차입금(신한은행) 내역은 다음과 같다. 결산 시 필요한 기말수정분개를 하시오.

항 목	금액(원)	상환예정시기	비 고
장기차입금A 상환	60,000,000	20×4.06.30	만기에 전액 상환예정
장기차입금B 상환	40,000,000	20×6.06.30	만기에 전액 상환예정

(차) (대)

18 전기에 유동성장기부채로 대체한 중앙은행의 장기차입금 20,000,000원에 대하여 자금사정이 어려워 상환기간을 2년 연장하기로 계약하였다(단, 회계처리 날짜는 결산일로 한다).

(차) (대)

19 다음 2기 확정 부가가치세 신고서의 일부 내용을 참조하여 부가세대급금과 부가세예수금을 정리하려고 한다(단, 환급 또는 납부세액 발생 시 미수금 또는 미지급세금 계정으로 회계처리하고, 전자신고세액공제 10,000원은 영업외수익 중 적절한 계정과목을 선택하여 반영한다).

구 분	금액(원)	세액(원)
과세표준 및 매출세액	398,730,000	36,020,000
매입세액	319,450,000	31,945,000
전자신고 세액공제		10,000
차가감 납부할세액		4,065,000

(차) (대)

20 하나(주)로부터 차입한 장기차입금의 이자비용 2,000,000원을 지급하면서 원천징수세액 상당액 550,000원을 차감한 금액을 현금으로 지급하였다(단, 이자비용에 대한 원천징수세율은 27.5%로 가정한다).

(차) (대)

21 임차인인 (주)최강상사로부터 6개월 동안의 임대료 3,600,000원(당기 08.01.~차기 01.31.)을 미리 받고, 임대료를 받은 날에 전액 임대료 계정(영업외수익)으로 계상하였다(단, 월할계산하고 회계처리 시 음수로 입력하지 말 것). 결산 시 기말수정분개를 하시오.

(차) (대)

22 대출금에 대한 이자지급일은 매월 16일이다. 당해 연도 미지급비용을 인식하여 회계처리하시오(거래처는 입력하지 않을 것).

> 금리는 변동금리로 은행에 문의한 결과 당기 12월 16일부터 차기 1월 15일 까지 지급되어야 할 이자는 2,500,000원이었으며, 이 중 당기 12월 31일까지의 발생이자는 1,300,000원이다.

(차)	(대)

23 당기 법인세비용(지방소득세 포함)이 22,000,000원으로 산출되었다. 선납세금은 7,053,900원이다. 결산 시 기말수정분개를 하시오.

(차)	(대)

24 당사는 매출거래처인 (주)역삼에 선물을 하기 위해 (주)홍삼에서 홍삼을 250,000원에 구입하고, 전액 당사의 비씨카드로 결제하였다(단, 부가가치세는 고려하지 않는다).

(차)	(대)

25 (주)로그자동차에서 차량운반구를 구입하고 미지급한 11,000,000원에 대해 국민은행 당좌수표를 발행하여 지급하였다. 이때 당좌예금 잔액은 5,000,000원이며, 국민은행과는 당좌차월계약이 체결되어 있으므로 당좌차월 계정과목을 사용하여 회계처리하시오.

(차)	(대)

08 비유동부채

1 의의 및 종류

비유동부채는 유동부채에 해당하지 않는 부채로 보고기간 종료일기준으로 지급기일이 1년 이후에 도래하는 장기성 채무를 의미한다.

사 채	기업이 장기적으로 자금을 조달할 목적으로 발행하는 회사채
퇴직급여충당부채	종업원이 일시에 퇴직할 경우 지급하여야 할 퇴직금으로 적립한 금액
장기차입금	보고기간종료일로부터 1년 이후에 상환기일이 도래되어 지급하는 조건으로 금전을 빌린 경우
임대보증금	임대인이 임차인으로부터 받은 보증금으로 임대기간이 종료되면 임차인에게 반환해야 하는 전세금, 월세보증금 등
장기매입채무	일반적인 상거래에서 발생한 외상매입금과 지급어음으로 지급기간이 1년 이상인 것
장기미지급금	일반적인 상거래 아닌 거래에서 발생한 미지급금으로 지급기간이 1년 이상인 것

2 사 채

사채는 발행자가 약정에 따라 일정 기간 동안 표시이자를 지급하고 만기일에는 원금을 상환하는 채무증권이다. 장기차입금은 돈을 빌려주는 주체가 대부분 금융기관에 한정되지만, 사채는 거액의 자금을 작은 단위까지 나누어 증권으로 발행하기 때문에 일반투자자들로부터 널리 자금을 조달할 수 있다는 장점이 있다.

1. 사채 발행가액

사채의 발행가액의 결정은 사채의 미래현금흐름의 현재가치에서 사채발행비를 차감한 금액으로 계산된다. 사채의 미래현금흐름의 현재가치를 계산하는 데 사용되는 할인율은 사채발행일의 시장이자율(투자자의 요구수익률)이다. 즉, 사채의 발행가액은 액면이자율과 시장에서 투자자가 실제로 얻을 수 있으리라 기대되는 시장이자율을 비교하여 결정된다.

학습 PLUS

사채 발행가액 계산

〈사채 발행조건〉
- 액면가액 : 100,000원
- 발행일자 : 20×1년 01월 01일
- 만기일자 : 20×3년 12월 31일
- 시장이자율 : 12%
- 액면이자율 : 10%(이자지급 : 매년 12월 31일)

발행시점인 20×1년 01월 01일의 사채의 발행가액은 사채로부터 발생하는 현금흐름을 사채발행일의 시장이자율로 할인한 현재가치로 계산된다.

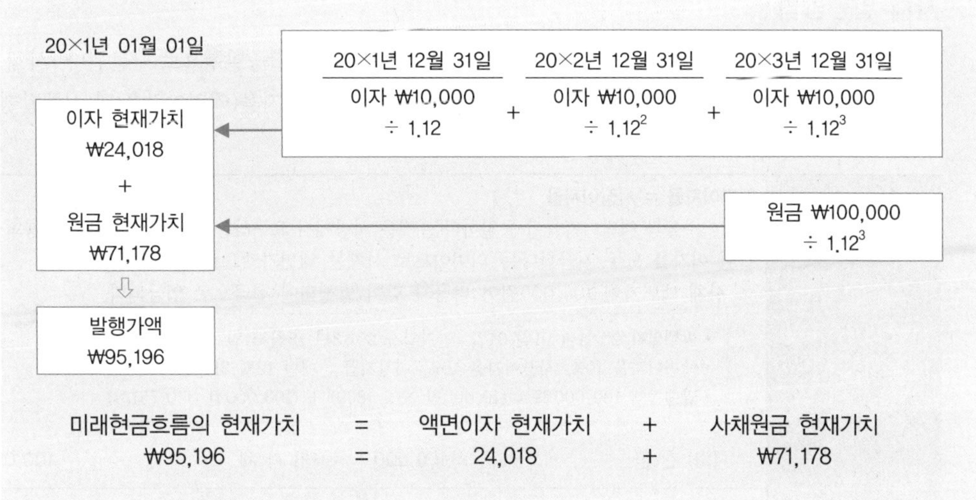

예제

20×1년 01월 01일 사채를 발행하려고 한다. 시장이자율이 다음과 같을 때 주어진 자료를 이용하여 사채 액면가액 100,000원, 만기 3년, 액면이자율 10%인 사채의 발행가액을 구하시오.

시장이자율	단일금액 ₩1의 3년 현가계수	정상연금 ₩1의 3년 현가계수
8%	0.79383	2.5771
10%	0.75131	2.4869
12%	0.71178	2.4018

1. 시장이자율 8%인 경우

2. 시장이자율 10%인 경우

3. 시장이자율 12%인 경우

정답 및 해설

액면이자 현재가치(액면이자 × 연금 현가계수)
\+ 사채원금 현재가치(액면가액 × 원금 현가계수)
= 사채 발행가액(미래현금흐름의 현재가치)

1. 시장이자율 8%인 경우
: (10,000원 × 2.5771) + (100,000원 × 0.79383) = 105,154원 ⇨ 할증발행
2. 시장이자율 10%인 경우
: (10,000원 × 2.4869) + (100,000원 × 0.75131) = 100,000원 ⇨ 액면발행
3. 시장이자율 12%인 경우
: (10,000원 × 2.4018) + (100,000원 × 0.71178) = 95,196원 ⇨ 할인발행

2. 사채 발행방법

사채는 발행가액과 액면가액과의 차이에 따라 액면발행, 할인발행, 할증발행으로 구분된다. 사채 발행가액이 액면가액과 차이가 발생하는 원인은 사채권에 표시된 표시이자율(액면이자율)과 사채발행시점에서 시장에서 형성되어 있는 시장이자율과의 차이 때문이다.

액면발행
- 액면이자율 10%
- 시장이자율 10%

액면이자율 = 시장이자율

시장이자율과 액면이자율이 동일하다는 것은 시장에서 요구하는 이자율대로 사채 발행회사가 관련 이자를 모두 지급한다는 의미이므로 사채는 액면가액으로 발행된다.

예 사채 액면가액 100,000원이 다음과 같이 발행되어 현금으로 입금되다.

- 발행일자 20×1년 01월 01일, 만기일자 20×3년 12월 31일
- 액면이자율 10%, 시장이자율 10%, 이자지급 : 매년 12월 31일
- 발행가액 100,000원 = (10,000원 × 2.4869) + (100,000원 × 0.75131)

(차) 현 금	100,000	(대) 사 채	100,000

할인발행
- 액면이자율 10%
- 시장이자율 12%

액면이자율 < 시장이자율

시장이자율보다 액면이자율이 낮다는 것은 시장에서 요구하는 이자율보다 사채 발행회사가 이자를 과소 지급한다는 의미이므로 사채가 액면가액 이하로 발행된다.

예 사채 액면가액 100,000원이 다음과 같이 발행되어 현금으로 입금되다.

- 발행일자 20×1년 01월 01일, 만기일자 20×3년 12월 31일
- 액면이자율 10%, 시장이자율 12%, 이자지급 : 매년 12월 31일
- 발행가액 95,196원 = (10,000원 × 2.4018) + (100,000원 × 0.71178)

(차) 현 금	95,196	(대) 사 채	100,000
사채할인발행차금 (사채 차감계정)	4,804		

재무상태표

비유동부채		
사 채	100,000	
사채할인발행차금	(4,804)	95,196

할증발행
- 액면이자율 10%
- 시장이자율 8%

액면이자율 > 시장이자율

시장이자율보다 액면이자율이 높다는 것은 시장에서 요구하는 이자율보다 사채 발행회사가 이자를 과다 지급한다는 의미이므로 사채가 액면가액 이상으로 발행된다.

예 사채 액면가액 100,000원이 다음과 같이 발행되어 현금으로 입금되다.

- 발행일자 20×1년 01월 01일, 만기일자 20×3년 12월 31일
- 액면이자율 10%, 시장이자율 8%, 이자지급 : 매년 12월 31일
- 발행가액 105,154원 = (10,000원 × 2.5771) + (100,000원 × 0.79383)

(차) 현 금	105,154	(대) 사 채	100,000
		사채할증발행차금 (사채 가산계정)	5,154

재무상태표

비유동부채		
사 채	100,000	
사채할증발행차금	5,154	105,154

3. 사채발행비

사채발행비(증권사수수료, 광고비, 인쇄비 등)가 있는 경우에는 사채발행비가 없는 경우에 비하여 사채의 발행금액은 감소하고 유효이자율은 상승하게 되며, 사채발행비는 상승한 유효이자율만큼 잔여기간(상각기간)에 걸쳐 이자비용으로 인식해야 한다. 따라서 사채를 발행하면서 발생하는 사채발행비는 당기비용으로 처리하지 않고 사채할인발행차금에 가산하거나 사채할증발행차금에서 차감하여 처리한다.

학습 PLUS

사채발행비 회계처리

1. 시장이자율 8%로 105,154원 할증발행의 경우에 사채발행비 1,000원 발생
2. 시장이자율 10%로 100,000원 액면발행의 경우에 사채발행비 1,000원 발생
3. 시장이자율 12%로 95,196원 할인발행의 경우에 사채발행비 1,000원 발생

구분	차변	금액	대변	금액
1. 할증발행	(차) 현 금	104,154	(대) 사채 사채할증발행차금	100,000 4,154 ~~5,154~~
2. 액면발행	(차) 현 금 사채할인발행차금	99,000 1,000 ~~0~~	(대) 사 채	100,000
3. 할인발행	(차) 현 금 사채할인발행차금	94,196 5,804 ~~4,804~~	(대) 사 채	100,000

4. 사채발행차금 상각

사채를 할인발행 또는 할증발행하는 경우, 매 결산 시마다 인식되는 이자비용과 실제로 사채권자에게 지급되는 이자금액은 차이가 있다. 사채할인발행차금은 이자비용에 가산하고 사채할증발행차금은 이자비용에서 차감해야 하는데 이를 사채발행차금의 상각이라고 한다. 사채발행차금의 상각방법으로는 정액법과 유효이자율법이 있는데 기업회계기준에서는 유효이자율법만을 인정하고 있다. 유효이자율법은 매기 인식할 이자부담률(이자비용 ÷ 부채)이 균등하도록 사채발행차금을 상각하는 방법으로 감가상각의 정률법과 유사하다고도 볼 수 있다.

(1) 사채할인발행차금 상각

〈유효이자율 상각표〉

일 자	기초장부가액	이자비용(유효이자) (기초장부가액 × 12%)	표시이자(지급이자) (액면가액 × 10%)	상각액	기말장부가액
20×1.12.31	95,196	11,423	10,000	1,423	96,619
20×2.12.31	96,619	11,594	10,000	1,594	98,213
20×3.12.31	98,213	11,787 끝수조정	10,000	1,787	100,000
계		34,804	30,000	4,804	

〈할인발행 회계처리〉

20×1년 01월 01일	(차) 현 금 사채할인발행차금	95,196 4,804	(대) 사 채	100,000
20×1년 12월 31일	(차) 이자비용	11,423	(대) 현 금 사채할인발행차금	10,000 1,423
20×2년 12월 31일	(차) 이자비용	11,594	(대) 현 금 사채할인발행차금	10,000 1,594
20×3년 12월 31일	(차) 이자비용	11,787	(대) 현 금 사채할인발행차금	10,000 1,787

재무상태표	20×1.01.01	20×1.12.31	20×2.12.31	20×3.12.31
사 채	100,000	100,000	100,000	100,000
사채할인발행차금	(4,804)	(3,381)	(1,787)	
	95,196	96,619	98,213	100,000

(2) 사채할증발행차금 상각

〈유효이자율 상각표〉

일 자	기초장부가액	이자비용(유효이자) (기초장부가액 × 8%)	표시이자(지급이자) (액면가액 × 10%)	상각액	기말장부가액
20×1.12.31	105,154	8,412	10,000	1,588	103,566
20×2.12.31	103,566	8,285	10,000	1,715	101,851
20×3.12.31	101,851	8,149 끝수조정	10,000	1,851	100,000
계		24,846	30,000	5,154	

〈할증발행 회계처리〉

20×1년 01월 01일	(차) 현 금	105,154	(대) 사 채 사채할증발행차금	100,000 5,154
20×1년 12월 31일	(차) 이자비용 사채할증발행차금	8,412 1,588	(대) 현 금	10,000
20×2년 12월 31일	(차) 이자비용 사채할증발행차금	8,285 1,715	(대) 현 금	10,000
20×3년 12월 31일	(차) 이자비용 사채할증발행차금	8,149 1,851	(대) 현 금	10,000

재무상태표	20×1.01.01	20×1.12.31	20×2.12.31	20×3.12.31
사 채	100,000	100,000	100,000	100,000
사채할증발행차금	5,154	3,566	1,851	
	105,154	103,566	101,851	100,000

구 분	상각액(환입액)	이자비용 인식액	이자비용 지급액	사채장부가액
액면발행	없 음	액면이자	매년 동일	매년 동일
할인발행	매년 증가	매년 증가	매년 동일	매년 증가
할증발행	매년 증가	매년 감소	매년 동일	매년 감소

5. 사채의 상환

만기상환

사채를 만기에 상환하는 경우에는 사채의 액면가액을 그대로 상환하기 때문에 상환손익이 발생하지 않는다. 만기가 되면 사채할인(또는 할증)발행차금은 3년간 모두 상각되어 잔액이 없어지고 사채 액면가액만 남아 있기 때문이다.

재무상태표	20×1.01.01	20×1.12.31	20×2.12.31	20×3.12.31	
사 채	100,000	100,000	100,000	100,000	
사채할증발행차금	5,154	3,566	1,851		
	105,154	103,566	101,851	100,000	⇨ 만기상환

(차) 사 채	100,000	(대) 현 금	100,000

조기상환

사채를 만기 전 조기상환하는 시점의 사채상환가액은 잔여 미래현금흐름을 상환일의 현행 시장이자율로 할인한 금액이므로 사채의 조기상환가액과 장부가액의 차이가 발생할 수 있다. 이를 사채상환손익(영업외손익)으로 인식한다.

재무상태표	20×1.01.01	20×1.12.31	20×2.12.31	
사 채	100,000	100,000	100,000	
사채할인발행차금	(4,804)	(3,381)	(1,787)	
	95,196	96,619	98,213	⇨ 만기 전 조기상환

3년 만기 사채를 20×3년 01월 01일 시점(만기 1년 남음)에 조기상환하기로 하고 현금 99,000원을 지급하였다면 사채 액면가액과 사채할인발행차금이 장부에서 제거되고 상환 시 현금 등의 지급액에 따라 사채상환으로 인한 손익이 발생된다.

(차) 사 채	100,000	(대) 사채할인발행차금	1,787
사채상환손실	787	현 금	99,000

3 충당부채

1. 충당부채

(1) 의 의

부채란 과거 사건의 결과로 기업이 경제적 자원을 지급해야 하는 현재 의무라고 정의한다. 그런데 모든 부채를 언제, 누구에게, 얼마를 지급할지 현재 시점에서 모두 정확하게 확정되는 것은 아니다. 따라서 충당부채는 지출의 시기 또는 금액은 불확실하지만 의무를 이행하는데 소요되는 금액을 신뢰성 있

게 측정할 수 있다면 인식하는 추정하는 부채이며 제품보증충당부채, 반품조정충당부채, 공사보수충당부채, 퇴직급여충당부채 등이 있다.

(2) 인식요건

① 과거사건이나 거래의 결과로 현재 의무가 존재한다.
② 당해 의무를 이행하기 위하여 자원이 유출될 가능성이 매우 높다.
③ 그 의무의 이행에 소요되는 금액을 신뢰성 있게 추정할 수 있다.

2. 우발부채

충당부채의 인식요건 중 하나라도 충족되지 않으면 우발부채로 인식한다. 우발부채는 부채로 인식하지 않으며 중요한 내용은 주석에 공시한다.

3. 우발자산

우발자산은 과거사건에 의하여 발생하였으나 기업이 전적으로 통제할 수 없는 불확실한 미래사건의 발생 여부에 의해서만 그 존재가 확인되는 잠재적인 자산이다. 우발자산은 자산으로 인식하지 않는다.

〈충당부채와 우발부채〉

금액추정가능성 / 자원유출가능성	신뢰성 있게 추정가능	추정불가능
가능성 매우 높다.	충당부채	우발부채(주석)
가능성 어느 정도 있다.	우발부채(주석)	우발부채(주석)
가능성 거의 없다.	공시 ×	공시 ×

4 퇴직급여충당부채

임직원이 퇴직할 경우 퇴직금을 일시에 지급하는 제도를 선택한 경우, 회사는 임직원 퇴직 시에 거액의 퇴직금을 지급하게 된다. 퇴직금은 임직원의 노동력 제공에 대한 대가에 해당하는 것이므로 퇴직금 지급 시 비용으로 인식하는 것은 비용인식 관점(수익비용대응의 원칙, 발생주의)과 충당부채인식 관점에서 어긋나므로, 임직원이 노동력을 제공한 기간의 비용으로 인식하여야 한다.

보충법 설정

〈순서 1〉 결산 수정 전 퇴직급여충당부채 잔액이 있는지 확인한다.
퇴직급여충당부채 기초잔액 – 당기 중 퇴직자에게 지급한 퇴직금
〈순서 2〉 당기 말 현재 전 종업원의 퇴직금추계액을 구한다.
〈순서 3〉 당기에 추가로 설정해야 할 퇴직급여를 구하고 결산수정분개를 한다.
퇴직급여 = 퇴직금추계액 – 퇴직급여충당부채 설정 전 잔액

예 기말 현재 퇴직급여추계액 및 퇴직급여충당부채를 설정하기 전 퇴직급여충당부채의 잔액은 다음과 같다. 퇴직급여충당부채는 퇴직급여추계액의 100%를 설정한다. 결산 회계처리 하시오.

구 분	퇴직급여추계액	퇴직급여충당부채 잔액
생산직	40,000,000원	15,000,000원
사무직	20,000,000원	12,000,000원

• 생산직 : 40,000,000원 − 15,000,000원 = 25,000,000원 보충설정액
• 사무직 : 20,000,000원 − 12,000,000원 = 8,000,000원 보충설정액

(차)		(대)	
퇴직급여(제)	25,000,000	퇴직급여충당부채	33,000,000
퇴직급여(판)	8,000,000		

만약, 퇴직급여추계액 < 퇴직급여충당부채 잔액 = 퇴직급여충당부채환입(△판) 설정한다.
• 사무직 : 20,000,000원 − 23,000,000원 = −3,000,000원 환입

(차)		(대)	
퇴직급여충당부채	3,000,000	퇴직급여충당부채환입	3,000,000

퇴직금 지급

퇴직금 지급 시 퇴직급여충당부채의 잔액을 우선 상계처리하고 부족액이 있다면 당기비용(퇴직급여)으로 처리한다. ☞ 대손처리 시 대손충당금 잔액 여부를 확인하는 회계처리와 유사하다.

예 공장 생산직 직원의 퇴직금 3,000,000원에 대하여 원천징수 후 차액을 보통예금으로 지급하였다. 원천징수세액은 퇴직소득세(지방소득세 포함) 220,000원이다. 퇴직급여충당부채 잔액은 4,000,000원이다. 적절한 회계처리를 하시오.

(차)		(대)	
퇴직급여충당부채	3,000,000	예수금	220,000
		보통예금	2,780,000

예 공장 생산직 직원의 퇴직금 3,000,000원에 대하여 원천징수 후 차액을 보통예금으로 지급하였다. 원천징수세액은 퇴직소득세(지방소득세 포함) 220,000원이다. 퇴직급여충당부채 잔액은 1,000,000원이다. 적절한 회계처리를 하시오.

(차)		(대)	
퇴직급여충당부채	1,000,000	예수금	220,000
퇴직급여(제)	2,000,000	보통예금	2,780,000

예 사무직 직원의 퇴직금 3,000,000원에 대하여 원천징수 후 차액을 보통예금으로 지급하였다. 원천징수세액은 퇴직소득세(지방소득세 포함) 220,000원이다. 퇴직급여충당부채 잔액은 없다. 적절한 회계처리를 하시오.

(차)		(대)	
퇴직급여(판)	3,000,000	예수금	220,000
		보통예금	2,780,000

5 퇴직연금제도

퇴직연금제도란 회사가 근로자의 퇴직급여를 금융기관에 맡겨 운용한 뒤 근로자가 퇴직할 때 연금이나 일시금으로 주는 제도이다. 종전의 퇴직금제도는 기업이 도산할 경우 퇴직금을 받을 수 없고 근로자의 고령화, 연봉제 확산, 단기근속자 증가, 중간정산제 확산 등 여건이 급변함에 따라 퇴직금제도가 사용자에게는 부담이면서 동시에 근로자에게도 별 도움이 되지 못하는 현상이 발생했다. 이에 근로자들의 퇴직급여 수급권을 보장하고 최근의 금융, 경제환경 변화에 맞는 새로운 제도의 필요성이 커져 퇴직연금제도가 도입되었다. 퇴직연금제도는 확정급여형(DB형)제도와 확정기여형(DC형)제도로 구분하여 처리한다.

구분	내용
확정급여형 (DB형) Defined Benefit	근로자가 받을 퇴직급여의 규모와 내용이 사전에 약정되는 제도로서 가입자가 받을 퇴직급여가 미리 확정되고, 기업이 부담할 금액은 운용 실적에 따라 달라지는 제도이다. 운용에 따른 위험이나 가입자에 대한 최종 지급책임이 기업의 몫이 되는 제도이다. 확정급여형 제도에 의해 기업이 적립금을 예치하면 퇴직연금운용자산으로 처리하고 퇴직급여충당부채를 차감하는 형식으로 재무상태표에 공시한다.

	재무상태표 비유동부채 퇴직급여충당부채 50,000,000 퇴직연금운용자산 (10,000,000) ☞ 차감계정 40,000,000 예 종업원(생산직 6,000,000원, 사무직 4,000,000원)에 대한 퇴직연금(확정급여형)에 가입하고 10,000,000원을 보통예금 계좌에서 이체하다. (차) 퇴직연금운용자산 10,000,000 (대) 보통예금 10,000,000 예 당사가 가입한 퇴직연금에 대한 이자 50,000원이 퇴직연금계좌로 입금되었다. 현재 당사는 확정급여형(DB)퇴직연금을 가입하고 있다. (차) 퇴직연금운용자산 50,000 (대) 이자수익(퇴직연금운용수익) 50,000
확정기여형 (DC형) Defined Contribution	기업의 부담금이 사전에 확정되는 제도로서 회사가 부담할 금액이 미리 확정되고, 가입자가 받을 퇴직급여는 운용 실적에 따라 달라진다. 회사는 금융기관에 정해진 부담금을 입금하는 것으로 의무가 끝나며, 그 이후 운용에 관한 내용은 모두 가입자가 결정하고 책임지는 제도이다. 확정기여형 제도에 의해 기업이 적립금을 예치하면 퇴직급여(제조원가/판관비)로 처리한다. 예 종업원(생산직 6,000,000원, 사무직 4,000,000원)에 대한 퇴직연금(확정기여형)에 가입하고 10,000,000원을 보통예금 계좌에서 이체하다. (차) 퇴직급여(제) 6,000,000 (대) 보통예금 10,000,000 퇴직급여(판) 4,000,000

학습 PLUS

자산 및 부채의 차감(가산)계정

재무상태표

매출채권	×××		사 채	×××	
대손충당금	(××)	×××	사채할인발행차금(−)	(××)	
			사채할증발행차금(+)	××	×××
재고자산	×××				
재고자산평가충당금	(××)	×××			
			퇴직급여충당부채	×××	
유형자산	×××		퇴직연금운용자산	(××)	×××
감가상각누계액	(××)				
손상차손누계액	(××)				
정부보조금	(××)	×××			

빈출 분개연습

제2절 재무상태표(비유동부채) 정답 및 해설 : p.14

01 공상은행으로부터 차입한 외화장기차입금 $200,000을 이자비용 $6,000과 함께 국민은행 보통예금에서 상환하였다. 외화장기차입금 계정과목으로 회계처리하시오(단, 하나의 전표로 입력할 것).

• 전기 12월 31일 기준환율 : 1,070원/$ • 당기 4월 20일 기준환율 : 1,100원/$

(차) (대)

02 기말 현재 외화장기차입금으로 계상되어 있는 외화차입금 10,000,000원은 외환은행에서 차입한 금액($10,000)으로 당기 결산일 현재 환율은 1,200원/$이다. 기말 결산수정분개를 하시오.

(차) (대)

03 액면가액 10,000,000원(3년 만기)인 사채를 10,200,000원에 할증발행하였으며, 대금을 전액 보통예금으로 입금하였다.

(차) (대)

04 액면가액 10,000,000원의 사채를 발행하여 12,000,000원이 보통예금 계좌로 입금되었다. 사채발행 관련 수수료 2,500,000원은 현금으로 지급하였다(단, 하나의 전표로 입력하시오).

(차) (대)

05 액면가액 50,000,000원인 사채 중 액면가액 20,000,000원을 20,330,000원에 보통예금 계좌에서 이체하여 조기에 상환하였다. 당사의 다른 사채 및 사채할인발행차금 등 사채 관련 계정금액은 없었다.

(차) (대)

06 사채 상환일 현재 사채할인발행차금 3,000,000원이 남아 있는 사채(액면가액 50,000,000원) 전액을 62,000,000원에 보통예금 계좌에서 이체하여 중도상환하였다(단, 다른 사채발행은 없으며, 상환기간까지의 이자는 고려하지 아니한다).

(차) (대)

07 아래에 제시된 자료를 토대로 당초에 할인발행 된 사채의 이자비용에 대한 회계처리를 하시오(단, 전표는 하나로 입력할 것).

- 당기 귀속 사채의 액면이자는 300,000원으로 보통예금에서 이체됨
- 당기 귀속 사채할인발행차금상각액은 150,254원이다.

(차) (대)

08 기말 현재 퇴직급여추계액 및 퇴직급여충당부채를 설정하기 전 퇴직급여충당부채의 잔액은 다음과 같다. 퇴직급여충당부채는 퇴직급여추계액의 100%를 설정한다. 결산 시 기말수정분개를 하시오.

구 분	퇴직급여추계액	퇴직급여충당부채 잔액
생산직	40,000,000원	15,000,000원
사무직	20,000,000원	9,000,000원

(차) (대)

09 퇴직급여충당부채를 설정하기 전 기말 현재 퇴직급여추계액 및 퇴직급여충당부채의 잔액은 다음과 같다. 퇴직급여충당부채는 퇴직급여추계액의 5%를 설정한다. 결산 시 기말수정분개를 하시오.

구 분	퇴직급여추계액	퇴직급여충당부채 잔액
생산직	500,000,000원	5,000,000원
영업직	200,000,000원	6,000,000원

(차) (대)

10 당사는 확정급여형(DB)퇴직연금을 가입하고 있으며, 가입한 퇴직연금에 대한 이자 150,000원이 퇴직연금 계좌로 입금되었다.

11 퇴직연금부담금(확정기여형) 10,000,000원(제조부 4,000,000원, 판매부 6,000,000원)을 당 회사의 보통예금 계좌에서 이체하였다.

(차) (대)

12 사무직원 홍길동씨가 퇴사하여 퇴직금을 보통예금 통장에서 지급하였다. 퇴직급여명세서의 내용은 다음과 같다. 홍길동씨의 퇴사 직전 회사의 퇴직급여충당부채 잔액은 2,000,000원 있으며, 퇴직연금에 가입한 내역은 없다.

내 역	금 액
퇴직급여	12,000,000원
퇴직소득세, 주민세	400,000원
차감지급액	11,600,000원

(차) (대)

13 당사는 제품 판매 후 3년 이내에 발생하는 하자에 대해서는 무상으로 수리하여 주고 있다. 전기말에 장기제품보증부채로 계상한 금액은 50,000,000원이고, 당일 제품의 하자보증에 따른 비용으로 7,000,000원이 당좌수표로 지출되었다.

(차) (대)

빈출 객관식문제

제2절 재무상태표(비유동부채)　　　정답 및 해설 : p.15

01 **다음 중 부채의 유동성에 따른 분류가 다른 것은?**

① 선수금　　② 퇴직급여충당부채
③ 사 채　　④ 장기차입금

02 **다음 중 사채에 대한 설명으로 틀린 것은?**

① 사채의 액면이자율이 시장이자율보다 더 크면 사채는 할증발행된다.
② 사채발행 시 발생한 비용은 발행가액에서 직접 차감한다.
③ 사채할증발행차금은 자본잉여금에 해당한다.
④ 사채할인발행 시에 유효이자율법 적용 시 기간이 경과함에 따라 사채의 장부가액은 증가한다.

03 **다음 중 사채와 관련된 설명으로 잘못된 것은?**

① 사채의 발행가액은 사채의 미래현금흐름을 발행 당시 해당 사채의 시장이자율(유효이자율)로 할인한 가치인 현재가치로 결정된다.
② 사채발행차금은 유효이자율법에 의하여 상각(또는 환입)하도록 되어 있다.
③ 사채가 할인발행되면 매년 인식하는 이자비용은 감소한다
④ 사채가 할증발행되면 매년 인식하는 이자비용은 감소한다.

04 **다음 중 사채에 대한 설명으로 틀린 것은?**

① 사채할인발행차금은 재무상태표에 사채의 발행금액에서 차감하는 형식으로 표기한다.
② 유효이자율법 적용 시 할인발행차금 상각액은 매기 증가한다.
③ 사채발행비용은 사채발행시점의 발행가액에서 직접 차감한다.
④ 액면이자율보다 시장이자율이 더 작으면 할증발행된다.

05 **다음 중 사채와 관련된 설명으로 가장 잘못된 것은?**

① 사채의 발행가액은 사채의 미래현금흐름을 발행당시의 해당 사채의 시장이자율(유효이자율)로 할인한 가치인 현재가치로 결정된다.
② 사채가 할인(할증)발행되어도 매년 인식하는 이자비용은 동일하다.
③ 사채의 액면이자율이 시장이자율보다 낮은 경우에는 사채는 할인발행된다.
④ 사채발행차금은 유효이자율법에 의하여 상각 또는 환입하도록 되어있다.

06 다음 중 기업회계기준(서)상 사채에 대한 설명으로 옳지 않은 것은?

① 사채발행가액은 사채발행수수료 등의 비용을 차감한 후의 가액을 말한다.
② 1좌당 액면가액이 10,000원인 사채를 15,000원에 발행한 경우 할증발행하였다고 한다.
③ 사채할인발행차금은 사채의 액면가액에서 차감하는 형식으로 기재한다.
④ 사채할인발행차금 및 사채할증발행차금은 액면이자율을 적용하여 상각 또는 환입한다.

07 다음의 거래에 대한 회계적인 설명으로서 적당하지 않은 것은?

> (주)강서상사는 사채를 6억원에 발행하고 발행금액은 사채발행비용을 제외한 599,000,000원을 보통예금으로 입금받았다. 사채의 액면가액은 5억원이고, 만기는 2년 액면이자율은 10%이다.

① 사채는 할증발행되었다.
② 액면이자율이 시장이자율보다 높다.
③ 액면금액과 발행금액의 차이를 사채할증발행차금 계정으로 사용한다.
④ 사채발행비용은 영업외비용으로 처리한다.

08 다음의 사채를 20×6년 1월 1일 발행하였다. 이자는 매년 말에 지급한다고 가정할 경우 사채와 관련한 다음 설명 중 잘못된 것은?

액면가액	액면이자율	시장이자율	만 기	발행가액
1,000,000원	10%	4%	3년	1,166,505원

① 20×6년 결산일 현재 사채 장부가액은 사채 액면가액보다 크다.
② 20×6년 현금으로 지급된 이자는 100,000원이다.
③ 사채할증발행차금 상각액은 매년 감소한다.
④ 2018년 말 이자비용 인식 후 사채할증발행차금 잔액은 0원이다.

09 (주)세원은 3년 만기의 사채를 할증발행하였으며, 사채이자는 매년 기말시점에 현금으로 지급하기로 하였다. 유효이자율법을 적용할 경우 이에 대한 내용으로 옳지 않은 것은?

① 사채의 액면이자율이 시장이자율보다 크다.
② 투자자의 입장에서 인식되는 이자수익은 매년 증가한다.
③ 사채발행자의 입장에서 사채할증발행차금 상각액은 매년 증가한다.
④ 투자자에게 현금으로 지급되는 이자비용은 매년 동일하다.

10 **사채가 할인발행되고 유효이자율법이 적용되는 경우 다음의 설명 중 틀린 것은?**

① 사채할인발행차금 상각액은 매기 감소한다.
② 매기간 계상되는 총사채 이자비용은 초기에는 적고 기간이 지날수록 금액이 커진다.
③ 사채의 장부가액은 초기에는 적고 기간이 지날수록 금액이 커진다.
④ 사채발행시점에 발생한 사채발행비는 즉시 비용으로 처리하지 않고, 사채의 만기 동안의 기간에 걸쳐 유효이자율법을 적용하여 비용화한다.

11 **다음 중 일반기업회계기준상 충당부채 인식기준에 해당되지 않는 것은?**

① 과거 사건이나 거래의 결과로 현재 의무가 존재할 것
② 당해 의무를 이행하기 위하여 자원이 유출될 가능성이 매우 높을 것
③ 거래상대방이 명확하고, 손해에 대한 구상권을 행사할 수 있을 것
④ 그 의무의 이행에 소요되는 금액을 신뢰성 있게 추정할 수 있을 것

12 **다음은 충당부채 및 우발부채에 관한 설명이다. 잘못된 것은?**

① 충당부채로 인식하기 위해서는 현재 의무가 존재하여야 할 뿐만 아니라, 그 의무의 이행을 위한 자원의 유출 가능성이 매우 높아야 한다.
② 충당부채의 명목금액과 현재가치의 차이가 중요한 경우에는 의무를 이행하기 위하여 예상되는 지출액의 현재가치로 평가한다.
③ 우발부채는 부채로 인식하여야 한다.
④ 현재 의무를 이행하기 위하여 소요되는 지출 금액에 영향을 미치는 미래사건이 발생할 것이라는 충분하고 객관적인 증거가 있는 경우에는, 그러한 미래사건을 감안하여 충당부채 금액을 추정한다.

13 **다음 중 충당부채에 대한 내용으로 올바르지 않은 것은?**

① 보고기간말 현재 최선의 추정치를 반영하여 증감 조정한다.
② 과거 사건으로 인해 현재 의무가 존재할 가능성이 매우 높고 인식기준을 충족하는 경우에는 충당부채로 인식한다.
③ 명목금액과 현재가치의 차이가 중요한 경우에는 의무를 이행하기 위하여 예상되는 지출액의 현재가치로 평가한다.
④ 최초의 인식시점에서 의도한 목적과 용도 외에도 사용할 수 있다.

09 자 본

1 의의 및 분류

자본은 자산에서 모든 부채를 차감한 잔액으로 잔여지분을 말한다. 자본은 기업이 보유하고 있는 경제적 자원 중 소유주인 주주에게 귀속되는 지분을 말하는 것으로 주주지분 또는 자기자본이라고도 한다. 자본은 자산에서 부채를 차감하여 계산하므로 독립적으로 측정할 수 없다. 자산과 부채의 측정을 통해서 자본을 측정할 수 있으므로 순자산이라고 한다.

〈주식회사의 자본〉

자본거래	자본금	보통주자본금, 우선주자본금	
	자본잉여금	주식발행초과금, 감자차익, 자기주식처분이익	
	자본조정	차감계정	주식할인발행차금, 감자차손, 자기주식처분손실, 자기주식 등
		가산계정	미교부주식배당금 등
미실현손익	기타포괄손익누계액	매도가능증권평가손익, 해외사업환산차손익, 재평가잉여금 등	
손익거래	이익잉여금	법정적립금, 임의적립금, 미처분이익잉여금	

2 자본금

1. 의 의

자본금은 발행주식수의 액면총액(발행주식수 × 1주당 액면가액)으로서 상법 규정에 의해 엄격하게 통제되는 법정자본금으로 보통주자본금과 우선주자본금으로 구분한다.

학습 PLUS

주식의 종류

- **보통주** : 기본적인 소유권을 나타내는 주식으로 우선주에 대한 상대적인 의미의 표준이 되는 주식이다. 기업이 여러 종류의 주식을 발행하면 구별하기 위해 보통주라고 부르지만 한 종류의 주식만 발행한다면 이는 모두 보통주를 의미한다.
- **우선주** : 주주의 권리 중 이익배당 등에 관한 주주권의 행사에 있어서 보통주보다 우선적인 지위를 갖는 주식을 말한다.

2. 주식의 발행(증자)

자본금은 반드시 액면금액(법정자본금)으로 기록한다. 주주가 불입하는 금액과 액면가액은 반드시 일치하는 것은 아니므로 액면금액을 초과해서 주식을 발행할 수도 있고, 아주 드물게는 액면금액보다 낮은 금액으로 주식을 발행할 수도 있다. 또한 주식을 발행하기 위해서는 신주발행비용(발행수수료, 증자등기비용, 발행공고비용, 증권인쇄비 등)이 발생하는데 신주발행비는 주식발행으로 인해 조달된 현금을 감소시키는 효과가 있으므로 발행금액에서 차감한다. 신주발행비는 할증발행의 경우에는 주식발행초과금에서 차감하고, 할인발행의 경우에는 주식할인발행차금에 가산하며, 액면발행의 경우에는 주식할인발행차금으로 처리한다.

<table>
<tr>
<td>액면발행
액면 = 발행</td>
<td>주식을 액면발행하는 경우에는 액면금액 전액을 자본금 계정으로 기록한다.
예 회사는 액면가액이 1주당 5,000원인 보통주 1,000주를 1주당 5,000원에 액면발행하고 전액 보통예금으로 납입받다.
<table>
<tr><td>(차) 보통예금</td><td>5,000,000</td><td>(대) 자본금</td><td>5,000,000</td></tr>
</table>
예 회사는 액면가액이 1주당 5,000원인 보통주 1,000주를 1주당 5,000원에 액면발행하고, 주식발행에 관련된 법무사수수료 100,000원을 차감하여 보통예금으로 납입받다.
<table>
<tr><td>(차) 보통예금</td><td>4,900,000</td><td>(대) 자본금</td><td>5,000,000</td></tr>
<tr><td>주식할인발행차금</td><td>100,000</td><td></td><td></td></tr>
</table>
</td>
</tr>
<tr>
<td>할인발행
액면 > 발행</td>
<td>주식을 액면금액에 미달하게 발행하는 것을 할인발행이라 한다. 할인발행의 경우 액면금액에 해당하는 금액은 자본금으로 처리하고, 납입금액이 액면금액에 미달하는 부분은 주식할인발행차금(자본조정)으로 처리한다. 신주발행비는 주식할인발행차금에 가산한다.
예 회사는 액면가액이 1주당 5,000원인 보통주 1,000주를 1주당 4,500원에 할인발행하고, 주식발행에 관련된 법무사수수료 100,000원을 차감하여 보통예금으로 납입받다.
<table>
<tr><td>(차) 보통예금</td><td>4,400,000</td><td>(대) 자본금</td><td>5,000,000</td></tr>
<tr><td>주식할인발행차금</td><td>600,000</td><td></td><td></td></tr>
</table>
재무상태표
<table>
<tr><td>자 본</td><td></td><td>4,400,000</td></tr>
<tr><td>자본금</td><td>5,000,000</td><td></td></tr>
<tr><td>주식할인발행차금</td><td>△600,000</td><td></td></tr>
</table>
</td>
</tr>
<tr>
<td>할증발행
액면 < 발행</td>
<td>액면금액을 초과하여 주식을 발행하는 것을 할증발행이라 한다. 이때 액면금액은 자본금으로 처리하고, 이를 초과하는 금액은 주식발행초과금(자본잉여금)으로 처리한다. 신주발행비는 주식발행초과금에서 차감한다.
예 회사는 액면가액이 1주당 5,000원인 보통주 1,000주를 1주당 6,000원에 할증발행하고, 주식발행에 관련된 법무사수수료 100,000원을 차감하여 보통예금으로 납입받다.
<table>
<tr><td>(차) 보통예금</td><td>5,900,000</td><td>(대) 자본금</td><td>5,000,000</td></tr>
<tr><td></td><td></td><td>주식발행초과금</td><td>900,000</td></tr>
</table>
재무상태표
<table>
<tr><td>자 본</td><td></td><td>5,900,000</td></tr>
<tr><td>자본금</td><td>5,000,000</td><td></td></tr>
<tr><td>주식발행초과금</td><td>900,000</td><td></td></tr>
</table>
</td>
</tr>
</table>

3 자본잉여금과 자본조정

1. 자본잉여금

자본잉여금은 자본거래로 인한 자본의 증가분 중 법정자본금(액면금액)을 초과하는 잉여금이다. 자본잉여금은 이익잉여금과는 달리 자본거래에서 발생하므로, 손익계산서를 거치지 않고 직접 자본계정에 가감된다. 따라서 자본잉여금은 이익배당의 재원으로는 사용할 수 없고 결손보전이나 자본전입의 목적으로만 사용할 수 있다.

주식발행초과금	주식발행 시 주식의 액면금액을 초과하여 납입된 금액을 말한다. 미상계된 주식할인발행차금의 잔액은 우선상계하여야 한다.
감자차익	자본을 감소하는 과정에서 발생하는 이익으로, 자본감소액이 자본을 감소하는데 소요되는 금액을 초과하는 경우 그 차액을 말한다. 감자는 실질적 감자인 유상감자, 형식적 감자인 무상감자로 구분된다. 미상계된 감자차손의 잔액은 우선상계하여야 한다.
자기주식처분이익	자사가 발행한 자기주식(자사주식)을 취득하였다가 다시 처분하는 경우 처분금액이 장부금액보다 크다면 그 차액을 자기주식처분이익으로 처리한다. 미상계된 자기주식처분손실의 잔액은 우선상계하여야 한다.

2. 자본조정

자본조정은 증자, 감자, 자기주식거래 등 자본거래를 통해 자본을 변동시키는 항목으로 자본금과 자본잉여금으로 분류되지 않은 차감 또는 가산 항목을 말한다.

주식할인발행차금(−)	주식을 액면금액 이하로 발행한 경우, 액면금액에 미달하는 금액을 말하며 주식발행초과금의 잔액이 있는 경우에 우선상계한다. 주식할인발행차금은 주식발행 연도로부터 3년 이내 매기 균등하여 이익잉여금으로 처분하여 상각한다.
감자차손(−)	자본을 감소하는 과정에서 발생하는 손실이다. 감자차익의 잔액이 있다면 우선상계한다.
자기주식처분손실(−)	자기주식을 취득하고 다시 처분하는 과정에서 발생하는 손실이다. 자기주식처분이익의 잔액이 있다면 우선상계한다.
자기주식(−)	회사가 이미 발행한 주식을 추후에 재발행하거나 소각할 목적으로 발행회사가 주주로부터 매입 등을 통해 보유하고 있는 주식을 말한다. 자기주식은 자본에서 차감하여 표시한다.
미교부주식배당금(+)	배당결의일 현재 주식으로 배당하기로 결의한 미지급계정이다. 주식으로 배당하는 경우에는 발행주식의 액면금액을 배당액으로 하여 자본금의 증가와 이익잉여금의 감소로 회계처리한다. 주식을 배당하는 시점에 자본금의 증가를 가져오므로 가산계정에 속한다.

학습 PLUS

증자와 감자

1. 주식의 발행 (증자)
   (1) 유상증자 : 수권주식수 내에서 주주로부터 증자납입금을 직접 징수하여 자본을 증가시키는 것으로서 현금발행, 현물출자 등이 있다.
   (2) 무상증자 : 자본잉여금이나 이익잉여금 중 배당이 불가능한 법정적립금을 자본에 전입하여 자본금을 증가시키는 것을 말한다. 무상증자는 현금의 유입이 없으므로, 기업의 입장에서는 자본의 구성내용만 변경될 뿐 자본총계에는 영향을 미치지 아니한다.

구 분	유상증자	무상증자
자본금	증 가	증 가
자 본	증 가	변동없음

2. 주식의 소각 (감자)
   (1) 유상감자 : 발행된 주식을 유상으로 취득하여 소각하는 것을 말하며, 주식의 취득으로 인해 순자산이 감소하므로 실질적 감자이다.
   (2) 무상감자 : 현금의 유출도 없고 감자 전후의 자본총계가 동일하다는 점에서 감자 후에 자본총계가 감소하는 유상감자와 다르다.

3. 우선상계를 고려한 회계처리

학습 PLUS

우선상계

자본잉여금과 자본조정은 관련된 계정의 잔액이 있다면 우선상계하여 처리해야 한다.

자본잉여금(+)	우선 상계	자본조정(−)
주식발행초과금	←→	주식할인발행차금
감자차익	←→	감자차손
자기주식처분이익	←→	자기주식처분손실

증 자

증자 우선상계 : 주식발행초과금 vs 주식할인발행차금

예 자금조달 목적으로 유상증자를 실시하였다. 1주당 7,500원(액면가액 : 1주당 5,000원)에 2,000주를 발행하면서 대금은 보통예금으로 받았다(단, 주식할인발행차금 2,000,000원 잔액 있음).

(차) 보통예금	15,000,000	(대) 자본금	10,000,000
		주식할인발행차금	2,000,000
		주식발행초과금	3,000,000

예 자금조달 목적으로 유상증자를 실시하였다. 1주당 4,500원(액면가액 : 1주당 5,000원)에 2,000주를 발행하면서 대금은 보통예금으로 받았다(단, 주식발행초과금 200,000원 잔액 있음).

(차) 보통예금	9,000,000	(대) 자본금	10,000,000
주식발행초과금	200,000		
주식할인발행차금	800,000		

감 자	**감자차손익 우선상계 : 감자차익 vs 감자차손** 예 사업축소를 위하여 당사의 주식 2,000주(액면 @5,000원)를 1주당 4,000원에 매입 후 즉시 소각하고 대금은 현금으로 지급하였다(단, 감자차손익 잔액 없음). (차) 자본금 10,000,000 (대) 현 금 8,000,000 감자차익 2,000,000 예 사업축소를 위하여 당사의 주식 2,000주(액면 @5,000원)를 1주당 4,000원에 매입 후 즉시 소각하고 대금은 현금으로 지급하였다(단, 감자차손 800,000원 잔액 있음). (차) 자본금 10,000,000 (대) 현 금 8,000,000 감자차손 800,000 감자차익 1,200,000 예 사업축소를 위하여 당사의 주식 2,000주(액면 @5,000원)를 1주당 6,000원에 매입 후 즉시 소각하고 대금은 현금으로 지급하였다(단, 감자차익 900,000원 잔액 있음). (차) 자본금 10,000,000 (대) 현 금 12,000,000 감자차익 900,000 감자차손 1,100,000
자기주식의 취득과 처분	**자기주식처분손익 우선상계 : 자기주식처분이익 vs 자기주식처분손실** 예 자기주식(액면가액 5,000원) 100주를 주당 8,000원에 취득하고 현금을 지급하였다. (차) 자기주식 800,000 (대) 현 금 800,000 예 자기주식 전부(800,000원)를 1,000,000원에 처분하고 매각대금은 현금으로 수령하였다(단, 자기주식처분손실 20,000원 잔액 있음). (차) 현 금 1,000,000 (대) 자기주식 800,000 자기주식처분손실 20,000 자기주식처분이익 180,000 예 자기주식 전부(800,000원)를 700,000원에 처분하고 매각대금은 현금으로 수령하였다(단, 자기주식처분이익 10,000원 잔액 있음). (차) 현 금 700,000 (대) 자기주식 800,000 자기주식처분이익 10,000 자기주식처분손실 90,000
자기주식의 소각	**자기주식 소각 [취득원가 – 액면가액 = 감자차손익]** 예 800,000원에 취득한 자기주식을 당일에 모두 소각하였다. 자기주식 소각일 현재 공정가치는 700,000원이고, 액면가액은 500,000원이다. (차) 자본금 500,000 (대) 자기주식 800,000 감자차손 300,000

4 기타포괄손익누계액

기타포괄손익은 손익계산서에 반영되지 않고 재무상태표에 직접 반영되는 미실현손익으로서 나중에 처분 등으로 인해 실현되는 시점에 당기순손익에 포함된다. 기타포괄손익 중 기말 현재 남아 있는 잔액을 기타포괄손익누계액이라 한다.

매도가능증권평가손익	매도가능증권을 공정가치로 평가함에 따라 발생되는 평가손익은 미실현손익항목으로 보아 손익계산서에 반영하지 않고 기타포괄손익누계액에 계상한다. 매도가능증권평가이익 또는 매도가능증권평가손실은 차기 이후에 발생하는 매도가능증권평가손실 또는 매도가능증권평가이익과 상계하여 표시하고, 이후 매도가능증권 처분하는 시점에 매도가능증권처분손익을 인식하면서 제거되는 미실현손익계정이다.
재평가잉여금	유형자산에 대하여 재평가모형을 적용하는 경우 재평가이익은 재평가잉여금의 계정으로 하여 기타포괄손익에 반영한다. 단, 유형자산의 공정가치가 장부가액 이하인 경우에 발생하는 재평가손실은 당기손익에 반영한다.
해외사업환산손익	해외지점 및 해외사업소에 투자한 금액을 원화로 환산할 경우의 환산손익을 말한다.
현금흐름위험회피 파생상품평가손익	현금흐름의 위험회피를 목적으로 투자한 파생금융상품에서 발생하는 평가손익을 말한다.

5 이익잉여금

1. 분 류

이익잉여금은 기업의 경영활동 등 이익창출활동에 의해 획득된 이익으로서 기업 내부에 유보되어 있는 금액(유보이익)을 말한다. 이익잉여금의 증가를 초래하는 주된 항목은 당기순이익이며, 이익잉여금의 감소를 초래하는 주된 항목은 당기순손실, 배당 등이 해당된다.

이익잉여금은 손익계산서와 재무상태표의 연결고리가 되는 역할을 한다. 손익계산서의 최종결과인 당기순이익은 집합손익 계정의 마감을 통해 재무상태표인 이익잉여금 계정으로 대체되므로 일정 기간 동안의 경영성과가 일정 시점의 재무상태를 나타내주는 연결고리가 된다.

이익준비금	기업의 이해관계자들을 보호하고 회사의 재무적 기초를 견고히 하고자 상법의 규정에 의하여 강제적으로 적립하는 법정적립금이다. 이익준비금은 상법에 따르면 자본금의 1/2에 달할 때까지 금전에 의한 배당금의 1/10 이상의 금액을 적립하도록 규정하고 있다. 적립된 준비금은 자본전입과 결손보전의 경우를 제외하고는 처분할 수 없도록 제한하고 있다.
기타법정적립금	상법 이외의 규정에 따라 적립되는 이익잉여금으로 재무구조개선적립금 등이 있다. 배당은 할 수 없고 자본전입과 결손보전의 경우를 제외하고는 처분할 수 없도록 제한하고 있다.
임의적립금	법률에 의하지 않고 정관규정, 주주총회 결의에 의해 회사가 임의적으로 일정한 목적을 위하여 적립하는 것을 말한다. 이에는 사업확장적립금, 감채적립금, 결손보전적립금 등이 있다.
미처분이익잉여금	기업이 창출한 당기순손익 중 배당이나 자본조정의 상각 또는 다른 이익잉여금 계정으로 대체되지 않고 남아있는 이익잉여금을 말한다. 즉, 이익잉여금 중 처분이 이루어지지 않은 부분을 미처분이익잉여금이라고 하며 해당 금액이 마이너스인 경우에는 미처리결손금이라고 한다. 미처분이익잉여금 = 전기이월미처분이익잉여금 ± 회계정책변경의 누적효과 ± 전기오류수정손익 − 중간배당액 ± 당기순손익

2. 이익잉여금처분계산서

기업이 벌어들인 이익이 어떠한 용도로 처분되며 처분 후 남아있는 이익의 잔액이 얼마인지 알려주기 위하여 작성하는 보고서가 이익잉여금처분계산서이다. 만약 결손이 발생한 경우에는 이익잉여금처분계산서 대신 결손금처리계산서를 작성한다.

이익잉여금처분계산서

제2기 : 20×2년 01월 01일부터 20×2년 12월 31일까지

(주)시온전자 처분확정일 : 20×3년 02월 20일 (단위 : 원)

과 목	금 액	
Ⅰ. 미처분이익잉여금 (1＋2＋3－4＋5)		50,000,000
1. 전기이월미처분이익잉여금	10,000,000	
2. 회계정책변경의 누적효과 (±)		
3. 전기오류수정손익 (±)		
4. 중간배당액 (－)		
5. 당기순이익(손실) (±)	40,000,000	
Ⅱ. 임의적립금등의이입액 (＋)		
1. ××× 적립금		
합계 (Ⅰ＋Ⅱ)		50,000,000
Ⅲ. 이익잉여금처분액 (1＋2＋3＋4＋5＋6＋7＋8)		16,000,000
1. 이익준비금	1,000,000	
2. 기타법정적립금		
3. 주식할인발행차금상각액		
4. 배당금		
가. 현금배당	10,000,000	
나. 주식배당	5,000,000	
5. 사업확장적립금		
6. 감채적립금		
7. 그 밖의 적립금, 잉여금 처분액		
Ⅳ. 차기이월미처분이익잉여금 (Ⅰ＋Ⅱ－Ⅲ)		34,000,000

3. 이익잉여금의 처분

이익잉여금의 처분이란 회사의 이익 중 사내유보할 부분과 사외유출할 부분을 결정하고 차기로 이월시킬 미처분이익잉여금을 산출하는 과정을 말한다. 관련 의사결정은 주주총회 승인으로 이루어진다.

학습 PLUS

이익잉여금 처분

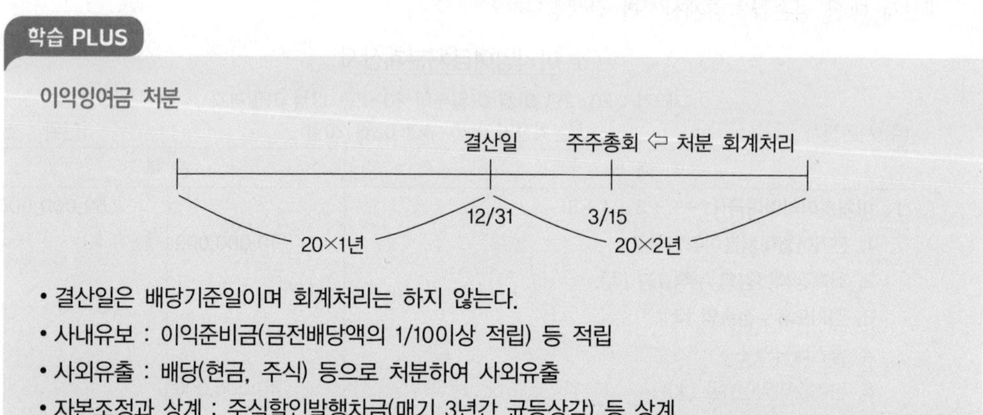

- 결산일은 배당기준일이며 회계처리는 하지 않는다.
- 사내유보 : 이익준비금(금전배당액의 1/10이상 적립) 등 적립
- 사외유출 : 배당(현금, 주식) 등으로 처분하여 사외유출
- 자본조정과 상계 : 주식할인발행차금(매기 3년간 균등상각) 등 상계

<table>
<tr><td rowspan="2">배당방법과 효과</td><td>(1) 현금배당
회사가 창출한 이익을 주주들에게 현금으로 배분하는 자본거래로 배당결의일에 배당재원인 이월이익잉여금을 차감하고, 미지급배당금(유동부채)으로 회계처리한다. 이후 배당지급일에 현금을 지급한다.

☞ 현금배당은 순자산의 유출을 수반하므로 자본의 감소가 발생한다.</td><td>(2) 주식배당
회사가 창출한 이익을 주주들에게 주식을 발행하여 교부하는 자본거래로 배당결의일에 배당재원인 이월이익잉여금을 차감하고, 미교부주식배당금(자본조정)으로 계상한다. 이후 배당지급일에 주식을 발행하여 교부하므로 자본금이 증가한다.

☞ 주식배당은 순자산의 유출 없이 배당효과를 기대할 수 있으며 자본의 증감 변동이 없다.</td></tr>
<tr></tr>
<tr><td>배당결의일</td><td colspan="2">예 2월 20일 주주총회에서 확정된 배당결의에 대한 회계처리를 하시오.

• 현금배당 : 10,000,000원
• 주식배당 : 1,000주, 5,000,000원(액면가액)
• 이익준비금 : 1,000,000원

(차) 이월이익잉여금 16,000,000 (대) 이익준비금 1,000,000
미지급배당금 10,000,000
미교부주식배당금 5,000,000</td></tr>
<tr><td>배당지급일</td><td colspan="2">예 3월 15일 주주총회에서 확정(배당결의일 2월 20일)된 배당액을 당일 지급하였다. 원천징수세액 1,540,000원을 제외한 8,460,000원을 현금으로 지급하였고, 주식배당 5,000,000원은 주식을 발행(액면발행)하여 교부하였다.

(차) 미지급배당금 10,000,000 (대) 예수금 1,540,000
미교부주식배당금 5,000,000 현 금 8,460,000
자본금 5,000,000</td></tr>
</table>

빈출 분개연습

제2절 재무상태표(자본)

정답 및 해설 : p.16

01 당사는 액면가액 1주당 10,000원인 보통주 1,000주를 1주당 12,000원에 발행하고 전액 보통예금으로 납입 받았으며, 주식발행에 관련된 법무사 수수료 500,000원은 현금으로 지급하였다(주식할인발행차금 잔액은 없고, 하나의 전표로 입력하시오).

(차)	(대)

02 당사는 1주당 발행가액 4,000원, 주식수 20,000주의 유상증자를 통해 보통예금 통장으로 80,000,000원이 입금되었으며, 증자일 현재 주식발행초과금은 10,000,000원이 있다(1주당 액면가액은 5,000원이며, 하나의 거래로 입력할 것).

(차)	(대)

03 당사는 보통주(액면가액 주당 5,000원) 10,000주를 주당 4,500원에 발행하고 주식대금은 보통예금 계좌로 납입받았다. 신주발행 당시 주식발행초과금의 잔액은 3,000,000원이며, 신주발행수수료 1,500,000원은 현금으로 지급하였다(하나의 전표로 입력하시오).

(차)	(대)

04 유상증자를 위하여 신주 10,000주(주당 액면가액 5,000원)를 1주당 8,000원에 발행하여 대금은 당좌예금 계좌로 입금되었고, 동 주식발행과 관련하여 법무사수수료 250,000원을 현금으로 지급하였다. 회사에는 현재 주식할인발행차금 750,000원이 존재하고 있다.

(차)	(대)

05 자기주식(액면가액 5,000원) 100주를 주당 8,000원에 취득하고 현금을 지급하였다.

(차)	(대)

06 자기주식 400주를 1,350,000원에 취득하여 보유하고 있다. 이 중 당일에 300주를 주당 5,700원에 매각하고 대금은 전액 보통예금으로 입금받았다. 자기주식의 주당 액면가액은 5,400원이다.

(차)	(대)

07 적법하게 보유 중인 자기주식(취득원가 : 20,000,000원)을 18,000,000원에 처분하고 처분대금은 보통예금으로 입금받았다(단, 처분 당시 자기주식처분이익 계정 잔액은 5,000,000원이었다).

(차)	(대)

08 보유 중인 자기주식(취득원가 : 300,000원)을 240,000원에 현금으로 받고 처분하였다. 회사의 재무상태표에는 전기이월된 자기주식처분이익 잔액 50,000원이 계상되어 있다.

(차)	(대)

09 지난 달에 1,000,000원에 취득하였던 자기주식을 모두 소각하였다. 자기주식의 소각일 현재 공정가치는 1,200,000원이고, 액면가액은 600,000원이다.

(차)	(대)

10 사업축소를 위하여 당사의 주식 2,000주(액면 @5,000원)를 1주당 4,000원에 매입 후 즉시 소각하고 대금은 현금으로 지급하였다.

(차)	(대)

11 무상증자를 위하여 기타자본잉여금 20,000,000원을 자본금으로 전입하고 무상주 4,000주(액면가액 5,000원)를 발행하였다.

(차)	(대)

12 전기분 이익잉여금처분계산서대로 주주총회에서 확정(배당결의일 2월 20일)된 배당액을 지급하였다. 원천징수세액 1,540,000원을 제외한 8,460,000원을 현금으로 지급하였고, 주식배당 5,000,000원은 주식을 발행(액면발행)하여 교부하였다.

(차)	(대)

13 당사는 이사회의 결의로 신주 100,000주(액면가액 @500원)를 1주당 510원에 발행하고, 전액 보통예금 계좌로 납입받았으며, 신주발행비용 1,500,000원은 현금으로 지급하였다.

(차)	(대)

빈출 객관식문제

제2절 재무상태표(자본) 정답 및 해설 : p.17

01 다음 중 재무상태표 자본의 구성항목에 대한 설명 중 틀린 것은?

① 자본금은 법정자본금으로서 주당 액면가액에 발행주식수를 곱한 금액이다.
② 자본잉여금은 증자나 감자 등 주주와의 거래에서 발생하여 자본을 증가시키는 잉여금이다
③ 매도가능증권평가손익은 자본조정 항목이다.
④ 이익잉여금도 자본을 구성하는 항목이다.

02 재무상태표상의 자본에 대한 설명으로 틀린 것은?

① 자본금은 법정 납입자본금으로서 발행주식수에 발행가액을 곱한 금액을 말한다.
② 자본잉여금은 증자나 감자 등 주주와의 거래에서 발생하여 자본을 증가시키는 잉여금이다.
③ 자본조정은 당해 항목의 성격으로 보아 자본거래에 해당하나 최종 납입된 자본으로 볼 수 없거나 자본의 가감 성격으로 자본금이나 자본잉여금으로 분류할 수 없는 항목이다.
④ 이익잉여금은 손익계산서에 보고된 손익과 다른 자본항목에서 이입된 금액의 합계액에서 배당 등으로 처분된 금액을 차감한 잔액이다.

03 다음은 자본에 관한 설명이다. 잘못된 것은?

① 주식을 이익으로 소각하는 경우에는 소각하는 주식의 취득원가에 해당하는 이익잉여금을 감소시킨다.
② 기업이 주주에게 순자산을 반환하지 않고 주식의 액면금액을 감소시키거나 주식수를 감소시키는 경우에는 감소되는 액면금액 또는 감소되는 주식 수에 해당하는 액면금액을 감자차손으로 하여 자본조정으로 회계처리한다.
③ 기업이 이미 발행한 주식을 유상으로 재취득하여 소각하는 경우에 주식의 취득원가가 액면금액보다 작다면 그 차액을 감자차익으로 하여 자본잉여금으로 회계처리한다.
④ 이익잉여금(결손금) 처분(처리)으로 상각되지 않은 감자차손은 향후 발생하는 감자차익과 우선적으로 상계한다.

04 다음의 자료에서 자본잉여금에 해당하는 항목의 금액은 얼마인가?

• 주식발행초과금 : 100,000원	• 주식할인발행차금 : 100,000원
• 감자차익 : 100,000원	• 감자차손 : 100,000원
• 자기주식처분이익 : 100,000원	• 자기주식처분손실 : 100,000원
• 이익준비금 : 100,000원	• 매도가능증권평가이익 : 100,000원
• 기업합리화적립금 : 100,000원(예시된 항목의 상계는 고려하지 말 것)	

① 200,000원
② 300,000원
③ 400,000원
④ 500,000원

05 주식발행회사의 입장에서 주식배당으로 인한 효과로 가장 적절한 것은?

① 자본총액이 주식배당액만큼 감소하며, 회사의 자산도 동액만큼 감소한다.
② 미지급배당금만큼 부채가 증가한다.
③ 자본금은 증가하지만 이익잉여금은 감소한다.
④ 주식배당은 배당으로 인한 회계처리가 불필요하므로 자본항목 간의 변동도 없다.

06 다음 자본의 구성요소 중 성격이 다른 하나는 무엇인가?

① 주식할인발행차금
② 자기주식처분손실
③ 배당건설이자
④ 감자차익

07 다음 내용과 관련하여 자본의 실질적인 감소를 초래하는 것으로 적합한 것을 모두 묶은 것은?

가. 이사회 결의에 의하여 중간배당으로 현금배당을 실시하다.
나. 주주총회 결의에 의하여 이익잉여금의 일정금액을 사업확장적립금으로 적립하다.
다. 결손금 보전을 위해 이익준비금을 자본금에 전입하다.

① 가
② 가, 나
③ 가, 다
④ 가, 나, 다

08 다음 중 자본이 실질적으로 감소하는 경우로 가장 적합한 것은 무엇인가?

> 가. 주주총회의 결과에 근거하여 주식배당을 실시하다.
> 나. 중간결산을 하여 중간배당을 현금배당으로 실시하다.
> 다. 이익준비금을 자본금에 전입하다.
> 라. 당기의 결산결과 당기순손실이 발생하다.

① 가, 나
② 가, 다
③ 다, 라
④ 나, 라

09 (주)한실적 회사는 주주총회를 통해 회사의 이익잉여금을 다음과 같이 배분하기로 결정하였다. 이 경우 이익잉여금 처분에 따른 (주)한실적의 자본의 증감액은 얼마인가?

> • 이익잉여금 총액 : 100,000,000원
> • 이익잉여금 처분액 : 20,000,000원(현금배당액 : 15,000,000원, 주식배당액 : 5,000,000원)
> ※ 상기 외의 다른 사항은 고려하지 않기로 한다.

① 15,000,000원 감소
② 증감사항 없음
③ 5,000,000원 증가
④ 15,000,000원 증가

10 다음 중 자본잉여금의 감소가 가능한 항목은?

① 주식배당
② 무상증자
③ 주식분할
④ 주식병합

11 기업회계기준서상 자본은 '자본금, 자본잉여금, 자본조정, 기타포괄손익누계액, 이익잉여금(또는 결손금)'으로 분류되는데, 다음 중 나머지 셋과 그 분류가 다른 것은?

① 주식발행초과금
② 자기주식처분이익
③ 매도가능증권평가이익
④ 감자차익

12 **다음 중 재무상태표의 구성항목 중 자본을 증감시키는 회계거래가 아닌 것은?**

① 상품 1,000,000원(원가 800,000원)을 외상으로 판매하였다.
② 직원회식비로 100,000원을 카드결제하였다.
③ 외상매출금 500,000원을 현금으로 수령하였다.
④ 유상증자를 통해 보통주 주식 1억원을 발행하였다.

13 **주주총회에서 이익배당을 의결하고 곧 주주에게 배당금을 현금으로 지급할 경우에 자산, 부채, 자본에 미치는 영향은?**

① 자산의 증가, 자본의 증가
② 부채의 감소, 자산의 감소
③ 자본의 감소, 부채의 증가
④ 자본의 감소, 자산의 감소

14 **다음 중 주식할인발행차금에 대한 설명으로 옳지 않은 것은?**

① 주식발행가액이 액면가액에 미달하는 경우 그 미달하는 금액으로 한다.
② 자본조정에 해당한다.
③ 주식발행 연도부터 또는 증자 연도부터 5년 이내의 기간에 매기 균등액을 상각하여야 한다.
④ 이익잉여금이 부족한 경우에는 차기 이후 연도에 이월하여 상각할 수 있다.

15 **다음 중 자본항목에 관한 설명으로 가장 옳은 것은?**

① 결손보전을 위해 상계하는 잉여금은 임의적립금, 이익준비금, 기타법정적립금 및 자본잉여금의 순서로 처리한다.
② 주식발행의 경우 발생하는 등록비, 법률 및 회계자문 수수료는 당기비용으로 계상하지 아니하고 주식발행초과금에서 차감하거나 주식할인발행차금에 가산한다.
③ 주식할인발행차금은 주식발행 연도 또는 증자 연도부터 3년 이내의 기간에 정률법에 의해 이익잉여금의 처분으로 상각한다.
④ 이익준비금은 매 결산기에 현금배당액 및 주식배당액의 10분의 1 이상을 자본금의 2분의 1에 달할 때까지 적립한다.

16 **(주)거성의 당기 1월 1일 자본금은 40,000,000원(주식수 40,000주, 액면가액 1,000원)이다. 당기 8월 1일 주당 900원에 10,000주를 유상증자하였다. 당기 기말 자본금은 얼마인가?**

① 49,000,000원
② 50,000,000원
③ 53,000,000원
④ 65,000,000원

17 다음 중 자본에 관한 내용으로 틀린 것은?

① 미교부주식배당금은 주식배당을 받는 주주들에게 주식을 교부해야 하므로 부채로 계상한다.
② 자본잉여금은 증자나 감자 등 주주와의 거래에서 발생하여 자본을 증가시키는 잉여금이다.
③ 주식할인발행차금은 주식발행초과금의 범위 내에서 상계처리한다.
④ 자기주식은 자본에서 차감되는 항목이며, 자기주식처분이익은 자본에 가산되는 항목이다.

18 다음의 거래 중에서 실질적으로 자본이 증가되는 경우가 아닌 것은?

① 액면가액 100만원 주식을 10만원에 유상증자하였다.
② 100만원으로 인식된 자기주식을 30만원에 처분하였다.
③ 감자를 위하여 액면가액 100만원 주식을 10만원에 취득 후에 소각하였다.
④ 10만원 상당한 특허권을 취득하고 그 대가로 액면가액 100만원의 주식을 새로이 발행하여 지급하였다.

19 다음은 재무상태표에서 추출한 자본과 관련된 자료이다. 이익잉여금의 합계를 계산한 금액으로 옳은 것은?

• 자본금 : 50,000,000원
• 감자차익 : 250,000원
• 임의적립금 : 150,000원
• 이익준비금 : 400,000원
• 자기주식 : 1,000,000원
• 주식발행초과금 : 500,000원

① 400,000원 ② 550,000원
③ 800,000원 ④ 1,050,000원

20 배당에 관한 설명으로 잘못된 것은?

① 주식배당은 순자산의 유출이 없이 배당효과를 얻을 수 있다.
② 주식배당 후에도 자본의 크기는 변동이 없다.
③ 미교부주식배당금이란 이익잉여금처분계산서상의 주식배당액을 말하며 주식교부 시에 자본금 계정과 대체된다.
④ 주식배당 후에도 발행주식수는 변동이 없다.

21 다음 중 자본의 구성요소가 아닌 것은?

① 자본금 ② 이익잉여금
③ 기타포괄손익누계액 ④ 자본변동표

22 다음 중 자본의 실질적인 감소를 초래하는 것으로 가장 적합한 것은?

> 가. 결손금 보전을 위해 이익준비금을 자본금에 전입하다.
> 나. 현금배당을 실시하다.
> 다. 주식배당을 실시하다.
> 라. 10,000주를 무상증자하다.
> 마. 액면가액 5,000원인 자기주식을 4,000원에 취득 후 바로 소각하다.

① 가, 나
② 나, 마
③ 가, 라
④ 나, 다

23 다음의 회계처리가 재무제표에 미치는 영향은?

> 3월 2일 : 주주총회에서 주주에게 현금배당금을 지급하기로 결의하고 같은 날에 경리부서에서 현금으로 지급하였다.

	자 산	부 채	자 본
①	불 변	증 가	감 소
②	감 소	불 변	감 소
③	불 변	증 가	감 소
④	감 소	감 소	불 변

24 다음 내용 중 자본의 실질적인 감소를 초래하는 것으로 적합한 것을 모두 묶은 것은?

> 가. 주주총회의 결의에 의하여 주식배당을 실시하다.
> 나. 주주총회의 결의에 따라 주당 8,000원으로 50,000주를 유상증자하다.
> 다. 이사회 결의에 의하여 중간배당으로 현금배당을 실시하다.
> 라. 결손금 보전을 위해 이익준비금을 자본금에 전입하다.
> 마. 만기보유증권을 매도가능증권으로 재분류에 따른 평가손실이 발생하다.

① 가, 나
② 나, 다
③ 다, 라
④ 다, 마

25 **다음은 세무(주)의 결손금 처리 전 자본 현황이다. 처리 전 결손금이 10,000,000원인 경우 결손금 처리에 사용될 자본잉여금은 얼마인가?**

- 자본금 : 100,000,000원
- 주식발행초과금 : 2,000,000원
- 감자차익 : 1,000,000원.
- 이익준비금 : 3,000,000원
- 사업확장적립금 : 6,000,000원

① 0원
② 1,000,000원
③ 3,000,000원
④ 4,000,000원

손익계산서

01 손익계산서

1 손익계산서 보고양식

손익계산서[보고식]	작성방법
1. 매출액	→ 순매출액 = 총매출액 − 매출할인 − 매출환입 − 매출에누리
2. 매출원가 (1) 기초제품재고액 (2) 당기제품제조원가 (3) 기말제품재고액	→ 제품, 상품 등의 매출액에 대응되는 원가로서 판매된 제품이나 상품 등에 대한 제조원가 또는 매입원가이다. 매출원가의 산출과정은 손익계산서 본문에 표시하거나 주석으로 기재한다.
3. 매출총이익	→ 매출액 − 매출원가
4. 판매비와관리비	→ 판매활동과 기업의 관리활동에서 발생하는 비용으로서 매출원가에 속하지 아니하는 모든 영업비용을 포함한다.
5. 영업손익	→ 매출총이익 − 판매비와관리비
6. 영업외수익	→ 기업의 주된 영업활동이 아닌 활동으로부터 발생한 수익과 차익
7. 영업외비용	→ 기업의 주된 영업활동이 아닌 활동으로부터 발생한 비용과 차손
8. 법인세차감전순손익	→ 영업손익 + 영업외수익 − 영업외비용
9. 법인세비용	→ 법인세추산액(지방소득세 포함)
10. 당기순손익	→ 법인세차감전순손익 − 법인세비용
11. 주당손익	→ 보통주당기순이익 ÷ 가중평균유통주식수

2 손익계산서 작성기준

발생주의	현금의 수수에 관계없이 그 발생시점에 수익과 비용을 인식하는 기준을 말하므로 발생기준에 의하면 수익은 현금의 입금여부와 관계없이 발생될 때 인식하여 장부에 기록하고 비용은 현금의 출금여부와 관계없이 발생될 때 인식하여 장부에 기록한다.
실현주의	수익과 비용을 발생주의에 의해 인식하는 것이 대전제이며 수익을 구체적으로 인식하는데 실현주의를 채택하고 있다. 실현주의란 수익창출활동이 완료되거나 실질적으로 거의 완료되고 수익획득과정으로 인한 현금수입을 합리적으로 측정할 수 있을 때 수익을 인식하는 것이다.
수익비용대응의 원칙	비용을 인식함에 있어 성과와 노력 간의 인과관계를 연결시키고자 수익을 창출하기 위하여 발생한 비용을 관련수익에 대응하여 인식하는 것이다.
총액주의	수익과 비용을 총액으로 기재하는 것을 원칙으로 하고 수익과 비용항목을 상계하지 않는다. 따라서 매출총이익을 보고하기 위해서는 매출액과 매출원가를 각각 총액으로 기재하고, 이자수익과 이자비용도 각각 총액에 의하여 영업외수익과 영업외비용으로 기재하여야 한다.
구분계산의 원칙	손익계산서에 매출총손익, 영업손익, 법인세비용차감전계속사업손익, 중단사업손익, 당기순손익으로 구분하여 손익계산을 표시하여야 한다.

학습 PLUS

현금주의와 발생주의

각 회계기간의 수익과 비용을 어떻게 확정하여 손익계산서에 보고할 것인가의 문제를 해결하기 위한 기준으로는 현금주의와 발생주의가 있다.

- **현금주의(cash basis)**
  고객으로부터 현금을 수취한 시점에서 그 금액을 수익으로 인식하고 현금을 지출한 시점에서 그 금액을 비용으로 인식하는 방법으로서 현금의 수입과 지출을 직접 수익과 비용으로 보는 방법이다. 이러한 현금주의는 수익을 창출하는데 발생한 비용과 그 비용으로 인해 획득한 수익이 적절히 대응되지 않아 정확한 기간손익계산이 이루어지지 않고, 수익을 인식하는 기간이 불필요하게 연장되는 단점이 있으므로 일반기업회계기준에서는 받아들여지지 않는다.
- **발생주의(accrual basis)**
  현금수취 및 현금지출거래 그 자체보다는 근원적으로 현금을 발생시키는 거래나 경제적 사건에 초점을 맞추어, 수익은 획득시점에서 인식하고 비용은 발생된 시점에서 인식하는 방법이다. 따라서 발생주의하에서는 현금은 아직 받지 않았으나 기간의 경과로 수익의 획득과정이 완료된 미수수익은 자산과 수익으로 인식하고, 현금이 지출되었더라도 기간이 경과되지 않은 선급비용 등은 비용으로 계상하지 않는다.

3 손익계산서 계정과목

<table>
<tr><td>영업수익</td><td colspan="2">• 의의 : 영업수익은 기업의 업태에 따라 다르다. 제조업의 영업수익은 제품매출(상기업의 영업수익은 상품매출)이며 손익계산서에는 순매출액으로 기입한다.
• 순매출액 – 총매출액 – 매출환입 – 매출에누리 – 매출할인</td></tr>
<tr><td>영업외 수익</td><td colspan="2">• 의의 : 기업의 주된 영업활동이 아닌 활동으로부터 발생된 수익이다.
• 계정과목 : 이자수익, 배당금수익, 임대료, 단기매매증권처분이익, 매도가능증권처분이익, 단기매매증권평가이익, 외환차익, 외화환산이익, 유형자산처분이익, 무형자산처분이익, 보험금수익, 자산수증이익, 채무면제이익, 잡이익, 전기오류수정이익(중대한 오류 아님), 사채상환이익, 대손충당금환입(기타채권)</td></tr>
<tr><td rowspan="2">영업비용</td><td>매출원가</td><td>• 의의 : 매출원가는 당기의 매출액에 대응하여 파악되어야 하기 때문에 수익, 비용대응의 원칙은 매출원가의 인식 및 측정에 있어서 매우 중요하다. 상품매출, 제품매출에 대응되는 원가로서, 일정 기간 동안 발생된 매출에 대하여 배분된 매입원가 또는 제조원가를 말한다.
<table>
<tr><th colspan="4">상 품</th><th colspan="4">제 품</th></tr>
<tr><td>기초상품재고</td><td>10</td><td>상품매출원가</td><td>95</td><td>기초제품재고</td><td>10</td><td>제품매출원가</td><td>95</td></tr>
<tr><td>당기순매입액</td><td>90</td><td>기말상품재고</td><td>5</td><td>당기제품제조원가</td><td>90</td><td>기말제품재고</td><td>5</td></tr>
<tr><td>계</td><td>100</td><td>계</td><td>100</td><td>계</td><td>100</td><td>계</td><td>100</td></tr>
</table></td></tr>
<tr><td>판매비와 관리비</td><td>• 의의 : 판매비와관리비란 상품과 용역의 판매활동 또는 기업의 관리나 유지에서 발생하는 비용으로 매출원가에 속하지 아니하는 모든 영업비용을 포함한다. 제조업의 경우 동일한 계정과목으로 분류하되, 제조원가에 해당하는 경우에는 코드(500번대)로 분류한다.
• 계정과목 : 급여(임금), 퇴직급여, 잡급, 복리후생비, 여비교통비, 접대비, 통신비, 수도광열비(전력비, 가스수도료), 세금과공과, 감가상각비, 임차료, 수선비, 차량유지비, 교육훈련비, 광고선전비, 보험료, 운반비, 도서인쇄비, 소모품비, 수수료비용, 경상연구개발비, 무형자산상각비, 대손상각비, 견본비, 잡비, 대손충당금환입(–) 등</td></tr>
</table>

영업외 비용	• **의의** : 영업외비용은 기업의 주된 영업활동이 아닌 활동으로부터 발생된 비용이다. • **계정과목** : 이자비용, 외환차손, 외화환산손실, 기부금, 수수료비용(단기매매증권 취득), 기타의대손상각비, 단기매매증권처분손실, 매도가능증권처분손실, 단기매매증권평가손실, 유형자산처분손실, 무형자산처분손실, 매출채권처분손실, 재고자산감모손실, 전기오류수정손실(중대한 오류 아님), 재해손실, 사채상환손실, 잡손실 등
법인세 비용	법인세비용은 법인이 일정 기간 벌어들인 각 사업연도 소득에 대해 부과되는 법인세(지방소득세 포함)로 결산 시 인식한다. 법인세비용을 기중에 원천징수 또는 중간예납한 경우에는 선납세금(자산)으로 처리하였다가 결산 시 법인세비용으로 대체하여 제거한다.

02 손익의 인식기준

1 수익의 인식기준

수익은 기업의 통상적인 경영활동에서 발생하며, 수익에 관한 회계처리에서 가장 중요한 문제는 수익을 인식하는 시점을 결정하는 것이다. 수익은 수익금액을 신뢰성 있게 측정할 수 있고, 경제적 효익의 유입가능성이 매우 높을 때 인식한다.

1. 재화의 판매

재화의 판매로 인한 수익은 다음 조건이 모두 충족될 때 인식한다.

① 수익금액을 신뢰성 있게 측정할 수 있다.
② 경제적 효익의 유입 가능성이 매우 높다.
③ 재화의 소유에 따른 위험과 효익의 대부분이 구매자에게 이전된다.
④ 판매자는 판매한 재화에 대하여 소유권이 있을 때 통상적으로 행사하는 정도의 관리나 효과적인 통제를 할 수 없다.
⑤ 거래와 관련하여 발생했거나 발생할 원가를 신뢰성 있게 측정할 수 있다.

2. 용역의 제공

용역의 제공으로 인한 수익은 원칙적으로 진행기준에 따라 인식한다. 다만, 진행기준을 적용하기 위해서는 용역제공거래의 성과를 신뢰성 있게 추정할 수 있어야 한다. 다음 조건이 모두 충족되는 경우에는 용역제공거래의 성과를 신뢰성 있게 추정할 수 있다고 본다.

① 거래 전체의 수익금액을 신뢰성 있게 측정할 수 있다.
② 경제적 효익의 유입 가능성이 매우 높다.
③ 진행률을 신뢰성 있게 측정할 수 있다.
④ 이미 발생한 원가 및 거래의 완료를 위하여 투입하여야 할 원가를 신뢰성 있게 측정할 수 있다.

3. 거래유형별 인식

① 일반 매출 : 인도하는 시점
② 용역(건설) 매출 : 진행기준(신뢰성 있게 측정할 수 있는 경우)
③ 위탁 매출 : 수탁자가 제3자에게 판매한 시점
④ 시용 매출 : 매입자가 매입의사를 표시한 시점
⑤ 장기할부판매 : 인도하는 시점(명목가액과 현재가치의 차이가 중요한 경우 현재가치평가)
⑥ 부동산의 판매 : 잔금청산일, 소유권이전등기일, 사용가능일 중 가장 빠른 시점
⑦ 방송사의 광고 : 광고를 대중에게 전달한 시점
⑧ 입장료 수입 : 행사가 개최되는 시점
⑨ 학원수강료 : 발생주의(강의기간에 걸쳐 인식)
⑩ 상품권 판매 : 상품권이 회수 되어 재화, 용역을 제공한 시점(상품권 판매 시 : 선수금)
⑪ 이자수익 : 유효이자율을 적용하여 발생기준에 따라 인식
⑫ 배당금수익 : 배당금을 받을 권리와 금액이 확정되는 시점에 인식
⑬ 로열티수익 : 관련된 계약의 경제적 실질을 반영하여 발생기준에 따라 인식

2 비용의 인식기준

비용은 수익비용대응의 원칙에 의해 수익이 인식된 시점에 대응하여 인식하여야 하며 당해 연도 기간에 발생된 비용을 발생주의에 의해 인식한다.

구분	내용
직접대응	직접대응이란 보고된 수익과의 인과관계로 비용을 인식하는 방법이다. 따라서 직접대응은 수익과 비용의 인과관계가 명확한 경우에 적용되는 방법이다. 대표적인 예로 매출원가 등이 해당한다.
간접대응	특정 수익과 직접적인 인과관계로 비용을 인식할 수는 없지만 발생한 원가가 일정 기간 동안 수익창출활동에 기여한 것으로 판단되면 해당되는 기간에 합리적이고 체계적으로 배분하는 것을 말한다. 대표적인 예로 감가상각비 등이 해당한다.
기간대응	직접대응과 간접대응 방법을 모두 적용할 수 없는 경우로 당기에 발생한 원가가 미래에 경제적 효익을 제공하지 못하거나 미래 효익창출의 가능성이 불확실한 경우에는 발생하는 회계기간에 비용으로 인식한다. 대표적인 예로 수선비, 접대비, 광고선전비 등이 해당한다.

빈출 분개연습

제3절 손익계산서

정답 및 해설 : p.18

01 영업부 연말회식을 연말식당(간이과세자)에서 하고 법인카드(부자카드)로 500,000원을 결제하였다.

(차)	(대)

02 영업사원의 직무능력향상을 위한 외부강사 강연료에 대하여 현금으로 지급하고 기타소득으로 원천징수한 내역이 다음과 같다. 적절한 회계처리를 하시오.

- 지급총액 : 3,000,000원
- 필요경비 : 지급총액의 60%
- 소득세율 : 20%
- 지방소득세 : 소득세의 10%

(차)	(대)

03 기말재고조사 결과 제품재고 3,000,000원이 부족하였으며, 이는 홍보용으로 거리에서 무상으로 배포한 것으로 확인되었다.

(차)	(대)

04 공장에서 사용할 청소용품 22,000원을 경기철물에서 현금으로 구입하고 간이영수증을 받았다(단, 전액 당기비용으로 처리할 것)

(차)	(대)

05 원재료 구매 거래처 직원 김갑수의 결혼축의금으로 500,000원을 보통예금에서 이체하였다.

(차)	(대)

06 당사는 성희롱 예방교육 의무대상 사업자에 해당하여 교육 전문가인 나전파를 초빙하여 제조부서의 직원들을 대상으로 성희롱 예방교육을 실시하였고, 그 대가로 나전파에게 600,000원 중 원천징수세액 19,800원을 제외한 금액을 보통예금 계좌에서 지급하였다(단, '수수료비용' 계정과목으로 회계처리 하시오).

(차) (대)

07 당사의 토지 중 영업부 토지와 관련한 재산세 700,000원과 제조부 토지와 관련한 재산세 1,200,000원을 보통예금 계좌에서 이체하였다.

(차) (대)

08 마케팅부서에서는 판매활성화를 위해 인터넷쇼핑몰 통신판매업 신고를 하면서 등록면허세 70,500원을 보통예금으로 지급하였다.

(차) (대)

09 공장에서 사용하기 위한 트럭을 구입하면서 자동차보험에 가입하고 대금 1,500,000원을 보통예금에서 송금하였다. 송금시점에 전액 비용으로 회계처리하시오.

(차) (대)

10 공장에서 사용하기 위한 트럭을 구입하면서 자동차보험에 가입(가입기간 : 8월 1일 ~ 7월 31일)하고 대금 800,000원을 보통예금에서 송금하였다. 송금시점에 전액 자산으로 회계처리하시오.

(차) (대)

11 매출거래처에게 부품을 화물차로 보내고 운임 300,000원을 현금으로 지급한 뒤 운송장을 발급받았다(부가가치세는 무시할 것).

(차) (대)

12 경영지원팀 사원 구웅이 제출한 다음의 지출결의서 내역을 정산하여 보통예금으로 지급하였다(단, 모든 거래는 자산이 아닌 비용으로 회계처리하고 하나의 전표로 처리할 것).

<table>
<tr><td rowspan="2">지출결의서</td><td rowspan="2">결 재</td><td>담 당</td><td>실 장</td><td>사 장</td></tr>
<tr><td></td><td></td><td></td></tr>
<tr><td>일 금</td><td colspan="4">345,000원</td></tr>
<tr><td>작성자</td><td>경영지원팀 구웅</td><td>작성일자</td><td colspan="2">03.15</td></tr>
<tr><td>지출일자</td><td>03.10</td><td>결재일자</td><td colspan="2">03.31</td></tr>
<tr><td colspan="5">내 역</td></tr>
<tr><td>적 요</td><td colspan="2">금 액</td><td colspan="2">비 고</td></tr>
<tr><td>거래처 출장 왕복 택시비</td><td colspan="2">25,000원</td><td colspan="2">청해상사 방문</td></tr>
<tr><td>사무용 의자 구입비</td><td colspan="2">100,000원</td><td colspan="2">(주)오피스문구에서 회사 소모품 구입</td></tr>
<tr><td>경영지원팀 회식비</td><td colspan="2">220,000원</td><td colspan="2">맛나갈비에서 회식</td></tr>
<tr><td></td><td colspan="2"></td><td colspan="2"></td></tr>
<tr><td>계</td><td colspan="2"></td><td colspan="2"></td></tr>
<tr><td colspan="5">다음과 같이 지출하였으니 결재하여 주시기 바랍니다.</td></tr>
</table>

(차) (대)

13 생산부서 차장은 부산출장에서 돌아와 출장 전 현금으로 지급된 출장비 500,000원(지급 시 선급금 처리)에 대한 지출내역을 다음과 같이 제출하였다. 모든 비용에 대해 적격증빙을 첨부하였으며, 잔액 50,000원은 현금으로 반환하였다(단, 부가가치세는 고려하지 않으며 선급금의 거래처입력은 생략한다).

- KTX 승차권 구입 : 100,000원
- 현지 택시비 : 50,000원
- 거래처 미팅 시 식대 : 300,000원

(차) (대)

14 대표이사의 주소가 변경되어 법인 등기부등본을 변경등기하고 이에 대한 등록면허세 120,000원과 등록관련 수수료 100,000원을 현금으로 지급하였다(하나의 전표로 입력할 것).

(차) (대)

15 법인 영업부서 차량에 대한 자동차세 200,000원과 제조부서에서 사용하는 트럭에 대한 자동차세 100,000원을 보통예금에서 납부하였다.

(차) (대)

16 본사 영업부서에 근무하는 직원인 김정숙씨의 급여명세서를 아래와 같이 확정하고 12월 15일에 가불한 1,000,000원을 차감 후 보통예금에서 지급하였다. 가불 시 '임직원등단기채권' 계정으로 회계처리하였다(단, 공제액은 하나의 계정과목으로 처리한다).

성 명	급 여	상여금	국민연금 등 본인부담액	소득세 (지방소득세 포함)	가불금	차감지급액
김정숙	2,000,000원	800,000원	170,000원	30,000원	1,000,000원	1,600,000원

(차) (대)

17 당사는 매출거래처인 (주)역삼에 선물을 하기 위해 (주)홍삼에서 홍삼을 250,000원에 구입하고, 전액 당사의 비씨카드로 결제하였다.

(차) (대)

18 전기요금 800,000원(본사관리부 300,000원, 공장 500,000원)이 보통예금 통장에서 자동 인출되었다(단, 하나의 전표로 입력할 것).

(차) (대)

19 미지급세금으로 회계처리되어 있는 1기 예정신고분의 부가가치세 3,000,000원과 신용카드수수료 30,000원을 포함하여 국민카드로 납부하였다(미지급금으로 회계처리 할 것).

(차) (대)

20 영업부에서는 법정단체인 무역협회에 일반회비로 500,000원을 보통예금에서 지급하였다.

(차) (대)

21 공장건물 청소원인 김갑순에게 인건비 300,000원을 현금으로 지급하고 일용직 근로소득으로 신고하였다(단, 이와 관련된 원천징수세액은 없으며 동 금액은 잡급으로 처리하기로 한다).

(차) (대)

22 당사의 제품(원가 : 100,000원, 판매가 : 120,000원)을 생산직 직원의 복리후생 목적으로 제공하였다(단, 재화의 간주공급에 해당하지 아니함).

(차)	(대)

23 미지급세금으로 처리되어 있던 1기 예정신고분의 부가가치세 미납분 1,000,000원을 납부불성실가산세 9,000원과 함께 보통예금에서 이체하여 납부하였다(단, 가산세는 판매비와관리비의 세금과공과로 처리한다).

(차)	(대)

24 4월분 국민연금 450,000원(회사부담금 : 225,000원, 본인부담금 : 225,000원)을 현금으로 납부하였다. 당사의 관리부서와 생산부서의 급여 비율은 5:5이며, 국민연금 기준액 비율도 이와 같다.

(차)	(대)

25 영업부서가 5월에 구입한 소모품 900,000원 중 결산일까지 사용하지 못하고 남아 있는 것이 200,000원이다. 회사는 소모품 구입 시 모두 당기비용으로 회계처리하였다. 결산 시 기말수정분개를 하시오.

(차)	(대)

26 당사는 광고 선전 목적으로 구입한 탁상시계를 광고선전비(판매관리비)로 계상하였으나, 결산 시 미사용분 500,000원을 소모품으로 대체하였다. 결산 시 기말수정분개를 하시오(단, 음수로 입력하지 말 것).

(차)	(대)

27 하나(주)로부터 차입한 장기차입금의 이자비용 2,000,000원을 지급하면서 원천징수세액 상당액 550,000원을 차감한 금액을 현금으로 지급하였다(단, 이자비용에 대한 원천징수세율은 27.5%로 가정한다).

(차)	(대)

28 수재의연금 명목으로 보통예금 계좌에서 10,000,000원을 모금단체 계좌로 이체하였다.

(차)	(대)

29 당사에서 제작한 제품인 가방(300개, 개당 30,000원)을 수재민돕기성금으로 전달하였다.

(차)	(대)

30 영업부서의 난방용 유류대 350,000원과 공장 작업실의 난방용 유류대 740,000원을 보통예금 이체로 결제하였다.

(차)	(대)

31 당사의 대주주로 있는 이강인씨는 본인이 50,000,000원에 취득한 기계장치를 무상으로 회사에 기증하였다(단, 시가 70,000,000원임).

(차)	(대)

32 대표이사 이만수씨로부터 시가 30,000,000원의 업무용차량을 증여받고, 취득세로 2,100,000원을 현금으로 지출하였다(단, 하나의 전표로 처리할 것).

(차)	(대)

33 거래처인 (주)바른의 외상매입금 50,000,000원 중 40,000,000원은 당사발행 당좌수표로 지급하고, 나머지 금액은 면제받았다.

(차)	(대)

34 영업외수익 중 임대료계정에 10월 1일자로 입금된 6,000,000원은 당기 10월 1일부터 차기 9월 30일까지 1년간의 임대료이다. 결산 시 기말수정분개를 하시오(단, 음수로 회계처리하지 말고, 월할로 계산하시오).

(차)	(대)

35 기말 현재 장기대여금 계정과목 중에는 RETONA사에 외화로 빌려준 9,000,000원($10,000)이 계상되어 있다. 기말 현재 기준환율은 $1당 1,200원이다. 결산 시 기말수정분개를 하시오.

(차)	(대)

36 신한은행 보통예금 통장에서 다음과 같이 예금 이자가 입금되었다.

- 결산이자금액 : 100,000원
- 법인세 : 14,000원(법인세는 자산으로 처리할 것)
- 차감 지급액 : 86,000원

(차)	(대)

37 당사가 보유 중인 유가증권(보통주 1,000주, 액면가액 : 1주당 5,000원, 장부가액 : 1주당 10,000원)에 대하여 현금배당액(1주당 800원)과 주식배당액을 아래와 같이 당일 수령하였다.

구 분	수령액		공정가치(1주당)	발행가액(1주당)
현금배당	현 금	800,000원		
주식배당	보통주	100주	9,000원	8,000원

(차)	(대)

빈출 객관식문제

제3절 손익계산서

정답 및 해설 : p.20

01 **수익에 대한 다음 설명 중 잘못된 것은?**

① 수익은 재화의 판매, 용역의 제공이나 자산의 사용에 대하여 받았거나 또는 받을 대가의 공정가치로 측정한다.
② 용역제공거래의 성과를 신뢰성 있게 추정할 수 없고 발생한 원가의 회수가능성이 낮은 경우 발생한 비용의 범위 내에서만 수익을 인식한다.
③ 이자수익은 원칙적으로 유효이자율을 적용하여 발생기준에 따라 인식한다.
④ 성격과 가치가 유사한 재화나 용역 간의 교환은 수익을 발생시키는 거래로 보지 않는다.

02 **일반기업회계기준상 수익인식에 대한 설명으로 틀린 것은?**

① 용역의 제공으로 인한 수익은 용역제공거래의 성과를 신뢰성 있게 추정할 수 있을 때 완성기준에 따라 인식한다.
② 이자수익은 원칙적으로 유효이자율을 적용하여 발생기준에 따라 인식한다.
③ 배당금수익은 배당금을 받을 권리와 금액이 확정되는 시점에 인식한다.
④ 매출에누리와 할인 및 환입은 수익에서 차감한다.

03 **수익인식에 대한 내용으로 옳지 않은 것은?**

① 경제적 효익의 유입 가능성이 매우 높은 경우에만 인식한다.
② 수익금액을 신뢰성 있게 측정할 수 있는 시점에 인식한다.
③ 거래 이후에 판매자가 관련 재화의 소유에 따른 유의적인 위험을 부담하는 경우 수익을 인식하지 않는다.
④ 관련된 비용을 신뢰성 있게 측정할 수 없어도 수익을 인식할 수 있다.

04 **당사는 기계설비제조업을 영위하고 있다. 거래처로부터 2월 1일에 설비납품주문을 받았고, 2월 20일에 납품하여 설치하였다. 계약조건대로 5일간의 시험가동 후 2월 25일에 매입의사표시를 받았으며, 2월 28일에 대금을 수취하였다. 이 설비의 수익 인식시기는 언제인가?**

① 2월 1일　　② 2월 20일
③ 2월 25일　　④ 2월 28일

05 **수익적 지출 항목을 자본적 지출로 잘못 회계처리한 경우 재무제표에 미치는 영향으로 틀린 것은?**

① 당기순이익이 과대계상된다.
② 현금유출액에는 영향을 미치지 않는다.
③ 자산이 과대계상된다.
④ 자본이 과소계상된다.

06 **다음 중 현행 기업회계기준서상 '재화의 판매, 용역의 제공, 이자, 배당금, 로열티로 분류할 수 없는 기타의 수익'의 인식조건으로 적합하지 않은 것은?**

① 수익가득과정이 완료되었거나 실질적으로 거의 완료되었을 것
② 수익금액을 신뢰성 있게 측정할 수 있을 것
③ 경제적 효익의 유입 가능성이 매우 높을 것
④ 현금의 유입이 있을 것

07 **다음 중 진행기준을 적용하여 수익을 인식하는 것이 적합한 판매형태는?**

① 위탁매출 ② 시용매출
③ 용역매출 ④ 할부매출

08 **다음 중 기업회계기준서상 재화의 판매로 인한 수익인식 조건에 해당되지 않는 것은?**

① 재화의 소유에 따른 위험과 효익의 대부분이 구매자에게 이전될 것
② 회수기일이 도래하였을 것
③ 수익금액을 신뢰성 있게 측정할 수 있을 것
④ 거래와 관련하여 발생했거나 발생할 거래원가와 관련 비용을 신뢰성 있게 측정할 수 있을 것

09 **아래의 계정과목 중에서 기업회계기준(서)의 판매비및관리비에 포함되는 것들을 모두 고른 것은?**

A. 대손상각비	B. 건물감가상각비
C. 임원의 급여	D. 기부금
E. 이자수익	F. 이자비용

① A, B, C ② B, C, D
③ C, D, E ④ D, E, F

10 **다음 중 현행 기업회계기준서상 손익계산서의 구분표시항목에 해당하지 않는 것은?**

① 매출액
② 매출원가
③ 계속사업영업손익
④ 법인세비용차감전계속사업손익

11 **결산 시 다음 사항이 누락된 것을 발견하였다. 누락사항을 반영할 경우 당기순이익의 증감액은 얼마인가?**

• 당기 발생 미지급 자동차 보험료 : 7,000원 • 외상매출금의 보통예금 수령 : 10,000원

① 7,000원 증가
② 7,000원 감소
③ 3,000원 증가
④ 3,000원 감소

12 **현행 기업회계기준(서)상 손익계산서 작성과 거리가 먼 것은?**

① 손익계산서상 매출액은 총매출액에서 매출할인, 매출환입 및 매출에누리 등을 차감한 금액이다.
② 손익계산서상 매출원가는 기초제품(상품)재고원가에서 당기제품제조원가(당기상품순매입원가)를 가산한 금액에서 기말제품(상품)재고원가를 차감한 금액이다.
③ 손익계산서상 수익과 비용은 총액에 의해 기재함을 원칙으로 한다.
④ 손익계산서상 영업손익은 매출액에서 매출원가를 차감하여 표시한다.

13 **다음 중 기업회계기준상 수익의 인식에 대한 설명으로 틀린 것은?**

① 매출에누리와 할인 및 환입은 수익에서 차감한다.
② 수익은 재화의 판매, 용역의 제공이나 자산의 사용에 대하여 받았거나 받을 대가의 공정가액으로 측정한다.
③ 거래 이후에도 판매자가 재화의 소유에 대한 위험의 대부분을 부담하는 경우에는 그 거래를 아직 판매로 보지 아니하며 수익을 인식하지 않는다.
④ 상품권의 발행과 관련된 수익은 상품권의 대가를 수령하고 상품권을 인도한 시점에 인식하는 것을 원칙으로 한다.

14 **다음 중 손익계산서에 반영될 영업이익에 영향을 미치지 않는 경우는?**

① 무형자산으로 인식하고 있는 개발비에 대한 상각비의 인식
② 재산세 납부로 인한 세금과공과 계상
③ 종업원의 직무능력 향상을 위한 교육훈련비의 지급
④ 단기시세차익 목적으로 보유한 단기매매증권의 평가손실

15 **다음 중 손익계산서상 당기순이익에 영향을 미치는 항목이 아닌 것은?**

① 인건비 ② 건물 감가상각비
③ 기계장치 처분손실 ④ 자기주식 처분손실

16 **현행 기업회계기준서상 용역제공 수익인식기준과 관련하여 옳은 것은?**

① 광고제작사 등의 광고제작용역수익은 관련 용역이 모두 완료되는 시점에 수익으로 인식한다.
② 수강료는 현금주의에 따라 수익으로 인식한다.
③ 주문개발하는 소프트웨어의 대가로 수취하는 수수료는 진행기준에 따라 수익을 인식한다.
④ 예술공연 등의 행사에서 발생하는 입장료 수익은 입장권을 발매하는 시점에 수익으로 인식한다.

17 **다음 중 기업회계기준(서)상 수익의 인식 및 측정에 대한 설명으로 틀린 것은?**

① 용역제공거래에서 발생된 원가와 추가로 발생할 것으로 추정되는 원가의 합계액이 총수익을 초과하는 경우에는 그 초과액과 이미 인식한 이익의 합계액을 전액 당기손실로 인식한다.
② 판매대가가 재화의 판매 또는 용역의 제공이후 장기간에 걸쳐 유입되는 경우에 공정가액은 미래에 받을 현금의 합계액의 현재가치로 측정한다.
③ 상품권의 발행과 관련된 수익은 상품권을 회수한 시점 즉, 재화를 인도하거나 판매한 시점에 인식하고, 상품권을 판매한 때에는 선수금으로 처리한다.
④ 용역의 제공으로 인한 수익을 진행기준에 따라 인식하는 경우 진행률은 총 공사대금에 대한 선수금의 비율로 계산할 수 있다.

18 **다음의 거래형태별 수익인식기준 중 잘못된 것은?**

① 위탁판매 : 위탁자가 수탁자에게 물건을 인도하는 시점
② 시용판매 : 고객이 구매의사를 표시한 시점
③ 상품권 판매 : 상품권을 회수하고 재화를 인도하는 시점
④ 일반적인 상품 및 제품판매 : 인도한 시점

19 **다음 중 손익계산서상 영업이익에 영향을 미치는 설명은 어떤 것인가?**

① 유형자산의 처분으로 인한 처분손익
② 지정기부금의 지출
③ 사채상환이익
④ 매출채권에 대한 대손상각비

20 **(주)나라는 당기 4월 1일 다음의 조건으로 10,000,000원을 차입하였으며, 차입일에는 이자비용에 대한 회계처리를 하지 않았다. 당기 12월 31일 이자비용에 대한 결산분개를 누락한 경우 재무제표에 미치는 영향으로 올바른 것은?**

- 만기일 : 차기 3월 31일
- 연이자율 : 12%
- 원금 및 이자 : 만기일에 전액 상환

① 자산 300,000원 과소계상
② 부채 900,000원 과소계상
③ 자본 300,000원 과대계상
④ 비용 900,000원 과대계상

21 **다음 자료를 이용하여 영업이익을 구하시오.**

- 매출액 : 30,000,000원
- 매출원가 : 25,000,000원
- 임직원급여 : 2,000,000원
- 직원회식비 : 200,000원
- 광고선전비 : 200,000원
- 거래처 접대비 : 200,000원
- 장기대여금의 대손상각비 : 200,000원
- 기부금 : 200,000원
- 유형자산처분손실 : 200,000원

① 1,800,000원
② 2,000,000원
③ 2,200,000원
④ 2,400,000원

22 **손익계산서상의 영업이익은 얼마인가?**

- 매출액 : 20,000,000원
- 매출원가 : 5,000,000원
- 급 여 : 1,000,000원
- 감가상각비 : 500,000원
- 매출채권관련 대손상각비 : 100,000원
- 이자수익 : 100,000원
- 기부금 : 1,000,000원
- 유형자산처분이익 : 200,000원
- 법인세비용 : 300,000원
- 접대비 : 500,000원

① 200,000원
② 1,700,000원
③ 2,900,000원
④ 1,900,000원

23 **손익계산서의 당기순이익이 500,000원이었으나, 결산 시 다음 사항이 누락된 것을 발견하였다. 누락사항을 반영할 경우 당기순이익은 얼마인가?**

> • 당기 발생 미지급 자동차 보험료 : 200,000원
> • 외상매출금의 보통예금 수령 : 100,000원

① 200,000원 ② 300,000원
③ 400,000원 ④ 500,000원

24 **기부금을 영업외비용이 아닌 판매비와관리비로 회계처리한 경우 나타나는 현상으로 틀린 것은?**

① 매출총이익은 불변이다.
② 영업이익은 불변이다.
③ 법인세차감전순이익은 불변이다.
④ 매출원가는 불변이다.

25 **다음 자료를 이용하여 순매출액을 계산하는데 있어 차감하면 안 될 항목은?**

① 매출운임 ② 매출에누리
③ 매출환입 ④ 매출할인

26 **다음 자료를 이용하여 영업외이익(= 영업외수익 − 영업외비용)을 구하시오.**

> • 임원급여 : 3,000,000원
> • 광고선전비 : 600,000원
> • 받을어음의 대손상각비 : 700,000원
> • 이자수익 : 400,000원
> • 유형자산처분손실 : 200,000원
> • 기부금 : 300,000원
> • 감가상각비 : 500,000원
> • 외환차익 : 1,500,000원
> • 접대비 : 100,000원

① 800,000원 ② 1,000,000원
③ 1,400,000원 ④ 1,600,000원

27 수정분개를 하기 전의 당기순이익은 500,000원이었다. 당기순이익을 계산할 때 선급비용 10,000원을 당기의 비용으로 계상하였고, 미수수익 6,000원이 고려되지 않았다. 수정분개를 반영한 정확한 당기순이익은 얼마인가?

① 484,000원　② 496,000원
③ 504,000원　④ 516,000원

28 회계담당자가 결산 시 미수 임대료 4,000,000원을 다음과 같이 판매비와관리비로 잘못 회계처리하였다. 이러한 회계처리 오류가 손익계산서상 당기순이익에 미치는 영향에 대해 올바르게 나타내고 있는 것은?

(차) 임차료	4,000,000원	(대) 미지급비용	4,000,000원

① 4,000,000원 과소계상　② 4,000,000원 과대계상
③ 8,000,000원 과소계상　④ 8,000,000원 과대계상

29 (주)납세물산의 손익계산서상 매출총이익이 2,600,000원일 경우, 아래 자료를 보고 매출액을 추정하면?(단, 상품도매업만 영위하고 있으며, 아래 이외의 자료는 없다)

- 기초상품재고액 : 3,000,000원
- 당기상품매입액 : 2,500,000원
- 상품타계정대체액 : 1,000,000원(※ 접대 목적 거래처 증정)
- 기말상품재고액 : 2,000,000원

① 2,500,000원　② 3,500,000원
③ 5,100,000원　④ 6,100,000원

30 기업회계기준서상의 재화의 판매로 인한 수익을 인식하기 위한 조건으로 올바르지 못한 것은?

① 재화의 소유에 따른 위험과 효익의 대부분이 구매자에게 이전된다.
② 수익금액을 신뢰성 있게 측정할 수 있다.
③ 수익금액을 판매일로부터 1개월 내에 획득할 수 있어야 한다.
④ 거래와 관련하여 발생했거나 발생할 거래원가와 관련 비용을 신뢰성 있게 측정할 수 있다.

31 (주)건축은 20×1년에 (주)한국의 사옥을 신축하기로 계약하였다. 총공사계약금은 10,000,000원이며, 공사가 완료된 20×3년까지 (주)한국의 사옥 신축공사와 관련된 자료는 다음과 같다. (주)건축이 진행기준에 따라 수익을 인식할 경우 20×3년에 인식하여야 할 공사수익은 얼마인가?

구 분	20×1년	20×2년	20×3년
당기발생공사원가	1,000,000원	5,000,000원	2,000,000원
추가소요추정원가	6,500,000원	1,500,000원	–

① 2,000,000원
② 2,200,000원
③ 2,500,000원
④ 10,000,000원

회계변경과 오류수정

01 회계변경

회계정책은 거래, 기타 사건 또는 상황에 적용되므로 일반기업회계기준을 적용하여 결정한다. 구체적으로 적용할 수 있는 일반기업회계기준이 없는 경우, 경영진은 판단에 따라 회계정책을 개발 및 적용하여 회계정보를 작성할 수 있으며, 목적적합성과 신뢰성의 특성을 보유하여야 한다.

1. 회계변경의 의의

회계변경은 회계정책의 변경과 회계추정의 변경으로 구분하여 처리한다. 매기 동일한 회계정책 또는 회계추정을 사용하면 비교가능성이 증대되어 재무제표의 유용성이 향상된다. 따라서 재무제표를 작성할 때 일단 채택한 회계정책이나 회계추정은 유사한 종류의 사건이나 거래의 회계처리에 그대로 적용하여야 한다.

그러나 정당한 사유 즉, 일반기업회계기준에서 회계정책의 변경을 요구하는 경우 또는 회계정책의 변경을 반영한 재무제표가 거래, 기타 사건 또는 상황이 재무상태, 재무성과 또는 현금흐름에 미치는 영향에 대하여 신뢰성 있고 더 목적적합한 정보를 제공하는 등에 해당되는 경우에는 회계정책을 변경할 수 있다.

2. 회계변경의 정당한 사유

(1) 합병, 사업부 신설, 대규모 투자, 사업의 양수도 등 기업환경의 중대한 변화에 의하여 총자산이나 매출액, 제품의 구성 등이 현저히 변동됨으로써 종전의 회계정책을 적용할 경우 재무제표가 왜곡되는 경우

(2) 동종산업에 속한 대부분의 기업이 채택한 회계정책 또는 추정방법으로 변경함에 있어서 새로운 회계정책 또는 추정방법이 종전보다 더 합리적이라고 판단되는 경우

(3) 일반기업회계기준의 제정, 개정 또는 기존의 일반기업회계기준에 대한 새로운 해석에 따라 회계변경을 하는 경우

주의

단순히 세법의 규정을 따르기 위한 회계변경은 정당한 회계변경으로 보지 아니한다. 그 이유는 세무보고의 목적과 재무보고의 목적이 서로 달라 세법에 따른 회계변경이 반드시 재무회계정보의 유용성을 향상시키는 것은 아니기 때문이다. 또한, 이익조정을 주된 목적으로 한 회계변경은 정당한 회계변경으로 보지 아니한다.

회계정책의 변경 : 소급법　　　회계추정의 변경 : 전진법

3. 회계정책의 변경

구분	내용
의 의	회계정책의 변경은 재무제표의 작성과 보고에 적용하던 회계정책을 다른 회계정책으로 바꾸는 것을 말한다. 회계정책은 기업이 재무보고의 목적으로 선택한 기업회계기준과 그 적용방법을 말한다.
적용방법	**소급법** : 변경된 새로운 회계정책은 소급하여 적용한다. 전기 또는 그 이전의 재무제표를 비교 목적으로 공시할 경우에는 소급적용에 따른 수정사항을 반영하여 재작성하고 수정사항은 비교재무제표상 최초회계기간의 자산, 부채 및 자본의 기초금액에 반영한다. 또한 전기 또는 그 이전 기간과 관련된 기타 재무정보도 재작성한다.
적용사례	• 재고자산 평가방법 변경 예 선입선출법에서 평균법으로 변경 • 유가증권의 취득단가 산정방법 변경 예 총평균법에서 이동평균법으로 변경 • 표시통화의 변경 • 유형자산의 평가모형 변경 예 원가모형에서 재평가모형으로 변경

4. 회계추정의 변경

구분	내용
의 의	기업환경의 변화, 새로운 정보의 획득 또는 경험의 축적에 따라 지금까지 사용해오던 회계적 추정치의 근거와 방법 등을 바꾸는 것을 말한다. 회계추정은 기업환경의 불확실성하에서 미래의 재무적 결과를 사전적으로 예측하는 것을 말한다.
적용방법	**전진법** : 회계추정의 변경은 전진적으로 처리하여 그 효과를 당기와 당기 이후의 기간에 반영한다. 회계정책의 변경과 회계추정의 변경이 동시에 이루어지는 경우에는 회계정책의 변경에 의한 누적효과를 먼저 계산하여 소급적용한 후, 회계추정의 변경효과를 전진적으로 적용한다. 기간별 비교가능성을 제고하기 위하여 회계추정 변경의 효과는 변경 전 사용하였던 손익계산서 항목과 동일한 항목으로 처리한다. 만약 회계변경의 속성상 그 효과를 회계정책의 변경효과와 회계추정의 변경효과로 구분하기가 불가능한 경우에는 이를 회계추정의 변경으로 본다. 회계추정의 적용은 당해 회계연도 개시일부터 적용한다.
적용사례	• 대손의 추정 • 재고자산의 진부화 여부에 대한 판단과 평가 • 우발부채의 추정 • 감가상각자산의 내용연수 또는 감가상각방법의 변경, 잔존가액의 추정 등

5. 회계변경의 회계처리

구 분	소급법	전진법	당기일괄처리법
회계처리	회계변경누적효과를 이익잉여금에 반영	회계변경누적효과는 없음	회계변경누적효과를 당기손익에 반영
재무제표의 재작성	과거재무제표 재작성	–	–
장 점	비교가능성 유지	신뢰성 유지	신뢰성 유지
단 점	신뢰성 떨어짐	비교가능성 떨어짐	비교가능성 떨어짐
회계기준 적용	회계정책의 변경 적용	회계추정의 변경 적용	–

02 오류수정

오류수정은 회계추정의 변경과 구별되는 것으로 전기 또는 그 이전의 재무제표에 포함된 회계적 오류를 당기에 발견하여 이를 수정하는 것을 말한다.

1. 중대한 오류

중대한 오류는 재무제표의 신뢰성을 심각하게 손상할 수 있는 매우 중요한 오류를 말한다. 전기 이전 기간에 발생한 중대한 오류의 수정은 자산, 부채 및 자본의 기초금액에 반영한다. 비교재무제표를 작성하는 경우 중대한 오류의 영향을 받는 회계기간의 재무제표 항목은 재작성한다.

2. 중대하지 않은 오류

당기에 발견한 전기 또는 그 이전 기간의 오류는 당기 손익계산서에 영업외손익 중 '전기오류수정손익'으로 보고한다.

3. 오류의 유형

(1) 자동조정적 오류

오류의 효과가 두 회계기간을 통해 저절로 상쇄되는 오류(예 손익의 이연 및 예상계정인 선급비용, 선수수익 등의 오류)

(2) 비자동조정적 오류

두 회계기간에 걸쳐 자동조정되지 않는 오류(예 투자자산, 유형자산 등의 오류)

빈출 분개연습

제4절 회계변경과 오류수정

정답 및 해설 : p.22

01 본사 건물에 대하여 전년도에 납부하였던 전기료 중 과오납부한 금액인 300,000원이 당사 보통예금으로 입금되어 오류를 수정하였다. 중대한 오류가 아니다(단, 잡이익 계정은 사용하지 마시오).

(차)	(대)

02 본사 건물에 대한 감가상각비가 전년도에 25,000,000원만큼 과대계상된 오류를 발견하였다. 본 사항은 중대한 오류로 판단된다.

(차)	(대)

학습 PLUS

전기오류수정손익 계정과목

- **중대한 오류** : 기초가액(전기이월이익잉여금)으로 조정하도록 전기오류수정손익으로 처리하되 자본계정(300번대 코드)으로 처리한다.
- **중대하지 않은 오류** : 영업외손익(900번대 코드)으로 처리한다.

코드	계정명	참고
	여기를 클릭하여 검색	
0370	전기오류수정이익	
0371	전기오류수정손실	
0912	전기오류수정이익	
0962	전기오류수정손실	

빈출 객관식문제

제4절 회계변경과 오류수정

정답 및 해설 : p.22

01 **다음 중 일반기업회계기준의 회계정책 또는 회계추정의 변경과 관련한 설명으로 잘못된 것은?**

① 일반기업회계기준에서 회계정책의 변경을 요구하는 경우 회계정책을 변경할 수 있다.

② 변경된 회계정책은 원칙적으로 소급하여 적용한다.

③ 회계정책의 변경과 회계추정의 변경이 동시에 이루어지는 경우 회계정책의 변경에 의한 누적효과를 먼저 계산한다.

④ 세법과의 차이를 최소화하기 위해 세법의 규정을 따르기 위한 회계변경도 정당한 회계변경이다.

02 **다음 중 회계변경과 오류수정에 대한 설명으로 옳지 않은 것은?**

① 원칙적으로 변경된 새로운 회계정책은 소급하여 적용한다.

② 회계추정의 변경은 전진법으로 처리하여 그 효과를 당기와 당기 이후의 기간에 반영한다.

③ 전기 이전 기간에 발생한 중대한 오류의 수정은 당기 영업외손익 중 전기오류수정손익으로 보고한다.

④ 회계정책의 변경효과와 회계추정의 변경효과로 구분하기가 불가능한 경우 회계추정의 변경으로 본다.

03 **다음 회계변경에 대한 내용으로 옳지 않은 것은?**

① 회계정책의 변경은 소급하여 적용하는 것이 원칙이다.

② 회계추정의 변경은 전진적으로 처리하는 것이 원칙이다.

③ 회계정책의 변경을 반영한 재무제표가 더 신뢰성과 목적적합한 정보를 제공한다면 회계정책을 변경할 수 있다.

④ 회계변경의 효과를 회계정책의 변경과 회계추정의 변경으로 구분이 불가능한 경우, 회계정책의 변경으로 본다.

04 **다음 중 기업회계기준서상 정당한 회계변경(회계정책 또는 회계추정)의 사례로 적합한 것은?**

① 정확한 세무신고를 위해 세법규정을 따를 필요가 있는 경우

② 기존의 기업회계기준에 대한 새로운 해석이 있는 경우

③ 회사의 상호 또는 대표이사를 변경하는 경우

④ 주식회사 등의 외부감사에 관한 법률에 의하여 최초로 회계감사를 받는 경우

05 회계변경과 관련한 다음 설명 중 잘못된 것은?

① 회계추정은 기업환경의 불확실성하에서의 미래의 재무적 결과를 사전적으로 예측하는 것이다.
② 유가증권 취득단가 산정방법의 변경은 회계추정 변경에 해당한다.
③ 회계정책 변경을 전진적으로 처리하는 경우에는 그 변경의 효과를 당해 회계연도 개시일부터 적용한다.
④ 회계정책의 변경과 회계추정의 변경이 동시에 이루어지는 경우에는 회계정책의 변경에 의한 누적효과를 먼저 계산한다.

06 다음 중에서 회계정책의 변경과 회계추정의 변경에 대한 설명으로 가장 잘못된 것은?

① 회계추정의 변경은 전진적으로 처리하여 그 효과를 당기와 당기 이후의 기간에 반영한다.
② 회계정책의 변경과 회계추정의 변경이 동시에 이루어지는 경우에는 회계정책의 변경에 의한 누적효과를 먼저 계산하여 소급적용한 후, 회계추정의 변경효과를 전진적으로 적용한다.
③ 변경된 새로운 회계정책은 소급하여 적용하고 전기 또는 그 이전의 재무제표를 비교 목적으로 공시하는 경우 소급적용에 따른 수정사항을 반영하여 재작성한다.
④ 회계변경의 속성상 그 효과를 회계정책의 변경효과와 회계추정의 변경효과로 구분하기가 불가능한 경우 이를 회계정책의 변경으로 본다.

07 일반기업회계기준의 회계정책 또는 회계추정의 변경과 관련한 다음 설명 중 잘못된 것은?

① 일반기업회계기준에서 회계정책의 변경을 요구하는 경우 회계정책을 변경할 수 있다.
② 감가상각방법의 변경은 회계정책의 변경에 해당한다.
③ 회계정책의 변경과 회계추정의 변경이 동시에 이루어지는 경우 회계정책의 변경에 의한 누적효과를 먼저 계산한다.
④ 재고자산의 진부화 여부에 대한 판단과 평가는 회계추정의 변경에 해당한다.

08 다음은 현행 기업회계기준(서)상 회계변경의 사례들이다. 성격이 다른 하나는?

① 재고자산의 평가방법을 선입선출법에서 총평균법으로 변경하였다.
② 매출채권에 대한 대손설정비율을 1%에서 2%로 변경하기로 하였다.
③ 정액법으로 감가상각하던 기계장치의 내용연수를 5년에서 8년으로 변경하였다.
④ 감가상각자산의 잔존가액을 100,000원에서 50,000원으로 변경하였다.

09 **다음 중 '회계추정의 변경'에 관한 설명 중 가장 옳지 않은 것은?**

① 회계추정의 변경은 전진적으로 회계처리한다.
② 회계추정 변경 전, 후의 손익계산서 항목은 동일한 항목으로 처리한다.
③ 회계추정 변경의 효과는 당해 변경이 발생한 회계연도의 다음 회계연도부터 적용한다.
④ 회계추정에는 대손의 추정, 감가상각자산의 내용연수 추정 등이 있다.

10 **회계변경의 처리방법에는 소급법, 전진법, 당기일괄처리법이 있다. 다음 중 소급법에 관한 설명으로 옳은 것은?**

① 과거재무제표에 대한 신뢰성이 유지된다.
② 전기재무제표가 당기와 동일한 회계처리방법에 의하므로 기간별 비교가능성이 향상된다.
③ 회계변경의 누적효과를 당기손익에 반영하므로 당기손익이 적정하게 된다.
④ 회계변경의 효과를 미래에 영향을 미치게 하는 방법이므로, 기업회계기준(서)에서는 회계추정의 변경에 사용하도록 하고 있다.

11 **다음 중 회계추정의 변경사항이 아닌 것은?**

① 금융자산의 공정가치의 변경
② 재고자산 단가결정방법의 변경
③ 감가상각자산의 내용연수 및 잔존가치의 변경
④ 매출채권에 대한 대손설정비율의 변경

12 **다음의 회계적 오류 중 발생한 다음 연도에 자동적으로 오류가 상쇄되지 않는 오류는?**

① 감가상각비의 과대계상 오류
② 선수수익의 계상 누락 오류
③ 미지급비용의 계상 누락 오류
④ 기말재고자산의 과소계상 오류

13 **다음 회계처리 내용 중 오류수정으로 볼 수 없는 것은?**

① 전기 미수수익의 과다계상
② 이동평균법에서 총평균법으로 유가증권 평가방법의 변경
③ 전기 기말재고자산의 과다계상
④ 전기 상품매출의 누락

14 **다음 중 오류수정에 대한 설명으로 가장 옳지 않은 것은?**

① 당기에 발견한 전기 또는 그 이전 기간의 중대하지 않은 오류는 당기 손익계산서에 영업외손익 중 전기오류수정손익으로 반영한다.

② 전기 또는 그 이전 기간에 발생한 중대한 오류의 수정은 전기이월이익잉여금에 반영하고 관련 계정 잔액을 수정한다.

③ 비교재무제표를 작성하는 경우 중대한 오류의 영향을 받는 회계기간의 재무제표 항목은 재작성한다.

④ 충당부채로 인식했던 금액을 새로운 정보에 따라 보다 합리적으로 추정한 금액으로 수정한 것도 오류수정에 해당한다.

15 **다음 중 오류수정에 의한 회계처리 대상이 아닌 것은?**

① 전기 말 기말재고자산의 누락

② 전기 미지급비용의 과소계상

③ 전기 감가상각누계액의 과대계상

④ 선입선출법에서 후입선출법으로 재고자산 평가방법의 변경

16 **다음 회계변경 중 회계추정의 변경에 해당하지 않는 것은?**

① 매출채권의 대손추정률을 1%에서 1.5%로 변경

② 기말재고자산의 평가방법을 총평균법에서 선입선출법으로 변경

③ 건물의 내용연수를 20년에서 30년으로 변경

④ 기계장치의 잔존가액을 기존보다 두 배 증가되도록 변경

부가가치세 3문항 출제분포도

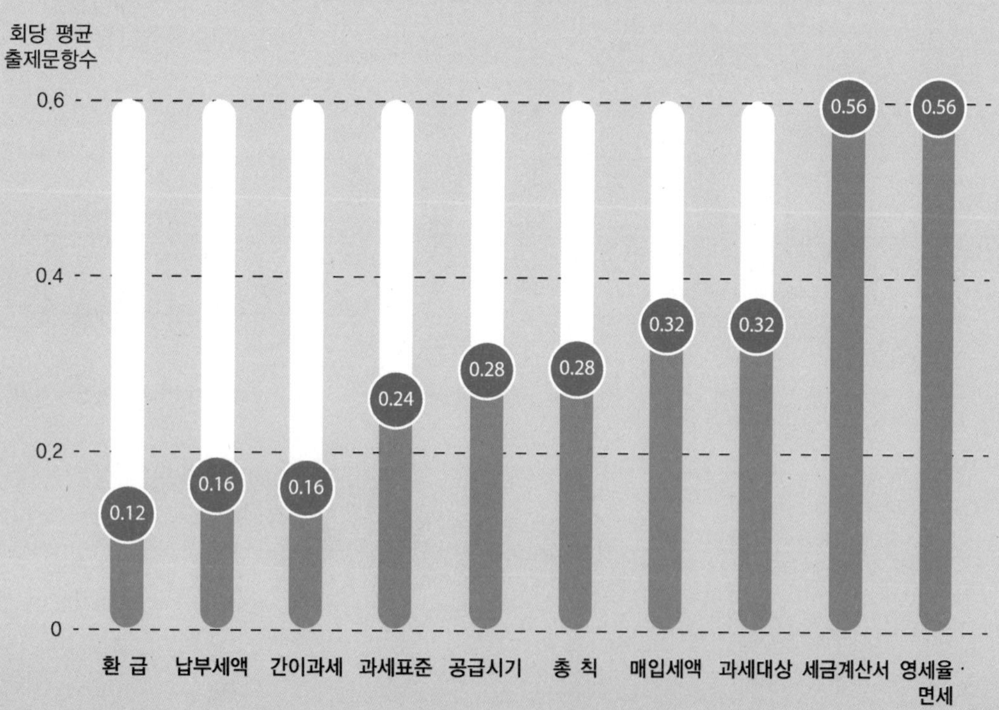

※ 최근 4~5년간 기출문제를 분석한 통계값입니다.

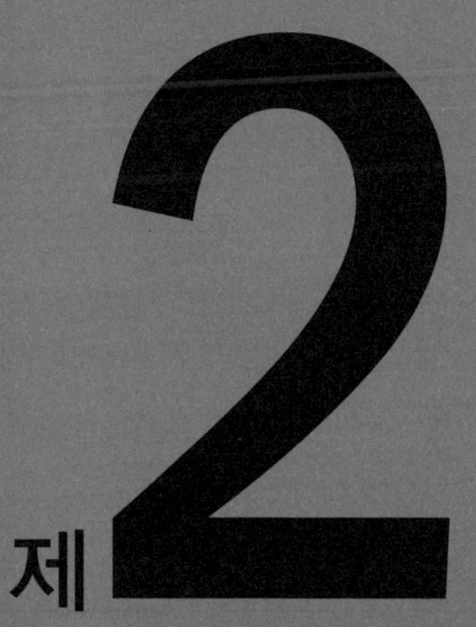

제 2 장

부가가치세

SECTION 01 부가가치세 개념

01 부가가치세의 기초

1 의 의

부가가치세(value added tax : VAT)는 생산 및 유통의 각 단계에서 생성되는 부가가치에 대해 부과되는 조세로 상품이나 서비스를 소비하는 경우 최종소비자가 부담하게 되는 세금을 말한다. 여기서 '부가가치'란 각 거래의 단계마다 사업자가 새롭게 창출한 가치의 증분이라고 볼 수 있다.

2 특 징

국 세	조세는 부과권자를 기준으로 국세와 지방세로 구분할 수 있다. 부가가치세는 법인세, 소득세 등과 같이 국가가 일반경비에 충당하기 위하여 부과하는 국세에 해당한다.
간접세	간접세란 납세의무자와 실질적인 담세자가 일치하지 않는 조세를 말한다. 부가가치세법에서는 재화 또는 용역을 공급하는 사업자가 이를 공급받는 사업자로부터 부가가치세액을 거래징수하여 납부하도록 하고 있다. 따라서 부가가치세 납세의무자는 재화 또는 용역을 공급하는 사업자이지만, 실제 담세자는 최종소비자이므로 부가가치세는 간접세에 해당한다. • **직접세** : 납세의무자 = 담세자 예 법인세, 소득세 등 • **간접세** : 납세의무자 ≠ 담세자 예 부가가치세 등
물 세	부가가치세는 납세의무자의 특성(소득, 부양가족 등)을 고려하지 않고 목적물을 과세대상으로 삼아 부과하는 물세에 해당한다.
보통세	부가가치세는 세수의 용도를 특정하지 않고 일반적인 재정수요에 충당하는 보통세에 해당한다.
종가세	부가가치세는 과세대상의 경제적 가치를 화폐금액으로 측정하여 과세표준으로 삼는 종가세에 해당한다.
일반소비세	소비세란 재화 또는 용역을 구입하거나 사용하는 사실에서 담세능력을 파악하고, 이에 대하여 과세하는 조세를 말한다. 부가가치세는 원칙적으로 모든 재화 또는 용역의 공급을 과세대상으로 하는 일반소비세에 해당한다. 주의할 점은 특정한 재화나 용역에 대해서만 특별하게 과세하는 개별소비세와는 구별하여야 한다.
다단계거래세	부가가치세는 최종소비자에 이르기까지 모든 거래단계에서 창출된 부가가치에 대하여 각 단계별로 과세하는 다단계과세방법을 따르고 있다. 부가가치세는 간접세로서 각 단계에서 부과된 조세가 다음 단계로 전가되기 때문에 결국 최종소비자가 전체 부가가치에 대한 조세를 부담하게 된다.

<table>
<tr><td>전단계세액공제법</td><td>우리나라의 부가가치세법은 납부세액 계산방법으로서 전단계세액공제법을 채택하고 있다.
전단계세액공제법의 특징은 세금계산서에 의해 확인되는 매입세액만을 매출세액에서 공제받을 수 있다는 것이다. 재화나 용역을 공급받은 경우라도 세금계산서에 의하여 매입세액이 확인되지 않으면 매입세액을 공제받을 수 없어 전단계거래공제법과 차이가 있다.
<table>
<tr><td>전단계세액공제법</td><td>납부세액 = 매출세액(매출액 × 세율) − 매입세액(세금계산서 확인)</td></tr>
<tr><td>전단계거래공제법</td><td>납부세액 = (매출액 − 매입액) × 세율</td></tr>
</table></td></tr>
<tr><td>소비지국과세원칙</td><td>부가가치세법은 소비지국과세원칙에 따라 수출하는 재화에는 부가가치세를 과세하지 않으며 수입하는 모든 재화에 대하여 자국에서 생산된 물품과 동일하게 부가가치세를 과세하고 있다. 즉, 수출재화에 대하여는 영세율(0%)의 세율을 적용하여 부가가치세 부담을 완전히 면제하나 수입품에 대하여는 세관장이 자국물품과 동일하게 부가가치세(10%)를 과세하고 있다.</td></tr>
<tr><td>단일 비례세율</td><td>부가가치세는 10%의 단일 비례세율로 과세한다.</td></tr>
<tr><td>면세제도</td><td>부가가치세는 인적요건에 관계없이 동일 세율이 적용되기 때문에 면세제도를 두고 있다. 면세제도는 부가가치세의 역진성을 완화하기 위함이다.</td></tr>
</table>

02 부가가치세 과세요건

1 납세의무자

부가가치세 납세의무자는 재화나 용역을 공급하는 사업자, 재화를 수입하는 자로 개인 및 법인(국가, 지방자치단체와 지방자치단체조합 포함), 법인격이 없는 사단 및 재단 또는 그 밖의 단체의 경우에도 부가가치세를 납부할 의무가 있다.

1. 사업자의 요건

부가가치세법상 사업자란 사업상 독립적으로 재화나 용역을 공급하는 자를 말하며 사업 목적이 영리이든 비영리이든 상관없다.

구분	내용
재화, 용역의 공급	사업자는 부가가치세가 과세되는 재화 또는 용역을 공급하는 자이어야 한다. 부가가치세가 면세되는 재화 또는 용역의 공급에 대하여는 부가가치세가 부과되지 않으므로 부가가치세가 면세되는 재화 또는 용역을 공급하는 자는 부가가치세법상 사업자가 아니다.
계속, 반복적 사업성	사업성이란 부가가치를 창출할 정도의 사업형태를 갖추고 계속적이고 반복적으로 재화 또는 용역을 공급하는 것을 말한다. 따라서 일시, 우발적인 공급을 하는 자는 사업자가 아니다.
독립적	독립적으로 사업활동을 한다는 것은 타인에게 고용된 자의 지위에서가 아니라 자기책임으로 사업활동을 한다는 것을 의미한다.
영리 불문	사업 목적이 영리인지 비영리인지는 사업자를 정의하는데 있어 영향을 주지 않는다. 따라서 비영리법인의 경우도 재화나 용역을 공급하면 부가가치세를 납부할 의무가 있는 사업자가 되는 것이다.

2. 납세의무자

부가가치세 납세의무란 공급받는 자로부터 부가가치세를 징수하여 납부할 의무를 말한다.

<table>
<tr><th colspan="2">사업자</th><th colspan="2">구 분</th><th>증빙발급</th></tr>
<tr><td rowspan="4">과세사업자</td><td>일반과세자
(겸영사업자)</td><td colspan="2">• 법인사업자
• 개인사업자 중 간이과세자가 아닌 자</td><td>세금계산서</td></tr>
<tr><td rowspan="3">간이과세자</td><td colspan="2">• 개인사업자 중 직전 연도 총공급대가가 8,000만원 미만인 자</td><td rowspan="3">세금계산서
영수증</td></tr>
<tr><td>4,800만원 이상 8,000만원 미만</td><td>원칙 : 세금계산서 발급</td></tr>
<tr><td>4,800만원 미만</td><td>원칙 : 영수증 발급</td></tr>
<tr><td colspan="2">면세사업자</td><td colspan="2">납세의무 없음</td><td>계산서</td></tr>
</table>

(1) 과세사업자

과세사업자는 매출액의 규모, 업종에 따라 일반과세자와 간이과세자로 구분된다. 세법에서는 사업규모가 영세한 개인사업자인 경우 세법상 규정하는 부가가치세의 신고납부 절차를 이행하는 것이 어렵다고 판단하여 이들을 '간이과세자'로 규정하고 이들에 대해서는 세금의 납부절차와 세율, 세금계산서 등의 발행 및 기장의무를 달리 하고 있다. 이러한 간이과세제도는 사업규모가 작은 영세사업자의 납세의무이행을 간편하게 하려는 취지에서 만들어진 제도이다.

(2) 면세사업자

면세사업자는 부가가치세가 면세되는 재화 또는 용역을 공급하는 사업자를 말하며 면세사업자는 납세의무를 전혀 지지 않는다. 왜냐하면 면세사업자가 공급하는 면세품목은 부가가치세가 면제되므로 납부할 세금이 없기 때문이다. 따라서 면세사업자는 매출세액을 거래징수할 필요가 없으며 동시에 매입세액은 공제받을 수 없다.

(3) 겸영사업자

겸영사업자는 과세사업과 면세사업을 함께 영위하는 자를 말한다. 겸영사업자는 부가가치세 납세의무가 있기 때문에 과세사업자로 분류하고 있다.

2 과세기간

1. 과세기간

과세기간이란 세법에 의한 과세표준과 세액 계산의 기준이 되는 일정한 기간을 말한다. 재화 또는 용역의 공급에 대한 부가가치세는 과세기간 단위로 세액을 계산하고 과세기간 종료일로부터 25일 이내에 신고 및 납부를 하여야 한다.

사업자 구분	과세기간
일반과세자	• 제1기 : 1월 1일부터 6월 30일까지 • 제2기 : 7월 1일부터 12월 31일까지
간이과세자	1월 1일부터 12월 31일까지
신규사업자	• 사업 개시일 ~ 해당 과세기간 종료일 • 사업 개시 전 사업자등록 : 등록일 ~ 해당 과세기간 종료일
폐업자	해당 과세기간 개시일 ~ 폐업일
과세유형 변경 시	• 일반과세자가 간이과세자로 변경 : 그 변경 후 7월 1일 ~ 12월 31일 • 간이과세자가 일반과세자로 변경 : 그 변경 전 1월 1일 ~ 6월 30일

〈일반과세자의 과세기간과 예정신고기간〉

2. 예정신고와 납부

사업자 구분	예정신고기간	신고납부기간
일반과세자	• **제1기** : 1월 1일부터 3월 31일까지 • **제2기** : 7월 1일부터 9월 30일까지	예정신고기간이 끝난 후 25일 이내
간이과세자	1월 1일부터 6월 30일까지	
신규사업자	사업 개시일 ~ 해당 예정신고기간 종료일	

3. 확정신고와 납부

사업자는 각 과세기간(6개월)에 대한 과세표준과 납부세액을 과세기간이 끝난 후 25일 이내에 각 사업장 관할 세무서장에게 신고하고 해당 과세기간에 대한 납부세액을 납부하여야 한다. 다만, 예정신고가 이루어진 부분은 확정신고 시 신고대상에서 제외되기 때문에 예정신고가 정상적으로 이루어졌다면 예정신고 이후 남은 3개월(1기인 경우라면 4월 1일부터 6월 30일)만이 신고대상이 된다.

학습 PLUS

예정신고기간 및 확정신고기간

구 분	예정신고기간	확정신고기간
1기	1월 1일 ~ 3월 31일	4월 1일 ~ 6월 30일
2기	7월 1일 ~ 9월 30일	10월 1일 ~ 12월 31일

3 납세지

1. 의 의

납세지란 납세의무를 이행함에 있어서 기준이 되는 장소로서 세법에서 정한 각종 신고의무를 이행하고 세액을 납부하기 위한 관할 세무서를 결정하는 의미를 가지고 있다. 부가가치세의 납세지는 원칙적으로 각 사업장이다. 즉, 부가가치세는 각 사업장마다 신고납부하여야 하며 각 사업장마다 사업자등록을 하여야 한다.

2. 사업장

사업장이란 사업자 또는 그 사용인이 상시 주재하여 거래의 전부 또는 일부를 행하는 장소를 말한다. 여기에서 거래라 함은 과세대상인 재화 또는 용역을 공급하는 것을 의미한다. 단순히 업무연락만 하는 장소이거나 재고자산을 보관만 하는 장소 등은 사업장으로 볼 수 없다.

(1) 사업장별 과세원칙

사업장은 사업자가 사업을 하기 위하여 거래의 전부 또는 일부를 하는 고정된 장소를 말하며 부가가치세는 사업장별로 과세하는 것이 원칙이다.

(2) 업종별 사업장

업 종	납세지
광 업	광업사무소의 소재지
제조업	최종 제품을 완성하는 장소
건설업, 운수업, 부동산매매업	• **법인인 경우** : 그 법인의 등기부상의 소재지 • **개인인 경우** : 업무총괄장소
부동산임대업	그 부동산의 등기부상의 소재지
무인자동판매기업	그 사업에 관한 업무총괄장소
통신판매업자	부가통신사업자의 주된 사업장 소재지
다단계판매업	등록한 다단계판매업자의 주된 사업장
비거주자 또는 외국 법인	비거주자 또는 외국법인의 국내사업장
기 타	위에 규정하는 사업장 이외의 장소도 사업자의 신청에 의하여 추가로 사업장으로 등록할 수 있다. 만약 사업장 미설치 시 사업자의 주소지, 거소지를 사업장으로 한다.

(3) 사업장 해당 여부

직매장	직매장은 사업장으로 본다. 직매장이란 사업자가 자기의 사업과 관련하여 생산하거나 취득한 재화를 직접 판매하기 위하여 특별히 판매시설을 갖춘 장소를 말한다.
하치장	하치장은 사업장으로 보지 아니한다. 하치장이란 재화를 보관하고 관리할 수 있는 시설만 갖춘 장소이다.
임시사업장	임시사업장은 사업장으로 보지 아니한다. 임시사업장은 사업자가 임시사업장을 개설하기 전에 두고 있던 기존사업장에 포함되는 것으로 한다. 임시사업장 개설 및 폐쇄신고는 해당일로부터 10일 이내 관할 세무서장에게 신고한다.

3. 납세지 특례

부가가치세는 사업장 단위로 납부하여야 하나 동일한 사업자가 둘 이상의 사업장을 가지고 있는 경우에 납세의무자의 편의를 위해 특례를 신청할 수 있다.

(1) 주사업장 총괄 납부제도

부가가치세는 사업장 단위로 납부하여야 하나 동일한 사업자가 둘 이상의 사업장을 가지고 있는 경우 주사업장 총괄 납부 신청을 하면 주사업장에서 다른 사업장의 세액까지 총괄하여 납부하거나 환급받을 수 있다. 이러한 제도를 두는 가장 큰 이유는 둘 이상의 사업장이 있는 경우에 사업장별로 납부와 환급이 별도로 발생함으로 인한 납세자의 불편을 해소하기 위하여 주된 사업장에서 통산하여 세금을 납부할 수 있게 하는 것이다. 다만, 총괄 납부하는 경우에도 사업자등록 및 과세표준의 신고 등은 각 사업장마다 이행하여야 한다.

(2) 사업자 단위 과세제도

기업이 전산시스템을 도입하여 본사에서 각 사업장의 모든 자원의 관리가 가능해짐에 따라 부가가치세법에서는 사업자가 본사에서 총괄하여 부가가치세를 신고 및 납부할 수 있도록 규정하고 있는데 이를 사업자 단위 과세제도라고 한다.

주사업장 총괄 납부제도는 주사업장에서 각 사업장의 부가가치세를 총괄 납부만 가능한 반면에 사업자 단위 과세제도는 주사업장에서 납부는 물론 신고까지도 가능하다는 점이 큰 차이이다.

구 분	주사업장 총괄 납부	사업자 단위 과세
주사업장	• **법인** : 본점 또는 지점 • **개인** : 주사무소	• **법인** : 본점 • **개인** : 주사무소
효 력	• 사업자의 주된 사업장에서 부가가치세 총괄 납부(환급)만 가능 • 사업자등록 및 세금계산서의 발급과 수령 모두 각 사업장별로 수행	• 사업자의 본점(주사무소)에서 부가가치세를 총괄하여 신고 및 납부 가능 • 사업자등록 및 세금계산서의 발급과 수령 모두 본점(주사무소)에서 수행
등록신청	적용받고자 하는 과세기간 개시일 20일 전에 신청	
포 기	납부하고자 하는 과세기간 개시일 20일 전에 포기신고	

4 사업자등록

사업자등록이란 사업자의 인적사항, 그 사업내용 등 사업에 관한 사항을 관할 세무서의 공부에 등재하는 것을 말한다. 사업자는 재화 또는 용역을 공급하거나 공급받을 때에 거래상대방과 세금계산서를 수수하여야 하는데, 세금계산서는 사업자등록을 한 사업자가 발행할 수 있다. 따라서 사업자등록은 세금계산서제도의 기초가 되므로 매우 중요하다.

(1) 등록 대상자

등록 대상자는 신규로 사업을 개시하는 과세사업자(일반과세자, 간이과세자)이다.

만약 면세사업만을 영위하는 자는 납세의무가 배제되므로 부가가치세법상의 사업자등록 의무도 배제된다. 또한 면세사업과 과세사업을 겸영하는 자는 사업자등록을 하여야 한다.

학습 PLUS

사업자등록

- 과세사업자 : 부가가치세법에 의한 사업자등록 의무 ○
- 겸영사업자 : 부가가치세법에 의한 사업자등록 의무 ○
- 면세사업자 : 부가가치세법에 의한 사업자등록 의무 ×
  단, 소득세법이나 법인세법에 의한 사업자등록 의무 ○

(2) 등록 신청

신규로 사업을 개시한 자 중 사업자 단위 과세 사업자가 아닌 자는 사업장마다 사업개시일로부터 20일 내에 사업자등록 신청을 하여야 한다. 다만, 신규로 사업을 개시하고자 하는 자는 사업개시일 전이라도 등록할 수 있다. 이는 사업자가 사업 개시 전에 시설이나 상품을 매입하는 경우 매입세액을 환급받을 수 있도록 하기 위하여 세법상 인정하는 것이다.

(3) 등록증 발급

사업자등록 신청을 받은 세무서장은 그 신청내용을 조사한 후 신청일로부터 2일 이내에 사업자등록번호가 부여된 사업자등록증을 신청자에게 발급하여야 한다. 다만, 사업장시설이나 사업현황을 확인하기 위하여 국세청장이 필요하다고 인정하는 경우에는 발급기한을 5일(토요일·공휴일·근로자의 날은 제외) 이내에서 연장하고 조사한 사실에 따라 사업자등록증을 발급할 수 있다.

(4) 사후관리

사업자가 다음에 해당하는 경우에는 사업자등록 정정신고서를 관할 세무서장에게 지체 없이 제출하여야 하며, 사업자등록의 정정신고를 받은 세무서장은 해당 정정내용을 확인한 후 사업자등록증의 기재사항을 정정하여 등록증을 재발급하여야 한다.

등록사항의 정정사유	재발급기한
• 상호를 변경하는 경우 • 통신관련 사업자가 사이버몰의 명칭 또는 인터넷 도메인이름을 변경하는 경우	신고일 당일
• 법인 또는 국세기본법에 의하여 법인으로 보는 단체 외의 단체 중 소득세법상 1거주자로 보는 단체의 대표자를 변경하는 때(단, 개인사업자의 대표자 변경은 폐업사유에 해당) • 상속으로 인하여 사업자의 명의가 변경 되는 때 • 임대인, 임대차 목적물 · 그 면적, 보증금, 차임 또는 임대차기간의 변경이 있거나 새로이 상가건물을 임차한 때 • 사업자 단위 과세 사업자가 종된 사업장을 신설 또는 이전하는 때 • 사업자 단위 과세 사업자가 종된 사업장의 사업을 휴업하거나 폐업하는 때 • 사업의 종류에 변동이 있는 때 • 사업장(사업자 단위 과세 사업자는 사업자 단위 과세 적용 사업장)을 이전하는 때 • 공동사업자의 구성원 또는 출자지분의 변경이 있는 때 • 사업자 단위 과세 사업자가 사업자 단위 과세 적용 사업장을 변경하는 때	신고일부터 2일 이내

빈출 객관식문제

제1절 부가가치세 개념

정답 및 해설 : p.23

01 다음 중 부가가치세의 특징에 해당하지 않는 것은?

① 소비형 부가가치세
② 전단계세액공제법
③ 다단계거래세
④ 직접세

02 다음 중 현행 부가가치세법의 특징에 대한 설명으로 옳은 것은?

① 전단계거래액공제법이다.
② 비례세율로 역진성이 발생한다.
③ 개별소비세이다.
④ 지방세이다.

03 다음 중 부가가치세의 특징에 해당하지 않는 것은?

① 부가가치세의 담세자는 최종소비자이며, 납세의무자는 부가가치세가 과세되는 재화 또는 용역을 공급하는 사업자이다.
② 각 납세자의 담세력을 고려하지 않는 물세이다.
③ 우리나라의 부가가치세법은 전단계거래액공제법을 채택하고 있다.
④ 우리나라의 부가가치세법은 소비지국과세원칙을 채택하고 있다.

04 다음 중 현행 부가가치세법의 특징에 대한 설명으로 가장 잘못된 것은?

① 일반소비세이다.
② 국세에 해당된다.
③ 10%와 0%의 세율을 적용하고 있다.
④ 역진성의 문제를 해결하기 위하여 영세율제도를 도입하고 있다.

05 다음 중 부가가치세법에 대한 설명으로 잘못된 것은?

① 재화란 재산가치가 있는 물건과 권리를 말하며, 역무는 포함되지 않는다.
② 사업자란 사업 목적이 영리이든 비영리이든 관계없이 사업상 독립적으로 재화 또는 용역을 공급하는 자를 말한다.
③ 재화 및 용역을 일시적・우발적으로 공급하는 자는 부가가치세법상 사업자에 해당하지 않는다.
④ 간이과세자란 직전 연도의 공급대가 합계액이 9,000만원에 미달하는 사업자를 말한다.

06 **다음 중 부가가치세법상 업종별 사업장에 대한 설명으로 틀린 것은?**

① 광업에 있어서는 광업사무소의 소재지를 사업장으로 한다.
② 제조업에 있어서는 최종제품을 완성하는 장소를 사업장으로 한다. 다만, 따로 제품의 포장만을 하는 장소는 제외한다.
③ 건설업에 있어서는 사업자가 법인인 경우 각 현장사무소를 사업장으로 한다.
④ 부동산임대업에 있어서는 그 부동산의 등기부상의 소재지를 사업장으로 한다.

07 **다음은 부가가치세법상 사업자와 관련된 내용이다. 틀린 것은?**

① 개인사업자는 일반과세자 또는 간이과세자가 될 수 있다.
② 법인사업자는 간이과세자가 될 수 없다.
③ 면세사업자는 부가가치세법상 사업자가 아니다.
④ 간이과세자는 직전 연도의 공급가액의 합계액이 8,000만원 미달인 자를 말한다.

08 **부가가치세법상 납세의무에 관한 설명으로 옳지 않은 것은?**

① 영리 목적의 유무에 불구하고 사업상 독립적으로 과세대상 재화를 공급하는 자는 납세의무가 있다.
② 과세의 대상이 되는 행위 또는 거래의 귀속이 명의일 뿐이고 사실상 귀속되는 자가 따로 있는 경우라 하더라도 명의자에 대하여 부가가치세법을 적용한다
③ 영세율 적용 대상 거래만 있는 사업자도 부가가치세법상 신고의무가 있다.
④ 재화를 수입하는 자는 수입재화에 대한 부가가치세 납세의무가 있다.

09 **다음 중 부가가치세 신고·납세지에 대한 설명으로 가장 적절하지 않은 것은?**

① 부가가치세는 원칙적으로 사업장마다 신고·납부하여야 한다.
② 재화 또는 용역의 공급이 이루어지는 장소, 즉 사업장을 기준으로 납세지를 정하고 있다.
③ 둘 이상의 사업장이 있는 경우 신청 없이 주된 사업장에서 총괄하여 납부할 수 있다.
④ 사업자 단위 과세 사업자는 사업자등록도 본점 등의 등록번호로 단일화하고, 세금계산서도 하나의 사업자등록번호로 발급한다.

10 **부가가치세법상 사업자등록에 대한 설명으로 틀린 것은?**

① 사업자는 사업 개시일부터 20일 이내에 사업장 관할 세무서장에게 사업자등록을 신청하여야 한다.
② 사업자등록의 신청은 사업장 관할 세무서장이 아닌 다른 관할 세무서장에게도 신청할 수 있다.
③ 신규로 사업을 시작하려는 자는 사업 개시일 이후에만 사업자등록을 신청해야 한다.
④ 사업자는 휴업 또는 폐업을 하거나 등록사항이 변경되면 지체 없이 사업장 관할 세무서장에게 신고하여야 한다.

11 **다음 중 부가가치세법상 사업자등록 정정사유가 아닌 것은?**

① 상호 변경
② 상속으로 인한 사업자 명의 변경
③ 증여로 인한 사업자 명의 변경
④ 사업장 주소 변경

12 **다음 자료를 보고 제2기 부가가치세 확정신고기한으로 옳은 것은?**

- 4월 25일　1기 부가가치세 예정신고 및 납부함
- 7월 25일　1기 부가가치세 확정신고 및 납부함
- 8월 20일　자금상황의 악화로 폐업함

① 7월 25일　② 8월 31일
③ 9월 25일　④ 익년 1월 25일

13 **다음 중 부가가치세법상 주사업장 총괄 납부제도에 대한 설명으로 틀린 것은?**

① 사업장이 둘 이상 있는 경우에는 주사업장 총괄 납부를 신청하여 주된 사업장에서 부가가치세를 일괄하여 납부하거나 환급받을 수 있다.
② 주된 사업장은 법인의 본점(주사무소를 포함한다) 또는 개인의 주사무소로 한다. 다만, 법인의 경우에는 지점(분사무소를 포함한다)을 주된 사업장으로 할 수 있다.
③ 주된 사업장에 한 개의 등록번호를 부여한다.
④ 납부하려는 과세기간 개시 20일 전에 주사업장 총괄 납부 신청서를 주된 사업장의 관할 세무서장에게 제출하여야 한다.

14 **다음 중 현행 부가가치세법에 대한 설명으로 가장 틀린 것은?**

① 부가가치세는 사업장마다 신고 및 납부하는 것이 원칙이다.
② 주사업장 총괄 납부 시 주사업장은 법인의 경우 지점도 가능하다.
③ 사업자 등록사항의 변동이 발생한 때에는 지체 없이 등록정정신고를 하여야 한다.
④ 사업자 단위 과세 사업자의 경우에도 사업자등록은 사업장별로 각각하여야 한다.

15 다음은 (주)대한의 법인등기부등본상의 기재사항들이다. 부가가치세법상 사업자등록 정정사유가 아닌 것은?

① (주)대한에서 (주)민국으로 상호변경
② (주)대한의 대표이사를 A에서 B로 변경
③ (주)대한의 자본금을 1억원에서 2억원으로 증자
④ (주)대한의 사업종류에 부동산임대업을 추가

16 다음 중 부가가치세의 과세기간에 대한 설명으로 틀린 것은?

① 일반과세자의 부가가치세의 과세기간은 제1기와 제2기로 나누어진다.
② 일반과세자의 경우 1월 20일에 사업을 개시한 경우 최초의 과세기간은 1월 1일부터 6월 30일까지가 된다.
③ 사업자가 사업을 영위하다 폐업하는 경우 과세기간은 폐업일이 속하는 과세기간의 개시일부터 폐업일까지로 한다.
④ 간이과세를 포기하여 일반과세자로 전환되는 경우 간이과세 포기의 신고일이 속하는 과세기간의 개시일부터 그 신고일이 속하는 달의 말일까지가 1과세기간이 된다.

17 부가가치세법과 관련된 다음의 설명 중 가장 잘못된 것은?

① 사업자등록 신청은 사업장마다 사업 개시일로부터 20일 내에 하는 것이 원칙이다.
② 면세사업자는 부가가치세법상 사업자에 해당하지 아니한다.
③ 직매장은 사업장에 해당하고, 하치장은 사업장에 해당하지 아니한다.
④ 한 사업자에게 동일한 업종으로 둘 이상의 사업장이 있는 경우에는 사업자 단위로 신고·납부하는 것이 원칙이다.

18 다음 중 부가가치세 납세의무가 있는 거래는?

① 비사업자가 일시적으로 공급하는 컴퓨터
② 과세사업자가 공급하는 토지
③ 과세사업자가 공급하는 상품권
④ 과세사업자가 공급하는 건물

과세대상

01 재화의 공급

1 재화의 개념

재화는 재산가치가 있는 물건과 권리를 말한다. 재화가 되기 위해서는 재산적 가치가 있는 물건과 권리이어야 한다.

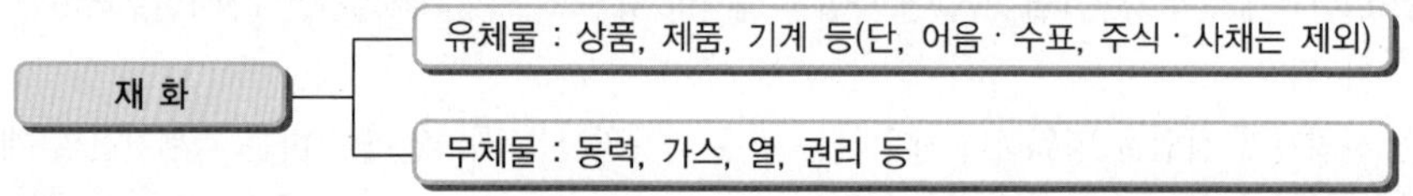

2 재화의 공급으로 보는 거래

재화의 공급이란 계약상 또는 법률상 모든 원인에 의하여 재화를 인도 또는 양도하는 것을 말하는데 재화의 공급에는 실질공급과 간주공급이 있다.

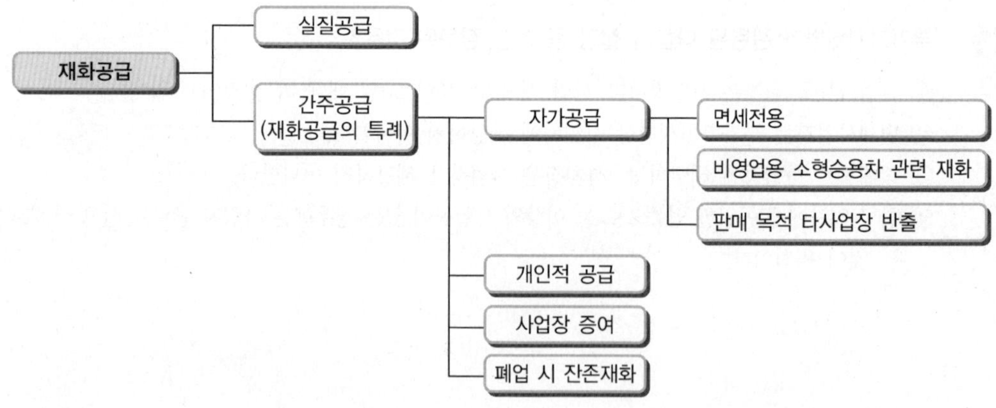

1. 실질공급

구분	내용
매매계약	현금판매, 외상판매, 할부판매, 장기할부판매, 조건부 및 기한부판매, 위탁판매와 그 밖의 내매계약에 따라 재화를 인도하거나 양도하는 것
가공계약	자기가 주요자재의 전부 또는 일부를 부담하고 상대방으로부터 인도받은 재화를 가공하여 새로운 재화를 만드는 가공계약에 따라 재화를 인도하는 것을 말한다(만약 자기가 주요자재를 전혀 부담하지 아니하고 상대방으로부터 인도받은 재화를 단순히 가공만 해주는 것은 용역의 공급으로 봄).
교환계약	재화를 인도한 대가로서 다른 재화를 인도받거나 용역을 제공받는 교환계약에 따라 재화를 인도하거나 양도하는 것
기 타	경매, 수용, 현물출자와 그 밖의 계약상 또는 법률상의 원인에 따라 재화를 인도하거나 양도하는 것

2. 간주공급

부가가치세법에서는 과세형평을 위해서 간주공급에 관한 규정을 두고 있다. 간주공급이란 실질적인 재화의 공급이 아님에도 불구하고 과세 목적상 재화의 공급으로 의제하는 경우를 말한다. 예를 들어 사업자가 사업용으로 재화를 구입하면서 매입세액을 공제받은 이후에 해당 재화를 자신 또는 타인이 무상으로 사용하는 경우 이를 부가가치세 과세대상이 되는 재화의 공급으로 본다. 만약 재화의 공급으로 보지 않는다면 사업자는 재화의 실질적 공급의 경우와는 달리 부가가치세의 부담 없이 재화를 소비할 수 있게 되어 과세형평을 침해하고 부가가치세의 본질을 훼손시키게 된다. 따라서 부가가치세법에서는 과세형평을 위해서 간주공급에 관한 규정을 두고 있다.

(1) 자가공급

자가공급이란 사업자가 자기의 사업과 관련하여 생산하거나 취득한 재화를 자기의 사업을 위하여 직접 사용, 소비하는 것을 말한다. 자가공급에 해당되면 매출세액이 발생하게 되는데 사업자의 자가공급 모두를 과세하는 것은 아니고 다음에 해당하는 3가지 경우에만 과세한다.

구분	내용
면세사업의 전용	자기의 과세사업과 관련하여 생산, 취득한 재화를 면세사업을 위해 사용, 소비하는 것
비영업용 소형승용차와 그 유지를 위한 재화	자기의 과세사업과 관련하여 생산, 취득한 재화를 비영업용 소형승용차와 그 유지를 위해 사용, 소비하는 것 ☞ 비영업용 소형승용자동차 : 영업용이 아닌 승용차로서 정원 8인승 이하로 배기량 1,000cc 초과 승용자동차, 배기량 125cc를 초과하는 이륜자동차
판매 목적으로 타사업장(직매장) 반출	사업장이 둘 이상의 사업자가 자기의 과세사업과 관련하여 생산, 취득한 재화를 판매목적으로 타사업장에 반출하는 것

학습 PLUS

자가공급

Q. 자동차 제조회사가 자사제품 1,000cc초과하는 승용차(원가 15,000,000원, 시가 25,000,000원)를 판매하지 않고 업무용으로 자가사용하는 경우

A. 간주공급(자가공급) 해당하여 시가를 과세표준으로 하여 신고・납부해야 한다.

매입매출전표 입력화면

유형	품목	수량	단가	공급가액	부가세	합계	코드	공급처명	사업/주민번호	전자	분개
건별	자가사용 승			25,000,000	2,500,000	27,500,000					혼합

구분	계정과목	적요	거래처	차변(출금)	대변(입금)
대변	0255 부가세예수금	자가사용 승용차			2,500,000
대변	0150 제품	08 타계정으로 대체액 손익계산서 반영			15,000,000
차변	0208 차량운반구	자가사용 승용차		17,500,000	

자가공급에 해당하지 않는 사례

- 당초에 매입세액 공제를 받지 않은 경우거나 애초에 면세재화인 경우
- 자기의 다른 사업장에서 원료 및 자재 등으로 사용 또는 소비하기 위해 반출하는 경우
- 자기 사업장의 기술개발을 위하여 시험용으로 사용 또는 소비하는 경우
- 수선비 등에 대체하여 사용 또는 소비하는 경우
- 사후 무료서비스 제공을 위하여 사용 또는 소비하는 경우
- 불량품 교환, 광고선전을 위한 상품진열 등의 목적으로 타사업장에 반출하는 경우

(2) 개인적 공급

개인적 공급이란 사업자가 자기의 사업과 관련하여 생산 또는 취득한 재화를 자기나 그 사용인의 개인적인 목적 또는 그 밖의 목적으로 사용 또는 소비하는 것으로서 그 대가를 받지 아니하거나 시가보다 낮은 대가를 받는 것을 말한다. 예를 들어 회사창립기념품으로 회사의 고가 제품을 종업원에게 무상으로 공급하는 경우에는 과세 목적상 개인적 공급으로 보는 것이다.

개인적 공급에 해당하지 않는 사례

- 당초에 매입세액 공제를 받지 않은 경우거나 애초에 면세재화인 경우
- 사업을 위해 착용하는 작업복, 작업모, 작업화를 제공하는 경우
- 직장 연예 및 직장 문화와 관련된 재화를 제공하는 경우
- 경조사(설날, 추석, 창립기념일, 생일 등)와 관련된 재화를 제공하는 경우(1명당 연간 10만원 한도로 10만원 초과액은 재화의 공급으로 본다)

(3) 사업상 증여

사업상 증여란 사업자가 자기가 생산하거나 취득한 재화를 자기의 고객이나 불특정 다수에게 증여하는 것을 말한다. 다만, 다음의 것은 사업상 증여에 해당하지 않는다.

사업상 증여에 해당하지 않는 사례

- 증여되는 재화의 대가가 주된 거래인 재화의 공급대가에 포함되는 것
- 사업을 위하여 대가를 받지 아니하고 다른 사업자에게 인도하거나 양도하는 견본품
- 재난 및 안전관리 기본법의 적용을 받아 특별재난지역에 공급하는 기부물품
- 처음부터 매입세액 공제를 받지 않고 증여하는 경우

학습 PLUS

사업상 증여

Q. 제품(원가 50,000원, 시가 80,000원)을 사업상 거래처에 무상으로 증여하는 경우

A. 간주공급(사업상 증여) 해당하여 시가를 과세표준으로 하여 신고납부해야 한다.

매입매출전표 입력화면

유형	품목	수량	단가	공급가액	부가세	합계	코드	공급처명	사업/주민번호	전자	분개
건별	사업상증여			과세표준 80,000	8,000	88,000					혼합

구분	계정과목	적요	거래처	차변(출금)	대변(입금)
대변	0255 부가세예수금	사업상증여			8,000
대변	0150 제품	08 타계정으로 대체액 손익계산서 반영			50,000
차변	0813 접대비	사업상증여		58,000	

(4) 폐업 시 잔존재화

폐업 시 잔존재화란 사업자가 사업을 폐업할 때 자기생산, 취득재화 중 판매되지 않고 남아 있는 재화를 말한다. 폐업 시 잔존재화는 이미 매입세액을 공제받았으나 폐업 후 잔존재화를 판매하거나 개인적인 목적 등으로 사용할 수 있는데, 그 시점에는 사업자가 아니므로 부가가치세를 과세할 수 없게 된다. 이에 따라 폐업시점에서 재화의 공급으로 의제하여 부가가치세를 과세하는 것이다. 다만, 매입세액이 공제되지 아니한 것은 재화의 공급으로 보지 아니한다.

학습 PLUS

간주공급의 세금계산서 발급 여부

재화의 간주공급		과세표준	증빙 여부
자가공급	면세사업 전용	시 가	–
	비영업용 소형승용차 관련 재화	시 가	–
	판매 목적 타사업장 반출	원 가	세금계산서
개인적 공급		시 가	–
사업상 증여		시 가	–
폐업 시 잔존재화		시 가	–

3 재화의 공급으로 보지 않는 거래

담보제공	담보의 제공이란 질권, 저당권, 양도담보의 목적으로 동산, 부동산 및 부동산상의 권리를 제공하는 것을 말한다. 이는 외형상 재화의 인도가 있는 것으로 보이나 담보권자가 채권의 우선변제권을 획득하는 것일 뿐 실질적으로 재화의 소비권을 취득하는 것이 아니므로 재화의 공급으로 보지 않는 것이다.
신탁재산 소유권 이전	신탁재산은 위탁자로부터 수탁자로 또는 반대로 이전하거나 수탁자가 변경되어 신수탁자에게 이전하는 경우이므로 재화의 공급으로 보지 않는다.
사업의 포괄적 양도	사업장별로 그 사업에 관한 모든 권리와 의무를 포괄적으로 승계시키는 사업의 양도는 재화의 공급으로 보지 않는다.
조세의 물납	사업자가 사업용 자산을 상증세법, 종합부동산세법 등 규정에 의하여 물납을 하는 것은 재화의 공급으로 보지 않는다.
공매, 강제경매	국세징수법에 의한 공매 및 민사집행법에 따른 경매 즉 강제경매, 담보권실행을 위한 경매, 법률에 따른 경매는 재화의 공급으로 보지 아니한다.
하치장 반출	하치장은 사업장에 해당하지 않으므로 하치장 반출은 재화의 공급으로 보지 않는다.

02 용역의 공급

1 용역의 개념

용역이란 재화 외의 재산적 가치가 있는 모든 역무 및 그 밖의 행위를 말한다.

① 건설업(단, 부동산매매업은 재화를 공급하는 사업으로 본다)
② 숙박 및 음식점업
③ 운수 및 창고업
④ 정보통신업(출판업과 영상・오디오 기록물 제작 및 배급업은 제외한다)
⑤ 금융 및 보험업
⑥ 부동산업, 부동산임대업(다만, 전・답・과수원・목장용지・임야 또는 염전 임대업은 제외)
⑦ 전문, 과학 및 기술서비스업과 사업시설 관리, 사업 지원 및 임대서비스업
⑧ 공공행정, 국방 및 사회보장행정
⑨ 교육서비스업
⑩ 보건업 및 사회복지 서비스업
⑪ 예술, 스포츠 및 여가 관련 서비스업
⑫ 협회 및 단체, 수리 및 기타 개인서비스업
⑬ 가구 내 고용활동 및 달리 분류되지 않는 자가소비 생산활동
⑭ 국제 및 외국기관의 사업

2 용역의 공급으로 보는 거래

용역의 공급이란 계약상 또는 법률상의 모든 원인에 의하여 역무를 제공하거나 재화, 시설물 또는 권리를 사용하게 하는 것을 말한다. 예를 들어 부동산임대업자가 건물을 빌려주고 임대료를 받는 경우 부동산임대업자는 임차인에게 임대 용역이라는 부가가치를 제공한 것이고 임차인은 그 대가로서 임대료를 지불하는 것이다. 이처럼 일정한 서비스(용역)를 제공하는 경우에도 부가가치가 생기게 되고 용역의 공급으로 부가가치세가 과세된다.

〈재화의 공급과 용역의 공급의 구분〉

구분	내용
가공업	• 상대방으로부터 인도받은 재화에 주요 자재를 전혀 부담하지 아니하고 단순히 가공만하여 주는 것 → 용역의 공급 • 일부 자재를 부담하고 가공 → 재화의 공급
건설업	• 건설업자가 건설자재의 전부 또는 일부를 부담 → 용역의 공급 즉, 건설업은 자재부담과 상관없이 무조건 용역의 공급으로 본다.
부동산	• 부동산임대업 → 용역의 공급 • 부동산매매업 → 재화의 공급
권 리	• 권리의 임대 → 용역의 공급 • 권리의 양도 → 재화의 공급

3 용역의 공급으로 보지 않는 거래

1. 용역의 무상공급

용역을 무상으로 공급하는 것은 용역의 공급으로 보지 아니한다. 용역의 무상공급은 재화와 달리 시가를 확인하기 어려우며, 용역은 주로 인적 역무이므로 무상으로 공급되는 인적 용역에 대하여 과세하는 것은 바람직하지 않을 뿐 아니라 현실적으로 어렵다는 이유 때문이다.

2. 고용관계에 의한 근로의 제공

고용관계에 의한 근로의 제공은 용역의 공급으로 보지 아니한다. 왜냐하면, 근로의 제공은 사업상 독립적으로 용역을 공급하는 것이 아니기 때문이다.

3. 용역의 자가공급

사업자가 자기의 사업을 위하여 직접 용역을 공급하는 것을 용역의 자가공급이라고 한다. 그러나 실질적으로 용역의 자가공급으로서 과세대상으로 하고 있는 경우는 없다. 예컨대 사업자가 자기의 사업과 관련하여 사업장 내에서 그 사용인에게 음식 용역을 무상으로 제공하는 경우 등이 이에 해당한다.

4 용역의 간주공급

용역의 무상공급 중 예외적으로 사업자가 특수관계자에게 사업용 부동산의 임대 용역을 무상으로 공급하거나 시가보다 낮은 대가를 받고 공급하는 경우에 용역의 간주공급으로 보아 과세한다. 용역의 간주공급으로 보는 경우의 과세표준은 시가로 과세한다.

>> Key Point

용역의 간주공급
'특수관계인'에게 '사업용 부동산'을 '무상(저가)으로 임대 용역'

03 재화의 수입

재화의 수입은 외국으로부터 우리나라에 들어온 물품과 수출신고가 수리된 물품을 우리나라로 인취하는 것을 말하며, 이 경우 보세구역을 거치는 것은 보세구역에서 반입하는 것을 말한다.

재화의 수입은 수입자가 사업자가 아니라도 부가가치세가 과세된다. 재화의 수입을 과세대상으로 하는 것은 수입하는 재화에 대하여도 국내생산 재화의 경우와 동일한 세부담이 되도록 함으로써 국내생산 재화와의 과세형평을 유지하고 국내산업을 보호하기 위한 것이다. 다만, 경제정책이나 수입되는 재화의 성격에 따라 면세로 규정된 재화에 대하여는 과세하지 아니한다.

1 재화의 수입으로 보는 거래

- 외국으로부터 우리나라에 도착된 물품
- 수출신고가 수리된 물품으로서 선적(기적 포함)이 완료된 물품을 우리나라에 인취하는 것

2 재화의 수입으로 보지 않는 거래

- 수출신고가 수리된 물품으로서 선(기)적되지 아니한 것을 보세구역으로부터 인취하는 것
- 외국에서 보세구역(수출자유지역 포함)으로 재화를 반입하는 것

빈출 객관식문제

제2절 과세대상

정답 및 해설 : p.24

01 **다음 중 부가가치세법상 과세대상인 재화가 아닌 것끼리 짝지은 것은?**

㉠ 지상권	㉡ 영업권
㉢ 특허권	㉣ 선하증권
㉤ 상품권	㉥ 주 식

① ㉠, ㉡
② ㉢, ㉥
③ ㉤, ㉥
④ ㉡, ㉣

02 **다음 중 부가가치세법상 재화의 공급으로 보지 않는 거래는?**

① 사업용 자산으로 국세를 물납하는 것
② 현물출자를 위해 재화를 인도하는 것
③ 장기할부판매로 재화를 공급하는 것
④ 내내계약에 따라 재화를 공급하는 것

03 **다음 중 부가가치세법상 재화 공급의 특례에 해당하는 간주공급으로 볼 수 없는 것은?**

① 폐업 시 잔존재화
② 사업을 위한 거래처에 대한 증여
③ 사업용 기계장치의 양도
④ 과세사업과 관련하여 취득한 재화를 면세사업에 전용하는 재화

04 **다음 중 부가가치세법상 재화의 간주공급에 해당되지 않는 것은?**

① 사업상 증여
② 현물출자
③ 폐업 시 잔존재화
④ 개인적 공급

05 **다음 중 부가가치세 과세대상 거래에 해당되는 것을 모두 고르면?**

가. 재화의 수입
나. 재산적 가치가 있는 권리의 양도
다. (특수관계 없는 자에게)부동산 임대 용역의 무상공급
라. 국가 등에 무상으로 공급하는 재화

① 가 ② 가, 나
③ 가, 나, 라 ④ 가, 나, 다, 라

06 **다음 중 부가가치세 과세거래에 해당되는 것을 모두 고르면?**

가. 재화의 수입 나. 용역의 수입
다. 용역의 무상공급 라. 고용관계에 의한 근로의 제공

① 가 ② 가, 나
③ 가, 나, 다 ④ 가, 나, 다, 라

07 **부가가치세법상 용역의 공급으로 과세하지 아니하는 것은?**

① 고용관계에 의하여 근로를 제공하는 경우
② 사업자가 특수관계 있는 자에게 사업용 부동산의 임대 용역을 무상공급하는 경우
③ 상대방으로부터 인도받은 재화에 주요자재를 전혀 부담하지 아니하고 단순히 가공만 하는 경우
④ 건설업자가 건설자재의 전부 또는 일부를 부담하고 공급하는 용역의 경우

08 **다음 중 부가가치세법상 재화의 공급으로 간주되어 과세대상이 되는 항목은?(단, 아래의 모든 재화, 용역은 전부 매입세액 공제받음)**

① 직장 연예 및 직장 문화와 관련된 재화를 제공하는 경우
② 사업을 위해 착용하는 작업복, 작업모 및 작업화를 제공하는 경우
③ 사용인 1인당 연간 10만원 이내의 경조사와 관련된 재화 제공
④ 사업자가 자기생산·취득재화를 자기의 고객이나 불특정 다수에게 증여하는 경우

09 **다음 중 부가가치세법상 과세대상인 재화의 공급으로 보는 것은?**

① 공장건물이 국세징수법에 따라 공매된 경우
② 자동차운전면허학원을 운영하는 사업자가 구입 시 매입세액 공제를 받은 개별소비세과세대상 소형승용차를 업무 목적인 회사 출퇴근용으로 사용하는 경우
③ 에어컨을 제조하는 사업자가 원재료로 사용하기 위해 취득한 부품을 동 회사의 기계장치 수리에 대체하여 사용하는 경우
④ 컨설팅회사를 운영하는 사업자가 고객에게 대가를 받지 않고 컨설팅 용역을 제공하는 경우

10 **다음 중 부가가치세법상 재화 또는 용역의 공급으로 보지 않는 것은?**

① 법률에 따라 조세를 물납하는 경우
② 사업자가 폐업할 때 당초 매입세액이 공제된 자기생산·취득재화 중 남아있는 재화
③ 사업자가 당초 매입세액이 공제된 자기생산·취득재화를 사업과 직접적인 관계없이 자기의 개인적인 목적으로 사용하는 경우
④ 특수관계인에게 사업용 부동산 임대 용역을 무상으로 제공하는 경우

11 **다음 중 부가가치세법상 재화공급의 특례에 해당하지 않는 것은?(단, 아래의 보기에서는 모두 구입 시 정상적으로 매입세액 공제를 받았다고 가정한다)**

① 자기의 과세사업을 위하여 구입한 재화를 자기의 면세사업에 사용하는 경우
② 직접 제조한 과세재화(1인당 연간 10만원 이내)를 직원 생일선물로 제공하는 경우
③ 과세사업자가 사업을 폐업할 때 잔존하는 재화
④ 특정 거래처에 선물로 직접 제조한 과세재화를 제공하는 경우

12 **다음 중 부가가치세법상 재화의 간주공급에 해당하지 않은 것은?(단, 아래의 모든 재화, 용역은 매입 시에 매입세액 공제를 받은 것으로 가정한다)**

① 제조업을 운영하던 사업자가 폐업하는 경우 창고에 보관되어 있는 판매용 재화
② 직원의 결혼 선물로 시가 50만원 상당액의 판매용 재화를 공급한 경우
③ 자기의 과세사업을 위하여 구입한 재화를 자기의 면세사업에 사용한 경우
④ 주유소를 운영하는 사업자가 사업 관련 트럭에 연료를 무상으로 공급하는 경우

13 **다음 중 부가가치세법상 재화가 아닌 것은?**

① 전 력 ② 기계장치

③ 선 박 ④ 어 음

14 **다음 중 부가가치세법상 과세거래에 해당하는 것은?**

① 재화를 질권, 저당권 또는 양도담보의 목적으로 동산 등의 권리를 제공하는 경우

② 본점과 지점의 총괄납부승인을 얻은 사업자가 본사에서 지점으로 재화를 공급하고 세금계산서를 교부한 경우

③ 사업을 사업장별로 그 사업에 관한 모든 권리와 의무를 포괄적으로 승계시키는 것

④ 상속세 및 증여세법 또는 지방세법에 따라 조세를 물납하는 것

15 **다음 중 현행 부가가치세법상 과세대상거래와 거리가 먼 것은?**

① 재화의 사업상 증여

② 토지의 무상임대

③ 폐업 시 잔존재화

④ 재화의 개인적 공급

SECTION 03 영세율과 면세

01 영세율

1 영세율제도

1. 영세율제도의 개념

영세율이라 함은 재화와 용역의 공급에 대하여 '0'의 세율을 적용하는 것을 말한다. 부가가치세의 과세방법은 전단계세액공제방식에 의하고 있으므로 매출세액에서 매입세액을 공제하여 납부세액을 계산하게 된다. 따라서 영세율을 적용하면 매출세액이 발생하지 아니하는 반면 사업자가 부담한 매입세액은 전액 환급받게 되어 부가가치세 부담이 완전히 면제된다. 이처럼 영세율 제도는 당해 거래단계에서 창출된 부가가치뿐만 아니라 그 이전 단계에서 창출된 부가가치에 대하여도 과세되지 않기 때문에 이를 완전면세제도라고 한다.

2. 영세율제도의 취지

(1) 소비지국과세원칙

수출의 경우에는 소비지국과세원칙에 따라 부가가치세를 과세하지 않아야 한다. 생산수출국과 수입소비국에서 각각 부가가치세를 과세하면 동일 재화에 대하여 국가 간 이중과세 문제가 발생하기 때문이다. 이에 따라 수출의 경우 완전면세를 위하여 영세율을 적용하는 것이다.

(2) 수출촉진

영세율이 적용되는 재화나 용역은 소비지국과세원칙에 의해 부가가치세 부담이 완전히 없어지게 되므로 수출품의 가격조건이 그 만큼 유리하게 되어 국제경쟁력이 강화된다. 또한 영세율이 적용되는 경우에는 조기환급 대상이 되므로 수출업자의 자금부담을 해소할 수 있어 수출을 촉진시키기 위한 조세지원제도이다.

3. 영세율 적용 대상자

영세율 적용 대상자는 과세사업자(일반과세자, 간이과세자)이어야 한다. 따라서 면세사업자는 면세를 포기하지 않는 한 영세율을 적용받을 수 없으며 면세사업자가 영세율을 적용받기 위해서는 면세포기를 하여야 한다. 주의할 것은 영세율제도는 세율을 '0'으로 한다는 것이며 부가가치세의 납세의무 자체가 면제되는 것은 아니다. 따라서 사업자등록, 세금계산서 발급 등 납세의무자로서의 모든 의무는 이행하여야 하며 이를 이행하지 아니하면 가산세 등 불이익이 발생한다.

2 영세율 적용대상

수출하는 재화	• 내국물품을 외국으로 반출하는 것 • 내국신용장 또는 구매확인서에 의하여 공급하는 재화 • 국내의 사업장에서 계약과 대가수령 등 거래가 이루어지는 것 : 외국인도수출, 중계무역수출, 위탁판매수출, 위탁가공무역수출 • 한국국제협력단 · 한국국제보건의료재단 · 대한적십자사에 공급하는 재화 • 비거주자 및 외국법인에게 공급하는 수탁가공무역 수출용으로 공급하는 재화
국외에서 제공하는 용역	우리나라 거주자 또는 내국법인이 제공하는 용역으로서 해외건설공사와 같이 용역제공의 장소가 국외인 경우를 말한다.
선박, 항공기의 외국항행용역	선박 또는 항공기에 의하여 여객이나 화물을 국내에서 국외로, 국외에서 국내로 또는 국외에서 국외로 수송하는 것 등을 말한다.
기타 외화획득사업 등	국내에서 비거주자 또는 외국법인에게 공급하는 특정 재화 또는 사업에 해당하는 용역, 기타 외화획득 재화 · 용역의 공급 등을 말한다.

3 영세율과 세금계산서

직수출하는 재화의 경우에는 세금계산서 발급의무가 면제되지만 내국신용장 또는 구매확인서에 의한 간접수출의 경우에는 재화의 공급자인 사업자가 수출업자에게 세금계산서를 발급하여야 한다. 이 경우 발급되는 세금계산서의 세액란에는 매출세액이 '0'이 되므로 '영세율'이라고 기재하고 이를 영세율세금계산서라고 한다.

세금계산서 발급의무 면제	• 직수출하는 재화 • 국외에서 제공하는 용역 • 항공기의 외국항행용역 등 • 기타 외화 획득 사업
세금계산서 발급의무(0%)	• 내국신용장 또는 구매확인서에 의한 수출재화 ☞ 내국신용장(Local L/C)이란 수출업자가 수령한 신용장(원신용장, Master L/C) 등을 근거로 수출물품을 제조하기 위한 원자재 등을 국내에서 원활히 조달하기 위하여 국내 공급업자(제조업자)를 수혜자로 하여 개설한 국내신용장을 말한다.

02 면 세

1 면세제도

1. 면세제도의 개념

면세제도란 부가가치세의 납세의무가 면제되는 것을 말한다. 면세사업자는 부가가치세법상 사업자가 아니므로 과세표준의 신고, 사업자등록, 세금계산서 발급 등의 의무가 없다. 그러므로 면세사업자는 영세율과는 달리 매입한 재화 또는 용역에 대하여 부담한 매입세액을 환급받을 수가 없다. 따라서 면세사업자가 부담한 매입세액은 원가에 가산되어 다음 거래상대방에게 전가되므로 이를 부분면세제도라고 한다.

2. 면세제도의 취지

면세제도는 주로 기초생필품 또는 국민후생용역과 관련하여 최종소비자의 세부담을 줄이기 위한 제도이다. 이는 재화나 용역의 공급에 있어 그 최종소비단계에서 면세를 적용하면 면세사업자가 창출한 부가가치만큼 최종소비자의 세부담이 경감되기 때문이다. 이러한 면세제도는 최종소비자에게 부가가치세 부담을 경감시키기 위한 제도이지만 면세사업자는 매입 시 부담한 부가가치세를 환급받지 못하기 때문에 불리할 수도 있다.

2 면세 적용 대상

구 분	면세 적용 대상
기초생활 필수품	• 식용으로 제공되는 농·축·수·임산물(미가공식료품) 국내산과 국외산 • 우리나라에서 생산된 비식용 농·축·수·임산물(≠국외산은 과세) • 수돗물(≠생수는 과세) • 연탄과 무연탄(≠유연탄, 갈탄, 착화탄은 과세) • 여성용 생리 처리 위생용품, 영유아용 기저귀, 분유 • 여객운송 용역(시내버스, 지하철, 일반고속버스 포함)(≠항공기, 우등고속버스, 전세버스, 택시, 고속철도는 과세) • 주택과 이에 부수되는 토지의 임대 용역(≠상가건물 임대 용역은 과세) • 공동주택 어린이집의 임대 용역 • 김치, 포장두부 등 단순 가공식료품(≠포장김치는 과세)
국민후생용역	• 의료보건 용역과 혈액(≠미용 목적 의료 용역은 과세) • 약사의 의약품 조제 용역(≠의약품 판매는 과세) • 수의사의 진료 용역(≠애완동물 진료는 과세) • 인허가 받은 교육 용역(≠무인허가, 무도학원, 자동차운전학원은 과세)
문화관련	• 도서(대여), 신문, 잡지, 관보, 뉴스통신(≠광고는 과세) • 예술창작품(골동품제외), 예술행사, 문화행사, 아마추어 운동경기 • 도서관, 과학관, 박물관, 미술관, 동물원, 식물원 입장(≠놀이공원 등 입장권은 과세)

생산요소 관련	• 금융·보험 용역 • 토지의 공급{≠토지의 임대는 과세(단, 주택부수토지 임대는 면세)} • 국민주택규모 이하 주택의 공급(≠건물의 공급은 과세) • 직업상 제공하는 인적용역(≠변호사업, 세무사업 등 전문서비스업은 과세)
기 타	• 우표, 인지, 증지, 복권과 공중전화(≠수집용 우표는 과세) • 법 소정의 특수용 담배(≠일반 담배는 과세) • 종교, 자선, 학술, 구호, 그 밖의 공익을 목적으로 하는 단체가 공급하는 재화 또는 용역 • 국가, 지방자치단체 또는 지방자치단체조합이 공급하는 재화 또는 용역 • 국가, 지방자치단체, 지방자치단체조합 또는 대통령령으로 정하는 공익단체에 무상으로 공급하는 재화 또는 용역

3 면세포기제도

(1) 면세포기 의미

면세제도는 최종소비자의 세부담 경감에 그 취지가 있으므로 모든 면세사업자에게 면세포기를 인정해 주지는 않는다. 하지만 영세율 적용을 받는 경우임에도 불구하고 면세를 적용받는다면 매입세액을 공제받지 못하는 불이익이 발생하기 때문에 세법은 영세율 적용 대상인 재화 또는 용역을 공급하는 면세사업자의 경우 그 선택에 따라 면세를 포기하고 과세사업자로 전환하여 영세율을 적용받을 수 있도록 하는 제도를 마련하고 있다.

(2) 면세포기 대상

- 영세율 적용 대상인 재화, 용역
- 공익단체 중 학술연구단체 또는 기술연구단체가 공급하는 재화 또는 용역

(3) 면세포기신고 및 효력

면세포기 대상 재화 또는 용역을 공급하는 사업자가 면세를 받지 아니하고자 하는 경우에는 면세포기신고서를 관할 세무서장에게 제출하고 지체 없이 사업자등록을 하여야 한다. 면세포기는 과세기간 중 언제든지 포기신고를 할 수 있으며 면세포기는 사업자등록 이후 거래분부터 적용된다. 단, 면세포기를 하면 3년간은 다시 면세적용을 받을 수 없다.

4 부수 재화와 용역

1. 주된 거래에 부수하여 공급되는 재화 또는 용역

부수 재화(용역)의 과세여부는 주된 재화(용역)가 과세대상이면 과세되고, 면세대상이면 면세가 적용된다.

주된 재화 또는 용역	부수 재화 또는 용역	과세여부
과세대상 예 책상	과세 예 의자	과 세
	면세 예 도서	과 세
면세대상 예 도서	과세 예 볼펜	면 세
	면세 예 도서	면 세

2. 주된 사업에 부수하여 공급되는 재화 또는 용역

주된 사업에 부수되는 재화 또는 용역이 우발적이거나 일시적이라면 별도의 공급으로 보아 부수 재화나 용역이 과세인지 면세인지에 따라 과세여부가 결정된다.

주된 사업	부수 재화 또는 용역	과세여부
과세사업 예 책상 제조업	과세 예 차량매각	과 세
	면세 예 토지공급	면 세
면세사업 예 은행 금융업	과세 예 차량매각	면 세
	면세 예 토지공급	면 세

3. 주산물에 부수하여 판매되는 부산물

주산물에 따라 부산물의 과세여부가 달라지므로 주산물이 과세면 부산물도 과세되며, 주산물이 면세면 주산물도 면세가 적용된다.

5 영세율과 면세 비교

구 분	영세율	면 세
기본 취지	소비지국과세원칙의 구현	부가가치세의 역진성 완화
적용 대상	수출하는 재화 등 특정 거래	기초생활필수품 등 특정 재화·용역
면세 정도	**완전면세제도** : 영세율 적용 단계 및 그 전 단계의 부가가치 전체에 대하여 면제	**부분면세제도** : 면세 적용 단계에서 창출되는 부가가치에 대해서만 면제
과세표준 및 매출세액	과세표준에는 포함되나, 영의 세율이 적용되므로 거래징수할 매출세액은 없음	과세표준에 포함되지 않고 거래징수할 매출세액도 없음
매입세액	매입세액이 전액 환급되어 최종소비자에게 전가되지 아니함	매입세액이 공제되지 아니하므로 재화의 공급가액에 포함되어 최종소비자에게 전가됨
사업자 여부	부가가치세법상의 사업자임	부가가치세법상의 사업자가 아님
의 무	부가가치세법상 사업자로서의 제반의무를 이행하여야 함	부가가치세법상 사업자가 아니므로 원칙적으로는 제반의무를 이행할 필요가 없음

빈출 객관식문제

제3절 영세율과 면세

정답 및 해설 : p.25

01 **다음 중 부가가치세법상 과세대상 재화에 해당하는 것으로 가장 적절한 것은?**

① 무연탄
② 토 지
③ 도 서
④ 영업권

02 **다음 중 부가가치세 영세율과 관련된 설명 중 틀린 것은?**

① 영세율은 수출하는 재화에 적용된다.
② 영세율은 완전면세에 해당한다.
③ 직수출하는 재화의 경우에도 세금계산서를 발급하여야 한다.
④ 영세율은 소비지국과세원칙을 구현하기 위한 제도이다.

03 **다음은 부가가치세법상 면세에 관한 설명이다. 틀린 것은?**

① 면세제도는 부가가치세 부담이 전혀 없는 완전면세 형태이다.
② 면세사업자는 부가가치세법상 사업자가 아니다.
③ 면세제도는 부가가치세의 역진성 완화에 그 취지가 있다.
④ 영세율 적용의 대상이 되는 경우 및 학술연구단체 또는 기술연구단체가 공급하는 경우에 한하여 면세포기를 할 수 있다.

04 **다음 중 부가가치세법상 영세율에 대한 설명으로 가장 틀린 것은?**

① 수출하는 재화뿐만 아니라 국외에서 제공하는 용역도 영세율이 적용된다.
② 영세율이 적용되는 모든 사업자는 세금계산서를 발급하지 않아도 된다.
③ 영세율이 적용되는 경우에는 조기환급을 받을 수 있다.
④ 영세율이 적용되는 사업자는 부가가치세법상 과세사업자이어야 한다.

05 **다음 중 부가가치세 면세대상이 아닌 것은?**

① 약사법에 따른 약사가 제공하는 의약품의 조제 용역
② 수돗물
③ 연탄과 무연탄
④ 항공법에 따른 항공기에 의한 여객운송 용역

06 다음 중 면세의 범위에 해당하지 않는 것은?

① 외국에서 생산된 식용으로 제공되지 아니하는 농산물로서 미가공된 것
② 시외버스에 의한 여객운송 용역
③ 금융·보험 용역으로서 자금의 대출 또는 어음의 할인
④ 주무관청의 허가를 받은 교습소가 제공하는 교육 용역

07 다음 중 부가가치세법상 면세대상 거래에 해당하는 것은?

① 운전면허학원의 시내연수
② 상가건물의 부속 토지의 임대
③ 일반의약품에 해당하는 종합비타민 판매
④ 예술 및 문화행사

08 다음 중 부가가치세법상 면세대상이 아닌 것은?

① 국내에서 생산된 애완용 돼지
② 산후조리 용역
③ 국민주택규모를 초과하는 주택의 임대
④ 상가부수토지의 임대 용역

09 다음 중 부가가치세법상 영세율과 면세제도에 관한 설명으로 옳지 않은 것은?

① 국내거래도 영세율 적용 대상이 될 수 있다.
② 면세사업자는 재화의 매입으로 부담한 매입세액을 환급받을 수 없다.
③ 면세의 포기를 신고한 사업자는 신고한 날부터 3년간 부가가치세를 면제받지 못한다.
④ 면세사업자가 영세율과 면세를 동시에 적용할 수 있는 재화를 공급하는 경우에는 영세율을 적용한다.

10 다음 중 면세대상에 해당하는 것은 모두 몇 개인가?

ⓐ 수돗물	ⓑ 도서, 신문
ⓒ 가공식료품	ⓓ 시내버스 운송 용역
ⓔ 토지의 공급	ⓕ 교육 용역(허가, 인가받은 경우에 한함)

① 3개　　② 4개
③ 5개　　④ 6개

11 **다음 중 부가가치세법상 부가가치세가 면제되는 재화 또는 용역이 아닌 것은?**

① 나대지의 임대
② 국민주택의 공급
③ 미가공식료품
④ 약사가 제공하는 의약품의 조제 용역

12 **부가가치세법에 의한 재화나 용역의 공급 시 적용되는 세율이 다른 하나는?**

① 일반과세사업자가 면세사업자에게 공급하는 과세재화
② 간이과세사업자가 비사업자인 개인에게 공급하는 과세재화
③ 일반과세사업자가 구매확인서에 의하여 공급하는 과세용역
④ 일반과세사업자의 폐업 시 미판매된 재고자산(매입세액 공제됨)

13 **부가가치세법상 사업자가 행하는 다음의 거래 중 부가가치세가 과세되는 것은?**

① 상가에 부수되는 토지의 임대
② 주택의 임대
③ 국민주택규모 이하의 주택의 공급
④ 토지의 공급

14 **다음 중 부가가치세법상 영세율과 면세에 대한 설명으로 옳지 않은 것은?**

① 면세사업자는 부가가치세법상 납세의무자가 아니다.
② 면세사업자가 영세율을 적용받고자 하는 경우에는 면세포기신고를 하여야 한다.
③ 영세율은 부가가치세 부담이 전혀 없는 완전면세제도에 해당한다.
④ 면세제도는 소비지국과세원칙을 구현하고 부가가치세의 역진성을 완화하기 위해 도입된 제도이다.

15 **다음 중 부가가치세법상 면세포기에 관한 설명으로 잘못된 것은?**

① 영세율 적용 대상인 재화 또는 용역을 공급하는 면세사업자도 면세포기를 함으로써 매입세액을 공제받을 수 있다.
② 면세의 포기를 신고한 사업자는 신고한 날로부터 3년간 면세 재적용을 받지 못한다.
③ 면세포기는 과세기간 종료일 20일 전에 면세포기신고서를 관할 세무서장에게 제출하여야 한다.
④ 면세사업 관련 매입세액은 공제받지 못할 매입세액으로 매입원가에 해당한다.

16 다음 중 부가가치세법상 영세율 적용 대상이 아닌 것은?

① 사업자가 내국신용장 또는 구매확인서에 의하여 공급하는 수출용 재화
② 수출업자와 직접 도급계약에 의한 수출재화임가공용역
③ 국외에서 공급하는 용역
④ 수출업자가 타인의 계산으로 대행위탁수출을 하고 받은 수출대행수수료

17 다음은 부가가치세법상 영세율과 면세에 대한 설명이다. 옳지 않은 것은?

① 재화의 공급이 수출에 해당하면 영의 세율을 적용한다.
② 면세사업자는 부가가치세법상 납세의무가 없다.
③ 간이과세자가 영세율을 적용받기 위해서는 간이과세를 포기하여야 한다.
④ 토지를 매각하는 경우에는 부가가치세가 면제된다.

18 부가가치세법상 영세율과 면세에 관한 다음의 설명 중 잘못된 것은?

① 영세율 적용 대상인 재화 또는 용역을 공급하는 면세사업자도 선택에 의해 면세를 포기할 수 있다.
② 영세율 적용 대상 사업자와 면세사업자의 매입세액은 공제 또는 환급받을 수 있다.
③ 영세율 적용을 받더라도 사업자등록, 세금계산서 발급 등 납세의무자로서의 의무를 이행하지 않으면 가산세 등 불이익이 발생한다.
④ 면세의 포기를 신고한 사업자는 신고한 날부터 3년간 면세를 적용받을 수 없다.

19 다음은 부가가치세법상 부동산의 임대 및 공급에 대한 부가가치세 과세여부에 대한 설명 중 면세에 해당하는 것을 모두 묶은 것은?

가. 국민주택규모를 초과하는 아파트의 임대	나. 상가용 토지의 공급
다. 주차장용 토지의 임대	라. 국민주택규모를 초과하는 아파트의 공급

① 가, 나 ② 가, 다
③ 나, 다 ④ 가, 라

20 다음 중 부가가치세법상 납세의무가 있는 사업자가 아닌 자는?

① 상가건물을 임대하고 있는 사업자
② 제품을 생산하여 전량 수출하고 있는 영세율 적용 사업자
③ 산후조리원을 운영하고 있는 사업자
④ 음식업을 운영하고 있는 간이과세자

21 **다음은 부가가치세법상 주된 재화 또는 용역의 공급에 부수되어 공급되는 재화와 용역에 대한 과세 및 면세여부에 관한 내용이다. 다음 중 연결이 틀린 것은?**

구 분	주된 공급	부수 재화 또는 용역	부수 재화 또는 용역의 과세여부
㉠	과세거래인 경우	과세대상 재화와 용역	과 세
㉡	과세거래인 경우	면세대상 재화와 용역	과 세
㉢	면세거래인 경우	과세대상 재화와 용역	과 세
㉣	면세거래인 경우	면세대상 재화와 용역	면 세

① ㉠ ② ㉡
③ ㉢ ④ ㉣

22 **부가가치세법상 영세율과 면세에 관한 다음의 설명 중 가장 잘못된 것은?**

① 영세율 적용 대상인 재화 또는 용역을 공급하는 면세사업자도 선택에 의해 면세를 포기할 수 있다.
② 영세율 적용을 받더라도 사업자등록, 세금계산서 발급 등 납세의무자로서의 의무를 이행하지 않으면 가산세 등 불이익이 발생한다.
③ 토지의 매매와 임대는 모두 면세대상에 해당한다.
④ 면세사업자는 재화의 매입 시 부담한 매입세액을 환급받을 수 없다.

23 **다음 중 부가가치세법상 면세대상에 해당하는 것은?**

① 도서 대여 ② 건물 임대
③ 비디오 대여 ④ 승용차 대여

24 **다음 중 부가가치세법상 면세에 대한 설명으로 틀린 것은?**

① 가공되지 아니한 식료품 및 우리나라에서 생산된 식용으로 제공하지 아니하는 농산물은 부가가치세를 면세한다.
② 면세대상이 되는 재화 또는 용역만을 공급하는 경우 부가가치세법상 사업자등록의무를 부담하지 아니하여도 된다.
③ 면세대상이 되는 재화가 영세율 적용의 대상이 되는 경우에는 면세포기신고서를 제출하고 승인을 얻은 경우에 한하여 면세포기가 가능하다.
④ 면세포기신고를 한 사업자는 신고한 날로부터 3년간은 부가가치세의 면세를 받지 못한다.

25 **다음 중 부가가치세법상 영세율 적용 대상으로 틀린 것은?**

① 사업자가 내국신용장 또는 구매확인서에 의하여 공급하는 재화
② 외국항행사업자가 자기의 승객만이 전용하는 호텔에 투숙하게 하는 행위
③ 수출대행업자가 수출품생산업자로부터 받는 수출대행수수료
④ 수출업자와 직접 도급계약에 의하여 수출재화를 임가공하는 수출재화임가공용역

공급시기와 세금계산서

01 공급시기

1 공급시기의 개념

부가가치세는 1년을 2과세기간으로 구분하여 각 과세기간별로 과세된다. 따라서 각 과세기간별로 신고하여야 할 거래대상을 구분하기 위해서는 개별거래에 대하여 귀속되는 과세기간을 결정하기 위한 시간적 기준이 필요하다. 시간적 기준이 재화 또는 용역의 공급시기이다.

재화 또는 용역의 공급시기는 재화 또는 용역의 공급이 이루어진 것으로 보는 시기를 의미한다. 따라서 사업자는 공급시기에 세금계산서를 발급하고 부가가치세를 거래징수하여야 하며, 공급시기가 해당 과세기간에 속하는 거래에 대하여 과세표준을 신고하여야 한다.

2 재화의 공급시기

1. 일반적 공급시기

구 분	재화의 공급시기
재화의 이동이 필요한 경우	재화가 인도되는 때
재화의 이동이 필요하지 아니한 경우	재화가 이용가능하게 되는 때
위 기준을 적용할 수 없는 경우	재화의 공급이 확정되는 때

2. 거래형태별 공급시기

구 분	재화의 공급시기
현금, 외상, (단기)할부판매	재화가 인도되거나, 이용가능하게 되는 때
• **장기할부판매** '장기할부판매'란 대가를 2회 이상 분할하여 받고, 재화의 인도일 다음 날부터 최종 부불금의 지급기일까지의 기간이 1년 이상인 경우 • **완성도기준지급조건부 판매** '완성도기준지급'이란 재화의 완성비율에 따라 대금을 지급받는 경우 • **중간지급조건부 판매** '중간지급조건부판매'란 재화가 인도되기 전 또는 재화가 이용가능하게 되기 전에 계약금 이외의 대가를 분할하여 지급하는 경우로서 계약금지급약정일로부터 잔금지급약정일까지의 기간이 6개월 이상인 경우	대가의 각 부분을 받기로 한 때
전력 등 공급단위를 구획할 수 없는 재화를 계속적으로 공급하는 경우	

상품권 판매	재화가 실제로 인도되는 때
재화의 공급으로 보는 가공계약	가공된 재화를 인도하는 때
반환조건부, 동이조건부 등 조건부판매 및 기한부판매	그 조건이 성취되거나 기한이 지나 판매가 확정되는 때
무인판매기를 이용한 재화의 공급	무인판매기에서 현금을 꺼내는 때
간주공급의 면세사업의 전용	재화를 사용, 소비하는 때
간주공급의 비영업용 소형승용차의 유지 등 사용	재화를 사용, 소비하는 때
간주공급의 판매 목적 타사업장 반출	재화를 반출하는 때
간주공급의 개인적 공급	재화를 사용, 소비하는 때
간주공급의 사업상 증여	재화를 증여하는 때
간주공급의 폐업 시 잔존재화	폐업일
수출재화의 내국물품 국외반출, 중계무역방식 수출	수출재화의 선(기)적일
원양어업, 위탁판매수출	수출재화의 공급가액이 확정되는 때
위탁가공무역방식의 수출	외국에서 해당 재화가 인도되는 때

3 용역의 공급시기

1. 일반적 공급시기

용역의 공급시기는 역무의 제공이 완료되는 때, 시설물 또는 권리가 사용되는 때이다.

2. 거래형태별 공급시기

구 분	용역의 공급시기
통상적인 공급의 경우	역무의 제공이 완료된 때
장기할부, 중간지급조건부, 완성도기준지급 또는 기타조건부로 용역을 공급하거나 그 공급단위를 구획할 수 없는 용역을 계속적으로 공급하는 경우	대가의 각 부분을 받기로 한 때
위 기준을 적용할 수 없는 경우	역무의 제공이 완료되고 그 공급가액이 확정되는 때
간주임대료	예정신고기간 또는 과세기간 종료일
선불 또는 후불로 받은 임대료	

02 세금계산서

1 거래징수와 세금계산서

1. 거래징수

거래징수란 사업자가 재화 또는 용역을 공급하는 때에 그 재화나 용역의 공급가액에 세율을 적용하여 부가가치세를 공급받는 자로부터 징수하는 것을 말한다. 우리나라의 부가가치세는 전단계세액공제법에 의하여 납부세액을 계산하므로 사업자인 공급하는 자가 과세대상인 재화 또는 용역을 공급하는 때에는 공급받는 자로부터 부가가치세를 거래징수하여야 한다.

2. 세금계산서

세금계산서란 사업자가 상품, 제품 또는 서비스 등을 판매할 때 부가가치세를 징수하고, 이를 증명하기 위하여 상대방에게 발급하는 세금영수증을 말한다. 세금계산서를 주고받음으로써 판매자는 물건이나 서비스를 판매하였으며 판매액의 10%에 해당 하는 세금을 매입자로부터 징수하였음을 입증할 수 있고, 매입자는 매입 시 징수당한 세금을 다시 돌려받는 매입세액 공제 혜택을 받을 수 있다. 또한 일반적인 거래에 있어서 송장의 역할, 외상거래에 있어서 청구서의 역할, 현금거래에 있어서 대금영수증의 역할이 대표적이다. 기장능력이 부족한 간이과세자는 세금계산서를 보관만 해도 기장한 것으로 본다.

2 세금계산서의 개요

1. 세금계산서 기재사항

세금계산서에는 꼭 기재하여야만 하는 사항과 기재하지 않아도 되는 사항이 있다. 기재하지 않으면 세금계산서로서의 효력을 잃게 되는 사항을 필요적 기재사항이라고 하고, 기재하지 않아도 세금계산서의 효력에는 영향이 없는 사항을 임의적 기재사항이라 한다. 임의적 기재사항은 반드시 기재할 필요는 없지만 사업자의 편의를 위하여 기재하도록 하고 있다.

필요적 기재사항	임의적 기재사항
• 공급하는 사업자의 등록번호, 성명, 명칭 • 공급받는 자의 등록번호 • 공급가액과 부가가치세액 • 작성 연월일	• 공급하는 자의 주소 • 공급받는 자의 상호, 성명, 주소 • 업태와 종목 • 공급 연월일 등(필요적 기재사항 이외)

2. 세금계산서 발급 대상자

세금계산서는 일반과세자가 과세대상의 재화 또는 용역을 공급하는 경우 발급하여야 한다. 종전에 간이과세자는 세금계산서를 발급할 수 없었으나, 2021년 7월 1일부터 간이과세자도 세금계산서를 발급하여야 한다. 다만, 간이과세자 중 신규사업자와 직전 연도의 공급대가 합계액이 4,800만원 미만인 사업자는 영수증을 발급한다.

3 세금계산서의 종류

1. 전자세금계산서

(1) 전자세금계산서 의무발급 대상자

- 법인사업자 : 규모에 상관없이 전자세금계산서 의무발급 대상자이다.
- 개인사업자 : 직전 연도 사업장별 과세 및 면세공급가액의 합계액이 2억원 이상(2022년 7월 1일 이전까지 3억원 이상)인 경우 전자세금계산서 의무발급 대상자이다. 단, 전자세금계산서 의무발급 대상자가 아닌 개인사업자도 원하면 전자세금계산서를 발급할 수 있다.

전자세금계산서 의무발급 대상자	종이세금계산서 발급 대상자
• 법인사업자 • 개인사업자 중 직전 연도 공급가액이 3억원(2억원) 이상인 경우 – 2022년 7월 1일 이전 : 3억원 이상 적용 – 2022년 7월 1일 이후 : 2억원 이상 적용	• 개인사업자 중 전자세금계산서 발급의무자 이외 (단, 전자세금계산서 발급 가능)

(2) 전자세금계산서 발급시기

재화 또는 용역의 공급시기가 속하는 달의 다음 달 10일까지 발급한다.

(3) 전자세금계산서 전송

전자세금계산서 발급일의 다음 날까지 세금계산서발급명세를 국세청장에게 전송한다.

(4) 전자세금계산서 발행 혜택

세금계산서 보관의무 면제, 세금계산서합계표 제출의무 면제

(5) 전자세금계산서 의무발급 대상자의 불이행 가산세

전자세금계산서 의무발급 대상자가 발급시기와 전송시기를 불이행하면 가산세를 부과한다.

2. 매입자발행세금계산서

(1) 의 의

세금계산서 발급의무가 있는 사업자가 재화 또는 용역을 공급하고 공급시기에 세금계산서를 발급하지 않은 경우에 그 재화 또는 용역을 공급받은 자(면세사업자 포함)는 관할 세무서장의 확인을 받아 세금계산서를 발행할 수 있는데 이것을 매입자발행세금계산서라 한다.

(2) 발급절차

신청인은 재화 또는 용역(건당 공급대가가 10만원 이상인 경우)의 거래시기가 속하는 과세기간의 종료일부터 6개월 이내에 거래사실확인신청서에 거래사실을 객관적으로 입증할 수 있는 서류를 첨부하여 신청인의 관할 세무서장에게 거래사실의 확인을 신청하여야 한다.

3. 수입세금계산서

세관장이 수입자에게 발급하는 세금계산서로 수입하는 과세재화에 대해 부가가치세를 징수한다.

4. 수정세금계산서

세금계산서를 발급한 후 그 기재사항에 관하여 착오 또는 정정사유가 발생한 경우에는 당초 발급한 세금계산서를 수정하여 재발급할 수 있는데 이를 수정세금계산서라고 한다.

수정사유	수정세금계산서 발급방법
당초 공급한 재화가 환입(반품)된 경우	• 작성일자 : 재화가 환입된 날 • 비고란 : 처음 세금계산서 작성일자 기재 • 작성방법 : 붉은색 글씨로 쓰거나 음(–)의 표시하여 1장 발급 • 발급기한 : 환입된 날 다음 달 10일
계약의 해제로 인하여 재화(용역)가 공급되지 아니한 경우	• 작성일자 : 계약해제일 • 비고란 : 처음 세금계산서 작성일자 기재 • 작성방법 : 붉은색 글씨로 쓰거나 음(–)의 표시하여 1장 발급 • 발급기한 : 계약해제일 다음 달 10일
공급가액이 변동되는 경우	• 작성일자 : 증감 사유가 발생한 날 • 비고란 : 당초 세금계산서 작성일자 기재 • 작성방법 : 추가되는 금액은 검은색(차감금액은 붉은색 글씨 또는 음(–)표시)으로 1장 발급 • 발급기한 : 변동사유 발생일 다음 달 10일
재화 또는 용역의 공급 이후 내국신용장(구매확인서)이 과세기간 종료 후 25일 이내 개설·발급된 경우	• 작성일자 : 처음 세금계산서 발급일 • 비고란 : 내국신용장 등의 개설·발급일자 기재 • 작성방법 : 2장 발급 – 영세율 적용분은 검은색 글씨로 1장 발급 – 처음에 발급한 세금계산서를 붉은색 글씨 또는 음(–)의 표시를 하여 1장 발급 • 발급기한 : 과세기간 종료 후 25일 이내 발급
필요적 기재사항(공급자, 공급받는 자, 공급가액, 작성하는 연월일) 및 세율 등이 착오로 잘못 기재된 경우	• 작성일자 : 처음 세금계산서 발급일 • 작성방법 : 2장 발급 – 수정 발급하는 세금계산서는 검은색 글씨로 1장 발급 – 처음에 발급한 세금계산서를 붉은색 글씨(또는 음(–)의 표시)를 하여 1장 발급 • 발급기한 : 착오는 착오사실을 인식한 날, 착오 외의 경우에는 확정신고기한 다음 날부터 1년 이내 발급
착오에 의한 이중발급, 면세 등 발급 대상이 아닌 거래에 대하여 발급한 경우	• 작성일자 : 처음 세금계산서 발급일 • 비고란 : 당초 세금계산서 작성일자 기재 • 작성방법 : 붉은색 글씨 또는 음(–)의 표시하여 1장 발급 • 발급기한 : 착오 사실을 인식한 날

4 세금계산서의 발급

1. 세금계산서의 발급방법

세금계산서는 공급하는 자가 2부를 발행하여 그 중 1부(적색)는 공급자, 1부(청색)는 공급받는 자에게 발급한다.

2. 세금계산서의 발급시기

(1) 원 칙

세금계산서는 재화와 용역의 공급시기를 작성일자로 하여 발급함이 원칙이다. 그러나 세금계산서가 대금청구서로 갈음되고 세금계산서 발급 후 일정 기간 이후에 대금결제가 이루어지는 현실을 감안하여 발급시기의 예외를 인정하고 있다.

(2) 공급시기 전 발급

재화나 용역을 실제로 공급하기 전에 세금계산서를 아래와 같이 발급한 경우에는 '발급하는 때'를 공급시기로 본다.

① 공급시기가 도래하기 전에 대가의 전부 또는 일부를 받고 세금계산서를 선발급한 경우에는 그 발급하는 때를 재화 또는 용역의 공급시기로 본다.

② 공급시기가 도래하기 전에 대가를 받지 않고 세금계산서를 선발급한 장기할부판매와 전력 등 계속적으로 공급하는 경우에는 그 발급하는 때를 재화 또는 용역의 공급시기로 본다.

③ 공급시기가 도래하기 전에 세금계산서를 선발급하고 그 세금계산서 발급일로부터 7일 이내에 대가를 지급받는 경우에는 그 발급한 때를 재화 또는 용역의 공급시기로 본다.

④ 공급시기가 도래하기 전에 세금계산서를 선발급하고 세금계산서 발급일부터 7일이 지난 후에 대가를 받더라도 다음의 요건을 충족하는 경우에는 해당 세금계산서를 발급한 때를 재화 또는 용역의 공급시기로 본다.

> **요건 1.** 거래 당사자 간의 계약서·약정서 등에 대금 청구시기와 지급시기를 따로 적을 것
> **요건 2.** 대금 청구시기와 지급시기 사이의 기간이 30일 이내이거나 세금계산서 발급일이 속하는 과세기간(조기환급을 받은 경우에는 세금계산서 발급일부터 30일 이내)에 세금계산서에 적힌 대금을 지급받은 것이 확인되는 경우일 것

(3) 공급시기 후 발급

세금계산서는 재화나 용역을 공급할 때마다 발급하는 것이 원칙이지만, 경우에 따라 사업자의 편의를 위하여 일정 기간의 거래액을 합하여 그 다음 달 10일까지 세금계산서를 발급할 수 있다. 이를 세금계산서의 일괄발급 또는 후발급, 월합계세금계산서라고 한다.

① 거래처별로 1역월 이내의 공급가액을 합계하여 해당 월의 말일자를 작성 연월일로 하여 세금계산서를 발급할 수 있다.

② 거래처별로 1역월 이내에서 거래관행상 정해진 기간의 공급가액을 합계하여 그 기간의 종료일자를 작성 연월일로 하여 세금계산서를 발급할 수 있다.

학습 PLUS

월합계세금계산서

거래일자	작성 연월일	발급시기
3월 1일 ~ 3월 31일	3월 31일	4월 10일까지
3월 1일 ~ 3월 10일	3월 10일	4월 10일까지
3월 17일 ~ 4월 16일	1역월이 아니므로 일괄발급 불가능	

*1역월 : 매월 1일부터 그 달의 말일까지를 의미하므로 달력의 한 달을 의미

5 영수증

1. 영수증의 의의

거래상대방이 사업자가 아닌 소비자이거나, 소액으로 빈번하게 이루어지는 거래일 때 영수증을 발행한다. 영수증이란 세금계산서의 필요적 기재사항 중 공급받는 자와 부가가치세를 따로 기재하지 아니한 약식의 세금계산서를 말한다. 영수증은 공급받는 자와 부가가치세를 따로 기재하지 않기 때문에 간편하게 발행할 수 있는 장점이 있는 반면, 거래상대방은 매입세액 공제를 받을 수 없다는 단점이 있다. 단, 일반과세자는 영수증 발급 시 부가가치세액과 공급가액을 구분하여 표시하여야 한다.

2. 영수증의 종류

- 금전등록기계산서
- 신용카드매출전표
- 현금영수증
- 승차권, 승선권, 항공권
- 전기, 가스사업자 등이 소비자에게 발급하는 영수증
- 기타 위와 유사한 영수증

3. 영수증 발급 사업자

다음 중 어느 하나에 해당하는 자가 재화 또는 용역을 공급하는 경우에는 세금계산서를 발급하는 대신 영수증을 발급하여야 한다.

(1) 간이과세자로서 다음에 해당하는 자

① 직전 연도의 총공급대가의 합계액이 4,800만원 미달하는 자
② 신규로 사업을 시작하는 개인사업자

(2) 일반과세자로서 다음의 사업을 최종소비자에게 공급하는 경우

거래상대방이 최종소비자이고 세금계산서의 발급을 요구하지 않는다면 다음의 사업을 하는 경우에는 영수증을 발급할 수 있다. 다만, 거래상대방이 사업자등록증을 제시하고 세금계산서의 발급을 요구하는 경우에는 세금계산서를 발급해야 한다.

① 소매업
② 음식점업
③ 숙박업
④ 목욕・이발・미용업
⑤ 여객운송업
⑥ 입장권을 발행하여 영위하는 사업
⑦ 변호사, 공인회계사 등 인적 용역을 공급하는 사업(사업자에게 공급하는 것은 제외)
⑧ 주로 사업자가 아닌 소비자에게 재화 또는 용역을 공급하는 부동산중개업 등의 사업

(3) 세금계산서를 요구해도 영수증만 발급해야 하는 일반과세자

다음의 사업자는 거래상대방이 세금계산서의 발급을 요구해도 세금계산서를 발급할 수 없고 거래증빙으로 영수증만을 발급하여야 한다.

① 목욕・이발・미용업
② 여객운송업(전세버스 제외)
③ 입장권 발행 사업

4. 세금계산서 및 영수증 발급의무의 면제

다음의 경우에는 세금계산서를 발급하기 어렵거나 불필요한 경우로서 세금계산서 또는 영수증을 발급하지 않을 수 있다. 단, 예외로 발급하는 경우도 있다.

① 노점, 행상, 무인판매기를 이용하여 재화 또는 용역을 공급하는 자
② 미용, 욕탕 및 유사 서비스업, 택시운송 사업자가 공급하는 용역
③ 간주공급에 해당하는 재화의 공급(단, 직매장 반출은 발급)
④ 부동산 임대 용역 중 간주임대료
⑤ 영세율 적용 대상 재화 또는 용역(단, 내국신용장, 구매확인서에 의한 공급은 발급)
⑥ 소매업(단, 거래상대방이 세금계산서를 요구하면 발급)

5. 영수증 발급방법

영수증의 발급시기는 재화 또는 용역의 공급시기이며 부가가치세가 포함된 공급대가로 기재하여 발행된다. 이러한 영수증은 부가가치세 신고 시 제출의무가 없기 때문에 매입세액 공제도 되지 않는다.

6 신용카드매출전표등

1. 의 의

간이과세자와 영수증발급의무가 있는 일반과세자는 영수증을 대신해서 여신전문금융업법에 의한 신용카드매출전표, 현금영수증, 직불카드영수증, 기명식선불카드영수증을 재화 또는 용역의 공급시기에 발행할 수 있다.

2. 발행의 효과

(1) 발행자의 납부세액의 세액공제

신용카드매출전표등을 발행한 자가 다음에 해당하는 경우에 납부세액에서 공제한다.

세액공제 대상자	• 개인사업자 : 직전 연도 공급가액이 10억원 이하인 자
세액공제 한도	• 신용카드매출전표등 발행금액(부가세포함) × 1.3% • 공제한도액 : 연간 1,000만원

(2) 수령자의 매입세액 공제

일반과세자가 부가가치세액이 별도로 구분 기재된 신용카드매출전표등을 발급받은 경우 아래 요건을 충족한다면 매입세액 공제를 받을 수 있다.

매입세액으로 공제가능한 신용카드매출전표등의 수취 요건

① 공급하는 자가 일반과세자 또는 간이과세자(세금계산서발급의무자)여야 한다.

② 공급하는 자로부터 세금계산서를 중복으로 수취하지 않아야 한다.

③ 매입세액으로 공제 가능한 사업 관련 매입이어야 한다.

학습 PLUS

신용카드매출전표등 발급 이후 세금계산서 발급 금지

일반과세자가 세금계산서를 발급하기 전에 이미 신용카드매출전표등을 발급한 경우에는 해당 신용카드매출전표등 발급분에 대하여 추가로 세금계산서를 발급할 수 없다(법 제33조 제2항). 매입세액 공제를 중복으로 받는 문제점을 사전에 방지하기 위함이다.

7 세금계산서합계표 제출

(1) 과세사업자

예정신고 또는 확정신고 시 매출처별 세금계산서합계표 및 매입처별 세금계산서합계표를 제출하여야 한다. 단, 전자세금계산서는 공급시기가 속하는 과세기간 마지막 날의 다음 달 11일까지 국세청장에게 전송한 경우에는 제출하지 않을 수 있다.

(2) 면세사업자

부가가치세 납세의무는 없지만 과세기간 종료 후 25일 이내에 매입처별 세금계산서합계표를 제출하여야 한다.

(3) 세관장

수입세금계산서를 발급한 세관장은 사업자의 경우를 준용하여 매출처별 세금계산서합계표를 관할 세무서장에게 제출하여야 한다.

빈출 객관식문제

제4절 공급시기와 세금계산서

정답 및 해설 : p.26

01 **다음 중 거래징수의 내용으로 틀린 것은?(공급하는 사업자는 과세사업자임)**

① 공급받는 자는 부가가치세를 지급할 의무를 짐
② 공급자가 부가가치세를 거래상대방으로부터 징수하는 제도
③ 공급가액에 세율을 곱한 금액을 공급받는 자로부터 징수
④ 공급받는 자가 면세사업자이면 거래징수의무가 없음

02 **다음 중 부가가치세법상 재화의 공급시기가 잘못 연결된 것은?**

① 외국으로 직수출하는 경우 : 선(기)적일
② 폐업 시 잔존재화 : 폐업일
③ 장기할부판매 : 대가의 각 부분을 받기로 한 날
④ 무인판매기 : 동전 또는 지폐 투입일

03 **다음은 부가가치세법상 공급시기에 대한 설명이다. 잘못된 것은?**

① 재화의 이동이 필요한 경우 : 재화가 인도되는 때
② 재화의 공급으로 보는 가공의 경우 : 가공된 재화를 인도하는 때
③ 반환조건부 판매, 동의조건부 판매 : 그 조건이 성취되어 판매가 확정되는 때
④ 상품권 등을 현금 또는 외상으로 판매하고 그 상품권 등이 현물과 교환되는 경우 : 상품권 등을 현금 또는 외상으로 판매한 때

04 **다음 중 부가가치세법상 공급시기는?**

> ㉠ 3월 1일 : A제품 판매주문을 받았음
> ㉡ 3월 31일 : A제품 판매대가 1,000,000원을 전액 수령하고 세금계산서를 발급함
> ㉢ 4월 3일 : A제품을 인도함
> ㉣ 4월 15일 : 거래처로부터 A제품 수령증을 수취함

① 3월 1일 ② 3월 31일
③ 4월 3일 ④ 4월 15일

05 **다음 중 부가가치세법상 재화의 공급시기에 대한 설명으로 옳지 않은 것은?**

① 상품권을 외상으로 판매하는 경우에는 외상대금의 회수일을 공급시기로 본다.
② 폐업 전에 공급한 재화의 공급시기가 폐업일 이후에 도래하는 경우에는 그 폐업일을 공급시기로 본다.
③ 반환조건부판매의 경우에는 그 조건이 성취되거나 기한이 경과되어 판매가 확정되는 때를 공급시기로 본다.
④ 무인판매기를 이용하여 재화를 공급하는 경우에는 당해 사업자가 무인판매기에서 현금을 인취하는 때를 공급시기로 본다.

06 **다음 중 부가가치세법상 재화의 공급시기가 '대가의 각 부분을 받기로 한 때'가 적용될 수 없는 것은?**

① 기한부판매
② 장기할부판매
③ 완성도기준지급
④ 중간지급조건부

07 **다음 중 부가가치세법상 재화의 공급시기에 대한 내용이다. 틀린 것은?**

① 원양어업 및 위탁판매수출 : 수출재화의 공급가액이 확정되는 때
② 위탁가공무역방식의 수출 : 위탁재화의 공급가액이 확정되는 때
③ 외국인도수출 : 외국에서 해당 재화가 인도되는 때
④ 내국물품을 외국으로 반출하는 경우 : 수출재화의 선적일 또는 기적일

08 **다음 중 세금계산서에 대한 설명으로 가장 올바르지 않은 것은?**

① 세관장은 수입자에게 세금계산서를 발급하여야 한다.
② 경우에 따라 매입자발행세금계산서 발급이 가능하다.
③ 세금계산서는 원칙적으로 재화 또는 용역의 공급시기에 발급하여야 한다.
④ 면세사업자는 재화를 공급하는 경우 세금계산서를 발급하여야 한다.

09 다음 자료에서 세금계산서의 필수적 기재사항을 모두 모은 것은?

> ㉮ 공급하는 사업자의 등록번호와 성명 또는 명칭
> ㉯ 공급받는 자의 등록번호
> ㉰ 공급가액과 부가가치세액
> ㉱ 공급 연월일
> ㉲ 작성 연월일

① ㉮ – ㉯ – ㉰
② ㉮ – ㉯ – ㉰ – ㉱
③ ㉮ – ㉯ – ㉰ – ㉲
④ ㉮ – ㉯ – ㉰ – ㉱ – ㉲

10 부가가치세법상 재화 또는 용역의 공급이 아래와 같을 경우 세금계산서 발급 대상에 해당하는 공급가액의 합계액은 얼마인가?

> • 내국신용장에 의한 수출 : 25,000,000원
> • 외국으로의 직수출액 : 15,000,000원
> • 부동산임대보증금에 대한 간주임대료 : 350,000원
> • 견본품 무상제공(장부가액 : 4,000,000원, 시가 : 5,000,000원)

① 25,000,000원
② 25,350,000원
③ 30,000,000원
④ 30,350,000원

11 다음은 부가가치세법상 재화 또는 용역의 공급시기에 대한 설명이다. 옳지 않은 것은?

① 재화의 이동이 필요한 경우에는 재화가 인도되는 때가 재화의 공급시기이다.
② 상품권을 현금으로 판매하고 그 후 그 상품권 등이 현물과 교환되는 경우에는 재화가 실제로 인도되는 때가 재화의 공급시기이다.
③ 사업자가 폐업할 때 자기생산·취득재화 중 남아 있는 재화는 그 재화가 실제 판매될 때가 재화의 공급시기이다.
④ 중간지급조건부로 용역을 공급하는 경우에는 대가의 각 부분을 받기로 한 때를 용역의 공급시기로 본다.

12 **다음 중 세금계산서의 원칙적인 발급시기로서 옳은 것은?**

① 재화 또는 용역의 공급시기
② 재화 또는 용역의 공급시기가 속하는 달의 말일까지
③ 재화 또는 용역의 공급시기가 속하는 달의 다음 달 10일까지
④ 재화 또는 용역의 공급시기가 속하는 달의 다음 달 15일까지

13 **다음 중 부가가치세법상 세금계산서에 대한 설명으로 가장 옳지 않은 것은?**

① 원칙적으로 재화 또는 용역의 공급시기에 발급하여야 한다.
② 일정한 경우에는 재화 또는 용역의 공급시기 전에도 세금계산서를 발급할 수 있다.
③ 월합계세금계산서는 예외적으로 재화 또는 용역의 공급일이 속하는 달의 다음 달 11일까지 세금계산서를 발급할 수 있다.
④ 법인사업자는 전자세금계산서를 의무적으로 발급하여야 한다.

14 **다음 중 세금계산서 발급의무의 면제 대상이 아닌 것은?**

① 택시운송 사업자가 공급하는 재화 또는 용역
② 미용, 욕탕 및 유사 서비스업을 경영하는 자가 공급하는 재화 또는 용역
③ 내국신용장 또는 구매확인서에 의하여 공급하는 수출용 재화
④ 부동산 임대 용역 중 간주임대료

15 **다음 중 부가가치세법상 세금계산서에 대한 설명으로 가장 옳지 않은 것은?**

① 법인사업자 및 개인사업자는 반드시 전자세금계산서를 발급하여야 한다.
② 전자세금계산서의 발급기한은 다음 달 10일까지 가능하다.
③ 전자세금계산서는 발급일의 다음 날까지 전자세금계산서 발급명세를 국세청장에게 전송하여야 한다.
④ 수입세금계산서는 세관장이 수입자에게 발급한다.

16 **다음 중 부가가치세법상 재화와 용역의 공급시기에 대한 연결이 가장 옳은 것은?**

① 사업상 증여 : 증여한 재화를 사용, 소비하는 때
② 전세금 또는 임대보증금을 받는 경우 : 예정신고기간 또는 과세기간 종료일
③ 무인판매기를 이용하여 재화를 공급하는 경우 : 재화가 인도되는 때
④ 판매 목적으로 타사업장 반출 시 : 반출된 재화가 고객에게 인도되는 때

17 **다음 중 전자세금계산서를 의무적으로 발급해야 하는 사업자로 가장 적절한 것은?**

① 휴대폰을 판매하는 법인사업자
② 음식점을 운영하는 간이사업자(직전 연도 총공급대가 3,000만원)
③ 배추를 재배해서 판매하는 영농조합법인
④ 입시학원을 운영하는 개인사업자

18 **다음 중 부가가치세법상 사업자별 발급가능한 증명서류로서 잘못 짝지은 것은?**

① 간이과세자 중 직전 연도 총공급대가 7,000만 : 세금계산서, 신용카드매출전표, 현금영수증
② 일반과세자 중 면세물품공급자 : 계산서, 신용카드매출전표, 현금영수증
③ 일반과세자 중 과세물품공급자 : 세금계산서, 신용카드매출전표, 현금영수증
④ 면세사업자 : 세금계산서, 신용카드매출전표, 현금영수증

19 **다음 중 재화 및 용역의 공급시기에 대한 설명으로 옳지 않은 것은?**

① 완성도기준지급조건부 : 대가의 각 부분을 받기로 한 때
② 폐업 시 잔존재화 : 폐업하는 때
③ 내국물품 외국반출(직수출) : 수출재화의 공급가액이 확정되는 때
④ 부동산 전세금에 대한 간주임대료 : 예정신고기간의 종료일 또는 과세기간의 종료일

20 **다음 중 세금계산서를 발급해야 하는 거래인 것은?**

① 소매업자가 공급하는 재화로서 상대방이 세금계산서 발급을 요구하지 않는 경우
② 판매 목적 타사업장 반출을 제외한 재화의 간주공급
③ 국내사업장이 있는 비거주자 또는 외국법인에게 공급하는 외화 획득 용역
④ 부동산 임대에서 발생한 간주임대료에 대한 부가가치세를 임대인이 부담하는 경우

21 **다음 중 세금계산서 발급의무의 면제에 해당하지 않는 것은?(모두 과세사업자임)**

① 미용, 욕탕 및 유사 서비스업을 경영하는 자가 공급하는 재화 또는 용역
② 부동산임대에 따른 간주임대료
③ 도매업을 영위하는 자가 공급하는 재화 또는 용역
④ 무인판매기를 이용하여 재화와 용역을 공급하는 자

22 **다음 중 부가가치세법상 세금계산서 발급의무 면제에 해당하지 않는 것은?**

① 영세율 적용분 중 내국신용장・구매확인서에 의한 재화의 공급
② 공급받는 자가 세금계산서 발급을 요구하지 않는 경우의 소매업
③ 폐업 시 잔존재화
④ 택시운전사, 노점상

23 **다음 중 부가가치세법상 수정(전자)세금계산서 발급사유와 발급절차에 관한 설명으로 잘못된 것은?**

① 상대방에게 공급한 재화가 환입된 경우 수정(전자)세금계산서의 작성일은 재화가 환입된 날을 적는다.
② 계약의 해제로 재화・용역이 공급되지 않은 경우 수정(전자)세금계산서의 작성일은 계약해제일을 적는다.
③ 계약의 해지 등에 따라 공급가액에 추가 또는 차감되는 금액이 발생한 경우 수정(전자)세금계산서의 작성일은 증감사유가 발생한 날을 적는다.
④ 재화・용역을 공급한 후 공급시기가 속하는 과세기간 종료 후 25일 이내에 내국신용장이 개설된 경우 수정(전자)세금계산서의 작성일은 내국신용장이 개설된 날을 적는다.

24 **부가가치세법상 수정(전자)세금계산서 작성일을 적고자 한다. 다음 중 작성일을 소급하여 처음에 발급한 (전자)세금계산서의 작성일을 적어야 하는 것은?**

① 계약의 해지로 공급가액에 감소되는 금액이 발생한 경우
② 처음에 공급한 재화가 환입된 경우
③ 세율을 잘못 적용한 경우
④ 계약의 해제로 재화가 공급되지 아니한 경우

25 **다음 중 부가가치세법에서 정한 재화 또는 용역의 공급시기에 공급받는 자가 사업자등록증을 제시하고 세금계산서 발급을 요구하는 경우에도 세금계산서를 발급할 수 없는 사업자는?**

① 소매업
② 음식점업
③ 전세버스운송 사업
④ 항공여객운송 사업

26 **다음 중 부가가치세에 대한 공급시기의 내용으로 틀린 것은?**

	공급형태	공급시기
①	중간지급조건부판매	각 대가를 받기로 한 때
②	계속적 공급	각 대가를 받기로 한 때
③	선(후)불로 받은 임대료	각 대가를 받기로 한 때
④	장기할부판매	각 대가를 받기로 한 때

27 **다음은 세금계산서의 작성, 발급, 전송 등에 관한 사항이다. 설명이 잘못된 것은?**

① 1월 15일을 작성일자로 한 세금계산서를 2월 15일에 발급한 경우 매출자에게는 세금계산서 관련 가산세가 적용된다.
② 1월 15일을 작성일자로 한 세금계산서를 2월 15일에 발급받은 경우 매입자에게는 세금계산서 관련 가산세가 적용된다.
③ 1월 15일을 작성일자로 한 세금계산서를 7월 15일에 발급한 경우 매출자에게는 세금계산서 관련 가산세가 적용된다.
④ 1월 15일을 작성일자로 한 세금계산서를 7월 15일에 발급받은 경우 매입자에게는 매입세액이 공제되지 않는다.

28 **다음 중 부가가치세법상 수정세금계산서 발급 사유가 아닌 것은?**

① 필요적 기재사항이 착오로 잘못 기재되어 경정할 것을 미리 알고 있는 경우
② 면세 등 발급 대상이 아닌 거래 등에 대하여 발급한 경우
③ 공급가액에 추가 또는 차감되는 금액이 발생한 경우
④ 착오로 전자세금계산서를 이중으로 발급한 경우

29 **부가가치세법상 세금계산서와 관련한 다음 설명 중 잘못된 것은?**

① 소매업을 영위하는 자가 영수증을 발급할 경우 상대방이 세금계산서를 요구하는 경우에는 세금계산서를 발급하여야 한다.
② 매입자발행세금계산서는 거래 건당 공급대가 10만원 이상을 발행 대상으로 한다.
③ 수탁자가 재화를 인도하는 경우에는 수탁자 명의로 세금계산서를 발급하고 비고란에 위탁자의 사업자등록번호를 부기한다.
④ 공급가액에 증감사유가 발생하여 수정세금계산서를 발행하는 경우 증감사유가 발생한 날을 작성일자로 하여 세금계산서를 발급한다.

30 **다음은 부가가치세법상 세금계산서의 발급에 관한 사항이다. 적절하게 발급하지 않은 것의 개수는?**

A. 공급시기 전에 세금계산서를 발급하고 발급일로부터 7일 이내에 대가를 지급받음
B. 단기할부판매에 관하여 대가의 각 부분을 받기로 한 때마다 각각 세금계산서를 발급함
C. 반복적 거래처에 있어서 월합계 금액을 공급가액으로 하고, 매월 말일자를 공급일자로 하여 다음 달 말일까지 세금계산서를 발급함
D. 이미 공급한 재화가 환입된 경우에는 환입된 날을 공급일자로 하고, 비고란에 당초 세금계산서 작성일자를 부기하여 발급함

① 1개　② 2개
③ 3개　④ 4개

31 다음은 갑회사의 거래내역이다. 부가가치세법상의 재화 · 용역의 공급시기는?

> 갑회사는 을회사와 제품공급계약(수량 1개, 공급가액 1억원)을 맺고, 다음과 같이 이행하기로 하였다.
> • 대금지급방법 : 계좌이체
> • 대금지급일
> – 계약금(10,000,000원) : 20×8.08.01
> – 중도금(40,000,000원) : 20×8.12.01
> – 잔금(50,000,000원) : 20×9.04.01
> • 제품인도일 : 20×9.04.01

① 20×8.08.01

② 20×8.12.01

③ 20×9.04.01

④ 20×8.08.01, 20×8.12.01, 20×9.04.01 모두

과세표준과 납부세액

>> Key Point

일반과세자 부가가치세 계산구조

매출세액	과세표준 × 세율 + 예정신고 누락분 ± 대손세액 가감 **= 매출세액**
매입세액	매입처별 세금계산서합계표상의 매입세액 + 그 밖의 공제매입세액 − 공제받지 못할 매입세액 **= 매입세액**
납부세액	매출세액 − 매입세액 **= 납부(환급)세액** − 공제, 감면세액 − 예정신고 미환급세액 + 가산세액 **= 차가감 납부(환급)세액**

01 과세표준과 매출세액

1 과세표준

1. 과세표준의 의의

과세표준이란 세액을 산출하는데 있어 그 기초가 되는 과세대상의 수량 또는 가액을 말한다. 부가가치세는 매출세액에서 매입세액을 공제하여 납부세액을 산출하게 된다. 과세표준은 매출세액을 산출하는 기준금액을 의미한다.

학습 PLUS

과세표준
- 일반과세자의 과세표준 : 공급가액(부가가치세 별도)
- 간이과세자의 과세표준 : 공급대가(부가가치세 포함)

2. 거래유형별 과세표준

구 분	과세표준(공급가액)
금전으로 대가를 받는 경우	그 대가
금전 이외의 대가를 받은 경우	공급한 재화 또는 용역의 시가
부당하게 낮은 대가를 받은 경우	공급한 재화 또는 용역의 시가
외상판매, 할부판매의 경우	공급한 재화의 총가액
장기할부판매, 완성도기준지급, 중간지급조건부, 계속적인 재화 또는 용역의 공급	계약에 따라 받기로 한 대가의 각 부분
간주공급(판매 목적 타사업장 반출 제외)	공급한 재화 또는 용역의 시가
간주공급 중 판매 목적 타사업장 반출	해당 재화의 취득가액 등을 기준으로 매입세액을 공제받은 해당 재화의 가액
폐업하는 경우	폐업 시 잔존재화의 시가

3. 대가를 외국통화로 받는 경우의 과세표준

구 분	과세표준(공급가액)
공급시기(선적일) 이후에 외화통화 기타 외국환 상태로 보유하거나 지급받는 경우	공급시기의 기준환율 또는 재정환율에 의하여 계산한 금액
공급시기(선적일) 도래 전에 원화로 환가한 경우	그 환가한 금액

학습 PLUS

대가를 외국통화로 받는 경우

공급시기 이후에 외화를 지급받는 경우

Q. 6월 24일 미국 Y&G사에 제품을 $10,000에 직수출하였다. 수출대금 전액은 이달 말일에 미국달러화로 받기로 하였다. 과세표준 및 선적일 회계처리하시오.

일 자	6월 19일 (수출신고일)	6월 24일 (선적일)	6월 30일 (대금회수일)
기준환율	1,100원/$1	1,150원/$1	1,200원/$1

A. 과세표준 : 11,500,000원 ($10,000 × 1,150원/$1)

A. 회계처리 : (차) 외상매출금 11,500,000원 (대) 제품매출 11,500,000원

공급시기 이전에 외화를 원화로 환가한 경우

Q. 6월 24일 미국 Y&G사에 제품을 $10,000에 직수출하였다. 단, 수출대금 전액은 6월 19일에 미국달러화로 받아 원화로 환가하여 보통예입하였다. 과세표준 및 선적일 회계처리하시오(단, 회계처리는 일반기업회계기준 적용).

일 자	6월 19일 (원화환가일)	6월 24일 (선적일)
기준환율	1,100원/$1	1,150원/$1

A. 과세표준 : 11,000,000원 ($10,000 × 1,100원/$1) → 환가한 금액

A. 회계처리 : (차) 선수금 11,000,000원 (대) 제품매출 11,500,000원
외환차손 500,000원

4. 과세표준의 포함 여부

(1) 과세표준에 포함하는 금액

① 할부판매, 장기할부판매의 경우 이자 상당액

② 대가의 일부로 받는 운송비, 포장비, 운송보험료, 산재보험료 등

③ 개별소비세, 주세, 교통세, 교육세 및 농어촌특별세 상당액

(2) 과세표준에 포함하지 않는 금액

① 매출환입과 에누리, 매출할인

② 공급받는 자에게 도달하기 전에 파손, 훼손, 멸실된 재화의 가액

③ 재화 또는 용역의 공급과 직접 관련되지 아니하는 국고보조금과 공공보조금

④ 공급대가의 지급이 지체되었음으로 인하여 받는 연체이자

⑤ 반환조건의 물건의 용기대금과 포장비용

⑥ 음식, 숙박 용역 등을 공급하고 그 대가와 함께 받는 종업원의 봉사료가 그 대가와 구분하여 기재되고, 해당 종업원에게 지급된 사실이 확인된 봉사료(단, 사업자가 그 봉사료를 자기 수입금액에 계상하는 경우에는 과세표준에 포함)

⑦ 당초 재화 또는 용역을 공급하고 마일리지 등을 적립하여 준 사업자에게 사용한 마일리지 등(자기적립마일리지 사용분)

(3) 과세표준에서 공제하지 않는 금액

① **대손금** : 대손금이란 거래처의 부도 등으로 인하여 회수할 수 없는 채권을 말하며, 당해 재화 또는 용역을 거래상대방이 이미 소비한 것이므로 과세표준에서 공제하지 아니한다.

② **장려금** : 장려금이란 판매촉진 등을 위하여 거래수량이나 거래금액에 따라 지급하는 금전으로 과세표준에서 공제하지 아니한다(단, 금전 대신 재화로 지급하는 장려물품은 사업상 증여에 해당하므로 해당 재화의 시가를 과세표준에 포함).

③ **하자보증금** : 하자보증을 위하여 공급받는 자에게 공급대가의 일부를 보관시키는 하자보증금은 과세표준에서 공제하지 아니한다.

5. 재화수입에 대한 과세표준

재화의 수입에 대한 부가가치세의 과세표준은 관세의 과세가격과 관세, 개별소비세, 주세, 교육세, 교통・에너지・환경세 및 농어촌특별세의 합계액으로 한다. 세관장은 여기에 세율을 곱하여 계산한 부가가치세를 수입자로부터 징수하여야 한다.

> 수입재화의 과세표준
> = 관세의 과세가격 + 관세 + 개별소비세 + 교통・에너지・환경세 + 주세 + 교육세 + 농어촌특별세

6. 과세표준의 특례

구분	내용
간주공급의 과세표준	**(1) 일반적인 경우** : 시가 **(2) 예외적인 경우** • 비상각자산인 직매장 반출의 경우 : 취득가액 • 감가상각 자산의 경우 : 간주시가 간주시가 = 당해 재화의 취득가액 × (1 − 체감률/100 × 경과된 과세기간의 수) ※ 감가상각자산 체감률(건축물 5%, 이외 25%)
간주임대료의 과세표준	당해 과세기간 임대보증금(전세금) × 정기예금 이자율 × $\frac{\text{당해 과세기간 일수}}{\text{365(366)일}}$

2 대손세액 공제

1. 대손세액 공제의 의의

사업자가 공급한 재화 또는 용역에 대한 매출채권 또는 미수금의 전부 또는 일부가 대손되어 대손된 금액의 일부인 부가가치세를 회수할 수 없는 경우에도 사업자는 부가가치세 납부의무를 부담하게 된다. 이러한 경우 대손세액 공제요건을 충족하면 그 거래징수하지 못한 부가가치세를 매출세액에서 차감할 수 있도록 함으로써 기업의 자금부담을 완화시켜주기 위해 대손세액 공제제도를 실시하고 있다.

2. 대손세액 공제액

$$\text{대손세액} = \text{대손금액(부가세포함)} \times \frac{10}{110}$$

3. 대손세액 확정기한

대손세액 공제는 공급일로부터 10년이 지난 날이 속하는 과세기간에 대한 확정신고기한까지 대손세액 공제요건이 확정되는 것에 한한다.

> 공급일(채권 발생일)이 2010년 3월 10일인 경우
> → 2020년 1기 확정신고기한(2020년 7월 25일)까지 대손세액 공제가 가능하다.
> → 2020년 1기 확정신고기한(2020년 7월 25일)이후에는 대손세액 공제가 불가능하다.

4. 대손세액 공제요건

① 「상법」에 따른 소멸시효가 완성된 외상매출금 및 미수금

② 「어음법」에 따른 소멸시효가 완성된 어음

③ 「수표법」에 따른 소멸시효가 완성된 수표

④ 「민법」에 따른 소멸시효가 완성된 채권

⑤ 「채무자 회생 및 파산에 관한 법률」에 따른 회생계획인가의 결정 또는 법원의 면책결정에 따라 회수불능으로 확정된 채권

⑥ 「민사집행법」에 따른 채무자의 재산에 대해 경매가 취소된 압류채권

⑦ 채무자의 파산, 강제집행, 형의 집행, 사업의 폐지, 사망, 실종 또는 행방불명으로 회수할 수 없는 채권

⑧ 부도발생일부터 6개월 이상 지난 어음과 수표, 외상매출금(중소기업의 외상매출금으로 부도발생일 이전의 것에 한정함). 다만, 저당권 설정은 제외함

⑨ 중소기업의 외상매출금(미수금)으로서 회수기일로부터 2년이 경과한 것

⑩ 회수기일이 6개월 이상 지난 외상매출금(미수금)으로 채권가액이 30만원 이하의 소액채권(단, 채무자별 채권가액의 합계액 기준)

5. 대손세액 공제와 대손금의 회수

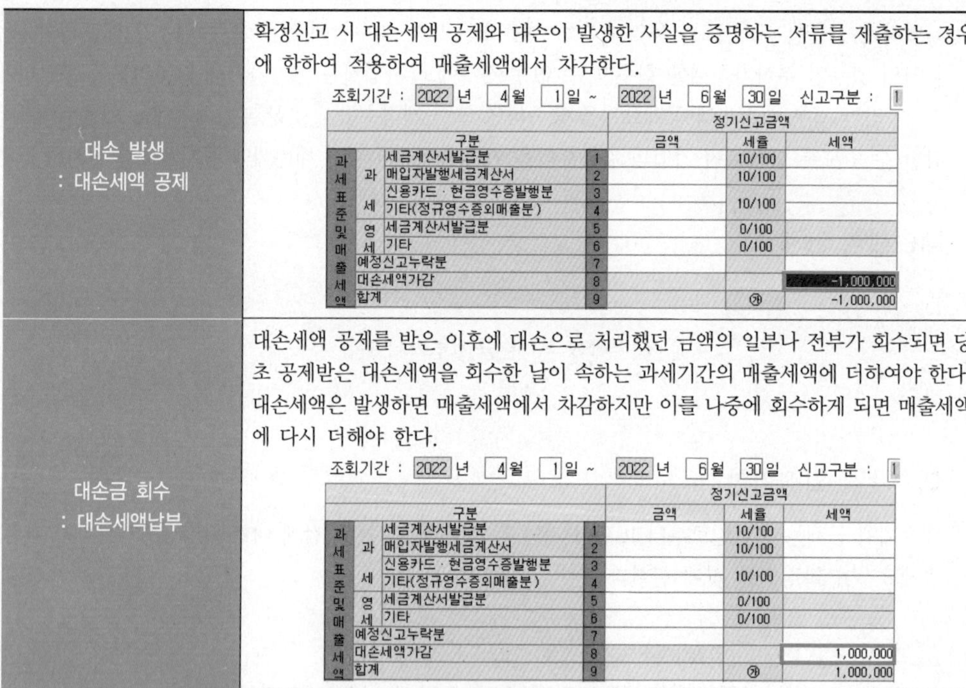

구분	내용
대손 발생 : 대손세액 공제	확정신고 시 대손세액 공제와 대손이 발생한 사실을 증명하는 서류를 제출하는 경우에 한하여 적용하여 매출세액에서 차감한다.
대손금 회수 : 대손세액납부	대손세액 공제를 받은 이후에 대손으로 처리했던 금액의 일부나 전부가 회수되면 당초 공제받은 대손세액을 회수한 날이 속하는 과세기간의 매출세액에 더하여야 한다. 대손세액은 발생하면 매출세액에서 차감하지만 이를 나중에 회수하게 되면 매출세액에 다시 더해야 한다.

(대손 발생) 조회기간 : 2022 년 4 월 1 일 ~ 2022 년 6 월 30 일 신고구분 : 1

구분			번호	정기신고금액 금액	세율	세액
과세표준및매출세액	과세	세금계산서발급분	1		10/100	
		매입자발행세금계산서	2		10/100	
		신용카드 · 현금영수증발행분	3		10/100	
		기타(정규영수증외매출분)	4			
	영세	세금계산서발급분	5		0/100	
		기타	6		0/100	
	예정신고누락분		7			
	대손세액가감		8			-1,000,000
	합계		9		㉮	-1,000,000

(대손금 회수) 조회기간 : 2022 년 4 월 1 일 ~ 2022 년 6 월 30 일 신고구분 : 1

구분			번호	정기신고금액 금액	세율	세액
과세표준및매출세액	과세	세금계산서발급분	1		10/100	
		매입자발행세금계산서	2		10/100	
		신용카드 · 현금영수증발행분	3		10/100	
		기타(정규영수증외매출분)	4			
	영세	세금계산서발급분	5		0/100	
		기타	6		0/100	
	예정신고누락분		7			
	대손세액가감		8			1,000,000
	합계		9		㉮	1,000,000

3 매출세액

매출세액은 과세표준에 세율(10%, 0%)을 곱하여 산출된다. 영세율 거래는 0% 적용되므로 매출세액은 발생하지 않으나 과세표준에는 포함된다. 대손세액 공제(납부)는 매출세액에서 가감처리되지만 대손금은 과세표준에서 공제하지 않는다.

과세표준 × 세 율 = 매출세액

구 분				금 액	세 율	세 액
과세표준 및 매출세액	과 세	세금계산서발급분	1		10/100	
		매입자발행세금계산서	2			
		신용카드 · 현금영수증	3			
		기 타	4			
	영 세	세금계산서 발급분	5		0/100	
		기 타	6			
	예정신고누락분		7			
	대손세액가감		8			
	합 계		9		㉮	

02 매입세액

1 매입세액 계산구조

부가가치세는 전단계세액공제법을 적용하고 있어 재화 또는 용역의 매입 시 거래징수당한 매입세액은 매출세액에서 공제하여 납부세액을 계산한다. 부가가치세법상 매입세액 공제액은 세금계산서를 수령한 매입세액에 그밖의 공제매입세액을 가산하고 공제받지못할매입세액은 차감하여 계산한다.

구 분				금 액	세 율	세 액
매입세액	세금계산서 수취 부분	일반매입	10			
		수출기업수입분유예	10-1			
		고정자산매입	11			
	예정신고누락분		12			
	매입자발행세금계산서		13			
	그 밖의 공제매입세액		14			
	합계(10 − (10 − 1)) + (11) + (12) + (13) + (14)		15			
	공제받지못할매입세액		16			
	차감계(15) − (16)		17		㉯	
납부(환급)세액(매출세액㉮ − 매입세액㉯)					㉰	

2 공제받을 수 있는 매입세액

1. 공제되는 매입세액의 공통요건

자기의 사업을 위하여 사용하였거나 사용할 목적으로 공급받은 재화 또는 용역의 공급에 대한 세액과 자기의 사업을 위하여 사용하였거나 사용할 목적으로 수입하는 재화의 수입에 대한 매입세액은 매출세액에서 공제된다.

2. 세금계산서 수취한 매입세액 공제

매입 시 세금계산서를 발급받은 매입세액은 일반적인 세금계산서와 수입세금계산서를 모두 포함한다. 또한 발급받은 모든 매입세금계산서는 공제되는 매입세액과 공제받지 못하는 매입세액을 모두 포함하였다가 이후 공제받지 못하는 매입세액은 다시 차감하여 공제가능한 매입세액을 산출한다.

3. 매입자발행세금계산서

매입자발행세금계산서란 납세의무자로 등록한 사업자로서 세금계산서 발급의무가 있는 사업자가 재화 또는 용역을 공급하고 세금계산서 발급시기에 세금계산서를 발급하지 않은 경우에 그 재화 또는 용역을 공급받은 자가 관할 세무서장의 확인을 받아 발행하는 세금계산서이다. 매입자발행세금계산서에 기재된 그 부가가치세액은 공제할 수 있는 매입세액으로 본다.

4. 그밖의 공제매입세액

(1) 신용카드매출전표등 수령명세서 수취한 매입세액 공제

부가가치세가 과세되는 재화나 용역을 공급하고 이에 따라 영수증발급의무가 있는 사업자는 영수증 대신 신용카드업법에 의한 신용카드매출전표를 발행할 수 있다. 이러한 신용카드매출전표는 영수증과 마찬가지로 간주되므로 물건을 매입하고 신용카드매출전표를 받는다고 하더라도 이는 세금계산서가 아니므로 매입세액을 공제받을 수 없다. 그러나 일정한 경우에는 신용카드매출전표(현금영수증, 직불카드영수증, 기명식선불카드영수증 포함)를 통하여 매입세액 공제가 가능하다.

① 신용카드매출전표등을 부가세와 구분 기재하여 수취하여야 매입세액 공제를 받을 수 있다.
② 신용카드매출전표등을 보관(5년간)하여야 하며 신용카드매출전표등 수령명세서를 제출하여야 매입세액 공제를 받을 수 있다.
③ 일반과세자와 세금계산서 발급의무자인 간이과세자가 발급한 신용카드매출전표등을 수취하여야 매입세액 공제를 받을 수 있다.
④ 다음에 해당하는 경우에는 일반과세자로부터 공급받은 경우라도 매입세액 공제를 받을 수 없다.
- 미용, 욕탕, 유사 서비스업
- 여객운송업(단, 전세버스사업자는 제외)
- 입장권 발행사업

⑤ 매입내역이 불공제사유에 해당하면 매입세액 공제를 받을 수 없다(예 접대비, 비영업용 소형승용차 관련, 사업무관 등).

⑥ 타인명의(단, 종업원소유 카드사용은 공제 가능) 신용가드를 사용한 경우에는 매입세액 공제를 받을 수 없다.

⑦ 세금계산서를 중복으로 수취한 경우에는 신용카드매출전표등 수취로 인해 매입세액 공제를 받을 수 없다(이유 : 세금계산서 수취로 매입세액 공제를 받기 때문).

학습 PLUS

신용카드매출전표와 세금계산서 중복으로 수령 금지

세금계산서를 발급받고 신용카드로 대금을 결제하는 경우에는 부가세 신고 시 세금계산서에 의한 매입세액으로 신고하여야 한다. 신용카드매출전표와 세금계산서를 중복 보급받은 경우에는 세금계산서에 의한 매입으로 신고하여 매입세액 공제를 받아야 한다.

☞ 세금계산서 및 신용카드매출전표에 의한 매입세액이 이중으로 공제되지 않기 위함이다.

(2) 의제매입세액 공제

① 의 의

부가가치세 과세사업자가 면세되는 농·축·수·임산물을 구입하여 제조·가공한 재화 또는 용역이 부가가치세 과세대상에 해당하는 경우에 면세로 구입한 농산물 등의 매입가액에 소정의 율을 곱한 금액을 매입세액으로 의제하여 매출세액에서 공제하도록 하고 있다. 의제매입세액 공제제도는 중간단계에서 면세를 적용하고 그 후의 단계에서 과세를 적용함으로써 발생하는 면세의 중복효과를 해소하고, 소비자들의 세부담을 경감시키기 위해서 도입되었다.

② 적용 대상자

의제매입세액을 적용받기 위해서는 다음에 해당하는 요건을 모두 충족해야 한다.

- 일반과세자일 것
- 면세로 농·축·수·임산물을 공급받아야 할 것
- 면세로 공급받은 농·축·수·임산물을 제조, 가공한 재화 또는 용역이 과세대상일 것
- 면세농산물 등을 공급받은 사실을 증명하는 서류를 제출할 것

사업자	수취 증빙
면세사업자로부터 매입한 경우	계산서, 신용카드매출전표, 현금영수증
농어민으로부터 매입한 경우	증빙없어도 가능(주민등록번호 기재) 주의 제조업을 영위하는 사업자만 농어민매입이 가능

③ 공제시기

의제매입세액은 면세농산물 등을 공급받거나 구입한 날이 속하는 과세기간의 매출세액에서 공제한다. 또한 예정신고기간에 구입하였으나 그 기간에 공제받지 못한 것은 확정신고 시 의제매입세액공제를 받을 수 있다.

④ 의제매입세액의 계산

<table>
<tr><td>의제매입세액</td><td colspan="4">면세 매입가액(농・축・수・임산물) × 공제율 = 의제매입세액</td></tr>
<tr><td>면세 매입가액</td><td colspan="4">• 매입 시 부대비용(운임, 관세, 수수료 등)은 매입가액에서 제외함
• 수입하는 농산물 등의 경우 관세의 과세가격을 매입가액으로 함
• 재고자산도 매입가액에 포함</td></tr>
<tr><td rowspan="8">공제율</td><td colspan="3">구 분</td><td>공제율</td></tr>
<tr><td rowspan="3">음식점업</td><td colspan="2">유흥장소</td><td>2/102</td></tr>
<tr><td colspan="2">법인사업자</td><td>6/106</td></tr>
<tr><td colspan="2">개인사업자 (단, 과세표준 2억원 이하 : 9/109)</td><td>8/108</td></tr>
<tr><td rowspan="2">제조업</td><td colspan="2">중소기업</td><td>4/104</td></tr>
<tr><td colspan="2">개인사업자 중 과자점업, 도정업, 제분업, 떡류 제조업 중 떡방앗간</td><td>6/106</td></tr>
<tr><td colspan="3">이외 일반업종 예 비중소 제조업 등</td><td>2/102</td></tr>
</table>

<table>
<tr><td rowspan="6">한 도</td><td colspan="4">• 확정신고 시에만 한도를 계산하고 사업자별로 한도비율은 상이하다.</td></tr>
<tr><td>사업자</td><td>과세표준 (연간기준)</td><td>음식점업</td><td>이외</td></tr>
<tr><td rowspan="3">개인사업자</td><td>과세표준 2억 이하</td><td>65%</td><td>55%</td></tr>
<tr><td>과세표준 2억 초과 4억 이하</td><td>60%</td><td>55%</td></tr>
<tr><td>과세표준 4억 초과</td><td>50%</td><td>45%</td></tr>
<tr><td colspan="2">법인사업자</td><td colspan="2">40%</td></tr>
<tr><td></td><td colspan="4">• 공제대상금액 : MIN[(과세기간 과세표준 × 한도율), 당기매입액]
• 한도공제세액 = (공제대상금액 × 공제율) − 예정신고 시 이미 공제받은세액</td></tr>
<tr><td>추 징</td><td colspan="4">의제매입세액으로 공제받은 면세농산물 등을 과세사업에 사용하지 않은 경우에는 이미 공제받은 의제매입세액을 납부세액에 더하거나 환급세액에서 차감한다.</td></tr>
</table>

⑤ 회계처리

매입시점	(차) 원재료 등	×××	(대) 현금 등	×××
공제시점	(차) 부가세대급금	×××	(대) 원재료 등 [적요 : ❽타계정으로 대체]	×××

예 제

3월 15일 면세로 매입한 농산물 10,000,000원
제조업을 영위하는 해당 기업은 중소기업이다.

제1기 예정신고기간의 의제매입세액 공제액을 계산하시오.

정답 및 해설

의제매입세액 계산 : 10,000,000원 × 4/104 = 384,615원

3월 31일 회계처리 : (차) 부가세대급금 384,615원 (대) 원재료 등 384,615원
[적요 : ❽ 타계정으로 대체]

(3) 재활용폐자원 매입세액 공제

① 의 의

재활용폐자원 및 중고자동차를 수집하는 사업자가 국가 등과 부가가치세 과세사업을 영위하지 않는 자(겸영사업자 포함) 또는 간이과세자로부터 재활용폐자원 등을 취득하여 제조, 가공하거나 이를 공급하는 경우에는 공제율을 적용하여 재활용폐자원 매입세액으로 공제한다. 이는 재활용폐자원 등을 수집하는 사업자가 과세사업자 이외의 자로부터 매입함에 따라 세금계산서를 발급받지 못한 경우에도 매입세액을 공제받을 수 있도록 하기 위한 목적이라고 할 수 있다.

② 재활용폐자원 매입세액

공제액	재활용폐자원 매입가액 × 3/103(중고자동차는 10/110)
한 도	(당해 과세기간에 공급한 재활용폐자원에 관련 과세표준 × 80% - 세금계산서 수취한 재활용폐자원 매입가액) × 3/103 ※ 중고자동차는 한도를 적용하지 않는다.

3 공제받을 수 없는 매입세액

부가가치세법상 공제대상 매입세액은 자기의 사업과 관련하여 매입한 재화 또는 용역에 대한 세액으로 거래징수당한 사실이 세금계산서에 의하여 입증되는 경우에 한하여 공제가 가능하다. 따라서 사업과 관련성이 없거나, 거래징수당한 사실이 세금계산서에 의하여 입증되지 않는 경우에는 공제를 받을 수 없다. 부가가치세법은 공제받지 못할 매입세액으로 다음과 같은 것을 규정하고 있다.

- 매입처별 세금계산서합계표의 미제출, 부실, 허위기재 매입세액
- 세금계산서 미수령, 부실, 허위기재 매입세액
- 사업과 직접 관련이 없는 지출에 대한 매입세액
- 비영업용 소형승용차의 구입과 유지 및 임차비용에 관한 매입세액
- 접대비 및 이와 유사한 비용의 지출에 관련된 매입세액
- 면세사업 관련 매입세액
- 토지 관련 매입세액
- 사업자등록 전 매입세액

1. 매입처별 세금계산서합계표의 미제출, 부실, 허위기재 매입세액

매입처별 세금계산서합계표를 제출하지 않은 경우 또는 제출한 매입처별 세금계산서합계표의 기재사항 중 거래처별 등록번호 또는 공급가액의 전부 또는 일부가 적히지 않았거나 사실과 다르게 적힌 경우 그 기재사항이 적히지 아니한 부분 또는 사실과 다르게 적힌 부분의 매입세액은 공제되지 아니한다.

단, 다음에 해당하는 경우에는 예외를 적용하여 매입세액 공제가 가능하다.
- 매입처별 세금계산서합계표를 과세표준수정신고와 함께 제출하는 경우
- 매입처별 세금계산서합계표를 경정청구와 함께 제출하여 경정기관이 경정하는 경우
- 발급받은 세금계산서에 대한 매입처별 세금계산서합계표를 국세기본법의 규정에 의해 기한 후 과세표준신고서와 함께 제출하여 관할 세무서장이 결정하는 경우
- 발급받은 세금계산서 또는 신용카드매출전표를 경정에 있어서 경정기관의 확인을 거쳐 제출하는 경우

2. 세금계산서 미수령, 부실, 허위기재 매입세액

재화나 용역을 공급받으면서 세금계산서를 발급받지 않은 경우에는 해당 매입세액은 공제되지 않는다. 또한 세금계산서를 발급받았다 하더라도 세금계산서의 필요적 기재사항이 누락되어 있거나 사실과 다르게 적힌 경우에도 해당 매입세액은 공제되지 않는다.

단, 다음에 해당하는 경우에는 예외를 적용하여 매입세액 공제가 가능하다.
- 사업자등록을 신청한 사업자가 사업자등록증 교부일까지의 거래에 대하여 당해 사업자 또는 대표자의 주민등록번호를 기재하여 발급받은 경우
- 발급받은 세금계산서의 필요적 기재사항 중 일부가 착오로 기재되었으나 당해 세금계산서의 필요적 기재사항 또는 임의적 기재사항으로 보아 거래사실이 확인되는 경우
- 재화 또는 용역의 공급시기 이후에 발급받은 세금계산서로서 당해 공급시기가 속하는 과세기간 내에 발급받은 경우
- 공급시기 이후 해당 공급시기가 속하는 과세기간의 확정신고기간까지 세금계산서를 발급받은 경우
- 공급시기 이후 세금계산서를 발급받았으나, 실제 공급시기가 속하는 과세기간의 확정신고기한 다음 날부터 1년 이내에 발급받은 것으로서 수정신고·경정청구하거나, 거래사실을 확인하여 결정·경정하는 경우
- 공급시기 이전 세금계산서를 발급받았으나, 세금계산서 발급일로부터 실제 공급시기가 6개월 이내에 도래하고 거래사실을 확인하여 결정·경정하는 경우

3. 사업과 직접 관련이 없는 지출에 대한 매입세액

사업과 관련 없는 지출에 대한 매입세액은 공제되지 않는다.

예1 사업자가 그 업무와 관련 없는 자산을 취득·관리함으로써 발생하는 비용

예2 사업자가 그 사업에 직접 사용하지 아니하고 타인(종업원 제외)이 주로 사용하는 토지·건물 등의 유지비·수선비·사용료와 이와 관련되는 지출금

4. 비영업용 소형승용차의 구입, 유지, 임차비용에 관한 매입세액

개별소비세법 제1조 제2항 제3호에 따른 승용차는 개인적인 목적으로 사용되는 경우가 많아 그 지출을 업무용과 비업무용으로 구분하기 어렵고 교통혼잡 등으로 교통수요를 억제할 필요가 있다. 이에 따라 비영업용 소형승용차와 관련된 매입세액은 영업용으로 사용하지 않으므로 매출세액에서 공제하지 아니한다.

영업용과 비영업용

- 비영업용 : 영업용으로 사용하지 않는 것으로 이는 업무용과 같은 개념이다.
- 영업용 : 운수업, 자동차판매업, 자동차임대업, 운전학원업, 무인경비업(출동차량에 한함) 및 이와 유사한 업종에서 직접 영업(매출)으로 사용하는 용도의 개념이다.

소형승용차의 범위 → 개별소비세 과세되는 승용차

- 1,000cc 초과 승용차(8인승 이하)
- 125cc 초과 이륜자동차

구 분	영업용	비영업용
1,000cc 초과 승용차(8인승 이하)	공제 가능	공제 불가능
1,000cc 초과 승용차(9인승 이상)	공제 가능	공제 가능
125cc 초과 이륜차	공제 가능	공제 불가능
트럭, 화물차(배기량 무관)	공제 가능	공제 가능

5. 접대비 및 이와 유사한 비용의 지출에 관련된 매입세액

세법상 교제비, 기밀비, 사례금 기타 명목여하에 불구하고 접대비와 유사한 성질의 비용에 해당하는 지출에 대한 매입세액은 매출세액에서 공제받을 수 없다. 따라서 접대비를 지출하면서 부담한 매입세액은 접대비에 포함하여 회계처리하고 세금계산서를 받았다 하더라도 공제받을 수 없다.

6. 면세사업 관련 매입세액

부가가치세가 면제되는 면세사업에 관련된 매입세액은 공제되지 않는다.

7. 토지 관련 매입세액

토지는 그 용도에 관계없이 항상 면세재화로 취급되기 때문에 토지의 조성 등을 위한 자본적 지출과 관련하여 발생한 매입세액은 공제되지 않는다. 따라서 토지와 관련한 지출로 인한 매입세액은 토지에 포함하여 회계처리하며 세금계산서를 받았다 하더라도 공제받을 수 없다.

예1 기존 토지의 형질변경, 공장부지 등 관련 매입세액

예2 건축물이 있는 토지를 취득하면서 취득한 건축물은 즉시 철거하고 토지만 사용하는 경우 철거비용의 매입세액

8. 사업자등록 전 매입세액

사업자등록을 하기 전의 매입세액은 공제되지 않는다. 다만, 공급시기가 속하는 과세기간이 끝난 후 20일 이내에 등록 신청한 경우 등록신청일 부터 공급시기가 속하는 과세기간개시일(1월 1일 혹은 7월 1일)까지 역산한 기간 내의 것은 매입세액 공제를 받을 수 있다.

예1 7월 20일에 등록신청을 한 경우에는 1기부터 공제가능

예2 7월 21일에 등록신청을 한 경우에는 2기부터 공제가능(1기는 공제 불가능)

4 공통매입세액의 안분계산

과세사업자의 경우 매입세액을 공제받을 수 있지만, 면세사업을 영위하는 면세사업자는 매입세액을 공제받지 못한다. 따라서 과세사업과 면세사업을 겸영하는 사업자가 두 사업에 공통으로 사용되는 재화를 매입하는 경우 과세사업분과 면세사업분으로 구분하여 과세사업분 매입세액은 공제를 받고, 면세사업분 매입세액은 공제를 받을 수 없다.

원칙적으로 과세사업비율과 면세사업비율을 실지귀속에 따라 계산하여야 하지만 실제로 실지귀속이 불분명한 경우가 많으므로 일정한 방법에 따라 공통매입세액을 안분계산을 하게 된다. 이를 공통매입세액의 안분계산이라고 한다.

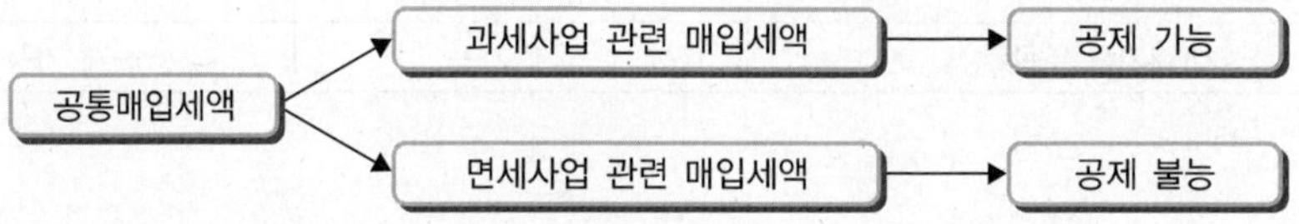

1. 겸영사업자의 공통매입세액 안분 → 예정신고

구분	내용
안분계산 원칙	매입세액 불공제 = 공통매입세액 × $\frac{\text{해당 과세기간의 면세공급가액}}{\text{해당 과세기간의 총공급가액}}$
동일과세기간에 매입과 공급이 있는 경우	매입세액 불공제 = 공통매입세액 × $\frac{\text{직전 과세기간의 면세공급가액}}{\text{직전 과세기간의 총공급가액}}$
공급가액이 없는 경우	• 원칙 : 매입가액비율 → 예정공급가액비율 → 예정사용면적비율 • 건물신축 : 예정사용면적비율 → 매입가액비율 → 예정공급가액비율
안분계산의 배제	다음의 경우에는 안분계산 없이 공통매입세액을 전부 공제받는다. ① 해당 과세기간의 공통매입세액이 5백만원 이하로서 총공급가액 중 면세공급가액이 5% 미만인 경우의 공통매입세액 ② 해당 과세기간의 공통매입세액이 5만원 미만인 경우의 매입세액 ③ 재화를 공급하는 날이 속하는 과세기간에 신규로 사업을 개시하여 직전 과세기간이 없는 경우

2. 겸영사업자의 공통매입세액 정산 → 확정신고

사업자가 공통매입세액을 예정신고기간에 안분계산을 한 경우에는 예정신고기간이 속한 과세기간 확정신고 시 과세사업과 면세사업의 공급가액(또는 사용면적)이 확정되면 과세기간(6개월)의 납부세액을 정산한다.

공급가액으로 안분계산한 경우	가산(공제)되는 매입세액 $= 총공통매입세액 \times (1 - \frac{확정되는\ 과세기간의\ 면세공급가액}{확정되는\ 과세기간의\ 총공급가액}) - 기불공제\ 매입세액$
면적비율로 안분계산한 경우	가산(공제)되는 매입세액 $= 총공통매입세액 \times (1 - \frac{확정되는\ 과세기간의\ 면세사용면적}{확정되는\ 과세기간의\ 총사용면적}) - 기불공제\ 매입세액$

3. 겸영사업자의 공통매입세액 납부세액(환급세액) 재계산 → 확정신고

공통매입세액에 해당되는 감가상각자산의 경우 취득이후에 여러 과세기간에 걸쳐서 사용된다. 따라서 취득 시 과세기간의 공급가액 또는 공급면적을 기준으로만 안분계산하면 부당하거나 납세자가 불리한 매입세액 공제가 발생할 수 있다. 따라서 과세사업과 면세사업에 공통으로 사용하는 감가상각자산과 관련하여 발생된 공통매입세액에 대해서는 아래의 조건에 모두 해당되는 경우 취득일 이후 과세기간의 면세사업에 관련된 매입세액을 재계산하여 재계산한 과세기간의 납부세액 또는 환급세액에서 가감해야 한다.

재계산 요건	① 공통사용재화 중 감가상각자산인 경우에만 재계산 적용 ② 공통매입세액의 정산 이후에 적용 ③ 번세비율이 5% 이상 증감된 경우에 적용 : 해당 과세기간의 면세비율 − 해당 감가상각자산의 취득일이 속하는 과세기간의 면세비율
재계산 방법	• 계산식 : 해당 재화의 공통매입세액 × (1 − 체감률 × 경과된 과세기간 수) × 증감된 면세비율 = 가산(공제)되는 매입세액 • 체감률 : 건물(구축물) 5%, 이외 감가상각자산 25% • 경과된 과세기간 수 : 과세기간의 개시일 기준으로 계산(자산을 취득한 과세기간은 포함하고 재계산하는 해당 과세기간은 포함하지 않음)

03 차가감납부(환급)세액

1. 계산구조

	과세표준	
(×)	세 율	
	매출세액	
(−)	매입세액	
	납부(환급)세액	
(−)	경감공제세액	전자신고 세액공제, 신용카드매출전표등 발행 세액공제
(−)	예정신고미환급세액	확정신고 시 공제
(−)	예정고지세액	개인사업자와 영세법인사업자에 한함
(+)	가산세	
	차감납부세액(환급세액)	

2. 경감공제세액

(1) 전자신고 세액공제

전자신고방법에 의하여 확정신고 시 당해 납부세액에서 1만원을 공제(환급)한다.

(2) 신용카드매출전표등 발행 세액공제

영수증 교부의무자가 신용카드매출전표(직불카드영수증, 기명식선불카드영수증, 현금영수증 포함)을 발행하거나 전자화폐로 대금결제를 받는 경우에는 신용카드매출전표등 발행 세액공제를 적용받을 수 있다.

영수증 교부의무자	개인사업자 중 직전년도 공급가액 10억원 이하자
세액공제	신용카드매출전표등 발행금액(부가세포함) × 1.3%(한도 : 연간 1,000만원)

3. 예정신고미환급세액

예정신고기간 중에 발생한 환급세액은 예정신고 시 환급되지 않는다. 확정신고 시 납부세액에서 예정신고미환급세액을 공제한다.

4. 예정고지세액

개인사업자는 각 예정신고기간마다 직전 과세기간에 대한 납부세액의 50%에 상당하는 금액을 결정하여 예정신고기간 내에 징수하도록 규정하고 있다. 따라서 예정신고기간에 납부한 세액은 확정신고 시 예정고지세액으로 납부할 세액에서 공제한다. 세법개정으로 직전 과세기간의 과세표준이 1억 5천만원 미만인 법인사업도 예정고지대상이 되어 영세한 법인사업자도 이에 해당한다.

5. 전자세금계산서 발급 세액공제

대상사업자	직전 연도 사업장별 재화 및 용역의 공급가액 합계액이 3억원 미만인 개인사업자 (전자세금계산서를 발급일의 다음 날까지 국세청장에게 전송)
공제금액	발급건수 당 200원
공제한도	연간 100만원
적용시기	2022년 7월 1일 이후

6. 가산세 ☞ 실무 편에서 학습

빈출 객관식문제

제5절 과세표준과 납부세액

정답 및 해설 : p.27

01 **다음의 부가가치세 과세표준에 관한 설명 중 옳지 않은 것은?**

① 일반과세자의 과세표준은 공급대가의 금액으로 한다.
② 대손금은 과세표준에서 공제하지 않고 대손세액으로는 공제한다.
③ 매출에누리와 환입은 과세표준에 포함되지 않는다.
④ 공급받는 자에게 도달하기 전에 파손, 멸실된 재화의 가액은 과세표준에 포함되지 않는다.

02 **다음 중 부가가치세 과세표준에 포함되는 것은?**

① 공급에 대한 대가의 지급이 지체되었음을 이유로 받는 연체이자
② 환입된 재화의 가액
③ 공급대가를 약정기일 전에 받아 사업자가 당초의 공급가액에서 할인해 준 금액
④ 공급받는 자에게 도달한 후에 파손되거나 훼손되거나 멸실한 재화의 가액

03 **다음 자료에 의하여 부가가치세 과세표준을 계산하시오.**

- 제품판매액(공급가액) : 50,000,000원
- 대손금(공급가액) : 6,000,000원
- 장려물품제공액 : 원가 3,000,000원(시가 3,500,000원)
- 판매할 제품 중 대표자 개인적 사용분 : 원가 3,000,000원(시가 5,000,000원)

① 56,000,000원　② 57,000,000원
③ 58,500,000원　④ 59,500,000원

04 **다음 자료에 의해 부가가치세 과세표준을 계산하면?(단, 당해 사업자는 주사업장 총괄 납부승인을 받지 아니하였다)**

- 상품 외상판매액(공급가액) : 30,000,000원
- 자기의 타사업장으로의 반출액(공급가액) : 2,000,000원
- 판매처로 운송하는 도중 교통사고로 인해 파손된 상품(원가) : 1,000,000원
  ※ 단, 위 외상판매액에는 반영되어 있지 않다.
- 판매실적에 따라 거래처에 현금으로 지급한 장려금 : 3,000,000원

① 30,000,000원　② 31,000,000원
③ 32,000,000원　④ 33,000,000원

05 **다음 중 부가가치세법상 과세표준에 포함되는 것은?**

① 비반환조건부 용기 대금
② 대가와 구분 기재된 봉사료
③ 매출할인
④ 재화 또는 용역의 공급과 관련없이 수령한 국고보조금

06 **다음 중 자동차를 수입하는 경우 수입세금계산서상의 공급가액에 포함되지 않는 것은?**

① 교육세
② 관 세
③ 개별소비세
④ 취득세

07 **다음 중 부가가치세법상 과세표준의 산정방법이 옳지 않은 것은?**

① 재화의 공급에 대하여 부당하게 낮은 대가를 받는 경우 : 자기가 공급한 재화의 시가
② 재화의 공급에 대하여 대가를 받지 아니하는 경우 : 자기가 공급한 재화의 시가
③ 특수관계인에게 용역을 공급하고 부당하게 낮은 대가를 받는 경우 : 자기가 공급한 용역의 시가
④ 특수관계인이 아닌 자에게 용역을 공급하고 대가를 받지 아니하는 경우 : 자기가 공급한 용역의 시가

08 **다음 중 부가가치세가 과세되는 거래는?**

① 쌀가게를 운영하는 사업자인 김민국씨는 쌀을 식당에 판매하였다.
② 부동산 임대업자인 김임대씨는 사업용건물인 상가를 포괄양도(사업양도)하였다.
③ 페인트를 판매하는 김사업씨는 매입세액 공제를 받고 구입한 상품인 페인트를 친구에게 무상(시가 10만원)으로 공급하였다.
④ 휴대폰 판매사업을 하고 있는 김판매씨는 거래처로부터 판매장려금 100만원을 금전으로 수령하였다.

09 **다음 중 부가가치세 공급가액에 포함되지 않는 것은?**

① 할부판매 및 장기할부판매의 이자상당액
② 대가의 일부로 받은 운송보험료
③ 특수관계인에게 공급하는 재화 또는 부동산 임대 용역
④ 공급받는 자에게 도달하기 전에 공급자의 귀책사유로 인하여 파손, 훼손 또는 멸실된 재화의 가액

10 다음 자료를 보고 거래내역에 대한 부가가치세 과세표준을 구하시오.

3월 15일 : 대만의 웬디사에 제품을 총 $20,000에 수출하기로 하고, 계약금으로 $2,000을 수령하여 동일자에 원화로 환전하였다.
4월 15일 : 제품을 인천항에서 선적하고 중도금으로 $10,000을 수령하였다.
4월 30일 : 잔금 $8,000을 수령하고 동 금액을 원화로 환전하였다.

날 짜	3월 15일	4월 15일	4월 30일
환 율	1,200/$	1,300/$	1,100/$

① 22,200,000원 ② 24,000,000원
③ 25,800,000원 ④ 26,000,000원

11 다음은 부가가치세법상 과세표준에 대한 설명이다. 틀린 것은?

① 부가가치세 포함여부가 불분명한 대가의 경우 110분의 100을 곱한 금액을 공급가액(과세표준)으로 한다.
② 상가를 임대하고 받은 보증금에 대하여도 간주임대료를 계산하여 과세표준에 포함하여야 한다.
③ 대가의 지급지연으로 받는 연체이자도 과세표준에 포함한다.
④ 대가를 외국환으로 받고 받은 외국환을 공급시기 이전에 환가한 경우 환가한 금액을 과세표준으로 한다.

12 다음 자료는 2기 확정신고기간의 자료이다. 부가가치세 과세표준은 얼마인가?

구 분	금 액	비 고
세금계산서 발급 제품매출	100,000,000원 (공급가액)	• 할부판매, 장기할부판매의 이자 상당액 2,000,000원 포함 • 현금으로 지급한 판매장려금 1,000,000원 불포함 • 제품으로 지급한 판매장려금 시가 1,000,000원(공급가액) 불포함

① 99,000,000원 ② 100,000,000원
③ 101,000,000원 ④ 102,000,000원

13 컴퓨터를 제조하여 판매하는 (주)백두산의 다음 자료를 이용하여 부가가치세법상 납부세액을 계산하면 얼마인가?

- 매출처별 세금계산서합계표상의 공급가액은 10,000,000원이다.
- 매입처별 세금계산서합계표상의 공급가액은 5,000,000원이다. 이 중 개별소비세 과세대상 소형승용자동차의 렌트비용과 관련한 공급가액은 100,000원이다.
- 모든 자료 중 영세율 적용 거래는 없다.

① 410,000원　② 490,000원
③ 500,000원　④ 510,000원

14 다음 중 부가가치세법상 일반과세사업자의 부가가치세 과세표준 금액은 얼마인가?(모든 금액은 부가가치세 제외 금액임)

- 총매출액 : 120,000,000원(영세율 매출액 30,000,000원 포함)
- 매출할인 및 에누리액 : 5,000,000원
- 매출환입액 : 7,000,000원
- 대손금 : 3,000,000원
- 총매입액 : 48,000,000원

① 108,000,000원　② 70,000,000원
③ 60,000,000원　④ 57,000,000원

15 다음 자료를 이용하여 부가가치세의 과세표준을 계산하면 얼마인가?(단, 아래 금액에는 부가가치세가 포함되지 않았다)

- 총매출액 : 1,000,000원
- 매출할인 : 50,000원
- 공급대가의 지급지연에 따른 연체이자 : 30,000원
- 폐업 시 잔존재화의 장부가액 : 300,000원(시가 400,000원)

① 1,320,000원　② 1,350,000원
③ 1,380,000원　④ 1,450,000원

16 **다음 중 부가가치세 납부세액 계산 시 공제대상 매입세액에 해당되는 것은?**

① 사업과 무관한 부가가치세 매입세액
② 공장부지 및 택지의 조성 등에 관련된 부가가치세 매입세액
③ 자동차판매업의 영업에 직접 사용되는 8인승 승용자동차 부가가치세 매입세액
④ 거래처 체육대회 증정용 과세물품 부가가치세 매입세액

17 **부가가치세법상 간주공급(공급의제)의 과세표준 산출 시 감가상각자산에 적용하는 상각률을 5%로 적용해야 하는 것은?**

① 건 물
② 차량운반구
③ 비 품
④ 기계장치

18 **다음 설명 중 맞는 것은?**

① 부가가치세 예정신고기간에 대손요건을 갖춘 경우 예정신고 시 반드시 대손세액 공제 신고를 하여야 한다.
② 비영업용 소형승용차의 구입비용은 매입세액 공제가 안되지만, 사업에 직접 사용이 입증된 임차와 유지비용은 매입세액 공제대상이다.
③ 사업에 직접 사용이 입증된 접대비는 매입세액 공제대상이다.
④ 토지의 조성 등을 위한 자본적 지출과 관련된 매입세액은 공제받지 못한다.

19 **다음 중 부가가치세법상 공제되는 매입세액이 아닌 것은?**

① 공급시기 이후에 발급하는 세금계산서로서 해당 공급시기가 속하는 과세기간에 대한 확정신고기한 경과 후 발급받은 경우 당해 매입세액
② 매입처별 세금계산서합계표를 경정청구나 경정 시에 제출하는 경우 당해 매입세액
③ 예정신고 시 매입처별 세금계산서합계표를 제출하지 못하여 해당 예정신고기간이 속하는 과세기간의 확정신고 시에 제출하는 경우 당해 매입세액
④ 발급받은 전자세금계산서로서 국세청장에게 전송되지 아니하였으나 발급한 사실이 확인되는 경우 당해 매입세액

20 **다음 중 부가가치세 매입세액 공제가 가능한 경우는?**

① 토지의 취득에 관련된 매입세액
② 관광사업자의 비영업용 소형승용자동차(5인승 2,000cc) 취득에 따른 매입세액
③ 음식업자가 계산서를 받고 면세로 구입한 축산물의 의제매입세액
④ 소매업자가 사업과 관련하여 받은 영수증에 의한 매입세액

21 **당기에 면세사업과 과세사업에 공통으로 사용하던 업무용 트럭 1대를 매각하였다. 다음 중 공급가액의 안분계산이 필요한 경우는?**

	공통사용재화 공급가액	직전 과세기간 총공급가액	직전 과세기간 면세공급가액	당기 과세기간 총공급가액	당기 과세기간 면세공급가액
①	490,000원	100,000,000원	50,000,000원	150,000,000원	10,000,000원
②	45,000,000원	신규사업개시로 없음		200,000,000원	150,000,000원
③	35,000,000원	300,000,000원	14,000,000원	500,000,000원	41,000,000원
④	55,000,000원	200,000,000원	9,000,000원	150,000,000원	20,000,000원

22 **다음 중 부가가치세법상 의제매입세액 공제에 대한 내용으로 가장 올바르지 않은 것은?**

① 사업자가 공급받은 면세농산물 등을 원재료로 하여 가공한 재화나 용역의 공급이 과세되는 경우에 적용한다.
② 일반적으로 의제매입세액은 면세농산물 등을 사용하는 날이 속하는 과세기간에 공제한다.
③ 의제매입세액 공제를 받은 면세농산물 등을 그대로 양도하는 경우, 그 공제액은 납부세액에 가산하거나 환급세액에서 공제한다.
④ 음식점업의 경우에는 개인사업자와 법인사업자의 의제매입세액 공제율은 다르다.

23 **부가가치세법상 일반과세사업자가 다음과 같이 과세사업용으로 수취한 매입세액 중 매입세액이 공제되지 않는 것은?**

① 일반과세사업자로부터 컴퓨터를 구입하고 법인카드로 결제한 후 공급가액과 세액을 별도로 기재한 신용카드매출전표를 받았다.
② 간이과세자(직전 공급대가 4,800만원 미달)로부터 소모품을 매입하고 공급가액과 세액을 별도로 기재한 사업자지출증빙용 현금영수증을 발급받았다.
③ 원재료를 6월 30일에 구입하고 공급가액과 세액을 별도로 기재한 세금계산서(작성일자 6월 30일)를 수취하였다.
④ 공장의 사업용 기계장치를 수리하고 수리비에 대하여 공급가액과 세액을 별도로 기재한 전자세금계산서를 받았다.

24 **다음의 항목 중 부가가치세법상 공제가능한 매입세액에 해당하는 것은?**

① 사업자가 자기의 사업에 사용할 목적으로 수입하는 재화의 부가가치세액
② 접대비 및 이와 유사한 비용과 관련된 매입세액
③ 면세사업등에 관련된 매입세액
④ 사업과 직접 관련이 없는 지출과 관련된 매입세액

25 **다음 부가가치세법상 일반과세사업자가 과세사업용으로 수취한 매입세액 중 매입세액이 공제되지 않는 것은?**

① 공장에서 사용할 화물차를 구입하고 법인카드로 결제한 후 신용카드매출전표를 받았다.
② 본사건물에 대한 임차료를 지급하고 세금계산서를 받았다.
③ 원재료를 6월 30일에 구입하고 세금계산서는 7월 12일로 작성된 세금계산서를 수취하였다.
④ 공장의 사업용 기계장치를 수리하고 수리비에 대한 세금계산서를 받았다.

26 **다음 중 과세사업과 면세사업에 공통으로 사용되는 매입세액을 안분계산하지 않고 전액 공제하는 사유가 아닌 것은?**

① 해당 과세기간의 면세공급가액 비율이 직전 과세기간에 비해 5% 이상 증감한 경우
② 해당 과세기간 중의 공통매입세액이 5만원 미만인 경우
③ 해당 과세기간에 신규로 사업을 개시한 사업자가 해당 과세기간에 공급한 공통사용재화인 경우
④ 해당 과세기간의 총공급가액 중 면세공급가액이 5% 미만이면서 공통매입세액이 5백만원 미만인 경우

27 **부가가치세법상 매입세액으로 공제가 불가능한 경우로 옳은 것은?**

① 소매업자가 사업과 관련하여 받은 간이영수증에 의한 매입세액
② 음식업자가 계산서를 받고 구입한 농산물의 의제매입세액
③ 신용카드매출전표등 적격증빙 수령분 매입세액
④ 종업원 회식비와 관련된 매입세액

28 **다음 중 부가가치세법상 일반과세사업자가 당해 과세기간분 부가가치세 확정신고 시 공제받을 수 있는 매입세액은?**

① 접대비 관련 매입세액
② 직전 과세기간 부가가치세 확정신고 시 누락된 세금계산서상의 매입세액
③ 세금계산서 대신에 교부받은 거래명세표상의 매입세액
④ 당해 과세기간 부가가치세 예정신고 시 누락된 상품매입 세금계산서상의 매입세액

29 다음 자료에 의하여 부가가치세 신고서상 일반과세사업자가 납부해야 할 부가가치세 금액은?

- 전자세금계산서 교부에 의한 제품매출액 : 28,050,000원(공급대가)
- 지출증빙용 현금영수증에 의한 원재료 매입액 : 3,000,000원(부가가치세 별도)
- 신용카드에 의한 제품운반용 소형화물차 구입 : 15,000,000원(부가가치세 별도)
- 신용카드에 의한 매출거래처 선물구입 : 500,000원(부가가치세 별도)

① 700,000원
② 750,000원
③ 955,000원
④ 1,050,000원

30 다음 자료에 의하면 부가가치세법상 공제받을 수 있는 매입세액 공제액은 얼마인가?

- 2000cc인 비영업용 소형승용자동차의 렌탈요금으로 세금계산서 수령 : 공급대가 550,000원
- 종업원 사고 치료비를 병원에서 신용카드로 결제 : 결제금액 110,000원
- 국내 항공기 이용 요금을 신용카드로 결제 : 결제금액 88,000원

① 68,000원
② 58,000원
③ 18,000원
④ 공제받을 금액 없음

31 다음 중 부가가치세법상 대손세액 공제와 관련된 설명 중 틀린 것은?

① 대손세액 공제는 확정신고 시에만 가능하다.
② 어음은 부도가 발생하면 즉시 대손세액 공제가 가능하다.
③ 대손세액 공제액은 대손금액에 110분의 10을 곱한 금액이다.
④ 대손금액을 회수한 경우 대손세액을 회수한 날이 속하는 과세기간의 매출세액에 가산한다.

32 과일 도매업만을 영위하는 개인사업자 박과일씨에 대한 부가가치세법관련 설명 중 가장 옳은 것은?

① 청과물 배달용 트럭을 중고차 매매상사에 유상 처분할 경우, 그에 대하여 세금계산서를 교부하여서는 아니 된다.
② 신용카드매출분에 대하여는 부가가치세 신고 시 과세표준에 포함하여야 한다.
③ 당해 업종이 소득세법상 면세대상이므로 종합소득세 신고의무는 없다.
④ 부가가치세 신고 시 당해 사업장 임차료에 대한 매입세액은 공제받을 수 있다.

33 **다음 중 부가가치세법상 납부세액 또는 환급세액의 재계산에 대한 설명으로서 틀린 것은?**

① 감가상각자산에 대해서만 납부세액 재계산을 한다.
② 취득일 또는 그 후 재계산한 과세기간의 면세비율이 당해과세기간의 면세비율과 5% 이상 차이가 나는 경우에 한해서 납부세액 재계산을 한다.
③ 예정신고 때도 면세비율의 증감이 있으면 납부세액을 재계산하고, 확정신고 시 다시 정산한다.
④ 취득 이후 2년이 지난 기계장치의 경우 면세비율이 5% 이상 증감하였다 하더라도 납부세액의 재계산을 할 필요가 없다.

34 **다음 중 부가가치세법상 매입세액을 안분계산해야 되는 경우는?**

① 상가를 임대하고 있는 부동산 임대업자의 건물 전기료 매입세액
② 약국을 운영하면서 일반의약품매출과 조제매출이 있는 경우의 건물 임차료 매입세액
③ 세무사업만 영위하는 세무사 사무실에서 구입한 컴퓨터의 매입세액
④ 쌀을 판매하는 사업자의 건물 임차료 매입세액

06 신고 및 납부

01 신고납부

1 예정신고납부

1. 예정신고납부

법인사업자는 각 예정신고기간에 대한 과세표준과 납부세액 또는 환급세액을 그 예정신고기간이 끝난 후 25일 이내에 각 사업장 관할 세무서장에게 신고하고 해당 예정신고기간의 납부세액을 납부하여야 한다(단, 직전 과세기간의 공급가액의 합계액이 1억 5천만원 미만인 영세한 법인사업자는 제외).

예정신고납부	• 법인사업자 • 개인사업자 중 선택적 예정신고납부하는 자
예정고지납부	• 개인사업자 • 법인사업자 중 직전 과세기간의 공급가액 1억 5천만원 미만

2. 예정고지납부

(1) 원 칙

개인사업자와 법인사업자(직전 과세기간의 공급가액의 합계액이 1억 5천만원 미만)는 관할 세무서장이 각 예정신고기간마다 직전 과세기간의 납부세액의 50%를 결정하여 해당 예정신고기간이 끝난 후 25일까지 징수한다.

단, 다음의 경우에는 징수하지 않는다.

① 예정고지세액이 50만원 미만인 경우(소액부징수)

② 재난 등의 사유로 납부할 수 없다고 인정되는 경우

③ 간이과세자에서 해당 과세기간 개시일 현재 일반과세자로 변경된 경우

(2) 선택적 예정신고납부

다음 중 어느 하나에 해당하는 경우에는 예정신고납부가 가능하다.

① 휴업 또는 사업 부진으로 인하여 각 예정신고기간의 공급가액 또는 납부세액이 직전 과세기간의 공급가액 또는 납부세액의 1/3에 미달하는 자

② 각 예정신고기간에 조기환급을 받고자 하는 자

③ 예정부과기간에 세금계산서를 발급한 간이과세자(강제규정)

2 확정신고납부

사업자는 각 과세기간에 대한 과세표준과 납부세액 또는 환급세액을 그 과세기간이 끝난 후 25일(폐업하는 경우 폐업일이 속한 달의 다음 달 25일) 이내에 납세지 관할 세무서장에게 신고하여야 한다. 다만, 예정신고를 하였거나 또는 조기에 환급을 받기 위하여 신고한 사업자는 이미 신고한 과세표준과 납부한 납부세액 또는 환급받은 환급세액은 신고하지 아니한다.

구 분	신고기간	신고납부기한
제1기 예정신고기간	1월 1일부터 3월 31일까지	4월 25일 까지
제1기 확정신고기간	4월 1일부터 6월 30일까지	7월 25일 까지
제2기 예정신고기간	7월 1일부터 9월 30일까지	10월 25일 까지
제2기 확정신고기간	10월 1일부터 12월 31일까지	익년 1월 25일 까지

02 환 급

1. 일반환급

환급세액은 매입세액이 매출세액을 초과하는 경우에 발생한다. 일반환급은 확정신고기한 경과 후 30일 내에 환급한다. 일반환급은 예정신고기간에 환급세액이 발생하여도 환급되지 아니한다.

2. 조기환급

납세지 관할 세무서장은 다음의 경우에 해당하여 환급을 신고한 사업자에게 환급세액을 조기에 환급할 수 있다.

구분	내용
조기환급대상자	• 영세율을 적용받는 경우 • 사업설비(건물 등 감가상각자산)를 신설, 취득, 확장하는 경우 • 재무구조개선계획을 이행 중인 경우
조기환급기간	• 각 과세기간별 • 예정신고기간별(3개월) • 조기환급기간별(매월 또는 매 2월)
조기환급시기	• 신고기한 경과 이후 15일 이내에 환급

빈출 객관식문제

제6절 신고 및 납부

정답 및 해설 : p.29

01 다음 중 부가가치세법상 환급에 대한 설명으로 틀린 것은?

① 일반환급은 각 과세기간별로 확정신고기한 경과 후 30일 이내에 환급하여야 한다.
② 재화 및 용역의 공급에 영세율이 적용되는 경우에는 조기환급이 가능하다.
③ 고정자산매입 등 사업설비를 신설하는 경우 조기환급이 가능하다.
④ 영세율 등 조기환급기간별로 당해 조기환급신고기한 경과 후 25일 이내에 환급해야 한다.

02 부가가치세법상 예정신고납부에 대한 설명이다. 가장 옳지 않은 것은?

① 법인사업자는 예정신고기간 종료 후 25일 이내에 부가가치세를 신고납부하여야 한다.
② 개인사업자는 예정신고기간 종료 후 25일 이내에 예정고지된 금액을 납부하여야 한다.
③ 개인사업자에게 징수하여야 할 예정고지금액이 50만원 미만인 경우 징수하지 아니한다.
④ 개인사업자는 사업실적이 악화된 경우 등 사유가 있는 경우에도 예정신고납부를 할 수 없다.

03 부가가치세법상 납세지 관할 세무서장은 일반환급신고에 따른 환급세액을 확정신고 기한이 지난 후 며칠 이내에 환급해야 하는가?

① 10일　　② 15일
③ 20일　　④ 30일

04 다음 중 부가가치세법상 '조기환급'과 관련된 내용으로 틀린 것은?

① 조기환급 : 조기환급신고 기한 경과 후 25일 이내 환급
② 조기환급기간 : 예정신고기간 또는 과세기간 최종 3월 중 매월 또는 매 2월
③ 조기환급신고 : 조기환급기간 종료일부터 25일 이내에 조기환급기간에 대한 과세표준과 환급세액 신고
④ 조기환급대상 : 영세율 적용이나 사업 설비를 신설, 취득, 확장 또는 증축하는 경우

05 다음은 과세사업만을 영위하는 (주)세미의 지출내역이다. 다음 중 조기환급의 대상이 아닌 것은?

① 창업 시에 재고자산을 일시적으로 대량 매입한 경우
② 사업설비를 확장하는 경우
③ 감가상각자산을 취득하는 경우
④ 영세율 적용 대상인 경우

06 **다음 중 부가가치세법상 조기환급과 관련한 설명 중 틀린 것은?**

① 예정신고기간에 대한 조기환급세액은 확정신고일로부터 25일 내에 환급한다.
② 사업설비를 취득하였거나 과세표준에 영세율이 적용되는 경우에는 조기환급신고를 할 수 있다.
③ 조기환급기간은 예정신고기간 또는 과세기간 최종 3월 중 매월 또는 매 2월을 말한다.
④ 조기환급을 적용받는 사업자가 예정신고서 또는 확정신고서를 제출한 경우에는 조기환급에 관하여 신고한 것으로 본다.

07 **부가가치세법상 조기환급기간이라 함은 예정신고기간 중 또는 과세기간 최종 3개월 중 매월 또는 매 2월을 말한다. 다음 중 조기환급기간으로 적절하지 않은 것은?**

① 20×8년 7월
② 20×8년 7월 ~ 20×8년 8월
③ 20×8년 9월 ~ 20×8년 10월
④ 20×8년 11월

08 **부가가치세법상 조기환급과 관련한 설명 중 옳은 것은?**

① 예정신고기간에 대한 조기환급세액은 예정신고일로부터 25일 내에 환급한다.
② 사업설비를 취득하였거나 과세표준에 영세율이 적용되는 경우에는 조기환급신고를 할 수 있다.
③ 영세율이 적용되는 사업자의 경우에는 당해 영세율이 적용되는 공급분과 관련된 매입세액에 대해서만 조기에 환급받을 수 있다.
④ 예정신고기간 중 조기환급신고를 한 부분은 확정신고 시에도 신고하여야 한다.

09 **2월 10일에 사업을 개시하면서 대규모 시설투자를 한 경우, 시설투자로 인한 조기환급을 신고할 수 있는 가장 빠른 신고기한과 환급기한은 언제인가?**

① 신고기한 : 2월 28일, 환급기한 : 15일
② 신고기한 : 3월 25일, 환급기한 : 15일
③ 신고기한 : 4월 25일, 환급기한 : 15일
④ 신고기한 : 4월 25일, 환급기한 : 30일

간이과세자

1 간이과세자 개요

1. 간이과세자의 범위

직전 연도 총 공급대가(부가세포함)의 합계액이 8,000만원에 미달하는 개인사업자에 한하여 적용되며 법인사업자는 간이과세자 적용을 받을 수 없다.

2. 간이과세자의 구분

개인사업자 공급대가	증빙 발급	납부세액
4,800만원 이상 ~ 8,000만원 미만	원칙 : 세금계산서 예외 : 영수증(소비자대상 업종)	공급대가 × 부가율
4,800만원 미만(납부의무면제)	원칙 : 영수증(세금계산서 발급 금지)	

영수증발급대상 간이과세자
- 직전 연도 총공급대가 합계액 4,800만원 미만인 경우
- 신규사업자
- 미용, 욕탕, 이발업, 여객운송업(전세버스 제외), 입장권발행사업자

3. 간이과세 배제대상 사업자

다음에 해당하는 경우에는 간이과세 기준금액(8,000만원 미만)에 해당하는 경우에도 간이과세 적용을 받을 수 없다.

(1) 일반과세가 적용되는 다른 사업장(간이과세가 적용되지 않는 사업장)을 보유하고 있는 사업자

(2) 다음 중 어느 하나에 해당하는 사업을 경영하는 자

① 광 업

② 제조업(다만, 주로 최종소비자에게 직접 재화를 공급하는 사업으로서 시행규칙으로 정하는 것으로 과자점업, 제분업, 떡방앗간, 양복점업 등은 제외)

③ 도매업(소매업 겸영은 포함한다. 다만, 재생용 재료수입 및 판매업은 제외) 및 상품중개업

④ 부동산매매업

⑤ 부동산임대업(특별시, 광역시 등의 지역에 소재하며 일정규모 이상의 사업인 경우)

⑥ 개별소비세 과세유흥장소 경영하는 사업(시행규칙으로 정하는 것)
⑦ 전문자격사 등(변호사업, 세무사업, 건축사업, 의사업, 감정평가사업, 공인노무사업 등)
⑧ 전기, 가스, 증기, 수도사업
⑨ 건설업(다만, 주로 최종소비자에게 직접 재화 또는 용역을 공급하는 사업으로서 시행규칙으로 정하는 도배업, 실내장식 등은 제외)
⑩ 전문, 과학, 기술서비스업, 사업시설 관리, 사업지원 및 임대 서비스업(다만, 주로 최종소비자에게 직접 용역을 공급하는 사업으로서 시행규칙으로 정하는 인물사진, 행사용 영상 촬영업 등은 제외)
⑪ 일반과세자로부터 재화의 공급으로 보지 않는 사업의 양도에 따라 양수한 사업
⑫ 사업장 소재 지역, 종류, 규모를 고려하여 국세청장이 정하는 기준에 해당하는 사업
⑬ 복식부기의무자(소득세법 제160조)가 경영하는 사업

(3) 부동산임대업 또는 개별소비세법에 따른 과세유흥장소를 경영하는 사업자로서 해당 업종의 직전 연도의 공급대가의 합계액이 4,800만원 이상인 사업자(종전규정 유지)

(4) 둘 이상의 사업장이 있는 사업자로서 그 둘 이상의 사업장의 직전 연도의 공급대가의 합계액이 8,000만원 이상인 사업자

(5) 신규사업자가 간이과세 적용신고를 한 경우에는 최초의 과세기간에는 간이과세자로 한다. 다만, 간이과세 배제대상 사업자인 경우는 제외된다.

2 납부세액 계산구조

1. 과세표준과 납부세액

(1) 과세표준

간이과세자의 과세표준은 해당 과세기간(1월 1일 ~ 12월 31일)의 공급대가이다.

간이과세자의 과세표준	공급대가(부가세 포함)
일반과세자의 과세표준	공급가액(부가세 별도)

(2) 계산구조

납부세액 = 공급대가 × 업종별 부가가치율 × 세율(10%, 0%)

〈업종별 부가가치율〉

업종 구분	부가율
소매업, 재생용 재료수집 및 판매업, 음식점업	15%
제조업, 농업, 임업 및 어업, 소화물 전문 운송업	20%
숙박업	25%
건설업, 그 밖의 운수업, 창고업, 정보통신업, 그 밖의 서비스업	30%
금융 및 보험 관련 서비스업, 전문, 과학 및 기술 서비스업(인물사진 및 행사용 영상 촬영업 제외) 사업시설관리, 사업지원 및 임대 서비스업, 부동산 관련 서비스업, 부동산임대업	40%

(3) 세액계산 흐름도

	과세표준	공급대가(부가세 포함)
×	업종별 부가가치율	15% ~ 40%
×	세 율	10%(0%)
=	납부세액	
−	공제세액	매입세금계산서(신용카드)등 수취 세액공제 신용카드매출전표등 발행 세액공제 전자신고 세액공제
−	예정부과세액	
+	가산세	
=	최종 납부세액	

2. 공제세액

(1) 매입세금계산서등 수취 세액공제

간이과세자가 다른 사업자로부터 세금계산서, 신용카드매출전표 등을 교부받아 매입처별 세금계산서 합계표 또는 신용카드매출전표등수령명세서를 사업장 관할 세무서장에게 제출하는 경우 다음의 금액을 납부세액에서 공제한다.

> 해당 과세기간에 세금계산서 등을 발급받은 재화와 용역의 공급대가 × 0.5%

(2) 신용카드매출전표등 발행 세액공제

부가가치세가 과세되는 재화나 용역을 공급하고 세금계산서가 아닌 신용카드매출전표등을 발급하는 경우에는 다음의 금액을 납부세액에서 공제한다.

> 신용카드매출전표등의 발급금액(부가세포함) × 1.3% (연간 한도액 1,000만원)

(3) 전자신고 세액공제

확정신고 시 1만원을 납부세액에서 공제한다.

(4) 공제세액의 한도

공제세액의 합계액이 각 과세기간의 납부세액을 초과하는 때에는 그 초과액은 없는 것으로 본다. 간이과세자는 환급세액이 발생하지 않는다.

3 신고와 납부

1. 예정부과와 납부

원칙 : 예정부과	• 원칙 : 사업장 관할 세무서장은 간이과세자의 예정부과기간(1월 1일 ~ 6월 30일)의 납부세액을 결정하여 예정부과기간이 끝난 후 25일 이내까지 징수한다. • 예정부과기간 납부세액 = 직전 과세기간 납부세액 × 50% • 징수할 금액이 50만원 미만인 경우 징수하지 않는다(소액부징수).
예외 : 신고납부	다음에 해당하는 경우에는 예정신고납부를 할 수 있다. • 휴업 또는 사업 부진으로 인하여 각 예정부과기간의 공급대가의 합계액 또는 납부세액이 직전 과세기간의 공급대가의 합계액 또는 납부세액의 1/3에 미달하는 자(선택규정) • 예정부과기간에 세금계산서를 발급한 간이과세자(강제규정)

2. 확정신고와 납부

확정신고기간	간이과세자의 과세기간 : 1월 1일 ~ 12월 31일
납부세액 계산	예정부과기간에 납부한 예정고지세액은 공제하여 납부한다.
제출서류	• 부가세 신고서 • 매출처별, 매입처별 세금계산서합계표의 제출 • 영세율첨부서류 제출

3. 납부의무면제

해당 과세기간(1년) 총 공급대가 합계액이 4,800만원 미만인 간이과세자는 납부세액이 면제된다. 만약 납부의무면제 간이과세자가 자진납부한 사실이 확인되면 관할 세무서장은 납부한 세액을 환급해야 한다. 다만, 일반과세자가 간이과세자로 변경되는 경우 납부세액에 더해야 할 재고납부세액은 납부해야 하며 가산세 중 미등록가산세는 부과한다.

4. 간이과세 포기제도

간이과세자가 간이과세 적용을 포기하고 일반과세자로 전환하려는 경우에는 적용받으려는 달의 전달의 말일까지 납세지 관할 세무서장에게 신고하여야 한다. 일반과세자로 적용된 날로부터 3년이 되는 날이 속하는 과세기간까지는 간이과세자의 규정을 적용받지 못하며, 이후 간이과세 적용을 받으려면 해당 적용받고자 하는 과세기간 개시 10일 전까지 신고한다.

5. 가산세

간이과세자도 세금계산서 발급의무 규정(4,800만원 이상 ~ 8,000만원 미만)이 적용되므로 일반과세자에게 적용되는 세금계산서 관련한 가산세 규정을 준용한다.

6. 일반과세자와 간이과세자 비교

구 분	일반과세자	간이과세자
적용 대상	• 법인사업자 • 개인사업자(간이과세자 외)	개인사업자 중 직전 연도 공급대가 8,000만원 미만인 자
배제 업종	배제업종 없음	배제업종 있음
과세표준	공급가액(부가세 별도)	공급대가(부가세 포함)
매출세액	공급가액 × 세율(10%, 0%)	공급대가 × 업종별부가율 × 세율(10%, 0%)
증빙 발급	세금계산서 발급 (단, 영수증발급대상자는 영수증을 발급해야 함)	세금계산서 발급 (단, 신규사업자와 직전 공급대가 4,800만원 미만은 제외)
매입세액 공제	매입세액 전액 공제	매입 공급대가 × 0.5%
대손세액 공제	대손세액 공제	–
의제매입세액 공제	의제매입세액 공제	–
신용카드매출전표 등 발행 세액공제	발행금액의 1.3% (개인사업자만 해당)	발행금액의 1.3% (간이과세자 = 개인사업자)
과세기간	• 1기 : 1.1 ~ 6.30 • 2기 : 7.1 ~ 12.31	1.1 ~ 12.31
예정신고(부과)기간	• 1기 : 1.1 ~ 3.31 • 2기 : 7.1 ~ 9.30	1.1 ~ 6.30
납부의무 면제	–	해당 과세기간 공급대가 4,800만원 미만인 경우 납부의무 면제 (재고납부세액과 미등록가산세는 제외)
과세 포기권	일반과세 포기 불가능	간이과세 포기 가능
환 급	환급 가능	환급 불가능

빈출 객관식문제

제7절 간이과세자

정답 및 해설 : p.29

01 **다음 중 부가가치세법상 간이과세자 적용 배제 업종이 아닌 것은?**

① 음식점업
② 광 업
③ 도매업(재생용 재료수집 및 판매업 제외)
④ 부동산매매업

02 **다음 중 부가가치세법상 간이과세자에 대한 설명으로 옳은 것은?**

① 직전 연도 재화와 용역의 공급가액의 합계액이 8,500만원에 미달하는 개인사업자를 말한다.
② 2021년 7월 1일 이후 재화 또는 용역을 공급하는 모든 간이과세자는 세금계산서 발급이 원칙이다.
③ 2021년 7월 1일 이후 모든 간이과세자는 전액 매입세액 공제할 수 있다.
④ 간이과세자는 과세사업과 면세사업 등을 겸영할 수 있다.

03 **다음 부가가치세법상 간이과세자에 대한 설명 중 틀린 것은?**

① 간이과세자에 대하여는 그 공급대가를 과세표준으로 한다.
② 간이과세자의 1기 과세기간은 1월 1일부터 6월 30일까지이다.
③ 간이과세자가 일반과세자에 관한 규정을 적용받으려는 경우에는 그 적용받으려는 달의 전달 마지막 날까지 세무서장에게 신고하여야 한다.
④ 간이과세자도 영세율이 아닌 한 부가가치세율은 10%를 적용한다.

04 **다음 중 부가가치세법상 간이과세자가 될 수 있는 사업자는?**

① 일반사업자로부터 사업에 관한 모든 권리와 의무를 포괄적으로 승계받아 양수한 개인사업자
② 전자세금계산서 의무발급 대상사업을 영위하는 개인사업자
③ 손해사정사업을 영위하는 개인사업자
④ 부동산임대업을 영위하는 개인사업자

05 다음은 부가가치세법상 간이과세제도에 대한 설명이다. 틀린 것은?

① 간이과세를 포기하고 일반과세자에 관한 규정을 적용받으려는 경우에는 일반과세를 적용받고자 하는 달의 전달 마지막 날까지 '간이과세포기신고서'를 제출하여야 한다.
② 간이과세를 포기하고 일반과세자가 되더라도 언제든지 간이과세자에 관한 규정을 적용받을 수 있다.
③ 당해 과세기간 공급대가가 4,800만원에 미달하는 경우 납부의무를 면제한다.
④ 간이과세자의 경우에도 세금계산서를 발행할 수 있다.

06 부가가치세법상 일반과세자와 간이과세자를 비교한 다음 내용 중 가장 옳지 않은 것은?

	항 목	일반과세자	간이과세자
①	납부의무면제	해당사항 없음	과세기간 공급대가가 4,800만원 미만인 경우
②	포기제도	포기제도 없음	간이과세자를 포기하고 일반과세자가 될 수 있음
③	영세율 적용	적용 가능	적용 가능
④	신용카드매출전표 등 수령한 매입세액 공제	공제가능	공제 불가능

07 다음 중 부가가치세법상 간이과세자에 대한 설명 중 틀린 것은?

① 간이과세자의 과세표준은 공급대가이다.
② 일반과세자인 부동산임대사업자가 신규로 음식점 사업을 하는 경우 간이과세자가 될 수 있다.
③ 간이과세자도 영세율을 적용받을 수 있다.
④ 간이과세자의 부가가치세율은 10%이다.

08 다음 중 현행 부가가치세법상 특징을 설명한 것 중 가장 틀린 것은?

① 간이과세자는 영세율을 적용받을 수 없다.
② 법인사업자는 신용카드매출이 있는 경우에도 신용카드매출전표 발행 세액공제를 받을 수 없다.
③ 간이과세자는 매입세액이 매출세액보다 많아도 환급이 발생하지 않는다.
④ 도매업은 간이과세자가 될 수 없다.

09 다음 중 일반과세자와 간이과세자의 비교 설명으로 틀린 것은?

① 일반과세자의 과세표준은 공급가액이다.
② 간이과세자의 과세표준은 공급대가이다.
③ 일반과세자는 매입세액이 매출세액보다 클 경우 환급세액이 발생할 수도 있다.
④ 간이과세자는 공제세액이 매출세액보다 클 경우 환급세액이 발생할 수도 있다.

10 **다음 중 부가가치세법의 내용으로 옳은 것은?**

① 음식점업을 영위하는 법인사업자는 의제매입세액 공제를 받을 수 없다.
② 주로 사업자가 아닌 자에게 재화 또는 용역을 공급하는 법인사업자는 신용카드매출전표 발급 등에 대한 세액공제를 적용받을 수 있다.
③ 개인사업자는 전자세금계산서 발급의무자이다.
④ 간이과세자의 과세기간에 대한 공급대가의 합계액이 4,800만원 미만인 경우에도 재고납부세액에 대하여는 납부의무가 있다.

소득세 2문항
출제분포도

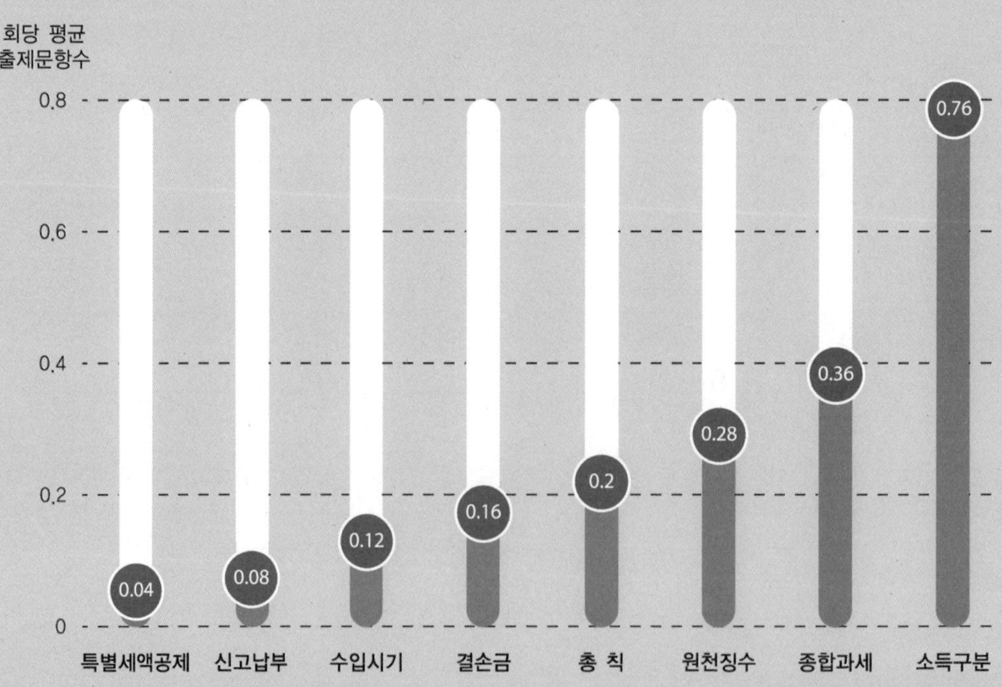

※ 최근 4~5년간 기출문제를 분석한 통계값입니다.

제3장 소득세

소득세 개념

01 소득세 기본개념

1 의의 및 특징

1. 소득세 의의

소득세는 소득을 담세력으로 삼아 부과하는 조세를 총칭하며, 개인이 얻는 소득에 대하여 부과하는 개인소득세(소득세)와 법인소득에 대해 부과하는 법인소득세(법인세)로 구분된다. 소득세는 개인의 소득에 대하여 누진세율 적용 등을 통해 응능부담의 원칙을 실현함으로써 각국의 세제에서 중추적인 지위를 차지하며 세수기여도가 높은 세목에 해당한다.

2. 소득세 특징

(1) 직접세

소득세는 조세를 납부하는 납세자와 조세를 부담하는 담세자가 동일한 직접세이다. 즉, 소득세는 소득이 있는 개인이 직접 자신의 소득에 대한 세금을 신고·납부하는 것이며, 본인이 자신의 소득세를 부담하게 된다.

(2) 부담능력에 따른 과세

소득세는 개인의 세금부담능력에 따라 과세되는 조세이다. 즉, 개인의 인적사항이 다르면 세금부담능력도 다르다는 것을 전제하는 것이며, 세금부담능력에 따른 과세를 위하여 소득세법에서는 각종 소득공제제도를 두고 있다.

(3) 열거주의 과세방법(단, 이자소득과 배당소득은 유형별 포괄주의)

과세소득을 규정하는 방식에 따라 포괄주의방식(순자산증가설)과 열거주의방식(소득원천설)이 있다. 우리나라의 소득세는 열거주의방식으로 과세하고 있으며 법인세는 포괄주의 방식으로 과세하고 있다.

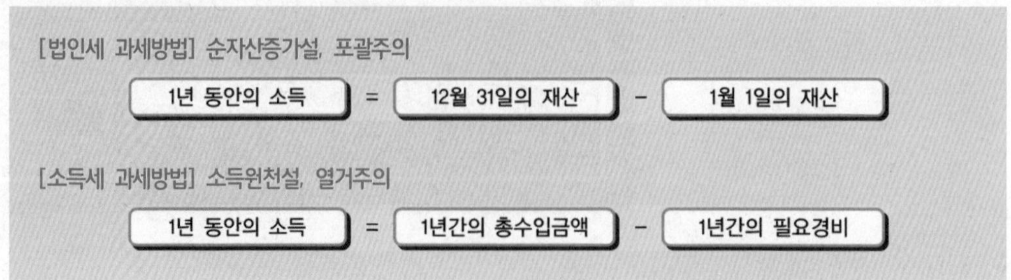

[법인세 과세방법] 순자산증가설, 포괄주의
1년 동안의 소득
=
12월 31일의 재산
-
1월 1일의 재산
[소득세 과세방법] 소득원천설, 열거주의
1년 동안의 소득
=
1년간의 총수입금액
-
1년간의 필요경비

우리나라 소득세법은 원칙적으로 소득원천설의 입장을 취하고 있다. 개인의 원천소득을 일일이 열거하고 있으며 열거된 소득(이자소득, 배당소득, 사업소득, 근로소득, 연금소득, 기타소득, 퇴직소득, 양도소득)에 대해서만 과세하고 열거되어 있지 않은 소득에 대해서는 과세하지 않는다. 예를 들어 상장사 주식의 매매차익 또는 작물재배업 소득 등이 열거되어 있지 않은 소득에 해당된다.

다만, 예외적으로 현행 소득세법은 이자소득과 배당소득의 경우에는 유사한 소득으로서 금전의 사용대가 및 수익분배 성격이 있는 것은 구체적인 법조문으로 나열하지 않아도 과세할 수 있도록 하기 위하여 유형별 포괄주의(순자산증가설)를 채택하고 있다. 이는 사회발전에 따라 발생하는 신종금융소득을 법 개정 없이도 포착하여 과세함으로써 과세기반을 확대하고 과세의 공평성을 높이기 위하여 도입된 것이다.

(4) 개인단위 과세제도

소득세법은 개인별 소득을 기준으로 과세하는 개인단위 과세제도를 원칙으로 하고 있다. 단, 예외적으로 가족이 공동으로 사업을 경영하는데 있어 지분 또는 손익분배비율을 허위로 정하는 등 법 소정 사유가 있는 경우에 한하여 합산과세를 하고 있다.

(5) 과세방법

소득세 과세대상 소득은 과세방법에 따라 종합소득과 분류소득으로 구분한다. 종합소득 과세방식은 소득의 원천이나 종류와 무관하게 모든 소득을 종합하여 누진세율로 과세하는 방식을 말한다. 다만, 종합소득 중 완납적 원천징수 대상이 되는 이자·배당·기타소득 등은 분리과세를 적용하여 종합과세하지 않고 원천징수함으로 과세를 종결한다. 또한 분류과세는 장기간에 걸쳐 소득이 집적·형성된 퇴직소득 및 양도소득을 대상으로 한다.

종합과세	종합과세는 소득(이자소득, 배당소득, 사업소득, 근로소득, 연금소득, 기타소득)을 일정한 기간을 단위로 합산하여 과세하는 방식을 말한다.
분류과세	분류과세는 퇴직소득과 양도소득에 대해서 적용되는 과세방법으로 다른 소득(6가지 소득)과 합산하지 않고 별도로 과세하는 방식을 말한다. 분류과세의 궁극적인 목적은 장기간에 걸쳐 발생한 소득이 일시에 실현되는 특징이 있어 해당 소득을 종합과세하여 누진세율을 적용하면 실현되는 시점에 부당하게 높은 세율을 적용받는 현상(결집효과)이 발생하는 것을 고려한 과세방식이다.
분리과세	분리과세란 모든 소득을 합산하여 하나의 과세표준과 세액으로 과세하는 종합과세와 달리, 종합소득과세표준에 합산하지 않고 원천징수세율에 의해 과세하고 납세의무가 종결되는 과세방식이다. 분리과세대상 소득에는 일정금액 이하 금융소득(이자·배당소득), 주택임대소득, 일용근로소득, 일정 연금소득, 복권 등 기타소득이 있다.

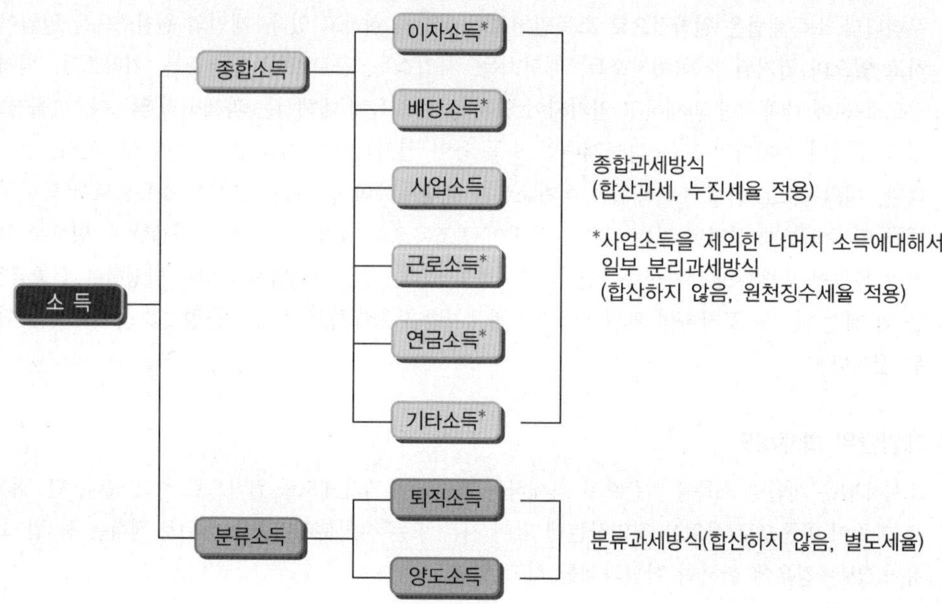

(6) 인적공제

소득세는 개인에게 과세되는 것이므로 개인의 인적사항이 다르면 부담능력도 다르다는 것을 고려하여 부담능력에 따른 과세를 채택하고 있다.

(7) 누진과세

개인의 세금부담능력(담세력)은 소득의 증가에 비례하여 누진적으로 증가하므로 소득세법은 누진과세를 채택하고 있다. 과세대상금액을 단계별로 구분하여 일정금액까지는 낮은 세율을 적용하고, 일정금액을 초과하는 금액에 대해서는 높은 세율을 적용하는데 이를 초과누진세율이라 한다. 누진세율을 적용하는 경우 소득이 많은 개인은 상대적으로 더 많은 세금을 납부하게 되므로 소득재분배의 효과가 있다. 우리나라는 개인의 소득에 대해 현행 8단계 초과누진세율을 적용하고 있다.

과세표준(8단계)	세 율	간편법
1,200만원 이하	과세표준 × 6%	과세표준 × 6%
1,200만원 초과 ~ 4,600만원 이하	72만원 + 1,200만원 초과분 × 15%	과세표준 × 15% - 108만원
4,600만원 초과 ~ 8,800만원 이하	582만원 + 4,600만원 초과분 × 24%	과세표준 × 24% - 522만원
8,800만원 초과 ~ 1억 5천만원 이하	1,590만원 + 8,800만원 초과분 × 35%	과세표준 × 35% - 1,490만원
1억 5천만원 초과 ~ 3억원 이하	3,760만원 + 1억 5천만원 초과분 × 38%	과세표준 × 38% - 1,940만원
3억원 초과 ~ 5억원 이하	9,460만원 + 3억원 초과분 × 40%	과세표준 × 40% - 2,540만원
5억원 초과 ~ 10억원 이하	1억 7,460만원 + 5억원 초과분 × 42%	과세표준 × 42% - 3,540만원
10억원 초과	3억 8,460만원 + 10억원 초과분 × 45%	과세표준 × 45% - 6,540만원

(8) 신고납세제도

소득세는 신고납세제도를 채택하고 있으므로 납세의무자의 확정신고로 과세표준과 세액이 확정된다. 납세의무자는 과세기간의 다음 연도 5월 1일 ~ 5월 31일까지 과세표준 확정신고를 함으로써 소득세가 확정되며 정부의 결정은 원칙적으로 필요하지 않다.

(9) 원천징수제도

원천징수란 상대방의 소득 또는 수입이 되는 금액을 지급할 때 이를 지급하는 자(원천징수의무자)가 그 금액을 받는 사람(납세의무자)이 납부해야 할 세금을 미리 떼어서 보관하고 있다가 그 다음 달 10일까지 정부에 대신 납부하는 제도를 말한다. 소득세의 납세의무자는 대부분 사업자가 아닌 자가 상당부분을 차지하고 있다. 따라서 세원의 탈루를 최소화하고 납세편의를 도모하기 위하여 소득세법은 원천징수제도를 시행하고 있다.

구분	내용
예납적 원천징수 (종합과세)	예납적 원천징수란 일단 소득을 지급하는 시점에 원천징수를 하되 추후 납세의무를 확정할 때 이를 다시 정산하는 방법을 말한다. 즉, 원천징수의 대상이 된 소득도 과세표준에 포함하여 세액을 계산한 후 원천징수된 세액은 기납부세액으로 공제받는 방식으로 근로소득자의 연말정산이 예납적 원천징수의 대표적인 예이다.
완납적 원천징수 (분리과세)	완납적 원천징수란 원천징수로써 별도의 확정신고 절차없이 당해 소득에 대한 납세의무가 종결되는 경우의 원천징수를 말한다. 분리과세대상소득의 경우 완납적 원천징수로 모든 납세의무가 종결되는 방식으로 복권당첨소득이 완납적 원천징수의 대표적인 예이다.

• 원천징수 O ─┬─ 완납적 원천징수 ------------ 분리과세
　　　　　　　└─ 예납적 원천징수 ─┐
　　　　　　　　　　　　　　　　　├------- 종합과세
• 원천징수 X ──────────────────┘

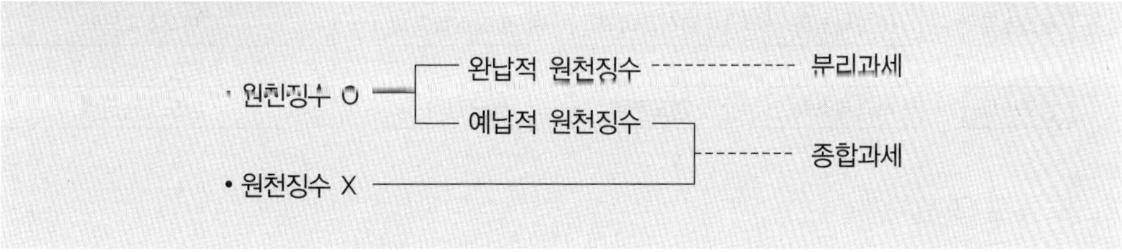

2 과세체계

1. 소득금액 계산구조

2. 소득세 과세체계

	종합소득		퇴직소득		양도소득
	종합소득금액		퇴직소득금액		양도소득금액
(−)	종합소득공제	(−)	퇴직소득공제	(−)	양도소득기본공제
=	종합소득과세표준	=	퇴직소득과세표준	=	양도소득과세표준
×	기본세율	×	기본세율(연분연승법 적용)	×	양도소득세율
=	종합소득산출세액	=	퇴직소득산출세액	=	양도소득산출세액
(−)	세액공제			(−)	세액공제
(−)	세액감면			(−)	세액감면
=	종합소득결정세액	=	퇴직소득결정세액	=	양도소득결정세액

3 과세요건

1. 납세의무자

납세의무자라 함은 법적으로 세금을 납부해야 하는 주체를 말한다. 원칙적으로 소득세를 납부해야 하는 납세의무자는 개인이다. 개인은 주소 또는 거소의 유무나 거주기간에 따라 거주자와 비거주자로 구분하는데, 이들 구분에 따라 과세대상소득의 범위가 달라진다.

거주자	**국내외 모든 소득에 대한 과세 → 무제한 납세의무** 거주자란 국내에 주소를 두거나 1과세기간 중 183일 이상의 거소를 둔 개인을 말한다. 따라서 외국인도 국내에 183일 이상 거소를 둔 경우에는 내국인과 똑같이 거주자에 해당하므로 거주자 여부를 판정할 때 국적 등은 고려요소가 아니다. 거주자는 소득의 원천을 묻지 않고 발생한 모든 국내외 소득에 대하여 납세의무를 지므로 무제한 납세의무자라 한다.
비거주자	**국내원천소득에 대한 과세 → 제한 납세의무** 비거주자는 거주자가 아닌 개인을 말한다. 비거주자는 소득원천이 국내에 있는 소득에 대해서만 납세의무를 지므로 제한 납세의무자라 한다. 다만, 국세기본법의 규정에 의하여 법인으로 보는 단체 외의 법인 아닌 단체는 그 단체를 개인(거주자 또는 비거주자)으로 보아 소득세 납세의무자가 된다.

2. 납세지

거주자의 납세지는 주소지로 한다. 다만, 주소지가 없는 경우에는 그 거소지로 하며, 개인사업자의 납세지도 사업장 소재지가 아닌 주소지이다. 단, 사업소득이 있는 거주자가 사업장 소재지를 납세지로 신청한 때에는 그 사업장 소재지를 납세지로 지정할 수 있다. 비거주자의 납세지는 국내사업장의 소재지로 하며, 국내사업장이 없는 경우에는 국내원천소득이 발생하는 장소로 한다. 만약 거주자나 비거주자는 납세지가 변경된 경우에는 변경된 날부터 15일 이내에 납세지변경신고서를 작성하여 그 변경 후의 납세지 관할 세무서장에게 신고하여야 한다. 이때 부가가치세법에 따른 사업자등록 정정신고를 한 경우에는 변경신고를 한 것으로 본다.

3. 과세기간

소득세법상 과세기간은 매년 1월 1일부터 12월 31일까지 1년이다. 개인은 선택에 따라 과세기간을 임의로 정할 수 없으며, 모든 개인은 동일한 과세기간이 적용된다. 다만, 예외로 납세의무자가 사망한 경우에는 1월 1일로부터 사망일까지, 주소 또는 거소를 이전한 출국 시에는 1월 1일부터 출국한 날까지를 과세기간으로 한다. 한편, 신규사업자 또는 폐업자는 1월 1일부터 12월 31일까지 1과세기간으로 하고 있는데, 이는 신규로 사업하기 전 또는 폐업 이후에도 과세대상이 되는 다른 소득이 있다면 합산과세하여야 하기 때문이다.

원 칙	1월 1일 ~ 12월 31일
예 외	• 거주자 사망한 경우 : 1월 1일 ~ 사망일 • 거주자 출국한 경우 : 1월 1일 ~ 출국일

빈출 객관식문제

제1절 소득세 개념(소득세 기본개념)

정답 및 해설 : p.30

01 **다음 중 소득세법에 관한 설명으로 옳지 않은 것은?**

① 소득세의 과세기간은 1월 1일 ~ 12월 31일을 원칙으로 하며, 사업자의 선택에 의하여 이를 변경할 수 없다.
② 사업소득이 있는 거주자의 소득세 납세지는 주소지로 한다.
③ 소득세법은 종합과세제도이므로 거주자의 모든 소득을 합산하여 과세한다.
④ 소득세의 과세기간은 사업개시나 폐업의 영향을 받지 않는다.

02 **다음 중 소득세법상 과세기간에 대한 설명으로 틀린 것은?**

① 일반적인 소득세의 과세기간은 1월 1일부터 12월 31일까지 1년으로 한다.
② 거주자가 사망한 경우의 과세기간은 1월 1일부터 사망한 날까지로 한다.
③ 폐업사업자의 사업소득의 과세기간은 1월 1일부터 폐업일까지로 한다.
④ 거주자가 주소 또는 거소를 국외로 이전하여 비거주자가 되는 경우의 과세기간은 1월 1일부터 출국한 날까지로 한다.

03 **다음 중 소득세법에 대한 설명으로 옳지 않은 것은?**

① 소득세 과세대상은 종합소득과 퇴직소득 및 양도소득이다.
② 소득세법상 납세의무자는 개인으로 거주자와 비거주자로 구분하여 납세의무의 범위를 정한다.
③ 소득세법은 열거주의 과세방식이나 이자소득, 배당소득, 연금소득 등은 유형별 포괄주의를 채택하고 있다.
④ 종합소득은 원칙적으로 종합과세하고 퇴직소득과 양도소득은 분리과세한다.

04 **다음 소득세법상 납세의무자에 대한 설명 중 옳지 않은 것은?**

① 소득세법상 거주자가 되려면 국내에 주소를 두거나 1년 이상 거소를 두어야 한다.
② 거주자는 국내외원천소득에 대한 납세의무가 있다.
③ 비거주자는 국내원천소득에 대한 납세의무가 있다.
④ 비거주자는 국외원천소득에 대한 납세의무가 없다.

05 **다음 중 소득세의 특징으로 옳지 않은 것은?**

① 소득세는 납세자와 담세자가 동일한 직접세에 해당한다.
② 소득세는 개인별 소득을 기준으로 과세하는 개인단위 과세제도를 원칙으로 한다.
③ 소득세의 과세방법에는 종합과세, 분리과세, 분류과세가 있다.
④ 소득세는 소득금액과 관계없이 단일세율을 적용한다.

06 **다음 중 소득세법에 대한 설명 중 올바른 것은?**

① 거주자의 종합소득에 대한 소득세는 해당 연도의 종합소득과세표준에 6% ~ 35%의 세율을 적용하여 계산한 금액을 그 세액으로 한다.
② 기타소득금액의 연간 합계액이 400만원 이하인 경우에는 종합과세와 분리과세를 선택할 수 있다.
③ 소득세법은 종합과세제도이므로 퇴직소득과 양도소득을 제외한 거주자의 그 밖의 모든 소득을 합산하여 과세한다.
④ 사업소득이 있는 자가 11월 30일에 폐업을 하여 그 이후 다른 소득이 없는 경우에도 소득세의 과세기간은 1월 1일부터 12월 31일까지로 한다.

07 **다음 중 소득세법에 대한 설명으로 옳지 않은 것은?**

① 소득세는 6가지의 종합소득과 퇴직소득 및 양도소득을 과세대상으로 하는 조세이다.
② 6가지의 종합소득은 원칙적으로 종합과세되고 일부는 분리과세되는 경우도 있다.
③ 소득세법은 포괄주의 과세방식이나 이자소득이나 배당소득은 유형별 열거주의를 채택하고 있다.
④ 퇴직소득과 양도소득은 분류과세한다.

08 **다음은 소득세에 관한 설명이다. 틀린 것은?**

① 종합과세와 분리과세를 병행하고 있다.
② 종합과세는 누진과세제도를 취하고 있다.
③ 법인격이 없는 단체의 소득은 법인으로 보지 않는 한 소득세법이 적용된다.
④ 소득세는 응익(應益)과세제도에 속한다.

09 **다음 중 소득금액 계산 시 실제 지출된 필요경비를 인정받을 수 있는 소득은?**

① 이자소득 ② 배당소득
③ 근로소득 ④ 기타소득

02 소득의 구분

1 이자소득과 배당소득

1. 이자소득

은행 등에 돈을 빌려 주고 일정 기간이 지나면 은행 등에서 자금을 사용한 대가로 이자를 지급하게 된다. 개인이 받게 되는 이자가 이자소득이 된다.

(1) 이자소득의 범위

① 국가・지방자치단체・내국법인・외국법인이나 외국법인의 국내지점 또는 국내영업소에서 발행한 채권 또는 증권의 이자와 할인액

② 국내 또는 국외에서 받는 예금(적금・부금・예탁금과 우편대체 포함)의 이자

③ 상호저축은행법에 따른 상호신용계 또는 신용부금으로 인한 이익

④ 환매조건부채권・증권의 매매차익

⑤ 단기 저축성보험의 보험차익

다만, 다음에 해당하는 보험차익은 과세를 제외한다.

- 계약기간 10년 이상, 납입보험료 1억원 이하인 저축성보험
- 매월 납입하는 월 150만원 이하의 저축성보험(순수보장성보험은 한도 제한 없음)
- 종신형 연금보험의 보험차익

⑥ 직장공제회 초과반환금

근로자가 퇴직이나 탈퇴로 인하여 그 규약에 따라 직장공제회로부터 받는 반환금에서 납입공제료를 차감한 금액으로 1999년 1월 1일 이후 가입분에 한한다.

⑦ 비영업대금의 이익

비영업대금이란 자금대여를 영업으로 하지 아니하고 일시적, 우발적으로 금전을 대여하는 것을 의미한다. 금융업(영업대금)에서 생긴 이익은 금융업의 '사업소득'으로 과세하지만, 비영업대금에서 생긴 이익은 '이자소득'으로 과세한다.

⑧ 위 ① ~ ⑦과 유사한 소득으로서 금전의 사용에 따른 대가의 성격이 있는 것

⑨ 위 ① ~ ⑧중 어느 하나에 해당하는 소득을 발생시키는 거래 또는 행위와 파생상품이 결합된 경우 해당 파생상품의 거래 또는 행위로부터의 이익

(2) 비과세 이자소득

① 공익신탁법에 따른 공익신탁의 이익

② 농어가목돈마련저축에서 발생하는 이자소득(2022년 12월 31일까지 가입분에 한함)

③ 개인종합자산관리계좌(ISA)에서 발생하는 금융소득(이자소득과 배당소득) 중 200만원까지의 금액(법 소정 요건 충족 시 400만원)

(3) 이자소득금액

이자소득은 필요경비를 인정하지 않으므로 이자소득 총수입금액이 이자소득금액이 된다.

이자소득금액 = 총수입금액(이자소득 − 비과세 − 분리과세)

(4) 이자소득 수입시기

소득세는 연도별로 과세소득을 산정하므로 특정한 총수입금액 또는 필요경비가 어떤 과세기간에 귀속되는지에 따라 과세소득 및 세액 크기에 큰 영향을 미치게 된다. 이자소득 및 배당소득은 소득세법에 별도 규정을 두고 있으므로 이에 따라 수입시기(귀속연도)가 결정된다.

구 분	수입시기
보통예금 · 정기예금 · 적금 또는 부금의 이자	• 원칙 : 실제로 이자를 지급받는 날 • 원본에 전입하는 뜻의 특약이 있는 이자 : 특약에 의하여 원본에 전입된 날 • 해약으로 인하여 지급되는 이자 : 그 해약일 • 계약기간을 연장하는 경우 : 그 연장하는 날
통지예금의 이자	인출일
채권의 이자, 할인액	• 무기명채권 : 그 지급을 받은 날 • 기명채권 : 약정에 의한 지급일
채권 또는 증권의 환매조건부 매매차익	약정에 의한 당해 채권 또는 증권의 환매수일(환매도일)과 실제로 환매수일(환매도일) 중 빠른 날
저축성보험의 보험차익	보험금 또는 환급금의 지급일. 다만, 기일 전에 해지하는 경우에는 그 해지일
직장공제회 초과반환금	약정에 의한 반환금의 지급일
비영업대금의 이익	약정에 의한 이자지급일과 실제 지급일 중 빠른 날
유사 이자소득 및 이자부상품 결합파생상품의 이자와 할인액	약정에 따른 상환일과 실제 상환일 중 빠른 날

2. 배당소득

배당소득은 개인이 주식 등에 투자하여 배당금으로 수령하는 금액을 말한다. 배당은 현금배당뿐만 아니라 물건으로 하는 현물배당, 주식으로 하는 주식배당 등이 있으며 지급 형태에 관계없이 모두 배당소득으로 본다.

(1) 배당소득의 범위

① 내국법인, 외국법인으로부터 받는 이익이나 잉여금의 배당 또는 분배금

② 법인으로 보는 단체로부터 받는 배당 또는 분배금

③ 의제배당

④ 법인세법에 따라 배당으로 처분된 금액(인정배당)

⑤ 국내 또는 국외에서 받은 집합투자기구로부터의 이익

⑥ 출자공동사업자의 배당소득

- 출자공동사업자 : 경영에 참여하지 않고 이익을 분배받는 소득 → '배당소득'으로 과세
- 공동사업자 : 경영에 참여하여 이익을 분배받는 소득 → '사업소득'으로 과세

⑦ 국제조세조정에 관한 법률 에 따라 특정외국법인의 배당가능한 유보소득 중 내국인이 배당 받은 것으로 간주배당

⑧ 동업기업과세특례에 따른 동업자의 배당소득

⑨ 위 ① ~ ⑧과 유사한 소득으로서 수익분배의 성격이 있는 것

(2) 비과세 배당소득

① 공익신탁법에 따른 공익신탁의 이익

② 개인종합자산관리계좌(ISA)에서 발생하는 금융소득(이자소득과 배당소득) 중 200만 원까지의 금액(법 소정 요건 충족 시 400만원)

(3) 배당소득금액

배당소득도 이자소득과 마찬가지로 필요경비를 인정하지 않는다. 다만, 이자소득과 달리 이중과세 조정대상이 되는 배당소득의 경우에 총수입금액(배당소득 - 비과세 - 분리과세)에 귀속법인세를 가산하여 배당소득금액을 산출한 후에 귀속법인세를 산출세액에서 세액으로 공제한다.

배당소득금액 = 총수입금액 + Gross-up

(4) 귀속법인세(Gross-up)제도

배당소득에 대하여는 법인단계에서 법인세가 과세되고 다시 주주단계에서 소득세가 과세되는데, 이것을 '배당소득 이중과세' 라고 한다. 현행 소득세법은 이러한 이중과세를 조정하기 위하여 Gross-Up 제도를 채택하고 있다. 주주단계에서 소득세를 과세할 때 해당 배당소득에 대해 과세된 법인세 상당액(귀속법인세)을 배당소득 총수입금액에 가산하여 소득세를 계산한 다음, 그 귀속법인세를 소득세 산출세액에서 배당세액공제를 해주는 방식이다.

배당소득 이중과세 조정 요건

요건 1. 내국법인으로부터 받은 배당소득이어야 한다.
요건 2. 법인단계에서 법인세가 과세된 소득을 재원으로 하는 배당소득이어야 한다.
(단, 주식발행초과금, 감자차익을 재원으로 하는 배당소득은 제외)
요건 3. 종합과세가 되는 배당소득이어야 한다.
요건 4. 기본세율이 적용되는 배당소득이어야 한다.

Gross-up금액 = Gross-up대상 배당소득 × 가산율(11%)

(5) 배당소득 수입시기

구 분	수입시기
실지배당	• 기명주식 이익배당 : 잉여금 처분결의일 • 무기명주식 이익배당 : 실제로 지급받은 날
의제배당	• 감자, 퇴사, 탈퇴 : 감자 결의일, 퇴사·탈퇴일 • 법인의 해산 : 잔여재산가액 확정일 • 법인의 합병, 분할 : 합병등기일, 분할등기일 • 잉여금의 자본전입 : 자본전입 결의일
인정배당	해당 사업연도의 결산확정일
집합투자기구로부터의 이익	실제 이익을 지급받거나, 원본에 전입하는 뜻의 특약이 있는 경우는 그 특약에 의하여 원본에 전입되는 날
출자공동사업자의 배당소득	과세기간 종료일
유형별 포괄주의 배당	실제 지급일

3. 금융소득 원천징수세율

소득 구분	원천징수세율
일반적인 금융소득(이자, 배당)	14%
온라인투자연계금융업자 통한 이자(P2P, Peer to Peer)	14%
직장공제회 초과반환금	기본세율
법원보증금 등에서 발생하는 이자소득	14%
비영업대금의 이익(이자소득)	25%
출자공동사업자 배당소득	25%
분리과세 신청한 장기채권 이자(2018년 이전 발행분에 한함)	30%
비실명 금융소득(이자, 배당)	42%(금융실명제 90%)
조세특례제한법에 따라 분리과세 되는 금융소득	9%, 15%, 25%

4. 금융소득 과세방법

개인이 받게 되는 이자소득과 배당소득은 대부분 분리과세로 납세의무를 종결하게 되는 경우가 대부분이다. 다만, 고소득자의 금융소득은 금액이 커서 일률적으로 분리과세를 적용할 경우 영세한 개인과의 세금부담 측면에 있어서 형평성의 문제가 제기될 수 있다. 따라서 금융소득이 2천만원 이하인 경우에는 해당 금융소득을 분리과세하고 금융소득이 2천만원을 초과하는 경우에는 초과분의 금융소득에 대해 종합과세하게 된다. 금융소득 종합과세는 이자소득과 배당소득을 종합소득에 합산하여 누진세율로 과세하는 제도이다.

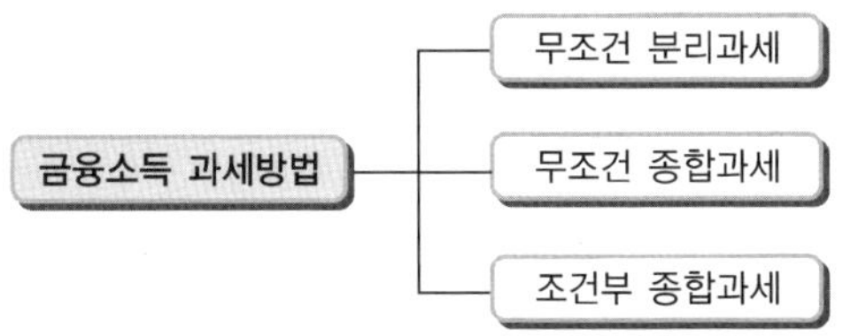

(1) 무조건 분리과세

① 직장공제회 초과반환금
② 비실명금융소득
③ 법원 보증금 등의 이자
④ 법인으로 보는 단체 외의 단체가 금융회사로부터 받는 이자 및 배당소득
⑤ 조특법 또는 분리과세 신청한 장기채권의 이자

(2) 무조건 종합과세

① 국내외에서 원천징수 되지 않은 금융소득
② 출자공동사업자의 배당소득

(3) 조건부 종합과세

(1)과 (2)를 제외한 금융소득으로서 해당 소득금액과 (2)의 무조건 종합과세대상 금융소득(출자공동사업자의 배당소득 제외)과의 합계금액이 2천만원을 초과하는 경우에 종합과세가 된다. 만일 무조건 종합과세대상 금융소득과 조건부 종합과세대상 금융소득금액의 합계액이 2천만원을 초과하지 않는다면 조건부 종합과세대상 금융소득은 원천징수로써 소득세 납세의무를 종결하는 분리과세가 적용된다.

① **무조건 종합과세대상 금융소득 + 조건부 종합과세대상 금융소득 > 2천만원**

② **무조건 종합과세대상 금융소득 + 조건부 종합과세대상 금융소득 ≤ 2천만 원**

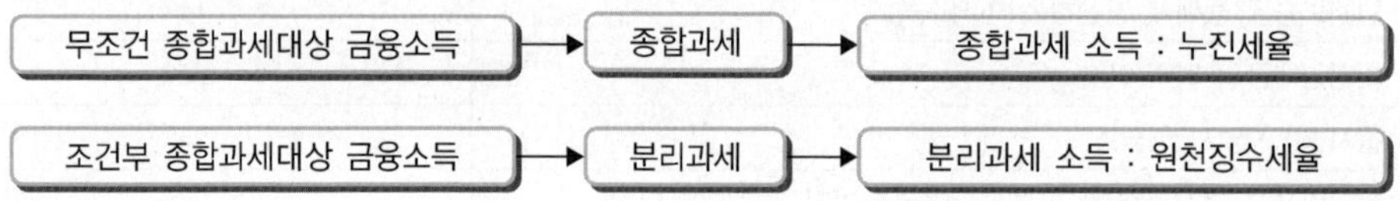

2 사업소득

1. 사업소득의 범위

사업소득은 개인이 사업을 함에 따라 발생하는 소득을 말한다. 사업이라 함은 자기의 계산과 위험 아래 영리 목적이나 대가를 받을 목적으로 독립적으로 경영하는 업무로서 계속적이고 반복적으로 행하는 것을 말한다.

(1) 사업소득의 범위

① 농업(단, 작물재배업 중 곡물 및 기타 식량작물 재배업은 제외)에서 발생하는 소득
② 임업 및 어업에서 발생하는 소득
③ 광업에서 발생하는 소득
④ 제조업에서 발생하는 소득
⑤ 전기, 가스, 증기 및 수도사업에서 발생하는 소득

⑥ 하수 및 폐기물 처리, 원료 재생업 및 환경 복원업에서 발생하는 소득
⑦ 건설업, 도매 및 소매업에서 발생하는 소득
⑧ 숙박 및 음식점업에서 발생하는 소득
⑨ 운수업에서 발생하는 소득
⑩ 출판, 영상, 방송통신 및 정보통신업에서 발생하는 소득
⑪ 금융 및 보험업에서 발생하는 소득
⑫ 부동산업 및 임대업에서 발생하는 소득
⑬ 교육서비스업, 사업시설관리 및 사업 지원 및 임대 서비스업에서 발생하는 소득
⑭ 전문, 과학 및 기술서비스업에서 발생하는 소득
⑮ 보건업 및 사회복지서비스업에서 발생하는 소득
⑯ 예술, 스포츠 및 여가 관련 서비스업에서 발생하는 소득
⑰ 협회 및 단체, 수리 및 기타 개인서비스업에서 발생하는 소득
⑱ 복식부기의무자가 차량 및 운반구 등 사업용 유형자산을 양도함으로써 발생하는 소득(다만, 양도소득(부동산 양도)에 해당하는 경우는 제외)
⑲ ①부터 ⑱까지의 규정에 따른 소득과 유사한 소득으로서 영리를 목적으로 자기의 계산과 책임하에 계속적이고 반복적으로 행하는 활동을 통하여 얻는 소득

과세 제외

- 작물재배업 중 곡물 및 식량작물 재배업
- 전문 과학기술서비스업 중 대가를 받지 않는 연구개발업
- 교육서비스업 중 유치원, 학교, 직업능력개발훈련시설, 노인 학교 등 교육사업
- 보건업, 사회복지서비스업 중 사회복지사업 및 장기요양사업
- 협회 및 단체 중 법정 협회 및 단체

부동산임대소득의 구분

① 부동산(옥상광고 등) 또는 부동산상의 권리를 대여하는 사업
  - 공익사업 아닌 지역권, 지상권 설정 대여소득 ➔ '사업소득'으로 과세
  - 공익사업 관련 지역권, 지상권 설정 대여소득 ➔ '기타소득'으로 과세

② 공장재단 또는 광업재단을 대여하는 사업
③ 광업권자·조광권자·덕대가 채굴시설과 함께 광산을 대여하는 사업

2. 비과세 사업소득

비과세 소득	비과세 범위
논·밭 임대소득	논·밭을 작물 생산에 이용하게 함으로써 발생하는 소득
작물재배업	작물재배업(곡물 및 식량작물 재배업 제외)에서 발생하는 소득으로서 수입금액 연 10억원 이하
농어가부업소득	농어민이 부업으로 영위하는 축산, 고공품제조, 민박, 음식물 판매, 특산물제조, 전통차제조 등 유사활동에서 발생하는 다음에 해당하는 소득 ① 농가부업규모의 축산에서 발생하는 소득 예 젖소 50마리, 돼지 700마리 등 ② ① 이외 소득으로서 소득금액 연 3,000만원 이하
주택임대소득	1개의 주택 소유자가 해당 주택(주택부수토지 포함)을 임대하고 받는 소득 (단, 고가주택과 국외 소재는 과세함) *고가주택 : 기준시가 9억원 초과하는 주택
전통주 제조소득	수도권 밖 읍·면지역에서 전통주를 제조함으로써 발생하는 소득으로서 소득금액 연 1,200만원 이하
산림소득	조림기간이 5년 이상인 임지의 임목의 벌채 또는 양도로 발생하는 소득 연 600만원 이하
어로어업소득	연근해어업과 내수면어업에서 발생 소득으로 소득금액 연 5천만원 이하

학습 PLUS

주택임대소득 과세여부

주택 보유	월 세	보증금(간주임대료)
1주택	비과세(9억 이하 국내 소재)	비과세
2주택	과 세	비과세
3주택	과 세	과세(비소형주택 3채 이상 소유 & 보증금 합계 3억 초과)

과세방법 (1) 주택임대소득 2천만원 이하 : 분리과세(선택)
(2) 주택임대소득 2천만원 초과 : 종합과세

3. 사업소득금액

사업소득금액은 해당 과세기간의 총수입금액에서 이에 소요된 필요경비를 공제한다. 사업소득금액은 일반적으로 법인의 각 사업연도 소득금액의 계산과 마찬가지로 기업회계에 따른 결산을 기초로 하여 소득금액을 계산한다. 즉, 손익계산서상의 당기순이익에 기업회계와 세법의 다른 점만을 조정하여 소득금액을 계산하게 된다.

사업소득금액 = 총수입금액(비과세소득 제외) − 필요경비

(1) 총수입금액

① 총수입금액 산입

- 매출액(매출환입·매출에누리·매출할인금액은 제외)
- 거래상대방으로부터 받는 장려금 기타 이와 유사한 성질의 금액
- 관세환급금 등 필요경비로 지출된 세액이 환입되었거나 환입될 경우에 그 금액
- 사업과 관련하여 무상으로 받은 자산과 채무의 면제로 인하여 발생하는 부채의 감소액
- 확정급여형퇴직연금제도의 보험차익과 신탁계약의 이익 또는 분배금
- 사업과 관련하여 해당 사업용 자산의 손실로 취득하는 보험차익
- 재고자산을 가사용으로 소비하거나 종업원 또는 타인에게 지급한 경우 해당 금액
- 사업자가 상환받거나 상환하는 외화자산·부채의 외환차익
- 복식부기의무자가 사업용 유형자산(기계, 차량 등)을 양도함으로써 발생하는 소득(단, 토지, 건물의 양도소득은 제외)
- 퇴직연금부담금을 필요경비에 산입한 사업자가 보험계약 해지로 귀속되는 금액
- 사업과 관련된 수입금액으로서 해당 사업자에게 귀속되었거나 귀속될 금액

② 총수입금액 불산입

- 소득세, 지방소득세를 환급받았거나 환급받을 금액 중 다른 세액에 충당한 금액
- 자산수증이익과 채무면제이익 중 이월결손금 보전에 충당된 금액
- 전년도부터 이월된 소득금액
- 자기가 생산한 제품을 자기가 생산하는 다른 제품의 원재료 등으로 사용된 금액
- 총수입금액에 따라 납부하였거나 납부할 개별소비세 및 주세 등 간접세
- 국세환급가산금, 지방세환급가산금, 그 밖의 과오납금의 환급금에 대한 이자
- 부가가치세 매출세액

(2) 필요경비

① 실제 필요경비 산입

실제 필요경비는 사업과 관련이 있어야 하며 법정증빙을 수취해야 하며 세법상 한도액을 초과한 경우에는 필요경비로 인정되지 않는다.

- 판매한 상품 등의 매입가격(매입에누리 및 매입할인금액 제외)과 그 부대비용
- 판매한 상품 등의 보관료, 포장비, 운반비, 판매장려금 등 판매관련 부대비용
- 종업원의 급여
- 사업용자산에 대한 수선비, 관리비와 유지비, 임차료, 손해보험료
- 복식부기의무자의 사업용 유형자산의 양도가액을 총수입금액에 산입한 경우 해당 사업용 유형자산의 양도 당시 장부가액
- 사업과 관련이 있는 제세공과금
- 근로자퇴직급여 보장법에 따라 사용자가 부담하는 부담금
- 국민건강보험법, 고용보험법, 노인장기요양보험법에 의해 사용자가 부담하는 보험료
- 국민건강보험법 및 노인장기요양보험법에 의한 직장가입자로서 사용자 본인의 보험료
- 단체순수보장성보험 및 단체환급부보장성보험의 보험료
- 사업 관련한 차입금의 지급이자
- 사업용 유형자산 및 무형자산의 감가상각비(한도범위 내)
- 자산의 평가차손
- 대손금(부가가치세법에 따른 대손세액 공제를 받지 아니한 것을 포함)
- 거래수량 또는 금액에 따라 지급하는 장려금 등
- 재해로 인하여 멸실된 것의 원가를 재해가 발생한 과세기간에 필요경비로 산입한 원가
- 종업원을 위하여 직장체육비·직장문화비·가족계획사업지원비·직원회식비 등

② 실제 필요경비 불산입
• 소득세와 지방소득세 • 벌금 · 과료와 과태료 • 국세징수법이나 그 밖에 조세에 관한 법률에 따른 가산금과 체납처분비 • 조세법률에 따른 징수의무의 불이행으로 인하여 납부하였거나 납부할 세액(가산세 포함) • 가사에 사용한 경비 • 감가상각비, 기부금, 접대비 중 상각범위액 및 한도액을 초과하는 금액 • 재고자산과 유가증권을 제외한 자산의 평가차손(다만, 파손 · 부패 등으로 정상가격에 판매할 수 없는 재고자산과 천재지변 등으로 인해 파손 또는 멸실된 고정자산의 장부가액을 감액한 금액 제외) • 반출하였으나 판매하지 아니한 제품에 대한 개별소비세 또는 주세의 미납액 • 부가가치세 매입세액 • 대표자의 급여 및 퇴직금 • 채권자가 불분명한 차입금의 이자와 차입금 중 건설자금에 충당한 금액의 이자 • 선급비용 • 업무무관 경비

4. 원천징수 및 과세방법

(1) 원천징수

대부분의 사업소득에 대해서는 원천징수를 하지 않는다. 다만, 일부 소득에 대해서는 소득을 지급하는 자에게 원천징수의무를 부여하고 있다.

사업소득	원천징수세율
원칙 : 대부분의 사업소득	–
• 의료보건용역, 면세인적용역	3%
• 봉사료 수입금액(공급가액의 20% 초과 봉사료)	5%
• 외국인 직업운동가(계약기간 3년 이하)	20%

(2) 과세방법

원 칙	대부분의 사업소득	무조건 종합과세
예 외	간편장부대상자(직전년도 수입금액 7,500만원 미만)인 음료수배달원, 방문판매원, 보험모집인으로 해당 사업소득만 있는 경우(연말정산 신청 시 과세종결)	연말정산(2월)
	주거용 건물임대업 총수입금액 연 2천만원 이하인 경우(분리과세 선택 시 과세종결)	분리과세 특례

3 근로소득

1. 근로소득의 구분

근로소득은 한시적으로 고용되어 근로를 제공한 날 또는 시간에 따라 근로 대가를 계산하는 일용근로소득과 그 외 상시근로자가 받는 일반근로소득으로 구분한다.

- 일반근로소득 → 매월 원천징수(간이세액표)한 후 연말정산에서 세액 결정
- 일용근로소득 → 원천징수로 납세의무 종료

2. 근로소득의 범위

근로소득이란 근로자가 고용계약에 의하여 종속적인 지위에서 근로를 제공하고 대가로 받는 모든 금품을 말한다.

(1) 근로소득에 포함되는 항목

① 기밀비 · 교제비, 기타 유사한 명목으로 업무를 위해 사용된 것이 분명하지 아니한 급여
② 종업원이 받는 공로금 · 위로금 · 개업축하금 · 학자금 · 장학금(종업원 자녀의 학자금 등) 등
③ 근로수당 · 가족수당 · 전시수당 · 물가수당 · 출납수당 · 직무수당 · 급식수당 · 주택수당 · 피복수당 등
④ 출자임원이 주택을 제공받음으로써 얻는 이익(≠다만, 비출자임원(소액주주임원 포함)과 종업원이 사택을 제공받음으로써 얻는 이익은 과세 제외)
⑤ 임직원이 주택의 구입 · 임차에 소요되는 자금을 저리, 무상으로 대여받아 얻는 이익(≠다만, 중소기업의 종업원은 과세 제외)
⑥ 기술수당 · 보건수당 및 연구수당, 그 밖에 이와 유사한 성질의 급여
⑦ 시간외근무수당 · 통근수당 · 개근수당 · 특별공로금 기타 이와 유사한 성질의 급여
⑧ 여비의 명목으로 받는 연액 또는 월액의 급여
⑨ 벽지수당 · 해외근무수당 기타 이와 유사한 성질의 급여
⑩ 「법인세법 시행령」에 따라 손금에 산입되지 아니하고 지급받는 임원의 퇴직급여
⑪ 휴가비 기타 이와 유사한 성질의 급여
⑫ 법인으로부터 부여받은 주식매수선택권을 당해 근무하는 기간 중 행사함으로써 얻은 이익(≠다만, 퇴직 전에 부여받고 퇴직 후에 행사하거나, 고용관계 없이 부여받아 행사함으로써 얻은 이익은 '기타소득'으로 과세)
⑬ 종업원이 계약자이거나 종업원 또는 그 배우자 기타의 가족을 수익자로 하는 보험 · 신탁 또는 공제와 관련하여 사용자가 부담하는 보험료 등으로 70만원 초과 금액(≠다만, 근로소득으로 보지 않는 연 70만원 이하의 단체순수보장성보험 등의 보험료 등은 제외)
⑭ 계약기간 만료 전 또는 만기에 종업원에게 귀속되는 단체환급부보장성보험의 환급금

(2) 근로소득으로 보지 아니하는 소득

① 사용자가 근로자의 업무능력향상 등을 위하여 연수기관 등에 위탁하여 연수를 받게 하는 경우에 근로자가 지급받는 교육훈련비
② 종업원이 출 · 퇴근을 위하여 차량을 제공받는 경우의 운임
③ 근로자에게 지급한 경조금 중 사회통념상 타당하다고 인정되는 금액
④ 퇴직급여로 지급되기 위하여 적립(근로자가 적립금액 등을 선택할 수 없는 것으로서 기획재정부령으로 정하는 방법에 따라 적립되는 경우에 한정)되는 급여

3. 비과세 근로소득

(1) 식사 또는 식사대

근로자가 제공받는 식사 기타 음식물과 식사 기타 음식물을 제공받지 않는 근로자가 받는 월 10만원 이하의 식사대에 대해서는 소득세를 비과세한다.

구 분		한 도
현물식사	사내급식 또는 이와 유사한 방법으로 제공받는 식사 기타 음식물	–
식사대	식사 및 기타 음식물을 제공받지 않고 받는 식사대 예 음식물을 제공받지 아니하고 식사대로 매월 15만원을 지급받는 경우 → 10만원 : 비과세, 5만원 : 과세 예 음식물을 제공받으면서 식사대로 매월 15만원을 지급받는 경우 → 15만원 : 전액 과세	월 10만원

(2) 생산직근로자가 받는 야간근로수당 등

생산직근로자(일용근로자 포함)가 근로기준법에 의한 연장시간근로·야간근로·휴일근로로 인하여 통상임금에 가산하여 지급받는 급여는 연간 240만원을 한도로 비과세된다.

적용 대상자	① **적용업종** • 공장 및 광산에서 근로를 제공하는 생산 및 생산관련 종사자 • 어업을 영위하는 자에게 고용되어 근로를 제공하는 자(선장은 제외) • 돌봄서비스 종사자, 운전 및 운송 관련직 종사자, 운송·청소·경비 관련 단순 노무직 종사자, 미용관련 서비스 종사자, 숙박시설 서비스 종사자, 조리 및 음식 서비스직 종사자, 매장 판매 종사자, 통신 관련 판매직 종사자, 음식·판매·농림·어업·계기·자판기·주차관리 및 기타 서비스 관련 단순 노무직 종사자 등 ② **소득요건** 월정액급여 210만원 이하 & 직전 과세기간 총급여액이 3,000만원 이하인 해당 업종의 근로자 월정액급여 = 급여총액 – 상여 등 부정기적인 급여 – 실비변상적 성격의 비과세급여 – 복리후생적 성격의 비과세급여 – 야간근로수당 등
비과세 한도	• **광산근로자, 일용근로자** : 전액 비과세 • **이외 생산직근로자 등** : 연 240만원 비과세

(3) 실비변상적인 성질의 급여

구 분	한 도
일직, 숙직료 또는 여비로서 실비변상정도의 지급액	–
자가운전보조금 : 종업원의 소유차량(본인 명의로 임차한 차량 포함)을 종업원이 직접 운전하여 사용자의 업무수행에 이용하고 시내출장 등에 소요된 실제여비를 받는 대신에 그 소요경비를 해당 사업체의 규칙 등에 의하여 정해진 지급기준에 따라 받는 자가운전보조금	월 20만원
제복을 착용해야 하는 자가 받는 제복·제모·제화 등의 현물제공	–

선원법의 규정에 의한 선원이 받는 승선수당	월 20만원
선원법의 규정에 의하여 받는 식료	–
경찰공무원이 받는 함정근무수당·항공수당 및 소방공무원이 받는 함정근무수당·항공수당·화재진화수당	월 20만원
광산근로자가 받는 입갱수당 및 발파수당	–
연구보조비 또는 연구활동비 : 유아교육법, 초중등교육법, 고등교육법에 따른 학교, 특별법에 따른 교육기관 포함한 교육기관의 교원, 특정연구기관, 정부출연연구기관에서 연구활동을 지원하는 자, 중소기업, 벤처기업에서 연구활동에 직접 종사하는 자가 받는 연구보조비 또는 연구활동비	월 20만원
국가 또는 지방자치단체가 보육교사의 처우개선을 위하여 지급하는 근무환경개선비, 사립유치원 수석교사의 인건비, 전문과목별 전문의의 수급 균형을 유도하기 위하여 전공의에게 지급하는 수련보조수당	–
방송, 뉴스, 신문사 등의 기자가 받는 취재수당	월 20만원
근로자가 벽지에 근무함으로 인하여 받는 벽지수당	월 20만원
근로자가 천재·지변 및 기타 재해로 인하여 받는 급여	–
수도권 외의 지역으로 이전하는 공공기관의 소속 공무원이나 직원에게 한시적으로 지급하는 이전지원금	월 20만원

(4) 복리후생적 급여

① 비출자임원, 소액주주 임원, 임원이 아닌 종업원, 국가·지방자치단체로부터 근로소득을 지급받는 사람이 사택을 제공받음으로써 얻는 이익

② 중소기업 종업원이 주택(주택에 부수토지 포함)의 구입·임차에 소요되는 자금을 저리 또는 무상으로 대여받음으로써 얻는 이익

구 분	출자임원	비출자임원	종업원
사택제공이익	과 세	비과세	비과세
주택자금 대여이익	과 세	과 세	과 세 (단, 중소기업은 비과세)

③ 종업원이 계약자이거나 종업원 또는 그 배우자 및 기타의 가족을 수익자로 하는 보험, 신탁 또는 공제와 관련하여 사용자가 부담하는 보험료·신탁부금 또는 공제부금 중 다음의 보험료 등

- 단체순수보장성보험과 단체환급부보장성보험의 보험료 중 연 70만원 이하의 금액
- 임직원의 고의(중과실 포함) 외의 업무상 행위로 인한 손해의 배상청구를 보험금의 지급사유로 하고 임직원을 피보험자로 하는 보험의 보험료

④ 공무원이 국가 또는 지방자치단체로부터 공무 수행과 관련하여 받는 상금과 부상 중 연 240만원 이내의 금액

(5) 국외근로소득

구 분	한 도
원양어업 선박, 국외 등을 항행하는 선박, 국외(북한 포함) 등의 건설현장 등에서 근로를 제공하고 받는 경우	월 300만원
위 외의 국외에서 근로를 제공하고 받는 경우	월 100만원

(6) 그밖의 비과세 근로소득

구 분	한 도
근로의 제공으로 인한 부상·질병·사망과 관련하여 근로자나 그 유가족이 받는 연금과 위자료의 성질이 있는 급여	–
국민연금법에 의한 노령연금·장해연금·유족연금과 반환일시금	–
고용보험법에 따라 받는 실업급여, 육아휴직 급여, 육아기 근로시간 단축 급여, 출산전후휴가 급여, 배우자 출산휴가 급여 등	–
국민건강보험법, 고용보험법, 국민연금법, 공무원연금법 등에 의하여 국가·지방자치단체 또는 사용자가 부담하는 부담금	–
공무원연금법 등에 의한 퇴직자·사망자의 유족이 받는 급여	–
육아수당 : 근로자 또는 그 배우자의 출산이나 6세 이하 자녀의 보육과 관련하여 사용자로부터 받는 출산·자녀보육수당	월 10만원
근로자 본인의 학자금(입학금·수업료 기타 공납금)으로 요건 충족 시 ㉠ 업무와 관련있는 교육·훈련일 것 ㉡ 회사의 지급기준에 따라 받을 것 ㉢ 교육·훈련기간이 6개월 이상인 경우 교육·훈련 후 해당 교육기간을 초과하여 근무하지 않는 경우 반환하는 조건일 것	–
대학생이 근로를 대가로 지급받는 근로장학금	
종업원, 대학 교직원, 학생이 받는 직무발명보상금	연 500만원

4. 근로소득금액

(1) 근로소득금액 계산

근로소득의 경우 수입에 대응되는 필요경비를 입증하는 증명서류를 갖추기 어려워 총급여액을 기준으로 법에서 정한 금액을 근로소득공제 형식으로 필요경비를 인정한다. 만약 2곳 이상에서 급여를 지급받는 때에는 주된 근무지에서 합하여 계산하며, 근로기간이 1년 미만이라 하더라도 근로소득공제는 월할 계산하지 않으며 연간 한도는 2,000만원이다.

근로소득금액 = 총급여액(비과세소득 제외) – 근로소득공제

(2) 근로소득공제 (한도 연 2,000만원)

총급여액	근로소득공제액
500만원 이하	총급여액 × 70%
500만원 초과 ~ 1,500만원 이하	350만원 + (총급여액 − 500만원) × 40%
1,500만원 초과 ~ 4,500만원 이하	750만원 + (총급여액 − 1,500만원) × 15%
4,500만원 초과 ~ 1억원 이하	1,200만원 + (총급여액 − 4,500만원) × 5%
1억원 초과	1,475만원 + (총급여액 − 1억원) × 2%

5. 근로소득 수입시기

구 분	수입시기
급 여	근로를 제공한 날
잉여금 처분에 의한 상여	해당 법인의 잉여금처분결의일
인정상여	해당 사업연도 중 근로를 제공한 날
주식매수선택권	주식매수선택권을 행사한 날
근로소득으로 보는 임원퇴직소득 한도초과액	지급받거나 지급받기로 한 날

6. 일용직 근로소득

(1) 일용근로자 범위

일용근로자란 동일한 고용주에게 3월(건설공사 종사자는 1년) 미만 근로를 제공하면서 근로를 제공한 날 또는 시간의 근로성과에 따라 급여를 계산하여 받는 자를 말한다.

(2) 일용근로자 과세방법

원천징수의무자가 일용근로자에게 근로소득을 지급하는 때에는 일급여액에서 150,000원을 공제한 금액에 2.7%(원천징수세율 6%에서 근로소득세액공제 55%를 공제)의 세율을 적용하여 계산한 금액을 소득세로 원천징수한다. 일용근로자는 급여지급 시 원천징수를 함으로써 완납적 원천징수가 되므로 연말정산을 하지 않는다.

		금액
	일 급	200,000원
(−)	근로소득공제 (일 15만원)	150,000원
(=)	과 세 표 준	50,000원
(×)	세 율 (6%)	
(=)	산 출 세 액	3,000원
(−)	근로소득세액공제 (산출세액×55%)	1,650원
(=)	소 득 세	1,350원

• 간편식 : (200,000원 − 150,000원) × 2.7% = 1,350원
• 소액부징수 : 결정세액이 1,000원 미만인 경우 원천징수하지 않음
→ 일당 187,000원(결정세액 999원) 이하

7. 원천징수 및 과세방법

(1) 원천징수의무자

국내에서 거주자나 비거주자에게 근로소득을 지급하는 자는 그 거주자나 비거주자에 대한 소득세를 원천징수하여야 하며, 이 경우 원천징수 및 납부를 해야 하는 자를 원천징수의무자라 한다(원천징수의무자 : 국가, 법인 및 개인사업자, 비사업자(개인) 포함).

(2) 원천징수 및 과세방법

매월분의 일반근로소득에 대한 세율을 적용함에 있어서는 일반근로소득 간이세액표를 적용하여야 한다(다만, 근로자가 간이세액표에 따른 세액의 80% 또는 120%를 선택한 경우에는 신청한 비율을 적용함).

구 분	원천징수	과세방법
일반근로소득	간이세액표에 의한 예납적 원천징수	무조건 종합과세 (단, 근로소득만 있는 경우 연말정산으로 과세종결)
일용근로소득	(일급 - 15만원) × 6% 완납적 원천징수	무조건 분리과세

예제

한시대씨의 20×1년 급여내역이 다음과 같을 때 총급여액과 근로소득금액을 구하시오.

① 급 여	30,000,000원	
② 상 여	8,000,000원	
③ 직책수당	1,000,000원	
④ 식사대	1,560,000원	월 130,000원, 별도의 식사를 제공받지 않음
⑤ 차량유지비	3,000,000원	월 250,000원, 종업원의 소유 차량을 업무수행에 이용하고 그에 소요된 실제 비용을 지급받지 않음
⑥ 육아수당	1,200,000원	월 100,000원, 만 6세 이하의 자녀보육수당
합 계	44,760,000원	

정답 및 해설

근로소득 - 비과세소득 = 총급여액(과세급여) 총급여액이란 비과세소득을 제외한 금액

근로소득	44,760,000원		
(−) 비과세소득	4,800,000원	• 식사대	1,200,000원(월 10만원 × 12월)
		• 자가운전보조금	2,400,000원(월 20만원 × 12월)
		• 육아수당	1,200,000원(월 10만원 × 12월)
= 총급여액	39,960,000원		
(−) 근로소득공제	11,244,000원	7,500,000원 + (39,960,000원 − 15,000,000원) × 15%	
= 근로소득금액	28,716,000원		

4 연금소득

1. 연금소득의 종류

일정 기간 기여금을 납입하여 퇴직, 노령, 장애 등의 이유로 본인 등에게 매년 일정금액을 지급하는 사회보장제도를 연금이라고 한다. 소득세법상 연금소득은 공적연금과 사적연금으로 나뉜다.

(1) 공적연금소득(2002년 1월 1일 이후 불입분)

공적연금 관련법(국민연금법, 공무원연금법, 군인연금법, 사립학교교직원 연금법, 별정우체국법 등)에 따라 연금으로 지급받는 금액을 공적연금소득으로 과세한다. 다만, 2002년 1월 1일 이후에 불입하여 소득공제를 받은 공적연금을 수령 시 과세하므로 이전 불입분은 과세대상이 아니다.

(2) 사적연금소득

연금계좌에서 연금으로 지급받는 금액을 사적연금소득으로 과세한다.

- 연금저축계좌 : 연금저축이라는 명칭으로 설정하는 계좌
- 퇴직연금계좌 : 확정기여형퇴직연금계좌(DC), 개인형퇴직연금계좌(IRP), 과학기술인공제회법에 따른 퇴직연금, 중소기업퇴직연금을 지급받기 위하여 설정하는 계좌

2. 비과세 연금소득

유족연금, 장애연금, 장해연금, 상이연금, 연계노령유족연금, 연계퇴직유족연금, 산업재해보상보험법에 따라 받는 각종 연금, 국군포로가 받는 연금 등의 연금소득에 대해서는 비과세소득으로 규정한다.

3. 연금소득 과세체계

공적연금과 사적연금은 연금으로 수령하는 경우에 연금소득으로 과세한다. 단, 아래의 경우에는 퇴직소득 또는 기타소득으로 과세된다.

① 원천징수되지 아니한 이연퇴직소득을 연금외수령 : 퇴직소득으로 과세

② 소득·세액공제를 받은 연금계좌 납입액을 연금외수령 : 기타소득으로 과세

③ 연금계좌의 운용실적에 따라 증가된 금액을 연금외수령 : 기타소득으로 과세

구 분	공적연금 (2002.1.1 이후)	사적연금
납입 시점	소득공제 : 연금보험료 전액	세액공제 : 납입한도액의 12%(15%)
	⇓	⇓
수령 시점	연금수령 : 연금소득 과세	연금수령 : 연금소득 과세
	연금외수령 : 퇴직소득 과세	연금외수령 : 퇴직소득 또는 기타소득 과세

4. 연금소득금액

연금소득금액 = 총연금액(비과세소득 제외) − 연금소득공제

총연금액	연금소득공제액
350만원 이하	총연금액
350만원 초과 ~ 700만원 이하	350만원 + (총연금액 − 350만원) × 40%
700만원 초과 ~ 1,400만원 이하	490만원 + (총연금액 − 700만원) × 20%
1,400만원 초과	630만원 + (총연금액 − 1,400만원) × 10%

※ 연금소득공제 한도 900만원

5. 원천징수 및 과세방법

구 분	원천징수	과세방법
공적연금	연금소득 간이세액표	원칙 : 무조건 종합과세 (단, 공적연금만 있는 경우 연말정산(1월 말)으로 과세종결)
사적연금	① **연금소득자 나이** 70세 미만: 5% 70세 이상 ~ 80세 미만: 4% 80세 이상: 3% ② **종신계약 연금소득** : 4% ③ **이연퇴직소득 연금수령** : 연금외수령 원천징수세율의 70% (실제수령연차 10년 초과 60%)	원칙 : 무조건 종합과세 (단, 사적연금만 연 1,200만원 이하의 경우 분리과세 선택하여 과세종결) 예외 : 무조건 분리과세(요건충족) • 이연퇴직소득 연금수령 시 • 부득이한 인출(천재지변 등)요건 갖추어 연금계좌에서 인출하는 경우

6. 연금소득 수입시기

구 분	수입시기
공적연금소득	연금을 지급받기로 한 날
연금계좌에서 연금형태로 인출하는 연금소득	연금을 수령한 날
그 밖의 연금소득	연금을 지급받은 날

5 기타소득

1. 기타소득의 범위

기타소득은 이자소득·배당소득·사업소득·근로소득·연금소득·퇴직소득 및 양도소득 외의 소득으로 과세대상으로 열거한 소득을 말한다. 즉, 고용관계 없는 개인의 일시적이고 우발적인 소득을 기타소득으로 열거하고 있다.

구 분	열거된 기타소득
상 금	상금·현상금·포상금·보로금 또는 이에 준하는 금품
복권 당첨금 등	• 복권·경품권 기타 추첨권에 의하여 받는 당첨금품 • 사행행위 등 규제 및 처벌특례법에서 규정하는 행위에 참가하여 얻은 재산상의 이익 • 한국마사회법에 따른 승마투표권, 경륜·경정법에 따른 승자투표권, 전통소싸움경기에 관한 법률에 따른 소싸움경기투표권 및 국민체육진흥법에 따른 체육진흥투표권의 구매자가 받는 환급금
자산 등의 양도·대여·사용의 대가	• 저작자 또는 실연자·음반제작자·방송사업자 외의 자가 저작권 또는 저작인접권의 양도·사용의 대가로 받는 금품 • 영화필름, 라디오·텔레비전방송용 테이프 또는 필름 등의 자산이나 권리의 양도·대여·사용의 대가로 받는 금품 • 광업권·어업권·산업재산권·상표권·영업권·점포임차권 이와 유사한 자산이나 권리를 양도하거나 대여하고 그 대가로 받는 금품 • 물품·장소를 일시적으로 대여하고 사용료로 받는 금품 • 통신판매중개업자를 통해 물품 또는 장소를 대여하고 연간 수입금액 500만원 이하의 사용료로 받는 금품 • 공익사업 관련하여 지역권·지상권의 설정·대여로 받는 금품
보상금 등 우발적인 소득	• 계약의 위약이나 해약으로 인하여 받는 위약금과 배상금 등 • 유실물의 습득 또는 매장물의 발견으로 인하여 보상금을 받거나 새로 소유권을 취득하는 경우의 보상금 또는 자산 • 거주자·비거주자·법인의 특수관계인이 특수관계로 인하여 당해 거주자·비거주자·법인으로부터 받는 경제적 이익으로 급여·배당 또는 증여로 보지 아니하는 금품 • 슬롯머신, 투전기, 기타 이와 유사한 기구를 이용하는 행위에 참가하여 받는 당첨금·배당금 등의 금품
인적용역 소득	• 문예·학술·미술·음악 또는 사진에 속하는 창작품에 대한 원작자로서 받는 소득 (원고료, 저작권 사용료인 인세, 미술·음악 또는 사진에 속하는 창작품에 대하여 받는 대가) • 재산권에 관한 알선수수료 • 인적용역을 일시적으로 제공하고 받는 대가 ① 고용관계 없이 다수인에게 강연을 하고 강연료 등 대가를 받는 용역 ② 라디오·텔레비전 방송 등을 통하여 해설·계몽·연기의 심사 등을 하고 보수 등의 대가를 받는 용역 ③ 변호사·공인회계사·세무사·건축사 등 그 밖의 전문적 지식이나 특별한 기능을 가진 자가 그 지식 등을 활용하여 보수 등 대가를 받고 제공하는 용역 ④ 그 밖에 고용관계 없이 수당 또는 이와 유사한 성질의 대가를 받고 제공하는 용역
서화·골동품	서화·골동품의 양도로 발생하는 소득(2013.1.1.이후 거래분)으로서 개당 또는 점당 양도가액이 6천만원 이상인 것(단, 양도일 현재 생존한 국내 원작자의 작품 제외)

기 타	• 사례금 • 소기업·소상공인 공제부금의 해지일시금 • 법인세법 기타소득으로 처분된 소득 • 세액 공제받은 연금계좌 납입액 등을 연금외수령한 소득 • 퇴직 전에 부여받은 주식매수선택권을 퇴직 후에 행사 하거나, 고용관계 없이 주식매수선택권을 부여받아 이를 행사함으로써 얻는 이익 • 퇴직 후 받는 직무발명보상금 • 뇌 물 • 알선수재 및 배임수재에 의하여 받는 금품 • 종교관련종사자가 종교의식을 집행하는 등 종교관련종사자로서의 활동과 관련하여 종교단체로부터 받은 소득(단, 종교인 소득을 근로소득으로 신고납부 가능)

2. 기타소득금액

(1) 기타소득금액

기타소득의 원천징수는 기타소득금액(총수입금액 - 필요경비)에 원천징수세율(대부분 20%)을 적용하도록 규정하고 있다. 기타소득은 대부분 일시적, 우발적 소득이므로 원천징수 방법으로 납세의무가 이행된 후 소득을 받은 자가 종합소득에 포함할지 여부를 결정하여 자진하여 신고 납부하는 제도가 있다. 따라서 기타소득은 필요경비를 구분하는 것이 매우 중요하다.

기타소득금액 = 총수입금액(비과세소득 제외) - 필요경비

(2) 비과세 기타소득

① 국가유공자 등 예우 및 지원에 관한 법률, 보훈보상대상자 지원에 관한 법률에 따라 받는 보훈급여금·학습보조비 및 북한이탈주민의 보호 및 정착지원에 관한 법률에 따라 받는 정착금·보로금과 그 밖의 금품

② 국가보안법에 따라 받는 상금과 보로금

③ 상훈법에 따른 훈장과 관련하여 받는 부상, 그 밖에 대통령령으로 정하는 상금과 부상

④ 종업원등과 대학의 교직원이 퇴직한 후에 받는 직무발명보상금으로 500만원 이하의 금액

⑤ 국군포로의 송환 및 대우 등에 관한 법률에 따라 국군포로가 받는 위로지원금과 금품 등

⑥ 문화재보호법에 따라 국가지정문화재로 지정된 서화·골동품의 양도로 발생하는 소득

⑦ 서화·골동품을 박물관 또는 미술관에 양도함으로써 발생하는 소득(점당 양도가액 6,000만원 이하)

(3) 필요경비

기타소득의 필요경비도 적정한 증빙을 갖추어야만 적정비용으로 인정된다. 다만, 다음의 경우에는 수입금액에 대응되는 필요경비의 증빙을 갖추기가 현실적으로 어려우므로 증빙이 없더라도 예외적으로 총수입금액의 추정비율만큼을 비용으로 인정한다. 또한 실제 소요된 필요경비가 추정 필요경비 인정금액을 초과하면 그 초과하는 금액을 필요경비에 산입한다.

필요경비 공제액	해당 기타소득
MAX[90%추정, 실제]	• 점당 6,000만원 이상인 서화 · 골동품의 양도로 발생하는 소득(단, 양도일 현재 생존해 있는 국내원작자의 작품은 제외) – 90%(양도가액 1억 이하이거나, 양도가액 1억 초과하고 보유기간 10년 이상인 경우) – 80%(양도가액 1억 초과인 경우)
MAX[80%추정, 실제]	• 위약금, 배상금 중 주택입주 지체상금 • 공익법인이 주무관청의 승인을 얻어 시상하는 상금과 대회에서 입상을 하고 받는 상금과 부상 • 다수가 순위경쟁하는 대회에서 입상자가 받는 상금과 부상
MAX[60%추정, 실제]	• 일시적인 인적용역 제공의 대가 • 일시적인 문예창작소득 • 광업권 · 어업권 · 산업재산권 등 권리를 양도, 대여하고 받는 금품 • 공익사업과 관련된 지역권 · 지상권을 설정, 대여하고 받는 금품 • 통신판매중개를 하는 자를 통하여 물품 또는 장소를 대여하고 연 500만원 이하의 사용료로 받은 금품(초과 시 전액 사업소득)
실제 필요경비	• 이외 모든 기타소득 • 승마투표권 · 승자투표권 등의 구매자에게 지급하는 환급금은 그 구매자가 구입한 적중된 투표권의 단위투표금액 • 슬롯머신 등을 이용하는 행위에 참가하고 받는 당첨금품 등은 그 당첨금품 등의 당첨 당시에 슬롯머신 등에 투입한 금액

3. 원천징수 및 과세방법

원천징수세액 = 기타소득금액(총수입금액 − 필요경비) × 원천징수세율

(1) 원천징수세율

구 분	원천징수세율
일반적인 기타소득	20%
복권 당첨금과 승마투표권 등의 구매자가 받는 환급금, 슬롯머신 당첨금품등의 소득금액	20% (3억 이하분)
	30% (3억 초과분)
연금계좌에서 연금외수령하여 기타소득으로 과세하는 경우(세액공제를 받은 연금납입액, 연금계좌의 운용실적에 따라 증가된 금액)	15%

(2) 과세방법

기타소득은 종합과세하는 것이 원칙이다. 다만, 예외적으로 분리과세되는 기타소득이 있다.

구 분	과세방법
뇌물, 알선수재 및 배임수재에 의하여 받는 금품	무조건 종합과세
• 복권 당첨금 등 • 연금계좌에서 연금외수령한 기타소득 • 서화·골동품의 양도로 발생하는 소득	무조건 분리과세
위 소득을 제외한 기타소득금액이 300만원 이하인 경우	선택적 분리과세

(3) 과세최저한

다음에 해당하는 경우에는 소득세를 과세하지 아니한다.

구 분	과세최저한 금액
슬롯머신등의 당첨금품등	건별로 기타소득금액 200만원 이하
승마투표권, 승자투표권, 소싸움경기투표권, 체육진흥투표권의 환급금	건별로 투표권의 권면에 표시된 금액의 합계액이 10만원 이하, 단위투표금액당 환급금이 단위투표금액의 100배 이하이면서 적중한 개별투표당 환급금이 200만원 이하인 경우
이외 기타소득금액	매 건마다 기타소득금액 5만원 이하 (단, 연금계좌의 연금외수령한 소득은 제외)

4. 소득의 구분

구 분		과세소득
강의료	고용관계가 있는 자가 회사에서 강의하는 경우	근로소득
	프리랜서의 경우	사업소득
	일시적, 우발적인 경우	기타소득
원고료	고용관계가 있는 자가 회사 사보에 게재	근로소득
	프리랜서의 경우	사업소득
	일시적, 우발적인 경우	기타소득

지상권 등	공익사업 관련 지상권, 지역권 설정 및 대여	기타소득
	일반적인 지상권, 지역권 설정 및 대여	사업소득
권리 양도	광업권 등 권리를 양도, 대여하는 경우	기타소득
	부동산과 함께 양도하는 영업권의 양도	양도소득

5. 기타소득 수입시기

구 분	수입시기
원 칙	지급받은 날
법인세법에 의해 처분된 기타소득	당해 법인의 사업연도 결산확정일
광업권등 자산 및 권리 대여	인도일, 사용수익일 중 빠른 날
계약의 위약 및 해약으로 인해 받는 소득	계약의 위약 또는 해약이 확정된 날

6 소득금액계산의 특례

1. 결손금 및 이월결손금의 공제

(1) 결손금의 공제

결손금이란 사업자가 비치, 기록한 장부에 의해 사업소득금액을 계산할 때 해당 과세기간의 필요경비가 총수입금액을 초과하는 경우 그 초과금액을 말한다. 결손금은 사업소득과 양도소득에서만 발생하며 타소득(이자, 배당, 근로, 연금, 기타, 퇴직)의 경우에는 생길 수 없다.

구 분	결손금 처리 방법
일반사업소득의 결손금 (주거용 건물임대업 포함)	① **근로소득금액** ⇨ ② **연금소득금액** ⇨ ③ **기타소득금액** ⇨ ④ **이자소득금액** ⇨ ⑤ **배당소득금액**
부동산임대소득의 결손금 (주거용 건물임대업 제외)	타 소득금액에서 결손금을 공제할 수 없고 다음 과세기간으로 이월한다.

(2) 이월결손금의 공제

이월결손금이란 결손금이 다음 연도 이후로 이월되는 것을 말한다. 이월결손금은 발생한 과세기간의 종료일부터 15년 이내(단, 2020년 1월 1일 이전에 발생한 결손금은 10년 이내)에 끝나는 과세기간의 소득금액을 계산할 때 먼저 발생한 과세기간의 이월결손금부터 순서대로 공제한다.

구 분	이월결손금 처리 방법
일반사업소득의 결손금 (주거용 건물임대업 포함)	① **사업소득금액** ⇨ ② **근로소득금액** ⇨ ③ **연금소득금액** ⇨ ④ **기타소득금액** ⇨ ⑤ **이자소득금액** ⇨ ⑥ **배당소득금액** 해당 과세기간의 사업소득금액을 계산할 때 먼저 공제하고, 남은 금액은 다음의 순서대로 이월결손금을 공제한다. 만약, 해당 과세기간에 결손금이 발생한 경우에는 과세기간의 결손금을 먼저 타소득금액에서 공제한다.
부동산임대소득의 결손금 (주거용 건물임대업 제외)	해당 과세기간의 사업소득금액(부동산임대소득금액)에서만 공제한다.

(3) 이월결손금의 공제 배제

해당 과세기간의 소득금액에 대해 추계신고를 하거나 추계조사결정하는 경우에는 이월결손금공제규정을 적용하지 않는다. 다만, 천재지변이나 그 밖의 불가항력으로 인하여 장부나 기타 증빙서류가 멸실되어 추계하는 경우에는 이월결손금 공제를 적용한다.

(4) 중소기업의 결손금 소급공제

중소기업의 사업소득금액을 계산할 때 해당 과세기간의 이월결손금이 발생하는 경우에는 이를 소급공제하여 직전 과세기간의 사업소득에 대한 종합소득세액을 환급신청할 수 있다. 단, 부동산임대업의 결손금은 제외한다. 또한, 2021년 발생한 결손금 소급공제기간은 직전 2년(직전 과세연도의 납부세액부터 먼저 공제)으로 소급공제 허용기간을 한시적으로 확대적용한다.

2. 부당행위계산의 부인

납세지 관할 세무서장은 출자공동사업자의 배당소득, 사업소득, 기타소득이 있는 거주자의 행위 및 계산이 그 거주자와 특수관계인과의 거래로 인하여 소득에 대한 조세부담을 부당하게 감소시킨 것으로 인정되는 경우에는 그 거주자의 행위나 계산과 관계없이 해당 과세기간의 소득금액을 계산할 수 있으며 이를 부당행위계산의 부인이라고 한다.

조세를 부당하게 감소시킨 것	시가와 거래가액의 차액이 시가의 5%에 상당하는 금액 이상이거나, 3억원 이상인 경우를 말한다.
특수관계인	친족관계(6촌 이내 혈족, 4촌 이내 인척, 배우자, 직계비속 등), 경제적 연관관계(임직원 등), 경영지배관계가 있는 경우(경영에 영향력 행사)를 말한다.

빈출 객관식문제

제1절 소득세 개념(소득의 구분)

정답 및 해설 : p.30

01 **다음 중 소득세법상 각종의 소득금액을 계산하는 경우에 필요경비로 인정받을 수 있는 경우는?**

① 이자소득금액을 계산하는 경우에 발생한 차입금에 대한 지급이자
② 연금소득금액을 계산하는 경우에 발생한 은행에 지급한 수수료
③ 근로소득금액을 계산하는 경우에 발생한 업무상 출장비용
④ 사업소득금액을 계산하는 경우에 발생한 사업자 본인의 건강보험료

02 **소득세법상 일용근로자에 대한 설명이다. 틀린 것은?**

① 일용근로자의 근로소득이 일당(日當)으로 15만원 이하인 경우에는 부담할 소득세는 없다.
② 일용근로자의 산출세액은 일반근로자와 마찬가지로 근로소득금액에 기본세율(6%~38%)이 적용된다.
③ 일용근로자의 근로소득세액공제는 산출세액의 55%를 공제한다.
④ 일용근로자의 근로소득은 항상 분리과세한다.

03 **다음 중 소득세법상 소득에 대해 적용되는 원천징수세율이 가장 높은 것부터 순서대로 나열한 것은?**

가. 비영업대금의 이익	나. 3억원 이하의 복권당첨소득
다. 비실명 이자	라. 일당 15만원의 일용근로소득

① 가 – 나 – 다 – 라
② 나 – 다 – 라 – 가
③ 라 – 나 – 가 – 다
④ 나 – 가 – 다 – 라

04 **다음 중 비과세근로소득이 아닌 것은?**

① 근로자 또는 배우자의 출산과 관련하여 받는 월 8만원의 육아수당
② 일직료・숙직료 또는 여비로서 실비변상정도의 금액
③ 회사에서 식사를 제공하는 근로자에게 별도로 지급하는 월 5만원의 식대
④ 종업원의 소유차량을 종업원이 직접 운전하여 사용자의 업무수행에 이용하고 시내출장 등에 소요된 실제여비를 받는 대신에 그 소요경비를 당해 사업체의 규칙 등에 의하여 정하여진 지급기준에 따라 받는 금액으로서 월 15만원의 자가운전보조금

05 **다음 중 소득세법상 분리과세이자소득이 아닌 것1은?**

① 직장공제회 초과반환금
② 원천징수되지 않은 이자소득
③ 종합과세 기준금액 이하의 이자소득
④ 비실명이자소득

06 **다음 중 소득세법상 배당소득에 해당하지 않는 것은?**

① 법인으로 보는 단체로부터 받는 분배금
② 공동사업에서 발생한 소득금액 중 출자공동사업자의 손익분배비율에 해당하는 금액
③ 법인세법에 따라 배당으로 처분된 금액
④ 저축성보험의 보험차익

07 **다음 중 소득세법상 연금소득과 관련된 설명 중 적절하지 않은 것은?**

① 2002년 이전 가입분에 대한 연금소득금액은 비과세대상이 아닌 연금 수령액 전체금액에서 연금소득공제를 적용하여 계산한다.
② 당해 연도에 받은 총연금액이 3,500,000원 이하인 경우 납부할 소득세는 없다.
③ 근로자퇴직급여 보장법에 따라 지급받는 퇴직연금도 연금소득으로 과세된다.
④ 연금소득도 원칙적으로 종합과세대상이다.

08 **다음 중 소득세법상 소득의 종류가 다른 하나는?**

① 내국법인으로부터 받은 이익이나 잉여금의 분배금
② 비영업대금의 이익
③ 저축성보험의 보험차익
④ 국가가 발행한 채권의 할인액

09 **소득세법상 사업소득과 관련된 다음 설명 중 적절하지 않은 것은?**

① 사업용 유형자산의 양도로 인해 발생한 양도차익은 총수입금액에 포함시키지 않는다.
② 사업소득에 대해서도 원천징수하는 경우가 있다.
③ 사업소득의 이월결손금은 당해 연도의 다른 종합소득에서 공제될 수 있다.
④ 사업소득에서 발생한 은행예금에 대한 이자수익은 영업외수익으로 총수입금액에 산입된다.

10 **다음 중 소득세법상 원천징수에 대한 설명으로 틀린 것은?**

① 원천징수의무자는 원칙적으로는 원천징수대상 소득을 지급하는 자이다.
② 모든 이자소득의 원천징수세율은 14%이다.
③ 분리과세로 과세가 종결되는 원천징수제도를 완납적 원천징수라고 한다.
④ 원천징수세액은 원천징수의무자가 납부한다.

11 **다음 중 과세되는 근로소득으로 보지 않는 것은?**

① 여비의 명목으로 받은 연액 또는 월액의 급여
② 법인세법에 따라 상여로 처분된 금액
③ 사업자가 종업원에게 지급한 경조금 중 사회통념상 타당하다고 인정되는 범위 내의 금액
④ 비중소기업의 임원・사용인이 주택(주택에 부수된 토지를 포함)의 구입・임차에 소요되는 자금을 저리 또는 무상으로 대여받음으로써 얻는 이익

12 **다음 중 소득세법상 근로소득의 범위에 해당하지 않는 것은?**

① 법인의 주주총회의 결의에 따라 상여로 받는 소득
② 법인세법에 따라 상여로 처분된 금액
③ 고용관계가 있는 종업원 등이 지급받는 직무발명보상금
④ 법인의 임직원이 고용관계에 따라 부여받은 주식매수선택권을 퇴사 후에 행사함으로 얻은 이익

13 **다음의 근로소득 중 소득세법상 비과세 대상이 아닌 것은?**

① 근로자가 제공받는 월 10만원 상당액의 현물식사
② 고용보험법에 따라 받는 실업급여, 육아휴직 급여, 출산전후휴가 급여
③ 근로자가 6세 이하 자녀보육과 관련하여 받는 급여로서 월 10만원 이내의 금액
④ 본인차량을 소유하지 않은 임직원에게 지급된 자가운전보조금으로서 월 20만원 이내의 금액

14 **다음 중 소득세법상 비과세 근로소득에 해당하지 않는 것은?**

① 고용보험법에 의한 육아휴직수당
② 근로기준법에 의한 연차수당
③ 국민연금법에 따라 받는 사망일시금
④ 국민건강보험법에 따라 사용자가 부담하는 건강보험료

15 **다음 중 소득세법상 배당소득 중 Gross-up 적용 대상이 아닌 것은?**

① 내국법인으로부터 받는 배당
② 감자·해산·합병·분할로 인한 의제배당
③ 법인세법에 따라 배당으로 처분된 금액
④ 주식발행액면초과액을 재원으로 한 의제배당

16 **다음 중 소득세법상 소득의 구분이 다른 하나는 무엇인가?**

① 공장재단의 대여
② 사무실용 오피스텔의 임대
③ 상가의 임대
④ 산업재산권의 대여

17 **다음 중 소득세법상 소득세가 과세되는 것은?**

① 논·밭을 작물 생산에 이용하게 함으로써 발생하는 소득
② 고용보험법에 따라 받는 육아휴직 급여
③ 연 1천만원의 금융소득(국내에서 받는 보통예금 이자)
④ 고용보험법에 따라 받는 실업급여

18 **거주자 방탄남씨의 소득이 다음과 같을 경우 종합소득금액은 얼마인가?**

- 양도소득금액 : 20,000,000원
- 근로소득금액 : 30,000,000원
- 배당소득금액 : 22,000,000원
- 퇴직소득금액 : 2,700,000원

① 30,000,000원
② 52,000,000원
③ 54,700,000원
④ 74,700,000원

19 **다음 중 소득세법상 수입시기로 옳지 않은 것은?**

① 잉여금의 처분에 의한 배당소득의 수입시기는 법인의 당해 사업연도 종료일이다.
② 비영업대금의 이익의 수입시기는 약정에 의한 이자지급일이다.
③ 직장공제회 초과반환금의 수입시기는 약정에 의한 반환금 지급일이다.
④ 퇴직소득의 수입시기는 퇴직한 날로 한다.

20 **외부강사를 초빙하여 임직원을 위한 특강을 하고 강사료 200만원을 지급하였다. 그 대가를 지급하면서 원천징수할 세액은 얼마인가?(단, 초빙강사의 강사료소득은 기타소득으로 보며, 지방소득세는 제외한다)**

① 400,000원
② 80,000원
③ 160,000원
④ 20,000원

21 **다음 중 소득세법상 사업소득금액 계산 시 필요경비에 산입되는 항목은?**

① 면세사업자가 부담하는 부가가치세 매입세액
② 업무와 관련하여 고의 또는 중대한 과실로 타인의 권리를 침해한 경우에 지급되는 손해배상금
③ 초과인출금에 대한 지급이자
④ 선급비용

22 **소득세법상의 소득으로서 총수입금액과 소득금액이 같은 것은?**

① 이자소득
② 연금소득
③ 근로소득
④ 사업소득

23 **다음 중 소득세법상 원천징수대상 소득과 원천징수세율이 잘못 짝지어진 것은?**

① 비영업대금의 이익 : 14%
② 일용근로자 : 6%
③ 복권 당첨금 중 3억 초과분 : 30%
④ 퇴직소득 : 기본세율(6%~45%)

24 **다음 중 소득세법상의 소득구분으로 틀린 것은?**

① 공익사업 관련 이외의 지역권을 설정하고 받는 금품 또는 소득 – 사업소득
② 일용근로자가 근로를 제공하고 받는 대가 – 근로소득
③ 출자임원(소액주주인 임원 제외)이 사택을 제공받음으로써 얻는 이익 – 배당소득
④ 계약위반・해약 등으로 인한 손해배상금 – 기타소득

25 **다음 소득 중 원천징수세액(지방소득세액을 제외함)이 가장 낮은 것부터 순서대로 나열한 것은?**

가. 비영업대금의 이익 : 1,000,000원
나. 상장법인의 대주주로서 받은 배당 : 2,500,000원
다. 원천징수대상 사업소득에 해당하는 봉사료 수입금액 : 6,000,000원
라. 복권 당첨금 : 1,000,000원

① 가 – 라 – 나 – 다
② 나 – 가 – 라 – 다
③ 다 – 라 – 가 – 나
④ 라 – 가 – 다 – 나

26 **다음 중 소득세법상 원천징수대상 소득이 아닌 것은?**

① 프리랜서 저술가 등이 제공하는 500,000원의 인적용역소득
② 일용근로자가 지급받은 200,000원의 일급여
③ 은행으로부터 지급받은 1,000,000원의 보통예금 이자소득
④ 공무원이 사업자로부터 받은 10,000,000원의 뇌물로서 국세청에 적발된 경우의 기타소득

27 **다음 중 소득세법상 종합과세되는 소득이 아닌 것은?**

① 1주택(국내소재, 고가주택 아님) 소유자가 주거용 아파트를 1년간 임대하고 받은 1,200만원의 주택임대 총수입금액
② 복식부기의무자인 개인사업자가 개별소비세 과세대상 업무용 차량을 매각하여 발생한 매각차익 300만원
③ 원천징수되지 않은 국외에서 발생한 이자소득 1,200만원
④ 제조업자가 기계장치를 제조·판매하여 받은 매매차익 1,000만원

28 **소득세법상 사업소득의 수입시기 중 바르게 연결된 것은?**

① 상품, 제품 또는 그 밖의 생산품의 판매 : 상대방이 구입의사를 표시한 날
② 무인판매기에 의한 판매 : 그 상품을 수취한 날
③ 인적용역 제공 : 용역대가를 지급받기로 한 날 또는 용역의 제공을 완료한 날 중 빠른 날
④ 상품 등의 위탁판매 : 그 상품 등을 수탁자에게 인도한 날

29 **거주자 고우진이 교육청에서 주관한 1:100 퀴즈 대회에서 우승하여 그 원천징수세액이 40만원인 경우(지방세 제외) 소득세법상 기타소득 총수입금액은 얼마인가?**

① 1,000만원　　② 200만원
③ 400만원　　④ 800만원

30 **다음 중 소득세법상 종합과세대상이 아닌 소득은?**

① 국외에서 받은 이자소득(원천징수대상이 아님)이 1,200만원 있는 경우
② 로또에 당첨되어 받은 10억원의 복권 당첨금
③ 소득세법상 복식부기의무자인 성실신고확인대상사업자가 업무용 차량을 매각하고 200만원의 매각차익이 발생한 경우
④ 회사에 근로를 제공한 대가로 받은 급여 2,000만원

31 **소득세법상 원천징수대상 기타소득에 해당하는 것은?**

① 알선수재 및 배임수재에 의하여 받는 금품
② 뇌 물
③ 법인세법에 따라 기타소득으로 처분된 소득
④ 계약의 위약으로 인하여 받는 위약금으로서 계약금이 위약금으로 대체된 경우

32 **다음 중 소득세법상 기타소득에 해당되지 않은 것은?**

① 물품 또는 장소를 일시적으로 대여하고 사용료로서 받는 금품
② 지역권을 설정 또는 대여하고 받는 금품
③ 저작자가 자신의 저작권의 사용의 대가로 받는 금품
④ 상금, 현상금, 포상금, 보로금

33 **다음 중 소득세법상 소득의 구분 및 과세방법에 대한 설명으로 틀린 것은?**

① 근로소득은 연말정산으로 모든 납세의무가 종결되고 다른 소득과 합산과세되지 않는다.
② 산업재산권의 양도로 발생하는 소득은 기타소득에 해당된다.
③ 복권 당첨금은 기타소득에 해당된다.
④ 일정한 저축성보험의 보험차익은 이자소득으로 과세한다.

34 **보험모집인인 최영리씨에게 지급할 사업수입금액이 1,300,000원(필요경비 입증액 : 300,000원)일 경우, 당해 사업수입금액 지급 시 원천징수하여야할 소득세액(주민세 제외)은?**

① 39,000원
② 42,900원
③ 30,000원
④ 33,000원

35 **부동산임대 외 사업소득(주택임대소득은 포함)의 결손금 공제순서로 올바른 것은?**

① 이자소득금액 – 배당소득금액 – 기타소득금액 – 근로소득금액 – 연금소득금액
② 근로소득금액 – 연금소득금액 – 기타소득금액 – 이자소득금액 – 배당소득금액
③ 기타소득금액 – 이자소득금액 – 배당소득금액 – 근로소득금액 – 연금소득금액
④ 기타소득금액 – 근로소득금액 – 연금소득금액 – 이자소득금액 – 배당소득금액

36 **다음 중 소득세법상 결손금과 이월결손금에 관한 내용으로 옳은 것은?**

① 사업소득의 이월결손금은 해당 이월결손금이 발생한 과세기간의 종료일부터 7년 이내에 끝나는 과세기간의 소득금액을 계산할 때 최근에 발생한 과세기간의 이월결손금부터 순서대로 공제한다.
② 사업소득의 이월결손금은 사업소득 → 근로소득 → 기타소득 → 연금소득 → 배당소득 → 이자소득의 순서로 공제한다.
③ 주거용 건물 임대 외의 부동산임대업에서 발생한 이월결손금은 타소득에서는 공제할 수 없다.
④ 결손금 및 이월결손금을 공제할 때 해당 과세기간에 결손금이 발생하고 이월결손금이 있는 경우에는 이월결손금을 먼저 소득금액에서 공제한다.

37 **거주자 이세원씨의 20×5년 각 소득별 소득금액은 다음과 같다. 이세원씨의 20×5년 과세되는 종합소득금액은 얼마인가?**

- 사업소득금액(무역업) : 40,000,000원
- 사업소득금액(비주거용 부동산임대업) : △20,000,000원
- 사업소득금액(음식점업) : △10,000,000원
- 근로소득금액 : 25,000,000원

① 30,000,000원
② 35,000,000원
③ 55,000,000원
④ 65,000,000원

과세표준 및 세액

01 과세표준

1 과세표준

1. 종합소득과세표준 계산구조

종합소득 과세표준은 종합소득금액(비과세소득과 분리과세소득 제외된 금액)에서 종합소득공제를 차감한 금액이다.

종합소득과세표준 = 종합소득금액 − 종합소득공제

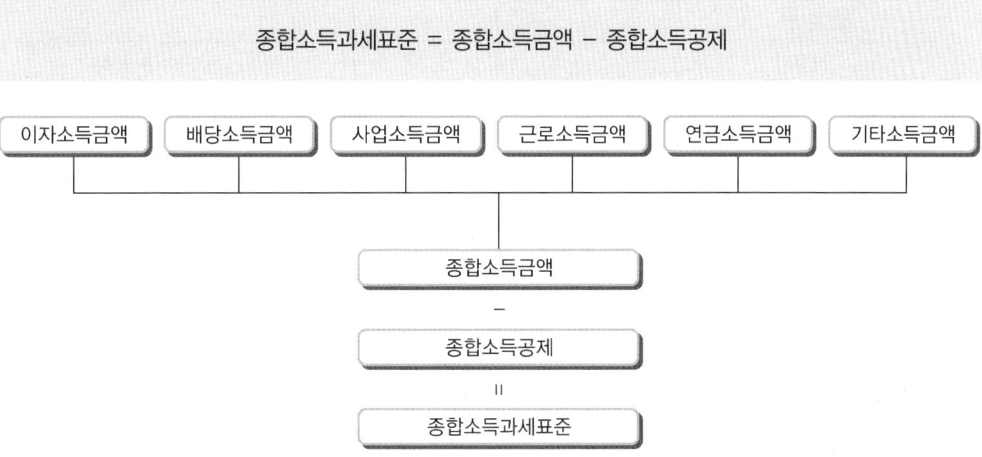

2. 종합소득공제

종합소득공제는 종합소득이 있는 거주자에 대하여 일정한 금액을 종합소득금액에서 차감해주는 것을 말한다. 종합소득공제에는 인적공제, 물적공제가 있다.

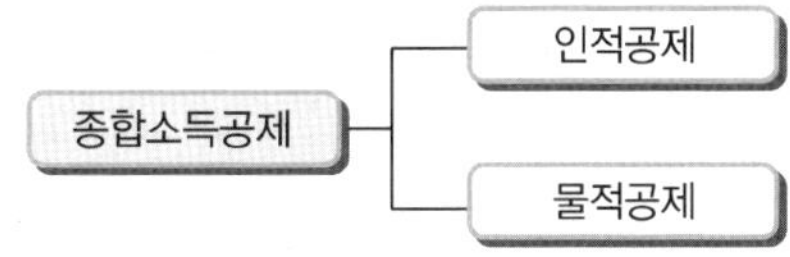

2 인적공제

인적공제제도는 거주자의 최저생계비보장 및 부양가족의 상황에 따라 세부담에 차별을 두어 부담능력에 따른 과세를 실현하기 위한 제도이다. 인적공제의 합계액이 근로소득금액을 초과하는 경우 그 초과하는 공제액은 없는 것으로 한다.

인적공제 구분	공제 내용
기본공제	1명당 1,500,000원씩 공제
추가공제	기본공제대상자에 한하여 추가공제 가능

1. 기본공제

종합소득이 있는 거주자에 대해서 다음의 연령과 소득금액의 판정 요건을 충족하는 가족수 1명당 연 150만원을 곱하여 종합소득금액에서 공제한다.

기본공제대상자		판정요건		
		연령요건	소득요건	비 고
본 인		-	-	-
배우자		-	연간 소득금액 100만원 이하	동거여부 불문
생계를 같이하는 부양가족	직계존속	60세 이상		• 원칙 : 주민등록상 동거 • 직계비속과 입양자 : 항상 생계를 같이하는 것으로 봄 • 직계존속 : 주거형편상 별거 시 공제 가능 • 이외의 자 : 취학, 질병요양 등의 사유로 일시퇴거는 허용
	직계비속 및 입양자	20세 이하		
	형제자매	20세 이하 60세 이상		
	기초생활수급자	-		
	위탁아동	-		

〈장애인의 경우〉

• 장애가 있는 부양가족의 경우에는 소득의 제한은 있으나 연령의 제한은 받지 않는다.

• 직계비속이 기본공제대상자인 장애인이고 그의 배우자도 소득요건을 충족하는 장애인인 경우에는 직계비속의 배우자(장애인)도 기본공제대상자에 해당한다.

2. 추가공제

기본공제대상자가 다음의 사유에 해당되는 경우에 추가로 공제한다.

구 분	요 건	공제금액
경로우대자공제	기본공제대상자가 70세 이상인 경우	1인당 100만원
장애인공제	기본공제대상자가 장애인인 경우	1인당 200만원
부녀자공제	본인이 종합소득금액 3천만원 이하(총급여액 기준 41,470,588원 이하)인 여성으로 다음 하나에 해당하는 경우 • 배우가가 있는 여성 • 배우자가 없는 여성으로서 기본공제대상자인 부양가족이 있는 세대주	연 50만원
한부모공제	본인이 배우자가 없으며 기본공제대상자인 직계비속(입양자)을 부양하는 경우(만약, 부녀자공제와 중복적용 시 한부모공제만 적용함)	연 100만원

연령요건						
연령요건 충족(2022년 기준) :	연말정산연도	-	출생연도	=	세법상연령
	2022년	-	2002년	=	만 20세
	2022년	-	1962년	=	만 60세

(1) 부양가족의 공제대상 판정시기

- 과세기간 종료일 현재로 판정하는 것이 원칙이다.
- 과세기간 종료일 전에 사망한 경우에는 사망일 전일로 판정한다.
- 과세기간 종료일 전에 장애가 치유된 경우된 경우에는 치유일 전일로 판정한다.
- 부양가족의 연령은 해당 과세기간의 과세기간 중에 해당 나이에 해당되는 날이 있는 경우에 공제대상자로 본다.

(2) 장애인의 범위

- 장애인복지법에 의한 장애인(장애인등록증으로 확인)
- 상이자 및 이와 유사한 자로서 근로능력이 없는 자(국가유공자 등 예우 및 지원에 관한 법률에 규정된 신체장애가 있는 자로 보훈청에서 발급한 상이자증명서 등 제출)
- 항시 치료를 요하는 중증환자(의료기관 발급 장애인증명서 확인)

(3) 부양가족의 생계여부

주민등록표상의 동거가족으로서 해당 거주자의 주소 또는 거소에서 현실적으로 생계를 같이하는 자여야 한다. 다만, 다음의 경우에는 생계를 같이 하지 않아도 생계를 같이하는 것으로 본다.

- 직계존속이 주거의 형편에 따라 별거하고 있는 경우
- 직계비속, 입양자는 항상 생계를 같이하는 것으로 본다.
- 거주자, 직계비속을 제외한 동거가족이 취학, 질병의 요양, 근무상 또는 사업상 형편 등으로 본래 주소나 거소를 일시 퇴거한 경우에도 생계를 같이하는 것으로 본다.

(4) 위탁아동과 장애인의 연령요건

- 위탁아동은 해당 과세기간에 6개월 이상 직접 양육한 만 18세 미만의 자(단, 보호기간이 연장된 위탁아동 20세 이하 포함)를 말한다.
- 부양가족이 장애인에 해당하는 경우에는 나이의 제한을 받지 않는다. 그러나 소득금액에는 제한을 받는다.

(5) 기본공제대상자 비해당

- 이혼한 배우자, 사실혼 관계에 있는 배우자는 기본공제 불가
- 숙부, 고모, 외삼촌, 이모, 조카, 형제자매의 배우자는 기본공제 불가
- 장애인이 아닌 며느리 또는 사위는 기본공제 불가
- 맞벌이 부부가 자녀를 중복으로 기본공제 불가
- 형제자매가 부모님을 중복으로 기본공제 불가

(6) 기본공제와 추가공제

- 기본공제대상자에 해당되지 않으면 추가공제는 적용받을 수 없다.
- 본인이 경로자우대, 장애인 등에 해당되는 경우 추가공제를 모두 받을 수 있다.
- 거주자의 배우자 또는 부양가족이 다른 거주자의 부양가족에 해당하는 경우에는 소득공제신고서에 기재된 바에 따라 그 중 1인의 공제대상 가족으로 하며, 그 기본공제대상자에 대한 추가공제는 기본공제를 적용받은 거주자가 적용받는다.

연간 소득금액 100만원

연간 소득금액 = 종합소득금액 + 퇴직소득금액 + 양도소득금액

소득구분	소득금액 100만원 이하 요건충족
근로소득	• 일용근로소득(= 무조건 분리과세)이 있는 경우 • 총급여액만 500만원 이하인 경우 : 총급여 5,000,000원 − (총급여 × 70%) = 근로소득금액 1,500,000원 근로소득금액 100만원을 초과하지만 세법상 150만원을 기본공제(인적공제) 받으면 과세표준이 '0원'이 되므로 총급여액만 500만원 이하인 경우에는 소득금액의 요건을 충족하는 것으로 본다.
금융소득	• 이자소득과 배당소득이 비과세소득만 있는 경우 • 금융소득 합계액이 2천만원 이하(= 분리과세)인 경우
사업소득	• 작물재배(논, 밭농사) 등 비과세 소득만 있는 경우 • 주택 1채(고가주택 제외) 소유한 경우의 주택임대소득 • 사업소득금액(총수입금액 − 필요경비)이 100만원 이하인 경우
연금소득	• 2001년 12월 31일 이전 불입분을 기초로 한 공적연금 • 공적연금의 총연금액 516만원(연금소득금액 100만원 이하)인 경우 • 사적연금의 총연금액 1,200만원 이하로 분리과세 신청한 경우
기타소득	• 복권당첨소득 등(= 무조건 분리과세)인 경우 • 기타소득금액(총수입금액 − 필요경비)이 100만원 이하인 경우 • 기타소득금액(총수입금액 − 필요경비)이 300만원 이하인 경우로 선택적 분리과세를 신청한 경우
퇴직소득	• 퇴직소득금액(= 퇴직소득)이 100만원 이하인 경우
양도소득	• 양도소득금액이 100만원인 경우

예제

	대상자	연령	소득금액	기본공제	추가공제			
					경로자	장애인	부녀자	한부모
1	본인(남)	58세	총급여액 8,000만원(장애인)	○		○		
2	본인(여)	46세	총급여액 4,000만원(맞벌이여성)	○			○	
3	본인(여)	46세	총급여액 4,000만원 (배우자 없으며, 10살 자녀 있음)	○				○
4	배우자	35세	총급여액만 500만원	○				
5	배우자	35세	복권 당첨금 5억원(장애인)	○		○		
6	배우자	36세	일시적 인적용역 2백만원	○				
7	부친	80세	사업소득금액 150만원	×				
8	모친	75세	예금 이자 1,000만원(장애인)	○	○	○		
9	부친	59세	소득없음(장애인)	○		○		
10	자녀	22세	소득없음	×				
11	자녀	23세	소득없음(장애인)	○		○		
12	자녀	19세	일용근로소득 1,200만원	○				
13	형제	35세	소득없음	×				
14	형제	35세	소득없음(장애인)	○		○		
15	자매	40세	근로소득금액 400만원(장애인)	×				

해설

1. 본인(남) : 본인은 연령 및 소득금액에 제한을 받지 않으므로 기본공제와 장애인 추가공제를 받을 수 있다.
2. 본인(여) : 본인은 연령 및 소득금액에 제한을 받지 않으므로 기본공제를 받는다. 또한 본인이 종합소득금액 3,000만원 이하(총급여액 41,470,588원)인 맞벌이 여성이므로 부녀자 추가공제를 받는다.
3. 본인(여) : 본인은 연령 및 소득금액에 제한을 받지 않으므로 기본공제를 받는다. 또한 본인이 여성이며 배우자 없는 한부모(기본공제대상자인 자녀를 부양)이므로 부녀자 공제와 중복적용 시 한부모 추가공제만 받는다.
4. 배우자 : 배우자는 연령제한이 없으며 총급여액만 500만원 이하는 소득금액 요건을 충족하므로 기본공제를 받을 수 있다.
5. 배우자 : 배우자는 연령제한이 없으며 복권 당첨금은 무조건 분리과세가 되므로 소득금액 요건을 충족하여 기본공제를 받을 수 있다.
6. 배우자 : 배우자는 연령제한이 없으며 일시적 인적용역은 필요경비(60%) 1,200,000원을 차감한 800,000원이 기타소득금액이므로 소득금액 요건을 충족하여 기본공제를 받는다.
7. 부친 : 사업소득금액이 100만원 초과하므로 연령요건이 충족되더라도 기본공제를 받을 수 없다. 기본공제를 받지 못하면 경로자 추가공제는 받을 수 없다.
8. 모친 : 예금 이자 1,000만원은 분리과세가 되므로 소득금액 요건을 충족하며 60세 이상이므로 연령요건도 충족한다. 따라서 기본공제, 경로자(70세 이상) 추가공제, 장애인 추가공제를 적용받는다.
9. 부친 : 장애인의 경우 연령제한을 받지 않으며 소득금액이 없으므로 기본공제, 장애인 추가공제를 받는다.
10. 자녀 : 소득금액이 없어도 연령의 제한(20세 이하)을 받으므로 기본공제를 받을 수 없다.
11. 자녀 : 소득이 없는 장애인이므로 기본공제, 장애인 추가공제를 받는다.
12. 자녀 : 일용근로소득은 금액에 상관없이 무조건 분리과세되므로 연령과 소득금액 요건을 모두 충족하여 기본공제를 받을 수 있다.
13. 형제 : 소득은 없으나 연령의 제한(20세 이하 또는 60세 이상)을 받으므로 기본공제를 받을 수 없다.
14. 형제 : 소득이 없는 장애인이므로 연령의 제한을 받지 않아 기본공제, 장애인 추가공제를 받는다.
15. 자매 : 소득금액(근로소득금액 400만원)에 제한을 받으므로 장애인이라 할지라도 기본공제를 받을 수 없다.

3 물적공제

물적공제 구분	공제내용	공제대상자
연금보험료	공적연금보험료 납입액 전액	종합소득자
주택담보노후연금 이자비용	MIN(200만원, 이자비용)	연금소득자
특별소득공제	건강보험료등, 주택자금	근로소득자
신용카드등사용금액	신용카드등사용금액	근로소득자

1. 연금보험료 공제

종합소득자가 공적연금 관련법에 따른 기여금 또는 개인부담금(연금보험료)을 납입한 경우에는 해당 과세기간에 납입한 연금보험료를 종합소득금액에서 공제한다.

공제대상자	종합소득자 본인 부담분
소득공제액	• 국민연금법에 따라 본인이 부담하는 연금보험료 납입액 전액 • 공무원연금법, 군인연금법, 사립학교교직원 연금법, 별정우체국법에 따라 근로자 본인이 부담하는 기여금 전액

2. 주택담보노후연금 이자비용 공제

연금소득이 있는 거주자가 주택담보노후연금을 받은 경우에는 그 받은 연금에 대해서 해당 과세기간에 발생한 주택담보노후연금 이자를 해당 과세기간 연금소득금액에서 공제한다.

공제대상자	연금소득자 본인 부담분
소득공제액	MIN[① 해당 과세기간에 발생한 이자상당액, ② 200만원]

3. 특별소득공제

특별소득공제는 근로소득자(일용근로자는 제외)만 받을 수 있으며, '그 밖의 소득공제'는 조세특례제한법에 의해 받을 수 있는 요건을 해당 조항에 각각 규정하고 있다.

(1) 건강보험료 등 공제

근로소득자(일용근로자 제외)가 해당 과세기간에 국민건강보험법, 고용보험법, 노인장기요양보험법에 따라 부담하는 보험료 전액을 근로소득금액에서 공제한다.

공제대상자	근로소득자 본인 부담분
소득공제액	국민건강보험료 전액 + 노인장기요양보험료 전액 + 고용보험료 전액
주의사항	• 근로소득자만 공제 가능 • 사용자가 부담한 보험료는 공제되지 않음 • 근로를 제공한 기간에 납부한 보험료만 공제가능

(2) 주택자금공제

근로소득자(일용근로자 제외)로서 주택을 소유하지 아니한 세대의 세대주(장기주택저당차입금은 1주택 소유한 세대주 가능)가 주택구입 또는 임차를 위해 차입한 차입금의 이자 등을 상환한 경우 근로소득금액에서 소득공제가 가능하다. 주택자금공제는 근로를 제공한 기간에 지출한 금액이어야 하며, 근로자 본인 부담분에 한하여 소득공제가 가능하다.

공제항목	공제대상 요건	공제한도
장기주택마련저축 [그 밖의 소득공제]	무주택 세대주이며 총급여 7,000만원 이하인 근로자 (1) 청약저축 납입액 (2) 주택청약종합저축 납입액	연 300만원
	소득공제액 : 납입액 × 40%(한도 연 240만원)	
주택임차자금 차입금의 원리금 상환액 [특별소득공제]	무주택 세대주(세대원도 가능)이며, 국민주택규모 이하의 주택임차자금 차입금의 원리금 상환액 (1) 대출기관 : 금융기관으로부터 차입 (2) 거주자 : 대부업 아닌 거주자로부터 차입한 것으로 해당 과세기간의 총급여액 5,000만원 이하인 근로자가 법정이자율로 차입	
	소득공제액 : 주택임차자금 차입금의 원리금 상환액 × 40%	

<table>
<tr><td rowspan="3">장기주택
저당차입금
이자상환액
[특별소득공제]</td><td>무주택 또는 1주택 보유한 세대주(세대원도 가능)인 근로자가 취득 당시 기준시가 5억원 이하 주택을 구입하기 위해 차입한 차입금의 이자상환액
• 2019년 이후 : 5억원(국민주택규모 기준 삭제)
• 2014년 ~ 2018년 : 4억원(국민주택규모 기준 삭제)
• 2006년 ~ 2013년 : 3억원 적용(국민주택규모 기준 충족)</td><td rowspan="2">연 500만원
연 1,500만원
연 1,800만원
(상환방식에 따라 한도 다르게 적용)</td></tr>
<tr><td>소득공제액 : 장기주택저당차입금 이자상환액 × 100%</td></tr>
<tr><td colspan="2">
<table>
<tr><th>상환기간</th><th>상환방식</th><th>한 도</th></tr>
<tr><td rowspan="3">15년 이상</td><td>고정금리 & 비거치식</td><td>1,800만원</td></tr>
<tr><td>고정금리 or 비거치식</td><td>1,500만원</td></tr>
<tr><td>기 타</td><td>500만원</td></tr>
<tr><td>10년 이상 ~ 15년 미만</td><td>고정금리 or 비거치식</td><td>300만원</td></tr>
</table>
</td></tr>
</table>

☞ 국민주택규모의 주택 : 주거 전용 면적이 85㎡ 이하 주택(다만, 수도권을 제외한 도시지역이 아닌 읍・면 지역은 100㎡ 이하 주택)

4. 그 밖의 소득공제

조세특례제한법상 소득공제는 개인연금저축 소득공제, 신용카드등사용금액 소득공제 외에도 벤처투자조합 출자 등에 대한 소득공제, 소기업・소상공인 공제부금에 대한 소득공제, 우리사주조합 출연금 소득공제, 고용유지중소기업 근로자 소득공제, 장기집합투자증권저축 소득공제 등이 있다.

(1) 개인연금저축 소득공제

종합소득자가 본인 명의로 개인연금저축(2000년 12월 31일 이전 가입)에 가입한 경우 해당 과세기간의 저축납입액에 대해 해당 과세기간의 종합소득금액에서 공제한다.

공제대상자	종합소득자 본인 부담분
소득공제액	연간 납입액 × 40%(한도 연 72만원)

〈연금저축의 구분〉

구 분	개인연금저축	연금저축
가입기간	2000년 12월 31일 이전 가입	2001년 1월 1일 이후 가입
공제방법	개인연금저축 소득공제	연금계좌 세액공제
공제금액	연 72만원 소득공제	연 48만원 ~ 135만원 세액공제

(2) 신용카드등 사용금액 소득공제

개인이 신용카드를 사용하게 되면 현금으로 결제하는 경우에 비해 사업자의 소득탈루를 방지하여 정부에서는 더 많은 세원을 확보할 수 있다. 이에 적극적인 신용카드등 사용권장을 위해 도입한 제도가 신용카드등 사용금액 소득공제 제도이다.

① 공제대상자와 신용카드등 사용자

근로소득자 본인과 기본공제대상자(요건충족 확인)
단, 형제자매는 무조건 제외함

나이요건		소득요건	
	장애인		장애인
×	×	○	○

② 신용카드등의 범위

해당 과세기간의 근로제공기간에 사용한 신용카드, 현금영수증, 직불카드, 기명식선불카드 등의 사용금액을 말한다.

③ 신용카드등사용금액 소득공제액 계산

㉠ **신용카드등사용금액이 최저사용액을 초과해야 함**
초과액(공제대상금액) = 신용카드등사용금액 - 최저사용액(총급여액 × 25%)

㉡ **사용금액과 공제율**
Ⓐ 전통시장 사용분 × 40%
Ⓑ 대중교통 이용분 × 40%
Ⓒ 도서, 신문, 공연, 박물관, 미술관 사용분(단, 총급여액 7천만원 이하인 자에 한함) × 30%
Ⓓ 직불카드, 선불카드, 현금영수증 사용분 × 30%
Ⓔ 신용카드 사용분(Ⓐ ~ Ⓒ 제외) × 15%

㉢ **소득공제 한도 : 기본한도 + 추가한도**
Ⓐ 기본한도 : 총급여액에 따라 차등 적용

총급여액	공제한도
7천만원 이하	MIN[300만원, 총급여액 × 20%]
7천만원 초과 ~ 1억 2천만원 이하	250만원
1억 2천만원 초과	200만원

Ⓑ 추가한도 : MIN[㉮, ㉯]
㉮ 한도초과금액
㉯ MIN[전통시장 사용분 × 40%, 100만원] + MIN[대중교통 이용분 × 40%, 100만원] + MIN[(총급여액 7천만원 이하인 자)도서, 신문, 공연, 박물관, 미술관 사용분 × 30%, 100만원] + MIN[5% 초과 소비증가분* × 10%, 100만원]

*5% 초과 소비증가분 : 2021년 신용카드등사용금액 + 2020년 신용카드등사용금액의 105%(0보다 작으면 없는 것으로 봄)

④ 신용카드등사용금액 중 공제대상에서 제외되는 경우

- 비정상(가장, 허위)적인 사용행위에 해당하는 경우
- 사업소득의 비용 또는 법인소득의 비용으로 사용한 금액
- 「유아교육법」, 「초·중등교육법」, 「고등교육법」 또는 「특별법」에 의한 학교(대학원 포함) 및 영유아보육법에 의한 어린이집에 납부하는 수업료·입학금·보육비용, 기타 공납금
- 국민건강보험료, 노인장기요양보험.료, 고용보험료, 국민연금보험료 및 각종 보험계약(생명보험, 손해보험, 우체국보험, 군인공제회 등)의 보험료 또는 공제료
- 상품권 등 유가증권 구입비
- 국세, 지방세, 공과금(전기료, 수도료, 가스료, 전화료(정보사용료·인터넷 이용료 등 포함), 아파트관리비, TV 시청료(종합유선방송 이용료 포함) 및 도로통행료
- 외국에서 사용한 금액, 보세판매장, 지정면세점, 선박 및 항공기에서 판매하는 면세물품의 구입비용
- 차입금 이자상환액, 증권거래수수료 등 금융·보험용역과 관련한 지급액, 수수료, 보증료 및 이와 비슷한 대가
- 리스료(자동차대여료 포함)
- 「지방세법」에 의하여 취득세 또는 등록면허세가 부과되는 재산의 구입비용
  (단, 중고자동차 구입의 경우에만 구입액의 10%를 공제금액에 포함)
- 신규로 출고되는 자동차의 구입비용
- 기부금(세액공제 적용받은 경우)
- 월세액(세액공제 적용받은 경우)
- 현금서비스 받은 금액
- 국가, 지방자치단체, 지방자치단체조합에 지급하는 사용료, 수수료 등의 대가

⑤ 세액공제 항목별 중복공제 여부

구 분		특별세액공제	신용카드소득공제
보험료	신용카드로 결제한 보장성보험료	○	×
	신용카드로 결제한 저축성보험료	×	
의료비	신용카드로 결제한 의료비(치료 목적)	○	○
	신용카드로 결제한 의료비(미용 목적)	×	
	신용카드로 결제한 의료비(안경구입비)	○	
	신용카드로 결제한 산후조리원 (총급여 7천만원 이하)	○	
교육비	신용카드로 결제한 공교육비	○	×
	신용카드로 결제한 학원비(미취학 ○)	○	○
	신용카드로 결제한 학원비(미취학 ×)	×	
	신용카드로 결제한 교복구입비(중, 고)	○	

예 제

	공제대상자	신용카드등 사용내역	공제여부
1	본인(남), 58세, 총급여액 8,000만원(장애인)	아파트관리비 결제	×
2	본인(여), 46세, 총급여액 4,000만원	병원치료비 결제	○
3	본인(여), 46세, 총급여액 4,000만원	해외여행비, 보험료 결제	×
4	배우자, 35세, 총급여액만 500만원	영어학원비 결제	○
5	배우자, 35세, 복권 당첨금 5억원(장애인)	중고차 600만원 결제	○
6	배우자, 36세, 일시적 인적용역 2백만원	현금서비스 200만원 사용	×
7	부친, 80세, 사업소득금액 150만원	일반생활용품 결제	×
8	모친, 75세, 예금 이자 1,000만원(장애인)	일반생활용품 결제	○
9	부친, 59세, 소득없음(장애인)	일반생활용품 결제	○
10	자녀, 22세, 소득없음	학원비 결제	○
11	자녀, 23세, 소득없음(장애인)	성형수술비 결제	○
12	자녀, 19세, 일용직근로소득 1,200만원	대학교 교육비 결제	×
13	형제, 35세, 소득없음	일반생활용품 결제	×
14	형제, 35세, 소득없음(장애인)	학원비 결제	×
15	자매, 40세, 근로소득금액 400만원(장애인)	병원치료비 결제	×

해설

1	아파트관리비는 공제 불가능
2	의료비는 공제 가능(중복으로도 가능)
3	해외사용분과 보험료는 공제 불가능
4	학원비는 공제 가능
5	60만원 공제가능(중고차구입액의 10% 한도)
6	현금서비스는 공제 불가능
7	소득요건 불충족으로 공제 불가한 대상자임
8	모든 요건 충족으로 공제 가능
9	신용카드사용금액은 연령요건 제한없으므로 공제 가능
10	신용카드사용금액은 연령요건 제한없으므로 공제 가능
11	신용카드사용금액은 연령요건 제한없으므로 공제 가능
12	교육비 세액공제분에 대해서 신용카드사용금액은 공제 불가능
13	형제자매의 신용카드사용분은 공제 불가능
14	형제자매의 신용카드사용분은 공제 불가능
15	형제자매의 신용카드사용분은 공제 불가능

4 종합소득공제 한도

종합소득에 대한 소득세를 계산할 때 다음 중 해당하는 공제금액 합계가 2,500만원을 초과하는 경우에는 그 초과하는 금액은 없는 것으로 한다.

1. 종합소득공제 한도에 포함되는 소득공제항목

- 특별소득공제 중 주택자금공제
- 벤처투자조합 출자 등에 대한 소득공제
- 소기업·소상공인 공제부금에 대한 소득공제
- 청약저축, 주택청약종합저축에 대한 소득공제
- 우리사주조합 출자에 대한 소득공제
- 장기집합투자증권저축 소득공제
- 신용카드등사용금액에 대한 소득공제

2. 종합소득공제 한도에서 제외되는 소득공제항목

- 인적공제
- 연금보험료, 건강보험료, 고용보험료, 노인장기요양보험료 소득공제
- 개인연금저축 소득공제
- 고용유지 중소기업 근로자 소득공제

02 세액공제

1 결정세액

1. 종합소득세 계산구조

	종합소득금액	이자, 배당, 사업, 근로, 연금, 기타소득금액
−	종합소득공제	인적공제, 물적공제
=	과세표준	
×	기본세율	8단계 초과누진세율(6% ~ 45%)
=	산출세액	
−	세액공제및감면	근로소득세액공제, 특별세액공제, 월세세액공제 등
=	결정세액	
+	가산세	
=	총결정세액	
−	기납부세액	원천납부세액(예납), 중간예납세액 등
=	차가감납부(환급)세액	

2. 종합소득산출세액

종합소득산출세액은 종합소득과세표준에 기본세율을 곱하여 결정하는데, 기본세율은 다음과 같이 8단계 초과누진세율 구조로 되어 있다.

종합소득 과세표준 × 기본세율 = 종합소득 산출세액

과세표준(8단계)	세 율	간편법
1,200만원 이하	과세표준 × 6%	과세표준 × 6%
1,200만원 초과 ~ 4,600만원 이하	72만원 + 1,200만원 초과분 × 15%	과세표준 × 15% – 108만원
4,600만원 초과 ~ 8,800만원 이하	582만원 + 4,600만원 초과분 × 24%	과세표준 × 24% – 522만원
8,800만원 초과 ~ 1억 5천만원 이하	1,590만원 + 8,800만원 초과분 × 35%	과세표준 × 35% – 1,490만원
1억 5천만원 초과 ~ 3억원 이하	3,760만원 + 1억5천만원 초과분 × 38%	과세표준 × 38% – 1,940만원
3억원 초과 ~ 5억원 이하	9,460만원 + 3억원 초과분 × 40%	과세표준 × 40% – 2,540만원
5억원 초과 ~ 10억원 이하	1억 7,460만원 + 5억원 초과분 × 42%	과세표준 × 42% – 3,540만원
10억원 초과	3억 8,460만원 + 10억원 초과분 × 45%	과세표준 × 45% – 6,540만원

Q. 과세표준 50,000,000원일 때, 산출세액은 얼마인가?
A. 계산방법 1 : 5,820,000원 + (50,000,000원 – 46,000,000원) × 24% = 6,780,000원
계산방법 2 : (50,000,000원 × 24%) – 5,220,000원 = 6,780,000원

3. 종합소득결정세액

종합소득산출세액 – 세액감면 및 세액공제 = 종합소득결정세액

(1) 세액감면

외국인기술자 세액감면, 중소기업 취업자 세액감면, 조세조약 외국인교사 세액감면 등이 있다.

(2) 세액공제

세액공제란 일정한 요건을 갖춘 경우에 산출세액에서 공제하여 주는 제도이다.

세액공제항목	공제내용
근로소득세액공제	근로소득자의 세금 부담을 경감시켜 주기 위한 공제제도
자녀세액공제	종합소득자 본인의 자녀세액공제 및 출산입양공제제도
연금계좌세액공제	종합소득자 본인이 납입한 연금저축(퇴직연금) 공제제도
특별세액공제	근로소득자의 보장성보험료 · 의료비 · 교육비 · 기부금세액공제
월세세액공제	근로소득자(무주택)의 월세납입액세액공제

정치자금세액공제	종합소득자 본인의 정당기부 정치자금세액공제
배당세액공제	종합과세하는 배당소득이 있는 자에게 종합소득산출세액에서 비교산출세액을 차감한 금액을 공제(Gross-up 금액)
외국납부세액공제	MIN ① 외국납부세액 ② 종합소득산출세액 × $\frac{\text{국외원천소득금액}}{\text{종합소득금액}}$
기장세액공제	간편장부대상자가 복식부기에 의해 장부를 기장한 경우 산출세액 × $\frac{\text{기장된 소득금액}}{\text{종합소득금액}}$ × 20%(한도 100만원)
재해손실세액공제	산출세액 × 재해 상실비율(재해로 자산총액 상실비율 20% 이상)
성실신고확인비용에 대한 세액공제	MIN ① 성실신고확인에 직접 사용한 비율 × 60% ② 120만원(법인사업자는 150만원)
전자신고세액공제	2만원 세액공제
전자계산서세액공제	직전년도 총수입금액 3억원 미만인 개인사업자 전자계산서 발급 및 전송 건당 200원(연간 100만원 한도)
그 밖의 세액공제	연구·인력개발비세액공제 등

2 세액공제

1. 근로소득세액공제

근로소득자에 대하여 당해 근로소득세액을 산출세액에서 공제한다.

산출세액	근로소득세액공제
130만원 이하	근로소득 산출세액 × 55%
130만원 초과	715,000원 + (근로소득 산출세액 - 130만원) × 30%

총급여액	근로소득세액공제 한도
3,300만원 이하	74만원
3,300만원 초과 ~ 7,000만원 이하	74만원 - [(총급여액 - 3,300만원) × 0.008] 다만, 위 금액이 66만원보다 적은 경우에는 66만원
7,000만원 초과	66만원 - [(총급여액 - 7,000만원) × 0.5] 다만, 위 금액이 50만원보다 적은 경우에는 50만원

2. 자녀세액공제

종합소득자의 기본공제대상자에 해당하는 자녀(손자·손녀는 포함되지 않음)에 대해서 자녀수에 따라서 산출세액에서 공제한다.

(1) 자녀세액공제(자녀수에 따른 공제)

공제대상자녀	7세 이상의 기본공제대상자인 직계비속, 입양자, 위탁아동
세액공제계산	• 자녀 1명 → 연 15만원 • 자녀 2명 → 연 30만원 • 자녀 3명 → 연 30만원 + 2명 초과하는 1명당 30만원 예 자녀 3명 : 60만원, 자녀 4명 : 90만원

(2) 출산·입양세액공제

공제대상자녀	해당 과세기간에 출생 및 입양 신고한 기본공제대상자인 직계비속, 입양자 (단, 위탁아동은 제외)
세액공제계산	• 출산 및 입양된 자녀가 첫째인 경우 : 1인당 30만원 • 출산 및 입양된 자녀가 둘째인 경우 : 1인당 50만원 • 출산 및 입양된 자녀가 셋째 이상인 경우 : 1인당 70만원

3. 연금계좌세액공제

종합소득자가 연금계좌에 납입한 금액 중 다음에 해당하는 금액을 과세기간의 산출세액에서 공제한다.

공제대상자	종합소득자 본인의 연금계좌 납입액
연금계좌	① 연금저축계좌 : 연금저축이라는 명칭으로 설정하는 계좌(2001.1.1 이후 가입분) ② 퇴직연금계좌 : 확정기여형퇴직연금제도(DC형), 개인형퇴직연금제도(IRP), 과학기술인공제회법에 따라 지급받는 퇴직연금계좌, 중소기업 퇴직연금계좌(단, 사용자 부담금은 제외) ③ 개인종합자산관리계좌(ISA) : 계약기간 만료로 계좌 잔액의 전부(일부)를 연금계좌로 납입한 경우[MIN(전환금액의 10%, 300만원)]
세액공제액	① 연금저축계좌 : 한도 × 12%(15%) ② 퇴직연금계좌 : 한도 × 12%(15%) ③ ISA계좌 : [MIN(전환금액의 10%, 300만원)] × 12%(15%)

종합소득금액 (총급여액 기준)	공제율	50세 미만	50세 이상
4천만원 이하 (5,500만원 이하)	15%	① 한도 : 400만원 ① + ② 한도 : 700만원	① 한도 : 600만원 ① + ② 한도 : 900만원
1억원 이하 (1억 2천만원 이하)	12%		
1억원 초과 (1억 2천만원 초과)	12%	① 한도 : 300만원 ① + ② 한도 : 700만원	

4. 특별세액공제

특별세액공제 : 보장성보험료, 의료비, 교육비, 기부금

근로소득자(일용근로자 제외)는 특별세액공제(보장성보험료・의료비・교육비・기부금)를 적용하여 공제받을 수 있다. 또한 특별세액공제, 특별소득공제, 월세세액공제를 신청하지 않은 근로자의 경우에는 표준세액공제를 적용한다.

소득자 구분	공제금액
근로소득자 : ①과 ② 중 선택	① 표준세액공제 13만원 ② 특별소득공제 + 특별세액공제 + 월세세액공제
[소]성실사업자 : ①과 ② 중 선택	① 표준세액공제 12만원 ② 의료비세액공제 + 교육비세액공제 + 월세세액공제
이외의 경우	표준세액공제 7만원

(1) 보장성보험료세액공제

근로소득자(일용근로자는 제외)가 기본공제대상자(나이 및 소득의 제한을 받음)를 위하여 해당 과세기간에 만기에 환급되는 금액이 납입보험료를 초과하지 아니하는 보장성보험료의 해당 금액을 산출세액에서 공제한다.

<table>
<tr><td rowspan="3">공제대상자</td><td rowspan="2" colspan="2">근로소득자 본인,
기본공제대상자(요건충족 확인)</td><td colspan="2">나이요건</td><td colspan="2">소득금액요건</td></tr>
<tr><td></td><td>장애인</td><td></td><td>장애인</td></tr>
<tr><td colspan="2"></td><td>○</td><td>×</td><td>○</td><td>○</td></tr>
<tr><td rowspan="3">세액공제액</td><td>구 분</td><td>대상요건</td><td colspan="2">한 도</td><td colspan="2">세액공제율</td></tr>
<tr><td>일반보장성 보험료</td><td>기본공제대상자를 피보험자로 하는 보장성보험</td><td colspan="2">연 100만원</td><td colspan="2">12%</td></tr>
<tr><td>장애인전용 보장성보험료</td><td>기본공제대상자 중 장애인을 피보험자로 하는 보장성보험</td><td colspan="2">연 100만원</td><td colspan="2">15%</td></tr>
<tr><td>유의사항</td><td colspan="6">① 일반보장성보험료는 만기환급금액이 납입보험료를 초과하지 아니하는 보장성보험(생명, 상해, 화재, 도난 등 손해보험)과 주택임차보증금(보증대상 3억원 이하) 반환보증 보험료를 의미함
② 기본공제대상자가 아닌 부양가족의 보험료는 공제 불가능(단, 장애인전용보장성보험료는 기본공제대상자의 나이 제한이 없음)
③ 저축성보험료는 공제불가능
④ 보험료의 납입한 날이 속하는 과세기간에 공제받음
⑤ 일반보장성보험료와 장애인전용보장성보험료 규정이 동일인의 것으로 동시에 적용되는 경우에는 하나만 선택하여 적용함
⑥ 근로를 제공한 기간에 납입한 보험료만 공제가능함</td></tr>
</table>

예제

	공제대상자	보험료 사용내역	공제여부
1	본인(남), 58세, 총급여액 8,000만원(장애인)	저축성보험료 결제	×
2	본인(여), 46세, 총급여액 4,000만원	자동차보험료 결제	○
3	본인(여), 46세, 총급여액 4,000만원	화재보험료 결제	○
4	배우자, 35세, 총급여액만 500만원	생명보험료 결제	○
5	배우자, 35세, 복권 당첨금 5억원(장애인)	저축성보험료 결제	×
6	배우자, 36세, 일시적 인적용역 2백만원	상해보험료 결제	○
7	부친, 80세, 사업소득금액 150만원	생명보험료 결제	×
8	모친, 75세, 예금 이자 1,000만원(장애인)	장애인전용보험료 결제	○
9	부친, 59세, 소득없음(장애인)	장애인전용보험료 결제	○
10	자녀, 22세, 소득없음	자동차보험료 결제	×
11	자녀, 23세, 소득없음(장애인)	저축성보험료 결제	×
12	자녀, 19세, 일용직근로소득 1,200만원	생명보험료 결제	○
13	형제, 35세, 소득없음	생명보험료 결제	×
14	형제, 35세, 소득없음(장애인)	장애인전용보험료 결제	○
15	자매, 40세, 근로소득금액 400만원(장애인)	상해보험료 결제	×

해설

1	저축성보험료는 공제 불가능
2	기본공제대상자 & 자동차보험료 공제 가능
3	기본공제대상자 & 화재보험료 공제 가능
4	기본공제대상자 & 생명보험료 공제 가능
5	저축성보험료는 공제 불가능
6	기본공제대상자 & 상해보험료 공제 가능
7	기본공제대상자가 아니므로 공제 불가능
8	기본공제대상자 & 장애인보험료 공제 가능
9	기본공제대상자 & 장애인보험료 공제 가능
10	기본공제대상자가 아니므로 공제 불가능
11	저축성보험료는 공제 불가능
12	기본공제대상자 & 생명보험료 공제 가능
13	기본공제대상자가 아니므로 공제 불가능
14	기본공제대상자 & 장애인보험료 공제 가능
15	기본공제대상자가 아니므로 공제 불가능

(2) 의료비세액공제

근로소득자(일용근로자는 제외)가 기본공제대상자(나이와 소득제한을 받지 아니함)를 위하여 해당 과세기간에 의료비로 지급한 해당 금액을 산출세액에서 공제한다.

<table>
<tr><td rowspan="3">공제대상자</td><td rowspan="3">근로소득자 본인,
기본공제대상자(제한없음)</td><td colspan="2">나이요건</td><td colspan="2">소득금액요건</td></tr>
<tr><td></td><td>장애인</td><td></td><td>장애인</td></tr>
<tr><td>×</td><td>×</td><td>×</td><td>×</td></tr>
<tr><td>세액공제액</td><td colspan="5">산식 : [① + ② + ③ + ④] × 15%(20%, 30%)
<table><tr><th>의료비 지출대상</th><th>세액공제율</th><th>공제한도</th></tr><tr><td>① 난임시술비</td><td>30%</td><td rowspan="3">한도없음</td></tr><tr><td>② 미숙아, 선천성이상아</td><td>20%</td></tr><tr><td>③ 본인, 65세 이상, 장애인, 건강보험산정특례자</td><td>15%</td></tr><tr><td>④ 이외 의료비지출액 - (총급여액 × 3%)</td><td>15%</td><td>연 700만원</td></tr></table>* ④의 금액이 마이너스(-)인 경우에는 공제대상 의료비에서 차감됨
* 건강보험산정특례자는 중증질환자, 희귀난치성질환자, 결핵환자를 의미함</td></tr>
<tr><td>공제대상
포함</td><td colspan="5">① 진찰, 진료, 질병예방(건강검진, 예방접종 등)을 위한 의료법상 의료기관(병원, 치과병원, 한방병원, 요양병원, 종합병원, 의원, 치과의원, 한의원, 조산원) 지출액
② 치료, 요양을 위한 의약품(한약 포함) 구입비
③ 장애인보장구 구입 및 임차비용, 의사 처방에 따른 의료기기 구입 및 임차비용
④ 보청기 구입비, 노인장기요양보험법에 따라 실제 의료비로 지출한 본인 부담금
⑤ 질병예방을 위해 근시교정시술비, 스케일링, 레이저각막절삭술 치료비
⑥ 시력보정용 안경 및 콘택트렌즈 구입비(1명당 50만원 이내)
⑦ 총급여액 7,000만원 이하 근로자의 산후조리원(1회당 200만원 이내)</td></tr>
<tr><td>공제대상
제외</td><td colspan="5">① 국외 의료기관 지출
② 간병비용
③ 미용, 성형 목적의 수술비용
④ 건강증진을 위한 의약품(한약) 등의 건강기능식품
⑤ 의료기간의 진단서, 소견서 등
⑥ 실제로 부양하지 않는 부양가족의 의료비
⑦ 지출된 의료비 중 실손의료보험금으로 보전받아 수령한 금액
⑧ 미지급된 의료비</td></tr>
<tr><td>유의사항</td><td colspan="5">① 근로를 제공한 기간에 납입한 의료비만 공제가능
② 기본공제대상자의 나이 및 소득금액에 제한을 받지 않음</td></tr>
</table>

예제

	공제대상자	의료비 사용내역	공제여부
1	본인(남), 58세, 총급여액 8,000만원(장애인)	건강검진비	○
2	본인(여), 46세, 총급여액 4,000만원	질병치료 목적 한약	○
3	본인(여), 46세, 총급여액 4,000만원	산후조리원 500만원	○
4	배우자, 35세, 총급여액만 500만원	시력보정용 안경 60만원	○
5	배우자, 35세, 복권 당첨금 5억원(장애인)	미용 목적 성형수술	×
6	배우자, 36세, 일시적 인적용역 2백만원	외국병원 수술비	×
7	부친, 80세, 사업소득금액 150만원	임플란트 시술비	○
8	모친, 75세, 예금 이자 1,000만원(장애인)	장애재활 치료비	○
9	부친, 59세, 소득없음(장애인)	건강증진 보약구입	×
10	자녀, 22세, 소득없음	치질 수술 입원비	○
11	자녀, 23세, 소득없음(장애인)	시력보정용 안경 20만원	○
12	자녀, 19세, 일용직근로소득 1,200만원	치료비 500만원(실손보험금 200만원 수령)	○
13	형제, 35세, 소득없음	치료목적 의약품	○
14	형제, 35세, 소득없음(장애인)	장애인 보장구 구입	○
15	자매, 40세, 근로소득금액 400만원(장애인)	간병비용	×

해설

1	건강검진비 공제 가능
2	질병치료 목적 한약은 공제 가능
3	한도 200만원 공제 가능(총급여 7천만원 이하자 가능)
4	인당 50만원 한도까지 공제 가능
5	미용 목적 의료비는 공제 불가능
6	국외 의료비는 공제 불가능
7	나이, 소득 제한없으므로 공제 가능
8	장애재활 의료비 공제 가능
9	건강증진 목적 의료비는 공제 불가능
10	나이, 소득 제한없으므로 공제 가능
11	공제 가능(인당 한도 50만원 이내)
12	300만원 공제 가능(실손의료보험금 수령액은 공제대상에서 제외)
13	나이, 소득 제한없으므로 공제 가능
14	장애인 보장구 의료비 공제 가능
15	간병비용은 공제 불가능

(3) 교육비세액공제

근로소득이 있는 거주자(일용근로자는 제외)가 기본공제대상자(나이제한을 받지 않음)를 위하여 해당 과세기간에 교육비로 지급한 해당금액을 산출세액에서 공제한다.

공제대상자	근로소득자 본인, 기본공제대상자(요건충족 확인)	나이요건		소득금액요건	
			장애인		장애인
		×	×	○	×

세액공제액

산식 : 공제대상 교육비 × 15%

교육비 공제대상자와 한도	비 고
근로자 본인 .... 전액	• 대학원(본인에 한함) • 직업능력개발훈련시설(본인부담수강료) • 학자금대출원리금상환액(본인에 한함)
부양가족 주의 직계존속 제외 대학교 .... 인당 900만원 초·중·고등학교 ...... 인당 300만원 취학 전 아동 .... 인당 300만원	• 부양가족은 대학원 공제 불가능 • 취학 전 아동은 학원비 공제가 가능하며 이외 본인을 포함한 부양가족은 학원비 공제 불가능
장애인 특수교육비 .... 전액 : 나이, 소득 제한 없음 주의 직계존속 포함	• 장애인재활교육, 사회복지시설 등 지급(단, 장애아동 발달재활서비스 제공기관 이용료는 나이요건(만 18세 미만)있음

교육대상 교육비 구분	비 고
수업료·입학금·보육비용·수강료 및 그 밖의 공납금, 초·중·고등학교, 인가된 외국인학교, 인가된 대안학교, 외국교육기관, 학위취득과정 등의 교육기관	인가받은 학교
취학 전 아동을 위하여 유치원, 어린이집 등의 보육시설, 학원, 대통령령으로 정하는 체육시설에 지급한 교육비	취학 전 아동의 학원
학교급식법, 유아교육법, 영유아보육법 등에 따라 급식을 실시하는 학교, 유치원, 어린이집, 학원 및 체육시설(초등학교 취학 전 아동의 경우)에 지급한 급식비	급식비
학교에서 구입한 교과서대금, 방과후 수강료(도서구입비는 포함, 재료비는 제외), 초·중·고등학생 학교 교육과정 현장체험학습비(학생 1명당 연 30만원 한도)	초·중·고등학생 해당
교복구입비용(학생 1명당 연 50만원 한도)	중·고등학생 해당
거주자 본인의 학자금대출원리금 상환액 (단, 대학재학 시 교육비 공제받지 않은 경우에 한함)	대출받은 본인만 상환

공제대상 포함

① 직계존속의 장애인특수교육비는 공제 가능
② 취학전아동의 학원비는 공제 가능
③ 본인에 한하여 대학원 공제 가능

공제대상 제외

① 직계존속의 경우 일반교육비 공제 불가능
② 취학전아동이 아닌 경우에는 학원비 공제 불가능
③ 본인이 아닌 경우에는 대학원 공제 불가능
④ 학생회비, 기숙사비, 학교버스이용료 등 공제 불가능
⑤ 학습지, 과외비 등 공제 불가능
⑥ 장학금 (소득세 비과세) 공제 불가능
⑦ 직업능력개발훈련비 중 수강지원금으로 납입한 금액 공제 불가능

유의사항	① 근로를 제공한 기간에 납입한 교육비만 공제가능 ② 장애인의 경우에는 소득금액의 제한을 받지 않음 ③ 대상자 한명이 일반교육비와 장애인특수교육비를 중복으로 공제 가능

예 제

	공제대상자	교육비 사용내역	공제여부
1	본인(남), 58세, 총급여액 8,000만원(장애인)	일본어 학원비	×
2	본인(여), 46세, 총급여액 4,000만원	대학원 수업료	○
3	본인(여), 46세, 총급여액 4,000만원	직업능력개발훈련비	○
4	배우자, 35세, 총급여액만 500만원	대학교 수업료	○
5	배우자, 35세, 복권 당첨금 5억원(장애인)	영어 학원비	×
6	배우자, 36세, 일시적 인적용역 2백만원	대학원 수업료	×
7	부친, 80세, 사업소득금액 150만원	스포츠댄스 학원비	×
8	모친, 75세, 예금 이자 1,000만원(장애인)	노인대학 수업료	×
9	부친, 59세, 소득없음(장애인)	장애재활 교육비	○
10	자녀, 22세, 소득없음	대학교 수업료	○
11	자녀, 23세, 소득없음(장애인)	대학원 수업료	×
12	자녀, 19세, 일용직근로소득 1,200만원	기숙사비, 버스이용료	×
13	형제, 35세, 소득없음	대학교 수업료	○
14	형제, 35세, 소득없음(장애인)	학자금대출원리금상환	×
15	자매, 40세, 근로소득금액 400만원(장애인)	장애인재활교육비	○

해설

1	학원비는 미취학아동에 한해서 공제 가능
2	본인의 대학원은 공제 가능
3	본인의 직업능력개발훈련비(본인부담분만) 공제 가능
4	요건충족한 배우자의 대학교 교육비 공제 가능
5	학원비는 미취학아동에 한해서 공제 가능
6	대학원은 본인에 한해서만 공제 가능
7	학원비는 미취학아동에 한해서 공제 가능
8	직계존속의 일반교육비는 공제 불가능
9	장애재활 교육비의 경우 직계존속 공제 가능
10	교육비는 나이제한이 없으므로 소득없는 부양가족의 경우 공제 가능
11	대학원은 본인에 한해서만 공제 가능
12	기숙사비 등은 교육비 공제대상에서 제외
13	교육비는 나이제한이 없으므로 소득없는 부양가족의 경우 공제 가능
14	학지금대출원리금 상환액은 본인에 한해서만 교육비 공제 가능
15	장애인교육비는 나이와 소득금액의 제한이 없으므로 공제 가능

(4) 기부금세액공제

거주자 및 기본공제대상자(나이제한을 받지 않음)가 지급한 기부금이 있는 경우 해당금액을 산출세액에서 공제한다.

<table>
<tr><td rowspan="3">공제대상자</td><td rowspan="2">거주자 본인,
기본공제대상자(요건충족 확인)</td><td colspan="2">나이요건</td><td colspan="2">소득금액요건</td></tr>
<tr><td></td><td>장애인</td><td></td><td>장애인</td></tr>
<tr><td></td><td>×</td><td>×</td><td>○</td><td>○</td></tr>
</table>

세액공제액

<table>
<tr><th>기부금 종류</th><th>한 도</th><th>세액공제율</th></tr>
<tr><td>① 정치자금기부금
주의 본인 지출액만 공제</td><td>근로소득금액 × 100%</td><td>10만원 이하 : 100/110
10만원 초과분 : 15%
(3천만원 초과분 : 25%)</td></tr>
<tr><td>② 법정기부금</td><td>(근로소득금액 − ①) × 100%</td><td rowspan="4">1천만원 이하 : 15%
1천만원 초과분 : 30%</td></tr>
<tr><td>③ 우리사주조합기부금
주의 본인 지출액만 공제</td><td>(근로소득금액 − ① − ②) × 30%</td></tr>
<tr><td>④ 지정기부금
(종교기부금 있는 경우)</td><td>[근로소득금액 − ① − ② − ③] × 10%
+ [(근로소득금액 − ① − ② − ③) × 20%와
종교단체 외에 지급한 금액 중 적은 금액]</td></tr>
<tr><td>⑤ 지정기부금
(종교기부금 없는 경우)</td><td>(근로소득금액 − ① − ② − ③) × 30%</td></tr>
</table>

기부금 구분

(1) 법정기부금

① 국가나 지방자치단체에 무상으로 기증하는 금품의 가액
② 국방헌금과 국군장병 위문금품의 가액
③ 천재지변(특별재난지역)으로 생긴 이재민구호금품의 가액
④ 특별재난지역을 복구하기 위하여 자원봉사한 경우 그 자원봉사용역의 가액
(봉사일수 × 5만원) + 자원봉사용역에 부수비용 유류비, 재료비 등 포함
⑤ 학교 등에 시설비, 교육비, 장학금, 연구비로 지출하는 기부금
⑥ 병원 등에 시설비, 교육비, 연구비로 지출하는 기부금
⑦ 사회복지사업(사회복지공동모금회, 바보의 나눔회)에 지출하는 기부금
⑧ 독립기념관, 대한적십자사 등에 지출하는 기부금
⑨ 정치자금기부금 (본인 지출액만 공제 가능)
- 10만원 이하 → 정치자금 세액공제
- 10만원 초과분 → 법정기부금 세액공제

<table>
<tr><td rowspan="2">정치자금 기부금
160,000원</td><td>100,000원</td><td>100,000원 × 10/110 = 90,909원 [정치자금세액공제]</td></tr>
<tr><td>60,000원</td><td>60,000원 × 15% = 9,000원 [기부금세액공제]</td></tr>
</table>

(2) 우리사주조합기부금(본인 지출액만 공제 가능)
: 우리사주조합원이 아닌 본인이 우리사주조합에 지출하는 기부금

(3) 지정기부금

① 종교단체에 기부한 금액
② 노동조합에 가입한 사람이 납부한 회비
③ 사회복지법인, 학교, 병원 등에 고유목적사업비로 지출하는 기부금
④ 학교장이 추천하는 개인에게 교육비, 연구비, 장학금을 지출하는 기부금
⑤ 불우이웃돕기성금으로 지출하는 기부금
⑥ 노인복지관, 경로당 등에 지출하는 기부금
⑦ 사내복지근로기금에 지출하는 기부금

공제대상 제외	종친회, 동창회 등에 기부하는 기부금
이월공제	① 법정기부금과 지정기부금 : 해당 과세기간의 다음 과세기간의 개시일부터 10년 이내(2019년 이후)에 끝나는 각 과세기간에 이월하여 공제한다. ② 정치자금기부금과 우리사주조합기부금 : 이월공제가 허용되지 아니한다. ③ 2013년 이전 기부금액 중 이월된 기부금액은 소득공제를 적용한다.
유의사항	① 근로소득만 있는 자의 기부금 → 기부금 세액공제 ② 사업소득만 있는 자의 기부금 → 필요경비로 공제 단, 연말정산대상 사업소득(보험모집인 등)자의 기부금 → 기부금 세액공제 ③ 정치자금기부금, 우리사주조합기부금 → 본인 지출액만 공제됨

예제

	공제대상자	기부금 사용내역	공제여부
1	본인(남), 58세, 총급여액 8,000만원(장애인)	동창회 기부	×
2	본인(여), 46세, 총급여액 4,000만원	노동조합비 기부	○
3	본인(여), 46세, 총급여액 4,000만원	정치자금 기부	○
4	배우자, 35세, 총급여액만 500만원	정치자금 기부	×
5	배우자, 35세, 복권 당첨금 5억원(장애인)	종교단체 기부	○
6	배우자, 36세, 일시적 인적용역 2백만원	국방헌금 기부	○
7	부친, 80세, 사업소득금액 150만원	종교단체 기부	×
8	모친, 75세, 예금 이자 1,000만원(장애인)	대한적십자사 기부	○
9	부친, 59세, 소득없음(장애인)	이재민구호금품 기부	○
10	자녀, 22세, 소득없음	바보나눔회 기부	○
11	자녀, 23세, 소득없음(장애인)	정치자금 기부	×
12	자녀, 19세, 일용직근로소득 1,200만원	특별재난지역 봉사	○
13	형제, 35세, 소득없음	이재민구호금품 기부	○
14	형제, 35세, 소득없음(장애인)	불우이웃돕기성금 기부	○
15	자매, 40세, 근로소득금액 400만원(장애인)	종교단체 기부	×

해설

1	동창회 기부금은 공제요건에 해당하지 않음
2	[지정] 요건충족하므로 공제 가능
3	[법정] 정치자금은 본인만 공제 가능
4	배우자의 정치자금(본인만 공제 가능)은 공제 불가능
5	[지정] 요건충족하므로 공제 가능
6	[법정] 요건충족하므로 공제 가능
7	소득금액 요건 불충족으로 공제 불가능

8	[법정] 요건충족하므로 공제 가능
9	[법정] 기부금은 나이제한 없으므로 공제 가능
10	[법정] 기부금은 나이제한 없으므로 공제 가능
11	자녀의 정치자금(본인만 공제 가능)은 공제 불가능
12	[법정] 요건충족하므로 공제 가능(일 5만원)
13	[법정] 기부금은 나이제한 없으므로 공제 가능
14	[지정] 요건충족하므로 공제 가능
15	소득금액 요건 불충족으로 공제 불가능

5. 월세세액공제

무주택 세대주(세대원 포함)인 근로소득자가 일정 요건을 충족하는 경우 해당 금액을 세액으로 공제한다.

<table>
<tr><td>공제대상자</td><td>• 근로소득자 본인
• 과세기간 종료일 현재 무주택 세대주(단, 세대주가 주택 관련 공제를 받지 아니한 경우에는 세대원 중 근로소득자 가능)인 경우
• 해당 과세기간의 총급여액 7,000만원 이하(종합소득금액 6,000만원 이하)인 경우</td></tr>
<tr><td>주택규모</td><td>국민주택규모 이하 주택 또는 기준시가 3억원 이하의 주택(주거용 오피스텔, 고시원 포함)을 임차한 경우로 월세계약은 근로자의 기본공제대상자(배우자 등)가 체결한 경우에도 공제 가능</td></tr>
<tr><td>세액공제액</td><td>월세액(한도 연 750만원) × 10%(12%)
<table><tr><th>총급여액 기준</th><th>세액공제율</th></tr><tr><td>5,500만원 초과 ~ 7,000만원 이하(종합소득금액 6,000만원 이하)</td><td>10%</td></tr><tr><td>~ 5,500만원 이하(종합소득금액 4,500만원 이하)</td><td>12%</td></tr></table></td></tr>
</table>

6. 항목별 소득공제 및 세액공제 요건

(1) 공제항목별 부양가족 요건충족

구 분	보장성보험료		의료비		교육비		기부금		신용카드	
	연령제한	소득제한	연령제한	소득제한	연령제한	소득제한	연령제한	소득제한	연령제한	소득제한
일 반	○	○	×	×	×	○	×	○	×	○
장애인	×	○	×	×	×	×	×	○	×	○

(2) 본인 지출만 공제가능한 항목

- 공적보험료 소득공제
- 연금저축 소득공제
- 주택자금 소득공제
- 연금계좌세액공제
- 월세세액공제
- 정치자금 기부금, 우리사주조합 기부금세액공제

(3) 근로소득자와 사업소득자의 공제항목

	공제항목	근로소득자	사업소득자	비 고	
소득공제	인적공제	○	○	○	
	연금보험료	○	○	○	
	[특별]건강보험료 등	○	×	×	
	[특별]주택자금	○	×	×	
	신용카드등사용액	○	×	×	
세액공제	연금계좌	○	○	○	
	[특별]보장성보험료	○	×	×	
	[특별]의료비	○	×	△	소득세법상 성실사업자는 공제가능
	[특별]교육비	○	×	△	소득세법상 성실사업자는 공제가능
	[특별]기부금	○	필요경비	△	연말정산대상 사업소득자는 공제가능
	월 세	○	×	△	소득세법상 성실사업자는 공제가능
	표준세액공제	13만원(선택)	7만원	소득세법상 성실사업자는 12만원(선택)	

빈출 객관식문제

제2절 과세표준 및 세액

정답 및 해설 : p.32

01 **다음 중 소득세법상 특별세액공제에 대한 설명으로 가장 틀린 것은?**

① 의료비는 총급여액의 3%를 초과하지 않는 경우에도 의료비세액공제를 적용받을 수 있다.
② 일반보장성보험료 납입액과 장애인전용보장성보험료 납입액의 공제한도는 각각 100만원이다.
③ 직계존속의 일반대학교등록금은 교육비세액공제 대상이 아니다.
④ 근로소득이 있는 거주자가 항목별 특별소득공제 · 항목별 특별세액공제 · 월세세액공제를 신청하지 않은 경우 연 13만원의 표준세액공제를 적용한다.

02 **다음 중 소득세법상 과세표준 확정신고를 하여야 하는 경우는?**

① 퇴직소득만 있는 경우
② 근로소득과 퇴직소득이 있는 경우
③ 근로소득과 보통예금 이자 150만원(14% 원천징수세율 적용대상)이 있는 경우
④ 근로소득과 사업소득이 있는 경우

03 **소득세법상 근로소득자와 사업소득자(다른 종합소득이 없는 자)에게 공통으로 적용될 수 있는 공제항목을 나열한 것은?**

가. 부녀자공제	나. 자녀세액공제
다. 연금계좌세액공제	라. 기부금세액공제
마. 신용카드등사용금액 소득공제	

① 가, 나, 마　② 가, 라, 마
③ 나, 다, 마　④ 가, 나, 다

04 **다음 중 소득세법상 사업소득자와 근로소득자에게 모두 적용되는 소득공제 및 세액공제 내역이 아닌 것은?**

① 본인이 부담하는 본인 자동차보험료
② 본인의 명의로 납부한 교회헌금
③ 소득이 없는 6세 이하 자녀에 대한 추가공제 100만원
④ 본인이 납부한 국민연금보험료

05 **다음 중 금융소득 종합과세대상인 배당소득만이 있는 거주자로서, 종합소득세 확정신고 시 적용받을 수 있는 세액공제는?**

① 기장세액공제
② 배당세액공제
③ 재해손실세액공제
④ 근로소득세액공제

06 **다음 중 근로소득자만 적용받을 수 있는 소득세법상 특별세액공제는 무엇인가?**

① 기부금세액공제
② 의료비세액공제
③ 교육비세액공제
④ 보험료세액공제

07 **다음 중 소득세법상 종합소득공제에 관한 설명으로 가장 옳지 않은 것은?**

① 기본공제 대상 판정에 있어서 배우자와 부양가족의 해당 과세기간의 소득금액은 종합소득금액, 퇴직소득금액, 양도소득금액을 포함한다.
② 거주자 및 배우자의 형제자매는 기본공제 대상에 포함될 수 있으나, 형제자매의 배우자는 기본공제 대상에 포함하지 않는다.
③ 배우자가 없는 거주자가 종합소득금액이 3천만원을 초과하는 경우에는 한부모 추가공제를 적용받을 수 없다.
④ 인적공제금액 합계액이 종합소득금액을 초과하는 경우 그 초과하는 공제액은 없는 것으로 한다.

08 **다음 중 소득세법상 특별세액공제에 대한 설명으로 틀린 것은?**

① 보험료세액공제는 장애인전용보장성보험료에 대해 연간 지출액 100만원 한도로 15%를 공제한다.
② 근로소득이 있는 거주자의 경우 항목별 특별세액공제·항목별 특별소득공제·월세세액공제의 신청을 하지 않은 경우 연 12만원의 표준세액공제를 적용한다.
③ 국내소재 의료기관에 지급한 의료비에 한해서만 의료비세액공제를 적용한다.
④ 초등학생 교복구입비는 교육비세액공제 대상이 아니다.

09 **다음 중 소득세법상 의료비세액공제의 대상이 되는 의료비지출액이 아닌 것은?**

① 시력보정용 안경구입비
② 진찰·치료·질병예방을 위하여 의료기관에 지급한 비용
③ 건강증진을 위한 의약품 구입비
④ 보청기를 구입하기 위하여 지출한 비용

10 다음 중 근로소득 연말정산 시 세액공제와 신용카드등사용금액 소득공제의 중복 적용 여부가 틀린 것은?

구 분		세액공제	신용카드등사용금액 소득공제
①	신용카드로 결제한 의료비	의료비세액공제 가능	공제 가능
②	신용카드로 결제한 월세액	월세액세액공제 가능	공제 불가
③	신용카드로 결제한 보장성보험료	보험료세액공제 가능	공제 불가
④	신용카드로 결제한 교복구입비	교육비세액공제 가능	공제 불가

신고납부와 징수

01 연말정산과 원천징수

1 연말정산

1. 연말정산 의의

연말정산이란 근로소득 외에도 특정사업소득, 공적연금소득에 대해 원천징수의무자가 연간 소득과 세액을 미리 예납하여 원천징수한 세액과의 차액을 추가로 징수 또는 환급하는 제도이다. 연말정산은 소득자가 5월 과세표준 확정신고 의무가 없으므로 납세편의를 도모하고, 과세관청의 세무행정의 간소화와 징수하는 비용을 절감하는 효과가 있다.

2. 연말정산 대상소득

연말정산 대상소득	연말정산 시기
근로소득 (일용근로자 제외)	다음 연도 2월분 지급 시
사업소득 중 간편장부대상자인 보험모집인, 방문판매원, 음료수배달원	다음 연도 2월분 지급 시
공적연금소득	다음 연도 1월분 지급 시

3. 연말정산 의무자

근로소득세의 연말정산은 이자·배당·사업소득 등 합산과세해야 할 다른 소득이 없는 대부분의 근로소득자가 별도의 종합소득세 신고·납부절차 없이 납세의무를 종결하는 제도이다. 근로소득을 지급하는 모든 자는 연말정산해야 할 의무가 있다. 근로소득만 있는 거주자가 연말정산에 의해 근로소득에 대한 소득세를 납부한 경우 5월에 종합소득 과세표준 확정신고를 하지 않아도 된다.

4. 연말정산 시기

근로소득자의 연말정산은 과세기간 종료일 기준으로 계속 근무하는 자와 중도퇴사자로 구분할 수 있다. 계속근무자의 연말정산과 근로자가 중도에 퇴직하는 경우에 퇴직하는 달 근로소득을 지급하는 때에 동일하게 연말정산을 하여 중도정산을 하여야 한다. 계속근무자의 경우와 거의 동일하나 근로를 제공한 기간 동안 지출한 비용만은 공제받는 공제항목이 있음을 주의해야 한다.

계속근무	20×2년도 연간 총급여액 연말정산 → 20×3년 2월분 지급 시
중도퇴직	퇴직한 달의 급여 지급 시

2 원천징수

1. 원천징수 의의

원천징수(tax withholding)란 소득을 지급하는 자가 소득 또는 수입금액을 지급할 때 그 지급을 받는 소득자가 내야 할 세금을 미리 징수하여 정부에 납부하는 제도이다. 즉, 소득을 지급하는 자가 그 소득에 대한 원천징수세액을 차감한 잔액만을 지급하고 그 원천징수한 세액을 정부에 미리 납부하는 것을 원천징수라 한다.

2. 원천징수 종류

(1) 완납적 원천징수

완납적 원천징수는 거주자의 소득 중 분리과세대상소득에 대한 원천징수가 이에 해당하며, 원천징수에 의해 납세의무가 종결된다.

(2) 예납적 원천징수

예납적 원천징수는 거주자의 소득에 대해 일정 금액을 미리 징수한 것일 뿐, 납세의무가 종결되지 않는다. 즉, 거주자는 확정신고 시 원천징수당한 소득을 다른 소득과 함께 신고하고 원천징수세액은 기납부세액으로 공제받게 된다.

	완납적 원천징수	예납적 원천징수
원천징수 방법	원천징수로 납세의무 종결	원천징수 이후 종합과세 정산
확정신고 의무	확정신고 의무 없음	확정신고 의무 있음
조세부담	원천징수세액 부담하고 과세 종결	확정신고 시 원천징수세액은 기납부세액으로 공제됨
대상소득	분리과세소득	종합과세소득(분리과세 이외 소득)

3. 원천징수의무자

원천징수의무자란 세법에서 규정하고 있는 특정한 소득금액을 지급하는 때에 소정의 세율(원천징수세율)을 적용하여 계산한 세금을 상대자(납세의무자)로부터 징수하여 소정기일 내에 정부에 납부하도록 의무를 부과한 개인이나 법인을 말한다.

4. 원천징수세율 및 과세방법

소 득	원천징수세율	과세방법 [분리과세 · 종합과세]
이자소득 배당소득	기본세율 ······ 14% 비영업대금의 이익 ······ 25% 출자공동사업자의 배당소득 ······ 25% 장기채권이자(2018년 이전) ······ 30% 비실명금융 ······ 42%(90%)	무조건 분리과세 : 비실명이자 등 무조건 종합과세 : 국외이자 등 조건부 분리과세 : 금융소득 2,000만원 이하 조건부 종합과세 : 금융소득 2,000만원 초과
사업소득	원칙 : 원천징수 없음 예외 : 봉사료 ······ 5% 의료, 면세인적용역 ······ 3%	무조건 종합과세 (단, 보험모집인 등은 연말정산)
근로소득	일용직 ··· (일당 – 15만원) × 6% × (1 – 55%) 상용직 ······ 간이세액표	무조건 분리과세 : 일용직 근로소득 무조건 종합과세 : 상용직 근로소득 (단, 근로소득만 있으면 연말정산)
연금소득	공적연금소득 ······ 간이세액표 사적연금소득 ······ 3%, 4%, 5%	선택적 분리과세 : 사적연금만 1,200만원 이하 종합과세 : 이외 연금소득 (단, 공적연금만 있으면 연말정산)
기타소득	기본세율 ······ 기타소득금액 × 20% (복권 당첨금 3억 초과분 × 30%) 연금외수령 ······ 기타소득금액 × 15%	무조건 분리과세 : 복권 당첨금 등 무조건 종합과세 : 뇌물 등 선택적 분리과세 : 기타소득금액 300만원 이하

5. 소액부징수

원천징수세액이 1,000원 미만이면 징수하지 않는다. 단, 이자소득은 제외한다.

6. 원천징수세액 납부제도

(1) **원칙** : 원천징수세액의 납부

원천징수의무자는 원천징수한 세액을 그 징수일이 속하는 달의 다음 달 10일까지 국세징수법에 의한 납부서와 함께 원천징수 관할 세무서 등에 납부하여야 한다.

(2) **예외** : 반기별 납부

금융 및 보험업을 제외한 상시 고용인원이 20인 이하인 영세사업자와 종교단체는 관할 세무서장의 승인을 얻어 원천징수세액을 그 징수일이 속하는 반기의 마지막 달의 다음 달 10일까지 납부할 수 있다. 따라서 1월부터 6월 사이의 원천징수세액은 7월 10일에 납부하고, 7월부터 12월 사이의 원천징수세액은 다음 해 1월 10일에 납부할 수 있다.

02 신고 및 납부

1. 의 의

소득세는 과세기간이 종료된 후 과세기간에 대한 과세표준과 세액을 다음 해 5월에 스스로 신고・납부(확정신고)함을 원칙으로 한다. 다만, 모든 납세자에 대해 확정신고만을 하도록 하면 정부의 조세수입뿐 아니라 납세자의 세금부담도 일시에 집중되는 문제점이 발생하게 된다. 따라서 정부는 세금을 조기에 확보하고 납세자에게는 집중된 세금부담을 분산시키기 위해 과세기간 중에 미리 소득세를 납부하도록 하고 있는데 중간예납, 수시부과 및 원천징수 등이 이에 해당한다.

구 분	납부기한	비 고
확정신고	다음 연도 5월 말까지	소득세를 신고납부하는 제도
사업장현황신고	다음 연도 2월 10일까지	면세사업자의 총수입금액의 파악을 위한 제도
중간예납	당해 연도 11월 30일	사업소득자가 6개월간의 소득세를 미리 납부

2. 사업장현황신고

부가가치세법상 면세 개인사업자는 5월 종합소득세 확정신고 전에 사업장의 현황을 해당 과세기간의 다음 연도 2월 10일까지 사업장 소재지 관할 세무서장에게 신고하여야 한다.

구 분	부가가치세 과세사업자	부가가치세 면세사업자
법 인	사업장현황신고 ×	사업장현황신고 ×
개 인	사업장현황신고 ×	사업장현황신고 ○

3. 수시부과

소득세는 1년 동안의 소득에 대해 세액을 납부하는 것이 원칙이지만, 다음과 같은 경우에는 관할 세무서장이 수시로 과세표준과 세액을 결정하여 소득세를 부과할 수 있다.

(1) 정당한 사유없이 휴업・폐업신고를 하지 않고 장기간 휴업 또는 폐업상태에 있는 등 조세를 포탈할 우려가 있다고 인정되는 상당한 이유가 있는 경우

(2) 폐업신고를 한 경우로서 해당 사업자가 수시부과를 받고자 신청한 경우 수시부과를 하는 경우 해당 과세기간 사업 개시일로부터 그 사유가 발생한 날까지를 수시부과기간으로 하여 과세표준과 세액을 결정한다.

4. 중간예납제도

중간예납이란 매년 1월 1일부터 6월 30일까지의 기간(중간예납기간) 동안의 소득에 대하여 소득세를 납부하는 것을 말하며 사업소득자만이 중간예납의무를 진다.

고지납부 원칙	• 중간예납기간 : 1월 1일 ~ 6월 30일 • 세액통지기간 : 11월 1일 ~ 11월 15일 • 세액납부기간 : 11월 16일 ~ 11월 30일
중간예납 제외	다음의 소득만 있는 자는 중간예납의무를 지지 않는다. ① 이자소득, 배당소득, 근로소득, 연금소득, 기타소득 ② 사업소득 중 다음의 소득 – 속기 · 타자 등 사무관련 서비스업 등에서 발생한 소득만 있는 경우 – 보험모집인 · 방문판매원 · 음료배달원 등 연말정산대상 사업소득으로서 원천징수의무자가 직전 연도에 사업소득세의 연말정산을 한 경우 – 수시부과소득만 있는 경우 – 분리과세 주택임대소득만 있는 경우 ③ 해당 과세기간 중에 사업을 시작한 경우
추계신고	① 중간예납추계액이 중간예납기준액의 30%에 미달하는 경우(임의규정) ② 중간예납기준액이 없는 거주자가 당해 연도의 중간예납기간 중 종합소득이 있는 경우(강제규정)
세액계산	중간예납세액 = 중간예납기준액 × 1/2 – 예정신고납부세액
소액부징수	중간예납세액 50만원 미만

5. 지급명세서 제출시기

구 분	제출시기
근로 · 퇴직 · 사업 · 종교인소득 · 연금계좌	다음 연도 3월 10일
상용근로소득 간이지급명세서	지급일이 속하는 반기의 다음 달 말일
사업소득 간이지급명세서	지급일이 속하는 달의 다음 달 말일(매월)
일용근로소득	지급일이 속하는 달의 다음 달 말일(매월)
그 밖의 소득	다음 연도 2월 말일

구 분	원천징수 이행상황신고서	지급명세서	간이지급명세서
목 적	**과세 목적** : 원천세 신고 · 납부	**과세 목적** : 종합소득세, EITC 신고안내 등	**사회보험 · 급부행정 목적** : EITC 신고안내 등
제출자	원천징수의무자	원천징수의무자	원천징수의무자
소득자 인적사항	없 음	있음 (근로 · 퇴직 · 사업 · 연금 · 금융 · 기타소득자)	있음 (근로소득자, 원천징수대상 사업소득)
내 용	총인원 · 총지급액 · 원천징수세액	소득자 인적사항, 지급액, 원천세 및 산출 과정(과세표준, 소득공제, 세액공제 등)	소득자 인적사항, 근로소득(원천징수대상 사업소득) 지급액

6. 과세표준 확정신고

(1) 의 의

해당 과세기간의 과세표준을 다음 연도 5월 1일부터 5월 31일까지(성실신고확인대상자가 성실신고확인서를 제출하는 경우에는 5월 1일부터 6월 30일까지) 관할 세무서장에게 신고하는 것을 과세표준 확정신고라고 한다.

원 칙	해당 과세기간의 다음 연도 5월 1일부터 5월 31일까지
성실신고확인대상자	해당 과세기간의 다음 연도 5월 1일부터 6월 30일까지
거주자 사망	상속인이 상속개시일이 속하는 달의 말일부터 6개월이 되는 날까지 신고한다(다만, 상속인이 승계한 연금계좌의 소득금액은 제외).
거주자 출국	출국일이 속하는 과세기간의 과세표준을 출국일 전날까지

(2) 확정신고를 하지 않아도 되는 경우

① 근로소득만 있는 자 : 연말정산으로 납세의무 종결

② 퇴직소득만 있는 자 : 원천징수로 납세의무 종결

③ 공적연금소득만 있는 자 : 연말정산으로 납세의무 종결

④ 연말정산대상 사업소득만 있는 자 : 연말정산으로 납세의무 종결

⑤ 근로소득과 퇴직소득만 있는 자

⑥ 퇴직소득과 공적연금소득만 있는 자

⑦ 퇴직소득 및 연말정산대상 사업소득만 있는 자

⑧ 분리과세이자소득, 분리과세배당소득, 분리과세연금소득 및 분리과세기타소득만 있는 자

⑨ ①부터 ⑦까지의 규정에 해당하는 사람으로서 분리과세이자소득, 분리과세배당소득, 분리과세연금소득 및 분리과세기타소득이 있는 자

(3) 자진납부

거주자는 해당 과세기간 각 소득의 과세표준에 대한 산출세액에서 공제세액과 감면세액을 뺀 금액을 과세표준 확정신고 기한까지 납부하여야 한다. 이 경우 이미 납부한 중간예납세액, 수시부과세액 및 원천징수세액이 있는 때에는 이를 공제하고 납부한다. 그리고 납부할 세액이 1천만원을 초과하는 경우에는 2개월 이내 분납할 수 있다.

납부세액 2천만원 이하	1천만원 초과하는 금액 분납
납부세액 2천만원 초과	세액의 50% 이하 금액 분납

빈출 객관식문제

제3절 신고납부와 징수 정답 및 해설 : p.33

01 **다음 중 소득세법상 중간예납에 대한 설명으로 옳지 않은 것은?**

① 과세기간 중 신규로 사업을 시작한 자는 중간예납 대상자가 아니다.
② 중간예납에 대한 고지를 받은 자는 11월 30일까지 고지된 세액을 납부하여야 한다.
③ 중간예납은 관할 세무서장의 고지에 따라 납부하는 것이 원칙이다.
④ 중간예납추계액이 중간예납기준액의 50%에 미달하는 경우 중간예납추계액을 중간예납세액으로 한다.

02 **다음 중 소득세법상 일반적인 지급명세서 제출시기가 다른 소득은?**

① 근로소득(일용근로소득 제외) ② 이자소득
③ 원천징수대상 사업소득 ④ 퇴직소득

03 **다음 중 소득세법상 신고 및 납부에 대한 설명으로 가장 옳지 않은 것은?**

① 소득세법상 중간예납은 원칙적으로 직전 과세기간의 실적을 기준으로 관할 세무서장이 납세고지서를 발급하여 징수한다.
② 소득세법상 분할납부는 납부할 세액이 1천만원을 초과하는 경우 중간예납과 확정신고시 모두 적용된다.
③ 모든 사업자는 과세표준 확정신고 시 재무상태표, 손익계산서와 그 부속서류, 합계잔액시산표 및 조정계산서를 첨부하지 아니하면 무신고로 본다.
④ 원천징수세액(이자소득 제외)이 1천원 미만인 경우와 중간예납 시 중간예납세액이 50만원 미만인 경우에는 해당 소득세를 징수하지 아니한다.

04 **소득세법과 관련한 다음 설명 중 잘못된 것은?**

① 중간예납세액이 500,000원에 미달한다면 징수되지 아니한다.
② 근로소득과 퇴직소득이 있는 자는 종합소득세 확정신고 의무대상자이다.
③ 부당한 방법으로 과세표준 또는 세액신고를 위반하는 경우 가산세가 중과된다.
④ 거주자는 국내원천소득과 국외원천소득 모두에 대하여 소득세 납세의무가 있다.

05 **다음의 거주자 중 종합소득세 확정신고를 하지 않아도 되는 거주자는 누구인가?(단, 제시된 소득 이외의 다른 소득은 없다)**

① 복권에 당첨되어 세금을 공제하고 10억원을 수령한 이상만씨
② 과세기간 중 다니던 회사를 퇴사하고 음식점을 개업하여 소득이 발생한 오유미씨
③ 소유 중인 상가에서 임대소득이 발생한 서영춘씨
④ 개인사업을 영위하여 사업소득이 발생한 송태승씨

06 **다음 중 소득세법상 반드시 종합소득 과세표준 확정신고를 하여야 하는 자는 누구인가?**

① 연봉 4,500만원인 근로소득만 있는 자
② 고용관계 없이 기업체에서 일시적으로 강연을 하고 강연료로 받은 1,600만원만 있는 자
③ 국내 금융기관의 정기예금에서 발생한 이자소득 1,800만원만 있는 자
④ 총수입금액 7,000만원인 보험모집인(간편장부대상자)

07 **다음 중 당해 소득세를 징수하는 것은?**

① 납세조합의 징수세액이 1천원 미만인 경우
② 근로소득에 따른 원천징수세액이 1천원 미만인 경우
③ 이자소득에 따른 원천징수세액이 1천원 미만인 경우
④ 중간예납세액이 50만원 미만인 경우

08 **다음 중 소득세법상 과세표준 확정신고를 반드시 해야만 하는 경우는?**

① 기타소득금액이 2,000,000원 있는 경우
② 퇴직소득이 50,000,000원 발생한 경우
③ 한 과세기간에 근로소득이 두 군데 사업장에서 발생했는데 연말정산 시 합산해서 신고하지 않은 경우
④ 분리과세되는 이자소득만 있는 경우

09 **다음은 모두 성실히 납세의무를 이행하고 있는 개인사업자들이다. 이들 중 소득세법상 사업장현황 신고를 하지 않아도 되는 사업장은?**

① 성형외과 병원
② 인가를 받아 운영하는 입시학원
③ 신문발행과 광고업을 같이 운영하는 신문사
④ 시내버스와 마을버스를 같이 운영하는 버스회사

10 **다음 중 소득세법상 반드시 종합소득 과세표준 확정신고를 해야 하는 자는?**

① 퇴직소득금액 6,000만원과 양도소득금액 5,000만원이 있는 자
② 국내 정기예금 이자소득금액 3,000만원과 일시적인 강연료 기타소득금액 310만원이 있는 자
③ 일용근로소득 1,200만원과 공적연금소득 2,000만원이 있는 자
④ 근로소득금액 6,000만원과 복권 당첨금 5억원이 있는 자

원가회계 5문항

출제분포도

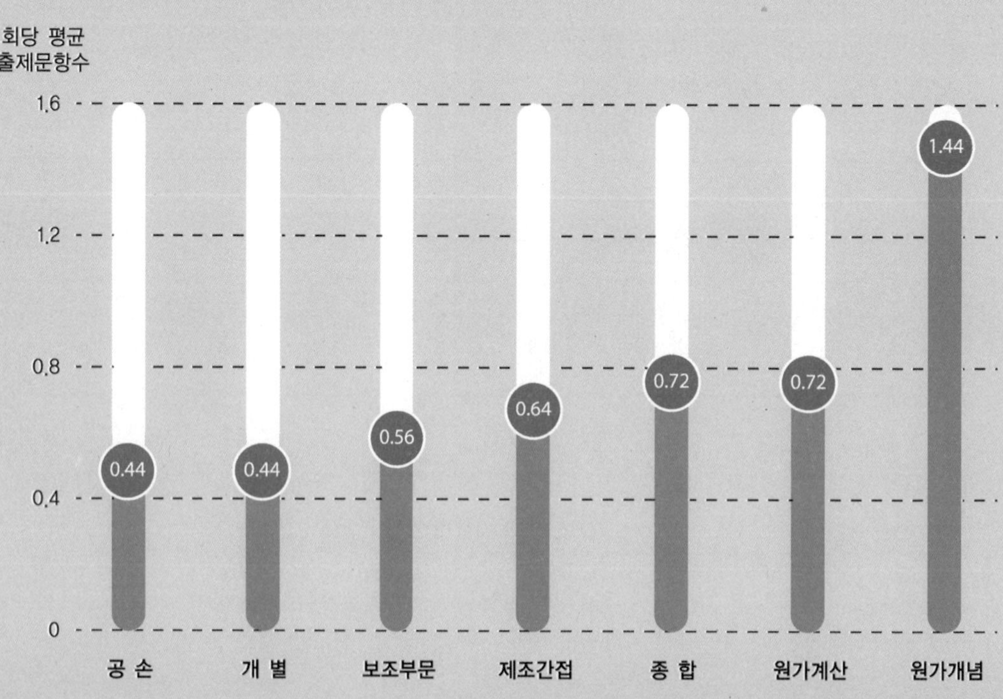

※ 최근 4~5년간 기출문제를 분석한 통계값입니다.

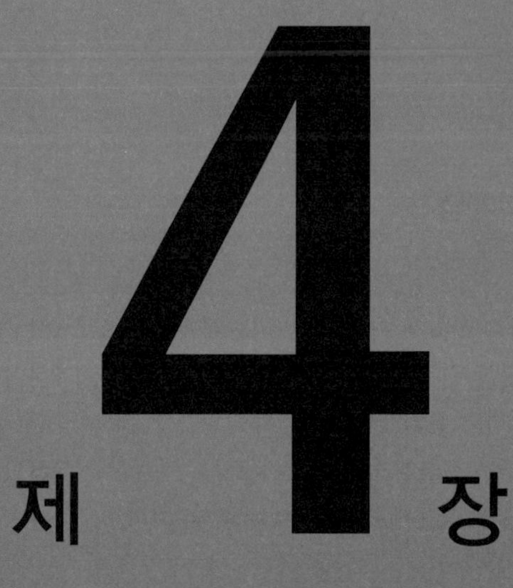

제 4 장

원가회계

원가 기본개념

01 원가회계의 개요

1 기본개념

1. 원가회계의 의의

원가회계란 재무회계와 관리회계에서 필요로 하는 원가정보를 제공하기 위하여 제조활동과 영업활동에 관한 원가자료를 확인, 분류, 집계하는 회계분야이다. 원가회계는 재무상태표상의 재고자산가액을 결정하고 손익계산서상의 매출원가를 결정하는데 필요한 원가자료를 제공할 뿐만 아니라, 계획과 통제, 의사결정에 유용한 원가자료도 제공하는 중요한 회계분야이다. 즉, 원가회계는 재무회계와 관리회계 양자 모두에 관련된다고 할 수 있다.

2. 원가회계의 목적

제품원가계산	기업이 제조하는 제품의 원가를 결정하여 매출원가(비용)와 기말재고자산의 가액을 결정하는 것이다. 원가회계는 상기업이 아닌 제조기업의 당기제품제조원가를 계산하는 과정을 의미하며, 제품원가계산 정보는 외부공표용 재무제표에 계상될 매출원가와 기말재고자산가액의 근거자료가 된다.
계획과 통제	미래의 경영활동 수행을 위한 계획을 수립하고, 이를 실행하며, 실행 후의 실제결과를 계획과 비교하여 성과평가를 수행하는 일련의 과정을 의미한다. 원가회계는 계획과 통제에 유용한 원가정보를 제공한다.
의사결정	의사결정이란 선택 가능한 여러 대안 중에서 목적을 가장 잘 달성하는 최선의 대안을 선택하는 과정을 의미한다. 원가회계는 의사결정에 유용한 원가정보를 제공한다.

3. 원가의 개념

원가(cost)란 재화나 용역을 얻기 위해 희생된 경제적 자원을 화폐단위로 측정한 것이라고 정의된다. 이러한 원가는 미래 경제적 효익의 획득가능성 여부에 따라 소멸원가와 미소멸원가로 분류할 수 있다. 일반적으로 원가회계에서 언급하는 원가는 제조활동과정에 투입되어 제품생산에 소요되는 지출액으로서 제조원가라고 말한다.

원가(cost)	취득, 제조 등 특정 자원을 취득하는 과정에서 얻기 위해 포기된 자원의 가치를 의미한다. 원가는 제품을 제조하기 위해 투입된 자산이다.
비용(expense)	매출 등 수익창출 과정에서 사용된 자원의 가치이다. 즉, 수익창출 활동과정에서 발생된 소비액을 의미한다.

(1) 소멸원가

미래에 더 이상 경제적 효익을 제공할 수 없는 원가로 용역잠재력이 소멸된 원가를 소멸원가라고하며, 수익획득의 공헌 여부에 따라 비용 또는 손실로 계상된다.

(2) 미소멸원가

과거의 거래나 사건의 결과로 획득되어 미래에 경제적 효익을 제공할 수 있는 원가로 용역잠재력이 소멸되지 않은 원가를 미소멸원가라고 하며, 재무상태표에 자산(원재료, 재공품, 제품 등)으로 계상된다.

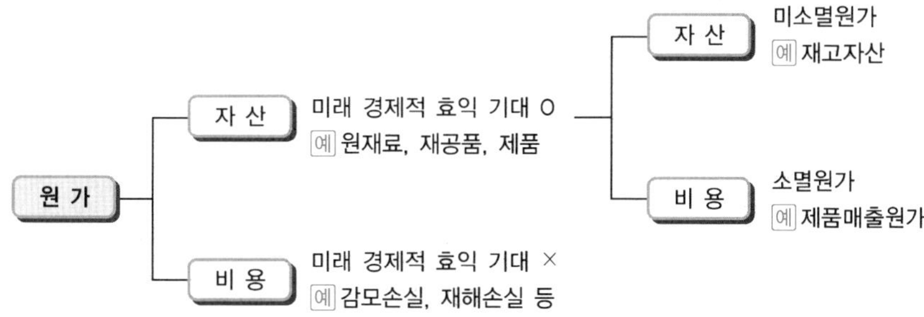

2 원가의 분류

원가는 경영자의 의사결정 목적에 따라 다음과 같이 여러 가지로 분류할 수 있다.

1. 발생형태에 따른 분류

원가를 가장 기본적으로 발생형태로 분류하면 물질적인 요소, 인적요소, 이외 요소로 구분할 수 있는 이를 제조원가의 3요소라고도 한다.

재료비	제품 제조를 위해 소비된 주된 재료의 가치(물질적 요소)
노무비	제품 제조를 위해 지급된 임금 등 노동력의 대가(인적 요소)
제조경비	제품 제조를 위해 소비된 원가 중 재료비와 노무비 외 경비

2. 추적가능성에 따른 분류

추적가능성이란 원가대상의 추적가능성 여부를 판단한다는 의미이다.

직접원가 (직접비)	특정한 원가대상에 직접 추적할 수 있는 원가를 말한다. 직접원가는 원가대상에 직접 부과한다. 예 직접재료비, 직접노무비
간접원가 (간접비)	특정한 원가대상에 직접 추적할 수 없는 원가를 말한다. 간접원가는 인위적인 기준에 의해 원가대상에 부과하게 된다. 이를 원가배분이라고 한다. 예 공장전체 전기요금, 수도요금, 복리후생비, 임차료 등

3. 제조활동과의 관련성에 따른 분류

제조원가	제조원가는 제조활동에서 발생하여 제품에 내재되기 때문에 제품원가라고도 한다. 제품원가는 제품이 판매되기 전까지는 재고자산(제품)으로 계상하였다가 판매되는 시점에서 매출원가라는 비용으로 처리한다.
비제조원가	비제조원가란 제조활동과 직접적인 관련이 없이 제품의 판매활동과 일반관리활동에서 발생하는 원가(넓은 의미의 원가)이다. 비제조원가는 제조원가와는 달리 발생하는 시점에서 비용으로 처리한다. 이런 이유로 비제조원가를 '기간비용'이라고도 한다. 비제조원가를 기간비용으로 처리하는 이유는 원가의 발생으로 인한 미래의 경제적 효익을 객관적으로 측정하기 어렵기 때문이다. 비제조원가에는 판매활동에서 발생한 판매비와 기업의 관리활동에서 발생한 관리비가 포함된다.

4. 원가의 행태에 따른 분류

조업도의 변동에 따른 원가발생액의 변동양상을 구분하여 원가를 분류한다.

분 류	원가요소
변동원가	직접재료비, 직접노무비
고정원가	임차료, 보험료, 감가상각비 등
준변동원가	전력비, 수도요금, 가스요금 등
준고정원가	계단모양의 원가행태

(1) 변동원가

변동원가는 조업도의 변동에 따라 원가총액이 비례적으로 변화하는 원가이다. 그러나 단위당 원가는 조업도의 변동에 관계없이 일정하다. 변동원가의 예로는 직접재료비, 직접노무비 등이 있다.

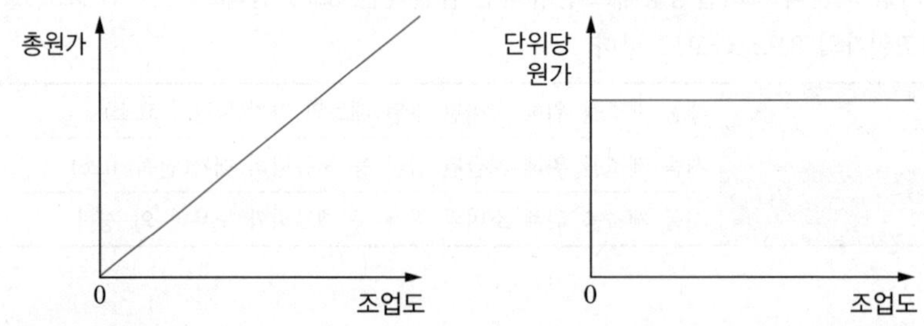

변동비 총발생액	200,000원	400,000원	600,000원
조업도(생산량)	1,000개	2,000개	3,000개
제품단위당 변동비	@200원	@200원	@200원

(2) 고정원가

고정원가는 조업도의 변동에 관계없이 관련범위 내에서는 원가총액이 일정하게 발생하는 원가이다. 그러므로 단위당 원가는 조업도가 증가할수록 낮아지게 된다. 생산에 비례하지 않고 고정적으로 발행하는 원가로 고정원가의 예로는 임차료, 감가상각비, 보험료, 제세공과금 등이 있다.

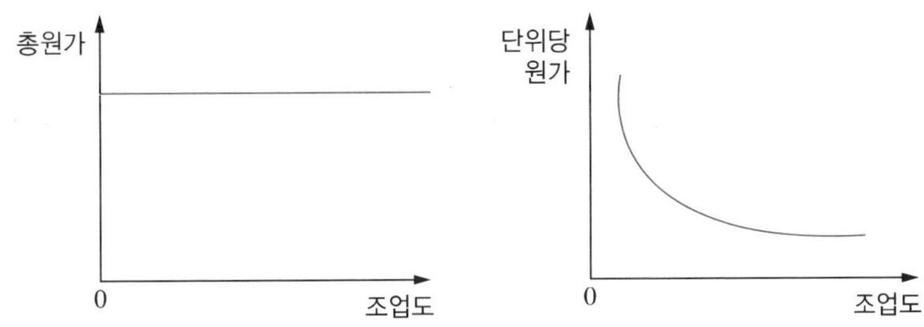

고정비 총발생액	600,000원	600,000원	600,000원
조업도(생산량)	1,000개	2,000개	3,000개
제품단위당 고정비	@600원	@300원	@200원

>> Key Point

조업도 변동에 따른 총원가, 단위당 원가

구 분	변동원가	고정원가
총원가	변 동(조업도에 비례)	일 정
단위당 원가	일 정	변 동(조업도에 반비례)

(3) 준변동원가(혼합원가)

준변동원가는 고정원가와 변동원가의 요소를 모두 가지고 있는 원가로 혼합원가라고도 한다. 이러한 준변동원가의 예로는 전화요금, 전기요금 등을 들 수 있다. 전화요금이나 전기요금은 고정원가의 성격을 가진 기본요금이 있으며, 사용량이 증가함에 따라 증가하는 변동원가적인 요소가 가산된다.

(4) 준고정원가(계단원가)

준고정원가란 일정한 범위의 조업도 내에서는 금액이 고정되어 있지만 그 범위를 벗어나면 금액이 증감하는 원가를 말한다. 준고정원가의 원가행태는 계단식으로 표시되기 때문에 계단원가라고도 한다.

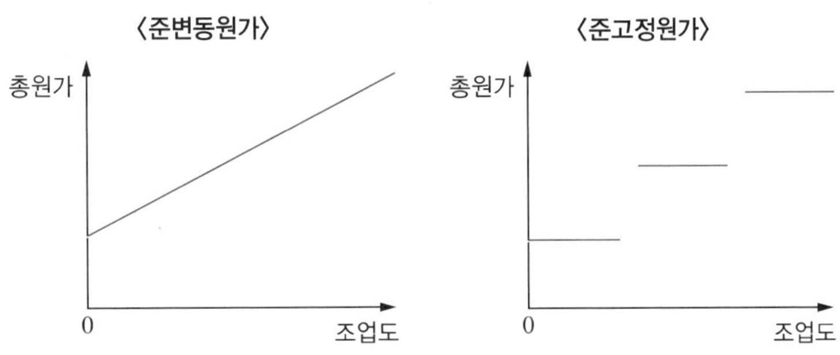

5. 의사결정과의 관련성에 따른 분류

(1) 매몰원가(과거원가, 역사적원가)

매몰원가란 과거의 의사결정으로부터 발생한 역사적 원가로서 대안사이에 차이가 발생하지 않는 원가이다. 매몰원가는 현재 의사결정에는 아무런 영향을 끼치지 못하는 원가이다.

(2) 관련원가와 비관련원가

관련원가란 대안 간에 차이가 있는 미래원가로서 의사결정에 직접적으로 관련되는 원가를 말하며, 차액원가라고도 한다. 비관련원가는 대안 간에 차이가 없는 원가로서 의사결정에 영향을 미치지 않는 원가를 의미한다. 미래원가라 하더라도 대안 간에 차이가 없다면 비관련원가로 분류된다.

(3) 기회원가(기회비용)

기회원가란 자원을 현재의 용도 이외의 다른 대체적인 용도에 사용할 경우 얻을 수 있는 최대금액을 말한다. 기회원가는 한 대체안의 선택으로 인하여 다른 대체안을 포기하는 경우에 포기한 대체안으로부터 얻을 수 있는 금액을 상실하게 되는 점을 고려한 원가개념이다. 기회원가는 실제 현금이나 기타 다른 자원의 지출을 필요로 하지 않기 때문에 회계장부에 기록되지 않지만 의사결정 과정에서는 반드시 고려해야 한다.

(4) 회피가능원가와 회피불능원가

회피가능원가란 특정한 대체안을 선택함으로써 절약되거나 발생하지 않는 원가를 말하며, 회피불능원가란 특정한 대체안을 선택하는 것과 관계없이 계속해서 발생하는 원가를 의미한다.

(5) 통제가능원가와 통제불능원가

통제가능원가는 의사결정자가 그 발생에 영향을 미칠 수 있는 원가를 말한다. 통제불능원가는 의사결정자가 그 발생을 통제할 수 없는 원가를 말한다. 원가를 통제가능성에 따라 분류할 경우 시간적 차원을 고려하여야 한다. 왜냐하면 단기적으로는 통제불능원가라고 해도 충분히 긴 시간이 주어지면 통제가능원가가 될 수 있기 때문이다.

6. 생산방식에 따른 분류

제품의 생산방식에 따라 원가계산의 방식이 다르다.

구 분	개별원가계산	종합원가계산
생산 형태	다품종, 소량, 주문생산	표준화, 대량생산
업 종	건설업, 조선업 등	시멘트, 제지업 등
원가요소 분류	기초원가, 제조간접비	직접재료비, 가공비
핵심과제	제조간접비 배부	완성품환산량 계산

>> Key Point

제조원가 구분
- 발생형태에 따른 원가분류 : 재료비, 노무비, 제조경비
- 추적가능성에 따른 원가분류 : 직접재료비, 간접재료비, 직접노무비, 간접노무비, 직접제조경비, 간접제조경비
- 원가를 3요소로 분류 : 직접재료비, 직접노무비, 제조간접비(간접재료비, 간접노무비, 제조경비)

기초원가 or 기본원가 ─ 직접재료원가, 직접노무원가
가공원가 or 전환원가 ─ 직접노무원가, 제조간접원가

- 제조원가 = 직접재료비 + 직접노무비 + 제조간접비
- 제조원가 = 기초원가(기본원가) + 제조간접비
- 제조원가 = 직접재료비 + 가공원가(전환원가)

7. 원가계산 시점에 따른 분류

(1) 실제원가계산

제조간접비의 실제 발생한 금액을 기준으로 제품의 원가를 측정하는 방법이다. 이는 일정 기간이 종료되어야 실제 발생액을 알 수 있으므로 신시간 이사결정에 필요한 정보를 제공하지 못한다는 단점이 있다. 또한 기간 종료 이후에 실제 발생한 제조간접비를 사용하더라도 작업시간, 생산량 등 총배부기준에 따라 '제품 단위당 제조간접비'가 변하여 원가통제를 위한 기초 정보를 제공하지 못한다는 문제점도 있다.

(2) 정상원가계산(제조간접비 예정배부)

제조간접비의 발생할 예정배부율을 미리 예상하여 실제조업도를 기준으로 배부하는 방법이다. 이는 실시간 의사결정에 필요한 정보를 제공해준다는 장점이 있다. 일정 기간이 종료되면 실제발생된 제조간접비와의 차이가 발생할 수 있으며 배부차이를 조정해야 하는 단점이 있다.

(3) 표준원가계산

미리 정해놓은 표준원가를 기준으로 제품의 원가를 측정하는 방법이다.

8. 제품의 원가범위에 따른 분류

(1) 전부원가계산

변동원가에 해당하는 직접재료비, 직접노무비, 변동제조간접비와 고정제조간접비를 모두 포함하여 제품원가로 처리하는 방법이다.

(2) 변동원가계산

변동원가에 해당하는 직접재료비, 직접노무비, 변동제조간접비만을 제품원가로 처리하고, 고정제조간접비는 제품원가가 아닌 기간비용으로 처리하는 방법이다.

〈원가의 분류〉

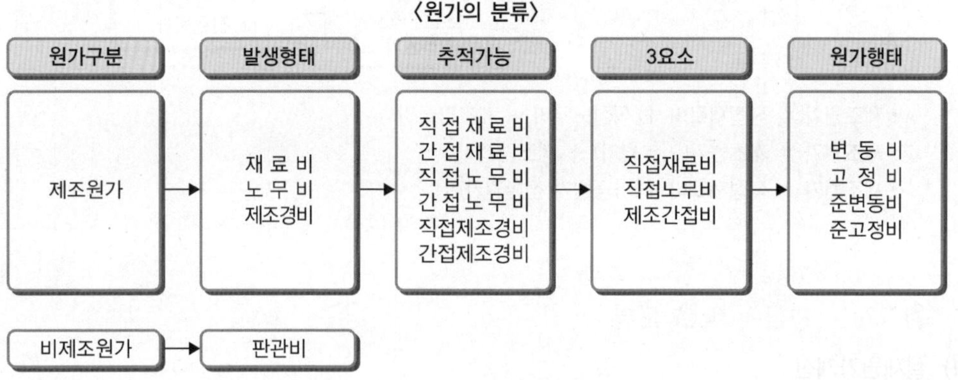

02 제조원가의 흐름

1 제조원가의 3요소

제품을 생산하기 위해서는 원재료와 노동력 및 생산설비 등이 필요하다. 제조원가란 제품을 생산하는 과정에서 소요되는 모든 원가를 의미하며 제조원가 3요소에 해당하는 원가를 직접재료비, 직접노무비, 제조간접비로 구분하여 계산한다.

>> Key Point

제조원가 3요소

제조원가 3요소는 발생형태에 따라 재료비, 노무비, 제조경비로 분류하기도 하고, 직접재료비, 직접노무비, 제조간접비로 분류하기도 한다.

원가회계는 특정한 기준에 의해 처리하지 않고 의사결정에 유용한 목적에 맞춰 다양하게 분류하는 특징이 있다. 따라서 어떻게 분류하든 당기총제조원가를 계산할 수 있다면 분류의 방법은 사실 상관없다.

시험에 출제되는 원가회계문제는 직접재료비, 직접노무비, 제조간접비로 출제되는 경향을 띠고 있다.

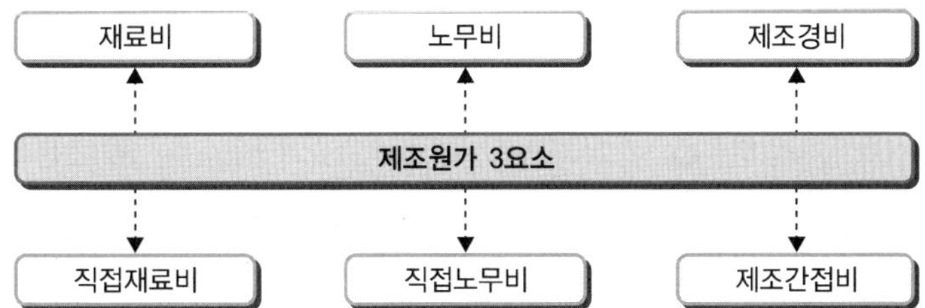

1. 직접재료비

직접재료비는 제품을 생산하기 위하여 투입된 재료비로서 특정제품에 직접적으로 추적할 수 있는 원가이다. 재료비 가운데 특정제품에 직접적으로 추적할 수 없는 원가는 간접재료비라 하며, 간접재료비는 이후 제조간접비로 분류된다.

(1) 직접재료비 계산

직접재료비(원재료 소비액) = 기초원재료재고액 + 당기원재료매입액 − 기말원재료재고액

원재료

차변		대변	
기초원재료재고	××	**원재료 소비액**	××
당기원재료매입	××	기말원재료재고	××

원재료 소비액 → 직접재료비 ⇨ 재공품 / 간접재료비 ⇨ 제조간접비

>> Key Point

원재료 소비액 = 직접재료비

원재료 소비액을 직접재료비로 동일하게 인식하는 것은 간접재료비가 없다고 가정하기 때문이다. 실무적으로 간접재료비로 소비될 재료를 원재료 계정에 반영하지 않는 경우가 많기 때문이다. 따라서 특별한 언급이 없는 한 원재료 계정의 소비액은 직접재료비로 계산한다.

(2) 원재료 회계처리

거래	차변	금액	대변	금액
원재료 100원 구입	(차) 원재료(자산)	100	(대) 현금 등	100
재료비 중 80원 사용	(차) 재료비(제조원가)	80	(대) 원재료(자산)	80
재료비 중 직접재료비로 60원 대체 간접재료비로 20원 대체	(차) 직접재료비 간접재료비	60 20	(대) 재료비	80
직접재료비를 재공품으로 대체	(차) 재공품	60	(대) 직접재료비	60
간접재료비를 제조간접비로 대체	(차) 제조간접비	20	(대) 간접재료비	20

>> Key Point

원가계정의 복잡한 회계처리 생략
원가계정을 대체하는 분개는 번거롭고 재무회계에 비해 중요치 않다. 즉, 원가흐름에 따라 재공품과 제조간접비로 대체되는 결과가 중요하다.
따라서 대부분은 재료비 계정, 직접재료비 계정, 간접재료비 계정을 각각 설정하지 않고 원재료 계정의 직접재료비는 바로 재공품 계정으로, 간접재료비는 바로 제조간접비 계정으로 대체한다.

(차) 재공품	60	(대) 재료비	80
제조간접비	20		

2. 직접노무비

직접노무비란 생산직에게 노동의 대가로 지급되는 금액으로서 특정제품에 직접적으로 추적할 수 있는 원가이다. 노무비 가운데 특정제품에 직접적으로 추적할 수 없는 원가는 간접노무비라 하며 이후 제조간접비로 분류된다.

(1) 노무비 소비액 계산

노무비는 원재료와 달리 물량이 아닌 기간의 개념으로 원가가 발생되므로 노무비와 제조경비는 당기와 전기를 구분하여 계산한다.

당월지급액 + 당월미지급액 + 전월선급액 − 당월선급액 − 전월미지급액 = 당월소비액

노무비

당월지급액	××	전월미지급액	××
전월선급액	××	당월선급액	××
당월미지급액	××	**당월소비액**	××

당월소비액 → 직접노무비 ⇨ 재공품 / 간접노무비 ⇨ 제조간접비

(2) 노무비 회계처리

구분	차변	금액	대변	금액
생산직 임금 100원 현금 지급	(차) 임 금	100	(대) 현금 등	100
임금을 노무비 원가계정으로 대체	(차) 노무비	100	(대) 임 금	100
노무비 중 직접노무비로 60원 대체 간접노무비로 40원 대체	(차) 직접노무비 간접노무비	60 40	(대) 노무비	100
직접노무비를 재공품으로 대체	(차) 재공품	60	(대) 직접노무비	60
간접노무비를 제조간접비로 대체	(차) 제조간접비	40	(대) 간접노무비	40

3. 제조간접비

제조간접비는 직접재료비와 직접노무비 외의 모든 제조원가를 말한다.

(1) 발생형태의 분류

<table>
<tr><td>월할제조경비</td><td>1년(일정 기간 월단위)의 기간분을 일시에 지급하는 제조경비를 말한다.
예 보험료, 임차료, 감가상각비, 세금과공과 등</td></tr>
<tr><td>측정제조경비</td><td>계량기 등에 의해 실제 소비한 양을 측정하는 제조경비를 말한다.
예 전력비, 가스수도료, 전화요금 등</td></tr>
<tr><td>지급제조경비</td><td>매월 소비하는 경비를 해당 월에 실제 지급하는 제조경비를 말한다.
예 수선비, 외주가공비, 운반비 등
당월지급액 + 당월미지급액 + 전월선급액 − 당월선급액 − 전월미지급액 = 당월소비액
<table>
<tr><th colspan="4">제조경비</th></tr>
<tr><td>당월지급액</td><td>××</td><td>전월미지급액</td><td>××</td></tr>
<tr><td>전월선급액</td><td>××</td><td>당월선급액</td><td>××</td></tr>
<tr><td>당월미지급액</td><td>××</td><td>당월소비액</td><td>××</td></tr>
</table></td></tr>
<tr><td>발생제조경비</td><td>현금의 지출이 없이 발생하는 제조경비를 말한다.
예 재료감모손실 등</td></tr>
</table>

<table>
<tr><th colspan="5">제조간접비</th></tr>
<tr><td>간접재료비</td><td></td><td>20</td><td></td><td></td></tr>
<tr><td>간접노무비</td><td></td><td>40</td><td></td><td></td></tr>
<tr><td>간접제조경비</td><td></td><td>100</td><td>재공품</td><td>160 ⇨ 재공품으로 대체</td></tr>
<tr><td>전력비</td><td>30</td><td></td><td></td><td></td></tr>
<tr><td>임차료</td><td>70</td><td></td><td></td><td></td></tr>
</table>

(2) 제조간접비 회계처리

거래	차변	금액	대변	금액
전력비 등 100원 현금 지급	(차) 전력비 등	100	(대) 현금 등	100
공장임차료 등을 제조간접비로 대체	(차) 제조간접비	100	(대) 임차료 등	100
간접재료비를 제조간접비로 대체	(차) 제조간접비	20	(대) 간접재료비	20
간접노무비를 제조간접비로 대체	(차) 제조간접비	40	(대) 간접노무비	40
제조간접비를 재공품으로 대체	(차) 재공품	160	(대) 제조간접비	160

2 제조원가의 흐름

〈제조원가의 흐름 : T-계정〉

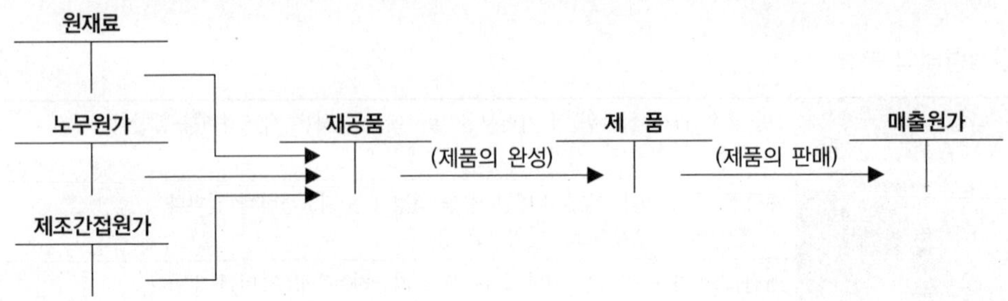

1. 재공품

재공품은 제조원가의 3요소인 직접재료비, 직접노무비, 제조간접비를 기록하는 장소이며 제품으로 완성되기 전 제조공정 중에 있는 미완성된 상태의 자산을 의미한다.

재공품

차변			대변		
기초재공품재고		×××	당기제품제조원가	×××	⇨ 완성 : 제품 계정으로 대체
당기총제조원가		×××			
직접재료비	××				
직접노무비	××				
제조간접비	××		기말재공품재고	×××	⇨ 미완성 : 재공품 계정에 남음

당기완성품을 제품으로 대체	(차) 제 품	×××	(대) 재공품	×××

2. 제 품

완성된 제품을 집계하는 자산 계정이다. 재공품 계정에서 당기제품제조원가(완성된 제품)를 받아 판매 시 매출원가(비용)로 대체되며, 미판매 시 기말제품 재고자산으로 남겨둔다.

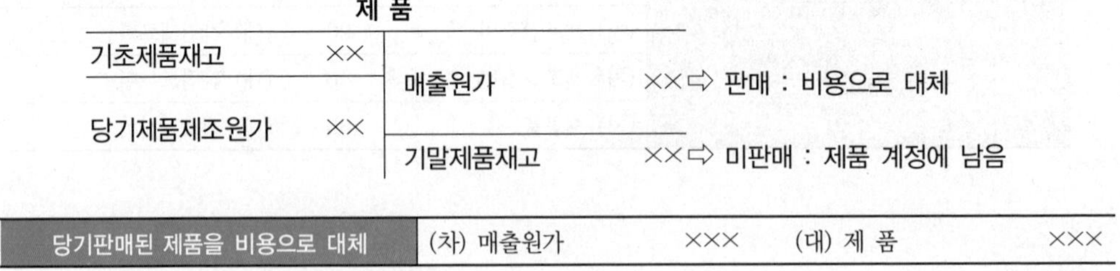

제 품

차변		대변		
기초제품재고	××	매출원가	××	⇨ 판매 : 비용으로 대체
당기제품제조원가	××	기말제품재고	××	⇨ 미판매 : 제품 계정에 남음

당기판매된 제품을 비용으로 대체	(차) 매출원가	×××	(대) 제 품	×××

3. 원가계산의 흐름

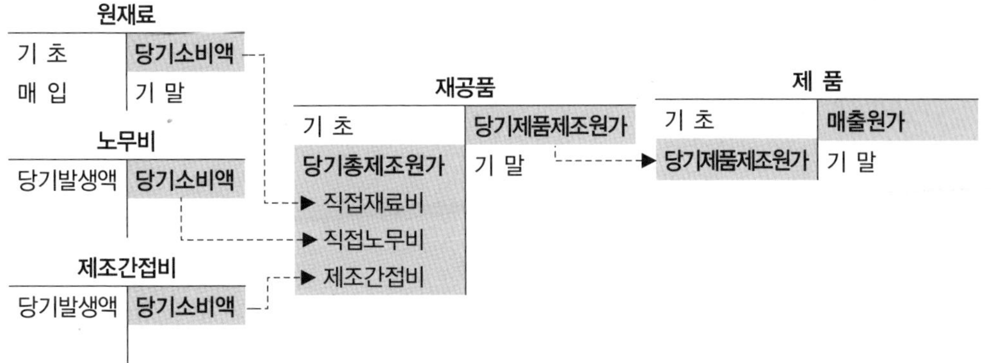

* 당기총제조원가 = 직접재료비 + 직접노무비 + 제조간접비
* 당기제품제조원가 = 기초재공품재고액 + 당기총제조원가 − 기말재공품재고액
* 당기매출원가 = 기초제품재고액 + 당기제품제조원가 − 기말제품재고액

예제

다음의 자료를 이용하여 당기총제조원가, 당기제품제조원가, 당기제품매출원가를 구하시오.

구 분	기초재고	기말재고
재공품	1,000,000원	300,000원
제 품	1,500,000원	600,000원

• 기초원재료 : 200,000원 • 당기매입원재료 : 400,000원
• 기말원재료 : 100,000원 • 직접노무비 : 800,000원 • 제조간접비 : 직접노무비의 150%

정답 및 해설

당기총제조원가 2,500,000원
당기제품제조원가 3,200,000원
당기제품매출원가 4,100,000원

원재료

기초원재료	200,000	직접재료비	500,000
원재료매입	400,000	기말원재료	100,000
	600,000		600,000

재공품

기초재공품	1,000,000	당기제품제조원가	3,200,000
당기총제조원가	2,500,000		
직접재료비	500,000		
직접노무비	800,000		
제조간접비	1,200,000	기말재공품	300,000
	3,500,000		3,500,000

제 품

기초제품	1,500,000	매출원가	4,100,000
당기제품제조원가	3,200,000	기말제품	600,000
	4,700,000		4,700,000

4. 제조원가명세서와 손익계산서

제조원가명세서는 당기에 완성된 제품의 제조원가의 계산과정을 보여주는 보고서이다. 또한 손익계산서의 매출원가를 계산하기 위한 원가정보(당기제품제조원가)를 제공하며, 제조원가명세서는 '재공품' 계정의 계산과정을 양식으로 나타낸 보고서의 역할을 한다.

제조원가명세서

1. 직접재료비		×××
(1) 기초원재료재고	×××	
(2) 당기원재료매입	×××	
(3) 기말원재료재고	(××)	
2. 직접노무비		×××
3. 제조간접비		×××
4. 당기총제조원가		×××
5. 기초재공품재고		×××
6. 계		×××
7. 기말재공품재고		(××)
8. 당기제품제조원가		×××

손익계산서

1. 제품매출		×××
2. 제품매출원가		×××
(1) 기초제품재고액	×××	
(2) 당기제품제조원가	×××	
(3) 기말제품재고액	(××)	
3. 매출총이익		×××
.		
.		
.		
.		
10. 당기순이익		×××

>> Key Point

제조원가명세서 = 재공품

제조원가명세서는 기초재공품재고, 당기총제조원가, 제품으로 대체된 당기제품제조원가와 기말재공품재고액이 보고된다.

즉, 제조원가명세서는 '재공품' 계정을 그대로 옮겨놓은 명세서이다.

빈출 객관식문제

제1절 원가 기본개념

정답 및 해설 : p.34

01 **다음 중 원가회계의 목적과 거리가 먼 것은?**

① 내부 경영 의사결정에 필요한 원가정보 제공
② 원가통제에 필요한 원가정보 제공
③ 손익계산서상 제품원가에 대한 원가정보 제공
④ 이익잉여금처분계산서상 이익처분정보 제공

02 **다음 중 원가계산에 관련된 설명 중 타당하지 않은 것은?**

① 원가회계는 일반적으로 회사 내부 정보이용자에게도 유용한 정보를 제공한다.
② 제조원가명세서가 작성되었더라도 제품매출원가를 알 수 있는 것은 아니다.
③ 제조과정에 있는 모든 제조기업의 원가계산은 기업회계기준에서 정한 동일한 원가계산방식에 의해서 하여야 한다.
④ 제조원가에 해당하는 금액을 발생 즉시 비용처리하였다면 당기총제조원가를 과소계상하게 된다.

03 **다음의 원가에 대한 설명 중 틀린 것은?**

① 회피불능원가란 선택이나 의사결정을 할 때 발생을 회피할 수 없는 원가를 의미한다.
② 직접재료비와 제조간접비의 합을 가공원가라고도 한다.
③ 직접원가와 제조간접비의 합이 제조원가이다.
④ 기회비용이란 여러 대체안 중에서 어느 하나를 선택함으로 인해 상실하게 되는 최대의 경제적 효익을 말한다.

04 **원가와 관련된 다음 설명 중 옳지 않은 것은 어느 것인가?**

① 제조원가는 판매과정에서 결국 매출원가로 비용화 된다.
② 직접재료비와 제조간접비는 대표적인 변동비 항목에 해당한다.
③ 제조공정에서 발생하는 직접노무비는 당기총제조비용에 반영된다.
④ 생산량이 증가해도 원가총액에 변동이 없는 원가도 있다.

05 **다음 중 제조원가명세서상의 당기총제조원가에 영향을 미치지 않는 것은?**

① 생산직 사원의 퇴직급여충당부채를 추가로 설정하였다.
② 생산공장의 건물신축을 위하여 토지를 구입하였다.
③ 제품으로 사용될 페인트를 공장내부의 수선(수익적 지출)을 위하여 사용하였다.
④ 공장건물에 대한 재산세를 납부하였다.

06 **원가구성요소의 분류상 해당 항목에 포함되는 내용 중 틀린 것은?**

	기본원가	가공비	제조원가
①	직접노무비	제조간접비	직접재료비
②	직접재료비	제조간접비	직접노무비
③	직접노무비	직접재료비	간접노무비
④	직접노무비	간접재료비	간접노무비

07 **다음 중 제품의 제조원가를 구성하지 않는 것은?**

① 공장직원의 식사대
② 제품 홍보책자 인쇄비
③ 원재료 매입거래처에 대한 접대비
④ 공장건물의 화재보험료

08 **다음 중 원가에 관한 설명 중 가장 적절하지 않은 것은?**

① 재공품이란 생산 중에 있는 미완성품을 말한다.
② 공장의 전화요금을 정액제로 가입하면 이는 고정원가에 해당된다.
③ 기초원가란 재료비와 노무비를 합한 금액을 말한다.
④ 개별원가계산은 서로 다른 종류의 제품을 주문생산하는 경우에 적합하다.

09 **다음 중 원가의 개념이 가장 잘못 연결된 것은?**

① 기회원가 : 과거에 발생한 원가로서 의사결정에 고려되어서는 아니 되는 원가
② 가공원가 : 직접노무비와 제조간접비를 합한 금액
③ 통제가능원가 : 특정 부문의 경영자가 원가의 발생을 관리할 수 있으며, 부문경영자의 성과평가의 기준이 되는 원가
④ 변동원가 : 조업도의 변동에 관계없이 단위당 원가는 일정하고, 총원가는 조업도의 변동에 비례하여 변하는 원가

10 **공장에 설치하여 사용하던 기계가 고장이 나서 처분하려고 한다. 취득원가는 2,000,000원, 고장 시점까지의 감가상각누계액은 1,500,000원이다. 동 기계를 바로 처분하는 경우 600,000원에 처분 가능하며 100,000원의 수리비를 들여 수리하는 경우 800,000원에 처분할 수 있다. 이 때 매몰원가는 얼마인가?**

① 100,000원 ② 500,000원
③ 600,000원 ④ 800,000원

11 **다음의 그래프가 나타내는 원가에 대한 설명으로 틀린 것은?**

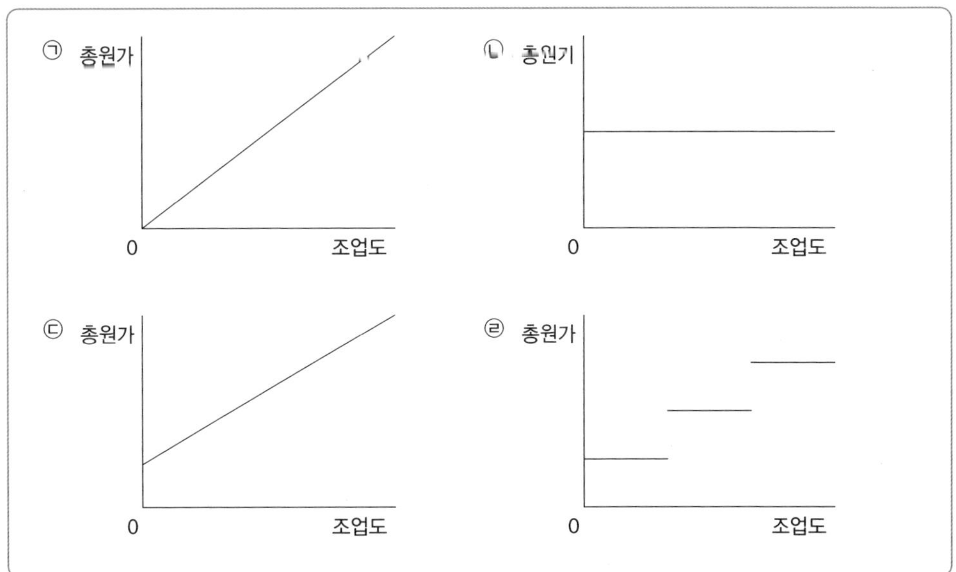

① ㉠은 조업도의 변동에 따라 원가총액이 비례적으로 변화하는 변동비에 대한 그래프이다.
② ㉡은 단위당 원가가 일정한 고정비에 대한 그래프이다.
③ ㉢의 대표적인 예로는 전기요금, 수도요금 등이 있다.
④ ㉣은 일정한 범위의 조업도 내에서는 일정한 금액이 발생하지만 그 범위를 벗어나면 원가발생액이 달라지는 준고정비를 나타낸다.

12 과자를 만들 때 과자 10개당 포장지 한 개가 소요된다고 한다면 포장지 재료비의 원가행태를 그래프로 가장 적절하게 표현한 것은?(단, x : 과자생산량, y : 포장지 재료원가)

①
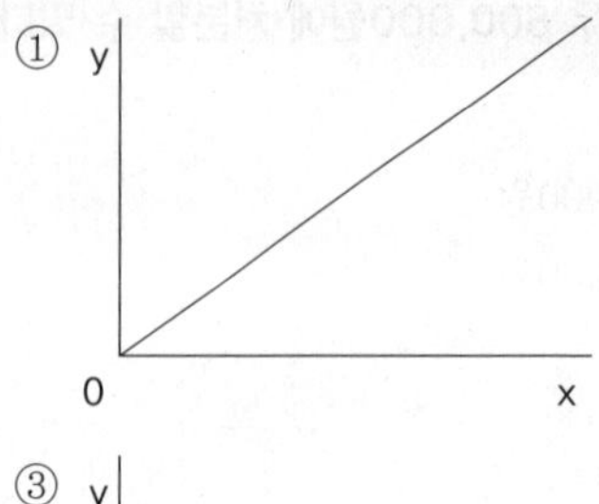

②
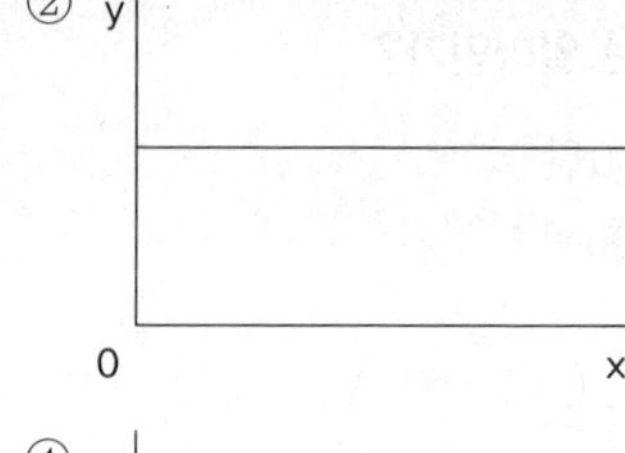

③
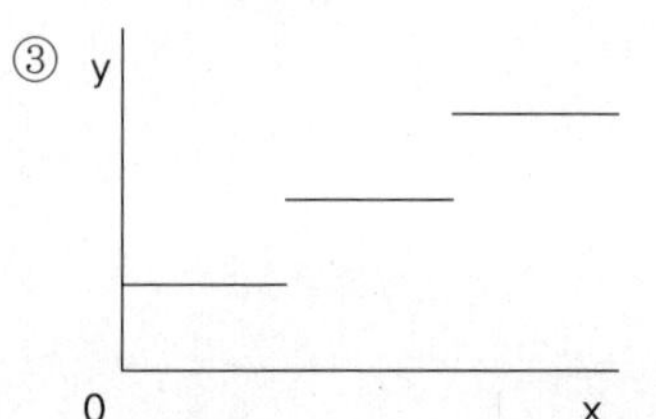

④
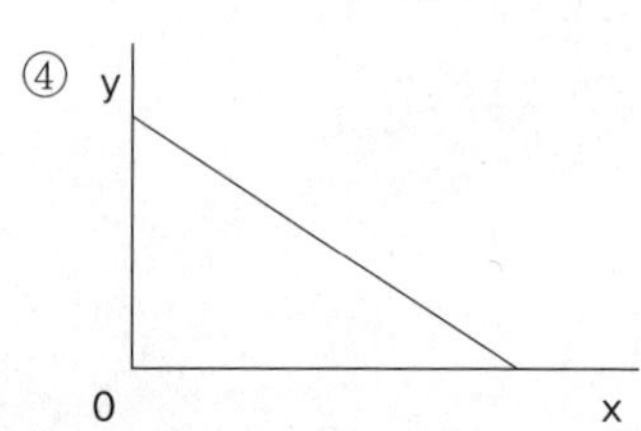

13 다음 내용에서 설명하고 있는 원가의 행태는 무엇인가?

- 조업도가 증가하거나 감소하더라도 단위당 원가는 일정하다.
- 조업도가 0이면 총원가도 0이다.

① 고정비 ② 변동비
③ 준고정비 ④ 준변동비

14 다음 중 원가행태에 따른 분류로 볼 수 없는 것은?

① 고정비 ② 직접비
③ 변동비 ④ 준고정원가

15 다음의 원가특성에 대한 설명으로 틀린 것은?

전기료, 수도료 등은 사용하지 않는 경우에도 기본요금을 부담해야 하고 또한 사용량에 비례하여 종량요금은 증가한다.

① 조업도의 변동과 관계없이 일정하게 발생하는 고정비와 조업도의 변동에 따라 비례하여 발생하는 변동비의 두 요소를 모두 가지고 있다.
② 계단원가(step costs)라고도 한다.
③ 준변동비의 특성에 대한 설명이다.
④ 혼합원가(mixed costs)라고도 한다.

16 다음 중 조업도의 증감에 관계없이 관련범위 내에서 총액이 항상 일정하게 발생하는 원가요소는?

① 수도광열비　　② 직접노무비

③ 동력비　　④ 임차료

17 다음 중 고정원가 단위당 원가의 원가행태를 나타내는 것은?(단, 세로축은 단위당 원가, 가로축은 조업도를 나타낸다)

①
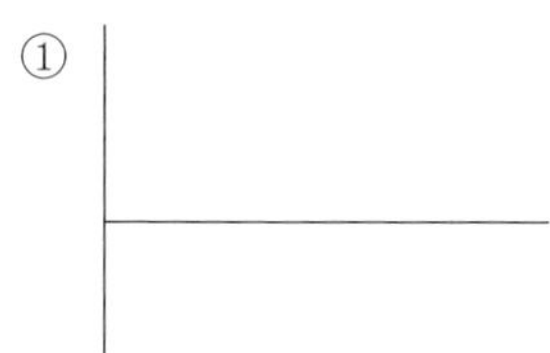

②
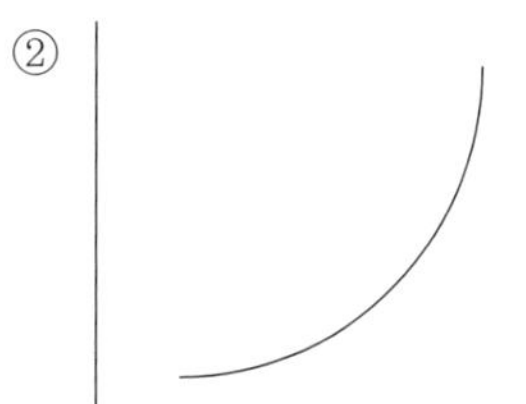

③

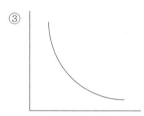

④
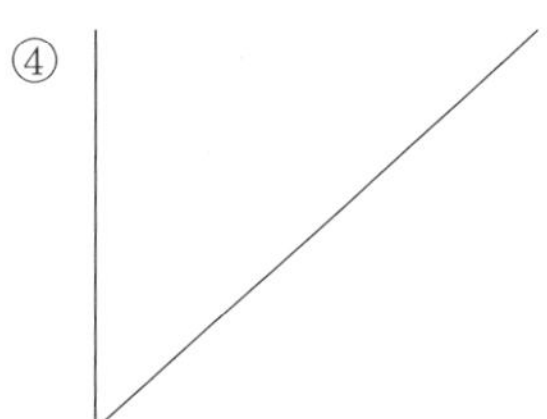

18 다음은 (주)반도에서 사용하고 있는 기계장치에 관한 내용이다. 내년 예상 물량을 생산하기위해 기계장치 1대를 추가로 구입하기로 하였다. 이와 관련된 원가행태를 나타내고 있는 것은?

• 현재 보유하고 있는 기계장치 수 : 2대	• 기계장치 1대당 최대생산량 : 10,000개
• 기계장치 1대당 원가 : 20,000,000원	• 내년 예상 생산량 : 24,000개

①
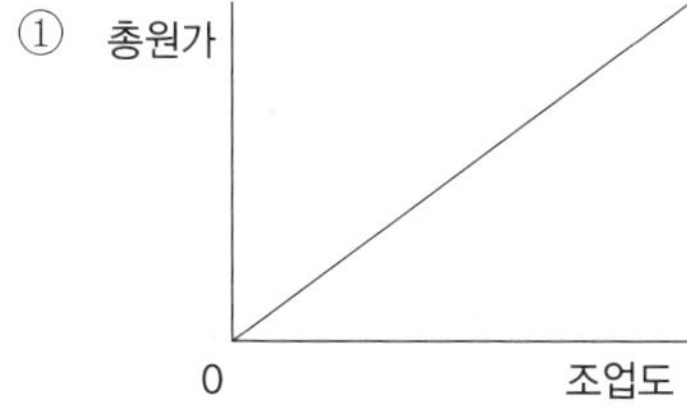

②
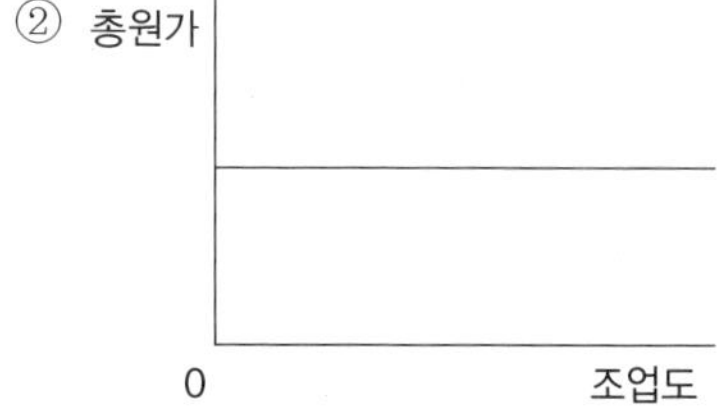

③
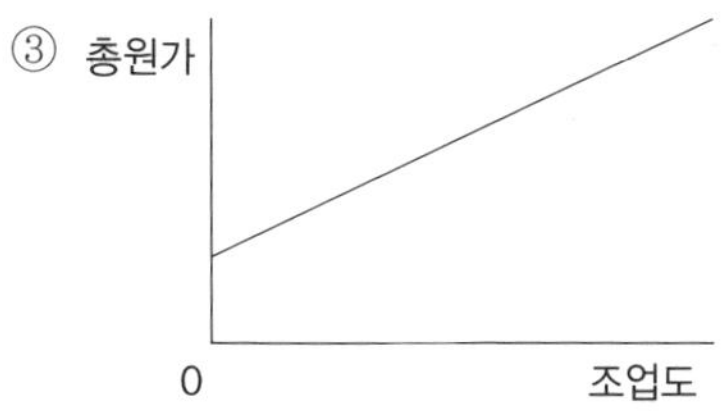

④
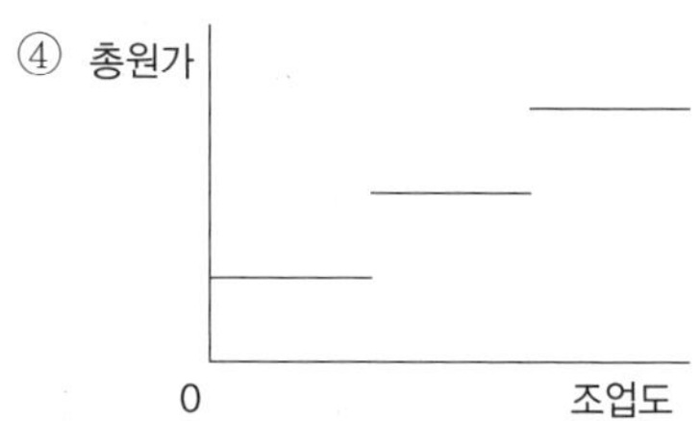

19 **다음은 (주)강남의 제품 한 개에 대한 원가이다. 자료를 보고 (주)강남의 제품 단위당 변동제조원가를 구하시오.**

• 판매가격 : 1,500원 • 직접재료비 : 500원
• 직접노무비 : 300원(시간당 노무비는 100원) • 변동제조간접비 : 시간당 30원이 발생

① 800원 ② 830원
③ 890원 ④ 930원

20 **다음 중 원가에 대한 설명으로 틀린 것은?**

① 노무비 : 제품 제조를 위하여 투입된 노동력에 대한 대가
② 혼합비 : 직접비의 성격과 간접비의 성격이 혼합된 원가
③ 변동비 : 조업도가 증가함에 따라 총원가가 비례적으로 증가되는 원가
④ 고정비 : 조업도가 증가함에 따라 단위당 원가가 감소되는 원가

21 **다음 중 제조원가명세서에 표시될 수 없는 것은?**

① 당기제품제조원가 ② 전기 말 원재료재고액
③ 공장건물의 감가상각비 ④ 기초제품재고액

22 **다음 중 제품의 제조원가를 구성하지 않는 것은?**

① 공장직원의 특별상여금
② 원재료를 공급하는 거래처에 대한 접대비
③ 제품의 광고선전비
④ 공장건물의 재산세

23 **자동차 제조업체의 회계담당자는 제조원가를 다음과 같이 분류하였다. 잘못 분류된 것은?**

① 타이어 : 직접재료비
② 공장장의 임금 : 직접노무비
③ 망치, 못 등의 소모성 비품 : 간접재료비
④ 공장 내 의무실에 근무하는 의사의 급여 : 제조간접비

24 다음 중 기본원가이면서 전환원가에 해당되는 것은?

① 직접노무비 ② 제조간접비
③ 간접재료비 ④ 직접재료비

25 다음 중 당기제품제조원가에 대한 설명으로 옳은 것은?

① 기초제품재고액 + 당기제품제조원가 − 기말제품재고액
② 기초원재료재고액 + 당기총제조원가 − 기말원재료재고액
③ 기초재공품재고액 + 당기총제조원가 − 기말재공품재고액
④ 기초재공품재고액 + 당기총제조원가

26 다음 중 제조기업의 원가계산의 흐름으로 맞는 것은?

① 요소별원가계산 → 부문별원가계산 → 제품별원가계산
② 부문별원가계산 → 제품별원가계산 → 요소별원가계산
③ 제품별원가계산 → 요소별원가계산 → 부문별원가계산
④ 부문별원가계산 → 요소별원가계산 → 제품별원가계산

27 당기의 기말재공품이 기초재공품보다 더 큰 경우에 대한 상황을 가장 적절하게 설명한 것은?

① 당기총제조비용이 당기제품제조원가보다 클 것이다
② 당기총제조비용이 당기제품제조원가보다 작을 것이다.
③ 당기제품제조원가가 매출원가보다 클 것이다.
④ 당기제품제조원가가 매출원가보다 작을 것이다.

28 다음 중 제조원가명세서의 당기제품제조원가에 영향을 미치지 않는 회계거래는?

① 당기에 투입된 원재료를 과소계상하였다.
② 당기의 기말재공품원가를 과소계상하였다.
③ 공장 직원의 복리후생비를 과대계상하였다.
④ 기초의 제품원가를 과대계상하였다.

29 다음 자료를 보고 원가계산 시 당월의 전력비 소비액을 계산하면?

> • 전월 말 전력사용 검침량 : 1,500Kwh • 전월 중 전력비 납부액 : 18,000원
> • 당월 말 전력사용 검침량 : 2,000Kwh • 당월 중 전력비 납부액 : 23,000원
> • 1Kwh당 전력비 : 50원

① 5,000원 ② 18,000원
③ 23,000원 ④ 25,000원

30 다음은 A와 B 두 종류의 제품을 제조하는 기업의 원가 내역 중 일부이다. A제품은 납을 주재료로 하여 절단부문 – 성형부문 – 염색부문 – 조립부문을 거쳐 제조되는 제품이며, B제품은 동을 주재료로 하여 압축부문 – 성형부문 – 염색부문 – 건조부문을 거쳐 제조되는 제품이라면 다음 중 원가의 분류로 잘못된 것은?

① 성형부문의 플라스틱 소비액 – 재료비 – 간접비
② 절단부문 근로자의 임금액 – 노무비 – 직접비
③ 납 원재료의 소비액 – 재료비 – 직접비
④ 염색부문 근로자의 임금액 – 노무비 – 직접비

31 다음의 요약 제조원가명세서에 대한 설명으로 틀린 것은?

(단위 : 원)

과 목	금 액	
Ⅰ 재료비		140,000
기초재료재고액	10,000	
당기재료매입액	160,000	
기말재료재고액	30,000	
Ⅱ 노무비		180,000
Ⅲ 경 비		150,000
Ⅳ 당기총제조원가		(?)
Ⅴ 기초재공품원가		20,000
Ⅵ 기말재공품원가		40,000
Ⅶ (㉮)		(?)

① 재무상태표에 반영될 기말재고자산가액은 50,000원이다.
② 손익계산서상 매출원가 계산 시 반영되는 금액은 450,000원이다.
③ 당기총제조원가는 470,000원이다.
④ ㉮의 과목은 당기제품제조원가이다.

32 당해 연도 기간에 사용한 원재료는 1,000,000원이다. 12월 31일 원재료재고액은 1월 1일 원재료재고액보다 200,000원이 더 많다. 당해 연도 기간의 원재료매입액은 얼마인가?

① 1,200,000원
② 800,000원
③ 1,400,000원
④ 1,100,000원

33 강남상사는 개별원가계산제도를 채택하고 있다. 5월 중 원장의 재공품 계정에는 다음과 같은 사항이 기록되어 있다. 강남상사는 직접노무비의 70%를 제조간접비로 배부하고 있다. 5월 말에 아직 가공 중에 있는 유일한 작업인 제조명령서 101호에는 직접노무비 1,000원이 발생되었다. 제조명령서 101호에 부과될 직접재료비는 얼마인가?

- 5월 1일 : 잔액 3,000원
- 5월 2일 : 직접재료비 투입 10,000원
- 5월 3일 : 직접노무비 투입 6,000원
- 5월 4일 : 제조간접비 투입 4,200원
- 5월 31일 : 제품 계정으로 대체 20,000원

① 1,000원
② 1,500원
③ 2,000원
④ 3,000원

34 다음 자료에 의한 당기의 직접재료비는 얼마인가?

- 당기총제조원가는 6,500,000원
- 제조간접비는 직접노무비의 75%이다.
- 제조간접비는 당기총제조원가의 30%이다.

① 1,950,000원
② 2,600,000원
③ 2,005,000원
④ 2,000,000원

35 다음 자료를 이용하여 당기원재료매입액을 계산하면 얼마인가?

- 기초원재료재고액 : 4,000,000원
- 기말원재료재고액 : 5,000,000원
- 당기노무비발생액 : 10,000,000원
- 당기제조경비발생액 : 5,000,000원
- 당기총제조원가는 가공원가의 200%이다.

① 13,000,000원
② 14,000,000원
③ 15,000,000원
④ 16,000,000원

36 **다음 자료를 토대로 제조간접비를 계산하시오.**

- 매출액 : 1,100,000원
- 직접재료비 : 300,000원
- 직접노무비 : 200,000원
- 직접경비 : 150,000원
- 기말원재료비는 없고 기말재공품은 100,000원이다.
- 기초재고액은 없으며, 기초제품과 기말제품의 재고액은 동일하다.
- 매출액은 원가에 10%의 이익을 가산하여 결정한다.

① 300,000원　② 350,000원
③ 400,000원　④ 450,000원

37 **악기를 제조하고 있는 회사의 당기 원가는 다음과 같다. 당기 말 제품재고액은 얼마인가?**

1. 재무상태표 금액

구 분	전기 말	당기 말
원재료	0원	0원
재공품	150,000원	110,000원
제 품	130,000원	( )

2. 제조원가명세서와 손익계산서상의 금액
- 직접노무비 : 100,000원
- 제조간접비 : 50,000원
- 직접재료비 : 160,000원
- 제품매출원가 : 280,000원

① 160,000원　② 180,000원
③ 200,000원　④ 220,000원

38 **다음의 자료를 이용하여 당기 기말제품재고액을 계산하면 얼마인가?**

- 당기 말 재공품은 전기와 비교하여 45,000원이 증가하였다.
- 전기 말 제품재고는 620,000원이었다.
- 당기 중 발생원가집계
  - 직접재료비 : 360,000원
  - 직접노무비 : 480,000원
  - 제조간접비 : 530,000원
- 당기 손익계산서상 매출원가는 1,350,000원이다.

① 640,000원　② 595,000원
③ 540,000원　④ 495,000원

39 20×4년 1월 5일 영업을 시작한 A회사는 20×4년 12월 31일에 원재료재고 5,000원, 재공품재고 10,000원, 제품재고 20,000원을 가지고 있었다. 20×5년에 영업실적이 부진하자 이 회사는 20×5년 6월에 원재료와 재공품재고를 남겨두지 않고 제품으로 생산한 후 싼 가격으로 처분하고 공장을 폐쇄하였다. 이 회사의 20×5년 원가를 큰 순서대로 나열한 것은?

① 매출원가, 제품제조원가, 총제조원가
② 매출원가, 총제조원가, 제품제조원가
③ 총제조원가, 제품제조원가, 매출원가
④ 모두 같음

40 다음은 세무(주)의 당월 원가자료이다. 세무(주)는 당기총제조원가(비용)에 당월 판매비와관리비를 가산하여 판매원가를 계산하고 있다. 자료에 의하여 판매원가에 포함된 판매비와관리비를 계산하면 얼마인가?

- 직접재료비 : 3,000,000원
- 제조간접비 : 3,000,000원
- 직접노무비 : 2,000,000원
- 판매원가 : 11,000,000원

① 1,700,000원　② 3,000,000원
③ 3,700,000원　④ 4,700,000원

원가배분

01 원가배분

1 원가배분의 개요

1. 원가배분의 의의

원가배분이란 공통원가(간접원가)를 일정한 배분기준에 따라 하나 또는 둘 이상의 원가대상에 합리적으로 대응시키는 과정을 말한다. 원가배분은 모든 기업의 원가계산에서 중요한 문제이며 원가회계의 핵심적인 부분이다.

2. 직접원가와 간접원가

원가대상과 직접적인 인과관계를 파악하여 해당 원가대상에 직접 부과할 수 있는 원가를 직접원가라고 하며, 직접적인 인과관계를 파악할 수 없이 일정한 배부기준에 의해 원가대상에 배분해야 하는 원가를 간접원가라고 한다.

직접원가는 특정 원가대상에 직접 추적할 수 있으므로 배분하지 않고 추적하여 부과한다. 그러나 간접원가(공통원가)는 특정 원가대상에 직접 추적할 수 없으므로 합리적인 배분기준을 선택하여 원가대상에 배분하는 과정이 필요하다.

>> Key Point

원가배분

원가배분이란 간접원가(공통원가)에 대해서만 배분하는 것을 의미한다.

직접재료원가와 직접노무원가에 대해서는 개별 작업에 직접 추적할 수 있으므로 부과한다. 따라서 원가배분은 제조간접원가를 대상으로 하는 것이다.

3. 원가배분 목적

(1) 의사결정

기업은 의사결정을 합리적으로 수행하기 위해서 원가를 배분한다. 예를 들어 새로운 제품을 추가할 것인지의 여부를 결정하는 과정에서 정확한 원가를 파악하기 위해 원가를 배분한다. 이러한 원가에는 의사결정과 직접적으로 관련된 원가뿐 아니라 의사결정에 의해 영향을 받을 수 있는 간접원가도 포함되어야 한다.

(2) 성과평가

경영자와 종업원들에게 바람직한 동기를 부여하고 그들의 성과를 평가하기 위하여 원가를 배분한다. 예를 들어 컴퓨터를 사용하는 부서의 경영자가 컴퓨터의 사용을 활성화하거나 또는 억제하기 위해서 원가를 배분할 수 있다. 원가배분은 경영자와 종업원의 행동에 영향을 미칠 수 있기 때문에 그들의 행동이 조직의 목적과 일치하도록 하기 위해서 합리적으로 원가배분을 해야 한다.

(3) 가격결정

일반적으로 기업은 제품원가에 일정한 이익을 가산하여 판매가격을 결정하기 때문에 판매가격을 결정하기 위해서는 정확한 원가배분이 이루어져야 한다. 또한 원가보상계약이나 여러 회사 간의 합작투자계약에 있어서 계약금액을 결정하기 위해서 원가를 배분하는 경우도 있다.

2 원가배분의 과정

1. 원가배분의 과정

1단계 : 원가대상의 설정	일반적으로 원가대상은 독립적인 원가 측정이 가능한 활동이나 부서로서 최종적인 원가대상은 제품인 경우가 일반적이다.
2단계 : 배분할 원가의 집계	선택한 원가대상에 추적가능한 직접원가는 직접 대응시키고, 두 개 이상의 원가대상에 관련된 공통원가는 원가집합에 집계한다.
3단계 : 배분기준에 의한 원가배분	2단계에서 집계된 공통원가를 원가대상과 원가집합의 인과관계를 가장 잘 반영하는 배분기준에 따라 최종적으로 배분한다

2. 원가배분의 기준

(1) 인과관계기준

배분하려고 하는 원가와 원가대상 사이에 인과관계가 존재할 경우 인과관계에 따라 원가를 배분하는 기준이다. 인과관계는 가장 이상적인 원가배분 기준으로 인과관계에 의한 원가배분이 경제적으로 실현가능한 경우에는 인과관계기준에 의해서 원가를 배분하여야 한다. 그러나 직접원가의 경우에는 인과관계를 쉽게 적용할 수 있지만 간접원가의 경우에는 쉽게 적용하기 어렵다는 문제가 있다.

(2) 수혜기준

배분하려고 하는 원가로부터 원가대상에 제공된 경제적 효익을 측정할 수 있는 경우 경제적 효익의 크기에 비례하여 원가를 배분하는 기준이다. 수혜기준에 의한 원가배분의 한 예로서 기업이미지를 제고시키기 위하여 지출한 광고선전비가 사업부별 매출액을 기준으로 배분되는 경우를 들 수 있다. 이는 매출액이 높은 사업부가 낮은 사업부에 비하여 광고혜택을 더 받았기 때문에 광고선전비를 더 많이 배분받아야 한다는 수익자부담의 원칙을 반영한 것이다.

(3) 부담능력기준

원가대상이 원가를 부담할 수 있는 능력에 비례하여 원가를 배분하는 기준이다. 예를 들어 수익성이 높은 사업부가 원가를 부담할 능력을 더 많이 가지고 있다는 가정하에 본사에서 발생한 원가를 각 사업부의 이익에 비례하여 배분하는 경우이다. 그런데 수익성이 높은 사업부에 많은 원가를 배분할 경우 사업부 관리자의 사기를 저하시키고 원가통제에 대한 도덕적 해이를 불러일으킬 수 있으며 성과평가를 왜곡할 수 있다는 문제점이 있다.

(4) 공정성과 공평성기준

원가대상에 원가를 배분할 때에는 공정하고 공평하게 해야 한다는 기준이다. 논리적으로는 타당하지만 매우 포괄적이고 모호하기 때문에 원가배분에 실제로 적용하기는 어렵다. 대부분의 경우 공정성과 공평성은 운영을 위한 기준이라기보다는 그 자체가 원가배분을 통해 달성하고자 하는 목표라고 할 수 있다.

3 부문별 원가배분

부문별 원가배분이란 기업이 정확한 제품원가계산과 부문별 원가관리 및 통제를 위하여 제조간접비를 부문별로 집계하고, 적절한 절차를 통하여 제품에 제조간접비를 배부하는 것을 말한다.

1. 원가부문

제조기업은 직접 제조활동을 수행하는 제조부문과 직접 제조활동을 수행하지는 않으나 제조부문에서 필요로 하는 용역을 제공하는 보조부문이 존재한다. 보조부문의 활동은 제조활동을 보조하기 위한 것이므로 제조원가에 해당한다. 다만 보조부문원가는 개별제품에 직접 추적할 수 없으므로 제조간접비로 간주되고 이후 배부과정을 거쳐야 한다.

구분	내용
제조부문	제조활동을 직접 수행하는 부문으로서 모든 원가는 제조부문에 집계되어 개별제품에 배부된다. 예 기계부, 단조부, 선반부, 조립부 등
보조부문	제조활동에 간접적으로 기여하는 부문으로서 보조부문에서 발생한 원가는 제조부문을 거쳐서 최종적으로 개별제품에 배부된다. 예 동력부, 수선부, 검사부, 공장사무부 등

2. 부문별 원가계산의 순서

1단계	직접제조원가(부문개별비)를 계산하여 각 부문에 부과한다.
2단계	제조간접원가(부문공통비)를 보조부문과 제조부문 등 부문별로 집계한다.
3단계	보조부문원가를 제조부문에 배분한다(직접배부법, 단계배부법, 상호배부법).
4단계	제조부문에서 발생한 제조간접원가와 보조부문에서 배분된 원가를 합하여 이를 제품에 배부한다.

3. 보조부문비 배부기준

보조부문비의 배부기준은 보조부문비의 발생과 인과관계가 있는 것으로서, 보조부문이 제조부문에 제공한 용역을 잘 반영해야 한다.

보조부문	배부기준
전력부문	전력사용량
수선유지부문	수선시간(횟수)
식당부문	종업원수 등
건물관리부문	건물 점유면적 등
구매관리부문	구매비용(횟수)

4. 보조부문비 배부방법

보조부문비를 제조부문에 배부하는 방법에는 보조부문 상호 간의 용역수수관계를 고려하는 정도에 따라 세 가지 방법으로 구분된다.

(1) 직접배부법

보조부문 상호 간의 용역수수관계를 무시하고 보조부문의 원가를 제조부문에만 배분하는 방법이다. 보조부문 상호 간 용역수수관계가 중요하지 않다고 판단되는 경우 적절한 방법이다.

- 특징 : 보조부문 상호 간 용역 수수관계를 전혀 인식하지 않으므로 보조부문원가는 다른 보조부문에 전혀 배분되지 않는다.
- 장점 : 원가배분이 간단하다.
- 단점 : 원가배분이 왜곡될 가능성이 높아 상대적으로 부정확하다.

(2) 단계배부법

보조부문원가의 배분순서를 정하여 그 순서에 따라 단계적으로 보조부문원가를 다른 보조부문과 제조부문에 배분하는 방법이다. 단계배부법에서는 한 보조부문원가를 다른 보조부문에도 배분하게 된다. 그러나 먼저 배분된 보조부문에는 다른 보조부문원가가 배분되지 않는다.

- 특징 : 보조부문 간의 배부순서를 결정하는 것이 중요하다.

(3) 상호배부법

보조부문 간의 상호 관련성을 모두 고려하는 배분방법으로서 보조부문 사이에 용역수수관계가 존재할 때 각 보조부문 간의 용역수수관계를 방정식을 통해 계산하여 보조부문원가를 배분하게 된다.

- 특징 : 보조부문 상호 간 용역 수수관계를 전부 인식한다.
- 장점 : 보조부문 상호 간의 용역수수관계를 고려하므로 가장 타당하고 정확한 방법이다.
- 단점 : 계산이 매우 복잡하다(연립방정식).

>> Key Point

보조부문 배부방법의 특징
- 원가배부의 정확성 : 상호배부법 > 단계배부법 > 직접배부법
- 보조부문의 인식여부 : 상호배부법(전부 인식), 단계배부법(일부 인식)

예제

다음 자료에 의해 보조부문원가를 제조부문에 배부하시오.

구 분	보조부문		제조부문		합 계
	전력부문	수선부문	절단부문	조립부문	
자기부문원가(원)	100,000	300,000	400,000	200,000	1,000,000
전력부문(kw)	-	20%	30%	50%	100%
수선부문(수선시간)	20%	-	40%	40%	100%

(1) 직접배부법에 의해 보조부문원가를 제조부문에 배분하시오.

(2) 단계배부법에 의해 보조부문원가를 제조부문에 배분하시오(우선배부순서 : 전력부문).

(3) 상호배부법에 의해 보조부문원가를 제조부문에 배분하시오.

정답 및 해설

(1) 직접배부법 : 보조부문의 용역관계는 무시하고 제조부문에 배부한다.

전력부문비 100,000
- 절단부문에 배부 : $100{,}000 \times \frac{30\%}{30\% + 50\%} = 37{,}500$
- 조립부문에 배부 : $100{,}000 \times \frac{50\%}{30\% + 50\%} = 62{,}500$

수선부문비 300,000
- 절단부문에 배부 : $300{,}000 \times \frac{40\%}{40\% + 40\%} = 150{,}000$
- 조립부문에 배부 : $300{,}000 \times \frac{40\%}{40\% + 40\%} = 150{,}000$

구 분	보조부문		제조부문		합 계
	전력부문	수선부문	절단부문	조립부문	
배분 전 원가	100,000	300,000	400,000	200,000	1,000,000
전력부문	(100,000)	-	37,500	62,500	80%
수선부문	-	(300,000)	150,000	150,000	80%
배분 후 원가	0	0	587,500	412,500	1,000,000

(2) 단계배부법 : 전력부문부터 배부하고 전력부문은 배부받지 않는다.

전력부문비 100,000
- 절단부문에 배부 : $100,000 \times \frac{30\%}{100\%} = 30,000$
- 조립부문에 배부 : $100,000 \times \frac{50\%}{100\%} = 50,000$
- 수선부문에 배부 : $100,000 \times \frac{20\%}{100\%} = 20,000$

수선부문비 320,000
'전력부문에서 배부된
20,000원 포함'
- 절단부문에 배부 : $320,000 \times \frac{40\%}{40\% + 40\%} = 160,000$
- 조립부문에 배부 : $320,000 \times \frac{40\%}{40\% + 40\%} = 160,000$

구 분	보조부문		제조부문		합 계
	전력부문	수선부문	절단부문	조립부문	
배분 전 원가	100,000	300,000	400,000	200,000	1,000,000
전력부문	(100,000)	20,000	30,000	50,000	100%
수선부문	–	(320,000)	160,000	160,000	80%
배분 후 원가	0	0	590,000	410,000	1,000,000

(3) 상호배부법 : 보조부문 원가를 상호배부하기 위해 연립방정식으로 계산하여 배부한다.

〈연립방정식〉

전력부문 X = 100,000 + 0.2Y ☞ X = 166,667

수선부문 Y = 300,000 + 0.2X ☞ Y = 333,333

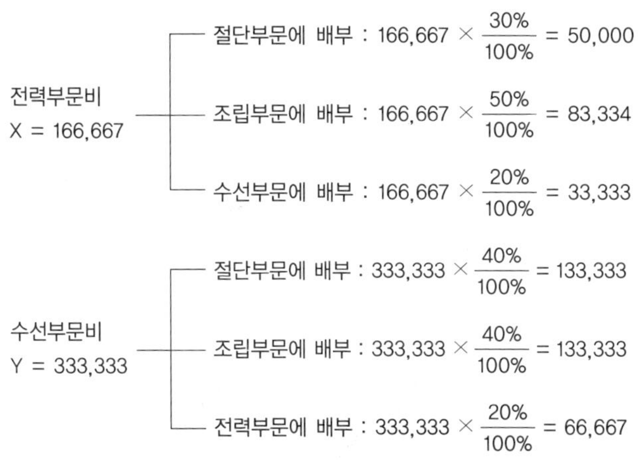
전력부문비
X = 166,667
절단부문에 배부 : 166,667 × 30% / 100% = 50,000
조립부문에 배부 : 166,667 × 50% / 100% = 83,334
수선부문에 배부 : 166,667 × 20% / 100% = 33,333
수선부문비
Y = 333,333
절단부문에 배부 : 333,333 × 40% / 100% = 133,333
조립부문에 배부 : 333,333 × 40% / 100% = 133,333
전력부문에 배부 : 333,333 × 20% / 100% = 66,667

구 분	보조부문		제조부문		합 계
	전력부문	수선부문	절단부문	조립부문	
배분 전 원가	100,000	300,000	400,000	200,000	1,000,000
전력부문	(X = 166,667)	33,333	50,000	83,334	100%
수선부문	66,667	(Y = 333,333)	133,333	133,333	100%
배분 후 원가	0	0	583,333	416,667	1,000,000

>> Key Point

배분 후 원가

보조부문원가를 배부하는 방법은 달라도 배분이 모두 종료된 후 총원가(1,000,000원)는 배분 전의 원가와 동일하다.

5. 보조부문비 행태별 배분방법

보조부문원가를 변동원가와 고정원가로 구분하여 배분하는가의 여부에 따라 단일배분율법과 이중배분율법으로 나뉜다.

<table>
<tr><th>구 분</th><th colspan="2">배부방법</th></tr>
<tr><td>단일배분율법</td><td colspan="2">보조부문원가를 변동원가와 고정원가로 구분하지 않고 하나의 배분기준을 적용하여 배분하는 방법으로 일반적인 방법이다. 단일배분율법은 시간과 비용이 상대적으로 적게 소요되지만 상대적으로 원가배분의 정확성이 떨어진다는 단점이 있다.</td></tr>
<tr><td rowspan="3">이중배분율법</td><td colspan="2">보조부문원가를 변동원가와 고정원가로 구분하여 각각 다른 배분기준을 적용하여 배분하는 방법이다.</td></tr>
<tr><td>변동원가</td><td>변동원가는 실제사용량에 비례하여 발생하므로 배부기준을 '실제사용량'을 기준으로 배분하는 것이 합리적이라고 봄</td></tr>
<tr><td>고정원가</td><td>보조부문의 고정원가는 실제사용량에 비례하지 않으므로 용역의 실제사용량이 아닌 '최대 사용가능량'을 기준으로 배분하는 것이 합리적이라고 봄</td></tr>
</table>

빈출 객관식문제

제2절 원가배분

정답 및 해설 : p.36

01 **다음 자료를 보고 부문별원가계산 절차를 순서대로 나열한 것은?**

> ⓐ 보조부문비를 제조부문에 배부한다.
> ⓑ 부문공통비를 각 부문에 배부한다.
> ⓒ 제조부문비를 각 제품에 배부한다.
> ⓓ 부문개별비를 각 부문에 부과한다.

① ⓐ – ⓑ – ⓒ – ⓓ
② ⓑ – ⓐ – ⓒ – ⓓ
③ ⓒ – ⓓ – ⓐ – ⓑ
④ ⓓ – ⓑ – ⓐ – ⓒ

02 **다음은 보조부문원가의 배부에 관한 설명이다. 틀린 것은?**

① 보조부문원가를 어떻게 배부하더라도 회사의 총이익은 변동이 없다.
② 보조부문원가의 배부 시에는 수혜기준을 최우선적으로 고려하여야 한다.
③ 보조부문원가의 제조부문에 대한 배분방법에는 직접배부법, 단계배부법, 상호배부법 등이 있다.
④ 상호배부법은 보조부문의 수가 여러 개일 경우 시간과 비용이 많이 소요되고 계산하기가 어렵다는 단점이 있다.

03 **다음 중 보조부문원가를 제조부문에 배부하는 기준으로 가장 적절한 것은 무엇인가?**

① 구매부 : 근무시간
② 수선유지부 : 매출액
③ 전력부 : 전력사용량
④ 인사부 : 점유면적

04 **당사는 많은 기업들이 입주해 있는 사무실 건물을 관리하고 있다. 청소담당직원들은 모든 입주기업들의 사무실과 복도 등 건물 전체를 청소한다. 건물 전체의 청소비를 각 기업에 배부하기 위한 기준으로 가장 적합한 것은?**

① 각 입주기업의 직원수
② 각 입주기업의 주차 차량수
③ 각 입주기업의 임대면적
④ 각 입주기업의 전기사용량

05 **보조부문원가를 제조부문에 배부하는 기준으로 가장 적합한 것은?**

① 건물관리부문 : 종업원수
② 종업원복리후생부문 : 종업원수
③ 식당부문 : 전력사용량
④ 구매부문 : 기계시간

06 **다음 중 보조부문의 원가를 제조부분에 배부하는 방법이 아닌 것은?**

① 비례배부법
② 직접배부법
③ 단계배부법
④ 상호배부법

07 **다음 중 보조부문 상호 간의 용역수수를 고려하여 배분하는 방법만 모두 고른 것은?**

A. 상호배부법 B. 단계배부법 C. 직접배부법

① A, C
② B, C
③ A, B
④ A, B, C

08 **보조부문비를 각 제조부분에 배부하는데 있어 보조부문 간의 배부순서에 따라 배부액이 달라질 수 있는 방법은?**

① 이중배분율법
② 단계배부법
③ 상호배부법
④ 직접배부법

09 **보조부문비를 제조부문에 배부하는 방법 중 상호배부법에 대한 설명으로서 가장 옳은 것은?**

① 보조부문 상호 간의 용역수수관계를 불완전하게 인식하는 방식이다.
② 보조부문의 배부순서를 고려할 필요가 없다.
③ 보조부문 상호 간의 용역수수관계가 중요하지 않을 경우에 적합하다.
④ 배부절차가 다른 방법에 비해 비교적 간편하다.

10 **다음은 보조부문비의 배부방법에 대한 설명이다. 틀린 것은?**

① 직접배부법은 보조부문 간 용역수수관계를 일부 고려하는 배부방법이다.
② 상호배부법은 보조부문 간 용역수수관계를 완전히 고려하는 배부방법이다.
③ 상호배부법은 다른 배부방법에 비해 정확한 원가배분이 가능하나, 많은 시간과 비용이 소요되는 단점이 있다.
④ 단계배부법 적용 시 가장 많은 부문에 용역을 제공하는 보조부문부터 상대적으로 적은 부문에 용역을 제공하는 보조부문 순으로 보조부문비를 배부한다.

11 **보조부문원가 배부방법인 직접배부법, 단계배부법 및 상호배부법을 서로 비교하는 설명으로 옳지 않은 것은?**

① 가장 정확성이 높은 방법은 상호배부법이다.
② 상호배부법이 가장 번거로운 방법이다.
③ 배부순위를 고려한 것은 단계배부법이다.
④ 상호배부법은 단계배부법에 비해 순이익을 높게 계상하도록 하는 배부방법이다.

12 **다음 보조부문비의 배부방법 중 정확도가 높은 방법부터 올바르게 배열한 것은?**

① 직접배부법 > 상호배부법 > 단계배부법
② 직접배부법 > 단계배부법 > 상호배부법
③ 상호배부법 > 단계배부법 > 직접배부법
④ 단계배부법 > 상호배부법 > 직접배부법

13 **대문(주)는 직접배부법을 이용하여 보조부문 제조간접비를 제조부문에 배부하고자 한다. 각 부문별 원가발생액과 보조부문의 용역공급이 다음과 같은 경우 전력부문에서 절단부문으로 배부될 제조간접비는 얼마인가?**

구 분	제조부문		보조부문	
	조립부문	절단부문	전력부문	수선부문
자기부문원가(원)	200,000	320,000	90,000	45,000
동력부문 동력공급(kw)	300	150	–	150
수선부문 수선공급(시간)	24	24	24	–

① 22,500원　　② 30,000원
③ 45,000원　　④ 90,000원

14 (주)세무는 직접배부법을 이용하여 보조부문 제조간접비를 제조부문에 배부하고자 한다. 보조부문 제조간접비를 배분한 후 조립부문의 총원가는 얼마인가?

구 분	보조부문		제조부문	
	전력부문	수선부문	조립부문	절단부문
전력부문 공급(kw)		40kw	80kw	80kw
수선부문 공급(시간)	100시간		300시간	200시간
자기부문원가(원)	100,000원	200,000원	500,000원	420,000원

① 670,000원　② 644,000원
③ 692,000원　④ 700,000원

15 (주)학동은 단계배부법을 사용하여 원가배분을 하고 있다. 아래의 자료를 이용하여 조립부문에 배부될 보조부문의 원가는 얼마인가?(단, 전력부문을 먼저 배분할 것)

구 분	보조부문		제조부문	
배분 전 원가	전력부문	관리부문	조립부문	절단부문
배분 전 원가	200,000원	700,000원	3,000,000원	1,500,000원
전력부문 배분율	–	10%	50%	40%
관리부문 배분율	10%	–	30%	60%

① 300,000원　② 340,000원
③ 350,000원　④ 400,000원

16 다음 자료를 이용하여 제조부문 A에 배분해야 하는 보조부문 총변동원가는 얼마인가?

(주)동일제조는 두 개의 보조부문 S1, S2와 두 개의 제조부문 A, B를 두고 있다. 당년도 6월 중에 각 보조부문에서 생산한 보조용역의 사용원가율은 다음과 같았다.

구 분	보조부문		제조부문	
	S1	S2	A	B
S1	0	0.2	0.4	0.4
S2	0.4	0	0.2	0.4

S1부문과 S2부문에서 당월에 발생한 변동원가는 각각 400,000원과 200,000원이었다. (주)동일제조는 보조부문원가의 배분에 단계배부법을 사용하며 S2부문부터 배분한다.

① 310,000원　② 140,000원
③ 200,000원　④ 280,000원

17 (주)한세실업의 보조부문은 수선부문과 동력부문으로 구성되어 있으며, 서로 용역을 주고받고 있다. 어떤 특정 기간 동안 각 부문이 다른 부문에 제공한 용역의 비율은 아래와 같다. 이 기간 동안 수선부문과 동력부문의 발생원가는 각각 20,000원과 30,000원이다. 상호배부법에 의하여 보조부문원가를 배부할 경우 연립방정식으로 올바른 것은?(단, 수선부문의 총원가를 X라 하고, 동력부문의 총원가를 Y라 한다)

구 분	수선부문의 용역 제공비율	동력부문의 용역 제공비율
수선부문	–	20%
동력부문	30%	–
제조부문	70%	80%
합 계	100%	100%

① X = 30,000 + 0.3Y : Y = 20,000 + 0.2X
② X = 30,000 + 0.2Y : Y = 20,000 + 0.3X
③ X = 20,000 + 0.3Y : Y = 30,000 + 0.2X
④ X = 20,000 + 0.2Y : Y = 30,000 + 0.3X

18 (주)형진의 보조부문에서 변동제조간접원가는 1,500,000원이, 고정제조간접원가는 3,000,000원이 발생하였다. 이중배부율법에 의하여 보조부문의 제조간접원가를 제조부문에 배분할 경우 절단부문에 배분할 제조간접원가는 얼마인가?

구 분	실제기계시간	최대기계시간
절단부문	2,500시간	7,000시간
조립부문	5,000시간	8,000시간

① 1,500,000원
② 1,700,000원
③ 1,900,000원
④ 2,100,000원

원가계산

01 개별원가계산

1 개별원가계산의 개념

1. 원가계산제도의 종류

기업이 수행하는 생산 형태에 따라 개별원가계산제도와 종합원가계산제도로 구분할 수 있다. 개별원가계산은 여러 가지 제품을 주문에 의해 소량으로 생산하거나 제품의 종류 또는 규격이 다양하고 개별적인 생산 형태에 적합한 원가계산방법이고, 종합원가계산은 동종의 제품을 반복적으로 대량생산하는 업종에서 주로 사용되는 원가계산방법이다.

〈개별원가계산과 종합원가계산 비교〉

구 분	개별원가계산	종합원가계산
생산 형태	다품종, 소량, 주문 생산	동종제품, 대량, 연속 생산
업 종	조선업, 항공기, 기계공업, 건설업 등	시멘트공업, 정유업, 화학업, 제지업, 섬유업 등
원가집계방식	개별 작업별 원가집계	제조 공정별 원가집계
작성서류	제조지시서, 작업원가표	공정별 보고서
원가 구분기준	추적가능성으로 구분 • 기본원가 • 제조간접비	투입시점으로 구분 • 직접재료비 • 가공원가
원가계산방법	제조간접비를 실제배부 또는 예정배부	완성품환산량을 기준으로 인위적인 원가 배부
핵심사항	제조간접비 배부	완성품환산량 계산
정확성	상대적으로 정확	상대적으로 부정확
관리투입비용	작업원가표의 상세한 기록이 요구되어 비용부담이 큰 편	상대적으로 복잡하지 않아 관리비용이 적은 편

2. 개별원가계산의 의의

개별원가계산이란 일반적으로 종류를 달리하는 제품 등을 개별적으로 생산하는 형태에 적용하는 원가계산방법이다. 따라서 조선업, 기계제작업, 플랜트건설업 등과 같이 수요자의 주문에 기초하여 수요자의 요구에 따라 개별적으로 제품을 생산하는 업종에서 주로 사용하고 있다.

개별원가계산에서 기본적으로 사용되는 계정은 직접재료비, 직접노무비, 제조간접비 계정이다. 여기서 주의할 점은 개별원가계산은 개별제품별 또는 개별작업별로 원가가 집계되기 때문에 직접원가와 간접원가의 구분이 중요하다.

3. 제조간접비 배부

개별원가계산 원가배부의 핵심은 제조간접비이다.

직접원가에 해당하는 직접재료비와 직접노무비는 해당 제품이나 공정으로 직접 추적할 수 있기 때문에 발생된 원가를 그대로 집계만 해서 부과하지만 간접원가에 해당하는 제조간접비는 개별제품이나 공정에 직접적인 대응이 불가능하므로 원가계산 기말에 일정한 기준을 사용하여 배분해야 한다.

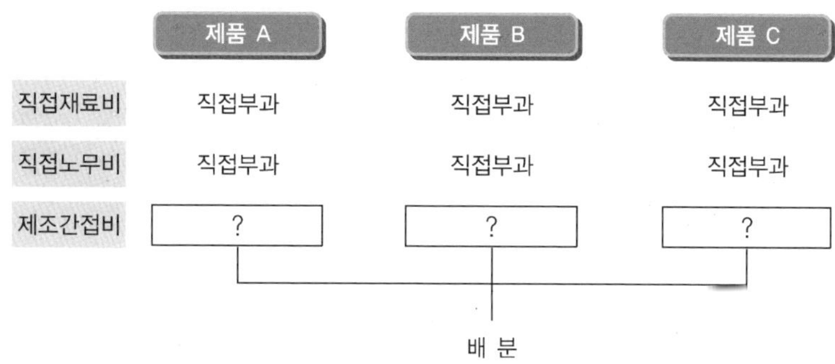

배부기준, 배부시점 설정에 따라 배부액이 달라짐

4. 개별원가계산의 특징

(1) 작업원가표 작성

작업원가표에 모든 원가를 직접원가와 간접원가로 구분하여 집계한다. 개별작업별로 원가를 구분하고 집계하여 제품원가를 계산하기 때문에 직접원가와 간접원가가 구분되며, 직접원가는 직접부과하고 간접원가는 원가배분을 통해 개별작업에 배부한다.

(2) 제조간접비의 배분

직접원가는 개별작업에 직접부과하기 때문에 문제가 없으며 정확하다. 그러나 제조간접비는 임의적인 배분기준을 통해 배분되기 때문에 제조간접비 배분에 따라 제품별 원가계산이 달라진다. 따라서 제조간접비의 배분이 개별원가계산에서 가장 중요하다.

(3) 기말재공품의 평가 불필요

개별원가계산은 기말재공품의 평가를 할 필요가 없다. 개별작업별로 완성과 미완성에 따라 완성된 작업원가표는 완성품원가로 대체되고, 미완성된 작업원가표는 기말재공품원가가 되는 것이기 때문에 별도로 기말재고품의 평가를 할 필요가 없다.

5. 개별원가계산의 장단점

구분	내용
장 점	• 종합원가계산에 비해 상대적으로 정확한 원가계산이 가능하다. • 개별제품별로 원가를 계산하기 때문에 개별제품별 원가계산과 손익분석 용이하다. • 작업원가표에 원재료 사용량, 작업시간 등 자세한 정보가 기재되어 있기 때문에 작업원가표를 원가통제 및 성과평가, 의사결정 등에 유용하게 사용가능하다.
단 점	• 개별제품별로 원가를 집계하기 때문에 상세한 기록이 필요하여 그에 따른 비용과 시간이 많이 든다. • 상세한 기록을 함에 따라 오류가능성도 높은 편이다.

2 제조간접비 배부

1. 제조간접비 의의

제조간접비는 공장의 전력비, 수선유지비, 감가상각비, 소모품비, 간접재료비, 생산직 관리자의 급여(간접노무비) 등 다양한 항목으로 구성되어 있으므로 인위적인 배부기준을 이용하여 제품에 배부하게 된다.

2. 제조간접비 배부기준

제조간접비의 배부기준으로는 직접노무원가, 직접노동시간, 기계시간 등이 사용되는데 제조간접비의 배부는 제조간접비 배부율을 결정한 후에 작업별로 소요된 배부기준(조업도)에 제조간접비 배부율을 곱하여 개별작업(작업원가표)에 제조간접비를 배부한다.

$$\text{제조간접비 배부율} = \frac{\text{제조간접비}}{\text{배부기준}}$$

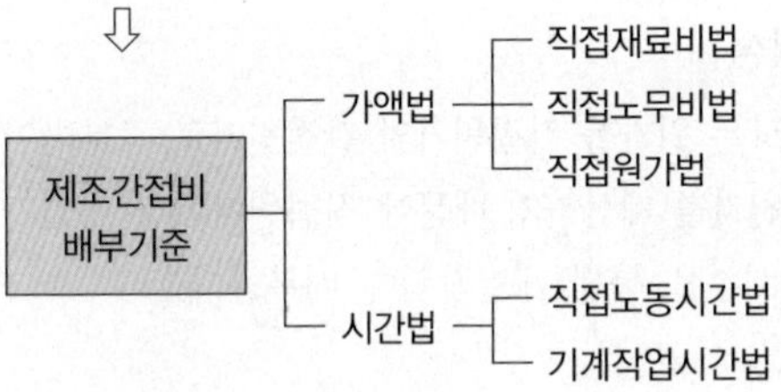

⇩

제조간접비 배부기준
- 가액법
  - 직접재료비법
  - 직접노무비법
  - 직접원가법
- 시간법
  - 직접노동시간법
  - 기계작업시간법

3. 제조간접비 배부방법

제조간접비는 배부하는 시점이 언제인지에 따라 실제개별원가계산과 정상개별원가계산의 방법으로 나뉜다.

구 분	실제개별원가계산	정상개별원가계산
제조간접비 배부시점	기말 집계 배부 (원가계산 지연보고)	기중 미리 배부 (원가계산 적시보고)
직접재료비	실제발생액	실제발생액
직접노무비	실제발생액	실제발생액
제조간접비	실제발생액 (실제조업도 × 실제배부율)	예정배부액 (실제조업도 × 예정배부율)

4. 실제개별원가계산

(1) 의 의

실제개별원가계산은 직접재료비, 직접노무비, 제조간접비 모두 실제발생액을 개별작업에 집계하여 원가계산을 하는 방법이다.

구 분	내 용
장 점	• 실제 자료를 이용하므로 제조간접비와 배부기준을 추정할 필요가 없다. • 제품원가계산의 결과를 그대로 외부보고용 재무제표에 반영할 수 있다.
단 점	• 제품원가계산의 보고가 지연된다. 실제제조간접비가 기말이 되어야 확정되므로 기말 이전에는 개별작업에 제조간접비를 배부할 수 없어서 제품원가계산이 기말까지 지연된다. 따라서 기중에 개별작업의 원가정보를 이용해야 하는 판매가격의 결정 등에 활용할 수 없어 원가정보의 적시성이 감소된다. • 제품 단위당 원가가 변동된다. 기업의 상당수가 제품의 원가계산을 월별로 하는데 제조간접비 발생액과 배부기준수의 합계(실제조업도)가 월별로 다르므로 동일한 제품이라도 어느 달에 생산되었는가에 따라 제품 단위당 원가가 달라진다.

(2) 계산방법

제조간접비 실제배부액 = <u>제조간접비 실제배부율</u> × 제품별 실제배부기준(조업도)

⇩

$$\text{제조간접비 실제배부율} = \frac{\text{실제제조간접비}}{\text{실제배부기준}}$$

예제

서로 다른 제품 A, B를 제조하는 기업이다. 4월 한 달 동안 제품별로 투입된 직접재료비와 직접노무비는 작업원가표에 의해 이미 부과하였다. 제품별로 제조간접비 배부액을 구하시오(제조간접비 실제발생액은 30,000원이다).

구 분	A 제품	B 제품	계
직접재료비	15,000원	25,000원	40,000원
직접노무비	5,000원	15,000원	20,000원
제조간접비	?	?	30,000원
기계시간	200시간	300시간	500시간

(1) 직접재료비를 기준으로 배부하시오.

(2) 직접노무비를 기준으로 배부하시오.

(3) 기초원가(직접원가)를 기준으로 배부하시오.

(4) 기계시간을 기준으로 배부하시오.

(5) 제품별 원가계산표를 작성하시오(배부기준 : 기계시간 기준).

정답 및 해설

1. 직접재료비 기준

제조간접비 배부율

$\frac{30,000원}{40,000원} = 0.75$

A 제품 : 15,000(직접재료비) × 0.75(배부율) = 11,250원 배부

B 제품 : 25,000(직접재료비) × 0.75(배부율) = 18,750원 배부

2. 직접노무비 기준

제조간접비 배부율

$\frac{30,000원}{20,000원} = 1.5$

A 제품 : 5,000(직접노무비) × 1.5(배부율) = 7,500원 배부

B 제품 : 15,000(직접노무비) × 1.5(배부율) = 22,500원 배부

3. 기초원가(직접원가) 기준

제조간접비 배부율

$\frac{30,000원}{60,000원} = 0.5$

A 제품 : 20,000(기초원가) × 0.5(배부율) = 10,000원 배부

B 제품 : 40,000(기초원가) × 0.5(배부율) = 20,000원 배부

4. 기계시간 기준

제조간접비 배부율

$\frac{30,000원}{500시간} = 60$

A 제품 : 200(기계시간) × 60(배부율) = 12,000원 배부

B 제품 : 300(기계시간) × 60(배부율) = 18,000원 배부

5. 원가계산표(배부기준을 기계시간으로 적용한 경우)

구 분	A 제품	B 제품	계
직접재료비	15,000원	25,000원	40,000원
직접노무비	5,000원	15,000원	20,000원
제조간접비	12,000원	18,000원	30,000원
총제조원가	**32,000원**	**58,000원**	**90,000원**

5. 정상개별원가계산

(1) 의 의

정상개별원가계산은 연초에 제조간접비 예정배부율을 산정해놓고 이를 이용하여 제조간접비를 미리 배부하여 실제개별원가계산의 문제점(제품원가계산의 지연, 제품단위원가의 변동)을 극복하고자 하는 원가계산 방법이다.

장 점	• 기말이 되기 전 미리 결정한 예정배부율을 이용하여 제조간접비를 배부하므로 기중에 완료되는 작업도 제품원가계산을 미리 할 수 있다. • 실제개별원가계산에 의해 계산 시 제품 단위원가의 변동 현상이 있는 문제점을 극복할 수 있다.
단 점	• 제조간접비 예정배부율을 사전에 결정하기 위하여 기초에 제조간접비 예산과 배부기준수를 추정하여야 한다. • 제조간접비 예정배부액과 제조간접비 실제발생액에 차이가 발생하게 되는데 이 차이(배부차이)에 대한 회계처리가 추가로 필요하다.

(2) 계산방법

제조간접비 예정배부액 = <u>제조간접비 예정배부율</u> × 제품별 실제배부기준(조업도)

⇩

$$\frac{\text{예정제조간접비(연간)}}{\text{예정배부기준(연간)}}$$

〈연초〉 예정배부율 산출	$\frac{\text{예정제조간접비(연간)}}{\text{예정배부기준(연간)}}$ = 예정배부율
〈기중〉 실제조업도에 따라 배부	제조간접비 예정배부율 × 실제발생한 배부기준
〈기말〉 배부차이 조정	제조간접비 예정배부액 > 실제발생액 : 과대배부 제조간접비 예정배부액 < 실제발생액 : 과소배부

(3) 제조간접비 배부차이

정상개별원가계산에서는 제조간접비 실제발생액과 예정배부액 간에 차이가 발생하는데 이를 배부차이라고 하며, 과소배부(부족배부)와 과대배부(초과배부)로 구분된다. 과소배부차이는 예정배부한 금액에 배부차이만큼을 포함시켜야 하며, 과대배부차이는 배부차이만큼을 차감하여야 한다. 제조간접비 배부차이를 조정하는 방법으로는 매출원가조정법, 비례배분법, 영업외손익법 등이 있다.

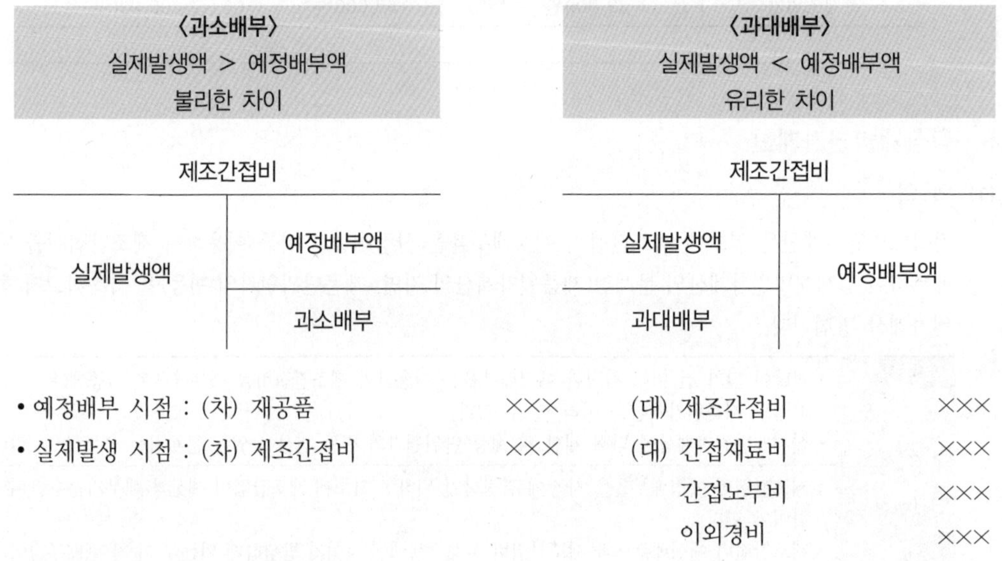

• 예정배부 시점 :	(차) 재공품	×××	(대) 제조간접비	×××
• 실제발생 시점 :	(차) 제조간접비	×××	(대) 간접재료비	×××
			간접노무비	×××
			이외경비	×××

(4) 배부차이 조정방법 및 회계처리

① 매출원가조정법

제조간접비 배부차이를 매출원가에서 가감하는 방법이다. 과소배부액은 매출원가에 가산하고, 과대배부액은 매출원가에서 차감한다. 이 방법은 제조간접비 배부차이가 중요하지 않을 정도로 작거나 기말재고자산(재공품, 제품)에 배분될 금액이 작을 경우에 배부차이 전액을 매출원가로 가감하는 방법이다.

② 비례배분법

비례배분법은 제조간접비 배부차이를 기말재고자산과 매출원가의 상대적 비율에 따라 배분하는 방법으로서, 제조간접비 배부차이가 상대적으로 크고 중요한 경우에 사용된다. 이 방법은 배부차이를 각 계정에 배분하기 위한 금액을 무엇으로 할 것인가에 따라 총원가기준법과 원가요소법으로 나누어진다.

구분	내용
총원가기준법	재공품, 제품, 매출원가의 총액을 기준으로 하여 배부차이를 각 계정에 배분하는 방법이다. 단, 각 계정에 포함되어 있는 제조간접비의 비율이 차이가 날 경우 배부차이의 배분이 왜곡될 수 있다.
원가요소법	재공품, 제품, 매출원가에 포함된 제조간접비의 비율을 기준으로 배부차이를 각 계정에 배분하는 방법이다. 각 계정에 포함되어 있는 제조간접비의 비율이 차이가 날 경우 총원가기준법보다 정확하게 배부차이를 조정한다.

③ 영업외손익법

배부차이를 영업외손익으로 처리하는 방법으로 배부차이가 상대적으로 금액이 작거나 중요하지 않은 경우에 조정하는 방법이다.

[회계처리 요약] 배부차이 조정

구분	배부차이	차변	금액	대변	금액
매출원가조정법	과소배부차이	(차) 매출원가	×××	(대) 제조간접비	×××
	과대배부차이	(차) 제조간접비	×××	(대) 매출원가	×××
비례배분법	과소배부차이	(차) 매출원가 제 품 재공품	××× ××× ×××	(대) 제조간접비	×××
	과대배부차이	(차) 제조간접비	×××	(대) 매출원가 제 품 재공품	××× ××× ×××
영업외손익법	과소배부차이	(차) 영업외비용	×××	(대) 제조간접비	×××
	과대배부차이	(차) 제조간접비	×××	(대) 영업외수익	×××

예제

다음 자료를 이용하여 정상개별원가계산에 의해 제조간접비를 예정배부하고, 배부차이는 매출원가조정법으로 처리하시오.

〈연초 예산자료〉
- 제조간접비 배부기준 : 기계시간
- 연간 제조간접비 예산 : 40,000,000원
- 연간 기계시간 예상 : 200,000시간

〈당기 실제발생자료〉
- 제조간접비 실제발생액 : 35,000,000원
- 실제기계시간 : 190,000시간

정답 및 해설

〈연초〉 예정배부율 계산
제조간접원가 예산 ÷ 연간 기계시간 예상 = 시간당 예정배부율
40,000,000원 ÷ 200,000시간 = 200원/기계시간당

〈배부〉 예정배부액 계산
예정배부율 × 실제배부기준 = 예정배부액
200원/기계시간당 × 190,000시간 = 38,000,000원

〈배부차이〉 예정배부액 vs 실제발생액
예정배부액 > 실제발생액 = 배부차이
38,000,000원 > 35,000,000원 = 3,000,000원(과대배부)

〈배부차이 조정〉 매출원가조정법
과대배부액 3,000,000원의 제조간접비 감소, 매출원가(비용) 감소
회계처리 : (차) 제조간접비 3,000,000 (대) 매출원가 3,000,000

>> Key Point

예정배부액 배부차이 계산방법

예정배부율 계산	실제배부기준	예정배부액	실제발생액
$\frac{40,000,000}{200,000}$ = @200 ×	190,000시간 =	38,000,000원	35,000,000원

과대배부 3,000,000원

예 제

예정(정상)개별원가계산을 적용하고 있는 기업의 제조간접비 과소배부차이 50,000원을 비례배분법(총원가기준법)에 의해 배부하고자 한다. 배부차이 관련한 회계처리를 하시오(원 미만 절사).

구 분	재공품	제 품	매출원가	합 계
직접재료비	15,000원	25,000원	23,000원	63,000원
직접노무비	35,000원	45,000원	47,000원	127,000원
제조간접비	22,000원	38,000원	50,000원	110,000원
합 계	72,000원	108,000원	120,000원	300,000원

정답 및 해설

과소배부차이 제조간접비 50,000원을 재공품, 제품, 매출원가의 총원가를 기준으로 배부한다.

(1) 재공품에 배부 : 50,000원 × (72,000원/300,000원) = 12,000원

(2) 제품에 배부 : 50,000원 × (108,000원/300,000원) = 18,000원

(3) 매출원가에 배부 : 50,000원 × (120,000원/300,000원) = 20,000원

빈출 객관식문제

제3절 원가계산(개별원가계산)

정답 및 해설 : p.37

01 **다음 중 개별원가계산에 대한 설명이 아닌 것은?**

① 원가의 집계가 공정별로 이뤄지기 때문에 개별작업별로 작업지시서를 작성할 필요는 없다.
② 동종 대량생산 형태보다는 다품종 소량주문생산 형태에 적합하다.
③ 제조간접비의 배분이 중요한 의미를 갖는다.
④ 월말재공품의 평가문제가 발생하지 않는다.

02 **다음 중 개별원가계산에 대한 특징으로 틀린 것은?**

① 조선업, 건설업 등 주문생산에 유리하다.
② 실제원가나 예정원가를 사용할 수 있다.
③ 개별적인 원가계산으로 인해 제조간접비 배분이 중요하지 않다.
④ 제품별로 손익분석 및 계산이 용이하다.

03 **다음 중 개별원가계산에 대한 설명으로 옳지 않은 것은?**

① 개별원가계산에서는 개별작업별로 원가를 집계하므로 제조직접비와 제조간접비의 구분이 중요하다.
② 실제개별원가계산에서는 제조간접비를 기말 전에 배부할 수 있으므로 제품원가계산이 신속하다.
③ 정상개별원가계산에서는 월별·계절별로 제품단위원가가 변동하게 되는 것을 극복할 수 있다.
④ 제조간접비 배부차이 처리방법 중 매출원가조정법은 재고자산에 배분하지 않는 방법이다.

04 **다음 중 개별원가계산과 가장 관련이 있는 것은?**

① 작업원가표 ② 완성품환산량
③ 선입선출법 ④ 가중평균법

05 다음은 예정원가계산에 대한 설명이다. 아래 각각의 빈칸에 들어갈 용어로 옳지 않은 것은?

> 직접재료비와 직접노무비 등 직접비는 (①)(을)를 집계하고 (②)(은)는 예정소비액에 대한 예정 조업도를 반영한 (③)에 의해 원가를 생산완료와 동시에 결정하고 원가계산 기말에 (④)(을)를 계산하여 이를 다시 조정하는 방법에 의하여 제품의 원가를 계산하는 것이다.

① 실제발생원가
② 제조원가
③ 예정배부율
④ 배부차이

06 개별원가계산 시 배부율 및 배부액을 산정하는 산식 중 올바르지 않는 것은?

① 실제제조간접비 배부율 = $\frac{\text{실제제조간접비 합계액}}{\text{실제조업도(실제배부기준)}}$

② 예정제조간접비 배부율 = $\frac{\text{예정제조간접비 합계액}}{\text{예정조업도(예정배부기준)}}$

③ 실제제조간접비 배부액 = 개별 제품 등의 실제조업도(실제배분기준) × 제조간접비 실제배부율

④ 예정제조간접비 배부액 = 개별 제품 등의 예정조업도(예정배분기준) × 제조간접비 예정배부율

07 다음 제조간접원가의 배부에 관한 설명 중 틀린 것은?

① 고정제조간접원가는 원칙적으로 생산설비의 정상조업도에 기초하여 제품에 배부한다.
② 변동제조간접원가는 생산설비의 실제 사용에 기초하여 각 생산단위에 배부한다.
③ 정상조업도란 정상적인 유지 및 보수 활동에 따른 조업중단을 감안한 상황하에서 평균적으로 달성할 수 있을 것으로 기대되는 생산 수준을 말한다.
④ 실제조업도가 정상조업도보다 높은 경우에는 정상조업도에 기초하여 고정제조간접원가를 배부한다.

08 다음 자료를 기초로 직접노동시간을 기준으로 제조지시서 No.5에 배부될 제조간접비를 계산하면 얼마인가?

구분	내용
기본자료	• 당기 직접재료비 총액 : 80,000원 • 당기 직접노무비 총액 : 100,000원 • 당기 제조간접비 총액 : 20,000원 • 당기 직접노동시간 : 500시간
제조지시서 No.5	• 직접재료비 : 2,000원 • 직접노무비 : 2,600원 • 직접노동시간 : 40시간

① 1,200원
② 1,600원
③ 2,000원
④ 2,600원

09 (주)강남은 기초원가를 기준으로 제조간접비를 배부한다. 다음 자료를 토대로 작업지시서 NO.10에 배부할 제조간접비는 얼마인가?

구 분	공장전체 발생	작업지시서 NO.10
직접재료비	2,000,000원	400,000원
직접노무비	4,000,000원	1,400,000원
당기총제조비용	8,000,000원	–
직접노동시간	100시간	10시간

※ 기초 및 기말재고는 없고 그 밖에 발생된 직접원가는 없다.

① 200,000원 ② 400,000원
③ 600,000원 ④ 700,000원

10 (주)청윤은 제조간접비를 기계사용시간으로 배부하고 있다. 당해 연도 초의 제조간접비 예상액은 1,500,000원이고 예상기계사용시간은 30,000시간이다. 당기 말 현재 실제제조간접비 발생액이 1,650,000원이다. 실제기계사용시간이 36,900시간일 경우 당기의 제조간접비 과소(과대)배부액은 얼마인가?

① 345,000원(과소배부) ② 345,000원(과대배부)
③ 195,000원(과소배부) ④ 195,000원(과대배부)

11 다음 자료를 이용하여 개별원가계산방법으로 직접노무원가를 계산하면 얼마인가?

- 제조간접원가는 직접노무원가의 120%이다.
- 직접재료원가는 900,000원이다.
- 제조간접원가는 1,200,000원이다.

① 900,000원 ② 1,000,000원
③ 1,080,000원 ④ 1,200,000원

12 (주)세무는 제조간접비를 직접노무시간을 기준으로 배부하고 있다. 당해 제조간접비의 배부차이는 100,000원(과대배부)이었으며 당기 말 제조간접비 실제발생액은 400,000원이었다면 제조간접비 예정배부율은 얼마인가?(단, 실제직접노무시간은 10,000시간이다)

① 50원/시간당 ② 40원/시간당
③ 30원/시간당 ④ 20원/시간당

13 (주)유한제지의 제조간접비 예정배부율은 작업시간당 2,500원이다. 예정작업시간이 4,000시간, 실제작업시간이 5,000시간이고 제조간접비 배부차이가 300,000원 과대배부라면, 실제제조간접비 발생액은 얼마인가?

① 9,700,000원　② 10,300,000원
③ 12,200,000원　④ 12,800,000원

14 당산철공은 개별원가계산제도를 채택하고 있다. 다음 자료를 참조하여 제조지시서 No.7의 제조간접비 배부차이를 산정하면?

- 제조간접비 배부기준 : 직접작업시간
- 제조간접비 예산액 : 400,000원
- 기준조업도 : 100,000시간
- 제조지시서 No.7의 예정작업시간 : 10,000시간
- 실제작업시간 : 9,000시간
- 실제제조간접비 : 34,000원

① 과소배부 2,000원　② 과대배부 2,000원
③ 과소배부 4,000원　④ 과대배부 4,000원

15 다음 분개내용을 바르게 추정한 것은?

(차) 제조간접비　125,000원　(대) 제조간접비배부차이　125,000원

① 제조간접비 실제소비액이 예정배부액보다 125,000원 적다.
② 제조간접비 예정배부액이 실제소비액보다 125,000원 적다.
③ 제조간접비 실제소비액은 125,000원이다.
④ 제조간접비 예정배부액은 125,000원이다.

16 (주)한결은 예정(정상)개별원가계산을 적용하고 있다. 제조간접비 부족배부액 50,000원을 원가요소기준법에 의해 배부하는 경우, 매출원가에 배부되는 금액은?

구 분	재공품	제 품	매출원가
직접재료비	15,000원	25,000원	23,000원
직접노무비	35,000원	45,000원	47,000원
제조간접비	30,000원	20,000원	50,000원
합 계	80,000원	90,000원	120,000원

① 25,000원　② 35,000원
③ 75,000원　④ 125,000원

17 정상원가계산제도하에서 제조간접비의 배부차이를 총원가기준법(비례배부법)으로 조정하고 있으나 만약 배부차이 전액을 매출원가에서 조정한다면, 매출총이익의 변화에 대한 설명으로 올바른 것은?

- 과소배부액 : 1,000,000원
- 기말재공품 : 1,000,000원
- 기말제품 : 1,000,000원
- 매출원가 : 3,000,000원

① 400,000원 감소
② 1,000,000원 감소
③ 600,000원 감소
④ 400,000원 증가

18 (주)태양은 정상개별원가계산제도를 적용하고 있다. 직접노동시간을 기준으로 제조간접비를 예정배부한다. 제조간접비의 배부차이가 30,000원 과소배부인 경우 실제발생제조간접원가는 얼마인가?

	실 제	예 정
총직접노동시간	20,000시간	30,000시간
총제조간접원가	( )	600,000원

① 370,000원
② 430,000원
③ 440,000원
④ 450,000원

19 다음 자료에 의하여 제조간접비 배부액과 제조원가를 구하시오(단, 제조간접비는 기계작업시간을 기준으로 예정배부한다).

- 제조간접비 총액(예정) : 3,000,000원
- 실제기계작업시간 : 8,000시간
- 직접노무비 : 4,000,000원
- 예정기계작업시간 : 10,000시간
- 직접재료비 : 1,500,000원

	제조간접비 배부액	제조원가
①	2,400,000원	7,900,000원
②	2,400,000원	8,500,000원
③	3,000,000원	7,900,000원
④	3,000,000원	8,500,000원

20 **다음 자료에 있는 사항으로 미루어 보아 가장 잘못된 설명은?**

> A 제조기업의 원가계산에 있어 제조간접비 실제배부액은 920만원이었으며, 이는 제조간접비가 100만원 과소배부된 것이다.

① A 제조기업은 개별원가계산방식을 사용하였다.
② A 제조기업의 제조간접비 예정배부액은 820만원이었다.
③ 제조간접비 배부차이에 해당하는 금액은 재공품, 기말재고, 매출원가 등에 영향을 미친다.
④ A 제조기업의 경우, 제조간접비 배부차이에 해당하는 금액만큼 제조원가에서 차감하게 된다.

21 **개별원가계산의 제조간접비와 관련한 설명이다. 가장 옳지 않은 것은 어느 것인가?**

① 제조간접비 배부방법 중 실제배부법은 제조간접비 실제발생 총액이 집계되어야 하므로 원가계산 시점이 지연되는 단점이 있다.
② 재료비는 직접 추적가능한 원가이므로 제조간접비 배부대상이 되지 아니한다.
③ 제조간접비 배부차이는 처리방법에 따라 영업외손익으로도 반영이 가능하다.
④ 제조간접비의 예정배부액이 실제발생액보다 큰 경우에는 과다배부로 유리한 차이를 가져온다.

22 **다음은 제조간접비 배부에 관한 내용이다. 옳지 않은 것은?**

① 제조간접비란 두 종류 이상의 제품을 제조하기 위하여 공통적으로 발생하는 원가를 말한다.
② 제조간접비는 재료비, 노무비에서 발생되는 경우도 있다.
③ 제조간접비 배부방법 중 실제배부법은 제조간접비 실제 발생총액이 집계되어야 하므로 기중에 제조원가를 계산하기 불편한 점이 있다.
④ 제조간접비 배부차이는 반드시 제조원가에 반영되도록 해야 한다.

02 종합원가계산

1 종합원가계산의 개념

1. 종합원가계산의 의의

종합원가계산은 단일 종류의 제품을 연속적으로 대량생산하는 업종에 사용되는 원가계산제도로 정유업, 화학공업, 식품가공업, 제분업, 제지업, 금속제조업과 같은 산업분야에 적용된다. 종합원가계산은 공정별로 원가를 집계하고, 해당 공정에서 생산된 완성품과 기말재공품에 균등하게 배분하여 단위당 원가를 산정한 후, 완성품원가와 기말재공품원가를 계산하므로 공정별 원가계산이라고도 한다.

2. 종합원가계산의 흐름

개별원가계산에서는 제조원가를 작업이나 제품별로 집계하는데 비하여, 종합원가계산에서는 공정전체에 대한 종합적인 원가를 집계한다. 따라서 개별원가계산에서는 작업지시서별로 원가를 집계하지만, 종합원가계산에서의 원가는 공정전체에서 발생하는 기간적 원가로서 집계된다. 따라서 종합원가계산에서는 공정이 원가통제의 중심이 된다.

3. 종합원가계산의 특징

(1) 평균화과정

원가의 평균화과정에 의해 제품원가가 계산된다. 동일공정의 제품은 동질적이라는 전제조건하에서 원가를 균등하게 배분하는 방식으로 제품원가를 계산한다.

(2) 원가요소 구분

원가요소를 재료비와 가공비로 구분한다. 제조공정별로 원가를 집계하기 때문에 모든 원가를 재료비와 가공비로 단순화하여 계산한다. 원가구분의 기준은 원가의 투입시점이다. 재료원가의 경우 공정의 착수시점에서 모두 투입되는 경우가 많지만, 가공원가는 공정 전반에 걸쳐 균등하게 발생하는 경우가 많기 때문이다.

(3) 기간의 개념

원가계산에 있어 기간개념을 중시한다. 동일한 공정에서 대량으로 반복적인 생산을 하는 방식이기 때문에 기간개념이 중시된다. 동일제품을 연속적으로 대량생산하지만 모든 생산공정이 원가계산기간말에 완성되는 것은 아니므로, 어떤 공정에 있어서든지 기말시점에는 부분적으로 가공이 완료되지 않은 재공품(미완성)이 존재하게 된다.

(4) 공정별 계산

원가통제와 성과평가가 개별작업별로 이루어지는 것이 아니라 공정별로 이루어진다. 원가의 집계가 개별작업별로 이루어지는 것이 아니라 공정별로 이루어지기 때문에, 개별작업별로 작업지시서나 원가계산표를 작성할 필요는 없다.

4. 종합원가계산의 장단점

장 점	• 개별원가계산에 비하여 기장절차가 간단하므로 시간과 비용이 절약된다. • 원가관리 및 통제가 제품별이 아닌 공정이나 부문별로 수행되므로 원가에 대한 책임중심점이 명확해진다.
단 점	• 제품원가가 개별원가계산에 비해 상대적으로 부정확할 수 있다. • 작업 및 제품별 손익분석 등이 어렵다.

5. 종합원가계산과 개별원가계산의 차이점

(1) 개별원가계산은 각 제품별로 원가를 집계하기 때문에, 각 제품별 직접대응이 가능한 직접원가와 간접원가의 구분이 중요한 의미를 갖는다. 즉, 제조간접비의 배부절차가 반드시 필요하다.

(2) 종합원가계산에서는 원가의 개별집계과정이 없으므로 기말에 제품과 기말 현재 재공품의 원가계산이 중요한 문제이지만, 개별원가계산에서는 기말재공품의 작업원가표에 집계된 원가가 바로 재공품 원가를 구성하기 때문에 이러한 배분문제가 발생하지 않는다.

(3) 개별원가계산에서는 작업원가표가 중요하지만 종합원가계산에서는 작업원가표가 중요하지 않다.

구 분	개별원가계산	종합원가계산
생산 형태	고객주문 소량생산	표준규격제품 연속대량생산
원가계산방법	• 제품원가를 주문받은 개별작업별로 집계 • 제품 단위당 원가는 개별작업별로 집계된 제품원가에서 작업의 생산량으로 나누어 계산 • 개별작업별로 제품원가를 집계한 후 완성된 작업의 제품원가는 제품 계정으로 대체하고, 미완성된 작업의 제품원가는 전액 재공품으로 처리	• 제품원가를 제조공정별로 집계 • 제품 단위당 원가는 제조공정별로 집계된 제품원가에서 공정의 산출량으로 나누어 계산 • 제조공정별로 집계한 제품원가를 완성품과 기말재공품에 배분한 후 완성품원가는 제품 계정으로 대체하고, 기말재공품원가는 재공품으로 처리

2 종합원가계산의 절차

1. 종합원가계산의 절차

제조원가보고서는 공정별로 생산량과 원가자료를 요약하여 이를 근거로 완성품원가와 기말재공품원가를 계산한 것이다. 종합원가계산에서 완성품원가와 기말재공품원가는 다음의 다섯 단계를 거쳐 계산하며 단계별 원가요소는 직접재료비와 가공비를 의미한다.

1단계	각 공정의 물량흐름 파악
2단계	원가요소별 완성품환산량 계산
3단계	원가요소별 배분할 원가 파악
4단계	원가요소별 완성품환산량 단위당 원가계산
5단계	완성품원가와 기말재공품원가 계산

(1) 물량흐름

재공품 계정은 제조공정을 의미하며, 제품 제조에 투입된 수량 중에서 완성과 미완성 수량을 파악한다. 이 단계에서는 완성도(생산 진척도)를 고려할 필요가 없다.

기초재공품수량 + 당기착수량 = 당기완성량 + 기말재공품수량

(2) 완성품환산량

완성품환산량이란 일정 기간 동안 투입된 모든 작업량이 완성품을 완성하는 데에만 투입되었다면 완성되었을 완성품의 수량으로 환산한 개념으로서 종합원가계산에서 원가배분기준으로 사용된다. 공정에서 생산된 산출물이 어느 정도 공정에서 진척되었는가를 보여주는 완성도(진척도)를 파악하여 다음과 같이 계산한다.

완성품환산량 = 물량 × 완성도

>> Key Point

원가요소별 완성도

일반적으로 완성품환산량은 재료비와 가공비로 구분하여 계산한다. 그 이유는 대부분 재료비는 공정의 착수시점에서 모두 투입되지만 가공비(직접노무비와 제조간접비)는 공정 전반에 걸쳐 균등하게 투입되는 경우가 많기 때문이다. 그러나 만약 두 원가요소의 투입시점이 같다면 원가요소를 구분하여 계산할 필요는 없다.

(3) 배분할 원가 파악

이 단계는 완성품과 기말재공품에 배분할 원가를 파악하는 단계이다. 만약 기초재공품이 없다면 당기투입원가가 그대로 배분할 원가가 된다. 배분할 원가를 파악할 때도 원가요소별로 각각 파악하여야 한다. 왜냐하면 직접재료원가와 가공원가의 완성도가 달라서 완성품환산량이 다르기 때문에 배분할 원가도 각각 구분하여 계산한다.

(4) 완성품환산량 단위당 원가계산

원가요소별(재료비, 가공비)로 배분할 원가(3단계)에서 완성품환산량(2단계)을 나누어 완성품환산량 단위당 원가를 계산한다.

$$\text{완성품환산량 단위당 원가} = \frac{\text{배분할 원가(3단계)}}{\text{완성품환산량(2단계)}}$$

(5) 완성품원가와 기말재공품원가 계산

종합원가계산의 마지막 단계는 완성품과 기말재공품에 원가를 배분하는 것인데, 완성품원가와 기말재공품원가는 완성품과 기말재공품의 완성품환산량에 원가요소별 완성품환산량 단위당 원가를 곱하여 계산한다.

- 당기완성품원가 = 완성품수량 × 완성품환산량 단위당 원가
- 기말재공품원가 = 기말재공품의 완성품환산량 × 완성품환산량 단위당 원가

예제

원가요소별 완성품환산량을 구하시오. ☞ 기초재공품 없음

기초재고	0개	
당기착수	2개	• 재료는 공정 초기에 전량 투입
당기완성	1개	• 가공은 공정 전반에 균등 투입
기말재고	1개(완성도 40%)	

정답 및 해설

- 재료비 완성품환산량 2개 = 완성품 1 + 기말 1(1개 × 100%)
- 가공비 완성품환산량 1.4개 = 완성품 1 + 기말 0.4(1개 × 40%)

물량흐름					재료비 완성품환산량	가공비 완성품환산량
기 초	0	완 성	1	⇒	1(100% 완성)	1(100% 완성)
착 수	2	기 말	1(40%)	⇒	1(전량 투입)	0.4(40% 투입)
	2		2		2	1.4

예제

원가요소별 완성품환산량을 구하시오. ☞ 기초재공품 없음

기초재고	0개	
당기착수	1,000개	• 재료는 공정 초기에 전량 투입
당기완성	800개	• 가공은 공정 전반에 균등 투입
기말재고	200개(완성도 40%)	

정답 및 해설

• 재료비 완성품환산량 1,000개 = 완성품 800개 + 기말 200개(200개 × 100%)
• 가공비 완성품환산량 880개 = 완성품 800개 + 기말 80개(200개 × 40%)

물량흐름					재료비 완성품환산량	가공비 완성품환산량
기 초	0	완 성	800	⇒	800(100% 완성)	800(100% 완성)
착 수	1,000	기 말	200(40%)	⇒	200(전량 투입)	80(40% 투입)
	1,000		1,000		**1,000**	**880**

>> **Key Point**

완성도

재료를 공정 초기에 전량 투입한다는 것은 모든 공정에 재료가 투입되어 있다는 것을 의미하므로 이 경우 재료비의 완성도는 기말재공품의 완성도가 100%임을 의미한다.

2. 종합원가계산의 방법

종합원가계산에서 기초재공품이 없는 경우에는 원가흐름에 대한 가정이 필요하지 않다. 그러나 기초재공품이 존재하는 경우 기초재공품원가와 당기발생원가를 완성품과 기말재공품에 배분하기 위해서 원가흐름에 대한 가정이 필요하며 원가흐름의 가정에는 평균법과 선입선출법이 있다.

(1) 평균법

평균법은 기초재공품원가와 당기투입원가를 구별하지 않고 이를 합한 총원가를 가중평균하여 완성품과 기말재공품에 배분하는 방법이다. 즉, 당기 이전의 기초재공품 작업분도 마치 당기에 작업이 이루어진 것으로 간주하는 방법이다.

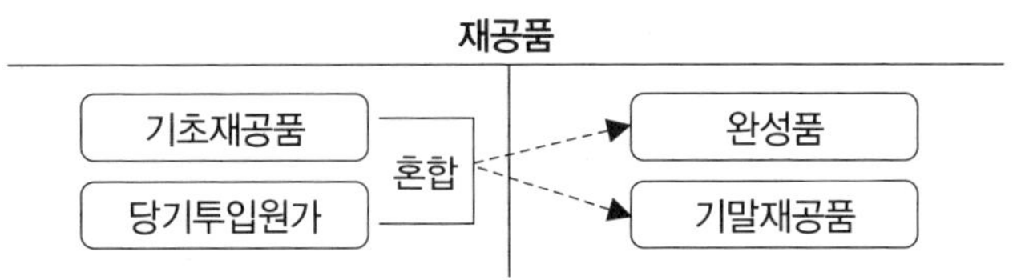

1단계 물량흐름	기초재공품수량 + 당기투입량 = 완성품수량 + 기말재공품수량
2단계 완성품환산량	완성품수량 + 기말재공품 완성품환산량
3단계 배분원가파악	기초재공품원가 + 당기투입원가
4단계 단위당 원가계산	완성품환산량 단위당 원가 = $\frac{\text{기초재공품원가 + 당기투입원가}}{\text{완성품환산량}}$
5단계 원가배부	• 완성품원가 = 완성품수량 × 단위당 원가 • 기말재공품원가 = 기말재공품 완성품환산량 × 단위당 원가

(2) 선입선출법

선입선출법은 기초재공품이 먼저 완성된 것으로 가정하여 기초재공품원가는 모두 완성품원가에 포함시키고 당기투입원가를 완성품과 기말재공품에 배분하는 방법이다. 즉, 당기 이전의 기초재공품 작업분과 당기 작업분을 별도로 구분하는 방법이다.

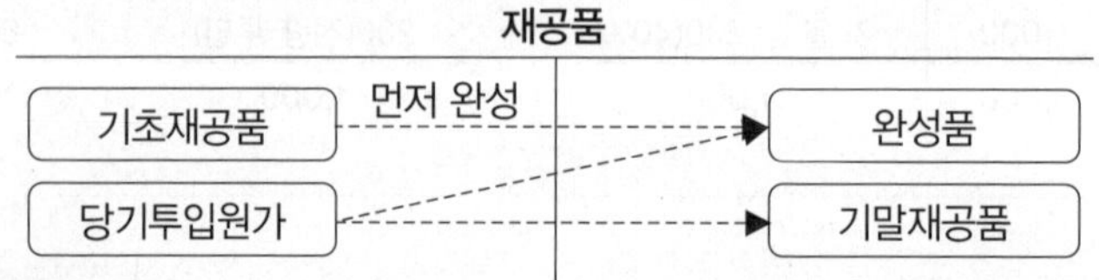

1단계 물량흐름	기초재공품수량 + 당기투입량 = 완성품수량 + 기말재공품수량
2단계 완성품환산량	완성품수량 − 기초재공품 완성품환산량 + 기말재공품 완성품환산량
3단계 배분원가파악	당기투입원가
4단계 단위당 원가계산	완성품환산량 단위당 원가 = $\frac{\text{당기투입원가}}{\text{완성품환산량}}$
5단계 원가배부	• 완성품원가 = 기초재공품원가 + (완성품환산량 × 단위당 원가) • 기말재공품원가 = 기말재공품 완성품환산량 × 단위당 원가

예제

원가요소별 완성품환산량을 평균법과 선입선출법으로 구하시오. ☞ 기초재공품 있음

기초재고	100개(70%)	
당기착수	900개	• 재료는 공정 초기에 전량 투입
당기완성	800개	• 가공은 공정 전반에 균등 투입
기말재고	200개(40%)	

정답 및 해설

물량흐름

기 초 100(70%)	완 성 800
착 수 900	기 말 200(40%)

(1) 평균법

재료비 완성품환산량 1,000개 = 완성품 800개 + 기말 200개(200개 × 100%)

가공비 완성품환산량 880개 = 완성품 800개 + 기말 80개(200개 × 40%)

(2) 선입선출법

재료비 완성품환산량 900개 = 완성품 800개 + 기말 200개(200개 × 100%) − 기초 100개(100개 × 100%)

가공비 완성품환산량 810개 = 완성품 800개 + 기말 80개(200개 × 40%) − 기초 70개(100개 × 70%)

예제

평균법에 의해 완성품원가와 기말재공품원가를 배분하시오. ☞ 기초재공품 있음

기초재공품 2,500개(70%) : 기초 직접재료비 34,000원, 기초 가공비 34,025원
당기착수량 5,500개 : 투입 직접재료비 66,000원, 투입 가공비 88,375원
당기완성량 6,000개
기말재공품 2,000개(40% 완성)
원가요소 투입시점 : 재료비는 공정 초기 전량 투입, 가공비는 균등 투입

정답 및 해설

〈1단계〉 물량흐름

재공품 수량

기 초 2,500(70%)	완 성 6,000
착 수 5,500	기 말 2,000(40%)

〈2단계〉 완성품환산량[평균법 : 완성량 + 기말(완성도%)]

- 재료비 완성품환산량 8,000개 = 완성품 6,000개 + 기말 2,000(2,000개 × 100%)
- 가공비 완성품환산량 6,800개 = 완성품 6,000개 + 기말 800(2,000개 × 40%)

〈3단계〉 원가요소별 배분할 원가파악[총원가 = 기초 + 투입]

원가요소별 요약

기초 : 재료비 34,000, 가공비 34,025 ┐ 혼합 → 완성	
투입 : 재료비 66,000, 가공비 88,375 ┘ 혼합 → 기말	
배분할 원가 : 재료비 100,000, 가공비 122,400	

〈4단계〉 원가요소별 단위당 원가계산[요소별 총원가 ÷ 요소별 완성품환산량]

- 재료비 단위당 원가 : $\frac{100,000원}{8,000개}$ = @12.5
- 가공비 단위당 원가 : $\frac{122,400원}{6,800개}$ = @18

〈5단계〉 원가배분[원가요소별 완성품환산량 × @단위당 원가]

재공품

기 초		**완성품원가**	**183,000**
재료비	34,000	재료비 : 6,000개 × @12.5 =	75,000
가공비	34,025	가공비 : 6,000개 × @18 =	108,000
투 입		**기말재공품원가**	**39,400**
재료비	66,000	재료비 : 2,000개 × @12.5 =	25,000
가공비	88,375	가공비 : 800개 × @18 =	14,400
	222,400		222,400

예제

선입선출법에 의해 완성품원가와 기말재공품원가를 배분하시오. ☞ 기초재공품 있음

기초재공품 2,500개(70%) : 기초직접재료비 34,000원, 기초가공비 34,025원
당기착수량 5,500개 : 투입직접재료비 66,000원, 투입가공비 88,375원
당기완성량 6,000개
기말재공품 2,000개(40% 완성)
원가요소 투입시점 : 재료비는 공정 초기 전량 투입, 가공비는 균등 투입

정답 및 해설

〈1단계〉 물량흐름

재공품 수량

기 초 2,500(70%)	완 성 6,000
착 수 5,500	기 말 2,000(40%)

〈2단계〉 완성품환산량[완성수량 + 기말(완성도%) − 기초(완성도%)]

- 재료비 완성품환산량 5,500개
  = 완성품 6,000개 + 기말 2,000개(2,000개 × 100%) − 기초 2,500개(2,500개 × 100%)
- 가공비 완성품환산량 5,050개
  = 완성품 6,000개 + 기말 800개(2,000개 × 40%) − 기초 1,750개(2,500개 × 70%)

〈3단계〉 원가요소별 배분할 원가파악[총원가 = 투입원가]

원가요소별 요약

기초 : 재료비 34,000, 가공비 34,025 →	완성 : 기초재공품원가는 먼저 완성 (34,000 + 34,025)
투입 : 재료비 66,000, 가공비 88,375 →	기 말
배분할 원가 : 재료비 66,000, 가공비 88,375	

〈4단계〉 원가요소별 단위당 원가계산[요소별 총원가 ÷ 완성품환산량]

- 재료비 단위당 원가 : $\frac{66,000원}{5,500개}$ = @12
- 가공비 단위당 원가 : $\frac{88,375원}{5,050개}$ = @17.5

〈5단계〉 원가배분

- 완성품원가 : 기초재공품원가 + (원가요소별 당기 투입 완성품환산량 × @단위당 원가)
- 기말재공품원가 : 원가요소별 완성품환산량 × @단위당 원가

재공품

기 초		**완성품원가**	**184,400**
재료비	34,000	재료비 : 기초 34,000 + (3,500개 × @12) = 76,000	
가공비	34,025	가공비 : 기초 34,025 + (4,250개 × @17.5) = 108,400	
투 입		**기말재공품원가**	**38,000**
재료비	66,000	재료비 : 2,000개 × @12 = 24,000	
가공비	88,375	가공비 : 800개 × @17.5 = 14,000	
	222,400		222,400

3. 평균법과 선입선출법의 비교

평균법과 선입선출법의 가장 큰 차이점은 기초재공품원가와 당기발생원가를 구분하는 것이다. 만약 기초재공품이 없다면 두 방법의 차이는 전혀 없다.

평균법은 기초재공품원가와 당기발생원가를 구분하지 않고 동일하게 취급하여 완성품과 기말재공품에 안분한다. 따라서 완성품환산량은 총원가(기초재공품원가 + 당기발생원가)에 대하여 계산되며, 총원가를 총완성품환산량으로 나누어 완성품환산량 단위당 원가(평균단가)를 계산한다. 반면에 선입선출법하에서 완성품원가는 기초재공품원가와 당기발생원가로 구성되어 있고, 기말재공품원가는 당기발생원가로만 구성되어 있다고 가정한다.

구 분	평균법	선입선출법
완성품환산량	기초재공품 완성도 고려하지 않음 당기완성량 + 기말재공품환산량 = 완성품환산량	기초재공품 완성도 고려함 당기완성량 + 기말재공품환산량 − 기초재공품환산량 = 완성품환산량
배분할 원가	총원가 = 기초재공품원가 + 당기발생원가	당기발생원가
단위당 원가	총원가 ÷ 완성품환산량	당기발생원가 ÷ 완성품환산량
계산절차	비교적 간단	비교적 복잡
장・단점	원가통제상 유용한 정보 제공하지 못함 (전기분과 당기분을 혼합)	원가통제상 유용한 정보 제공 (전기분과 당기분의 작업능률을 구분)

4. 공 손

(1) 의 의

공손품이란 품질 및 규격이 표준에 미달하는 불합격품을 말한다. 종합원가계산이 적용되는 화학공업, 식품가공업 등에서는 제품을 제조하는 과정에서 원재료의 불량, 작업종사자의 부주의, 기계설비의 결함 또는 작업관리의 부실 등으로 인하여 공손품이 발생하게 된다. 공손은 작업폐물이나 감손과는 다른 개념이다.

(2) 공손 및 작업폐물 회계처리

공손품의 회계처리에 있어서 가장 중요한 문제는 정상공손과 비정상공손을 구별하는 것이다. 정상공손이란 양질의 제품을 얻기 위하여 생산과정에서 불가피하게 발생하는 공손을 말하고, 비정상공손은 작업자의 부주의, 생산계획의 미비 등의 이유로 발생하는 것으로서 비효율적인 생산과정에서 발생하는 공손을 말한다.

정상공손은 제조원가에 배부하는데 만약 기말재공품이 검사시점을 통과하였다면 완성된 제품원가와 기말재공품원가에 배분하고, 검사시점을 통과하지 않았다면 완성된 제품원가에만 배분한다. 그러나 비정상공손은 원가에 배부하지 않고 손실로 보아 영업외비용으로 처리한다. 이에 반해 작업폐물은 공손품과 달리 제품의 제조과정에 투입된 원재료로부터 발생하는 찌꺼기나 조각을 말하며 판매가치가 상대적으로 작은 것을 말한다.

<table>
<tr><th colspan="2">구 분</th><th colspan="2">회계처리</th></tr>
<tr><td rowspan="3">공손</td><td rowspan="2">정상공손원가</td><td>기말재공품이 검사시점 통과한 경우</td><td>완성품과 기말재공품에 배부</td></tr>
<tr><td>기말재공품이 검사시점 통과하지 못한 경우</td><td>완성품에만 배부</td></tr>
<tr><td>비정상공손원가</td><td colspan="2">영업외비용으로 처리</td></tr>
<tr><td colspan="2">작업폐물</td><td colspan="2">제조원가에서 차감(직접재료비 또는 제조간접비)하고 작업폐물이 발생한 부문의 부문비에서 차감한다. 다만, 작업폐물의 중요성이 떨어지고 처분하고 받은 금액을 잡이익으로 처리할 수 있다.</td></tr>
</table>

예제

다음 자료를 토대로 종합원가계산 시 정상공손과 비정상공손을 계산하시오.

단, 정상공손은 완성품수량의 5%로 가정한다.

- 기초재공품 : 100개
- 당기착수량 : 900개
- 기말재공품 : 100개
- 당기완성량 : 840개

정답 및 해설

재공품(단위)

기 초	100	완 성	840
		공 손	60
		(1) 정상공손	42
착 수	900	(2) 비정상공손	18
		기 말	100
	1,000		1,000

- 정상공손 : 840개 × 5% = 42개
- 비정상공손 : 60개 − 42개 = 18개

예제

다음 자료를 토대로 정상공손수량과 비정상공손수량을 구하고, 정상공손품을 원가에 배부하시오(단, 정상공손은 품질검사를 통과한 정상품(양품)의 10%로 한다).

(1) 품질검사시점이 공정의 50%인 경우

(2) 품질검사시점이 공정의 40%인 경우

(3) 품질검사시점이 공정의 20%인 경우

정답 및 해설

재공품

기초재공품	1,000개(완성도 30%)	당기완성품	7,000개
당기착수분	9,000개	공손품	1,000개
		기말재공품	2,000개(완성도 45%)
계	10,000개	계	10,000개

(1) 품질검사시점이 공정의 50%인 경우

정상공손수량	품질검사통과 7,000개 × 10% = 700개 • 기초재공품(완성도 30%)은 전기에 검사시점을 통과하지 않고 당기에 착수한 수량과 함께 완성되어 통과함 → 7,000개 • 기말재공품(완성도 45%)은 당기에 검사시점을 통과하지 못함 → 0개
비정상공손수량	공손수량 1,000개 − 정상공손수량 700개 = 300개
정상공손품 원가배부	기말재공품이 검사시점을 통과하지 못하였으므로 정상공손품은 완성품에만 배부

(2) 품질검사시점이 공정의 40%인 경우

정상공손수량	품질검사통과 9,000개 × 10% = 900개 • 기초재공품(완성도 30%)은 전기에 검사시점을 통과하지 않고 당기에 착수한 수량과 함께 완성되어 통과함 → 7,000개 • 기말재공품(완성도 45%)은 당기에 검사시점을 통과함 → 2,000개
비정상공손수량	공손수량 1,000개 − 정상공손수량 900개 = 100개
정상공손품 원가배부	기말재공품이 검사시점을 통과하였으므로 완성품과 기말재공품에 배부

(3) 품질검사시점이 공정의 20%인 경우

정상공손수량	품질검사통과 8,000개 × 10% = 800개 • 기초재공품(완성도 30%)은 전기에 검사시점을 통과하였으므로 기초재공품 수량을 제외함 → 완성품 7,000개 − 기초 1,000개 = 6,000개 • 기말재공품(완성도 45%)은 당기에 검사시점을 통과함 → 2,000개
비정상공손수량	공손수량 1,000개 − 정상공손수량 800개 = 200개
정상공손품 원가배부	기말재공품이 검사시점을 통과하였으므로 완성품과 기말재공품에 배부

3 종합원가계산의 종류

1. 종합원가계산의 종류

단순 종합원가계산	단일공정으로 단일제품을 연속적으로 대량생산하는 형태의 원가계산방법이다(얼음제조업, 소금제조업, 벽돌제조업 등).
조별 종합원가계산	종류가 다른 제품을 연속적으로 대량생산하는 형태의 원가계산방법이다(자동차제조업, 통조림제조업 등).
공정별 종합원가계산	둘 이상의 제조공정(1공정, 2공정, 3공정...)으로 단일제품을 연속적으로 대량생산하는 형태의 원가계산방법이다(제지업, 화학공업, 제당업 등). 둘 이상의 연속공정을 거쳐 제품이 제조되는 경우, 제1공정에서 완성된 중간제품은 다음 공정으로 대체되는 이를 '전공정원가'이라고 한다. 전공정원가는 제1공정에서 완성되어 제2공정으로 대체되며 완성도는 100%이다.
등급별 종합원가계산	동일한 공정에서 동일한 재료를 사용하여 동일한 제품을 생산하는데 단, 제품의 규격, 무게, 모양, 품질 등이 서로 다른 제품을 연속적으로 대량생산하는 형태의 원가계산방법이다. 원가배분을 위해 각 등급의 제품의 원가부담비율을 나타내는 등가계수를 정하여 이를 기준으로 제조원가를 배분해야 한다(정유업, 제화업, 식품업 등).
연산품 종합원가계산	동일한 공정에서 동일한 원재료를 사용하여 서로 다른 제품들을 연속적으로 대량생산하는 형태의 원가계산방법이다(정유업, 정육업 등). 연산품 원가계산의 핵심은 결합원가(원재료)를 분리점 이후에 생산되는 다양한 제품(연산품)에 배분하는 것이다.

2. 결합원가계산

(1) 의 의

동일한 공정에서 동일한 종류의 원재료를 투입하여 서로 다른 둘 이상의 제품이 생산되는 경우가 있는데 이때 발생한 원가를 결합원가라고 하며, 생산된 제품을 결합제품(또는 연산품)이라고 한다.

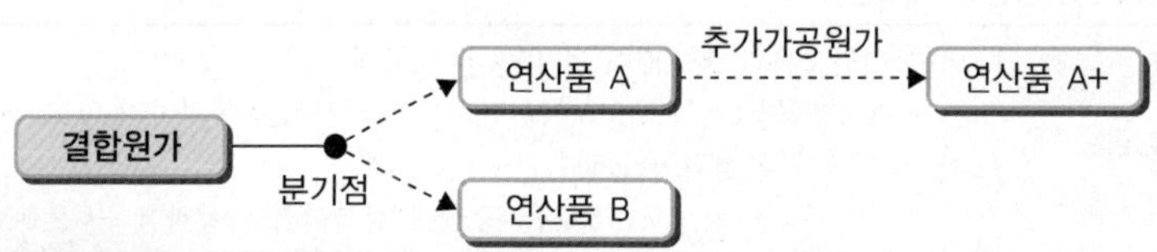

결합원가		분리점 이전에 공통적으로 발생한 원가(원재료 등)
분리점		재료가 가공되어 여러 연산품으로 분리되는 지점
연산품	주산품	분리점 이후에 생산된 여러 종류의 제품 중 판매가치 큰 제품(일반적인 제품)
	부산품	분리점 이후에 생산된 여러 종류의 제품 중 판매가치 작은 제품
추가가공원가		분리점 이후에 개별제품을 생산하기 위해 발생하는 추가가공비(분리원가)

(2) 결합원가 배부방법

구 분	배부방법
물량기준법	분리점에서의 물량을 기준으로 결합원가를 연산품에 배분하는 방법
판매가치기준법	판매가치(생산량 × 판매가격)을 기준으로 결합원가를 연산품에 배분하는 방법
순실현가치법	연산품의 순실현가치(판매가격 − 추가가공비 − 판매비)를 기준으로 결합원가를 연산품에 배분하는 방법
균등이익률법	개별제품의 최종판매가치에 대해 매출총이익률이 같아지도록 결합원가를 연산품에 배분하는 방법 매출총이익률 = {매출액 − (결합원가 + 추가가공원가)} ÷ 매출액

예제

100kg의 원재료 ₩1,000,000원가를 투입하여 아래와 같이 각기 다른 세 공정에서 1차 가공하여 각각 A, B, C 세 제품을 생산하고 있다.

제 품	생산량(kg)	1차 가공비	개당 판매단가	생산량(개)
A	45kg	100,000	@15,000	50
B	40kg	50,000	@12,000	30
C	15kg	20,000	@10,000	20

1. 물량기준법에 의해 결합원가를 연산품(A, B, C 제품)에 배분하시오.

2. 판매가치기준법에 의해 결합원가를 연산품(A, B, C 제품)에 배분하시오(원 미만 절사).

3. 순실현가치법에 의해 결합원가를 연산품(A, B, C 제품)에 배분하시오.

정답 및 해설

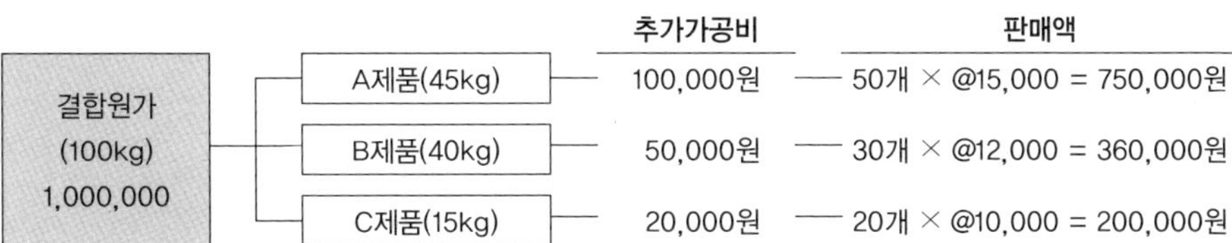

1. 물량기준법에 의해 결합원가를 연산품(A, B, C 제품)에 배분하시오.

제 품	생산량(kg)	결합원가 배분액
A	45kg	1,000,000 × 45kg/100kg = 450,000
B	40kg	1,000,000 × 40kg/100kg = 400,000
C	15kg	1,000,000 × 15kg/100kg = 150,000
계	100kg	1,000,000

2. 판매가치기준법에 의해 결합원가를 연산품(A, B, C 제품)에 배분하시오.

제 품	판매가치	결합원가 배분액
A	50개 × @15,000 = 750,000	1,000,000 × 750,000/1,310,000 = 572,519
B	30개 × @12,000 = 360,000	1,000,000 × 360,000/1,310,000 = 274,809
C	20개 × @10,000 = 200,000	1,000,000 × 200,000/1,310,000 = 152,672
계	1,310,000	1,000,000

3. 순실현가치법에 의해 결합원가를 연산품(A, B, C 제품)에 배분하시오.

제 품	순실현가치	결합원가 배분액
A	750,000 − 100,000 = 650,000	1,000,000 × 650,000/1,140,000 = 570,175
B	360,000 − 50,000 = 310,000	1,000,000 × 310,000/1,140,000 = 271,930
C	200,000 − 20,000 = 180,000	1,000,000 × 180,000/1,140,000 = 157,895
계	1,140,000	1,000,000

빈출 객관식문제

제3절 원가계산(종합원가계산)

정답 및 해설 : p.38

01 다음 중 원가회계에 대한 설명으로 틀린 것은?

① 개별원가회계는 제품별로 원가계산을 하게 되므로 원가를 직접비와 간접비로 구분하여 공통원가인 간접비는 합리적인 방법에 의하여 제품별로 배부하여야 한다.
② 종합원가회계에서 기초재공품이 없다면 선입선출법과 평균법에서 계산한 기말재공품 가액은 동일하다.
③ 실제원가회계는 실제원가를 기초로 제품원가를 계산하게 되므로 회계기초에는 전기 원가자료를 바탕으로 추정된 원가를 적용한 후 회계기말에 실제원가로 수정하는 방법이다.
④ 예정원가회계는 제품 제조 착수 이전에 원가를 예상하여 제품의 원가를 계산한 후 실제원가가 집계된 이후에 그 차이를 조정하는 방법이다.

02 다음 중 종합원가계산에 가장 적합한 업종은 어느 것인가?

① 전투기 제조업
② 대형선박 제조업
③ 전화기 제조업
④ 상가 신축업

03 다음은 개별원가계산과 종합원가계산에 대한 내용이다. 틀린 것은?

① 개별원가는 제조원가보고서에 원가를 집계하나, 종합원가는 작업원가계산표에 원가를 집계하여 통제한다.
② 개별원가는 원가를 개별작업별로 집계하나, 종합원가는 공정별로 집계한다.
③ 개별원가는 원가를 직접비와 간접비로 구분하나, 종합원가는 재료비와 가공비로 구분한다.
④ 개별원가는 이종제품을 소량으로 생산하는 기업에 적합하며, 종합원가는 동종제품을 대량으로 연속적인 제조과정에서 생산하는 기업에 적합하다.

04 다음 종합원가계산제도에 대한 설명으로 옳지 않은 것은?

① 공정에 투입되어 현재 생산 진행 중에 있는 가공 대상물이 어느 정도 진척되었는가를 나타내는 척도를 '공손률'이라 한다.
② 생산활동에 투입한 모든 노력을 제품을 완성하는 데만 투입하였더라면 완성되었을 완성품수량으로 환산한 것을 '완성품환산량'이라 한다.
③ 동종의 제품을 대량생산하는 업종에 적합한 원가계산제도이다.
④ 종합원가계산제도에서는 직접노무비와 제조간접비를 '가공비'로 분류한다.

05 **종합원가계산에서 완성품환산량 계산 시 다음의 원가항목 중 완성도가 항상 가장 높은 것은?**

① 직접재료원가 ② 노무원가
③ 전공정원가 ④ 가공비

06 **종합원가계산방식에는 평균법과 선입선출법의 방법이 있다. 양 방법으로 제품 및 재공품의 원가를 계산하는 경우에 다음 중 그 결과치가 일치하는 경우는?**

① 기초재공품이 없는 경우
② 기말재공품이 없는 경우
③ 가공비가 공정 중에 균등하게 투입되는 경우
④ 가공비가 공정 초에 전량 투입되는 경우

07 **종합원가계산에서 선입선출법과 (가중)평균법에 대한 설명 중 가장 잘못된 것은?**

① (가중)평균법은 선입선출법보다 간편한 방법이지만 원가계산의 정확성이 떨어진다.
② 선입선출법에서 완성품환산량은 순수하게 당기발생원가로 이루어진 작업량만으로 계산한다.
③ 기초재공품이 없다면 선입선출법과 (가중)평균법의 결과는 차이를 보이지 않는다.
④ 선입선출법은 기초재공품원가와 당기발생원가를 구분하지 않고 모두 당기발생원가로 가정하여 완성품과 기말재공품에 배분한다.

08 **다음 중 종합원가계산에서 재료비와 가공비를 구분할 필요가 없는 경우는?**

① 재료비와 가공비의 제조과정에 투입시점이 같다.
② 제조과정에 투입되는 재료비와 가공비의 물량이 같다.
③ 제조과정에 투입되는 재료비와 가공비의 금액이 같다.
④ 재료비와 가공비의 기말잔액이 같다.

09 **종합원가계산방법 중 선입선출법의 장점으로 올바르지 않은 것은?**

① 원가통제 등에 보다 더 유용한 정보를 제공한다.
② 표준종합원가계산에 적합하다.
③ 전기와 당기원가가 혼합되므로 상대적으로 계산방법이 간편하다.
④ 실제물량흐름을 반영한다.

10 **종합원가계산방법 중 원가흐름에 대한 내용이 다른 것은 무엇인가?**

① 기초재공품 완성분과 당기착수 완성분을 구분하지 않는다.
② 환산량 단위당 원가의 배부대상이 되는 원가에서 기초재공품원가가 포함되지 않는다.
③ 완성품원가의 계산 시 기초재공품원가가 별도로 가산된다.
④ 당기발생원가는 당기에 수행된 작업량의 완성품환산량에만 배분한다.

11 **평균법을 이용한 종합원가계산 적용 시 완성품환산량 단위당 원가를 계산하기 위해서 아래의 어떤 금액을 완성품환산량으로 나누어야 하는가?**

① 당기발생원가
② 당기발생원가 + 기초재공품원가
③ 당기발생원가 - 기초재공품원가
④ 기초재공품원가

12 **다음 중 개별원가계산과 종합원가계산에 대한 설명으로 틀린 것은?**

① 개별원가계산은 제품을 비반복적으로 생산하는 업종에 적합하다,
② 종합원가계산은 직접비와 간접비의 구분이 중요하다.
③ 개별원가계산은 조선업, 건설업 등의 업종에 적합하다.
④ 종합원가계산이란 단일 종류의 제품을 연속적으로 대량생산하는 경우 적합하다.

13 **종합원가계산의 흐름을 바르게 나열한 것은?**

가. 물량의 흐름을 파악한다.
나. 완성품과 기말재공품 원가를 계산한다.
다. 재료원가와 가공원가의 완성품환산량 단위당 원가를 구한다.
라. 재료원가와 가공원가의 기초재공품원가와 당기총제조원가를 집계한다.
마. 재료원가와 가공원가의 완성품환산량을 계산한다.

① 가 → 나 → 다 → 라 → 마
② 가 → 마 → 라 → 다 → 나
③ 가 → 라 → 마 → 다 → 나
④ 나 → 가 → 다 → 라 → 마

14 다음의 자료에 의하여 종합원가계산에 의한 가공비의 완성품환산량을 계산하시오(단, 가공비는 가공 과정 동안 균등하게 발생한다고 가정한다).

- 기초재공품 : 200개(완성도 30%)
- 당기착수량 : 800개
- 당기완성량 : 600개
- 기말재공품 : 400개(완성도 70%)

	평균법	선입선출법
①	880개	820개
②	800개	820개
③	880개	800개
④	820개	820개

15 한결(주)는 종합원가계산을 채택하고 있다. 재료비는 공정 초기에 전량 투입되며, 가공비는 공정기간 동안 균등하게 투입이 될 경우에 선입선출법에 의하여 완성품환산량을 구하면 얼마인가?

구 분	물 량	완성도	구 분	물 량	완성도
기초재공품	300개	70%	완성품	1,300개	–
당기투입	1,500개	–	기말재공품	500개	40%
계	1,800개	–	계	1,800개	–

	재료비	가공비
①	1,800개	1,290개
②	1,800개	1,410개
③	1,500개	1,290개
④	1,500개	1,410개

16 종합원가계산에서 재료비는 공정 초기에 전량 투입되며, 가공비는 공정기간 동안 균등하게 투입될 경우 평균법에 의한 재료비와 가공비의 완성품환산량으로 맞는 것은?

구 분	물 량	완성도	구 분	물 량	완성도
기초재공품	300개	70%	당기완성	1,200개	–
당기투입	1,500개	–	기말재공품	600개	40%
계	1,800개	–	계	1,800개	–

	재료비	가공비
①	1,500개	1,440개
②	1,500개	1,800개
③	1,800개	1,440개
④	1,800개	1,800개

17 완성품 1,000개, 기말재공품은 500개(완성도40%)인 경우 평균법에 의한 종합원가계산 시 재료비 및 가공비 완성품환산량은 몇 개인가?(단, 재료비는 공정 50% 시점에서 전량 투입되며, 가공비는 전공정에 걸쳐 균등하게 투입된다)

	재료비 완성품환산량	가공비 완성품환산량
①	1,000개	1,500개
②	1,000개	1,200개
③	1,500개	1,500개
④	1,500개	1,200개

18 다음 자료에 따른 평균법에 의한 재료비와 가공비의 완성품환산량은 얼마인가?(단, 원재료는 공정 30% 시점에 전량 투입되며, 가공비는 공정기간 동안 균등하게 투입된다고 가정한다)

- 기초재공품 : 3,000개(완성도 40%)
- 기말재공품 : 2,000개(완성도 20%)
- 착수량 : 7,000개
- 완성품 : 8,000개

	재료비	가공비
①	8,000개	10,000개
②	8,000개	8,400개
③	10,000개	8,400개
④	10,000개	10,000개

19 기초재공품은 10,000개(완성도 20%), 당기완성품수량은 190,000개, 기말재공품은 8,000개(완성도 40%)이다. 평균법과 선입선출법의 가공비에 대한 완성품환산량의 차이는 얼마인가?(단, 재료는 공정 초에 전량 투입되고, 가공비는 공정 전반에 걸쳐 균등하게 투입됨)

① 2,000개
② 5,000개
③ 6,000개
④ 7,000개

20 당사는 종합원가계산을 채택하고 있으며 완성품환산량의 계산에 가중평균법을 사용하고 있다. 단일공정을 보유하고 있으며, 11월 중 90,000단위의 제품을 판매하였다. 가공비 진척도는 공정별 평균적으로 발생한다고 가정하며, 제조원가 관련 추가 자료는 다음과 같다. 11월 중 가공비에 대한 완성품환산량은 얼마인가?

11월 1일 월초 재고 현황	• 재공품(가공비에 대한 진척도 60%) : 5,000단위 • 완성품 : 15,000단위
11월 30일 월말 재고 현황	• 재공품(가공비에 대한 진척도 50%) : 10,000단위 • 완성품 : 20,000단위

① 90,000단위 ② 95,000단위
③ 100,000단위 ④ 110,000단위

21 (주)부산상사는 종합원가계산시스템을 사용하여 제품원가계산을 하고 있다. 당기에 36,000단위를 생산에 착수하였으며, 35,000단위를 완성하였다. 원재료와 가공비는 공정 전반에 걸쳐 균등하게 발생할 경우 선입선출법을 사용하여 완성품환산량을 계산하면 각각 몇 단위인가?

구 분	물 량	재료비 완성도	가공비 완성도
기초재공품	5,000단위	100%	40%
기말재공품	6,000단위	90%	50%

	재료비	가공비
①	35,400단위	36,000단위
②	40,400단위	35,000단위
③	36,000단위	35,000단위
④	36,500단위	35,500단위

22 평균법에 의한 종합원가계산제도에서 다음의 자료를 통해 제품원가를 계산하시오(단, 재료비는 완성도 50% 시점에 투입되며, 가공비는 공정 전반에 걸쳐 균등하게 발생된다).

물량흐름				비 용	기초재공품원가	당기제조원가
기 초	100개(완성도 50%)	완 성	400개	재료비	80,000원	100,000원
착 수	500개	기 말	200개(완성도 60%)	가공비	100,000원	160,000원

① 320,000원 ② 280,000원
③ 260,000원 ④ 180,000원

23 다음 자료를 보고 종합원가계산 시 당기에 완성된 제품의 제조원가를 구하면?(단, 재료는 공정 초기에 모두 투입되며, 평균법에 의한다)

> • 기초재공품원가 – 재료비 : 18,000원, 가공비 : 23,000원
> • 당기총제조비용 – 재료비 : 30,000원, 가공비 : 40,000원
> • 기말재공품수량 – 200개(완성도 : 50%)
> • 당기완성품수량 – 600개

① 70,000원 ② 80,000원
③ 90,000원 ④ 100,000원

24 다음은 무한상사의 원가자료이다. 다음 자료에 따라 평균법에 의한 완성품 단위당 제조원가는 얼마인가?(단, 모든 제조원가는 공정 전반에 걸쳐 균등하게 투입된다)

> • 기초재공품원가 : 직접재료비 300,000원, 노무비 700,000원, 경비 400,000원
> • 당기제조원가 : 직접재료비 4,000,000원, 노무비 3,000,000원, 경비 1,000,000원
> • 완성품수량 : 4,000개
> • 기말재공품수량 : 1,250개(완성도 80%)

① 1,880원 ② 2,000원
③ 2,350원 ④ 2,937원

25 완성품은 500개이며, 기초재공품은 없으며 기말재공품은 200개(완성도 60%)이다. 가공비는 1,500,000원이 발생하였다. 가공비의 완성품환산량 단위당 원가는 얼마인가?(단, 재료는 공정 초에 모두 투입되고, 가공비는 공정 전반에 걸쳐 균등하게 투입된다. 원단위 미만은 절사함)

① 2,142원 ② 2,419원
③ 2,586원 ④ 12,500원

26 (주)양산의 종합원가계산하의 물량흐름에 관한 자료를 참고하여 기말재공품의 원가를 계산하라.

- 재료비는 공정 초기에 모두 발생하며 가공비는 공정 전체에 균일하게 발생한다.
- 기초재공품 : 1,000단위, 당기착수량 : 4,000단위, 당기완성품 : 3,000단위
- 제조원가 발생액 내역

구 분	재료비	가공비
기초재공품원가	5,000원	4,000원
당기제조원가	20,000원	12,000원

- 기말재공품의 가공비 완성도 50%, 평균법에 의하여 계산한다.

① 11,000원 ② 12,000원
③ 13,000원 ④ 14,000원

27 다음 자료에 의하여 평균법에 의한 기말재공품원가를 계산하면 얼마인가?(단, 모든 원가요소는 제조 진행정도에 따라 투입된다)

- 기초재공품원가 : 직접재료비 320,000원, 노무비 830,000원, 경비 280,000원
- 당기제조원가 : 직접재료비 3,700,000원, 노무비 4,300,000원, 경비 2,540,000원
- 완성품수량 : 2,000개
- 기말재공품 수량 : 200개(완성도 50%)

① 520,000원 ② 550,000원
③ 570,000원 ④ 590,000원

28 (주)우연은 선입선출법에 의한 종합원가계산을 채택하고 있다. 당기가공원가(전공정에서 균등하게 발생함)에 대한 완성품환산량 단위당 원가가 12,000원인 경우 다음의 자료에 의하여 당기가공원가 발생액을 계산하면 얼마인가?

- 기초재공품 : 400단위(완성도 75%)
- 기말재공품 : 700단위(완성도 40%)
- 당기착수수량 : 3,500단위
- 당기완성수량 : 3,200단위

① 38,160,000원 ② 41,760,000원
③ 42,960,000원 ④ 45,360,000원

29 **다음 자료를 보고 종합원가계산 시 선입선출법에 의한 당기말재공품원가를 계산하면?(단, 재료는 제조 착수 시 전부 투입되며, 가공비는 제조 진행에 따라 발생하는 것으로 가정한다)**

- 기초재공품
  - 수량 : 1,000개(완성도 : 30%)
  - 원가 : 직접재료비(220,000원), 가공비(80,000원)
- 당기총제조비용
  - 직접재료비(1,000,000원), 가공비(820,000원)
- 당기말재공품수량 : 1,000개(완성도 : 50%)
  - 당기말완성품수량 : 8,000개

① 205,000원 ② 195,000원
③ 185,000원 ④ 175,000원

30 **다음 중 제품 생산과정에서 발생하는 비정상적인 공손품원가를 처리하는 항목으로 가장 타당한 것은?**

① 제조원가 ② 영업비용
③ 영업외비용 ④ 판매관리비

31 **다음 중 공손품에 대한 설명으로 옳지 않은 것은?**

① 공손품은 폐기되거나 정규가격 이하로 판매되는 품질표준 미달의 불합격 생산물을 말한다.
② 정상공손은 능률적인 작업조건하에서도 발생되는 공손을 말한다.
③ 비정상공손은 제조활동을 효율적으로 수행하면 방지할 수 있는 공손을 말한다.
④ 비정상공손의 허용한도는 품질검사를 기준으로 하여 품질검사에 합격한 합격품의 일정비율로 정한다.

32 **다음 자료를 이용하여 비정상공손수량을 계산하면 얼마인가?(단, 정상공손은 당기완성품의 5%로 가정한다)**

- 기초재공품 : 200개
- 당기착수량 : 800개
- 기말재공품 : 50개
- 당기완성량 : 900개

① 5개 ② 6개
③ 8개 ④ 10개

33 다음은 공손에 대한 설명이다. 옳지 않은 것은?

① 공손품이란 품질이나 규격이 일정수준에 미달하는 불합격품으로 작업폐물과는 다른 개념이다.
② 비정상공손품 수량은 전체 공손품수량에서 정상공손품수량을 제외한 나머지이다.
③ 공손품의 검사시점이 기말재공품의 완성도 이후인 경우에는 기말재공품에는 정상공손원가를 배분하지 않는다.
④ 비정상공손은 제조원가에 포함시키지 않고 매출원가에 가산한다.

34 다음은 공손원가에 대한 설명이다. 틀린 것은?

① 공손품이란 품질검사 시 표준 규격이나 품질에 미달하는 불합격품을 말한다.
② 공손품원가는 정상공손원가와 비정상공손원가로 구분되는데, 정상공손원가는 제조비용에 가산하고, 비정상공손원가는 영업외비용으로 처리한다.
③ 공손품의 발생시점(불량품 검사시점)이 기말재공품의 완성도 이후인 경우에는 정상공손품의 원가를 완성품과 기말재공품에 산입한다.
④ 작업폐물이란 원재료를 가공하는 과정에서 발생하는 매각 또는 이용가치가 있는 폐물로써 공손품과는 별개의 개념이다.

35 (주)한국제조는 품질검사를 통과한 정상품(양품)의 10%만을 정상공손으로 간주하며 나머지는 비정상공손이다. 다음 중 틀린 것은?

재공품

기초재공품	1,000개	(완성도 30%)	당기완성품	7,000개	
당기투입분	9,000개		공손품	1,000개	
			기말재공품	2,000개	(완성도 45%)
계	10,000개		계	10,000개	

① 품질검사를 공정의 50% 시점에서 한다고 가정하였을 경우에 정상공손품은 700개이다.
② 품질검사를 공정의 40% 시점에서 한다고 가정하였을 경우에 정상공손품은 900개이다.
③ 품질검사를 공정의 50% 시점에서 한다고 가정하였을 경우에 정상공손원가는 당기완성품원가와 기말재공품원가에 각각 배부하여야 한다.
④ 비정상공손원가는 품질검사시점과 상관없이 제조원가에 반영되어서는 안 된다.

36 다음 자료에 의하여 정상공손수량을 완성품의 10%라고 가정할 때 비정상공손수량을 계산하면?

- 기초재공품 : 950단위
- 당기완성량 : 4,750단위
- 당기착수량 : 6,200단위
- 기말재공품 : 1,500단위

① 425단위
② 450단위
③ 465단위
④ 475단위

37 제조활동과 관련하여 발생한 자료이다. 당기 중에 발생한 정상공손수량은 얼마인가?(단, 공손품을 제외한 파손품이나 작업폐물은 없는 것으로 한다)

- 기초재공품 : 500개
- 당기착수량 : 4,000개
- 비정상공손수량 : 300개
- 기말재공품 : 200개
- 당기완성수량 : 3,500개

① 200개
② 300개
③ 400개
④ 500개

38 제조공정에서 발생한 작업폐물의 처분가액에 대한 회계처리로 다음 중 가장 옳은 것은?

① 재공품 계정의 증가
② 제품 계정의 증가
③ 제품 계정의 감소
④ 제조간접비 계정의 감소

39 다음은 (주)세종의 제조활동과 관련된 물량 흐름이다. 다음의 설명 중 틀린 것은?

- 기초재공품 : 2,000개
- 당기착수량 : 8,000개
- 당기완성수량 : 9,000개
- 기말재공품 : 400개

① 공손품수량은 600개이다.
② 정상공손품의 기준을 완성품의 5%라고 가정할 경우 정상공손의 수량은 150개이다.
③ 정상공손원가는 완성품 혹은 기말재공품에 배분한다.
④ 비정상공손원가는 영업외비용으로 처리한다.

40 **다음 중 종합원가계산 방법들에 대한 설명으로 틀린 것은?**

① 조별 종합원가계산 – 동종의 제품을 여러 단계의 제조공정에서 생산하는 경우
② 단일 종합원가계산 – 얼음제조업 등 하나의 제품을 하나의 공정에서 제조하는 경우
③ 연산품 종합원가계산 – 동일한 재료를 투입하여 동일한 공정에서 이종제품을 생산하는 경우
④ 등급품 종합원가계산 – 동일한 재료를 투입하여 동일한 공정에서 동종제품을 생산하는 경우

41 **(주)세계화학은 동일한 원재료를 투입하여 동일한 공정에서 각기 다른 A, B, C, D 제품을 생산하고 있다. (주)세계화학이 결합원가 3,000,000원을 판매가치법에 의하여 배부하는 경우, A제품에 배부될 결합원가는?**

제 품	생산량(개)	판매단가(원)
A	1,500	1,000
B	2,000	800
C	2,500	600
D	4,000	350

① 700,000원
② 750,000원
③ 800,000원
④ 850,000원

42 **세무(주)는 동일한 원재료를 투입하여 동일한 공정에서 A, B, C 세 가지의 등급품을 생산하고 있다. 세 가지 제품에 공통적으로 투입된 결합원가 8,000,000원을 물량기준법에 의하여 각 제품에 배부하고자 한다. 다음 자료에 의하여 결합원가 중 B등급품에 배부될 결합원가를 계산한 것으로 맞는 것은 얼마인가?**

구 분	생산량(개)	단위당 무게(g)	단위당 판매가격(원)	총무게(g)	총판매가격(원)
A	150	300	30,000	45,000	4,500,000
B	450	400	25,000	180,000	11,250,000
C	300	250	22,500	75,000	6,750,000

① 4,800,000원
② 3,000,000원
③ 2,700,000원
④ 4,200,000원

43 다음의 자료는 어떤 종합원가계산방법에서 나타나는가?

• 결합원가	• 주산품과 부산품
• 분리점	• 순실현가치법

① 연산품 종합원가계산 ② 조별 종합원가계산
③ 공정별 종합원가계산 ④ 단일 종합원가계산

전산세무 2급 한권으로 끝내기

실무편

■ 실무편 출제비중 ■

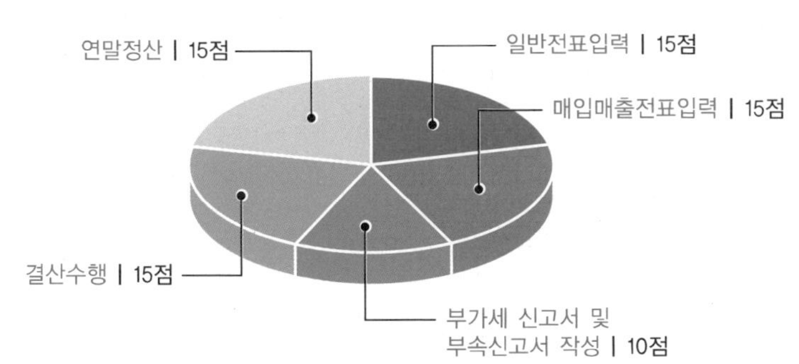

※ 최근 4~5년간 기출문제를 분석한 통계값입니다.

수험용 프로그램 및 실무 백데이터 설치

[수험용 프로그램 설치]

1. 한국세무사회 국가공인자격시험 홈페이지 접속
2. 케이렙(수험용) 다운로드
3. 해당 파일 더블클릭하여 설치

[실무 백데이터 설치]

1. SD에듀 홈페이지 접속
2. [학습 자료실] – [프로그램 자료실] – 전산세무 2급 검색
3. 첨부된 백데이터 압축 파일 다운로드 후 압축 해제
4. 자동설치 파일을 실행하여 백데이터 설치
5. 케이렙(수험용) 프로그램을 실행하여 [회사코드재생성] 실행
6. 각 예제 및 수행·기출문제에 맞는 회사코드로 로그인하여 학습 진행

제 1 장

프로그램 및 백데이터 설치

케이렙(KcLep) 프로그램 설치방법

01 프로그램 다운로드

한국세무사회 국가공인자격시험 홈페이지(http://license.kacpta.or.kr)에 접속합니다.
메뉴 하단 케이렙(수험용)다운로드 메뉴 클릭하여 다운로드 합니다.

02 프로그램 설치방법

다운받은 파일을 더블클릭하여 설치합니다.

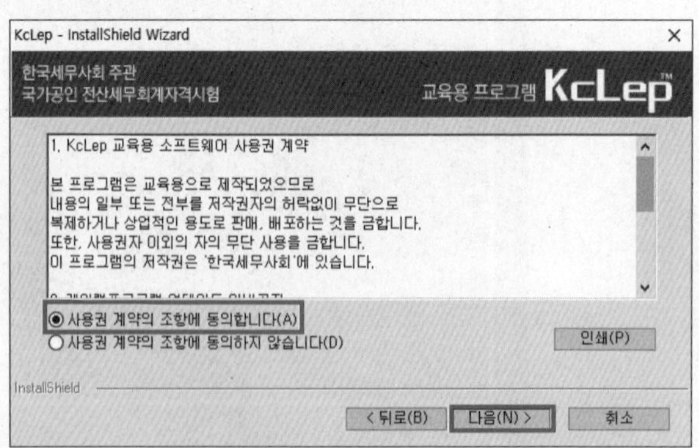

→ 설치 시 '동의합니다'를 체크해줍니다.

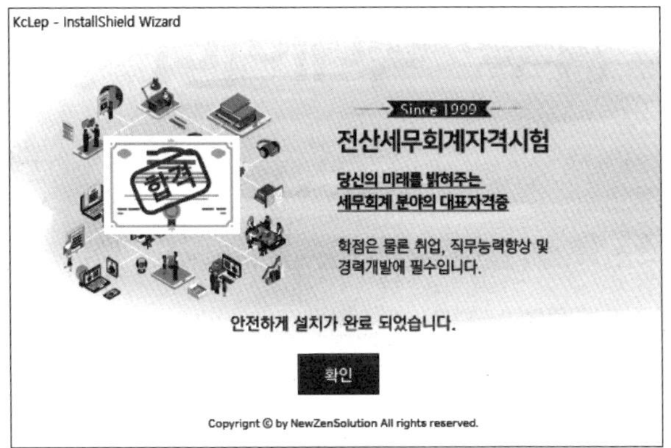

→ 설치가 완료되면 바탕화면에 프로그램 아이콘이 자동으로 생성됩니다.

03 프로그램 실행방법

종목선택 : 최초 실행 시 사용급수는 '전산세무 2급'으로 변경합니다.

드라이브 : 백데이터는 C 드라이브로 자동 설정되므로 수정하지 않습니다.

회사코드 : 본 도서는 회사등록을 별도로 하지 않고 교재의 실무 백데이터를 설치하신 후 해당 회사를 선택하여 학습하시도록 구성되었습니다.

SECTION

실무 백데이터 설치방법

01 실무 백데이터 다운로드

SD에듀 홈페이지에 접속하여 다운로드 받으시기 바랍니다.

SD에듀 홈페이지(https://www.sdedu.co.kr) 접속 ⇨ 프로그램 ⇨ 전산세무 2급 검색

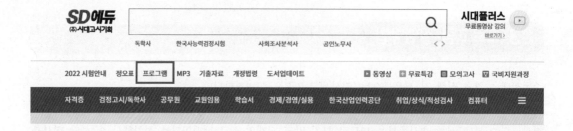

02 실무 백데이터 실행방법

첫 번째.

다운로드한 압축파일을 풀어준 후 자동설치 파일을 실행(더블클릭)하면 다음의 경로로 자동 설치됩니다.

경로 : [내컴퓨터 ⇨ C:₩KcLepDB ⇨ KcLep]

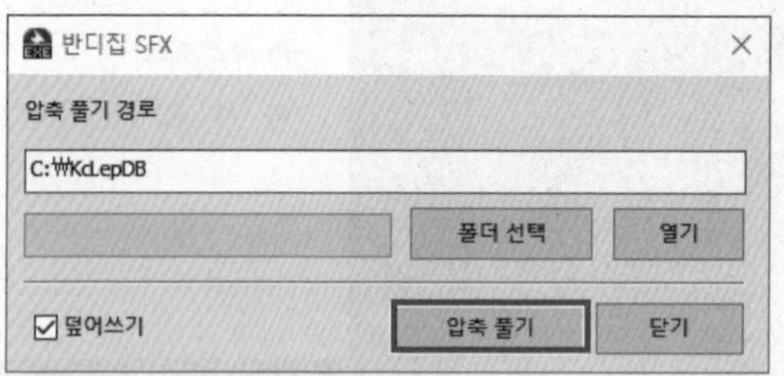

두 번째.

케이렙 프로그램 실행 → 회사등록 → F4 회사코드재생성 실행합니다.

회사등록을 하지 않았어도 실무 백데이터 실행은 가능하오니 따라해 보십시오.

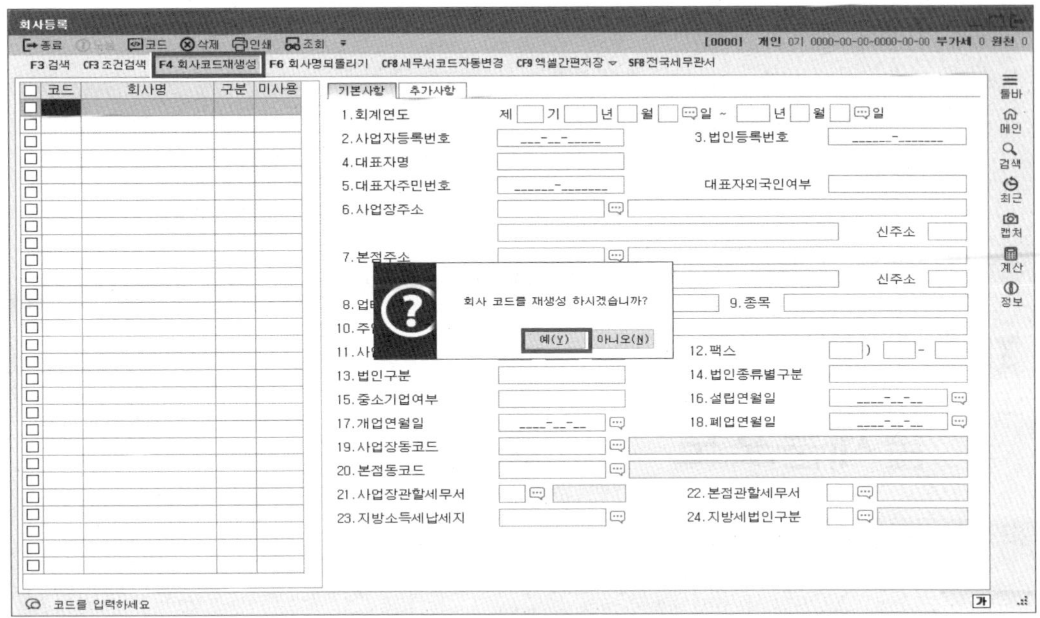

세 번째.

실무 백데이터가 KcLep 프로그램에서 아래와 같이 복구됩니다.

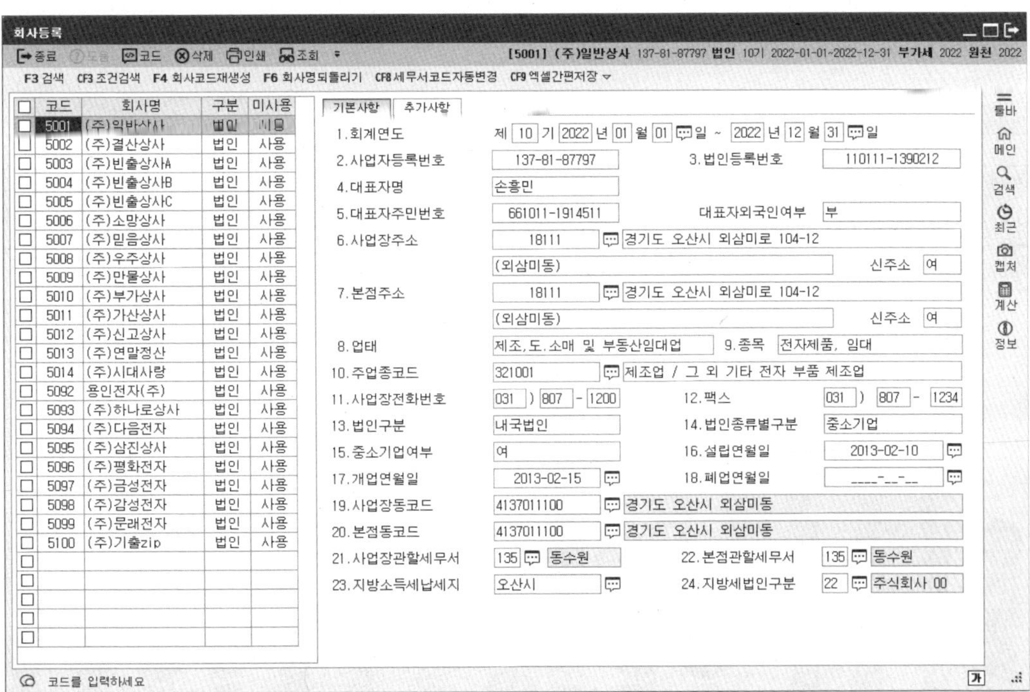

네 번째.

프로그램 기본화면에 있는 **회사코드** 를 클릭하여 실무수행을 위한 단원별 회사를 선택하여 실무 프로그램을 수행하시면 됩니다.

안심Touch

재무회계 실무(30점) 출제분포도

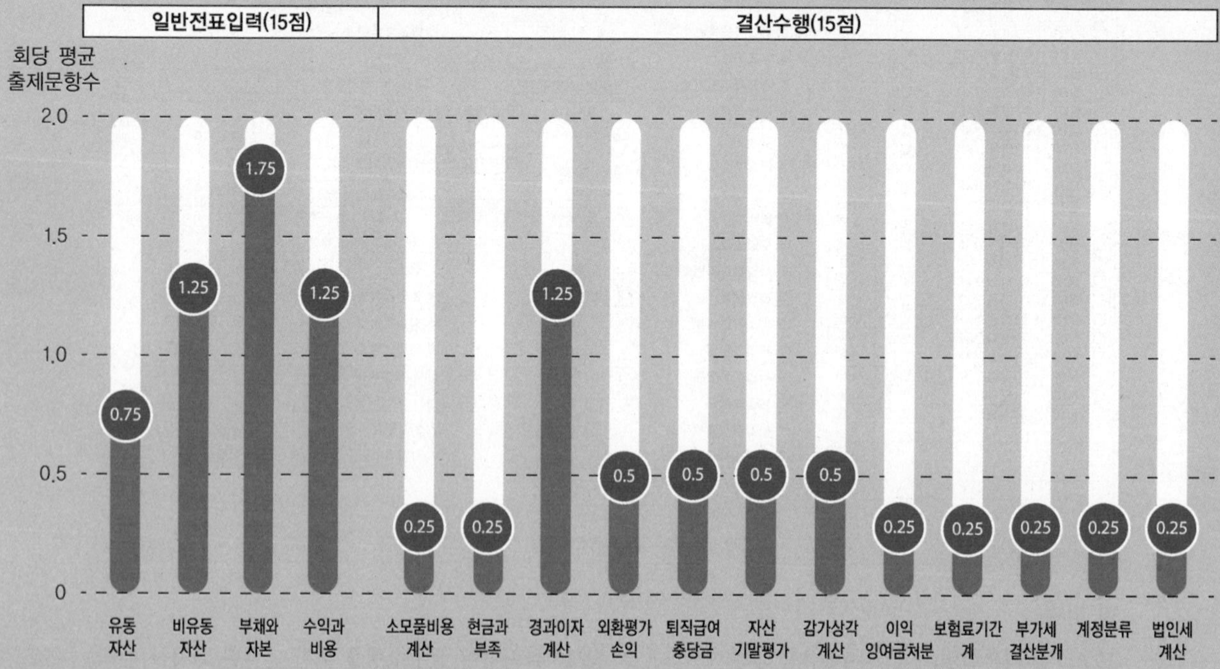

※ 2021년 기출문제를 분석한 통계값입니다.

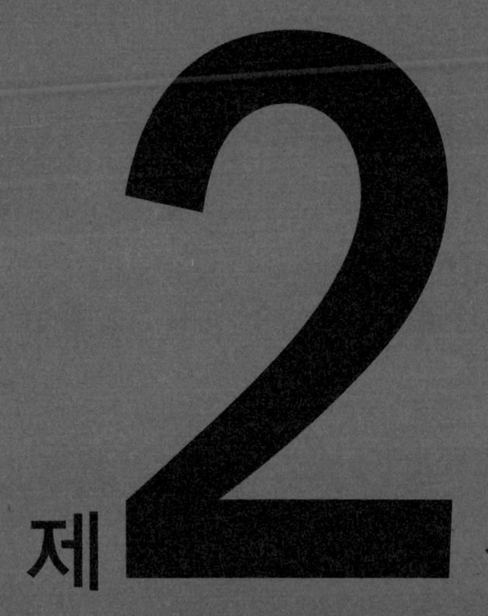

제 2 장 재무회계 실무

기초정보관리

01 회사등록

회사등록은 결산 및 세무신고의 대상이 되는 회사에 대한 기본정보를 담고 있다. 해당 결산연도, 사업자등록번호, 업태 및 종목, 관할세무서, 지방소득세납세지, 중소기업 여부 등을 포함하고 있는데 이들에 오류가 있을 경우 신고내용이 잘못되어 가산세 등의 불이익이 있을 수 있으므로 정확하게 등록하여야 한다.

02 거래처등록

거래처별로 채권·채무의 증감액이나 잔액을 별도로 조회하려면 거래처별로 구분하여 관리해야 한다. 이를 위해 거래처등록 메뉴에서 거래처의 기본사항을 미리 등록해 둘 필요가 있다.

03 계정과목및적요등록

계정과목및적요등록 메뉴는 회계기준에 따라 일반적으로 사용하는 계정과목이 등록되어 있는 메뉴이다. 회사의 특성에 따라 계정과목을 계정과목 코드체계에 따라 수정 또는 추가하여 새로운 계정과목을 설정하여 사용할 수 있다. 전표입력 시 자주 사용하는 거래내용이나 원가대체항목을 결산에 자동으로 반영할 수 있도록 하기 위해 적요(타계정 등)를 입력하여 사용하는 것도 해당 메뉴에서 설정한다.

04 환경등록

환경등록 메뉴는 프로그램 시스템 환경을 설정하는 것으로 사용자의 입력편의를 위해 설정하는 메뉴이다. 시스템전반(소수점, 부가세 매입매출전표 계정과목 자동설정 등)에 걸쳐 영향을 미치기 때문에 초기설정값을 신중하게 고려하여 결정한다.

05 전기분재무제표

전기분재무제표는 초기이월 작업으로 회계처리를 처음으로 수행하는 경우에 필요하다. 계속하여 회계프로그램을 사용한 기업들은 마감 후 이월 메뉴를 이용하여 차기로 회계자료를 이월시키면 전기분 자료가 자동 생성되므로 초기이월 작업을 별도로 할 필요가 없다.

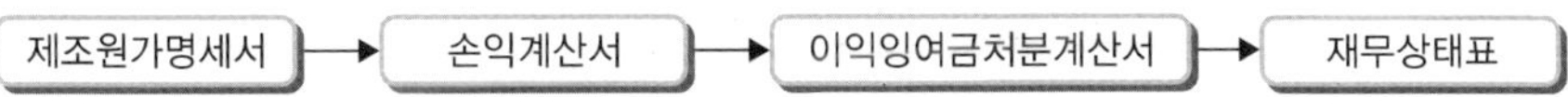

06 거래처별초기이월

전기분재무상태표의 채권, 채무, 예적금 등의 계정과목에 대해 거래처별로 계정별 금액을 관리하는 메뉴이다. 전기분재무상태표와 거래처등록이 되어 있어야 거래처별초기이월을 등록할 수 있다.

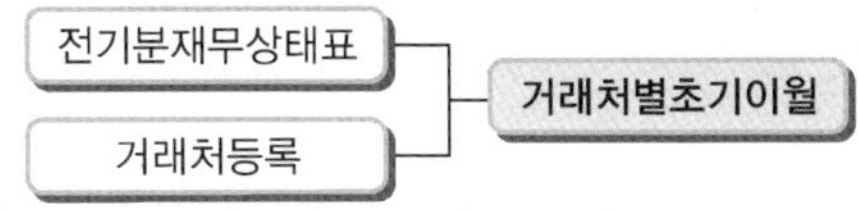

SECTION 02

일반전표입력

기업에서 발생하는 모든 거래는 일반거래와 부가가치세와 관련 있는 거래로 구분된다. 부가가치세와 관련이 없는 일반거래는 「일반전표입력」 메뉴에 거래내용을 입력한다. 반면 부가가치세와 관련이 있는 거래는 「매입매출전표입력」 메뉴에 입력한다. 따라서 부가가치세와 관련이 있는 거래를 「일반전표입력」 메뉴에 입력하였다면 부가가치세 신고서상에 반영되지 않는다.

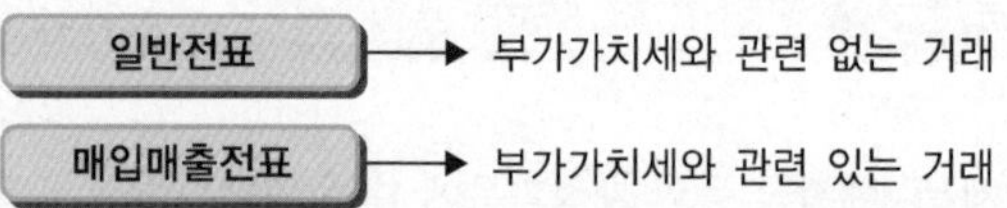

01 일반전표 입력방법

입력메뉴 항목	입력방법
월/일	작업하고자 하는 월과 일을 입력한다. 일은 입력하지 않고 월만 입력하여 전표입력을 할 수도 있으며, 년도는 해당 회계연도가 자동으로 표시된다.
변 경	기본설정은 월과 일로 설정 : 2022 년 02 월 일 변경 변경을 누르면 월 단위로 설정 : 2022 년 02 월~ 2022 년 02 월 변경
현금잔액	일반전표나 매입매출전표에 입력한 내용이 반영되어 해당 일자 기준의 현금잔액이 자동으로 계산되어 조회된다.
대차차액	대체전표를 입력하는 경우 차대변 금액이 불일치하는 경우에 빨간색 숫자로 대차차액을 알려준다.
번 호	전표번호를 의미한다. 전표입력 일자별로 전표번호는 자동(00001번 ~) 부여된다. 만약 전표번호를 임의로 수정하고자 할 경우 SF2 번호수정 기능을 사용하여 수정가능하다.
구 분	전표의 유형을 입력하는 란이다. • 현금전표 – 1. 출금전표, 2. 입금전표 • 대체전표 – 3. 대체차변, 4. 대체대변 • 결산전표 – 5. 결산차변, 6. 결산대변
계정과목	방법 1 : 계정과목 코드를 알고 있는 경우 세자리 코드번호를 직접 입력한다. 방법 2 : 계정과목 코드를 모를 경우 F2를 눌러 조회하여 입력한다. (1) F2를 눌러 「계정코드도움」 화면에서 조회하여 입력한다. (2) 「계정과목」란에 커서가 위치하고 입력하고자 하는 계정과목의 명칭 중 한 글자 이상 입력한 후 Enter↵ 입력하면 관련 계정과목이 「계정코드도움」 화면에 나타나 필요한 계정과목을 클릭하여 입력한다.

	예 수수료비용 조회 화면 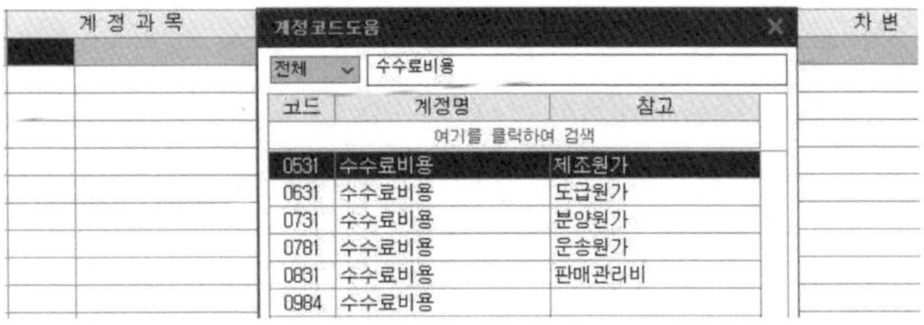 계정코드도움: 전체 / 수수료비용 코드 / 계정명 / 참고 0531 수수료비용 제조원가 0631 수수료비용 도급원가 0731 수수료비용 분양원가 0781 수수료비용 운송원가 0831 수수료비용 판매관리비 0984 수수료비용
거래처	방법 1 : 거래처코드를 알고 있는 경우에는 해당 거래처코드를 입력한다. 방법 2 : 거래처코드를 모르는 경우에는 F2 클릭하면 등록된 거래처코드와 거래처명이 있는 「거래처도움」 보조화면이 나타난다. 이때 커서를 이용하여 거래처를 선택하거나, 거래처명의 일부를 입력한 후 Enter↵키를 치면 관련된 거래처가 조회된다. 방법 3 : 신규거래처를 바로 등록하는 경우, 거래처코드란에서 "+" 또는 "00000"을 누른 다음 거래처명을 입력하고 Enter↵키를 친다. 이후 수정[tab]을 클릭하여 관련 거래처의 정보를 추가로 입력한다.   거래처등록 거래처코드: 00110 코드조회[F2] 거래처 명: (주)신규 등록[Enter] 수정[tab] 취소[Esc] 거래처등록 거래처코드: 00110 사업자등록번호: 사업자등록상태조회 거래처명: (주)신규 주민등록번호: 주민등록기재분: 부 0:부 1:여 대표자명: 업태: 종목: 우편번호,주소: 전화번호:) - 사업자등록번호를 입력하세요. [ESC],[TAB]상단으로 이동
적 요	「계정과목및적요등록」 메뉴에 입력한 적요가 자동으로 조회되며 해당 거래에 맞는 적요를 선택하여 입력할 수 있고 적요번호를 선택하지 않고 직접 입력할 수도 있다. 전표입력 시 적요는 생략한다(단, 적요를 입력해도 상관없음). 단, 재고자산의 타계정으로 대체의 경우에는 반드시 적요 ⑧번을 입력한다. 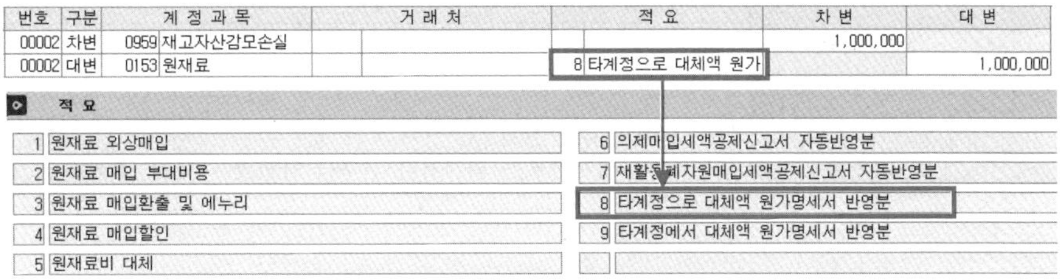 번호 / 구분 / 계정과목 / 거래처 / 적요 / 차변 / 대변 00002 차변 0959 재고자산감모손실 1,000,000 00002 대변 0153 원재료 8 타계정으로 대체액 원가 1,000,000 적요 1 원재료 외상매입 / 6 의제매입세액공제신고서 자동반영분 2 원재료 매입 부대비용 / 7 재활용폐자원매입세액공제신고서 자동반영분 3 원재료 매입환출 및 에누리 / 8 타계정으로 대체액 원가명세서 반영분 4 원재료 매입할인 / 9 타계정에서 대체액 원가명세서 반영분 5 원재료비 대체
금 액	방법 1 : 숫자를 모두 입력한다. 방법 2 : '+'키를 한 번 누르면 동시에 '000' 입력되어 천 원 단위가 입력된다. 예를 들어 1,000,000원을 입력하는 경우에는 1++를 입력한다.
CF5 삭제한데이터	이미 삭제한 전표를 다시 조회하여 복구하거나 삭제할 수 있는 기능이다.
CF9 전표삽입	전표입력 시 누락된 전표를 중간에 삽입할 수 있는 기능이다.
F4 복사	선택한 전표를 복사하거나, 다른 날짜로 전표이동 SF3 이동 가능한 기능이다.
F5 삭제	선택한 전표를 삭제할 수 있는 기능이다.
F2 조회	계정과목이나 거래처 등을 조회하는 기능이다.

학습 PLUS

거래처코드 입력
채권과 채무 계정과목은 별도의 언급이 없더라도 반드시 거래처코드를 입력하여야 한다. 채권과 채무 이외의 계정과목은 문제에서 별도의 언급이 없다면 거래처코드를 굳이 입력하지 않아도 된다.

채권 · 채무와 관련된 주요 계정과목
① 외상매출금 – 외상매입금
② 받을어음 – 지급어음
③ 미수금 – 미지급금
④ 대여금 – 차입금
⑤ 선급금 – 선수금
⑥ 가지급금 – 가수금 등

02 일반전표의 종류

어떤 종류의 전표를 사용하여 입력했느냐는 중요하지 않다. 차변과 대변에 기입해야 할 회계정보가 제대로 입력되었느냐가 중요하다.

구분	내용
출금전표 [1.출금]	현금이 지출된 거래를 입력하는 전표이다. 차변에 계정과목을 입력하면 대변에는 자동으로 '현금' 계정과목과 금액이 기재된다.
입금전표 [2.입금]	현금이 입금된 거래를 입력하는 전표이다. 대변에 계정과목을 입력하면 차변에는 '현금' 계정과목과 금액이 자동으로 기재된다.
대체전표 [3.차변], [4.대변]	대체전표는 현금이 수반되지 않는 거래일 때 사용하는 전표이다. 차변은 3번, 대변은 4번을 입력한다. 실무상으로는 입금전표나 출금전표보다 대체전표를 가장 많이 사용한다. 현금이라는 고정된 계정과목이 있어서 반대편 계정과목만 입력하는 입금, 출금전표와는 달리 대체전표는 회계처리 전부를 차변과 대변에 그대로 옮겨 작성한다.

03 일반전표입력 유의사항

1 제조원가(500번대), 판관비(800번대), 영업외비용(900번대)은 코드로 구분하여 입력한다.

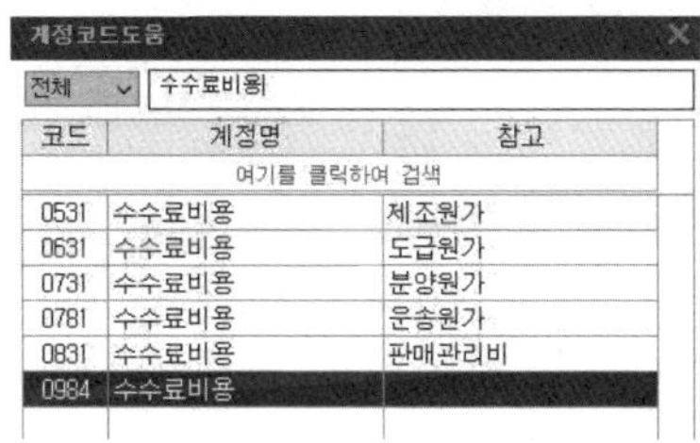

계정코드도움

전체 / 수수료비용

코드	계정명	참고
	여기를 클릭하여 검색	
0531	수수료비용	제조원가
0631	수수료비용	도급원가
0731	수수료비용	분양원가
0781	수수료비용	운송원가
0831	수수료비용	판매관리비
0984	수수료비용	

2 거래처코드를 반드시 입력해야 할 계정과목(채권, 채무 등)을 정확히 구분하여 입력한다.

① 외상매출금－외상매입금
② 받을어음－지급어음
③ 미수금－미지급금
④ 대여금－차입금
⑤ 선급금－선수금
⑥ 가지급금－가수금 등

학습 PLUS

거래처코드 입력 채점방식

〈오답 처리〉

이래와 같이 거래처코드를 입력하지 않고 거래처명만 입력했다면 거래처를 입력하지 않은 것으로 보아 '0점' 처리된다. 또한 거래처명은 거래처관리가 되지 않으므로 반드시 거래처코드를 입력하여야 한다.

2022 년 02 월 18 일 변경 현금잔액: 58,856,500 대차차액:

일	번호	구분	계 정 과 목	거 래 처	적 요	차 변	대 변
18	00005	차변	0103 보통예금			12,300,000	
18	00005	차변	0956 매출채권처분손실			200,000	
18	00005	대변	0110 받을어음	세종상사			12,500,000

거래처코드 입력이 중요!

〈정답 처리〉

아래와 같이 거래처코드를 입력하지 않아도 되는 계정과목(보통예금, 매출채권처분손실 등)에 거래처코드를 입력하는 것은 점수에 영향을 주지 않는다. 따라서 거래처코드는 반드시 입력해야 하는 채권・채무 등의 계정과목에만 입력하면 된다.

2022 년 02 월 18 일 변경 현금잔액: 19,500,000 대차차액:

일	번호	구분	계 정 과 목	거 래 처	적 요	차 변	대 변
18	00001	차변	0103 보통예금	00104 세종상사		12,300,000	
18	00001	차변	0956 매출채권처분손실	00104 세종상사		200,000	
18	00001	대변	0110 받을어음	00104 세종상사			12,500,000

3 차감계정(대손충당금, 감가상각누계액 등)은 반드시 관련 자산을 확인하여 입력한다.

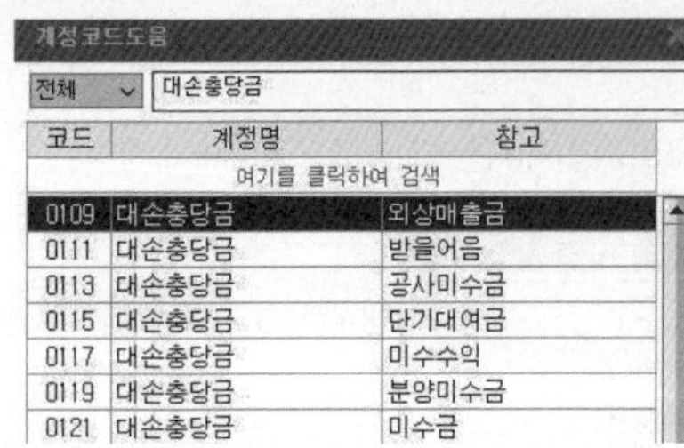

계정코드도움

전체 | 대손충당금

코드	계정명	참고
	여기를 클릭하여 검색	
0109	대손충당금	외상매출금
0111	대손충당금	받을어음
0113	대손충당금	공사미수금
0115	대손충당금	단기대여금
0117	대손충당금	미수수익
0119	대손충당금	분양미수금
0121	대손충당금	미수금

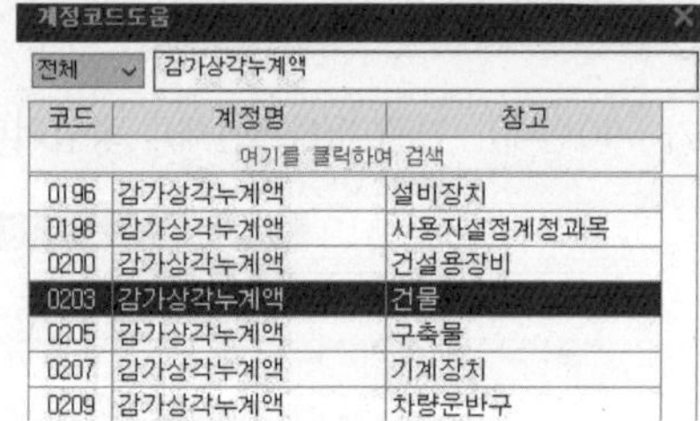

계정코드도움

전체 | 감가상각누계액

코드	계정명	참고
	여기를 클릭하여 검색	
0196	감가상각누계액	설비장치
0198	감가상각누계액	사용자설정계정과목
0200	감가상각누계액	건설용장비
0203	감가상각누계액	건물
0205	감가상각누계액	구축물
0207	감가상각누계액	기계장치
0209	감가상각누계액	차량운반구

4 동일한 계정과목명은 반드시 코드를 확인하여 유동과 비유동의 구분을 확인 후 입력한다.

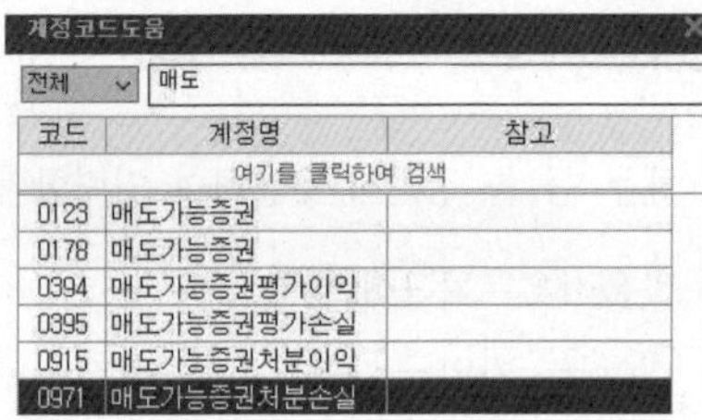

계정코드도움

전체 | 매도

코드	계정명	참고
	여기를 클릭하여 검색	
0123	매도가능증권	
0178	매도가능증권	
0394	매도가능증권평가이익	
0395	매도가능증권평가손실	
0915	매도가능증권처분이익	
0971	매도가능증권처분손실	

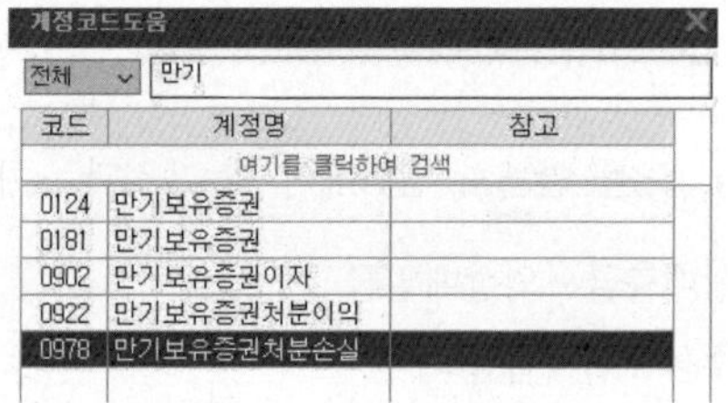

계정코드도움

전체 | 만기

코드	계정명	참고
	여기를 클릭하여 검색	
0124	만기보유증권	
0181	만기보유증권	
0902	만기보유증권이자	
0922	만기보유증권처분이익	
0978	만기보유증권처분손실	

5 입금전표와 출금전표는 현금이 자동으로 처리되는 기능을 갖고 있을 뿐 해당 전표를 반드시 사용할 필요는 없다. 현금이 입금되는 거래일 경우 차변(3)에 현금을 입력하고 대변(4)에 관련 계정과목을 입력해도 무방하다. 수험자가 전표를 선택하여 입력하면 된다.

04 일반전표입력 연습문제

(주)일반상사 (회사코드 : 5001) ✓ 회사변경 후 실무수행 연습하기

1 6월 거래를 일반전표에 입력하시오.

6월 1일 전기요금 800,000원(본사관리부 300,000원, 공장 500,000원)이 보통예금 통장에서 자동 인출되었다(하나의 전표로 입력할 것).

6월 2일 대표이사의 주소가 변경되어 법인 등기부등본을 변경등기하고 이에 대한 등록면허세 120,000원과 등록관련 수수료 100,000원을 현금으로 지급하였다(하나의 전표로 입력할 것).

6월 3일 공장건물 청소원인 김갑순에게 인건비 500,000원을 현금으로 지급하고 일용직 근로소득으로 신고하였다. 이와 관련된 원천징수세액은 없으며 동 금액은 잡급으로 처리하기로 한다.

6월 4일 영업사원의 직무능력향상을 위한 외부강사 강연료에 대하여 현금으로 지급하고 기타소득으로 원천징수한 내역이 다음과 같다. 적절한 회계처리를 하시오.

- 지급총액 : 3,000,000원
- 필요경비 : 지급총액의 60%
- 소득세율 : 20%
- 지방소득세 : 소득세의 10%

6월 5일 당사는 확정급여형(DB)퇴직연금을 가입하고 있으며, 가입한 퇴직연금에 대한 이자 150,000원이 퇴직연금 계좌로 입금되었다.

6월 6일 퇴직연금부담금(확정기여형) 10,000,000원(제조 4,000,000원, 판매 6,000,000원)을 당 회사의 보통예금 계좌에서 이체하였다.

6월 7일 당사의 토지 중 영업부 토지와 관련한 재산세 700,000원과 제조부 토지와 관련한 재산세 1,200,000원을 보통예금 계좌에서 이체하였다.

6월 8일 본사 영업부서에 근무하는 직원인 김전산씨의 급여명세서를 아래와 같이 확정하고 5월 15일에 가불한 1,000,000원을 차감 후 보통예금에서 지급하였다. 가불 시 '임직원등단기채권' 계정으로 회계처리하였다(공제액은 하나의 계정과목으로 처리한다).

성 명	급 여	상여금	국민연금 등 본인부담액	소득세 등	가불금	차감지급액
김전산	2,000,000원	800,000원	170,000원	30,000원	1,000,000원	1,600,000원

6월 9일 (주)중앙에 9,000,000원을 25개월 후 회수조건으로 대여하기로 하고 보통예금 계좌에서 이체하였다.

6월 10일 생산부 직원용 기숙사 제공을 위해 원룸 2채에 대하여 임대차계약을 맺고, 이와 관련한 보증금을 당사 우리은행 당좌예금 계좌에서 전액 지급하였다. 임대차 계약기간은 2022.06.10. ~ 2024.06.10.이고 계약한 금액은 보증금 2억원이다.

6월 11일 영업부 박아름은 부산출장에서 돌아와 출장 전 현금으로 지급된 출장비 500,000원(지급 시 선급금 처리)에 대한 지출내역을 다음과 같이 제출하였다. 모든 비용에 대해 적격증빙을 첨부하였으며, 잔액 50,000원은 현금으로 반환하였다(단, 부가가치세는 고려하지 않으며 선급금의 거래처 입력할 것).

- KTX 승차권 구입 : 100,000원
- 현지 택시비 : 50,000원
- 거래처 미팅시 식대 : 300,000원

6월 12일 영업부 직원들이 출장업무 중 가나분식에서 다음의 신용카드매출전표(법인 국민카드)로 결제하였다. 거래일 현재 가나분식은 간이과세자이고, 복리후생비로 처리할 것

가나분식
506-20-43238 TEL : 02-546-1857 김미영
서울시 관악구 관악로 894
2022-06-12 12:21 POS : 02 BILL : 000042

품 명	단 가	수 량	금 액
라 면	2,500원	4	10,000원
소 계			10,000원
청구금액			10,000원
받은금액			10,000원
신용카드			**10,000원**

신용카드 매출전표 [고객용]
[카드번호] 4000-****-****-1000
[할부개월] 일시불
[카드사명] 국민카드
[가맹번호] 00856457
[승인번호] 07977800

6월 13일 공장에서 사용할 청소용품 22,000원을 경기철물에서 현금으로 구입하고 간이영수증을 받았다(단, 전액 당기비용으로 처리할 것).

6월 14일 원재료 운반에 사용하는 트럭의 자동차세 100,000원을 보통예금으로 지급하였다.

6월 15일 하나(주)로부터 차입한 장기차입금의 이자비용 2,000,000원을 지급하면서 원천징수세액 상당액 550,000원을 차감한 금액을 현금으로 지급하였다(단, 이자비용에 대한 원천징수세율은 27.5%로 가정한다).

6월 16일 원재료 구매 거래처 직원 김갑수의 결혼축의금으로 500,000원을 보통예금에서 이체하였다.

6월 17일 원재료를 매입하기 위해 금빛물산과 계약하고, 계약금 5,000,000원을 보통예금으로 지급하였다.

6월 18일 매출거래처에게 부품을 화물차로 보내고 운임 300,000원을 현금으로 지급한 뒤 운송장을 발급받았다(부가가치세는 무시할 것).

6월 19일 5월분 급여 지급 시 원천징수한 소득세 1,000,000원 및 지방소득세 100,000원을 보통예금 계좌에서 이체하여 납부하였다(단, 소득세와 지방소득세를 합쳐서 하나의 전표로 입력할 것).

6월 20일 본사 영업부의 4대보험 및 근로소득세 납부내역은 다음 표와 같다. 회사는 보통예금으로 동 금액을 납부하였다. 국민연금은 세금과공과 계정을 사용하고 건강보험과 장기요양보험은 복리후생비, 고용보험 및 산재보험은 보험료 계정을 사용한다.

구 분	근로소득세	지방소득세	국민연금	건강보험	장기요양보험	고용보험	산재보험
회사부담분	–	–	50,000원	30,000원	2,000원	550원	1,200원
본인부담분	100,000원	10,000원	50,000원	30,000원	2,000원	850원	
계	100,000원	10,000원	100,000원	60,000원	4,000원	1,400원	1,200원

6월 21일 공장에서 사용하기 위한 트럭을 구입하면서 자동차보험(1년)에 가입하고 대금 1,526,000원을 보통예금에서 송금하였다. 송금시점에 전액 비용으로 회계처리하시오.

6월 22일 당좌거래개설보증금 1,700,000원을 현금으로 예치하여 우리은행 당좌거래를 개설하였다.

6월 23일 당사는 (주)태영에게 제품을 공급하기로 계약하고 계약금 20,000,000원을 보통예금 계좌로 이체받았다.

6월 24일 전기에 제품을 수출한 수출거래처 STAR사의 외화외상매출금 $100,000이 전액 보통예금으로 입금되었다. 전기 말 적용 환율은 $1당 1,200원으로서 외화자산, 부채평가는 적절하게 이루어졌고, 회수 시 적용환율은 $1당 1,100원이다(단, 외화외상매출금은 외상매출금 계정과목으로 반영할 것).

6월 25일 경도은행으로부터 2020년에 차입한 외화장기차입금 $200,000을 이자비용 $6,000과 함께 보통예금에서 상환하였다. 하나의 전표로 입력할 것

• 2021년 12월 31일 기준환율 : 1,070/$ • 2022년 6월 25일 기준환율 : 1,100/$

6월 26일 정기예금이 만기가 되어 원금 30,000,000원과 이자 900,000원 중 이자소득세 138,600원이 원천징수되어 차감잔액인 30,761,400원이 보통예금 계좌로 입금되었다(단, 원천징수세액은 자산으로 처리할 것).

6월 27일 1기 예정신고기간의 부가가치세 미납세액 1,500,000원(미지급세금으로 처리되어 있음)과 가산세(납부불성실 가산세로 가정함) 100,000원을 법인카드(하나카드)로 납부하였다. 국세카드 납부 수수료는 결제대금의 1%로 가정한다(단, 가산세는 세금과공과(판), 카드수수료는 수수료비용(판)으로 회계처리하며, 하나의 전표로 회계처리할 것).

6월 28일 거래처인 (주)컨버스의 외상매입금 6,050,000원 중 2,000,000원은 당사발행 당좌수표로 지급하고, 나머지 금액은 면제받았다.

6월 일반전표입력 답안

일자	차변	금액	대변	금액
6월 1일	(차) 전력비(제) 전력비(판)	500,000 300,000	(대) 보통예금	800,000
6월 2일	(차) 세금과공과(판) 수수료비용(판)	120,000 100,000	(대) 현 금	220,000
6월 3일	(차) 잡급(제)	500,000	(대) 현 금	500,000
6월 4일	(차) 교육훈련비(판)	3,000,000	(대) 예수금 현 금	264,000 2,736,000
6월 5일	(차) 퇴직연금운용자산	150,000	(대) 이자수익	150,000
6월 6일	(차) 퇴직급여(제) 퇴직급여(판)	4,000,000 6,000,000	(대) 보통예금	10,000,000
6월 7일	(차) 세금과공과(판) 세금과공과(제)	700,000 1,200,000	(대) 보통예금	1,900,000
6월 8일	(차) 급여(판) 상여금(판)	2,000,000 800,000	(대) 예수금 임직원등단기채권 [김전산] 보통예금	200,000 1,000,000 1,600,000
6월 9일	(차) 장기대여금 [(주)중앙]	9,000,000	(대) 보통예금	9,000,000
6월 10일	(차) 임차보증금	200,000,000	(대) 당좌예금	200,000,000
6월 11일	(차) 여비교통비(판) 접대비(판) 현 금	150,000 300,000 50,000	(대) 선급금 [박아름]	500,000
6월 12일	(차) 복리후생비(판)	10,000	(대) 미지급금 [국민카드]	10,000
6월 13일	(차) 소모품비(제)	22,000	(대) 현 금	22,000
6월 14일	(차) 세금과공과(제)	100,000	(대) 보통예금	100,000
6월 15일	(차) 이자비용	2,000,000	(대) 예수금 현 금	550,000 1,450,000
6월 16일	(차) 접대비(제)	500,000	(대) 보통예금	500,000
6월 17일	(차) 선급금 [금빛물산]	5,000,000	(대) 보통예금	5,000,000
6월 18일	(차) 운반비(판)	300,000	(대) 현 금	300,000
6월 19일	(차) 예수금	1,100,000	(대) 보통예금	1,100,000
6월 20일	(차) 예수금 세금과공과(판) 복리후생비(판) 보험료(판)	192,850 50,000 32,000 1,750	(대) 보통예금	276,600
6월 21일	(차) 보험료(제)	1,526,000	(대) 보통예금	1,526,000
6월 22일	(차) 특정현금과예금	1,700,000	(대) 현 금	1,700,000
6월 23일	(차) 보통예금	20,000,000	(대) 선수금 [(주)태영]	20,000,000
6월 24일	(차) 보통예금 외환차손	110,000,000 10,000,000	(대) 외상매출금 [STAR]	120,000,000

일자	차변	금액	대변	금액
6월 25일	(차) 외화장기차입금 [공상은행] 이자비용 외환차손	214,000,000 6,600,000 6,000,000	(대) 보통예금	226,600,000
6월 26일	(차) 보통예금 선납세금	30,761,400 138,600	(대) 정기예금 이자수익	30,000,000 900,000
6월 27일	(차) 미지급세금 세금과공과(판) 수수료비용(판)	1,500,000 100,000 16,000	(대) 미지급금 [하나카드]	1,616,000
6월 28일	(차) 외상매입금 [(주)컨버스]	6,050,000	(대) 당좌예금 채무면제이익	2,000,000 4,050,000

2 7월 거래를 일반전표에 입력하시오.

7월 1일 단기매매목적으로 보유 중인 주식회사 삼삼의 주식(장부가액 30,000,000원)을 전부 40,000,000원에 매각하였다. 주식처분 관련비용 30,000원을 차감한 잔액이 보통예금 계좌로 입금되었다.

7월 2일 회사가 보유하고 있던 매도가능증권(투자자산)을 다음과 같은 조건으로 처분하고 대금은 현금으로 회수하였다(단, 전기의 기말평가는 일반기업회계기준에 따라 처리하였다).

취득가액	시가(전기 12월 31일 현재)	처분가액	비 고
28,000,000원	24,000,000원	26,000,000원	시장성 있음

7월 3일 장기투자목적으로 주식시장에 상장되어 있는 (주)비상의 주식을 주당 12,000원의 가격으로 1,000주를 매입하였으며, 이 매입과정에서 카오증권에 80,000원의 수수료가 발생하였다. 주식 매입과 관련된 모든 대금은 보통예금에서 이체하였다.

7월 4일 단기투자목적으로 주식시장에 상장되어 있는 (주)중앙의 주식을 주당 13,000원의 가격으로 1,000주를 매입하였으며, 이 매입과정에서 카오증권에 80,000원의 수수료가 발생하였다. 주식 매입과 관련된 모든 대금은 보통예금에서 이체하였다.

7월 5일 당사가 보유 중인 유가증권(보통주 1,000주, 액면가액 : 1주당 5,000원, 장부가액 : 1주당 10,000원)에 대하여 현금배당액(1주당 800원)과 주식배당액을 아래와 같이 당일 수령하였다.

구 분	수 령 액	공정가치(1주당)	발행가액(1주당)
현금배당	현금 800,000원		
주식배당	보통주 100주	9,000원	8,000원

7월 6일 당사는 1월 10일에 대미실업으로부터 원재료 1,430,000원(부가세 포함)을 외상으로 구입하였는데, 지급하지 못한 외상매입금을 결제하기 위하여 (주)구리로부터 받은 약속어음 1,000,000원을 대미실업에게 배서양도하고 잔액을 보통예금 계좌에서 지급하였다.

7월 7일 제품을 매출하고 광주상사로부터 수취한 약속어음 2,200,000원이 부도처리 되었다는 것을 거래처 주거래은행으로부터 통보받았다.

7월 8일 강서상사(주)로부터 제품 판매대금으로 수령한 약속어음 30,000,000원을 할인하고, 할인비용 700,000원을 차감한 잔액이 보통예금(서울은행)에 입금되었다(단, 차입거래로 회계처리 할 것).

7월 9일 (주)현대상사의 파산으로 인해 회수할 수 없는 채권으로서, 전기에 대손충당금과 상계하였던 받을어음 50,000,000원 중 20,000,000원이 국민은행 보통예금에 입금되었다(대손변제세액은 고려하지 말 것).

7월 10일 전기에 회수불능채권으로 대손처리했던 외상매출금 4,400,000원(부가가치세 포함) 중 절반을 현금 회수하였다(단, 당시 대손요건 충족으로 대손세액 공제를 받은 바 있다).

7월 11일 당사는 (주)호주무역에게 대여한 단기대여금 20,000,000원을 회수불능채권으로 보아 전액 대손처리하였다(대손충당금은 조회하여 처리하시오).

7월 12일 대표이사 이미경으로부터 시가 100,000,000원(이미경 취득가액 : 70,000,000원)의 건물을 증여받았다. 당일 취득세 등으로 3,500,000원을 현금으로 지출하였다.

7월 13일 신축 중인 공장의 건설자금으로 사용한 특정차입금의 이자비용 3,000,000원을 당좌수표를 발행하여 지급하였다. 동 이자비용은 자본화대상이며, 공장은 내년에 준공예정이다.

7월 14일 투자목적으로 토지를 (주)제일건설로부터 88,000,000원에 취득하면서 이에 대한 취득세 4,048,000원은 현금으로 납부하였다. 토지매매 취득대금 중 80,000,000원은 당일에 보통예금으로 지급하였으며 나머지 잔액인 8,000,000원은 다음 달 10일에 지급하기로 하였다(단 하나의 전표로 입력할 것).

7월 15일 업무용 차량을 구입하면서 다음과 같은 현금지급액이 발생하였다(단, 공채는 단기매매증권으로 분류할 것).

- 취득세 등 : 1,000,000원
- 공채 매입액 : 250,000원(공정가치 200,000원)

7월 16일 업무용승용차를 구입하기 위하여 액면금액 1,000,000원의 10년 만기 무이자부 국공채를 액면금액으로 현금으로 매입하였다. 당 회사는 해당 국공채를 만기까지 보유할 예정이며, 보유할 수 있는 의도와 능력이 충분하다. 구입 당시의 만기보유증권의 공정가액은 600,000원이다.

7월 17일 비사업자로부터 토지와 건물을 70,000,000원에 일괄 취득함과 동시에 당좌수표를 발행하여 전액 지급하였다. 토지와 건물의 공정가치는 아래와 같다.

> • 토지의 공정가치 : 60,000,000원 • 건물의 공정가치 : 40,000,000원

7월 18일 (주)황성으로부터 기계장치를 구입하기로 계약하고 계약금 6,000,000원을 당좌수표로 지급하였다.

7월 19일 업무용 차량에 화재가 발생하여 완전히 소실되었다. 소실 전 차량의 장부가액은 다음과 같다(단, 해당 차량은 손해보험에 가입되어 있음).

> • 차량운반구의 취득원가 : 20,000,000원 • 감가상각누계액 : 2,000,000원

7월 20일 제조설비를 취득하는 조건으로 상환의무가 없는 국고보조금 30,000,000원을 보통예금으로 수령하였다. 명칭이 동일한 계정과목이 여러개 있는 경우 문제에서 제시한 내용에 알맞은 계정과목을 선택하시오.

7월 21일 사용 중이던 공장건물을 새로 신축하기 위하여 기존 건물을 철거하였다. 철거 당시의 기존 건물의 취득가액 및 감가상각누계액의 자료는 다음과 같다.

> • 건물의 취득가액 : 100,000,000원
> • 철거 당시 감가상각누계액 : 80,000,000원(철거 시점까지 상각함)
> • 건물철거비용 : 3,000,000원을 현금으로 지급함
> (간이과세사로부터 영수증 수취함, 가산세는 고려하지 말 것)

7월 22일 보유 중인 사업용 토지 일부분을 (주)부천전자에 40,000,000원(장부가액 23,000,000원)에 매각하고 대금은 (주)부천전자의 전기이월 외상매입금 15,000,000원과 상계처리하고 잔액은 보통예금에 입금하였다.

7월 23일 (주)삼일에서 차량운반구를 구입하고 미지급한 11,000,000원에 대해 국민은행 당좌수표를 발행하여 지급하였다. 이때 당좌예금 잔액은 5,000,000원이며, 국민은행과는 당좌차월계약이 체결되어 있으므로 당좌차월 계정과목을 사용하여 회계처리하시오.

7월 일반전표입력 답안

7월 1일	(차) 보통예금	39,970,000	(대) 단기매매증권 단기매매증권처분이익	30,000,000 9,970,000
7월 2일	(차) 현 금 매도가능증권처분손실	26,000,000 2,000,000	(대) 매도가능증권 [178] 매도가능증권평가손실	24,000,000 4,000,000
	*전기말 매도가능증권평가손실(기타포괄손익누계액)은 처분거래 시 상계처리한다.			
7월 3일	(차) 매도가능증권 [178]	12,080,000	(대) 보통예금	12,080,000
7월 4일	(차) 단기매매증권 수수료비용(영)	13,000,000 80,000	(대) 보통예금	13,080,000
7월 5일	(차) 현 금	800,000	(대) 배당금수익	800,000
	*주식배당은 회계처리 없음			
7월 6일	(차) 외상매입금 [대미실업]	1,430,000	(대) 받을어음 [(주)구리] 보통예금	1,000,000 430,000
7월 7일	(차) 부도어음과수표 [광주상사]	2,200,000	(대) 받을어음 [광주상사]	2,200,000
7월 8일	(차) 이자비용 보통예금	700,000 29,300,000	(대) 단기차입금 [서울은행]	30,000,000
	*차입거래의 할인료는 이자비용으로 처리하고 할인받은 어음은 단기차입금으로 처리한다.			
7월 9일	(차) 보통예금	20,000,000	(대) 대손충당금(받)	20,000,000
7월 10일	(차) 현 금	2,200,000	(대) 대손충당금(외) 부가세예수금	2,000,000 200,000
7월 11일	(차) 대손충당금(단) 기타의대손상각비	800,000 19,200,000	(대) 단기대여금 [(주)호주무역]	20,000,000
7월 12일	(차) 건 물	103,500,000	(대) 자산수증이익 현 금	100,000,000 3,500,000
7월 13일	(차) 건설중인자산	3,000,000	(대) 당좌예금	3,000,000
7월 14일	(차) 투자부동산	92,048,000	(대) 보통예금 미지급금 [(주)제일건설] 현 금	80,000,000 8,000,000 4,048,000
7월 15일	(차) 단기매매증권 차량운반구	200,000 1,050,000	(대) 현 금	1,250,000
7월 16일	(차) 만기보유증권 [181] 차량운반구	600,000 400,000	(대) 현 금	1,000,000
7월 17일	(차) 토 지 건 물	42,000,000 28,000,000	(대) 당좌예금	70,000,000
7월 18일	(차) 선급금 [(주)황성]	6,000,000	(대) 당좌예금	6,000,000
7월 19일	(차) 감가상각누계액 [209] 재해손실	2,000,000 18,000,000	(대) 차량운반구	20,000,000
7월 20일	(차) 보통예금	30,000,000	(대) 국고보조금 [104]	30,000,000
	*국고보조금은 보통예금을 차감하는 계정으로 선택하여 입력한다.			

7월 21일	(차) 감가상각누계액 203 유형자산처분손실	80,000,000 23,000,000	(대) 건 물 현 금	100,000,000 3,000,000
7월 22일	(차) 보통예금 외상매입금 [(주)부천전자]	25,000,000 15,000,000	(대) 토 지 유형자산처분이익	23,000,000 17,000,000
7월 23일	(차) 미지급금 [(주)삼일]	11,000,000	(대) 당좌예금 당좌차월 [국민은행]	5,000,000 6,000,000

3 9월 거래를 일반전표에 입력하시오.

9월 1일 4월 15일에 수입하였던 원재료에 대하여 다음과 같은 비용이 보통예금에서 지급되었다.

- 통관서류작성 대행 수수료 : 10,000원
- 창고까지 운반한 비용 : 20,000원

9월 2일 제품(원가 800,000원, 시가 1,100,000원)을 국군장병 위문금품으로 전달하였다(국군장병 위문금품은 법인세법상 법정기부금에 해당한다).

9월 3일 당사의 제품(원가 : 100,000원, 판매가 : 120,000원)을 생산직 직원의 복리후생 목적으로 제공하였다(재화의 간주공급에 해당하지 아니함).

9월 4일 원재료로 사용하기 위해 구입한 부품(취득원가 : 700,000원)을 공장의 기계장치를 수리하는데 사용하였다. 수리와 관련된 비용을 수익적 지출로 처리하시오.

9월 5일 영업부에서 원재료로 사용하기 위해 구입한 미가공식료품(취득원가 : 1,000,000원)을 거래처 직원을 위한 선물로 지급하였다.

9월 6일 본사건물에 대한 감가상각비가 전년도에 25,000,000원만큼 과대계상된 오류를 발견하였다. 본 사항은 중대한 오류로 판단된다.

9월 7일 본사 건물에 대하여 전년도에 납부하였던 전기료 중 과오납부한 금액인 300,000원이 당사 보통예금으로 입금되어 오류를 수정하였다. 단, 오류의 내용은 중대한 오류가 아니며 잡이익 계정은 사용하지 않는다.

9월 8일 전기에 직원 회식비로 현금 지출한 500,000원을 50,000원으로 잘못 분개한 내용이 당기에 확인되어 적절한 분개를 하였다. 전기에 현금과부족에 대해서는 가지급금으로 처리하였다. 단, 오류의 내용이 중대하지는 않은 것으로 간주한다.

9월 9일 노성무역으로부터 제품매출 후 외상매출금 4,850,000원에 대하여 조기회수에 따른 매출할인액(할인율 : 2%)을 차감한 나머지 금액이 당좌예금으로 입금되었다(단, 부가가치세는 고려하지 않는다).

9월 10일 매입처 (주)대한으로부터 외상으로 매입한 상품 중 품질불량으로 인해 에누리받은 금액이 500,000원이다. 단, 부가가치세는 고려하지 아니한다.

9월 11일 (주)현대상사에 원재료를 구입하기로 하고 계약금 1,000,000원을 어음(만기일 2023년 6월 30일)으로 발행하여 지급하였다.

9월 12일 회사는 액면가액이 1주당 5,000원인 보통주 1,000주를 1주당 5,500원에 발행하고 전액 보통예금으로 납입받았으며, 주식발행에 관련된 법무사수수료 100,000원은 현금으로 지급하였다(주식할인발행차금 잔액은 없고, 하나의 전표로 입력하시오).

9월 13일 당사는 보통주(액면가액 주당 5,000원) 10,000주를 주당 4,500원에 발행하고 주식대금은 보통예금 계좌로 납입받았다. 신주발행 당시 주식발행초과금의 잔액은 400,000원(9월 12일 유상증자)이며, 신주발행수수료 1,500,000원은 현금으로 지급하였다(하나의 전표로 입력하시오).

9월 14일 보유 중인 자기주식(취득원가 : 20,000,000원)을 18,000,000원에 현금처분하였다. 회사의 재무상태표에는 전기이월된 자기주식처분이익 300,000원이 계상되어 있다.

9월 15일 자기주식(액면가액 5,000원) 100주를 주당 8,000원에 취득하고 현금을 지급하였다.

9월 16일 9월 15일에 취득한 자기주식 100주를 주당 7,000원에 매각하고 대금은 전액 보통예금으로 입금받았다. 자기주식의 주당 액면가액은 5,400원이며 자기주식처분이익 계정 잔액은 없다.

9월 17일 사업축소를 위하여 당사의 주식 2,000주(액면 @5,000원)를 1주당 4,000원에 매입 후 즉시 소각 하고 대금은 현금으로 지급하였다(하나의 전표로 입력하시오).

9월 18일 무상증자를 위하여 기타자본잉여금 20,000,000원을 자본금으로 전입하고 무상주 4,000주(액면가액 5,000원)를 발행하였다.

9월 19일 상환일 현재 사채할인발행차금 3,500,000원이 남아 있는 사채(액면가액 50,000,000원) 전액을 52,000,000원에 보통예금 계좌에서 이체하여 중도상환하였다(다른 사채발행은 없으며, 상환기간까지의 이자는 고려하지 아니한다).

9월 20일 액면가액 10,000,000원(3년 만기)인 사채를 10,200,000원에 할증발행하였으며, 대금을 전액 보통예금으로 입금하였다.

9월 21일 액면가액 10,000,000원의 사채를 발행하여 12,000,000원이 보통예금 계좌로 입금되었다. 사채발행 관련 수수료 2,500,000원은 현금으로 지급하였다(하나의 전표로 입력하시오).

9월 22일 당사는 제품 판매 후 3년 이내에 발생하는 하자에 대해서는 무상으로 수리하여 주고 있다. 전기 말에 장기제품보증부채로 계상한 금액은 20,000,000원이고, 당일 제품의 하자보증에 따른 비용으로 5,000,000원이 당좌수표로 지출되었다.

9월 23일 생산직 사원인 홍길동이 퇴사하여 퇴직금 6,000,000원 중 퇴직소득세 및 지방소득세 합계액 110,000원을 원천징수하고, 나머지 잔액을 보통예금에서 지급하였다(퇴직일 현재 장부상 퇴직급여충당부채 계정 잔액은 4,000,000원이다).

9월 24일 전기분 이익잉여금처분계산서대로 주주총회에서 확정(2월 26일)된 배당액을 당일 지급하였다. 원천징수세액 1,540,000원을 제외한 8,460,000원을 현금으로 지급하였고, 주식배당 5,000,000원은 주식을 발행(액면발행)하여 교부하였다.

9월 일반전표입력 답안

일자	차변	금액	대변	금액
9월 1일	(차) 원재료	30,000	(대) 보통예금	30,000
9월 2일	(차) 기부금	800,000	(대) 제품 [적요 : ❽타계정으로 대체]	800,000
9월 3일	(차) 복리후생비(제)	100,000	(대) 제품 [적요 : ❽타계정으로 대체]	100,000
9월 4일	(차) 수선비(제)	700,000	(대) 원재료 [적요 : ❽타계정으로 대체]	700,000
9월 5일	(차) 접대비(판)	1,000,000	(대) 원재료 [적요 : ❽타계정으로 대체]	1,000,000
	*미가공식료품은 면세이므로 간주공급(사업상 증여)으로 부가세가 과세되지 않는다.			
9월 6일	(차) 감가상각누계액 [203]	25,000,000	(대) 전기오류수정이익 [370]	25,000,000
	*중대한 오류이므로 자본계정 전기오류수정이익으로 분개한다.			
9월 7일	(차) 보통예금	300,000	(대) 전기오류수정이익 [912]	300,000
9월 8일	(차) 전기오류수정손실 [962]	450,000	(대) 가지급금	450,000
9월 9일	(차) 당좌예금 매출할인 [406]	4,753,000 97,000	(대) 외상매출금 [노성무역]	4,850,000
9월 10일	(차) 외상매입금 [(주)대한]	500,000	(대) 매입환출및에누리 [147]	500,000
9월 11일	(차) 선급금 [(주)현대상사]	1,000,000	(대) 지급어음 [(주)현대상사]	1,000,000
9월 12일	(차) 보통예금	5,500,000	(대) 자본금 주식발행초과금 현 금	5,000,000 400,000 100,000
9월 13일	(차) 보통예금 주식발행초과금 주식할인발행차금	45,000,000 400,000 6,100,000	(대) 자본금 현 금	50,000,000 1,500,000
9월 14일	(차) 현 금 자기주식처분이익 자기주식처분손실	18,000,000 300,000 1,700,000	(대) 자기주식	20,000,000

날짜	차변	금액	대변	금액
9월 15일	(차) 자기주식	800,000	(대) 현 금	800,000
9월 16일	(차) 보통예금	700,000	(대) 자기주식	800,000
	자기주식처분손실	100,000		
9월 17일	(차) 자본금	10,000,000	(대) 현 금	8,000,000
			감자차익	2,000,000
9월 18일	(차) 기타자본잉여금	20,000,000	(대) 자본금	20,000,000
9월 19일	(차) 사 채	50,000,000	(대) 사채할인발행차금	3,500,000
	사채상환손실	5,500,000	보통예금	52,000,000
9월 20일	(차) 보통예금	10,200,000	(대) 사 채	10,000,000
			사채할증발행차금	200,000
9월 21일	(차) 보통예금	12,000,000	(대) 사 채	10,000,000
	사채할인발행차금	500,000	현 금	2,500,000
9월 22일	(차) 장기제품보증부채	5,000,000	(대) 당좌예금	5,000,000
9월 23일	(차) 퇴직급여충당부채	4,000,000	(대) 예수금	110,000
	퇴직급여(제)	2,000,000	보통예금	5,890,000
9월 24일	(차) 미지급배당금	10,000,000	(대) 예수금	1,540,000
	미교부주식배당금	5,000,000	현 금	8,460,000
			자본금	5,000,000

결산프로세스

결산작업에는 [일반전표입력] 메뉴에 직접 결산정리분개를 입력하는 수동결산방법과 프로그램상의 필요한 자료를 [결산자료입력] 메뉴에 입력하여 결산정리분개가 자동으로 이루어져 일반전표에 추가되는 자동결산방법이 있다.

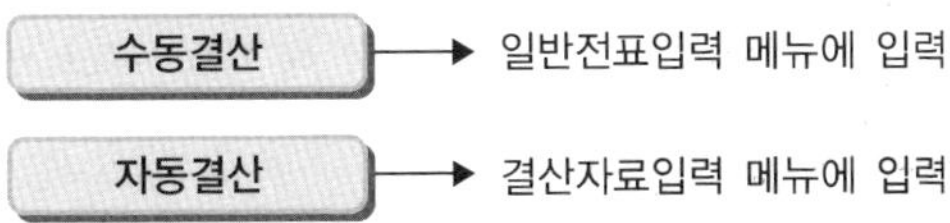

01 수동결산

수동결산은 결산시점(12월 31일)에 일반전표에 직접 분개하여 결산수행을 하는 방법이다.

1 비용의 이연 : 선급비용

선급비용(자산)은 비용이 당기에 지출되었으나 그 비용의 귀속시기가 차기 이후에 이루어지는 것을 말한다. 선급비용은 비용화하지 않고 이연되는 자산계정으로 올바른 기간손익을 산정하려면 그 부분의 비용을 당기의 비용 항목에서 공제하여 차기로 이연시켜야 한다.

기중 : 비용으로 처리	(차) 비 용	×××	(대) 현 금	×××
기말 : 미경과분 자산 대체	(차) 선급비용	×××	(대) 비 용	×××
기중 : 자산으로 처리	(차) 선급비용	×××	(대) 현 금	×××
기말 : 경과분 비용 대체	(차) 비 용	×××	(대) 선급비용	×××

2 수익의 이연 : 선수수익

선수수익(부채)은 수익이 당기에 입금되었으나 그 수익의 귀속시기가 차기 이후에 이루어지는 것을 말한다. 선수수익은 수익을 인식하지 못하고 이연되는 부채계정으로 올바른 기간손익을 산정하려면 그 부분의 수익을 당기의 수익 항목에서 공제하여 차기로 이연시켜야 한다.

기중 : 수익으로 처리	(차) 현 금	×××	(대) 수 익	×××
기말 : 미경과분 부채 대체	(차) 수 익	×××	(대) 선수수익	×××
기중 : 부채로 처리	(차) 현 금	×××	(대) 선수수익	×××
기말 : 경과분 수익 대체	(차) 선수수익	×××	(대) 수 익	×××

3 비용의 발생 : 미지급비용

미지급비용(부채)은 이미 제공된 용역에 대하여 아직 그 대가를 지급하지 못한 것을 말한다. 결산시점에 당기비용으로 발생은 되었으나 지급기일이 도래하지 않은 경우에 대해서 정리분개를 한다.

기말 : 경과된 비용 인식	(차) 비 용	×××	(대) 미지급비용	×××

4 수익의 발생 : 미수수익

미수수익(자산)은 기간이 경과함에 따라 당기에 발생된 수익이 회수기한이 당기 이후에 도래하는 것을 처리하는 것이다. 결산일 현재까지 인식해야 되는 수익에 대한 정리분개를 한다.

기말 : 경과된 수익 인식	(차) 미수수익	×××	(대) 수 익	×××

5 소모품의 미사용액 결산정리

결산일 현재 미사용한 소모품은 자산으로 대체하고, 사용한 소모품은 비용으로 대체한다.

기중 : 비용으로 처리	(차) 소모품비	×××	(대) 현 금	×××
기말 : 미사용분 인식	(차) 소모품	×××	(대) 소모품비	×××
기중 : 자산으로 처리	(차) 소모품	×××	(대) 현 금	×××
기말 : 사용분 인식	(차) 소모품비	×××	(대) 소모품	×××

6 유가증권(단기매매증권, 매도가능증권) 기말 공정가치 평가

결산일 현재 보유하고 있는 유가증권의 장부가액을 공정가치로 평가한다. 단기매매증권의 평가는 당기손익으로 인식하지만 매도가능증권의 평가손익은 기타포괄손익누계액으로 인식한다. 또한 매도가능증권의 평가는 평가손익의 잔액이 있는 경우 우선상계를 하여야 한다.

장부가액 > 공정가치	(차) 단기매매증권평가손실	××	(대) 단기매매증권	××
장부가액 < 공정가치	(차) 단기매매증권	××	(대) 단기매매증권평가이익	××

7 현금과부족의 잔액 정리

결산일 현재 현금과부족 임시계정의 잔액이 있는 경우 원인을 파악하여 이에 대한 정리분개를 하여야 한다. 원인을 알 수 없는 경우에는 잡이익 또는 잡손실로 대체한다.

현금과부족 잔액이 차변에 있을 때	(차) 잡손실	××	(대) 현금과부족	××
현금과부족 잔액이 대변에 있을 때	(차) 현금과부족	××	(대) 잡이익	××

8 가지급금과 가수금의 가계정 정리

결산일 현재 미결산계정인 가지급금과 가수금은 원인을 파악하여 정리하여야 한다.

가지급금 원인 파악	(차) 원인파악 계정	×××	(대) 가지급금	×××
가수금 원인 파악	(차) 가수금	×××	(대) 원인파악 계정	×××

9 부가세예수금과 부가세대급금 정리

납부세액 발생 시	(차) 부가세예수금	×××	(대) 부가세대급금 미지급세금	××× ×××
환급세액 발생 시	(차) 부가세예수금 미수금	××× ×××	(대) 부가세대급금	×××

10 장기차입금의 유동성대체

장기부채 내년 만기도래	(차) 장기차입금	×××	(대) 유동성장기부채	×××
유동부채 만기 연장	(차) 유동성장기부채	×××	(대) 장기차입금	×××

11 외화채권, 외화채무의 기말환율변동 평가

결산일 현재 외화로 보유하고 있는 채권, 채무의 장부상 원화금액을 결산일 현재 환율로 평가한 원화금액으로 평가한다.

환율 상승(외화채권)	(차) (외화)채권	×××	(대) 외화환산이익	×××
환율 상승(외화채무)	(차) 외화환산손실	×××	(대) (외화)채무	×××
환율 하락(외화채권)	(차) 외화환산손실	×××	(대) (외화)채권	×××
환율 하락(외화채무)	(차) (외화)채무	×××	(대) 외화환산이익	×××

12 재고자산의 비정상적인 손실 및 타계정으로 대체액

재고자산 비정상적손실	(차) 재고자산감모손실	×××	(대) 재고자산 [적요 : ⑧타계정대체]	×××

13 대손충당금 보충 설정 시 환입

(기말채권잔액 × 대손율) < 기말대손충당금잔액 = 대손충당금 환입(−)

설정액 (−) 환입인 경우	(차) 대손충당금(차감)	×××	(대) 대손충당금환입	×××

14 예금의 마이너스 잔액을 부채계정으로 정리

결산일 현재 보유 중인 예금 중 마이너스 잔액이 있는 경우 부채계정으로 대체한다.

보통예금 마이너스 잔액	(차) 보통예금	×××	(대) 단기차입금	×××

15 사채할인(할증)발행차금의 이자비용으로 상각

사채 발행 시 할인 또는 할증발행차금 잔액은 당기 기간경과분에 대해 유효이자율법에 의해 이자비용으로 상각해야 한다.

- 사채액면가액 × 액면이자율 = 이자비용 현금지급액
- 사채발행가액 × 시장이자율 = 이자비용 당기발생액
- 이자비용 당기발생액 − 이자비용 현금지급액 = 사채할인(할증)발행차금 상각액

구분	차변	금액	대변	금액
사채할인발행차금 상각	(차) 이자비용	×××	(대) 사채할인발행차금 현금 등	××× ×××
사채할증발행차금 상각	(차) 이자비용 사채할증발행차금	××× ×××	(대) 현금 등	×××

16 유형자산 재평가모형

유형자산의 재평가모형은 공정가액이 장부가액보다 상승하면 재평가잉여금(기타포괄손익누계액)으로 처리하며, 공정가액이 장부가액보다 하락하면 재평가손실(당기손익)로 처리한다. 이후 후속평가는 관련 계정을 우선상계하고 초과분에 대해 재평가잉여금 또는 재평가손실로 처리한다.

구분	차변	금액	대변	금액
최초평가 : 장부가액 < 공정가액	(차) 토지 등	×××	(대) 재평가잉여금(B/S)	×××
최초평가 : 장부가액 > 공정가액	(차) 재평가손실(I/S)	×××	(대) 토지 등	×××

02 자동결산

자동결산은 [일반전표입력] 메뉴에 전표입력을 하지 않고 [결산자료입력] 메뉴에 결산 반영할 금액을 입력하고 F3 전표추가 하면 일반전표에 분개가 자동으로 생성되는 결산수행방법이다.

1 기말재고자산의 마감 및 매출원가 대체

2 채권(매출채권, 기타채권)의 대손충당금 보충액 설정

3 유형자산 감가상각비 계상

4 무형자산 상각비 계상

5 퇴직급여충당부채 보충액 설정

6 법인세등 계상

<table>
<tr><th>입력메뉴 항목</th><th>입력방법</th></tr>
<tr><td>결산자료입력 상단메뉴</td><td>기간은 1월부터 12월까지 조회한다.
결산자료입력
종료 인쇄 조회 [0500] (주)시온전자 109-81-12345 법인 5기 2022-01-01~2022-12-31
F3 전표추가 F4 원가설정 CF4 대손설정 CF5 결산분개삭제 F6 잔액조회 F7 감가상각 F8 대손상각 CF8 퇴직충당
기 간 2022 년 01 월 ~ 2022 년 12 월</td></tr>
<tr><td>F3 전표추가</td><td>[결산자료입력] 메뉴에 결산반영금액을 모두 입력한 후 최종 F3 전표추가 키를 클릭하면 결산분개가 일반전표에 자동생성되는 기능이다. F3 전표추가 는 마지막에 실행한다.
결산분개를 일반전표에 추가하시겠습니까?
예(Y) 아니오(N)</td></tr>
<tr><td>F4 원가설정</td><td>기업의 업종별 원가코드를 설정하는 것이다. 제품매출원가로 기본설정되어 있다.
F3 전표추가 F4 원가설정 CF4 대손설정 CF5 결산분개삭제 F6 잔액조회 F7 감가상각 F8 대손상각 CF8 퇴직충당
기 간 2022 년 01 월 ~ 2022 년 12 월
± 코드 과 목 결산분개금액 결산전금액 결산반영금액 결산후금액
매출원가 및 경비선택
<table>
<tr><th>사용여부</th><th colspan="2">매출원가코드 및 계정과목</th><th colspan="2">원가경비</th><th>화면</th></tr>
<tr><td>여</td><td>0455</td><td>제품매출원가</td><td>1</td><td>0500번대</td><td>제조</td></tr>
<tr><td>부</td><td>0452</td><td>도급공사매출원가</td><td>2</td><td>0600번대</td><td>도급</td></tr>
<tr><td>부</td><td>0457</td><td>보관매출원가</td><td>3</td><td>0650번대</td><td>보관</td></tr>
<tr><td>부</td><td>0453</td><td>분양공사매출원가</td><td>4</td><td>0700번대</td><td>분양</td></tr>
<tr><td>부</td><td>0458</td><td>운송매출원가</td><td>5</td><td>0750번대</td><td>운송</td></tr>
</table>
[참고사항]
1.편집(tab)을 선택하면 사용여부를 1.여 또는 0.부로 변경하실 수 있습니다.
2.사용여부를 1.여로 입력 되어야만 매출원가코드를 변경하실 수 있습니다.
(편집(tab)을 클릭하신 후에 변경하세요)
3.사용여부가 1.여인 매출원가코드가 중복 입력되어 있는 경우 본 화면에 입력하실 수 없습니다.
확인(Enter) 편집(Tab) 자동설정(F3) 취소(Esc)</td></tr>
<tr><td>CF5 결산분개삭제</td><td>자동결산을 수행하여 자동생성된 일반전표를 일괄삭제하는 기능키이다.</td></tr>
<tr><td>F6 잔액조회</td><td>계정과목의 잔액을 해당 메뉴에서 바로 확인할 수 있는 기능키이다.</td></tr>
<tr><td>F7 감가상각</td><td>[고정자산등록]을 입력한 경우 당기상각비를 해당 자산별로 자동으로 반영할 수 있도록 하는 기능키이다.
☞ 실제 시험에서 수행하는 경우가 거의 없다.
감가상각
<table>
<tr><th>코드</th><th>계정과목명</th><th>경비구분</th><th>고정자산등록 감가상각비</th><th>감가상각비 감가상각비X(조회기간월수/내용월수)</th><th>결산반영금액</th></tr>
<tr><td>021200</td><td>비품</td><td>제조</td><td>1,804,000</td><td>1,804,000</td><td>1,804,000</td></tr>
<tr><td>021200</td><td>비품</td><td>판관</td><td>800,000</td><td>800,000</td><td>800,000</td></tr>
<tr><td></td><td>감가상각비(제조)합계</td><td></td><td>1,804,000</td><td>1,804,000</td><td>1,804,000</td></tr>
<tr><td></td><td>감가상각비(판관)합계</td><td></td><td>800,000</td><td>800,000</td><td>800,000</td></tr>
</table></td></tr>
<tr><td>F8 대손상각</td><td>대손충당금(보충법)을 설정할 수 있도록 채권 잔액과 대손충당금 잔액이 자동으로 반영된다. 상단 대손율을 입력하면 자동으로 보충설정액이 계산된다. 또한 해당 금액을 '결산반영'할 수 있다.
☞ 실제 시험에서 가장 많이 활용한다.
• 계산식 : (채권 잔액 × 대손율) − 설정전 대손충당금 잔액 = 대손충당금 설정액(결산반영)
대손율(%) 2.00
<table>
<tr><th rowspan="2">코드</th><th rowspan="2">계정과목명</th><th rowspan="2">금액</th><th colspan="3">설정전 충당금 잔액</th><th rowspan="2">추가설정액(결산반영) [(금액x대손율)-설정전충당금잔액]</th><th rowspan="2">유형</th></tr>
<tr><th>코드</th><th>계정과목명</th><th>금액</th></tr>
<tr><td>0108</td><td>외상매출금</td><td>367,500,000</td><td>0109</td><td>대손충당금</td><td>1,500,000</td><td>5,850,000</td><td>판관</td></tr>
<tr><td>0110</td><td>받을어음</td><td>57,320,000</td><td>0111</td><td>대손충당금</td><td>1,300,000</td><td>-153,600</td><td>판관</td></tr>
<tr><td>0114</td><td>단기대여금</td><td>216,965,000</td><td>0115</td><td>대손충당금</td><td>800,000</td><td>1,369,650</td><td>영업외</td></tr>
<tr><td>0116</td><td>미수수익</td><td>2,000,000</td><td>0117</td><td>대손충당금</td><td></td><td></td><td>영업외</td></tr>
<tr><td>0120</td><td>미수금</td><td>22,200,000</td><td>0121</td><td>대손충당금</td><td></td><td></td><td>영업외</td></tr>
<tr><td>0131</td><td>선급금</td><td>50,000,000</td><td>0132</td><td>대손충당금</td><td></td><td></td><td>영업외</td></tr>
<tr><td></td><td>대손상각비 합계</td><td></td><td></td><td></td><td></td><td>5,696,400</td><td>판관</td></tr>
<tr><td></td><td>기타의 대손상각비</td><td></td><td></td><td></td><td></td><td>1,369,650</td><td>영업외</td></tr>
</table>
새로불러오기 결산반영 취소(Esc)</td></tr>
</table>

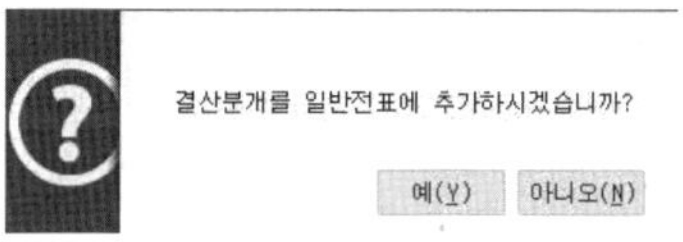

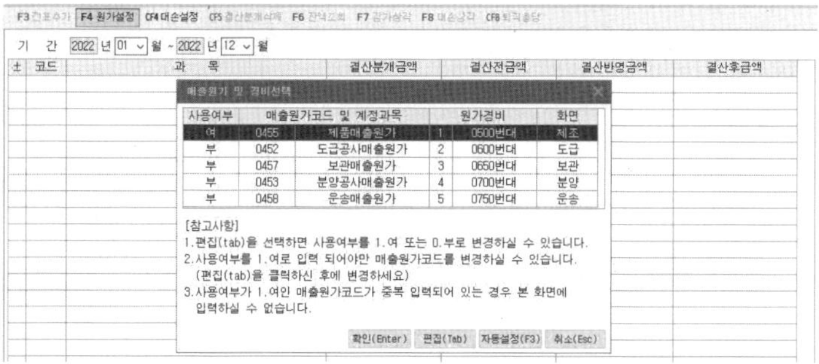

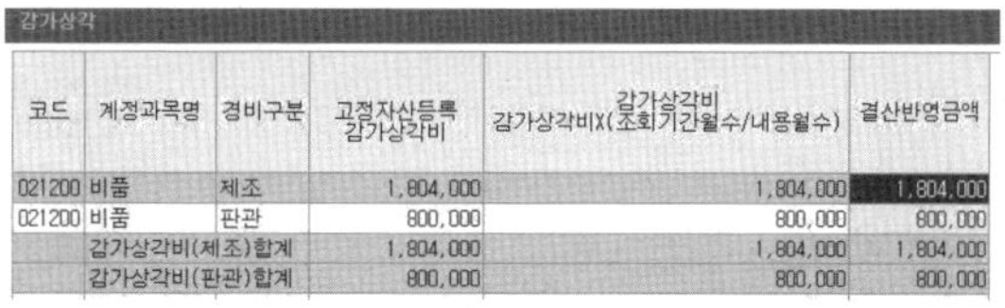

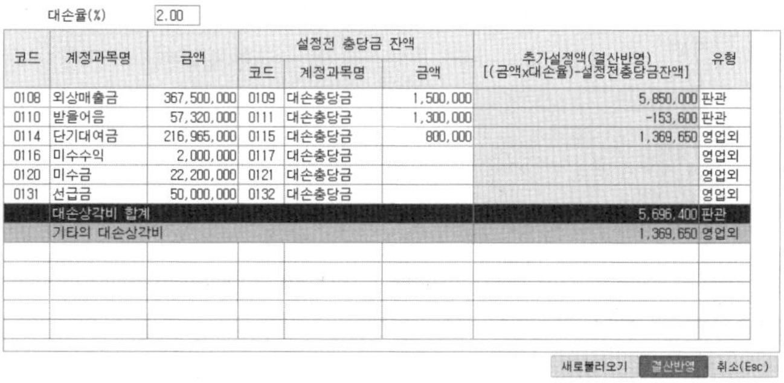

CF8 퇴직충당

퇴직급여충당부채(보충법)의 설정액을 결산에 자동 반영 시 사용한다.

• 계산식 : 퇴직급여추계액 - 설정전 퇴직급여충당금 잔액 = 퇴직급여보충설정액(결산반영)

퇴직충당부채

코드	계정과목명	퇴직급여추계액	설정전 잔액				추가설정액(결산반영) (퇴직급여추계액-설정전잔액)	유형
			기초금액	당기증가	당기감소	잔액		
0508	퇴직급여	100,000,000	30,000,000			30,000,000	70,000,000	제조
0806	퇴직급여	80,000,000	20,000,000			20,000,000	60,000,000	판관

자동결산의 특징은 차변과 대변의 계정과목은 매년 동일하고 금액만 매년 다르다는 것이다. 자동결산은 [결산자료입력] 메뉴에 해당 금액을 해당 란에 입하면 차대변의 계정과목은 이미 결정되어 있으므로 F3 전표추가 를 통해 결산수정분개가 일반전표에 자동으로 생성된다.

[결산자료입력]

기 간 2022 년 01 월 ~ 2022 년 12 월

±	코드	과 목	결산분개금액	결산전금액	결산반영금액	결산후금액
		1. 매출액		1,183,444,559		1,183,444,559
	0401	상품매출		118,358,184		118,358,184
	0404	제품매출		1,065,086,375		1,065,086,375
		2. 매출원가		782,039,595		782,039,595
	0455	제품매출원가				782,039,595
		1)원재료비		627,403,545		627,403,545
	0501	원재료비		627,403,545		627,403,545
	0153	① 기초 원재료 재고액		15,000,000		15,000,000
	0153	② 당기 원재료 매입액		612,733,545		612,733,545
	0153	⑥ 타계정으로 대체액		330,000		330,000
	0153	⑩ 기말 원재료 재고액		금액입력 →		
		3)노 무 비		54,220,000		54,220,000
		1). 임금 외		54,220,000		54,220,000
	0504	임금		54,220,000		54,220,000
	0508	2). 퇴직급여(전입액)		금액입력(제조원가) →		
	0550	3). 퇴직연금충당금전입액				
		7)경 비		72,766,050		72,766,050
		1). 복리후생비 외		72,766,050		72,766,050
	0511	복리후생비		4,521,600		4,521,600
	0512	여비교통비		899,150		899,150
	0536	잡비		155,000		155,000
	0518	2). 일반감가상각비				
	0202	건물				
	0206	기계장치		금액입력(제조원가) →		
	0208	차량운반구				
	0212	비품				
	0455	8)당기 총제조비용		754,389,595		754,389,595
	0169	① 기초 재공품 재고액		5,000,000		5,000,000
	0169	⑩ 기말 재공품 재고액		금액입력 →		
	0150	9)당기완성품제조원가		759,389,595		759,389,595
	0150	① 기초 제품 재고액		22,650,000		22,650,000
	0150	⑩ 기말 제품 재고액		금액입력 →		
		3. 매출총이익		401,404,964		401,404,964
		4. 판매비와 일반관리비		113,553,150		113,553,150
		1). 급여 외		68,200,000		68,200,000
	0801	급여		68,200,000		68,200,000
	0806	2). 퇴직급여(전입액)		금액입력(판관비) →		
	0850	3). 퇴직연금충당금전입액				
	0818	4). 감가상각비				
	0202	건물				
	0206	기계장치		금액입력(판관비) →		
	0208	차량운반구				
	0212	비품				
	0835	5). 대손상각				
	0108	외상매출금		금액입력		
	0110	받을어음		or 기능키 →		
	0840	6). 무형자산상각비				
	0219	특허권		금액입력 →		
		7). 기타비용		45,353,150		45,353,150
	0811	복리후생비		5,742,700		5,742,700
	0833	광고선전비		3,000,000		3,000,000
		5. 영업이익		287,851,814		287,851,814

		6. 영업외 수익		16,860,000		16,860,000
		1). 이자수익		60,000		60,000
	0901	이자수익		60,000		60,000
+	0924	2). 준비금 환입				
		3). 기타영업외수익		16,800,000		16,800,000
	0904	임대료		16,800,000		16,800,000
		7. 영업외 비용		4,260,000		4,260,000
		1). 이자비용		1,160,000		1,160,000
	0951	이자비용		1,160,000		1,160,000
	0954	2). 기타의대손상각				
	0114	단기대여금		금액입력 →		
	0120	미수금		or 기능키		
	0131	선급금				
+	0972	3). 준비금 전입				
		8. 법인세차감전이익		300,451,814		300,451,814
	0998	9. 법인세등				
	0136	1). 선납세금		3,009,240		
	0998	2). 추가계상액		금액입력 →		
		10. 당기순이익		300,451,814		300,451,814
		11. 주당이익				

1. 기말재고자산의 마감 및 매출원가 대체

기말원재료재고액 입력	(차) 재공품	×××	(대) 원재료	×××
기말재공품재고액 입력	(차) 제 품	×××	(대) 재공품	×××
기말제품재고액 입력	(차) 제품매출원가	×××	(대) 제 품	×××

2. 채권의 대손충당금 보충액 설정

매출채권 보충액 입력	(차) 대손상각비	×××	(대) 대손충당금(차감)	×××
기타채권 보충액 입력	(차) 기타의대손상각비	×××	(대) 대손충당금(차감)	×××

3. 유형자산 감가상각비 설정

감가상각비 입력 (제조/판관)	(차) 감가상각비(제) 감가상각비(판)	××× ×××	(대) 감가상각누계액(차감) 감가상각누계액(차감)	××× ×××

4. 무형자산 상각비 설정

무형자산 상각비 입력	(차) 무형자산상각비	×××	(대) 특허권 등	×××

5. 퇴직급여충당부채 보충액 설정

퇴직급여 보충액 입력 (제조/판관)	(차) 퇴직급여(제) 퇴직급여(판)	××× ×××	(대) 퇴직급여충당부채 퇴직급여충당부채	××× ×××

6. 법인세등 설정

법인세등 (선납세금, 미지급세금)	(차) 법인세등	×××	(대) 선납세금 미지급세금	××× ×××

03 고정자산등록 및 감가상각

고정자산은 감가상각대상자산인 유형자산과 무형자산을 의미한다. 고정자산은 감가상각이라는 절차에 의해 비용으로 배분되는데 감가상각비를 자산별로 직접 계산하여 결산에 반영하는 번거로움을 줄이기 위해 [고정자산등록] 메뉴를 활용한다. [고정자산등록] 메뉴에 자산별로 감가상각의 요소를 입력하면 당기 감가상각비가 자동으로 계산되고 해당 금액은 [결산자료입력] 메뉴에 반영되어 결산수행을 쉽게 할 수 있다.

입력메뉴 항목	입력방법
자산계정과목	등록하고자 하는 유형/무형자산의 계정과목을 조회하여 입력한다.
자산코드/명	사용자가 직접 자산코드와 비품의 구체적인 자산명을 입력한다.
취득년월일	자산의 취득연월일을 입력한다.
상각방법	정률법은 1번, 정액법은 2번을 선택한다. 단, 건물과 무형자산은 정액법으로만 설정된다.
1.기초가액	전기 이전에 취득한 유형자산은 '취득원가'를 입력한다(간접법에 의한 상각). 전기 이전에 취득한 무형자산은 '장부가액'을 입력한다(직접법에 의한 상각). 단, 당기 중에 취득한 유·무형자산은 [4.당기중취득]란에 입력하여야 한다.
2.전기말상각누계액	전년도 결산시점 감가상각누계액을 입력한다.
3.전기말장부가액	유형자산 : 기초가액에서 전기말상각누계액을 차감한 잔액이 자동계산된다. 무형자산 : 기초가액이 자동계산된다. 단, 전기말상각누계액은 차감되지 않음
4.당기중취득및증가	당기에 신규 취득한 자산의 취득원가 또는 자본적 지출액을 입력한다.
5 ~ 9란	법인세 세무조정과 관련된 메뉴이므로 생략한다.
10.상각대상금액	유형자산 : 기초가액 - 전기말상각누계액 = 상각대상금액(미상각잔액) 무형자산 : 기초가액 + 전기말상각누계액 = 상각대상금액(취득원가)
11.내용연수/상각률(월수)	감가상각의 요소인 내용연수를 입력하면 상각률은 자동 계산된다. 기중에 취득 시 월할상각을 위한 취득월을 포함하여 월수가 자동 계산된다.
12.상각범위액	감가상각요소를 적용하여 계산된 당기 감가상각비가 자동 계산된다.
13.회사계상액	12.상각범위액을 결산에 반영할 수도 있고, [사용자수정]을 클릭하여 회사가 계상하고자 하는 감가상각비를 직접 수정할 수도 있다.
14.경비구분	감가상각 자산의 경비를 제조원가(500번대)와 판관비(800번대)를 구분한다. 14.경비구분 / 1. 500번대(제 조) 2. 600번대(도 급) 3. 650번대(보 관) 4. 700번대(분 양) 5. 750번대(운 송) 6. 800번대(판관비) / 6.800번대/판관비 15.당기말감가상각누계액 1,000,000 16.당기말장부가액 4,000,000 17.당기의제상각비 18.전체양도일자 ____-__-__
15.당기말감가상각누계액	전기말상각누계액 + 당기감가상각비 = 당기말감가상각누계액
16.당기말장부가액	기초가액 - 당기말감가상각누계액 = 당기말장부가액
18.양도일자, 19.폐기일자	연도 중에 양도하거나 폐기하는 경우 해당 일자를 입력한다.

(주)일반상사 (회사코드 : 5001)

✓ 회사변경 후 실무수행 연습하기

과 목	코 드	자산명	취득일자	취득가액	전기말상각누계액	상각방법	내용연수	부 서
건 물	200	공장건물	2021.01.15	200,000,000	10,000,000	정액법	20년	생산부
기계장치	300	절단기	2022.04.20	15,000,000	–	정률법	6년	생산부
차량운반구	170	화물차	2021.10.05	20,000,000	1,000,000	정액법	5년	생산부
개발비	280	개발비	2021.01.18	10,000,000	2,000,000	정액법	5년	관리부

건물 감가상각비 10,000,000원(제)

자산계정과목 0202 건물

□	자산코드/명	취득년월일	상각방법
□	000200 공장건물	2021-01-15	정액법

기본등록사항 | 추가등록사항

1.기초가액	200,000,000
2.전기말상각누계액(-)	10,000,000
3.전기말장부가액	190,000,000
4.당기중 취득 및 당기증가(+)	
5.당기감소(일부양도·매각·폐기)(-)	
전기말상각누계액(당기감소분)(+)	
6.전기말자본적지출액누계(+)(정액법만)	
7.당기자본적지출액(즉시상각분)(+)	
8.전기말부인누계액(+) (정률만 상각대상에 가산)	
9.전기말의제상각누계액(-)	
10.상각대상금액	200,000,000
11.내용연수/상각률(월수)	20 / 0.05 (12)
12.상각범위액(한도액)(10X상각율)	10,000,000
13.회사계상액(12)-(7)	10,000,000
14.경비구분	1.500번대/제조
15.당기말감가상각누계액	20,000,000
16.당기말장부가액	180,000,000

기계장치 감가상각비 4,432,500원(제)

자산계정과목 0206 기계장치

□	자산코드/명	취득년월일	상각방법
□	000300 절단기	2022-04-20	정률법

기본등록사항 | 추가등록사항

1.기초가액	
2.전기말상각누계액(-)	
3.전기말장부가액	
4.당기중 취득 및 당기증가(+)	15,000,000
5.당기감소(일부양도·매각·폐기)(-)	
전기말상각누계액(당기감소분)(+)	
6.전기말자본적지출액누계(+)(정액법만)	
7.당기자본적지출액(즉시상각분)(+)	
8.전기말부인누계액(+) (정률만 상각대상에 가산)	
9.전기말의제상각누계액(-)	
10.상각대상금액	15,000,000
11.내용연수/상각률(월수)	6 / 0.394 (9)
12.상각범위액(한도액)(10X상각율)	4,432,500
13.회사계상액(12)-(7)	4,432,500
14.경비구분	1.500번대/제조
15.당기말감가상각누계액	4,432,500
16.당기말장부가액	10,567,500

차량운반구 감가상각비 4,000,000원(제)

자산계정과목 0208 차량운반구

□	자산코드/명	취득년월일	상각방법
□	000170 화물차	2021-10-05	정액법

기본등록사항 | 추가등록사항

1.기초가액	20,000,000
2.전기말상각누계액(-)	1,000,000
3.전기말장부가액	19,000,000
4.당기중 취득 및 당기증가(+)	
5.당기감소(일부양도·매각·폐기)(-)	
전기말상각누계액(당기감소분)(+)	
6.전기말자본적지출액누계(+)(정액법만)	
7.당기자본적지출액(즉시상각분)(+)	
8.전기말부인누계액(+) (정률만 상각대상에 가산)	
9.전기말의제상각누계액(-)	
10.상각대상금액	20,000,000
11.내용연수/상각률(월수)	5 / 0.2 (12)
12.상각범위액(한도액)(10X상각율)	4,000,000
13.회사계상액(12)-(7)	4,000,000
14.경비구분	1.500번대/제조
15.당기말감가상각누계액	5,000,000
16.당기말장부가액	15,000,000

개발비 상각비 2,000,000원(판)

자산계정과목 0226 개발비

□	자산코드/명	취득년월일	상각방법
□	000280 개발비	2021-01-18	정액법

기본등록사항 | 추가등록사항

1.기초가액	8,000,000
2.전기말상각누계액(-)	2,000,000
3.전기말장부가액	8,000,000
4.당기중 취득 및 당기증가(+)	
5.당기감소(일부양도·매각·폐기)(-)	
전기말상각누계액(당기감소분)(+)	
6.전기말자본적지출액누계(+)(정액법만)	
7.당기자본적지출액(즉시상각분)(+)	
8.전기말부인누계액(+) (정률만 상각대상에 가산)	
9.전기말의제상각누계액(-)	
10.상각대상금액	10,000,000
11.내용연수/상각률(월수)	5 / 0.2 (12)
12.상각범위액(한도액)(10X상각율)	2,000,000
13.회사계상액(12)-(7)	2,000,000
14.경비구분	6.800번대/판관비
15.당기말감가상각누계액	2,000,000
16.당기말장부가액	6,000,000

*무형자산의 기초가액은 전기말장부가액을 입력, 전기말상각누계액을 입력하면 전기말장부가액은 기초가액과 동일하지만 상각대상금액은 무형자산의 취득원가로 계산되어진다.

〈참고〉

[고정자산등록] 메뉴에 입력한 유형자산, 무형자산의 감가상각비는 [결산자료입력] 메뉴 'F7감가상각'에 반영되어 자동결산작업을 수행할 수 있다. 단, 실제 기출문제는 해당 기능을 활용하는 문제는 거의 출제되지 않고 있다.

04 재무제표 마감

수동결산과 자동결산을 완료하면 다음의 순서로 재무제표를 마감한다. 전기분재무제표를 수정하는 실무수행프로세스와 마감순서는 동일하다.

이익잉여금처분계산서에서 F6 전표추가 를 하여 손익마감과 잉여금을 재무상태표에 반영한다.

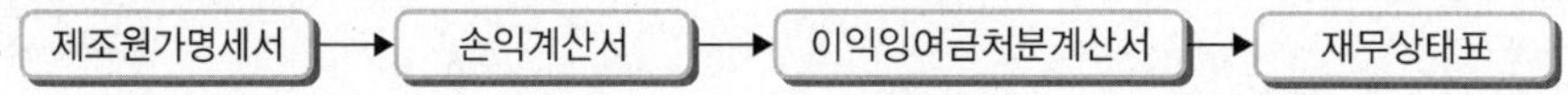

1 제조원가명세서 조회 : 당기제품제조원가 확인

2 손익계산서 조회 : 당기순이익 확인

3 이익잉여금처분계산서 조회 : 당기순이익이 제대로 반영되었는지 확인 후 상단 F6 전표추가 전표생성

F3 영어계정 F4 칸추가 F6 전표추가

당기처분예정일: 2023 년 2 월 25 일 전기처분확정일: 2022 년 2 월 25 일 < F4 삽입 >

과목	계정과목명		제 7(당)기 2022년01월01일~2022년12월31일 제 7기(당기) 금액		제 6(전)기 2021년01월01일~2021년12월31일 제 6기(전기) 금액	
I.미처분이익잉여금				449,038,255		125,000,000
1.전기이월미처분이익잉여금			125,000,000		37,900,000	
2.회계변경의 누적효과	0369	회계변경의누적효과				
3.전기오류수정이익	0370	전기오류수정이익				
4.전기오류수정손실	0371	전기오류수정손실				
5.중간배당금	0372	중간배당금				
6.당기순이익			324,038,255			
II.임의적립금 등의 이입액						
1.						
2.						
합계				449,038,255		125,000,000
III.이익잉여금처분액				57,000,000		
1.이익준비금	0351	이익준비금	2,000,000			
2.재무구조개선적립금	0354	재무구조개선적립금				
3.주식할인발행차금상각액	0381	주식할인발행차금				
4.배당금			50,000,000			
가.현금배당	0265	미지급배당금	20,000,000			
주당배당금(률)		보통주				
		우선주				
나.주식배당	0387	미교부주식배당금	30,000,000			
주당배당금(률)		보통주				
		우선주				
5.사업확장적립금	0356	사업확장적립금	5,000,000			
6.감채적립금	0357	감채적립금				
7.배당평균적립금	0358	배당평균적립금				
IV.차기이월미처분이익잉여금				392,038,255		125,000,000

일반전표에 35건 추가되었습니다.

확인

이익잉여금처분계산서

- 전기(2021년)에서 이월된 이월이익잉여금은 125,000,000원, 당기(2022년) 당기순이익은 324,038,255원이므로 당기에 재무상태표에 반영될 미처분이익잉여금의 합계는 449,038,255원이다.
- 2023년 2월 25일에 당기(2022년) 잉여금 처분결의일에 현금배당 20,000,000원, 이익준비금 2,000,000원(현금배당액의 10%), 주식배당 30,000,000원, 사업확장적립금 5,000,000원을 처분할 예정이다.

4 재무상태표 조회 : 미처분이익잉여금 확인과 대차일치 확인

05 결산수행 연습문제

(주)결산상사 (회사코드 : 5002) ✓ 회사변경 후 실무수행 연습하기

1. 당사는 8월 1일에 제조공장의 화재보험료(2022.8.1 ~ 2023.7.31) 1,200,000원을 현금으로 납부하면서 모두 자산계정으로 처리하였다. 결산일의 회계처리를 하시오(단, 보험료는 월할계산할 것).

2. 당사는 8월 1일에 임차인인 (주)최강상사로부터 6개월 동안의 임대료 3,600,000원(2022.8.1 ~ 2023.1.31)을 미리 받고, 임대료를 받은 날에 전액 임대료 계정(0904)으로 계상하였다(단, 월할계산하고 회계처리 시 음수로 입력하지 말 것).

3. 대출금에 대한 이자지급일은 매월 16일이다. 당해 연도분 미지급비용을 인식하여 회계처리하시오(거래처는 입력하지 않을 것).

   금리는 변동금리로 은행에 문의한 결과 2022년 12월 16일부터 2023년 1월 15일까지 지급되어야 할 이자는 2,500,000원이었으며, 이 중 2022년도 12월 31일까지의 발생이자는 1,300,000원이었다.

4. 다음 자료를 이용하여 정기예금에 대한 당기분 경과이자를 회계처리하시오(단, 월할계산할 것).

   - 예금금액 : 200,000,000원
   - 가입기간 : 2022.07.01. ~ 2023.06.30.
   - 연이자율 : 2%
   - 이자수령시점 : 만기일(2023.06.30.)에 일시불 수령

5. 당사는 4월 10일에 소모품 6,000,000원을 구입하고 소모품 계정과목으로 회계처리하였다. 기말에 소모품 잔액을 확인해보니 600,000원이 남아있다. 사용한 소모품 중 40%는 영업부서에서 사용하고 나머지는 생산부서에서 사용한 것으로 밝혀졌다(단, 회계처리 시 음수로 입력하지 말 것).

6. 회사가 단기간 내의 시세차익을 목적으로 보유한 유가증권의 내역은 다음과 같다. 제시된 자료 이외의 다른 유가증권은 없고, 당기 중에 처분은 없었다고 가정한다(당사는 일반기업회계기준에 근거하여 회계처리한다).

- 2021년 취득금액 : 12,000,000원
- 2021년 12월 31일 공정가치 : 13,000,000원
- 2022년 12월 31일 공정가치 : 12,500,000원

7. 당기 말 현재 보유하고 있는 매도가능증권(투자자산)에 대한 내역은 다음과 같다. 기말 매도가능증권 평가에 대한 회계처리를 하시오(단, 제시된 자료만 고려하며 하나의 전표로 입력할 것).

회사명	2021년 취득가액	2021년 기말 공정가액	2022년 기말 공정가액
(주)마인드	25,000,000원	24,500,000원	26,000,000원

8. 당기 중 실제 현금보다 장부상 현금이 100,000원 과다하여 현금과부족으로 처리했던 금액이 결산일 현재까지 원인을 찾지 못했다.

9. 결산일 현재 가수금 3,000,000원의 내역이 다음과 같이 확인되었다.

- (주)대일기전에 대한 거래로 제품매출을 위한 계약금을 받은 금액 : 500,000원
- (주)대일기전에 대한 외상대금 중 일부를 회수한 금액 : 2,500,000원

10. 다음 2기 확정 부가가치세 신고서의 다음 내용을 참조하여 부가세대급금과 부가세예수금을 정리한다. 단, 환급 또는 납부세액 발생 시 미수금 또는 미지급세금 계정으로 회계처리하고, 전자신고세액공제 10,000원은 영업외수익 중 적절한 계정과목을 선택하여 반영한다.

구 분	금액(원)	세액(원)
과세표준 및 매출세액	398,730,000	36,020,000
매입세액	319,450,000	31,945,000
전자신고세액공제		10,000
차감납부할세액		4,065,000

11. 경도은행으로부터 차입한 장기차입금 중 56,000,000원은 2023년 6월 30일에 상환기일이 도래한다.

12. 전기에 유동성장기부채로 대체한 외환은행의 장기차입금 20,000,000원에 대하여 자금사정이 어려워 상환기간을 2년 연장하기로 계약하였다(단, 관련 회계처리 날짜는 결산일로 한다).

13. 작년에 노성무역에서 $15,000를 차입한 금액이 당기 말 현재 외화장기차입금으로 남아 있고 환율은 다음과 같다.

- 차입일 현재 환율 : 1,000원/$1
- 전기말 현재 환율 : 1,050원/$1
- 당기말 현재 환율 : 1,030원/$1

14. 당사는 국민은행으로부터 1년 갱신조건의 마이너스통장 대출을 받고 있다. 12월 31일 현재 통장 잔고는 (−)16,965,000원이다. 결산분개를 하시오(단, 음수(−) 회계처리하지 마시오).

15. 아래에 제시된 자료를 토대로 당초에 할인발행된 사채의 이자비용에 대한 회계처리를 하시오(단, 전표는 하나로 입력할 것).

- 2022년 귀속 사채의 액면이자는 300,000원으로 보통예금 이체함(이자지급일 : 12월 31일)
- 2022년 귀속 사채할인발행차금상각액은 150,254원이다.

16. 당사는 재평가모형에 따라 유형자산을 인식하고 있으며, 2022년 12월 31일자로 보유하고 있던 토지에 대한 감정평가를 시행한 결과 다음과 같이 평가액이 산출되어 유형자산재평가익(손)으로 처리하였다.

- 2022년 토지 취득가액 : 455,000,000원
- 2022년 12월 31일자 토지 감정평가액 : 600,000,000원

17. 기말 현재 매출채권 잔액의 2%와 단기대여금 잔액의 1%에 대하여 대손을 예상하고 대손충당금을 보충법으로 설정하기로 한다. 당기 중 대손처리된 금액은 없다.

18. 기말 현재 보유하고 있는 감가상각자산은 다음과 같다. 감가상각비와 관련된 회계처리를 하시오(단, 제시된 자료 이외에 감가상각자산은 없다고 가정하고, 월할상각할 것).

- 자산종류 : 차량운반구
- 취득가액 : 30,000,000원
- 취득일 : 2021년 7월 1일
- 내용연수 : 5년
- 사용부서 : 영업부
- 전기말감가상각누계액 : 3,000,000원
- 감가상각방법 : 정액법
- 잔존가치는 없음

19. 기말 현재 퇴직급여추계액 및 퇴직급여충당부채를 설정하기 전 퇴직급여충당부채의 잔액은 다음과 같다. 퇴직급여충당부채는 퇴직급여추계액의 100%를 설정한다.

구 분	퇴직급여추계액	퇴직급여충당부채 잔액
생산직	40,000,000원	15,000,000원
사무직	20,000,000원	9,000,000원

20. 당사의 당기 무형자산에 대한 상각비는 아래와 같다. 다음의 무형자산상각비에 대하여 회계처리를 하시오(일반기업회계기준의 자산인식요건 및 상각기간 등 요건을 충족한다고 가정하고, 판매비와관리비로 처리하며, 직접법을 사용하고 상각누계액을 사용하지 말 것).

- 특허권 상각비 : 7,000,000원
- 개발비 상각비 : 6,000,000원

21. 기말재고자산의 내역은 다음과 같다. 기말재고액 및 비정상감모손실과 관련한 결산사항을 입력하시오.

재고자산 내역	실사한 금액	장부상 금액	금액 차이 원인
원재료	4,500,000원	5,400,000원	비정상감모
재공품	6,000,000원	6,000,000원	
제 품	14,000,000원	15,000,000원	정상감모

22. 당기분 법인세 등은 33,000,000원(지방소득세 포함)이다. 회사는 법인세 중간예납세액과 은행에서 원천징수한 선납세금 4,087,000원이 있다.

23. 당기의 이익잉여금 처분은 다음과 같이 결의되었다.

- 당기처분 예정일 : 2023년 3월 15일
- 전기처분 확정일 : 2022년 2월 25일
- 현금배당 : 20,000,000원
- 주식배당 : 10,000,000원
- 이익준비금 : 현금배당액의 10%
- 사업확장적립금 : 5,000,000원

<1번 ~ 16번 수동결산> 일반전표입력 답안

1	12월 31일	(차) 보험료(제)	500,000	(대) 선급비용	500,000
2	12월 31일	(차) 임대료 904	600,000	(대) 선수수익	600,000
3	12월 31일	(차) 이자비용	1,300,000	(대) 미지급비용	1,300,000
4	12월 31일	(차) 미수수익	2,000,000	(대) 이자수익	2,000,000
5	12월 31일	(차) 소모품비(판) 소모품비(제)	2,160,000 3,240,000	(대) 소모품	5,400,000
		(6,000,000원 − 600,000원) × 40% = 2,160,000원(판관비) (6,000,000원 − 600,000원) × 60% = 3,240,000원(제조)			
6	12월 31일	(차) 단기매매증권평가손실	500,000	(대) 단기매매증권	500,000
7	12월 31일	(차) 매도가능증권 178	1,500,000	(대) 매도가능증권평가손실 매도가능증권평가이익	500,000 1,000,000
8	12월 31일	(차) 잡손실	100,000	(대) 현금과부족	100,000
9	12월 31일	(차) 가수금	3,000,000	(대) 선수금 [(주)대일기전] 외상매출금 [(주)대일기전]	500,000 2,500,000
10	12월 31일	(차) 부가세예수금	36,020,000	(대) 부가세대급금 잡이익 미지급세금	31,945,000 10,000 4,065,000
11	12월 31일	(차) 장기차입금 [경도은행]	56,000,000	(대) 유동성장기부채 [경도은행]	56,000,000
12	12월 31일	(차) 유동성장기부채 [외환은행]	20,000,000	(대) 장기차입금 [외환은행]	20,000,000
13	12월 31일	(차) 외화장기차입금 [노성무역]	300,000	(대) 외화환산이익	300,000
14	12월 31일	(차) 보통예금 [국민은행]	16,965,000	(대) 단기차입금 [국민은행]	16,965,000

15	12월 31일	(차) 이자비용	450,254	(대) 보통예금 사채할인발행차금	300,000 150,254
16	12월 31일	(차) 토 지	145,000,000	(대) 재평가자익 392	145,000,000

<17번 ~ 22번> 자동결산[결산자료입력], 수동결산[일반전표입력]

17. 수동결산 & 자동결산

[결산자료입력] → [F8]대손상각 → 매출채권은 2%로 설정, 기타채권은 1%를 각각 설정한다.

대손율(%) 2.00

코드	계정과목명	금액	설정전 충당금 잔액			추가설정액(결산반영) [(금액x대손율)-설정전충당금잔액]		유형
			코드	계정과목명	금액			
0108	외상매출금	367,500,000	0109	대손충당금	1,500,000		5,850,000	판관
0110	받을어음	57,320,000	0111	대손충당금	1,300,000		-153,600	판관
0114	단기대여금	216,965,000	0115	대손충당금	800,000	1% 설정하여 금액 수정	1,369,650	영업외
0116	미수수익	2,000,000	0117	대손충당금				영업외
0120	미수금	22,200,000	0121	대손충당금				영업외
0131	선급금	50,000,000	0132	대손충당금				영업외
	대손상각비 합계						5,696,400	판관
	기타의 대손상각비						1,369,650	영업외

① 수동결산 : 받을어음의 대손충당금 환입은 일반전표에 직접 입력한다.

일	번호	구분	코드	계정과목	차변	대변
31	00017	차변	0111	대손충당금	153,600	
31	00017	대변	0851	대손충당금환입		153,600

② 자동결산 : 결산자료를 반영하고 F3전표추가 하여 자동생성한다.

코드	과목			결산반영금액	결산후금액
0835	5). 대손상각			5,850,000	5,850,000
0108	외상매출금			5,850,000	5,850,000
0110	받을어음				
0954	2). 기타의대손상각			1,369,650	1,369,650
0114	단기대여금			1,369,650	1,369,650
0116	미수수익				

18. 자동결산 (단, 수동결산도 가능)

[결산자료입력] → 판관비 감가상각비(차량운반구) 란에 6,000,000원 입력 후 F3전표추가 하여 자동생성한다. 또는 [일반전표입력]에 직접 입력해도 된다.

- 차량운반구 감가상각비 : (30,000,000원 − 0원) ÷ 5년 = 6,000,000원

코드	과목			결산반영금액	결산후금액
0818	4). 감가상각비			6,000,000	6,000,000
0206	기계장치				
0208	차량운반구			6,000,000	6,000,000
0210	공구와기구				

19. 자동결산 (단, 수동결산도 가능)

[결산자료입력] → CF8퇴직충당 메뉴 → 퇴직금추계액을 입력하여 계산하거나, 퇴직급여(전입액)란에 보충설정액을 각각 입력 후 F3전표추가 하여 자동생성한다. 또는 [일반전표입력]에 직접 입력해도 된다.

퇴직충당부채

코드	계정과목명	퇴직급여추계액	설정전 잔액				추가설정액(결산반영) (퇴직급여추계액-설정전잔액)	유형
			기초금액	당기증가	당기감소	잔액		
0508	퇴직급여	40,000,000	15,000,000			15,000,000	25,000,000	제조
0806	퇴직급여	20,000,000	9,000,000			9,000,000	11,000,000	판관

• (제조원가)생산직 퇴직급여 보충설정액 : 40,000,000원 – 15,000,000원 = 25,000,000원
• (판관비)사무직 퇴직급여 보충설정액 : 20,000,000원 – 9,000,000원 = 11,000,000원

3)노 무 비		560,000,000	25,000,000	585,000,000
1). 임금 외		560,000,000		560,000,000
임금		360,000,000		360,000,000
상여금		200,000,000		200,000,000
2). 퇴직급여(전입액)			25,000,000	25,000,000

4. 판매비와 일반관리비		511,161,780	22,850,000	534,011,780
1). 급여 외		245,500,000		245,500,000
급여		185,500,000		185,500,000
상여금		60,000,000		60,000,000
2). 퇴직급여(전입액)			11,000,000	11,000,000

20. 자동결산 (단, 수동결산도 가능)

[결산자료입력] → 무형자산상각비란에 자산별로 각각 입력 후 F3전표추가 하여 자동생성한다. 또는 [일반전표입력]에 직접 입력해도 된다.

• 무형자산상각비 : 특허권 7,000,000원, 개발비 6,000,000원

6). 무형자산상각비			13,000,000	13,000,000
특허권			7,000,000	7,000,000
개발비			6,000,000	6,000,000

21. 수동결산 & 자동결산

비정상감모손실은 일반전표 직접 입력하고, 정상감모손실은 원가에 포함되므로 입력할 필요가 없다.

① 수동결산 : [일반전표입력]

(차) 재고자산감모손실 900,000원 (대) 원재료[적요 : ❽타계정으로 대체] 900,000원

31	00018	차변	0959	재고자산감모손실				900,000	
31	00018	대변	0153	원재료			8 타계정으로 대체액 원가명세		900,000

② 자동결산 : [결산자료입력] 해당 란에 재고자산 실제금액을 입력하고 F3전표추가 하여 자동생성한다.

• 원재료 4,500,000원, 재공품 6,000,000원, 제품 14,000,000원

1)원재료비		831,425,000		826,925,000
원재료비		831,425,000		826,925,000
① 기초 원재료 재고액		38,469,000		38,469,000
② 당기 원재료 매입액		793,856,000		793,856,000
⑥ 타계정으로 대체액		900,000		900,000
⑩ 기말 원재료 재고액			4,500,000	4,500,000

8)당기 총제조비용		1,719,286,950		1,739,786,950
① 기초 재공품 재고액		21,546,500		21,546,500
⑩ 기말 재공품 재고액			6,000,000	6,000,000
9)당기완성품제조원가		1,740,833,450		1,755,333,450
① 기초 제품 재고액		48,653,500		48,653,500
⑩ 기말 제품 재고액			14,000,000	14,000,000

22. 자동결산 (단, 수동결산도 가능)

[결산자료입력] → 9.법인세등란에 각각 입력 후 F3전표추가 하여 자동생성한다. 또는 [일반전표입력]에 직접 전표를 입력해도 된다.

1) 선납세금란에 입력 : 4,087,000원

2) 추가계상액란에 입력 : 28,913,000원 (33,000,000원 – 4,087,000원)

9. 법인세등			33,000,000	33,000,000
1). 선납세금		4,087,000	4,087,000	4,087,000
2). 추가계상액			28,913,000	28,913,000

17번 ~ 22번 자동결산 [결산자료입력] 이후 F3 전표추가 하여 일반전표입력 메뉴에 자동으로 전표생성 확인한다.

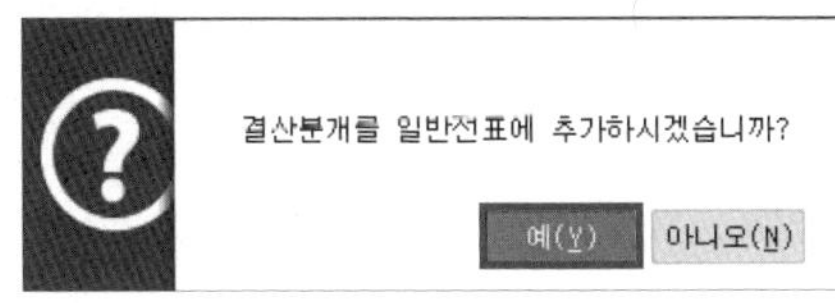
결산분개를 일반전표에 추가하시겠습니까?
예(Y)
아니오(N)

일	번호	구분	코드	계정과목	코드	거래처	코드	적요	차변	대변
31	00018	대변	0153	원재료			8	타계정으로 대체액 원가명세		900,000
31	00019	결차	0501	원재료비			1	원재료사용분 재료비대체	826,925,000	
31	00019	결대	0153	원재료			5	원재료비 대체		826,925,000
31	00020	결차	0169	재공품					826,925,000	
31	00020	결대	0501	원재료비			2	재료비 제조원가로 대체		826,925,000
31	00021	결차	0508	퇴직급여			1	퇴직충당금 당기분전입액	25,000,000	
31	00021	결대	0295	퇴직급여충당부채			7	퇴직급여충당부채당기설정액		25,000,000
31	00022	결차	0169	재공품					585,000,000	
31	00022	결대	0504	임금			8	제조원가로 대체		360,000,000
31	00022	결대	0505	상여금			8	제조원가로 대체		200,000,000
31	00022	결대	0508	퇴직급여			8	제조원가로 대체		25,000,000
31	00023	결차	0169	재공품					327,861,950	
31	00023	결대	0511	복리후생비			8	제조원가로 대체		46,205,450
31	00023	결대	0512	여비교통비			8	제조원가로 대체		23,750,000
31	00023	결대	0513	접대비			8	제조원가로대체		7,335,000
31	00023	결대	0515	가스수도료			8	제조원가로 대체		19,800,000
31	00023	결대	0521	보험료			8	제조원가로 대체		500,000
31	00023	결대	0524	운반비			8	제조원가로 대체		30,250,000
31	00023	결대	0530	소모품비			8	제조원가로 대체		7,521,500
31	00023	결대	0531	수수료비용			8	제조원가로 대체		27,500,000
31	00023	결대	0533	외주가공비			8	제조원가로 대체		165,000,000
31	00024	결차	0150	제품			1	제조원가 제품대체	1,755,333,450	
31	00024	결대	0169	재공품						1,755,333,450
31	00025	결차	0455	제품매출원가			1	제품매출원가 대체	1,789,986,950	
31	00025	결대	0150	제품						1,789,986,950
31	00026	결차	0806	퇴직급여			1	퇴직충당금 당기분전입액	11,000,000	
31	00026	결대	0295	퇴직급여충당부채			7	퇴직급여충당부채당기설정액		11,000,000
31	00027	결차	0818	감가상각비					6,000,000	
31	00027	결대	0209	감가상각누계액						6,000,000
31	00028	결차	0835	대손상각비					5,850,000	
31	00028	결대	0109	대손충당금						5,850,000
31	00029	결차	0840	무형자산상각비					13,000,000	
31	00029	결대	0219	특허권						7,000,000
31	00029	결대	0226	개발비						6,000,000
31	00030	결차	0954	기타의대손상각비					1,369,650	
31	00030	결대	0115	대손충당금						1,369,650
31	00031	결차	0998	법인세등					4,087,000	
31	00031	결대	0136	선납세금						4,087,000
31	00032	결차	0998	법인세등					28,913,000	
31	00032	결대	0261	미지급세금						28,913,000

23. 이익잉여금처분계산서 작성

22번 문제까지 결산을 수행한 뒤, F3 전표추가 하고 이익잉여금처분계산서를 조회한다.
문제에서 제시된 처분내역을 이익잉여금처분계산서에 직접 입력 한 후 상단 F6 전표추가 한다.
☞ 만약 저장된 데이터를 불러오시겠습니까? → [아니오] 선택

F3 영어계정 F4 칸추가 F6 전표추가

당기처분예정일: 2023 년 3 월 15 일 전기처분확정일: 2022 년 2 월 25 일

과목		계정과목명	제 10(당)기 2022년01월01일~2022년12월31일 제 10기(당기) 금액		제 9(전)기 2021년01월01일~2021년12월31일 제 9기(전기) 금액	
I.미처분이익잉여금				1,059,362,466		427,124,500
1.전기이월미처분이익잉여금			372,124,500		156,861,140	
2.회계변경의 누적효과	0369	회계변경의누적효과				
3.전기오류수정이익	0370	전기오류수정이익				
4.전기오류수정손실	0371	전기오류수정손실				
5.중간배당금	0372	중간배당금				
6.당기순이익			687,237,966			
II.임의적립금 등의 이입액						
1.						
2.						
합계				1,059,362,466		427,124,500
III.이익잉여금처분액				37,000,000		55,000,000
1.이익준비금	0351	이익준비금	2,000,000		5,000,000	
2.재무구조개선적립금	0354	재무구조개선적립금				
3.주식할인발행차금상각액	0381	주식할인발행차금				
4.배당금			30,000,000		50,000,000	
가.현금배당	0265	미지급배당금	20,000,000		50,000,000	
주당배당금(률)		보통주				
		우선주				
나.주식배당	0387	미교부주식배당금	10,000,000			
주당배당금(률)		보통주				
		우선주				
5.사업확장적립금	0356	사업확장적립금	5,000,000			
6.감채적립금	0357	감채적립금				
7.배당평균적립금	0358	배당평균적립금				
IV.차기이월미처분이익잉여금				1,022,362,466		372,124,500

입력

일반전표에 46건 추가되었습니다.

확인

상단 F6 전표추가 → [일반전표입력] 손익마감 분개가 자동으로 생성된다.

일	번호	구분	코드	계정과목	적요	차변	대변
31	00035	차변	0400	손익	당기순손익 잉여금에 대체	687,237,966	
31	00035	대변	0377	미처분이익잉여금	당기순이익 잉여금에 대체		687,237,966
31	00035	차변	0375	이월이익잉여금	처분전 이익잉여금에 대체	372,124,500	
31	00035	대변	0377	미처분이익잉여금	이월이익잉여금에서 대체		372,124,500
31	00036	대변	0375	이월이익잉여금	처분전 이익잉여금에 대체		1,059,362,466
31	00036	차변	0377	미처분이익잉여금	이월이익잉여금에서 대체	1,059,362,466	

빈출 실무수행문제

제2장 재무회계 실무

정답 및 해설 : p.42

(주)빈출상사A (회사코드 : 5003) ✓ 회사변경 후 실무수행 연습하기

01 일반전표입력

2월 17일 1월 15일에 자기주식 400주를 1,350,000원에 취득하였다. 이 중 300주를 주당 5,700원에 매각하고 대금은 전액 보통예금으로 입금받았다. 자기주식의 주당 액면가액은 5,400원이다.

3월 15일 미교부주식배당금 5,000,000원에 대하여 주식 1,000주를 액면가액(@5,000원)으로 발행하여 지급하다.

3월 29일 에이스전자(주)에 제품을 판매하고 받은 약속어음 2,200,000원이 거래처의 부도로 인하여 대손이 확정되었다. 받을어음에 대한 대손충당금이 기설정되어 있으며, 부가가치세법의 대손세액 공제는 고려하지 아니한다.

4월 12일 보유 중인 단기매매증권(취득가액 9,500,000원)을 (주)에스티앤에게 9,000,000원에 매각하고, 대금은 다음 달에 받기로 하였다.

7월 21일 당사는 주식 3,000주(액면 @5,000원)를 1주당 4,000원으로 매입소각하고 대금은 보통예금계좌에서 이체하여 지급하였다.

02 결산자료입력

1. 다음 자료를 이용하여 12월 31일 부가세대급금과 부가세예수금을 정리하는 분개를 입력하시오. 제2기 부가가치세 예정신고 시 예정신고와 관련된 부가세대급금과 부가세예수금에 대한 회계처리는 적절하게 이루어진 것으로 가정한다(납부세액은 미지급세금으로 계상하고 환급세액은 미수금으로 계상하되, 거래처는 입력하지 말 것).

• 부가세대급금 : 18,000,000원 • 부가세예수금 : 20,000,000원 • 예정신고 미환급세액 : 2,000,000원

2. 기말 현재 장기대여금 계정과목 중에는 RET사에 외화로 빌려준 10,000,000원($10,000)이 계상되어 있다. 기말 현재 기준환율은 $1당 1,200원이다.

3. 2022년 1월 1일 영업권(무형자산) 상각 후 잔액이 4,000,000원이 있으며, 이 영업권은 2020년 1월 초에 취득한 것이다. 회사는 당해 연도부터 영업권의 내용연수를 기존 10년에서 6년으로 변경하였다(단, 회계추정의 변경은 기업회계기준에 적합한 것으로 가정하며 감가상각방법은 정액법이고 상각기간 계산 시 1월 미만의 기간은 1월로 간주한다).

4. 외상매출금과 미수금의 기말잔액에 2%의 대손율을 적용하여 보충법에 의해 대손충당금을 설정하시오.

5. 기말재고자산의 장부가액은 다음과 같다.

• 원재료 : 1,000,000원	• 재공품 : 800,000원	• 제품 : 14,000,000원

① 원재료 중에는 기말 현재 해외로부터 도착지 인도기준으로 매입운송 중인 금액 300,000원이 포함되어 있다.
② 제품의 실사평가를 한 결과 다음과 같으며, 수량감소는 비정상적으로 발생한 것이다(기타 다른 사항은 없는 것으로 한다).

• 장부상 수량 : 1,000개	• 실지재고 수량 : 900개
• 단위당 취득원가 : 14,000원	• 단위당 시가(공정가치) : 14,000원

(주)빈출상사B (회사코드 : 5004) ✓ 회사변경 후 실무수행 연습하기

01 일반전표입력

5월 15일 해외 매출처인 New York사의 외상매출금 $50,000(외상매출금 인식 당시 적용환율은 $1당 1,200원임)이 전액 보통예금에 입금되었다. 입금시점의 적용환율은 $1당 1,150원이다.

6월 27일 당사는 보통주(액면가액 주당 5,000원) 10,000주를 주당 4,500원에 발행하고 주식대금은 보통예금 계좌로 납입받았다. 신주발행 당시 주식발행초과금의 잔액은 3,000,000원이며, 신주발행수수료 1,500,000원은 현금으로 지급하였다(하나의 전표로 입력하시오).

8월 20일 1월 21일에 3개월 후 상환조건으로 (주)아주물산에 외화로 단기대여한 $3,000에 대하여 만기가 도래하여 회수한 후 원화로 환전하여 보통예금 계좌에 이체하였다(대여 시 환율은 $1당 1,000원, 회수 시 환율은 $1당 1,100원이다).

10월 3일 하나은행에 예치된 정기적금이 만기가 되어 원금 30,000,000원과 이자 900,000원 중 이자소득세 138,600원이 원천징수되어 차감 잔액인 30,761,400원이 보통예금 계좌로 입금되었다(단, 원천징수세액은 자산으로 처리할 것).

11월 11일 가지급금 700,000원은 생산직 근로자인 정찬호의 출장비로 다음과 같이 정산되었다(단, 가지급금에 대하여 거래처 입력은 생략하고 하나의 전표로 처리할 것).

출장비 정산내역	• 정찬호의 출장비(여비교통비) : 850,000원 • 부족분 150,000원은 현금으로 지급하였다.

02 결산자료입력

1. 당사는 매년 유형자산을 재평가모형에 따라 인식하기로 하였다. 2022년 12월 31일에 보유하고 있던 토지를 감정평가를 한 결과 아래와 같이 평가액이 산정되었다. 유형자산재평가손익을 반영하시오.

   - 2021년 1월 20일 토지 취득가액 : 170,000,000원
   - 2022년 12월 31일 토지 감정평가액 : 120,000,000원

2. 회사는 기말 현재 결산항목 반영 전에 재무상태표상 개발비 미상각 잔액이 4,800,000원이 있다. 개발비는 전기 초에 설정되어 전기 초부터 사용하였고 모든 무형자산은 사용가능한 시점부터 5년간 상각한다.

3. 결산일 현재 보유 중인 매도가능증권(투자자산)에 대한 내역은 다음과 같다. 기말 매도가능증권 평가에 대한 회계처리를 하시오(단, 제시된 자료만 고려하며 하나의 전표로 입력할 것).

회사명	2021년 취득가액	2021년 기말 공정가액	2022년 기말 공정가액
(주)플러스	25,000,000원	25,500,000원	24,000,000원

4. 당기 법인세비용이 지방소득세를 포함하여 22,000,000원으로 산출되었다. 당기 법인세비용 중 선납세금은 장부를 조회하여 처리하시오.

5. 다음의 이익잉여금의 처분명세를 이익잉여금처분계산서에 반영하시오.

   - 당기처분예정일 : 2023년 2월 25일(전기처분확정일 : 2022년 2월 25일)
   - 사업확장적립금 : 5,000,000원
   - 현금배당 : 20,000,000원
   - 주식배당 : 10,000,000원
   - 회사는 금전배당액의 10%를 이익준비금으로 설정하여야 한다.

(주)빈출상사C (회사코드 : 5005) ✓ 회사변경 후 실무수행 연습하기

01 일반전표입력

6월 12일 1,000,000원에 취득하였던 자기주식을 모두 소각하였다. 자기주식의 소각일 현재 공정가치는 1,200,000원이고, 액면가액은 700,000원이다.

7월 24일 거래처인 (주)신영산업에 대한 외상매출금 15,000,000원을, 금전소비대차계약으로 전환처리하여 36개월간 대여하기로 하였다.

7월 31일 영업부에서는 법정단체인 무역협회에 일반회비로 500,000원을 보통예금에서 지급하였다.

9월 7일 (주)소백전자로부터 제품 판매대금으로 수령한 약속어음 7,000,000원을 할인하고, 할인비용 70,000원을 차감한 잔액이 보통예금에 입금되었다(매각거래로 회계처리할 것).

10월 21일 당사가 장기투자 목적으로 보유하던 상장주식(투자회사에 대한 지분율이 1% 미만임)을 다음과 같은 조건으로 처분하고 처분대금을 보통예금 계좌로 입금하였다. 단, 전년도(2021년)에 해당 상장주식에 대한 기말 평가는 기업회계기준에 따라 적절하게 회계처리하였다.

취득가액 취득일 2021년 1월 31일	시 가 2021년 12월 31일	양도가액 2022년 10월 21일
7,000,000원	5,000,000원	6,000,000원

02 결산자료입력

1. 무형자산으로 계상되어 있는 특허권(장부가액 5,000,000원)은 더 이상 사용을 할 수 없어 사용을 중지하고 처분을 위해 보유하고 있는데 당기 말 기업회계기준에 의한 회수가능가액은 3,000,000원이다.

2. 다음의 유형자산에 대한 감가상각 내역을 결산에 반영하시오.

계정과목	당기 감가상각비	사용부서(용도)
기계장치	5,000,000원	제품생산
비 품	1,500,000원	영업부
차량운반구	4,000,000원	관리부

3. 결산일 현재 외상매출금 잔액의 3%와 받을어음 잔액의 1%에 대하여 대손을 예상하고 보충법에 의해 대손충당금을 설정하시오.

4. 결산일 현재 재고자산을 실사한 결과는 다음과 같다. 기말재고액 및 감모손실과 관련한 결산사항을 입력하라. 단, 원재료 수량감소분을 제외한 나머지 수량감소분은 모두 정상발생분이다.

구 분	장부상내역			실사내역		
	단위당 취득원가	수 량	평가액	단위당 시가	수 량	평가액
원재료	2,000원	500개	1,000,000원	2,000원	400개	800,000원
재공품	7,000원	800개	5,600,000원	7,000원	700개	4,900,000원
제 품	10,000원	1,000개	10,000,000원	10,000원	900개	9,000,000원

5. 2023년 2월 15일에 이익잉여금으로 현금배당 12,000,000원과 주식배당 10,000,000원을 하기로 결의하였다. 처분 예정된 배당내역과 이익준비금(적립률 10%)을 고려하여 당기 이익잉여금처분계산서를 작성하시오.

부가가치세 실무(25점)
출제분포도

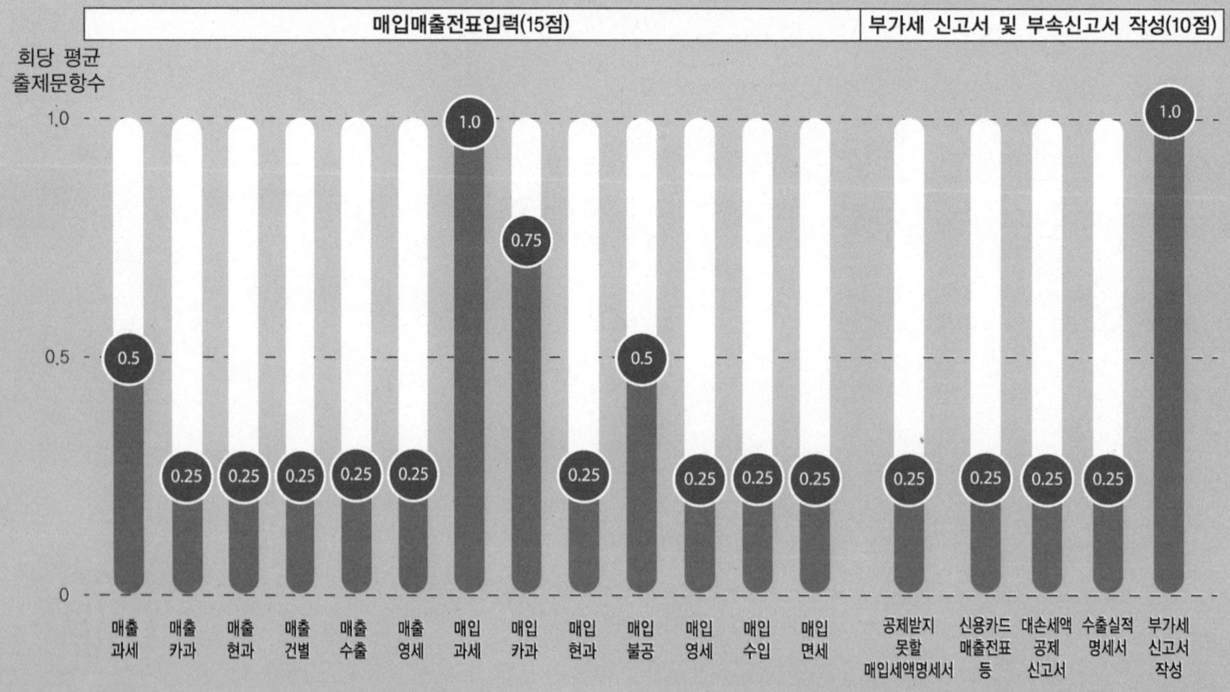

※ 2021년 기출문제를 분석한 통계값입니다.

제 3 장

부가가치세 실무

SECTION 01 매출전표

세금계산서, 계산서, 신용카드매출전표, 현금영수증 등의 거래는 부가가치세 신고와 관련된 거래로 분류되며 해당 거래는 「매입매출전표입력」 메뉴에 입력한다.

「매입매출전표입력」은 화면상단에 입력하는 정보는 부가세 신고서와 관련된 정보가 되며, 화면하단에 입력하는 정보는 회계처리를 하므로 재무제표를 작성하는 정보가 된다.

01 매입매출전표 입력방법

<table>
<tr><th>입력메뉴 항목</th><th>입력방법</th></tr>
<tr><td>전체입력 탭</td><td>
<table><tr><td>전체입력</td><td>전자입력</td><td>11.매출과세</td><td>17.매출카과</td><td>13.매출면세</td><td>51.매입과세</td><td>57.매입카과</td><td>53.매입면세</td><td>가산세</td><td>의제류매입</td><td>종이세금</td></tr></table>
세금계산서 등의 부가세 자료를 입력할 때 보통은 [전체입력]을 통하여 입력한다. 그러나 사용자의 선택에 따라 종류별로 입력할 수 있도록 화면 상단 「탭」으로 구분되어 있다. 「탭」의 메뉴는 그 메뉴의 특성에 맞게 화면이 구성된다.</td></tr>
<tr><td>월/일</td><td>작업하고자 하는 월과 일을 입력한다. 부가세법상 거래시기(공급시기)를 의미한다.</td></tr>
<tr><td>유 형</td><td>유형은 매출과 매입으로 구분되어 있다. 유형코드에 따라 부가세 신고서 등의 각 부가세 관련 해당 자료에 자동 반영되므로 매입매출전표에서 가장 중요한 항목이다.
<table>
<tr><th colspan="12">부 가 세 유 형</th></tr>
<tr><th colspan="6">매출</th><th colspan="6">매입</th></tr>
<tr><td>11.과세</td><td>과세매출</td><td>16.수출</td><td>수출</td><td>21.전자</td><td>전자화폐</td><td>51.과세</td><td>과세매입</td><td>56.금전</td><td>금전등록</td><td>61.현과</td><td>현금과세</td></tr>
<tr><td>12.영세</td><td>영세율</td><td>17.카과</td><td>카드과세</td><td>22.현과</td><td>현금과세</td><td>52.영세</td><td>영세율</td><td>57.카과</td><td>카드과세</td><td>62.현면</td><td>현금면세</td></tr>
<tr><td>13.면세</td><td>계산서</td><td>18.카면</td><td>카드면세</td><td>23.현면</td><td>현금면세</td><td>53.면세</td><td>계산서</td><td>58.카면</td><td>카드면세</td><td></td><td></td></tr>
<tr><td>14.건별</td><td>무증빙</td><td>19.카영</td><td>카드영세</td><td>24.현영</td><td>현금영세</td><td>54.불공</td><td>불공제</td><td>59.카영</td><td>카드영세</td><td></td><td></td></tr>
<tr><td>15.간이</td><td>간이과세</td><td>20.면건</td><td>무증빙</td><td></td><td></td><td>55.수입</td><td>수입분</td><td>60.면건</td><td>무증빙</td><td></td><td></td></tr>
</table></td></tr>
<tr><td>품 목</td><td>세금계산서에 기재되어 있는 품명을 입력한다. 만약 품목이 둘 이상인 경우에는 상단에 복수거래F7 버튼을 클릭하여 둘 이상의 품목을 상세히 입력한다.
<table>
<tr><th colspan="9">복 수 거 래 내 용 (F7) (입력가능갯수 : 100개)</th></tr>
<tr><th>No</th><th>품목</th><th>규격</th><th>수량</th><th>단가</th><th>공급가액</th><th>부가세</th><th>합계</th><th>비고</th></tr>
<tr><td>1</td><td>A 제품</td><td></td><td>20</td><td>10,000</td><td>200,000</td><td>20,000</td><td>220,000</td><td></td></tr>
<tr><td>2</td><td>B 제품</td><td></td><td>30</td><td>15,000</td><td>450,000</td><td>45,000</td><td>495,000</td><td></td></tr>
<tr><td>3</td><td>C 제품</td><td></td><td>15</td><td>20,000</td><td>300,000</td><td>30,000</td><td>330,000</td><td></td></tr>
<tr><td>4</td><td></td><td></td><td></td><td></td><td></td><td></td><td></td><td></td></tr>
<tr><td></td><td></td><td></td><td></td><td>합 계</td><td>950,000</td><td>95,000</td><td>1,045,000</td><td></td></tr>
</table>
(세금)계산서 현재라인인쇄
거래명세서 현재라인인쇄
전 표 현재라인인쇄</td></tr>
<tr><td>수량, 단가</td><td>세금계산서에 기재되어 있는 수량과 단가를 입력한다. 만약 없을 경우에는 Enter↵키를 눌러 공급가액을 직접 입력한다.</td></tr>
<tr><td>공급가액</td><td>일반과세자의 공급가액은 부가가치세를 포함하지 않은 금액으로 직접 입력할 수도 있고, 수량과 단가를 입력하면 자동으로 계산되기도 한다.</td></tr>
<tr><td>부가세</td><td>공급가액을 입력하면 자동으로 세액이 계산된다. 단, 영세율과 면세일 때는 부가세가 없으므로 반영되지 않는다.</td></tr>
</table>

거래처코드	일반전표입력 메뉴와 입력방법은 동일하다. 신규거래처 등록방법도 동일하다. 단, 매입매출전표 상단부에 입력하는 거래처는 부가가치세를 신고하는 상대방(사업자의 또는 최종소비자 등)에 해당하므로 정확하게 입력해야 한다. 사업자의 경우에는 사입자등록번호, 소비자의 경우에는 주민등록번호가 기재된다.
전 자	세금계산서(계산서)의 전자여부를 구분하여 전자인 경우 '1.여'를 선택하고, 전자가 아닌 경우 '0.부'를 선택하여 입력한다.
분 개	분개번호(0:분개없음, 1:현금, 2:외상, 3:혼합, 4:카드, 5:추가)를 선택하면 해당 거래유형에 따라 분개의 일부가 자동 분개되어 표시되며, 공급가액에 해당되는 계정과목과 혼합거래의 경우는 계정과목을 추가, 수정해야 한다. 자동 분개가 되는 이유는 「환경등록」의 「회계」 탭 「분개유형설정」에 설정된 계정코드와 계정과목이 자동 반영되는 것이며 직접 입력(수정)할 수도 있다. 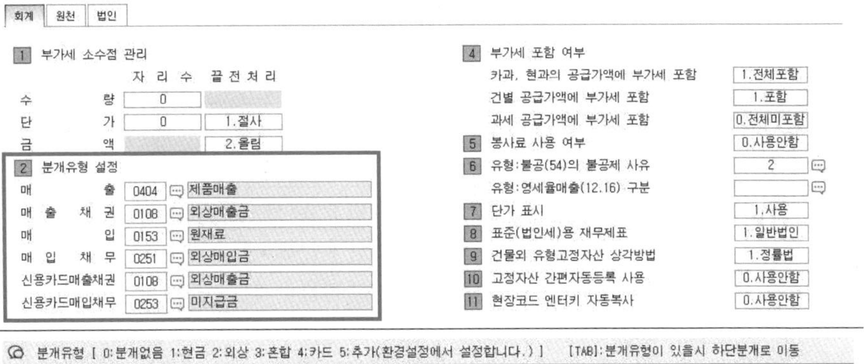 회계 | 원천 | 법인 1 부가세 소수점 관리 — 자리수 / 끝전처리: 수량 0 / 단가 0, 1.절사 / 금액 2.올림 2 분개유형 설정: 매출 0404 제품매출 / 매출채권 0108 외상매출금 / 매입 0153 원재료 / 매입채무 0251 외상매입금 / 신용카드매출채권 0108 외상매출금 / 신용카드매입채무 0253 미지급금 4 부가세 포함 여부: 카과, 현과의 공급가액에 부가세 포함 1.전체포함 / 건별 공급가액에 부가세 포함 1.포함 / 과세 공급가액에 부가세 포함 0.전체미포함 5 봉사료 사용 여부 0.사용안함 6 유형:불공(54)의 불공제 사유 2 / 유형:영세율매출(12.16) 구분 7 단가 표시 1.사용 8 표준(법인세)용 재무제표 1.일반법인 9 건물외 유형고정자산 상각방법 1.정률법 10 고정자산 간편자동등록 사용 0.사용안함 11 현장코드 엔터키 자동복사 0.사용안함 분개유형 [0:분개없음 1:현금 2:외상 3:혼합 4:카드 5:추가(환경설정에서 설정합니다.)] [TAB]:분개유형이 있을시 하단분개로 이동 • 0.분개없음 : 분개가 필요 없는 경우 또는 분개를 나중에 처리할 때 사용한다. • 1.현금 : 전액 현금거래일 경우로 부가세대급금 및 부가세예수금은 자동 반영된다. • 2.외상 : 전액 외상거래(외상매출금/외상매입금)일 경우이다. 단, 외상이라 하더라도 미수금 또는 미지급금이라면 3.혼합 유형을 선택하여 수정한다. • 3.혼합 : 현금과 외상 이외 거래로서 부가세대급금, 부가세예수금 이외의 계정과목을 다양하게 입력하고자 하는 경우에 사용된다. • 4.카드 : 카드매출/카드매입의 특성을 반영하여 채권의 거래처를 카드사로 자동 부여된다. 또한 세금계산서 발급분의 거래대금을 카드로 수령한 경우 분개유형을 '4.카드'로 선택하면 「신용카드매출전표발행집계표」에 자동 반영된다. • 5.추가 : [환경등록]의 「추가계정설정」에 입력된 계정과목으로 회계처리하고자 할 때 선택한다.
적 요	매입매출전표의 하단부 적요는 상단부에 입력한 품명이 자동으로 반영된다. **〈적요번호를 반드시 입력해야 하는 경우〉** 적요 08.타계정으로 대체액 : 재고자산의 타계정으로 대체되어 손익계산서 반영 적요 06.의제매입세액 공제분 : 면세농산물등 의제매입세액 공제신고서 자동 반영 적요 07.재활용폐자원매입세액 공제분 : 재활용폐자원매입세액 공제신고서 자동 반영
F11 간편집계	**SF5 예정누락분** : 부가세 예정신고 시 누락된 전표를 확정신고서에 반영할 수 있도록 하는 메뉴이다. 예정누락분으로 별도 표시되며, 해당 거래는 부가세 확정신고서 우측메뉴 「예정신고누락분」에 자동 반영된다. 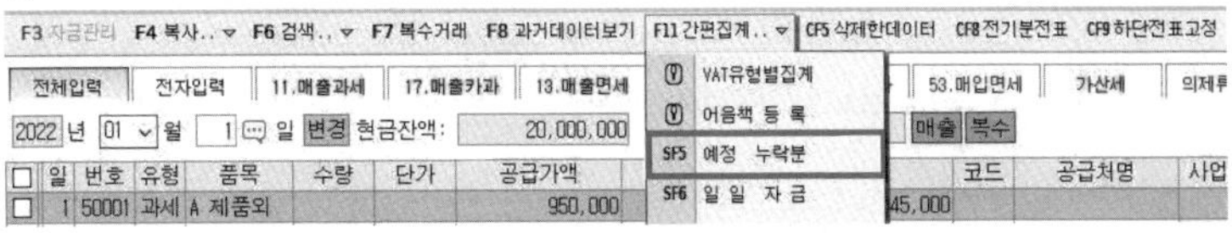 F3 자금관리 F4 복사.. F6 검색.. F7 복수거래 F8 과거데이터보기 F11 간편집계.. CF5 삭제한데이터 CF8 전기분전표 CF9 하단전표고정 전체입력 | 전자입력 | 11.매출과세 | 17.매출카과 | 13.매출면세 | 53.매입면세 | 가산세 | 의제류 VAT유형별집계 / 어음책 등 록 / SF5 예정 누락분 / SF6 일 일 자 금 2022 년 01 월 1 일 변경 현금잔액: 20,000,000 매출 복수 일 번호 유형 품목 수량 단가 공급가액 코드 공급처명 사업 1 50001 과세 A 제품외 950,000 45,000

02 매출전표 유형별 입력방법

매출					
11.과세	과세매출	16.수출	수출	21.전자	전자화폐
12.영세	영세율	17.카과	카드과세	22.현과	현금과세
13.면세	계산서	18.카면	카드면세	23.현면	현금면세
14.건별	무증빙	19.카영	카드영세	24.현영	현금영세
15.간이	간이과세	20.면건	무증빙		

매출유형	발행한 증빙	과 세	입력내용
11.과세	세금계산서	10%	세금계산서 발급에 의한 10% 매출
12.영세	세금계산서	0%	세금계산서 발급에 의한 0% 매출 (내국신용장, 구매확인서 등에 의한 공급)
13.면세	계산서	면세	계산서 발급에 의한 면세 매출
14.건별	–	10%	무증빙(영수증, 간주공급)에 의한 10% 매출
16.수출	–	0%	직수출(수출신고필증)에 의한 0% 매출
17.카과	신용카드매출전표	10%	신용카드 발급에 의한 10% 매출
18.카면	신용카드매출전표	면세	신용카드 발급에 의한 면세 매출
19.카영	신용카드매출전표	0%	신용카드 발급에 의한 0% 매출
20.면건	–	면세	무증빙에 의한 면세 매출
22.현과	현금영수증	10%	현금영수증 발급에 의한 10% 매출
23.현면	현금영수증	면세	현금영수증 발급에 의한 면세 매출
24.현영	현금영수증	0%	현금영수증 발급에 의한 0% 매출

사용하지 않는 매출유형

- 15.간이 : 간이과세자가 사용하는 매출유형이므로 일반과세자는 사용하지 않는 유형이다.
- 21.전자 : 전자결제(전자화폐) 시 사용하는 매출유형으로 현재 시험에 출제되지 않고 있다.

영세율구분 입력 → 16.수출 : 1번, 12.영세 : 3번

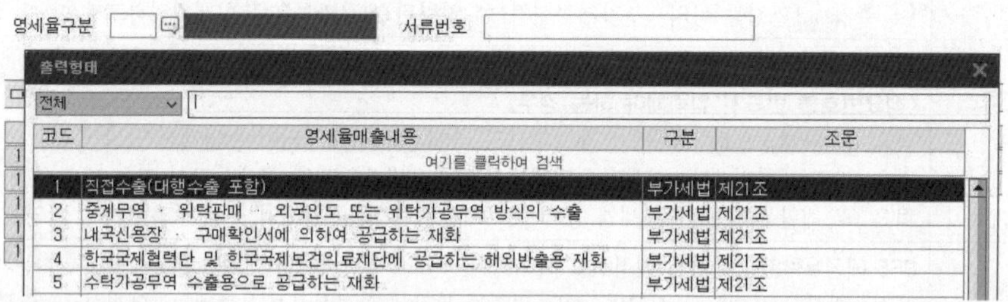

영세율구분 서류번호

출력형태

코드	영세율매출내용	구분	조문
	여기를 클릭하여 검색		
1	직접수출(대행수출 포함)	부가세법	제21조
2	중계무역 · 위탁판매 · 외국인도 또는 위탁가공무역 방식의 수출	부가세법	제21조
3	내국신용장 · 구매확인서에 의하여 공급하는 재화	부가세법	제21조
4	한국국제협력단 및 한국국제보건의료재단에 공급하는 해외반출용 재화	부가세법	제21조
5	수탁가공무역 수출용으로 공급하는 재화	부가세법	제21조

[환경등록] 메뉴의 부가세포함 여부 → 매입매출전표 반영

4 부가세 포함 여부

카과, 현과의 공급가액에 부가세 포함	1.전체포함
건별 공급가액에 부가세 포함	1.포함
과세 공급가액에 부가세 포함	0.전체미포함

유형	품목	수량	단가	공급가액	부가세	합계
건별				500,000	50,000	550,000
카과				500,000	50,000	550,000

550,000 입력

- 11.과세 : 공급가액란에 '공급가액(부가세별도)'을 입력한다.
- 14.건별, 17.카과, 22.현과 : 공급가액란에 '공급대가(부가세포함)'를 입력하면 자동으로 공급가액과 부가세가 구분된다.

[환경등록] 메뉴의 신용카드매출채권 계정과목 → 매입매출전표 반영

[환경등록] "분개유형 설정"의 신용카드매출채권이 '외상매출금'으로 되어 있다면 분개유형을 [2.외상]으로 하여도 되고 [4.카드]로 선택하면 계정과목이 차변에 외상매출금으로 자동 반영되고, 거래처 또한 입력한 카드사로 자동 반영된다.

2 분개유형 설정

매 출	0404	제품매출
매 출 채 권	0108	외상매출금
매 입	0153	원재료
매 입 채 무	0251	외상매입금
신용카드매출채권	0108	외상매출금
신용카드매입채무	0253	미지급금

03 매출전표 유형별 입력하기

(주)소망상사 (회사코드 : 5006) ✓ 회사변경 후 실무수행 연습하기

1 11.과세매출

4월 1일 다음은 당사에서 발급한 전자세금계산서 자료이다. 매입매출전표에 입력하시오.

전자세금계산서 (공급자 보관용)				승인번호	132428782128		
공급자	사업자등록번호	214-81-29167		공급받는자	사업자등록번호	113-81-42120	
	상호(법인명)	(주)소망상사	성명(대표자) 김용범		상호(법인명)	(주)민국	성명(대표자) 김진수
	사업장주소	서울 강남구 압구정로28길 11			사업장 주소	경기도 부천시 원미구 소향로 119	
	업 태	제조도소매	종 목 전자제품		업 태	제조/도소매	종 목 전자부품
	이메일	nam128@naver.com			이메일	choongch@naver.com	

작성일자	공급가액	세 액	수정사유
2022. 4. 1.	5,000,000	500,000	
비 고			

월	일	품 목	규 격	수 량	단 가	공급가액	세 액	비 고
4	1	제품 1-3		10	300,000	3,000,000	300,000	
4	1	제품 2-6		10	200,000	2,000,000	200,000	

합계금액	현 금	수 표	어 음	외상미수금	이 금액을 영수/**청구** 함
5,500,000				5,500,000	

유 형	전자세금계산서를 발행한 10% 과세매출로 [11.과세] 입력한다.
품목 등	품목이 2개 이상인 경우 '복수거래[F7]' 선택하여 입력한다.
거래처	(주)민국 거래처코드를 조회하여 입력한다.
전 자	전자세금계산서이므로 [1.여]를 입력한다.

복 수 거 래 내 용 (F7) (입력가능갯수 : 100개)

No	품목	규격	수량	단가	공급가액	부가세	합계	비고
1	제품 1-3		10	300,000	3,000,000	300,000	3,300,000	
2	제품 2-6		10	200,000	2,000,000	200,000	2,200,000	

분 개	세금계산서 하단부 결제방식이 외상미수금란에 5,500,000원이 기재되어 있으므로, 전액 [2.외상]으로 설정한다. 전표 하단부에 회계처리와 거래처가 자동으로 생성되므로 수정사항이 없으면 Enter 키로 분개를 마감한다. (차) 외상매출금 5,500,000 (대) 부가세예수금 500,000 제품매출 5,000,000

2022 년 04 월 1 일 변경 현금잔액: 55,358,100 대차차액: 매출 복수

□	일	번호	유형	품목	수량	단가	공급가액	부가세	합계	코드	공급처명	사업/주민번호	전자	분개
□	1	50004	과세	제품 1-3외			5,000,000	500,000	5,500,000	00113	(주)민국	113-81-42120	여	외상

구분	계정과목		적요	거래처		차변(출금)	대변(입금)
차변	0108	외상매출금	제품 1-3외	00113	(주)민국	5,500,000	
대변	0255	부가세예수금	제품 1-3외	00113	(주)민국		500,000
대변	0404	제품매출	제품 1-3외	00113	(주)민국		5,000,000

4월 2일 **개인 홍수철에게 제품을 판매하고 주민등록번호를 기재한 전자세금계산서를 다음과 같이 발급하였다. 해당 거래를 매입매출전표에 입력하시오.**

전자세금계산서 (공급자 보관용)						승인번호	1458712100		
공급자	사업자등록번호	214-81-29167			공급받는자	사업자등록번호	620316-1122226		
	상호(법인명)	(주)소망상사	성명(대표자)	김용범		상호(법인명)		성명(대표자)	홍수철
	사업장주소	서울 강남구 압구정로28길 11				사업장 주소	서울 강남구 대치동 1254		
	업 태	제조도소매	종 목	전자제품		업 태		종 목	
	이메일	nam128@naver.com				이메일	youjj@naver.com		

작성일자	공급가액	세 액	수정사유
2022. 4. 2.	1,000,000	100,000	
비 고			

월	일	품 목	규 격	수 량	단 가	공급가액	세 액	비 고
4	2	제 품		10	100,000	1,000,000	100,000	

합계금액	현 금	수 표	어 음	외상미수금	이 금액을 영수/청구 함
1,100,000	1,100,000				

유 형	전자세금계산서를 발행한 10% 과세매출로 [11.과세] 입력한다.
품목 등	품목과 수량을 입력하여 공급가액과 부가세가 반영된다.
거래처	홍수철 거래처코드를 조회하여 입력한다.
전 자	전자세금계산서이므로 [1.여] 입력한다.
분 개	세금계산서 하단부에 결제방식이 현금으로 기재되어 있으므로 [1.현금]으로 선택하여 분개해도 되고, [3.혼합]을 선택하여 현금 계정을 직접 입력해도 된다. (차) 현 금 1,100,000 (대) 부가세예수금 100,000 제품매출 1,000,000

일	번호	유형	품목	수량	단가	공급가액	부가세	합계	코드	공급처명	사업/주민번호	전자	분개
2	50001	과세	제품	10	100,000	1,000,000	100,000	1,100,000	00104	홍수철	620316-1122226	여	현금

구분	계정과목		적요	거래처		차변(출금)	대변(입금)
입금	0255	부가세예수금	제품 10X100000	00104	홍수철	(현금)	100,000
입금	0404	제품매출	제품 10X100000	00104	홍수철	(현금)	1,000,000

4월 3일 물품운송을 목적으로 사용하던 운반용 트럭을 (주)경상에 아래와 같이 매각을 하고 전자세금계산서를 발급하였다. 매각대금은 매각일에 보통예금으로 즉시 수령 하였으며 매각관련 처분손익 분개를 매입매출전표입력 메뉴에서 진행한다.

- 취득가액 : 12,500,000원(감가상각누계액 : 5,200,000원)
- 공급가액 : 9,000,000원(부가가치세 별도)
- 매각일까지 감가상각비는 무시한다.

<table>
<tr><td>유 형</td><td>전자세금계산서를 발행한 10% 과세매출로 [11.과세] 입력한다.
부가세법상 유형자산 차량운반구 매각도 재화의 공급이며 10% 과세된다.
〈회계처리 주의〉
다만, 제품매출과 달리 유형자산의 취득원가와 감가상각누계액을 제거하고 처분손익을 인식해야 한다.</td></tr>
<tr><td>품목 등</td><td>공급가액을 입력하면 부가세가 10% 반영된다.</td></tr>
<tr><td>거래처</td><td>(주)경상 거래처코드를 조회하여 입력한다.</td></tr>
<tr><td>전 자</td><td>전자세금계산서이므로 [1.여]를 입력한다.</td></tr>
<tr><td>분 개</td><td>차량을 외상으로 매각하면 미수금으로 처리해야 하므로 [3.혼합]을 선택하여 취득원가와 감가상각누계액의 잔액을 직접 제거하고 유형자산처분손익을 인식하도록 한다. 부가세예수금을 제외한 모든 계정과목과 금액은 수정해야 한다.
(차) 감가상각누계액 5,200,000 (대) 차량운반구 12,500,000
보통예금 9,900,000 부가세예수금 900,000
유형자산처분이익 1,700,000</td></tr>
</table>

일	번호	유형	품목	수량	단가	공급가액	부가세	합계	코드	공급처명	사업/주민번호	전자	분개
3	50001	과세	트럭 매각			9,000,000	900,000	9,900,000	00126	(주)경상	301-81-38878	여	혼합

구분	계정과목		적요	거래처		차변(출금)	대변(입금)
대변	0255	부가세예수금	트럭 매각	00126	(주)경상		900,000
대변	0208	차량운반구	트럭 매각	00126	(주)경상		12,500,000
차변	0209	감가상각누계액	트럭 매각	00126	(주)경상	5,200,000	
차변	0103	보통예금	트럭 매각	00126	(주)경상	9,900,000	
대변	0914	유형자산처분이익	트럭 매각	00126	(주)경상		1,700,000
					합 계	15,100,000	15,100,000

4월 4일 (주)민국에 4월 1일 외상 판매했던 제품 중 3대(대당 200,000원, 부가세별도)가 불량으로 반품 처리되었다. 이에 따라 반품 전자세금계산서를 발급하였다. 대금은 외상매출금과 상계처리하기로 하며 음의 부수(−)로 회계처리한다.

유 형	전자세금계산서를 발행한 10% 과세매출로 [11.과세] 입력한다. 매출환입(반품), 에누리, 할인은 당초 매출의 차감거래로 마이너스 세금계산서인 수정세금계산서를 발급한다.
품목 등	반품수량 '−3' 입력, 단가 200,000원 입력한다.
거래처	(주)민국 거래처코드를 조회하여 입력한다.
전 자	전자세금계산서이므로 [1.여]를 입력한다.
분 개	[2.외상]을 선택하여 660,000원이 외상매출금에서 반제(차감)될 수 있도록 처리한다. 매입매출전표에서는 반품 등의 마이너스 금액을 그대로 분개하므로 '매출환입및에누리'와 같은 계정을 사용하지 않으며 부가세예수금은 대변에만 발생하므로 마이너스로 회계처리한다. (차) 외상매출금 −660,000 (대) 부가세예수금 −60,000 제품매출 −600,000

일	번호	유형	품목	수량	단가	공급가액	부가세	합계	코드	공급처명	사업/주민번호	전자	분개
4	50001	과세	반품	-3	200,000	-600,000	-60,000	-660,000	00113	(주)민국	113-81-42120	여	외상

구분	계정과목	적요	거래처	차변(출금)	대변(입금)
차변	0108 외상매출금	반품 -3X200000	00113 (주)민국	-660,000	
대변	0255 부가세예수금	반품 -3X200000	00113 (주)민국		-60,000
대변	0404 제품매출	반품 -3X200000	00113 (주)민국		-600,000

2 12.영세매출

4월 5일 수출업체인 (주)영일에 제품을 같은 날짜로 받은 내국신용장에 의해 납품하고 다음의 영세율 전자세금계산서를 발급하였다.

영세율전자세금계산서 (공급자 보관용)					승인번호	874598331		
공급자	사업자등록번호	214-81-29167			공급받는자	사업자등록번호	113-81-42120	
	상호(법인명)	(주)소망상사	성명(대표자)	김용범		상호(법인명)	(주)영일	성명(대표자) 김진수
	사업장주소	서울 강남구 압구정로28길 11				사업장 주소	경기도 부천시 원미구 소향로 119	
	업 태	제조도소매	종 목	전자제품		업 태	제조/도소매	종 목 전자부품
	이메일	nam128@naver.com				이메일	choongch@naver.com	

작성일자	공급가액	세 액	수정사유
2022. 4. 5.	8,000,000	0	
비 고			

월	일	품 목	규 격	수 량	단 가	공급가액	세 액	비 고
4	5	제 품		10	800,000	8,000,000	영세율	

합계금액	현 금	수 표	어 음	외상미수금	이 금액을 영수/청구 함
8,000,000	3,000,000		5,000,000		

<table>
<tr><td>유 형</td><td>전자세금계산서를 발행한 0% 과세매출로 [12.영세] 입력한다.</td></tr>
<tr><td>품목 등</td><td>공급가액을 입력하면 부가세는 '0'이 된다.</td></tr>
<tr><td>거래처</td><td>(주)영일 기래처코드를 조회하여 입력한다.</td></tr>
<tr><td>전 자</td><td>전자세금세산서이므로 [1.여]를 입력한다.</td></tr>
<tr><td>영세율구분</td><td>영세율구분 [3.내국신용장, 구매확인서] 선택한다.
전체
<table>
<tr><th>코드</th><th>영세율매출내용</th><th>구분</th><th>조문</th></tr>
<tr><td colspan="4">여기를 클릭하여 검색</td></tr>
<tr><td>1</td><td>직접수출(대행수출 포함)</td><td>부가세법</td><td>제21조</td></tr>
<tr><td>2</td><td>중계무역 · 위탁판매 · 외국인도 또는 위탁가공무역 방식의 수출</td><td>부가세법</td><td>제21조</td></tr>
<tr><td>3</td><td>내국신용장 · 구매확인서에 의하여 공급하는 재화</td><td>부가세법</td><td>제21조</td></tr>
<tr><td>4</td><td>한국국제협력단 및 한국국제보건의료재단에 공급하는 해외반출용 재화</td><td>부가세법</td><td>제21조</td></tr>
<tr><td>5</td><td>수탁가공무역 수출용으로 공급하는 재화</td><td>부가세법</td><td>제21조</td></tr>
<tr><td>6</td><td>국외에서 제공하는 용역</td><td>부가세법</td><td>제22조</td></tr>
</table></td></tr>
<tr><td>분 개</td><td>[3.혼합]을 선택하여 차변에 현금과 받을어음을 각각 입력한다.
(차) 현 금 3,000,000 (대) 제품매출 8,000,000
받을어음 5,000,000</td></tr>
</table>

일	번호	유형	품목	수량	단가	공급가액	부가세	합계	코드	공급처명	사업/주민번호	전자	분개
5	50014	영세	제품	10	800,000	8,000,000		8,000,000	00168	(주)영일	220-81-39938	여	혼합

구분	계정과목	적요	거래처	차변(출금)	대변(입금)
대변	0404 제품매출	제품 10X800000	00168 (주)영일		8,000,000
차변	0101 현금	제품 10X800000	00168 (주)영일	3,000,000	
차변	0110 받을어음	제품 10X800000	00168 (주)영일	5,000,000	

3 13.면세매출

4월 6일 상품(면세품목)을 매출하고 전자계산서를 발급하였다. 대금은 (주)하나전자가 발행한 당좌수표로 수령하였으며 해당 거래를 매입매출전표에 입력하시오.

<table>
<tr><td colspan="7">전자계산서 (공급자 보관용)</td><td>승인번호</td><td colspan="3">1365884107</td></tr>
<tr><td rowspan="5">공급자</td><td>사업자등록번호</td><td colspan="3">214-81-29167</td><td rowspan="5">공급받는자</td><td>사업자등록번호</td><td colspan="4">137-81-30988</td></tr>
<tr><td>상호(법인명)</td><td>(주)소망상사</td><td>성명(대표자)</td><td>김용범</td><td>상호(법인명)</td><td>(주)하나전자</td><td>성명(대표자)</td><td colspan="2">박형식</td></tr>
<tr><td>사업장주소</td><td colspan="3">서울 강남구 압구정로28길 11</td><td>사업장 주소</td><td colspan="4">서울 서초구 방배로 142, 동주빌딩 3층</td></tr>
<tr><td>업 태</td><td>제조도소매</td><td>종 목</td><td>전자제품</td><td>업 태</td><td>제 조</td><td>종 목</td><td colspan="2">전자부품</td></tr>
<tr><td>이메일</td><td colspan="3">nam128@naver.com</td><td>이메일</td><td colspan="4">hanaelec@daum.net</td></tr>
</table>

<table>
<tr><td>작성일자</td><td>공급가액</td><td>수정사유</td></tr>
<tr><td>2022. 04. 06</td><td>1,500,000</td><td></td></tr>
<tr><td>비 고</td><td colspan="2"></td></tr>
</table>

월	일	품 목	규 격	수 량	단 가	공급가액	비 고
4	6	상 품					

합계금액	현 금	수 표	어 음	외상미수금	이 금액을 영수/청구 함
1,500,000		1,500,000			

안심Touch

유 형	전자계산서를 발행한 면세매출로 [13. 면세] 입력한다.
품목 등	공급가액을 입력하면 부가세는 반영되지 않는다.
거래처	(주)하나전자 거래처코드를 조회하여 입력한다.
전 자	전자계산서이므로 [1. 여]를 입력한다.
분 개	[1. 현금] 또는 [3. 혼합]을 선택하여 대변은 제품매출을 상품매출로 수정한다. (주)하나전자가 발행한 타인발행당좌수표이므로 현금으로 처리한다. (차) 현 금 1,500,000 (대) 상품매출 1,500,000

일	번호	유형	품목	수량	단가	공급가액	부가세	합계	코드	공급처명	사업/주민번호	전자	분개
6	50001	면세	상품			1,500,000		1,500,000	00151	(주)하나전자	137-81-30988	여	혼합

구분	계정과목		적요	거래처		차변(출금)	대변(입금)
대변	0401	상품매출	상품	00151	(주)하나전자		1,500,000
차변	0101	현금	상품	00151	(주)하나전자	1,500,000	

11.과세, 12.영세 매출유형 → 매출세금계산서합계표 반영

조회기간 2022 년 04 월 ~ 2022 년 06 월 1기 확정 1. 정기신고

매 출 | 매 입

2. 매출세금계산서 총합계

구 분		매출처수	매 수	공급가액	세 액
합 계		4	5	22,400,000	1,440,000
과세기간 종료일 다음달 11일까지전송된 전자세금계산서 발급분	사업자 번호 발급분	3	4	21,400,000	1,340,000
	주민등록번호발급분	1	1	1,000,000	100,000
	소 계	4	5	22,400,000	1,440,000
위 전자세금계산서 외의 발급분(종이발급분+과세기간 종료일다음달 12일 이후분)	사업자 번호 발급분				
	주민등록번호발급분				
	소 계				

과세기간 종료일 다음달 11일까지 (전자분) | 과세기간 종료일 다음달 12일이후 (전자분), 그외 | 전체데이터 — 참고사항 : 2012년 7월 이후 변경사항

No	사업자등록번호	코드	거래처명	매수	공급가액	세 액	대표자성명	업 태	종 목	주류코드
1	113-81-42120	00113	(주)민국	2	4,400,000	440,000				
2	220-81-39938	00168	(주)영일	1	8,000,000					
3	301-81-38878	00126	(주)경상	1	9,000,000	900,000				
4			주민기재분	1	1,000,000	100,000				

13.면세 매출유형 → 매출계산서합계표 반영

조회기간 2022 년 04 월 ~ 2022 년 06 월 1기 확정

매 출 | 매 입

2. 매출계산서 총합계

구 분		매출처수	매 수	공급가액
합 계		1	1	1,500,000
과세기간 종료일 다음달 11일까지 전송된 전자계산서 발급분	사업자 번호 발급분	1	1	1,500,000
	주민등록번호발급분			
	소 계	1	1	1,500,000
위 전자계산서 외 의 발급분 (종이발급분+ 과세기간 종료일 다음달 12일 이후분)	사업자 번호 발급분			
	주민등록번호발급분			
	소 계			

과세기간 종료일 다음달 11일까지 (전자분) | 과세기간 종료일 다음달 12일이후 (전자분), 그외 | 전체데이터

No	사업자등록번호	거래처명	매 수	공급가액	대표자성명	업 태	종 목
1	137-81-30988	(주)하나전자	1	1,500,000			

11.과세, 12.영세, 13.면세 매출유형 → 부가세 신고서 반영

[매출유형 부가세 신고서 반영]

- 11.과세매출 ⇢ 신고서 1번란
- 12.영세매출 ⇢ 신고서 5번란
- 13.면세매출 ⇢ 신고서 80번란, 84번란

[F4 과세표준명세 작성방법]

- 영업활동 제품매출(10%, 0%)은 28번란에 반영된다.
- 영업활동 이외 과세표준(차량 매각 등)은 31번란.수입금액제외란에 반영된다.
- 면세매출은 80번란.면세수입금액란에 반영된다.

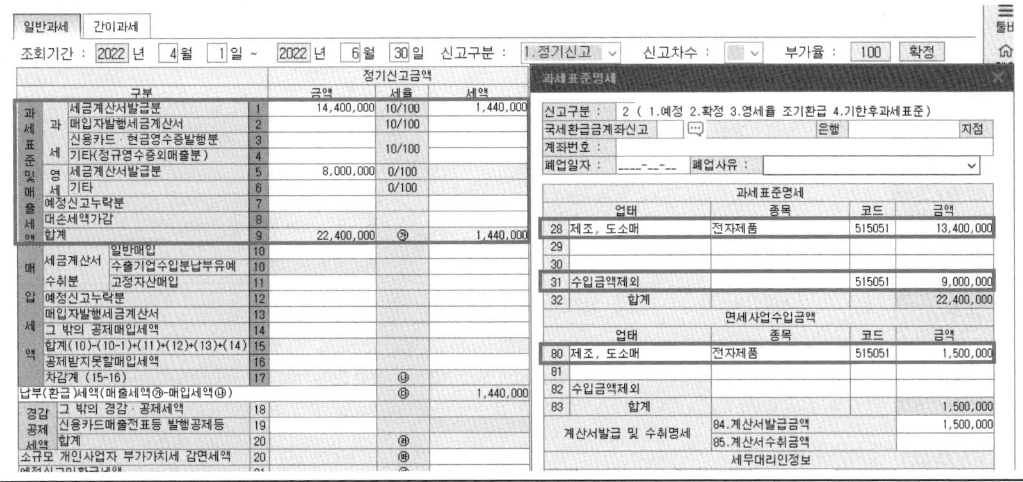

4 14.건별매출

4월 8일 최종소비자인 김전산씨에게 세금계산서나 현금영수증을 발행하지 아니하고 제품을 판매하였는데 대금 660,000원(부가가치세 포함)이 현금으로 입금되다.

구분	내용
유 형	무증빙(영수증) 10% 과세매출이므로 [14.건별] 입력한다.
품목 등	공급가액란에 공급대가 660,000원을 입력하고 Enter↵를 누르면 공급가액과 부가세가 자동으로 안분 계산된다. 2022 년 02 월 8 일 변경 현금잔액: 54,270,100 대차차액: 매출 일 번호 유형 품목 수량 단가 공급가액 부가세 합계 8 건별 제품 660,000 Enter↵ 일 번호 유형 품목 수량 단가 공급가액 부가세 합계 8 50013 건별 제품 600,000 60,000 660,000
거래처	김전산 거래처코드를 조회하여 입력한다.
전 자	세금계산서(계산서)가 아니므로 전자여부는 입력하지 않는다.
분 개	[1.현금] 또는 [3.혼합]을 선택하여 차변에 현금으로 회계처리한다. (차) 현 금 660,000 (대) 부가세예수금 60,000 제품매출 600,000

일	번호	유형	품목	수량	단가	공급가액	부가세	합계	코드	공급처명	사업/주민번호	전자	분개
8	50006	건별	제품			600,000	60,000	660,000	00152	김전산	780101-1111111		혼합

구분	계정과목	적요	거래처	차변(출금)	대변(입금)
대변	0255 부가세예수금	제품	00152 김전산		60,000
대변	0404 제품매출	제품	00152 김전산		600,000
차변	0101 현금	제품	00152 김전산	660,000	

4월 9일 회사가 보유하고 있는 원재료 중 원가 50,000원(판매가 88,000원, 부가세포함)을 생산부와 밀접한 거래처 (주)광주에 명절선물로 제공하였다(단, 원재료는 적법하게 매입세액 공제를 받음).

유 형	재화의 간주공급(사업상 증여) 10% 과세매출이므로 [14.건별] 입력한다.
품목 등	간주공급의 과세표준(공급가액)은 시가이다. 부가세를 포함한 공급대가 88,000원을 입력하면 공급가액과 부가세가 자동으로 안분 계산된다. 일 / 번호 / 유형 / 품목 / 수량 / 단가 / 공급가액 / 부가세 / 합계: 9 / / 건별 / 거래처선물 / / / 88,000 / / Enter↵ 일 / 번호 / 유형 / 품목 / 수량 / 단가 / 공급가액 / 부가세 / 합계: 8 / 50013 / 건별 / 제품 / / / 600,000 / 60,000 / 660,000
거래처	(주)광주 거래처코드를 조회하여 입력한다.
전 자	세금계산서(계산서)가 아니므로 전자여부는 입력하지 않는다.
분 개	[3.혼합]을 선택하여 부가세예수금을 제외한 모든 계정과 금액을 수정한다. 제품을 타계정으로 사용하였으므로 반드시 [적요 ❽]을 입력해야 한다. 부가세 과세표준 80,000원(시가), 원재료 감소액 50,000원(원가) (차) 접대비(제) 58,000 (대) 부가세예수금 8,000 원재료 [적요 ❽.타계정대체] 50,000

일	번호	유형	품목	수량	단가	공급가액	부가세	합계	코드	공급처명	사업/주민번호	전자	분개
9	50001	건별	거래처선물			80,000	8,000	88,000	00150	(주)광주	130-81-01099		혼합

구분	계정과목	적요	거래처	차변(출금)	대변(입금)
대변	0255 부가세예수금	거래처선물	00150 (주)광주		8,000
대변	0153 원재료	08 타계정으로 대체익	00150 (주)광주		50,000
차변	0513 접대비	거래처선물	00150 (주)광주	58,000	

14.건별 매출유형 → 부가세 신고서 반영

[매출유형 부가세 신고서 반영]

- 14.건별매출 → 신고서 4번란

[F4 과세표준명세 작성방법]

- 제품매출(4월 8일 과세표준 600,000원)은 28번란에 반영된다.
- 간주공급(4월 9일 과세표준 80,000원)은 31.수입금액제외란에 직접 반영해야 한다.

주의

F4 과표명세 - 31.수입금액제외란 : 고정자산매각, 간주공급, 선수금 등이 반영되어야 한다. 다만, 간주공급의 경우 자동으로 반영되지 않으므로 직접 금액을 9,080,000원으로 수정하여야 한다.

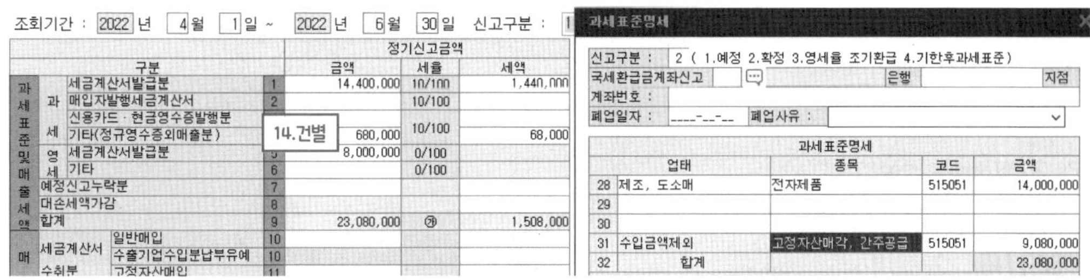

조회기간 : 2022 년 4 월 1 일 ~ 2022 년 6 월 30 일 신고구분 : 1

구분				정기신고금액 금액	세율	세액
과세표준및매출세액	과세	세금계산서발급분	1	14,400,000	10/100	1,440,000
		매입자발행세금계산서	2		10/100	
		신용카드 · 현금영수증발행분	3		10/100	
		기타(정규영수증외매출분)	4	680,000		68,000
	영세	세금계산서발급분	5	8,000,000	0/100	
		기타	6		0/100	
	예정신고누락분		7			
	대손세액가감		8			
	합계		9	23,080,000	㉮	1,508,000
매	세금계산서수취분	일반매입	10			
		수출기업수입분납부유예	10			
		고정자산매입	11			

14.건별

과세표준명세

신고구분 : 2 (1.예정 2.확정 3.영세율 조기환급 4.기한후과세표준)
국세환급금계좌신고 | 은행 | 지점
계좌번호 :
폐업일자 : ----·--·-- 폐업사유 :

	업태	종목	코드	금액
28	제조, 도소매	전자제품	515051	14,000,000
29				
30				
31	수입금액제외	고정자산매각, 간주공급	515051	9,080,000
32	합계			23,080,000

5 16.수출매출

4월 10일 미국 STAR사에 제품을 $10,000에 직수출(수출신고일 4월 1일, 선적일 4월 10일)하고, 수출대금 전액을 7월 31일에 미국 달러화로 받기로 하였다. 수출과 관련된 내용은 다음과 같다(단, 수출신고번호입력은 생략함).

일 자	4월 1일	4월 10일	7월 31일
기준환율	1,100원/$	1,200원/$	1,150원/$

유 형	직수출 0% 매출로 [16.수출] 입력한다.
품목 등	외화 $10,000 × 1,200원(선적일환율) = 12,000,000원 공급가액을 입력하면 부가세는 '0%'이므로 입력되지 않는다.
거래처	STAR 거래처코드를 조회하여 입력한다.
전 자	세금계산서(계산서)가 아니므로 전자여부는 입력하지 않는다.
영세율구분	영세율구분 [1] 직접수출 선택한다. 전체 코드 | 영세율매출내용 | 구분 | 조문 여기를 클릭하여 검색 1 직접수출(대행수출 포함) 부가세법 제21조 2 중계무역 · 위탁판매 · 외국인도 또는 위탁가공무역 방식의 수출 부가세법 제21조 3 내국신용장 · 구매확인서에 의하여 공급하는 재화 부가세법 제21조 4 한국국제협력단 및 한국국제보건의료재단에 공급하는 해외반출용 재화 부가세법 제21조 5 수탁가공무역 수출용으로 공급하는 재화 부가세법 제21조
분 개	[2.외상] 또는 [3.혼합]을 선택하여 분개한다. (차) 외상매출금 12,000,000 (대) 제품매출 12,000,000

일	번호	유형	품목	수량	단가	공급가액	부가세	합계	코드	공급처명	사업/주민번호	전자	분개
10	50001	수출	제품			12,000,000		12,000,000	00169	STAR			외상

영세율구분 1 직접수출(대행수출 포함) 수출신고번호

NO : 50001 (대 체) 전 표 일 자 : 2022 년 4 월

구분	계정과목	적요	거래처	차변(출금)	대변(입금)
차변	0108 외상매출금	제품	00169 STAR	12,000,000	
대변	0404 제품매출	제품	00169 STAR		12,000,000

16.수출 매출유형 → 부가세 신고서 반영

[매출유형 부가세 신고서 반영]

• 16.수출매출 ⇢ 신고서 6번란

[F4 과세표준명세 작성방법]

• 제품매출 과세표준 12,000,000원이 포함되어 28번란에 반영된다.

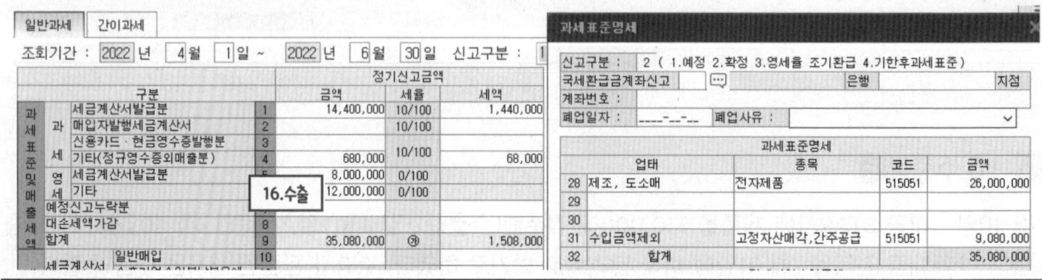

일반과세 | 간이과세

조회기간 : 2022 년 4 월 1 일 ~ 2022 년 6 월 30 일 신고구분 : 1

구분				정기신고금액 금액	세율	세액
과세표준및매출세액	과세	세금계산서발급분	1	14,400,000	10/100	1,440,000
		매입자발행세금계산서	2		10/100	
		신용카드 · 현금영수증발행분	3		10/100	
		기타(정규영수증외매출분)	4	680,000		68,000
	영세	세금계산서발급분	5	8,000,000	0/100	
		기타	6	12,000,000	0/100	
	예정신고누락분		7			
	대손세액가감		8			
	합계		9	35,080,000	㉮	1,508,000
세금계산서	일반매입		10			

16.수출

과세표준명세

신고구분 : 2 (1.예정 2.확정 3.영세율 조기환급 4.기한후과세표준)

국세환급금계좌신고 | 은행 | 지점

계좌번호 :

폐업일자 : ----·--·-- 폐업사유 :

	업태	종목	코드	금액
28	제조, 도소매	전자제품	515051	26,000,000
29				
30				
31	수입금액제외	고정자산매각,간주공급	515051	9,080,000
32	합계			35,080,000

6 17.카과매출

4월 11일 당사는 (주)만능상사에게 전자제품을 2,200,000원(부가가치세 포함)에 공급하였으며 (주)만능상사는 신용카드(비씨카드)로 결제하였다.

구분	내용
유 형	신용카드매출전표 발급한 10% 과세매출로 [17.카과] 입력한다.
품목 등	공급대가 2,200,000원을 입력하면 공급가액, 부가세가 자동 안분된다. 일 | 번호 | 유형 | 품목 | 수량 | 단가 | 공급가액 | 부가세 | 합계 11 | | 카과 | 제품 | | | 2,200,000 | | Enter↵ 일 | 번호 | 유형 | 품목 | 수량 | 단가 | 공급가액 | 부가세 | 합계 11 | 50003 | 카과 | 제품 | | | 2,000,000 | 200,000 | 2,200,000
거래처	(주)만능상사 거래처코드를 조회하여 입력한다.
전 자	세금계산서(계산서)가 아니므로 전자여부는 입력하지 않는다.
신용카드사	신용카드 비씨카드를 조회하여 입력한다.
분 개	[2.외상], [3.혼합], [4.카드] 중 선택하여 차변은 외상매출금, 거래처는 비씨카드로 입력해야 한다. [환경등록]의 신용카드매출채권을 '외상매출금'으로 설정되어 있어 전표입력 시 분개유형을 [2.외상] 또는 [4.카드]로 선택하면 외상매출금 계정과 신용카드 거래처가 자동 반영된다. (차) 외상매출금 2,200,000 (대) 제품매출 2,000,000 부가세예수금 200,000

일	번호	유형	품목	수량	단가	공급가액	부가세	합계	코드	공급처명	사업/주민번호	전자	분개
11	50007	카과	제품			2,000,000	200,000	2,200,000	00163	(주)만능상사	208-81-56451		카드

신용카드사 99600 비씨카드 봉사료

NO : 50007 (대 체) 전 표 일 자 : 2022 년 4 월 1

구분	계정과목		적요	거래처		차변(출금)	대변(입금)
차변	0108	외상매출금	제품	99600	비씨카드	2,200,000	
대변	0255	부가세예수금	제품	00163	(주)만능상사		200,000
대변	0404	제품매출	제품	00163	(주)만능상사		2,000,000

7 22.현과매출

4월 15일 국내 체류 중인 앤드류(현재 국내 호텔에 200일째 거주)에게 제품을 440,000원(공급대가)에 판매하였다. 대금은 현금으로 수령하고 현금영수증을 발급하였다.

구분	내용
유 형	현금영수증을 발급한 10% 과세매출로 [22.현과] 입력한다.
품목 등	공급대가 440,000원을 입력하면 공급가액, 부가세가 자동 안분 계산된다.
거래처	앤드류 거래처코드를 조회하여 입력한다.
전 자	세금계산서(계산서)가 아니므로 전자여부는 입력하지 않는다.
분 개	[1.현금], [3.혼합] 중 선택하여 분개한다. (차) 현 금 440,000 (대) 제품매출 400,000 / 부가세예수금 40,000

일	번호	유형	품목	수량	단가	공급가액	부가세	합계
15		현과	제품			440,000		

Enter↵

일	번호	유형	품목	수량	단가	공급가액	부가세	합계
15	50002	현과	제품			400,000	40,000	440,000

일	번호	유형	품목	수량	단가	공급가액	부가세	합계	코드	공급처명	사업/주민번호	전자	분개
15	50001	현과	제품			400,000	40,000	440,000	00170	앤드류			혼합

구분	계정과목		적요	거래처		차변(출금)	대변(입금)
대변	0255	부가세예수금	제품	00170	앤드류		40,000
대변	0404	제품매출	제품	00170	앤드류		400,000
차변	0101	현금	제품	00170	앤드류	440,000	

17.카과, 22.현과 매출유형 → 신용카드매출전표등발행금액집계표 반영

신용카드매출전표등발행금액집계표에는 공급대가(부가세포함)로 반영된다.

□➜ 2. 신용카드매출전표 등 발행금액 현황

구 분	합 계	신용·직불·기명식 선불카드	현금영수증	직불전자지급 수단 및 기명식선불 전자지급수단
합 계	2,640,000	2,200,000	440,000	
과세 매출분	2,640,000	17.카과 2,200,000	22.현과 440,000	
면세 매출분				
봉 사 료				

17.카과, 22.현과 매출유형 → 부가세 신고서 반영

[매출유형 부가세 신고서 반영]

• 17.카과매출, 22.현과매출 ⇢ 신고서 3번란 (19번란 반영 ☞ 제3절 부속신고서 작성에서 학습)

[F4 과세표준명세 작성방법]

• 제품매출 과세표준 2,400,000원이 포함되어 28번란에 반영된다.

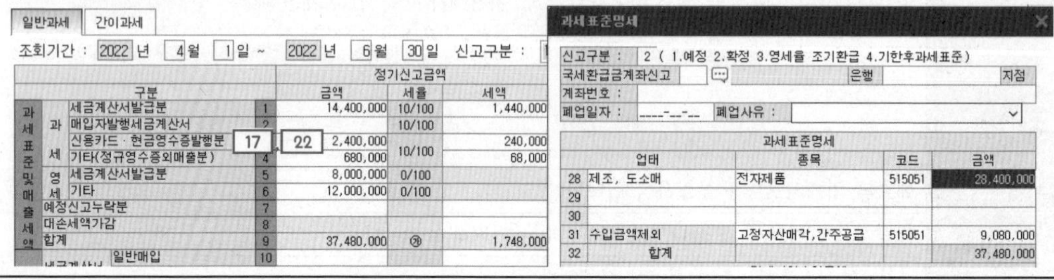

일반과세 | 간이과세

조회기간 : 2022 년 4 월 1 일 ~ 2022 년 6 월 30 일 신고구분 :

구분				정기신고금액 금액	세율	세액
과세표준및매출세액	과세	세금계산서발급분	1	14,400,000	10/100	1,440,000
		매입자발행세금계산서	2		10/100	
		신용카드 · 현금영수증발행분 (17, 22)	3	2,400,000	10/100	240,000
		기타(정규영수증외매출분)	4	680,000		68,000
	영세	세금계산서발급분	5	8,000,000	0/100	
		기타	6	12,000,000	0/100	
	예정신고누락분		7			
	대손세액가감		8			
	합계		9	37,480,000	㉮	1,748,000
		일반매입	10			

과세표준명세

신고구분 : 2 (1.예정 2.확정 3.영세율 조기환급 4.기한후과세표준)

국세환급금계좌신고 | 은행 | 지점

계좌번호 :

폐업일자 : ----.--.-- 폐업사유 :

	업태	종목	코드	금액
28	제조, 도소매	전자제품	515051	28,400,000
29				
30				
31	수입금액제외	고정자산매각,간주공급	515051	9,080,000
32	합계			37,480,000

8 11.과세매출 (신용카드매출전표 중복 발급)

4월 20일 (주)다우전자에게 제품을 3,000,000원(부가세별도) 판매하고 전자세금계산서를 발급하였다. 대금은 당일에 국민카드로 결제를 받아 신용카드매출전표영수증을 발급하였다. 해당 거래를 매입매출전표에 입력하시오.

유 형	세금계산서와 신용카드가 동시에 발급되는 경우에는 세금계산서가 법정증빙이 되고 신용카드는 결제수단이 된다. 따라서 전자세금계산서를 발행한 10% 과세매출이므로 [11.과세] 입력한다.
품목 등	공급가액을 입력하여 부가세가 10% 반영되는지 확인한다.
거래처	(주)다우전자 거래처코드를 조회하여 입력한다.
전 자	전자세금계산서이므로 [1.여]를 입력한다.
분 개	주의 세금계산서와 신용카드가 동시에 발급된 경우에는 분개유형을 [4.카드]를 선택하고 신용드사를 입력한다. [4.카드]로 입력해야 신용카드매출전표발행집계표 작성이 된다. 또한 거래처는 반드시 카드사가 입력되는지 확인한다. 신용카드사 및 봉사료 입력 신용카드사: 99601 국민카드 봉 사 료: 확인(Tab, Esc) (차) 외상매출금 [국민카드] 3,300,000 (대) 제품매출 3,000,000 부가세예수금 300,000

일	번호	유형	품목	수량	단가	공급가액	부가세	합계	코드	공급처명	사업/주민번호	전자	분개
20	50002	과세	제품			3,000,000	300,000	3,300,000	00128	(주)다우전자	113-81-12169	여	카드

신용카드사 99601 국민카드 봉사료

NO : 50002 (대체) 전표 일자 : 2022 년 4 월

구분	계정과목	적요			거래처	차변(출금)	대변(입금)
차변	0108 외상매출금	제품		카	99601 국민카드	3,300,000	
대변	0255 부가세예수금	제품			00128 (주)다우전자		300,000
대변	0404 제품매출	제품			00128 (주)다우전자		3,000,000

17.카과, 22.현과 매출유형 → 신용카드매출전표등발행금액집계표 반영

신용카드매출전표발급과 동시에 세금계산서발급이 집계표에 반영된다.

2. 신용카드매출전표 등 발행금액 현황

구 분	합 계	신용·직불·기명식 선불카드	현금영수증	직불전자지급 수단 및 기명식선불 전자지급수단
합 계	5,940,000	5,500,000	440,000	
과세 매출분	5,940,000	5,500,000	440,000	
면세 매출분				
봉 사 료				

신용카드과세매출전표 2건 5,500,000원 중 세금계산서 발행 3,300,000원

3. 신용카드매출전표 등 발행금액중 세금계산서 교부내역

세금계산서발급금액	3,300,000	계산서발급금액	

빈출 실무수행문제

제3장 부가가치세 실무(매출전표입력) 정답 및 해설 : p.47

(주)소망상사 (회사코드 : 5006) ✓ 회사변경 후 실무수행 연습하기

10월 1일 (주)삼구에 전자제품 1,000개(단위당 단가 80,000원)를 판매하고 전자세금계산서를 발행하였다. 대금은 40,000,000원은 3개월 만기 어음으로 수취하였고, 나머지는 다음 달에 받기로 하였다.

10월 3일 랜드전자에 2월 3일에 외상 판매했던 제품 중 2대(대당 2,500,000원, 부가가치세 별도)가 불량으로 반품처리되었다. 이에 따라 반품 전자세금계산서를 발급하였다. 대금은 외상매출금과 상계처리하기로 하며 음의 부수(−)로 회계처리한다.

10월 6일 소비자 김철수에게 비품을 330,000원(부가가치세 포함)에 판매하고 대금을 전액 현금으로 수령한 후 소득공제용 현금영수증을 발급하였다. 비품 판매 직전의 비품 취득원가 1,200,000원, 감가상각누계액 1,000,000원이다. 하나의 전표로 입력할 것

10월 7일 비사업자인 이수원에게 제품을 판매하고 외상대금을 제외한 금액은 보통예금 계좌로 수령하였으며 다음과 같이 전자세금계산서를 교부하였다. 거래처를 코드 900번으로 등록하고 회계처리를 하시오.

전자세금계산서(공급자보관용)

책번호: 권 호

일련번호: -

구분					구분				
공급자	등록번호	214-81-29167			공급받는자	등록번호			
	상호(법인명)	(주)소망상사	성명(대표자)	김용범		상호(법인명)		성명(대표자)	이수원
	사업장 주소	서울시 강남구 압구정로 28길 11				사업장 주소	서울시 동작구 신대방2동 100		
	업 태	제조, 소매 외	종 목	전자제품		업 태		종 목	

작성 연	월	일	공란수	공급가액	세액	비고
22	10	7		1 0 0 0 0 0 0	1 0 0 0 0 0	주민등록번호 : 700418-1234568

월	일	품목	규격	수량	단가	공급가액	세액	비고
10	7	전자제품		1		1,000,000	100,000	

합계금액	현 금	수 표	어 음	외상미수금	이 금액을 영수/청구 함
1,100,000	600,000			500,000	

10월 8일 보통예금 계좌에 550,000원이 입금되었음을 확인한 바, 동 금액은 비사업자인 김철수에게 제품을 판매한 것으로 해당 거래에 대하여 별도의 세금계산서나 현금영수증을 발급하지 않았음을 확인하였다.

10월 9일 고려상사에 제품을 13,000,000원(부가가치세 별도)에 공급하고 전자세금계산서를 발급하였다. 대금은 5월 20일 계약금으로 수령한 5,000,000원을 제외한 잔액을 보통예금으로 수령하였다.

10월 10일 수출업체인 (주)청주에 제품 6,000,000원을 동 날짜로 받은 구매확인서에 의해 납품하고 전자세금계산서를 발급한 후 대금은 전액 현금으로 받았다.

10월 13일 영국 OTP사에 제품을 $100,000에 직수출(수출신고일 : 10월 10일, 선적일 : 10월 13일)하고, 수출대금은 10월 30일에 받기로 하였다. 수출과 관련된 내용은 다음과 같다(수출신고번호는 고려하지 말 것).

일 자	10월 10일	10월 13일	10월 30일
기준환율	1,200원/$	1,150원/$	1,180원/$

10월 14일 금일 바야로에 제품을 수출(선적)하였다. 수출대금은 이미 10월 6일에 일본 엔화로 송금받아 즉시 원화로 환전하여 당사의 보통예금에 입금하였다. 단, 수출과 관련된 내용은 다음과 같으며, 회계처리는 일반기업회계기준에 따라 하시오.

- 수출신고일 : 2022.10.10
- 선적일 : 2022.10.14
- 수출가격 : ¥10,000,000
- 계약금에 대한 회계처리는 조회하여 확인할 것

일 자	10월 6일	10월 10일	10월 14일
기준환율	1,000원/100¥	1,100원/100¥	1,150원/100¥

10월 15일 미국 동부의 SELLA.CO.LTD사에 수출할 제품($300,000)을 부산항에서 금일 선적 완료하였다. 당해 수출과 관련하여 당사는 이미 8월 5일 계약금으로 $20,000를 받아 원화로 환가하여 24,000,000원이 보통예금 계좌에 입금되었으며, 나머지 수출대금은 11월 25일 모두 받기로 하였다. 일자별 환율은 다음과 같다(단, 회계처리는 부가가치세법에 따라 하시오).

구 분	8월 5일	10월 15일	11월 25일
기준환율($1당)	1,200원	1,300원	1,100원

10월 16일 홍콩에 소재하는 아일랜드에게 제품을 US$100,000에 수출하고 대금은 다음과 같이 받기로 하고, 당일 US$60,000이 보통예금에 입금되었다. 10월 16일의 회계처리만 처리하시오.

판매대금	대금수령일	결제방법	비 고
US$60,000	10월 16일	외화통장으로 입금	선적일
US$40,000	10월 20일	외화통장으로 입금	잔금청산일

단, 이와 관련하여 적용된 환율은 다음과 같다.

기준환율	• 10월 16일 : US$1당 1,100원	• 10월 20일 : US$1당 1,200원

10월 17일 당사는 제품 제조에 사용하던 기계장치를 중국 (주)베이징에 수출하고, 매각대금은 다음 달 말일 받기로 하였다. 매각자산의 당기 감가상각비는 고려하지 않기로 한다.

- 매각대금 : 60,000위안(적용환율 : 1위안당 180원)
- 취득가액 : 20,000,000원
- 전기말 감가상각누계액 : 12,000,000원

10월 18일 (주)경남기업에 제품을 3,000,000원(부가가치세 별도)에 판매하고 판매대가 전액에 대하여 (주)경남기업에 대한 단기차입금과 상계하기로 하였다. 당사는 전자세금계산서를 발행하였다.

10월 20일 당사는 보유 중인 특허권(장부가액 : 30,000,000원)을 25,000,000원(부가가치세 별도)에 (주)전자월드에 처분하고 전자세금계산서를 발행하였다. 관련 판매대금 전액은 당일에 보통예금으로 송금받았다.

10월 21일 한국상사에게 제품을 10,000,000원(부가가치세 별도)에 판매하고 전자세금계산서를 교부하였다. 부가가치세를 포함한 판매대금 중 2,000,000원은 한국상사의 거래처인 백두상사에 대한 외상매출채권을 백두상사의 동의하에 인수하였고, 나머지 대금은 당사의 보통예금으로 입금되었다. 하나의 전표로 입력하시오.

11월 2일 본사에서 사용하던 건물을 (주)신방에 44,000,000(부가가치세 포함)에 매각하고, 전자세금계산서를 발행하였다. 대금은 (주)나이스에 대한 원재료 외상매입액 30,000,000원을 (주)신방에서 대신 변제하기로하고, 나머지 잔액은 보통예금으로 입금받았다. 해당 건물 취득원가는 100,000,000원이며 처분 시 감가상각누계액은 40,000,000원이다.

11월 4일 상품포장 시 발생한 폐지를 금일자로 (주)대일재활용에 처분하고, 현금 3,300,000원(부가가치세 포함)을 받은 후 전자세금계산서를 교부하였다. 단, 폐지에 대한 원가는 없는 것으로 하며, 손익관련 계정과목은 영업외손익 중 가장 적절한 것을 적용하시오.

11월 5일 (주)미생에 다음과 같이 제품을 할부판매하고, 전자세금계산서를 교부하였다. 할부금은 약정기일에 보통예금에 입금되었다.

<table>
<tr><td>인도일</td><td colspan="4">2022.11.5(총 공급가액 30,000,000원, 총 세액 3,000,000원)</td></tr>
<tr><td rowspan="4">할부내역</td><td>구 분</td><td>1차 할부</td><td>2차 할부</td><td>3차 할부</td></tr>
<tr><td>약정기일</td><td>2022.11.5</td><td>2022.12.5</td><td>2022.12.15</td></tr>
<tr><td>공급가액</td><td>10,000,000원</td><td>10,000,000원</td><td>10,000,000원</td></tr>
<tr><td>세 액</td><td>1,000,000원</td><td>1,000,000원</td><td>1,000,000원</td></tr>
</table>

11월 6일 (주)하이테크에 제품 300,000,000원(부가가치세 별도)을 장기할부조건으로 판매하고, 2022년 11월 6일에 제품을 인도하였으며, 대가의 각 부분을 받기로 한 때 전자세금계산서를 정상적으로 발급하였다. 할부금은 약정기일에 정상적으로 보통예금에 입금되었다. 2022년 11월 6일의 회계처리를 입력하시오(각 할부금은 회수시점에 정확히 회수하였으며, 수익인식기준을 회수기일 도래기준에 따라 처리하기로 함).

구 분	1차 할부	2차 할부	3차 할부	4차 할부	합 계
약정기일	2022.11.6	2023.11.6	2024.11.6	2025.11.6	
공급가액	75,000,000원	75,000,000원	75,000,000원	75,000,000원	300,000,000원
부가가치세	7,500,000원	7,500,000원	7,500,000원	7,500,000원	30,000,000원

11월 7일 (주)해동무역과 다음의 장기연불 조건의 제품 판매계약을 체결하고 제품을 인도하였다. 제1회차 할부금액 및 부가가치세는 제품인도와 동시에 보통예금 계좌로 입금되었고, 전자세금계산서는 부가가치세법에 따라 발행되었으며 매출수익은 판매대가 전액을 인도시점에 명목가액으로 인식하였다(단, 2・3회차 할부금 계정과목은 외상매출금을 사용할 것).

구 분	계약서상 지급일	계약서상 지급액(부가가치세 별도)
제1회차 할부금	2022년 11월 7일	200,000,000원
제2회차 할부금	2023년 11월 7일	200,000,000원
제3회차 할부금	2024년 11월 7일	200,000,000원
총 계		600,000,000원

11월 10일 비사업자인 김철수에게 제품을 판매하고, 판매대금 440,000원(부가가치세 포함)은 신용카드(비씨카드)로 결제받았다.

11월 14일 개인소비자 김미선에게 제품을 880,000원(부가가치세 포함)에 판매하고 현금영수증을 발급하였다. 대금은 기존에 발행하였던 상품권 1,000,000원을 수령하고, 잔액은 현금으로 지급하였다.

11월 15일 회사를 이전하면서 직원 식사를 위해 구입하였던 쌀 10kg을 쌀 판매점인 충남상회에 500,000원에 판매하고 국민카드로 결제 받았다. 쌀의 구입원가는 500,000원이며 구입 당시 소모품으로 회계처리하였다(단, 쌀 판매는 당사의 사업과 관련된 부수재화에 해당되지 않음).

11월 20일 매입한 원재료 중 원가 600,000원(판매가 990,000원)을 매출처인 (주)미래전자에 접대용으로 제공하였다(단, 매입 시 원재료는 적법하게 매입세액 공제를 받았다).

11월 30일 당사는 (주)지성상사와 다음의 두 거래를 하고 11월 30일에 월합계세금계산서를 전자로 작성하여 교부하였다. 복수거래로 매입매출전표를 입력하고 회계처리는 공급일이 아닌 세금계산서 작성일에 두 거래를 하나의 전표로 처리하시오.

- 11월 10일 : 제품(1,000개, 단가 10,000원)을 외상으로 판매하였다.
- 11월 20일 : 제품(500개, 단가 10,000원)을 판매하고 대금은 어음으로 수취하였다.

매입전표

01 매입전표 유형별 입력방법

매입					
51.과세	과세매입	56.금전	금전등록	61.현과	현금과세
52.영세	영세율	57.카과	카드과세	62.현면	현금면세
53.면세	계산서	58.카면	카드면세		
54.불공	불공제	59.카영	카드영세		
55.수입	수입분	60.면건	무증빙		

매입유형	수취한 증빙	과 세	입력내용
51.과세	세금계산서	10%	세금계산서 수취에 의한 10% 매입세액 공제 가능
52.영세	세금계산서	0%	영세율세금계산서 수취
53.면세	계산서	면세	계산서 수취에 의한 면세 매입
54.불공	세금계산서	10%	세금계산서 수취하였으나 10% 매입세액 공제 불가능 → 매입세액 불공제 사유 반드시 입력
55.수입	세금계산서	10%	수입세금계산서 수취에 의한 10% 매입세액 공제 가능
57.카과	신용카드매출전표	10%	신용카드 수취에 의한 10% 매입세액 공제 가능
58.카면	신용카드매출전표	면세	신용카드 수취에 의한 면세 매입
59.카영	신용카드매출전표	0%	신용카드 수취에 의한 0% 매입
60.면건	–	면세	무증빙에 의한 면세 매입
61.현과	현금영수증	10%	현금영수증 수취에 의한 10% 매입세액 공제 가능
62.현면	현금영수증	면세	현금영수증 수취에 의한 면세 매입

사용하지 않는 매입유형 : 56.금전. 현재는 폐지되어 사용하지 않는다.

54.불공 : 세금계산서를 수취하였음에도 매입세액 불공제인 경우 사유를 선택해야 함

전체

번호	불공제사유
	여기를 클릭하여 검색
1	①필요적 기재사항 누락 등
2	②사업과 직접 관련 없는 지출
3	③비영업용 소형승용자동차 구입· 유지 및 임차
4	④접대비 및 이와 유사한 비용 관련
5	⑤면세사업 관련
6	⑥토지의 자본적 지출 관련
7	⑦사업자등록 전 매입세액
8	⑧금.구리 스크랩 거래계좌 미사용 관련 매입세액
9	⑨공통매입세액안분계산분
10	⑩대손처분받은 세액
11	⑪납부세액재계산분

[환경등록] 메뉴의 부가세포함 여부 → 매입매출전표 반영

4 부가세 포함 여부

카과, 현과의 공급가액에 부가세 포함	1.전체포함
건별 공급가액에 부가세 포함	1.포함
과세 공급가액에 부가세 포함	0.전체미포함

유형	품목	수량	단가	공급가액	부가세	합계	코드
카과				400,000	40,000	440,000	
현과				400,000	40,000	440,000	

440,000 입력

• 51.과세, 54.불공, 55.수입 : 공급가액란에 '공급가액(부가세별도)'을 입력한다.

• 57.카과, 61.현과 : 공급가액란에 '공급대가(부가세포함)'를 입력하면 자동으로 공급가액과 부가세가 안분 계산된다.

[환경등록] 메뉴의 신용카드매입채무 계정과목 → 매입매출전표 반영

"분개유형 설정"을 신용카드매입채무에 '미지급금'으로 되어 있다면 분개유형을 [4.카드]로 선택하면 계정과목이 대변에 미지급금으로 자동 반영되고, 거래처도 입력한 카드사가 자동 반영된다.

대부분 시험 응시할 때 환경설정은 아래와 같이 설정되어 있다.

2 분개유형 설정

매출	0404	제품매출
매출채권	0108	외상매출금
매입	0153	원재료
매입채무	0251	외상매입금
신용카드매출채권	0108	외상매출금
신용카드매입채무	0253	미지급금

〈입력 시 주의사항〉 57.카과, 61.현과

• 신용카드매출전표, 현금영수증을 수취한 10% 과세매입의 경우
거래상대방(발급자)이 누구인지, 매입거래내용이 공제가 되는지에 따라서 매입세액 공제 가능여부가 결정되고, 전표의 유형도 달라지므로 주의해야 한다.

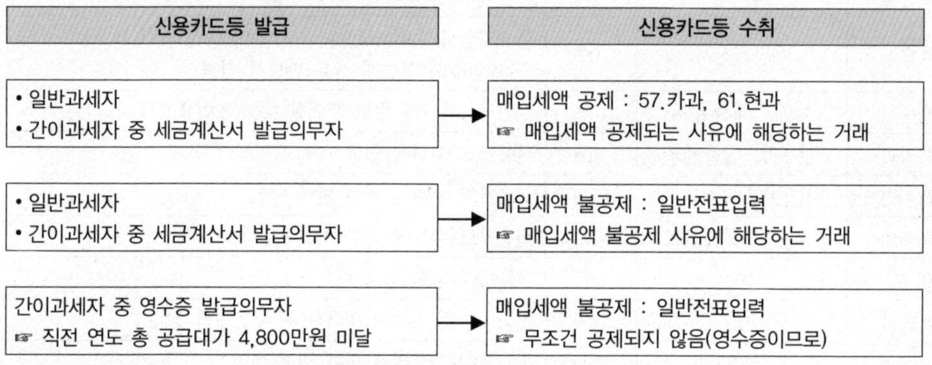

신용카드등 발급
신용카드등 수취
• 일반과세자
• 간이과세자 중 세금계산서 발급의무자
매입세액 공제 : 57.카과, 61.현과
☞ 매입세액 공제되는 사유에 해당하는 거래
• 일반과세자
• 간이과세자 중 세금계산서 발급의무자
매입세액 불공제 : 일반전표입력
☞ 매입세액 불공제 사유에 해당하는 거래
간이과세자 중 영수증 발급의무자
☞ 직전 연도 총 공급대가 4,800만원 미달
매입세액 불공제 : 일반전표입력
☞ 무조건 공제되지 않음(영수증이므로)

• 신용카드매출전표를 발행한 사업자가 영수증발급의무자인 경우
영수증발급의무자(미용업, 이발업, 여객운송업, 입장권발행사업자 등)로부터 신용카드(현금영수증)를 수취한 과세매입의 경우에는 매입세액 공제요건은 충족되지 않는다. 따라서 신용카드매출전표를 수취하였으나 매입세액이 공제되지 않는 경우에는 매입매출전표에 입력하지 않는다. 반드시 일반전표에 입력하여 비용처리를 한다.
매입매출전표입력(×) → 일반전표입력(○)

02 매입전표 유형별 입력하기

(주)믿음상사 (회사코드 : 5007) ✓ 회사변경 후 실무수행 연습하기

1 51.과세매입

6월 1일 (주)부흥상사에서 원재료를 20,000,000원(부가가치세 별도)에 구입하면서 전자세금계산서를 수취하고 대금 중 30%는 당좌수표를 발행하여 지급하고 잔액은 외상으로 하였다. 해당 거래를 매입매출전표에 입력하시오.

<table>
<tr><td colspan="7">전자세금계산서 (공급받는자 보관용)</td><td>승인번호</td><td colspan="2">1458712100</td></tr>
<tr><td rowspan="5">공급자</td><td>사업자등록번호</td><td colspan="3">136-81-32737</td><td rowspan="5">공급받는자</td><td>사업자등록번호</td><td colspan="3">214-81-29167</td></tr>
<tr><td>상호(법인명)</td><td>(주)부흥상사</td><td>성명(대표자)</td><td>나부흥</td><td>상호(법인명)</td><td>(주)믿음상사</td><td>성명(대표자)</td><td>김용범</td></tr>
<tr><td>사업장주소</td><td colspan="3">서울 송파구 동남로 117</td><td>사업장 주소</td><td colspan="3">서울 강남구 압구정로28길 11</td></tr>
<tr><td>업 태</td><td>제 조</td><td>종 목</td><td>전자제품</td><td>업 태</td><td>제조도소매</td><td>종 목</td><td>전자제품</td></tr>
<tr><td>이메일</td><td colspan="3">sdglj@naver.com</td><td>이메일</td><td colspan="3">nam128@naver.com</td></tr>
<tr><td colspan="2">작성일자</td><td>공급가액</td><td>세 액</td><td colspan="6">수정사유</td></tr>
<tr><td colspan="2">2022. 6. 1.</td><td>20,000,000</td><td>2,000,000</td><td colspan="6"></td></tr>
<tr><td colspan="2">비 고</td><td colspan="8"></td></tr>
</table>

월	일	품 목	규 격	수 량	단 가	공급가액	세 액	비 고
6	1	원재료		1,000	20,000	20,000,000	2,000,000	

합계금액	현 금	수 표	어 음	외상미수금	이 금액을 영수/청구 함
22,000,000		6,600,000		15,400,000	

유 형	전자세금계산서를 수취한 10% 과세매입으로 [51.과세] 입력한다.
품목 등	품목과 수량을 입력하면 공급가액과 부가세가 입력된다.
거래처	(주)부흥상사 거래처코드를 조회하여 입력한다.
전 자	전자세금계산서이므로 [1.여]를 입력한다.
분 개	세금계산서 하단부에 결제방식이 수표(당좌수표), 외상이므로 [3.혼합]으로 입력하여 결제된 계정과목으로 수정하여 입력한다. (차) 부가세대급금 2,000,000 (대) 당좌예금 6,600,000 원재료 20,000,000 외상매입금 15,400,000

일	번호	유형	품목	수량	단가	공급가액	부가세	합계	코드	공급처명	사업/주민번호	전자	분개
1	50002	과세	원재료	1,000	20,000	20,000,000	2,000,000	22,000,000	00153	(주)부흥상사	136-81-32737	여	혼합

구분	계정과목	적요	거래처	차변(출금)	대변(입금)
차변	0135 부가세대급금	원재료 1000X20000	00153 (주)부흥상/	2,000,000	
차변	0153 원재료	원재료 1000X20000	00153 (주)부흥상/	20,000,000	
대변	0102 당좌예금	원재료 1000X20000	00153 (주)부흥상/		6,600,000
대변	0251 외상매입금	원재료 1000X20000	00153 (주)부흥상/		15,400,000

6월 2일 **(주)서울지게차로부터 공장에 사용할 지게차(차량운반구)를 5,000,000원(부가세 별도)에 외상으로 구입하고 전자세금계산서를 수취하다.**

유 형	세금계산서를 수취한 10% 과세매입이므로 [51.과세] 입력한다.
품목 등	공급가액 5,000,000원을 입력하면 부가세 500,000원 자동 반영된다.
거래처	(주)서울지게차 거래처코드를 조회하여 입력한다.
전 자	전자세금계산서이므로 [1.여]를 입력한다.
분 개	[3.혼합]을 선택하여 차량운반구와 미지급금으로 계정과목을 수정한다. (차) 부가세대급금 500,000 (대) 미지급금 5,500,000 차량운반구 5,000,000

일	번호	유형	품목	수량	단가	공급가액	부가세	합계	코드	공급처명	사업/주민번호	전자	분개
2	50010	과세	지게차			5,000,000	500,000	5,500,000	00187	(주)서울지게차	206-85-22365	여	혼합

구분	계정과목		적요	거래처		차변(출금)	대변(입금)
차변	0135	부가세대급금	지게차	00187	(주)서울지게	500,000	
차변	0208	차량운반구	지게차	00187	(주)서울지게	5,000,000	
대변	0253	미지급금	지게차	00187	(주)서울지게		5,500,000

6월 3일 **(주)부흥상사로부터 매입한 원재료 중의 일부가 품질에 문제가 있어 반품하고 수정전자세금계산서를 수취하였다. 대금은 외상대금과 상계처리하기로 하였으며 해당 거래를 매입매출전표에 입력하시오.**

수정전자세금계산서 (공급받는자 보관용)						승인번호	132258769		
공급자	사업자등록번호	136-81-32737			공급받는자	사업자등록번호	214-81-29167	종사업장 번호	
	상호(법인명)	(주)부흥상사	성명(대표자)	나부흥		상호(법인명)	(주)믿음상사	성명(대표자)	김용범
	사업장주소	서울 송파구 동남로 117				사업장 주소	서울 강남구 압구정로28길 11		
	업 태	제조/도소매	종 목	전자제품		업 태		종 목	
	이메일	sdglj@naver.com				이메일	nam128@naver.com		

작성일자	공급가액	세 액	수정사유
2022. 6. 3.	-800,000	-80,000	일부 반품
비 고			

월	일	품 목	규 격	수 량	단 가	공급가액	세 액	비 고
6	3	원재료		-40	20,000	-800,000	-80,000	

합계금액	현 금	수 표	어 음	외상미수금	이 금액을 영수/청구 함
-880,000				-880,000	

유 형	전자세금계산서를 수취한 10% 과세매입으로 [51.과세] 입력한다.
품목 등	반품한 수량 '-40', 단가 20,000원을 입력하면 공급가액과 부가세가 반영된다.
거래처	(주)부흥상사 거래처코드를 조회하여 입력한다.
전 자	전자세금계산서이므로 [1.여]를 입력한다.

분 개	[2. 외상]을 선택하여 외상매입금 −880,000원으로 처리한다. 부가세대급금 계정은 차변에만 발생하므로 반품 등의 마이너스 세금계산서의 경우 외상대금과 상계처리하는 거래라면 [2. 외상]으로 반제하여 음수처리한다. (차) 부가세대급금 −80,000 (대) 외상매입금 −880,000 원재료 −800,000

일	번호	유형	품목	수량	단가	공급가액	부가세	합계	코드	공급처명	사업/주민번호	전자	분개
3	50001	과세	반품	-40	20,000	-800,000	-80,000	-880,000	00153	(주)부흥상사	136-81-32737	여	외상

구분	계정과목		적요	거래처		차변(출금)	대변(입금)
대변	0251	외상매입금	반품 -40X20000	00153	(주)부흥상/		-880,000
차변	0135	부가세대급금	반품 -40X20000	00153	(주)부흥상/	-80,000	
차변	0153	원재료	반품 -40X20000	00153	(주)부흥상/	-800,000	

6월 4일 **원재료를 구입하면서 운반비로 친절용달에게 77,000원(부가가치세 포함)을 현금으로 지급하고 수기로 작성된 세금계산서를 수취하였다.**

유 형	세금계산서를 수취한 10% 과세매입으로 [51. 과세] 입력한다.
품목 등	공급가액란에 70,000원을 입력하여 부가세가 반영되도록 한다.
거래처	친절용달 거래처코드를 조회하여 입력한다.
전 자	전자세금계산서가 아니므로 [0. 부]를 입력한다.
분 개	[1. 현금] 또는 [3. 혼합]으로 입력한다. 원재료 매입 시 운임은 원가에 포함하므로 운반비 70,000원은 원재료 계정으로 처리한다. (차) 부가세대급금 7,000 (대) 현 금 77,000 원재료 70,000

일	번호	유형	품목	수량	단가	공급가액	부가세	합계	코드	공급처명	사업/주민번호	전자	분개
4	50014	과세	운반비			70,000	7,000	77,000	00166	친절용달	417-81-15127		혼합

구분	계정과목		적요	거래처		차변(출금)	대변(입금)
차변	0135	부가세대급금	운반비	00166	친절용달	7,000	
차변	0153	원재료	운반비	00166	친절용달	70,000	
대변	0101	현금	운반비	00166	친절용달		77,000

6월 5일 **생산부에서 사용한 전화요금의 명세서를 보고 매입매출전표입력 메뉴에 입력하시오. 납부는 나중에 할 것이며, 6월분의 비용으로 처리하시오(해당 명세서는 전자세금계산서 기능이 있음).**

2022년 6월 명세서

- 금 액 : 88,500원
- 납 기 일 : 2022년 6월 26일
- 작성일자 : 2022년 6월 05일
- 공급자명 : (주)케이텔레콤
- 공 급 자 등 록 번 호 : 122-81-14782
- 공급받는자 등록번호 : 214-81-29167
- 세금계산서 공급가액 : 80,455원
- 부 가 가 치 세 : 8,045원

유 형	해당 명세서는 전자세금계산서 기능이 있으므로 10% 과세매입 [51.과세] 입력한다.
품목 등	공급가액 80,455원 입력하여 세액을 반영한다.
거래처	(주)케이텔레콤 거래처코드를 조회하여 입력한다.
전 자	전자세금계산서이므로 [1.여]를 입력한다.
분 개	비용을 납부한 상태가 아니므로 [3.혼합]으로 입력하여 미지급금으로 처리한다. (차) 부가세대급금 8,045 (대) 미지급금 88,500 통신비 80,455

일	번호	유형	품목	수량	단가	공급가액	부가세	합계	코드	공급처명	사업/주민번호	전자	분개
5	50001	과세	전화요금			80,455	8,045	88,500	00188	(주)케이텔레콤	122-81-14782	여	혼합

구분	계정과목		적요	거래처		차변(출금)	대변(입금)
차변	0135	부가세대급금	전화요금	00188	(주)케이텔ㄹ	8,045	
차변	0514	통신비	전화요금	00188	(주)케이텔ㄹ	80,455	
대변	0253	미지급금	전화요금	00188	(주)케이텔ㄹ		88,500

6월 6일 **당사는 이번 달 생일을 맞이한 직원들에게 생일선물로 지급하기 위해 (주)오리엔트로부터 아래와 같은 내역의 손목시계세트를 현금으로 구입하고, 전자세금계산서를 교부받았다(단, 이와 관련하여 개인적 공급에 대한 부가가치세 신고는 적정하게 수행하였다).**

소 속	구매수량	단 가	공급가액	세 액	합 계
생산부서	10세트	@100,000원	1,000,000원	100,000원	1,100,000원
관리부서	8세트	@100,000원	800,000원	80,000원	880,000원
합 계	18세트	–	1,800,000원	180,000원	1,980,000원

유 형	개인적공급에 대한 부가세 신고는 적정하게 수행하였으므로 해당 거래는 매입 시 매입세액 공제를 받는 유형으로 [51.과세] 입력한다.
품목 등	수량과 단가를 입력하여 공급가액과 세액을 반영한다.
거래처	(주)오리엔트 거래처코드를 조회하여 입력한다.
전 자	전자세금계산서이므로 [1.여]를 입력한다.
분 개	[1.현금] 또는 [3.혼합]으로 입력한다. 복리후생비는 생산부서(제) 1,000,000원과 관리부서(판) 800,000원으로 구분하여 입력한다. (차) 부가세대급금 180,000 (대) 현 금 1,980,000 복리후생비(제) 1,000,000 복리후생비(판) 800,000

일	번호	유형	품목	수량	단가	공급가액	부가세	합계	코드	공급처명	사업/주민번호	전자	분개
6	50001	과세	시계	18	100,000	1,800,000	180,000	1,980,000	00189	(주)오리엔트	136-81-00652	여	혼합

구분	계정과목		적요	거래처		차변(출금)	대변(입금)
차변	0135	부가세대급금	시계 18X100000	00189	(주)오리엔!	180,000	
차변	0511	복리후생비	시계 18X100000	00189	(주)오리엔!	1,000,000	
차변	0811	복리후생비	시계 18X100000	00189	(주)오리엔!	800,000	
대변	0101	현금	시계 18X100000	00189	(주)오리엔!		1,980,000

2 52.영세매입

6월 7일 (주)신방으로부터 구매확인서에 의해 원재료를 15,000,000원에 매입하고 대금 중 5,000,000원은 현금으로 결제하고 잔액은 3개월 외상으로 하여 영세율전자세금계산서를 발급받았다.

유 형	전자세금계산서를 수취한 0% 과세매입으로 [52.영세] 입력한다.
품목 등	공급가액을 입력하면 부가세는 반영되지 않는다.
거래처	(주)신방 거래처코드를 조회하여 입력한다.
전 자	전자세금계산서이므로 [1.여]를 입력한다.
분 개	[3.혼합]으로 설정하여 대변에 현금과 외상매입금 계정으로 수정한다. (차) 원재료 15,000,000 (대) 현 금 5,000,000 외상매입금 10,000,000

일	번호	유형	품목	수량	단가	공급가액	부가세	합계	코드	공급처명	사업/주민번호	전자	분개
7	50002	영세	원재료			15,000,000		15,000,000	00176	(주)신방	105-81-00809	여	혼합

구분	계정과목		적요	거래처		차변(출금)	대변(입금)
차변	0153	원재료	원재료	00176	(주)신방	15,000,000	
대변	0101	현금	원재료	00176	(주)신방		5,000,000
대변	0251	외상매입금	원재료	00176	(주)신방		10,000,000

3 53.면세매입

6월 8일 영업부 사무실의 임대인 삼미빌딩에게서 전자계산서를 수취하였다. 내역은 수도요금 50,000원이며 이를 수도광열비로 회계처리하고 대금은 이달 말일에 지급하기로 한다.

유 형	전자계산서를 수취한 면세매입으로 [53.면세] 입력한다.
품목 등	공급가액을 입력하면 면세이므로 부가세는 반영되지 않는다.
거래처	삼미빌딩 거래처코드를 조회하여 입력한다.
전 자	전자계산서이므로 [1.여]를 입력한다.
분 개	[3.혼합]으로 설정하여 대변은 미지급금으로 입력한다. (차) 수도광열비 50,000 (대) 미지급금 50,000

일	번호	유형	품목	수량	단가	공급가액	부가세	합계	코드	공급처명	사업/주민번호	전자	분개
8	50001	면세	수도요금			50,000		50,000	00140	삼미빌딩	121-81-33433	여	혼합

구분	계정과목		적요	거래처		차변(출금)	대변(입금)
차변	0815	수도광열비	수도요금	00140	삼미빌딩	50,000	
대변	0253	미지급금	수도요금	00140	삼미빌딩		50,000

6월 9일 **매출처가 이전하여 당사는 축하화환을 예쁜꽃화원에서 200,000원에 구입하였다. 수기로 작성한 계산서를 발급받고, 보통예금으로 지급하였다.**

유 형	계산서를 수취한 면세매입으로 [53.면세] 입력한다.
품목 등	공급가액을 입력하면 면세이므로 부가세는 반영되지 않는다.
거래처	예쁜꽃화원 거래처코드를 조회하여 입력한다.
전 자	전자계산서가 아니므로 [0.부]를 입력한다.
분 개	[3.혼합]으로 설정하여 대변은 보통예금으로 입력한다. (차) 접대비 200,000 (대) 보통예금 200,000

일	번호	유형	품목	수량	단가	공급가액	부가세	합계	코드	공급처명	사업/주민번호	전자	분개
9	50010	면세	거래처 화환			200,000		200,000	00190	예쁜꽃화원	137-04-12034		혼합

구분	계정과목		적요	거래처		차변(출금)	대변(입금)
차변	0813	접대비	거래처 화환	00190	예쁜꽃화원	200,000	
대변	0103	보통예금	거래처 화환	00190	예쁜꽃화원		200,000

4 54.불공매입

6월 10일 **영업부에서 사용할 4인용 승용차 2,000cc(공급가액 20,000,000원 부가가치세 2,000,000원)를 (주)국제자동차로부터 구입하고 전자세금계산서를 교부받았으며 이미 지급한 계약금 2,000,000원을 제외한 나머지 금액을 서울캐피탈의 할부금융에서 10개월 상환약정을 하고 차입하여 지급하였다.**

유 형	[54.불공]은 전자세금계산서를 수취한 10% 과세매입이지만 매입세액은 공제되지 않는 유형이다.
품목 등	공급가액을 입력하면 부가세가 반영된다.
거래처	(주)국제자동차 거래처코드를 조회하여 입력한다.
전 자	전자세금계산서이므로 [1.여]를 입력한다.
불공제사유	매입세액 불공제 사유를 반드시 입력한다.
분 개	[3.혼합]을 선택하여 차변은 차량운반구 22,000,000원(부가세포함), 대변에 선급금 반제하고, 단기차입금 거래처는 서울캐피탈로 수정한다. (차) 차량운반구 22,000,000 (대) 선급금 2,000,000 단기차입금 20,000,000

번호	불공제사유
	여기를 클릭하여 검색
1	①필요적 기재사항 누락 등
2	②사업과 직접 관련 없는 지출
3	③비영업용 소형승용자동차 구입 · 유지 및 임차
4	④접대비 및 이와 유사한 비용 관련
5	⑤면세사업 관련
6	⑥토지의 자본적 지출 관련

일	번호	유형	품목	수량	단가	공급가액	부가세	합계	코드	공급처명	사업/주민번호	전자	분개
10	50002	불공	4인용 2,00			20,000,000	2,000,000	22,000,000	00136	(주)국제자동차	137-81-11981	여	혼합

불공제사유 3 ③비영업용 소형승용자동차 구입 · 유지 및 임차

NO : 50002 (대 체) 전 표 일 자 : 2022

구분	계정과목		적요	거래처		차변(출금)	대변(입금)
차변	0208	차량운반구	4인용 2,000cc 승용차	00136	(주)국제자	22,000,000	
대변	0131	선급금	4인용 2,000cc 승용차	00136	(주)국제자		2,000,000
대변	0260	단기차입금	4인용 2,000cc 승용차	00191	서울캐피탈		20,000,000

6월 11일 **영업부 특정 매출 거래처의 체육대회에 후원할 목적으로 수건 200장(한 장당 1,000원)을 월화타월에서 구입하고 대금 220,000원(공급가액 200,000원, 세액 20,000원)은 전액 보통예금으로 지급하고 종이 세금계산서를 수취하였다.**

유 형	[54.불공] 세금계산서를 수취한 10% 과세매입이지만 거래처 선물을 위한 접대비는 매입세액 공제가 되지 않는다.
품목 등	수량과 단가를 입력하면 공급가액 및 부가세가 반영된다.
거래처	월화타월 거래처코드를 조회하여 입력한다.
전 자	수기로 작성된 세금계산서이므로 전자 [0.부]를 입력한다.
불공제사유	불공제사유 [4. 접대비 및 이와 유사한 비용]으로 입력한다.
분 개	[3.혼합]을 선택하여 차변과 대변 모두 수정한다. 대변은 보통예금으로 수정, 차변은 부가세 포함한 220,000원을 접대비로 처리한다. (차) 접대비 220,000 (대) 보통예금 220,000

일	번호	유형	품목	수량	단가	공급가액	부가세	합계	코드	공급처명	사업/주민번호	전자	분개
11	50002	불공	거래처 선물	200	1,000	200,000	20,000	220,000	00192	월화타월	206-82-00400		혼합

불공제사유 4 ④접대비 및 이와 유사한 비용 관련

NO : 50002 (대 체) 전 표 일 자 : 2022

구분	계정과목		적요	거래처		차변(출금)	대변(입금)
차변	0813	접대비	거래처 선물 200X1000	00192	월화타월	220,000	
대변	0103	보통예금	거래처 선물 200X1000	00192	월화타월		220,000

6월 12일 **당사는 제품 야적장으로 사용할 목적으로 취득한 농지를 야적장 부지에 적합하도록 부지정리작업을 하고, 동 부지정리작업을 대행한 (주)대한토목으로부터 아래와 같은 내용의 전자세금계산서를 교부받았다(단, 대금전액은 금일자로 당사발행 약속어음(만기 : 내년)으로 지급하였다).**

작성일자	품 목	공급가액	세 액	합 계	비 고
22.06.12	지반평탄화작업	7,000,000원	700,000원	7,700,000원	청 구

유 형	[54.불공] 전자세금계산서를 수취한 10% 과세매입이지만 토지관련 매입세액은 공제가 되지 않는다.
거래처	(주)대한토목 거래처코드를 조회하여 입력한다.
전 자	전자 [1.여] 입력한다.
불공제사유	번호 / 불공제사유 / 여기를 클릭하여 검색 1 ①필요적 기재사항 누락 등 2 ②사업과 직접 관련 없는 지출 3 ③비영업용 소형승용자동차 구입· 유지 및 임차 4 ④접대비 및 이와 유사한 비용 관련 5 ⑤면세사업 관련 6 ⑥토지의 자본적 지출 관련 7 ⑦사업자등록 전 매입세액
분 개	[3.혼합]을 선택하여 차변은 토지(부가세포함), 대변은 기타채무 계정인 미지급금으로 입력한다. 주의 토지와 관련된 매입세액은 공제되지 않는다. (차) 토 지 7,700,000 (대) 미지급금 7,700,000

일	번호	유형	품목	수량	단가	공급가액	부가세	합계	코드	공급처명	사업/주민번호	전자	분개
12	50001	불공	지반평탄화			7,000,000	700,000	7,700,000	00193	(주)대한토목	105-81-00809	여	혼합

불공제사유 6 ⑥토지의 자본적 지출 관련

NO : 50001 (대 체) 전 표 일 자 : 2022

구분	계정과목		적요	거래처		차변(출금)	대변(입금)
차변	0201	토지	지반평탄화작업	00193	(주)대한토	7,700,000	
대변	0253	미지급금	지반평탄화작업	00193	(주)대한토		7,700,000

6월 13일 공장부지로 사용할 목적으로 토지를 매입하는 과정에서 법무사 수수료 1,000,000원(부가가치세 별도)이 발생되어 보통예금으로 지급하고 (주)한라컨설팅으로부터 종이세금계산서를 수취하였다.

유 형	[54.불공] 세금계산서를 수취한 10% 과세매입이지만 토지관련 매입세액은 공제가 되지 않는다.
거래처	(주)한라컨설팅 거래처코드를 조회하여 입력한다.
전 자	전자 [0.부] 입력한다.
불공제사유	⑥토지의 자본적 지출 관련 선택한다.
분 개	[3.혼합]을 선택하여 차변은 토지, 대변은 보통예금으로 수정한다. (차) 토 지 1,100,000 (대) 보통예금 1,100,000

일	번호	유형	품목	수량	단가	공급가액	부가세	합계	코드	공급처명	사업/주민번호	전자	분개
13	50007	불공	토지매입 수			1,000,000	100,000	1,100,000	00146	(주)한라컨설팅	107-81-54150		혼합

불공제사유 6 ⑥토지의 자본적 지출 관련

NO : 50007 (대 체) 전 표 일 자 : 2022

구분	계정과목		적요	거래처		차변(출금)	대변(입금)
차변	0201	토지	토지매입 수수료	00146	(주)한라컨	1,100,000	
대변	0103	보통예금	토지매입 수수료	00146	(주)한라컨		1,100,000

6월 14일 **출판사업부에서 사용할 기계장치를 (주)송파로부터 10,000,000원(부가가치세 별도)에 전액 외상으로 구입하고 전자세금계산서를 수취하였다. 당사에서는 출판사업부에서 발생한 모든 매출액에 대하여 부가가치세를 면세로 신고해오고 있다고 가정한다.**

<table>
<tr><td>유 형</td><td>[54.불공] 전자세금계산서를 수취한 10% 과세매입이지만 면세사업과 관련된 매입세액은 공제가 되지 않는다.</td></tr>
<tr><td>거래처</td><td>(주)송파 거래처코드를 조회하여 입력한다.</td></tr>
<tr><td>전 자</td><td>전자 [1.여] 입력한다.</td></tr>
<tr><td>불공제사유</td><td>
<table>
<tr><th>번호</th><th>불공제사유</th></tr>
<tr><td colspan="2">여기를 클릭하여 검색</td></tr>
<tr><td>1</td><td>①필요적 기재사항 누락 등</td></tr>
<tr><td>2</td><td>②사업과 직접 관련 없는 지출</td></tr>
<tr><td>3</td><td>③비영업용 소형승용자동차 구입· 유지 및 임차</td></tr>
<tr><td>4</td><td>④접대비 및 이와 유사한 비용 관련</td></tr>
<tr><td>5</td><td>⑤면세사업 관련</td></tr>
<tr><td>6</td><td>⑥토지의 자본적 지출 관련</td></tr>
<tr><td>7</td><td>⑦사업자등록 전 매입세액</td></tr>
</table>
</td></tr>
<tr><td>분 개</td><td>[3.혼합]을 선택하여 차변은 기계장치, 대변은 미지급금으로 수정한다.
(차) 기계장치 11,000,000 (대) 미지급금 11,000,000</td></tr>
</table>

일	번호	유형	품목	수량	단가	공급가액	부가세	합계	코드	공급처명	사업/주민번호	전자	분개
14	50001	불공	면세사업 기			10,000,000	1,000,000	11,000,000	00194	(주)송파	131-08-08184	여	혼합

불공제사유 5 ⑥면세사업 관련

NO : 50001 (대 체) 전 표 일 자 : 2022

구분	계정과목		적요	거래처		차변(출금)	대변(입금)
차변	0206	기계장치	면세사업 기계장치 구입	00194	(주)송파	11,000,000	
대변	0253	미지급금	면세사업 기계장치 구입	00194	(주)송파		11,000,000

5 55.수입매입

6월 15일 **일본 노무라사로부터 수입한 공장용 기계부품과 관련하여 부산세관으로부터 아래와 같은 내용의 수입전자세금계산서를 발급받았다. 관련 부가가치세는 보통예금에서 납부하였다.**

작성일자	품 목	공급가액	세 액	합 계	비 고
6월 15일	기계부품	15,500,000원	1,550,000원	17,050,000원	영 수

구분	내용
유 형	[55.수입] 세관장이 발급한 전자세금계산서를 수취한 10% 과세매입으로 기계장치 관련 수입에 해당하므로 매입세액으로 공제가능하다.
품목 등	공급가액을 입력하면 부가세 1,550,000원이 반영된다.
거래처	부산세관 거래처코드를 조회하여 입력한다.
전 자	전자세금계산서이므로 [1.여]를 입력한다.
분 개	[1.현금] 또는 [3.혼합]을 선택한다. 수입세금계산서의 과세표준은 회계처리의 대상이 아니므로 '부가세대급금'만 회계처리한다. 주의 수입세금계산서 수취한 거래가 매입세액 공제가 가능한 거래이므로 부가세대급금으로 처리한다. (차) 부가세대급금 1,550,000 (대) 보통예금 1,550,000

일	번호	유형	품목	수량	단가	공급가액	부가세	합계	코드	공급처명	사업/주민번호	전자	분개
15	50002	수입	기계부품 수			15,500,000	1,550,000	17,050,000	00118	부산세관	601-83-00048	여	혼합

구분	계정과목		적요		거래처		차변(출금)	대변(입금)
차변	0135	부가세대급금	기계부품 수입		00118	부산세관	1,550,000	
대변	0103	보통예금	기계부품 수입		00118	부산세관		1,550,000

6월 16일 **원재료를 수입통관하면서, 인천세관으로부터 40,000,000원(부가세 별도)의 수입전자세금계산서를 교부받고, 통관제비용과 부가가치세 4,500,000원을 현금으로 지급하였다(미착품은 고려하지 않기로 함).**

유 형	[55.수입] 세관장이 발급한 전자세금계산서를 수취한 10% 과세매입으로 원재료 관련 수입에 해당하므로 매입세액으로 공제가능하다.
품목 등	공급가액을 입력하면 부가세 4,000,000원이 반영된다.
거래처	인천세관 거래처코드를 조회하여 입력한다.
전 자	전자세금계산서이므로 [1.여]를 입력한다.
분 개	[1.현금] 또는 [3.혼합]을 선택한다. 현금으로 지급한 4,500,000원 중 통관제비용 500,000원은 매입시 부대비용이므로 원재료(원가)로 처리한다. (차) 부가세대급금 4,000,000 (대) 현 금 4,500,000 원재료 500,000

일	번호	유형	품목	수량	단가	공급가액	부가세	합계	코드	공급처명	사업/주민번호	전자	분개
16	50008	수입	원재료 수입			40,000,000	4,000,000	44,000,000	00195	인천세관	220-85-04460	여	혼합

구분	계정과목		적요		거래처		차변(출금)	대변(입금)
차변	0135	부가세대급금	원재료 수입		00195	인천세관	4,000,000	
차변	0153	원재료	원재료 수입		00195	인천세관	500,000	
대변	0101	현금	원재료 수입		00195	인천세관		4,500,000

6월 17일 **미국 자동차회사인 GM상사로부터 영업부서에서 사용할 승용차(배기량 2,000cc, 4인승)를 인천세관을 통해 수입하고 수입전자세금계산서(공급가액 50,000,000원, 부가가치세 5,000,000원)를 교부받았다. 부가가치세와 관세 800,000원을 보통예금으로 지급하였다. 수입세금계산서와 관세에 대해서만 회계처리하시오.**

유 형	[54.불공] 수입전자세금계산서를 수취하였으나 비영업용소형승용차를 매입한 거래이므로 매입세액은 공제가 되지 않는다.
거래처	인천세관 거래처코드를 조회하여 입력한다.
전 자	전자 [1.여] 입력한다.
불공제사유	(아래 표 참조)

번호	불공제사유
	여기를 클릭하여 검색
1	①필요적 기재사항 누락 등
2	②사업과 직접 관련 없는 지출
3	③비영업용 소형승용자동차 구입· 유지 및 임차
4	④접대비 및 이와 유사한 비용 관련
5	⑤면세사업 관련
6	⑥토지의 자본적 지출 관련

분 개	[3.혼합]을 선택하여 차변 계정과목과 금액 모두 수정해야 한다. 주의 [54.불공]은 국내거래 세금계산서로만 인식되어 공급가액을 포함한 금액이 하단에 자동으로 반영된다. 그러나 수입세금계산서는 부가세만 하단에 회계처리해야 하므로 이 경우 계정과목은 물론이고 부가세와 관세를 포함한 5,800,000원 금액수정도 반드시 수행해야 한다. (차) 차량운반구 5,800,000 (대) 보통예금 5,800,000

일	번호	유형	품목	수량	단가	공급가액	부가세	합계	코드	공급처명	사업/주민번호	전자	분개
17	50004	불공	승용차 수입			50,000,000	5,000,000	55,000,000	00195	인천세관	220-85-04460	여	혼합

불공제사유 3 ③비영업용 소형승용자동차 구입 · 유지 및 임차

NO : 50004 (대 체) 전 표 일 자 : 2022

구분	계정과목		적요	거래처		차변(출금)	대변(입금)
차변	0208	차량운반구	승용차 수입	00195	인천세관	5,800,000	
대변	0103	보통예금	승용차 수입	00195	인천세관		5,800,000

51.과세, 52.영세, 54.불공, 55.수입 매입유형 → 매입세금계산서합계표 반영

1. 전자분

조회기간 2022 년 04 월 ~ 2022 년 06 월 1기 확정 1. 정기신고

매 출 | 매 입

2. 매입세금계산서 총합계

구 분		매입처수	매 수	공급가액	세 액
합 계		12	15	184,850,455	16,985,045
과세기간 종료일 다음달 11일까지 전송된 전자세금계산서 발급받은분	사업자 번호 발급받은분	9	12	183,580,455	16,858,045
	주민등록번호발급받은분				
	소 계	9	12	183,580,455	16,858,045
위 전자세금계산서 외의 발급받은분(종이발급분+과세기간 종료일다음달 12일 이후분)	사업자 번호 발급받은분	3	3	1,270,000	127,000
	주민등록번호발급받은분				
	소 계	3	3	1,270,000	127,000

과세기간 종료일 다음달 11일까지 (전자분) | 과세기간 종료일 다음달 12일이후 (전자분), 그외 | 전체데이터

참고사항 : 2012년 7월 이후 변경사항

No	사업자등록번호	코드	거래처명	매수	공급가액	세 액	대표자성명	업 태	종 목	주류코드
1	105-81-00809	00193	(주)대한토목	2	22,000,000	700,000				
2	122-81-14782	00188	(주)케이텔레콤	1	80,455	8,045				
3	131-08-08184	00194	(주)송파	1	10,000,000	1,000,000				
4	136-81-00652	00189	(주)오리엔트	1	1,800,000	180,000				
5	136-81-32737	00153	(주)부흥상사	2	19,200,000	1,920,000				
6	137-81-11981	00136	(주)국제자동차	1	20,000,000	2,000,000				
7	206-85-22365	00187	(주)서울지게차	1	5,000,000	500,000				
8	220-85-04460	00195	인천세관	2	90,000,000	9,000,000				
9	601-83-00048	00118	부산세관	1	15,500,000	1,550,000				
		합 계		12	183,580,455	16,858,045				

2. 전자 외

조회기간 2022 년 04 월 ~ 2022 년 06 월 1기 확정 1. 정기신고

매 출 | 매 입

2. 매입세금계산서 총합계

구분		매입처수	매수	공급가액	세액
합계		12	15	184,850,455	16,985,045
과세기간 종료일 다음달 11일까지 전송된 전자세금계산서 발급받은분	사업자 번호 발급받은분	9	12	183,580,455	16,858,045
	주민등록번호발급받은분				
	소계	9	12	183,580,455	16,858,045
위 전자세금계산서 외의 발급받은분(종이발급분+과세기간 종료일다음달 12일 이후분)	사업자 번호 발급받은분	3	3	1,270,000	127,000
	주민등록번호발급받은분				
	소계	3	3	1,270,000	127,000

과세기간 종료일 다음달 11일까지 (전자분) | 과세기간 종료일 다음달 12일이후 (전자분), 그외 | 전체데이터 — 참고사항 : 2012년 7월 이후 변경사항

No	사업자등록번호	코드	거래처명	매수	공급가액	세액	대표자성명	업태	종목	주류코드
1	107-81-54150	00146	(주)한라컨설팅	1	1,000,000	100,000				
2	206-82-00400	00192	월화타월	1	200,000	20,000				
3	417-81-15127	00166	친절용달	1	70,000	7,000				
		합계		3	1,270,000	127,000				

53.면세 매입유형 → 매입계산서합계표 반영

조회기간 2022 년 04 월 ~ 2022 년 06 월 1기 확정

매 출 | 매 입

2. 매입계산서 총합계

구분		매입처수	매수	공급가액
합계		2	2	250,000
과세기간 종료일 다음달 11일까지 전송된 전자계산서 발급받은분	사업자 번호 발급받은분	1	1	50,000
위 전자계산서 외 의 발급받은분 (종이발급분+ 과세기간 종료일 다음달 12일 이후분)	사업자 번호 발급받은분	1	1	200,000

과세기간 종료일 다음달 11일까지 (전자분) | 과세기간 종료일 다음달 12일이후 (전자분), 그외 | 전체데이터

No	사업자등록번호	거래처명	매수	공급가액	대표자성명	업태	종목
1	121-81-33433	삼미빌딩	1	50,000			
2	137-04-12034	예쁜꽃화원	1	200,000			

51.과세, 52.영세, 53.면세, 54.불공, 55.수입 매입유형 → 부가세 신고서 반영

[매입유형 부가세 신고서 반영]

- 51.과세매입 ⟶ 신고서 10번란(일반매입), 11번란(고정자산매입)
- 52.영세매입 ⟶ 신고서 10번란(일반매입), 11번란(고정자산매입)
- 53.면세매입 ⟶ 신고서 85번란
- 54.불공매입 ⟶ 신고서 10번란(일반매입), 11번란(고정자산매입) → 16번란(불공으로 차감)
- 55.수입매입 ⟶ 신고서 10번란(일반매입), 11번란(고정자산매입)

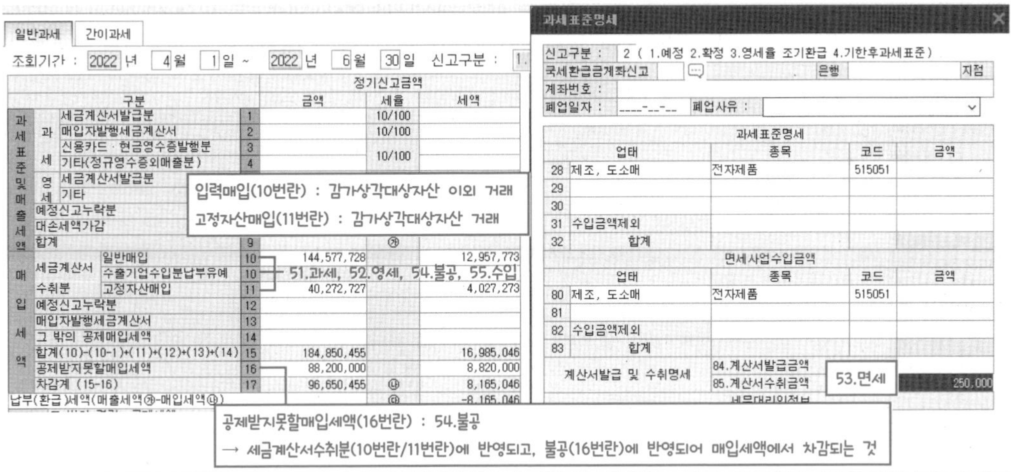

일반과세 | 간이과세

조회기간 : 2022 년 4 월 1 일 ~ 2022 년 6 월 30 일 신고구분 : 1.

구분				정기신고금액 금액	세율	세액
과세표준및매출세액	과세	세금계산서발급분	1		10/100	
		매입자발행세금계산서	2		10/100	
		신용카드 · 현금영수증발행분	3		10/100	
		기타(정규영수증외매출분)	4			
	영세	세금계산서발급분				
		기타				
	예정신고누락분					
	대손세액가감					
	합계		9		㉮	
매입세액	세금계산서 수취분	일반매입	10	144,577,728		12,957,773
		수출기업수입분납부유예	10			
		고정자산매입	11	40,272,727		4,027,273
	예정신고누락분		12			
	매입자발행세금계산서		13			
	그 밖의 공제매입세액		14			
	합계(10)-(10-1)+(11)+(12)+(13)+(14)		15	184,850,455		16,985,046
	공제받지못할매입세액		16	88,200,000		8,820,000
	차감계 (15-16)		17	96,650,455	㉯	8,165,046
납부(환급)세액(매출세액㉮-매입세액㉯)					㉰	-8,165,046

입력매입(10번란) : 감가상각대상자산 이외 거래

고정자산매입(11번란) : 감가상각대상자산 거래

10번란/11번란 ― 51.과세, 52.영세, 54.불공, 55.수입

과세표준명세

신고구분 : 2 (1.예정 2.확정 3.영세율 조기환급 4.기한후과세표준)

국세환급금계좌신고 | 은행 | 지점

계좌번호 :

폐업일자 : ____-__-__ 폐업사유 :

과세표준명세	업태	종목	코드	금액
28	제조, 도소매	전자제품	515051	
29				
30				
31	수입금액제외			
32	합계			

면세사업수입금액	업태	종목	코드	금액
80	제조, 도소매	전자제품	515051	
81				
82	수입금액제외			
83	합계			

계산서발급 및 수취명세		
	84.계산서발급금액	
	85.계산서수취금액	250,000

53.면세

공제받지못할매입세액(16번란) : 54.불공

→ 세금계산서수취분(10번란/11번란)에 반영되고, 불공(16번란)에 반영되어 매입세액에서 차감되는 것

6 57.카과매입

6월 18일 당사 공장에 설치 중인 기계장치의 성능을 시운전하기 위하여 당산주유소에서 휘발유 1,650,000원(공급대가)을 구입하면서 법인명의의 신용카드(하나카드)로 결제하였다.

유 형	신용카드매출전표 수취한 10% 과세매입이며, 매입세액 공제가 가능한 요건을 모두 충족하였으므로 [57.카과] 입력한다.
품목 등	공급대가 1,650,000원을 입력하면 공급가액, 부가세가 자동 안분된다.
거래처	당산주유소 거래처코드를 조회하여 입력한다.
전 자	세금계산서(계산서)가 아니므로 전자여부는 입력하지 않는다.
신용카드사	하나카드 조회하여 입력한다.
분 개	[2.외상], [3.혼합], [4.카드] 중 선택하여 처리할 수 있다. 다만, [환경등록] 메뉴 신용카드채무가 '미지급금'으로 설정되어 있으므로 분개유형을 [4.카드]로 선택하면 미지급금과 하나카드가 자동으로 반영된다. 기계장치 성능을 위한 시운전비는 기계장치의 취득원가로 처리한다. (차) 부가세대급금 150,000 (대) 미지급금 [하나카드] 1,650,000 기계장치 1,500,000

일	번호	유형	품목	수량	단가	공급가액	부가세	합계	코드	공급처명	사업/주민번호	전자	분개
18	50005	카과	휘발유			1,500,000	150,000	1,650,000	00149	당산주유소	131-08-08184		카드

신용카드사 99602 하나카드 봉사료

NO : 50005 (대 체) 전 표 일 자 : 2022

구분	계정과목		적요	거래처		차변(출금)	대변(입금)
대변	0253	미지급금	휘발유	99602	하나카드		1,650,000
차변	0135	부가세대급금	휘발유	00149	당산주유소	150,000	
차변	0206	기계장치	휘발유	00149	당산주유소	1,500,000	

6월 19일 **영업부서 직원들이 우리식당에서 회식을 하고 식사대금 550,000원(부가가치세 포함)을 법인카드인 하나카드로 결제하였다(단, 카드매입에 대한 부가가치세 매입세액 공제요건은 충족한다).**

유 형	신용카드매출전표 수취한 10% 과세매입이며, 매입세액 공제가 가능한 요건을 모두 충족하였으므로 [57.카과] 입력한다.
품목 등	공급대가 550,000원을 입력하면 공급가액, 부가세가 자동 안분된다.
거래처	우리식당 거래처코드를 조회하여 입력한다.
전 자	세금계산서(계산서)가 아니므로 전자여부는 입력하지 않는다.
신용카드사	하나카드 조회하여 입력한다.
분 개	[2.외상], [3.혼합], [4.카드] 중 선택하여 처리할 수 있다. (차) 부가세대급금 50,000 (대) 미지급금 [하나카드] 550,000 복리후생비 500,000

일	번호	유형	품목	수량	단가	공급가액	부가세	합계	코드	공급처명	사업/주민번호	전자	분개
19	50001	카과	회식			500,000	50,000	550,000	00197	우리식당	106-81-51688		카드

신용카드사 99602 하나카드 봉사료

NO : 50001 (대체) 전표 일 자 : 2022

구분	계정과목		적요	거래처		차변(출금)	대변(입금)
대변	0253	미지급금	회식	99602	하나카드		550,000
차변	0135	부가세대급금	회식	00197	우리식당	50,000	
차변	0811	복리후생비	회식	00197	우리식당	500,000	

7 58.카면매입

6월 20일 **매출처인 (주)다음전자의 창립기념일에 선물하기 위하여 예쁜꽃화원으로부터 꽃을 200,000원에 구입하고 당사 신용카드(삼성카드)로 결제하였다.**

유 형	신용카드매출전표 수취한 면세매입으로 [58.카면] 입력한다.
품목 등	공급가액 200,000원 입력하면 부가세는 면세이므로 반영되지 않는다.
거래처	예쁜꽃화원 거래처코드를 조회하여 입력한다.
전 자	세금계산서(계산서)가 아니므로 전자여부는 입력하지 않는다.
신용카드사	삼성카드 조회하여 입력한다.
분 개	[2.외상], [3.혼합], [4.카드] 중 선택하여 처리할 수 있다. 주의 접대비가 면세이므로 [54.불공]으로 처리하지 않음을 주의한다. (차) 접대비 200,000 (대) 미지급금 [삼성카드] 200,000

일	번호	유형	품목	수량	단가	공급가액	부가세	합계	코드	공급처명	사업/주민번호	전자	분개
20	50002	카면	선물			200,000		200,000	00190	예쁜꽃화원	137-04-12034		카드

신용카드사 99604 삼성카드 봉사료

NO : 50002 (대체) 전표 일 자 : 2022

구분	계정과목		적요	거래처		차변(출금)	대변(입금)
대변	0253	미지급금	선물	99604	삼성카드		200,000
차변	0813	접대비	선물	00190	예쁜꽃화원	200,000	

8 61.현과매입

6월 21일 원재료를 구입하면서 운반비로 일반과세자인 하나택배에 55,000원(부가가치세 포함)을 보통예금에서 지급하고 지출증빙용 현금영수증을 수취하였다.

구분	내용
유 형	현금영수증 수취한 10% 과세매입이며, 매입세액 공제요건을 충족하므로 [61.현과] 입력한다.
품목 등	공급대가 55,000원을 입력하면 공급가액, 부가세가 자동 안분계산된다.
거래처	하나택배 거래처코드를 조회하여 입력한다.
전 자	세금계산서(계산서)가 아니므로 전자여부는 입력하지 않는다.
분 개	[3.혼합]으로 선택하며, 원재료 구입 시 운반비는 취득원가에 포함한다. (차) 부가세대급금 5,000 (대) 보통예금 55,000 원재료 50,000

일	번호	유형	품목	수량	단가	공급가액	부가세	합계	코드	공급처명	사업/주민번호	전자	분개
21	50001	현과	운반비			50,000	5,000	55,000	00198	하나택배	134-81-47379		혼합

구분	계정과목		적요	거래처		차변(출금)	대변(입금)
차변	0135	부가세대급금	운반비	00198	하나택배	5,000	
차변	0153	원재료	운반비	00198	하나택배	50,000	
대변	0103	보통예금	운반비	00198	하나택배		55,000

9 62.현면매입

6월 22일 영업관리부 사무실 신문구독료 60,000원을 고려일보사에 현금결제하고 지출증빙용 현금영수증을 교부받았다.

구분	내용
유 형	현금영수증 수취한 면세매입으로 [62.현면] 입력한다.
품목 등	공급가액란에 60,000원을 입력한다.
거래처	고려일보사 거래처코드를 조회하여 입력한다.
전 자	세금계산서(계산서)가 아니므로 전자여부는 입력하지 않는다.
분 개	[1.현금] 또는 [3.혼합]으로 선택한다. (차) 도서인쇄비 60,000 (대) 현 금 60,000

일	번호	유형	품목	수량	단가	공급가액	부가세	합계	코드	공급처명	사업/주민번호	전자	분개
22	50001	현면	신문구독료			60,000		60,000	00199	고려일보사	220-85-04460		혼합

구분	계정과목		적요	거래처		차변(출금)	대변(입금)
차변	0826	도서인쇄비	신문구독료	00199	고려일보사	60,000	
대변	0101	현금	신문구독료	00199	고려일보사		60,000

57.카과, 61.현과 매입유형 → 신용카드매출전표수령명세서 반영

조회기간 : 2022 년 04 월 ~ 2022 년 06 월 구분 1기 확정

2. 신용카드 등 매입내역 합계

구분	거래건수	공급가액	세액
합 계	3	2,050,000	205,000
현금영수증	1	50,000	5,000
화물운전자복지카드			
사업용신용카드	2	2,000,000	200,000
그 밖의 신용카드			

3. 거래내역입력

No	□	월/일	구분	공급자	공급자(가맹점) 사업자등록번호	카드회원번호	그 밖의 신용카드 등 거래내역 합계 거래건수	공급가액	세액
1	□	06-18	사업	당산주유소	131-08-08184	1234-5678-1000-2000	1	1,500,000	150,000
2	□	06-19	사업	우리식당	106-81-51688	1234-5678-1000-2000	1	500,000	50,000
3	□	06-21	현금	하나택배	134-81-47379		1	50,000	5,000

57.카과, 61.현과 매입유형 → 부가세 신고서 반영

- 58.카면, 62.현면 ⇢ 부가세 신고서에 반영되지 않는다.
- 57.카과, 61.현과 ⇢ 41번란(일반매입), 42번(고정자산매입) → 14번란 합계

구분			번호	금액		세액
매입세액	세금계산서 수취분	일반매입	10	144,577,728		12,957,773
		수출기업수입분납부유예	10			
		고정자산매입	11	40,272,727		4,027,273
	예정신고누락분		12			
	매입자발행세금계산서		13			
	그 밖의 공제매입세액		14	2,050,000		205,000
	합계(10)-(10-1)+(11)+(12)+(13)+(14)		15	186,900,455		17,190,046
	공제받지못할매입세액		16	88,200,000		8,820,000
	차감계 (15-16)		17	98,700,455	㉯	8,370,046
납부(환급)세액(매출세액㉮-매입세액㉯)					㉰	-8,370,046
경감공제세액	그 밖의 경감·공제세액		18			
	신용카드매출전표등 발행공제등		19			
	합계		20		㉱	
소규모 개인사업자 부가가치세 감면세액			20		㉲	
예정신고미환급세액			21		㉳	
예정고지세액			22		㉴	

구분			번호	금액		세액
예정누락분	합계		40			
	신용카드매출수령금액합계	일반매입				
		고정매입				
	의제매입세액					
	재활용폐자원등매입세액					
	과세사업전환매입세액					
	재고매입세액					
	변제대손세액					
	외국인관광객에대한환급					
	합계					
14.그 밖의 공제매입세액						
신용카드매출수령금액합계표		일반매입	41	550,000		55,000
		고정매입	42	1,500,000		150,000
의제매입세액			43		뒤쪽	

58.카면, 62.현면
: 부가세 신고서에 반영되지 않음

57.카과, 61.현과

10 예정신고누락분 자동 반영

3월 30일 경영지원팀 직원들이 야근식사를 하고 다음과 같이 종이세금계산서를 수취한 것을 1기 예정신고 시 누락하였음을 6월 20일에 발견하였다. 제1기 부가가치세 예정신고 시 해당 세금계산서를 누락하였으므로 제1기 확정 신고기간의 부가가치세 신고서에 반영하려고 한다. 반드시 해당 세금계산서를 제1기 확정 신고기간의 부가가치세 신고서에 반영시킬 수 있도록 입력·설정하시오(단, 외상대금은 미지급금으로 처리할 것).

월 일	품 목	공급가액	세 액	결 제	거래처
3월 30일	야근식대	1,000,000원	100,000원	외 상	남해식당

입력일자	3월 30일
유 형	[51.과세] 세금계산서를 수취한 10% 과세매입
품목 등	공급가액 란에 1,000,000원을 입력하면 부가세는 자동 반영된다.
거래처	남해식당 거래처코드를 조회하여 입력한다.
전 자	전자세금계산서가 아니므로 [0.부]를 입력한다.
분 개	[3.혼합]을 선택하여 처리한다. (차) 부가세대급금 100,000 (대) 미지급금 1,100,000 복리후생비 1,000,000
예정누락분	F11 → SF5예정누락분 → 확정신고 개시연월(2022.4.1) 입력 → 확인(Tab)

예정신고누락분 확정신고

선택 : [1]건
[ ]건 : 예정신고누락분 기 체크분
[1]건 : 예정신고누락분 아닌것
[ ]건 : 확정기간데이타(수정못함)
[ ]건 : 일마감 데이타(수정못함)

확정신고 개시년월: 2022 년 4 월 1 일
예정신고 누락분을 위의 기간에 반영하여 합계표를 작성합니다.

삭제(F5) 확인(Tab) 취소(Esc)

2022 년 03 월 30 일 변경 현금잔액: 43,608,100 대차차액: 매입 누락

일	번호	유형	품목	수량	단가	공급가액	부가세	합계	코드	공급처명	사업/주민번호	전자	분개
30	50001	과세	야근식대			1,000,000	100,000	1,100,000	00200	남해식당	106-54-73541		혼합

구분	계정과목		적요	거래처		차변(출금)	대변(입금)
차변	0135	부가세대급금	야근식대	00200	남해식당	100,000	
차변	0811	복리후생비	야근식대	00200	남해식당	1,000,000	
대변	0253	미지급금	야근식대	00200	남해식당		1,100,000

예정신고누락분 51.과세 매입유형 → 부가세 신고서 반영

구분			번호	금액		세액
매출세액	예정신고누락분		7			
	대손세액가감		8			
	합계		9		㉮	
매입세액	세금계산서 수취분	일반매입	10	144,577,728		12,957,773
		수출기업수입분납부유예	10			
		고정자산매입	11	40,272,727		4,027,273
	예정신고누락분		12	1,000,000		100,000
	매입자발행세금계산서		13			
	그 밖의 공제매입세액		14	2,050,000		205,000
	합계(10)-(10-1)+(11)+(12)+(13)+(14)		15	187,900,455		17,290,046
	공제받지못할매입세액		16	88,200,000		8,820,000
	차감계 (15-16)		17	99,700,455	㉯	8,470,046
납부(환급)세액(매출세액㉮-매입세액㉯)					㉰	-8,470,046

12.매입(예정신고누락분)						
예정누락분	세금계산서		38	1,000,000		100,000
	그 밖의 공제매입세액		39			
	합계		40	1,000,000		100,000
	신용카드매출 수령금액합계	일반매입				
		고정매입				
	의제매입세액					
	재활용폐자원등매입세액					
	과세사업전환매입세액					
	재고매입세액					
	변제대손세액					
	외국인관광객에대한환급/					

빈출 실무수행문제

제3장 부가가치세 실무(매입전표입력)

정답 및 해설 : p.51

(주)믿음상사 (회사코드 : 5007) ✓ 회사변경 후 실무수행 연습하기

8월 1일 (주)소림상사로부터 원재료(공급가액 7,300,000원, 부가가치세별도)를 매입하고 전자세금계산서를 교부받다. 대금 중 2월 2일에 지급하였던 계약금 2,000,000원을 차감한 잔액 중 5,000,000원은 3월 20일에 매출대금으로 받아서 보관 중이던 (주)강원 발행의 약속어음을 배서양도하고, 잔액은 현금으로 지급하다.

8월 3일 공장의 신축이 완료되어 (주)금상건설에 잔금을 회사의 보통예금 통장에서 지급하고 세법에 의한 전자세금계산서를 수취하다. (주)금상건설과의 공급계약은 다음과 같다(본 계약은 계약금 및 중도금지급 시 세금계산서를 발행하지 않았다).

구 분	지급일자	공급대가(부가가치세포함)
계약금	3월 31일	110,000,000원
중도금	4월 21일	550,000,000원
잔 금	8월 3일	440,000,000원

※ 계약금과 중도금은 입력된 자료를 이용하며, 건물로의 대체분개도 포함하여 회계처리하시오.

8월 4일 당사는 공장건물이 노후화되어 안전에 문제가 있다는 판단에 따라 기존건물을 철거하고 새로 신축하기로 하였다. 신축공사는 (주)한국토목건설과 다음과 같이 하기로 하였다. 당일에 계약금인 22,000,000원(부가가치세 포함)에 대하여 전자세금계산서를 교부받았고 대금은 당사가 발행한 약속어음(만기일 : 1년)으로 지급하였다.

- 총도급금액 : 220,000,000원(부가가치세 포함)
- 대금지급방식
  ⓐ 계약금(2022.8.4/공사착공일) : 22,000,000원(부가가치세 포함)
  ⓑ 중도금(2022.12.31) : 88,000,000원(부가가치세 포함)
  ⓒ 잔금(2023.9.30/완공예정일) : 110,000,000원(부가가치세 포함)

8월 6일 당사는 상품배달용 오토바이(배기량 : 50cc)를 (주)삼성바이크렌탈로부터 임차해오고 있으며, 금일 이에 대해 아래와 같은 내용의 전자세금계산서를 교부받았다(단, 대금은 다음 달 말일에 지급할 예정이다).

작성일자	품 목	공급가액	세 액	합 계	비 고
08.06	오토바이 대여	300,000원	30,000원	330,000원	청 구

8월 7일 당사는 낡은 공장건물을 수선하고, (주)대한토목으로부터 아래와 같은 내용의 전자세금계산서 1매를 수취하였으며 결제는 다음 달 말일에 지급하기로 하였다(단, 전자세금계산서 입력은 복수거래로 입력할 것).

품 명	공급가액	세 액	비 고
창호공사	1,400,000원	140,000원	자본적 지출
지붕교체	25,000,000원	2,500,000원	자본적 지출
합 계	26,400,000원	2,640,000원	

8월 8일 회사 업무용 4인용 소형승용차(배기량 800cc)를 (주)국제자동차에서 구입하면서 대금 5,000,000원(부가가치세 별도)을 현금으로 결제하고 전자세금계산서를 수취하다.

8월 9일 (주)현대전기가 보유하고 있는 특허권을 취득하고 전자세금계산서를 교부받았으며, 대가로 당사의 주식 1,000주를 발행하여 교부하고 800,000원은 미지급하였다. 당사가 발행한 주식은 액면가액 @5,000원, 시가 @8,000원, 특허권의 시가는 8,000,000원이다.

8월 10일 회사 ERP시스템 구축을 위하여 한국소프트에 소프트웨어 용역을 공급받고 전자세금계산서를 수취하면서 33,000,000원(부가가치세 포함)을 현금으로 지급하다(무형자산 항목으로 처리하고, 당해 용역이 완료되었다고 가정하시오).

8월 12일 당사는 기술인력 부족으로 고열가공을 외주하기로 하였다. (주)상원기계에 당사의 원재료의 가공을 의뢰하고 11,000,000(부가가치세 별도)의 수기로 작성된 세금계산서를 수취하였으며, 대금은 당좌수표를 발행하여 지급하였다.

8월 13일 (주)오리엔트에서 구입한 기계장치에 하자가 있어 반품하고 수정전자세금계산서(공급가액 −30,000,000원, 부가가치세 −3,000,000원)를 발급받고 대금은 전액 미지급금과 상계처리하였다.

8월 15일 회사는 제조공장에서 사용하는 지게차의 주요 부품을 교체(해당 부품 교체로 지게차의 내용연수가 연장되는 것으로 판명됨)한 후 부품 교체비용 2,200,000원(부가가치세 포함)에 대한 전자세금계산서를 (주)나이스로부터 수취하고, 대금은 전액 다음 달 말일에 지급하기로 하였다. 지게차는 구입 당시에 차량운반구로 회계처리하였다.

8월 16일 대표이사가 업무를 위해 제주도에 방문하여 업무용승용차(998cc)를 (주)탐라렌트카에서 3일간 렌트하고(렌트대금 500,000원, 부가가치세 별도) 전자세금계산서를 수령하였다. 대금은 다음 달 10일에 지급하기로 하였다(임차료 계정과목으로 처리할 것).

8월 18일 (주)나이스로부터 건물을 50,000,000원(부가가치세 별도)에 구입하고, 전자세금계산서를 수령하였다. 회사는 자금사정이 어려워 대금지급 대신 보유 중인 자기주식 8,000주(1주당 취득가액 5,000원) 전부를 지급하였고, 부가가치세는 보통예금으로 지급하였다.

8월 20일 (주)영일로부터 구매확인서에 의해 상품 10,000,000원을 매입하고 영세율전자세금계산서를 발급받았다. 대금 중 5,000,000원은 즉시 보통예금에서 이체하고 나머지 금액은 다음 달 10일에 지급하기로 하였다.

8월 21일 캐나다의 벤쿠버상사로부터 원재료를 수입하면서 인천세관으로부터 전자세금계산서(공급대가 : 5,500,000원)를 교부받았고, 부가가치세와 관세를 합해서 900,000원을 현금으로 지급하였다. 원재료의 공급가액은 회계처리하지 않고 관세 및 부가가치세만 회계처리하기로 한다.

8월 22일 직원들의 명절선물로 사과 40상자(1상자당 50,000원)를 구입하면서, 하나로마트로부터 전자계산서를 수취하였다. 대금은 보통예금에서 1,000,000원을 이체하고, 잔액은 다음 달 말일에 지급하기로 하였다(단, 20상자는 영업부 직원분이며, 나머지는 생산부 직원분이다).

8월 23일 업무용 승용차(9인승 승합차, 3,000cc)를 서울캐피탈로부터 운용리스조건으로 리스하여 3영업팀에서 사용하기로 하였다. 발급받은 전자계산서는 3,000,000원이이며 당사는 리스료를 임차료로 분류하며 대금은 다음 달에 지급하기로 하다.

8월 24일 당사의 영업부서에서 매달 신문을 구독 중에 있고, 전자신문사로부터 전자계산서를 발급받았다. 대금 15,000원은 매달 20일에 지급하기로 하였다.

8월 25일 하나로마트에서 한우갈비세트를 1개월 후 지급조건으로 1,000,000원에 구입하고, 수기로 작성된 계산서를 수취하였다. 이 중 300,000원은 복리후생 차원에서 당사 공장직원들에게 제공하였고, 나머지는 매출거래처에 증정하였다(하나의 전표로 입력할 것).

9월 1일 매출거래처인 고려전자에게 보낼 추석선물세트를 (주)한국백화점에서 구매하고 전자세금계산서(공급가액 : 1,500,000원 부가가치세 별도)를 발급받았다. 대금은 전액 9월 말일에 결제하기로 하였다.

9월 2일 당사는 본사사옥을 신축할 목적으로 기존 건물이 있는 토지를 취득하고 즉시 건물을 철거한 후 부천용역(주)로부터 전자세금계산서를 수취하였다. 구 건물 철거비용 총액 16,500,000원(부가가치세 포함) 중 10,000,000원은 당좌수표로 지급하고 나머지는 외상으로 하였다.

9월 3일 대표이사의 업무용 소형승용자동차(3,300cc)의 주차권을 삼미빌딩으로부터 500,000원(부가가치세 별도)에 현금으로 구입하고, 전자세금계산서를 수취하였다.

9월 4일 임원용 승용차(3,800cc)를 (주)중고나라에서 44,000,000원(부가가치세 포함)에 12개월 할부로 구입하고 전자세금계산서를 수취하였다. 취득세 등 4,600,000원은 (주)동해산업으로부터 수취한 자기앞수표로 지급하였다(하나의 전표로 입력할 것).

9월 5일 당사는 영업사원의 업무용으로 사용하기 위하여 (주)탐라렌터카로부터 2,000cc급 소나타 승용차를 임차하고, 전자세금계산서(공급가액 : 2,000,000원, 세액 : 200,000원)를 교부받았다(단, 당월분 임차료는 다음달 10일에 지급하기로 하였다).

9월 6일 영업부에서 사용할 소형승용자동차(1500cc)를 운반하는 과정에서 (주)달리는자동차로부터 운반비가 150,000원(부가가치세 별도) 발생하여 수기로 작성된 세금계산서를 교부받았으며 대금은 현금으로 지급하였다.

9월 8일 당사는 고려학원(면세사업자)에서 학원생 운행용으로 사용하던 미니버스(25인승)를 20,000,000원에 구입하면서, 고려학원으로부터 전자계산서를 수취하였다. 대금은 전액 현금으로 지급하였다.

9월 10일 (주)코리아물산에서 원재료(공급가액 1,000,000원, 부가가치세 100,000원)를 외상으로 구입하면서 세금계산서를 발급(전자분 아님)받았다. 2기 예정 부가가치세 신고 시 해당 세금계산서를 누락하여 2기 확정 부가가치세 신고에 반영하려고 한다. 해당 세금계산서를 2기 확정 부가가치세 신고에 자동 반영시킬 수 있도록 입력/설정하시오.

9월 12일 경기도 용인의 (주)대한연수원에서 공장 생산직 직원들의 직무연수를 실시하고 교육훈련비로 8,800,000원(부가세 포함)을 하나카드로 결제하였다.

9월 13일 영업부에서 사용하는 업무용승합차(3,000cc, 9인승)를 (주)해피카센터에서 수리하고 법인신용카드(우리카드)로 440,000원(부가가치세 포함) 결제하였다(차량유지비로 회계처리할 것).

9월 14일 당사의 제조공장에서 제품을 운반하고 있는 지게차에 연료가 부족하여 공유주유소에서 경유(공급가액 150,000원, 세액 15,000원)를 넣고 법인명의의 우리카드로 결제하였다.

9월 15일 영업부에서 회사 제품 홍보를 위하여 (주)강한종합상사에 티슈제작을 의뢰하면서 계약금 2,200,000원(부가세 포함)을 삼성카드(신용카드)로 결제하였다.

9월 18일 영업부 직원의 야식대로 하나로마트에서 피자를 33,000원에 주문하고 현금영수증(지출증빙용)을 수취하였다(승인번호 입력은 생략한다).

9월 19일 영업부에서는 사무실 사용목적으로 임차할 건물을 강남공인중개사로부터 소개를 받았다. 이와 관련하여 당사는 중개수수료 550,000원(부가가치세 포함)을 보통예금에서 이체함과 동시에 강남공인중개사로부터 현금영수증을 수취하였다.

9월 20일 당사는 신제품 판매를 목적으로 광고회사인 (주)우리광고에 신제품에 대한 광고비(공급가액 500,000원, 세액 50,000원)를 현금으로 지급하고 지출증빙용 현금영수증을 수취하였다.

9월 22일 공장에 새로운 기계장치 설치를 다모서비스에 의뢰하고 설치비 3,850,000원(부가세 포함)을 보통예금에서 계좌이체한 후, 지출증빙용 현금영수증을 수취하였다.

9월 22일 경리팀에서 사용할 복사용지를 빠른유통상사에서 대금 880,000원(부가세 포함)에 현금으로 매입하고, 현금영수증을 받았다(단, 복사용지는 자산계정으로 회계처리할 것).

9월 25일 보세구역에 있는 원재료 운반에 따른 운반대금 550,000원(부가가치세 포함)을 천일화물에 보통예금으로 지급하고 현금영수증을 수취하였다.

9월 26일 (주)송도에 판매한 제품의 배송을 위하여 운수회사 (주)가나운송에 운송비 330,000원(부가가치세 포함)을 보통예금에서 이체하고 현금영수증(지출증빙용)을 수취하였다.

9월 28일 생산부서의 회식비로 현금 770,000원(부가가치세 포함)을 부활식당(일반과세자)에 지불하고 현금영수증을 발급받았다.

9월 30일 (주)한국백화점에서 한돈세트(부가가치세 면세대상) 1,100,000원을 법인명의 신용카드(하나카드)로 구입하고, 신용카드매출전표를 수취하였다. 이 중 400,000원은 복리후생차원에서 당사 공장직원에게 제공하였고, 나머지는 특정 매출거래처에 증정하였다.

SECTION 03 부가세 부속신고서 작성

(주)우주상사 (회사코드 : 5008) ✓ 회사변경 후 실무수행 연습하기

01 세금계산서합계표(계산서합계표)

1. 의의

사업자가 세금계산서를 발급하였거나 발급받은 때에는 매출처별 세금계산서합계표와 매입처별 세금계산서합계표를 부가가치세 신고 시 정부에 제출하도록 하고 있다. 세금계산서합계표는 부가가치세 신고 시 납부세액 또는 환급세액의 계산근거로 활용된다. 전자세금계산서를 발급하거나 발급받고 전자세금계산서 발급명세를 재화 또는 용역의 공급시기가 속하는 과세기간(예정신고의 경우에는 예정신고기간) 마지막 날의 다음 달 11일까지 국세청장에게 전송한 경우에는 예정 및 확정신고 시 매출처별 및 매입처별 세금계산서합계표를 제출하지 아니할 수 있으며 미제출 가산세도 부과되지 않는다.

2. 매입매출전표유형 자동 반영

매출유형	11.과세, 12.영세	매출처별 세금계산서합계표 반영
	13.면세	매출처별 계산서합계표 반영
매입유형	51.과세, 52.영세, 54.불공, 55.수입	매입처별 세금계산서합계표 반영
	53.면세	매입처별 계산서합계표 반영

3. 세금계산서합계표 작성

세금계산서합계표(매출처별, 매입처별) 및 계산서합계표는 매입매출전표에 입력한 이후 자동으로 작성되는 신고서이다.

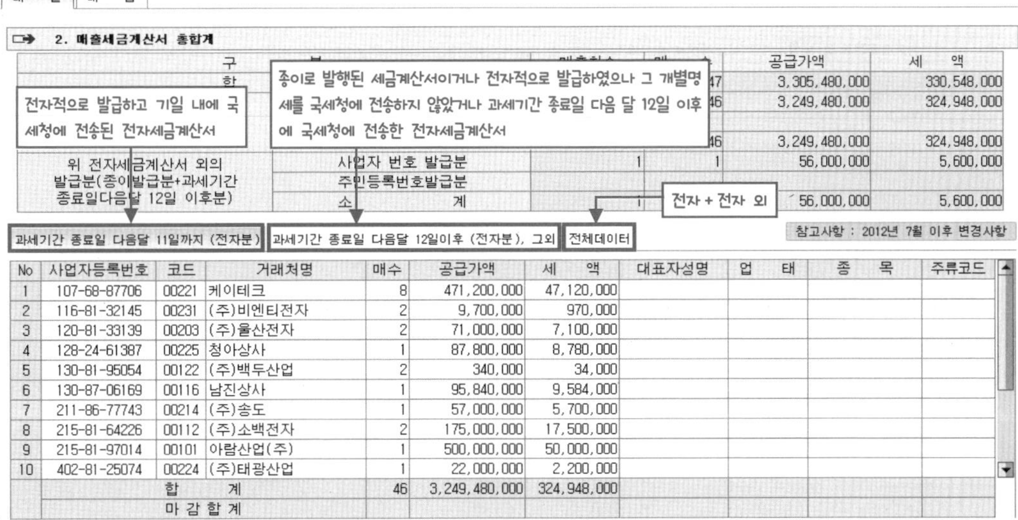

No	사업자등록번호	코드	거래처명	매수	공급가액	세 액	대표자성명	업 태	종 목	주류코드
1	107-68-87706	00221	케이테크	8	471,200,000	47,120,000				
2	116-81-32145	00231	(주)비엔티전자	2	9,700,000	970,000				
3	120-81-33139	00203	(주)울산전자	2	71,000,000	7,100,000				
4	128-24-61387	00225	청아상사	1	87,800,000	8,780,000				
5	130-81-95054	00122	(주)백두산업	2	340,000	34,000				
6	130-87-06169	00116	남진상사	1	95,840,000	9,584,000				
7	211-86-77743	00214	(주)송도	1	57,000,000	5,700,000				
8	215-81-64226	00112	(주)소백전자	2	175,000,000	17,500,000				
9	215-81-97014	00101	아람산업(주)	1	500,000,000	50,000,000				
10	402-81-25074	00224	(주)태광산업	1	22,000,000	2,200,000				
		합 계		46	3,249,480,000	324,948,000				
		마 감 합 계								

02 신용카드매출전표등발행금액집계표

1. 의의

신용카드매출전표 및 현금영수증 등은 세금계산서는 아니지만 재화 또는 용역을 공급하고 발급한 경우 매출관련 신고가 가능한 법정증빙의 기능을 갖는다. 따라서 부가세 신고 시 신용카드매출전표등발행금액집계표를 작성하여 제출하여야 한다.

2. 매출전표유형 자동 반영

17.카과, 18.카면, 19.카영, 22.현과, 23.현면, 24.현영	• 신용카드매출전표등발행집계표 자동 반영 • 부가세 신고서 [3번] 자동 반영

주의 신용카드등이 발행된 매출 중 세금계산서(또는 계산서)가 중복으로 발행된 경우에는 매출전표유형을 [11.과세] 또는 [13.면세]로 입력해야 한다. 다만, 분개유형을 [4.카드]로 선택하여 입력한다. [4.카드] 분개유형은 세금계산서(계산서)가 발급과 동시에 신용카드등이 중복으로 발급되었을 때 선택하는 분개유형으로 부가세 신고서와 신용카드매출전표등발행금액집계표에 자동으로 반영해준다.

3. 신용카드매출전표등발행집계표 작성

[2.신용카드매출전표 등 발행금액 현황] : 신용카드 및 현금영수증 등이 발행된 과세, 영세, 면세의 '공급대가'가 반영된다.

[3.신용카드매출전표 등 발행금액중 세금계산서 교부내역] : 신용카드 등을 발급함과 동시에 세금계산서(또는 계산서)도 발급한 금액을 의미한다. 따라서 [2번]의 금액 중에서 세금계산서(또는 계산서)가 중복으로 발행된 금액만 [3번]에 다시 기입하여야 한다. 이는 매출세액을 중복으로 납부하지 않도록 신고하기 위함이다.

2. 신용카드매출전표 등 발행금액 현황 (1) 공급대가(부가세 포함) 입력 (2) 모든 신용카드 및 현금영수증 발행가액을 입력

구 분	합 계	신용 · 직불 · 기명식 선불카드	현금영수증	직불전자지급 수단 및 기명식선불 전자지급수단
합 계				
과세 매출분				
면세 매출분				
봉 사 료				

3. 신용카드매출전표 등 발행금액중 세금계산서 교부내역 2번란에 입력된 공급대가(부가세 포함) 중 세금계산서가 이중으로 발급된 금액을 입력

세금계산서발급금액		계산서발급금액	

4. 부가세 신고서 작성

부가세 신고서 [3번]란과 동시에 [19번]란에 반영된다.

주의 법인사업자는 해당 세액공제를 받을 수 없으므로 [19번]란은 작성하지 않아도 된다.

구분				정기신고금액		
				금액	세율	세액
과세표준및매출세액	과세	세금계산서발급분	1		10/100	
		매입자발행세금계산서	2		10/100	
		신용카드 · 현금영수증발행분	3	17.카과, 22.현과	10/100	
		기타(정규영수증외매출분)	4			
	영세	세금계산서발급분	5		0/100	
		기타	6		0/100	
	예정신고누락분		7			
	대손세액가감		8			
	합계		9		㉮	

구분			금액	세율	세액
경감공제세액	그 밖의 경감 · 공제세액	18			
	신용카드매출전표등 발행공제등	19	신고서 3번란 금액(부가세 포함)		
	합계	20		㉱	

작성예제 실무이해ver.

다음 자료를 매입매출전표에 입력하여 제1기 예정 신용카드매출전표등발행금액집계표와 부가세 신고서를 작성하시오.

1월 7일 (주)중동에 제품 6,600,000원(부가가치세 포함)을 공급하고 전자세금계산서를 발급하였고 대금 결제는 신용카드(국민카드)로 결제를 받았다.

2월 13일 (주)신화상사에 제품 2,200,000원(부가가치세 포함)을 공급하고 대금 결제는 보통예금으로 입금되어 현금영수증을 발급하였다.

2월 25일 비사업자인 고창석씨에게 제품 880,000원(부가가치세 포함)을 판매하고 신용카드(국민카드)로 결제를 받았다.

3월 10일 (주)동화상사에 상품 200,000원(면세)을 판매하고 전자계산서를 발급하였으며 대금은 신용카드(국민카드)로 결제를 받았다.

작성방법

(1) 매입매출전표입력

① 1월 7일

매출유형[11.과세], 분개유형[4.카드]

월	일	번호	유형	품목	수량	단가	공급가액	부가세	합계	코드	공급처명	사업/주민번호	전자	분개
1	7	50001	과세	제품			6,000,000	600,000	6,600,000	00223	(주)중동	409-81-79076	여	카드

신용카드사 99700 국민카드　　봉사료

NO : 50001　　(대 체) 전 표　　일 자 : 2022

구분	계정과목		적요		거래처		차변(출금)	대변(입금)
차변	0108	외상매출금	제품	카	99700	국민카드	6,600,000	
대변	0255	부가세예수금	제품		00223	(주)중동		600,000
대변	0404	제품매출	제품		00223	(주)중동		6,000,000

신용카드사 및 봉사료 입력

신용카드사: 99700 국민카드

봉 사 료:

확인(Tab, Esc)

분개유형[4.카드]

: 세금계산서와 신용카드매출전표가 중복으로 발급되었음을 입력하는 유형으로 신용카드매출전표등발행금액집계표 하단 [3번]란에 자동으로 반영됨

② 2월 13일

매출유형[22.현과], 분개유형[3.혼합]

일	번호	유형	품목	수량	단가	공급가액	부가세	합계	코드	공급처명	사업/주민번호	전자	분개
13	50001	현과	제품			2,000,000	200,000	2,200,000	00234	(주)신화상사	116-81-33315		혼합

구분	계정과목		적요		거래처		차변(출금)	대변(입금)
대변	0255	부가세예수금	제품		00234	(주)신화상/		200,000
대변	0404	제품매출	제품		00234	(주)신화상/		2,000,000
차변	0103	보통예금	제품		00234	(주)신화상/	2,200,000	

③ 2월 25일

매출유형[17.카과], 분개유형[2.외상], [3.혼합], [4.카드] 중 선택

일	번호	유형	품목	수량	단가	공급가액	부가세	합계	코드	공급처명	사업/주민번호	전자	분개
25	50002	카과	제품			800,000	80,000	880,000	01002	고창석	700514-1001212		카드

신용카드사 99700 국민카드　　봉사료

NO : 50002　　(대 체) 전 표　　일 자 : 2022

구분	계정과목		적요		거래처		차변(출금)	대변(입금)
차변	0108	외상매출금	제품		99700	국민카드	880,000	
대변	0255	부가세예수금	제품		01002	고창석		80,000
대변	0404	제품매출	제품		01002	고창석		800,000

④ 3월 10일

매출유형[13.면세], 분개유형[4.카드]

일	번호	유형	품목	수량	단가	공급가액	부가세	합계	코드	공급처명	사업/주민번호	전자	분개
10	50020	면세	상품			200,000		200,000	00217	(주)동화상사	418-81-13608	여	카드

신용카드사 99700 국민카드　　봉사료

NO : 50020　　(대 체) 전 표　　일 자 : 2022

구분	계정과목		적요		거래처		차변(출금)	대변(입금)
차변	0108	외상매출금	상품	카	99700	국민카드	200,000	
대변	0401	상품매출	상품		00217	(주)동화상/		200,000

(2) 신용카드매출전표등발행금액집계표 자동 작성(조회기간 : 1월 ~ 3월) → 조회 후 F11저장

작성방법

매입매출전표를 입력하면 신용카드매출전표등발행금액집계표는 자동으로 작성된다.

- 과세매출분-신용카드 7,480,000원 : 6,600,000원(1월 7일) + 880,000원(2월 25일)
  ↳ 중복하여 세금계산서발급 6,600,000원 [3번]란에 기입
- 과세매출분-현금영수증 2,200,000원 : 2,200,000원(2월 13일)
- 면세매출분-신용카드 200,000원 : 200,000원(3월 10일)
  ↳ 중복하여 계산서발급 200,000원 [3번]란에 기입

작성화면

□➜ 2. 신용카드매출전표 등 발행금액 현황

구 분	합 계	신용 · 직불 · 기명식 선불카드	현금영수증	직불전자지급 수단 및 기명식선불 전자지급수단
합 계	9,880,000	7,680,000	2,200,000	
과세 매출분	9,680,000	7,480,000	2,200,000	
면세 매출분	200,000	200,000		
봉 사 료				

□➜ 3. 신용카드매출전표 등 발행금액중 세금계산서 교부내역

세금계산서발급금액	6,600,000	계산서발급금액	200,000

(3) 부가세 신고서 자동 작성 (조회기간 : 1월 ~ 3월) → 조회 후 F11저장

작성방법	매입매출전표를 입력하면 부가세 신고서는 자동으로 작성된다. [19번]란은 법인사업자는 작성하지 않아도 점수와는 무관하다.

작성화면

조회기간 : 2022 년 1 월 1 일 ~ 2022 년 3 월 31 일 신고구분 : 1

구분				정기신고금액 금액	세율	세액
과세표준및매출세액	과세	세금계산서발급분	1	6,000,000	10/100	600,000
		매입자발행세금계산서	2		10/100	
		신용카드 · 현금영수증발행분	3	2,800,000	10/100	280,000
		기타(정규영수증외매출분)	4			
	영세	세금계산서발급분	5		0/100	
		기타	6		0/100	
	예정신고누락분		7			
	대손세액가감		8			
	합계		9	8,800,000	㉮	880,000

구분			금액	세율	세액
경감공제세액	그 밖의 경감 · 공제세액	18			
	신용카드매출전표등 발행공제등	19	0,000,000		
	합계	20		㉱	

주의 부가세 신고서 조회 시 주의사항

Q. 부가세 신고서를 조회하여 작성한 뒤 종료할 때 '데이터를 저장하시겠습니까?' 라는 메시지가 뜹니다. 어떻게 해야 하나요?

A. 실제 시험을 볼 때는 반드시 부가세 신고서 및 부속신고서는 저장해야 합니다. 신고서에 입력한(또는 조회된) 데이터를 최종 답안으로 저장해야 하기 때문입니다.

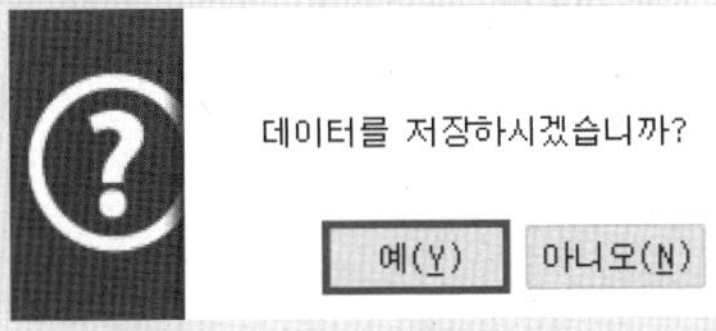

다만, 교재의 실무예제를 푸는 과정에서 이미 저장한 부가세 신고서를 다시 조회하여 문제풀이한 결과를 재차 확인해야 할 때가 많습니다. 이 경우 동일한 신고기간의 부가세 신고서를 조회하는 경우에는 '기존에 저장된 데이터를 불러오시겠습니까?'의 질문에는 반드시 '아니오'를 하시기 바랍니다. '예'를 하시면 신고서에 최종 저장한 데이터만 불러오기 때문에 추가로 입력한 데이터는 조회되지 않는 문제가 있습니다.

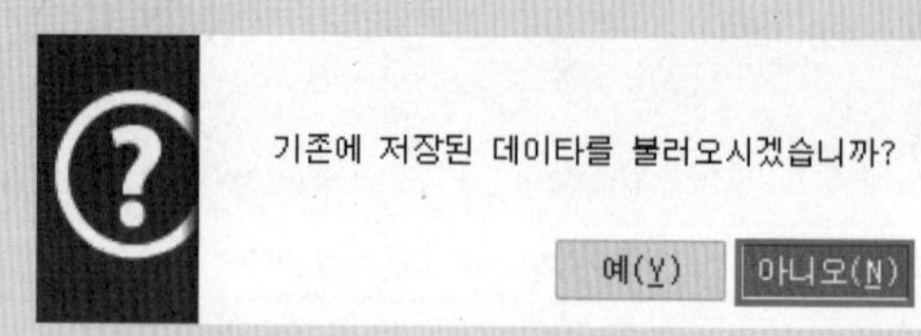
기존에 저장된 데이타를 불러오시겠습니까?
예(Y)
아니오(N)

문제풀이를 하는 과정에서 중요한 것은 본인이 입력한 데이터가 부가세 신고서에 제대로 반영되는지 확인하는 것이 중요하기 때문에 문제를 풀고 본인이 입력한 데이터가 부가세 신고서에 불러오기를 하였을 때 입력한 결과가 반영되는지 확인하시기 바랍니다.

작성예제 기출문제ver.

다음 자료를 보고 1기 확정신고기간의 신용카드매출전표등발행금액집계표를 직접 작성하시오. 단, 매입매출전표입력은 생략한다.

4월 19일 비사업자인 이강인씨에게 제품 5,500,000원(부가가치세 포함)을 판매하고 현금영수증을 발급하였다.

5월 6일 (주)송도에게 제품 9,900,000원(부가가치세 포함)을 판매하고 전자세금계산서를 발급하였으며, 대금 중 5,000,000원은 보통예금으로, 4,900,000원은 6월 18일 국민법인카드로 결제받았다.

6월 27일 (주)다산기업에게 제품 8,800,000원(부가가치세 포함)을 판매하고 국민법인카드로 대금결제를 받았다.

작성방법

신용카드매출전표등발행금액집계표(조회기간 : 4월 ~ 6월) → 직접 작성 → F11저장

작성방법

매입매출전표를 입력하지 않으므로 신용카드매출전표등발행금액집계표는 직접 작성해야 한다.

- 신용카드등 발급분 = 4,900,000원 + 8,800,000원 = 13,700,000원
  ↳ 중복하여 세금계산서발급 4,900,000원
- 현금영수증발급분 = 5,500,000원

작성화면

2. 신용카드매출전표 등 발행금액 현황

구 분	합 계	신용·직불·기명식 선불카드	현금영수증	직불전자지급 수단 및 기명식선불 전자지급수단
합 계	19,200,000	13,700,000	5,500,000	
과세 매출분	19,200,000	13,700,000	5,500,000	
면세 매출분				
봉 사 료				

3. 신용카드매출전표 등 발행금액중 세금계산서 교부내역

세금계산서발급금액	4,900,000	계산서발급금액	

03 신용카드매출전표등수령명세서

1. 의의

'일반과세자 및 간이과세자(세금계산서 발급의무자에 한함)'로부터 재화나 용역을 공급받고 부가가치세액이 별도로 구분 기재된 신용카드매출전표등을 발급받은 때에는 구분기재된 부가가치세액은 신용카드매출전표등수령명세서를 작성하여 매입세액 공제를 받을 수 있다.

여기서 '일반과세자 및 간이과세자'는 반드시 세금계산서 발급의무대상자를 말한다.

2. 공제받을 수 없는 매입세액 ☞ 일반전표입력 ○(매입매출전표입력 ×)

신용카드등을 수취하더라도 매입세액 공제를 받을 수 없는 경우는 다음과 같다.

(1) 신용카드등 발급한 사업자가 영수증 발급의무자인 간이과세자인 경우

(2) 신용카드등 발급한 사업자가 일반과세자 중 다음의 사업을 경영하는 경우
- 목욕업, 이발업, 미용업
- 여객운송업(전세버스사업 제외)
- 입장권 발행하여 경영하는 사업
- 의료업 중 과세대상 미용목적의 진료용역
- 교육용역 중 과세대상 무도학원, 자동차운전학원

(3) 신용카드등 발급한 사업자로부터 신용카드와 세금계산서 이중으로 수취

↳ 세금계산서 수취로 매입세액 공제를 받으므로 신용카드 수취분은 공제불가능

(4) 매입세액 불공제 사유에 해당하는 거래로 신용카드등을 수취한 경우
- 비영업용 소형승용차 관련 매입세액
- 접대비 관련 매입세액
- 사업과 관련이 없는 매입세액
- 면세사업과 관련된 매입세액
- 토지와 관련된 매입세액 등

3. 매입전표유형 자동 반영

57.카과, 61.현과	• 신용카드매출전표등수령명세서 반영 • 부가세 신고서 [14번] ↔ [41번], [42번]

주의
- 신용카드등 수취하였으며 매입세액 공제 가능 → 매입매출전표입력
- 신용카드등 수취하였으나 매입세액 공제 불가능 → 일반전표입력

4. 신용카드매출전표등수령명세서 작성

해당 과세기간을 조회하여 [3.거래내역입력]란에 공제 가능한 신용카드등을 입력한다.

[1.현금] 현금영수증

[2.복지] 화물운전자 복지카드

[3.사업] 법인사업자 사업용카드

[4.신용] 기타신용카드로 임직원의 개인카드 등

2. 신용카드 등 매입내역 합계

구분	거래건수	공급가액	세액
합 계			
현금영수증			
화물운전자복지카드			
사업용신용카드			
그 밖의 신용카드			

3. 거래내역입력

No	□	월/일	구분	공급자	공급자(가맹점) 사업자등록번호	카드회원번호	그 밖의 신용카드 등 거래내역 합계		
							거래건수	공급가액	세액
1	□	02-02		1.현금			1		
2	□			2.복지					
	□			3.사업					
	□			4.신용					

5. 부가세 신고서 작성

[14번]그 밖의 공제매입세액은 우측 [41번]일반매입란과 [42번]고정매입란에 자동 반영된 금액이 합산되어 반영된다.

구분			번호	금액	세율	세액
매입세액	세금계산서 수취분	일반매입	10			
		수출기업수입분납부유예	10			
		고정자산매입	11			
	예정신고누락분		12			
	매입자발행세금계산서		13			
	그 밖의 공제매입세액		14			
	합계(10)-(10-1)+(11)+(12)+(13)+(14)		15			
	공제받지못할매입세액		16			
	차감계 (15-16)		17		ⓛ	

구분		번호	금액	세율	세액
분	변제대손세액				
	외국인관광객에대한환급/				
	합계				
14.그 밖의 공제매입세액					
신용카드매출수령금액합계표	일반매입	41			
	고정매입	42			
의제매입세액		43		뒤쪽	
재활용폐자원등매입세액		44		뒤쪽	

작성예제 실무이해ver.

다음 자료는 (주)우주상사의 2022년 1기 예정신고기간의 자료이다. 신용카드매출전표등수령명세서와 부가세 신고서를 직접 작성하시오(단, 전표입력은 생략).

1월 20일 영업부장의 제주 출장을 위하여 구입한 백두항공의 항공권대금(공급가액 : 200,000원, 부가세 : 20,000원)을 법인카드(서울카드)로 결제하였다(백두항공 : 114-02-59269, 서울법인카드번호 : 1234-5678-9000-0000, 백두항공은 일반과세자임).

2월 15일 경리부 홍길동씨는 사무용품(공급가액 : 250,000원, 부가세 : 25,000원)을 구입하면서 홍길동 본인의 카드로 결제하고 추후 회사에서 정산받았다(엘지문구 : 120-07-33560, 개인카드번호 : 1111-2222-3333-4444, 엘지문구는 일반과세자임).

3월 1일 기획팀의 사기진작을 위하여 지출한 회식비(공급가액 : 500,000원, 부가세 : 50,000원)에 대하여 현금영수증을 수령하였다. 동 현금영수증은 사업자지출증빙용으로 발급받았다(영덕식당 : 120-52-33333, 영덕식당은 일반과세자임).

3월 5일 사무실 컴퓨터 수리비(공급가액 : 300,000원, 부가세 : 30,000원)을 법인카드(서울카드)로 결제하였다(114병원 : 132-08-80665, 서울카드번호 : 1234-5678-9000-0000, 114병원은 간이과세자임).

작성방법

(1) 신용카드매출전표등수령명세서(조회기간 : 1월 ~ 3월) → 직접 작성 → F11저장

작성방법	내용
작성방법	• 1월 20일 : 여객운송 용역은 영수증발급사업자이므로 신용카드매출전표가 법정증빙의 효력이 없으므로 매입세액 공제를 받을 수 없다. • 3월 5일 : 114병원은 간이과세자이므로 신용카드매출전표는 법정증빙의 효력이 없으므로 매입세액 공제를 받을 수 없다.

작성화면

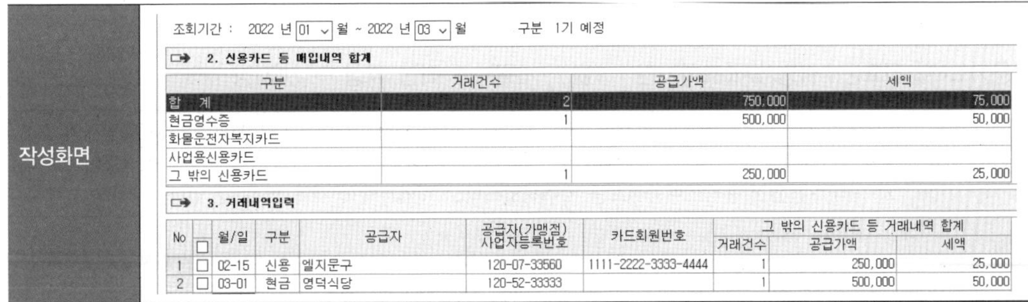

조회기간 : 2022 년 01 월 ~ 2022 년 03 월 구분 1기 예정

2. 신용카드 등 매입내역 합계

구분	거래건수	공급가액	세액
합 계	2	750,000	75,000
현금영수증	1	500,000	50,000
화물운전자복지카드			
사업용신용카드			
그 밖의 신용카드	1	250,000	25,000

3. 거래내역입력

No	월/일	구분	공급자	공급자(가맹점) 사업자등록번호	카드회원번호	그 밖의 신용카드 등 거래내역 합계 거래건수	공급가액	세액
1	02-15	신용	엘지문구	120-07-33560	1111-2222-3333-4444	1	250,000	25,000
2	03-01	현금	영덕식당	120-52-33333		1	500,000	50,000

(2) 부가세 신고서(조회기간 : 1월 ~ 3월) → 직접 작성 → F11저장

작성방법

부가세 신고서 우측 [41번]일반매입란에 750,000원과 75,000원을 입력하면 좌측 [14번]그 밖의 공제매입세액란에 금액이 반영된다.

작성화면

구분			번호	금액		세액
매입세액	세금계산서 수취분	일반매입	10			
		수출기업수입분납부유예	10			
		고정자산매입	11			
	예정신고누락분		12			
	매입자발행세금계산서		13			
	그 밖의 공제매입세액		14	750,000		75,000
	합계(10)-(10-1)+(11)+(12)+(13)+(14)		15	750,000		75,000
	공제받지못할매입세액		16			
	차감계 (15-16)		17	750,000	ⓒ	75,000

14.그 밖의 공제매입세액		번호	금액		세액
신용카드매출 수령금액합계표	일반매입	41	750,000		75,000
	고정매입	42			
의제매입세액		43		뒤쪽	
재활용폐자원등매입세액		44		뒤쪽	
과세사업전환매입세액		45			
재고매입세액		46			
변제대손세액		47			

작성예제 기출문제ver.

다음은 (주)우주상사가 법인카드(국민체크카드)로 사용한 내역이다. 매입세액 공제 대상만 골라서 제1기 확정분 신용카드매출전표등수령명세서를 작성하시오. 매입매출전표에 입력하지 않고, 카드유형은 그밖의 신용카드이며 개별거래를 명세서에 입력하시오.

거래처 (사업자등록번호)	성 명	거래 일자	발행금액 (부가세포함)	내 역	거래내용	비 고
케이마트 (105-05-54107)	김국진	5.04	880,000원	복사용지	영업부서 소모품	일반과세자
박진헤어샵 (214-06-93696)	박 진	5.17	220,000원	미용비	광고모델 김하나의 미용비	일반과세자
대한의원 (121-96-74516)	최대한	5.20	100,000원	진료비	직원 독감 예방주사	-
해바라기정비소 (105-03-43135)	이래원	5.21	550,000원	수리비	운반용 트럭 수리비	일반과세자
궁중요리 (150-05-91233)	신정원	5.22	660,000원	식사비	직원회식대	일반과세자
북경반점 (105-05-91233)	모택동	5.23	77,000원	식사비	직원야식대	간이과세자 (영수증발급대상자)

작성방법

신용카드매출전표등수령명세서(조회기간 : 4월 ~ 6월) → 직접 작성 → F11저장

작성방법	박진헤어샵은 미용업에 해당하므로 공제 불가능, 대한의원은 면세의료용역이므로 부가세매입세액 공제와 무관, 북경반점은 영수증발급대상자인 간이과세자로부터 수취한 신용카드는 공제 불가능이므로 해당 거래 3건은 신용카드매출전표를 수취하였더라도 매입세액 공제를 받을 수 없다.
작성화면	조회기간 : 2022 년 04 월 ~ 2022 년 06 월 구분 1기 확정

2. 신용카드 등 매입내역 합계

구분	거래건수	공급가액	세액
합 계	3	1,900,000	190,000
현금영수증			
화물운전자복지카드			
사업용신용카드			
그 밖의 신용카드	3	1,900,000	190,000

3. 거래내역입력

No	□	월/일	구분	공급자	공급자(가맹점) 사업자등록번호	카드회원번호	그 밖의 신용카드 등 거래내역 합계 거래건수	공급가액	세액
1	□	05-04	신용	케이마트	105-05-54107	9540-8105-3071-8344	1	800,000	80,000
2	□	05-21	신용	해바라기정비소	105-03-43135	9540-8105-3071-8344	1	500,000	50,000
3	□	05-22	신용	궁중요리	150-05-91233	9540-8105-3071-8344	1	600,000	60,000

작성예제 기출문제ver.

다음 자료를 이용하여 제2기 부가가치세 예정신고기간(7월 ~ 9월)의 신용카드매출전표등수령명세서를 작성하시오. 사업용신용카드는 신한법인카드(2255-9595-8585-7000)를 사용하고 있으며, 현금지출의 경우에는 사업자등록번호를 기재한 현금영수증을 수령하였다. 상대 거래처는 모두 일반과세자라고 가정하며, 매입매출전표입력은 생략한다.

일 자	내 역	공급가액	부가가치세	상 호	증 빙
7/15	직원출장 택시요금	100,000원	10,000원	신성택시	신용카드
7/31	사무실 복합기 토너 구입	150,000원	15,000원	(주)오피스	현금영수증
8/12	사무실 탕비실 음료수 구입	50,000원	5,000원	이음마트	신용카드
9/21	원재료구입 법인카드 결제 (세금계산서 수취함)	8,000,000원	800,000원	(주)스마트	신용카드

작성방법

신용카드매출전표등수령명세서(조회기간 : 7월 ~ 9월) → 직접 작성 → F11저장

작성방법	신성택시는 여객운송업(영수증발급사업자)이고, (주)스마트는 세금계산서를 수취한 신용카드이므로 해당 거래 2건은 신용카드매출전표등을 수취하여도 매입세액 공제를 받을 수 없다.
작성화면	조회기간 : 2022 년 07 월 ~ 2022 년 09 월 구분 2기 예정

2. 신용카드 등 매입내역 합계

구분	거래건수	공급가액	세액
합 계	2	200,000	20,000
현금영수증	1	150,000	15,000
화물운전자복지카드			
사업용신용카드	1	50,000	5,000
그 밖의 신용카드			

3. 거래내역입력

No	□	월/일	구분	공급자	공급자(가맹점) 사업자등록번호	카드회원번호	그 밖의 신용카드 등 거래내역 합계 거래건수	공급가액	세액
1	□	07-31	현금	(주)오피스	124-81-04878		1	150,000	15,000
2	□	08-12	사업	이음마트	402-14-33228	2255-9595-8585-7000	1	50,000	5,000

작성예제 기출문제ver.

다음 자료를 이용하여 제2기 확정신고기간의 신용카드매출전표등수령명세서를 작성하시오. 모든 거래처는 일반과세자이며, 매입세액 공제가 가능한 사항만 반영하시오. 전표입력은 생략하고 법인카드는 사업용 국민카드(1111-1234-5000-6000)를 사용하였다.

거래일자	거래내용	거래처명 (사업자등록번호)	공급대가 (VAT 포함)	거래처업종
10월 3일	출장목적 항공권	보람항공 (123-81-45672)	2,200,000원	여객운송업
10월 15일	사무용품 구입	우리문구 (456-06-45672)	110,000원	소매업
11월 20일	거래처 접대	차이나타운 (111-22-33332)	440,000원	음식업
12월 20일	업무용 컴퓨터 구입	컴세상 (222-81-44441)	6,600,000원	도소매업

작성방법

신용카드매출전표등수령명세서(조회기간 : 10월 ~ 12월) → 직접 작성 → F11저장

작성방법	보람항공은 여객운송업(영수증발급사업자)이므로 공제 불가능, 차이나타운의 거래처접대(불공제 사유 해당)이므로 해당 2건은 신용카드매출전표등을 수취하여도 매입세액 공제를 받을 수 없다.
작성화면	(아래 화면)

조회기간 : 2022 년 10 월 ~ 2022 년 12 월 구분 2기 확정

2. 신용카드 등 매입내역 합계

구분	거래건수	공급가액	세액
합 계	2	6,100,000	610,000
현금영수증			
화물운전자복지카드			
사업용신용카드	2	6,100,000	610,000
그 밖의 신용카드			

3. 거래내역입력

No	□	월/일	구분	공급자	공급자(가맹점) 사업자등록번호	카드회원번호	그 밖의 신용카드 등 거래내역 합계		
							거래건수	공급가액	세액
1	□	10-15	사업	우리문구	456-06-45672	1111-1234-5000-6000	1	100,000	10,000
2	□	12-20	사업	컴세상	222-81-44441	1111-1234-5000-6000	1	6,000,000	600,000

04 부동산임대공급가액명세서

1. 의의

부동산임대사업자는 부동산 임대 용역의 공급내역을 상세히 기록한 부동산임대공급가액명세서를 부가가치세 신고 시 제출해야 한다. 이는 부가가치세 성실신고여부와 동시에 임대보증금에 대한 간주임대료 계산의 적정여부 등을 판단하는 자료로 활용된다.

2. 과세표준

과세표준 = 임대료 + 관리비 + 간주임대료

만약, 관리비(보험료, 수도료 등 공공요금 등)를 임차인에게 별도로 구분하여 징수하여 납입대행을 하는 경우에는 과세표준에 포함하지 아니한다.

3. 간주임대료

간주임대료 = 임대보증금 × 정기예금이자율 × 과세대상기간일수/365(366)

간주임대료는 실제 임대료를 받지 않았으나 임대보증금(전세금)에 대해서도 이자상당액을 계산하여 임대료를 받은 것으로 간주하여 부가가치세를 과세하기 위한 보증금의 과세표준이다. 사업자가 부동산 임대 용역을 공급하고 임대보증금이나 전세금을 받은 경우에는 금전 이외의 대가를 받은 것으로 보아 다음 산식에 따라 계산한 금액을 공급가액으로 한다(정기예금이자율 2022년 : 1.2%).

4. 간주임대료의 부가가치세 회계처리

간주임대료의 부가가치세는 부담하는 자의 비용(세금과공과)으로 처리한다.
단, 부가가치세의 부담이 누구든 상관없이 간주임대료의 부가세 신고 의무자는 임대인이다.

- **임대인이 부가세를 부담하는 경우**

[임대인 회계처리]	(차) 세금과공과	×××	(대) 부가세예수금	×××
[임차인 회계처리]		- 회계처리 없음 -		

- **임차인이 부가세를 부담하는 경우**

[임대인 회계처리]	(차) 현금 등	×××	(대) 부가세예수금	×××
[임차인 회계처리]	(차) 세금과공과	×××	(대) 현금 등	×××

5. 매출전표유형과 부가세 신고서

임대료 등 : 11.과세매출	부가세 신고서 [1번]란 (세금계산서 발급 ○)
간주임대료 : 14.건별매출	부가세 신고서 [4번]란 (세금계산서 발급 ×)

주의 부동산임대공급가액명세서는 매입매출전표입력과 상관없이 별도로 작성해야 한다.

6. 부동산임대공급가액명세서 작성

F6 이자율	매년 개정된 정기예금이자율이 설정되어 있으며 이자율을 수정하라는 문구가 없으면 설정된 이자율을 적용한다.
거래처명(임차인)·동·층·호	계약건별 임차인이 사용하는 동, 층, 호를 기재한다. 동은 관리사항으로 생략가능하고, 지하층의 경우 'B'로 표시한다.
계약갱신일	과세기간 내에 계약기간의 연장, 보증금·월세의 변동이 있는 경우 입력하며 임대기간의 시작일과 동일하다.

임대기간	계약서의 전체 임대기간을 기재한다.
보증금	보증금 및 전세금을 입력하며 간주임대료가 자동으로 계산된다.
간주임대료	보증금을 입력하면 해당 일수와 F6이자율이 반영되어 간주임대료는 자동으로 계산된다.
월세, 관리비	월임대료와 월관리비를 입력하면 우측 당해과세기간계란에 과세표준이 반영된다.
전체합계	부가가치세 신고서에 반영될 과세표준이다.

작성예제 실무이해ver.

다음 자료에 따라 제1기 예정신고 시 제출할 부동산임대공급가액명세서를 작성하고, 간주임대료를 매입매출전표에 입력하여 부가세 신고서에 추가 반영하시오. 간주임대료에 대한 정기예금이자율은 1.2%로 가정하고, 간주임대료의 부가가치세는 임대인이 부담하고 있다(단, 임대료와 관리비에 대한 회계처리는 생략함).

층	호 수	상호 (사업자번호)	면적(㎡)	용 도	임대기간	보증금(원)	월세(원)	관리비(원)
지하 1층	101	우리호프 (104-81-24017)	400	점포	2020.2.1. ~ 2022.1.31	50,000,000	500,000	30,000
					2022.2.1. ~ 2024.1.31	70,000,000	600,000	40,000

작성방법

(1) 부동산임대공급가액명세서(조회기간 : 1월 ~ 3월) → 직접 작성 → F11저장

① 갱신 전

2020.2.1 ~ 2022.1.31 보증금 50,000,000원 × 1.2% × 31일/365일 = 50,958원

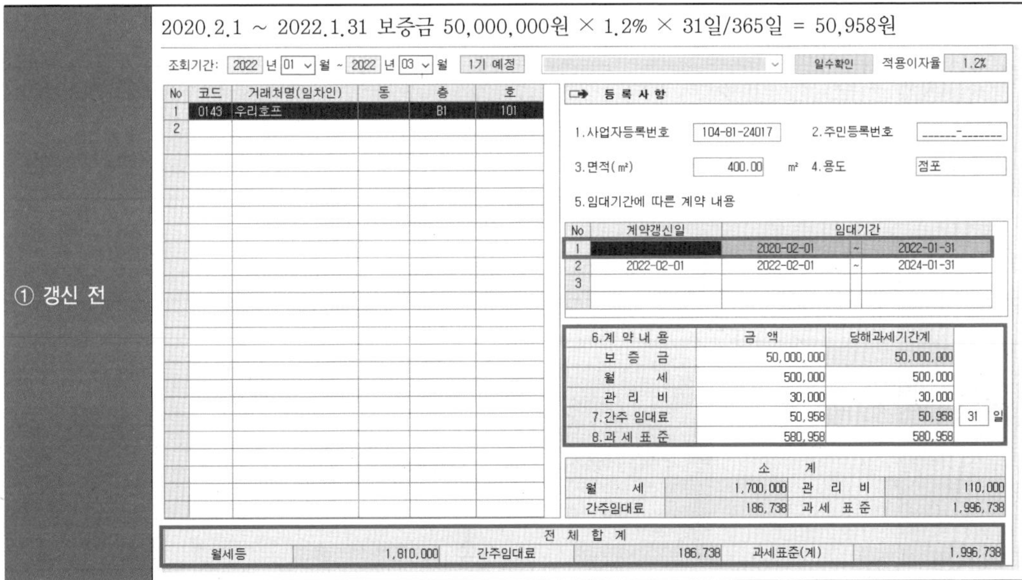

조회기간: 2022 년 01 월 ~ 2022 년 03 월 1기 예정 | 일수확인 | 적용이자율 1.2%

No	코드	거래처명(임차인)	동	층	호
1	0143	우리호프		B1	101
2					

등 록 사 항

1.사업자등록번호 104-81-24017 2.주민등록번호

3.면적(㎡) 400.00 ㎡ 4.용도 점포

5.임대기간에 따른 계약 내용

No	계약갱신일	임대기간		
1		2020-02-01	~	2022-01-31
2	2022-02-01	2022-02-01	~	2024-01-31
3				

6.계 약 내 용	금 액	당해과세기간계	
보 증 금	50,000,000	50,000,000	
월 세	500,000	500,000	
관 리 비	30,000	30,000	
7.간주 임대료	50,958	50,958	31 일
8.과 세 표 준	580,958	580,958	

소 계			
월 세	1,700,000	관 리 비	110,000
간주임대료	186,738	과 세 표 준	1,996,738

전 체 합 계					
월세등	1,810,000	간주임대료	186,738	과세표준(계)	1,996,738

안심Touch

② 갱신 후

계약갱신일 2022.2.1 입력한다.

2022.2.1 ~ 2024.1.31 보증금 70,000,000원 × 1.2% × 59일/365일 = 135,780원

☞ 보증금 간주임대료 총액 : 186,738원

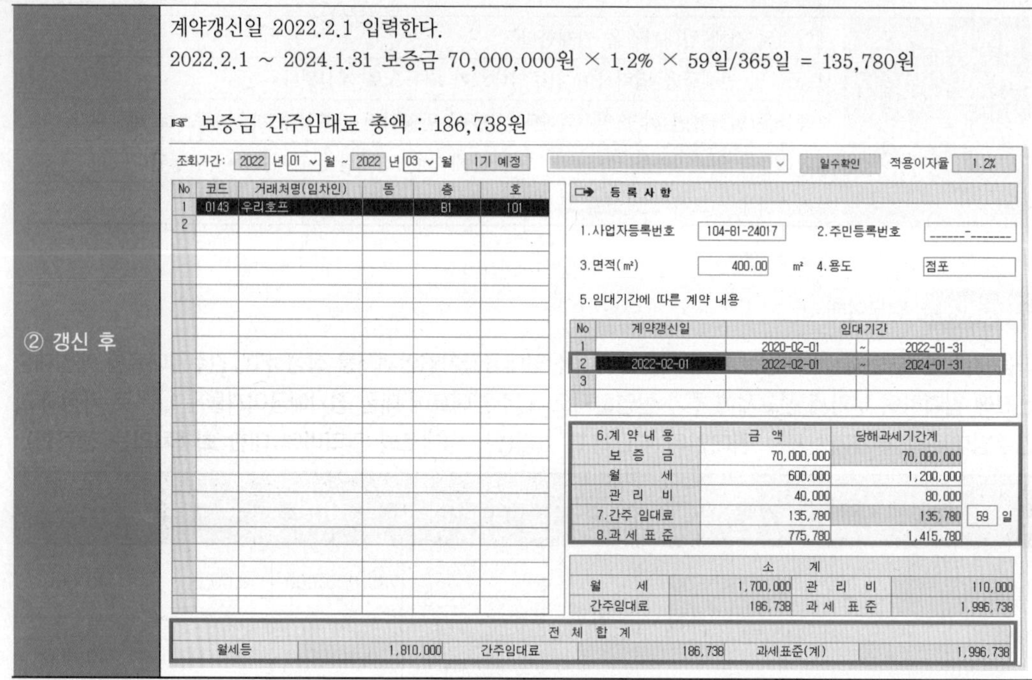

조회기간: 2022 년 01 월 ~ 2022 년 03 월 1기 예정 | 일수확인 | 적용이자율 1.2%

No	코드	거래처명(임차인)	동	층	호
1	0143	우리호프		B1	101
2					

등록사항

1.사업자등록번호 104-81-24017 2.주민등록번호 ______-_______

3.면적(㎡) 400.00 ㎡ 4.용도 점포

5.임대기간에 따른 계약 내용

No	계약갱신일	임대기간		
1		2020-02-01	~	2022-01-31
2	2022-02-01	2022-02-01	~	2024-01-31
3				

6.계 약 내 용	금 액	당해과세기간계
보 증 금	70,000,000	70,000,000
월 세	600,000	1,200,000
관 리 비	40,000	80,000
7.간주 임대료	135,780	135,780 59 일
8.과 세 표 준	775,780	1,415,780

소 계			
월 세	1,700,000	관 리 비	110,000
간주임대료	186,738	과 세 표 준	1,996,738

전 체 합 계					
월세등	1,810,000	간주임대료	186,738	과세표준(계)	1,996,738

(2) 간주임대료 회계처리(3월 31일)

작성방법

① 매출유형 : [14.건별] 증빙없는 10% 과세매출

② 회계처리 : 간주임대료 186,738원은 과세표준에 불과하며 회계처리 대상금액은 아니다. 따라서 전표 하단의 회계처리는 부가가치세 18,673원만 세금과공과(판)로 처리한다. 해당 문제는 임대인(당사)이 부가세를 부담하므로 임대인의 비용(세금과공과)으로 회계처리한다.

작성화면

일	번호	유형	품목	수량	단가	공급가액	부가세	합계	코드	공급처명	사업/주민번호	전자	분개
31	50002	건별	간주임대료			186,738	18,673	205,411	00143	우리호프	104-81-24017		혼합

구분	계정과목	적요	거래처	차변(출금)	대변(입금)
대변	0255 부가세예수금	간주임대료	00143 우리호프		18,673
차변	0817 세금과공과	간주임대료	00143 우리호프	18,673	

(3) 부가세 신고서(조회기간 : 1월 ~ 3월) → 조회 자동 반영 → F11저장

작성방법

간주임대료 [14.건별] 매출은 부가세 신고서 [4.기타]란에 자동으로 반영된다.

작성화면

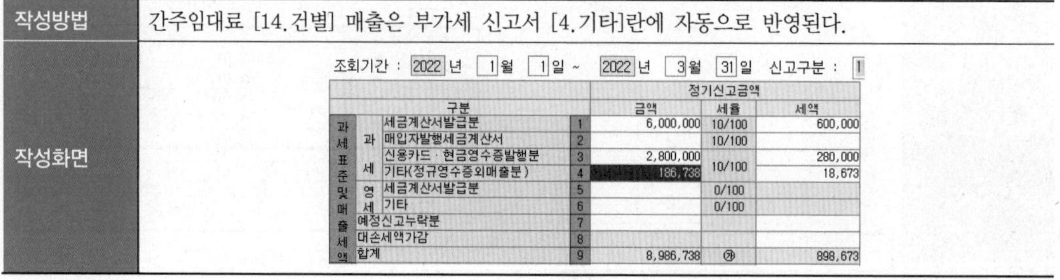

조회기간 : 2022 년 1 월 1 일 ~ 2022 년 3 월 31 일 신고구분 : 1

구분				정기신고금액 금액	세율	세액
과세표준및매출세액	과세	세금계산서발급분	1	6,000,000	10/100	600,000
		매입자발행세금계산서	2		10/100	
		신용카드·현금영수증발행분	3	2,800,000	10/100	280,000
		기타(정규영수증외매출분)	4	186,738		18,673
	영세	세금계산서발급분	5		0/100	
		기타	6		0/100	
	예정신고누락분		7			
	대손세액가감		8			
	합계		9	8,986,738	㉮	898,673

작성예제 기출문제ver.

다음은 부동산 임대에 관련된 자료이다. 2022년 1기 확정 부가가치세 신고기간의 부동산임대공급가액명세서를 작성하시오. 이자율은 1.2%를 적용하며 임차인 (주)커피상사의 계약갱신일은 2022.05.01이다.

임차인	동/층/호	사업자등록번호	면 적	용 도	임대기간	보증금(원)	월세(원)
한길상사	1/1/101	255-19-00392	100m²	상 가	2022.05.01(신규) ~ 2026.4.30	50,000,000	2,000,000
(주)커피상사	1/2/201	222-85-22222	90m²	사무실	2018.05.01 ~ 2022.04.30	30,000,000	1,000,000
					2022.05.01(갱신) ~ 2024.04.30	40,000,000	1,100,000

작성방법

부동산임대공급가액명세서(조회기간 : 4월 ~ 6월) → 직접 작성 → F11저장

한길상사

간주임대료 : 100,273원

조회기간: 2022 년 04 월 ~ 2022 년 06 월 1기 확정 | 일수확인 | 적용이자율 1.2%

No	코드	거래처명(임차인)	동	층	호
1	0233	한길상사	1	1	101
2	0147	(주)커피상사	1	2	201
3					

등록사항

1.사업자등록번호 255-19-00392 2.주민등록번호 ______-_______

3.면적(㎡) 100.00 ㎡ 4.용도 상가

5.임대기간에 따른 계약 내용

No	계약갱신일	임대기간		
1		2022-05-01	~	2026-04-30
2				

6.계 약 내 용	금 액	당해과세기간계	
보 증 금	50,000,000	50,000,000	
월 세	2,000,000	4,000,000	
관 리 비			
7.간주 임대료	100,273	100,273	61 일
8.과 세 표 준	2,100,273	4,100,273	

소 계			
월 세	4,000,000	관 리 비	
간주임대료	100,273	과 세 표 준	4,100,273

전 체 합 계					
월세등	7,200,000	간주임대료	210,081	과세표준(계)	7,410,081

(주)커피상사 (갱신 전)

갱신 전 간주임대료 : 29,589원

조회기간: 2022 년 04 월 ~ 2022 년 06 월 1기 확정 | 일수확인 | 적용이자율 1.2%

No	코드	거래처명(임차인)	동	층	호
1	0233	한길상사	1	1	101
2	0147	(주)커피상사	1	2	201
3					

등록사항

1.사업자등록번호 222-85-22222 2.주민등록번호 ______-_______

3.면적(㎡) 90.00 ㎡ 4.용도 사무실

5.임대기간에 따른 계약 내용

No	계약갱신일	임대기간		
1		2018-05-01	~	2022-04-30
2	2022-05-01	2022-05-01	~	2024-04-30
3				

6.계 약 내 용	금 액	당해과세기간계	
보 증 금	30,000,000	30,000,000	
월 세	1,000,000	1,000,000	
관 리 비			
7.간주 임대료	29,589	29,589	30 일
8.과 세 표 준	1,029,589	1,029,589	

(주)커피상사
(갱신 후)

갱신 후 간주임대료 : 80,219원 (커피상사 총 간주임대료 : 109,808원)

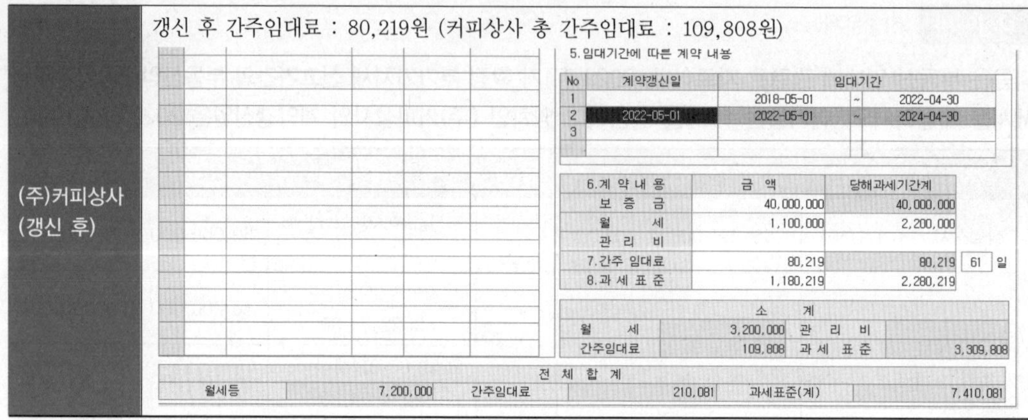

5. 임대기간에 따른 계약 내용

No	계약갱신일	임대기간		
1		2018-05-01	~	2022-04-30
2	2022-05-01	2022-05-01	~	2024-04-30
3				

6. 계 약 내 용	금 액	당해과세기간계	
보 증 금	40,000,000	40,000,000	
월 세	1,100,000	2,200,000	
관 리 비			
7. 간주 임대료	80,219	80,219	61 일
8. 과 세 표 준	1,180,219	2,280,219	

소 계			
월 세	3,200,000	관 리 비	
간주임대료	109,808	과 세 표 준	3,309,808

전 체 합 계					
월세등	7,200,000	간주임대료	210,081	과세표준(계)	7,410,081

작성예제 기출문제ver.

2022년 제2기 예정신고기간(7/1 ~ 9/30) 동안의 부동산 임대 현황이 아래와 같으며 월세는 매월 세금계산서를 발급하였다. 부동산임대공급가액명세서(정기예금이자율 : 연 1.2%로 적용)와 부가세 신고서를 작성하시오(단, 임대료(월세)와 간주임대료 모두 부가세 신고서에 반영할 것).

층 별	호 수	상 호 (사업자등록번호)	면적(㎡)	용 도	임대기간	보증금	월 세 (공급가액)
지상1층	101호	(주)대성일렉컴 (129-81-66753)	70	점 포	2021.06.01 ~ 2023.05.31	30,000,000원	1,500,000원
지상1층	102호	목화슈퍼 (214-06-93696)	50	점 포	2020.08.01 ~ 2022.07.31	-	1,500,000원
지상1층	103호	동일슈퍼 (107-10-33679)	50	점 포	2021.08.01 ~ 2024.07.31	-	1,800,000원
지상2층	201호	(주)세일중기 (120-85-73293)	45	사무실	2020.11.01 ~ 2022.10.31	70,000,000원	2,000,000원

작성방법

(1) 부동산임대공급가액명세서(조회기간 : 7월 ~ 9월) → 직접 작성 → F11저장

(주)대성일렉컴

간주임대료 : 90,739원

조회기간: 2022 년 07 월 ~ 2022 년 09 월 2기 예정 / 일수확인 / 적용이자율 1.2%

No	코드	거래처명(임차인)	동	층	호
1	0148	(주)대성일렉컴		1	101
2	0149	목화슈퍼		1	102
3	0150	동일슈퍼		1	103
4	0151	(주)세일중기		2	201
5					

등록사항

1.사업자등록번호 129-81-66753 2.주민등록번호 ______-_______

3.면적(㎡) 70.00 ㎡ 4.용도 점포

5.임대기간에 따른 계약 내용

No	계약갱신일	임대기간		
1		2021-06-01	~	2023-05-31
2				

6.계 약 내 용	금 액	당해과세기간계
보 증 금	30,000,000	30,000,000
월 세	1,500,000	4,500,000
관 리 비		
7.간주 임대료	90,739	90,739 (92 일)
8.과 세 표 준	1,590,739	4,590,739

목화슈퍼

보증금이 없어도 월세등 입력

조회기간: 2022 년 07 월 ~ 2022 년 09 월 2기 예정 / 일수확인 / 적용이자율 1.2%

No	코드	거래처명(임차인)	동	층	호
1	0148	(주)대성일렉컴		1	101
2	0149	목화슈퍼		1	102
3	0150	동일슈퍼		1	103
4	0151	(주)세일중기		2	201
5					

등록사항

1.사업자등록번호 214-06-93696 2.주민등록번호 ______-_______

3.면적(㎡) 50.00 ㎡ 4.용도 점포

5.임대기간에 따른 계약 내용

No	계약갱신일	임대기간		
1		2020-08-01	~	2022-07-31
2				

6.계 약 내 용	금 액	당해과세기간계
보 증 금		
월 세	1,500,000	1,500,000
관 리 비		
7.간주 임대료		(31 일)
8.과 세 표 준	1,500,000	1,500,000

동일슈퍼

보증금이 없어도 월세등 입력

조회기간: 2022 년 07 월 ~ 2022 년 09 월 2기 예정 / 일수확인 / 적용이자율 1.2%

No	코드	거래처명(임차인)	동	층	호
1	0148	(주)대성일렉컴		1	101
2	0149	목화슈퍼		1	102
3	0150	동일슈퍼		1	103
4	0151	(주)세일중기		2	201
5					

등록사항

1.사업자등록번호 107-10-33679 2.주민등록번호 ______-_______

3.면적(㎡) 50.00 ㎡ 4.용도 점포

5.임대기간에 따른 계약 내용

No	계약갱신일	임대기간		
1		2021-08-01	~	2024-07-31
2				

6.계 약 내 용	금 액	당해과세기간계
보 증 금		
월 세	1,800,000	5,400,000
관 리 비		
7.간주 임대료		(92 일)
8.과 세 표 준	1,800,000	5,400,000

(주)세일중기	간주임대료 : 211,726원
전체 합계	과세표준 합계 17,702,465원 = 월세등 17,400,000원 + 간주임대료 302,465원

조회기간: 2022 년 07 월 ~ 2022 년 09 월 2기 예정 일수확인 적용이자율 1.2%

No	코드	거래처명(임차인)	동	층	호
1	0148	(주)대성일렉컴		1	101
2	0149	목화슈퍼		1	102
3	0150	동일슈퍼		1	103
4	0151	(주)세일중기		2	201
5					

등록사항

1.사업자등록번호 120-85-73293 2.주민등록번호 ______-_______

3.면적(㎡) 45.00 ㎡ 4.용도 사무실

5.임대기간에 따른 계약 내용

No	계약갱신일	임대기간		
1		2020-11-01	~	2022-10-31
2				

6.계약내용	금액	당해과세기간계	
보증금	70,000,000	70,000,000	
월세	2,000,000	6,000,000	
관리비			
7.간주 임대료	211,726	211,726	92 일
8.과세표준	2,211,726	6,211,726	

전체 합계					
월세등	17,400,000	간주임대료	302,465	과세표준(계)	17,702,465

(2) 부가세 신고서(조회기간 : 7월 ~ 9월) → 직접 작성 → F11저장

작성방법	• 월세등 17,400,000원 : 세금계산서를 발급하였으므로 부가세 신고서 [1번]란에 직접 입력 • 간주임대료 302,465원 : 세금계산서 발급하지 않으므로 부가세 신고서 [4번]란에 직접 입력
작성화면	

조회기간 : 2022 년 7 월 1 일 ~ 2022 년 9 월 30 일 신고구분 : 1

구분				정기신고금액 금액	세율	세액
과세표준및매출세액	과세	세금계산서발급분	1	17,400,000	10/100	1,740,000
		매입자발행세금계산서	2		10/100	
		신용카드 · 현금영수증발행분	3		10/100	
		기타(정규영수증외매출분)	4	302,465		30,246
	영세	세금계산서발급분	5		0/100	
		기타	6		0/100	
	예정신고누락분		7			
	대손세액가감		8			
	합계		9	17,702,465	㉮	1,770,246

05 수출실적명세서

1. 의의

수출하는 재화는 영세율 적용 첨부서류 '수출실적명세서'를 작성하여 제출하여야 하며 이 서류를 제출할 수 없는 경우에는 외화획득명세서에 영세율이 확인되는 증빙서류를 첨부하여 제출하여야 한다. 영세율첨부서류를 첨부하지 아니한 부분에 대하여는 예정신고 및 확정신고로 보지 않고 이후 가산세가 부과된다.

2. 매출전표유형과 부가세 신고서

16.수출매출 (직수출)	• 수출실적명세서 자동 반영(또는 직접 작성) • 부가세 신고서 [6번]란 자동 반영

3. 수출실적명세서 작성

조회기간 : 2022 년 04 월 ~ 2022 년 06 월 구분 : 1기 확정 과세기간별입력

구분	건수	외화금액	원화금액	비고
⑨합계				
⑩수출재화[=⑫합계]				
⑪기타영세율적용				

No	□	(13)수출신고번호	(14)선(기)적일자	(15)통화코드	(16)환율	금액		전표정보	
						(17)외화	(18)원화	거래처코드	거래처명
1	■								
	□								

<table>
<tr><td>⑨수출재화</td><td>하단에 입력한 수출재화 신고내역이 합산된다.</td></tr>
<tr><td>⑩기타영세율적용</td><td>수출신고번호가 없는 용역수출 등의 경우에는 직접 입력한다.</td></tr>
<tr><td>(13)수출신고번호</td><td>수출신고필증(신고서)의 신고번호를 입력한다.</td></tr>
<tr><td>(14)선(기)적일자</td><td>수출재화의 공급시기는 선적일이며 선하증권(B/L) 등 선적서류에 기재되어 있다.</td></tr>
<tr><td>(15)통화코드</td><td>F2도움키를 사용하여 해당 통화코드를 조회하거나 직접 입력한다.</td></tr>
<tr><td>(16)환율</td><td>부가가치세법상 과세표준은 수출신고필증상 결제금액인 외화($, ¥ 등)에 선적일 기준환율이 적용된다. 단, 수출물품을 공급시기(선적일・기적일)가 되기 전에 수출대금을 원화로 환가한 경우에는 환가일의 환율을 적용한 환가한 금액이 과세표준이다.
<table>
<tr><th>구 분</th><th>과세표준(공급가액)</th></tr>
<tr><td>공급시기(선적일) 이후에 외화통화 기타 외국환 상태로 보유하거나 지급받는 경우</td><td>공급시기의 기준환율 또는 재정환율에 의하여 계산한 금액</td></tr>
<tr><td>공급시기(선적일) 도래 전에 원화로 환가한 경우</td><td>그 환가한 금액</td></tr>
</table></td></tr>
<tr><td>(17)외화, (18)원화</td><td>수출한 재화 등의 외화를 입력하면 원화로 계산된다.</td></tr>
<tr><td>부가세 신고서</td><td>직수출의 경우 부가가치세 신고서상 영세-기타 [6번]란에 기재된다.</td></tr>
<tr><td>SF4 전표불러오기</td><td>매입매출전표유형 [16.수출]로 입력 시 수출실적명세서에 반영한다.</td></tr>
<tr><td>F4 전표처리</td><td>수출실적명세서에 입력한 신고자료를 [16.수출] 매입매출전표로 처리하여 전송하는 경우 사용한다.</td></tr>
</table>

4. 영세율첨부서류

영세율첨부서류제출명세서	영세율첨부서류제출명세서는 개별소비세 등의 수출영세율을 적용받기 위하여 개별소비세 과세표준신고서와 함께 제출한 사업자가 부가가치세 신고 시에 당해 서류를 별도로 제출하지 아니하고자 하는 경우에 작성한다.
수출실적명세서 ☞ 시험출제	수출실적명세서는 내국물품을 국외로 반출하는 수출거래에 영세율을 적용받기 위하여 부가가치세 신고서와 함께 제출하는 영세율첨부서류이다.
내국신용장・구매확인서 전자발급명세서	수출업자 또는 수출업자에게 납품하는 사업자에게 수출용 재화를 공급하는 경우 내국신용장 또는 구매확인서에 의하여 공급하는 경우에 한하여 영세율이 적용되며 내국신용장 등을 전자무역기반시설을 통하여 개설되거나 발급된 경우에는 내국신용장・구매확인서 전자발급명세서를 제출하여야 한다.
영세율매출명세서	사업자는 영세율이 적용되는 경우 영세율매출명세서를 작성하여 제출하여야 한다. 영세율매출명세서는 영세율첨부서류가 아닌 제출서류이므로 제출하지 아니할 경우 영세율 과세표준 신고를 무신고로 보지 않고 별도의 가산세도 없다.

작성예제 실무이해ver.

다음의 수출신고필증 및 환율정보 등 자료를 이용하여 매입매출전표입력 메뉴에 입력하고 수출실적명세서 및 영세율매출명세서와 1기 예정 부가세 신고서를 작성하시오.

〈자료 1〉

UNI-PASS

수 출 신 고 필 증

(갑지)
※ 처리기간 : 즉시

제출번호 99999-99-9999999 ① 신고자 강남 관세사	⑤ 신고번호 41757-17-050611X	⑥ 신고일자 2022/03/10	⑦ 신고구분 일반P/L신고	⑧ C/S구분 A
② 수출대행자 (주)우주상사 (통관고유부호) (주)예인 1-23-4-56-7 수출자구분 (C) 수출화주 (주)우주상사 (통관고유부호) (주)동한 1-23-4-56-7 (주소) (대표자) (사업자등록번호) 308-81-12340	⑨ 거래구분 11 일반형태 ⑫ 목적국 US USA ⑮ 선박명(항공편명) ⑱ 운송형태 10 ETC ⑳ 물품소재지	⑩ 종류 A 일반수출 ⑬ 적재항 ICN 인천항 ⑯ 출항예정일자	⑪ 결제방법 TT 단순송금방식 ⑭ 선박회사(항공사) ⑰ 적재예정보세구역 ⑲ 검사희망일 2022/3/11	
③ 제조자 (주)우주상사 (통관고유부호) (주)우주상사 1-23-4-56-7 제조장소 산업단지부호 999	㉑ L/C번호 ㉓ 사전임시개청통보여부		㉒ 물품상태 ㉔ 반송 사유	
④ 구매자 NICE.Co.Ltd. (구매자부호)	㉕ 환급신청인(1:수출/위탁자, 2:제조자) 간이환급			

㉙ 모델 · 규격	㉚ 성분	㉛ 수량	㉜ 단가(USD)	㉝ 금액(USD)
K		150(EA)	200	30,000

㉞ 세번부호	9999.99-9999	㉟ 순중량	320kg	㊱ 수량		㊲ 신고가격(FOB)	$ 28,500 ₩28,500,000
㊳ 송품장부호		㊴ 수입신고번호		㊵ 원산지		㊶ 포장갯수(종류)	
㊷ 수출요건확인 (발급서류명)							
㊸ 총중량	320kg	㊹ 총포장갯수		㊺ 총신고가격(FOB)			$ 28,500 ₩28,500,000
㊻ 운임(₩)	1,180,970	㊼ 보험료(₩)		㊽ 결제금액			CFR - USD - 30,000
※ 신고인기재란				㊿ 세관기재란			
㊾ 운송(신고)인 ㊿ 기간 부터 까지		㊹ 적재의무 기한	2022/03/25	㊺ 담당자		㊻ 신고수리 일자	2022/03/25

〈자료 2〉

- B/L에 의한 제품선적일은 2022년 3월 29일이며 거래처는 미국의 Ama_zone이다.
- 본 제품 수출거래와 관련하여 대금은 2022년 4월 15일 전액 보통예금 계좌에 입금될 예정이다.
- 기준환율정보

구 분	2022.03.21	2022.03.29	2022.04.15
환 율	$1 = 1,100	$1 = 1,050	$1 = 1,200

작성방법

(1) 매입매출전표(3월 29일)

작성방법

과세표준(공급가액) 31,500,000원 = $30,000 × 1,050원(선적일환율)
직수출 공급시기는 선적일이며, 수출신고필증상 ㊽결제금액을 매출(과세표준)로 회계처리한다.

작성화면

일	번호	유형	품목	수량	단가	공급가액	부가세	합계	코드	공급처명	사업/주민번호	전자	분개
29	50004	수출	제품			31,500,000		31,500,000	00117	Ama_zone			외상

영세율구분 1 직접수출(대행수출 포함) 수출신고번호 41757-17-050611X

NO : 50004 (대 체) 전 표 일 자 : 2022 년

구분	계정과목	적요	거래처	차변(출금)	대변(입금)
차변	0108 외상매출금	제품	00117 Ama_zone	31,500,000	
대변	0404 제품매출	제품	00117 Ama_zone		31,500,000

(2) 수출실적명세서(조회기간 : 1월 ~ 3월) → 직접 작성 → F11저장

작성방법

SF4 전표불러오기 → 매입매출전표에 입력한 자료를 선택하여 불러오기 한다.
전표불러오기 하여 통화코드, 환율, 외화 등의 자료는 직접 입력한다.

전표 불러오기

	매입매출 전표입력						수출실적명세서				
□	년월일	거래처명	공급가액	부가세	수출신고번호		년월일	거래처명	공급가액	부가세	수출신고번호
■	2022-03-29	Ama_zone	31,500,000		41757-17-050611X	==	2022-03-29	Ama_zone	31,500,000		41757-17-050611X
□											

작성화면

조회기간 : 2022 년 01 월 ~ 2022 년 03 월 구분 : 1기 예정 과세기간별입력

구분	건수	외화금액	원화금액	비고
⑨합계	1	30,000.00	31,500,000	
⑩수출재화[=⑫합계]	1	30,000.00	31,500,000	
⑪기타영세율적용				

No	□	(13)수출신고번호	(14)선(기)적일자	(15)통화코드	(16)환율	금액		전표정보	
						(17)외화	(18)원화	거래처코드	거래처명
1	□	41757-17-050611X	2022-03-29	USD	1,050.0000	30,000.00	31,500,000	00117	Ama_zone

(3) 영세율매출명세서(조회기간 : 1월 ~ 3월) → 조회 자동 반영 → F11저장

작성방법

조회 시 자동 반영된다.

작성화면

조회기간 2022 년 01 월 ~ 2022 년 03 월 1기 예정

부가가치세법 | 조세특례제한법

(7)구분	(8)조문	(9)내용	(10)금액(원)
	제21조	직접수출(대행수출 포함)	31,500,000
		중계무역 · 위탁판매 · 외국인도 또는 위탁가공무역 방식의 수출	
		내국신용장 · 구매확인서에 의하여 공급하는 재화	
		한국국제협력단 및 한국국제보건의료재단에 공급하는 해외반출용 재화	
		수탁가공무역 수출용으로 공급하는 재화	

(4) 부가세 신고서(조회기간 : 1월 ~ 3월) → 조회 자동 반영 → F11저장

작성방법

매입매출전표 [16.수출]은 부가세 신고서 [6번]란에 자동으로 반영된다.

작성화면

조회기간 : 2022 년 1 월 1 일 ~ 2022 년 3 월 31 일 신고구분 : 1

구분				정기신고금액		
				금액	세율	세액
과세표준및매출세액	과세	세금계산서발급분	1	6,000,000	10/100	600,000
		매입자발행세금계산서	2		10/100	
		신용카드 · 현금영수증발행분	3	2,800,000	10/100	280,000
		기타(정규영수증외매출분)	4	186,738		18,673
	영세	세금계산서발급분	5		0/100	
		기타	6	31,500,000	0/100	
	예정신고누락분		7			
	대손세액가감		8			
	합계		9	40,486,738	㉮	898,673

작성예제 기출문제ver.

다음 자료를 보고 2022년 1기 부가가치세 확정신고 시 수출실적명세서(거래처생략)를 작성하라. 단, 수출대금은 모두 해당 국가의 통화로 직접 받았으며 매입매출전표입력은 생략한다.

상대국	수출신고번호	선적일 (2022년)	환전일 (2022년)	수출액	적용환율	
					선적 시 기준환율	환전 시 적용환율
미 국	13041-20-044589X	04.20	04.13	$30,000	1,100/$	1,000/$
일 본	13055-10-011460X	05.01	05.05	￥100,000	950/￥100	1,000/￥100
미 국	13064-25-147041X	06.20	07.15	$15,000	1,300/$	1,320/$

※ 수출신고필증상의 수출액과 실지수출액은 일치하며 '환전일'은 당해 수출액을 원화로 실제 환전한 날을 말하며 '환전 시 적용환율'은 실제 원화 환전 시 적용된 환율을 의미한다.

작성방법

수출실적명세서(조회기간 : 4월 ~ 6월) → 직접 작성 → F11저장

작성방법: 공급시기 도래 전에 원화로 환산한 경우에는 그 환가한 금액을 과세표준으로 하며, 그 외의 경우는 공급시기(선적일) 기준환율를 적용한다. 또한 JPY환율은 ￥1 환율로 수정하여 입력한다.

작성화면

조회기간 : 2022 년 04 월 ~ 2022 년 06 월 구분 : 1기 확정 과세기간별입력

구분	건수	외화금액	원화금액	비고
⑨합계	3	145,000.00	50,450,000	
⑩수출재화[=⑫합계]	3	145,000.00	50,450,000	
⑪기타영세율적용				

No	□	(13)수출신고번호	(14)선(기)적일자	(15)통화코드	(16)환율	금액		전표정보	
						(17)외화	(18)원화	거래처코드	거래처명
1	□	13041-20-044589X	2022-04-20	USD	1,000.0000	30,000.00	30,000,000		
2	□	13055-10-011460X	2022-05-01	JPY	9.5000	100,000.00	950,000		
3	□	13064-25-147041X	2022-06-20	USD	1,300.0000	15,000.00	19,500,000		

작성예제 기출문제ver.

다음 자료를 보고 2022년 2기 부가가치세 예정신고(7.1 ~ 9.30) 시 수출실적명세서(거래처생략)를 작성하라. 단, 아래의 모든 거래는 영세율 적용대상거래(세금계산서 교부대상이 아님)로서, 거래대금은 모두 선적일 이전에 미국 달러화(USD)로 송금받았으며 매입매출전표입력은 생략한다.

상대국	수출신고번호	선적일 (공급시기)	환전일	수출액	적용환율	
					선적(공급) 시 기준환율	환전 시 적용환율
미 국	13042-10-044689X	2022.07.07	2022.07.01	$10,000	1,130원/$	1,160원/$
일 본	13045-10-011470X	2022.08.06	2022.08.10	$20,000	1,150원/$	1,180원/$
독 일	–	2022.08.22	2022.08.23	$1,000	1,250원/$	1,240원/$
미 국	13064-25-247041X	2022.09.03	2022.09.26	$2,000	1,330원/$	1,380원/$

* "수출신고번호"가 없는 거래는 국외제공 용역 등의 거래에 해당한다.
* "환전일"은 수출대금을 원화로 환전한 날을 말한다.

작성방법

수출실적명세서(조회기간 : 7월 ~ 9월) → 직접 작성 → F11저장

작성방법	공급시기 도래 전에 원화로 환산한 경우에는 그 환가한 금액을 과세표준으로 하며, 그 외의 경우는 공급시기(선적일) 기준환율에 의한다. 또한 수출신고번호 없는 독일의 영세율거래는 상단 ⑪기타영세율적용란에 직접 입력한다.
작성화면	(아래 화면 참조)

조회기간 : 2022 년 07 월 ~ 2022 년 09 월 구분 : 2기 예정 과세기간별입력

구분	건수	외화금액	원화금액	비고
⑨합계	4	33,000.00	38,510,000	
⑩수출재화[=⑫합계]	3	32,000.00	37,260,000	
⑪기타영세율적용	1	1,000.00	1,250,000	

No	□	(13)수출신고번호	(14)선(기)적일자	(15)통화코드	(16)환율	금액 (17)외화	금액 (18)원화	전표정보 거래처코드	전표정보 거래처명
1	□	13042-10-044589X	2022-07-07	USD	1,160.0000	10,000.00	11,600,000		
2	□	13045-10-011470X	2022-08-06	USD	1,150.0000	20,000.00	23,000,000		
3	□	13064-25-257041X	2022-09-03	USD	1,330.0000	2,000.00	2,660,000		

작성예제 실무이해ver.

당사는 수출용 원자재를 (주)삼진에게 공급하고 구매확인서를 받았다. 다음의 구매확인서를 참조하여 2기 확정 부가가치세 신고 시 내국신용장·구매확인서전자발급명세서와 영세율매출명세서를 작성하고 부가가치세 신고서의 과세표준 및 매출세액을 작성하시오(단, 회계처리는 생략할 것).

외화획득용원료·기재구매확인서

※ 구매확인서번호 : PKT202200712222

(1) 구매자 (상호) (주)삼진
(주소) 경기도 고양시 세솔로 11
(성명) 오도난
(사업자등록번호) 201-86-02911

(2) 공급자 (상호) (주)우주상사
(주소) 서울특별시 구로구 안양천로539길 6
(성명) 양민구
(사업자등록번호) 143-81-14912

1. 구매원료의 내용

(3) HS부호	(4) 품명 및 규격	(5) 단위수량	(6) 구매일	(7) 단가	(8) 금액	(9) 비고
6885550000	At	100 DPR	2022-11-30	USD 2,500	USD 250,000	
TOTAL		100 DPR			USD 250,000	

2. 세금계산서(외화획득용 원료·기재를 구매한 자가 신청하는 경우에만 기재)

(10) 세금계산서번호	(11) 작성일자	(12) 공급가액	(13) 세액	(14) 품목	(15) 규격	(16) 수량
20221130100000084522665	2022-11-30	277,500,000원	0원			

(17) 구매원료 · 기재의 용도명세 : 원자재

위의 사항을 대외무역법 제18조에 따라 확인합니다.

확인일자 2022년 11월 30일
확인기관 한국무역정보통신
전자서명 1208102922

작성방법

(1) 내국신용장 · 구매확인서발급명세서(조회기간 : 10월 ~ 12월) → 직접 작성 → F11저장

작성방법: 구매확인서의 서류번호 등을 직접 입력하여 작성한다.

작성화면

조회기간 2022 년 10 월 ~ 2022 년 12 월 구분 2기 확정

2. 내국신용장 · 구매확인서에 의한 공급실적 합계

구분	건수	금액(원)	비고
(9)합계(10+11)	1	277,500,000	
(10)내국신용장			
(11)구매확인서	1	277,500,000	

[참고] 내국신용장 또는 구매확인서에 의한 영세율 첨부서류 방법 변경(영 제64조 제3항 제1의3호).
▶ 전자무역기반시설을 통하여 개설되거나 발급된 경우 내국신용장 · 구매확인서 전자발급명세서를 제출하고 이 외의 경우 내국신용장 사본을 제출함
=> 2011.7.1 이후 최초로 개설되거나 발급되는 내국신용장 또는 구매확인서부터 적용

3. 내국신용장 · 구매확인서에 의한 공급실적 명세서

(12)번호	(13)구분	(14)서류번호	(15)발급일	거래처정보		(17)금액	전표일자	(18)비고
				거래처명	(16)공급받는자의 사업자등록번호			
1	구매확인서	PKT202200712222	2022-11-30	(주)삼진	201-86-02911	277,500,000		

(2) 영세율매출명세서(조회기간 : 10월 ~ 12월) → 직접 작성 → F11저장

작성방법: 구매확인서에 의한 공급란에 직접 입력하여 작성한다.

작성화면

조회기간 2022 년 10 월 ~ 2022 년 12 월 2기 확정

부가가치세법 | 조세특례제한법

(7)구분	(8)조문	(9)내용	(10)금액(원)
	제21조	직접수출(대행수출 포함)	
		중계무역 · 위탁판매 · 외국인도 또는 위탁가공무역 방식의 수출	
		내국신용장 · 구매확인서에 의하여 공급하는 재화	277,500,000
		한국국제협력단 및 한국국제보건의료재단에 공급하는 해외반출용 재화	
		수탁가공무역 수출용으로 공급하는 재화	

(3) 부가세 신고서(조회기간 : 10월 ~ 12월) → 직접 작성 → F11저장

작성방법: 매입매출전표입력을 하지 않았으므로 부가세 신고서 [5번]란에 직접 입력하여 작성한다.

작성화면

조회기간 : 2022 년 10 월 1 일 ~ 2022 년 12 월 31 일 신고구분 : 1

구분				정기신고금액		
				금액	세율	세액
과세표준및매	과세	세금계산서발급분	1		10/100	
		매입자발행세금계산서	2		10/100	
		신용카드 · 현금영수증발행분	3		10/100	
		기타(정규영수증외매출분)	4			
	영세	세금계산서발급분	5	277,500,000	0/100	
		기타	6		0/100	

06 대손세액 공제신고서

1. 의의

사업자는 채권의 대손이 발생하였을 때 채권의 부가세(10%)를 공제 또는 납부하기 위하여 부가가치세 확정신고서에 대손세액 공제(변제)신고서와 대손사실 또는 변제사실을 증명하는 서류(채권배분계산서, 법원이 인가한 회사정리인가서, 부도어음수표 원본 또는 사본 등)를 첨부하여 관할 세무서장에게 제출하여야 한다. 대손세액 공제는 확정신고 시에만 적용할 수 있다.

2. 적용요건

대손세액 공제를 적용받기 위해서는 법정 요건을 모두 충족하여야 한다.

- 부가가치세가 과세되는 재화나 용역을 공급하고 발생한 채권에 대하여만 적용한다. 따라서 부가가치세 과세대상 채권이 아닌 대여금 등 채권에 대하여는 대손세액 공제를 적용할 수 없다.
- 대손사유의 법정요건에 충족해야 한다.
- 재화나 용역을 공급한 후 그 공급일로부터 10년이 지난 날이 속하는 과세기간에 대한 확정신고기한까지 대손이 확정되어야 한다.
- 대손세액 공제(변제)신고서 등을 제출해야 한다.

3. 대손세액 공제액

$$\text{대손세액 공제액} = \text{대손금액(부가세포함)} \times \frac{10}{110}$$

- 대손세액 공제신고서상 대손세액이 양수(+)이면 부가가치세 신고서상에 음수(−)로 기재되며, 음수로 기재된 금액이 매출세액에서 차감되는 대손세액 공제액이다.
- 대손세액 공제신고서상 대손세액이 음수(−)이면 부가가치세 신고서상에 양수(+)로 기재되며, 양수로 기재된 금액이 매출세액에 가산하는 회수한 금액이다.

4. 대손세액 공제사유

㉠ 「상법」에 따른 소멸시효가 완성된 외상매출금 및 미수금
㉡ 「어음법」에 따른 소멸시효가 완성된 어음
㉢ 「수표법」에 따른 소멸시효가 완성된 수표
㉣ 「민법」에 따른 소멸시효가 완성된 채권
㉤ 「채무자 회생 및 파산에 관한 법률」에 따른 회생계획인가의 결정 또는 법원의 면책결정에 따라 회수불능으로 확정된 채권
㉥ 「민사집행법」에 따른 채무자의 재산에 대해 경매가 취소된 압류채권
㉦ 채무자의 파산, 강제집행, 형의 집행, 사업의 폐지, 사망, 실종 또는 행방불명으로 회수할 수 없는 채권
㉧ 부도발생일부터 6개월 이상 지난 수표, 어음상의 채권, 외상매출금(중소기업의 외상매출금이어야 하며 부도발생일 이전의 것에 한정함. 다만, 저당권 설정은 제외)
㉨ 중소기업의 외상매출금으로서 회수기일로부터 2년이 경과한 채권(외상매출금 또는 미수금)
㉩ 회수기일이 6개월 이상 지난 채권(외상매출금 또는 미수금)으로 채권가액이 30만원 이하의 소액채권(채무자별 채권가액의 합계액 기준)

5. 대손세액 공제(변제)신고서 작성

미손발생 | 대손변제

조회기간 2022 년 04 월 ~ 2022 년 06 월 1기 확정

당초공급일	대손확정일	대손금액	공제율	대손세액	거래처	대손사유

- 당초공급일 : 대손이 발생한 채권의 당초 재화 또는 용역의 공급일자를 입력한다.
- 대손확정일 : 대손이 확정된 일자를 입력한다. 예 채무자 사망일, 부도난 어음의 경우에는 부도발생일로부터 6개월이 경과된 시점, 채권소멸시효완성일 등
- 대손금액 : 부가세를 포함한 대손금액을 입력하면 대손세액(10/110)이 자동으로 계산된다.
- 거래처 : 대손을 발생시킨 채무자를 조회하여 입력한다.
- 대손사유 : 대손세액 공제사유를 선택하여 입력한다.

6. 부가세 신고서 작성

공급자 (채권자)

[대손발생] 대손세액 공제

채권자는 대손세액 공제신고서에 양수로 기재하면 부가세 신고서 [8번]란에 음수로 기재된다.

과세표준및매출세액						
과세	세금계산서발급분	1		10/100	
과세	매입자발행세금계산서	2		10/100	
과세	신용카드 · 현금영수증발행분	3		10/100	
과세	기타(정규영수증외매출분)	4			
영세	세금계산서발급분	5		0/100	
영세	기타	6		0/100	
예정신고누락분		7			
대손세액가감		8			-1,000,000
합계		9		㉮	-1,000,000

[대손변제] 대손세액 납부

채권자는 대손세액 공제신고서에 음수로 기재하면 부가세 신고서 [8번]란에 양수로 기재된다.

과세표준및매출세액					
과세	세금계산서발급분	1		10/100	
과세	매입자발행세금계산서	2		10/100	
과세	신용카드 · 현금영수증발행분	3		10/100	
과세	기타(정규영수증외매출분)	4			
영세	세금계산서발급분	5		0/100	
영세	기타	6		0/100	
예정신고누락분		7			
대손세액가감		8			1,000,000
합계		9		㉮	1,000,000

공급받는자 (채무자)

[대손발생] 대손처분받은 매입세액 불공제

채무자는 대손세액 공제(변제)신고서를 작성하지 않고 대손처분받은 매입세액을 부가세 신고서 [52번]에 양수로 직접 기재하여 매입세액 불공제로 신고한다.

구분		금액	세율	세액
16.공제받지못할매입세액				
공제받지못할 매입세액	50			
공통매입세액면세등사업분	51			
대손처분받은세액	52			1,000,000
합계	53			1,000,000

[대손변제] 변제한 대손세액(매입세액) 공제

채무자가 대손세액 변제신고서를 양수로 기재하면 부가세 신고서 [47번]란에 양수로 기재되어 변제한 채무의 매입세액을 공제받는다.

14.그 밖의 공제매입세액					
신용카드매출 수령금액합계표	일반매입	41			
	고정매입	42			
의제매입세액		43		뒤쪽	
재활용폐자원등매입세액		44		뒤쪽	
과세사업전환매입세액		45			
재고매입세액		46			
변제대손세액		47			1,000,000
외국인관광객에대한환급세액		48			
합계		49			1,000,000

작성예제 기출문제ver.

다음 자료를 이용하여 (주)우주상사의 2022년 1기 확정신고 시 대손세액 공제신고서와 부가세 신고서를 작성하시오.

① 당사는 2022년 1월 5일 (주)호연(대표자 : 황호연, 215-81-93662)에 부가가치세가 과세되는 제품을 공급하고 그 대가로 받은 약속어음 13,200,000원(부가가치세 포함)이 2022년 5월 8일에 부도가 발생하였다. 당사는 (주)호연의 재산에 대하여 저당권을 설정하고 있지 않다.

② 외상매출금 중 55,000,000원(부가가치세 포함)은 2019년 11월 9일 백두상사(대표자 : 홍백두, 312-81-45781)에 대한 것이다. 이 외상매출금의 회수를 위해 당사는 법률상 회수노력을 다하였으나, 결국 회수를 못하였고 2022년 2월 9일자로 동 외상매출금의 소멸시효가 완성되었다.

③ 2021년 6월에 파산으로 대손처리했던 (주)상생(대표자 : 이상생, 138-81-05425)에 대한 외상매출금 16,500,000원(부가가치세 포함) 중 60%에 상당하는 금액인 9,900,000원(부가가치세 포함)을 2022년 6월 17일 현금으로 회수하였다. 당사는 동 채권액에 대하여 2021년 1기 부가가치세 확정신고 시 대손세액 공제를 적용받았다(당초공급일은 2019년 3월 20일이며, 대손사유는 “7. 대손채권 일부회수”로 직접 입력할 것).

④ 2021년 3월 16일 당사 공장에서 사용하던 기계장치를 태안실업(대표자 : 정태안, 409-81-48122)에 7,700,000원(부가가치세 포함)에 외상으로 매각하였다. 2022년 5월 20일 현재 태안실업의 대표자가 사망하여 기계장치 판매대금을 회수할 수 없음이 객관적으로 입증되었다.

작성방법

(1) 대손세액 공제신고서(조회기간 : 4월 ~ 6월) → 직접 작성 → F11저장

작성방법

① 부도발생일부터 6개월이 경과되지 않았으므로 해당 과세기간에는 대손세액 공제를 받을 수 없다.
② 소멸시효완성일이 속하는 과세기간의 확정신고 시에 5,000,000원이 대손세액 공제가 가능하다.
③ 파산의 사유로 대손세액 공제받았으므로 회수한 날이 속하는 과세기간에 대한 확정신고 시 음(-)의 부호로 입력한다(대손금회수로 인하여 대손세액 납부).
④ 채무자의 사망으로 인하여 객관적으로 회수할 수 없음이 입증되는 채권이므로 700,000원 대손세액 공제가 가능하다.

작성화면

대손발생 | 대손변제

조회기간 2022 년 04 월 ~ 2022 년 06 월 1기 확정

당초공급일	대손확정일	대손금액	공제율	대손세액	거래처		대손사유
2019-11-09	2022-02-09	55,000,000	10/110	5,000,000	백두상사	6	소멸시효완성
2019-03-20	2022-06-17	-9,900,000	10/110	-900,000	(주)상생	7	대손채권 일부회수
2021-03-16	2022-05-20	7,700,000	10/110	700,000	태안실업	3	사망,실종
합 계		52,800,000		4,800,000			

주의 대손세액 공제신고서를 작성 후 반드시 F11저장을 하여야만 부가세 신고서 [8번]란에 반영된다.

(2) 부가세 신고서(조회기간 : 4월 ~ 6월) → 조회 자동 반영 → F11저장

작성방법

대손세액 공제신고서를 작성 후 반드시 F11저장을 하면 부가세 신고서 [8번]란에 자동으로 반영된다.

작성화면

조회기간 : 2022 년 4 월 1 일 ~ 2022 년 6 월 30 일 신고구분 : 1

구분				정기신고금액 금액	세율	세액
과세표준및매출세액	과세	세금계산서발급분	1		10/100	
		매입자발행세금계산서	2		10/100	
		신용카드 · 현금영수증발행분	3		10/100	
		기타(정규영수증외매출분)	4			
	영세	세금계산서발급분	5		0/100	
		기타	6		0/100	
	예정신고누락분		7			
	대손세액가감		8			-4,800,000
	합계		9		㉮	-4,800,000

작성예제 기출문제ver.

다음 자료를 토대로 2022년 2기 확정 부가가치세 신고 시 대손세액 공제(변제)신고서를 작성하시오.

① 2022년 2월 21일 (주)동화상사(대표자 : 최대한)에 상품을 매출하고, 대금(부가가치세 포함) 15,400,000원은 대한물산 발행 약속어음으로 수령하였다. 동 어음은 거래일로부터 6개월이 지난 2022년 8월 21일에 주거래은행으로부터 부도확인을 받았다.

② 외상매출금 중 88,000,000원은 2019년 10월 15일 (주)다산기업에 대한 것이다. 이 외상매출금의 회수를 위해 당사는 법률상 회수노력을 다하였으나, 결국 회수를 못하였고, 2022년 9월 5일자로 동 외상매출금의 소멸시효가 완성되었다.

③ 2022년 4월 15일자로 소멸시효 완성으로 인해 2022년 1기 부가가치세 확정신고 시 공제받지 못할 매입세액(대손처분받은 세액)으로 신고하였던 (주)호연(대표자 : 황호연)에 대한 외상매입금 3,300,000원을 2022년 10월 1일 전액 현금으로 상환하였다(변제사유는 '7. 대손처분세액 현금변제' 직접 입력).

④ 2022년 10월 10일자로 (주)울산전자에 대한 채권잔액 187,000원(부가가치세 포함)을 대손처리하다. 동 채권은 당초공급일(2022년 3월 5일)로부터 회수기일이 7개월 경과된 것이며, 이 외의 (주)울산전자에 대한 채권은 없다(대손사유는 '7. 소액채권' 직접 입력).

⑤ 2020년 12월 20일에 파산으로 대손처리했던 (주)소백전자에 대한 채권액 16,500,000원 중 50%에 상당하는 금액을 2022년 11월 7일 현금으로 회수하였다. 당사는 동 채권액에 대하여 2020년 2기 부가가치세 확정신고 시 대손세액 공제를 적용받았다(당초공급일은 2019년 10월 17일이며, 대손사유는 '7. 대손채권 일부회수' 직접 입력).

작성방법

대손세액 공제신고서(조회기간 : 10월 ~ 12월) → 직접 작성 → F11저장

[대손발생TAB]

대손세액 공제액 입력

- (주)도화상사의 채권(어음)은 부도발생일로부터 6개월 이내이므로 대손세액 공제가 불가능하다.

대손발생 | 대손변제

조회기간 2022 년 10 월 ~ 2022 년 12 월 2기 확정

당초공급일	대손확정일	대손금액	공제율	대손세액	거래처		대손사유
2019-10-15	2022-09-05	88,000,000	10/110	8,000,000	(주)다산기업	6	소멸시효완성
2022-03-05	2022-10-10	187,000	10/110	17,000	(주)울산전자	7	소액채권
2019-10-17	2022-11-07	-8,250,000	10/110	-750,000	(주)소백전자	7	대손채권 일부회수

[대손변제TAB]

변제한 채무의 매입세액 입력

- (주)호연의 1기 확정 시 대손처분 받아 매입세액 불공제하였던 외상매입금을 2기 확정 시 현금으로 변제하였으므로 기불공제한 매입세액을 공제받으며 이를 대손변제TAB에 입력하여 매입세액 공제를 받는다.

대손발생 | 대손변제

조회기간 2022 년 10 월 ~ 2022 년 12 월 2기 확정

당초대손확정일	변제확정일	변제금액	공제율	변제세액	거래처		변제사유
2022-04-15	2022-10-01	3,300,000	10/110	300,000	호연	7	대손처분세액 현금변제

07 건물등감가상각자산취득명세서

1. 의의

사업자가 감가상각자산에 해당하는 사업설비를 신설·취득·확장(자본적 지출 포함) 및 증축하는 경우에는 부가세 신고서 작성 시 고정자산매입란에 해당 금액을 작성하여야 한다.
부가세 신고서 '고정자산매입란'에 기입하여 부가세 신고를 하는 이유는 건물과 구축물은 10년간, 기타고정자산은 2년간 고정자산의 사후관리(공통매입세액 안분계산)를 하기 위해서이며, 조기환급 시 첨부서류로 제출하는 건물등감가상각취득명세서와 관계되는 금액이기 때문이다.

2. 매입매출전표유형 자동 반영

감가상각자산으로 회계처리한 매입과세유형 (증빙 : 세금계산서, 신용카드, 현금영수증)	• 건물등감가상각취득명세서 반영 • 부가세 신고서 [고정자산매입]란 반영

작성예제 실무이해ver.

다음의 자료를 매입매출전표에 입력하고 1기 확정신고기간의 건물등감가상각자산취득명세서와 부가세 신고서를 작성하시오.

일 자	내 역	공급가액	부가가치세	상 호
4/15	공장 자동조립 위한 기계장치 구입 (전자세금계산서 수취, 외상)	50,000,000원	5,000,000원	(주)한세기계
4/18	특허권(특허기술 AR) 구입 (전자세금계산서 수취, 외상)	35,000,000원	3,500,000원	(주)엘지전자
4/22	영업부의 업무용 승용차(2,000cc) 구입 (전자세금계산서 수취, 외상)	30,000,000원	3,000,000원	(주)한성자동차
4/30	영업부 컴퓨터 구입 (신용카드매출전표수취 신한법인카드)	2,000,000원	200,000원	(주)세일중기

작성방법

(1) 매입매출전표입력

4월 15일 [51.과세]

일	번호	유형	품목	수량	단가	공급가액	부가세	합계	코드	공급처명	사업/주민번호	전자	분개
15	50003	과세	기계 구입			50,000,000	5,000,000	55,000,000	00161	(주)한세기계	201-81-98746	여	혼합

구분	계정과목		적요	거래처		차변(출금)	대변(입금)
차변	0135	부가세대급금	기계 구입	00161	(주)한세기	5,000,000	
차변	0206	기계장치	기계 구입	00161	(주)한세기	50,000,000	
대변	0253	미지급금	기계 구입	00161	(주)한세기		55,000,000

4월 18일 [51.과세]

일	번호	유형	품목	수량	단가	공급가액	부가세	합계	코드	공급처명	사업/주민번호	전자	분개
18	50002	과세	특허권			35,000,000	3,500,000	38,500,000	00162	(주)엘지전자	203-81-55457	여	혼합

구분	계정과목		적요	거래처		차변(출금)	대변(입금)
차변	0135	부가세대급금	특허권	00162	(주)엘지전	3,500,000	
차변	0219	특허권	특허권	00162	(주)엘지전	35,000,000	
대변	0253	미지급금	특허권	00162	(주)엘지전		38,500,000

4월 22일 [54.불공]

일	번호	유형	품목	수량	단가	공급가액	부가세	합계	코드	공급처명	사업/주민번호	전자	분개
22	50005	불공	승용차			30,000,000	3,000,000	33,000,000	00212	(주)한성자동차	416-81-02901	여	혼합

불공제사유 3 ⑤비영업용 소형승용자동차 구입· 유지 및 임차

NO : 50005 (대 체) 전 표 일 자 : 2022

구분	계정과목	적요	거래처	차변(출금)	대변(입금)
차변	0208 차량운반구	승용차	00212 (주)한성자	33,000,000	
대변	0253 미지급금	승용차	00212 (주)한성자		33,000,000

☞ 매입세액 공제여부와 관계없이 감가상각자산의 취득은 해당 명세서에 반영된다.

4월 30일 [57.카과]

일	번호	유형	품목	수량	단가	공급가액	부가세	합계	코드	공급처명	사업/주민번호	전자	분개
30	50008	카과	컴퓨터			2,000,000	200,000	2,200,000	00151	(주)세일중기	120-85-73293		카드

신용카드사 99601 신한법인카드 봉사료

NO : 50008 (대 체) 전 표 일 자 : 2022

구분	계정과목	적요	거래처	차변(출금)	대변(입금)
대변	0253 미지급금	컴퓨터	99601 신한법인카		2,200,000
차변	0135 부가세대급금	컴퓨터	00151 (주)세일중	200,000	
차변	0212 비품	컴퓨터	00151 (주)세일중	2,000,000	

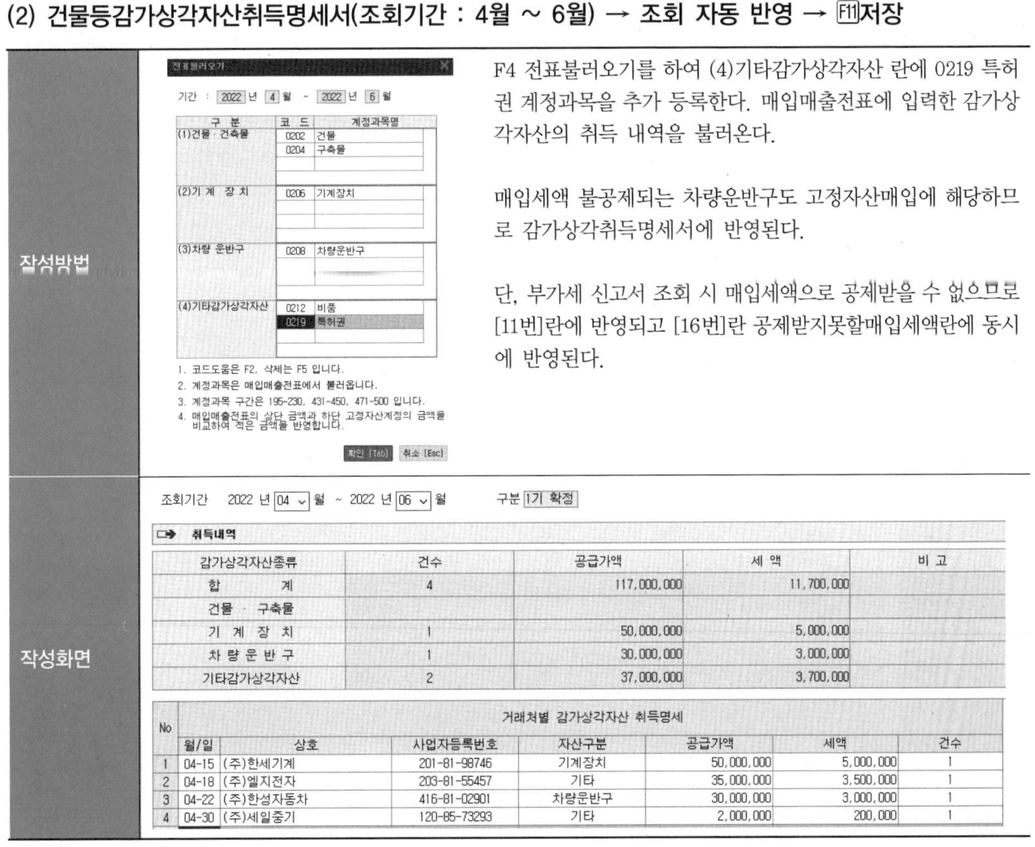

(2) 건물등감가상각자산취득명세서(조회기간 : 4월 ~ 6월) → 조회 자동 반영 → F11저장

작성방법

전표불러오기

기간 : 2022 년 4 월 ~ 2022 년 6 월

구 분	코 드	계정과목명
(1)건물 · 건축물	0202	건물
	0204	구축물
(2)기 계 장 치	0206	기계장치
(3)차량 운반구	0208	차량운반구
(4)기타감가상각자산	0212	비품
	0219	특허권

1. 코드도움은 F2, 삭제는 F5 입니다.
2. 계정과목은 매입매출전표에서 불러옵니다.
3. 계정과목 구간은 195~230, 431~450, 471~500 입니다.
4. 매입매출전표의 상단 금액과 하단 고정자산계정의 금액을 비교하여 적은 금액을 반영합니다.

확인 [Tab] 취소 [Esc]

F4 전표불러오기를 하여 (4)기타감가상각자산 란에 0219 특허권 계정과목을 추가 등록한다. 매입매출전표에 입력한 감가상각자산의 취득 내역을 불러온다.

매입세액 불공제되는 차량운반구도 고정자산매입에 해당하므로 감가상각취득명세서에 반영된다.

단, 부가세 신고서 조회 시 매입세액으로 공제받을 수 없으므로 [11번]란에 반영되고 [16번]란 공제받지못할매입세액란에 동시에 반영된다.

작성화면

조회기간 2022 년 04 월 ~ 2022 년 06 월 구분 1기 확정

취득내역

감가상각자산종류	건수	공급가액	세 액	비 고
합 계	4	117,000,000	11,700,000	
건물 · 구축물				
기 계 장 치	1	50,000,000	5,000,000	
차 량 운 반 구	1	30,000,000	3,000,000	
기타감가상각자산	2	37,000,000	3,700,000	

거래처별 감가상각자산 취득명세

No	월/일	상호	사업자등록번호	자산구분	공급가액	세액	건수
1	04-15	(주)한세기계	201-81-98746	기계장치	50,000,000	5,000,000	1
2	04-18	(주)엘지전자	203-81-55457	기타	35,000,000	3,500,000	1
3	04-22	(주)한성자동차	416-81-02901	차량운반구	30,000,000	3,000,000	1
4	04-30	(주)세일중기	120-85-73293	기타	2,000,000	200,000	1

안심Touch

(3) 부가세 신고서(조회기간 : 4월 ~ 6월) → 조회 자동 반영 → F11저장

작성방법

매입매출전표를 입력하였으므로 부가세 신고서는 자동 반영된다.
[11번]고정자산매입 : 세금계산서 수취한 '51.과세'유형이 고정자산매입란에 반영
[42번]고정자산매입 : 신용카드등을 수취한 '57.카과'유형이 고정자산매입란에 반영

작성화면

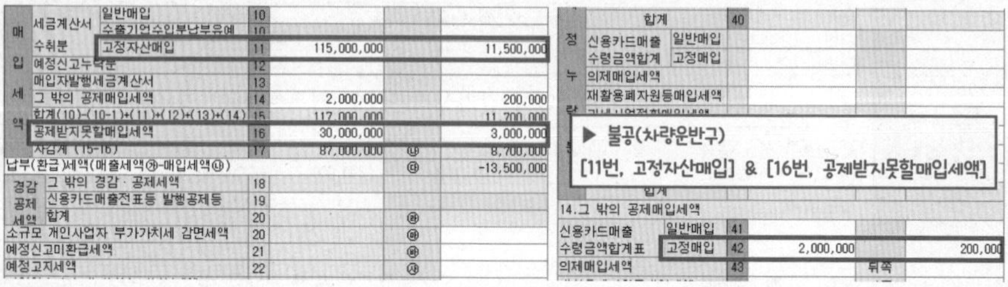

구분			번호	금액		세액
매입세액	세금계산서 수취분	일반매입	10			
		수출기업수입부납부유예	10			
		고정자산매입	11	115,000,000		11,500,000
	예정신고누락분		12			
	매입자발행세금계산서		13			
	그 밖의 공제매입세액		14	2,000,000		200,000
	합계(10)-(10-1)+(11)+(12)+(13)+(14)		15	117,000,000		11,700,000
	공제받지못할매입세액		16	30,000,000		3,000,000
	차감계 (15-16)		17	87,000,000	㉯	8,700,000
납부(환급)세액(매출세액㉮-매입세액㉯)					㉰	-13,500,000
경감공제세액	그 밖의 경감·공제세액		18			
	신용카드매출전표등 발행공제등		19			
	합계		20		㉱	
소규모 개인사업자 부가가치세 감면세액			20		㉲	
예정신고미환급세액			21		㉳	
예정고지세액			22		㉴	

구분			번호	금액		세액
정	합계		40			
	신용카드매출 수령금액합계	일반매입				
		고정매입				
누	의제매입세액					
	재활용폐자원등매입세액					
14.그 밖의 공제매입세액						
신용카드매출 수령금액합계표		일반매입	41			
		고정매입	42	2,000,000		200,000
의제매입세액			43		뒤쪽	

▶ 불공(차량운반구)
[11번, 고정자산매입] & [16번, 공제받지못할매입세액]

작성예제 기출문제ver.

다음의 자료를 이용하여 2기 예정신고기간에 대한 건물등감가상각자산취득명세서를 작성하시오.

일 자	내 역	공급가액	부가가치세	상 호
8/15	업무용 승용차(2,000cc)의 자본적 지출(전자세금계산서 수취)	10,000,000원	1,000,000원	(주)한성자동차
8/18	공장 건물 취득 (전자세금계산서 수취)	200,000,000원	20,000,000원	(주)신영산업
9/30	영업부 환경개선을 위해 에어컨 구입 (종이세금계산서 수취)	4,000,000원	400,000원	(주)엘지전자

작성방법

건물등감가상각자산취득명세서(조회기간 : 7월 ~ 9월) → 직접 작성 → F11저장

작성방법

차량운반구의 자본적 지출은 차량운반구로 회계처리하므로 고정자산매입에 해당한다.

작성화면

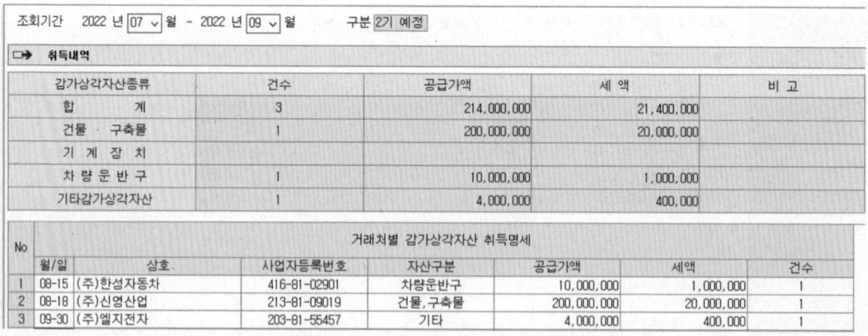

조회기간 2022 년 07 월 ~ 2022 년 09 월 구분 2기 예정

취득내역

감가상각자산종류	건수	공급가액	세 액	비 고
합 계	3	214,000,000	21,400,000	
건물 · 구축물	1	200,000,000	20,000,000	
기 계 장 치				
차 량 운 반 구	1	10,000,000	1,000,000	
기타감가상각자산	1	4,000,000	400,000	

거래처별 감가상각자산 취득명세

No	월/일	상호	사업자등록번호	자산구분	공급가액	세액	건수
1	08-15	(주)한성자동차	416-81-02901	차량운반구	10,000,000	1,000,000	1
2	08-18	(주)신영산업	213-81-09019	건물,구축물	200,000,000	20,000,000	1
3	09-30	(주)엘지전자	203-81-55457	기타	4,000,000	400,000	1

08 의제매입세액 공제신고서

1. 의의

일반과세사업자가 농・축・수・임산물을 면세로 구입하고 원재료로 사용하여 부가가치세가 과세되는 재화를 제조・가공하거나 용역을 창출하는 경우에 일정금액을 매입세액으로 공제하는 것이 의제매입세액 공제이다.

2. 의제매입세액 공제대상자

- 일반과세자에 한함(간이과세자는 공제받을 수 없음)
- 면세로 농・축・수・임산물을 공급받은 경우
- 면세로 공급받은 농산물 등을 재화(또는 용역)로 과세하여 공급(매출)하여야 함
- 면세농산물 등을 공급받은 사실을 증명하는 서류를 제출하여야 함

3. 증빙수취 요건

- 면세사업자로부터 매입 시 : 계산서, 신용카드매출전표, 현금영수증 수취해야 함
- 농어민등 비사업자로부터 매입 시 : 증빙없어도 가능(단, 제조업에 한하여 가능)

4. 의제매입세액의 면세 매입가액

의제매입세액 = 면세 매입가액 × 공제율

주의

- 매입 시 부대비용(운임, 관세, 수수료 등)은 매입가액에서 제외한다.
- 수입 농산물 등의 경우에는 '관세의 과세가격'을 매입가액으로 본다.
- 미사용분(재고)은 차감하지 않고 매입가액에 포함하여 계산한다.

5. 의제매입세액 공제율

구 분		공제율
음식점업	유흥장소	2/102
	법인사업자	6/106
	개인사업자(단, 과세표준 2억원 이하 : 9/109)	8/108
제조업	중소기업	4/104
	개인사업자 중 과자점업, 도정업, 제분업, 떡류 제조업 중 떡방앗간	6/106
이외 일반업종 예 비중소 제조업 등		2/102

6. 의제매입세액 공제한도 ☞ 확정신고

의제매입세액의 한도계산은 확정신고 시에만 적용하며 한도비율은 사업자별로 상이하다.

사업자	과세표준	음식점업	이 외
개인사업자	과세표준 1억 이하	과세표준 × 65%	과세표준 × 55%
	과세표준 1억 초과 2억 이하	과세표준 × 60%	과세표준 × 55%
	과세표준 2억 초과	과세표준 × 50%	과세표준 × 45%
법인사업자		과세표준 × 40%	

[확정신고 정산내역] 의제매입세액 공제신고서 우측 하단에 작성

면세농산물등	제조업 면세농산물등

가. 과세기간 과세표준 및 공제가능한 금액등 (불러오기)

과세표준			대상액 한도계산		B.당기매입액	공제대상금액 [MIN (A,B)]
합계	예정분	확정분	한도율	A.한도액		
			40/100			

나. 과세기간 공제할 세액

공제대상세액		이미 공제받은 금액			공제(납부)할세액 (C-D)
공제율	C.공제대상금액	D.합계	예정신고분	월별조기분	

가. 공제대상금액 : MIN[(과세기간 과세표준 × 한도율 40%), 당기매입액]
나. 공제(납부)할세액 = (공제대상금액 × 공제율) - 이미공제받은금액(예정신고분)

7. 매입전표유형 자동반영

53.면세, 58.카면, 62.현면, 60.면건 ☞ 적요 : ❻의제매입세액공제신고서 자동반영분	• 의제매입세액 공제신고서 자동 반영 • 부가세 신고서 [43번]란 자동 반영

8. 회계처리

• 매입 시 : (차) 원재료 등 ××× (대) 외상매입금 등 ×××
[적요 : ❻의제매입세액공제신고서 자동반영분]

• 공세 시 : (차) 부가세대급금 ××× (대) 원재료 등 ×××
[적요 : ❽타계정으로 대체액]

작성예제 실무이해ver.

아래 자료를 토대로 의제매입세액 공제신고서에 자동으로 반영(2가지 방법)되도록 매입매출전표를 입력하시오.

일 자	공급자	물품명	수량(kg)	매입가액	증 빙	공제율
1월 5일	(주)서울농산	농산물	200	10,000,000원	전자계산서	4/104

작성방법

방법 (1)	매입매출전표입력 시 원재료 계정 : 적요 ❻번 입력
입력화면	(아래 화면 참조)
3월 31일 회계처리	의제매입세액 공제 회계처리는 자동으로 생성되지 않으므로 회계처리를 다음과 같이 별도로 일반전표에서 입력을 해야 한다(의제매입세액 384,615원 = 10,000,000원 × 4/104). (차) 부가세대급금 384,615 (대) 원재료 384,615 [적요 : ❽타계정으로 대체액]

유형	품목	수량	단가	공급가액	부가세	합계	코드	공급처명	사업/주민번호	전자	분개
면세	농산물	200	50,000	10,000,000		10,000,000	00163	(주)서울농산	119-81-32858	여	외상

구분	계정과목	적요	거래처	차변(출금)	대변(입금)
대변	0251 외상매입금	농산물 200X50000	00163 (주)서울농		10,000,000
차변	0153 원재료	06 의제매입세액공제신고서 자동반영분	00163 (주)서울농	10,000,000	

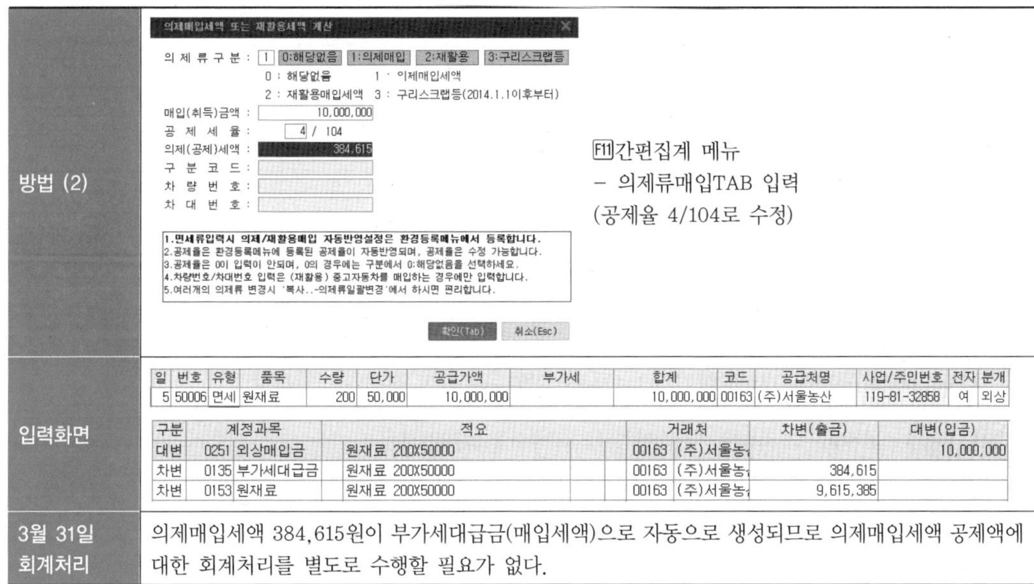

방법 (2)

의제매입세액 또는 재활용세액 계산

의 제 류 구 분 : 1 [0:해당없음] [1:의제매입] [2:재활용] [3:구리스크랩등]
0 : 해당없음 1 : 의제매입세액
2 : 재활용매입세액 3 : 구리스크랩등(2014.1.1이후부터)
매입(취득)금액 : 10,000,000
공 제 세 율 : 4 / 104
의제(공제)세액 : 384,615
구 분 코 드 :
차 량 번 호 :
차 대 번 호 :

1.면세류입력시 의제/재활용매입 자동반영설정은 환경등록메뉴에서 등록합니다.
2.공제율은 환경등록메뉴에 등록된 공제율이 자동반영되며, 공제율은 수정 가능합니다.
3.공제율은 0이 입력이 안되며, 0의 경우에는 구분에서 0:해당없음을 선택하세요.
4.차량번호/차대번호 입력은 (재활용) 중고자동차를 매입하는 경우에만 입력합니다.
5.여러개의 의제류 변경시 '복사..-의제류일괄변경'에서 하시면 편리합니다.

확인(Tab) 취소(Esc)

F11간편집계 메뉴
– 의제류매입TAB 입력
(공제율 4/104로 수정)

입력화면

일	번호	유형	품목	수량	단가	공급가액	부가세	합계	코드	공급처명	사업/주민번호	전자	분개
5	50006	면세	원재료	200	50,000	10,000,000		10,000,000	00163	(주)서울농산	119-81-32858	여	외상

구분	계정과목		적요	거래처		차변(출금)	대변(입금)
대변	0251	외상매입금	원재료 200X50000	00163	(주)서울농산		10,000,000
차변	0135	부가세대급금	원재료 200X50000	00163	(주)서울농산	384,615	
차변	0153	원재료	원재료 200X50000	00163	(주)서울농산	9,615,385	

3월 31일 회계처리

의제매입세액 384,615원이 부가세대급금(매입세액)으로 자동으로 생성되므로 의제매입세액 공제액에 대한 회계처리를 별도로 수행할 필요가 없다.

의제매입세액 공제신고서(조회기간 : 1월 ~ 3월) → 자동 반영 → F11저장

작성방법

작성방법[1]과 작성방법[2] 중 어떠한 방법으로 입력한다 할지라도 의제매입세액 공제신고서는 자동으로 작성된다. 단, 공제율이 4/104로 적용되는지는 반드시 확인한다.

작성화면

공급자	사업자/주민등록번호
(주)서울농산	119-81-32858

취득일자	구분	물품명	수량	매입가액	공제율	의제매입세액	건수
2022-01-05	계산서	원재료	200	10,000,000	4/104	384,615	1
합계			200	10,000,000		384,615	1

	매입가액 계	의제매입세액 계	건수 계
계산서 합계	10,000,000	384,615	1
신용카드등 합계			
농·어민등 합계			
총계	10,000,000	384,615	1

작성예제 실무이해ver.

(주)우주상사는 본 문제에 한하여 복숭아 통조림을 제조하는 비중소기업이다. 다음은 2022년 제1기 예정신고기간(2022.1.1 ~ 2022.3.31) 동안 매입한 면세자료이다.

- 수량은 모두 1로 기재함
- 매입 시 매입매출전표입력은 생략함
- 1기 예정 의제매입세액 공제신고서 및 부가세 신고서를 작성할 것
- 3월 31일자로 의제매입세액 회계처리를 일반전표에 할 것

구 분	일 자	상 호(성명)	사업자번호(주민번호)	매입가격	품 명
계산서 매입분(현금거래)	1월 6일	(주)하나	127-81-49025	3,060,000원	복숭아
	2월 4일	(주)웅진	129-81-66753	204,000원	수도요금
신용카드 매입분(현대카드)	2월 2일	(주)대어	204-81-37258	816,000원	방역비
	3월 3일	(주)보람	106-81-51688	1,428,000원	복숭아
농어민 매입분(현금거래)	3월 6일	김흥수	701201-2213216	3,978,000원	복숭아

작성방법

(1) 의제매입세액 공제신고서(조회기간 : 1월 ~ 3월) → 직접 작성 → F11저장

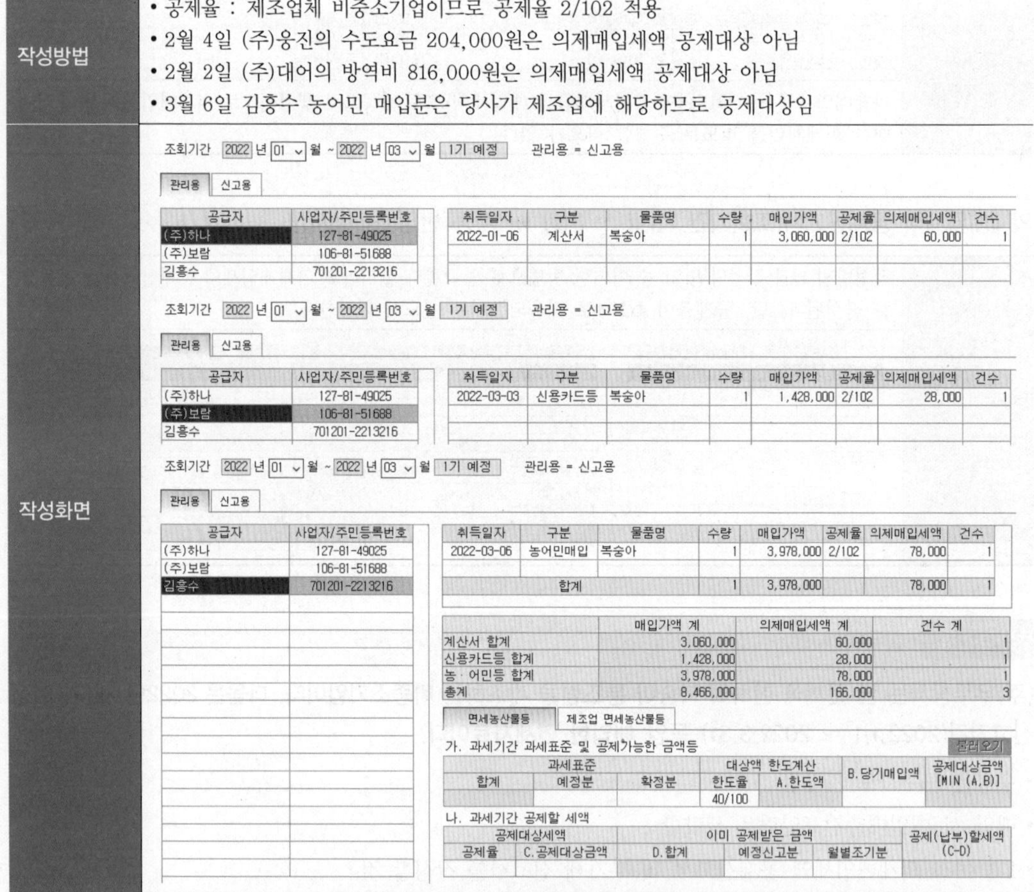

작성방법

- 공제율 : 제조업체 비중소기업이므로 공제율 2/102 적용
- 2월 4일 (주)웅진의 수도요금 204,000원은 의제매입세액 공제대상 아님
- 2월 2일 (주)대어의 방역비 816,000원은 의제매입세액 공제대상 아님
- 3월 6일 김흥수 농어민 매입분은 당사가 제조업에 해당하므로 공제대상임

작성화면

조회기간 2022 년 01 월 ~ 2022 년 03 월 1기 예정 관리용 ▪ 신고용

관리용 | 신고용

공급자	사업자/주민등록번호
(주)하나	127-81-49025
(주)보람	106-81-51688
김흥수	701201-2213216

취득일자	구분	물품명	수량	매입가액	공제율	의제매입세액	건수
2022-01-06	계산서	복숭아	1	3,060,000	2/102	60,000	1

조회기간 2022 년 01 월 ~ 2022 년 03 월 1기 예정 관리용 ▪ 신고용

관리용 | 신고용

공급자	사업자/주민등록번호
(주)하나	127-81-49025
(주)보람	106-81-51688
김흥수	701201-2213216

취득일자	구분	물품명	수량	매입가액	공제율	의제매입세액	건수
2022-03-03	신용카드등	복숭아	1	1,428,000	2/102	28,000	1

조회기간 2022 년 01 월 ~ 2022 년 03 월 1기 예정 관리용 ▪ 신고용

관리용 | 신고용

공급자	사업자/주민등록번호
(주)하나	127-81-49025
(주)보람	106-81-51688
김흥수	701201-2213216

취득일자	구분	물품명	수량	매입가액	공제율	의제매입세액	건수
2022-03-06	농어민매입	복숭아	1	3,978,000	2/102	78,000	1
	합계		1	3,978,000		78,000	1

	매입가액 계	의제매입세액 계	건수 계
계산서 합계	3,060,000	60,000	1
신용카드등 합계	1,428,000	28,000	1
농·어민등 합계	3,978,000	78,000	1
총계	8,466,000	166,000	3

면세농산물등 | 제조업 면세농산물등

가. 과세기간 과세표준 및 공제가능한 금액등 불러오기

과세표준			대상액 한도계산		B.당기매입액	공제대상금액 [MIN (A,B)]
합계	예정분	확정분	한도율	A.한도액		
			40/100			

나. 과세기간 공제할 세액

공제대상세액		이미 공제받은 금액			공제(납부)할세액 (C-D)
공제율	C.공제대상금액	D.합계	예정신고분	월별조기분	

(2) 부가세 신고서(조회기간 : 1월 ~ 3월) → 조회 자동 반영 → F11저장

작성방법	의제매입세액 공제신고서를 작성하면 부가세 신고서 [43번]란 의제매입세액은 자동 반영된다.
작성화면	(아래 화면)

구분	항목	번호	금액		세액
세액	그 밖의 공제매입세액	14	8,466,000		166,000
	합계(10)-(10-1)+(11)+(12)+(13)+(14)	15	8,466,000		166,000
	공제받지못할매입세액	16			
	차감계 (15-16)	17	8,466,000	ⓝ	166,000
납부(환급)세액(매출세액㉮-매입세액㉯)				㉰	732,673
경감공제세액	그 밖의 경감·공제세액	18			
	신용카드매출전표등 발행공제등	19	3,080,000		
	합계	20		㉱	
소규모 개인사업자 부가가치세 감면세액		20		㉲	
예정신고미환급세액		21		㉳	
예정고지세액		22		㉴	
사업양수자의 대리납부 기납부세액		23		㉵	

구분	항목	번호	금액		세액
락분	재활용폐자원등매입세액				
	과세사업전환매입세액				
	재고매입세액				
	변제대손세액				
	외국인관광객에대한환급/				
	합계				
14.그 밖의 공제매입세액					
신용카드매출수령금액합계표	일반매입	41			
	고정매입	42			
의제매입세액		43	8,466,000	뒤쪽	166,000
재활용폐자원등매입세액		44		뒤쪽	

(3) 일반전표입력(3월 31일)

작성방법	의제매입세액 공제액 166,000원은 3월 31일자로 일반전표에 직접 입력한다.
작성화면	(아래 화면)

일	번호	구분	계정과목		거래처		적요	차변	대변
31	00007	차변	0135	부가세대급금				166,000	
31	00007	대변	0153	원재료			8 타계정으로 대체액 원가		166,000

작성예제 실무이해ver.

(주)우주상사는 이 문제에 한해서 당사는 음식업을 영위하는 법인기업이라고 가정한다. 다음의 자료를 이용하여 2022년 1기 확정 부가가치세 과세기간의 '의제매입세액 공제신고서 정산명세'를 작성하시오(단, 의제매입세액 공제대상이 되는 거래는 다음 거래뿐이며 매입매출전표에 입력하지 않고 신고서 작성 시 불러오는 자료는 무시하고 의제매입세액 공제신고서를 직접 입력한다).

(1) 매입자료

공급자	취득일자	물품명	수량(kg)	매입가액	증 빙	건 수
(주)서울농산	4월 5일	농산물	200	106,000,000원	계산서	1
케이마트	5월 6일	농산물	50	42,400,000원	신용카드	1

(2) 추가자료

- 1기 예정 과세표준은 140,000,000원이며, 1기 확정 과세표준은 200,000,000원이다.
- 1기 예정신고(1월 1일 ~ 3월 31일)까지는 면세농산물에 대한 매입액은 2,000,000원이고, 의제매입세액 113,207원을 이미 공제받았다고 가정한다.

작성방법

의제매입세액 공제신고서(조회기간 : 4월 ~ 6월) → 직접 작성 → F11저장

작성방법

- 공제율 : 음식업인 법인이므로 공제율 6/106 적용
- 면세매입액의 한도 136,000,000원 = 340,000,000원(과세표준) × 40%(법인 한도율)
- 1기 공제대상금액 136,000,000원 = 당기매입액 150,400,000원(확정 148,400,000원 + 예정 2,000,000원) 한도초과
- 1기 확정신고 시 공제세액 7,584,906원
  = 136,000,000원(공제대상금액) × 6/106(공제율) − 113,207원(예정신고 시 이미 공제받은 세액)

작성화면

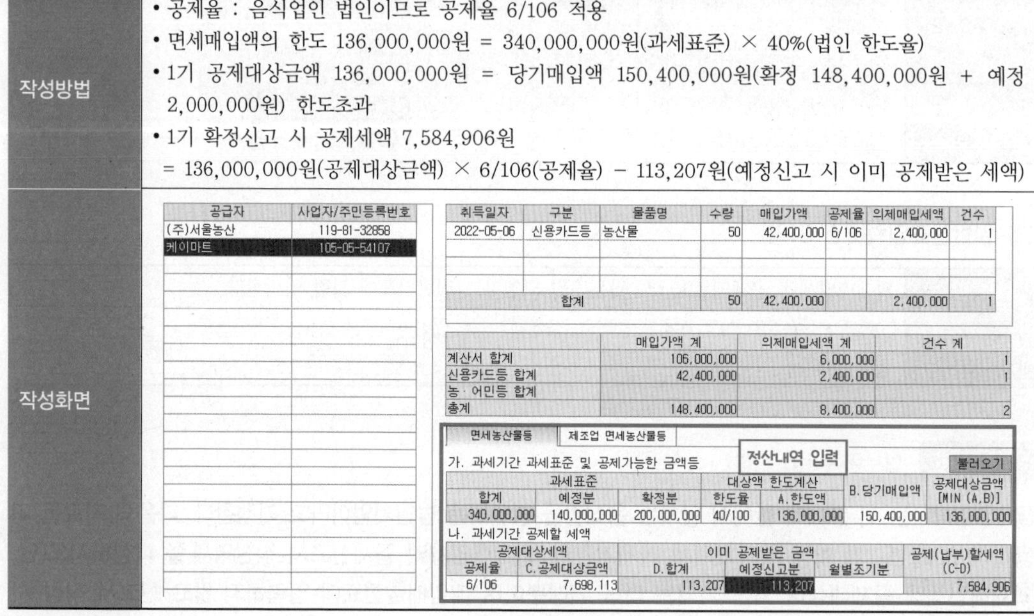

공급자	사업자/주민등록번호
(주)서울농산	119-81-32858
케이마트	105-05-54107

취득일자	구분	물품명	수량	매입가액	공제율	의제매입세액	건수
2022-05-06	신용카드등	농산물	50	42,400,000	6/106	2,400,000	1
	합계		50	42,400,000		2,400,000	1

	매입가액 계	의제매입세액 계	건수 계
계산서 합계	106,000,000	6,000,000	1
신용카드등 합계	42,400,000	2,400,000	1
농·어민등 합계			
총계	148,400,000	8,400,000	2

면세농산물등 | 제조업 면세농산물등

정산내역 입력

가. 과세기간 과세표준 및 공제가능한 금액등 (불러오기)

과세표준			대상액 한도계산		B.당기매입액	공제대상금액 [MIN (A,B)]
합계	예정분	확정분	한도율	A.한도액		
340,000,000	140,000,000	200,000,000	40/100	136,000,000	150,400,000	136,000,000

나. 과세기간 공제할 세액

공제대상세액		이미 공제받은 금액			공제(납부)할세액 (C-D)
공제율	C.공제대상금액	D.합계	예정신고분	월별조기분	
6/106	7,698,113	113,207	113,207		7,584,906

작성예제 실무이해ver.

(주)우주상사는 본 문제에 한하여 요식업을 영위하는 법인으로 가정한다. 다음 중 의제매입세액 공제대상이 되는 매입 자료만 의제매입세액 공제신고서에 자동 반영 되도록 의제류TAB을 사용하여 매입매출전표에 입력하여 2022년 2기 예정신고기간의 의제매입세액 공제신고서를 작성하시오(모두 현금으로 결제하였다고 가정함).

일 자	품 목	상 호	수 량	총매입가격	증 빙
7월 20일	마 늘	김농부	50kg	600,000원	계약서
8월 10일	음식물쓰레기봉투	(주)홈마트	10장	10,000원	현금영수증
9월 12일	사 과	(주)사과농장	20kg	212,000원	전자계산서

작성방법

(1) 매입매출전표입력

9월 12일 [53.면세]	의제류TAB : 공제율 6/106 적용 음식업은 증빙서류(매입처별 계산서합계표, 신용카드매출전표등 수령명세서)를 제출하지 않으면 의제매입세액 공제를 적용받을 수 없다. 따라서 김농부로부터 매입한 계약서는 의제매입세액 공제대상이 아니다. 주의 농어민매입은 제조업자에 한하여 가능, 음식물쓰레기봉투는 의제매입세액 공제대상 아님
입력화면	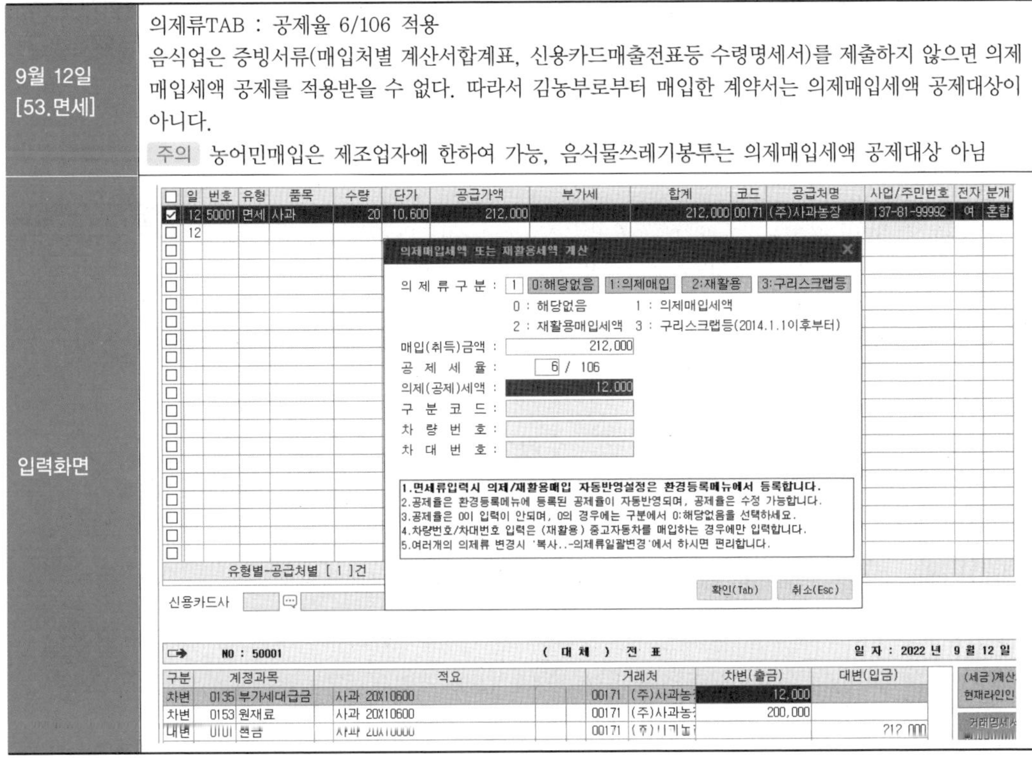

(2) 의제매입세액 공제신고서(조회기간 : 7월 ~ 9월) → 조회 자동 반영 → F11저장

작성방법	자동으로 작성된다.
작성화면	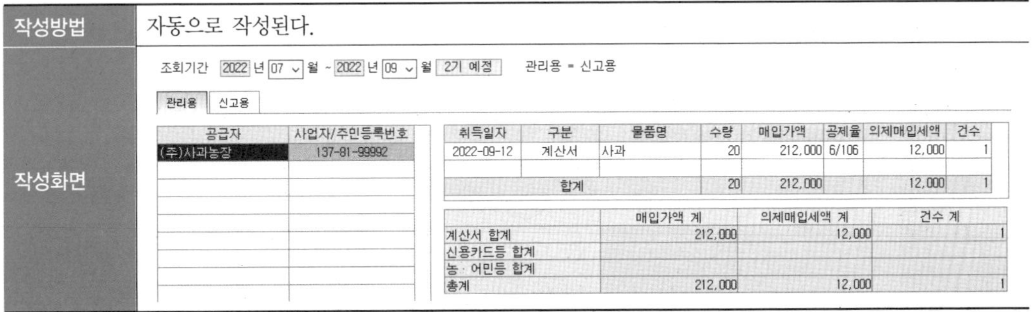

작성예제 실무이해ver.

(주)우주상사는 본 문제에 한하여 제조업을 영위하는 법인 중소기업으로 가정한다. 다음의 자료를 이용하여 2022년 2기 확정(10월 1일 ~ 12월 31일) 의제매입세액 공제신고서를 작성하시오. 의제매입세액 공제대상이 되는 거래는 다음 거래뿐이며 만약 불러오는 자료가 있다면 무시하고 의제매입세액 공제신고서를 직접 입력한다.

(1) 매입자료

공급자	매입일자	물품명	수량(kg)	매입가격(원)	증 빙	건 수
부천농산	2022.10.9	농산물	100	120,000,000	계산서	1
홍상진	2022.11.12	야채	50	5,000,000	현금(농민에게 직접 매입)	1

(2) 추가자료

- 2기 예정 과세표준은 140,000,000원이며, 2기 확정 과세표준은 180,000,000원이다.
- 2기 예정신고 시 면세농산물 매입가액은 6,000,000원, 의제매입세액 공제액은 230,769원이다.

작성방법

의제매입세액 공제신고서(조회기간 : 10월 ~ 12월) → 직접 작성 → F11저장

작성방법

- 공제율 : 제조업체 중소기업이므로 공제율 4/104 적용
- 면세매입액의 한도 128,000,000원 = 320,000,000원(과세표준) × 40%(법인 한도율)
  당기매입액 131,000,000원(확정 125,000,000원 + 예정 6,000,000원)이 한도를 초과하였으므로 2기 공제대상금액은 128,000,000원이다.
- 128,000,000원(공제대상금액) × 4/104(공제율) − 230,769원(예정신고 시 이미 공제받은 세액)
  따라서 2기 확정신고 시 의제매입세액 공제액은 4,692,307원이 된다.

작성화면

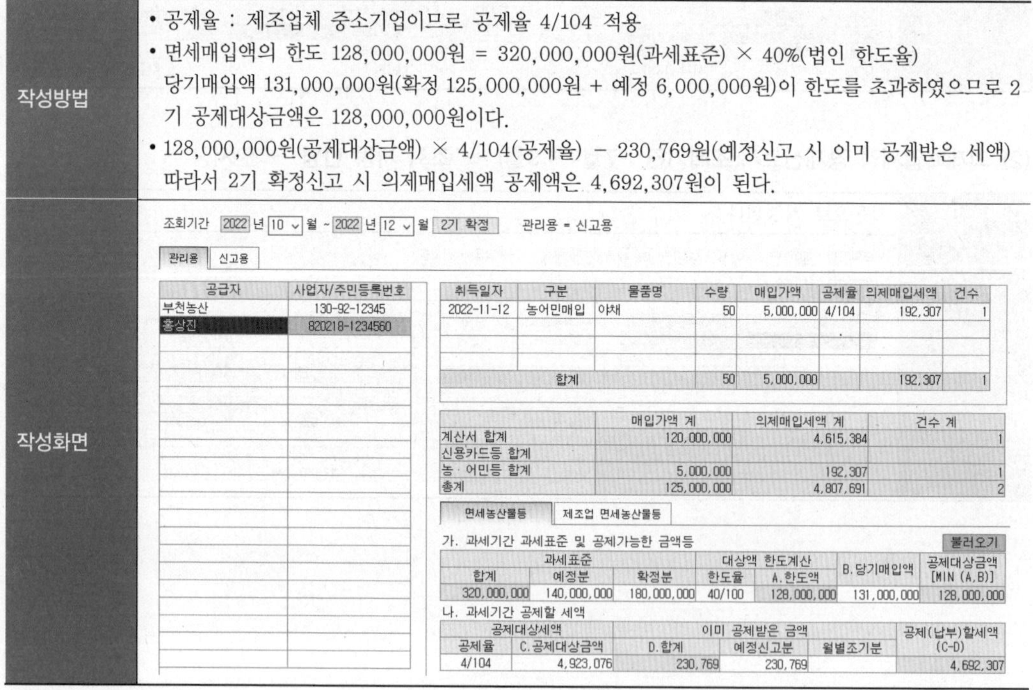

조회기간 2022 년 10 월 ~ 2022 년 12 월 2기 확정 관리용 = 신고용

관리용 | 신고용

공급자	사업자/주민등록번호
부천농산	130-92-12345
홍상진	820218-1234560

취득일자	구분	물품명	수량	매입가액	공제율	의제매입세액	건수
2022-11-12	농어민매입	야채	50	5,000,000	4/104	192,307	1
합계			50	5,000,000		192,307	1

	매입가액 계	의제매입세액 계	건수 계
계산서 합계	120,000,000	4,615,384	1
신용카드등 합계			
농·어민등 합계	5,000,000	192,307	1
총계	125,000,000	4,807,691	2

면세농산물등 | 제조업 면세농산물등

가. 과세기간 과세표준 및 공제가능한 금액등 불러오기

과세표준			대상액 한도계산		B.당기매입액	공제대상금액 [MIN (A,B)]
합계	예정분	확정분	한도율	A.한도액		
320,000,000	140,000,000	180,000,000	40/100	128,000,000	131,000,000	128,000,000

나. 과세기간 공제할 세액

공제대상세액		이미 공제받은 금액			공제(납부)할세액 (C-D)
공제율	C.공제대상금액	D.합계	예정신고분	월별조기분	
4/104	4,923,076	230,769	230,769		4,692,307

09 재활용폐자원세액공제신고서

1. 의의

재활용폐자원 매입세액 공제란 재활용폐자원 등을 수집하는 사업자가 부가가치세 면세사업을 하는 자, 간이과세자 또는 비사업자로부터 재활용폐자원 및 중고품 등을 취득하여 제조, 가공하여 공급하는 경우에 일정금액을 매입세액으로서 공제할 수 있는 제도이다.

2. 재활용폐자원 매입세액 계산

공제액	재활용폐자원 매입가액 × 공제율(3/103, 중고자동차는 10/110)
공제한도	(재활용폐자원 과세표준 × 80%) - 세금계산서 수취분 매입가액 ※ 중고자동차는 한도 없음

3. 매입전표유형 자동 반영

전표입력 시 [적요❼]를 입력하면 재활용폐자원세액공제신고서신고서에 자동 반영된다.

53.면세, 58.카면, 62.현면, 60.면건	• 재활용폐자원세액공제신고서 자동 반영 • 부가세 신고서 [43번]란 자동 반영

작성예제 실무이해ver.

다음 자료를 이용하여 2022년 제1기 예정신고 기간에 대한 재활용폐자원세액공제신고서를 작성하되 아래 가정에 따르시오.

거래일자	공급처명	품명	공급가액(원)	관련증빙
01.15	한신바이오	고철	3,498,000	종이계산서
02.22	(주)효성정밀	비철	1,590,000	세금계산서
03.26	홍만규	고철	795,000	영수증

[가정]

- 재활용폐자원세액공제신고서 작성대상이 되는 거래만을 매입매출전표에 적요번호를 포함하여 입력하되, 모두 현금거래로 간주하고 계정과목은 원재료를 사용한다.
- 재활용폐자원세액공제신고서는 매입매출전표입력에서 재활용폐자원매입세액 적요 설정 후 자동 불러오기로 한다.

작성방법

(1) 매입매출전표입력

1월 15일 [53.면세]

일	번호	유형	품목	수량	단가	공급가액	부가세	합계	코드	공급처명	사업/주민번호	전자	분개
15	50002	면세	고철			3,498,000		3,498,000	00174	한신바이오	125-25-11115		현금

구분	계정과목		적요		거래처		차변(출금)	대변(입금)
차변	0153	원재료	07	재활용폐자원매입세액공제신고서 자	00174	한신바이오	3,498,000	
대변	0101	현금		고철	00174	한신바이오		3,498,000

2월 22일

세금계산서를 수취한 과세매입이므로 재활용폐자원세액공제신고서의 작성대상 아님

3월 26일 [60.면건]

일	번호	유형	품목	수량	단가	공급가액	부가세	합계	코드	공급처명	사업/주민번호	전자	분개
26	50004	면건	고철			795,000		795,000	00176	홍만규	640410-1256667		혼합

구분	계정과목		적요		거래처		차변(출금)	대변(입금)
차변	0153	원재료	07	재활용폐자원매입세액공제신고서 자	00176	홍만규	795,000	
대변	0101	현금		고철	00176	홍만규		795,000

(2) 재활용폐자원세액공제신고서(조회기간 : 1월 ~ 3월) → 조회 자동 반영 → F11저장

작성방법

125,038원 = 4,293,000원 × 3/103

작성화면

조회기간 : 2022 년 01 월 ~ 2022 년 03 월 구분 : 1기 예정 공제(납부)세액 : 125,038 원 ※중요

관리용 | 신고용

No	(24)공급자 성명 또는 거래처 상호(기관명)	(24)공급자 주민등록번호또는 사업자등록번호	거래구분	(25)구분코드	(26)건수	(27)품명	(28)수량	3)차량번	)차대번	(31)취득금액	(32)공제율	(33)공제액((31)*(32))	취득일자
1	한신바이오	125-25-11115	2.계산서	2.기타재활용폐자원	1	고철				3,498,000	3/103	101,883	2022-01-15
2	홍만규	640410-1256667	1.영수증	2.기타재활용폐자원	1	고철				795,000	3/103	23,155	2022-03-26
3													
	영수증수취분		1		1					795,000		23,155	
	계산서수취분		1		1					3,498,000		101,883	
	합계		2		2					4,293,000		125,038	

작성예제 실무이해ver.

본 문제에 한하여 당사는 재활용폐자원을 수집하는 사업자라고 가정한다. 다음 자료에 의하여 2022년 2기 확정신고기간의 재활용폐자원세액공제신고서를 작성하시오(단, 공제(납부)할 세액까지 정확한 금액을 입력할 것).

거래자료

공급자	거래일자	품명	수량(KG)	취득금액	증빙	건수
장고물상	2022.10.6	고철	400	7,800,000원	영수증	1

추가자료

- 장고물상은 간이과세사업자이다.
- 매입매출전표입력은 생략한다. 예정신고기간 중의 재활용폐자원 거래내역은 없다.
- 2기 과세기간 중 재활용관련 매출액과 세금계산서 매입액(사업용 고정자산 매입액은 없다)은 다음과 같다.

구 분	매출액(공급가액)	매입공급가액(세금계산서)
예정분	62,000,000원	48,000,000원
확정분	70,000,000원	56,000,000원

작성방법

재활용폐자원세액공제신고서(조회기간 : 10월 ~ 12월) → 직접 작성 → F11저장

작성방법

영수증 매입액의 한도 1,600,000원
= {132,000,000원(과세표준) × 80%(한도율)} − 104,000,000원(세금계산서 매입액)
따라서 영수증 매입액 7,800,000원은 1,600,000원을 초과하므로 한도 내 금액 1,600,000원의 3/103에 해당하는 46,601원을 재활용폐자원 매입세액으로 공제받을 수 있다.

작성화면

조회기간 : 2022 년 10 월 ~ 2022 년 12 월 구분 : 2기 확정 공제(납부)세액 : 46,601 원 ※중요

관리용 | 신고용

No	□	(24)공급자 성명 또는 거래처 상호(기관명)	(24)공급자 주민등록번호또는 사업자등록번호	거래구분	(25)구분코드	(26)건수	(27)품명	(28)수량	3)차량번	)차대번	(31)취득금액	(32)공제율	(33)공제액((31)*(32))	취득일자
1	□	장고물상	120-04-78964	1.영수증	2.기타재활용폐자원	1	고철	400			7,800,000	3/103	227,184	2022-10-06
2	□													
	□													
	□													
		영수증수취분		1		1					7,800,000		227,184	
		계산서수취분												
		합계		1		1					7,800,000		227,184	

재활용폐자원 매입세액공제 관련 신고내용(이 란은 확정신고시 작성하며, 중고자동차(10/110)의 경우에는 작성하지 않습니다.) 불러오기

매출액			대상액한도계산		당기매입액			(16)공제가능한 금액(=(12)-(14))
(8)합계	(9)예정분	(10)확정분	(11)한도율	(12)한도액	(13)합계	(14)세금계산서	(15)영수증 등	
132,000,000	62,000,000	70,000,000	80%	105,600,000	111,800,000	104,000,000	7,800,000	1,600,000

(17)공제대상금액(=(15)과 (16)의 금액중 적은 금액)	공제대상세액		이미 공제받은 세액			(23)공제(납부)할세액(=(19)-(20))	{참고}10/110 공제액합계
	(18)공제율	(19)공제대상세액	(20)합계	(21)예정신고분	(22)월별조기분		
1,600,000	3/103	46,601				46,601	

10 공제받지못할매입세액명세서

구 분	신 고	불공 범위
1. 공제받지못할매입세액내역	예정, 확정	세금계산서 수취 중 전액 불공[54]
2. 공통매입세액 안분계산내역	예 정	면세사업분 불공
3. 공통매입세액의 정산내역	확 정	면세사업분 불공(예정신고분 차감)
4. 납부세액또는환급세액재계산	확 정	면세사업(감가상각자산)의 5% 증감 비율 불공(환입)

1 공제받지못할매입세액내역

1. 의의

사업자가 자기의 사업을 위하여 사용하였거나 사용할 목적으로 공급받은 재화 또는 용역 및 재화의 수입에 대한 부가가치세액은 매출세액에서 공제되지만, 아래의 경우에는 거래징수당한 사실이 세금계산서에 의하여 입증된다 하더라도 그 매입세액은 자기의 매출세액에서 공제하지 아니한다.

공제받지못할매입세액내역 | 공통매입세액안분계산내역 | 공통매입세액의정산내역 | 납부세액또는환급세액재계산

매입세액 불공제 사유	세금계산서		
	매수	공급가액	매입세액
①필요적 기재사항 누락 등			
②사업과 직접 관련 없는 지출			
③비영업용 소형승용자동차 구입 · 유지 및 임차			
④접대비 및 이와 유사한 비용 관련			
⑤면세사업등 관련			
⑥토지의 자본적 지출 관련			
⑦사업자등록 전 매입세액			
⑧금 · 구리 스크랩 거래계좌 미사용 관련 매입세액			

2. 매입매출전표유형 자동 반영	
54.불공	• 공제받지못할매입세액명세서 자동 반영 • 부가세 신고서 [16번란] – [50번란] 자동 반영

작성예제 실무이해ver.

다음은 과세사업자인 (주)우주상사의 2022년 1기 부가가치세 예정신고기간(1.1 ~ 3.31)에 발생한 매입자료이다. 다음의 자료를 토대로 부가가치세 신고서의 부속서류인 '공제받지못할매입세액명세서'를 작성하시오.

가. 상품(공급가액 5,000,000원, 부가가치세 500,000원)을 구입하고 세금계산서를 수취하였으나, 세금계산서에 공급받는 자의 상호 및 공급받는 자의 대표자 성명이 누락되고 공급자의 성명에 날인도 되지 않은 오류가 있었다.

나. 대표이사가 사업과 상관없이 개인적으로 사용할 노트북을 1,000,000원(부가가치세 별도)에 구입하고 (주)우주상사를 공급받는 자로 하여 세금계산서를 교부받았다.

다. 회사의 공장건물을 신축하기 위하여 회사보유 토지를 평탄하게 하는 공사(자본적 지출임)를 하기 위하여 (주)일성건설에 10,000,000원(부가가치세 별도)에 외주를 주어 공사를 완료하고 세금계산서를 교부받았다(동 공사는 건물의 자본적 지출이 아님).

라. 회사의 업무용으로 사용하기 위하여 차량(배기량 800cc, 4인용, 승용)을 12,000,000원(부가가치세 별도)에 구입하고 세금계산서를 받았다.

마. 거래처에 선물용으로 공급하기 위해서 볼펜(단가 1,000원, 500개, 부가가치세 별도)을 구입하고 세금계산서를 교부받았다.

작성방법

공제받지못할매입세액명세서[첫번째 TAB](조회기간 : 1월 ~ 3월) → 직접 작성 → F11저장

작성방법	(가) : 공급받는 자의 상호 및 성명, 공급자의 날인은 필요적 기재사항이 아니므로 매입세액 공제가 가능하다. (라) : 경차는 매입세액 공제가 되는 대상이다. (나), (다), (라) : 세금계산서를 수취하였으나 전액 매입세액으로 공제받을 수 없는 대상이다.
작성화면	조회기간 : 2022 년 01 월 ~ 2022 년 03 월 구분 : 1기 예정 공제받지못할매입세액내역 / 공통매입세액안분계산내역 / 공통매입세액의정산내역 / 납부세액또는환급세액재계산

매입세액 불공제 사유	세금계산서 매수	공급가액	매입세액
①필요적 기재사항 누락 등			
②사업과 직접 관련 없는 지출	1	1,000,000	100,000
③비영업용 소형승용자동차 구입· 유지 및 임차			
④접대비 및 이와 유사한 비용 관련	1	500,000	50,000
⑤면세사업등 관련			
⑥토지의 자본적 지출 관련	1	10,000,000	1,000,000
⑦사업자등록 전 매입세액			
⑧금·구리 스크랩 거래계좌 미사용 관련 매입세액			

2 공통매입세액안분계산내역

1. 의의

과세사업과 면세사업을 겸영하는 사업자가 두 사업에 공통으로 사용되는 재화를 매입하는 경우 과세사업분과 면세사업분으로 구분하여 과세사업분 매입세액은 공제를 받고, 면세사업분 매입세액은 공제를 받을 수 없다. 이 경우 원칙적으로 과세사업비율과 면세사업비율을 실지귀속에 따라 계산하여야 하지만 실제로 실지귀속이 불분명한 경우가 많으므로 일정한 방법에 따라 공통매입세액을 안분계산을 하게 된다. 이를 공통매입세액의 안분계산이라고 하며 안분계산은 예정신고 시에만 한다.

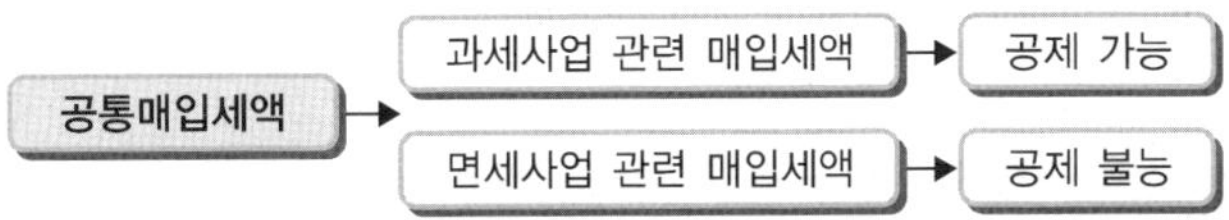

2. 작성방법 〈예정신고〉

① 산식 1번 : 당해 과세기간 중 과세사업과 면세사업의 공급가액이 있는 경우 선택
산식 2번 ~ 5번: 당해 과세기간 중 과세사업과 면세사업의 공급가액이 없는 경우 선택
② 구분 : 입력하지 않음
③ 면세비율 : 예정신고기간 총공급가액과 면세공급가액을 입력하면 면세비율이 계산된다.
④ 불공제매입세액 : 공통매입세액 × 면세비율

조회기간 : 2022 년 01 월 ~ 2022 년 03 월 구분 : 1기 예정

공제받지못할매입세액내역 | 공통매입세액안분계산내역 | 공통매입세액의정산내역 | 납부세액또는환급세액재계산

산식	구분	과세 · 면세사업 공통매입		⑫총공급가액등	⑬면세공급가액등	면세비율 (⑬÷⑫)	⑭불공제매입세액 [⑪*(⑬÷⑫)]
		⑩공급가액	⑪세액				
	1:당해과세기간의 공급가액기준						
	2:당해과세기간의 매입가액기준						
	3:당해과세기간의 예정공급가액기준						
	4:당해과세기간의 예정사용면적기준						
	5:당해과세기간의 총도축두수						

안분계산 원칙	매입세액 불공제 = 공통매입세액 × $\frac{\text{해당 과세기간의 면세공급가액}}{\text{해당 과세기간의 총공급가액}}$
동일과세기간에 매입과 공급이 있는 경우	매입세액 불공제 = 공통매입세액 × $\frac{\text{직전 과세기간의 면세공급가액}}{\text{직전 과세기간의 총공급가액}}$
공급가액이 없는 경우	• 원칙 : 매입가액비율 → 예정공급가액비율 → 예정사용면적비율 • 건물신축 : 예정사용면적비율 → 매입가액비율 → 예정공급가액비율
안분계산의 배제	다음의 경우에는 안분계산 없이 공통매입세액을 전부 공제받는다. ① 해당 과세기간의 공통매입세액이 5백만원 이하로서 총공급가액 중 면세공급가액이 5% 미만인 경우의 공통매입세액 ② 해당 과세기간의 공통매입세액이 5만원 미만인 경우의 매입세액 ③ 재화를 공급하는 날이 속하는 과세기간에 신규로 사업을 개시하여 직전 과세기간이 없는 경우

작성예제 실무이해ver.

(주)우주상사는 과세사업과 면세사업을 겸영하고 있다. 다음 자료를 토대로 2022년 제1기 부가가치세 예정신고 시 매입세액 불공제 내역 서식을 작성하시오. 단, 기존의 입력된 자료는 무시하고 주어진 자료 외의 매입세액 불공제 내역은 없다고 가정한다.

(1) **공통매입세액 :** 28,000,000원

(2) **공통매입가액 :** 280,000,000원

(3) **기타자료**

구 분	과 세	면 세	합 계
매입가액	1,400,000,000원	300,000,000원	1,700,000,000원
공급가액	1,500,000,000원	500,000,000원	2,000,000,000원
예정사용면적	720㎡	280㎡	1,000㎡

작성방법

공제받지못할매입세액명세서[안분 TAB](조회기간 : 1월 ~ 3월) → 직접 작성 → F11저장

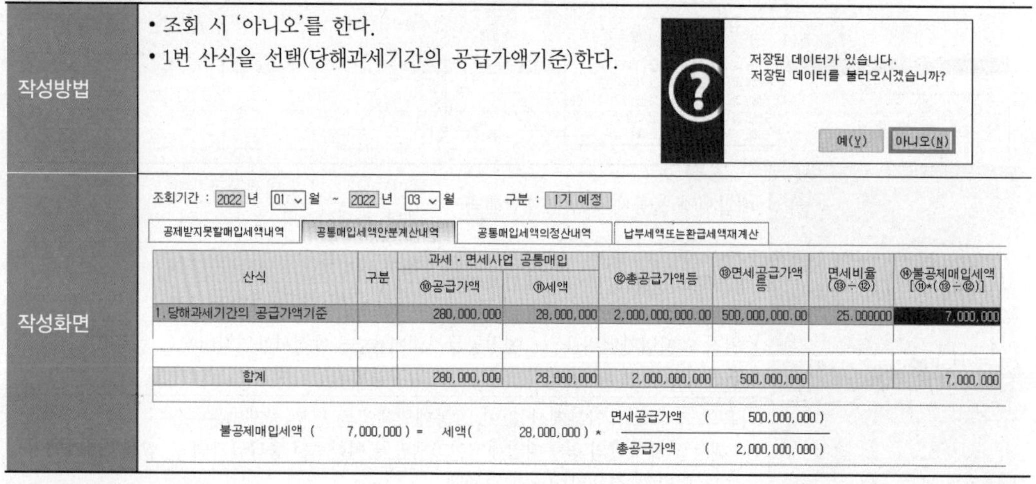

작성방법

- 조회 시 '아니오'를 한다.
- 1번 산식을 선택(당해과세기간의 공급가액기준)한다.

저장된 데이터가 있습니다.
저장된 데이터를 불러오시겠습니까?
예(Y)
아니오(N)

작성화면

조회기간 : 2022 년 01 월 ~ 2022 년 03 월　구분 : 1기 예정

공제받지못할매입세액내역 | 공통매입세액안분계산내역 | 공통매입세액의정산내역 | 납부세액또는환급세액재계산

산식	구분	과세·면세사업 공통매입 ⑩공급가액	⑪세액	⑫총공급가액등	⑬면세공급가액	면세비율 (⑬÷⑫)	⑭불공제매입세액 [⑪*(⑬÷⑫)]
1.당해과세기간의 공급가액기준		280,000,000	28,000,000	2,000,000,000.00	500,000,000.00	25.000000	7,000,000
합계		280,000,000	28,000,000	2,000,000,000	500,000,000		7,000,000

불공제매입세액 (7,000,000) = 세액(28,000,000) × 면세공급가액 (500,000,000) / 총공급가액 (2,000,000,000)

3 공통매입세액의 정산내역

1. 의의

사업자가 공통매입세액을 예정신고기간에 안분계산을 한 경우에는 예정신고기간이 속한 과세기간 확정신고 시 과세사업과 면세사업의 공급가액(또는 사용면적)이 확정되면 과세기간(6개월)의 납부세액을 정산하므로 확정신고 시 작성하는 명세서이다.

2. 작성방법 〈확정신고〉

① 산식 : 예정신고 시 안분계산한 방식으로 확정신고 시에도 선택한다.
② 구분 : 입력하지 않음
③ 총공통매입세액 : 과세기간(6개월)의 총공통매입세액을 입력한다. (예를 들어 1기 확정신고기간(4월 ~ 6월)의 정산할 매입세액은 1월부터 6월까지의 총공통매입세액의 합계를 의미함)
④ 면세사업확정비율 : 과세기간 총공급가액과 면세공급가액을 입력하면 면세비율이 계산된다.
⑤ 불공제매입세액총액 : 총공통매입세액 × 면세비율
⑥ 기불공제매입세액 : 예정신고기간에 이미 불공제한 매입세액을 입력한다.
⑦ 가산또는공제되는매입세액 : 불공제매입세액총액 − 기불공제매입세액

조회기간 : 2022 년 04 월 ~ 2022 년 06 월 구분 : 1기 확정

공제받지못할매입세액내역 | 공통매입세액안분계산내역 | 공통매입세액의정산내역 | 납부세액또는환급세액재계산

산식	구분	(15)총공통매입세액	(16)면세 사업확정 비율			(17)불공제매입세액총액((15)*(16))	(18)기불공제매입세액	(19)가산또는공제되는매입세액((17)-(18))
			총공급가액	면세공급가액	면세비율			
	1:당해과세기간의 공급가액기준							
	2:당해과세기간의 매입가액기준							
	3:당해과세기간의 예정공급가액기준							
	4:당해과세기간의 예정사용면적기준							
	5:당해과세기간의 총도축두수							

구분	산식
공급가액으로 안분계산한 경우	가산(공제)되는 매입세액 $= \text{총공통매입세액} \times \left(1 - \dfrac{\text{확정되는 과세기간의 면세공급가액}}{\text{확정되는 과세기간의 총공급가액}}\right) - \text{기불공제 매입세액}$
면적비율로 안분계산한 경우	가산(공제)되는 매입세액 $= \text{총공통매입세액} \times \left(1 - \dfrac{\text{확정되는 과세기간의 면세사용면적}}{\text{확정되는 과세기간의 총사용면적}}\right) - \text{기불공제 매입세액}$

작성예제 실무이해ver.

다음은 (주)우주상사의 과세재화와 면세재화에 공통으로 사용되는 원재료 매입액에 관한 공통매입세액 정산내역이다. 아래 자료를 이용하여 1기 확정신고 시 공제받지못할매입세액명세서를 작성하시오. 본 문제는 전표데이타는 불러오지 않고 직접 입력한다.

(1) 과세기간의 매출(공급가액)내역

구 분	과세 · 면세	공급가액
01.01 ~ 03.31	과세매출	2,000,000,000원
	면세매출	500,000,000원
04.01 ~ 06.30	과세매출	1,200,000,000원
	면세매출	300,000,000원

(2) 예정신고 시 공통매입세액 불공제 내역

① 공통매입세액 : 30,000,000원

② 기불공제매입세액 : 6,000,000원

(3) 과세기간 최종 3월(04.01 ~ 06.30)의 내역

① 공통매입세액 : 50,000,000원

작성방법

공제받지못할매입세액명세서[정산 TAB](조회기간 : 4월 ~ 6월) → 직접 작성 → F11저장

<table>
<tr><td>작성방법</td><td>부가세 신고기간은 4월 ~ 6월 확정신고기간으로 조회한다. 단, 정산내역은 1월 ~ 6월 과세기간의 총공통매입세액 80,000,000원과 1월 ~ 6월 공급가액 면세비율로 정산내역을 작성한다. 1기 과세기간 동안 불공제매입세액은 16,000,000원이며 이 중 예정신고 시 기불공제매입세액 6,000,000원을 차감하여 확정신고 시 불공제매입세액으로 가산되는 금액은 10,000,000원이다.</td></tr>
<tr><td>작성화면</td><td>
조회기간 : 2022 년 04 월 ~ 2022 년 06 월 구분 : 1기 확정
공제받지못할매입세액내역 | 공통매입세액안분계산내역 | 공통매입세액의정산내역 | 납부세액또는환급세액재계산
<table>
<tr><th rowspan="2">산식</th><th rowspan="2">구분</th><th rowspan="2">(15)총공통매입세액</th><th colspan="3">(16)면세 사업확정 비율</th><th rowspan="2">(17)불공제매입세액총액((15)*(16))</th><th rowspan="2">(18)기불공제매입세액</th><th rowspan="2">(19)가산또는공제되는매입세액((17)-(18))</th></tr>
<tr><th>총공급가액</th><th>면세공급가액</th><th>면세비율</th></tr>
<tr><td>1.당해과세기간의 공급가액기준</td><td></td><td>80,000,000</td><td>4,000,000,000.00</td><td>800,000,000.00</td><td>20.000000</td><td>16,000,000</td><td>6,000,000</td><td>10,000,000</td></tr>
<tr><td>합계</td><td></td><td>80,000,000</td><td>4,000,000,000</td><td>800,000,000</td><td></td><td>16,000,000</td><td>6,000,000</td><td>10,000,000</td></tr>
</table>
가산또는공제되는매입세액 (10,000,000) = 총공통매입세액(80,000,000) * 면세비율(%)(20.000000) - 기불공제매입세액(6,000,000)
</td></tr>
</table>

작성예제 실무이해ver.

(주)우주상사는 2022년 8월 5일에 과세사업과 면세사업에 같이 사용하기 위하여 건물을 공급가액 100,000,000원, 부가가치세 10,000,000원을 지불하고 구입하였으며 동 건물에 딸려 있는 토지는 총 400,000,000원을 지불하고 구입하였다. 당사는 예정신고 시 공급가액기준으로 정상적으로 공통매입세액안분계산을 하였다. 다음 자료를 이용하여 2022년 2기 확정신고 시 공제받지못할매입세액명세서 정산을 작성하시오. 단, 불러오는 데이터는 무시하고 새로 작성하시오.

과세기간의 매출(공급가액)내역

구 분	과세공급가액	면세공급가액	합 계
2022년 2기 예정	800,000,000원	1,200,000,000원	2,000,000,000원
2022년 2기 확정	1,000,000,000원	2,000,000,000원	3,000,000,000원
합 계	1,800,000,000원	3,200,000,000원	5,000,000,000원

작성방법

공제받지못할매입세액명세서[정산 TAB](조회기간 : 10월 ~ 12월) → 직접 작성 → F11저장

작성방법

2기 예정신고기간 매입한 건물의 공통매입세액 10,000,000원에 대해 2기 예정(안분계산)신고 시 불공제 내역을 반영하여 2기 확정신고 시 불공제 내역의 정산명세를 작성해야 한다.

① 2022년 2기 예정 안분 : 불공제 6,000,000원 = 10,000,000원 × 60%
   2기 예정 면세비율 60% (1,200,000,000원 ÷ 2,000,000,000원)

② 2022년 2기 확정 정산 : 불공제 400,000원 (10,000,000원 × 64%) − 6,000,000
   - 2기 과세기간 총공통매입세액 10,000,000원
   - 2기 과세기간 면세비율 64% (3,200,000,000원 ÷ 5,000,000,000원)
   - 2기 예정신고 기불공제매입세액 6,000,000원

작성화면

조회기간 : 2022 년 10 월 ~ 2022 년 12 월 구분 : 2기 확정

공제받지못할매입세액내역 | 공통매입세액안분계산내역 | 공통매입세액의정산내역 | 납부세액또는환급세액재계산

산식	구분	(15)총공통매입세액	(16)면세 사업확정 비율			(17)불공제매입세액총액((15)*(16))	(18)기불공제매입세액	(19)가산또는공제되는매입세액((17)-(18))
			총공급가액	면세공급가액	면세비율			
1.당해과세기간의 공급가액기준		10,000,000	5,000,000,000.00	3,200,000,000.00	64.000000	6,400,000	6,000,000	400,000
합계		10,000,000	5,000,000,000	3,200,000,000		6,400,000	6,000,000	400,000

가산또는공제되는매입세액 (400,000) = 총공통매입세액(10,000,000) * 면세비율(%)(64.000000) - 기불공제매입세액(6,000,000)

4 납부세액또는환급세액재계산

1. 의의

과세사업과 면세사업에 공통으로 사용하는 감가상각자산과 관련하여 발생된 공통매입세액에 대해서는 아래의 조건에 모두 해당되는 경우 취득일 이후 과세기간의 면세사업에 관련된 매입세액을 재계산하여 재계산한 과세기간의 납부세액 또는 환급세액에서 가감해야 한다. 재계산은 확정신고 시 작성하는 명세서이다(해당 신고서 작성 시 전표데이터는 불러오지 않음).

2. 작성방법 〈확정신고〉

가산(공제)되는 매입세액 = 해당 재화의 공통매입세액 × (1 - 체감률 × 경과된 과세기간 수) × 증감된 면세비율

① 자산 : 1.건물,구축물을 선택하면 체감률 5%, 2.기타자산을 선택하면 25% 자동으로 반영된다.
(단, 감가상각자산이 아닌 원재료, 제품, 토지 등의 경우에는 재계산을 하지 않음)

② 해당 재화의 매입세액 : 재계산할 감가상각자산의 공통매입세액을 입력한다.

③ 취득년월 : 취득년도, 월만 입력한다(日은 입력하지 않음).

④ 경과과세기간 : 해당 자산의 취득년월을 입력하면 해당 신고기간이 반영되어 자동으로 계산된다.

⑤ 경감률 : 자동으로 반영된다(건축물은 5%, 이외는 25%).

⑥ 면세증가율 : 당기분과 직전분의 총공급가액과 면세공급가액을 입력하면 면세비율의 증감율이 자동으로 계산된다.

⑦ 가산또는공제되는매입세액 : 면세비율이 5% 이상 증가는 불공제되며, 5% 이상 감소되는 경우에는 불공제를 환급받는다. 면세비율이 5% 미만인 경우는 재계산을 하지 않는다.

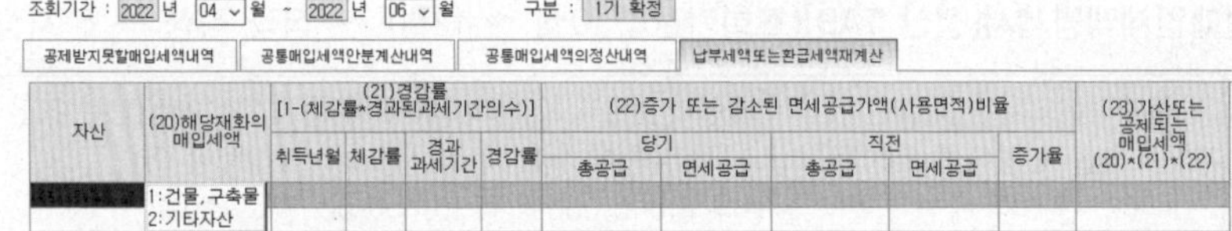

〈재계산 요건〉

- 공통사용재화 중 감가상각자산인 경우
- 공통매입세액을 정산을 한 경우
- 면세비율이 5%이상 증감된 경우

: 해당 과세기간의 면세비율 - 직전 과세기간의 면세비율(또는 취득일이 속하는 과세기간의 면세비율)

작성예제 실무이해ver.

다음 자료를 보고 2022년 1기 부가가치세 확정신고 시 공제받지못할매입세액명세서(납부세액재계산)를 작성하시오(2021년 2기까지 납부세액재계산은 올바르게 신고되었다).

1. 과세사업과 면세사업에 공통으로 사용되는 자산의 구입명세

구 분	취득일자	공급가액	부가가치세
건 물	2020.07.22	200,000,000원	20,000,000원
비 품	2021.05.10	30,000,000원	3,000,000원
원재료	2021.04.20	25,000,000원	2,500,000원
토 지	2020.08.16	500,000,000원	50,000,000원

2. 2021년 및 2022년의 공급가액 명세

구 분	2021년 제1기	2021년 제2기	2022년 제1기
과세사업	150,000,000원	300,000,000원	240,000,000원
면세사업	250,000,000원	200,000,000원	360,000,000원
합 계	400,000,000원	500,000,000원	600,000,000원

작성방법

공제받지못할매입세액명세서[재계산 TAB](조회기간 : 4월 ~ 6월) → 직접 작성 후 F11저장

작성방법

- 원재료와 토지는 감가상각대상자산이 아니므로 재계산을 하지 않는다.
- 해당 재화의 매입세액과 취득년월을 입력하면 체감률, 경과과세기간, 경감률은 자동으로 계산되어 반영된다.
- 건물 : 20,000,000원 × (1 − 5% × 3) × 20%(면세비율 증가) = 3,400,000원
- 비품 : 3,000,000원 × (1 − 25% × 2) × 20%(면세비율 증가) = 300,000원

구 분	2021년 제1기	2021년 제2기	2022년 제1기
면세사업	250,000,000원	200,000,000원	360,000,000원
합 계	400,000,000원	500,000,000원	600,000,000원
면세비율	62.5%	40%	60%
면세비율 증감	−	22.5% 감소	20% 증가

작성화면

조회기간 : 2022 년 04 월 ~ 2022 년 06 월 구분 : 1기 확정

공제받지못할매입세액내역 | 공통매입세액안분계산내역 | 공통매입세액의정산내역 | 납부세액또는환급세액재계산

자산	(20)해당재화의 매입세액	(21)경감률 [1-(체감률*경과된과세기간의수)]				(22)증가 또는 감소된 면세공급가액(사용면적)비율					(23)가산또는 공제되는 매입세액 (20)*(21)*(22)
		취득년월	체감률	경과 과세기간	경감률	당기 총공급	당기 면세공급	직전 총공급	직전 면세공급	증가율	
1.건물,구축물	20,000,000	2020-07	5	3	85	600,000,000.00	360,000,000.00	500,000,000.00	200,000,000.00	20.000000	3,400,000
2.기타자산	3,000,000	2021-05	25	2	50	600,000,000.00	360,000,000.00	500,000,000.00	200,000,000.00	20.000000	300,000

작성예제 실무이해ver.

(주)우주상사는 과세사업과 면세사업을 겸영하는 사업자로 가정한다. 입력된 자료는 무시하고 다음 자료를 이용하여 2022년 제2기 부가가치세 확정신고 시 [공제받지못할매입세액명세서] 재계산을 작성하시오.

1. 공급가액에 관한 자료

구 분	과세사업	면세사업	합 계
2021년 2기	400,000,000원	100,000,000원	500,000,000원
2022년 1기	378,000,000원	72,000,000원	450,000,000원
2022년 2기	420,000,000원	180,000,000원	600,000,000원

2. 공장용 건물(감가상각자산) 취득 내역

취득일	건 물		비 고
	공급가액	매입세액	
2021.7.20	200,000,000원	20,000,000원	과세, 면세 공통매입

3. 이전 부가가치세 신고는 세법에 따라 적절하게 신고하였다.

작성방법

공제받지못할매입세액명세서[재계산 TAB](조회기간 : 10월 ~ 12월) → 직접 작성 → F11저장

작성방법

2022년 1기에는 2021년 2기 면세비율과의 차이가 4%이므로 재계산을 적용하지 않았다. 따라서 2022년 2기 재계산은 2021년 2기 면세비율 20%와 2022년 2기 면세비율 30%를 비교한 10% 증가된 면세비율을 재계산한다.

주의 납부세액 또는 환급세액의 재계산은 감가상각자산의 취득일이 속하는 과세기간(그 후의 과세기간에 재계산하였을 때에는 그 재계산한 기간)에 적용한 면세비율 간의 차이가 5% 이상인 경우에만 적용한다.

구 분	면세사업	합 계	면세비율	면세비율 증감
2021년 2기	100,000,000원	500,000,000원	20%	–
2022년 1기	72,000,000원	450,000,000원	16%	4%감소(재계산 ×)
2022년 2기	180,000,000원	600,000,000원	30%	10%증가(20% → 30%)

작성화면

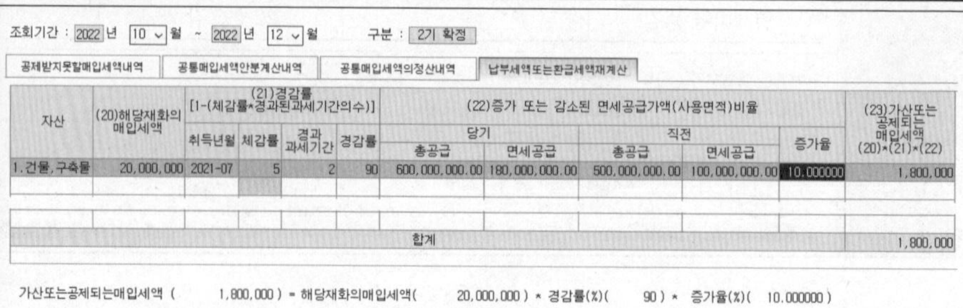

조회기간 : 2022 년 10 월 ~ 2022 년 12 월 구분 : 2기 확정

공제받지못할매입세액내역 | 공통매입세액안분계산내역 | 공통매입세액의정산내역 | 납부세액또는환급세액재계산

자산	(20)해당재화의 매입세액	(21)경감률 [1-(체감률*경과된과세기간의수)]				(22)증가 또는 감소된 면세공급가액(사용면적)비율					(23)가산또는 공제되는 매입세액 (20)*(21)*(22)
		취득년월	체감률	경과 과세기간	경감률	당기 총공급	당기 면세공급	직전 총공급	직전 면세공급	증가율	
1.건물,구축물	20,000,000	2021-07	5	2	90	600,000,000.00	180,000,000.00	500,000,000.00	100,000,000.00	10.000000	1,800,000
합계											1,800,000

가산또는공제되는매입세액 (1,800,000) = 해당재화의매입세액(20,000,000) * 경감률(%)(90) * 증가율(%)(10.000000)

빈출 실무수행문제

제3장 부가가치세 실무(부가세 부속신고서 작성) 정답 및 해설 : p.56

(주)만물상사 (회사코드 : 5009) ✓ 회사변경 후 실무수행 연습하기

1. 다음 자료를 토대로 제1기 확정분 신용카드매출전표등수령명세서를 작성하시오. 단, 매입매출전표입력은 생략하되, 사용한 법인카드번호는 하나카드 1111-2222-3333-4444이며 매입세액 공제가 가능한 사항만 반영하시오.

매입일자	매입내역	공급가액(원)	세액(원)	사용처(모두 일반과세자)		증 빙
				상 호	사업자등록번호	
6월 3일	출장 목적의 KTX승차권	80,000	8,000	코레일	204-85-22637	신용카드
6월 4일	사업장 난방용 석유구입	50,000	5,000	엑스오일	314-81-11803	신용카드
6월 5일	비영업용 소형승용차 임차료	200,000	20,000	무신렌트	212-18-93257	현금영수증
6월 6일	직원회의 시 커피구입비	30,000	3,000	별다방	204-25-33620	현금영수증

2. 다음 자료를 이용하여 2022년 제2기 부가가치세 예정신고기간(7월 ~ 9월)의 신용카드매출전표등수령명세서(갑)를 작성하시오. 당사는 신한(법인, 사업용)카드를 사용하고 있으며, 현금지출의 경우에는 사업자등록번호를 기재한 현금영수증을 수령한다. 상대 거래처는 모두 일반과세자라고 가정하며, 매입매출전표입력은 생략한다.

일 자	내 역	공급가액	부가가치세	상 호	증 빙
7/15	원재료구입 시 법인카드 결제(세금계산서 수취함)	5,000,000원	500,000원	(주)나무	신용카드
8/10	사무실 복합기 토너 구입	75,000원	7,500원	아컴사(주)	현금영수증
9/14	서울랜드 입장권 구입(접대 목적임)	1,000,000원	100,000원	(주)서울랜드	신용카드
9/25	대표이사 부산 출장 KTX요금	100,000원	10,000원	한국철도공사	현금영수증

3. 다음은 2022년 10월부터 12월까지의 기간 동안 재화나 용역을 공급받고 신용카드매출전표(부가가치세 별도 기입분)를 수취한 내용이다. 신용카드매출전표등수취명세서(카드회원번호는 1234-5678-9000-0000로 서울법인카드(사업용카드)를 동일하게 사용한 것으로 본다)를 작성하고, 관련 금액을 제2기 확정분(10월 ~ 12월)부가가치세 신고서상에 반영하라. 단, 아래 거래와 관련해서는 세금계산서를 수취하지 아니하였고, 알파문구는 간이과세자이며 영수증발행의무자로 직전년도 총공급대가가 48,000,000원 미만에 해당하는 사업자이다.

거래처명 (등록번호)	성 명 (대표자)	거래일자	발행금액 (VAT포함)	공급자 업종 (과세유형)	거래내용
두리슈퍼 (111-11-11119)	김두리	10.11	220,000원	소매업 (일반과세)	거래처 선물구입대
일동상회 (222-22-22227)	최일동	10.20	330,000원	음식점업 (일반과세)	직원회식대 (복리후생)
알파문구 (315-03-58803)	오알파	11.13	440,000원	소매업 (간이과세자)	사무비품 구입
왕궁호텔 (555-55-55553)	박왕궁	11.20	550,000원	숙박업 (일반과세)	지방출장 숙박비

4. 다음의 자료에 의하여 (주)만물상사의 2022년 제1기 부가가치세 확정신고기간에 대한 부동산임대공급가액명세서를 작성하고 보증금이자(간주임대료)는 이를 부가가치세 신고서에 별도로 반영하시오(단, 전표입력은 생략하고 간주임대료에 대한 이자율은 1.2%로 가정).

(주)만물상사의 임대내역

임차인	층/호	사업자등록번호	면 적	용 도	임대기간	보증금(원)	월세(원)
하늘상사(주)	2/1	109-85-39022	150㎡	사무실	2020.07.01 ~ 2023.06.30	200,000,000	3,000,000
한우갈비집	2/2	305-11-75265	100㎡	음식점	2020.05.01 ~ 2022.04.30	150,000,000	2,000,000

※ 위의 임대료는 매월 말일에 받기로 계약하고 전자세금계산서를 발급하고 있다.

5. 다음 임대차 관련 자료에 따라 2022년 2기 예정신고기간의 부동산임대공급가액명세서를 작성하시오(간주임대료에 대한 이자율은 1.2%로 가정).

임차인	임대기간	보증금 및 월세	기 타
(주)매트 201-81-13655	2020.9.1 ~ 2022.8.31	보증금 40,000,000원 월세 3,000,000원	1동, 1층, 1호 면적: 100㎡, 용도: 학원

※ 임대기간 종료 후 다음 날부터 임대조건의 변동없이 2년간 자동으로 임대차계약을 연장하기로 하였다.

6. 본 문항에 한하여 (주)만물상사의 주업종을 부동산임대업으로 가정하며, 임대료 수익에 대하여 매월 말일자로 전자세금계산서를 발급하였으며, 매입매출전표입력은 생략한다. 다음의 부동산 임대차 계약서를 토대로 2022년 2기 확정신고 시 부동산임대공급가액명세서와 부가세 신고서를 작성하시오. 단, 기존 자료는 무시하고 월세와 간주임대료의 부동산임대공급가액명세서의 내용을 부가세 신고서 작성 시 반영하시오(간주임대료에 대한 이자율은 1.2%로 가정함).

부동산 임대차 계약서 ■월세 □전세

임대인과 임차인 쌍방은 표기 부동산에 관하여 다음 계약 내용과 같이 임대차계약을 체결한다.

1. 부동산의 표시

소재지	서울시 강남구 삼성동 251-3 1동 2층 202호					
토 지	지 목	대			면 적	
건 물	구 조	철근콘크리트조	용 도	사무실	면 적	33㎡
임대할부분	전 체				면 적	

2. 계약내용

제1조 (목적)위 부동산의 임대차에 한하여 임대인과 임차인은 합의에 의하여 임차보증금 및 차임을 아래와 같이 지불하기로 한다.

보증금	金 100,000,000 원정	
계약금	金 10,000,000 원정은 계약 시에 지불하고 영수함 영수자( )	(인)
중도금	金 원정은 년 월 일에 지불하며	
잔 금	金 90,000,000 원정은 2022년 12월 01일에 지불한다.	
차 임	金 1,000,000 (VAT 별도) 원정은 매월 말일에 지불한다.	

제2조 (존속기간) 임대인은 위 부동산을 임대차 목적대로 사용할 수 있는 상태로 2022년 12월 01일까지 임차인에게 인도하며 임대차 기간은 인도일로부터 2024년 11월 30일(24개월)까지로 한다.

~ 생략 ~

제7조 (채무불이행과 손해배상) 임대인 또는 임차인이 본 계약상의 내용에 대하여 불이행이 있을 경우 그 상대방은 불이행한 자에 대하여 서면을 최고하고 계약을 해제할 수 있다. 그리고 계약 당사자는 계약해제에 따른 손해배상을 각각 상대방에 대하여 청구할 수 있으며, 손해배상에 대하여 별도의 약정이 없는 한 계약금을 손해배상의 기준으로 본다.

2022. 11. 20

임대인	주 소	서울시 강남구 삼성동 251-3 2101호					(인)
	사업자등록번호	107-85-51700	전 화		성 명	(주)만물상사	
	대리인		전 화		성 명		
임차인	주 소	서울시 강남구 역삼동 351-2 1-202					(인)
	사업자등록번호	132-25-99050	전 화		성 명	엘티이	
	대리인		전 화		성 명		

7. 다음은 수출신고필증의 일부자료와 선적일 및 환율정보이다. 제품매출에 대한 거래 자료를 [매입매출전표에 입력]하고 제1기 부가가치세 예정신고를 위한 [수출실적명세서]를 작성하시오.

- 품목 : ADAS A1
- 수출신고번호 : 41757-17-050611X
- 단가 : $300 USD
- 결제금액 : FOB($45,000 USD)
- 선적일 : 1월 15일
- 기준환율 : 1월 12일 1,150/USD
  1월 15일 1,210/USD
- 거래처 : Ga.Co.Ltd
- 수량 : 150 EA
- 거래구분 : 직수출
- 수출신고일 : 1월 12일
- 결제조건 : T/T후불(결재기일 : 적재일로부터 35일 후)

8. 다음 자료를 보고 2022년 1기 확정신고기간의 수출실적명세서와 영세율매출명세서를 작성하시오(단, 거래처코드와 거래처명은 입력하지 말 것).

상대국	수출신고번호	선적일	환가일	통 화	수출액	기준환율	
						선적일	환가일
일 본	13041-20-044589X	04.06	04.15	JPY	￥300,000	994/￥100	997/￥100
미 국	13055-10-011460X	05.18	05.12	USD	$60,000	1,040/$	1,080/$
영 국	13064-25-147041X	06.30	07.08	USD	$75,000	1,110/$	1,090/$

9. 다음 자료를 보고 2022년 2기 예정신고기간의 수출실적명세서를 작성하시오.

거래처	수출신고번호	선적일	환가일	통화	수출액	기준환율	
						선적일	환가일
히로상사	13042-10-044689X	08.20	08.15	USD	$200,000	950/$	900/$
LA상사	13045-10-011470X	08.22	08.25	USD	$100,000	1,050/$	1,060/$
킹덤상사	13064-25-247041X	09.17	–	USD	$200,000	1,100/$	–

10. 다음의 자료를 토대로 2022년 2기 확정과세기간(10.1 ~ 12.31)의 [수출실적명세서]와 [영세율매출명세서]를 작성하시오(단 매입매출전표입력은 생략한다).

(1) (주)만물상사는 미국 마틴사에 미화 $50,000에 해당하는 제품을 직수출하였는데, 수출신고는 10월 1일 완료하였고, 통관일은 10월 5일이며, 선하증권상의 선적일은 10월 6일로 확인되었다. 수출신고번호는 13041-00-044588X이다.

(2) (주)만물상사는 일본 도쿄상사에 엔화 ￥1,000,000에 해당하는 기계장치를 직수출하였는데, 수출신고는 10월 10일 완료하였고, 통관일은 10월 15일이며, 선하증권상의 선적일은 10월 20일로 확인되었다. 수출신고번호는 13064-25-011460X이다.

(3) 기준환율 및 재정환율은 다음과 같다.

미국달러(USD) 환율($1당)	통 화 \ 날 짜	10/1	10/5	10/6
	USD($1당)	1,000원	1,050원	1,100원

일본엔화(JPY) 환율(￥100당)	통 화 \ 날 짜	10/10	10/15	10/20
	JPY(￥100당)	1,100원	1,150원	1,200원

11. 다음 자료를 이용하여 2022년 제2기 확정분 대손세액 공제(변제)신고서를 작성하시오.

(1) 2021년 8월 1일 충성물신(대표자 : 윤충성, 132-84-56586)에 제품을 매출하고, 대금 11,000,000원(VAT 포함)은 미진상회에서 발행한 약속어음으로 수령하였다. 동 어음은 거래일로부터 6개월이 지난 2022년 5월 5일에 주거래은행으로부터 부도확인을 받았다. 당사는 충성물산 소유의 건물에 대하여 저당권을 설정하고 있다.
(2) 외상매출금 중 33,000,000원(VAT 포함)은 2019년 10월 21일 영광상회(대표자 : 최영광, 132-81-21354)에 대한 것이다. 당사는 외상매출금 회수를 위하여 최선을 다하였으나, 결국 이 외상매출금을 회수하지 못하여 2022년 10월 21일에 소멸시효가 완성되었다.
(3) 2010년 1월 3일자로 (주)상신건업(대표자 : 김수경, 129-81-66753)에 재화를 공급하면서 발생한 외상매출금 2,200,000원(VAT 포함)을 회수하지 못하고 있다가, 결국 2022년 8월 27일에 법원의 (주)상신건업에 대한 회생계획인가 결정에 따라 회수할 수 없게 되었다.

12. 다음 주어진 자료를 보고 2022년도 제1기 확정신고 시 대손세액 공제신고서를 작성하시오.

대손일	검토자료	공급받는 자	사업자등록번호	대손금액 (부가세 포함)
2022.4.10	파산법에 의한 파산으로 채권배분계산서의 통지를 받은 외상매출금 (당초공급일 2020.10.6)	삼고초려	213-81-44321	12,100,000원
2022.2.28 (부도발생일)	전년도 매출에 대한 어음이 당일 부도 발생한 받을어음 (당초공급일 2021.12.20)	한국푸드	315-03-58803	16,500,000원
2022.6.20	대표자의 사망으로 채권을 회수할 수 없음이 입증된 기계장치 매각대금 미수금 (당초공급일 2018.4.20)	민국산업	113-81-78157	22,000,000원
2022.5.25	파산법에 의한 파산으로 채권배분계산서의 통지를 받은 장기대여금 (당초공급일 2020.7.10)	청아상사	128-24-61387	8,800,000원

13. 다음 자료를 이용하여 제1기 확정 부가가치세 과세기간의 신용카드매출전표등발행금액집계표를 작성하시오(단, 아래의 거래 내역만 있고 전표입력은 생략할 것).

일 자	거래내역
4월 7일	(주)프레디에 제품 6,600,000원(부가가치세 포함)을 공급하고 전자세금계산서를 발급하였다. 대금은 자금 사정으로 인해 10일 후에 신용카드로 결제를 받았다.
5월 13일	비사업자인 고창석씨에게 제품 880,000원(부가가치세 포함)을 판매하고 대금 중 절반은 신용카드로 결제를 받고 나머지 절반은 현금영수증을 발급하였다.

14. 다음 거래를 보고 2022년 1기 예정신고기간에 대한 의제매입세액 공제신고서를 작성하시오. 단, 의제매입세액 공제신고와 관련해서는 아래 이외의 거래는 없으며, 당사는 과세사업과 면세사업을 겸영하는 비중소기업 제조업자이며, 면세농산물은 과세사업에 사용된다. 관련 전표입력은 생략하기로 한다.

구 분	일 자	상호 또는 성명	사업자번호 또는 주민등록번호	품 명	매입가액	증 빙	수 량
사업자 매입분	1.02	(주)한세축산	132-84-56586	축산물	3,003,900원	계산서	10
	1.03	(주)영일축산	132-81-21354	축산물	1,020,000원	영수증	10
	2.12	(주)해일수산	132-84-56475	해산물	3,060,000원	신용카드	10
	3.21	(주)우일수산	129-81-66753	해산물	2,099,670원	계산서	10
농, 어민 매입분	3.12	김한세	630121-1222311	해산물	1,999,200원	영수증	10
	3.25	이세무	290125-1023214	해산물	4,115,700원	영수증	10

15. 본 문제에 한하여 당사는 음식업을 영위하는 법인으로 본다. 다음은 2022년 2기 확정신고기간(2022.10.1 ~ 2022.12.31) 동안 매입한 면세자료이다. 의제매입세액 공제신고서(정산명세 포함)를 작성하시오(수량은 편의상 1로 입력하고, 의제매입세액으로 공제대상인 구입내역만 반영하며 전표입력은 생략).

[자료1] 확정신고기간 구입내역

구 분	일 자	상호(성명)	사업자번호(주민등록번호)	매입가액(원)	품 명
계산서매입(현금거래)	10/31	(주)세미	211-81-87421	30,000,000	야 채
신용카드매입	11/24	(주)진우	212-81-30450	80,000,000	정 육
농어민매입(현금거래)	12/27	김양파	741011-1111113	15,000,000	쌀

[자료2] 공급가액
2022년 2기(7.1 ~ 12.31)의 음식업 매출과 관련한 공급가액은 500,000,000원
(2기 예정 공급가액 : 242,000,000원, 2기 확정 공급가액 : 258,000,000원)이다.

[자료3] 관련자료
- 1기 예정신고 의제매입세액 공제대상 면세매입금액 : 106,000,000원
- 예정신고 시 의제매입세액 공제액 : 6,000,000원

16. 당사는 원재료인 수산물을 가공하여 통조림 제조업을 영위하는 법인 중소기업이며, 다음의 자료를 이용하여 2022년 1기 확정(4월 ~ 6월) 의제매입세액 공제신고서를 작성하시오(원 단위 미만은 절사할 것, 불러오는 자료는 무시하고 직접 입력하시오).

매입자료

공급자	사업자번호	매입일자	품 명	수량(KG)	매입가격	증 빙	건수
(주)호연	215-81-93662	2022.4.7	연 어	100	12,000,000원	계산서	1

추가자료
- 1기 예정 과세표준은 24,000,000원이며, 1기 확정 과세표준은 28,000,000원이다.
- 1월에서 3월까지는 면세품목에 대한 매입이 없어 의제매입세액 공제를 받지 않았다.

17. 다음은 2022년 1기 예정신고기간(2022.1.1 ~ 2022.3.31)에 발생한 매입자료이다. 기존에 입력된 자료는 무시하고 다음의 자료를 토대로 부가가치세 신고서의 부속서류인 '공제받지못할매입세액명세서'를 작성하시오.

가. 상품(공급가액 3,000,000원, 부가가치세 300,000원)을 구입하고 세금계산서를 수취하였으나, 세금계산서에 공급받는 자의 상호 및 공급받는 자의 대표자 성명이 누락되는 오류가 있었다.
나. 대표이사가 사업과 상관없이 개인적으로 사용할 노트북을 1,200,000원(부가가치세 별도)에 구입하고 (주)만물상사 당사를 공급받는 자로 하여 전자세금계산서를 교부 받았다.
다. 회사의 업무용으로 사용하기 위하여 차량(배기량 2,500cc, 5인용, 승용)을 21,500,000원(부가가치세 별도)에 구입하고 전자세금계산서를 받았다.
라. 매출 거래처에 선물용으로 공급하기 위해서 우산(단가 10,000원, 수량 200개, 부가가치세 별도)을 구입하고 종이세금계산서를 교부받았다.

18. 다음의 자료를 이용하여 1기 확정신고기간에 공제받지못할매입세액명세서 중 [공통매입세액의정산내역] 탭을 작성하시오(단, 기존에 입력된 데이터는 무시할 것).

- 당사는 과세 및 면세사업을 영위하는 겸영사업자이고, 아래 제시된 자료만 있는 것으로 가정한다.
- 1기 예정신고 시 반영된 공통매입세액 불공제분은 3,750,000원이며, 예정신고는 적법하게 신고되었다.
- 1기 과세기간에 대한 공급가액은 다음과 같으며, 공통매입세액 안분계산은 공급가액기준으로 한다.

구 분		1기 예정신고기간(1월 ~ 3월)		1기 확정신고기간(4월 ~ 6월)	
		공급가액	부가가치세	공급가액	부가가치세
공통매입세액		100,000,000원	10,000,000원	80,000,000원	8,000,000원
매 출	과 세	250,000,000원	25,000,000원	200,000,000원	20,000,000원
	면 세	150,000,000원	–	150,000,000원	–

19. 다음 자료를 보고 당사(과세 및 면세 겸영사업자)의 2022년 2기 예정 부가가치세 신고 시 부가가치세 신고 부속서류 중 공제받지못할매입세액명세서(매입세액 불공제 내역)을 작성하라(단, 아래의 매출과 매입은 모두 관련 세금계산서 또는 계산서를 적정하게 수수한 것이며, 과세분 매출과 면세분 매출은 모두 공통매입분과 관련된 것이다).

구 분		공급가액(원)	세액(원)	합계액(원)
매출내역	과세분	40,000,000	4,000,000	44,000,000
	면세분	60,000,000	–	60,000,000
	합 계	100,000,000	4,000,000	104,000,000
매입내역	과세분	30,000,000	3,000,000	33,000,000
	공통분	50,000,000	5,000,000	55,000,000
	합 계	80,000,000	8,000,000	88,000,000

20. 다음 자료를 보고 2022년 2기 부가가치세 확정신고 시 납부세액재계산을 위한 공제받지못할매입세액명세서를 작성하시오.

• 과세사업과 면세사업에 공통으로 사용되는 자산의 구입내역

계정과목	취득일자	공급가액	부가가치세
토 지	2020.11.25	100,000,000원	–
건 물	2021.01.05	150,000,000원	15,000,000원
기계장치	2022.02.12	50,000,000원	5,000,000원
상 품	2022.03.12	15,000,000원	1,500,000원

• 2021년 및 2022년의 공급가액 내역

구 분	2021년 제2기	2022년 제1기	2022년 제2기
과세사업	200,000,000원	–	400,000,000원
면세사업	300,000,000원	350,000,000원	600,000,000원

21. 신문사 및 광고업을 겸영하는 당사는 신문사 및 광고업에 공통으로 사용할 목적으로 2021년 9월 5일 신문용지(원재료)10,000,000원(세액 1,000,000원) 및 윤전기(유형자산)를 40,000,000원(세액 4,000,000원)에 구입하였다. 이와 관련하여 제1기 부가가치세 확정신고 시에 반영할 공통매입세액 재계산 내역을 '공제받지못할매입세액명세서'에 반영하시오(조회되는 데이터는 무시할 것).

〈자료〉 신문사 및 광고업의 매출내역

기 별	구독료수입	광고수입	총공급가액
2021년 2기	10,000,000원	40,000,000원	50,000,000원
2022년 1기	24,000,000원	36,000,000원	60,000,000원

[참고] 윤전기 : 인쇄용 기계장치임
(단, 이 문제에 한하여 당사는 신문사와 광고업만을 운영한다고 가정한다)

부가세 신고서 및 가산세

01 부가가치세 신고서

1. 의의

부가가치세 신고서는 일반과세자 및 간이과세자의 각 신고기간별로 과세표준과 납부세액(환급세액)을 기재하여 관할 세무서에 신고하는 서류로 부가가치세법에서 규정하고 있는 서식이다.

2. 작성방법

CF2 부가세작성관리 F3 마감 SF3 부속서류편집 ▽ CF3 직전년도매출액확인 F4 과표명세 ▽ F6 환급 F7 저장 F8 사업장명세 ▽ F11 원시데이타켜기 CF11 작성방법켜기

일반과세 | 간이과세

조회기간 : 2022 년 4 월 1 일 ~ 2022 년 6 월 30 일 신고구분 : 1.정기신고 신고차수 : 부가율 : 확정

구분				정기신고금액 금액	세율	세액
과세표준	과세	세금계산서발급분	1		10/100	
		매입자발행세금계산서	2		10/100	
		신용카드 · 현금영수증발행분	3		10/100	
		기타(정규영수증외매출분)	4			

구분				금액	세율	세액
7.매출(예정신고누락분)						
예정누락	과세	세금계산서	33		10/100	
		기타	34		10/100	
	영세	세금계산서	35		0/100	
		기타	36		0/100	

조회기간	신고하는 해당 과세기간을 입력한다.
신고구분	[1.정기신고]는 법정신고를 하는 경우에 자동 설정된다. [2.수정신고]는 법정신고를 한 이후 부가세 수정신고를 하는 경우 선택하는 것으로 [신고차수]를 입력하여 수정신고서를 작성한다.
CF2 부가세작성관리	해당 연도에 부가세 신고서의 작성내용을 삭제 또는 확인한다.
F3마감	부가세 신고서(부속신고서 포함)를 마감한다. 마감 이후에는 부가세 신고서를 수정할 수 없으며 전자신고 시 반드시 마감을 하여야 한다.
F7저장	부가세 신고서상의 작성된 신고내역을 저장한다.
F11원시데이타켜기	부가세 신고서 해당 란에 커서를 두고 [원시데이타켜기]를 선택하면 매입매출전표입력 자료 및 부속서류조회가 가능하여 신고서 작성 시 연관되는 자료와 대조할 수 있다.
CF11 작성방법켜기	해당 란에 커서를 두고 [작성방법켜기]를 선택하면 작성요령에 대한 보조화면이 나타난다.

3. 과세표준 및 매출세액

구분		내용	번호	금액	세율	세액
과세표준및매출세액	과세	세금계산서발급분	1		10/100	
		매입자발행세금계산서	2		10/100	
		신용카드 · 현금영수증발행분	3		10/100	
		기타(정규영수증외매출분)	4			
	영세	세금계산서발급분	5		0/100	
		기타	6		0/100	
	예정신고누락분		7			
	대손세액가감		8			
	합계		9		㉮	

해당란	매출유형	부속신고서
1	11.과세	매출처별 세금계산서합계표
2	매입자발행세금계산서를 수취하여 신고하는 매출유형	
3	17.카과, 22.현과	신용카드매출전표등발행금액집계표
4	14.건별 (무증빙매출, 간주공급, 간주임대료)	간주임대료의 경우 : 부동산임대공급가액명세서
5	12.영세	매출처별 세금계산서합계표 및 내국신용장 · 구매확인서 전자발급명세서
6	16.수출, 19.카영, 24.현영	수출실적명세서
7	예정신고 시 누락한 매출을 우측메뉴 [33번 ~ 36번]에 입력하면 확정신고서에 반영하여 신고하는 란이다. 매입매출전표입력 [간편집계표 ⇨ 예정누락분]을 선택하면 자동으로 반영된다.	
8	대손세액을 공제받을 때에는 음수로 기재하고, 대손금을 회수하여 대손세액을 납부하는 때에는 양수로 기재한다. [대손세액 공제신고서]를 작성하면 세액란에 자동으로 반영되며 대손금은 과세표준에서 공제하지 않으므로 기재하지 않는다.	
9	과세표준과 매출세액의 합계란으로 F4과표명세 금액과 일치한다.	

4. 과세표준명세

F4 과세표준명세

과세표준명세

신고구분 : 2 (1.예정 2.확정 3.영세율 조기환급 4.기한후과세표준)

국세환급금계좌신고 | 은행 | 지점

계좌번호 :

폐업일자 : ----\-\-\-\-- 폐업사유 :

	업태	종목	코드	금액
	과세표준명세			
28	제조, 도소매	전자제품, 무역업	515051	
29				
30				
31	수입금액제외			
32	합계			
	면세사업수입금액			
80	제조, 도소매	전자제품, 무역업	515051	
81				
82	수입금액제외			
83	합계			
	계산서발급 및 수취명세	84.계산서발급금액		
		85.계산서수취금액		

세무대리인정보

성명		사업자번호	---\-\-\------	전화번호	
신고년월일	2022-07-25	핸드폰			
e-Mail					

해당란	입력내용
28 ~ 30	해당 기업의 업종에서 발생한 과세표준 (상기업 : 상품매출, 제조업 : 제품매출)
31	해당 기업의 업종과 무관한 과세표준(고정자산매각, 간주공급, 선수금 등 수입금액 제외 금액)
32	과세표준의 합계로 부가세 신고서 9번란 금액과 일치
80 ~ 81	해당 기업의 업종에서 발생한 면세되는 사업의 수입금액(매출유형 : 13.면세, 18.카면, 20.면건, 23.현면)
82	해당 기업의 업종과 무관한 면세공급가액(부동산매매업이 아닌 기업의 토지매각금액)
84	계산서를 발급한 금액(매출유형 : 13.면세)
85	계산서를 수취한 금액(매입유형 : 53.면세)

5. 매입세액

매입세액	세금계산서 수취분	일반매입	10			
		수출기업수입분납부유예	10			
		고정자산매입	11			
	예정신고누락분		12			
	매입자발행세금계산서		13			
	그 밖의 공제매입세액		14			
	합계(10)-(10-1)+(11)+(12)+(13)+(14)		15			
	공제받지못할매입세액		16			
	차감계 (15-16)		17		㉯	

해당란	매입유형	작성방법 및 부속신고서
10	51.과세 52.영세 54.불공 55.수입	[10번]일반매입 : 고정자산매입 이외 [11번]고정자산매입 : 감가상각대상자산(건물, 비품, 차량운반구 등) 매입 → 건물등감가상각자산취득명세서
11		
10-1	수입분 중 부가가치세 납부유예신청분은 별도로 기재 : 회사등록 [추가사항 TAB]에서 [수입부가가치세 납부유예 : 여] 설정, 매입매출전표입력 메뉴의 [간편집계표 : 수입분납부유예]를 선택하여 자동 반영	
12	예정신고 시 누락한 매입을 우측메뉴 [38번 ~ 39번]에 입력하면 확정신고서에 반영된다. 단, 매입매출전표입력 [간편집계표 ⇨ 예정누락분]을 선택하면 자동 반영	
13	매입자발행세금계산서를 매입자가 발행한 매입	
14	세금계산서를 수취하지 않았으나, 매입세액으로 공제받는 항목이다. [41번]일반매입 : 57.카과, 61.현과 → 신용카드매출전표등수령명세서 [42번]고정매입 : 57.카과, 61.현과 → 신용카드매출전표등수령명세서 [43번]의제매입세액 : 53.면세, 58.카면, 60.면건, 62.현면 중 의제매입세액 공제대상의 면세농수산물등 매입 → 의제매입세액 공제신고서 [44번]재활용폐자원매입세액 : 53.면세, 58.카면, 60.면건, 62.현면 → 재활용폐자원매입세액공제신고서 [47번]변제대손세액 : 채무자가 대손금을 변제하여 매입세액 공제를 받는 경우 → 대손세액 변제신고서	
15	10번 ~ 14번의 매입세액 합계	
16	54.불공	세금계산서를 수취하였으나 공제되지 않는 매입세액 → 공제받지못할매입세액명세서
	[50번]54.불공 → 매입세액불공제내역서 [51번]겸영사업자의 공통매입세액의 면세사업에 해당하는 불공제 [52번]채무자가 대손처분 통지를 받은 경우 매입세액 불공제로 직접 작성	
17	[15번]란 - [16번]란 = 차감계(공제가능 매입세액)	

6. 차가감하여 납부할세액(환급받을세액)

구분		번호	금액	세율	세액
경감공제세액	그 밖의 경감 · 공제세액	18			
	신용카드매출전표등 발행공제등	19			
	합계	20		㉣	
소규모 개인사업자 부가가치세 감면세액		20		㉤	
예정신고미환급세액		21		㉥	
예정고지세액		22		㉦	
사업양수자의 대리납부 기납부세액		23		㉧	
매입자 납부특례 기납부세액		24		㉨	
신용카드업자의 대리납부 기납부세액		25		㉩	
가산세액계		26		㉪	
차가감하여 납부할세액(환급받을세액)㉢-㉣-㉤-㉥-㉦-㉧-㉨-㉩+㉪				27	
총괄납부사업자가 납부할 세액(환급받을 세액)					

해당란	작성방법
18	[54번] 전자신고세액공제 : 확정신고 시 1만원 세액공제한다.
19	개인사업자(직전년도 공급가액 10억 이하자)가 신용카드매출전표등을 발행한 경우 공급대가의 1.3%를 한도 내에서 세액을 공제받는 제도이다. 단, 법인사업자는 해당되지 않으나 공급대가(부가세포함)를 입력해도 무방하다.
21	예정신고 시 일반환급세액을 확정신고서에 반영하여 정산하는 것으로 일반환급자의 미환급세액을 직접 양수로 입력하면 납부세액에서 차감된다.
22	해당 과세기간의 예정신고기간에 납부한 예정고지세액을 기재하면 납부세액에서 차감된다(예정고지납부하는 경우).
26	가산세는 별도 우측 메뉴 [61번 ~ 78번]에 직접 입력한다.
27	매출세액 - 매입세액 - 경감세액공제 - 예정신고미환급세액 + 가산세

(주)부가상사 (회사코드 : 5010) ✓ 회사변경 후 실무수행 연습하기

작성예제

다음의 자료를 이용하여 제조업을 영위하는 (주)부가상사의 2022년 제1기 확정 부가가치세 신고서와 과세표준명세서를 작성하시오(단, 부가가치세 신고서 이외의 부속서류 등의 작성은 생략하고, 신고서 조회 시 기존에 입력된 자료는 무시할 것).

구 분	자 료
매 출	1. 전자세금계산서 발급 제품 매출액 : 230,000,000원(부가가치세 별도) 2. 전자세금계산서 발급 기계장치 매각 : 20,000,000원(부가가치세 별도) 3. 신용카드로 결제한 제품 매출액 : 55,000,000원(부가가치세 포함) 4. 내국신용장에 의한 제품 매출액(영세율 전자세금계산서 발급) : 공급가액 30,000,000원 5. 수출신고필증 및 선하증권에서 확인된 수출액(직수출) : 35,000,000원(원화 환산액)
매 입	1. 세금계산서 수취분 일반매입 : 공급가액 150,000,000원, 세액 15,000,000원 2. 세금계산서 수취분 9인승 업무용 차량 매입(위 1번 항목과 별개) : 공급가액 36,000,000원, 세액 3,600,000원 3. 법인신용카드매출전표 수취분 중 매입세액 공제가능한 일반매입 : 공급가액 30,000,000원, 세액 3,000,000원 4. 1기 예정신고 시 누락된 세금계산서 매입 : 공급가액 10,000,000원, 세액 1,000,000원 5. 1기 예정신고 시 미환급된세액 : 1,000,000원
기 타	당사는 홈택스로 직접 전자신고하여 전자신고세액공제를 적용받기로 함

작성방법

| 작성방법 | ① 부가세 신고서 조회기간 : 4월 ~ 6월
② 신고서 조회 시 조회되는 자료(1번란, 10번란)는 삭제한다. (해당 란에 커서를 놓고 '스페이스바' 또는 '0'을 입력하여 삭제함)
③ 전자세금계산서 과세매출(제품매출, 기계장치 매각) 250,000,000원은 1번란에 입력한다.
④ 신용카드 과세매출 50,000,000원은 3번란에 입력한다. 부가세는 자동 반영되며 부가세를 포함한 55,000,000원을 19번란-신용카드매출전표등발행공제등에 기입하는 것은 점수와 무관하다.
⑤ 내국신용장 과세매출 30,000,000원은 5번란(세금계산서-영세율매출)에 입력한다.
⑥ 직수출 35,000,000원은 6번란(기타-영세율매출)에 입력한다.
⑦ 세금계산서수취 일반매입은 10번란에 공급가액과 부가세를 모두 직접 입력한다(매입은 부가세가 자동으로 반영되지 않음을 주의해야 함).
⑧ 9인승 차량(공제가능)은 11번란-고정자산매입란에 공급가액과 부가세를 직접 입력한다.
⑨ 신용카드수취 일반매입은 41번란에 공급가액과 부가세를 직접 입력하면 14번란에 반영된다.
⑩ 1기 예정신고 시 매입누락은 38번란에 공급가액과 부가세를 직접 입력하면 12번란에 반영된다.
⑪ 1기 예정신고 시 미환급세액은 21번란에 입력하면 납부세액에서 차감된다.
⑫ 전자신고세액공제 10,000원은 54번란에 입력하면 18번란에 반영된다.
⑬ F4 과세표준명세 : 전자제품 매출액 345,000,000원은 28번란 수입금액란에 입력하고, 기계장치 매각 과세표준 20,000,000원은 31번란 수입금액제외란에 입력한다. |

과세표준명세

	업태	종목	코드	금액
28	제조	전자제품	922103	345,000,000
29				
30				
31	수입금액제외	기계장치 매각	922103	20,000,000
32	합계			365,000,000

작성화면

조회기간 : 2022 년 4 월 1 일 ~ 2022 년 6 월 30 일 신고구분 : 1

구분		정기신고금액		
		금액	세율	세액
과세표준및매출세액 과세 세금계산서발급분	1	250,000,000	10/100	25,000,000
과세표준및매출세액 과세 매입자발행세금계산서	2		10/100	
과세표준및매출세액 과세 신용카드·현금영수증발행분	3	50,000,000	10/100	5,000,000
과세표준및매출세액 과세 기타(정규영수증외매출분)	4			
과세표준및매출세액 영세 세금계산서발급분	5	30,000,000	0/100	
과세표준및매출세액 영세 기타	6	35,000,000	0/100	
과세표준및매출세액 예정신고누락분	7			
과세표준및매출세액 대손세액가감	8			
과세표준및매출세액 합계	9	365,000,000	㉮	30,000,000
매입세액 세금계산서수취분 일반매입	10	150,000,000		15,000,000
매입세액 세금계산서수취분 수출기업수입분납부유예	10			
매입세액 세금계산서수취분 고정자산매입	11	36,000,000		3,600,000
매입세액 예정신고누락분	12	10,000,000		1,000,000
매입세액 매입자발행세금계산서	13			
매입세액 그 밖의 공제매입세액	14	30,000,000		3,000,000
매입세액 합계(10)-(10-1)+(11)+(12)+(13)+(14)	15	226,000,000		22,600,000
매입세액 공제받지못할매입세액	16			
매입세액 차감계 (15-16)	17	226,000,000	㉯	22,600,000
납부(환급)세액(매출세액㉮-매입세액㉯)			㉰	7,400,000
경감공제세액 그 밖의 경감·공제세액	18			10,000
경감공제세액 신용카드매출전표등 발행공제등	19	55,000,000		
경감공제세액 합계	20		㉱	10,000
소규모 개인사업자 부가가치세 감면세액	20		㉲	
예정신고미환급세액	21		㉳	1,000,000
예정고지세액	22		㉴	
사업양수자의 대리납부 기납부세액	23		㉵	
매입자 납부특례 기납부세액	24		㉶	
신용카드업자의 대리납부 기납부세액	25		㉷	
가산세액계	26		㉸	
차가감하여 납부할세액(환급받을세액)㉰-㉱-㉲-㉳-㉴-㉵-㉶-㉷+㉸			27	6,390,000
총괄납부사업자가 납부할 세액(환급받을 세액)				

12.매입(예정신고누락분)				
예정누락분 세금계산서	38	10,000,000		1,000,000
예정누락분 그 밖의 공제매입세액	39			
예정누락분 합계	40	10,000,000		1,000,000
예정누락분 신용카드매출 수령금액합계 일반매입				
예정누락분 신용카드매출 수령금액합계 고정매입				
예정누락분 의제매입세액				
예정누락분 재활용폐자원등매입세액				
예정누락분 과세사업전환매입세액				
예정누락분 재고매입세액				
예정누락분 변제대손세액				
예정누락분 외국인관광객에대한환급				
예정누락분 합계				
14.그 밖의 공제매입세액				
신용카드매출 수령금액합계표 일반매입	41	30,000,000		3,000,000
신용카드매출 수령금액합계표 고정매입	42			
의제매입세액	43		뒤쪽	

구분		금액	세율	세액
16.공제받지못할매입세액				
공제받지못할 매입세액	50			
공통매입세액면세등사업분	51			
대손처분받은세액	52			
합계	53			
18.그 밖의 경감·공제세액				
전자신고세액공제	54			10,000
전자세금계산서발급세액공제	55			
택시운송사업자경감세액	56			
대리납부세액공제	57			
현금영수증사업자세액공제	58			
기타	59			
합계	60			10,000

작성예제

다음은 (주)부가상사의 2022년 1기 예정 부가가치세 신고기간(1.1 ~ 3.31)에 발생한 자료이다. 자료를 토대로 2022년 1기 예정신고기간의 부가가치세 신고서를 작성하시오. 부가가치세 신고서 이외에 과세표준명세등 기타 부속서류는 작성을 생략한다(단, 조회되는 데이터는 삭제하고 아래의 자료를 직접 입력하시오).

(1) 매출관련 자료

구 분	과세표준	부가가치세
신용카드 과세 제품매출	10,000,000원	1,000,000원
전자세금계산서 발행 제품매출	50,000,000원	5,000,000원
직수출 과세 제품매출	20,000,000원	–
비사업자에게 제품매출(증빙 미발행)	200,000원	20,000원

(2) 매입관련 자료

구 분	과세표준	부가가치세
세금계산서 수령한 원재료 구입	10,000,000원	1,000,000원
세금계산서 수령한 비품 구입	3,000,000원	300,000원
세금계산서 수령한 소모품비 구입	2,000,000원	200,000원
세금계산서 수령한 승용차(2,000cc, 5인승) 구입	15,000,000원	1,500,000원
신용카드로 구입한 공제 가능한 원재료 구입	4,000,000원	400,000원
현금영수증으로 구입한 공제 가능한 노트북 구입	1,500,000원	150,000원

(3) 기타자료 : 전자신고세액공제 10,000원

작성방법

작성방법

① 부가세 신고서 조회기간 : 1월 ~ 3월
② 신고서 상에 조회된 기존자료(1번란, 10번란)는 삭제한다.
③ 매출자료와 매입자료 작성

매출자료	과세표준	부가가치세	부가세 신고서 작성
신용카드 과세 제품매출	10,000,000원	1,000,000원	3번란, 19번란(공급대가)
세금계산서 발행 제품매출	50,000,000원	5,000,000원	1번란
직수출 과세 제품매출	20,000,000원	-	6번란
비사업자에게 제품매출(증빙 미발행)	200,000원	20,000원	4번란(건별매출)

* 신용카드매출전표등발행공제[19번]란에 11,000,000원 기재하지 않아도 상관없음.

매입자료	과세표준	부가가치세	부가세 신고서 작성
세금계산서 수령한 원재료 구입	10,000,000원	1,000,000원	10번란 (일반매입) 입력
세금계산서 수령한 비품 구입	3,000,000원	300,000원	11번란 (고정자산매입) 입력
세금계산서 수령한 소모품비 구입	2,000,000원	200,000원	10번란 (일반매입) 입력
세금계산서 수령한 승용차 (2,000cc, 5인승)	15,000,000원	1,500,000원	11번란 (고정자산매입) 입력 50번란 입력 → 16번란 반영
신용카드로 구입한 원재료 구입	4,000,000원	400,000원	41번란 입력 → 14번란 반영
현금영수증으로 구입한 비품(노트북) 구입	1,500,000원	150,000원	42번란 입력 → 14번란 반영

④ 전자신고세액공제 10,000원은 54번란에 입력하면 18번란에 반영된다.

작성화면

조회기간 : 2022 년 1 월 1 일 ~ 2022 년 3 월 31 일 신고구분 : 1

구분		정기신고금액		
		금액	세율	세액
과세표준및매출세액 / 과세 / 세금계산서발급분	1	50,000,000	10/100	5,000,000
과세표준및매출세액 / 과세 / 매입자발행세금계산서	2		10/100	
과세표준및매출세액 / 과세 / 신용카드 · 현금영수증발행분	3	10,000,000	10/100	1,000,000
과세표준및매출세액 / 과세 / 기타(정규영수증외매출분)	4	200,000		20,000
과세표준및매출세액 / 영세 / 세금계산서발급분	5		0/100	
과세표준및매출세액 / 영세 / 기타	6	20,000,000	0/100	
과세표준및매출세액 / 예정신고누락분	7			
과세표준및매출세액 / 대손세액가감	8			
과세표준및매출세액 / 합계	9	80,200,000	㉮	6,020,000
매입세액 / 세금계산서수취분 / 일반매입	10	12,000,000		1,200,000
매입세액 / 세금계산서수취분 / 수출기업수입분납부유예	10			
매입세액 / 세금계산서수취분 / 고정자산매입	11	18,000,000		1,800,000
매입세액 / 예정신고누락분	12			
매입세액 / 매입자발행세금계산서	13			
매입세액 / 그 밖의 공제매입세액	14	5,500,000		550,000
매입세액 / 합계(10)-(10-1)+(11)+(12)+(13)+(14)	15	35,500,000		3,550,000
매입세액 / 공제받지못할매입세액	16	15,000,000		1,500,000
매입세액 / 차감계 (15-16)	17	20,500,000	㉯	2,050,000
납부(환급)세액(매출세액㉮-매입세액㉯)			㉰	3,970,000
경감공제세액 / 그 밖의 경감 · 공제세액	18			10,000
경감공제세액 / 신용카드매출전표등 발행공제등	19	11,000,000		
경감공제세액 / 합계	20		㉱	10,000
소규모 개인사업자 부가가치세 감면세액	20		㉲	
예정신고미환급세액	21		㉳	
예정고지세액	22		㉴	
사업양수자의 대리납부 기납부세액	23		㉵	
매입자 납부특례 기납부세액	24		㉶	
신용카드업자의 대리납부 기납부세액	25		㉷	
가산세액계	26		㉸	
차가감하여 납부할세액(환급받을세액)㉰-㉱-㉲-㉳-㉴-㉵-㉶-㉷+㉸			27	3,960,000
총괄납부사업자가 납부할 세액(환급받을 세액)				

14.그 밖의 공제매입세액					
신용카드매출수령금액합계표	일반매입	41	4,000,000		400,000
	고정매입	42	1,500,000		150,000
의제매입세액		43		뒤쪽	
재활용폐자원등매입세액		44		뒤쪽	
과세사업전환매입세액		45			
재고매입세액		46			
변제대손세액		47			
외국인관광객에대한환급세액		48			
합계		49	5,500,000		550,000

16.공제받지못할매입세액				
공제받지못할 매입세액	50	15,000,000		1,500,000
공통매입세액면세등사업분	51			
대손처분받은세액	52			
합계	53	15,000,000		1,500,000
18.그 밖의 경감·공제세액				
전자신고세액공제	54			10,000
전자세금계산서발급세액공제	55			
택시운송사업자경감세액	56			
대리납부세액공제	57			

작성예제

(주)부가상사의 다음 자료를 이용하여 2022년 2기 예정신고기간(7월 ~ 9월)에 대한 부가가치세 신고서와 과세표준명세서를 작성하시오(단, 주어진 자료 외에는 고려하지 말 것).

(1) 매출처별 세금계산서합계표상의 금액은 공급가액 100,000,000원(VAT별도)이다.
(2) 위 (1) 외에 신용카드 매출 4,400,000원, 현금영수증 매출 1,100,000원이 발생하였다(동 금액은 모두 부가가치세가 포함된 금액이다).
(3) 현금매출 440,000원이 발생하였다(부가가치세가 포함된 금액이다).
(4) 상가임대관련 예정신고기간의 간주임대료는 1,600,000원이다.
(5) 선적된 필리핀 수출액은 $10,000(수출신고일 1,100원/$, 선적일 1,000원/$)이다.
(6) 매입처별 세금계산서합계표상의 금액(일반매입분)은 공급가액 70,000,000원(VAT별도)이다.
(7) 위 (6)에는 접대비 관련 공급가액 10,000,000원(VAT별도)이 포함되어 있다.
(8) 신용카드매출전표를 수취한 비품 구입액은 550,000원(VAT포함)이며 매입세액 공제요건 충족한다.

작성방법

작성방법

① 부가세 신고서 조회기간 : 7월 ~ 9월

② 1번란 : 세금계산서 과세매출 100,000,000원 입력하면 부가세는 자동 반영된다.

③ 3번란 : 신용카드 4,000,000원 + 현금영수증 1,000,000원 = 5,000,000원을 입력(부가세 자동 반영), 신용카드매출전표등발행공제등(19번란)에 금액을 기입하는 것은 점수와 무관하다.

④ 4번란 : 현금매출 400,000원 + 간주임대료 1,600,000원 = 2,000,000원 입력한다(부가세 자동 반영).

⑤ 6번란 : 직수출(선적일 기준환율) 10,000,000원 입력한다.

⑥ 10번란, 16번란 : 일반매입 70,000,000원과 부가세 7,000,000원 입력한다. 이 중 접대비(불공제)가 포함되어 있으므로 접대비 10,000,000원을 다시 50번란에 입력하면 16번란 불공란에 반영된다.

⑦ 42번란 : 신용카드수취 - 고정자산매입인 비품 500,000원과 부가세 50,000원 직접 입력한다.

⑧ F4 과세표준명세 : 간주임대료 1,600,000원은 31번란 수입금액제외란에 입력, 그 외 115,400,000원은 해당 업종(제조업)의 28번 수입금액란에 입력한다.

과세표준명세				
	업태	종목	코드	금액
28	제조	전자제품	922103	115,400,000
29				
30				
31	수입금액제외	간주임대료	922103	1,600,000
32	합계			117,000,000

작성화면

조회기간 : 2022 년 7 월 1 일 ~ 2022 년 9 월 30 일 신고구분 : 1.

구분				정기신고금액 금액	세율	세액
과세표준및매출세액	과세	세금계산서발급분	1	100,000,000	10/100	10,000,000
	과세	매입자발행세금계산서	2		10/100	
	과세	신용카드·현금영수증발행분	3	5,000,000	10/100	500,000
	과세	기타(정규영수증외매출분)	4	2,000,000		200,000
	영세	세금계산서발급분	5		0/100	
	영세	기타	6	10,000,000	0/100	
	예정신고누락분		7			
	대손세액가감		8			
	합계		9	117,000,000	㉮	10,700,000
매입세액	세금계산서수취분	일반매입	10	70,000,000		7,000,000
	세금계산서수취분	수출기업수입분납부유예	10			
	세금계산서수취분	고정자산매입	11			
	예정신고누락분		12			
	매입자발행세금계산서		13			
	그 밖의 공제매입세액		14	500,000		50,000
	합계(10)-(10-1)+(11)+(12)+(13)+(14)		15	70,500,000		7,050,000
	공제받지못할매입세액		16	10,000,000		1,000,000
	차감계 (15-16)		17	60,500,000	㉯	6,050,000
납부(환급)세액(매출세액㉮-매입세액㉯)					㉰	4,650,000
경감공제세액	그 밖의 경감·공제세액		18			
	신용카드매출전표등 발행공제등		19	5,500,000		
	합계		20		㉱	
소규모 개인사업자 부가가치세 감면세액			20		㉲	
예정신고미환급세액			21		㉳	
예정고지세액			22		㉴	
사업양수자의 대리납부 기납부세액			23		㉵	
매입자 납부특례 기납부세액			24		㉶	
신용카드업자의 대리납부 기납부세액			25		㉷	
가산세액계			26		㉸	
차가감하여 납부할세액(환급받을세액)㉰-㉱-㉲-㉳-㉴-㉵-㉶-㉷+㉸					27	4,650,000
총괄납부사업자가 납부할 세액(환급받을 세액)						

14.그 밖의 공제매입세액					
신용카드매출수령금액합계표	일반매입	41			
	고정매입	42	500,000		50,000
의제매입세액		43		뒤쪽	
재활용폐자원등매입세액		44		뒤쪽	
과세사업전환매입세액		45			
재고매입세액		46			
변제대손세액		47			
외국인관광객에대한환급세액		48			
합계		49	500,000		50,000

16.공제받지못할매입세액				
공제받지못할 매입세액	50	10,000,000		1,000,000
공통매입세액면세등사업분	51			
대손처분받은세액	52			
합계	53	10,000,000		1,000,000
18.그 밖의 경감·공제세액				
전자신고세액공제	54			
전자세금계산서발급세액공제	55			
택시운송사업자경감세액	56			
대리납부세액공제	57			

작성예제

기존의 입력된 자료는 무시하고 (주)부가상사의 다음 자료(10월 1일 ~ 12월 31일)를 토대로 2022년 2기 확정 부가가치세 신고서를 직접 작성하시오(단, 세부담 최소화를 가정하고 부가가치세 신고서 이외의 과세표준명세 등 기타 부속서류의 작성은 생략함).

<table>
<tr><th>구 분</th><th colspan="2">거래내용</th><th>공급가액</th><th>부가가치세</th><th>비 고</th></tr>
<tr><td rowspan="6">매출
자료</td><td colspan="2">전자세금계산서 발급 과세 매출액</td><td>500,000,000원</td><td>50,000,000원</td><td>간주공급분 제외</td></tr>
<tr><td colspan="2">현금영수증 과세 매출액</td><td>100,000,000원</td><td>10,000,000원</td><td></td></tr>
<tr><td colspan="2">간주공급에 해당하는 판매 목적 타사업장 반출(원가로 전자세금계산서 정상발급)</td><td>7,000,000원</td><td>700,000원</td><td>시가 10,000,000원
원가 7,000,000원</td></tr>
<tr><td colspan="2">간주공급에 해당하는 사업상 증여</td><td>5,000,000원</td><td>500,000원</td><td>시가 5,000,000원
원가 2,600,000원</td></tr>
<tr><td rowspan="2">영세율 매출액</td><td>직접 수출분</td><td>30,000,000원</td><td>0원</td><td>원화환산액임</td></tr>
<tr><td>세금계산서 발행분</td><td>10,000,000원</td><td>0원</td><td>영세율전자세금계산서 발급</td></tr>
<tr><td rowspan="4">매입
자료</td><td colspan="2">2,000cc(5인승) 소형승용자동차 구입액(영업사용 목적)</td><td>30,000,000원</td><td>3,000,000원</td><td>세금계산서 정상수취</td></tr>
<tr><td colspan="2">원재료 구입</td><td>490,000,000원</td><td>49,000,000원</td><td>세금계산서 정상수취</td></tr>
<tr><td colspan="2">영업사원의 영업활동에 지원을 위해 국내 항공료</td><td>5,000,000원</td><td>500,000원</td><td>법인카드 결제</td></tr>
<tr><td colspan="2">전기요금(2기 예정신고 누락분)</td><td>800,000원</td><td>80,000원</td><td>세금계산서 정상수취</td></tr>
<tr><td rowspan="2">기타자료</td><td colspan="5">예정신고 시 미환급세액 1,500,000원</td></tr>
<tr><td colspan="5">홈택스 직접 전자신고하였음</td></tr>
</table>

작성방법

작성방법	
작성방법	① 부가세 신고서 조회기간 : 10월 ~ 12월 ② 1번란 : 세금계산서 과세매출 500,000,000원 + 판매 목적 타사업장 반출 7,000,000원을 입력 ③ 3번란 : 현금영수증 과세매출 100,000,000원 입력(부가세는 자동 반영) ④ 4번란 : 사업상 증여인 간주공급(건별매출) 시가 5,000,000원 입력(부가세는 자동 반영) ⑤ 5번란 : 영세율매출-세금계산서 발급분 10,000,000원 입력 ⑥ 6번란 : 영세율매출-기타(직수출) 30,000,000원 입력 ⑦ 10번란 : 세금계산서수취 원재료매입 490,000,000원과 부가세 49,000,000원 입력 ⑧ 11번란, 16번란 : 2000cc 소형승용차는 불공제대상에 해당하나 고정자산매입에 해당하므로 11번란에 입력하고, 50번란(불공)에 입력하면 16번란 불공세액란에 반영되어 차감된다. ⑨ 국내항공료 : 여객운송업(전세버스는 제외)은 영수증발행 업종이므로 신용카드 수취분은 매입세액공제를 받을 수 없는 신용카드이므로 부가세 신고서에 반영하지 않는다. ⑩ 전기요금 : 예정신고 누락분이므로 38번란에 입력하면 12번란에 반영된다. ⑪ 예정신고미환급세액은 21번란에, 전자신고세액공제는 54번란에 입력한다.

작성화면

조회기간 : 2022 년 10 월 1 일 ~ 2022 년 12 월 31 일 신고구분 : 1

구분				정기신고금액		
				금액	세율	세액
과세표준및매출세액	과세	세금계산서발급분	1	507,000,000	10/100	50,700,000
		매입자발행세금계산서	2		10/100	
		신용카드 · 현금영수증발행분	3	100,000,000	10/100	10,000,000
		기타(정규영수증외매출분)	4	5,000,000		500,000
	영세	세금계산서발급분	5	10,000,000	0/100	
		기타	6	30,000,000	0/100	
	예정신고누락분		7			
	대손세액가감		8			
	합계		9	652,000,000	㉮	61,200,000
매입세액	세금계산서수취분	일반매입	10	490,000,000		49,000,000
		수출기업수입분납부유예	10			
		고정자산매입	11	30,000,000		3,000,000
	예정신고누락분		12	800,000		80,000
	매입자발행세금계산서		13			
	그 밖의 공제매입세액		14			
	합계(10)-(10-1)+(11)+(12)+(13)+(14)		15	520,800,000		52,080,000
	공제받지못할매입세액		16	30,000,000		3,000,000
	차감계 (15-16)		17	490,800,000	㉯	49,080,000
납부(환급)세액(매출세액㉮-매입세액㉯)					㉰	12,120,000
경감공제세액	그 밖의 경감 · 공제세액		18			10,000
	신용카드매출전표등 발행공제등		19	110,000,000		
	합계		20		㉱	10,000
소규모 개인사업자 부가가치세 감면세액			20		㉲	
예정신고미환급세액			21		㉳	1,500,000
예정고지세액			22		㉴	
사업양수자의 대리납부 기납부세액			23		㉵	
매입자 납부특례 기납부세액			24		㉶	
신용카드업자의 대리납부 기납부세액			25		㉷	
가산세액계			26		㉸	
차가감하여 납부할세액(환급받을세액)㉰-㉱-㉲-㉳-㉴-㉵-㉶-㉷+㉸					27	10,610,000
총괄납부사업자가 납부할 세액(환급받을 세액)						

12.매입(예정신고누락분)						
예정	세금계산서		38	800,000		80,000
	그 밖의 공제매입세액		39			
	합계		40	800,000		80,000
	신용카드매출	일반매입				
	수령금액합계	고정매입				

16.공제받지못할매입세액				
공제받지못할 매입세액	50	30,000,000		3,000,000
공통매입세액면세등사업분	51			
대손처분받은세액	52			
합계	53	30,000,000		3,000,000
18.그 밖의 경감·공제세액				
전자신고세액공제	54			10,000
전자세금계산서발급세액공제	55			
택시운송사업자경감세액	56			

02 가산세

가산세란 세법에서 정하는 각종 의무의 성실한 이행을 확보하기 위하여 산출세액에 가산하여 징수하는 금액을 말한다. 부가가치세법에서는 사업자등록, 세금계산서, 세액의 신고・납부 등과 관련하여 다음의 가산세 규정을 두고 있으며, 동 가산세를 납부세액에 더하거나 환급세액에서 차감한다.

구분		번호		세율	
사업자미등록등		61		1/100	
세금계산서	지연발급 등	62		1/100	
	지연수취	63		5/1,000	
	미발급 등	64		뒤쪽참조	
전자세금발급명세	지연전송	65		3/1,000	
	미전송	66		5/1,000	
세금계산서합계표	제출불성실	67		5/1,000	
	지연제출	68		3/1,000	
신고불성실	무신고(일반)	69		뒤쪽	
	무신고(부당)	70		뒤쪽	
	과소·초과환급(일반)	71		뒤쪽	
	과소·초과환급(부당)	72		뒤쪽	
납부지연		73		뒤쪽	
영세율과세표준신고불성실		74		5/1,000	
현금매출명세서불성실		75		1/100	
부동산임대공급가액명세서		76		1/100	
매입자납부특례	거래계좌 미사용	77		뒤쪽	
	거래계좌 지연입금	78		뒤쪽	
합계		79			

1. 미등록 가산세

구 분	내 용	가산세
미등록	사업개시일부터 20일 이내에 사업자등록을 신청하지 아니한 경우	공급가액 × 1%
허위등록	타인의 명의로 사업자등록을 하거나 타인 명의 사업자등록을 하여 사업을 하는 것으로 확인되는 경우	공급가액 × 1%

2. 세금계산서 불성실 가산세

<table>
<tr><th>구 분</th><th>내 용</th><th>가산세</th></tr>
<tr><td>지연발급</td><td>세금계산서의 발급기한이 지난 후, 재화 또는 용역의 공급시기가 속하는 과세기간의 확정신고기한까지 세금계산서를 발급한 경우
<table>
<tr><th>공급시기</th><th>발급기한</th><th>지연발급</th></tr>
<tr><td>2월 15일</td><td>3월 10일</td><td>03.11 ~ 07.25 이내 지연발급한 경우</td></tr>
<tr><td>8월 20일</td><td>9월 10일</td><td>09.11 ~ 01.25 이내 지연발급한 경우</td></tr>
</table></td><td>공급가액 × 1%</td></tr>
<tr><td>지연수취</td><td>① 공급시기 이후 : 공급시기 이후에 세금계산서를 발급받았으나, 실제 공급시기가 속하는 과세기간의 확정신고기한 다음 날부터 6개월 이내에 발급받은 것으로서 수정신고・경정청구하거나, 거래사실을 확인하여 결정・경정하는 경우
② 공급시기 이전 : 공급시기 이전에 세금계산서를 발급받았으나, 실제 공급시기가 30일 이내에 도래하고 거래사실을 확인하여 결정・경정하는 경우
③ 공급자가 지연발급한 세금계산서를 지연수취한 경우로 매입세액을 공제를 받는 경우</td><td>공급가액 × 0.5%</td></tr>
<tr><td>미발급(1)</td><td>재화 또는 용역의 공급시기가 속하는 과세기간의 확정신고기한까지 세금계산서를 발급하지 않은 경우
<table>
<tr><th>공급시기</th><th>발급기한</th><th>미발급</th></tr>
<tr><td>2월 15일</td><td>3월 10일</td><td>7월 25일까지 발급하지 않은 경우</td></tr>
<tr><td>8월 20일</td><td>9월 10일</td><td>1월 25일까지 발급하지 않은 경우</td></tr>
</table></td><td>공급가액 × 2%</td></tr>
<tr><td>미발급(2)</td><td>타인명의, 위장세금계산서를 발급하거나 발급받은 경우</td><td>공급가액 × 2%</td></tr>
<tr><td>미발급(3)</td><td>과다기재 : 재화 등을 공급하고(공급받고) 세금계산서 등의 공급가액을 과다하게 기재한 경우</td><td>공급가액 × 2%</td></tr>
<tr><td>미발급(4)</td><td>가공 : 재화 등을 공급(매입)하지 아니하고 세금계산서(신용카드매출전표등포함)를 발급 또는 발급받은 경우</td><td>공급가액 × 3%</td></tr>
<tr><td>미발급(5)</td><td>전자세금계산서 발급대상자가 종이세금계산서 발급한 경우</td><td>공급가액 × 1%</td></tr>
<tr><td rowspan="2">전자세금계산서 발급명세 전송</td><td>지연전송 : 전자세금계산서 발급명세를 공급시기가 속하는 과세기간 확정신고기한까지 지연전송한 경우
<table>
<tr><th>발급일</th><th>전송기한</th><th>지연전송</th></tr>
<tr><td>3월 17일</td><td>3월 18일</td><td>03.19 ~ 07.25 이내 지연전송한 경우</td></tr>
</table></td><td>공급가액 × 0.3%</td></tr>
<tr><td>미전송 : 전자세금계산서 발급명세를 공급시기가 속하는 과세기간 확정신고기한까지 전송하지 않은 경우
<table>
<tr><th>발급일</th><th>전송기한</th><th>미전송</th></tr>
<tr><td>3월 17일</td><td>3월 18일</td><td>07.25까지 전송하지 않은 경우</td></tr>
</table></td><td>공급가액 × 0.5%</td></tr>
<tr><td>부실기재</td><td>세금계산서의 필요적 기재사항의 전부 또는 일부가 적혀 있지 아니하거나 사실과 다른 경우</td><td>공급가액 × 1%</td></tr>
</table>

전자세금계산서 발급시기 : 재화 또는 용역의 공급시기가 속하는 달의 다음 달 10일까지 발급
전자세금계산서 전송시기 : 전자세금계산서 발급일의 다음 날까지 국세청장에게 전송

3. 매출처별 세금계산서합계표 불성실 가산세 감면적용

구 분	내 용	가산세
부실기재	거래처별 등록번호 또는 공급가액의 전부 또는 일부가 기재되지 아니하였거나 사실과 다르게 기재된 경우	공급가액 × 0.5%
지연제출	예정신고 시 제출하여야 할 매출처별 세금계산서합계표를 확정신고와 함께 제출한 경우	공급가액 × 0.3%
미제출	확정신고 시 매출처별 세금계산서합계표를 제출하지 아니한 경우(단, 1개월 이내에 제출하는 경우 감면 적용함)	공급가액 × 0.5%

4. 매입처별 세금계산서합계표 불성실 가산세

구 분	내 용	가산세
공급시기 이후 발급	공급시기 이후에 발급받은 세금계산서로서 해당 공급시기가 속하는 과세기간의 확정신고기한내에 발급받은 경우	공급가액 × 0.5%
미제출	경정 시 세금계산서를 경정기관의 확인을 거쳐 매입세액을 공제받는 경우	
과다기재	기재사항 중 공급가액을 사실과 다르게 과다하게 기재하여 신고한 경우	

5. 영세율과세표준 신고불성실 가산세 감면적용

구 분	내 용	가산세
신고불성실	영세율 과세표준을 신고하지 않거나 신고하여야 할 금액을 미달하여 신고하거나, 영세율첨부서류를 미제출한 경우	과세표준 × 0.5%

6. 기타 가산세

구 분	내 용	가산세
현금매출명세서 미제출 가산세	사업자가 예정신고 또는 확정신고 시 현금매출명세서 미제출 또는 누락한 경우(해당 업종 : 변호사, 공인회계사, 세무사, 건축사, 변리사 등)	누락금액 × 1%
부동산임대공급가액명세서 미제출 가산세	부동산임대업자가 부동산임대공급가액명세서를 미제출하거나 수입금액을 사실과 다르게 적은 경우	누락금액 × 1%
신용카드매출전표등 미제출 가산세	예정·확정신고 시 미제출하고 경정기관의 확인을 거쳐 해당 경정기관에 제출하여 매입세액공제를 받는 경우	공급가액 × 0.5%

7. 신고불성실 가산세 감면적용

구 분	가산세	내 용
무신고(일반)	미납세액 × 20%	법정신고기간까지 예정신고 또는 확정신고를 하지 않은 경우(부당 : 부정행위를 말하며 이중장부 작성, 거짓증빙 작성, 재산은닉, 거래조작 등의 행위를 의미함)
무신고(부당)	미납세액 × 40%	
과소·초과환급(일반)	미납세액 × 10%	법정신고기한까지 예정신고 또는 확정신고를 하였으나 납부세액(환급세액)을 신고하여야 할 금액보다 적게(많이) 신고한 경우
과소·초과환급(부당)	미납세액 × 40%	
단, 2년 이내에 수정신고 시 감면 적용하며, 역외거래에서 발생한 부정행위로 인한 무신고 : 산출세액 × 60%		

8. 납부지연 가산세

내 용	가산세
납부기한까지 미납하거나 납부해야할 세액보다 적게 납부한 경우	미납세액(초과환급세액) × 경과일수 × 2.2/10,000

- 경과일수 : 당초 납부기한 다음 날부터 자진납부일까지의 일수
- 납세고지서에 따른 납부기한까지 완납하지 않은 경우에만 적용되는 가산세
  : 법정신고기한까지 납부해야 할 세액 × 3%(단, 부가세 예정신고 누락분 신고와 수정신고는 납세고지서가 발급되기 전에 해당하므로 본 가산세는 적용되지 않음)

9. 가산세 감면

(1) 수정신고 시 감면

법정신고기한 경과 후 2년 이내에 수정신고(예정신고누락분)의 경우에 적용된다(단, 과세관청의 경정을 미리 알고 과세표준수정신고서를 제출하는 경우는 제외).

감면 적용 가산세 : 과소(초과환급)신고불성실 가산세, 영세율과세표준 신고불성실 가산세

법정신고기한 경과 이후	감면율(납부율)
1개월 이내	감면 90%(납부 10%)
1개월 초과 ~ 3개월 이내	감면 75%(납부 25%)
3개월 초과 ~ 6개월 이내	감면 50%(납부 50%)
6개월 초과 ~ 1년 이내	감면 30%(납부 70%)
1년 초과 ~ 1년 6개월 이내	감면 20%(납부 80%)
1년 6개월 초과 ~ 2년 이내	감면 10%(납부 90%)

(2) 기한후 신고 시 감면

법정신고기한 지난 후 기한후 신고를 한 경우(무신고 가산세만 해당)에 적용되며 기한 후 신고자도 경정청구 및 수정신고가 가능하다.

법정신고기한 경과 이후	감면율(납부율)
1개월 이내	감면 50%(납부 50%)
1개월 초과 ~ 3개월 이내	감면 30%(납부 70%)
3개월 초과 ~ 6개월 이내	감면 20%(납부 80%)

10. 가산세 중복적용 배제

우선적용 가산세	적용배제 가산세
미등록 등 가산세	세금계산서 지연발급, 부실기재 가산세 경정기관 확인 신용카드매출전표등 가산세 전자세금계산서 지연전송, 미전송 가산세 매출처별 세금계산서합계표 불성실 가산세
세금계산서 지연발급, 미발급 가산세	세금계산서 부실기재 가산세 전자세금계산서 지연전송, 미전송 가산세
세금계산서 부실기재 가산세	전자세금계산서 지연전송, 미전송 가산세
위장세금계산서 발급(수취) 가산세	세금계산서 미발급 가산세
세금계산서 지연발급, 부실기재 가산세 경정기관 확인 신용카드매출전표등 가산세 전자세금계산서 지연전송, 미전송 가산세	매출처별 세금계산서합계표 불성실 가산세
세금계산서 미발급 가산세 가공세금계산서 발급(수취) 가산세 세금계산서등 공급가액 과다기재 발급(수취) 가산세	미등록 가산세 매출처별 세금계산서합계표 불성실 가산세 매입처별 세금계산서합계표 불성실 가산세

(주)가산상사 (회사코드 : 5011) ✓ 회사변경 후 실무수행 연습하기

작성예제

다음 자료를 이용하여 (주)가산상사의 2022년 1기 확정신고기간 부가가치세 신고서(가산세 포함)를 작성하시오(부가가치세 신고서 외의 기타 신고서류는 작성을 생략하고, 불러오는 데이터 값이 있다면 무시하고 새로 입력할 것).

구분	내용
매출자료	• 전자세금계산서 과세 매출액(공급가액 : 220,000,000원, 세액 : 22,000,000원) • 직수출액(공급가액 : 88,000,000원, 세액 : 0원)
매입자료	• 전자세금계산서 과세 매입액(공급가액 : 132,000,000원, 세액 : 13,200,000원) : 이 중 접대비 관련 매입액(공급가액 : 5,500,000원, 세액 : 550,000원)이며, 이외 나머지는 매출관련 원재료 매입액임 • 법인카드 매입액(공급가액 : 11,000,000원, 세액 : 1,100,000원) : 전액 직원 복리후생 관련 매입액으로 일반과세자로부터 수취함
예정신고 누락분	• 전자세금계산서 과세 매출액(공급가액 : 20,000,000원, 세액 : 2,000,000원) • 전자세금계산서 과세 매입액(공급가액 : 12,000,000원, 세액 : 1,200,000원)
기 타	• 국세청 홈택스를 통해 전자신고하여 전자신고세액공제를 받기로 함 • 신고불성실 가산세는 과소·초과환급(일반)란에 입력할 것 • 납부지연 가산세 계산 시 미납일수는 91일을 적용할 것 • 전자세금계산서의 발급 및 국세청 전송은 정상적으로 이뤄졌다.

작성방법

작성방법

① 부가세 신고서 조회기간 : 4월 ~ 6월
② 1번란 : 세금계산서 과세매출 220,000,000원 입력하면 부가세는 자동으로 반영된다.
③ 6번란 : 직수출 88,000,000원을 입력(영세율이므로 부가세는 반영되지 않음)한다.
④ 10번란, 16번란 : 세금계산서 수취분 132,000,000원과 부가세 13,200,000원을 입력한다. 이 중 불공 접대비 5,500,000원과 부가세 550,000원은 50번란에 입력하고 16번란에 반영된다.
⑤ 14번란 : 공제 가능한 법인카드 매입액 11,000,000원과 부가세 1,100,000원을 41번란에 입력하여 14번란에 반영한다.
⑥ 매출 예정신고 누락분은 33번란(과세-세금계산서)에 입력하고, 매입 예정신고 누락분은 38번란(세금계산서)에 입력한다.
⑦ 54번란 : 전자신고세액공제 10,000원을 입력한다.
⑧ 26번란 : 가산세
[71번]신고불성실 : 800,000원 × 10% × 25%(감면 75%) = 20,000원
[73번]납부지연 : 800,000원 × 91일 × 2.2/10,000 = 16,016원
- 미납세액 800,000원 = 매출세액 2,000,000원 − 매입세액 1,200,000원
- 감면율 75% : 1기 예정신고 시 누락분을 1기 확정신고 시 반영하는 것이므로 3개월 이내 수정신고

작성화면

조회기간 : 2022 년 4 월 1 일 ~ 2022 년 6 월 30 일 신고구분 : 1

구분				정기신고금액 금액	세율	세액
과세표준및매출세액	과세	세금계산서발급분	1	220,000,000	10/100	22,000,000
		매입자발행세금계산서	2		10/100	
		신용카드 · 현금영수증발행분	3		10/100	
		기타(정규영수증외매출분)	4			
	영세	세금계산서발급분	5		0/100	
		기타	6	88,000,000	0/100	
	예정신고누락분		7	20,000,000		2,000,000
	대손세액가감		8			
	합계		9	328,000,000	㉮	24,000,000
매입세액	세금계산서 수취분	일반매입	10	132,000,000		13,200,000
		수출기업수입분납부유예	10			
		고정자산매입	11			
	예정신고누락분		12	12,000,000		1,200,000
	매입자발행세금계산서		13			
	그 밖의 공제매입세액		14	11,000,000		1,100,000
	합계(10)-(10-1)+(11)+(12)+(13)+(14)		15	155,000,000		15,500,000
	공제받지못할매입세액		16	5,500,000		550,000
	차감계 (15-16)		17	149,500,000	㉯	14,950,000
납부(환급)세액(매출세액㉮-매입세액㉯)					㉰	9,050,000
경감공제세액	그 밖의 경감 · 공제세액		18			10,000
	신용카드매출전표등 발행공제등		19			
	합계		20		㉱	10,000
소규모 개인사업자 부가가치세 감면세액			20		㉲	
예정신고미환급세액			21		㉳	
예정고지세액			22		㉴	
사업양수자의 대리납부 기납부세액			23		㉵	
매입자 납부특례 기납부세액			24		㉶	
신용카드업자의 대리납부 기납부세액			25		㉷	
가산세액계			26		㉸	36,016
차가감하여 납부할세액(환급받을세액)㉰-㉱-㉲-㉳-㉴-㉵-㉶-㉷+㉸					27	9,076,016
총괄납부사업자가 납부할 세액(환급받을 세액)						

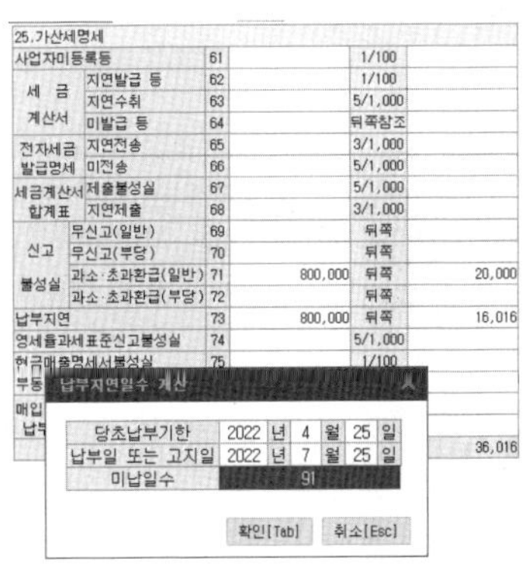

25.가산세명세					
사업자미등록등		61		1/100	
세금계산서	지연발급 등	62		1/100	
	지연수취	63		5/1,000	
	미발급 등	64		뒤쪽참조	
전자세금발급명세	지연전송	65		3/1,000	
	미전송	66		5/1,000	
세금계산서합계표	제출불성실	67		5/1,000	
	지연제출	68		3/1,000	
신고불성실	무신고(일반)	69		뒤쪽	
	무신고(부당)	70		뒤쪽	
	과소·초과환급(일반)	71	800,000	뒤쪽	20,000
	과소·초과환급(부당)	72		뒤쪽	
납부지연		73	800,000	뒤쪽	16,016
영세율과세표준신고불성실		74		5/1,000	
현금매출명세서불성실		75		1/100	
부동					
매입 납부					
					36,016

납부지연일수 계산

당초납부기한	2022	년	4	월	25	일
납부일 또는 고지일	2022	년	7	월	25	일
미납일수	91					

확인[Tab] 취소[Esc]

7.매출(예정신고누락분)						
예정누락분	과세	세금계산서	33	20,000,000	10/100	2,000,000
		기타	34		10/100	
	영세	세금계산서	35		0/100	
		기타	36		0/100	
	합계		37	20,000,000		2,000,000
12.매입(예정신고누락분)						
예정	세금계산서		38	12,000,000		1,200,000
	그 밖의 공제매입세액		39			
	합계		40	12,000,000		1,200,000

14.그 밖의 공제매입세액					
신용카드매출 수령금액합계표	일반매입	41	11,000,000		1,100,000
	고정매입	42			
의제매입세액		43		뒤쪽	
재활용폐자원등매입세액		44		뒤쪽	

16.공제받지못할매입세액			
공제받지못할 매입세액	50	5,500,000	550,000
공통매입세액면세등사업분	51		
대손처분받은세액	52		
합계	53	5,500,000	550,000
18.그 밖의 경감 공제세액			
전자신고세액공제	54		10,000
전자세금계산서발급세액공제	55		
택시운송사업자경감세액	56		
대리납부세액공제	57		
현금영수증사업자세액공제	58		
기타	59		
합계	60		10,000

작성예제

2022년 2기 예정 부가가치세 신고 시 다음의 내용이 누락되었다. 2022년 2기 확정 부가가치세 신고 시 예정신고 누락분을 모두 반영하여 신고서를 작성하시오(부당과소신고가 아니며, 예정신고누락과 관련된 가산세 계산 시 미납일수는 92일이고, 전자신고세액공제는 적용하지 않기로 하며, 예정신고 누락분에 대해서는 부가가치세 신고서에 직접 반영하시오).

〈2기 예정신고 시 누락된 매출자료와 매입자료〉

1. 예정신고 시 누락한 매출자료
   - 제품을 (주)태흥무역에 매출하고 구매확인서를 정상적으로 발급받아 영세율전자세금계산서 1건(공급가액 6,000,000원)을 정상적으로 발급하고 전송하였다.
   - 당사에서 사용하던 트럭을 (주)한우에게 매각하고 전자세금계산서 1건(공급가액 10,000,000원, 부가가치세 1,000,000원)을 정상적으로 발급하고 전송하였다.
   - 당사의 제품 4,400,000원(부가가치세 포함)을 비사업자에게 신용카드매출전표를 발행하고 매출하였다.
2. 예정신고 시 누락한 매입자료
   - (주)정상에서 8월 6일에 원재료를 공급받았으나 전자세금계산서 1건(공급가액 8,000,000원, 세액 800,000원)을 10월 20일에 지연수취하였다.

작성방법

작성방법	① 부가세 신고서 조회기간 : 10월 ~ 12월 ② 예정신고 누락 매출자료는 우측 33번란 ~ 36번란에 입력하면 7번란에 반영된다. ③ 예정신고 누락 매입자료는 우측 38번란에 입력하면 12번란에 반영된다. ④ 26번란 : 가산세 [63번]세금계산서 지연수취 : 8,000,000원 × 0.5% = 40,000원 [71번]신고불성실 : 600,000원 × 10% × 25%(감면 75%) = 15,000원 [73번]납부지연 : 600,000원 × 92일 × 2.2/10,000 = 12,144원 [74번]영세율과표신고불성실 : 6,000,000원 × 0.5% × 25%(감면 75%) = 7,500원 • 미납세액 600,000원 = 매출세액 1,400,000원 − 매입세액 800,000원 • 감면율 75% : 2기 예정신고 시 누락분을 2기 확정신고 시 반영하였으므로 3개월 이내 감면율이 적용되며, 감면적용은 과소신고불성실 가산세와 영세율과표신고불성실 가산세에 각각 적용된다.

작성화면

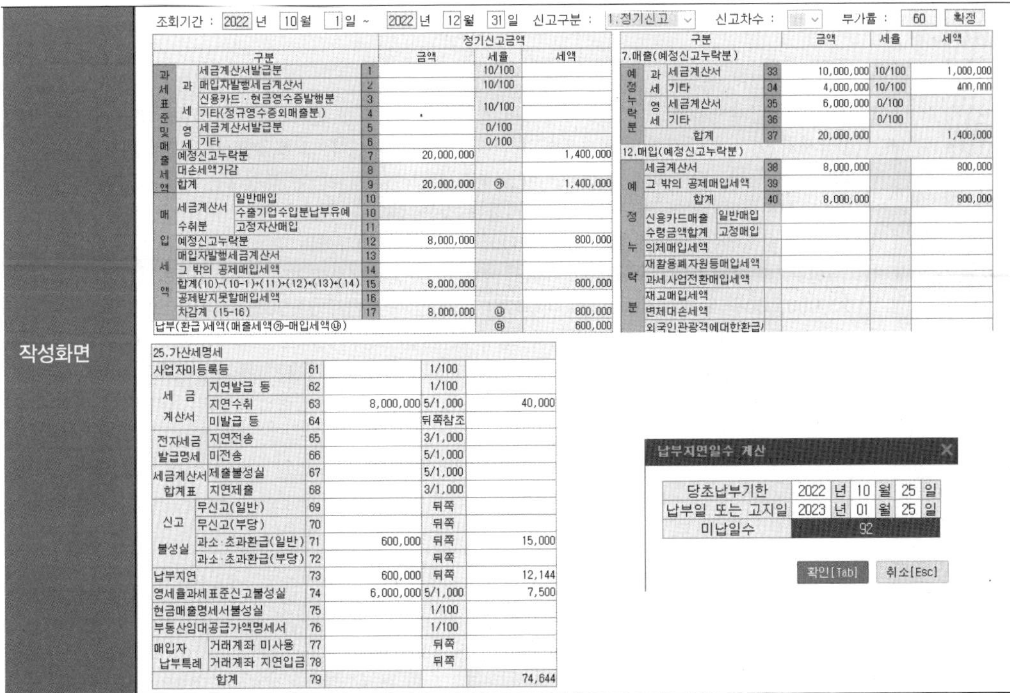

조회기간 : 2022 년 10 월 1 일 ~ 2022 년 12 월 31 일 신고구분 : 1.정기신고 신고차수 : 부가율 : 60 확정

구분				정기신고금액 금액	세율	세액
과세표준및매출세액	과세	세금계산서발급분	1		10/100	
		매입자발행세금계산서	2		10/100	
		신용카드 · 현금영수증발행분	3		10/100	
		기타(정규영수증외매출분)	4			
	영세	세금계산서발급분	5		0/100	
		기타	6		0/100	
	예정신고누락분		7	20,000,000		1,400,000
	대손세액가감		8			
	합계		9	20,000,000	㉮	1,400,000
매입세액	세금계산서 수취분	일반매입	10			
		수출기업수입분납부유예	10			
		고정자산매입	11			
	예정신고누락분		12	8,000,000		800,000
	매입자발행세금계산서		13			
	그 밖의 공제매입세액		14			
	합계(10)-(10-1)+(11)+(12)+(13)+(14)		15	8,000,000		800,000
	공제받지못할매입세액		16			
	차감계 (15-16)		17	8,000,000	㉯	800,000
납부(환급)세액(매출세액㉮-매입세액㉯)					㉰	600,000

구분				금액	세율	세액
7.매출(예정신고누락분)						
예정누락분	과세	세금계산서	33	10,000,000	10/100	1,000,000
		기타	34	4,000,000	10/100	400,000
	영세	세금계산서	35	6,000,000	0/100	
		기타	36		0/100	
	합계		37	20,000,000		1,400,000
12.매입(예정신고누락분)						
예정누락분	세금계산서		38	8,000,000		800,000
	그 밖의 공제매입세액		39			
	합계		40	8,000,000		800,000
	신용카드매출 수령금액합계	일반매입				
		고정매입				
	의제매입세액					
	재활용폐자원등매입세액					
	과세사업전환매입세액					
	재고매입세액					
	변제대손세액					
	외국인관광객에대한환급					

25.가산세명세					
사업자미등록등		61		1/100	
세금계산서	지연발급 등	62		1/100	
	지연수취	63	8,000,000	5/1,000	40,000
	미발급 등	64		뒤쪽참조	
전자세금발급명세	지연전송	65		3/1,000	
	미전송	66		5/1,000	
세금계산서합계표	제출불성실	67		5/1,000	
	지연제출	68		3/1,000	
신고불성실	무신고(일반)	69		뒤쪽	
	무신고(부당)	70		뒤쪽	
	과소·초과환급(일반)	71	600,000	뒤쪽	15,000
	과소·초과환급(부당)	72		뒤쪽	
납부지연		73	600,000	뒤쪽	12,144
영세율과세표준신고불성실		74	6,000,000	5/1,000	7,500
현금매출명세서불성실		75		1/100	
부동산임대공급가액명세서		76		1/100	
매입자납부특례	거래계좌 미사용	77		뒤쪽	
	거래계좌 지연입금	78		뒤쪽	
합계		79			74,644

납부지연일수 계산

당초납부기한	2022 년 10 월 25 일
납부일 또는 고지일	2023 년 01 월 25 일
미납일수	92

확인[Tab] 취소[Esc]

작성예제

다음 자료를 이용하여 (주)가산상사의 2022년 제1기 부가가치세 예정신고기간(1.1 ~ 3.31)의 부가가치세 신고서(가산세 포함)를 작성하시오(단, 과세표준명세의 입력 및 신고서 이외의 부속서류의 작성은 생략한다).

〈매출내역〉

- 신용카드매출전표 발행한 매출 : 27,500,000원(VAT 포함)
- 현금매출 : 2,200,000원(VAT 포함), 이는 전액 현금영수증 미발행한 것임(당사는 소비자와의 거래로서 현금영수증 의무발행업종이 아님)
- 전자세금계산서 발급 : 250,000,000원(VAT 별도), 이 중 공급가액 30,000,000원(공급시기 : 2월 15일)은 발급시기를 경과하여 3월 20일에 전자세금계산서를 발급하였다.

〈매입내역〉

- 세금계산서 수취분 : 공급가액 180,000,000원, 부가세 18,000,000원(매입액에는 업무용 소형승용차(1,500CC, 5인승)의 공급가액 25,000,000원, 부가세 2,500,000원과 기계장치의 공급가액 13,000,000원, 부가세 1,300,000원이 포함된 금액이다)

작성방법

작성방법

① 부가세 신고서 조회기간 : 1월 ~ 3월

② 1번란 : 세금계산서 발급 250,000,000원 입력하여 부가세를 반영한다. 단, 이 중 30,000,000원은 공급시기 이후 발급시기를 경과하여 지연발급한 세금계산서이므로 가산세가 적용된다.

③ 3번란 : 신용카드발행매출 25,000,000원(부가세별도)을 입력하면 부가세는 자동 반영한다. 신용카드매출전표등발행공제등(19번란)에 기재하는 것은 점수와 무관하다.

④ 4번란 : 증빙없는 현금매출은 2,000,000원 입력하면 부가세는 자동 반영된다.

⑤ 10번란 : 세금계산서수취분-일반매입 142,000,000원(총매입액 180,000,000원에서 승용차 25,000,000원과 기계장치 13,000,000원은 제외)과 부가세 14,200,000원을 입력한다.

⑥ 11번란, 16번란 : 세금계산서수취분-고정자산매입(승용차, 기계장치) 38,000,000원과 부가세 3,800,000원을 입력한다. 단, 승용차는 불공제(비영업용 소형승용차)에 해당하므로 16번란에 반영하기 위해 50번란에 25,000,000원과 부가세 2,500,000원을 입력하면 16번란(불공)에 반영된다.

⑦ 26번란 : 가산세

[62번]세금계산서 지연발급 : 30,000,000원 × 1% = 300,000원

단, 예정신고 시에는 지연발급 가산세를 적용하지 않아도 무관하나 본 문제에서는 가산세를 적용하도록 제시하였으므로 가산세를 반영하여 부가세 신고서를 작성한다.

작성화면

조회기간 : 2022 년 1 월 1 일 ~ 2022 년 3 월 31 일 신고구분 : 1

구분				정기신고금액		
				금액	세율	세액
과세표준및매출세액	과세	세금계산서발급분	1	250,000,000	10/100	25,000,000
		매입자발행세금계산서	2		10/100	
		신용카드 · 현금영수증발행분	3	25,000,000	10/100	2,500,000
		기타(정규영수증외매출분)	4	2,000,000		200,000
	영세	세금계산서발급분	5		0/100	
		기타	6		0/100	
	예정신고누락분		7			
	대손세액가감		8			
	합계		9	277,000,000	㉮	27,700,000
매입세액	세금계산서수취분	일반매입	10	142,000,000		14,200,000
		수출기업수입분납부유예	10			
		고정자산매입	11	38,000,000		3,800,000
	예정신고누락분		12			
	매입자발행세금계산서		13			
	그 밖의 공제매입세액		14			
	합계(10)-(10-1)+(11)+(12)+(13)+(14)		15	180,000,000		18,000,000
	공제받지못할매입세액		16	25,000,000		2,500,000
	차감계 (15-16)		17	155,000,000	㉯	15,500,000
납부(환급)세액(매출세액㉮-매입세액㉯)					㉰	12,200,000
경감공제세액	그 밖의 경감 · 공제세액		18			
	신용카드매출전표등 발행공제등		19	27,500,000		
	합계		20		㉱	
소규모 개인사업자 부가가치세 감면세액			20		㉲	
예정신고미환급세액			21		㉳	
예정고지세액			22		㉴	
사업양수자의 대리납부 기납부세액			23		㉵	
매입자 납부특례 기납부세액			24		㉶	
신용카드업자의 대리납부 기납부세액			25		㉷	
가산세액계			26		㉸	300,000
차가감하여 납부할세액(환급받을세액)㉰-㉱-㉲-㉳-㉴-㉵-㉶-㉷+㉸					27	12,500,000
총괄납부사업자가 납부할 세액(환급받을 세액)						

구분		금액	세율	세액
16.공제받지못할매입세액				
공제받지못할 매입세액	50	25,000,000		2,500,000
공통매입세액면세등사업분	51			
대손처분받은세액	52			
합계	53	25,000,000		2,500,000
18.그 밖의 경감·공제세액				

25.가산세명세					
사업자미등록등		61		1/100	
세금계산서	지연발급 등	62	30,000,000	1/100	300,000
	지연수취	63		5/1,000	
	미발급 등	64		뒤쪽참조	

작성예제

(주)가산상사는 제조업을 영위하는 중소기업(법인)이고 다음의 자료는 2022년 제2기 부가가치세 예정신고기간 귀속 자료이다. 이에 대한 부가가치세 신고서를 작성하시오(단, 부가가치세 신고서 이외의 부속서류 및 과세표준명세 입력은 생략하기로 한다).

구 분	자 료
매 출	1. 전자세금계산서 발급분 : 공급가액 870,000,000원(영세율 없음) 2. 임대보증금에 대한 간주임대료 : 619,045원 3. 일본 도쿄상사 제품 직수출 : 선적일의 환율에 의한 대금 4,500,000원이 선적일에 보통예금으로 입금
매 입	1. 세금계산서 수취분 일반매입 : 공급가액 510,000,000원, 세액 51,000,000원(이 중 공급시기가 2022년 7월 5일이지만 2022년 9월 24일 전자세금계산서 수취분 공급가액 45,000,000원, 세액 4,500,000원이 포함되어 있다. 해당 가산세에 반영하시오) 2. 세금계산서 수취분 고정자산 매입(위 1번항과 별개) : 공급가액 50,000,000원, 세액 5,000,000원, 2,000cc, 5인승 승용차 3. 법인신용카드매출전표 수취분 중 공제대상 일반매입 : 9,900,000원(부가가치세 포함)

작성방법

| 작성방법 | ① 부가세 신고서 조회기간 : 7월 ~ 9월
② 1번란 : 영세율이 없는 전자세금계산서 과세매출 870,000,000원을 입력한다(부가세는 자동반영).
③ 4번란 : 간주임대료는 건별매출에 해당하므로 619,045원을 입력하여 부가세가 반영되도록 한다.
④ 6번란 : 직수출 4,500,000원은 영세율-기타란(세금계산서 발급하지 않음)에 입력한다.
⑤ 10번란 : 세금계산서수취 일반매입 공급가액 510,000,000원과 부가세 51,000,000원을 입력한다. 단, 이 중 지연수취(공급시기 7월 5일의 세금계산서는 부가세법상 발급기한이 8월 10일이므로, 9월 24일에 지연수취 함) 가산세를 적용한다.
⑥ 11번란, 16번란 : 2,000cc 5인승 승용차는 11번란(세금계산서-고정자산매입란)에 입력하고, 불공제에 해당하므로 16번란 클릭하여 50번란에 공급가액과 부가세를 입력한다.
⑦ 14번란, 41번란 : 법인카드 수취한 일반매입은 41번란(일반매입)에 공급가액 9,000,000원과 부가세 900,000원을 입력하면 14번란에 반영된다.
⑧ 26번란 : 가산세
[63번]세금계산서 지연수취 : 45,000,000원 × 0.5% = 225,000원 |

25.가산세명세					
사업자미등록등		61		1/100	
세 금 계산서	지연발급 등	62		1/100	
	지연수취	63	45,000,000	5/1,000	225,000
	미발급 등	64		뒤쪽참조	
전자세금 발급명세	지연전송	65		3/1,000	
	미전송	66		5/1,000	

작성화면

조회기간 : 2022 년 7 월 1 일 ~ 2022 년 9 월 30 일 신고구분 : 1

구분				정기신고금액 금액	세율	세액
과세표준및매출세액	과세	세금계산서발급분	1	870,000,000	10/100	87,000,000
		매입자발행세금계산서	2		10/100	
		신용카드 · 현금영수증발행분	3		10/100	
		기타(정규영수증외매출분)	4	619,045		61,904
	영세	세금계산서발급분	5		0/100	
		기타	6	4,500,000	0/100	
	예정신고누락분		7			
	대손세액가감		8			
	합계		9	875,119,045	㉮	87,061,904
매입세액	세금계산서 수취분	일반매입	10	510,000,000		51,000,000
		수출기업수입분납부유예	10			
		고정자산매입	11	50,000,000		5,000,000
	예정신고누락분		12			
	매입자발행세금계산서		13			
	그 밖의 공제매입세액		14	9,000,000		900,000
	합계(10)-(10-1)+(11)+(12)+(13)+(14)		15	569,000,000		56,900,000
	공제받지못할매입세액		16	50,000,000		5,000,000
	차감계 (15-16)		17	519,000,000	㉯	51,900,000
납부(환급)세액(매출세액㉮-매입세액㉯)					㉰	35,161,904
경감공제세액	그 밖의 경감 · 공제세액		18			
	신용카드매출전표등 발행공제등		19			
	합계		20		㉱	
소규모 개인사업자 부가가치세 감면세액			20		㉲	
예정신고미환급세액			21		㉳	
예정고지세액			22		㉴	
사업양수자의 대리납부 기납부세액			23		㉵	
매입자 납부특례 기납부세액			24		㉶	
신용카드업자의 대리납부 기납부세액			25		㉷	
가산세액계			26		㉸	225,000
차가감하여 납부할세액(환급받을세액)㉰-㉱-㉲-㉳-㉴-㉵-㉶-㉷+㉸					27	35,386,904
총괄납부사업자가 납부할 세액(환급받을 세액)						

14.그 밖의 공제매입세액					
신용카드매출 수령금액합계표	일반매입	41	9,000,000		900,000
	고정매입	42			
의제매입세액		43		뒤쪽	
재활용폐자원등매입세액		44		뒤쪽	
과세사업전환매입세액		45			
재고매입세액		46			

16.공제받지못할매입세액				
공제받지못할 매입세액	50	50,000,000		5,000,000
공통매입세액면세등사업분	51			
대손처분받은세액	52			
합계	53	50,000,000		5,000,000
18.그 밖의 경감·공제세액				
전자신고세액공제	54			

(주)신고상사 (회사코드 : 5012)

✓ 회사변경 후 실무수행 연습하기

작성예제

(주)신고상사는 2022년 1기 확정신고(4월 ~ 6월)를 2022년 7월 25일에 한 후 다음과 같은 오류를 발견하여 2022년 8월 20일에 수정신고를 하려고 한다. 부가가치세 수정신고서(1차) 및 과세표준을 작성하시오. 본 문제에서 과소신고한 것은 부당과소신고가 아니며, 기존 신고내용을 적색으로 기입하는 것은 생략한다.

가 정	• 발견된 오류는 아직 신고서에 반영되지 않았으며, 오류 내용에 대한 전표입력은 생략한다. • 가산세 계산 시 일수는 일로 한다. • 아래 오류사항 이외에 추가적으로 반영할 사항은 없으며, 각종 세액공제는 모두 생략한다.
오류사항	• (주)영동상사에 제품을 5,000,000원(부가가치세 별도)에 6월 15일에 판매하고, 즉시 전자세금계산서를 발급한 1건에 대한 국세청 전송을 누락하여 2022년 8월 20일 국세청에 전송하였으며 부가가치세 신고서에 반영되지 않았다. • 원재료를 3,000,000원(부가가치세 별도)에 매입하고 카드로 결제한 내역 1건을 누락하였다(원재료 판매처는 일반과세자이다). • (주)대박상사로부터 원재료를 1,000,000원(부가가치세 별도)에 매입하고 세금계산서 수취 1건을 누락하였다.

작성방법

작성방법

① 부가세 신고서 조회기간 : 4월 ~ 6월

일반과세	간이과세

조회기간 : 2022 년 4 월 1 일 ~ 2022 년 6 월 30 일 | 신고구분 : 2.수정신고 | 신고차수 : 1

신고구분[2.수정신고]를 선택하고 신고차수[1] 선택한다.

부가세 신고서 왼쪽 메뉴는 정기신고서(7월 25일 신고)를 의미하며, 오른쪽 메뉴는 수정신고서(8월 20일 신고)를 의미하며 수정신고서는 오른쪽 메뉴에 직접 작성한다.

② 수정신고금액 1번란 : 5,000,000원을 추가하여 205,000,000원을 수정 입력한다.

③ 수정신고금액 10번란 : 1,000,000원과 부가세를 추가하여 121,000,000원과 12,100,000원으로 수정 입력한다.

④ 수정신고금액 14번란 : [TAB]키 → 41번란에 3,000,000원과 부가세 300,000원을 추가 입력한다.

⑤ F4 과표명세 – 오른쪽 메뉴 28번란에 5,000,000원을 추가하여 205,000,000원으로 수정 입력한다.

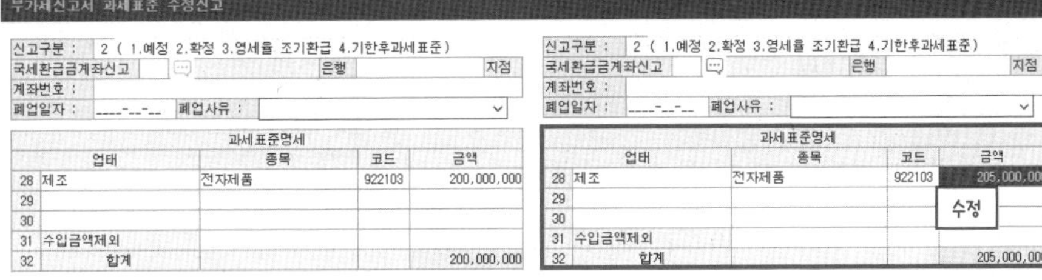

부가세신고서 과세표준 수정신고

신고구분 : 2 (1.예정 2.확정 3.영세율 조기환급 4.기한후과세표준)
국세환급금계좌신고 | 은행 | 지점
계좌번호 :
폐업일자 : ----------- 폐업사유 :

	업태	종목	코드	금액
28	제조	전자제품	922103	200,000,000
29				
30				
31	수입금액제외			
32	합계			200,000,000

신고구분 : 2 (1.예정 2.확정 3.영세율 조기환급 4.기한후과세표준)
국세환급금계좌신고 | 은행 | 지점
계좌번호 :
폐업일자 : ----------- 폐업사유 :

	업태	종목	코드	금액
28	제조	전자제품	922103	205,000,000
29				
30				
31	수입금액제외			
32	합계			205,000,000

⑥ 수정신고금액 26번란 : 가산세

[66번]전자세금계산서 미전송 : 5,000,000원 × 0.5% = 25,000원

[71번]신고불성실 : 100,000원 × 10% × 10%(감면 90%) = 1,000원

[73번]납부지연 : 100,000원 × 26일 × 2.2/10,000 = 572원

- 미전송 : 발급시기가 6월 15일은 7월 25일까지 전송하면 지연전송 가산세가 적용되지만, 본 문제는 8월 20일에 전송하였으므로 미전송 가산세가 적용된다.
- 미납세액 100,000원 = 매출세액 500,000원 – 매입세액 400,000원
- 감면율 90% : 1기 확정신고 시 누락분을 1개월 이내(26일 이내) 수정신고 하였으므로 1개월 이내 감면적용
- 미납일수 26일 : 73번란 납부지연 가산세 100,000원을 입력하면 아래와 같이 미납일수를 계산할 수 있다.

작성화면

조회기간 : 2022 년 4 월 1 일 ~ 2022 년 6 월 30 일 신고구분 : 2.수정신고 신고차수 : 1 부가율

구분			번호	정기신고금액 금액	세율	세액	번호	수정신고금액 금액	세율	세액
과세표준및매출세액	과세	세금계산서발급분	1	200,000,000	10/100	20,000,000	1	205,000,000	10/100	20,500,000
		매입자발행세금계산서	2		10/100		2		10/100	
		신용카드·현금영수증발행분	3		10/100		3		10/100	
		기타(정규영수증외매출분)	4				4			
	영세	세금계산서발급분	5		0/100		5		0/100	
		기타	6		0/100		6		0/100	
	예정신고누락분		7				7			
	대손세액가감		8				8			
	합계		9	200,000,000	㉮	20,000,000	9	205,000,000	㉮	20,500,000
매입세액	세금계산서수취분	일반매입	10	120,000,000		12,000,000	10	121,000,000		12,100,000
		수출기업수입분납부유예	10				10			
		고정자산매입	11				11			
	예정신고누락분		12				12			
	매입자발행세금계산서		13				13			
	그 밖의 공제매입세액		14	1,000,000		100,000	14	4,000,000		400,000
	합계(10)-(10-1)+(11)+(12)+(13)+(14)		15	121,000,000		12,100,000	15	125,000,000		12,500,000
	공제받지못할매입세액		16				16			
	차감계 (15-16)		17	121,000,000	㉯	12,100,000	17	125,000,000	㉯	12,500,000
납부(환급)세액(매출세액㉮-매입세액㉯)					㉰	7,900,000			㉰	8,000,000

수정 / 수정 / TAB수정

작성화면

14.그 밖의 공제매입세액					
신용카드매출 수령금액합계표	일반매입	41			
	고정매입	42	1,000,000		100,000
의제매입세액		43		뒤쪽	
재활용폐자원등매입세액		44		뒤쪽	
과세사업전환매입세액		45			
재고매입세액		46			
변제대손세액		47			
외국인관광객에대한환급세액		48			
합계		49	1,000,000		100,000

25.가산세명세					
사업자미등록등		61		1/100	
세 금 계산서	지연발급 등	62		1/100	
	지연수취	63		5/1,000	
	미발급 등	64		뒤쪽참조	
전자세금 발급명세	지연전송	65		5/1,000	
	미전송	66		5/1,000	
세금계산서 합계표	제출불성실	67		5/1,000	
	지연제출	68		3/1,000	
신고 불성실	무신고(일반)	69		뒤쪽	
	무신고				
	과소·				
	과소·				
납부지연					
영세율과세표준					
현금매출명세서					
부동산임대공급					
매입자 납부특례	거래				
	거래				
합계		79			

납부지연일수 계산

당초납부기한	2022	년	7	월	25	일
납부일 또는 고지일	2022	년	8	월	20	일
미납일수	26					

확인[Tab] 취소[Esc]

14.그 밖의 공제매입세액					
신용카드매출 수령금액합계표	일반매입	수정	3,000,000		300,000
	고정매입		1,000,000		100,000
의제매입세액		43		뒤쪽	
재활용폐자원등매입세액		44		뒤쪽	
과세사업전환매입세액		45			
재고매입세액		46			
변제대손세액		47			
외국인관광객에대한환급세액		48			
합계		49	4,000,000		400,000

25.가산세명세					
사업자미등록등		61		1/100	
세 금 계산서	지연발급 등	62		1/100	
	지연수취	63		5/1,000	
	미발급 등	64		뒤쪽참조	
전자세금 발급명세	지연전송	65		5/1,000	
	미전송	66	5,000,000	5/1,000	25,000
세금계산서 합계표	제출불성실	67		5/1,000	
	지연제출	68		3/1,000	
신고 불성실	무신고(일반)	69		뒤쪽	
	무신고(부당)	70		뒤쪽	
	과소·초과환급(일반)	71	100,000	뒤쪽	1,000
	과소·초과환급(부당)	72		뒤쪽	
납부지연		73	100,000	뒤쪽	572
영세율과세표준신고불성실		74		5/1,000	
현금매출명세서불성실		75		1/100	
부동산임대공급가액명세서		76		1/100	
매입자 납부특례	거래계좌 미사용	77		뒤쪽	
	거래계좌 지연입금	78		뒤쪽	
합계		79			26,572

작성예제

(주)신고상사는 2022년 2기 부가가치세 확정신고(2022.10.1 ~ 2022.12.31)를 하려고 한다. 부가가치세 신고와 관련된 다음 자료를 토대로 부가가치세 신고서를 작성하시오(단, 주어진 자료 이외에는 부가가치세 신고서를 불러올 때 자동적으로 반영되는 자료를 이용하고, 부가가치세 신고서 이외에 부속서류의 작성은 생략한다).

① 예정신고 누락분을 제외한 모든 거래에 대한 전표입력은 올바르게 되었다. 예정신고 누락분의 전표입력은 생략한다.

② 예정신고 시 누락신고한 내용은 다음과 같다.

- 과세매출인 카드매출(공급대가 2,200,000원)을 누락하였다.
- 간주공급에 해당하는 사업상 증여 금액 1,100,000원(시가, 공급대가)을 누락하였다.
- 다음의 세금계산서 매입 2건을 누락하였다.

내 역	공급가액(원)	부가가치세(원)	비 고
원재료	1,000,000	100,000	과세사업용
승용차	10,000,000	1,000,000	영업부사용, 1,500cc, 승용

- 가산세 계산 시 적용할 일수는 92일로 한다.

③ 예정신고 시 환급세액이 발생하였으나, 환급되지 않은 금액이 1,500,000원 있다.

④ 전자신고를 함으로써 전자신고세액공제 10,000원을 적용받는다.

⑤ 위에서 열거된 사항 이외에는 부가가치세 신고서를 불러올때 자동적으로 반영되는 자료를 이용한다.

작성방법

작성방법

① 부가세 신고서 조회기간 : 10월 ~ 12월, 조회 시 불러오는 데이터는 삭제하지 않는다.

② 예정신고 시 누락한 매출자료 2건(카드매출 과세, 간주공급)은 모두 34번란 과세-기타에 해당하므로 3,000,000원을 입력하면 부가세는 자동 반영된다.

③ 예정신고 시 누락한 매입자료 2건은 세금계산서 수취했으므로 38번란에 입력한다. 단, 승용차는 비영업용 소형승용차에 해당하므로 16번란의 50번란에 10,000,000원과 1,000,000원을 입력한다. 예정신고 시 누락한 매입도 공제대상이 되지 않으면 확정신고 시 불공제로 신고하여야 한다.

④ 예정신고 시 미환급세액은 21번란에 입력하고, 전자신고세액공제는 54번란에 입력한다.

⑤ 26번란 가산세 계산하여 직접 입력한다.

[71번]신고불성실 가산세 : 200,000원 × 10% × 25%(감면 75%) = 5,000원

[73번]납부지연 가산세 : 200,000원 × 92일 × 2.2/10,000 = 4,048원

- 미납세액 200,000원 = 매출세액 300,000원 − 매입세액(불공 제외) 100,000원
- 감면율 75% : 2기 예정신고 시 누락분을 2기 확정신고 시 반영하여 신고하여 3개월 이내 감면적용
- 미납일수 : 73번란 납부지연 가산세 200,000원을 입력하고 신고일자를 입력하면 미납일수가 계산된다.

작성화면

조회기간 : 2022 년 10 월 1 일 ~ 2022 년 12 월 31 일 신고구분 : 1.정기신고 신고차수 : 부가율 : 3.96 확정

구분				정기신고금액 금액	세율	세액
과세표준및매출세액	과세	세금계산서발급분	1	300,000,000	10/100	30,000,000
		매입자발행세금계산서	2		10/100	
		신용카드·현금영수증발행분	3		10/100	
		기타(정규영수증외매출분)	4			
	영세	세금계산서발급분	5		0/100	
		기타	6		0/100	
	예정신고누락분		7	3,000,000		300,000
	대손세액가감		8			
	합계		9	303,000,000	㉮	30,300,000
매입세액	세금계산서수취분	일반매입	10	280,000,000		28,000,000
		수출기업수입분납부유예	10			
		고정자산매입	11			
	예정신고누락분		12	11,000,000		1,100,000
	매입자발행세금계산서		13			
	그 밖의 공제매입세액		14			
	합계(10)-(10-1)+(11)+(12)+(13)+(14)		15	291,000,000		29,100,000
	공제받지못할매입세액		16	10,000,000		1,000,000
	차감계 (15-16)		17	281,000,000	㉯	28,100,000
납부(환급)세액(매출세액㉮-매입세액㉯)					㉰	2,200,000
경감공제세액	그 밖의 경감·공제세액		18			10,000
	신용카드매출전표등 발행공제등		19			
	합계		20		㉱	10,000
소규모 개인사업자 부가가치세 감면세액			20		㉲	
예정신고미환급세액			21		㉳	1,500,000
예정고지세액			22		㉴	
사업양수자의 대리납부 기납부세액			23		㉵	
매입자 납부특례 기납부세액			24		㉶	
신용카드업자의 대리납부 기납부세액			25		㉷	
가산세액계			26		㉸	9,600
차가감하여 납부할세액(환급받을세액)㉰-㉱-㉲-㉳-㉴-㉵-㉶-㉷+㉸					27	699,600
총괄납부사업자가 납부할 세액(환급받을 세액)						

구분				금액	세율	세액
7.매출(예정신고누락분)						
예정누락분	과세	세금계산서	33		10/100	
		기타	34	3,000,000	10/100	300,000
	영세	세금계산서	35		0/100	
		기타	36		0/100	
	합계		37	3,000,000		300,000
12.매입(예정신고누락분)						
예정누락분	세금계산서		38	11,000,000		1,100,000
	그 밖의 공제매입세액		39			
	합계		40	11,000,000		1,100,000
	신용카드매출수령금액합계	일반매입				
		고정매입				
	의제매입세액					
	재활용폐자원등매입세액					
	과세사업전환매입세액					
	재고매입세액					
	변제대손세액					
	외국인관광객에대한환급/					
	합계					
14.그 밖의 공제매입세액						
신용카드매출수령금액합계표	일반매입		41			
	고정매입		42			
의제매입세액			43		뒤쪽	
재활용폐자원등매입세액			44		뒤쪽	
과세사업전환매입세액			45			
재고매입세액			46			
변제대손세액			47			
외국인관광객에대한환급세액			48			
합계			49			

16.공제받지못할매입세액				
공제받지못할 매입세액	50	10,000,000		1,000,000
공통매입세액면세등사업분	51			
대손처분받은세액	52			
합계	53	10,000,000		1,000,000
18.그 밖의 경감·공제세액				
전자신고세액공제	54			10,000
전자세금계산서발급세액공제	55			
택시운송사업자경감세액	56			
대리납부세액공제	57			
현금영수증사업자세액공제	58			
기타	59			
합계	60			10,000

구분			금액	세율	세액
신고불성실	무신고(부당)	70		뒤쪽	
	과소·초과환급(일반)	71	200,000	뒤쪽	5,000
	과소·초과환급(부당)	72		뒤쪽	
납부지연		73	200,000	뒤쪽	4,048
영세율과세표준신고불성실		74		5/1,000	
현금매[illegible]					
부동산[illegible]					
매입자 납부[illegible]					
					9,048

납부지연일수 계산

당초납부기한	2022 년 10 월 25 일
납부일 또는 고지일	2023 년 01 월 25 일
미납일수	92

확인[Tab] 취소[Esc]

03 부가가치세 전자신고

2022년 4월 자격시험부터 부가가치세 전자신고 기능을 프로그램에 추가하여 출제한다. 아래의 예제를 통하여 전자신고 실무수행을 숙지한다. 부가세 신고서 전자신고를 하기 위해서는 부속신고서인 세금계산서합계표 등을 먼저 마감한 뒤 수행해야 한다.

〈마감 순서〉

부속신고서(세금계산서합계표 등) 마감 → 부가세 신고서 마감 → 전자신고 실무수행

(주)시대사랑 (회사코드 : 5014) ✓ 회사변경 후 실무수행 연습하기

작성예제

부가가치세 1기 확정신고서(4월 ~ 6월)를 작성하고 마감하여 가상홈택스에서 부가가치세 전자신고를 수행하시오. 전자신고용 전자파일 제작 시 신고인 구분은 2.납세자 자진신고로 선택하고, 비밀번호는 '12345678'로 입력한다.

작성방법

순 서	전자신고 실무수행방법
1	부가세 신고서의 첨부서류인 '세금계산서합계표(4월 ~ 6월, 1.정기신고)'를 우선 조회하여 상단 F7마감을 하면 매출과 매입이 동시에 마감된다. 부가세 신고서를 조회하기 전 세금계산서합계표를 먼저 조회하고 마감을 하여야 전자신고실무수행에 오류가 없다. 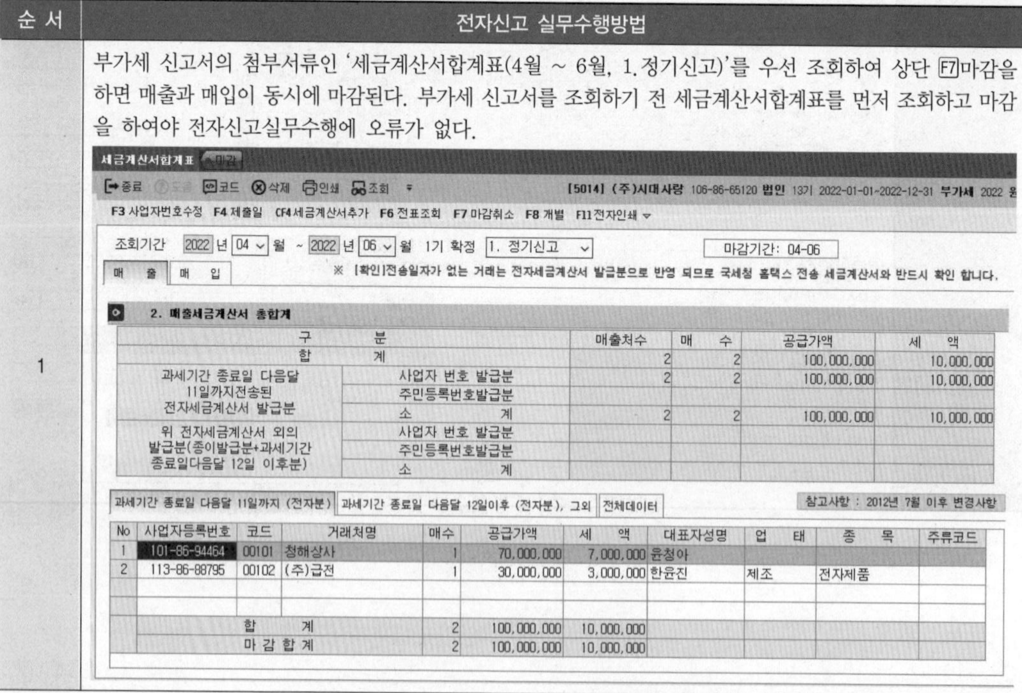

2

부가세 신고서를 조회(4월 ~ 6월)하여 상단 F3마감을 한다.

주의

부가세 신고서를 마감하기 전 부가세 신고 관련 서식(세금계산서합계표 등)을 우선 마감하여야 한다. 단, 시험에서는 부가세 관련 서식은 마감한 상태로 문제를 출제하는 편이다.

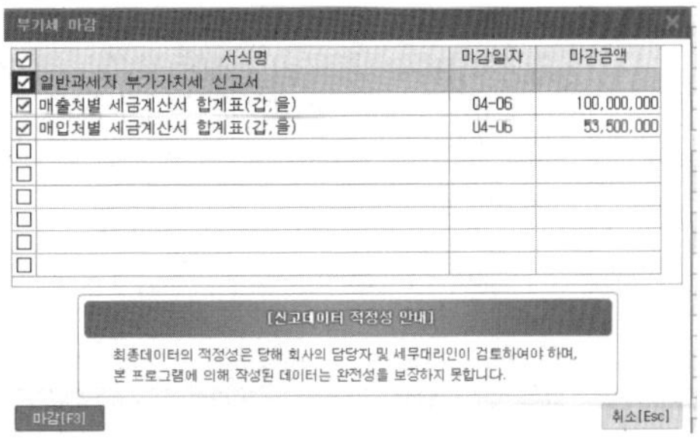

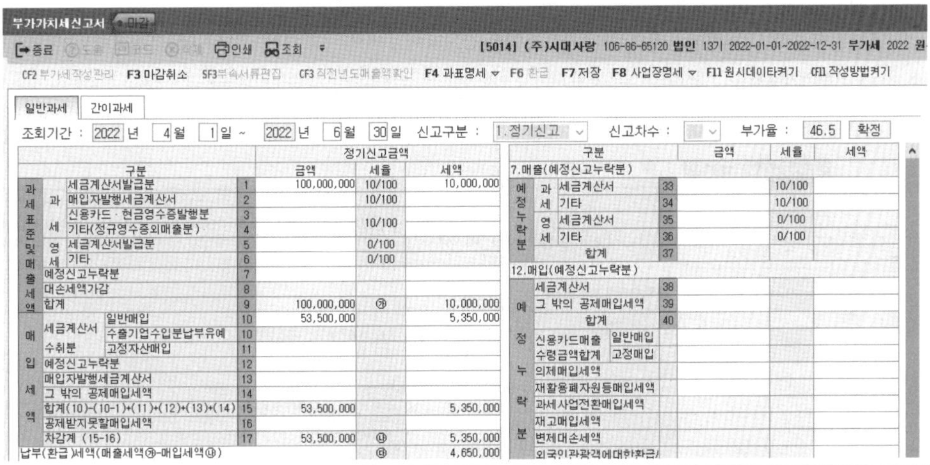

부가세 마감

서식명	마감일자	마감금액
일반과세자 부가가치세 신고서		
매출처별 세금계산서 합계표(갑,을)	04-06	100,000,000
매입처별 세금계산서 합계표(갑,을)	04-06	53,500,000

[신고데이터 적정성 안내]

최종데이터의 적정성은 당해 회사의 담당자 및 세무대리인이 검토하여야 하며, 본 프로그램에 의해 작성된 데이터는 완전성을 보장하지 못합니다.

마감[F3] 취소[Esc]

부가가치세신고서 마감

조회기간 : 2022 년 4 월 1 일 ~ 2022 년 6 월 30 일 신고구분 : 1.정기신고 신고차수 : 부가율 : 46.5 확정

구분		금액	세율	세액
과세 세금계산서발급분	1	100,000,000	10/100	10,000,000
합계	9	100,000,000	㉮	10,000,000
세금계산서 수취분 일반매입	10	53,500,000		5,350,000
합계(10)-(10-1)+(11)+(12)+(13)+(14)	15	53,500,000		5,350,000
차감계 (15-16)	17	53,500,000	㉯	5,350,000
납부(환급)세액(매출세액㉮-매입세액㉯)			㉰	4,650,000

3

전자신고 메뉴를 선택한다.

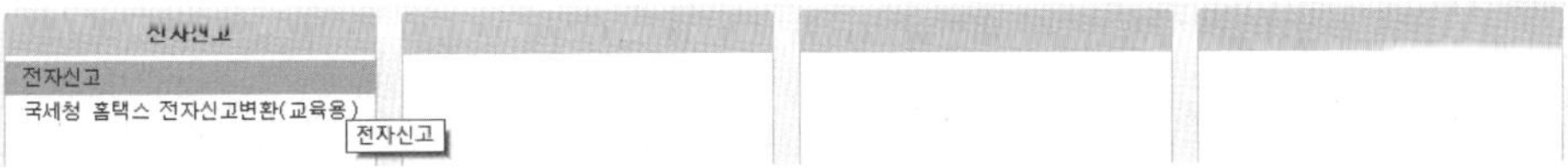

신고년월(4월 ~ 6월) 입력 후 상단 F4제작 클릭하여 비밀번호를 입력한다. 비밀번호는 '12345678' 입력한다.

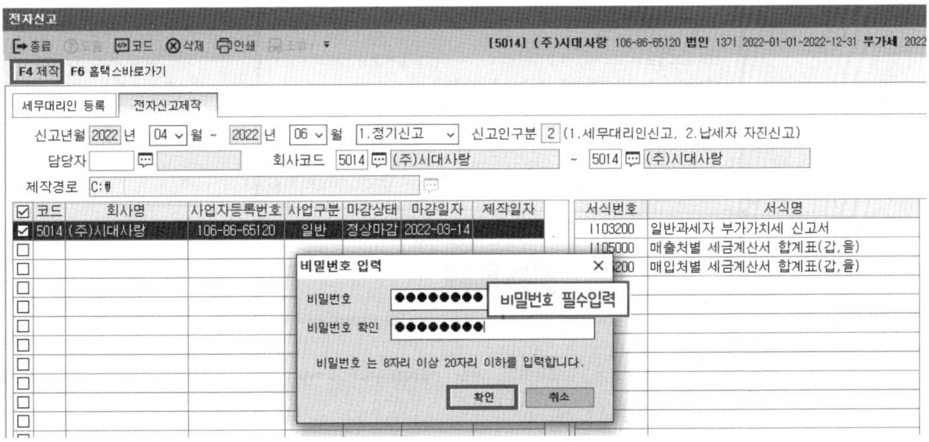

전자신고

신고년월 2022 년 04 월 ~ 2022 년 06 월 1.정기신고 신고인구분 2 (1.세무대리인신고, 2.납세자 자진신고)

코드	회사명	사업자등록번호	사업구분	마감상태	마감일자
5014	(주)시대사랑	106-86-65120	일반	정상마감	2022-03-14

서식번호	서식명
1103200	일반과세자 부가가치세 신고서
1105000	매출처별 세금계산서 합계표(갑,을)
1105200	매입처별 세금계산서 합계표(갑,을)

비밀번호 입력 — 비밀번호 필수입력

비밀번호 는 8자리 이상 20자리 이하를 입력합니다.

전자신고파일이 C드라이브에 자동으로 생성된다(마감하는 시점에 따라 파일명은 다름).

예 enc20220314.101.v1068665120 2022-03-14 오후 ... V1068665120 ... 1KB

4	상단 F6홈택스바로가기 메뉴를 선택한다.
5	가상홈택스 홈페이지에서 전자신고파일을 C드라이브에서 조회하여 선택하여 불러온다.
6	하단 형식검증하기 선택하여 비밀번호(12345678)를 입력한다. 형식검증하기 → 형식검증결과확인 → 내용검증하기 → 내용검증결과확인 → 전자파일제출

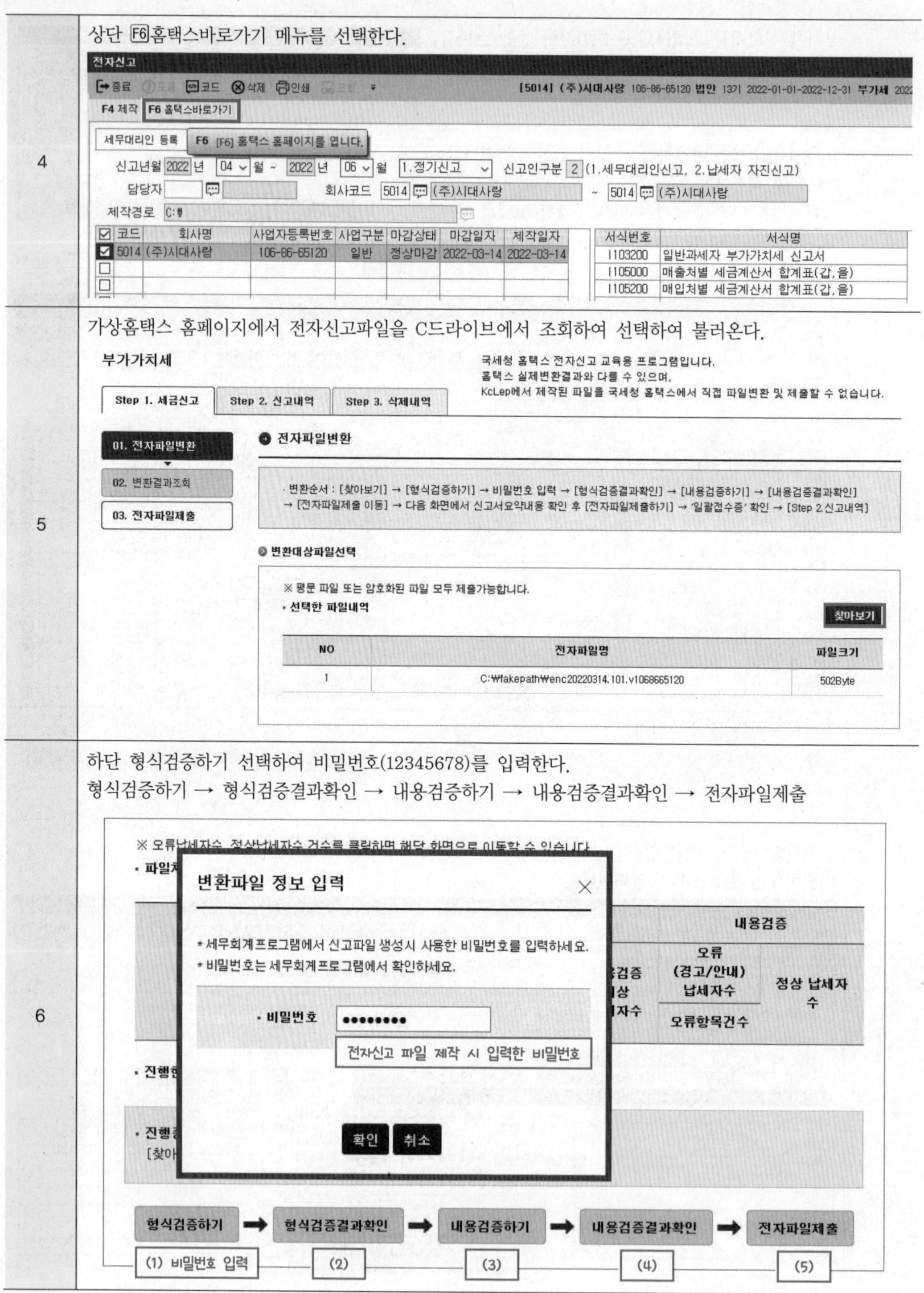

7

전자파일 제출하기를 완료하면 부가세 신고서 접수증을 확인할 수 있다. 〈접수완료〉

전자파일 제출

- 정상 변환된 제출 가능한 신고서 목록입니다.
- 제출하시려면 [전자파일 제출하기] 버튼을 클릭하세요.
- [전자파일 제출하기] 버튼 클릭후 접수증을 꼭 확인하셔야 합니다.
- **간이과세자가 예정고지(신고)금액, 재고납부세액, 가산세 금액**이 있는 경우 **'실제납부할세액'**은 실제 납부(환급)세액과 다를 수 있으므로 반드시 확인하시기 바랍니다.

번호	상호	사업자(주민)등록번호	과세년월	신고서종류	신고구분	신고유형	접수여부(첨부서류)	과세표준	실제납부할세액(본세)
1	(주)시…	1068665120	202206	확정(일반)…	확정신고	정기신고	여	100,000,000	4,650,000

1 총0건(1/1)

이전 | 전자파일 제출하기

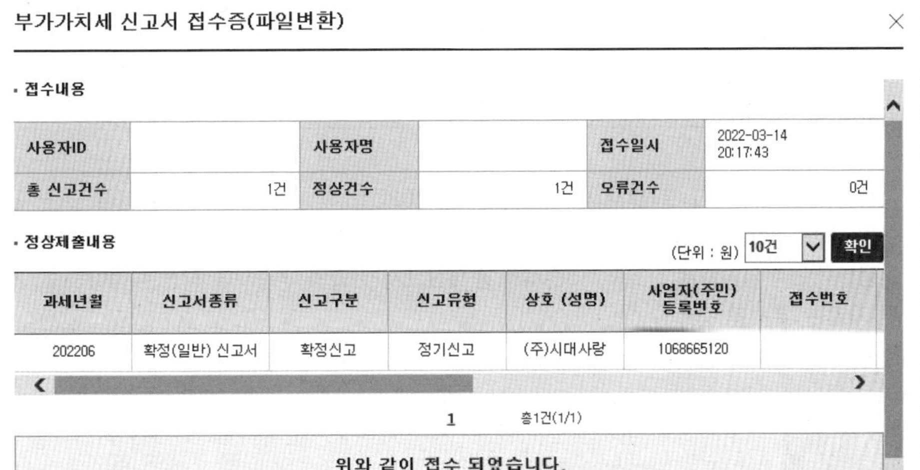

부가가치세 신고서 접수증(파일변환)

- 접수내용

사용자ID		사용자명		접수일시	2022-03-14 20:17:43
총 신고건수	1건	정상건수	1건	오류건수	0건

- 정상제출내용

(단위 : 원) 10건 확인

과세년월	신고서종류	신고구분	신고유형	상호 (성명)	사업자(주민)등록번호	접수번호
202206	확정(일반) 신고서	확정신고	정기신고	(주)시대사랑	1068665120	

1 총1건(1/1)

위와 같이 접수 되었습니다.

빈출 실무수행문제

제4장 부가가치세 실무(부가세 신고서 및 가산세) 정답 및 해설 : p.67

(주)일반상사 (회사코드 : 5001) 1번 ~ 2번	✓ 회사변경 후 실무수행 연습하기

1. (주)일반상사는 2022년 1기 확정신고(4월 ~ 6월)를 7월 25일에 하였는데, 이에 대한 오류사항이 발견되어 2022년 10월 23일 수정신고 및 납부를 하였다. 부가가치세 수정신고서[1차]를 과세표준명세 포함하여 작성하시오. 단, 미납일수는 90일로 하고, 매입매출전표는 입력하지 마시오.

구분	내용
오류 사항	① 직수출 50,000,000원에 대한 매출누락(부정행위 아님)이 발생하였다. ② 비사업자에게 제품운반용 중고트럭을 22,000,000원(부가세포함)에 6월 20일에 판매한 것을 누락하였으며 전자세금계산서를 7월 25일까지 미발급하였다. ③ 당초 부가가치세 신고서에 반영하지 못한 제품 타계정 대체액 명세는 다음과 같다. 제품제조에 사용된 재화는 모두 매입세액 공제분이다. • 매출처에 접대 목적으로 제공 : 원가 2,000,000원, 시가 2,500,000원 • 불특정다수인에게 홍보용 제품 제공 : 원가 1,000,000원, 시가 1,200,000원

2. 다음은 2022년 제2기 부가가치세 확정신고기간(2022.10.1 ~ 2022.12.31)에 대한 관련 자료이다. 이를 반영하여 2022년 제2기 확정신고기간의 [대손세액공제신고서]를 작성하고 [부가가치세 신고서]를 작성하시오(부가가치세 신고서, 대손세액 공제신고서 이외의 부속서류 작성은 생략하고, 기존에 입력된 자료는 무시할 것).

구분	내용
매출자료	① 세금계산서 과세 매출액 : 970,000,000원(부가가치세 별도) ② 신용카드 과세 매출액 : 33,000,000원(부가가치세 포함) ③ 현금 과세 매출액 : 11,550,000원(부가가치세 포함), 현금영수증 미발급분임 ④ 직수출액 : 70,000,000원 ⑤ 아래의 대손확정은 당초공급일로부터 10년 이내에 발생한 것이다. • (주)영동기업의 외상매출금 44,000,000원(부가가치세 포함)으로 당초공급일은 2014년 7월 8일, 채권 소멸시효 완성일은 2022년 10월 5일 • (주)현대상사에 대한 받을어음(당초공급일 : 2021년 11월 10일, 부도발생일 : 2022년 2월 6일, 대손확정일 : 2022년 8월 7일) 55,000,000원(부가가치세 포함)
매입자료	① 전자세금계산서 과세 매입액 : 공급가액 710,000,000원, 세액 71,000,000원 → 원재료 매입분 : 공급가액 620,000,000원, 세액 62,000,000원 업무용 기계장치 매입분 : 공급가액 90,000,000원, 세액 9,000,000원
기 타	① 당사는 부가가치세법상 현금영수증 의무발행 업종이 아니므로 현금영수증 미발급 가산세는 없으며, 홈택스 전자신고세액공제 적용함 ② 제2기 예정신고 시 미환급된 세액 : 3,000,000원

(주)결산상사 (회사코드 : 5002) 3번 ~ 4번 ✓ 회사변경 후 실무수행 연습하기

3. 다음 자료와 유의사항을 토대로 2022년 1기 확정신고기간의 부가가치세 신고서를 작성하시오.

구분	내용
매출자료	① 전자세금계산서 과세 매출액 : 1,243,000,000원(부가가치세 별도) ② 매출처에 접대 목적으로 제품(원가 10,000,000원, 시가 12,000,000원)을 제공함.(단, 제품제조에 사용된 재화는 모두 매입세액 공제를 받았음) ③ 2021년 2기 확정신고 시 대손세액 공제를 받았던 외상매출금 27,500,000원(부가가치세 포함) 중 50%를 현금으로 회수함.
매입자료	2022년 1기 확정신고기간에 발생한 전자세금계산서 수취분 과세 매입액 800,000,000원(부가세 별도)에 대한 내용이다(단, 아래의 기계장치 이외에는 고정자산 매입은 없음). ① 제품생산용으로 구입한 기계장치 : 235,000,000원 ② 접대 목적으로 구입한 물품 : 5,000,000원 ③ 제조관련 원재료 일반매입액 : 560,000,000원 (원재료 매입액에는 지연수취분 20,000,000원이 포함되어 있음)
기타자료	• 2022년 1기 예정신고 미환급세액은 11,500,000원이다.
유의사항	• 불러오는 자료는 무시하고 직접 입력할 것 • 전자신고세액공제는 생략함 • 부가가치세 신고서 이외의 과세표준명세 등 기타 부속서류의 작성은 생략함

4. 다음 자료를 이용하여 제2기 확정신고기간의 부가가치세 신고서를 작성하시오(단, 불러오는 자료는 무시하고 직접 입력하며 가산세도 반영하여 작성할 것).

1. 매출 관련 자료
   - 전자세금계산서 발급분 과세 매출액(10월 ~ 12월) : 150,000,000원(부가가치세 별도)
   - 종이세금계산서 발급분 과세 매출액(12월) : 10,000,000원(부가가치세 별도)
   - 신용카드 및 현금영수증 과세 매출액(10월 ~ 12월) : 6,820,000원(부가가치세 포함)
   - 거래처의 파산을 사유로 확정된 대손금액[주1] : 4,400,000원(부가가치세 포함)

   주1) 동 금액은 2022년 제2기 확정신고 시 적법하게 대손세액 공제를 받으려고 한다.

2. 매입 관련 자료
   - 전자세금계산서 수취분 과세 매입액(10월 ~ 12월)[주2] : 공급가액 100,000,000원, 부가가치세 10,000,000원

   주2) 제조공장에서 화물을 운반할 목적으로 취득한 중고화물트럭(공급가액 20,000,000원, 부가가치세 2,000,000원)이 포함된 가액임

3. 예정신고 누락분(7월 ~ 9월)

   제2기 예정신고기간의 매입세액 공제 가능한 종이세금계산서 수취분(공급가액 4,500,000원, 부가가치세 450,000원)을 누락하여 확정신고 시 반영함

(주)빈출상사A (회사코드 : 5003) 5번 ~ 6번 ✓ 회사변경 후 실무수행 연습하기

5. 2022년 1기 예정 부가가치세 신고 시 다음의 내용이 누락되었다. 2022년 1기 부가가치세 확정신고서 조회 시 불러오는 확정신고자료는 그대로 신고하고, 예정신고 누락분을 추가로 반영하여 확정신고서를 작성하시오(부당과소신고가 아니며, 예정신고누락과 관련된 가산세 계산 시 미납일수는 91일이고, 전자신고세액공제는 적용하지 않음).

예정신고누락 내용	금 액	비 고
현금영수증 발행 매출	3,300,000원	공급대가
간주공급에 해당하는 사업상 증여 금액	1,000,000원	시가(공급가액)
직수출 매출	5,000,000원	
영세율 세금계산서를 발급받은 운반비 매입	5,000,000원	공급가액

6. 다음 자료만을 이용하여 2022년 2기 확정신고기간의 부가가치세 신고서를 작성하시오(단, 부가가치세 신고서 이외의 부속서류와 과세표준명세는 생략하고, 불러오는 데이터 값은 무시하며 새로 입력하시오).

매출자료	① 전자세금계산서 과세 매출액 : 450,000,000원(부가가치세 별도) ② 신용카드 과세 매출액 : 30,000,000원(부가가치세 별도) ③ 직수출액 : 100,000,000원 ④ 예정신고 누락분 : 2022년 2기 예정신고기간에 발행된 카드매출을 예정신고 시 신고누락하고 2기 확정신고 시 신고하였는데 그 금액은 11,000,000원(부가가치세 포함)이었다(가산세 계산 시 부정행위가 아니고 미납일수는 92일로 가정함).
매입자료	① 전자세금계산서 과세 매입액 : 공급가액 270,000,000원[1),2)], 부가가치세 27,000,000원 1) 2,500cc 5인승 승용차 구입 : 공급가액 50,000,000원, 부가가치세 5,000,000원 2) 나머지 공급가액 220,000,000원, 부가가치세 22,000,000원은 고정자산이 아닌 일반매입액으로 매입세액 공제대상임 ② 현금영수증 과세 매입액 : 공급가액 10,000,000원3), 부가가치세 1,000,000원 3) 전부 고정자산이 아닌 일반매입액으로 매입세액 공제대상임
기 타	부가가치세 신고는 서류로 제출하였음

(주)빈출상사C (회사코드 : 5005) 7번 ~ 8번 ✓ 회사변경 후 실무수행 연습하기

7. (주)빈출상사C는 과일통조림을 제조하여 판매하는 일반기업(비중소기업)으로 가정한다. 다음 자료를 보고 2022년 1기 확정신고에 대한 부가가치세 신고서(의제매입세액 공제 여부 판단)를 작성하시오. 부가가치세 신고서 이외의 과세표준명세 등 기타 부속서류는 작성을 생략한다. 단, 제시된 자료 이외의 거래는 없으며, 홈택스에서 직접 전자신고하였다. 본 문제에 해당하는 기타경감・공제세액은 모두 적용받기로 한다.

구분	내용
매출자료	① 전자세금계산서 발행 과세 매출액 : 370,000,000원(부가가치세 별도) ② 신용카드 과세 매출액 : 22,000,000원(부가가치세 포함) ③ 현금영수증 과세 매출액 : 7,700,000원(부가가치세 포함) ④ 직수출액 : 100,000,000원
매입자료	① 세금계산서 매입액 : 230,000,000원(부가가치세 별도) • 2,000cc 5인승 승용차 구입액 50,000,000원(부가가치세 별도) • 나머지 매입액 180,000,000원은 전부 일반매입액임 ② 계산서 매입액 : 100,000,000원 • 과일 구입액 95,000,000원, 음식물쓰레기 처리액 5,000,000원으로 구성 ③ 농어민 과일 직거래액 : 58,000,000원(계약서, 농어민 주민등록번호, 입금계좌 등 거래증빙을 모두 갖추고 있음)

8. 다음 자료를 반영하여 2022년 2기 확정신고(10월 ~ 12월)에 대한 부가가치세 신고서를 작성하시오. 단, 2기 확정 과세기간의 거래는 주어진 자료뿐이라고 가정하고, 부가가치세 신고서 이외의 부속서류 작성 및 매입매출전표의 수정・입력은 생략하며 전자신고세액공제는 적용하지 않는다.

• 2기 확정신고기간 자료
  - 세금계산서 매출액 15,000,000원(공급가액)
    → 세금계산서 매출분 중 종이세금계산서 발급분 10,000,000원(공급가액)이 포함되어 있다.
  - 세금계산서 매입액 10,000,000원(공급가액) : 고정자산매입분 없음
    → 매입세금계산서 중 접대비 해당분 3,000,000원(공급가액)이 포함되어 있다.

• 2기 예정신고 시 누락분
  - 직수출 30,000,000원(부정행위 아님)
  - 매입세액 공제 가능한 사업용신용카드 일반매입분 5,500,000원(공급대가) 누락

소득세 실무(15점)
출제분포도

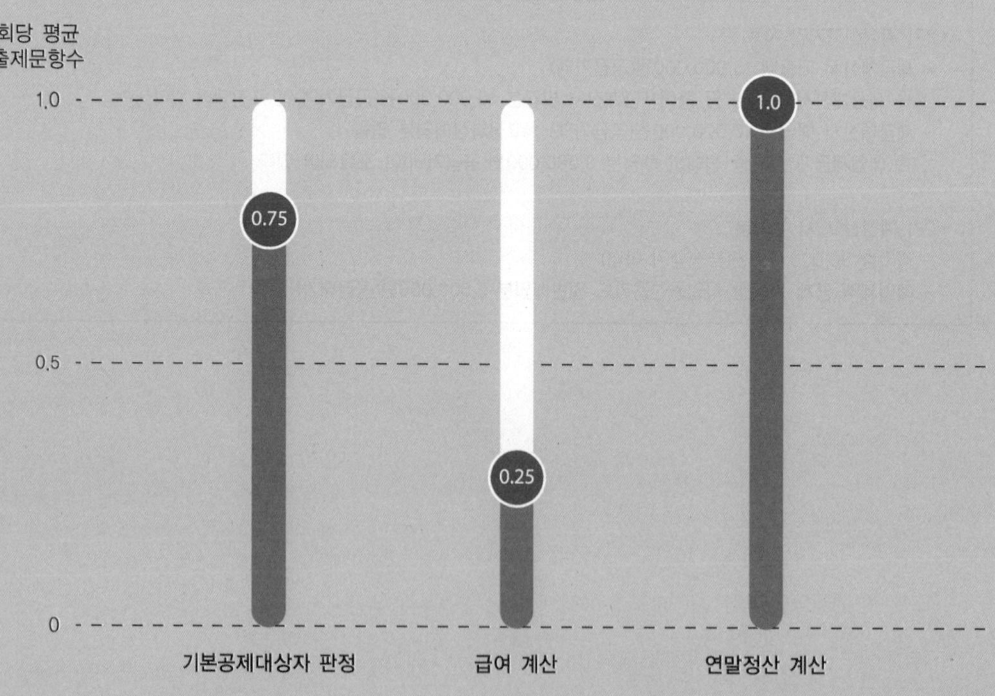

※ 2021년 기출문제를 분석한 통계값입니다.

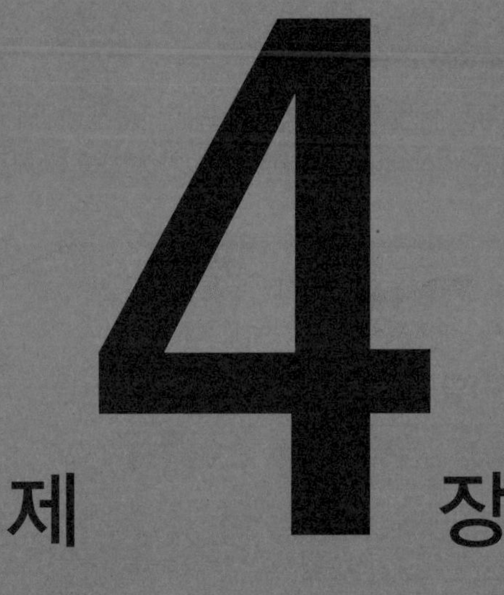

제 4 장

소득세 실무

사원등록

사원등록은 상용직 근로자의 입퇴사일부터 인적사항, 인적공제(기본공제, 추가공제) 등의 정보를 입력하는 메뉴이다. 사원등록에 입력한 정보는 급여자료입력 메뉴에 원천징수세액의 산출근거가 되며 이후 연말정산을 하기 위한 기본정보가 되므로 가장 중요한 메뉴이다.

01 사원등록 입력방법

1 기본사항 탭

사번	성명	주민(외국인)번호

기본사항 | 부양가족명세 | 추가사항

1.입사년월일 년 월 일
2.내/외국인
3.외국인국적 체류자격
4.주민구분 여권번호
5.거주구분 6.거주지국코드
7.국외근로제공 부 8.단일세율적용 부 9.외국법인 파견근로자 부
10.생산직등여부 부 연장근로비과세 부 전년도총급여
11.주소
12.국민연금보수월액 국민연금납부액
13.건강보험보수월액 건강보험료경감 부 건강보험납부액
장기요양보험적용 부 장기요양보험납부액
14.고용보험적용 부 (대표자 여부 부)
고용보험보수월액 고용보험납부액
15.산재보험적용 부 16.퇴사년월일 년 월 일 (이월 여부 부)

<table>
<tr><th>입력메뉴 항목</th><th colspan="2">입력방법</th></tr>
<tr><td>사 번</td><td colspan="2">숫자(문자도 가능)로 사원코드를 부여하며 10자까지 가능하다.</td></tr>
<tr><td>주민(외국인)번호</td><td colspan="2">내국인은 1:주민등록번호를 선택하여 주민등록번호를 입력한다.
외국인은 2:외국인등록번호, 3:여권번호 중 선택하여 입력한다.</td></tr>
<tr><td>1.입사년월일</td><td colspan="2">해당 사원의 입사일자를 입력한다.</td></tr>
<tr><td>2.내/외국인</td><td colspan="2">내국인은 ‘1’, 외국인은 ‘2’를 입력한다.</td></tr>
<tr><td>5.거주구분</td><td colspan="2">거주자는 ‘1’, 비거주자는 ‘2’를 입력한다.</td></tr>
<tr><td rowspan="3">7.국외근로제공</td><td colspan="2">비과세 국외근로소득의 경우 선택하여 입력하고 없으면 [0.부]를 입력한다.</td></tr>
<tr><td>2.월 300만원 비과세</td><td>원양어업 선박, 국외 등을 항행하는 선박, 국외(북한 포함) 등의 건설현장 등에서 근로를 제공하고 받는 경우</td></tr>
<tr><td>1.월 100만원 비과세</td><td>위 외의 국외에서 근로를 제공하고 받는 경우</td></tr>
</table>

<table>
<tr><td>8.단일세율적용</td><td>외국인근로자의 경우 단일세율적용(0.부, 1.여)를 선택한다(적용 시 19%).</td></tr>
<tr><td>10.생산직등여부</td><td>• 생산직은 '1.여' 선택하고, 이외 사무직등은 '0.부'를 선택한다.
• 연장근로비과세 : 생산직으로 입력하면 연장근로비과세를 입력할 수 있다.
• 단, 전년도 총급여액이 3,000만원 이하인 생산직근로자인 경우에만 [연장근로비과세]를 '1.여'로 입력한다.
<table>
<tr><td>사무직</td><td>0.부</td><td>연장근로비과세 [0.부]</td></tr>
<tr><td rowspan="2">생산직</td><td>1.여</td><td>연장근로비과세 [1.여] 전년도 총급여액 3,000만원 이하인 자</td></tr>
<tr><td>0.부</td><td>연장근로비과세 [0.부] 전년도 총급여액 3,000만원 초과인 자</td></tr>
</table></td></tr>
<tr><td>12.국민연금보수월액</td><td>보수월액을 입력하면 등록된 국민연금요율이 자동계산된다. 공제금액은 [급여자료입력] 메뉴 공제항목에 자동으로 반영된다.</td></tr>
<tr><td>13.건강보험보수월액</td><td>보수월액을 입력하면 등록된 건강보험요율이 자동계산된다. 공제금액은 [급여자료입력] 메뉴 공제항목에 자동으로 반영된다.</td></tr>
<tr><td>14.고용보험보수월액</td><td>대표자는 고용보험적용 '0.부(대표자여부는 '1.여)'를 적용하며, 이외 모든 근로자는 고용보험적용 '1.여'를 선택한다. 고용보험보수월액을 입력하면 등록된 고용보험요율이 자동 계산된다. 공제금액은 [급여자료입력] 메뉴 공제항목에 자동으로 반영된다.</td></tr>
<tr><td>15.산재보험적용</td><td>산재보험 적용 대상자인 경우 '1.여'를 입력한다.</td></tr>
<tr><td>16.퇴사년월일</td><td>사원이 퇴사한 경우 퇴사년월일을 입력하여야 이후 급여자료입력 및 중도퇴사정산과 퇴직소득계산 메뉴에 자동으로 반영되므로 사원의 퇴사처리 시 가장 먼저 입력해야 할 정보이다.</td></tr>
</table>

2 부양가족명세 탭

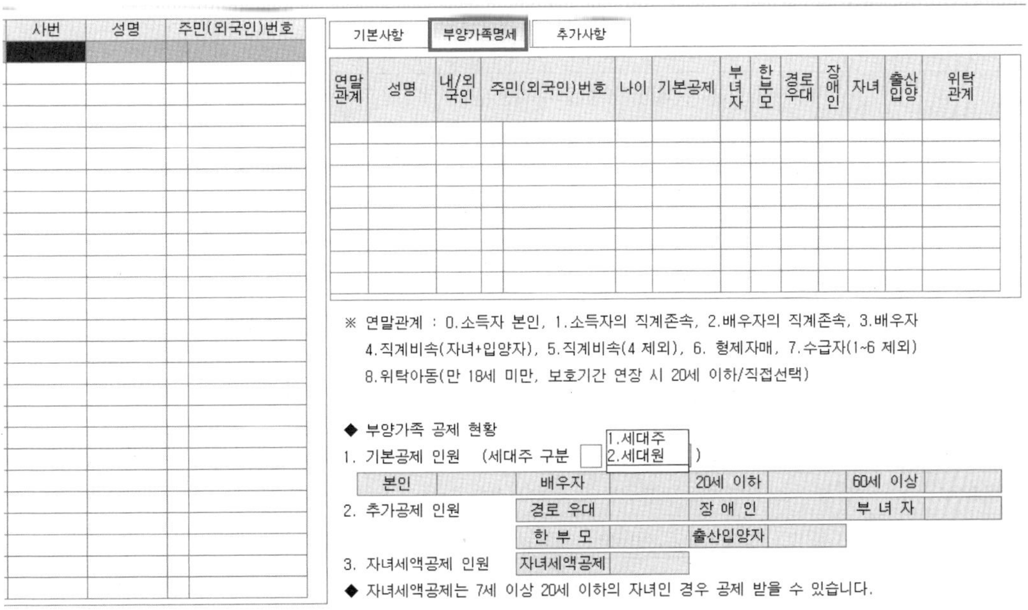

사번	성명	주민(외국인)번호

기본사항 | 부양가족명세 | 추가사항

연말관계	성명	내/외국인	주민(외국인)번호	나이	기본공제	부녀자	한부모	경로우대	장애인	자녀	출산입양	위탁관계

※ 연말관계 : 0.소득자 본인, 1.소득자의 직계존속, 2.배우자의 직계존속, 3.배우자
4.직계비속(자녀+입양자), 5.직계비속(4 제외), 6. 형제자매, 7.수급자(1~6 제외)
8.위탁아동(만 18세 미만, 보호기간 연장 시 20세 이하/직접선택)

◆ 부양가족 공제 현황

1. 기본공제 인원 (세대주 구분 [ ] 1.세대주 2.세대원)

본인		배우자		20세 이하		60세 이상	

2. 추가공제 인원

경로 우대		장 애 인		부 녀 자	
한 부 모		출산입양자			

3. 자녀세액공제 인원

자녀세액공제	

◆ 자녀세액공제는 7세 이상 20세 이하의 자녀인 경우 공제 받을 수 있습니다.

입력메뉴 항목	입력방법
연말관계	인적공제 대상자 범위에 해당하는 코드를 선택하여 입력한다. ※ 연말관계 : 0.소득자 본인, 1.소득자의 직계존속, 2.배우자의 직계존속, 3.배우자 4.직계비속(자녀+입양자), 5.직계비속(4 제외), 6. 형제자매, 7.수급자(1~6 제외) 8.위탁아동(만 18세 미만, 보호기간 연장 시 20세 이하/직접선택)
성 명	부양가족의 성명을 직접 입력한다.
내/외국인	내국인은 '1', 외국인은 '2'를 입력한다.
주민번호 및 나이	주민등록번호를 입력하면 해당 과세기간이 적용되어 나이가 자동으로 계산된다.
기본공제	본인을 포함한 기본공제대상자인 경우에 선택하여 입력하며, 기본공제대상자에 해당하지 않는 부양가족의 경우에는 '0.부'를 입력한다. **0.부** : 부양가족 중 기본공제대상자(요건 불충족)에 해당하지 않을 때 입력한다. • 기본공제와 추가공제는 받을 수 없으나 연말정산 공제항목 중 의료비, 교육비, 기부금 등 공제대상자에 해당하는 경우를 고려하여 입력해야 한다. **1.본인** : 소득자 본인은 자동으로 반영 **2.배우자** : 기본공제대상자가 배우자(연령제한 없음)의 경우 **3.20세 이하** : 기본공제대상자가 직계비속 등의 경우 **4.60세 이상** : 기본공제대상자가 직계존속 등의 경우 **5.장애인** : 기본공제대상자가 장애인(연령제한 없음)의 경우 **6.기초생활등** : 기본공제대상자가 기초생활수급자(연령제한 없음)의 경우 **7.자녀장려금** : 자녀장려금 대상인 경우
부녀자	본인(여성)이 종합소득금액 3천만원(총급여액 41,470,588원) 이하자로서 배우자가 없는 세대주로 부양가족(기본공제대상자)이 있거나 또는 배우자가 있는 여성의 경우에 입력한다.
한부모	배우자가 없는 자(남성, 여성)로서 기본공제대상자인 직계비속(입양자 포함)이 있는 경우에 입력한다.
경로우대	기본공제대상자 중 70세 이상에 해당하는 경우에 입력한다(주민등록번호를 입력하면 자동으로 반영된다).
장애인	기본공제대상자 중 장애인에 해당하는 경우 아래 항목 중 해당되는 항목을 선택하여 입력한다. 1. 장애인복지법에 따른 장애인 2. 국가유공자등 근로능력없는자 3. 항시치료를 요하는 중증환자
자 녀	기본공제대상자 중 7세 이상의 자녀, 입양자, 위탁아동의 경우에 입력한다. 단, 손자녀는 제외하며 7세 미만(아동수당수급자녀)은 입력하지 않는다.
출산입양	당해 연도에 출생 또는 입양한 자녀가 있는 경우에 첫째, 둘째, 셋째 이상을 구분하여 입력한다.
위탁관계	본인과 부양가족의 관계를 입력한다(시험에서는 입력하지 않는다).
세대주 구분	본인이 세대주면 '1.세대주', 세대원이면 '2.세대원'으로 입력한다.

3 추가사항 탭

사번	성명	주민(외국인)번호

기본사항 | 부양가족명세 | 추가사항

1.급여이체(은행)
(계좌) (예금주)
2.전화번호(일반) - - (휴대폰) - -
3.부서
4.직종
5.직위 임원여부 부
6.현장
7.호봉
8.이메일
9.회계처리(급여) (상여금)
10.학자금상환공제여부 부 원천공제통지액
11.중소기업취업감면여부 부 나이(만) 세
감면기간 ____-__-__ ~ ____-__-__ 감면율 % 감면입력
12.소득세 적용률
13.두루누리사회보험여부 부
고용보험 적용률 부 국민연금 적용률 부

입력메뉴 항목	입력방법
1 ~ 9	시험과 무관한 항목이다.
10.학자금상환공제여부	학자금상환을 급여에서 직접 이체하여 상환하는 경우에 입력한다.
11.중소기업취업감면여부	중소기업에 2021.12.31 이전까지 입사한 경우 취업감면자에 해당하여 소득세를 감면받는 경우에 입력한다(예 청년은 90% 세액감면을 최초입사일로부터 5년 적용).
12.소득세적용률	간이세액표에 의해 산출되는 소득세를 적용하는 것으로 기본으로 100% 설정률이 설정되어 있다(1.100% 적용, 2.80% 적용, 3.120% 적용).

02 사원등록 입력연습

(주)일반상사 (회사코드 : 5001) ✓ 회사변경 후 실무수행 연습하기

작성예제

아래의 자료를 근거로 하여 영업부 사원 김본인씨의 사원등록을 하고, 김한국씨의 부양가족을 부양가족명세서에 등록 후 세부담이 최소화 되도록 공제여부를 입력하시오.

자료 1. 기본사항

- 사원코드 : 101
- 입사일자 : 2022년 01월 15일(국내근무, 사무직)
- 사회보험 보수월액 : 6,000,000원
- 주소 : 생략

자료 2. 부양가족명세

- 본인과 부양가족은 모두 거주자이며, 주민등록번호는 정확한 것으로 가정하시오.
- 기본공제대상자가 아닌 경우 '부'로 표시하시오.

성 명	주민등록번호	관 계	비 고
김본인	770226-1041318	본인(세대주)	연간 총급여액 7,200만원
김길동	470912-1005618	김본인의 부친	소득없음
맹순자	491213-2055618	나배우의 모친	양도소득금액 100만원(주거형편상 별거 중)
나배우	801226-2056917	배우자	부동산임대소득금액 250만원
김토성	130622-4061316	자 녀	소득없음(장애인 중증환자)
김지수	170912-3061624	자 녀	소득없음
김초롱	220318-4211014	자 녀	소득없음(2022년도 출생)
나영국	790926-1005616	나배우의 남동생	소득없음

작성방법

작성방법

구분	내용
김본인	본인은 기본공제대상자로 자동반영된다. 세대주구분란에 1.세대주로 입력한다.
김길동	소득자의 직계존속으로 70세 이상이므로 기본공제와 경로우대 추가공제가 가능하다.
맹순자	배우자의 직계손속으로 70세 이상이며 소득금액 100만원 이하로 기본공제와 경로우대 추가공제가 가능하다(주거형편상 별거는 생계를 같이 하는 것으로 간주함).
나배우	소득금액이 100만원을 초과하므로 기본공제대상자에 해당하지 않아 '0:부'로 입력한다.
김토성	20세 이하이고 소득이 없으므로 기본공제 및 장애인(3.중증환자등) 추가공제, 7세 이상 자녀로 자녀세액공제가 가능하다.
김지수	20세 이하이고 소득이 없으므로 기본공제대상자에 해당한다. 단, 7세 미만의 자녀(아동수당 수급)에 해당하므로 자녀세액공제는 불가능하다.
김초롱	20세 이하이고 소득이 없으므로 기본공제대상자에 해당한다. 당해 연도 출생하였으므로 출산입양공제(3.셋째)가 가능하다. 단, 7세 미만의 자녀(아동수당 수급)에 해당하므로 자녀세액공제는 불가능하다.
나영국	형제자매는 나이제한(20세 이하 또는 60세 이상)이 있으므로 43세 형제자매는 소득이 없다 할지라도 기본공제대상자에 해당하지 않아 '0:부'로 입력한다.

작성화면 〈기본사항 탭〉

사번	성명		주민(외국인)번호
101	김본인	1	770226-1041318
105	마동탁	1	830222-1033260
110	한다정	1	710630-2434567

기본사항 | 부양가족명세 | 추가사항

1.입사년월일 2022 년 1 월 15 일
2.내/외국인 1 내국인
3.외국인국적 KR 대한민국 체류자격
4.주민구분 1 주민등록번호 주민등록번호 770226-1041318
5.거주구분 1 거주자 6.거주지국코드 KR 대한민국
7.국외근로제공 0 부 8.단일세율적용 0 부 9.외국법인 파견근로자 0 부
10.생산직등여부 0 부 연장근로비과세 0 부 전년도총급여
11.주소
12.국민연금보수월액 6,000,000 국민연금납부액 235,800
13.건강보험보수월액 6,000,000 건강보험료경감 0 부 건강보험납부액 209,700
장기요양보험적용 1 여 장기요양보험납부액 25,730
14.고용보험적용 1 여 (대표자 여부 0 부)
고용보험보수월액 6,000,000 고용보험납부액 48,000
15.산재보험적용 1 여 16.퇴사년월일 년 월 일 (이월 여부 0 부)

작성화면 〈부양가족명세 탭〉

사번	성명		주민(외국인)번호
101	김본인	1	770226-1041318
105	마동탁	1	830222-1033260
110	한다정	1	710630-2434567

기본사항 | 부양가족명세 | 추가사항

연말관계	성명	내/외국인		주민(외국인)번호	나이	기본공제	부녀자	한부모	경로우대	장애인	자녀	출산입양	위탁관계
0	김본인	내	1	770226-1041318	45	본인							
1	김길동	내	1	470912-1005618	75	60세이상			○				
2	맹순자	내	1	491213-2055618	73	60세이상			○				
3	나배우	내	1	801226-2056917	42	부							
4	김토성	내	1	130622-4061316	9	20세이하				3	○		
4	김지수	내	1	170912-3061624	5	20세이하							
4	김초롱	내	1	220318-4211014	0	20세이하						셋째	
6	나영국	내	1	790926-1055616	43	부							

※ 연말관계 : 0.소득자 본인, 1.소득자의 직계존속, 2.배우자의 직계존속, 3.배우자
4.직계비속(자녀+입양자), 5.직계비속(4 제외), 6. 형제자매, 7.수급자(1~6 제외)
8.위탁아동(만 18세 미만, 보호기간 연장 시 20세 이하/직접선택)

◆ 부양가족 공제 현황

1. 기본공제 인원 (세대주 구분 1 세대주)

본인	○	배우자	무	20세 이하	3	60세 이상	2

2. 추가공제 인원

경로 우대	2	장 애 인	1	부 녀 자	부
한 부 모	부	출산입양자	1		

3. 자녀세액공제 인원

자녀세액공제	1

◆ 자녀세액공제는 7세 이상 20세 이하의 자녀인 경우 공제 받을 수 있습니다.

작성예제

다음 자료를 보고 내국인이며 거주자인 생산직 사원 마동탁(사원코드 105, 입사일자 2021년 7월 1일, 국내근무)의 부양가족을 모두 부양가족명세에 등록 후 세부담이 최소화 되도록 공제 여부를 입력하시오(단, 기본공제 대상자가 아닌 경우 기본공제 여부에 '부'로 표시하고 주민등록번호의 오류는 무시할 것).

자료 1. 가족관계증명서

가족관계증명서

등록기준지	서울특별시 강서구 가로공원로 175

구 분	성 명	출생연월일	주민등록번호	성 별
본인	마동탁	1983년 02월 22일	830222-1033260	남

가족사항

구 분	성 명	출생연월일	주민등록번호	성 별
부	마수리 사망	1953년 04월 16일	530416-1033160	남
모	양지순	1957년 12월 01일	571201-2233014	여
배우자	유지운	1983년 06월 30일	830630-2054517	여
자녀	마연우	2011년 05월 20일	110520-3081253	남
자녀	마연지	2020년 03월 15일	200315-4032919	여
이모	양미란	1960년 06월 30일	600430-2125417	여

자료 2. 참고자료

- 마동탁은 세대주이며 생계를 같이하는 부양가족은 위 가족관계증명서에 나오는 가족뿐이다.
- 부친 마수리 2022년 02월 28일에 사망하였으며, 당해 소득은 없었다.
- 모친 양지순은 국내예금이자가 1,500만원이 발생하였다.
- 배우자 유지운은 일시적 인적용역 5,000,000원의 소득이 있었다(선택적 분리과세 신청함).
- 자녀 마연우는 장애인 복지법에 따른 장애인이다.
- 자녀는 소득이 없다.
- 이모 양미란은 소득이 없다.

작성방법

작성방법

성명	작성방법
마동탁	본인은 기본공제대상자로 자동 반영된다. 세대주구분란에 1.세대주로 입력한다.
마수리	사망일 전일 상황을 고려하여 60세 이상이며 소득이 없으므로 기본공제대상자에 해당한다.
양지순	이자소득 2,000만원 이하는 무조건 분리과세되므로 기본공제대상자에 해당한다.
유지운	일시적 인적용역은 60% 필요경비가 인정되는 기타소득이다(기타소득금액 2,000,000원 = 기타소득 5,000,000원 - 필요경비(60%) 3,000,000원). 기타소득금액 3,000,000원 이하까지는 선택적 분리과세가 가능하므로 기본공제대상자에 해당한다.
마연우	20세 이하이고 소득이 없으므로 기본공제대상자에 해당한다. 또한 장애인(1.장애인복지법 선택) 추가공제와 7세 이상 자녀에 해당하므로 자녀세액공제가 가능하다.
마연지	20세 이하이고 소득이 없으므로 기본공제대상자에 해당한다. 단, 7세 미만의 자녀(아동수당 수급)에 해당하므로 자녀세액공제는 불가능하다.
양미란	이모는 기본공제대상자에 해당하지 않으므로 부양가족명세에 입력을 하지 않는다.

작성화면

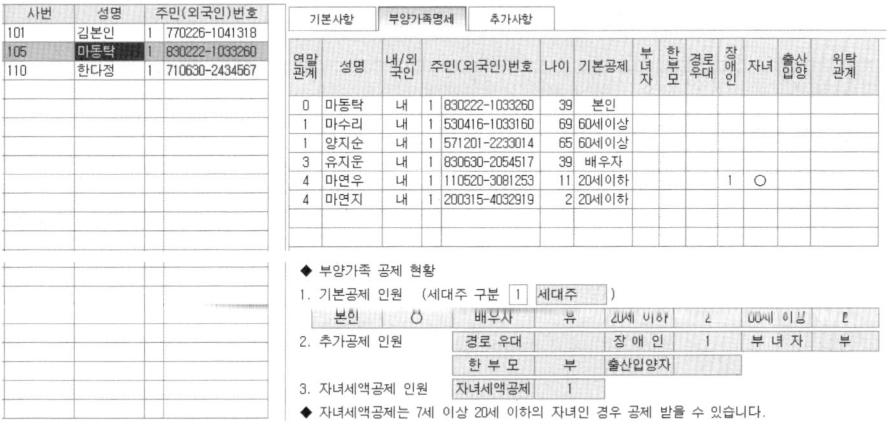

사번	성명		주민(외국인)번호
101	김본인	1	770226-1041318
105	마동탁	1	830222-1033260
110	한다정	1	710630-2434567

기본사항 | 부양가족명세 | 추가사항

연말관계	성명	내/외국인		주민(외국인)번호	나이	기본공제	부녀자	한부모	경로우대	장애인	자녀	출산입양	위탁관계
0	마동탁	내	1	830222-1033260	39	본인							
1	마수리	내	1	530416-1033160	69	60세이상							
1	양지순	내	1	571201-2233014	65	60세이상							
3	유지운	내	1	830630-2054517	39	배우자							
4	마연우	내	1	110520-3081253	11	20세이하				1	○		
4	마연지	내	1	200315-4032919	2	20세이하							

◆ 부양가족 공제 현황

1. 기본공제 인원 (세대주 구분 1 세대주)

본인	○	배우자	유	20세 이하	2	60세 이상	2

2. 추가공제 인원

경로 우대		장 애 인	1	부 녀 자	부
한 부 모	부	출산입양자			

3. 자녀세액공제 인원

자녀세액공제	1

◆ 자녀세액공제는 7세 이상 20세 이하의 자녀인 경우 공제 받을 수 있습니다.

작성예제

다음 자료를 보고 내국인이며 거주자인 사무직 사원 한다정(여성, 세대주, 입사일자 2022년 4월 1일, 국내근무)을 사원등록(코드번호 110)하고, 한다정의 부양가족을 모두 부양가족명세에 등록 후 세부담이 최소화 되도록 공제 여부를 입력하시오(단, 기본공제대상자가 아닌 경우 기본공제 여부에 '부'로 표시하고 주민등록번호의 오류는 무시할 것).

성 명	관 계	주민등록번호	동거 여부	비 고
한다정	본인	710630-2434567	-	연간 총급여액 4,000만원
유지인	모	460730-2445678	미국 거주	소득 없음
김성유	딸	020805-4123456	일본 유학중	소득 없음
김호식	아들	060505-3123456	동 거	소득 없음
한다솜	언니	670112-2434528	동거(중증환자 장애인)	복권당첨금 4억원

작성방법

구분	성명	내용
작성방법	한다정	배우자 없이 자녀(기본공제대상자)를 양육하므로 한부모 추가공제를 입력한다. 세대주구분란에 1.세대주로 입력한다. 주의 부녀자 공제[종합소득금액 3,000만원 이하(총급여액 41,470,588원 이하)인 세대주 여성]와 한부모 공제가 중복으로 적용되는 경우에는 한부모 공제를 적용한다.
	유지인	미국에 거주하는 모친은 주거형편상 별거로 볼 수 없으므로 기본공제는 불가능하므로 '0:부'로 입력한다.
	김성유	20세 이하이고 소득이 없으므로 기본공제와 7세 이상 자녀에 해당하므로 자녀세액공제가 가능하다. 직계비속은 항상 생계를 함께 하는 것으로 간주한다.
	김호식	20세 이하이고 소득이 없으므로 기본공제와 7세 이상 자녀에 해당하므로 자녀세액공제가 가능하다.
	한다솜	복권당첨소득은 무조건 분리과세가 되는 소득에 해당하며, 장애인의 경우에는 나이제한이 없으므로 기본공제가 가능하며 장애인(3.중증환자 선택) 추가공제를 적용한다.

작성화면

사번	성명	주민(외국인)번호
101	김본인	1 770226-1041318
105	마동탁	1 830222-1033260
110	한다정	1 710630-2434567

기본사항 | 부양가족명세 | 추가사항

연말관계	성명	내/외국인	주민(외국인)번호	나이	기본공제	부녀자	한부모	경로우대	장애인	자녀	출산입양	위탁관계
0	한다정	내	1 710630-2434567	51	본인		○					
1	유지인	내	1 460730-2445678	76	부							
4	김성유	내	1 020805-4123456	20	20세이하					○		
4	김호식	내	1 060505-3123456	16	20세이하					○		
6	한다솜	내	1 670112-2434528	55	장애인				3			

빈출 실무수행문제

제4장 소득세 실무(사원등록)

정답 및 해설 : p.75

(주)결산상사 (회사코드 : 5002) ✓ 회사변경 후 실무수행 연습하기

1. 다음 자료를 보고 거주자인 엄태식(사원코드 108, 입사일자 2021년 8월 1일, 국내근무)의 부양가족을 모두 부양가족명세에 등록 후 세부담이 최소화 되도록 공제 여부를 입력하시오(단, 기본공제대상자가 아닌 경우 기본공제 여부에 '부'로 표시하고 주민등록번호의 오류는 무시할 것).

관 계	성 명	비 고
본인(세대주)	엄태식(710210-1354633)	장애인(중증환자)에 해당함.
본인의 부	엄유석(400814-1557890)	일용직근로소득 30,000,000원
본인의 모	진유선(430425-2631211)	사적연금소득 10,000,000원(분리과세 신청) 장애인복지법상 장애인
배우자	김옥경(761214-2457690)	총급여액만 5,000,000원
장 남	엄기수(990505-1349871)	대학생, 소득없음
장 녀	엄지영(040214-4652148)	고등학생, 소득없음
삼 촌	엄지철(550415-1478523)	소득없음

2. 다음은 사무직 직원 신나라씨(입사일 : 2022년 8월 1일)와 생계를 같이하고 있는 부양가족(내국인)에 대한 자료이다. 신나라씨를 사원등록(코드번호 : 201번)을 하고, 기본사항입력은 생략하되 세부담이 최소화 되도록 부양가족명세에 입력하시오(단, 기본공제대상자가 아닌 경우 기본공제 여부에 '부'로 표시하고 주민등록번호의 오류는 무시할 것).

관 계	이 름	주민등록번호	비 고
본 인	신나라	750420-1234567	세대주
배우자	오연지	750320-2951351	복권당첨금 100,000,000원
본인의 어머니	박순례	481228-2346418	사업소득금액 700,000원 양도소득금액 200,000원
동 생	신기해	781124-2514614	장애인, 퇴직소득금액 40,000,000원
자 녀	신아름	980508-2145188	일용근로소득금액 10,000,000원
자 녀	신보름	180120-4665154	2022년도 입양

3. 다음 자료를 보고 내국인이며 거주자인 사무직 사원 김미소(여성, 입사일자 2022년 6월 1일, 국내근무)를 사원등록(코드번호 305)하고, 김미소의 부양가족을 모두 부양가족명세에 등록 후 세부담이 최소화 되도록 공제 여부를 입력하시오(단, 기본공제대상자가 아닌 경우 기본공제 여부에 '부'로 표시하고 주민등록번호의 오류는 무시할 것).

성 명	관 계	주민등록번호	동거여부	비 고
김미소	본인(세대원)	750123-2548753		연간 총급여액 2,850만원
박재민	배우자(세대주)	690420-1434567	동 거	사업소득금액 300만원
김성호	본인의 아버지	450324-1354875	영국 거주	소득 없음
유미영	본인의 어머니	470520-2324875	영국 거주	복권당첨금 800만원
박예슬	딸	020705-4123456	미국 유학중	소득 없음
박호식	아들	080103-3143578	동 거	소득 없음
김미정	언니	730112-2454528	동 거	퇴직소득금액 100만원

4. 2022년 10월 10일자로 입사한 사무직 사원 황진이(세대원, 750128-2436807, 총급여 28,000,000원, 입사일자 2022년 12월 1일, 국내근무)를 사원등록(코드번호 400)하고, 세부담이 최소화 되도록 부양가족명세서를 작성하시오(단, 기본공제대상자가 아닌 경우 기본공제 여부에 '부'로 표시하고 주민등록번호의 오류는 무시할 것).

관 계	이 름	주민등록번호	비 고
배우자	홍길동	730826-1476711	일용근로소득 12,000,000원
본인의 모친	사임당	420310-2412811	부동산임대소득금액 1,200,000원, 장애인
자 녀	홍순아	021130-4035224	학업을 위하여 주소를 타지로 이전, 소득없음
동 생	황매화	780427-1412312	장애인(중증환자), 당해 증여재산가액 500,000,000원

급여자료입력

급여자료입력은 근로자에게 매월 지급하는 급여(소득)지급내역과 원천징수(소득세 및 지방소득세, 사회보험료, 기타 공제금액 등)를 입력하는 메뉴이다. 매월 지급하는 급여는 매월 신고납부하는 [원천징수이행상황신고서]에 자동으로 반영되며 [연말정산추가자료입력]에 소득내역과 공제내역이 자동으로 반영된다.

01 급여자료 입력방법

주의
급여자료입력 메뉴는 F4수당공제를 가장 먼저 입력(수정)해야 한다.

1 수당등록

<table>
<tr><th>입력메뉴 항목</th><th>입력방법</th></tr>
<tr><td>메 뉴</td><td>수당공제등록
수당등록 | 공제등록
<table>
<tr><th rowspan="2">No</th><th rowspan="2">코드</th><th rowspan="2">과세구분</th><th rowspan="2">수당명</th><th colspan="3">근로소득유형</th><th rowspan="2">월정액</th><th rowspan="2">통상임금</th><th rowspan="2">사용여부</th></tr>
<tr><th>유형</th><th>코드</th><th>한도</th></tr>
<tr><td>1</td><td>1001</td><td>과세</td><td>기본급</td><td>급여</td><td></td><td></td><td>정기</td><td>여</td><td>여</td></tr>
<tr><td>2</td><td>1002</td><td>과세</td><td>상여</td><td>상여</td><td></td><td></td><td>부정기</td><td>부</td><td>여</td></tr>
<tr><td>3</td><td>1003</td><td>과세</td><td>직책수당</td><td>급여</td><td></td><td></td><td>정기</td><td>부</td><td>여</td></tr>
<tr><td>4</td><td>1004</td><td>과세</td><td>월차수당</td><td>급여</td><td></td><td></td><td>정기</td><td>부</td><td>여</td></tr>
<tr><td>5</td><td>1005</td><td>비과세</td><td>식대</td><td>식대</td><td>P01</td><td>(월)100,000</td><td>정기</td><td>부</td><td>여</td></tr>
<tr><td>6</td><td>1006</td><td>비과세</td><td>자가운전보조금</td><td>자가운전보조금</td><td>H03</td><td>(월)200,000</td><td>부정기</td><td>부</td><td>여</td></tr>
<tr><td>7</td><td>1007</td><td>비과세</td><td>야간근로수당</td><td>야간근로수당</td><td>001</td><td>(년)2,400,000</td><td>부정기</td><td>부</td><td>여</td></tr>
<tr><td>8</td><td></td><td></td><td></td><td></td><td></td><td></td><td></td><td></td><td></td></tr>
</table></td></tr>
<tr><td>과세구분</td><td>기본설정되어 있는 수당을 제외하고는 과세와 비과세를 직접 입력한다.</td></tr>
<tr><td>수당명</td><td>기본설정되어 있는 수당을 포함하여 직접 입력할 수 있다.</td></tr>
<tr><td>근로소득유형
(1) 과세</td><td>전체
<table>
<tr><th>유형코드</th><th>과세유형명</th></tr>
<tr><td></td><td>여기를 클릭하여 검색</td></tr>
<tr><td>1</td><td>급여</td></tr>
<tr><td>2</td><td>상여</td></tr>
<tr><td>3</td><td>인정상여</td></tr>
<tr><td>4</td><td>주식매수선택권행사이익</td></tr>
<tr><td>5</td><td>우리사주조합인출금</td></tr>
<tr><td>6</td><td>임원퇴직소득금액한도초과액</td></tr>
</table>지급되는 소득유형이 과세되는 소득일 때 선택하며 F2조회하여 급여나 상여로 선택하여 입력하고 한도입력은 하지 않는다.
(예 기본급, 상여금, 직책수당, 월차수당, 가족수당, 출납수당 등)</td></tr>
<tr><td>근로소득유형
(2) 비과세</td><td>지급되는 소득유형이 비과세되는 소득일 때 선택하며 F2 조회하여 해당 소득을 조회하여 개별 한도를 적용한다(예 식대, 자가운전보조금, 연장근로수당, 육아수당, 국외근로수당 등).</td></tr>
</table>

월정액여부	월정액급여(정기적으로 지급) 여부를 판단하여 '정기' 또는 '부정기'를 입력한다. 생산직근로자의 월정액급여 210만원 이하를 자동으로 계산하는 기능을 한다.
사용여부	수당등록에 입력은 하였으나 실제로 수당을 지급하지 않거나 사용하지 않는 수당인 경우에 삭제가 불가능하므로 '부'를 설정하면 급여자료입력 시 '부'로 설정한 수당은 조회되지 않는다. 주의 기존에 수당등록이 되어 있으나 과세여부가 달라지거나 수당으로 사용하지 않는 경우에는 사용여부를 '부'로 체크하여야 한다.

2 공제등록

입력메뉴 항목	입력방법
메 뉴	수당등록 / 공제등록 (아래 표 참조)
공제항목명	사회보험료와 소득세, 지방소득세는 기본공제항목으로 설정되어 있으므로 추가하는 경우에 공제항목을 입력한다.
공제소득유형	• 대출 : 근로자의 가불금을 공제 • 기부금 : 노동조합비 등 공제 • 기타 : 이외 공제(사우회비 등) • 보험료정산 : 중도퇴사 시 보험료 정산하여 납부 또는 환급되는 금액

수당등록 | 공제등록

No	코드	공제항목명	공제소득유형	사용여부
1	5001	국민연금	고정항목	여
2	5002	건강보험	고정항목	여
3	5003	장기요양보험	고정항목	여
4	5004	고용보험	고정항목	여
5	5005	학자금상환	고정항목	여
6	9994	소득세	고정항목	여
7	9995	지방소득세	고정항목	여
8	9996	농특세	고정항목	여
9	9997	연말정산소득세	고정항목	여
10	9998	연말정산지방소득세	고정항목	여
11	9999	연말정산농특세	고정항목	여
12	9991	중도정산소득세	고정항목	여

전체

유형코드	과세유형명
	여기를 클릭하여 검색
2	대출
3	기부금
4	기타
5	건강보험료정산
6	장기요양보험정산
7	고용보험정산
8	외국납부세액
9	사립학교교직원연금
10	국민연금정산

3 급여자료입력메뉴

F3 검색 ▾ F4 수당공제 F6 지급일자 F7 중도퇴사자정산 ▾ F8 마감 F9 인쇄 ▾ CF5 요약 CF6 재계산 SF5 사원간편등록및기타 ▾ SF7 건강보험

귀속년월: 2022 년 02 월 지급년월일: 2022 년 02 월 25 일 급여

□	사번	사원명	감면율
■	150	김사무	
□	151	오생산	
□	152	김생산	

급여항목	금액
기본급	
상여	
직책수당	

공제항목	금액
국민연금	
건강보험	
장기요양보험	

입력메뉴 항목	입력방법
귀속년월	급여등의 귀속월로 근로를 제공한 월을 입력한다.
지급년월일	급여등의 실제 지급일자를 입력한다.
사번, 사원명	사원등록에 입력한 근로자가 자동으로 조회되며 해당 월에 근속 중인 근로자만 조회된다.
급여항목과 공제항목	F4수당공제에 등록한 수당과 공제가 자동으로 반영된다.
F6지급일자	월별로 급여지급내역을 확인할 수 있다. 급여(상여금)은 매월 동일하게 지급되는 경우가 실무적으로 빈번하므로 월별로 입력되어 있는 급여자료를 일괄로 복사하여 작업할 수도 있다. 또한 입력실수 등으로 지급일자 등을 변경하는 경우에도 삭제 후 다시 설정하여 등록할 수 있다.
F7중도퇴사자정산	중도퇴사하는 경우 사원등록에서 '퇴사일'을 가장 먼저 입력해야 하는데 이후 퇴사하는 월에 급여자료입력을 한 뒤 [중도퇴사자정산] 버튼을 클릭하여 중도연말정산을 수행한다. [급여반영] 버튼을 클릭하면 중도퇴사자에 대한 연말정산이 급여자료입력에 자동으로 반영되어 중도정산을 하는 메뉴이다.

02 급여자료 입력연습

(주)빈출상사A (회사코드 : 5003) ✓ 회사변경 후 실무수행 연습하기

작성예제

1. 주어진 자료를 참고하여 사원별로 사원등록을 하시오.

구 분	김사무	오생산	김생산
직 종	사무직	생산직	생산직
연장근로비과세	부	여	여
전년도총급여	30,000,000원	30,000,000원	30,000,000원
국외근로제공	월 100만원 비과세	–	–
보수월액	3,000,000원	3,000,000원	2,100,000원
소득세 적용률	100%	100%	100%
부양가족현황	본인	본인, 배우자, 자녀	본인

2. 주어진 자료를 참고하여 사원별로 급여자료입력을 하시오.

① 귀속년월 : 2022년 3월

② 지급년월일 : 2022년 4월 25일(급여지급일 : 다음 달 25일)

③ 수당항목

수당명	김사무	오생산	김생산
기본급	2,500,000원	2,500,000원	2,000,000원
직책수당	500,000원	500,000원	–
식 대	100,000원	100,000원	100,000원
자가운전보조금	200,000원	200,000원	200,000원
야간근로수당	350,000원	350,000원	350,000원
국외근로수당	1,000,000원	–	–
육아수당	–	100,000원	–
자격증수당	–	50,000원	–
수당합계	**4,650,000원**	**3,800,000원**	**2,650,000원**

<참고자료>

- 직책수당 : 직책별로 차등을 두어 수당을 지급하고 있다. (정기)
- 식대 : 사내에서 별도의 식사를 제공받지 않고 매월 식대보조금을 지급하고 있다. (정기)
- 자가운전보조금 : 본인차량을 업무상 이용하는 경우 출장비를 대신하여 지급하고 있다. (부정기)
- 야간근로수당 : 사무직과 생산직 모두에게 시간외 근무 시 연장근로수당을 지급하고 있다. (부정기)
- 국외근로수당 : 해외에서 근무하는 직원에게 국외근로수당을 지급하고 있다. (정기)
- 육아수당 : 만 6세 이하의 자녀를 양육하는 근로자에게 육아수당을 지급하고 있다. (정기)
- 자격증수당 : 업무능력향상차원에서 자격증을 취득한 달에 수당을 지급하고 있다. (부정기)

④ 공제항목

공제항목명	김사무	오생산	김생산
국민연금	자동 계산	자동 계산	자동 계산
건강보험			
장기요양보험			
고용보험			
소득세			
지방소득세			
사우회비(기타)	10,000원	10,000원	10,000원
노동조합비(기부금)	–	12,000원	12,000원

작성방법

1. 사원등록 메뉴

작성방법	추가사항 탭 : 12.소득세 적용률 1 100%

작성화면 〈김사무〉

국외근로수당 1.월 100만원 비과세, 생산직 '부'

사번	성명	주민(외국인)번호
150	김사무	1 790101-1234567
151	오생산	1 790530-2345671
152	김생산	1 720123-1200782

기본사항 | 부양가족명세 | 추가사항

1.입사년월일 2017 년 1 월 1 일
2.내/외국인 1 내국인
3.외국인국적 KR 대한민국 체류자격
4.주민구분 1 주민등록번호 주민등록번호 790101-1234567
5.거주구분 1 거주자 6.거주지국코드 KR 대한민국
7.국외근로제공 1 월 100만원 8.단일세율적용 0 부 9.외국법인 파견근로자 0 부
10.생산직등여부 0 부 연장근로비과세 0 부 전년도총급여 30,000,000
11.주소 서울 마포구 동교로 142-12
동교아파트 102동 1504호
12.국민연금보수월액 3,000,000 국민연금납부액 135,000
13.건강보험보수월액 3,000,000 건강보험료경감 0 부 건강보험납부액 104,850
장기요양보험적용 1 여 장기요양보험납부액 12,860
14.고용보험적용 1 여 (대표자 여부 0 부)
고용보험보수월액 3,000,000 고용보험납부액 24,000
15.산재보험적용 1 여 16.퇴사년월일 년 월 일 (이월 여부 0 부)

작성화면 〈오생산〉

생산직 '여', 연장근로비과세 '여', 전년도총급여 30,000,000원

사번	성명	주민(외국인)번호
150	김사무	1 790101-1234567
151	오생산	1 790530-2345671
152	김생산	1 720123-1200782

기본사항 | 부양가족명세 | 추가사항

1.입사년월일 2017 년 5 월 1 일
2.내/외국인 1 내국인
3.외국인국적 KR 대한민국 체류자격
4.주민구분 1 주민등록번호 주민등록번호 790530-2345671
5.거주구분 1 거주자 6.거주지국코드 KR 대한민국
7.국외근로제공 0 부 8.단일세율적용 0 부 9.외국법인 파견근로자 0 부
10.생산직등여부 1 여 연장근로비과세 1 여 전년도총급여 30,000,000
11.주소 서울 영등포구 대림동 1355
대림아파트
12.국민연금보수월액 3,000,000 국민연금납부액 135,000
13.건강보험보수월액 3,000,000 건강보험료경감 0 부 건강보험납부액 104,850
장기요양보험적용 1 여 장기요양보험납부액 12,860
14.고용보험적용 1 여 (대표자 여부 0 부)
고용보험보수월액 3,000,000 고용보험납부액 24,000
15.산재보험적용 1 여 16.퇴사년월일 년 월 일 (이월 여부 0 부)

작성화면 〈김생산〉

생산직 '여', 연장근로비과세 '여', 전년도총급여 30,000,000원

사번	성명	주민(외국인)번호
150	김사무	1 790101-1234567
151	오생산	1 790530-2345671
152	김생산	1 720123-1200782

기본사항 | 부양가족명세 | 추가사항

1.입사년월일 2021 년 10 월 10 일
2.내/외국인 1 내국인
3.외국인국적 KR 대한민국 체류자격
4.주민구분 1 주민등록번호 주민등록번호 720123-1200782
5.거주구분 1 거주자 6.거주지국코드 KR 대한민국
7.국외근로제공 0 부 8.단일세율적용 0 부 9.외국법인 파견근로자 0 부
10.생산직등여부 1 여 연장근로비과세 1 여 전년도총급여 30,000,000
11.주소 06265 서울특별시 강남구 강남대로 266-2
(도곡동)
12.국민연금보수월액 2,100,000 국민연금납부액 94,500
13.건강보험보수월액 2,100,000 건강보험료경감 0 부 건강보험납부액 73,390
장기요양보험적용 1 여 장기요양보험납부액 9,000
14.고용보험적용 1 여 (대표자 여부 0 부)
고용보험보수월액 2,100,000 고용보험납부액 16,800
15.산재보험적용 1 여 16.퇴사년월일 년 월 일 (이월 여부 0 부)

2. 급여자료입력 메뉴

(1) 수당등록

작성방법

• 월정액여부 : 문제에서 제시한 대로 수정하여 입력한다.
• 상여와 월차수당 : 사용여부를 '부'로 표시한다.
• 식대와 자가운전보조금 : 비과세요건을 충족하므로 기 설정된 수당을 사용한다.
• 야간근로수당 : 과세와 비과세가 혼합되어 있으나 야간근로수당은 수당등록 시 무조건 '비과세' 하나만 설정한다. 야간근로수당을 '비과세'로 설정하여도 급여입력 시 사무직과 생산직 중 비과세요건을 충족하지 못한 직원(직전년도 총 급여액 3,000만원 초과하거나 월정액급여가 210만원 초과)은 프로그램이 자동으로 과세로 구분하여 적용한다. 따라서 사원등록에서 사무직과 생산직(연장근로수당 비과세 여/부)의 정보를 모두 반영하여 과세여부가 자동으로 분류되므로 수당등록 시 야간근로수당은 '비과세'로 입력하여도 무방하다.
• 국외근로수당 : 비과세되는 수당으로 김사무에게만 지급된다. 사원등록 시 김사무 사원에게만 국외근로수당을 등록하였으므로 급여자료입력 시 김사무에게만 급여내역에 반영된다. 또한 비과세 수당은 반드시 한도를 설정해야 하므로 근로소득유형에서 F2조회하여 (월)1,000,000원 한도를 선택한다.
• 육아수당 : 비과세요건을 충족하므로 근로소득유형 F2조회하여 육아수당 (월)100,000원 한도를 선택한다.

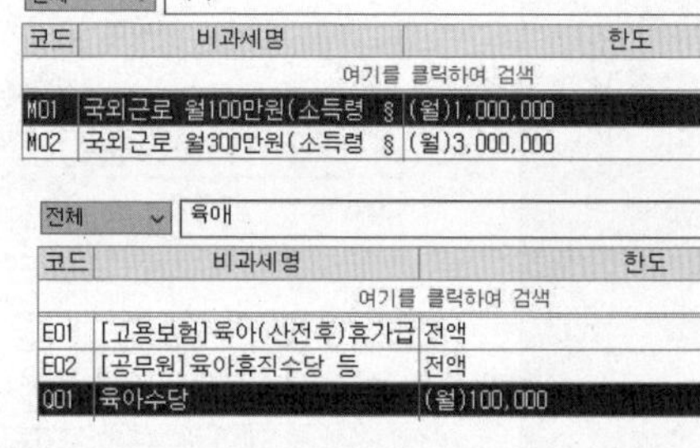

전체 | 국외

코드	비과세명	한도
	여기를 클릭하여 검색	
M01	국외근로 월100만원(소득령 §	(월)1,000,000
M02	국외근로 월300만원(소득령 §	(월)3,000,000

전체 | 육아

코드	비과세명	한도
	여기를 클릭하여 검색	
E01	[고용보험]육아(산전후)휴가급	전액
E02	[공무원]육아휴직수당 등	전액
Q01	육아수당	(월)100,000

• 자격증수당 : 과세로 입력하고 수당명을 입력한다. 한도는 비과세일 때만 입력하므로 과세되는 수당은 '급여'로 유형 선택을 한다.

작성화면

수당등록 | 공제등록

No	코드	과세구분	수당명	근로소득유형			월정액	통상임금	사용여부
				유형	코드	한도			
1	1001	과세	기본급	급여			정기	여	여
2	1002	과세	상여	상여			부정기	부	부
3	1003	과세	직책수당	급여			정기	부	여
4	1004	과세	월차수당	급여			정기	부	부
5	1005	비과세	식대	식대	P01	(월)100,000	정기	부	여
6	1006	비과세	자가운전보조금	자가운전보조금	H03	(월)200,000	부정기	부	여
7	1007	비과세	야간근로수당	야간근로수당	001	(년)2,400,000	부정기	부	여
8	2001	비과세	국외근로수당	국외근로 월100만원	M01	(월)1,000,000	정기	부	여
9	2002	비과세	육아수당	육아수당	Q01	(월)100,000	정기	부	여
10	2003	과세	자격증수당	급여			부정기	부	여

(2) 공제등록

작성방법

• 소득세와 지방소득세 : 공제등록 화면에는 보이지 않지만 급여입력 시 자동으로 반영되므로 공제등록을 하지 않는다.
• 사회보험료 : 설정되어 있다.
• 학자금상환 : 사용여부와 상관없이 학자금상환을 하는 사원의 경우에는 표시되므로 사용여부는 무관하다.
• 사우회비 : 공제항목명을 입력하고 공제소득유형에서 F2조회하여 '4.기타'로 설정한다.
• 노동조합비 : 공제항목명을 입력하고 공제소득유형에서 F2조회하여 '3.기부금'으로 설정한다. 노동조합비는 연말정산 기부금 세액공제 (지정기부금)가 된다.

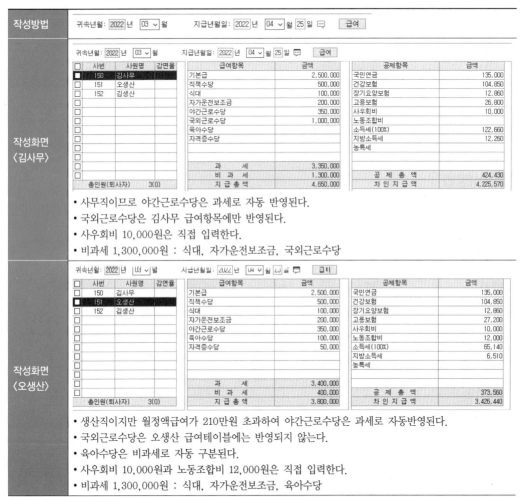

작성화면

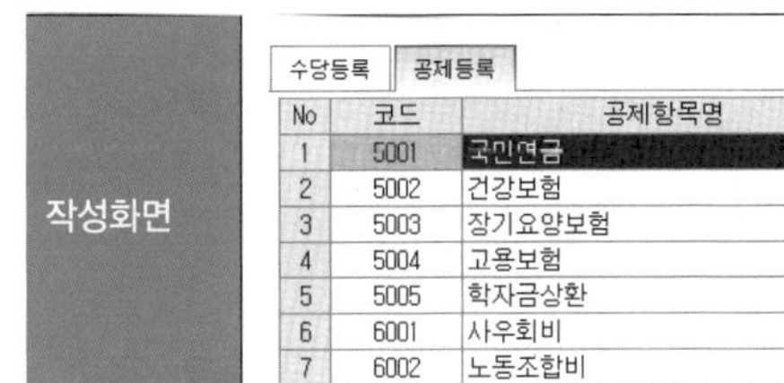

수당등록 | 공제등록

No	코드	공제항목명	공제소득유형	사용여부
1	5001	국민연금	고정항목	여
2	5002	건강보험	고정항목	여
3	5003	장기요양보험	고정항목	여
4	5004	고용보험	고정항목	여
5	5005	학자금상환	고정항목	부
6	6001	사우회비	기타	여
7	6002	노동조합비	기부금	여

(3) 급여입력 및 세액산출

작성방법

귀속년월: 2022 년 03 월 지급년월일: 2022 년 04 월 25 일 급여

작성화면 〈김사무〉

귀속년월: 2022 년 03 월 지급년월일: 2022 년 04 월 25 일 급여

사번	사원명	감면율
150	김사무	
151	오생산	
152	김생산	
총인원(퇴사자)	3(0)	

급여항목	금액
기본급	2,500,000
직책수당	500,000
식대	100,000
자가운전보조금	200,000
야간근로수당	350,000
국외근로수당	1,000,000
육아수당	
자격증수당	
과세	3,350,000
비과세	1,300,000
지급총액	4,650,000

공제항목	금액
국민연금	135,000
건강보험	104,850
장기요양보험	12,860
고용보험	26,800
사우회비	10,000
노동조합비	
소득세(100%)	122,660
지방소득세	12,260
농특세	
공제총액	424,430
차인지급액	4,225,570

- 사무직이므로 야간근로수당은 과세로 자동 반영된다.
- 국외근로수당은 김사무 급여항목에만 반영된다.
- 사우회비 10,000원은 직접 입력한다.
- 비과세 1,300,000원 : 식대, 자가운전보조금, 국외근로수당

작성화면 〈오생산〉

귀속년월: 2022 년 03 월 지급년월일: 2022 년 04 월 25 일 급여

사번	사원명	감면율
150	김사무	
151	오생산	
152	김생산	
총인원(퇴사자)	3(0)	

급여항목	금액
기본급	2,500,000
직책수당	500,000
식대	100,000
자가운전보조금	200,000
야간근로수당	350,000
육아수당	100,000
자격증수당	50,000
과세	3,400,000
비과세	400,000
지급총액	3,800,000

공제항목	금액
국민연금	135,000
건강보험	104,850
장기요양보험	12,860
고용보험	27,200
사우회비	10,000
노동조합비	12,000
소득세(100%)	65,140
지방소득세	6,510
농특세	
공제총액	373,560
차인지급액	3,426,440

- 생산직이지만 월정액급여가 210만원 초과하여 야간근로수당은 과세로 자동반영된다.
- 국외근로수당은 오생산 급여테이블에는 반영되지 않는다.
- 육아수당은 비과세로 자동 구분된다.
- 사우회비 10,000원과 노동조합비 12,000원은 직접 입력한다.
- 비과세 1,300,000원 : 식대, 자가운전보조금, 육아수당

작성화면 〈김생산〉	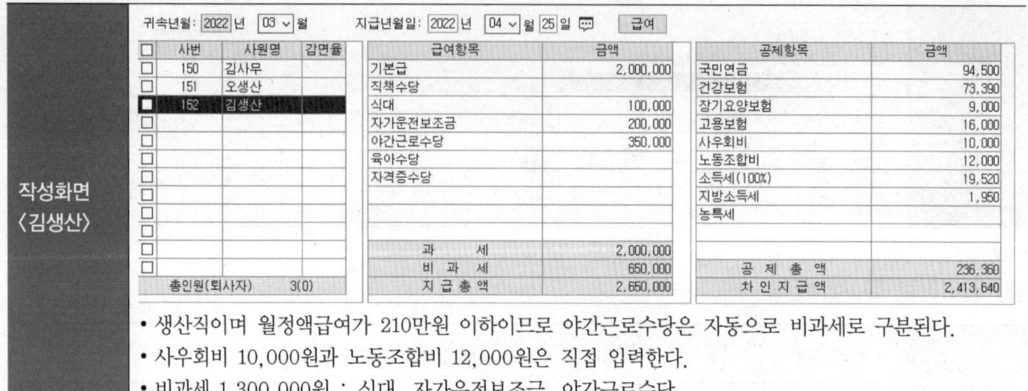 귀속년월: 2022 년 03 월 지급년월일: 2022 년 04 월 25 일 급여

사번	사원명	감면율
150	김사무	
151	오생산	
152	김생산	
총인원(퇴사자)	3(0)	

급여항목	금액
기본급	2,000,000
직책수당	
식대	100,000
자가운전보조금	200,000
야간근로수당	350,000
육아수당	
자격증수당	
과세	2,000,000
비과세	650,000
지급총액	2,650,000

공제항목	금액
국민연금	94,500
건강보험	73,390
장기요양보험	9,000
고용보험	16,000
사우회비	10,000
노동조합비	12,000
소득세(100%)	19,520
지방소득세	1,950
농특세	
공제총액	236,360
차인지급액	2,413,640

- 생산직이며 월정액급여가 210만원 이하이므로 야간근로수당은 자동으로 비과세로 구분된다.
- 사우회비 10,000원과 노동조합비 12,000원은 직접 입력한다.
- 비과세 1,300,000원 : 식대, 자가운전보조금, 야간근로수당

03 원천징수이행상황신고서

1 작성방법

원천징수의무자는 원천징수세액을 그 징수일이 속하는 달의 다음 달 10일까지 원천징수이행상황신고서와 함께 원천징수관할세무서 등에 납부하여야 한다.

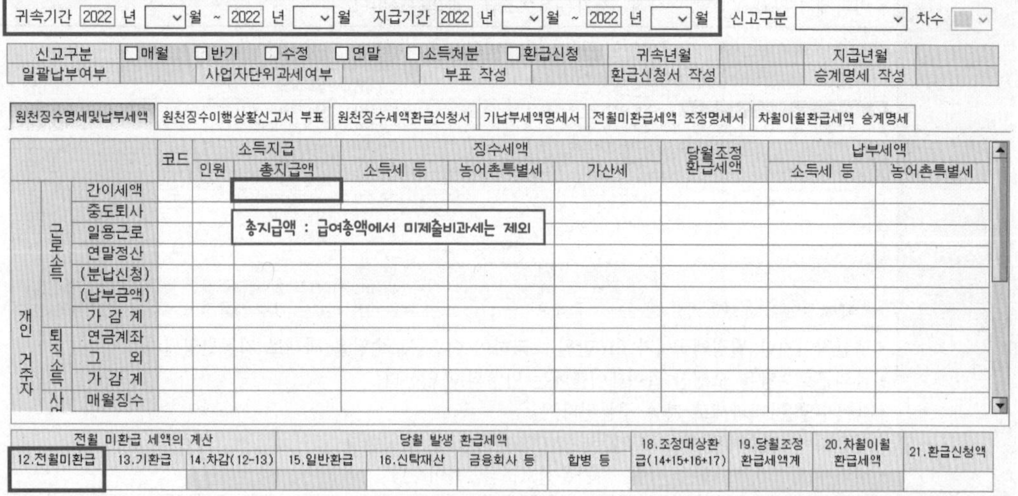

귀속기간 2022 년 월 ~ 2022 년 월 지급기간 2022 년 월 ~ 2022 년 월 신고구분 차수

신고구분	□매월 □반기 □수정 □연말 □소득처분 □환급신청	귀속년월		지급년월	
일괄납부여부	사업자단위과세여부	부표 작성	환급신청서 작성	승계명세 작성	

원천징수명세및납부세액 | 원천징수이행상황신고서 부표 | 원천징수세액환급신청서 | 기납부세액명세서 | 전월미환급세액 조정명세서 | 차월이월환급세액 승계명세

			코드	소득지급 인원	소득지급 총지급액	징수세액 소득세 등	징수세액 농어촌특별세	징수세액 가산세	당월조정 환급세액	납부세액 소득세 등	납부세액 농어촌특별세
개인 거주자	근로소득	간이세액									
		중도퇴사									
		일용근로									
		연말정산									
		(분납신청)									
		(납부금액)									
		가감계									
	퇴직소득	연금계좌									
		그 외									
		가감계									
	사업	매월징수									

총지급액 : 급여총액에서 미제출비과세는 제외

전월 미환급 세액의 계산			당월 발생 환급세액				18.조정대상환급(14+15+16+17)	19.당월조정환급세액계	20.차월이월환급세액	21.환급신청액
12.전월미환급	13.기환급	14.차감(12-13)	15.일반환급	16.신탁재산	금융회사 등	합병 등				

입력메뉴 항목	입력방법
귀속기간	급여지급 시 귀속년월을 입력한다.
지급기간	급여지급 시 지급년월을 입력한다.
신고구분	1.정기신고 : 정기신고 시 선택한다. 2.기한후신고 : 정기신고를 하지 않고 기한후신고 시 선택한다. 3.수정신고 : 당초 신고를 틀려 수정신고 시 선택한다.
근로소득 간이세액	급여자료입력 메뉴에 입력한 급여자료가 자동으로 반영된다.
근로소득 중도퇴사	원천징수신고하는 당월에 퇴직한 직원의 퇴직 시 급여자료입력 메뉴에서 중도정산(연말정산)한 자료가 자동으로 반영된다.
근로소득 일용근로	일용근로소득자의 급여자료가 자동으로 반영된다(프로그램 지원 안 됨).
근로소득 연말정산	1월부터 12월까지 계속근무한 근로자의 연말정산자료로 연말정산추가자료입력 메뉴에서 정산한 자료가 자동으로 반영된다.
간이세액 총지급액	과세미달분과 비과세소득을 포함하여 총지급액을 입력한다. 다만, 비과세소득 중 근로소득 지급명세서 작성의무가 면제된 '미제출비과세'는 총지급액을 입력할 때 제외한다(미제출비과세 : 식대, 자가운전보조금 등). 〈표〉 참고 : 비과세항목 지급명세서 작성여부
전월미환급세액	전월 미환급세액이 있는 경우 소득세를 직접 입력한다. 단, 실무에서는 직전 월의 ⑳차월이월환급세액란의 금액이 전월미환급세액란에 자동으로 반영된다.
차월이월환급세액	환급세액과 납부세액을 상계하고 남은 환급세액으로 다음 달 ⑫전월미환급세액에 자동반영된다.
환급신청액	당월에 발생한 환급세액을 다음달로 이월하지 않고 당월에 환급신청을 하는 경우에는 입력한다.
이외 메뉴 생략	전산세무 2급 시험에 필요로 하는 항목만 학습하도록 한다.

2 미제출비과세

비과세 중 미제출비과세는 원천징수이행상황신고서 총지급액란에 반영하지 않는다. 아래 표 지급명세서 작성 여부란에 '부(×)'는 미제출비과세를 의미한다.

법조문	코 드	기재란	비과세항목 [일부]	지급명세서 작성 여부
소득세법§12 3 아	G01	⑱-5	비과세 학자금(소득령§11)	○
소득세법§12 3 자	H01	⑱-9	소득령§12 1(법령・조례에 따른 보수를 받지 않는 위원 등이 받는 수당)	○
	H02		소득령§12 2 ~ 3(일직료・숙직료 등)	×
	H03		소득령§12 3(자가운전보조금)	×
	H04		소득령§12 4, 8(법령에 따라 착용하는 제복 등)	×
	H05	⑱-18	소득령§12 9 ~ 11(경호수당, 승선수당 등)	○
	H06	⑱-4	소득령§12 12 가(연구보조비 등) - 「유아교육법」, 「초・중등교육법」 -이하 생략-	○

	H11	⑱-6	소득령§12 14(취재수당)	○
	H12	⑱-7	소득령§12 15(벽지수당)	○
	H13	⑱-8	소득령§12 16(천재·지변 등 재해로 받는 급여)	○
	H16	⑱-24	소득령§12 17 (정부·공공기관 중 지방이전기관 종사자 이전지원금)	○
소득세법§12 3 거	M01	⑱	소득령§16 ① 1(국외 등에서 근로에 대한 보수) 100만원	○
	M02	⑱	소득령§16 ① 1(국외 등에서 근로에 대한 보수) 300만원	○
	M03	⑱	소득령§16 ① 2(국외근로)	○
소득세법§12 3 더	O01	⑱-1	생산직 등에 종사하는 근로자의 야간수당 등	○
소득세법§12 3 러	P01		비과세 식사대(월 10만원 이하)	×
	P02		현물 급식	×
소득세법§12 3 머	Q01	⑱	출산, 6세 이하의 자녀의 보육 관련 비과세 급여(월 10만원 이내)	○

(주)빈출상사B (회사코드 : 5004) ✓ 회사변경 후 실무수행 연습하기

작성예제

1. 주어진 자료를 참고하여 5월 급여자료입력을 하시오. 단, 수당등록은 기설정되어 있으며, 공제항목은 설정된 공제항목을 사용하며 자동으로 계산하도록 한다.

[5월 급여내역 (급여지급일 : 5월 26일)]

구 분	김사랑 (생산직)	박믿음 (사무직)	합 계
기본급	1,900,000원	4,900,000원	6,800,000원
식대(비)	100,000원	100,000원	200,000원
자가운전보조금(비)	200,000원	200,000원	400,000원
야간근로수당(비)	(비) 400,000원	(과) 400,000원	800,000원
육아수당(비)	100,000원	100,000원	200,000원
수당합계	**2,700,000원**	**5,700,000원**	**8,400,000원**

2. 5월 원천징수이행상황고서를 작성하라. 단, 전월미환급세액 17,600원(지방소득세 포함)이 있으며 별도로 환급신청을 하지 않아 당월 납부세액에서 조정하기로 한다.

작성방법

1. 급여자료입력

작성방법	수당등록은 기설정되어있으므로 귀속연월 5월, 지급년월일 5월 26일을 입력한다.

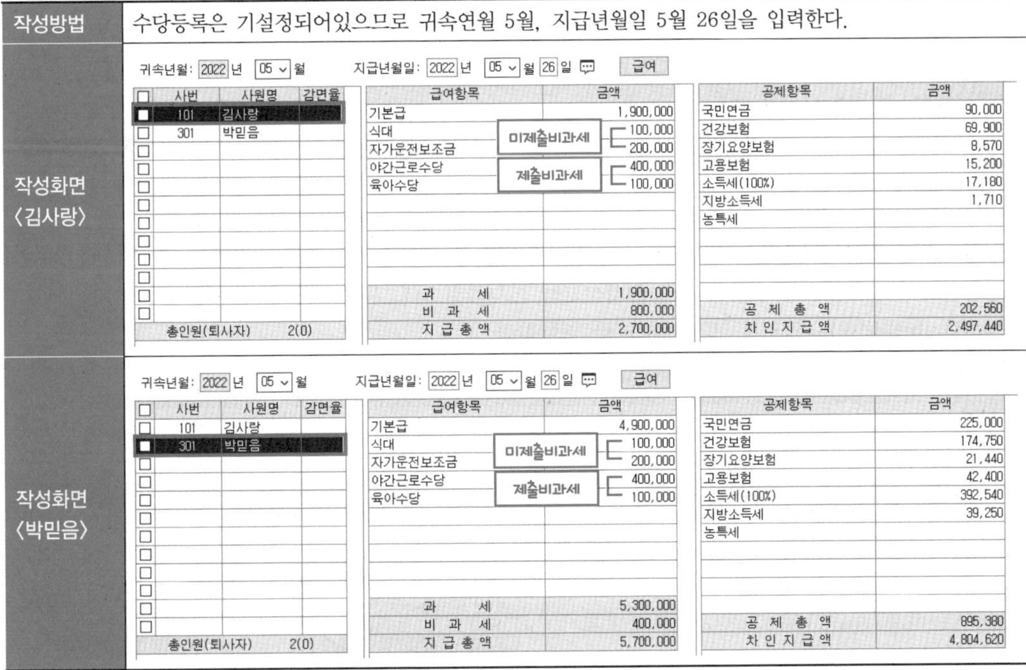

작성화면 〈김사랑〉

귀속년월: 2022 년 05 월 지급년월일: 2022 년 05 월 26 일 급여

사번	사원명	감면율
101	김사랑	
301	박믿음	
총인원(퇴사자)	2(0)	

급여항목	금액
기본급	1,900,000
식대	100,000
자가운전보조금	200,000
야간근로수당	400,000
육아수당	100,000
과세	1,900,000
비과세	800,000
지급총액	2,700,000

공제항목	금액
국민연금	90,000
건강보험	69,900
장기요양보험	8,570
고용보험	15,200
소득세(100%)	17,180
지방소득세	1,710
농특세	
공제총액	202,560
차인지급액	2,497,440

작성화면 〈박믿음〉

귀속년월: 2022 년 05 월 지급년월일: 2022 년 05 월 26 일 급여

사번	사원명	감면율
101	김사랑	
301	박믿음	
총인원(퇴사자)	2(0)	

급여항목	금액
기본급	4,900,000
식대	100,000
자가운전보조금	200,000
야간근로수당	400,000
육아수당	100,000
과세	5,300,000
비과세	400,000
지급총액	5,700,000

공제항목	금액
국민연금	225,000
건강보험	174,750
장기요양보험	21,440
고용보험	42,400
소득세(100%)	392,540
지방소득세	39,250
농특세	
공제총액	895,380
차인지급액	4,804,620

2. 원천징수이행상황신고서 작성

작성방법

귀속기간 5월 ~ 5월, 지급기간 5월 ~ 5월로 조회한다.
왼쪽 하단에 12.전월미환급세액란에 16,000원(소득세만)을 직접 입력하고, 종료 시 반드시 데이터를 '저장'하여야 한다.

작성화면

귀속기간 2022 년 05 월 ~ 2022 년 05 월 지급기간 2022 년 05 월 ~ 2022 년 05 월 신고구분 1.정기신고 차수

신고구분	☑매월	□반기	□수정	□연말	□소득처분	□환급신청	귀속년월	2022년 5월	지급년월	2022년 5월
일괄납부여부	부	사업자단위과세여부	부	부표 작성			환급신청서 작성		승계명세 작성	

원천징수명세및납부세액 | 원천징수이행상황신고서 부표 | 원천징수세액환급신청서 | 기납부세액명세서 | 전월미환급세액 조정명세서 | 차월이월환급세액 승계명세

			코드	소득지급		징수세액			당월조정 환급세액	납부세액	
				인원	총지급액	소득세 등	농어촌특별세	가산세		소득세 등	농어촌특별세
개인 거주자	근로소득	간이세액	A01	2	7,800,000	409,720					
		중도퇴사	A02								
		일용근로	A03								
		연말정산	A04								
		(분납신청)	A05								
		(납부금액)	A06								
		가 감 계	A10	2	7,800,000	409,720			16,000	393,720	
	퇴직소득	연금계좌	A21								
		그 외	A22								
		가 감 계	A20								
	사	매월징수	A25								

(지방소득세 포함 X)
급여총지급액 8,400,000원 - 미제출비과세 600,000원

전월 미환급 세액의 계산			당월 발생 환급세액				18.조정대상환급(14+15+16+17)	19.당월조정 환급세액계	20.차월이월 환급세액	21.환급신청액
12.전월미환급	13.기환급	14.차감(12-13)	15.일반환급	16.신탁재산	금융회사 등	합병 등				
16,000		16,000					16,000	16,000		

3 원천징수이행상황신고서 전자신고

2022년 4월 자격시험부터 원천징수이행상황신고서 전자신고 기능을 프로그램에 추가하여 출제한다. 아래의 예제를 통하여 전자신고 실무수행을 숙지한다.

(주)시대사랑 (회사코드 : 5014)	✓ 회사변경 후 실무수행 연습하기

작성예제

원천징수이행상황신고서(귀속기간 3월, 지급기간 3월)를 작성하여 마감하고 가상홈택스에서 원천징수이행상황신고서 전자신고를 수행하시오. 전자신고용 전자파일 제작 시 신고인 구분은 2.납세자 자진신고로 선택하고, 비밀번호는 임의로 "12345678"로 입력한다.

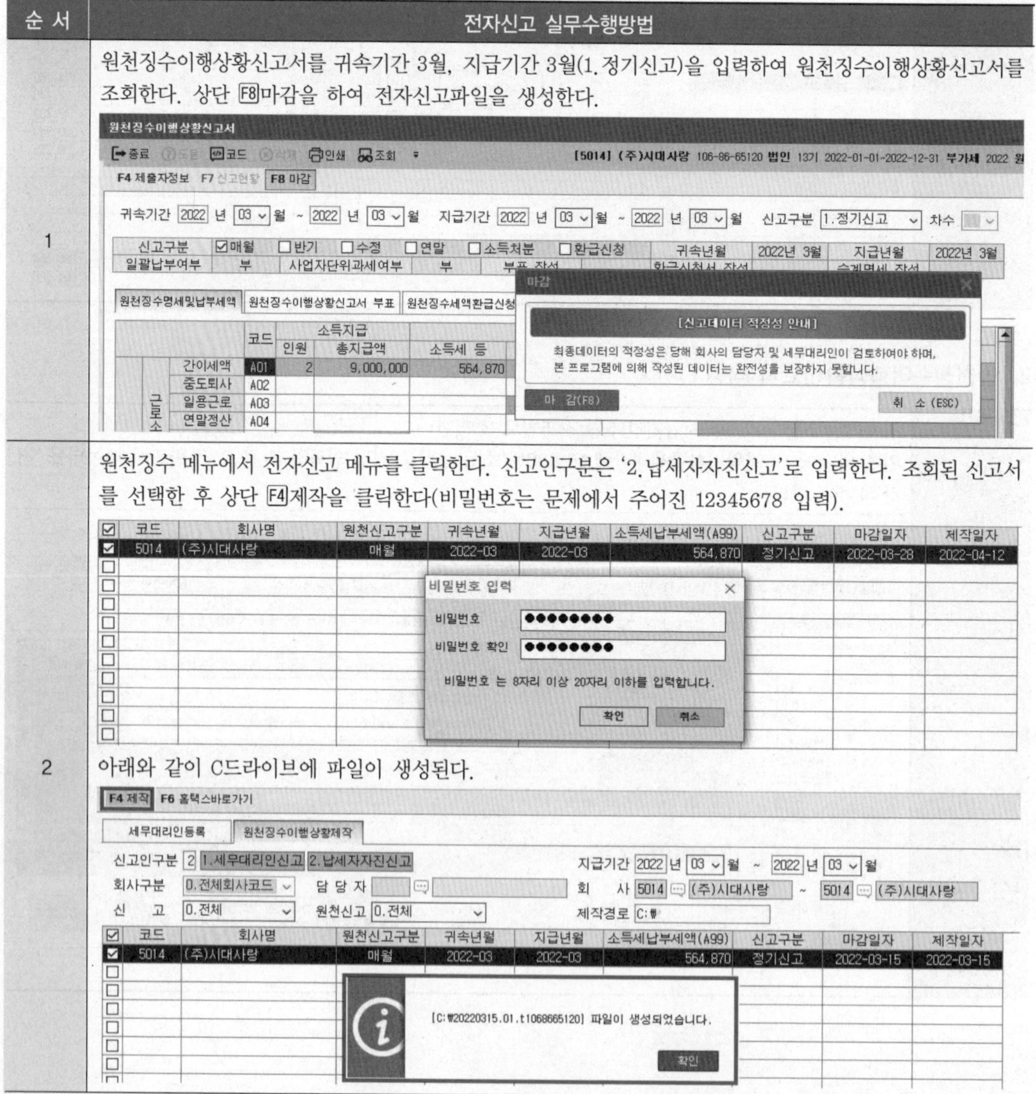

순 서	전자신고 실무수행방법
1	원천징수이행상황신고서를 귀속기간 3월, 지급기간 3월(1.정기신고)을 입력하여 원천징수이행상황신고서를 조회한다. 상단 F8마감을 하여 전자신고파일을 생성한다.
2	원천징수 메뉴에서 전자신고 메뉴를 클릭한다. 신고인구분은 '2.납세자자진신고'로 입력한다. 조회된 신고서를 선택한 후 상단 F4제작을 클릭한다(비밀번호는 문제에서 주어진 12345678 입력). 아래와 같이 C드라이브에 파일이 생성된다.

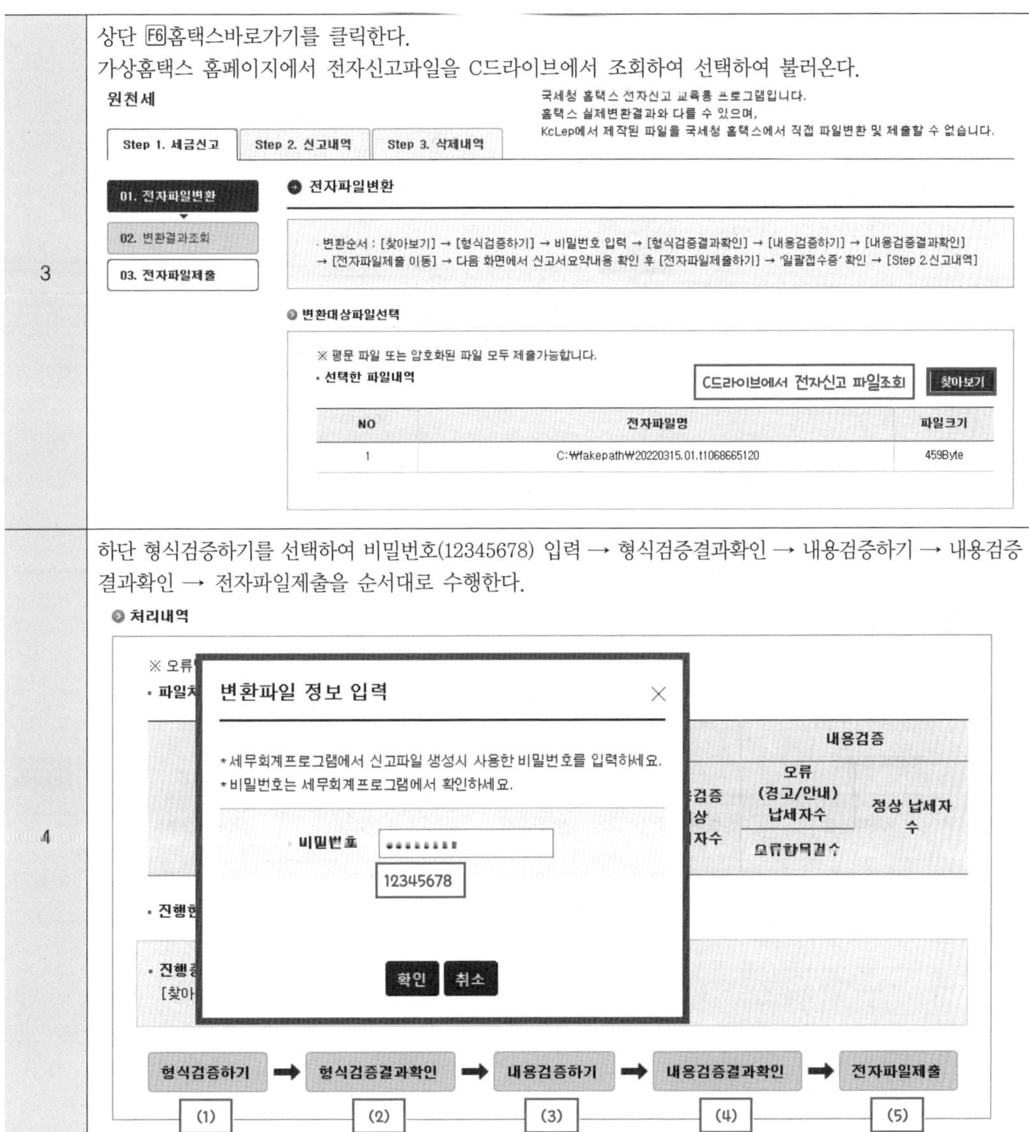

3	상단 F6홈택스바로가기를 클릭한다. 가상홈택스 홈페이지에서 전자신고파일을 C드라이브에서 조회하여 선택하여 불러온다.
4	하단 형식검증하기를 선택하여 비밀번호(12345678) 입력 → 형식검증결과확인 → 내용검증하기 → 내용검증결과확인 → 전자파일제출을 순서대로 수행한다.

5	전자파일제출하기를 완료하면 원천세신고서 접수증을 확인할 수 있다. 〈접수완료〉

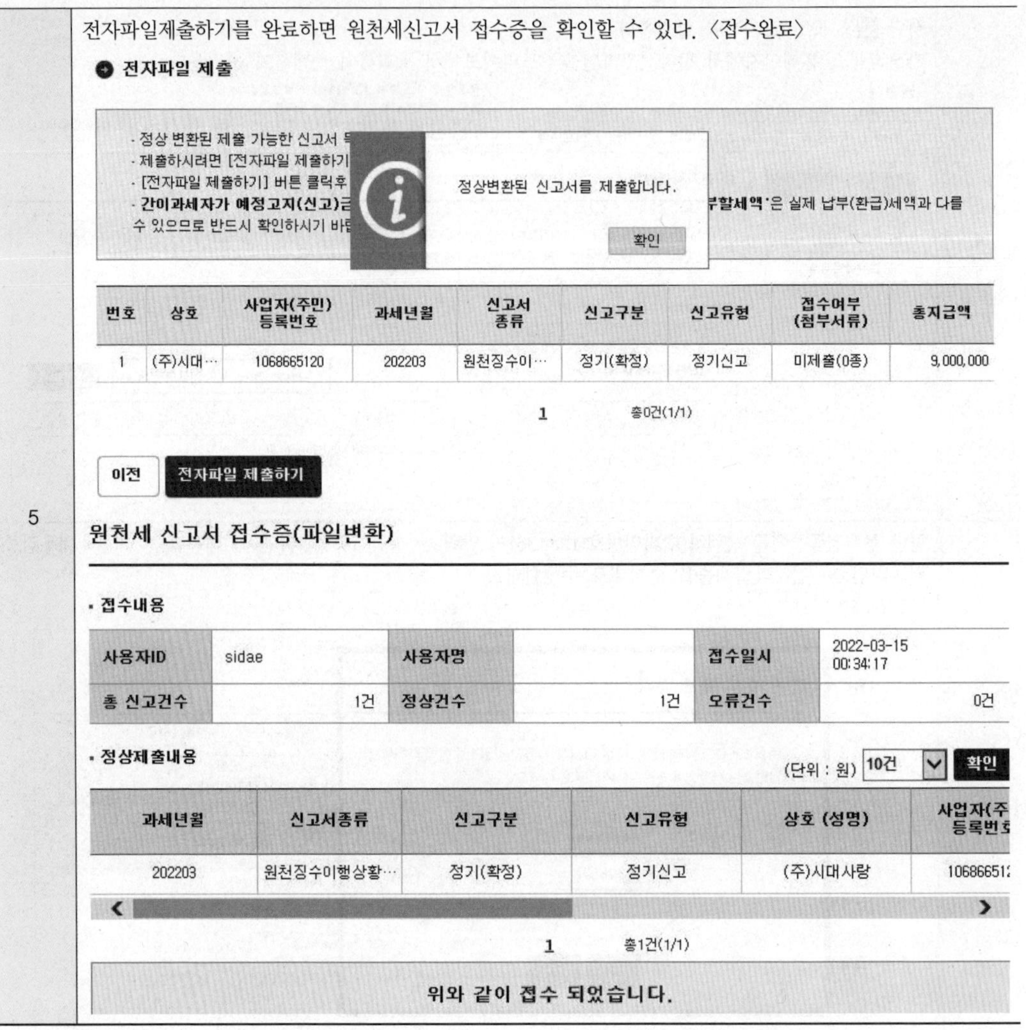

● 전자파일 제출

- 정상 변환된 제출 가능한 신고서 목
- 제출하시려면 [전자파일 제출하기
- [전자파일 제출하기] 버튼 클릭후
- **간이과세자가 예정고지(신고)금** ... **부할세액**'은 실제 납부(환급)세액과 다를 수 있으므로 반드시 확인하시기 바랍

정상변환된 신고서를 제출합니다.

확인

번호	상호	사업자(주민)등록번호	과세년월	신고서 종류	신고구분	신고유형	접수여부(첨부서류)	총지급액
1	(주)시대…	1068665120	202203	원천징수이…	정기(확정)	정기신고	미제출(0종)	9,000,000

1 총0건(1/1)

이전 | 전자파일 제출하기

원천세 신고서 접수증(파일변환)

▪ 접수내용

사용자ID	sidae	사용자명		접수일시	2022-03-15 00:34:17
총 신고건수	1건	정상건수	1건	오류건수	0건

▪ 정상제출내용

(단위 : 원) 10건 확인

과세년월	신고서종류	신고구분	신고유형	상호 (성명)	사업자(주 등록번호
202203	원천징수이행상황…	정기(확정)	정기신고	(주)시대사랑	10686651

1 총1건(1/1)

위와 같이 접수 되었습니다.

빈출 실무수행문제

제4장 소득세 실무(급여자료입력) 정답 및 해설 : p.78

1. (주)빈출상사C (회사코드 : 5005)

다음 자료를 이용하여 사원 최민호씨의 필요한 수당등록과 7월분 급여자료입력(수당등록 및 공제항목은 불러온 자료는 무시하고 아래 자료에 따라 입력하고 원천징수이행상황신고서를 작성하시오(단, 급여지급일은 매월 말일이며, 전월미환급세액 210,000원이 있다. 원천징수이행상황신고서는 매월 작성한다).

7월 급여내역

이 름	최민호	지 급 일	2022년 7월 31일
기 본 급	2,200,000원	소 득 세	80,140원
월차수당	400,000원	지방소득세	8,010원
식 대	150,000원	국민연금	99,000원
육아수당	200,000원	건강보험	76,890원
출퇴근수당	200,000원	장기요양보험	9,430원
		고용보험	23,600원
급 여 계	**3,150,000원**	**공제합계**	**297,070원**
노고에 감사드립니다.		**지급총액**	**2,852,930원**

※ 식대, 육아수당(정기)은 비과세 요건을 충족하지만, 출퇴근수당(정기)은 업무상 이용이 아닌 출퇴근에만 사용하므로 비과세 요건을 충족하지 않는다.
※ 사용하는 수당 이외의 항목은 '부'로 체크한다.
※ 기본급을 제외한 수당은 통상임금을 '부'로 체크한다.
※ 기본급을 포함한 모든 수당은 '월정액(정기)'으로 체크한다.
※ 당월 환급세액은 차월로 이월한다.

2. (주)소망상사 (회사코드 : 5006)

다음 자료를 보고 영업사원 김대호의 필요한 수당등록과 4월분 급여자료입력을 하시오.

(1) 급여명세서

2022년 4월 급여명세서					
급여내역	기 본 급	3,000,000원	공제내역	소 득 세	147,110원
	식 대	100,000원		지방소득세	14,710원
	야간근로수당	250,000원		국민연금	135,000원
	자가운전보조금	200,000원		건강보험	102,900원
	육아수당	100,000원		장기요양보험	11,850원
	직무수당	200,000원		고용보험	28,400원
	급여총액	**3,850,000원**		사내대출금	500,000원
				공제총액	**939,970원**
			지급총액		**2,910,030원**

귀하의 노고에 감사드립니다.

(2) 추가 자료 및 요청 사항

① 급여지급일은 매월 말일이다.

② 수당내역

- 식대 : 당 회사는 구내식당에서 식사를 별도로 제공하고 있다.
- 야간근로수당 : 업무시간 외 추가로 근무를 하는 경우 야근수당을 지급하고 있다.
- 자가운전보조금 : 직원명의의 차량을 소유하고 있고, 그 차량을 업무수행에 이용하는 경우 자가운전보조금을 200,000원 지급하고 있다.
- 육아수당 : 6세 이하의 자녀가 있는 경우 자녀 1인당 100,000원의 육아수당을 지급하고 있다.
- 직무수당 : 직급에 따른 차등지급액으로 대리급은 200,000원을 지급하고 있다.
- 자가운전보조금을 제외한 모든 수당은 월정액에 해당한다.

③ 공제내역

- 국민연금, 건강보험, 장기요양보험 및 고용보험은 당월에 고지된 내역을 반영하였다.
- 사내 대출금은 주택구입대출금에 대한 상환액이다.

④ 급여대장 작성 시, 과세여부를 판단하여 필요한 수당은 추가 등록하고, 사용하지 않는 수당은 사용여부를 모두 '부'로 변경하며, 통상임금여부는 무시한다.

3. (주)믿음상사 (회사코드 : 5007)

다음 자료를 이용하여 연구개발팀의 사원 서주원(코드101)의 필요한 수당등록과 12월분 급여자료입력을 하고 원천징수이행상황신고서를 작성하시오(단, 수당등록 및 공제항목은 불러온 자료는 무시하고 아래 자료에 따라 입력하며, 수당등록 시 월정액은 모두 '정기'로 체크하고, 사용하는 수당 이외의 항목은 '부'로 체크하고, 통상임금은 무시한다).

2022년 12월 급여내역

이 름	서주원	지 급 일	12월 31일
기본급	2,000,000원	소 득 세	25,180원
식대	180,000원	지방소득세	2,510원
야간근로수당	300,000원	국민연금	90,000원
육아수당	200,000원	건강보험	62,400원
자가운전보조금	100,000원	장기요양보험	4,600원
교육지원금	120,000원	고용보험	18,200원
연구보조비	100,000원	가 불 금	1,000,000원
급여합계	**3,000,000원**	공제합계	1,202,890원
노고에 감사드립니다.		**지급총액**	**1,797,110원**

〈추가자료〉
- 회사는 구내식당을 운영하지 않고 있으며 별도의 식사 제공은 하지 않는다.
- 서주원은 만 6세의 자녀가 있으며, 회사 정책상 자녀 1인당 20만원씩 육아수당을 지급받고 있다. 현재 서주원의 배우자는 근무하고 있는 직장에서 비과세 육아수당을 지급받고 있다.
- 서주원은 본인명의 차량을 업무용으로 사용함에 따른 실제 여비를 받고, 자가운전보조금도 별도로 지급받고 있다.
- 서주원은 사설어학원에서 외부교육을 받고 있으며, 이에 따른 교육비를 지원받고 있다.
- 서주원은 기업부설연구소에서 연구원으로 일하고 있으며 연구보조비를 지급받고 있다.
- 서주원은 12월 초에 개인사정으로 인하여 가불금을 지급 받았으며, 회사 정책상 가불금은 그달 월급에서 공제하고 있다.
- 전월 미환급세액은 없다.

4. (주)우주상사 (회사코드 : 5008)

다음 자료를 이용하여 영업직 사원 조인호씨(사번 : 201)의 필요한 수당과 2월분 급여자료를 입력하고(수당등록 및 공제항목은 아래 주어진 자료에 따라 입력하며, 사용하지 않는 수당은 '부'로 체크하고 통상임금은 체크는 무시할 것), 원천징수이행상황신고서를 작성하고 홈택스 전자신고를 하시오(비밀번호 11111111. 단, 전월 미환급액은 300,000원 있다. 원천징수이행상황신고서는 매월 작성한다).

2022년 2월 급여명세서

지급내역	기 본 급	1,800,000원
	상 여	250,000원
	식 대	120,000원
	자가운전보조금	150,000원
	야간근로수당	200,000원
	자격수당	50,000원
	육아수당	200,000원
	지급액	2,770,000원
공제내역	국민연금	81,000원
	건강보험	55,080원
	장기요양보험	4,060원
	고용보험	16,700원
	소득세	47,620원
	지방소득세	4,760원
	공제계	209,220원
지급총액		**2,560,780원**

귀하의 노고에 감사드립니다.

〈추가자료〉

- 급여지급일은 다음 달 25일이다.
- 회사는 구내식당을 운영하지 않으며 별도의 식사 제공은 하지 않는다.
- 조인호씨는 전산세무 2급 국가공인 자격증을 보유하고 있어 자격수당을 지급받고 있다.
- 조인호씨는 배우자명의의 차량을 업무용으로 사용하고 실제 여비를 받는 대신 자가운전보조금을 지급받고 있다.
- 조인호씨는 만 2세, 만 5세 두명의 자녀가 있으며, 자녀 1인당 10만원씩 육아수당을 지급받고 있다.
- 수당등록의 통상임금 체크는 무시한다.

연말정산추가자료입력

연말정산이란 근로소득 외에도 특정사업소득, 공적연금소득에 대해 원천징수의무자가 연간 소득과 세액을 미리 예납하여 원천징수한 세액과의 차액을 추가로 징수 또는 환급하는 제도이다. 실무편에서 다룰 연말정산은 근로소득자의 연말정산이며, 1월부터 12월까지의 근로소득에 대해 다음 연도 2월분 지급 시 연말정산을 하면 5월 과세표준 확정신고 의무가 없으므로 납세편의를 도모하고, 과세관청의 세무행정의 간소화와 징수하는 비용을 절감하는 효과가 있다.

01 연말정산의 종류

연말정산 종류	입력방법
계속근로자	12월 말 계속근로자는 다음 연도 2월 급여 지급 시 연말정산을 한다. [연말정산추가자료입력] 메뉴의 계속근로자를 반영하여 연말정산을 한다.
중도퇴사자	당해 연도 중에 퇴사한 근로소득자의 경우에는 퇴직한 달의 마지막 급여를 지급하는 달에 중도퇴사자 연말정산(중도정산)을 한다. **[중도퇴사자 연말정산 프로세스]** 순서 1 : 사원등록 메뉴 '퇴사일자'를 가장 먼저 입력해야 한다. 순서 2 : 급여자료입력 메뉴 '중도정산내역'을 해당 급여내역에 반영한다. 순서 3 : 원천징수이행상황신고서 '중도퇴사'란에 자동 반영된다.
중도입사자 (전근무지 있는 경우)	당해 연도 중간입사자의 전근무지 소득이 있는 경우에는 전근무지에서 지급받은 근로소득 및 기납부세액 등을 현근무지 연말정산에 합산하여야 한다. [연말정산추가자료입력] 메뉴의 [소득명세] 탭에 종(전)근무지 입력

02 연말정산추가자료 입력방법

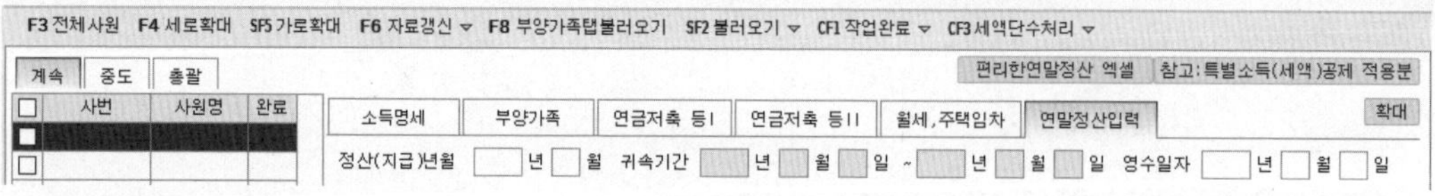

F3 전체사원 F4 세로확대 SF5 가로확대 F6 자료갱신 F8 부양가족탭불러오기 SF2 불러오기 CF1 작업완료 CF3 세액단수처리

입력메뉴 항목	입력방법
탭 - 계속	계속근무자의 연말정산을 수행한다.
탭 - 중도	중도퇴사자의 연말정산을 수행한다.
탭 - 총괄	모두 조회할 때 선택한다.
정산년월	2022년도 연말정산을 한다면 정산년월은 2023년 2월이다.
귀속기간	2022년도 연말정산을 한다면 2022년 1월 ~ 12월이다.
영수일자	2022년도 연말정산을 한다면 정산년월은 2023년 2월 28일이다.

입력메뉴 항목	입력방법
F3전체사원	계속근무자를 모두 불러오기 하는 경우에 사용한다. 그러나 전산세무 시험은 근로자 한 명의 연말정산을 수행하므로 사번에서 F2 조회하여 사원을 선택하는 방법으로 입력한다.
F6자료갱신	변경된 사원정보 및 급여자료입력을 자동 반영하는 경우에 사용한다.
F8부양가족탭불러오기	[부양가족] 탭에 입력한 보험료 등의 내역을 [연말정산입력] 탭에 자동 반영하는 경우에 사용한다.
SF2 불러오기	[신용카드소득공제신청서], [근로소득공제신고서]의 지출액을 자동 반영하는 경우에 사용하며 공제금액을 재계산한다(시험에서는 사용하지 않음).
CF1 작업완료	작업완료를 하면 취소하지 않고는 입력할 수 없다.

03 연말정산추가자료 입력연습

(주)만물상사 (회사코드 : 5009) 나교육(사번 : 201) ✓ 해당 사원으로 실무연습하시오.

1 연말정산 대상 사원 선택

사번에서 F2조회하여 나교육(사원코드 : 201) 선택한다.

작성방법	사번에서 F2조회하여 나교육(사원코드 : 201) 선택한다.
작성화면	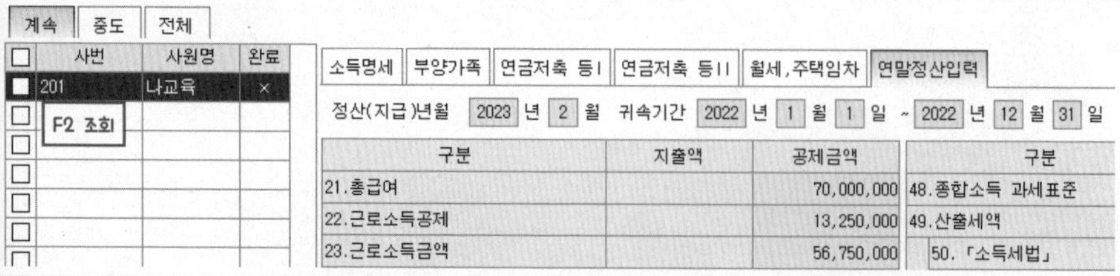 사번 201 나교육 / 정산(지급)년월 2023 년 2 월 귀속기간 2022 년 1 월 1 일 ~ 2022 년 12 월 31 일 / 21.총급여 70,000,000 / 22.근로소득공제 13,250,000 / 23.근로소득금액 56,750,000

2 소득명세 탭

작성방법

[급여자료입력] 메뉴에 입력한 급여자료가 해당 메뉴에 자동 반영된다. 계속근무자의 경우에는 해당 메뉴에서 입력할 사항이 없지만, 중도입사자(또는 2 이상 근무지가 있는 경우)의 경우에는 종(전)근무지의 소득자료 등을 입력하여야 한다. 나교육은 계속근무자이므로 종전자료는 입력하지 않는다.

작성화면

소득명세 | 부양가족 | 연금저축 등I | 연금저축 등II | 월세,주택임차 | 연말정산입력

구분			합계	주(현)	납세조합	종(전) [1/1]
소득	9.근무처명			(주)만물상사		
	10.사업자등록번호			143-81-14912	---‐--‐-----	---‐--‐-----
	11.근무기간			2022-01-01 ~ 2022-12-31	----‐--‐-- ~ ----‐--‐--	----‐--‐-- ~ ----‐--‐--
	12.감면기간			----‐--‐-- ~ ----‐--‐--	----‐--‐-- ~ ----‐--‐--	----‐--‐-- ~ ----‐--‐--
	13-1.급여(급여자료입력)		70,000,000	70,000,000		
	13-2.비과세한도초과액					
공제보험료명세	직장	건강보험료(직장)(33)	1,938,000	1,938,000		
		장기요양보험료(33)	176,560	176,560		
		고용보험료(33)	480,800	480,800		
		국민연금보험료(31)	2,106,000	2,106,000		
	공적연금보험료	공무원 연금(32)				
		군인연금(32)				
		사립학교교직원연금(32)				
		별정우체국연금(32)				
세액명세	기납부세액	소득세	5,688,860	5,688,860		
		지방소득세	568,820	568,820		
		농어촌특별세				
	납부특례세액	소득세				
		지방소득세				
		농어촌특별세				

3 부양가족 탭

작성방법

부양가족 탭은 사원등록 [부양가족명세]에 입력한 자료가 자동 반영된다. 부양가족을 수정하는 경우에는 사원등록 [부양가족명세]를 수정하여 새로 불러오거나, 부양가족 탭을 직접 수정한다. 부양가족 탭 하단부에 보장성보험료, 의료비, 교육비 지출내역을 부양가족별로 입력하고 F8부양가족탭불러오기를 하여 연말정산입력 탭에 자동 반영한다. 단, 신용카드사용액과 기부금은 부양가족 탭에 입력할 수 없다.

작성화면

계속 | 중도 | 전체

사번	사원명	완료
201	나교육	×

편리한연말정산 엑셀 | 참고:특별소득(세액)공제 적용

소득명세 | 부양가족 | 연금저축 등I | 연금저축 등II | 월세,주택임차 | 연말정산입력

연말관계	성명	내/외국인		주민(외국인)번호	나이	기본공제	세대주구분	부녀자	한부모	경로우대	장애인	자녀	출산입양
0	나교육	내	1	720514-1001212	50	본인	세대주						
1	최종원	내	1	490401-1012345	73	60세이상				○			
1	김숙자	내	1	550501-2111111	67	부							
3	신우리	내	1	740909-2063692	48	배우자							
4	최신동	내	1	040401-4012345	18	20세이하						○	
합 계 [명]						4				1		1	

자료구분	보험료				의료비					교육비	
	건강	고용	일반보장성	장애인전용	일반		실손	난임	65세,장애인.건강	일반	장애인특수
국세청					3,500,000	1.전액	1,000,000				
기타	2,114,560	480,800									

자료구분	신용카드등 사용액공제						기부금
	신용카드	직불카드등	현금영수증	전통시장사용분	대중교통이용분	도서공연 등	
국세청							
기타							

4 연금저축 등 I 탭

작성방법	① 연금계좌 세액공제 : 퇴직연금계좌(확정기여형)에 근로자가 불입하는 금액을 세액공제 받는 경우에 입력하면 [연금계좌 : 58.근로자퇴직연금]란에 자동 반영된다. ② 연금계좌 세액공제(소득공제) : 개인연금저축(2000년 1월 1일 이전 가입분)과 연금저축(2000년 1월 1일 이후 가입분) 불입액이 있는 경우에 입력하면 [연금계좌 : 59.연금저축, 38.개인연금저축]란에 자동 반영된다. ③ 연금계좌 세액공제(ISA 만기 시 연금계좌 납입액) : ISA 만기된 금액을 연금계좌에 납입 시 입력하면 [연금계좌 : 59-1. ISA연금계좌전환]란에 자동 반영된다. ④ 주택마련저축 소득공제 : 청약저축, 주택청약종합저축이 있는 경우에 입력하면 [40.주택마련저축소득공제]란에 자동 반영된다.
작성예제	본인(나교육)의 연금저축불입액 공제항목을 연말정산에 반영하시오. • 연간 불입액 2,000,000원 • 2010년 4월 2일 가입 • ㈜신한은행, 계좌번호 : 110-190-13007
작성화면	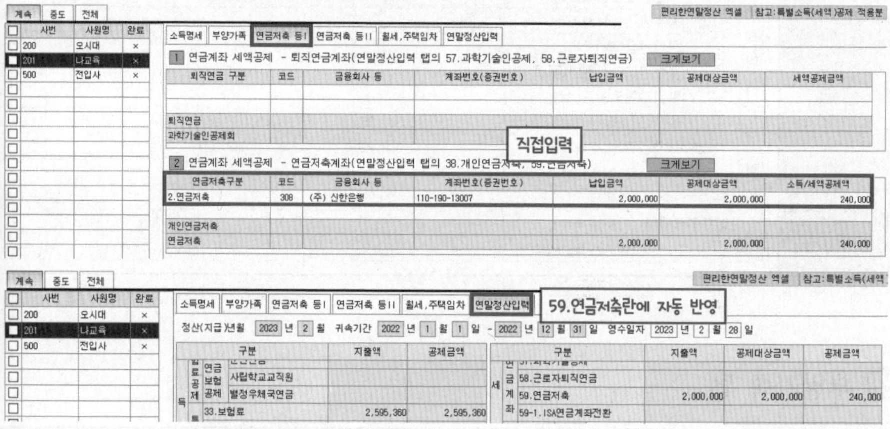 직접입력 59.연금저축란에 자동 반영

5 월세, 주택임차 탭

작성방법	월세액이 있는 경우 임대인 및 월세납입액을 입력하면 [69.월세액]란에 자동 반영된다. 또한 거주자 간 주택임차차입금 원리금 상환액이 있는 경우에는 하단에 입력하면 [34.주택차입금원리금 : 거주자]란에 자동 반영된다.
작성예제	본인(나교육)의 월세 불입액 공제항목을 연말정산에 반영하시오. • 임대차 계약기간 : 2022.1.1 ~ 2022.12.31 • 매월 월세액 : 700,000원(2022년 총지급액 8,400,000원) • 나교육은 무주택자이며, 월세는 세액공제요건이 충족되는 것으로 한다.

임대인	주민등록번호	주택유형	면 적	주소지
강부자	631124-1655498	다가구주택	52.00m^2	서울시 영등포구 여의나루로 121

작성화면

〈월세, 주택임차 탭 입력〉

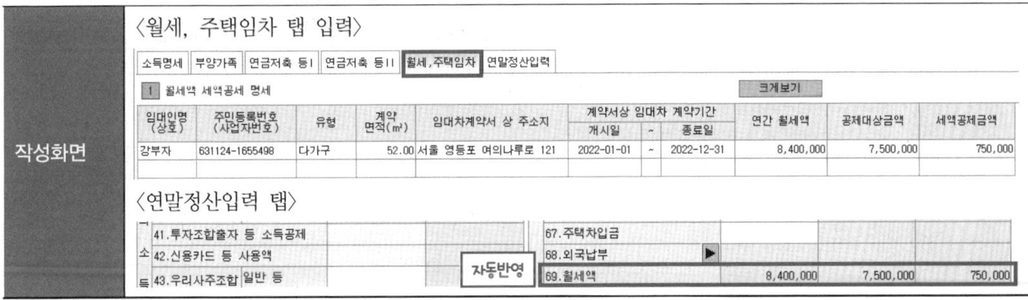

소득명세 | 부양가족 | 연금저축 등I | 연금저축 등II | 월세,주택임차 | 연말정산입력

1 월세액 세액공제 명세　　크게보기

임대인명(상호)	주민등록번호(사업자번호)	유형	계약 면적(㎡)	임대차계약서 상 주소지	계약서상 임대차 계약기간 개시일	~	종료일	연간 월세액	공제대상금액	세액공제금액
강부자	631124-1655498	다가구	52.00	서울 영등포 여의나루로 121	2022-01-01	~	2022-12-31	8,400,000	7,500,000	750,000

〈연말정산입력 탭〉

41.투자조합출자 등 소득공제			67.주택차입금			
42.신용카드 등 사용액			68.외국납부			
43.우리사주조합 일반 등		자동반영	69.월세액	8,400,000	7,500,000	750,000

6 연말정산입력 탭

1. 총급여액 ~ 보험료, 자녀세액공제

작성방법

사원등록의 부양가족명세와 연간 급여자료입력한 소득자료가 연말정산입력 탭에 자동으로 반영된다. 해당 입력자료는 자동으로 반영되는 것으로 직접 입력하지 않는다.

조회화면

소득명세 | 부양가족 | 연금저축 등I | 연금저축 등II | 월세,주택임차 | 연말정산입력

정산(지급)년월 2023 년 2 월　귀속기간 2022 년 1 월 1 일 ~ 2022 년 12 월 31 일　영수일자 2023 년 2 월 28 일

구분	지출액	공제금액
21.총급여		70,000,000
22.근로소득공제		13,250,000
23.근로소득금액		56,750,000
24.본인		1,500,000
25.배우자		1,500,000
26.부양가족 2명)		3,000,000
27.경로우대 1명)		1,000,000
28.장애인 명)		
29.부녀자		
30.한부모가족		
31.국민연금보험료	2,106,000	2,106,000
32.공적연금보험공제 공무원연금		
군인연금		
사립학교교직원		
별정우체국연금		
33.보험료	2,595,360	2,595,360
건강보험료	2,114,560	2,114,560
고용보험료	480,800	480,800

구분	지출액	공제대상금액	공제금액
48.종합소득 과세표준			45,048,640
49.산출세액			5,677,296
50.「소득세법」			
51.「조세특례제한법」(52제외)			
52.「조세특례제한법」제30조			
53.조세조약			
54.세액감면 계			
55.근로소득 세액공제			660,000
56.자녀세액공제 ㉮자녀 1명)			150,000
㉯ 출산.입양 명)			
57.과학기술공제			
58.근로자퇴직연금			
59.연금저축			
59-1.ISA연금계좌전환			
60.보장성보험 일반			
장애인			

2. 주택자금공제

작성방법

① 34.주택차입금원리금상환액 : 대출기관란에서 더블클릭하여 보조화면에 입력한다. 거주자에게 차입한 경우에는 [월세 및 주택임차] 탭에 입력한다.

② 34.장기주택저당차입금이자상환액 : 더블클릭하여 보조화면에서 차입시기와 상환기간을 확인하여 입력한다.

③ 40.주택마련저축소득공제 : 청약저축 등의 불입액이 있는 경우 [연금저축 등 I] 탭에 입력하여 반영한다.

작성예제

본인(나교육)의 장기주택저당차입금이자상환액을 연말정산입력 하시오.

- 최초차입일 2015.08.02 ~ 최초상환예정일 2035.08.02
- 고정금리이고 비거치식 : 상환기간 20년
- 상환차입금의 이자상환액 : 3,000,000원
- 신한은행(계좌번호 128-455-21173)

<table>
<tr><td>작성화면</td><td>

주택자금

구분				공제한도	불입/상환액	공제금액
①청약저축_연 납입 240만원				불입액의 40%		
②주택청약저축(무주택자)_연 납입 240만원						
③근로자주택마련저축_월 납입 15만원, 연 납입 180만원						
1.주택마련저축공제계(①~③)				연 300만원 한도		
주택임차차입금 원리금상환액	①대출기관			불입액의 40%		
	②거주자(총급여 5천만원 이하)					
2.주택차입금원리금상환액(①~②)				1+2 ≤ 연 300만원		
장기주택 저당차입금 이자상환액	2011년 이전 차입금	㉠15년 미만		1+2+㉠ ≤ 600만원		
		㉡15년~29년		1+2+㉡ ≤ 1,000만원		
		㉢30년 이상		1+2+㉢ ≤1,500만원		
	2012년 이후 차입금	㉣고정금리OR비거치상환		1+2+㉣ ≤1,500만원		
		㉤기타대출		1+2+㉤ ≤500만원		
	2015년 이후 차입금	15년 이상	㉥고정AND비거치	1+2+㉥ ≤1,800만원	3,000,000	3,000,000
			㉦고정OR비거치	1+2+㉦ ≤1,500만원		
			㉧기타대출	1+2+㉧ ≤500만원		
		10년~15년	㉨고정OR비거치	1+2+㉨ ≤300만원		
3.장기주택저당차입금이자상환액					3,000,000	3,000,000
합 계(1+2+3)					3,000,000	3,000,000

연금저축 등 I 탭에 자동 반영

직접입력
월세, 주택임차 탭에 입력하여 자동 반영

상환기간, 차입일, 금리조건, 가치여부 등을 고려하여 직접입력

▶ 1.주택마련저축공제

≫①, ②는 2015년 이후 가입자는 총급여 7,000만원 이하인 경우만 공제 가능

≫②는 3.장기주택저당차입금이자상환액공제를 받는 경우 공제 불가

▶ 주택차입금이자세액공제를 받는 차입금의 이자는 장기주택저당차입금이자상환액공제 적용 불가

확인(Esc)

</td></tr>
</table>

3. 신용카드등사용액 소득공제

작성방법

기본공제대상자(소득금액 제한있음)가 요건을 충족하는 신용카드등사용액이 있는 경우 연말정산입력 탭 – 42.신용카드등사용액란에 직접 입력한다.

작성예제

본인(나교육)의 신용카드등사용금액을 연말정산에 반영하시오.

- 본인(나교육) : 신용카드 20,000,000원(이 중 8,000,000원은 본인이 근무하는 법인의 비용 해당분)
- 본인(나교육) : 현금영수증 3,000,000원(이 중 300,000원은 전통시장사용분, 200,000원은 도서구입비)
- 배우자(신우리, 소득없음) : 직불카드 4,000,000원(영어학원비 포함)
- 자녀(최신동, 18세, 소득없음) : 신용카드 2,600,000원(이 중 600,000원은 대중교통 사용분, 2,000,000원은 아파트관리비 사용분)
- 모친(김숙자, 67세, 사업소득금액 500만원) : 신용카드 1,700,000원(일반 생활비)

작성화면

▶ 신용카드 등 사용금액 공제액 산출 과정

총급여	70,000,000	최저사용액(총급여 25%)	17,500,000

구분		대상금액	공제율금액		공제제외금액	공제가능금액	공제한도	일반공제금액	추가공제금액	최종공제금액
㉮신용카드	전통시장/ 대중교통비 제외	12,000,000	15%	1,800,000	3,450,000	720,000	3,000,000	720,000		720,000
㉯직불/선불카드		4,000,000	30%	1,200,000						
㉰현금영수증		2,500,000	30%	750,000						
㉱도서공연등사용분(7천이하)		200,000	30%	60,000						
㉲전통시장 사용분		300,000	40%	120,000						
㉳대중교통 사용분		600,000	40%	240,000						
신용카드 등 사용액 합계(㉮~㉳)		19,600,000		4,170,000	아래참조 *1	공제율금액-공제제외금액	아래참조 *2	MIN[공제가능금액,공제한도]	아래참조 *3	일반공제금액+추가공제금액

(가) 신용카드 : 본인 12,000,000원(법인의 비용은 공제불가)

(나) 직불카드 : 배우자 4,000,000원(영어학원비는 공제가능)

(다) 현금영수증 : 본인 2,500,000원(전통시장과 도서구입비는 별도 항목으로 공제가능)

(라) 도서공연분 : 본인 200,000원(총급여액 70,000,000원 이하자에 한하여 구분입력)

(마) 전통시장 : 본인 300,000원(현금영수증 사용액 중 전통시장사용분으로 구분입력)

(바) 대중교통 : 자녀 600,000원(자녀 신용카드 중 사용액 중 아파트관리비는 공제불가)

4. 보장성보험료 세액공제

작성예제

본인(나교육)의 보장성보험료 세액공제항목을 연말정산에 반영하시오.

- 본인(나교육) : 자동차보험료 800,000원
- 배우자(신우리, 소득없음) : 저축성보험료 500,000원
- 자녀(최신동, 18세, 소득없음) : 생명보험료 600,000원

작성방법

〈방법 1〉 기본공제대상자(연령과 소득금액 제한있음)의 일반보장성보험료와 장애인보장성보험료를 구분하여 연말정산 탭에 직접 입력한다.

〈방법 2〉 부양가족 탭에 대상자별로 입력하여 F8부양가족탭불러오기하여 연말정산 탭에 자동 반영한다.

작성화면 〈방법 1〉

연말정산입력 탭에 직접 입력

보험료 지출액 직접 입력

구분		지출액	공제금액	구분			지출액	공제대상금액	공제금액
특별	33.보험료	2,595,360	2,595,360	59-1.ISA연금계좌전환					
	건강보험료	2,114,560	2,114,560	60.보장성보험	일반	1,400,000	1,400,000	1,000,000	120,000
	고용보험료	480,800	480,800		장애인				

※ 저축성보험료는 공제되지 않음

작성화면 〈방법 2〉

부양가족 탭에 대상자별로 입력 → F8부양가족탭불러오기하여 연말정산입력 탭에 자동 반영

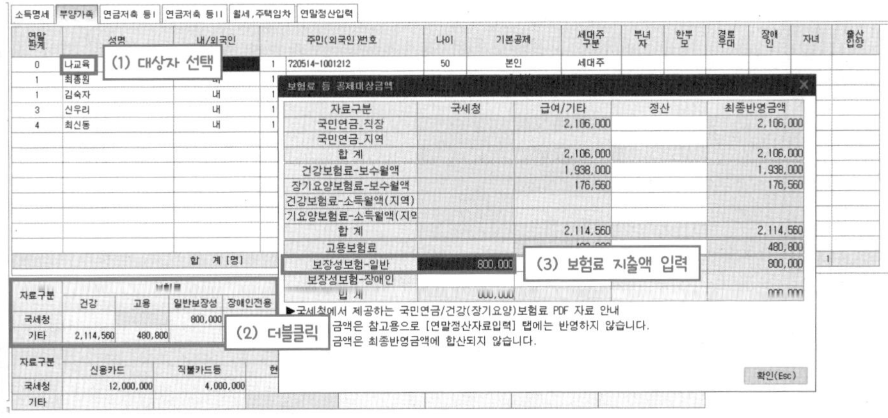

(1) 대상자 선택

(2) 더블클릭

(3) 보험료 지출액 입력

자료구분	국세청	급여/기타	정산	최종반영금액
보장성보험-일반	600,000			600,000
합 계	600,000			600,000

▶국세청에서 제공하는 국민연금/건강(장기요양)보험료 PDF 자료 안내
1.해당 금액은 참고용으로 [연말정산자료입력] 탭에는 반영하지 않습니다.
2.해당 금액은 최종반영금액에 합산되지 않습니다.

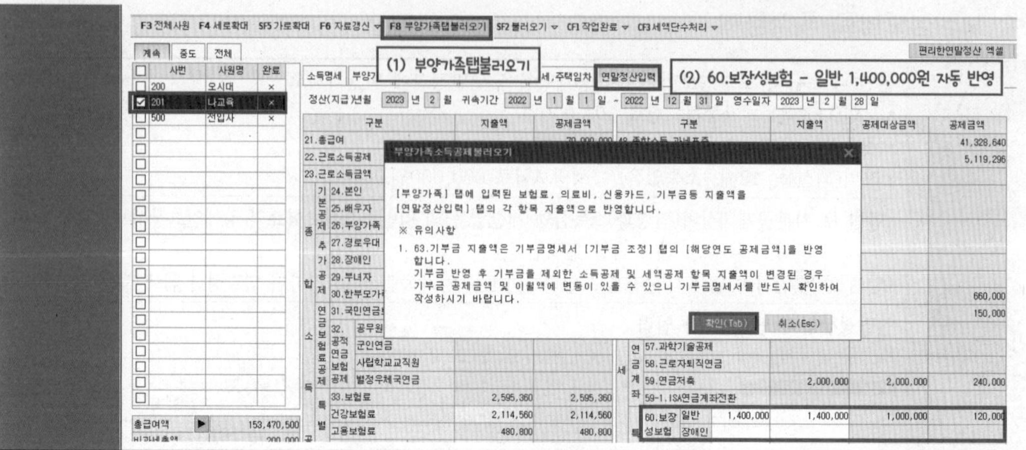

5. 의료비 세액공제

작성방법

기본공제대상자(연령과 소득 제한없음)를 위하여 지출한 의료비가 있는 경우 부양가족 탭에 대상자별로 [의료비 지급명세서]를 작성하고 F8부양가족탭불러오기하여 연말정산자료입력 탭에 자동반영한다.

작성예제

다음의 의료비 지출내역을 의료비 지급명세서를 작성하여 연말정산을 하시오(단, 상호 및 사업자번호는 생략, 의료증빙은 '1.국세청장', 건수는 '1'로 입력한다).

- 본인(나교육) : 위염치료비 3,000,000원(이 중 실손의료보험금 1,000,000원 수령하였음), 시력보정용 안경구입비 700,000원
- 배우자(신우리, 소득없음) : 미용성형수술비 5,000,000원
- 모친(김숙자, 67세, 사업소득금액 500만원) : 건강검진비 3,000,000원, 임플란트치료비 1,500,000원
- 자녀(최신동, 18세, 소득없음) : 예방접종비 600,000원

작성화면

〈의료비지급명세서〉

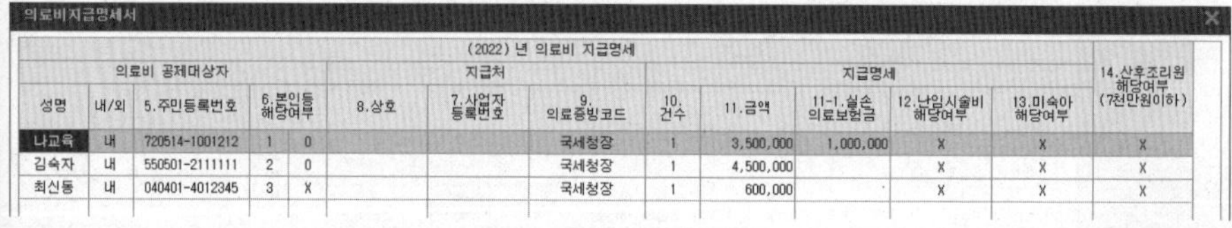

(2022) 년 의료비 지급명세

의료비 공제대상자					지급처			지급명세					
성명	내/외	5.주민등록번호	6.본인등해당여부		8.상호	7.사업자등록번호	9.의료증빙코드	10.건수	11.금액	11-1.실손의료보험금	12.난임시술비해당여부	13.미숙아해당여부	14.산후조리원해당여부(7천만원이하)
나교육	내	720514-1001212	1	0			국세청장	1	3,500,000	1,000,000	X	X	X
김숙자	내	550501-2111111	2	0			국세청장	1	4,500,000		X	X	X
최신동	내	040401-4012345	3	X			국세청장	1	600,000		X	X	X

〈연말정산입력 탭〉

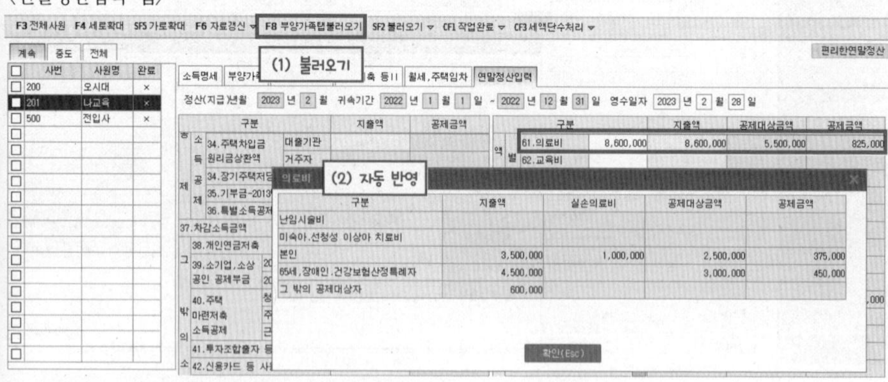

- 시력보정용 안경구입비는 500,000원 한도까지만 의료비에 포함한다.
- 성형수술비는 공제되지 않는다.
- 의료비는 소득금액에 제한이 없으므로 모친의 의료비 공제가 가능하다.

6. 교육비 세액공제

작성예제

본인(나교육)의 교육비 공제항목을 연말정산에 반영하시오.

- 본인 : 대학원 10,000,000원, 영어학원비 5,000,000원
- 배우자(소득없음) : 대학원 15,000,000원
- 모친(67세, 사업소득금액 500만원) : 노인대학교 2,000,000원
- 자녀(18세, 소득없음) : 고등학교 체험학습비 400,000원, 교복구입비 600,000원

작성방법

〈방법 1〉 기본공제대상자(소득금액 제한있음)의 교육비 지출내역을 연말정산입력 탭에 직접 입력한다.
〈방법 2〉 부양가족 탭에 대상자별로 입력하여 F8부양가족탭불러오기하여 연말정산 탭에 자동 반영한다.

작성화면 〈방법 1〉

연말정산입력 탭에 직접 입력

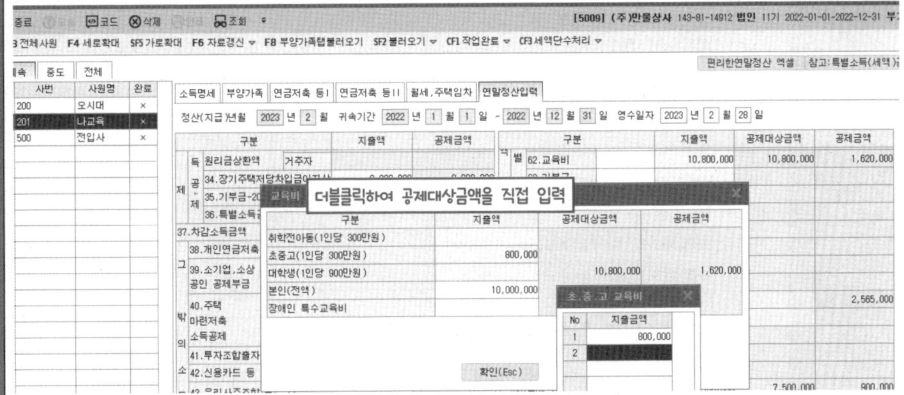

- 대학원 교육비는 본인만 가능하다. 그러나 영어학원비는 공제대상이 아니다.
- 모친의 일반교육비는 공제되지 않는다.
- 체험학습비 한도 300,000원, 교복구입비 한도 500,000원까지 공제가능하다.

작성화면 〈방법 2〉

부양가족 탭에 대상자별로 입력 → F8부양가족탭불러오기하여 연말정산입력 탭에 자동 반영

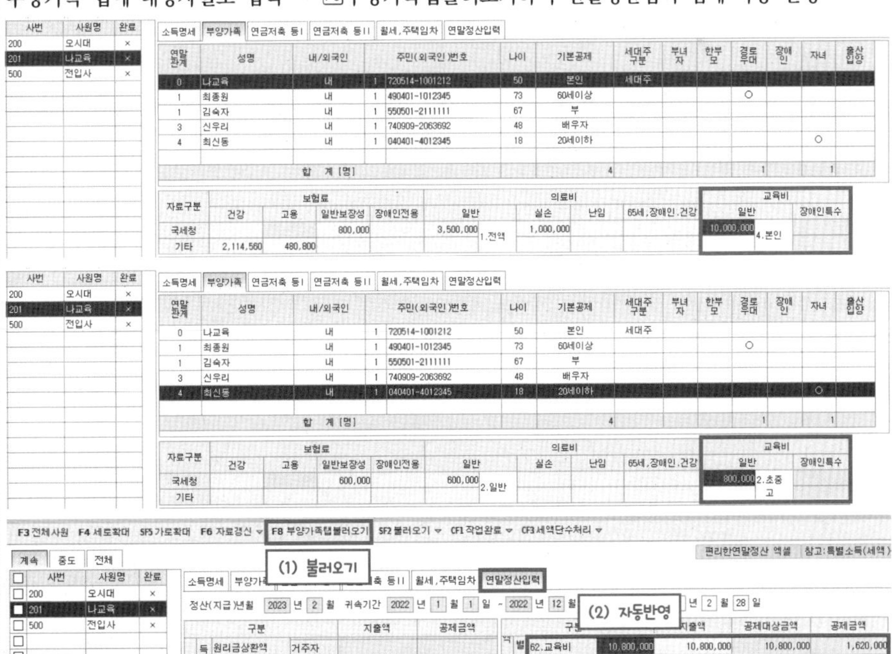

7. 기부금 세액공제

<table>
<tr><td>작성방법</td><td>기본공제대상자(소득금액 제한있음)가 지출한 기부금이 있는 경우 연말정산입력 탭에서 기부금을 더블클릭하여 해당 란에 직접 입력한다.</td></tr>
<tr><td>작성예제</td><td>본인(나교육)의 기부금 세액공제항목을 연말정산에 반영하시오.
• 본인 : 사회복지공동모금회 기부 1,000,000원, 정치기부 120,000원
• 배우자(소득없음) : 교회헌금 3,000,000원
• 모친(67세, 사업소득금액 500만원) : 교회헌금 2,000,000원
• 자녀(18세, 소득없음) : 정치기부 60,000원</td></tr>
<tr><td>작성화면</td><td>기부금
<table>
<tr><th>구분</th><th>지출액</th><th>공제대상금액</th><th>공제금액</th></tr>
<tr><td>정치자금(10만원 이하)</td><td>100,000</td><td>100,000</td><td>90,909</td></tr>
<tr><td>정치자금(10만원 초과)</td><td>20,000</td><td>20,000</td><td>3,000</td></tr>
<tr><td>소법 제34조 2항 1호(구.법정) 2013년이월</td><td></td><td></td><td></td></tr>
<tr><td>소법 제34조 2항 1호(구.법정) 2014년이월</td><td></td><td></td><td></td></tr>
<tr><td>소법 제34조 2항 1호(구.법정) 2015년이월</td><td></td><td></td><td></td></tr>
<tr><td>소법 제34조 2항 1호(구.법정) 당기</td><td>1,000,000</td><td>1,000,000</td><td>150,000</td></tr>
<tr><td>우리사주조합기부금</td><td></td><td></td><td></td></tr>
<tr><td>소법 제34조 3항 1호(종교외) 2013년이전</td><td></td><td></td><td></td></tr>
<tr><td>소법 제34조 3항 1호(종교) 2020년이월</td><td></td><td></td><td></td></tr>
<tr><td>소법 제34조 3항 1호(종교) 2021년이월</td><td></td><td></td><td></td></tr>
<tr><td>소법 제34조 3항 1호(종교) 당기</td><td>3,000,000</td><td>3,000,000</td><td>450,000</td></tr>
</table>
• 기부금은 소득금액의 제한을 받으므로 모친의 기부금은 공제되지 않는다.
• 정치자금 기부금은 본인만 가능하다.
• 사회복지공동모금회는 법정(당기), 교회기부금은 종교(당기)란에 입력한다.</td></tr>
</table>

나교육의 연말정산입력

계속 | 중도 | 전체

사번	사원명	완료
201	나교육	×
500	전입사	×

총급여액 ▶	112,000,000
비과세총액	200,000
지급명세작성대상 비과세	
결정세액	115,492
기납부세액(현)	5,973,300
기납부세액(종전)	350,455
납부세액	-6,208,260
연말(계속근무자)	2
중도(퇴사자)	

편리한연말정산 엑셀 | 참고:특별소득(세액)공제 적용분

소득명세 | 부양가족 | 연금저축 등I | 연금저축 등II | 월세,주택임차 | 연말정산입력

정산(지급)년월 2023 년 2 월 귀속기간 2022 년 1 월 1 일 ~ 2022 년 12 월 31 일 영수일자 2023 년 2 월 28 일

구분			지출액	공제금액
21.총급여				70,000,000
22.근로소득공제				13,250,000
23.근로소득금액				56,750,000
종합소득공제	기본공제	24.본인		1,500,000
		25.배우자		1,500,000
		26.부양가족 (2명)		3,000,000
	추가공제	27.경로우대 (1명)		1,000,000
		28.장애인 (명)		
		29.부녀자		
		30.한부모가족		
	연금공제	31.국민연금보험료	2,106,000	2,106,000
		공제 별정우체국연금		
	특별소득공제	33.보험료	2,595,360	2,595,360
		건강보험료	2,114,560	2,114,560
		고용보험료	480,800	480,800
		34.주택차입금 원리금상환액 대출기관		
		34.주택차입금 원리금상환액 거주자		
		34.장기주택저당차입금이자상	3,000,000	3,000,000
		35.기부금-2013년이전이월분		
		36.특별소득공제 계		5,595,360
37.차감소득금액				42,048,640
그 밖의 소득공제	38.개인연금저축			
	39.소기업,소상공인 공제부금	2015년이전가입		
		2016년이후가입		
	40.주택마련저축소득공제	청약저축		
		주택청약		
		근로자주택마련		
	41.투자조합출자 등 소득공제			
	42.신용카드 등 사용액		19,600,000	720,000
	43.우리사주조합 출연금	일반 등		
		벤처 등		
	44.고용유지중소기업근로자			
	45.장기집합투자증권저축			
	46.그 밖의 소득공제 계			720,000
47.소득공제 종합한도 초과액 ▶				

구분				지출액	공제대상금액	공제금액
48.종합소득 과세표준						41,328,640
49.산출세액						5,119,296
세액감면	50.「소득세법」 ▶					
	51.「조세특례제한법」(52제외) ▶					
	52.「조세특례제한법」제30조 ▶					
	53.조세조약 ▶					
	54.세액감면 계					
세액공제	55.근로소득 세액공제					660,000
	56.자녀	㉮자녀 (1명)				150,000
	계좌	59.연금저축		2,000,000	2,000,000	240,000
		59-1.ISA연금계좌전환				
	특별세액공제	60.보장성보험 일반	1,400,000	1,400,000	1,000,000	120,000
		60.보장성보험 장애인				
		61.의료비	8,600,000	8,600,000	5,500,000	825,000
		62.교육비	10,800,000	10,800,000	10,800,000	1,620,000
		63.기부금		4,120,000	4,120,000	693,909
		1)정치자금기부금	10만원이하	100,000	100,000	90,909
			10만원초과	20,000	20,000	3,000
		2)법정기부금(전액)		1,000,000	1,000,000	150,000
		3)우리사주조합기부금				
		4)지정기부금(종교단체외)				
		5)지정기부금(종교단체)		3,000,000	3,000,000	450,000
		64.특별세액공제 계				3,258,909
	65.표준세액공제					
	66.납세조합공제					
	67.주택차입금					
	68.외국납부 ▶					
	69.월세액			8,400,000	7,500,000	750,000
	70.세액공제 계					5,058,909
71.결정세액((49)-(54)-(70))						60,387
81.실효세율(%) (71/21)						0.1

구분		소득세	지방소득세	농어촌특별세	계
72.결정세액		60,387	6,038		66,425
기납부세액	73.종(전)근무지				
	74.주(현)근무지	5,688,860	568,820		6,257,680
75.납부특례세액					
76.차감징수세액		-5,628,470	-562,780		-6,191,250

7 자동으로 계산되는 연말정산입력 탭

(주)만물상사 (회사코드 : 5009)　　오시대(사번 : 200)　　✓ 해당 사원으로 실무연습하시오.

1. 근로소득 금액

여성근로자가 부녀자공제를 받기 위해서는 소득금액 3천만원 이하여야 한다. 연말정산입력 탭은 해당 근로자의 총급여액이 자동으로 반영되고 근로소득금액을 자동으로 계산하므로 만약 총급여액이 41,470,588원을 초과하는 경우에는 요건불충족으로 처리되어 부녀자공제는 자동으로 반영되지 않는다.

• 사원 오시대는 총급여액이 41,470,500원이므로 근로소득공제 11,470,575원을 차감한 근로소득금액 29,999,925원이므로 부녀자공제를 적용받는다(단, 다른 요건은 판단해야 함).

사번	사원명	완료
200	오시대	×
201	나교육	×
500	전입사	×

총급여액	153,470,500
비과세총액	200,000
지급명세작성대상	

소득명세 | 부양가족 | 연금저축 등I | 연금저축 등II | 월세,주택임차 | 연말정산입력

정산(지급)년월 2023 년 2 월　귀속기간 2022 년 1 월 1 일 ~ 2022 년 12 월 31 일　영수일자 2023 년 2 월 28 일

구분	지출액	공제금액	구분	지출액	공제대상금액	공제금액
21.총급여		41,470,500	48.종합소득 과세표준			26,183,165
22.근로소득공제		11,470,575	49.산출세액			2,847,474
23.근로소득금액		29,999,925	세액감면 50.「소득세법」			
종합 기본공제 24.본인		1,500,000	51.「조세특례제한법」(52제외)			
25.배우자						
26.부양가족 1명)		1,500,000	52.「조세특례제한법」 제30조			
추가공제 27.경로우대 명)						
28.장애인 명)			53.조세조약			
29.부녀자		500,000	54.세액감면 계			
30.한부모가족			55.근로소득 세액공제			672,236
연 31.국민연금보험료			56.자녀 ㉮자녀 1명)			150,000

2. 월세 세액 공제율

월세 세액공제율은 총급여액에 따라 다르게 적용된다. 따라서 연말정산입력 실무수행 시 총급여액이 5,500만원 미만 ~ 7,000만원 이하자는 10%, 총급여액 5,500만원 이하자는 12%로 자동 적용된다. 만약, 근로자의 총급여액이 7,000만원을 초과한다면 요건불충족이 체크되어 월세액을 입력해도 월세 세액공제가 적용되지 않는다.

• 사원 오시대는 총급여액이 5,500만원 이하자이므로 월세 공제대상금액 7,500,000원에 12% 세액공제율이 적용되어 900,000원 월세세액공제를 적용받는다.

소득명세 | 부양가족 | 연금저축 등I | 연금저축 등II | 월세,주택임차 | 연말정산입력

1 월세액 세액공제 명세　크게보기

임대인명 (상호)	주민등록번호 (사업자번호)	유형	계약 면적(m²)	임대차계약서 상 주소지	계약서상 임대차 계약기간 개시일	~	종료일	연간 월세액	공제대상금액	세액공제금액
박부자	111-11-11111	아파트	50.00	서울시~	2022-01-01	~	2022-12-31	8,000,000	7,500,000	900,000

3. 연금계좌 세액공제율

연금계좌 세액공제율은 총급여액에 따라 다르게 적용된다. 총급여액 5,500만원 이하자의 경우 연금계좌 세액공제율은 12%가 아닌 15%로 자동 적용되는 것을 확인할 수 있다.

• 사원 오시대는 총급여액이 5,500만원 이하자이므로 3,000,000원에 15% 세액공제율이 적용되어 450,000원 연금계좌 세액공제를 적용받는다.

2 연금계좌 세액공제 - 연금저축계좌(연말정산입력 탭의 38.개인연금저축, 59.연금저축)　크게보기

연금저축구분	코드	금융회사 등	계좌번호(증권번호)	납입금액	공제대상금액	소득/세액공제액
2.연금저축	170	신한금융투자 (주)	11	3,000,000	3,000,000	450,000
개인연금저축						
연금저축				3,000,000	3,000,000	450,000

04 중도퇴사자 연말정산

(주)만물상사 (회사코드 : 5009)　　박중도(사번 : 301)　　✓ 해당 사원으로 실무연습하시오.

작성예제

사원 박중도(사번 : 301)가 중도퇴사를 하였다. 다음의 자료를 참고하여 연말정산(중도정산)을 하시오.

- 퇴사일자 : 2022년 7월 20일
- 급여지급내역 : 기본급 4,000,000원, 식대(비과세) 100,000원
  (공제항목은 자동계산되는 금액으로 반영하시오)
- 급여지급일자 : 매월 20일

(1) 퇴사처리를 하시오.

(2) 7월 급여지급 시 중도퇴사에 대한 연말정산내역을 7월 급여대장에 반영하시오.
(수당과 공제항목은 입력되어 있으며, 전월 급여대상을 복사하지 않음)

(3) 원천징수이행상황신고서(7월 귀속, 7월 지급)를 작성하시오. 만약 환급세액이 발생하는 경우 차월이월하시오.

작성방법

(1) 사원등록

<table>
<tr><td>작성방법</td><td>사원등록 메뉴에서 16.퇴사년월일 2022년 7월 20일 입력한다.</td></tr>
<tr><td>작성화면</td><td>
사번 | 성명 | 주민(외국인)번호
200 | 오시대 | 1 | 800909-2063691
201 | 나교육 | 1 | 720514-1001212
301 | 박중도 | 1 | 730128-2436801
500 | 전입사 | 1 | 730320-2951325

기본사항 | 부양가족명세 | 추가사항
1.입사년월일 2020 년 3 월 20 일 퇴사
2.내/외국인 1 내국인
3.외국인국적 KR 대한민국 체류자격
4.주민구분 1 주민등록번호 주민등록번호 730128-2436801
5.거주구분 1 거주자 6.거주지국코드 KR 대한민국
7.국외근로제공 0 부 8.단일세율적용 0 부 9.외국법인 파견근로자 0 부
10.생산직등여부 0 부 연장근로비과세 0 부 전년도총급여
11.주소
12.국민연금보수월액 4,000,000 국민연금납부액 180,000
13.건강보험보수월액 4,000,000 건강보험료경감 0 부 건강보험납부액 139,800
장기요양보험적용 1 여 장기요양보험납부액 17,150
14.고용보험적용 1 여 (대표자 여부 0 부)
고용보험보수월액 4,000,000 고용보험납부액 32,000
15.산재보험적용 1 여 16.퇴사년월일 2022 년 7 월 20 일 (이월 여부 0 부)
</td></tr>
</table>

(2) 급여자료입력

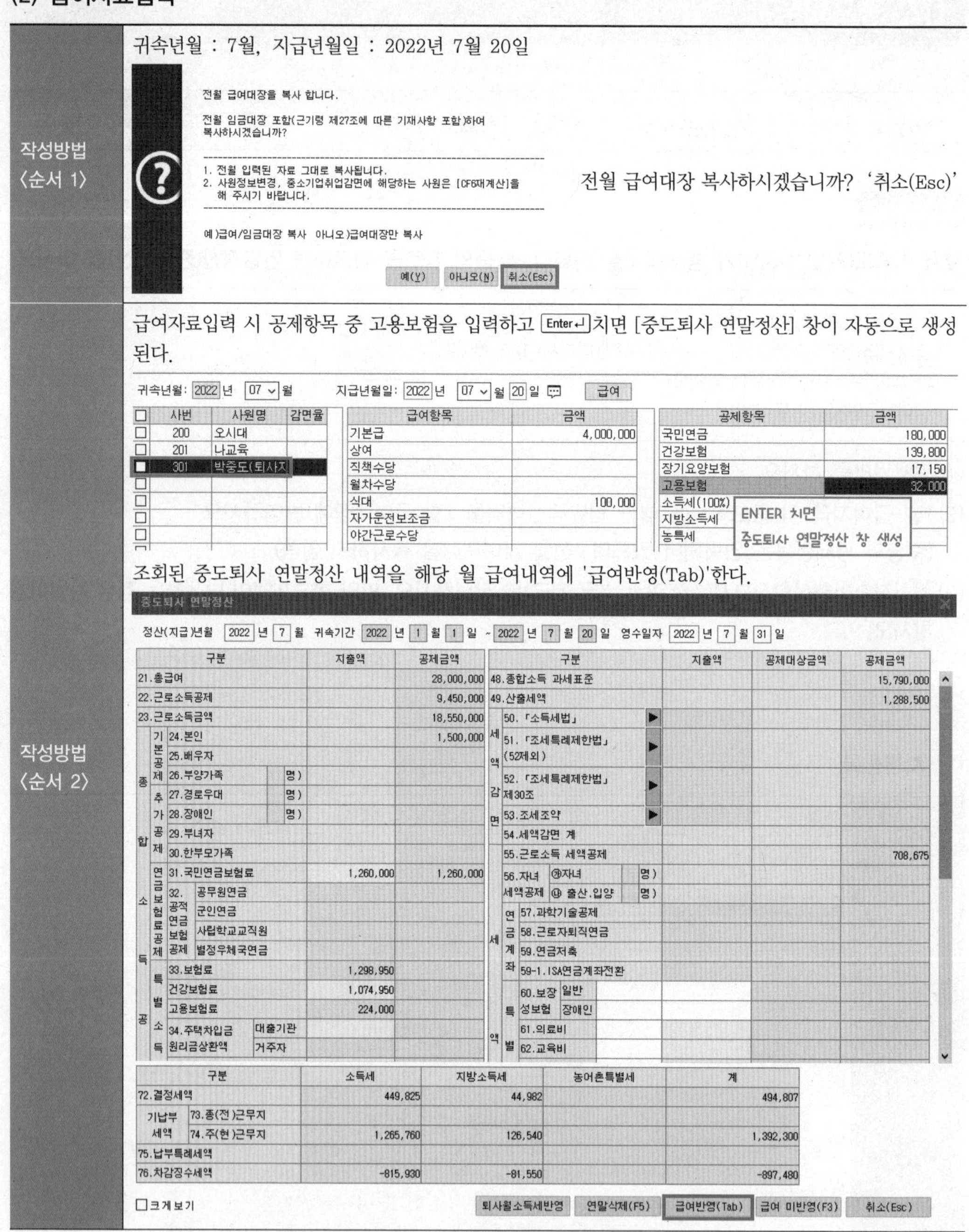

작성방법 〈순서 1〉

귀속년월 : 7월, 지급년월일 : 2022년 7월 20일

전월 급여대장을 복사 합니다.

전월 임금대장 포함(근기령 제27조에 따른 기재사항 포함)하여 복사하시겠습니까?

1. 전월 입력된 자료 그대로 복사됩니다.
2. 사원정보변경, 중소기업취업감면에 해당하는 사원은 [CF6재계산]을 해 주시기 바랍니다.

예)급여/임금대장 복사 아니오)급여대장만 복사

예(Y) 아니오(N) 취소(Esc)

전월 급여대장 복사하시겠습니까? '취소(Esc)'

작성방법 〈순서 2〉

급여자료입력 시 공제항목 중 고용보험을 입력하고 Enter↵치면 [중도퇴사 연말정산] 창이 자동으로 생성된다.

귀속년월: 2022 년 07 월 지급년월일: 2022 년 07 월 20 일 급여

사번	사원명	감면율
200	오시대	
201	나교육	
301	박중도(퇴사자)	

급여항목	금액
기본급	4,000,000
상여	
직책수당	
월차수당	
식대	100,000
자가운전보조금	
야간근로수당	

공제항목	금액
국민연금	180,000
건강보험	139,800
장기요양보험	17,150
고용보험	32,000
소득세(100%)	
지방소득세	
농특세	

조회된 중도퇴사 연말정산 내역을 해당 월 급여내역에 '급여반영(Tab)'한다.

중도퇴사 연말정산

정산(지급)년월 2022 년 7 월 귀속기간 2022 년 1 월 1 일 ~ 2022 년 7 월 20 일 영수일자 2022 년 7 월 31 일

구분	지출액	공제금액
21.총급여		28,000,000
22.근로소득공제		9,450,000
23.근로소득금액		18,550,000
종합소득공제 기본공제 24.본인		1,500,000
25.배우자		
26.부양가족 (명)		
추가공제 27.경로우대 (명)		
28.장애인 (명)		
29.부녀자		
30.한부모가족		
연금보험료공제 31.국민연금보험료	1,260,000	1,260,000
32.공적연금보험공제 공무원연금		
군인연금		
사립학교교직원		
별정우체국연금		
특별소득공제 33.보험료	1,298,950	
건강보험료	1,074,950	
고용보험료	224,000	
34.주택차입금 원리금상환액 대출기관		
거주자		

구분	지출액	공제대상금액	공제금액
48.종합소득 과세표준			15,790,000
49.산출세액			1,288,500
세액감면 50.「소득세법」			
51.「조세특례제한법」(52제외)			
52.「조세특례제한법」제30조			
53.조세조약			
54.세액감면 계			
55.근로소득 세액공제			708,675
56.자녀세액공제 ㉮자녀 (명)			
㉯ 출산.입양 (명)			
세액 연금계좌 57.과학기술공제			
58.근로자퇴직연금			
59.연금저축			
59-1.ISA연금계좌전환			
특별 60.보장성보험 일반			
장애인			
61.의료비			
62.교육비			

구분	소득세	지방소득세	농어촌특별세	계
72.결정세액	449,825	44,982		494,807
기납부세액 73.종(전)근무지				
기납부세액 74.주(현)근무지	1,265,760	126,540		1,392,300
75.납부특례세액				
76.차감징수세액	-815,930	-81,550		-897,480

□크게보기 퇴사월소득세반영 연말삭제(F5) 급여반영(Tab) 급여 미반영(F3) 취소(Esc)

작성방법 〈순서 3〉

공제항목에 중도정산소득세(환급세액)이 자동 반영된다. 중도퇴사 시에는 대부분 환급세액이 발생하므로 당월 급여지급 시 소득세 원천징수는 하지 않는다.

☞ 중도정산소득세 −815,930원(지방소득세 −81,550원)

1월 ~ 7월까지 급여지급 시 원천징수하여 기납부세액(소득세) 1,265,760원이며, 중도퇴사 연말정산 결과 결정세액은 449,825원으로 계산되었다.

결정세액(449,825원)보다 기납부세액(1,265,760원)이 많으므로 815,930원의 환급세액(소득세)이 발생한다. 해당 환급세액은 급여지급 시 공제내역 '중도정산소득세'란에 반영된다.

F3 검색 ▾ F4 수당공제 F6 지급일자 F7 중도퇴사자정산 ▾ F8 마감 F9 인쇄 ▾ CF5 요약 CF6 재계산 SF5 사원간편등록및기타 ▾ SF7 건강보험

귀속년월: 2022 년 07 월 지급년월일: 2022 년 07 월 20 일 급여 중도정산적용함

□	사번	사원명	감면율
□	200	오시대	
□	201	나교육	
■	301	박중도(퇴사자	
□			
□			
□			
□			
□			
□			
□			
□			
□			
총인원(퇴사자)		3(1)	

급여항목	금액	공제항목	금액
기본급	4,000,000	국민연금	180,000
상여		건강보험	139,800
직책수당		장기요양보험	17,150
월차수당		고용보험	32,000
식대	100,000	소득세(100%)	
자가운전보조금		지방소득세	
야간근로수당		농특세	
		중도정산소득세	-815,930
		중도정산지방소득세	-81,550
과세	4,000,000		
비과세	100,000	공제총액	-528,530
지급총액	4,100,000	차인지급액	4,628,530

(3) 원천징수이행상황신고서(귀속기간 : 7월, 지급기간 : 7월) 조회

작성방법

근로소득 A02.중도퇴사란에 총급여액 28,000,000원과 환급세액 −815,930원이 원천징수이행상황신고서에 자동 반영된다. 하단부 20.차월이월환급세액란은 자동으로 이월되며 작성이 완료되면 저장한다.

작성화면

귀속기간 2022 년 07 월 ~ 2022 년 07 월 지급기간 2022 년 07 월 ~ 2022 년 07 월 신고구분 1.정기신고 차수

신고구분	☑매월	□반기	□수정	□연말	□소득처분	□환급신청	귀속년월	2022년 7월	지급년월	2022년 7월
일괄납부여부	부	사업자단위과세여부	부	부표 작성			환급신청서 작성		승계명세 작성	

원천징수명세및납부세액 | 원천징수이행상황신고서 부표 | 원천징수세액환급신청서 | 기납부세액명세서 | 전월미환급세액 조정명세서 | 차월이월환급세액 승계명세

			코드	소득지급		징수세액			당월조정 환급세액	납부세액	
				인원	총지급액	소득세 등	농어촌특별세	가산세		소득세 등	농어촌특별세
개인	근로소득	간이세액	A01	1	4,000,000						
		중도퇴사	A02	1	28,000,000	-815,930					
		일용근로	A03								
		연말정산	A04								
		(분납신청)	A05								
		(납부금액)	A06								
		가 감 계	A10	2	32,000,000	-815,930					
	퇴직소	연금계좌	A21								
		그 외	A22								

전월 미환급 세액의 계산			당월 발생 환급세액				18.조정대상환급(14+15+16+17)	19.당월조정 환급세액계	20.차월이월 환급세액	21.환급신청액
12.전월미환급	13.기환급	14.차감(12-13)	15.일반환급	16.신탁재산	금융회사 등	합병 등				
			815,930				815,930		815,930	

05 중도입사자 연말정산

(주)만물상사 (회사코드 : 5009)	전입사(사번 : 500)	✓ 해당 사원으로 실무연습하시오.

작성예제

당해 연도 11월 17일에 입사한 사원 전입사(사번 : 500)의 전근무지 자료를 참고하여 연말정산을 하시오.

자료 1. 전근무지 근로소득원천징수영수증

	구 분		주(현)	종(전)	⑯-1 납세조합	합 계
I 근무처별소득명세	⑨ 근무처명		(주)오리무중			
	⑩ 사업자등록번호		114-86-06122			
	⑪ 근무기간		2022.1.1. ~ 2022.11.5.	~	~	~
	⑫ 감면기간		~	~	~	~
	⑬ 급 여		30,000,000원			
	⑭ 상 여		5,000,000원			
	⑮ 인정상여					
	⑮-1 주식매수선택권 행사이익					
	⑮-2 우리사주조합인출금					
	⑮-3 임원 퇴직소득금액 한도초과액					
	⑯ 계		35,000,000원			
II 비과세및감면소득명세	⑱ 국외근로	M0X				
	⑱-1 야간근로수당	O0X				
	⑱-2 출산·보육수당	Q0X				
	⑱-4 연구보조비	H0X				
	~					
	⑱-29					
	⑲ 수련보조수당	Y22				
	⑳ 비과세소득 계					
	⑳-1 감면소득 계					

	구 분			⑱ 소득세	⑲ 지방소득세	⑳ 농어촌특별세
III 세액명세	⑫ 결정세액			350,455원	35,040원	
	기납부세액	⑬ 종(전)근무지 (결정세액란의 세액을 적습니다)	사업자등록번호			
		⑭ 주(현)근무지		1,280,455원	128,040원	
	⑮ 납부특례세액					
	⑯ 차감징수세액(⑫-⑬-⑭-⑮)			△930,000원	△93,000원	

(국민연금 1,549,000원 건강보험 885,000원 장기요양보험 67,500원 고용보험 198,000원)

위의 원천징수액(근로소득)을 정히 영수(지급)합니다.

자료 2. 연말정산자료

전입사는 부양가족이 없으며 아래 내역은 모두 본인이 사용한 금액이다.

항 목	내 용
보험료	• 자동차보험료 : 600,000원 (국세청) • 저축성보험료 : 300,000원 (국세청)
의료비	• 허리디스크 수술비 : 3,600,000원(신용카드 결제) (국세청) • 한약(보약) 구입비 : 3,000,000원 (국세청) • 시력보정용 안경구입비 : 570,000원 (기타영수증)
교육비	• 대학원 등록금 : 8,000,000원 (국세청) • 스페인어학원비(업무관련성은 없음) : 2,000,000원 (기타영수증)
기부금	• 정치자금기부금 : 140,000원
신용카드 등 사용액	• 신용카드 : 24,000,000원 (이 중 8,000,000원은 해외여행사용분, 3,600,000원은 허리디스크 수술비임) • 현금영수증 : 2,500,000원 (이 중 300,000원은 대중교통이용분, 200,000원은 전통시장이용분임)

작성방법

(1) 소득명세 탭

작성방법

종(전)근무지란에 전근무지 근로소득원천징수영수증 내역을 입력한다.

주의

전근무지에서 퇴사 시 기납부세액과 결정세액이 차액인 소득세 930,000원을 환급받았기 때문에 전근무지 결정세액이 해당 사원이 현시점에 최종적으로 기납부한 세액이 된다. 따라서 전근무지 자료를 입력 시 '기납부세액란'에 입력해야 할 세액은 전근무지 '결정세액 350,455원(소득세), 35,040원(지방소득세)'을 입력한다.

작성화면

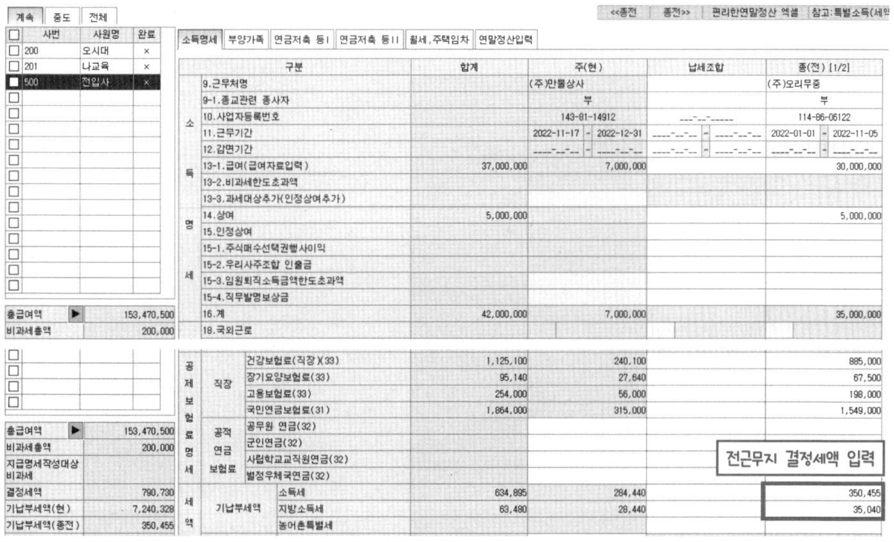

계속 | 중도 | 전체

사번	사원명	완료
200	오시대	×
201	나교육	×
500	전입사	×

총급여액	153,470,500
비과세총액	200,000
지급명세작성대상 비과세	
결정세액	790,730
기납부세액(현)	7,240,328
기납부세액(종전)	350,455

<<종전 | 종전>> | 편리한연말정산 엑셀 | 참고:특별소득(세액

소득명세 | 부양가족 | 연금저축 등I | 연금저축 등II | 월세,주택임차 | 연말정산입력

	구분		합계	주(현)	납세조합	종(전) [1/2]
소득명세	9.근무처명			(주)만물상사		(주)오리무중
	9-1.종교관련 종사자			부		부
	10.사업자등록번호			143-81-14912		114-86-06122
	11.근무기간			2022-11-17 ~ 2022-12-31		2022-01-01 ~ 2022-11-05
	12.감면기간					
	13-1.급여(급여자료입력)		37,000,000	7,000,000		30,000,000
	13-2.비과세한도초과액					
	13-3.과세대상추가(인정상여추가)					
	14.상여		5,000,000			5,000,000
	15.인정상여					
	15-1.주식매수선택권행사이익					
	15-2.우리사주조합 인출금					
	15-3.임원퇴직소득금액한도초과액					
	15-4.직무발명보상금					
	16.계		42,000,000	7,000,000		35,000,000
	18.국외근로					
공제보험료명세	직장	건강보험료(직장)(33)	1,125,100	240,100		885,000
		장기요양보험료(33)	95,140	27,640		67,500
		고용보험료(33)	254,000	56,000		198,000
		국민연금보험료(31)	1,864,000	315,000		1,549,000
	공적연금보험료	공무원 연금(32)				
		군인연금(32)				
		사립학교교직원연금(32)				
		별정우체국연금(32)				
세액	기납부세액	소득세	634,895	284,440		350,455
		지방소득세	63,480	28,440		35,040
		농어촌특별세				

전근무지 결정세액 입력

(2) 부양가족 탭(보험료, 의료비, 교육비)

작성방법	보장성보험료, 의료비, 교육비 입력 → F8부양가족탭불러오기하여 연말정산입력 탭에 반영한다. • 저축성보험료는 공제불가능 • 보약구입은 공제불가능, 안경구입비는 50만원 한도 • 본인에 한하여 대학원 공제가능, 학원비는 공제불가능.

작성화면

(1) 의료비지급명세서 작성

의료비지급명세서

(2022) 년 의료비 지급명세

성명	내/외	5.주민등록번호	6.본인등 해당여부	8.상호	7.사업자 등록번호	9.의료증빙코드	10.건수	11.금액	11-1.실손 의료보험금	12.난임시술비 해당여부	13.미숙아 해당여부	14.산후조리원 해당여부 (7천만원이하)
전입사	내	730320-2951325	1 0			국세청장	1	3,600,000		X	X	X
전입사	내	730320-2951325	1 0			기타영수증	1	500,000		X	X	X

(2) 보장성보험료, 교육비 작성

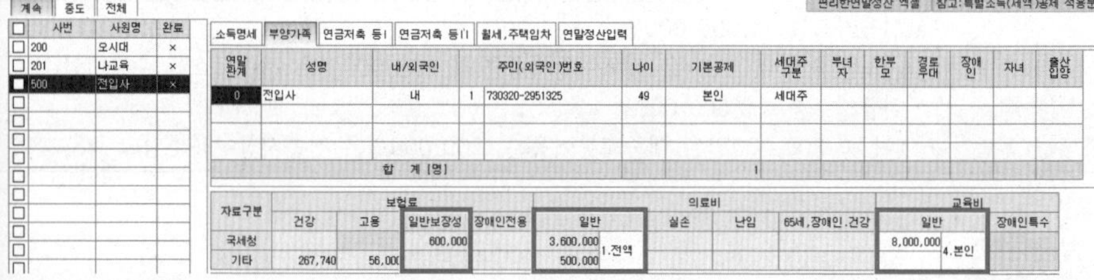

(3) 연말정산입력 탭 반영

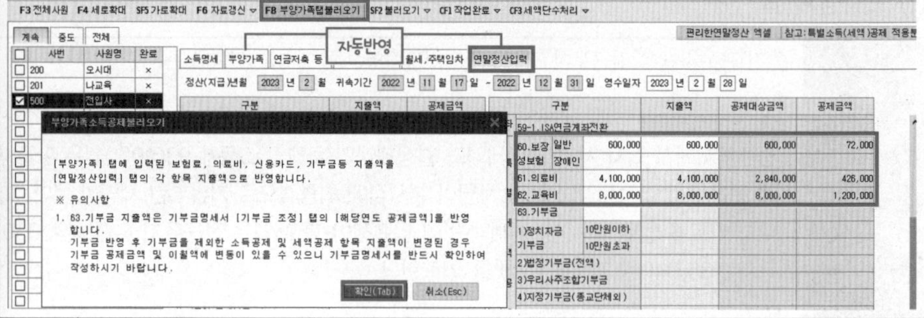

(3) 연말정산입력 탭(기부금, 신용카드등사용액)

작성방법

기부금, 신용카드등사용액은 연말정산입력 탭에 직접 입력한다.

작성화면 〈기부금〉

100,000원 이하, 100,000원 초과 40,000원을 구분하여 입력한다.

구분	지출액	공제대상금액	공제금액
정치자금(10만원 이하)	100,000	100,000	90,909
정치자금(10만원 초과)	40,000	40,000	6,000

작성화면 〈신용카드등〉

- 신용카드사용액 중 해외사용분은 공제불가하며, 의료비는 신용카드로 중복 공제가능하므로 8,000,000원을 제외한 16,000,000원은 공제가능하다.
- 300,000원은 대중교통이용분, 200,000원은 전통시장사용분, 이외 2,000,000원만 현금영수증사용액으로 공제가능하다.

▶ 신용카드 등 사용금액 공제액 산출 과정

총급여	42,000,000	최저사용액(총급여 25%)	10,500,000

구분		대상금액	공제율금액		공제제외금액	공제가능금액	공제한도	일반공제금액	추가공제금액	최종공제금액
㉮신용카드	전통시장/대중교통비 제외	16,000,000	15%	2,400,000	1,575,000	1,625,000	3,000,000	1,625,000		1,625,000
㉯직불/선불카드			30%							
㉰현금영수증		2,000,000	30%	600,000						
㉱도서공연등사용분(7천이하)			30%							
㉲전통시장 사용분		200,000	40%	80,000						
㉳대중교통 사용분		300,000	40%	120,000						
신용카드 등 사용액 합계(㉮~㉳)		18,500,000		3,200,000	아래참조 *1	공제율금액-공제제외금액	아래참조 *2	MIN[공제가능금액,공제한도]	아래참조 *3	일반공제금액+추가공제금액

전입사의 연말정산입력

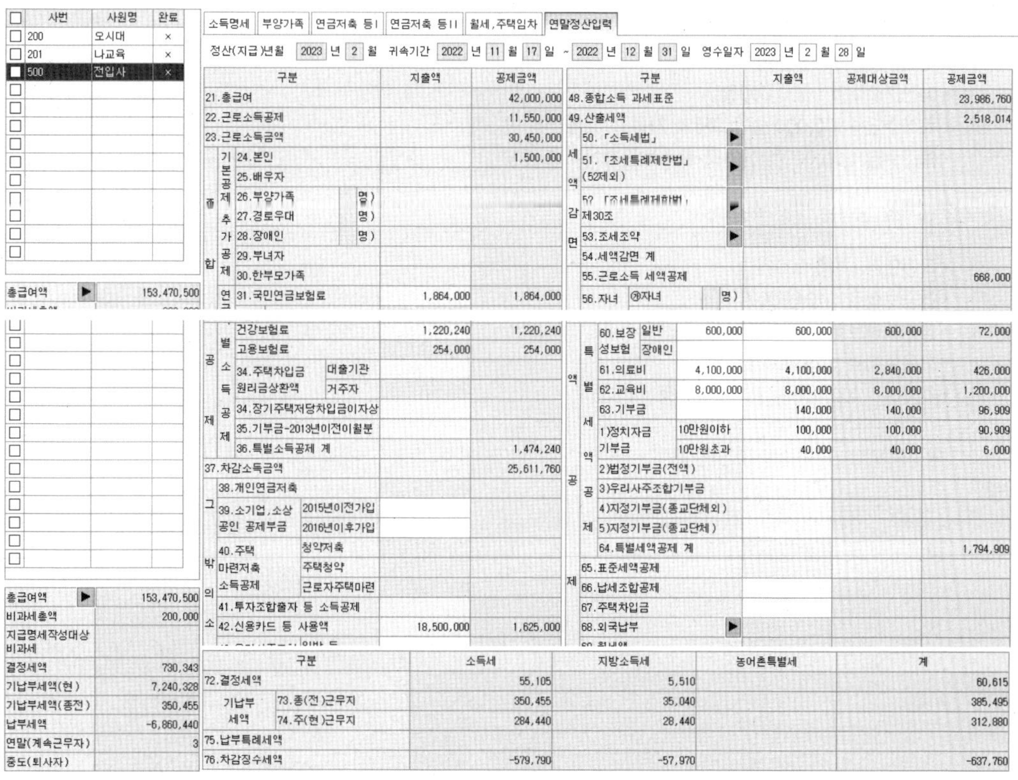

사번	사원명	완료
200	오시대	×
201	나교육	×
500	전입사	×

소득명세 | 부양가족 | 연금저축 등I | 연금저축 등II | 월세,주택임차 | 연말정산입력

정산(지급)년월 2023 년 2 월 귀속기간 2022 년 11 월 17 일 ~ 2022 년 12 월 31 일 영수일자 2023 년 2 월 28 일

구분		지출액	공제금액
21.총급여			42,000,000
22.근로소득공제			11,550,000
23.근로소득금액			30,450,000
24.본인			1,500,000
25.배우자			
26.부양가족	명)		
27.경로우대	명)		
28.장애인	명)		
29.부녀자			
30.한부모가족			
31.국민연금보험료		1,864,000	1,864,000
건강보험료		1,220,240	1,220,240
고용보험료		254,000	254,000
34.주택차입금 원리금상환액	대출기관		
	거주자		
34.장기주택저당차입금이자상			
35.기부금-2013년이전이월분			
36.특별소득공제 계			1,474,240
37.차감소득금액			25,611,760
38.개인연금저축			
39.소기업,소상공인 공제부금	2015년이전가입		
	2016년이후가입		
40.주택마련저축소득공제	청약저축		
	주택청약		
	근로자주택마련		
41.투자조합출자 등 소득공제			
42.신용카드 등 사용액		18,500,000	1,625,000

구분		지출액	공제대상금액	공제금액
48.종합소득 과세표준				23,986,760
49.산출세액				2,518,014
50.「소득세법」				
51.「조세특례제한법」(52제외)				
52.「조세특례제한법」 제30조				
53.조세조약				
54.세액감면 계				
55.근로소득 세액공제				668,000
56.자녀	㉮자녀 명)			
60.보장성보험	일반	600,000	600,000	600,000	72,000
	장애인			
61.의료비	4,100,000	4,100,000	2,840,000	426,000
62.교육비	8,000,000	8,000,000	8,000,000	1,200,000
63.기부금		140,000	140,000	96,909
1)정치자금 기부금	10만원이하	100,000	100,000	90,909
	10만원초과	40,000	40,000	6,000
2)법정기부금(전액)				
3)우리사주조합기부금				
4)지정기부금(종교단체외)				
5)지정기부금(종교단체)				
64.특별세액공제 계				1,794,909
65.표준세액공제				
66.납세조합공제				
67.주택차입금				
68.외국납부				

총급여액	153,470,500
비과세총액	200,000
지급명세작성대상비과세	
결정세액	730,343
기납부세액(현)	7,240,328
기납부세액(종전)	350,455
납부세액	-6,860,440
연말(계속근무자)	3
중도(퇴사자)	

구분		소득세	지방소득세	농어촌특별세	계
72.결정세액		55,105	5,510		60,615
기납부세액	73.종(전)근무지	350,455	35,040		385,495
	74.주(현)근무지	284,440	28,440		312,880
75.납부특례세액					
76.차감징수세액		-579,790	-57,970		-637,760

빈출 실무수행문제

제4장 소득세 실무(연말정산추가자료입력)

정답 및 해설 : p.83

(주)연말정산 (회사코드 : 5013) ✓ 회사변경 후 실무수행 연습하기

1. 김사랑 연말정산 (중도퇴사)

관리부 소속인 김사랑(사번 : 101) 사원이 2022년 4월 25일 퇴사하여, 4월 급여 지급 시 중도퇴사에 대한 연말정산을 실시하였다. 김사랑씨의 2022년 4월분의 급여대장을 아래의 내용대로 수당등록 및 공제항목을 추가하여 4월분 급여자료입력을 하고, 4월 급여대장 작성 시 중도퇴사에 대한 연말정산 금액을 급여대장에 반영하고 원천징수이행상황신고서를 작성하시오.

(1) 급여지급일은 매월 25일이다.

(2) 4월에 지급할 내역은 다음과 같으며 모두 월정액이다(통상임금 여부는 무시함).
비과세로 인정받을 수 있는 항목은 최대한 반영하며 수당으로 지급되지 않는 경우에는 '부'로 표시한다.

- 기본급 : 3,000,000원
- 식대 : 100,000원(별도의 식사를 제공함)
- 자격수당 : 200,000원
- 야간근로수당 : 100,000원
- 육아수당 : 100,000원(만 9세의 자녀가 있음)
- 출근수당 : 50,000원(원거리 출・퇴근자에게 지급함)

(3) 4월 공제할 항목은 다음과 같다.

- 국민연금 : 135,000원
- 건강보험료 : 104,850원
- 장기요양보험료 : 12,860원
- 고용보험료 : 28,400원
- 주차비 : 100,000원(공제소득유형 : 기타)

2. 최민호 연말정산

최민호(사번 : 201번)와 부양가족(자녀를 제외하고는 본인과 생계를 같이함)에 대한 자료를 바탕으로 연말정산추가자료입력 메뉴를 작성하시오.

> (1) 연말정산추가자료입력 메뉴의 [부양가족] 탭을 수정하시오.
> (2) 의료비는 의료비지급명세서를 작성하시오.
> (2) 이외 공제항목은 [연말정산입력] 탭에 입력하시오.
> (3) 공제항목은 모두 국세청 자료로 가정하며 건수는 1건으로 입력하시오.

본인(최민호)	• 야간대학원 학비 : 5,000,000원 • 자동차 손해보험료 : 400,000원 • 본인의 신용카드사용액 : 21,000,000원(이 중에는 대중교통요금 3,000,000원, 전통시장 사용액 7,000,000원, 도서공연 사용액* 1,000,000원 포함됨, 직불/선불카드 · 현금영수증 사용액 없음) *신용카드사용액 중 도서공연 사용액은 문체부장관이 지정한 사업자에 해당함
아버지(최종원 : 75세)	질병치료비 : 12,000,000원
어머니(김숙자 : 69세)	• 상가임대소득금액 : 12,000,000원 • 노인대학학비 : 1,200,000원 • 임대상가의 화재보험료 : 1,200,000원
배우자(박우리 : 50세)	• 연간총급여 : 17,000,000원(이 중에는 일용근로소득자로서 받은 총급여 12,000,000원 포함되어 있음) • 시력보정용 안경구입비 : 900,000원 • 질병치료비 : 3,000,000원 • 배우자 명의의 신용카드사용액 : 5,000,000원(이 중에는 대중교통요금 2,000,000원, 전통시장사용액 1,000,000원 포함, 직불/선불카드 · 현금영수증 사용액 없음)
자녀(최자녀 : 17세)	고등학교 학비 : 6,000,000원(학업상의 이유로 외국에서 생활하고 있음)

3. 박기술 연말정산(국세청 자료 참고)

다음은 사원 박기술(사번 : 301)의 연말정산을 위한 국세청 제공자료와 기타 증빙자료이다. 부양가족은 제시된 자료 이외에는 소득이 없고, 박기술과 생계를 같이하고 있다. 사원등록 [부양가족명세] 탭에서 부양가족을 입력하고, 공제항목은 연말정산추가자료입력 [연말정산입력] 탭을 직접 작성하시오(단, 세부담 최소화를 가정할 것).

(1) 박기술의 부양가족현황(아래의 주민번호는 정확한 것으로 가정한다)

관 계	성 명	주민번호	비 고
본 인	박기술	730906-1458320	총급여 60,000,000원
배우자	김배우	750822-2184326	총급여 42,000,000원
본인의 직계존속	박직계	401203-1284322	장애인(장애인복지법)
직계비속	박일번	050703-4675359	고등학생
직계비속	박이번	110203-3954114	초등학생

(2) 보험료 내역(국세청 자료)

2022년 귀속 소득공제증명서류 : 기본(지출처별)내역 [보장성 보험, 장애인전용보장성보험]

■계약자 인적사항

성 명	박기술	주민등록번호	730906-*******

■보장성보험(장애인전용보장성보험) 납입내역 (단위 : 원)

종 류	상 호	보험종류		납입금액 계
	사업자번호	증권번호	주피보험자	
	종피보험자1	종피보험자2	종피보험자3	
장애인 보장성	교보생명	드림장애인보험		940,000
	106-81-41***		401203-****** 박직계	
인별합계금액				940,000

(3) 교육비 내역(국세청 자료)

2022년 귀속 소득공제증명서류 : 기본(지출처별)내역 [교육비]

■ 학생 인적사항

성 명	박일번	주민등록번호	050703-*******

■ 교육비 지출내역 (단위 : 원)

교육비 종류	학교명	사업자번호	납입금액 계
수업료	**고등학교	**5-82-*****	960,000
교복구입비	**고등학교	***-**-*****	550,000
인별합계금액			1,510,000

(4) 기부금 내역

① 국세청 자료

2022년 귀속 소득공제증명서류 : 기본(지출처별)내역 [기부금]

■ 기부자 인적사항

성 명	박일번	주민등록번호	050703-*******

■ 기부금 납부내역 (단위 : 원)

사업자번호	상 호	공제대상금액합계
106-83-*****	유엔난민기구(지정기부금)	120,000
인별합계금액		120,000

② 기타자료

■ 소득세법 시행규칙 [별지 제45호의2서식]

일련번호	

기 부 금 영 수 증

※ 아래의 작성방법을 읽고 작성하여 주시기 바랍니다.

❶ 기부자

성 명	박 기 술	주민등록번호(사업자등록번호)	730906-1******
주 소	서울 중구 남산동2가 18-6		

❷ 기부금 단체

단체명	한세교회	주민등록번호(사업자등록번호)	106 - 82 - 00445
소재지	서울 용산구 효창동 3-6	기부금공제대상 기부금단체 근거법령	소득세법 제34조제1항

❸ 기부금 모집처(언론기관 등)

단체명		사업자등록번호	
소재지			

❹ 기부내용

유 형	코 드	구 분	년 월	내 용	금 액
종교단체	41	금 전	2022.01.01-12.31.	십일조	2,400,000
				합 계	2,400,000

4. 최수지 연말정산

다음의 연말정산자료를 토대로 최수지 사원(사원코드 : 401)의 연말정산추가자료입력 메뉴를 작성하시오. 보험료, 의료비(의료비 지급명세서), 교육비는 부양가족 탭에 부양가족별로 입력하고, 이외 공제항목은 [연말정산입력] 탭에 입력하여 작성하시오. 아래의 표시된 부양가족 이외의 가족은 없으며, 부양가족의 소득금액은 없고 지출내역은 모두 국세청 연말정산 간소화 자료에서 확인된 내역이다.

최수지(본인, 세대주, 주민번호 : 790530 - 2345671)

1. 보험료 : 720,000원(생명보험료 : 보장성보험)
2. 의료비(모두 포함하여 1건으로 입력할 것)
   (1) 미용을 목적으로한 성형수술비 : 4,500,000원
   (2) 시력보정용 안경구입비 : 600,000원
   (3) 동네약국에서 질병에 대한 약품구입비 : 450,000원
3. 교육비
   (1) 대학원 등록금 : 9,600,000원
   (2) 요가학원 수업료 : 250,000원
4. 기부금
   (1) 정당의 후원금 : 300,000원
   (2) 지정기부금 단체(종교단체 아님)에 기부한 후원금 : 360,000원
5. 신용카드
   (1) 대중교통이용분 : 150,000원
   (2) 기타 공제가능 신용카드 사용액 15,000,000원(자녀의 건강진단비 결제분 : 900,000원 포함)
6. 현금영수증 : 250,000원(요가학원 수업료)

최딸기(자녀, 주민번호 : 160405 - 4401235)

1. 의료비 : 900,000원(건강진단비)
2. 교육비 : 300,000원(어린이집 납입액)

5. 박성민 연말정산

다음 자료를 보고 사무직 계속근로자인 박성민(740101-1234567, 입사일 2022.4.8. 총급여 54,000,000원, 세대주)씨의 세부담 최소화를 위한 사원등록 메뉴의 부양가족명세 탭을 수정하고 연말정산추가자료입력 메뉴의 연말정산입력 탭을 작성하시오.

- 의료비는 의료비지급명세서를 작성하고, 이외 공제항목은 연말정산입력 탭을 직접 작성한다(의교비는 대상자별로 모두 1건으로 입력한다).
- 기부금을 제외한 모든 공제항목은 국세청 자료이고 지출액은 모두 박성민의 소득에서 지급되었다.
- 종전근무지는 없다.
- 신용카드등사용액 소득공제 시 추가 사용공제는 없다.
- 비고에 언급된 사항을 제외하고는 모두 근로를 제공한 기간에 지출되었다.
- 주민등록번호는 모두 정확한 것으로 가정하며, 자녀들은 모두 소득이 없다.

관 계	이 름	주민번호	비 고
배우자	김소연	790701-2234567	총급여 3,000,000원
자 녀	박상아	121130-4035224	초등학생
자 녀	박상혁	140228-3078514	초등학생, 장애인(복지법)
자 녀	박상철	220515-3078516	2022년 출생

지출내역 구분		지출액(원)	대상자	비 고
의료비 (국세청)	맹장수술비	2,000,000	박성민	2022년 3월 지출
	질병치료 약값	1,350,000	박성민	
	성형수술비	3,000,000	박성민	
	산후조리원	4,200,000	김소연	
	시력보정용안경	600,000	박상아	
보험료	자동차보험료	500,000	김소연	
	실비보장성보험료	300,000	박성민	2022년 2월 지출
	교육저축성보험료	600,000	박상아	
	장애인전용보험료	700,000	박상혁	
	실비보장성보험료	400,000	박상철	
교육비	초등학교 방과후 수업료	800,000	박상아	
	장애인 특수교육비	3,240,000	박상혁	
	주 1회 미술학원비	1,800,000	박상아	
기부금	국방헌금	250,000	박성민	
	종교단체	1,200,000	김소연	
신용카드	신용카드	4,000,000	박성민	재산세납부분 300,000원 포함
	직불카드	2,400,000	김소연	전통시장사용분 1,000,000원 포함
	현금영수증	750,000	박상아	대중교통이용분 400,000원 포함

6. 장현성 연말정산

2022년 6월 1일 입사한 장현성(사번 : 601번)의 연말정산 자료는 다음과 같다. 연말정산추가입력에 전근무지를 반영한 소득명세, 부양가족, 연금저축, 월세, 연말정산입력 탭을 작성하시오.

1. 2022년 5월 말까지 다니던 직장((주)삼영전자)에서 받은 근로소득원천징수영수증 자료를 입력하시오.
2. 장현성씨는 2022년 1월에 관악구 오피스텔에 월세 계약을 하였다(월세 세액공제 요건을 충족한다고 가정한다).
3. 장현성씨는 과세기간 종료일 현재 주택을 소유하지 아니한 세대의 세대주이며 부양가족은 없다.
4. 보험료, 교육비, 의료비(1건 의료비지급명세서 작성)는 부양가족 탭에 입력하여 연말정산입력 탭에 반영한다.

〈장현성의 전근무지 근로소득원천징수영수증〉

	구 분		주(현)	종(전)	⑯-1 납세조합	합 계
Ⅰ 근무처별소득명세	⑨ 근무처명		(주)오리전자			
	⑩ 사업자등록번호		245-81-22547			
	⑪ 근무기간		2022.1.1 ~ 2022.5.31	~	~	~
	⑫ 감면기간		~	~	~	~
	⑬ 급 여		20,000,000			
	⑭ 상 여		5,000,000			
	⑮ 인정상여					
	⑮-1 주식매수선택권 행사이익					
	⑮-2 우리사주조합인출금					
	⑮-3 임원 퇴직소득금액 한도초과액					
	⑯ 계		25,000,000			
Ⅱ 비과세및감면소득명세	⑱ 국외근로	M0X				
	⑱-1 야간근로수당	O0X				
	⑱-2 출산・보육수당	Q0X				
	⑱-4 연구보조비	H0X				
	~					
	⑱-29					
	⑲ 수련보조수당	Y22				
	⑳ 비과세소득 계					
	⑳-1 감면소득 계					

	구 분			⑱ 소득세	⑲ 지방소득세	⑳ 농어촌특별세
Ⅲ 세액명세	⑫ 결정세액			320,000	32,000	
	기납부세액	⑬ 종(전)근무지 (결정세액란의 세액을 적습니다)	사업자등록번호			
		⑭ 주(현)근무지		1,360,000	136,000	
	⑮ 납부특례세액					
	⑯ 차감징수세액(⑫-⑬-⑭-⑮)			△1,040,000	△104,000	

(국민연금 980,000원 건강보험 807,500원 장기요양보험 68,700원 고용보험 162,500원)

위의 원천징수액(근로소득)을 정히 영수(지급)합니다.

〈장현성의 2022년 연말정산자료〉

항 목	내 용
의료비 (의료증빙 국세청장)	• 시력보정용 안경구입비 : 500,000원(본인 신용카드 결제) 1건 • 난임시술비 : 4,500,000원(中 실손보험금 1,500,000원 수령함) 1건
보험료	• 자동차보험료 : 880,000원 • 저축성보험료 : 500,000원
교육비	• 야간대학원 등록금 : 6,000,000원
신용카드등사용액	• 신용카드 사용액 : 11,700,000원(의료비지출액 포함) • 직불카드 사용액 : 1,530,000원 • 현금영수증 사용액 : 1,200,000원
월 세	• 연간 월세 지급액 : 6,000,000원 • 임대인의 인적사항 • 임대인 : 김민수(470531-1535487) • 주소지 : 서울 관악구 관악로 155 • 계약면적 : 55.00(m^2) • 임대차 계약기간 : 2022.1.1 ~ 2022.12.31 • 주택유형 : 오피스텔
퇴직연금	퇴직연금 본인불입액 : 1,200,000원((주)우리은행, 계좌번호 120-350-120)

위의 내역은 본인이 사용하고 지출한 금액이다.

기출문제편

시험장에서 USB 실행하여 설치하는 과정

1. USB를 컴퓨터에 꽂은 후 해당 드라이브에서 기초데이터 설치 프로그램(Tax.exe) 실행
2. 수험번호, 이름 입력 → [설치] 클릭 → 문제유형, 감독관 확인번호 입력 → [로그인] 클릭

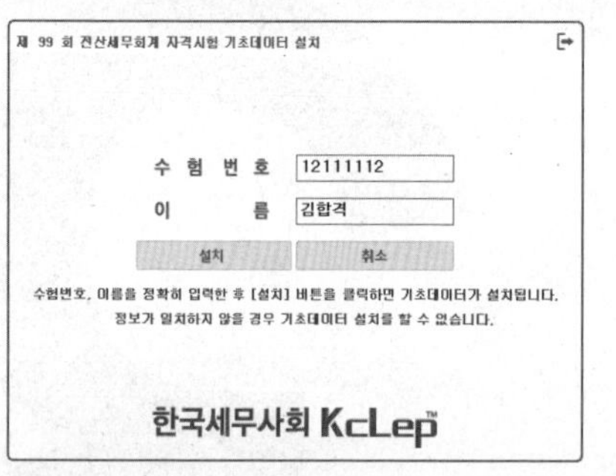

⇨

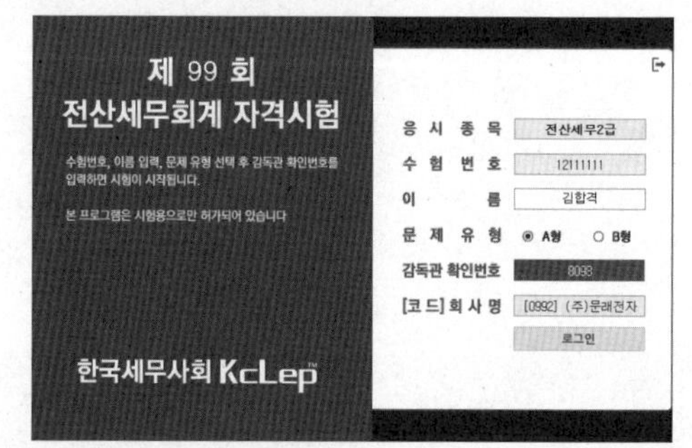

<답안작성방법>

이론문제 : 메인화면 좌측 하단 [이론문제 답안작성] 을 클릭하여 입력

실무문제 : 각 메뉴에 입력한 뒤 메인화면 우측 하단 [답안저장(USB로 저장)] 을 클릭하여 저장

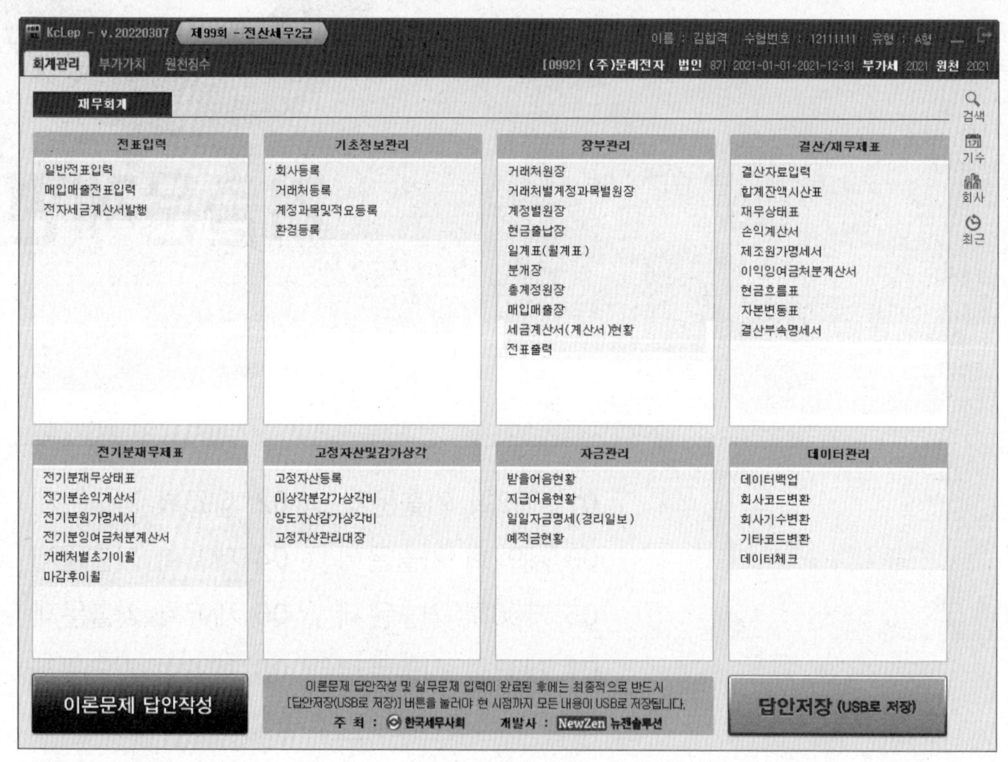

2022년 00월 00일 시행
제000회 전산세무회계자격시험

2교시 | A형

종목 및 등급 : 전산세무 2급
(12:30 ~ 14:00)

- 제한시간 : 90분
- 페이지수 : 10p

▶ 시험시작 전 페이지를 넘기지 말 것 ◀

① USB 수령	• 감독관으로부터 시험에 필요한 응시종목별 기초백데이타 설치용 USB를 수령한다. • USB 꼬리표가 **본인의 응시종목과 일치하는지 확인하고, 꼬리표 뒷면에 수험정보**를 정확히 기재한다.
⬇	
② USB 설치	• USB를 컴퓨터의 USB **포트**에 삽입하여 인식된 해당 USB 드라이브로 이동한다. • USB드라이브에서 기초백데이타설치프로그램인 'Tax.exe' 파일을 실행한다. **[주의] USB는 처음 설치이후, 시험 중 수험자 임의로 절대 재설치(초기화)하지 말 것.**
⬇	
③ 수험정보입력	• [수험번호(8자리)]와 [성명]을 정확히 입력한 후 [설치]버튼을 클릭한다. **※ 입력한 수험정보는 이후 절대 수정이 불가하니 정확히 입력할 것.**
⬇	
④ 시험지 수령	• 시험지와 본인의 응시종목(급수) 일치 여부 및 문제유형(A 또는 B)을 확인한다. • 문제유형(A 또는 B)을 프로그램에 입력한다. • 시험지의 총 페이지수를 확인한다. **※ 응시종목 및 급수와 파본 여부를 확인하지 않은 것에 대한 책임은 수험자에게 있음.**
⬇	
⑤ 시험시작	• 감독관이 불러주는 '**감독관확인번호**'를 정확히 입력하고, 시험에 응시한다.
⬇	
(시험을 마치면) ⑥ USB 저장	• **이론문제의 답**은 메인화면에서 [이론문제 답안작성] 을 클릭하여 입력한다. • **실무문제의 답**은 문항별 요구사항을 수험자가 파악하여 각 메뉴에 입력한다. • 이론과 실무문제의 답을 모두 입력한 후 [답안저장(USB로 저장)] 을 클릭하여 답안을 저장한다. • **저장완료** 메시지를 확인한다.
⬇	
⑦ USB제출	• 답안이 수록된 USB 메모리를 빼서, 〈감독관〉에게 제출 후 조용히 퇴실한다.

▶ 본 자격시험은 전산프로그램을 이용한 자격시험입니다. 컴퓨터의 사양에 따라 전산프로그램이 원활히 작동하지 않을 수도 있으므로 전산프로그램의 진행속도를 고려하여 입력해주시기 바랍니다.
▶ 수험번호나 성명 등을 잘못 입력했거나, 답안을 USB에 저장하지 않음으로써 발생하는 일체의 불이익과 책임은 수험자 본인에게 있습니다.
▶ 타인의 답안을 자신의 답안으로 부정 복사한 경우 해당 관련자는 모두 불합격 처리됩니다.
▶ 타인 및 본인의 답안을 복사하거나 외부로 반출하는 행위는 모두 부정행위 처리됩니다.
▶ PC, 프로그램 등 조작미숙으로 시험이 불가능하다고 판단될 경우 불합격처리 될 수 있습니다.
▶ **시험 진행 중에는 자격검정(KcLep)프로그램을 제외한 일체의 다른 프로그램을 사용할 수 없습니다.**
(예시. 인터넷, 메모장, 윈도우 계산기 등)

[이론문제 답안작성] 을 한번도 클릭하지 않으면 [답안저장(USB로 저장)] 을 클릭해도 답안이 저장되지 않습니다.

한 국 세 무 사 회

제92회 기출문제

시험일자 : 2020.10.11
합격률 : 50.15%

회사선택 : 용인전자(주) (회사코드 5092) 정답 및 해설 p.91

이 론 시 험

다음 문제를 보고 알맞은 것을 골라 [이론문제 답안작성] 메뉴에 입력하시오. (객관식 문항당 2점)

〈 기 본 전 제 〉

문제에서 한국채택국제회계기준을 적용하도록 하는 전제조건이 없는 경우 일반기업회계기준을 적용한다.

01 **다음 중 회계정보의 질적특성에 대한 설명으로 틀린 것은?**

① 목적적합성에는 예측가치, 피드백가치, 적시성이 있다.
② 신뢰성에는 표현의 충실성, 검증가능성, 중립성이 있다.
③ 예측가치는 정보이용자의 당초 기대치를 확인 또는 수정할 수 있는 것을 말한다.
④ 중립성은 회계정보가 신뢰성을 갖기 위해서는 편의없이 중립적이어야 함을 말한다.

02 **다음 중 유가증권에 대한 설명으로 가장 틀린 것은?**

① 채무증권은 취득한 후에 만기보유증권, 단기매매증권, 매도가능증권 중의 하나로 분류한다.
② 만기보유증권으로 분류되지 아니하는 채무증권은 매도가능증권으로 분류한다.
③ 매도가능증권에 대한 미실현보유손익은 기타포괄손익누계액 항목으로 처리한다.
④ 단기매매증권에 대한 미실현보유손익은 당기손익 항목으로 처리한다.

03 **다음 중 충당부채, 우발부채 및 우발자산에 대한 설명으로 틀린 것은?**

① 우발부채는 부채로 인식하지 않으나 우발자산은 자산으로 인식한다.
② 우발부채는 자원 유출가능성이 아주 낮지 않는 한 주석에 기재한다.
③ 충당부채는 자원의 유출가능성이 매우 높은 부채이다.
④ 충당부채는 그 의무 이행에 소요되는 금액을 신뢰성 있게 추정할 수 있다.

04 다음 중 자본거래에 관한 설명으로 가장 틀린 것은?

① 자기주식은 취득원가를 자기주식의 과목으로 하여 자본조정으로 회계처리한다.
② 자기주식을 처분하는 경우 처분금액이 장부금액보다 크다면 그 차액을 자기주식처분이익으로 하여 자본조정으로 회계처리한다.
③ 처분금액이 장부금액보다 작다면 그 차액을 자기주식처분이익의 범위 내에서 상계처리하고, 미상계된 잔액이 있는 경우에는 자본조정의 자기주식처분손실로 회계처리한다.
④ 이익잉여금(결손금) 처분(처리)로 상각되지 않은 자기주식처분손실은 향후 발생하는 자기주식처분이익과 우선적으로 상계한다.

05 다음 중 현금및현금성자산에 대한 설명으로 틀린 것은?

① 취득 당시 만기가 1년인 양도성 예금증서(CD)는 현금및현금성자산에 속한다.
② 지폐와 동전(외화 포함)은 현금및현금성자산에 속한다.
③ 우표와 수입인지는 현금및현금성자산이라고 볼 수 없다.
④ 직원가불금은 단기대여금으로서 현금및현금성자산이라고 볼 수 없다.

06 다음 중 원가에 대한 설명으로 가장 틀린 것은?

① 직접재료비는 기초원가에 포함되지만 가공원가에는 포함되지 않는다.
② 직접노무비는 기초원가와 가공원가 모두에 해당된다.
③ 기회비용(기회원가)은 현재 이 대안을 선택하지 않았을 경우 포기한 대안 중 최소 금액 또는 최소 이익이다.
④ 제조활동과 직접 관련없는 판매관리활동에서 발생하는 원가를 비제조원가라 한다.

07 다음 중 재공품 및 제품에 관한 설명으로 틀린 것은?

① 당기제품제조원가는 재공품계정의 대변에 기입한다.
② 매출원가는 제품계정의 대변에 기입한다.
③ 기말재공품은 손익계산서에 반영된다.
④ 직접재료비, 직접노무비, 제조간접비의 합계를 당기총제조원가라고 한다.

08 (주)세계는 직접배부법을 이용하여 보조부문 제조간접비를 제조부문에 배부하고자 한다. 보조부문 제조간접비를 배분한 후 절단부문의 총원가는 얼마인가?

구 분	보조부문		제조부문	
	수선부문	전력부문	조립부문	절단부문
전력부문 공급(kw)	60	–	500	500
수선부문 공급(시간)	–	100	600	200
자기부문원가(원)	400,000	200,000	600,000	500,000

① 600,000원　② 700,000원
③ 800,000원　④ 900,000원

09 다음 중 개별원가계산에 대한 설명이 아닌 것은?

① 기말재공품의 평가문제가 발생하지 않는다
② 제조간접비의 배분이 중요한 의미를 갖는다.
③ 동종 대량생산 형태보다는 다품종 소량주문생산 형태에 적합하다.
④ 공정별로 원가집계를 하기 때문에 개별작업별로 작업지시서를 작성할 필요는 없다.

10 다음 자료를 이용하여 비정상공손수량을 계산하면 얼마인가?(단, 정상공손은 당기완성품의 10%로 가정한다)

- 기초재공품 : 200개
- 기말재공품 : 50개
- 당기착수량 : 600개
- 당기완성량 : 650개

① 25개　② 28개
③ 30개　④ 35개

11 다음은 부가가치세법상 사업자 단위 과세제도에 대한 설명이다. 가장 틀린 것은?

① 사업장이 둘 이상 있는 경우에는 사업자 단위 과세제도를 신청하여 주된 사업장에서 부가가치세를 일괄하여 신고와 납부, 세금계산서 수수를 할 수 있다.
② 주된 사업장은 법인의 본점(주사무소를 포함한다) 또는 개인의 주사무소로 한다. 다만, 법인의 경우에는 지점(분사무소를 포함한다)을 주된 사업장으로 할 수 있다.
③ 주된 사업장에 한 개의 사업자등록번호를 부여한다.
④ 사업장 단위로 등록한 사업자가 사업자 단위 과세 사업자로 변경하려면 사업자 단위 과세 사업자로 적용받으려는 과세기간 개시 20일 전까지 변경등록을 신청하여야 한다.

12 **다음은 부가가치세법상 영세율과 면세에 대한 설명이다. 가장 틀린 것은?**

① 재화의 공급이 수출에 해당하면 면세를 적용한다.
② 면세사업자는 부가가치세법상 납세의무가 없다.
③ 간이과세자는 간이과세를 포기하지 않아도 영세율을 적용받을 수 있다.
④ 토지를 매각하는 경우에는 부가가치세가 면제된다.

13 **다음은 수정세금계산서 또는 수정전자세금계산서의 발급사유 및 발급절차를 설명한 것이다. 가장 틀린 것은?**

① 계약의 해제로 재화나 용역이 공급되지 아니한 경우 : 계약이 해제된 때에 그 작성일은 계약해제일로 적고 비고란에 처음 세금계산서 작성일을 덧붙여 적은 후 붉은색 글씨로 쓰거나 음(陰)의 표시를 하여 발급한다.
② 면세 등 발급대상이 아닌 거래 등에 대하여 발급한 경우 : 처음에 발급한 세금계산서의 내용대로 붉은색 글씨로 쓰거나 음(陰)의 표시를 하여 발급한다.
③ 처음 공급한 재화가 환입된 경우 : 처음 세금계산서를 작성한 날을 작성일로 적고 비고란에 재화가 환입된 날을 덧붙여 적은 후 붉은색 글씨로 쓰거나 음(陰)의 표시를 하여 발급한다.
④ 착오로 전자세금계산서를 이중으로 발급한 경우 : 처음에 발급한 세금계산서의 내용대로 음(陰)의 표시를 하여 발급한다.

14 **다음은 소득세법상 납세의무자에 관한 설명이다. 가장 틀린 것은?**

① 외국을 항행하는 선박 또는 항공기 승무원의 경우 생계를 같이하는 가족이 거주하는 장소 또는 승무원이 근무기간 외의 기간 중 통상 체재하는 장소가 국내에 있는 때에는 당해 승무원의 주소는 국내에 있는 것으로 본다.
② 국내에 거소를 둔 기간은 입국하는 날의 다음날부터 출국하는 날까지로 한다.
③ 거주자란 국내에 주소를 두거나 183일 이상의 거소를 둔 개인을 말한다.
④ 영국의 시민권자나 영주권자의 경우 무조건 비거주자로 본다.

15 **다음은 소득세법상 결손금과 이월결손금에 관한 설명이다. 가장 틀린 것은?**

① 해당 과세기간의 소득금액에 대하여 추계신고를 하거나 추계조사결정하는 경우에는 예외없이 이월결손금 공제규정을 적용하지 아니한다.

② 사업소득의 이월결손금은 사업소득, 근로소득, 연금소득, 기타소득, 이자소득, 배당소득의 순서로 공제한다.

③ 주거용 건물 임대 외의 부동산임대업에서 발생한 이월결손금은 타 소득에서는 공제할 수 없다.

④ 결손금 및 이월결손금을 공제할 때 해당 과세기간에 결손금이 발생하고 이월결손금이 있는 경우에는 그 과세기간의 결손금을 먼저 소득금액에서 공제한다.

실 무 시 험

용인전자(주)(회사코드 : 5092)는 제조, 도 · 소매 및 무역업을 영위하는 중소기업이며, 당기(11기) 회계기간은 2022.1.1 ~ 2022.12.31이다. 전산세무회계 수험용 프로그램을 이용하여 다음 물음에 답하시오.

〈 기 본 전 제 〉

문제에서 한국채택국제회계기준을 적용하도록 하는 전제조건이 없는 경우 일반기업회계기준을 적용한다.

문제 1 **다음 거래를 일반전표입력 메뉴에 추가 입력하시오.** (15점)

〈 입력 시 유의사항 〉

- 일반적인 적요의 입력은 생략하지만, 타계정 대체거래는 적요번호를 선택하여 입력한다.
- 채권 · 채무와 관련된 거래는 별도의 요구가 없는 한 반드시 기등록되어 있는 거래처코드를 선택하는 방법으로 거래처명을 입력한다.
- 제조경비는 500번대 계정코드를, 판매비와관리비는 800번대 계정코드를 사용한다.
- 회계처리과목은 별도제시가 없는 한 등록되어 있는 계정과목 중 가장 적절한 과목으로 한다.

[1] 3월 21일 (주)SJ컴퍼니의 외상매입금(11,000,000원)을 결제하기 위하여 (주)영동물산으로부터 받은 약속어음 6,000,000원을 (주)SJ컴퍼니에게 배서양도하고 잔액을 보통예금에서 지급하였다. (3점)

[2] 4월 30일 회사는 영업부서 직원들에 대해 확정급여형퇴직연금(DB)에 가입하고 있으며, 4월 불입액인 3,000,000원을 보통예금에서 지급하였다. (3점)

[3] 5월 12일 당사는 자금 악화로 주요 매입거래처인 (주)상생유통에 대한 외상매입금 40,000,000원 중 38,000,000원은 보통예금에서 지급하고, 나머지 금액은 면제받았다. (3점)

[4] 5월 25일 당사는 1주당 발행가액 4,000원, 주식수 50,000주의 유상증자를 통해 보통예금으로 200,000,000원이 입금되었으며, 증자일 현재 주식발행초과금은 20,000,000원이 있다(1주당 액면가액은 5,000원이며, 하나의 거래로 입력할 것). (3점)

[5] 6월 15일 단기매매목적으로 보유 중인 주식회사 삼삼의 주식(장부가액 50,000,000원)을 전부 47,000,000원에 처분하였다. 주식처분 수수료 45,000원을 차감한 잔액이 보통예금으로 입금되었다. (3점)

문제 2 다음 거래 자료를 매입매출전표입력 메뉴에 추가로 입력하시오. (15점)

〈 입력 시 유의사항 〉

- 일반적인 적요의 입력은 생략하지만, 타계정 대체거래는 적요번호를 선택하여 입력한다.
- 별도의 요구가 없는 한 반드시 기등록되어 있는 거래처코드를 선택하는 방법으로 거래처명을 입력한다.
- 제조경비는 500번대 계정코드를, 판매비와관리비는 800번대 계정코드를 사용한다.
- 회계처리 시 계정과목은 별도제시가 없는 한 등록되어 있는 계정과목 중 가장 적절한 과목으로 한다.
- 입력화면 하단의 분개까지 처리하고, 전자세금계산서 및 전자계산서는 전자입력으로 반영한다.

[1] 6월 13일 당사가 제조한 전자제품을 (주)대한에게 판매하고 다음과 같은 전자세금계산서를 발급하였으며 판매대금은 전액 다음 달 말일에 받기로 하였다. (3점)

전자세금계산서(공급자 보관용)				승인번호	20220613-3420112-73b		
공급자	사업자등록번호	122-81-04585		공급받는자	사업자등록번호	203-85-12757	
	상호(법인명)	용인전자(주)	성명(대표자) 김영도		상호(법인명)	(주)대한	성명(대표자) 김대한
	사업장주소	서울 영등포구 여의나루로 53-1			사업장 주소	경기도 고양시 덕양구 삼송동 45	
	업 태	제조 및 도소매업	종 목 전자제품외		업 태	도소매업	종 목 전자제품등
	이메일	45555555@daum.net			이메일	kkllkkll@naver.com	
비 고				수정사유			
작성일자	2022. 6. 13.	공급가액	15,000,000원	세 액	1,500,000원		

월	일	품 목	규 격	수 량	단 가	공급가액	세 액	비 고
6	13	전자제품		30	500,000원	15,000,000원	1,500,000원	

합계금액	현 금	수 표	어 음	외상미수금	이 금액을 **청구** 함
16,500,000원				16,500,000원	

[2] 7월 25일 회계부서에서 사용하기 위한 책상을 (주)카이마트에서 구입하고 구매대금을 다음과 같이 법인카드인 세무카드로 결제하였다(구입 시 자산계정으로 입력할 것). (3점)

단말기번호	8002124738		
카드종류	세무카드	신용승인	
회원번호	1405-1204-****-4849		
유효기간	2022/7/25 13:52:49		
일 반	일시불		
		거래금액	2,000,000원
		부가세	200,000원
		봉사료	0원
		합 계	2,200,000원
판매자			
대표자	가맹점명		
최명자	(주)카이마트		
사업자등록번호	116-81-52796		
가맹점주소	경기 성남 중원구 산성대로382번길 40		
		서 명	

[3] 9월 15일 생산부문의 매입거래처에 선물을 전달하기 위하여 (주)영선으로부터 선물세트(공급가액 1,500,000원, 세액 150,000원)를 매입하고 전자세금계산서를 발급받았다. 대금 중 300,000원은 즉시 보통예금으로 지급하였고 나머지는 한 달 후에 지급하기로 하였다. (3점)

[4] 9월 22일 당사의 보통예금 계좌에 1,100,000원(부가가치세 포함)이 입금되어 확인한 바, 동 금액은 비사업자인 김길동에게 제품을 판매한 것이다(단, 별도의 세금계산서나 현금영수증을 발급하지 않았으며, 거래처는 입력하지 않아도 무방함). (3점)

[5] 9월 28일 당사는 원재료(공급가액 50,000,000원, 부가세 5,000,000원)를 (주)진행상사에서 매입하고 전자세금계산서를 발급받았다. 이와 관련하여 대금 중 15,000,000원은 보통예금에서 지급하고 나머지는 외상으로 하였다. (3점)

문제 3 부가가치세 신고와 관련하여 다음 물음에 답하시오. (10점)

[1] 다음 자료를 보고 2022년 제1기 확정신고기간의 [수출실적명세서]를 작성하시오(단, 거래처코드 및 거래처명도 입력할 것). (3점)

상대국	거래처	수출신고번호	선적일	원화 환가일	통 화	수출액	기준환율	
							선적일	원화 환가일
미 국	ABC사	13042-10-044689X	2022.04.06	2022.04.08	USD	$50,000	₩1,150/$	₩1,140/$
미 국	DEF사	13045-10-011470X	2022.05.01	2022.04.30	USD	$60,000	₩1,140/$	₩1,130/$

[2] 다음은 2022년 제2기 부가가치세 확정신고기간(2022.10.01 ~ 2022.12.31)에 대한 관련 자료이다. 이를 반영하여 제2기 확정 부가가치세 신고서를 작성하시오(단, 세부담 최소화를 가정한다). (7점)

구분	내용
매출자료	• 세금계산서 과세 매출액 : 공급가액 800,000,000원(부가세 별도) • 신용카드 과세 매출액 : 공급대가 55,000,000원(부가세 포함) • 현금영수증 과세 매출액 : 공급대가 11,000,000원(부가세 포함) • 내국신용장에 의한 영세율매출(세금계산서 발급) : 60,000,000원 • 직수출 : 20,000,000원 • 대손세액 공제 : 과세 재화・용역을 공급한 후 그 공급일부터 10년이 지난 날이 속하는 과세기간에 대한 확정신고기한까지 아래의 사유로 대손세액이 확정된다. – 2022년 9월 25일에 부도발생한 (주)한국에 대한 받을어음 : 33,000,000원(부가세 포함) – 2022년 10월 5일에 소멸시효 완성된 (주)성담에 대한 외상매출금 : 22,000,000원(부가세 포함)
매입자료	• 전자세금계산서 과세 일반매입액 : 공급가액 610,000,000원, 세액 61,000,000원 • 전자세금계산서 고정자산 매입액 – 업무용 기계장치 매입액 : 공급가액 60,000,000원, 세액 6,000,000원 – 비영업용 승용차(5인승, 1,800cc) 매입액 : 공급가액 30,000,000원, 세액 3,000,000원
기 타	• 제2기 예정신고 시 미환급된 세액 : 3,000,000원 • 정상적으로 수취한 종이세금계산서(원재료 구입) 예정신고 누락분 : 공급가액 10,000,000원, 세액 1,000,000원 • 매출자료 중 전자세금계산서 지연전송분 : 공급가액 5,000,000원, 세액 500,000원

문제 4 다음 결산자료를 입력하여 결산을 완료하시오. (15점)

[1] 영업사원 출장용 차량에 대한 보험료 전액을 가입 당시(2022.07.01)에 보통예금으로 계좌이체 후 비용처리하였다(단, 월할계산할 것). (3점)

- 자동차보험료 : 10,000,000원
- 가입기간 : 2022년 7월 1일 ~ 2023년 6월 30일

[2] 2022년 9월 1일 기업은행으로부터 2억원을 연 3%의 이자율로 1년간 차입하였다. 이자는 원금상환과 함께 1년 후 보통예금에서 지급할 예정이다(단, 월할계산할 것). (3점)

[3] 당사가 기말에 공장에서 보유하고 있는 재고자산은 다음과 같다. 추가정보를 고려하여 결산에 반영하시오. (3점)

1. 기말재고자산
   - 기말원재료 : 1,500,000원
   - 기말재공품 : 6,300,000원
   - 기말제품 : 6,500,000원
2. 추가정보
   - 매입한 원재료 1,940,000원은 운송 중 : 선적지 인도조건
   - 당사의 제품(적송품) 4,850,000원을 수탁업자들이 보유 중 : 위탁판매용도

[4] 결산일 현재 외상매출금 잔액에 대하여 1%의 대손추정률을 적용하여 보충법에 의해 일반기업회계기준에 따라 대손충당금을 설정한다. (3점)
※ 반드시 결산자료입력 메뉴만을 이용하여 입력하시오.

[5] 결산 마감 전 영업권(무형자산) 잔액이 30,000,000원이 있으며, 이 영업권은 2022년 5월 20일에 취득한 것이다(단, 무형자산에 대하여 5년간 월할 균등상각하며, 상각기간 계산 시 1월 미만의 기간은 1월로 한다). (3점)

문제 5 2022년 귀속 원천징수자료와 관련하여 다음의 물음에 답하시오. (15점)

[1] 다음은 기업부설연구소의 연구원인 김현철의 9월분 급여명세서이다. [급여자료입력] 및 [원천징수이행상황신고서]를 작성하시오(단, 수당등록 및 공제항목은 불러온 자료는 무시하고 직접 입력할 것). (5점)

〈9월분 급여명세서〉

이 름	김현철	지급일	10월 10일
기본급	2,500,000원	소득세	110,430원
직책수당	300,000원	지방소득세	11,040원
식 대	150,000원	국민연금	146,250원
자가운전보조금	300,000원	건강보험	104,970원
연장수당	200,000원	장기요양보험	12,870원
[기업연구소]연구보조비	300,000원	고용보험	26,000원
급여합계	3,750,000원	공제총액	411,560원
귀하의 노고에 감사드립니다.		차인지급액	3,338,440원

- 수당 등록 시 급여명세서에 적용된 항목 이외의 항목은 사용여부를 '부'로 체크하고 모두 월정액으로 체크한다.
- 당사는 모든 직원에게 식대를 지급하며 비과세요건을 충족한다.
- 당사는 본인명의의 차량을 업무 목적으로 사용한 직원에게 자가운전보조금을 지급하며, 실제 발생된 시내교통비를 별도로 지급하지 않는다.
- 당사는 기업(부설)연구소의 법적 요건을 충족하며, [기업연구소]연구보조비는 비과세요건을 충족한다.
- 원천징수이행상황신고서 작성과 관련하여 전월미환급세액은 180,000원이다.
- 별도의 환급신청은 하지 않는다.

[2] 2022년 6월 1일 입사한 최민국(사번 : 102)의 전근무지 근로소득원천징수영수증 자료와 연말정산자료는 다음과 같다. 전 근무지를 반영한 연말정산추가자료입력 메뉴의 [소득명세], [월세주택임차차입명세] 및 [연말정산입력] 탭을 입력하시오.(단, 최민국은 무주택 세대주이며, 부양가족은 없다) (10점)

〈자료 1〉

〈전 근무지 근로소득 원천징수영수증 자료〉

	구 분		주(현)	종(전)	⑯-1 납세조합	합 계
Ⅰ. 근무처별소득명세	⑨ 근무처명		㈜안전양회			
	⑩ 사업자등록번호		114-86-06122			
	⑪ 근무기간		2022.1.1~2022.5.31	~	~	~
	⑫ 감면기간		~	~	~	~
	⑬ 급 여		18,000,000원			
	⑭ 상 여		2,000,000원			
	⑮ 인정상여					
	⑮-1 주식매수선택권 행사이익					
	⑮-2 우리사주조합인출금					
	⑮-3 임원 퇴직소득금액 한도초과액					
	⑯ 계		20,000,000원			
Ⅱ. 비과세및감면소득명세	⑱ 국외근로	M0X				
	⑱-1 야간근로수당	O0X				
	⑱-2 출산·보육수당	Q0X				
	⑱-4 연구보조비	H0X				
	~					
	⑱-29					
	⑲ 수련보조수당	Y22				
	⑳ 비과세소득 계					
	⑳-1 감면소득 계					

	구 분				⑱ 소득세	⑲ 지방소득세	⑳ 농어촌특별세
Ⅲ. 세액명세	⑫ 결정세액				245,876원	24,587원	
	기납부세액	⑬ 종(전)근무지 (결정세액란의 세액을 적습니다)	사업자등록번호				
		⑭ 주(현)근무지			1,145,326원	114,532원	
	⑮ 납부특례세액						
	⑯ 차감징수세액(⑫ - ⑬ - ⑭ - ⑮)				△899,450원	△89,945원	

(국민연금 960,000원 건강보험 785,000원 장기요양보험 49,600원 고용보험 134,000원)

위의 원천징수액(근로소득)을 정히 영수(지급)합니다.

〈자료 2〉 연말정산 관련 자료

다음의 지출 금액은 모두 본인을 위해 사용한 금액이다.

항 목	내 용
보험료	자동차보험료 : 750,000원, 저축성보험료 : 600,000원
의료비	• 치료목적 허리디스크 수술비 : 3,600,000원(최민국의 신용카드로 결제) • 치료·요양 목적이 아닌 한약 구입비 : 2,400,000원 • 시력보정용 안경구입비 : 550,000원
교육비	• 대학원 등록금 : 10,000,000원 • 영어학원비(업무관련성 없음) : 2,000,000원
기부금	• 종교단체 당해 기부금 : 3,000,000원, • 종교단체 외의 지정기부금단체에 기부한 당해 기부금 : 100,000원
신용카드 등 사용액	• 신용카드 : 34,000,000원(이 중 8,000,000원은 본인이 근무하는 법인의 비용 해당분이고, 3,600,000원은 허리디스크수술비임) • 현금영수증 : 2,500,000원(이 중 300,000원은 대중교통이용분이고, 120,000원은 공연관람사용분임)
월세 자료	• 임대인 : 임부자 • 주민등록번호 : 631124-1655498 • 주택유형 : 다가구주택 • 주택계약면적 : 52.00m^2 • 임대차계약서상 주소지 : 서울시 영등포구 여의나루로 121 • 임대차 계약기간 : 2022.1.1 ~ 2022.12.31 • 매월 월세액 : 700,000원(2022년 총지급액 8,400,000원) • 월세는 세액공제요건이 충족되는 것으로 한다.

제93회 기출문제

시험일자 : 2020.11.28
합격률 : 52.74%

회사선택 : (주)하나로상사 (회사코드 5093)   정답 및 해설 p.97

이 론 시 험

다음 문제를 보고 알맞은 것을 골라 [이론문제 답안작성] 메뉴에 입력하시오. (객관식 문항당 2점)

〈 기 본 전 제 〉

문제에서 한국채택국제회계기준을 적용하도록 하는 전제조건이 없는 경우 일반기업회계기준을 적용한다.

01 **다음 중 회계정책 또는 회계추정의 변경과 관련한 설명으로 틀린 것은?**

① 회계추정의 변경은 소급하여 적용하는 것이 원칙이다.

② 회계정책의 변경과 회계추정의 변경이 동시에 이루어지는 경우 회계정책의 변경에 의한 누적효과를 먼저 계산한다.

③ 회계변경의 효과를 회계정책의 변경과 회계추정의 변경으로 구분이 불가능한 경우 회계추정의 변경으로 본다.

④ 회계정책의 변경을 반영한 재무제표가 더 신뢰성 있고 목적적합한 정보를 제공한다면 회계정책을 변경할 수 있다.

02 **다음 중 유형자산 취득 시 회계처리와 관련한 설명으로 틀린 것은?**

① 유형자산을 취득하는 과정에서 국·공채 등을 불가피하게 매입하는 경우 해당 채권의 실제 매입가액과 채권의 공정가치의 차액은 해당 유형자산의 취득원가에 포함한다.

② 건물을 증여로 취득한 경우 취득원가를 계상하지 않는다.

③ 건물을 신축하기 위하여 사용 중인 기존 건물을 철거하는 경우 철거비용은 전액 당기비용으로 처리한다.

④ 정부보조금으로 자산 취득 시 해당 정부보조금은 해당 자산의 취득원가에서 차감하는 형식으로 기재한다.

03 다음 중 무형자산에 대한 설명으로 틀린 것은?

① 무형자산의 상각방법에는 정액법, 유효이자율법, 정률법, 연수합계법, 생산량비례법 등이 있다.
② 내부적으로 창출한 영업권은 무형자산으로 인식할 수 없다.
③ 무형자산에 대한 지출로서 과거 회계연도에 비용으로 인식한 지출은 그 후의 기간에 무형자산의 원가로 인식할 수 없다.
④ 무형자산의 상각대상금액은 그 자산의 추정내용연수 동안 체계적인 방법에 의하여 비용으로 배분한다.

04 다음 중 자본조정에 해당하지 않는 것은?

① 자기주식
② 주식할인발행차금
③ 감자차손
④ 매도가능증권평가이익

05 다음 중 사례의 회계처리에 관한 설명으로 가장 틀린 것은?

〈사 례〉
2022년 3월 1일 : $10,000 상당의 제품을 해외에 외상으로 판매하였다(적용환율 : 1,000원/$1).
2022년 3월 31일 : $10,000의 외상매출금이 보통예금에 입금되었다(적용환율 : 1,050원/$1).

① 2022년 3월 1일 회계처리 시 차변에는 외상매출금을 계정과목으로 한다.
② 2022년 3월 1일 회계처리 시 대변에는 제품매출을 계정과목으로 한다.
③ 2022년 3월 31일 회계처리 시 차변에는 보통예금을 계정과목으로 한다.
④ 2022년 3월 31일 회계처리 시 대변에는 외상매출금의 감소와 외화환산이익의 발생이 나타난다.

06 다음의 그래프는 조업도에 따른 원가의 변화를 나타낸 것이다. 변동원가에 해당하는 그래프만 짝지은 것은?

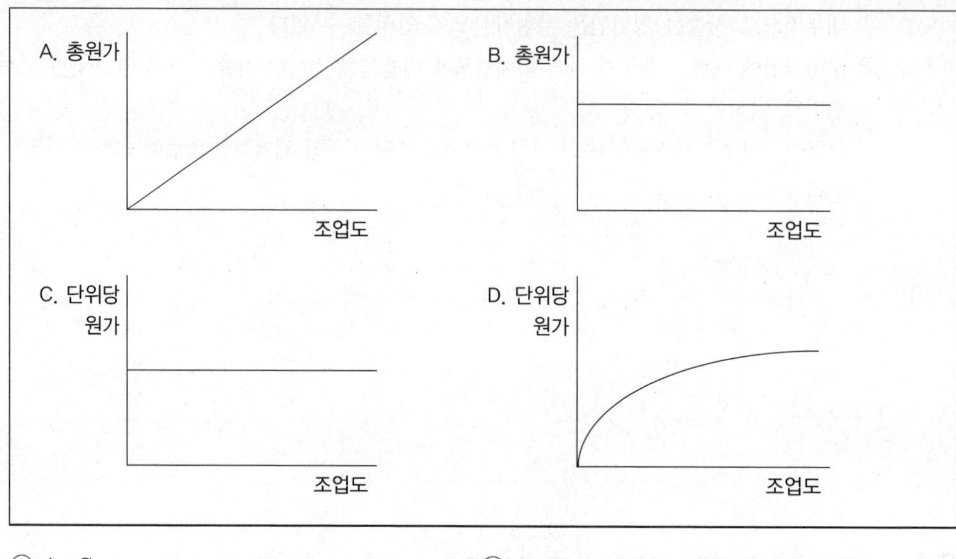

① A, C ② A, D
③ B, C ④ B, D

07 다음 자료를 이용하여 매출원가를 계산하면 얼마인가?

- 기초재공품재고액 : 500,000원
- 기말재공품재고액 : 1,000,000원
- 당기총제조원가 : 2,000,000원
- 기초제품재고액 : 400,000원
- 기말제품재고액 : 450,000원

① 1,450,000원 ② 1,500,000원
③ 1,550,000원 ④ 1,600,000원

08 다음 중 보조부문의 원가를 제조부문에 배분하는 방법에 대한 설명으로 틀린 것은?

① 직접배분법은 보조부문 상호 간에 행해지는 용역의 수수를 무시하고 보조부문원가를 각 제조부문에만 배분하는 방법이다.
② 단계배분법은 보조부문원가의 배분순서를 정하여 그 순서에 따라 보조부문원가를 다른 보조부문과 제조부문에 단계적으로 배분하는 방법이다.
③ 상호배분법은 보조부문 간의 용역수수관계를 완전히 고려하는 방법이다.
④ 상호배분법은 이론적으로 가장 타당하고 계산이 간단하여 효율적이다.

09 **개별원가계산과 종합원가계산에 대한 설명 중 틀린 것은?**

① 개별원가계산은 직접재료비, 직접노무비, 제조간접비로 구분하여 작업원가표에 집계한다.
② 종합원가계산은 동종제품을 대량생산하는 방식으로 식품가공업 등의 업종에서 많이 쓰이는 원가계산방식이다.
③ 종합원가계산은 총제조원가를 해당 기간 중에 만들어진 완성품환산량으로 나누어 완성품환산량 단위당 원가를 계산한다.
④ 종합원가계산이 개별원가계산에 비해서 제품별 원가계산이 보다 정확하다.

10 **다음의 자료에 의하여 종합원가계산에 의한 가공비의 완성품환산량을 계산하시오(단, 가공비는 가공과정 동안 균등하게 발생한다고 가정한다).**

- 기초재공품 : 200개(완성도 30%)
- 당기착수량 : 500개
- 당기완성량 : 500개
- 기말재공품 : 200개(완성도 50%)

	평균법	선입선출법
①	600개	540개
②	620개	540개
③	600개	600개
④	540개	540개

11 **다음은 부가가치세법에 따른 대손세액 공제를 설명한 것이다. 가장 틀린 것은?**

① 재화나 용역을 공급한 후 그 공급일로부터 5년이 지난 날이 속하는 과세기간에 대한 확정신고기한까지 대손이 확정되어야 한다.
② 채무자의 파산·강제집행·사업의 폐지, 사망·실종·행방불명으로 인하여 회수할 수 없는 채권은 대손사유의 요건을 충족하여 대손세액 공제를 적용받을 수 있다.
③ 대손세액 공제는 일반과세자에게만 적용되고 간이과세자는 적용하지 아니한다.
④ 부가가치세 확정신고서에 대손세액 공제(변제)신고서와 대손사실 등을 증명하는 서류를 첨부하여 관할세무서장에게 제출하여야 한다.

12 **다음 중 부가가치세법상 재화 또는 용역의 공급으로 보지 않는 것은?**

① 채무불이행으로 담보물이 채무변제에 충당된 경우
② 사업자가 폐업할 때 당초 매입세액이 공제된 자기생산·취득재화 중 남아있는 재화
③ 사업자가 당초 매입세액이 공제된 자기생산·취득재화를 사업과 직접적인 관계없이 자기의 개인적인 목적으로 사용하는 경우
④ 질권, 저당권 또는 양도담보의 목적으로 동산, 부동산 및 부동산상의 권리를 제공하는 경우

13 **다음 중 부가가치세법상 공제되는 매입세액이 아닌 것은?**

① 전자세금계산서 의무발급 사업자로부터 발급받은 전자세금계산서로서 국세청장에게 전송되지 아니하였으나 발급한 사실이 확인되는 경우 당해 매입세액
② 매입처별 세금계산서합계표를 경정청구나 경정 시에 제출하는 경우 당해 매입세액
③ 예정신고 시 매입처별 세금계산서합계표를 제출하지 못하여 해당 예정신고기간이 속하는 과세기간의 확정신고 시에 제출하는 경우 당해 매입세액
④ 공급시기 이후에 발급받은 세금계산서로서 해당 공급시기가 속하는 과세기간에 대한 확정신고기한 다음 날부터 1년 이후에 발급받은 경우 당해 매입세액

14 **다음 중 소득세법상 이자소득 총수입금액의 수입시기(귀속시기)에 대한 설명으로 가장 옳지 않은 것은?**

① 저축성보험의 보험차익은 보험금 또는 환급금의 지급일이며, 다만 기일 전에 해지하는 경우에는 그 해지일이다.
② 비영업대금의 이익은 약정일 이후 실제 이자지급일이 원칙이다.
③ 채권의 이자와 할인액은 무기명채권은 실제 지급받은 날, 기명채권의 이자와 할인액은 약정에 의한 지급일이다.
④ 금전의 사용에 따른 대가의 성격이 있는 이자와 할인액은 약정에 따른 상환일이다. 다만, 기일 전에 상환하는 때에는 그 상환일이다.

15 **다음 중 소득세법상 원천징수대상 소득이 아닌 것은?(단, 거주자의 소득으로 한정한다)**

① 기타소득
② 퇴직소득
③ 근로소득
④ 양도소득

실 무 시 험

(주)하나로상사(회사코드 : 5093)는 제조, 도·소매 및 무역업을 영위하는 중소기업이며, 당기(15기) 회계기간은 2022.1.1 ~ 2022.12.31이다. 전산세무회계 수험용 프로그램을 이용하여 다음 물음에 답하시오.

〈 기 본 전 제 〉

문제에서 한국채택국제회계기준을 적용하도록 하는 전제조건이 없는 경우 일반기업회계기준을 적용한다.

문제 1 다음 거래를 일반전표입력 메뉴에 추가 입력하시오. (15점)

〈 입력 시 유의사항 〉

- 일반적인 적요의 입력은 생략하지만, 타계정 대체거래는 적요번호를 선택하여 입력한다.
- 채권·채무와 관련된 거래는 별도의 요구가 없는 한 반드시 기등록되어 있는 거래처코드를 선택하는 방법으로 거래처명을 입력한다.
- 제조경비는 500번대 계정코드를, 판매비와관리비는 800번대 계정코드를 사용한다.
- 회계처리과목은 별도제시가 없는 한 등록되어 있는 계정과목 중 가장 적절한 과목으로 한다.

[1] 4월 1일 영업부서 거래처 직원 윤서희의 경조사비로 300,000원을 보통예금에서 이체하였다. (3점)

[2] 4월 10일 무역협회에 협회비 50,000원을 현금으로 납부하였다. (3점)

[3] 5월 1일 공장의 신축을 위한 특정차입금의 이자비용 3,500,000원을 당좌수표를 발행하여 지급하였다. 단, 해당 이자비용은 자본화대상이며, 공장의 완공예정일은 내년 4월 30일이다. (3점)

[4] 6월 5일 액면가액 100,000,000원(5년 만기)인 사채를 99,000,000원에 할인발행하였으며, 대금은 전액 보통예금으로 받았다. (3점)

[5] 6월 10일 5월분 급여 지급 시 원천징수한 소득세 500,000원 및 지방소득세 50,000원을 보통예금 계좌에서 이체하여 납부하였다(단, 거래처입력은 생략하며 하나의 전표로 입력할 것). (3점)

문제 2 다음 거래자료를 매입매출전표입력 메뉴에 추가로 입력하시오. (15점)

〈 입력 시 유의사항 〉

- 일반적인 적요의 입력은 생략하지만, 타계정 대체거래는 적요번호를 선택하여 입력한다.
- 별도의 요구가 없는 한 반드시 기등록되어 있는 거래처코드를 선택하는 방법으로 거래처명을 입력한다.
- 제조경비는 500번대 계정코드를, 판매비와관리비는 800번대 계정코드를 사용한다.
- 회계처리 시 계정과목은 별도제시가 없는 한 등록되어 있는 계정과목 중 가장 적절한 과목으로 한다.
- 입력화면 하단의 분개까지 처리하고, 전자세금계산서 및 전자계산서는 전자입력으로 반영한다.

[1] 8월 7일 수출업체인 (주)서울에 제품을 동일 날짜로 받은 구매확인서에 의해 납품하고 다음의 영세율전자세금계산서를 발급하였다. 대금은 전액 외상으로 하였다. (3점)

<table>
<tr><td colspan="6">영세율전자세금계산서(공급자 보관용)</td><td>승인번호</td><td colspan="4">20220807-2000000-200001</td></tr>
<tr><td rowspan="5">공급자</td><td>사업자등록번호</td><td>123-81-66212</td><td>종사업장번호</td><td></td><td rowspan="5">공급받는자</td><td>사업자등록번호</td><td>130-81-55668</td><td>종사업장번호</td><td></td></tr>
<tr><td>상 호(법인명)</td><td>(주)하나로상사</td><td>성 명(대표자)</td><td>임택수</td><td>상 호(법인명)</td><td>(주)서울</td><td>성 명(대표자)</td><td>정쌍룡</td></tr>
<tr><td>사업장주소</td><td colspan="3">경기도 성남시 분당구 서판교로 32</td><td>사업장주소</td><td colspan="3">서울 강남구 역삼로 150</td></tr>
<tr><td>업 태</td><td>제 조</td><td>종 목</td><td>전자제품</td><td>업 태</td><td>도소매</td><td>종 목</td><td>전자제품</td></tr>
<tr><td>이메일</td><td colspan="3">world1234@naver.com</td><td>이메일</td><td colspan="3">seoulcompany@naver.com</td></tr>
<tr><td colspan="2">작성일자</td><td>공급가액</td><td>세 액</td><td colspan="6">수정사유</td></tr>
<tr><td colspan="2">2022-08-07</td><td>20,000,000원</td><td>0원</td><td colspan="6"></td></tr>
<tr><td colspan="2">비 고</td><td colspan="8"></td></tr>
</table>

월	일	품 목	규 격	수 량	단 가	공급가액	세 액	비 고
8	7	제 품	set	10	2,000,000원	20,000,000원	0원	

합계금액	현 금	수 표	어 음	외상미수금	이 금액을 영수/청구 함
20,000,000원				20,000,000원	

[2] 8월 21일 비사업자인 장현성에게 제품A를 판매하고 판매대금 330,000원(부가가치세 포함)을 현금으로 수령하면서 지출증빙용 현금영수증을 발급하였다(단, 거래처를 입력할 것). (3점)

(주)하나로상사

123-81-66212 임택수

경기도 성남시 분당구 서판교로 32 TEL : 711-8085

홈페이지 http://www.kacpta.or.kr

현금(지출증빙)

구매 2022/08/21/14:07 거래번호 : 0026-0107

제품명	수 량	단 가	금 액
제품A	1	330,000원	330,000원

	과세물품가액	300,000원
	부 가 세	30,000원
합 계		330,000원
받은금액		330,000원

[3] 9월 5일 다음은 당사에서 발급한 전자세금계산서 자료이다. 매입매출전표에 입력하시오. (3점)

전자세금계산서(공급자 보관용)						승인번호	20220905-2000000-200000		
공급자	사업자등록번호	123-81-66212	종사업장번호		공급받는자	사업자등록번호	718-86-00027	종사업장번호	
	상 호(법인명)	(주)하나로상사	성 명(대표자)	임택수		상 호(법인명)	(주)항체	성 명(대표자)	김우리
	사업장주소	경기도 성남시 분당구 서판교로 32				사업장주소	서울 강남구 테헤란로 156		
	업 태	제조, 도소매	종 목	전자제품		업 태	도소매	종 목	컴퓨터외
	이메일					이메일			

작성일자	공급가액	세 액	수정사유
2022년 9월 5일	40,000,000원	4,000,000원	
비 고			

월	일	품 목	규 격	수 량	단 가	공급가액	세 액	비 고
9	5	제 품				40,000,000원	4,000,000원	

합계금액	현 금	수 표	어 음	외상미수금	이 금액을 영수/청구 함
44,000,000원	3,000,000원			41,000,000원	

[4] 9월 27일 당사는 본사사옥을 신축할 목적으로 기존 건물이 있는 토지를 취득하고 즉시 건물을 철거한 후 (주)새로용역으로부터 전자세금계산서를 발급받았다. 구 건물 철거비용 총액 44,000,000원(공급가액 40,000,000원, 세액 4,000,000원) 중 25,000,000원은 보통예금에서 지급하고 나머지는 외상으로 하였다. (3점)

[5] 12월 12일 미국 SUN사에 제품을 $20,000에 직수출(수출신고일 11월 26일, 선적일 12월 12일)하고, 수출대금은 12월 31일에 미국달러화로 받기로 하였다. 수출과 관련된 내용은 다음과 같다(단, 수출신고번호입력은 생략함). (3점)

일 자	11월 26일	12월 12일	12월 31일
기준환율	1,150/$	1,100/$	1,200/$

문제 3 부가가치세 신고와 관련하여 다음 물음에 답하시오. (10점)

[1] 다음의 자료를 이용하여 2022년 1기 예정신고기간에 대한 [건물등감가상각자산취득명세서]를 작성하시오(단, 구입 시 감가상각자산으로 처리함). (3점)

일 자	내 역	공급가액	부가가치세	상 호	사업자등록번호
2/15	생산부서에서 사용할 비품 구입(신용카드매출전표 수취)	2,000,000원	200,000원	(주)대한전자	118-81-20586
2/28	공장에서 사용할 제품 제작용 기계 구입(전자세금계산서 수취)	30,000,000원	3,000,000원	(주)상신기계	120-81-47521
3/30	영업부서의 업무용 승용차(990CC)인 경차 구입(전자세금계산서 수취)	15,000,000원	1,500,000원	(주)대한모터스	114-87-12242

[2] 다음 자료를 이용하여 2022년 1기 확정신고기간(4월 ~ 6월)에 대한 부가가치세 신고서를 작성하시오(단, 주어진 자료 외에는 고려하지 말 것). (7점)

(1) 매출처별 세금계산서합계표상의 금액은 공급가액 250,000,000원, 세액 25,000,000원이다.
(2) 위 (1) 외에 카드매출 6,600,000원, 현금영수증 매출 3,300,000원, 정규영수증 외 매출 1,100,000원이 발생하였다(모두 부가가치세가 포함된 금액임).
(3) 선적된 베트남 수출액은 $30,000(수출신고일 1,800원/$, 선적일 1,750원/$)이다.
(4) 매입처별 세금계산서 합계표상의 금액(일반매입분)은 공급가액 145,000,000원, 세액 14,500,000원이다.
(5) 위 (4)에는 접대비 관련 공급가액 30,000,000원, 세액 3,000,000원이 포함되어 있다.
(6) 신용카드로 매입한 중고승용차(매입세액 공제대상임) 공급가액 3,500,000원, 세액 350,000원이 있다.
(7) 2022년 1기 예정신고기간에 정상적으로 발급·전송된 전자세금계산서(공급가액 3,000,000원, 세액 300,000원)가 2022년 1기 예정신고 시 신고·납부가 누락되어 있다.

- 2022년 1기 예정신고기한은 4월 27일이고, 2022년 1기 확정신고는 2022년 7월 20일에 신고·납부하는 것으로 한다.

문제 4 다음 결산자료를 입력하여 결산을 완료하시오. (15점)

[1] 2022년 9월 1일 1년 이내 상환하는 조건으로 $20,000을 차입하였다. 차입 당시 환율은 1,280원/$이었고 2022년 12월 31일 현재 기말환율이 1,270원/$이다. (3점)

[2] 당사는 3월 1일 1년치 임대료 12,000,000원을 보통예금으로 이체받고, 전액을 영업외수익으로 처리하였다. 임대차계약서상 임대기간은 2022년 3월 1일부터 2023년 2월 28일이다(단, 월할계산 할 것). (3점)

[3] 다음 자료를 이용하여 12월 31일에 부가세대급금과 부가세예수금을 정리하는 분개를 입력하시오(납부세액은 미지급세금으로 계상하고 환급세액은 미수금으로 계상하시오). (3점)

- 부가세대급금 : 14,000,000원
- 부가세예수금 : 20,000,000원
- 2기 예정신고 미환급세액 : 4,000,000원(9월 30일자 일반전표를 조회할 것)
- 전자신고세액공제 : 10,000원

[4] 대한은행으로부터 차입한 장기차입금 중 45,000,000원은 2023년 1월 31일에 상환기일이 도래한다(단, 거래처도 입력할 것). (3점)

[5] 당기분 법인세가 54,000,000원(법인지방소득세 포함)으로 계산되었다. 단, 회사는 법인세 중간예납세액과 이자소득 원천징수세액의 합계액인 36,000,000원을 선납세금으로 계상하고 있다. (3점)

문제 5 2022년 귀속 원천징수자료와 관련하여 다음의 물음에 답하시오. (15점)

[1] 다음 자료를 보고 미혼인 영업사원 이희민(사번 : 1, 주민등록번호 : 801214-1120511)의 필요한 수당공제등록, 4월분 급여자료입력 및 원천징수이행상황신고서를 작성하시오. (5점)

(1) 4월 급여명세내역

- 급여항목	- 공제항목
① 기본급 : 4,000,000원	① 국민연금 : 218,700원
② 식 대 : 100,000원	② 건강보험 : 163,410원
③ 자가운전보조금 : 200,000원	③ 장기요양보험 : 20,050원
④ 직책수당 : 300,000원	④ 고용보험 : 39,200원
⑤ 월차수당 : 600,000원	⑤ 소득세 : 336,440원
	⑥ 지방소득세 : 33,640원

(2) 추가 자료 및 요청 사항

① 4월분 급여지급일은 4월 30일이다.

② 주요 수당내역

- 식대 : 당 회사는 식사를 별도로 제공하지 아니한다.
- 자가운전보조금 : 직원명의의 차량을 소유하고 있고, 그 차량을 업무수행에 이용하고 있다. 또한, 시내교통비를 별도로 지급하고 있지 않다.
- 모든 수당은 월정액(정기)에 해당한다.

③ 급여대장 작성 시, 과세여부를 판단하여 필요한 수당은 추가 등록하고, 사용하지 않는 수당은 사용여부를 모두 '부'로 변경하며, 급여명세서에 제시된 항목 및 금액이 표시될 수 있도록 작성한다.

④ 공제내역

- 불러온 데이터는 무시하고 직접 작성한다.

(3) 전월미환급세액 126,000원이 있다.

[2] 다음은 사원 최수정(사번 : 500)의 연말정산을 위한 자료이다. 부양가족은 별도의 소득이 없고, 최수정과 생계를 같이하고 있다. 사원등록 [부양가족명세] 탭에서 부양가족을 입력하고, 연말정산추가자료입력에서 [월세, 주택임차] 탭과 [연말정산입력] 탭을 작성하시오(단, 최수정의 총급여액은 50,000,000원이며 최수정의 세부담 최소화를 가정할 것). (10점)

1. 최수정의 부양가족현황(아래의 주민번호는 정확한 것으로 가정한다)

관 계	성 명	주민등록번호	비 고
본 인	최수정	851006-2458322	과세기간 종료일 현재 무주택자이며, 한부모에 해당함
본인의 직계존속	윤여선	630122-2184321	장애인복지법에 따른 장애인

※ 주민등록번호는 정상적인 것으로 가정한다.

2. 주택임대차 현황
   - 임대인 : 홍현우(740103-1234567)
   - 소재지 : 경기도 성남시 분당구 판교동 5(단독주택, 계약면적 $60m^2$)
   - 임대기간 : 2022년 1월 1일 ~ 2022년 12월 31일
   - 세대주 및 임대차 계약자 : 최수정(전입신고 완료)
   - 월 임차료 : 700,000원(최수정이 1년치 임차료 8,400,000원을 모두 납부함)
   - 월세 세액공제 요건을 충족하는 것으로 가정한다.
3. 국세청 연말정산 간소화 자료 및 기타 자료
   - 아래의 신용카드, 직불카드, 현금영수증 사용액은 모두 최수정 본인 명의의 증빙이라고 가정한다.
   - 의료비는 의료비지급명세서를 작성하고, 이외는 연말정산입력 탭에 직접입력한다.

(1) 최수정의 2022년 귀속 연말정산 자료

항 목	내 용
신용카드 등 사용액	• 신용카드 사용액 : 20,000,000원(안경구입비 포함) • 직불카드 사용액 : 1,400,000원(전통시장 사용분 400,000원 포함) • 현금영수증 사용액 : 1,200,000원(중국어 학원비 결제금액)
보험료	• 일반 보장성보험료 : 1,000,000원 (주의. 의료비의 실손의료보험금 수령액 300,000원 있음) • 장애인(윤여선)전용 보장성보험료 : 2,000,000원 • 저축성보험료 : 1,000,000원
의료비(국세청, 1건)	시력보정용 안경구입비 : 600,000원(신용카드 결제)
교육비	• 원격대학 등록금 납입액 : 2,000,000원 • 중국어 학원비 : 1,200,000원(현금영수증 결제)

(2) 윤여선의 2022년 귀속 연말정산 자료

항 목	내 용
의료비(국세청, 1건)	질병 치료비 : 1,200,000원
교육비	노인대학 등록금 납입액 : 2,500,000원

(3) 최안나의 2022년 귀속 연말정산 자료

항 목	내 용
교육비	영유아 보육법에 따른 어린이집 납입액 : 500,000원
의료비(국세청, 1건)	건강진단비 : 500,000원

제94회 기출문제

시험일자 : 2021.02.21
합격률 : 36.37%

회사선택 : (주)다음전자 (회사코드 5094) 정답 및 해설 p.103

이 론 시 험

다음 문제를 보고 알맞은 것을 골라 [이론문제 답안작성] 메뉴에 입력하시오. (객관식 문항당 2점)

〈 기 본 전 제 〉

문제에서 한국채택국제회계기준을 적용하도록 하는 전제조건이 없는 경우 일반기업회계기준을 적용한다.

01 **다음 중 재고자산에 대한 설명으로 틀린 것은?**

① 개별법은 실제원가가 실제수익에 대응되므로 수익비용대응원칙에 가장 충실하다.
② 가중평균법은 실무적으로 적용하기 편리하나 수익과 비용의 적절한 대응이 어렵다.
③ 선입선출법은 물가가 상승하는 경우 당기순이익이 과소계상되는 단점이 있다.
④ 후입선출법은 기말재고자산이 과거의 취득원가로 기록되어 현행가치를 나타내지 못한다.

02 **다음은 (주)세계산업의 대손충당금과 관련된 내용이다. 거래내용을 확인한 후 당기 대손충당금으로 설정한 금액은 얼마인가?**

가. 기초 매출채권 잔액은 500,000원이고 대손충당금 잔액은 50,000원이다.
나. 당기 외상매출금 중에 20,000원이 대손확정되었다.
다. 전기 대손처리한 매출채권 중 30,000원이 회수되었다.
라. 당기 말 대손충당금 잔액은 100,000원이다.

① 20,000원 ② 30,000원
③ 40,000원 ④ 50,000원

03 다음 중 유형자산의 감가상각방법에 대한 설명으로 틀린 것은?

① 정액법은 매년 동일한 금액만큼 가치가 감소하는 것으로 가정하고 회계처리한다.
② 가속상각법(체감상각법)은 내용연수 초기에 감가상각비를 과대계상하는 방식이다.
③ 생산량비례법은 생산량에 비례하여 가치가 감소하는 것으로 보고 회계처리한다.
④ 초기 감가상각비의 크기는 정률법보다 정액법이 더 크다.

04 다음 사례의 회계처리를 할 경우 대변의 빈칸에 적절한 계정과목은?

〈사례〉
관리부문 직원의 6월 급여 2,500,000원을 지급하면서 원천세 등 공제항목 250,000원을 제외한 나머지 금액 2,250,000원을 보통예금으로 지급하였다.

(차변) 급 여	2,500,000원	(대변) (　　　)	250,000원
		보통예금	2,250,000원

① 예수금　② 가수금
③ 선수금　④ 미지급금

05 다음 중 판매비와관리비 항목이 아닌 것은?

① 급 여　② 복리후생비
③ 접대비　④ 기타의대손상각비

06 다음 중 원가의 개념에 대한 설명으로 가장 틀린 것은?

① 매몰원가는 과거에 발생한 원가로서 의사결정에 고려되지 않는 원가를 말한다.
② 기회원가는 현재의 용도 이외의 다른 대체적인 용도에 사용할 경우 얻을 수 있는 최대금액을 말한다.
③ 고정원가의 경우 조업도의 변동에 관계없이 단위당 원가가 일정하게 발생한다.
④ 특정제품에만 투입되는 원재료의 원가는 직접원가에 해당한다.

07 **다음 자료를 이용하여 당기제품제조원가를 구하면 얼마인가?**

- 기초원재료재고액 : 100,000원
- 기말원재료재고액 : 30,000원
- 기중원재료매입액 : 150,000원
- 직접노무비 : 200,000원
- 제조간접비 : 200,000원
- 기초재공품재고액 : 10,000원
- 기말재공품재고액 : 150,000원
- 기초제품재고액 : 80,000원
- 기말제품재고액 : 200,000원

① 340,000원
② 360,000원
③ 480,000원
④ 490,000원

08 **보조부문에서 발생한 원가도 생산과정에서 반드시 필요한 원가이므로 제품원가에 포함시키기 위하여 제조부문에 배분되어야 한다. 이때 보조부문원가 행태에 따른 배분방법으로는 단일배분율법과 이중배분율법이 있다. 다음 중에서 이중배분율법의 장점만 짝지은 것은?**

A. 원가 배분절차가 복잡하지 않아 비용과 시간이 절약된다.
B. 원가부문 활동에 대한 계획과 통제에 더 유용한 정보를 제공할 수 있다.
C. 원가발생액과 원가대상 사이의 인과관계가 더 밀접해질 수 있다.
D. 배분과정에서 발생할 수 있는 불공정성이 감소하기 때문에 더 공정한 성과평가가 이루어질 수 있다.

① A, B, C
② A, C, D
③ B, C, D
④ A, B, C, D

09 **개별원가계산은 개별제품 또는 작업별로 원가를 집계하여 제품원가를 계산하는 방법을 말한다. 다음 중 개별원가계산과 관련된 설명으로 가장 틀린 것은?**

① 일반적으로 제품 생산 단위당 원가가 낮다.
② 다품종 소량생산 방식이나 주문제작하는 경우에 적합하다.
③ 개별제품별로 원가를 계산하기 때문에 개별제품별 원가계산과 손익분석이 용이하다.
④ 다른 원가계산에 비해 상대적으로 정확한 원가계산이 가능하다.

10 (주)세계는 공손품 중 품질검사를 통과한 정상품의 10%만을 정상공손으로 간주하며, 나머지는 비정상공손으로 간주한다. 다음 설명 중 틀린 것은?

재 공 품

기초재공품	2,000개	(완성도 40%)	당기완성품	6,000개	
당기투입분	8,000개		공손품	1,500개	
			기말재공품	2,500개	(완성도 25%)
계	10,000개		계	10,000개	

① 품질검사를 공정의 60% 시점에서 한다고 가정하였을 경우에 정상공손품은 600개이다.
② 품질검사를 공정의 20% 시점에서 한다고 가정하였을 경우에 정상공손품은 850개이다.
③ 품질검사를 공정의 60% 시점에서 한다고 가정하였을 경우에 정상공손원가는 당기완성품원가와 기말재공품원가에 각각 배부하여야 한다.
④ 비정상공손원가는 품질검사시점과 상관없이 제조원가에 반영되어서는 안된다.

11 다음 중 재화의 간주공급(재화공급의 특례)으로서 세금계산서 발급대상인 것은?(단, 과세거래에 해당한다고 가정하며, 해당 사업장은 주사업장 총괄 납부 또는 사업자 단위 과세제도의 적용을 받지 않는다)

① 면세사업 전용
② 직매장 반출(판매목적 타사업장 반출)
③ 개인적 공급
④ 사업상 증여

12 다음 중 일반과세자와 간이과세자의 비교 설명으로 틀린 것은?

① 일반과세자의 과세표준은 공급가액이다.
② 간이과세자의 과세표준은 공급대가이다.
③ 일반과세자는 매입세액이 매출세액보다 클 경우 환급세액이 발생할 수도 있다.
④ 간이과세자는 공제세액이 매출세액보다 클 경우 환급세액이 발생할 수도 있다.

13 **다음은 부가가치세법상 영세율에 대한 설명이다. 가장 틀린 것은?**

① 영세율제도는 소비지국 국가에서 과세하도록 함으로써 국제적인 이중과세를 방지하고자 하기 위한 제도이다.
② 국외에서 공급하는 용역에 대해서는 영세율을 적용하지 아니한다.
③ 비거주자나 외국법인에 대해서는 영세율을 적용하지 아니함을 원칙으로 하되, 상호주의에 따라 영세율을 적용한다.
④ 국내거래도 영세율 적용 대상이 될 수 있다.

14 **사업소득의 총수입금액에 대한 설명이다. 가장 틀린 것은?**

① 환입된 물품의 가액과 매출에누리는 해당 과세기간의 총수입금액에 산입하지 아니한다.
② 부가가치세의 매출세액은 해당 과세기간의 소득금액을 계산할 때 총수입금액에 산입하지 아니한다.
③ 관세환급금등 필요경비에 지출된 세액이 환급되었거나 환입된 경우에 그 금액은 총수입금액에 이를 산입한다.
④ 거래상대방으로부터 받는 장려금 기타 이와 유사한 성질의 금액은 총수입금액에 이를 산입하지 아니한다.

15 **다음 중 소득세법상 반드시 종합소득 과세표준 확정신고를 해야 하는 자는?**

① 퇴직소득금액 6,000만원과 양도소득금액 5,000만원이 있는 자
② 국내 정기예금 이자소득금액 3,000만원과 일시적인 강연료 기타소득금액 310만원이 있는 자
③ 일용근로소득 1,200만원과 공적연금소득 2,000만원이 있는 자
④ 근로소득금액 6,000만원과 복권당첨소득 5억원이 있는 자

실 무 시 험

(주)다음전자(회사코드 : 5094)는 제조, 도·소매 및 무역업을 영위하는 중소기업이며, 당기(12기) 회계기간은 2022.1.1 ~ 2022.12.31이다. 전산세무회계 수험용 프로그램을 이용하여 다음 물음에 답하시오.

〈 기 본 전 제 〉

문제에서 한국채택국제회계기준을 적용하도록 하는 전제조건이 없는 경우 일반기업회계기준을 적용한다.

문제 1 다음 거래를 일반전표입력 메뉴에 추가 입력하시오. (15점)

〈 입력 시 유의사항 〉

- 일반적인 적요의 입력은 생략하지만, 타계정 대체거래는 적요번호를 선택하여 입력한다.
- 채권·채무와 관련된 거래는 별도의 요구가 없는 한 반드시 기등록되어 있는 거래처코드를 선택하는 방법으로 거래처명을 입력한다.
- 제조경비는 500번대 계정코드를, 판매비와관리비는 800번대 계정코드를 사용한다.
- 회계처리과목은 별도제시가 없는 한 등록되어 있는 계정과목 중 가장 적절한 과목으로 한다.

[1] 4월 20일 원금 300,000,000원인 정기예금이 만기가 되어 이자수익 21,000,000원에 대한 원천징수세액(3,234,000원)을 제외한 원금과 이자 전액이 보통예금으로 이체되었다(원천징수세액은 법인세와 지방소득세를 합친 금액으로서 자산으로 처리하고 거래처입력은 생략할 것). (3점)

[2] 5월 25일 주식발행초과금 5,000,000원을 자본금에 전입하기로 하고, 액면 5,000원의 주식 1,000주를 발행하여 기존 주주들에게 무상으로 교부하였다. (3점)

[3] 6월 18일 공장 신설을 위하여 개인인 홍길동으로부터 토지를 구입하면서 토지구입대금 1억원과 토지의 취득세로 3,500,000원을 보통예금에서 지급하였다(하나의 전표로 처리할 것). (3점)

[4] 7월 1일 장기투자 목적으로 2020년 9월에 취득했던 매도가능증권(취득가액 18,000,000원, 2020년 말 공정가액 22,000,000원, 2021년 말 공정가액 21,000,000원)을 2022년 7월 1일에 20,000,000원에 매각처분하고 매각수수료 100,000원을 차감한 후 보통예금으로 받았다(하나의 전표로 처리할 것). (3점)

[5] 8월 21일 5월 21일에 3개월 후 상환조건으로 (주)치료상사에 외화로 대여한 $8,000에 대하여 만기가 도래하여 회수한 후 원화로 환전하여 보통예금 계좌에 입금되었다(대여 시 환율은 $1당 1,200원, 회수 시 환율은 $1당 1,100원이다). (3점)

문제 2 다음 거래자료를 매입매출전표입력 메뉴에 추가로 입력하시오. (15점)

〈 입력 시 유의사항 〉

- 일반적인 적요의 입력은 생략하지만, 타계정 대체거래는 적요번호를 선택하여 입력한다.
- 별도의 요구가 없는 한 반드시 기등록되어 있는 거래처코드를 선택하는 방법으로 거래처명을 입력한다.
- 제조경비는 500번대 계정코드를, 판매비와관리비는 800번대 계정코드를 사용한다.
- 회계처리 시 계정과목은 별도제시가 없는 한 등록되어 있는 계정과목 중 가장 적절한 과목으로 한다.
- 입력화면 하단의 분개까지 처리하고, 전자세금계산서 및 전자계산서는 전자입력으로 반영한다.

[1] 7월 25일 회사는 영업부 부서의 업무용 차량(개별소비세 과세대상 승용차)을 렌트하면서 7월분 렌트료 550,000원(공급대가)을 보통예금으로 지급하고, (주)세무캐피탈로부터 전자세금계산서를 발급받았다(렌트료에 대해서 임차료 계정과목을 사용할 것). (3점)

[2] 8월 13일 (주)항원으로부터 구매확인서에 의해 상품 20,000,000원을 매입하고 영세율전자세금계산서를 발급받았다. 대금은 보통예금에서 지급하였다. (3점)

[3] 9월 11일 다음과 같은 전자세금계산서를 발급받고 대금 중 10%는 현금으로 지급하고 잔액은 다음 달에 지급하기로 하였다. (3점)

전자세금계산서(공급받는자 보관용)						승인번호	20220911-510000012-7c00mk0		
공급자	사업자등록번호	106-86-66833	종사업장번호		공급받는자	사업자등록번호	106-86-46593	종사업장번호	
	상호(법인명)	(주)리소스	성명(대표자)	윤수혁		상호(법인명)	(주)다음전자	성명(대표자)	신경수
	사업장주소	서울특별시 금천구 가산디지털7로 504 (가산동)				사업장주소	서울특별시 금천구 가산디지털1로 33-22 (가산동)		
	업태	제조	종목	전자제품		업태	제조,도소매	종목	전자제품
	이메일	abcde@naver.com				이메일	electronic@daum.net		

작성일자	공급가액	세액	비고	수정사유
2022-9-11	30,000,000원	3,000,000원	해당없음	

월	일	품목	규격	수량	단가	공급가액	세액	비고
9	11	원재료		1,000	30,000원	30,000,000원	3,000,000원	

합계금액	현금	수표	어음	외상미수금	이 금액을 영수/청구 함
33,000,000원	3,300,000원			29,700,000원	

[4] 9월 28일 당사가 사용하던 아래와 같은 프린터를 신윤복(비사업자)에게 중고로 판매하고 대금 2,750,000원(부가가치세 포함)을 신윤복 소유의 미래카드로 결제 받았다. (3점)

> 프린터는 2021년 1월 1일에 4,000,000원(부가가치세 별도)에 구입하고 비품으로 감가상각(5년 정액법)하며, 2021년 결산 시에는 정상적으로 감가상각된 것이다. 단, 당기 감가상각비는 고려하지 않는 것으로 한다.

[5] 9월 30일 생산부문에서 사용하는 5t트럭에 경유(공급가액 80,000원, 세액 8,000원)를 넣고 법인 명의의 카드(하나카드)로 결제하였다. (3점)

신용카드매출전표

단말기번호			
8002124738		120524128234	
카드종류	하나카드	신용승인	
카드번호	1234-5678-1000-2000		
판매일자	2022/9/30 16:52:46		
거래구분	일시불		
은행확인		금 액	80,000원
판매자		세 금	8,000원
		봉사료	0원
		합 계	88,000원
대표자	강세무		
사업자등록번호	502-85-10321		
가맹점명	(주)강남주유소		
가맹점주소	서울 강남구 역삼로 888		
		서 명	Semusa

문제 3 부가가치세 신고와 관련하여 다음 물음에 답하시오. (10점)

[1] 다음 자료를 이용하여 과세 및 면세사업을 영위하는 겸영사업자인 당사의 2022년도 1기 부가가치세 확정신고기간에 대한 공제받지 못할 매입세액명세서 중 [공통매입세액의 정산내역] 탭을 입력하시오(단, 1기 예정신고서에 반영된 공통매입세액 불공제분은 240,000원이고, 공급가액 기준으로 안분계산하며, 불러온 데이터값은 무시한다). (3점)

(단위 : 원)

제1기 예정(1월 ~ 3월)	제1기 확정(4월 ~ 6월)
과세매출 : 공급가액 6,000,000, 세액 600,000	과세매출 : 공급가액 20,000,000, 세액 2,000,000
면세매출 : 공급가액 4,000,000	면세매출 : 공급가액 8,000,000
공통매입세액 : 공급가액 6,000,000, 세액 600,000	공통매입세액 : 공급가액 14,000,000, 세액 1,400,000

[2] 다음 자료만을 이용하여 2022년 제2기 확정신고기간(10월 ~ 12월)의 부가가치세 신고서를 작성하시오(단, 부가가치세 신고서 이외의 부속서류와 과세표준명세의 작성은 생략하며, 불러오는 데이터 값은 무시하고 직접 입력할 것). (7점)

구분	내용
매출자료	① 전자세금계산서 과세 매출액 : 공급가액 300,000,000원, 부가가치세 30,000,000원 (이 중 지연발급분으로 공급가액 20,000,000원, 부가가치세 2,000,000원이 포함되어 있음) ② 신용카드·현금영수증 과세 매출액 : 공급가액 60,000,000원, 부가가치세 6,000,000원 ③ 정규증빙 미발급 과세 매출액 : 공급가액 400,000원, 부가가치세 40,000원 (소비자와의 거래이며, 회사가 영위하는 업종은 현금영수증 의무발행업종이 아님) ④ 국내 영세율 매출액 : 50,000,000원(위 ①과 별개로서 전자세금계산서 발급분) ⑤ 해외 직수출액 : 100,000,000원 ⑥ 2021년 제2기 확정신고 시 대손세액 공제를 받았던 외상매출금 22,000,000원(부가가치세 포함) 중 50%를 회수함
매입자료	① 전자세금계산서 과세 일반매입액 : 공급가액 300,000,000원, 부가가치세 30,000,000원 - 상기 금액 중 공급가액 20,000,000원, 부가가치세 2,000,000원은 사업과 직접 관련 없는 지출에 대해서 전자세금계산서를 발급받은 것임 ② 사업용 신용카드 과세 일반매입액 : 공급가액 20,000,000원, 부가가치세 2,000,000원
기타자료	2022년 제2기 예정신고 당시 미환급세액 : 3,000,000원

문제 4 다음 결산자료를 입력하여 결산을 완료하시오. (15점)

[1] 제조부서가 구입한 소모품 2,400,000원 중 결산일까지 사용하지 못하고 남아 있는 것이 600,000원이다(단, 소모품 구입 시 자산으로 회계처리함). (3점)

[2] 기말 현재 현금과부족 계정의 대변 잔액이 50,000원으로 결산일 현재까지 그 원인을 찾지 못했다. (3점)

[3] 아래의 자료에 근거하여 정기예금에 대한 당기분 경과이자를 회계처리하시오. (3점)

- 예금금액 : 300,000,000원
- 가입기간 : 2022.04.01 ~ 2023.03.31
- 연 이자율 : 1%(월할계산할 것)
- 이자수령시점 : 만기일(2023.03.31)에 일시불 수령

[4] 기말시점 현재 해외거래처인 ABC사에 대한 외상매출금 $20,000(매출 당시 환율은 1,150/$)이며 결산일 현재의 환율은 1,200원/$이다(단, 거래처입력은 생략할 것). (3점)

[5] 기말 현재 퇴직급여추계액 및 퇴직급여충당부채를 설정하기 전 퇴직급여충당부채의 잔액은 다음과 같다(퇴직급여충당부채는 퇴직급여추계액의 100%를 설정하며 제조와 판관비를 구분해서 각각 회계처리 할 것). (3점)

구 분	퇴직급여추계액	퇴직급여충당부채 설정 전 잔액
생산부문	30,000,000원	15,000,000원
판매관리부문	10,000,000원	13,000,000원

문제 5 2022년 귀속 원천징수자료와 관련하여 다음의 물음에 답하시오. (15점)

[1] 아래의 자료를 근거로 하여 영업부 사원 김한국씨(입사일 2022년 01월 01일, 국내근무)의 사원등록(코드번호 105)을 하고, 김한국씨의 부양가족을 부양가족명세서에 등록 후 세부담이 최소화 되도록 공제여부를 입력하시오. (6점)

- 본인과 부양가족은 모두 거주자이며, 주민등록번호는 정확한 것으로 가정함
- 기본공제대상자가 아닌 경우 '부'로 표시하시오.

성 명	주민등록번호	관 계	동거여부	장애인 유무	2022년 소득 현황
김한국	770226-1041318	본 인	-	비장애인	연간 총급여액 6,000만원
나여성	801226-2056917	김한국의 배우자	동 거	비장애인	사업소득금액 500만원
김조선	470912-1005618	김한국의 직계존속	동 거	비장애인	무조건 분리과세 대상인 기타소득금액 200만원
강춘자	491213-2055618	나여성의 직계존속	주거형편상 별거 중	비장애인	양도소득금액 100만원
김우주	160622-4061316	김한국의 직계비속	비동거	장애인 (장애인복지법)	소득없음
김관우	170912-3061624	김한국의 직계비속	비동거	비장애인	소득없음
김부산	790926-1005616	김한국의 남동생	동 거	장애인 (중증환자)	소득없음

[2] 다음은 사원 김미영(사번 : 111)의 연말정산을 위한 국세청 제공자료와 기타 증빙자료이다. 부양가족은 제시된 자료 이외에는 소득이 없고, 김미영과 생계를 같이하고 있다. 연말정산추가자료입력 메뉴의 [부양가족] 탭을 수정하여 완성하고 [연말정산입력] 탭을 작성하시오(단, 세부담 최소화를 가정할 것).
(9점)

1. 김미영 및 부양가족의 현황(제시된 부양가족 외의 배우자나 부양가족은 없음)

관 계	성 명	주민번호	비 고
본 인	김미영	730831-2345677	세대주, 총급여 63,000,000원
직계존속(부)	김철수	400321-1234567	퇴직소득금액 2,000,000원
직계존속(모)	전영희	441111-2456788	
직계비속(자)	박문수	090606-3567898	중학생
직계비속(자)	박분수	181007-3345676	미취학 아동

2. 연말정산 자료
   - 신용카드 및 직불카드, 현금영수증 사용액은 김미영(본인)의 신용카드, 직불카드, 현금영수증을 2022.8.1부터 2022.12.31까지 사용한 것으로 가정한다.
   - 의료비는 의료비지급명세서를 작성하고, 이외 공제항목은 연말정산입력 탭을 작성한다.
   - 모든 의료비는 국세청 자료로 진찰・진료・질병예방을 위하여 국내 의료기관에 지급한 비용이며, 보험회사로부터 지급받은 실손의료보험금은 없다.

관 계	성 명	지출내역	비 고
본 인	김미영	종교단체 기부금 2,000,000원 암보험료 900,000원 의료비 1,000,000원 필라테스 학원 수업료 350,000원 신용카드 사용액 1,000만원(대중교통 200만원, 도서구입비 70만원 포함) 현금영수증 사용액 975만원(전통시장 300만원 포함)	암보험은 보상성보험임
부	김철수	종교단체 기부금 800,000원 노인학교 등록금 1,600,000원	김철수의 지출
모	전영희	의료비 600,000원 종교단체 외 지정기부금 200,000원 직불카드 사용액 600만원(전통시장 100만원 포함)	
자	박문수	중학교 등록금 800,000원, 중학교 교복구입비 250,000원 의료비 700,000원, 시력보정용 안경구입비 150,000원 상해보험료 180,000원 현금영수증 사용액 250,000원(전액 도서구입비)	상해보험은 보장성보험임
자	박분수	유치원등록금 1,800,000원 저축성보험료 280,000원	

제95회 기출문제

시험일자 : 2021.04.11
합격률 : 43.17%

회사선택 : (주)삼진상사 (회사코드 5095)

정답 및 해설 p.109

이 론 시 험

다음 문제를 보고 알맞은 것을 골라 [이론문제 답안작성] 메뉴에 입력하시오. (객관식 문항당 2점)

〈 기 본 전 제 〉

문제에서 한국채택국제회계기준을 적용하도록 하는 전제조건이 없는 경우 일반기업회계기준을 적용한다.

01 **다음 중 재무제표의 기본가정이 아닌 것은?**

① 계속기업의 가정
② 발생주의의 가정
③ 기업실체의 가정
④ 기간별 보고의 가정

02 **기말재고자산을 확인하기 위하여 창고에 있는 재고자산을 실사한 결과 창고에 보관 중인 재고자산의 가액은 2,000,000원으로 확인이 되었다. 이외에 재고자산과 관련된 자료는 다음과 같다. 정확한 기말재고액을 계산하시오.**

항 목	금 액	비 고
미착상품	150,000원	선적지 인도조건으로 매입하여 운송 중인 상품
시송품	500,000원	40%는 소비자가 매입의사를 표시함
장기할부판매	250,000원	할부판매에 따라 고객에 인도하였으나 대금이 모두 회수되지 않음
적송품	400,000원	수탁자로부터 75% 판매되었음을 통지 받음

① 2,350,000원　② 2,550,000원
③ 2,700,000원　④ 2,800,000원

03 일반기업회계기준상 유가증권에 대한 다음의 설명 중 잘못된 것은?

① 지분증권 투자에 대한 현금배당은 배당금을 받을 권리와 금액이 확정되는 시점에 영업외수익으로 인식한다.
② 매도가능증권을 공정가치로 평가함으로 인해 발생되는 평가손실은 당기의 순이익에 영향을 미치지 않는다.
③ 단기매매증권이 시장성을 상실한 경우에는 만기보유증권으로 분류하여야 한다.
④ 매도가능증권은 보유 목적에 따라 유동자산으로 분류될 수도 있다.

04 다음 중 유형자산의 취득원가에 대한 설명으로 틀린 것은?

① 유형자산을 외부구입한 경우 취득 시 부대비용은 유형자산의 취득원가에 가산한다.
② 토지 취득과 관련하여 취득세가 발생한 경우 이는 토지의 취득원가가 아닌 세금과공과로 처리한다.
③ 유형자산 취득과 관련하여 국・공채 등을 불가피하게 매입한 경우 당해 채권의 매입금액과 현재가치와의 차액도 유형자산의 취득원가에 포함한다.
④ 유형자산 설계와 관련하여 전문가에게 지급하는 수수료도 유형자산의 취득원가로 처리한다.

05 다음의 거래형태별 수익인식기준 중 옳지 않은 것은?

① 위탁판매 : 위탁자가 수탁자에게 물건을 인도하는 시점
② 시용판매 : 고객이 구매의사를 표시한 시점
③ 상품권판매 : 상품권을 회수하고 재화를 인도하는 시점
④ 할부판매 : 장・단기 구분 없이 재화를 고객에게 인도하는 시점

06 다음 중 원가의 개념설명이 옳지 않은 것은?

① 통제가능원가 : 특정한 경영자가 원가 발생액에 대하여 영향을 미칠 수 있는 원가
② 매몰원가 : 과거의 의사결정으로 이미 발생한 원가로 의사결정에 고려되어서는 안 되는 원가
③ 기회원가 : 재화・용역 또는 생산설비를 특정 용도 이외의 다른 대체적인 용도로 사용한 경우에 얻을 수 있는 최대 금액
④ 관련원가 : 여러 대안 사이에 차이가 나는 원가로서 의사결정에 간접적으로 관련되는 원가

07 다음 중 보조부문원가를 제조부문에 배부하는 방법에 대한 설명으로 틀린 것은?

① 직접배부법을 사용하는 경우에는 특정 보조부문원가가 다른 보조부문에 배부되지 않는다.
② 단계배부법을 사용하는 경우에는 가장 먼저 배부되는 보조부문원가는 다른 보조부문에 배부되지 않는다.
③ 상호배부법을 사용하는 경우에는 배부순서에 따라 특정 제조부문에 대한 배부액이 달라지지 않는다.
④ 상호배부법은 보조부문 상호 간의 용역 수수 관계를 완전히 고려하는 방법이다.

08 다음 자료에 의하여 선입선출법에 의한 재료비 완성품환산량을 계산하면 얼마인가?

- 당사는 종합원가계산시스템을 도입하여 원가계산을 하고 있다.
- 재료비는 공정의 초기에 전량 투입되고, 가공비는 공정의 진행에 따라서 균일하게 발생한다.
- 기초재공품 : 400개(가공비 완성도 40%)
- 당기착수분 : 5,000개
- 기말재공품 : 2,000개(가공비 완성도 50%)

① 3,000개　② 4,000개
③ 4,600개　④ 5,000개

09 다음은 조업도 증감에 따른 총원가와 단위당 원가의 행태를 요약한 표이다. 빈칸에 들어갈 말을 알맞게 짝지은 것은?

조업도	총원가		단위당 원가	
	변동비	고정비	변동비	고정비
증 가	증 가	(1)	일 정	(2)
감 소	감 소	(3)	일 정	(4)

	(1)	(2)	(3)	(4)
①	일 정	감 소	일 정	증 가
②	감 소	일 정	증 가	일 정
③	증 가	일 정	감 소	일 정
④	일 정	증 가	일 정	감 소

10 아래의 자료에 따라 당월의 기말제품재고액을 구하면 얼마인가?

> • 당월 기초 대비 기말재공품재고액 감소액 : 380,000원
> • 전월 기말제품재고액 : 620,000원
> • 당월 발생한 총제조원가 : 3,124,000원
> • 당월 제품매출원가 : 3,624,000원

① 120,000원 ② 260,000원
③ 500,000원 ④ 740,000원

11 다음의 기타소득 중 과세방법이 다른 하나는?

① 뇌물, 알선수재 및 배임수재에 의하여 받는 금품
② 복권당첨금
③ 승마 투표권의 환급금
④ 연금계좌에서 연금외수령한 기타소득

12 다음은 소득세법상의 주택임대소득에 대한 설명이다. 옳지 않은 것은?

① 2개의 주택을 소유한 자가 주택을 전세로만 임대하고 받은 전세 보증금에 대해서는 소득세가 과세되지 않는다.
② 주택임대수입이 2,000만원 이하이면 분리과세를 적용한다.
③ 본인과 배우자가 세대를 달리하여 주택을 소유하여도 주택수를 합산하지 않는다.
④ 1주택자의 기준시가 9억원을 초과하는 주택에 대한 월세임대소득은 소득세를 과세한다.

13 부가가치세법에 따른 공통매입세액 안분계산의 배제사유에 해당하지 않는 것은?

① 해당 과세기간의 공통매입세액이 500만원이면서 면세공급가액 비율이 3%인 경우
② 해당 과세기간 중의 공통매입세액이 5만원 미만인 경우
③ 해당 과세기간에 신규로 사업을 시작한 사업자가 해당 과세기간에 공급한 공통사용재화인 경우
④ 해당 과세기간의 공통매입세액이 500만원 미만이면서 면세공급가액 비율이 5% 미만인 경우

14 다음 중 부가가치세법상 영세율 적용 대상거래가 아닌 것은?

① 재화의 수출
② 국내사업자의 용역의 국외공급
③ 내국신용장에 의해서 공급하는 수출재화임가공용역
④ 국가・지방자치단체・지방자치단체조합이 공급하는 재화 또는 용역

15 다음 중 부가가치세법에 따른 세금계산서 발급의무의 면제에 해당하지 않는 것은?

① 재화를 직접수출
② 미용업을 경영하는 자가 공급하는 재화나 용역
③ 구매확인서에 의해 수출업자에게 재화를 공급
④ 공급의제에 해당하는 사업상 증여

실 무 시 험

(주)삼진상사(회사코드 : 5095)는 제조, 도・소매 및 무역업을 영위하는 중소기업이며, 당기(11기)의 회계기간은 2022.1.1 ~ 2022.12.31이다. 전산세무회계 수험용 프로그램을 이용하여 다음 물음에 답하시오.

〈 기 본 전 제 〉

문제에서 한국채택국제회계기준을 적용하도록 하는 전제조건이 없는 경우 일반기업회계기준을 적용한다.

문제 1 다음 거래를 일반전표입력 메뉴에 추가 입력하시오. (15점)

〈 입력 시 유의사항 〉

- 일반적인 적요의 입력은 생략하지만, 타계정 대체거래는 적요번호를 선택하여 입력한다.
- 채권・채무와 관련된 거래는 별도의 요구가 없는 한 반드시 기등록되어 있는 거래처코드를 선택하는 방법으로 거래처명을 입력한다.
- 제조경비는 500번대 계정코드를, 판매비와관리비는 800번대 계정코드를 사용한다.
- 회계처리과목은 별도제시가 없는 한 등록되어 있는 계정과목 중 가장 적절한 과목으로 한다.

[1] 6월 5일 세금계산서를 발급할 수 없는 간이과세자인 골목토스트에서 영업부 직원들이 먹을 간식용 토스트를 주문하고 현금 결제를 하였으며 아래와 같은 영수증을 받았다. (3점)

상호 : 골목토스트

211-17-12346 오윤성
서울특별시 마포구 백범로 50 TEL : 730-8085
홈페이지 http://www.kacpta.or.kr

현금(지출증빙)

구매일자 : 2022/06/05/17:06 거래번호 : 150

제품명	수 량	단 가	금 액
치즈토스트	2,500원	5	12,500원
햄토스트	2,000원	5	10,000원
		합 계	22,500원
		받은금액	22,500원

[2] 6월 10일 당사는 (주)보영에게 대여한 단기대여금 5,000,000원을 회수불능채권으로 보아 전액 대손처리하였다. 대손충당금 잔액을 조회하여 보충법으로 회계처리하여라. (3점)

[3] 7월 8일 (주)SG화재에 차량보험료 2,300,000원을 보통예금으로 지급하였다. 이 중에서 650,000원은 판매부서의 업무용 차량에 대한 것이고, 나머지는 제조부서의 차량에 대한 보험료이다(당기비용으로 처리할 것). (3점)

[4] 8월 20일 당사는 (주)만길은행의 장기차입금 20,000,000원 중 19,000,000원은 보통예금에서 상환하고 잔액은 금융기관으로부터 면제받았다. (3점)

[5] 10월 31일 (주)동국 소유의 건물로 사무실 이전을 하면서 임차보증금 15,000,000원 중 10월 1일 지급한 계약금 5,000,000원을 제외한 10,000,000원을 보통예금에서 지급하였다. (3점)

문제 2 다음 거래자료를 매입매출전표입력 메뉴에 추가로 입력하시오. (15점)

〈 입력 시 유의사항 〉

- 일반적인 적요의 입력은 생략하지만, 타계정 대체거래는 적요번호를 선택하여 입력한다.
- 별도의 요구가 없는 한 반드시 기등록되어 있는 거래처코드를 선택하는 방법으로 거래처명을 입력한다.
- 제조경비는 500번대 계정코드를, 판매비와관리비는 800번대 계정코드를 사용한다.
- 회계처리 시 계정과목은 별도제시가 없는 한 등록되어 있는 계정과목 중 가장 적절한 과목으로 한다.
- 입력화면 하단의 분개까지 처리하고, 전자세금계산서 및 전자계산서는 전자입력으로 반영한다.

[1] 1월 2일 (주)제일유통에 제품을 공급하고 아래와 같은 전자세금계산서를 발급하였다. 대금은 전월에 계약금으로 받은 1,000,000원을 제외한 잔액을 (주)아임전자 발행 약속어음(만기일 1월 30일)을 배서양도받았다. (3점)

<table>
<tr><td colspan="6">전자세금계산서(공급자 보관용)</td><td colspan="2">승인번호</td><td colspan="4">20220102-410000012-7c00mk0</td></tr>
<tr><td rowspan="5">공급자</td><td>사업자등록번호</td><td>129-86-11103</td><td>종사업장번호</td><td></td><td rowspan="5">공급받는자</td><td>사업자등록번호</td><td colspan="2">110-81-41568</td><td>종사업장번호</td><td colspan="2"></td></tr>
<tr><td>상 호
(법인명)</td><td>(주)삼진상사</td><td>성 명
(대표자)</td><td>손경은</td><td>상 호
(법인명)</td><td colspan="2">(주)제일유통</td><td>성 명
(대표자)</td><td colspan="2">김예찬</td></tr>
<tr><td>사업장주소</td><td colspan="3">서울 영등포구 영중로 22-5</td><td>사업장주소</td><td colspan="5">서울시 금천구 가산디지털1로 104(가산동)</td></tr>
<tr><td>업 태</td><td>도소매, 제조</td><td>종 목</td><td>전자제품</td><td>업 태</td><td colspan="2">도소매</td><td>종 목</td><td colspan="2">전자제품</td></tr>
<tr><td>이메일</td><td colspan="3">ezero@daum.net</td><td>이메일</td><td colspan="5">rlaenaks@daum.net</td></tr>
<tr><td colspan="2">작성일자</td><td>공급가액</td><td colspan="2">세 액</td><td colspan="2">수정사유</td><td colspan="5">비 고</td></tr>
<tr><td colspan="2">2022-01-02</td><td>7,000,000원</td><td colspan="2">700,000원</td><td colspan="2">해당없음</td><td colspan="5"></td></tr>
<tr><td>월</td><td>일</td><td>품 목</td><td>규 격</td><td>수 량</td><td>단 가</td><td colspan="2">공급가액</td><td colspan="2">세 액</td><td colspan="2">비 고</td></tr>
<tr><td>1</td><td>2</td><td>의 류</td><td></td><td></td><td></td><td colspan="2">7,000,000원</td><td colspan="2">700,000원</td><td colspan="2"></td></tr>
<tr><td></td><td></td><td></td><td></td><td></td><td></td><td colspan="2"></td><td colspan="2"></td><td colspan="2"></td></tr>
<tr><td colspan="2">합계금액</td><td>현 금</td><td colspan="2">수 표</td><td colspan="2">어 음</td><td colspan="2">외상미수금</td><td colspan="3" rowspan="2">이 금액을 영수/청구 함</td></tr>
<tr><td colspan="2">7,700,000원</td><td>1,000,000원</td><td colspan="2"></td><td colspan="2">6,700,000원</td><td colspan="2"></td></tr>
</table>

[2] 2월 12일 당사는 (주)나간다자동차로부터 준중형승용차(1,600cc, 5인승)를 22,000,000원(부가세 포함)에 구입하고 전자세금계산서를 발급받았다. 당사는 2월 1일 계약금으로 2,000,000원을 지급하였으며 나머지 금액은 보통예금에서 전액 지급하였다. (3점)

[3] 3월 5일 중국 야오밍사에 제품 5,000개를 개당 100위안에 직수출(수출신고일 : 3월 3일, 선적일 : 3월 5일)하고, 수출대금은 3월 30일에 받기로 하였다. 수출과 관련된 내용은 다음과 같다(단, 수출신고번호는 고려하지 말 것). (3점)

일 자	3월 3일	3월 5일	3월 30일
기준환율	170원/1위안	171원/1위안	169원/1위안

[4] 3월 27일 직원들의 외근에 사용하기 위해 매입세액 공제가 가능한 승합차를 미국으로부터 인천세관을 통하여 수입하고, 수입전자세금계산서를 수취하였다. 부가가치세와 함께 통관수수료 300,000원을 보통예금으로 지급하였다(부가가치세와 통관수수료에 대해서만 회계처리하기로 한다). (3점)

품 목	공급가액	부가가치세
미국산 승합차	40,000,000원	4,000,000원

[5] 7월 31일 7월 경영지원팀 직원들이 야근식사를 하고 다음과 같이 종이세금계산서를 수취하고 현금 지급하였다. 제2기 부가가치세 예정신고 시 해당 세금계산서를 누락하여 제2기 확정신고 기간의 부가가치세 신고서에 반영하려고 한다. 반드시 해당 세금계산서를 제2기 확정신고 기간의 부가가치세 신고서에 반영시킬 수 있도록 입력·설정하시오. (3점)

세금계산서(공급받는자 보관용)

공급자	등록번호	106-54-73541		공급받는자	등록번호	129-86-11103
	상 호 (법인명)	남해식당	성 명 (대표자) 박미소		상 호 (법인명)	(주)삼진상사 / 성 명(대표자) 손경은
	사업장주소	서울시 영등포구 영중로 22길			사업장주소	서울시 영등포구 영중로 22-5
	업 태	음 식	종 목 한 식		업 태	제조외 / 종 목 전자제품

작성			공급가액												비 고										비 고
연	월	일	공란수	백	십	억	천	백	십	만	천	백	십	일	십	억	천	백	십	만	천	백	십	일	
22	7	31						1	4	5	5	0	0	0					1	4	5	5	0	0	

월	일	품 목	규 격	수 량	단 가	공급가액	세 액	비 고
7	31	야근식대		1		1,455,000원	145,500원	

합계금액	현 금	수 표	어 음	외상미수금	이 금액을 영수/청구 함
1,600,500원	1,600,500원				

문제 3 부가가치세 신고와 관련하여 다음 물음에 답하시오. (10점)

[1] 다음의 자료를 이용하여 2022년 제2기 예정신고기간의 신용카드매출전표등수령명세서(갑)을 작성하시오. (3점)

- 모든 거래는 일반과세자와의 거래이다.
- 현금지출은 사업자번호를 기재한 지출증빙용 현금영수증을 수령하였다.
- 사업용신용카드는 우리카드(카드번호 : 1005-2001-3001-1306)를 사용한다.
- 매입매출전표입력은 생략한다.

거래일자	증 빙	공급자	사업자등록번호	공급가액	부가가치세	내 용
7월 25일	현금영수증	다사소	101-20-45671	45,000원	4,500원	사무실 청소용품 구매
7월 30일	사업용신용카드	별난횟집	102-20-21110	380,000원	38,000원	거래처 식사 접대 지출
8월 10일	사업용신용카드	남서울랜드	108-30-28333	150,000원	15,000원	놀이동산 입장권 구입 (직원 야유회 목적)
8월 14일	사업용신용카드	강남돼지집	109-60-22227	250,000원	25,000원	영업팀 회식비 지출
9월 5일	사업용신용카드	오일뱅크	110-40-13133	70,000원	7,000원	업무용자동차 주유비 결제 (2,000cc, 5인승 승용차)

[2] 다음의 자료에 의하여 제조업을 영위하는 (주)삼진상사의 2022년 제1기 부가가치세 확정신고기간(4.1 ~ 6.30)의 부가가치세 신고서를 작성하시오(단, 부가가치세 신고서 이외의 부속서류의 작성은 생략하고, 기존에 입력된 자료는 무시할 것). (7점)

1. 매출내역
   (1) 제품매출에 대한 전자세금계산서 발급 : 200,000,000원(VAT 별도)
   (2) 제품매출에 대한 신용카드매출전표의 발행 : 27,500,000원(VAT 포함)
   (3) 미국으로의 제품 직수출에 따른 매출 : 20,000,000원
2. 매입내역
   (1) 전자세금계산서 수취분 일반매입 : 공급가액 120,000,000원, VAT 12,000,000원
      ① 일반매입 중 공급가액 10,000,000원(부가세 별도)은 사업과 직접 관련없는 지출임
      ② 일반매입 중 1,000,000원(VAT 별도)의 전자세금계산서는 그 공급시기(4.30) 이후인 확정신고기한(7.25)까지 수취한 내역임
   (2) 전자세금계산서 수취분 고정자산매입 : 공급가액 20,000,000원, VAT 2,000,000원
3. 기타내역
   (1) (주)삼진상사는 부가가치세 신고 시 홈택스로 전자신고를 하였다.

문제 4 다음 결산자료를 입력하여 결산을 완료하시오. (15점)

[1] 당사가 보유한 유가증권(단기매매증권)의 내역은 다음과 같다. 제시된 자료 이외의 다른 유가증권은 없고, 당기 중에 처분은 없었다고 가정한다(당사는 일반기업회계기준에 근거하여 회계처리한다). (3점)

- 취득금액 : 5,000,000원
- 2021년 12월 31일 공정가치 : 7,000,000원
- 2022년 12월 31일 공정가치 : 9,500,000원

[2] 금강상사에 자금을 대여하면서 장부에 계상한 이자수익 중 230,000원은 차기에 해당하는 금액이다(거래처입력은 생략하고, 음수로 회계처리하지 않는다). (3점)

[3] 2022년 10월 1일 미국의 CVS사로부터 $100,000를 2년 후 상환하는 조건으로 차입하였다. 환율정보가 다음과 같을 때 결산분개를 하시오(단, 외화장기차입금으로 회계처리하고 거래처코드를 기재하기로 한다). (3점)

2022년 10월 1일	2022년 12월 31일
₩1,100 = $1	₩1,050 = $1

[4] 다음의 유형자산에 대한 감가상각 내역을 결산에 반영하시오. (3점)

계정과목	당기 감가상각비	사용부서
차량운반구	2,000,000원	영업부
공구와기구	600,000원	공장 제품생산
기계장치	12,000,000원	공장 제품생산

[5] 당기(2022년)의 이익잉여금 처분은 다음과 같이 결의되었다. 이익잉여금처분계산서를 작성하시오. (3점)

- 당기 처분예정일 : 2023년 3월 15일
- 전기 처분확정일 : 2022년 2월 28일
- 보통주 현금배당 : 20,000,000원
- 보통주 주식배당 : 20,000,000원
- 이익준비금 : 현금배당액의 10%
- 사업확장적립금 : 5,000,000원

문제 5 2022년 귀속 원천징수자료와 관련하여 다음의 물음에 답하시오. (15점)

[1] 다음 자료를 이용하여 당사의 생산직 근로자인 이희만(사번 : 101)의 5월분 [급여자료입력]과 [원천징수이행상황신고서]를 작성하시오(단, 전월미환급세액은 230,000원이며, 급여지급일은 매월 말일이다. 소득세 감면율은 무시한다). (5점)

※ 수당등록 및 공제항목은 불러온 자료는 무시하고 아래 자료에 따라 입력하며, 사용하는 수당 이외의 항목은 "부"로 체크하기로 한다

※ 원천징수이행상황신고서는 매월 작성하며, 이희만씨의 급여내역만 반영하고 환급신청은 하지 않기로 한다.

5월 급여내역

이 름	이희만	지급일	5월 31일
기본급	1,800,000원	소득세	17,180원
식대	100,000원	지방소득세	1,710원
자가운전보조금	200,000원	국민연금	85,500원
야간근로수당	200,000원	건강보험	59,280원
		장기요양보험	7,270원
		고용보험	15,200원
		공제합계	186,140원
급여합계	2,300,000원	**지급총액**	2,113,860원

(1) 식대 : 당 회사는 현물 식사를 별도로 제공하고 있다.

(2) 자가운전보조금 : 당사는 본인 명의의 차량을 업무목적으로 사용한 직원에게만 자가운전보조금을 지급하고 있으며, 실제 발생된 교통비를 별도로 지급하지 않는다.

(3) 야간근로수당 : 올해 들어 5월부터 업무시간 외 추가로 근무를 하는 경우 야근수당을 지급하고 있으며, 생산직근로자가 받는 시간외근무수당으로서 비과세요건을 충족하고 있다.

[2] 이남동(사번 : 508) 사원의 2022년 귀속 연말정산과 관련된 자료는 다음과 같다. 자료를 이용하여 연말정산추가자료입력 메뉴의 [부양가족] 탭을 수정하고, [의료비지급명세서], [월세,주택임차], [연말정산입력] 탭을 작성하시오. (10점)

[보장성보험료 내역]
- 이송도 장애인전용 보장성보험료 : 1,300,000원
- 이미도 보장성보험료 : 600,000원

[교육비 내역]
- 김강화 평생교육시설 교육비 : 2,400,000원
- 이준 초등학교 현장체험학습비 : 800,000원
- 이미도 유치원 급식비 : 2,600,000원

[의료비 내역] 국세청, 건수 입력은 생략
- 최연수 질병 치료비 : 600,000원
- 김강화 의료기기 구입비 : 2,750,000원(의사 처방에 따른 구입)
- 이송도 건강증진용 의약품 : 1,100,000원

[기부금 내역]
- 이준 불우이웃돕기성금 : 200,000원

[신용카드 등 사용내역]
- 이남동 신용카드 사용액 : 19,500,000원(전통시장/대중교통/도서 등 사용분 없음)
- 최연수 신용카드 사용액 : 6,180,000원(전통시장/대중교통/도서 등 사용분 없음)

[월세 내역]
- 소재지 : 서울특별시 영등포구 영신로 11길 3

임대인	주민등록번호	임대기간	면 적	유 형	2022년분 지급액
서장미	631218-2345678	2022.11.1 ~ 2023.10.31	$106m^2$	다세대주택 (기준시가 2억)	1,000,000원

[가족사항]

관 계	성 명	연 령	소 득	비 고
본 인	이남동	37	총급여 3,000만원	세대주
배우자	최연수	36	양도소득금액 120만원	
장 모	김강화	66	기타소득금액 100만원	
동 생	이송도	35	일용근로소득 600만원	장애인(국가유공 상이자)
딸	이 준	9	소득없음	

- 근로자 본인의 세부담이 최소화 되도록 하고, 언급된 가족들은 모두 동거하며 생계를 같이한다.
- 가족 구성원 모두는 주택을 소유하고 있지 않고, 제시된 자료 외의 다른 소득은 없다고 가정한다.
- 월세 세액공제 요건은 충족한다.
- 이송도는 국가유공자등 예우 및 지원에 관한 법률에 의한 상이자이다.

제96회 기출문제

시험일자 : 2021.06.05
합격률 : 39.66%

회사선택 : (주)평화전자 (회사코드 5096)

정답 및 해설 p.115

이 론 시 험

다음 문제를 보고 알맞은 것을 골라 [이론문제 답안작성] 메뉴에 입력하시오. (객관식 문항당 2점)

〈 기 본 전 제 〉

문제에서 한국채택국제회계기준을 적용하도록 하는 전제조건이 없는 경우 일반기업회계기준을 적용한다.

01 다음 중 재무회계에 관한 설명으로 적절하지 않은 것은?

① 재무제표에는 재무상태표, 손익계산서, 자본변동표, 현금흐름표, 주석이 있다.
② 자산과 부채는 원칙적으로 상계하여 표시하지 않는다.
③ 기업의 외부이해관계자에게 유용한 정보를 제공하는 것을 주된 목적으로 한다.
④ 특정 기간의 경영성과를 나타내는 보고서는 재무상태표이다.

02 다음 중 재고자산에 대한 설명으로 틀린 것은?

① 재고자산이란 정상적인 영업과정에서 판매를 목적으로 하는 자산을 말한다.
② 재고자산의 수량을 결정하는 방법에는 계속기록법, 실지재고조사법, 혼합법이 있다.
③ 재고자산의 단가결정방법에는 개별법, 선입선출법, 후입선출법, 가중평균법이 있다.
④ 가중평균법 적용 시 계속기록법을 적용한 평균법을 총평균법이라 하고, 실지재고조사법을 적용한 평균법을 이동평균법이라 한다.

03 회계변경에 대한 다음의 설명 중 틀린 것은?

① 매출채권의 대손추정률을 변경하는 것은 회계추정의 변경에 해당한다.
② 회계정책의 변경과 회계추정의 변경이 동시에 이루어지는 경우는 회계정책의 변경에 의한 누적효과를 먼저 적용한다.
③ 회계정책의 변경과 회계추정의 변경을 구분하기가 불가능한 경우에는 이를 회계정책의 변경으로 본다.
④ 이익조정을 주된 목적으로 한 회계변경은 정당한 회계변경으로 보지 아니한다.

04 다음 중 자본에 대한 설명으로 틀린 것은?

① 자본은 자본금, 자본잉여금, 자본조정, 기타포괄손익누계액, 이익잉여금으로 구성된다.
② 이익준비금은 자본잉여금에 속한다.
③ 자기주식처분손실은 자본조정에 속한다.
④ 주식배당이 진행되어도 자본총계에는 변화가 없다.

05 다음 자료는 시장성 있는 유가증권에 관련된 내용이다. 이 유가증권을 단기매매증권으로 분류하는 경우와 매도가능증권으로 분류하는 경우 2022년 당기손익의 차이는 얼마인가?

- 2021년 7월 1일 A회사 주식 1,000주를 주당 6,000원에 매입하였다.
- 2021년 기말 A회사 주식의 공정가치는 주당 7,000원이다.
- 2022년 6월 30일 A회사 주식 전부를 주당 7,500원에 처분하였다.

① 차이없음　　② 500,000원
③ 1,000,000원　　④ 1,500,000원

06 다음 중 공손에 대한 설명으로 틀린 것은?

① 공손은 작업공정에서 발생한 불합격품을 의미한다.
② 공손은 정상공손과 비정상공손으로 구분할 수 있다.
③ 정상공손과 비정상공손은 제조원가에 포함시킨다.
④ 정상공손은 원가성이 있다.

07 다음의 자료는 (주)블루오션의 선박제조와 관련하여 발생한 원가자료이다. 유람선B의 당기총제조원가는 얼마인가?(당기 제조간접비 발생액은 250,000원이며, 회사는 직접노무비를 기준으로 제조간접비를 배부하고 있다)

구 분	유람선A	유람선B	합 계
직접재료비	400,000원	600,000원	1,000,000원
직접노무비	300,000원	200,000원	500,000원

① 900,000원　　② 950,000원
③ 1,000,000원　　④ 1,050,000원

08 다음의 그래프가 나타내는 원가에 대한 설명으로 틀린 것은?

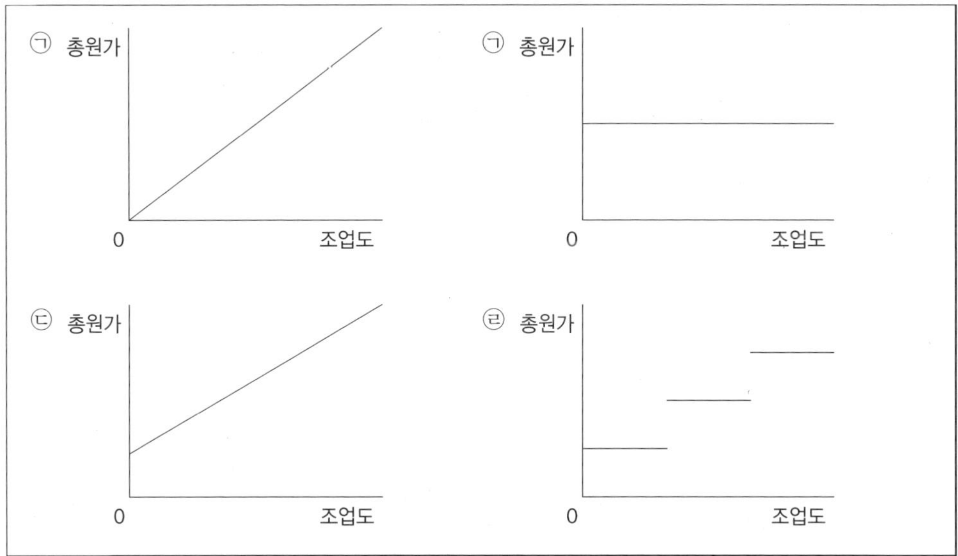

① ㉠은 조업도의 변동에 따라 원가총액이 비례적으로 변화하는 변동비에 대한 그래프이다.
② ㉡은 단위당 원가가 일정한 고정비에 대한 그래프이다.
③ ㉢은 변동원가와 고정원가가 혼합된 준변동원가에 대한 그래프이다.
④ ㉣은 일정한 범위의 조업도 내에서는 일정한 금액이 발생하지만 그 범위를 벗어나면 원가발생액이 달라지는 준고정비를 나타낸다.

09 제조간접비 예정배부율은 직접노동시간당 1,000원이다. 실제 직접노동시간이 1,000시간 발생했을 때 제조간접비 배부 차이가 100,000원 과다배부인 경우 제조간접비 실제발생액은 얼마인가?

① 900,000원
② 1,000,000원
③ 1,100,000원
④ 1,200,000원

10 수선부문과 동력부문에 각각 600,000원, 630,000원의 부문원가가 집계되어 있을 경우 아래의 자료를 바탕으로 성형부문에 배부될 원가는 얼마인가?(직접원가배부법을 사용하는 것으로 가정한다)

구 분	제조부문		보조부문		합 계
	성 형	조 립	수 선	동 력	
수 선	800시간	400시간	–	600시간	1,800시간
동 력	9,100kW	3,500kW	7,000kW	–	19,600kW

① 820,000원
② 840,000원
③ 855,000원
④ 875,000원

11 다음 중 부가가치세 과세표준에 포함하는 항목이 아닌 것은?

① 재화의 수입에 대한 관세, 개별소비세, 주세, 교육세, 농어촌특별세 상당액
② 할부판매, 장기할부판매의 경우 이자상당액
③ 공급대가의 지급 지연으로 인하여 지급받는 연체이자
④ 대가의 일부로 받은 운송보험료, 산재보험료

12 다음 중 비과세 근로소득의 설명이다. 가장 틀린 것은?

① 자가운전보조금 – 월 20만원 이하의 금액
② 근로자가 제공받는 식대 – 식사를 제공받지 않으며 월 10만원 이하의 금액
③ 출산·보육수당 – 월 20만원 이하의 금액
④ 직무발명보상금 – 연 500만원 이하의 금액

13 다음 재화의 간주공급 중 세금계산서의 발급이 가능한 경우는 어느 것인가?

① 직매장(타사업장) 반출 ② 개인적 공급
③ 사업상 증여 ④ 폐업 시 잔존재화

14 소득세법에 따른 사업소득 필요경비에 해당하지 않는 것은?

① 해당 사업에 직접 종사하고 있는 사업자의 배우자 급여
② 판매한 상품 또는 제품의 보관료, 포장비, 운반비
③ 운행기록을 작성·비치한 업무용승용차 관련비용 중 업무사용비율에 해당하는 금액(복식부기 의무자)
④ 새마을금고에 지출한 기부금

15 부가가치세법에 따른 수정세금계산서에 대한 다음의 설명 중 옳은 것은?

① 수정세금계산서는 반드시 전자로 발급하여야 한다.
② 과세표준 또는 세액을 경정할 것을 미리 알고 있는 경우는 적법한 수정세금계산서의 발급사유에 해당하지 않는다.
③ 계약의 해제로 인한 발급의 경우 그 작성일은 처음 세금계산서 작성일로 한다.
④ 일반과세자에서 간이과세자로 과세유형이 전환되기 전에 공급한 재화 또는 용역에 수정발급 사유가 발생하는 경우의 작성일은 그 사유가 발생한 날을 작성일로 한다.

실 무 시 험

(주)평화전자(회사코드 : 5096)는 제조, 도·소매 및 무역업을 영위하는 중소기업이며, 당기(제9기)의 회계기간은 2022.1.1 ~ 2022.12.31이다. 전산세무회계 수험용 프로그램을 이용하여 다음 물음에 답하시오.

〈 기 본 전 제 〉

문제에서 한국채택국제회계기준을 적용하도록 하는 전제조건이 없는 경우 일반기업회계기준을 적용한다.

문제 1 다음 거래를 일반전표입력 메뉴에 추가 입력하시오. (15점)

〈 입력 시 유의사항 〉

- 일반적인 적요의 입력은 생략하지만, 타계정 대체거래는 적요번호를 선택하여 입력한다.
- 채권·채무와 관련된 거래는 별도의 요구가 없는 한 반드시 기등록되어 있는 거래처코드를 선택하는 방법으로 거래처명을 입력한다.
- 제조경비는 500번대 계정코드를, 판매비와관리비는 800번대 계정코드를 사용한다.
- 회계처리과목은 별도제시가 없는 한 등록되어 있는 계정과목 중 가장 적절한 과목으로 한다.

[1] 8월 31일 당사의 법인세중간예납세액(자산으로 처리) 5,000,000원을 보통예금에서 이체하였다. (3점)

[2] 9월 3일 미국의 바이든은행으로부터 금년 2월 10일 차입한 단기차입금 $20,000를 보통예금에서 달러로 환전하여 상환하였다. 상환 당시 환율은 $1당 1,100원이었고, 차입 당시 환율은 $1당 1,200원이었다. 환전수수료 등 기타비용은 없었다. (3점)

[3] 9월 30일 9월분 직원급여가 아래와 같을 경우 이에 대한 회계처리를 하시오. 당사의 급여지급일은 매월 말일이며, 보통예금에서 지급하였다(계정과목은 급여와 임금을 사용하여 분개하기로 하며, 하나의 전표로 처리할 것). (3점)

9월 급여대장

(단위 : 원)

부 서	성 명	지급내용		공제내용						차감 수령액
		기본급	직책수당	소득세	지방 소득세	고용 보험	국민 연금	건강 보험	공제계	
영업부	박홍민	2,400,000	100,000	41,630	4,160	16,800	94,500	77,200	234,290	2,265,710
생산부	차희찬	2,300,000	–	29,160	2,910	16,000	90,000	73,530	211,600	2,088,400
합 계		4,700,000	100,000	70,790	7,070	32,800	184,500	150,730	445,890	4,354,110

[4] 11월 2일 액면가액 30,000,000원인 3년 만기의 사채를 32,000,000원에 발행하였으며, 대금은 보통예금으로 입금되었다. (3점)

[5] 12월 8일 출장 중인 영업부 직원들이 법인신용카드로 까페마음에서 ICE아메리카노를 주문하고 다음의 신용카드매출전표(나라카드)를 제출하였다. 거래일 현재 까페마음은 세금계산서를 발급할 수 없는 간이과세자이고, 여비교통비로 처리하시오. (3점)

까페마음

123-45-67891 서달미
경기도 안산시 단원구 광덕대로 894
TEL : 031-646-1858
2022-12-08 14:21 POS : 03 BILL : 000057

품 명	단 가	수 량	금 액
ICE아메리카노	3,000원	3	9,000원
소 계			9,000원
청구금액			9,000원
받은금액			9,000원
거스름액			0원
신용카드			9,000원

신용카드매출전표 [고객 용]
[카드번호] 8945-****-****-8977
[할부개월] 일시불
[카드사명] 나라카드
[가맹번호] 00856468

문제 2 다음 거래자료를 매입매출전표입력 메뉴에 추가로 입력하시오. (15점)

〈 입력 시 유의사항 〉

- 일반적인 적요의 입력은 생략하지만, 타계정 대체거래는 적요번호를 선택하여 입력한다.
- 별도의 요구가 없는 한 반드시 기등록되어 있는 거래처코드를 선택하는 방법으로 거래처명을 입력한다.
- 제조경비는 500번대 계정코드를, 판매비와관리비는 800번대 계정코드를 사용한다.
- 회계처리 시 계정과목은 별도제시가 없는 한 등록되어 있는 계정과목 중 가장 적절한 과목으로 한다.
- 입력화면 하단의 분개까지 처리하고, 전자세금계산서 및 전자계산서는 전자입력으로 반영한다.

[1] 5월 11일 당사는 (주)전자랜드로부터 업무용 컴퓨터를 1,100,000원(부가가치세 포함)에 현금으로 구입하고 현금영수증(지출증빙용)을 수취하였다(단, 자산으로 처리한다). (3점)

(주)전자랜드

128-85-46204 박정민

서울특별시 구로구 구로동 2727 TE : 02-117-2727

홈페이지 http://www.kacpta.or.kr

현금(지출증빙)

구매 2022/05/11/17:27 거래번호 : 0031-0027

제품명	수 량	단 가	금액
컴퓨터	1	1,100,000원	1,100,000원
		공 급 가 액	1,000,000원
		부가가치세	100,000원
합 계			1,100,000원
받은금액			1,100,000원

[2] 7월 16일 당사의 영업부서에서 출장용 차량(배기량 1,000cc 미만의 경차)의 연료가 부족하여 (주)가득주유소에서 휘발유(공급가액 30,000원, 세액 3,000원)를 넣고 법인명의의 국민카드로 결제하였다. (3점)

[3] 8월 11일 거래처 (주)오대양에 제품을 매출하고, 아래와 같이 전자세금계산서를 발급하였다. 이에 대한 회계처리를 하시오(전자세금계산서는 적법하게 발급된 것으로 가정한다). (3점)

전자세금계산서(공급자 보관용)					승인번호	20220811-111-11111			
공급자	사업자등록번호	214-81-07770		공급받는자	사업자등록번호	213-81-52063			
	상호(법인명)	(주)평화전자	성명(대표자)	정수영		상호(법인명)	(주)오대양	성명(대표자)	정우영
	사업장주소	경기도 성남시 분당구 삼평동 651				사업장 주소	인천광역시 연수구		
	업 태	제조 및 도소매업	종 목	전자제품		업 태	도소매업	종 목	전자제품
	이메일					이메일			
비 고						수정사유			
작성일자		2022. 8. 11.	공급가액	6,800,000원		세 액	680,000원		

월	일	품 목	규 격	수 량	단 가	공급가액	세 액	비 고
8	11	전자제품		2,000	3,400원	6,800,000원	680,000원	

합계금액	현 금	수 표	어 음	외상미수금	이 금액을 **청구** 함
7,480,000원	3,000,000원			4,480,000원	

[4] 8월 16일 사업자가 아닌 한지평씨에게 제품을 판매하였는데 대금 880,000원(부가가치세 포함)이 당일 보통예금 계좌에 입금되었다(단, 세금계산서나 현금영수증은 발행하지 아니하였다). (3점)

[5] 9월 5일 태풍으로 인해 손상된 공장건물을 수선하고, (주)다고쳐로부터 아래와 같은 내용의 전자세금계산서를 발급받았다. 대금 중 10,000,000원은 (주)다고쳐에 대한 외상매출금과 상계하기로 하였고, 나머지는 다음 달 말일에 지급하기로 하였다(단, 세금계산서 품목은 복수거래로 입력할 것). (3점)

품 명	공급가액	부가세	비 고	거래처
증축공사	35,000,000원	3,500,000원	자본적 지출	국민은행
도색공사	2,000,000원	200,000원	수익적 지출	한일물산
합 계	37,000,000원	3,700,000원		한일물산

문제 3 부가가치세 신고와 관련하여 다음 물음에 답하시오. (10점)

[1] 다음 자료를 이용하여 당사의 2022년 1기 부가가치세 확정신고 시 대손세액 공제신고서를 작성하시오. (3점)

1. 2020년 7월 27일 당사에서 사용하던 비품(냉난방기)을 신라상사에 3,300,000원(공급대가)에 대한 세금계산서를 발급하고 외상으로 판매하였다. 2022년 6월 1일 현재 신라상사의 대표자가 실종되어 비품(냉난방기) 대금을 회수할 수 없음이 객관적으로 확인되었다.
2. 2019년 3월 15일 (주)민교전자에 제품을 판매한 매출채권 11,000,000원(공급대가)을 받기 위해 법률상 회수 노력을 하였으나 회수하지 못하고 2022년 3월 15일자로 상기 매출채권의 소멸시효가 완성되었다.
3. 2022년 1월 9일 (주)순호상사에 판매하고 받은 약속어음 22,000,000원(부가가치세 포함)이 2022년 6월 11일 최종 부도처리되었다.
4. 2021년 7월 20일 채무자의 파산을 근거로 하여 대손세액 공제를 받았던 (주)경건상사에 대한 매출채권 77,000,000원(부가가치세 포함) 중 23,100,000원(부가가치세 포함)을 2022년 5월 31일 보통예금 통장으로 수령하였다. 당사는 해당 채권액에 대하여 2021년 제2기 부가가치세 확정신고 시 대손세액 공제를 적용받았다(대손사유는 "7. 대손채권 일부회수"로 직접입력).

[2] 다음은 2022년 제2기 부가가치세 확정신고와 관련된 자료이다. 이를 반영하여 부가가치세 제2기 확정신고서(2022.10.1 ~ 2022.12.31)를 작성하시오(제시된 자료만 있는 것으로 가정하고, 아래의 내용 중에서 예정신고누락분은 전표입력하고, 가산세를 반영할 것). (7점)

구 분		공급가액	부가가치세
매출내역	전자세금계산서 발급	350,000,000원	35,000,000원
	종이세금계산서 발급	25,000,000원	2,500,000원
	합 계	375,000,000원	37,500,000원
매입내역	전자세금계산서 수취(일반매입)	290,000,000원	29,000,000원
	법인카드 사용(일반매입)	21,000,000원	2,100,000원
	합 계	311,000,000원	31,100,000원
추가로 고려할 사항	[매출] 9월 25일 비사업자 김대웅씨에게 제품을 현금으로 매출하고 발급한 현금영수증 4,070,000원(부가가치세 포함) 누락분 반영 [매입] 9월 16일 (주)샘물에게 원재료를 현금으로 매입하면서 수취한 종이세금계산서 1,700,000원(부가가치세 별도) 누락분 반영 [기타] • 위의 예정신고 누락분은 매입매출전표에 입력(분개 포함) 후 불러오고, 나머지는 입력된 자료는 무시하고, 제시된 자료를 직접 입력하시오. • 법인카드 사용액은 모두 매입세액 공제요건을 충족하였다. • 부가가치세 2기 예정신고일로부터 3개월 이내인 2023년 1월 23일에 2기 확정신고 하는 것으로 가정하고, 납부지연 가산세 미납일수는 90일로 한다.		

문제 4 다음 결산자료를 입력하여 결산을 완료하시오. (15점)

[1] 공장에서 사용 중인 트럭에 대한 자동차보험료(2022.10.01 ~ 2023.09.30) 3,600,000원을 10월 1일 지급하고 전액 선급비용으로 처리하였다(보험료의 기간배분은 월할계산으로 하며, 회계처리 시 음수로 입력하지 않는다). (3점)

[2] 다른 자료는 무시하고, 다음 자료를 이용하여, 제2기 확정 부가가치세 신고기간의 부가가치세예수금과 부가가치세대급금을 정리하는 회계처리를 하시오(단, 환급세액의 경우는 미수금으로, 납부세액의 경우는 미지급세금으로, 전자신고 세액공제액은 잡이익으로 처리한다). (3점)

구 분	금 액
부가가치세 대급금	47,000,000원
부가가치세 예수금	70,000,000원
전자신고 세액공제	10,000원

[3] 2022년 5월 1일 하나은행으로부터 3억원을 연 4%의 이자율로 1년간 차입하였다. 이자는 원금상환과 함께 1년 후에 보통예금에서 지급할 예정이다(단, 월할계산할 것). (3점)

[4] 2022년 10월부터 사용이 가능하게 된 상표권(무형자산) 18,000,000원에 대해 5년 동안 정액법으로 상각하기로 하였다. 이에 대한 회계처리를 하시오(단, 월할계산할 것). (3점)

[5] 기말 현재 퇴직급여추계액 및 퇴직급여충당부채를 설정하기 전 퇴직급여충당부채의 잔액은 다음과 같다. 퇴직급여충당부채는 퇴직급여추계액의 100%를 설정한다. (3점)

구 분	퇴직급여추계액	퇴직급여충당부채 잔액
생산직	40,000,000원	15,000,000원
영업직	20,000,000원	9,000,000원

문제 5 2022년 귀속 원천징수자료와 관련하여 다음의 물음에 답하시오. (15점)

[1] 아래 자료를 보고 대한민국 국적의 거주자인 사무직 팀장 윤성수(남성, 입사일자 2022년 3월 1일, 국내근무)를 사원등록(사번 105)하고, 부양가족명세에 윤성수의 부양가족을 등록한 후 세부담이 최소화 되도록 공제 여부를 입력하시오. 본인 및 부양가족의 소득은 아래 비고란의 소득이 전부이며, 주민등록번호는 정확한 것으로 가정한다(단, 기본공제대상자가 아닌 경우 기본공제 여부에 '부'로 표시할 것). (5점)

성 명	관 계	주민등록번호	내/외국인	동거 여부	비 고
윤성수	본 인	831003-1549757	내국인	세대주	연간총급여액 6,000만원
김연희	배우자	851120-2634568	내국인	동 거	사업소득금액 3,000만원
박연순	어머니	551224-2870987	내국인	주거형편상 별거임	소득 없음 윤성수의 직계존속인 故人(고인) 윤성오가 생전에 재혼(법률혼)한 배우자로서 윤성수가 부양 중
윤아현	딸	120505-4186453	내국인	동 거	소득 없음
윤건우	아 들	161214-3143573	내국인	동 거	소득 없음, 7세 미만 미취학 아동

[2] 2022년 4월 1일 입사한 김신희(사원코드 : 202)의 연말정산 관련자료는 다음과 같다. [연말정산추가자료입력] 메뉴의 〈소득명세〉, 〈연금저축 등〉, 〈월세,주택임차〉, 〈연말정산입력〉 탭을 작성하시오. 단, 김신희는 무주택 세대주로 부양가족이 없으며, 근로소득 이외에 다른 소득은 없다. (10점)

<table>
<tr><td>현근무지</td><td>• 급여총액 : 32,000,000원(비과세 급여, 상여, 감면소득 없음)
• 소득세 기납부세액 : 1,348,720원(지방소득세 : 134,850원)
• 이외 소득명세 탭의 자료는 불러오기 금액을 반영한다.
• 의료비는 의료비지급명세서를 작성하시오.</td></tr>
<tr><td>종전근무지</td><td>〈종전근무지 근로소득원천징수영수증상의 내용〉
• 근무처 : (주)동서울상사(사업자번호 : 214-86-55210)
• 근무기간 : 2022.01.01 ~ 2022.03.31
• 급여총액 : 9,000,000원 (비과세 급여, 상여, 감면소득 없음)
• 국민연금보험료 : 405,000원
• 건강보험료 : 300,150원
• 장기요양보험료 : 30,760원
• 고용보험료 : 351,000원
• 소득세 결정세액 : 100,000원(지방소득세 : 10,000원)
• 소득세 기납부세액 : 200,000원(지방소득세 : 20,000원)
• 소득세 차감징수세액 : -100,000원(지방소득세 : -10,000원)</td></tr>
<tr><td>2022년도
연말정산 자료</td><td>〈연말정산 자료는 모두 국세청 홈택스 및 기타증빙을 통해 확인된 자료임〉
<table>
<tr><th>항 목</th><th>내 용</th></tr>
<tr><td>보험료</td><td>• 일반 보장성보험료 : 850,000원
• 저축성보험료 : 1,200,000원</td></tr>
<tr><td>교육비</td><td>본인 야간대학원 교육비 : 4,000,000원</td></tr>
<tr><td>의료비(본인)
국세청, 1건</td><td>• 질병치료비 : 2,500,000원(본인 신용카드 결제)
• 시력보정용 콘택트렌즈 구입비용 : 600,000원
• 미용 목적 피부과 시술비 : 1,000,000원</td></tr>
<tr><td>신용카드 등
사용금액</td><td>• 본인 신용카드 사용액 : 10,000,000원(질병 치료비 포함)
• 직불카드 사용액 : 1,500,000원
• 현금영수증 사용액 : 300,000원
※ 전통시장, 대중교통 사용분은 없음</td></tr>
<tr><td>월세액 명세</td><td>• 임대인 : 박부자(주민등록번호 : 700610-1977210)
• 유형 : 다가구
• 계약면적 : 35m^2,
• 임대주택 주소지 : 경기도 성남시 분당구 탄천로 90
• 임대차기간 : 2022.1.1 ~ 2023.12.31
• 월세액 : 400,000원</td></tr>
<tr><td>개인연금</td><td>• 본인 개인연금저축 불입액 : 1,200,000원(1999년 가입)
• (주)신한은행, 계좌번호 : 110-120-1300</td></tr>
</table></td></tr>
</table>

제97회 기출문제

시험일자 : 2021.08.07
합격률 : 34.30%

회사선택 : (주)금성전자 (회사코드 5097)

정답 및 해설 p.122

이 론 시 험

다음 문제를 보고 알맞은 것을 골라 [이론문제 답안작성] 메뉴에 입력하시오. (객관식 문항당 2점)

〈 기 본 전 제 〉

문제에서 한국채택국제회계기준을 적용하도록 하는 전제조건이 없는 경우 일반기업회계기준을 적용한다.

01 **다음 중 매출채권의 대손충당금을 과소설정한 것이 재무제표에 미치는 영향으로 옳지 않은 것은?**

① 자산의 과대계상
② 당기순이익의 과대계상
③ 이익잉여금의 과대계상
④ 비용의 과대계상

02 **다음 중 무형자산의 감가상각에 대한 설명으로 틀린 것은?**

① 무형자산의 잔존가치는 없는 것(0원)을 원칙으로 한다.
② 무형자산의 내용연수는 법적 내용연수와 경제적 내용연수 중 짧은 것으로 한다.
③ 무형자산의 감가상각은 자산을 취득한 시점부터 시작한다.
④ 무형자산의 상각기간은 일반적으로 20년을 초과할 수 없다.

03 **다음 중 부채에 대한 설명으로 옳지 않은 것은?**

① 부채는 과거의 거래나 사건의 결과로 현재 기업실체가 부담하고 있고 미래에 자원의 유출 또는 사용이 예상되는 의무이다.
② 부채의 정의를 만족하기 위해서는 금액이 반드시 확정되어야 한다.
③ 과거 사건으로 인해 현재 의무가 존재할 가능성이 매우 높고 인식기준을 충족하는 경우에는 충당부채로 인식한다.
④ 선수금은 유동부채로 분류된다.

04 결산 시 아래 사항들이 누락된 것을 발견하였다. 누락사항들을 반영할 경우 당기순이익의 증감액은 얼마인가?

- 당기 발생 외상매출 : 100,000원
- 1기 확정 부가가치세의 납부 : 300,000원

① 100,000원 증가
② 100,000원 감소
③ 300,000원 증가
④ 300,000원 감소

05 다음의 자본에 대한 설명 중 틀린 것은?

① 미교부주식배당금과 자기주식처분손실은 자본조정으로 분류된다.
② 유상감자가 이루어지면 회사의 순자산이 감소하게 된다.
③ 신주발행비는 주식의 발행과 직접 관련하여 발생하는 비용으로서 영업외비용으로 처리한다.
④ 자본은 자본금, 자본잉여금, 자본조정, 기타포괄손익누계액, 이익잉여금으로 구성되어 있다.

06 다음 중 제조간접비 배부차이 조정방법에 해당하지 않는 것은?

① 비례배부법
② 직접배분법
③ 매출원가조정법
④ 영업외손익법

07 다음 자료를 이용하여 평균법을 적용한 기말재공품원가를 구하시오. 당기완성품은 1,200개이며 기말재공품은 400개(완성도 : 50%)이다. 재료비는 공정 초기에 모두 발생하며 가공비는 공정 전체에 균일하게 발생한다.

구 분	수 량	재료비	가공비
기초재공품원가	500개[주1)]	500,000원	300,000원
당기총제조원가	1,100개	700,000원	400,000원

주1) 기초재공품의 완성도는 50%이다.

① 400,000원
② 450,000원
③ 500,000원
④ 550,000원

08 **2022년 기간에 사용한 원재료는 3,000,000원이다. 2022년 12월 31일 기말원재료재고액은 2022년 1월 1일 기초원재료재고액보다 200,000원이 더 많다. 2022년 기간의 원재료매입액은 얼마인가?**

① 2,800,000원 ② 3,100,000원
③ 3,200,000원 ④ 3,400,000원

09 **다음 원가 집계과정에 대한 설명 중 틀린 것은?**

① 당기총제조원가는 재공품계정의 차변으로 대체된다.
② 당기제품제조원가(당기완성품원가)는 재공품 계정의 대변으로 대체된다.
③ 당기제품제조원가(당기완성품원가)는 제품 계정의 차변으로 대체된다.
④ 제품매출원가는 매출원가 계정의 대변으로 대체된다.

10 **다음 제조원가에 대한 설명 중 틀린 것은?**

① 직접재료비와 직접노무비의 합은 기초원가(기본원가)이다.
② 직접노무비와 제조간접비의 합은 가공원가(전환원가)이다.
③ 제조원가는 직접재료비, 직접노무비, 제조간접비로 구분된다.
④ 생산근로자의 식대와 판매근로자의 식대는 모두 제조원가이다.

11 **다음 중 부가가치세법상 재화 및 용역의 공급시기에 대한 설명으로 옳지 않은 것은?**

① 완성도기준지급조건부 판매 : 대가의 각 부분을 받기로 한 때
② 폐업 시 잔존재화 : 폐업하는 때
③ 내국물품 외국반출(직수출) : 수출재화의 공급가액이 확정되는 때
④ 반환조건부 판매 : 조건이 성취되거나 기한이 지나 판매가 확정되는 때

12 **다음 중 부가가치세법상 영세율 적용을 받을 수 없는 사업자는?**

① 중계무역방식의 수출업자
② 위탁판매수출의 수출업자
③ 수출품 생산 후 외국으로 반출하는 사업자
④ 수출을 대행하는 수출업자

13 다음 중 부가가치세법상 간이과세자에 대한 설명으로 옳은 것은?

① 직전 연도 재화와 용역의 공급가액의 합계액이 8,500만원에 미달하는 개인사업자를 말한다.
② 2022년 7월 1일 이후 재화 또는 용역을 공급하는 모든 간이과세자는 세금계산서 발급이 원칙이다.
③ 2022년 7월 1일 이후 모든 간이과세자는 전액 매입세액 공제할 수 있다.
④ 간이과세자는 과세사업과 면세사업 등을 겸영할 수 있다.

14 다음 중 소득세법상 부동산임대업에 대한 설명 중 틀린 것은?

① 주거용 건물 임대업에서 발생한 수입금액 합계액이 2천만원을 초과하는 경우에도 분리과세가 가능하다.
② 1주택 소유자가 1개의 주택을 임대하고 있는 경우 주택의 임대보증금에 대한 간주임대료 계산을 하지 않는다.
③ 주거용 건물 임대업에서 발생한 수입금액 합계액이 2천만원 이하인 경우 분리과세를 선택할 수 있다.
④ 부동산을 임대하고 받은 선세금에 대한 총수입금액은 그 선세금을 계약기간의 월수로 나눈 금액의 각 과세기간의 합계액으로 한다(월수계산은 초월산입·말월불산입).

15 다음 중 소득세법에 따른 근로소득의 수입시기에 대한 설명으로 틀린 것은?

	구 분	수입시기
①	급 여	근로를 제공한 날
②	주식매수선택권	해당 법인에서 퇴사하는 날
③	잉여금 처분에 의한 상여	해당 법인의 잉여금 처분결의일
④	인정상여	해당 사업연도 중의 근로를 제공한 날

실 무 시 험

(주)금성전자(회사코드 : 5097)는 제조, 도·소매 및 부동산임대업을 영위하는 중소기업이며, 당기(15기)의 회계기간은 2022.1.1 ~ 2022.12.31이다. 전산세무회계 수험용 프로그램을 이용하여 다음 물음에 답하시오.

〈 기 본 전 제 〉

문제에서 한국채택국제회계기준을 적용하도록 하는 전제조건이 없는 경우 일반기업회계기준을 적용한다.

문제 1 다음 거래를 일반전표입력 메뉴에 추가 입력하시오. (15점)

〈 입력 시 유의사항 〉

- 일반적인 적요의 입력은 생략하지만, 타계정 대체거래는 적요번호를 선택하여 입력한다.
- 채권·채무와 관련된 거래는 별도의 요구가 없는 한 반드시 기등록되어 있는 거래처코드를 선택하는 방법으로 거래처명을 입력한다.
- 제조경비는 500번대 계정코드를, 판매비와관리비는 800번대 계정코드를 사용한다.
- 회계처리과목은 별도제시가 없는 한 등록되어 있는 계정과목 중 가장 적절한 과목으로 한다.

[1] 5월 1일 당사는 단기투자 목적으로 시장성이 있는 주식을 주당 10,000원에 1,000주를 매입하고, 매입과정에서 발생한 매입수수료 200,000원을 포함하여 보통예금에서 이체하였다. (3점)

[2] 5월 6일 당사는 산불피해 이재민을 돕기 위하여 제품인 컴퓨터 10대를 양양시에 기부하였다. 컴퓨터 원가는 30,000,000원이며 시가는 35,000,000원이다. (3점)

[3] 6월 11일 회사는 보유하고 있던 자기주식 1,000주(주당 10,000원에 취득) 중에서 300주를 주당 10,500원에 처분하고 대금은 보통예금으로 수령하였다(처분일 현재 자기주식처분손실 잔액은 30,000원이다). (3점)

[4] 7월 1일 당사의 기계장치(취득원가 30,000,000원, 감가상각누계액 5,500,000원)를 직원의 중대한 실수로 인하여 더 이상 사용할 수 없게 되었다(단, 순공정가치와 사용가치는 모두 0원이며 당기 감가상각비는 고려하지 않는다). (3점)

[5] 7월 30일 생산부서 직원들에 대한 확정기여형(DC형)퇴직연금 불입액 5,000,000원을 보통예금 계좌에서 이체하였다. (3점)

문제 2 다음 거래자료를 매입매출전표입력 메뉴에 추가로 입력하시오. (15점)

〈 입력 시 유의사항 〉

- 일반적인 적요의 입력은 생략하지만, 타계정 대체거래는 적요번호를 선택하여 입력한다.
- 별도의 요구가 없는 한 반드시 기등록되어 있는 거래처코드를 선택하는 방법으로 거래처명을 입력한다.
- 제조경비는 500번대 계정코드를, 판매비와관리비는 800번대 계정코드를 사용한다.
- 회계처리 시 계정과목은 별도제시가 없는 한 등록되어 있는 계정과목 중 가장 적절한 과목으로 한다.
- 입력화면 하단의 분개까지 처리하고, 전자세금계산서 및 전자계산서는 전자입력으로 반영한다.

[1] 7월 15일 수출업체인 (주)대박인터내셔널에 구매확인서를 통하여 제품 100개(개당 200,000원)를 공급하고 영세율전자세금계산서를 발급하였다. 대금은 전액 외상으로 하였다(하단 영세율 구분을 입력하고 서류번호는 무시하기로 한다). (3점)

[2] 8월 10일 당사의 영업부서에서 매달 월간 마케팅 잡지를 구독 중에 있고, (주)마케팅으로부터 전자계산서를 수취한다. 대금은 매달 25일에 지급하기로 하였다. (3점)

전자계산서(공급받는자 보관용)					승인번호	20220810-2038712-00009327		
공급자	사업자등록번호	211-81-73441	종사업장번호		공급받는자	사업자등록번호	126-81-34136	종사업장번호	
	상호(법인명)	(주)마케팅	성명(대표자)	윤영신		상호(법인명)	(주)금성전자	성명(대표자)	장지우
	사업장주소	서울특별시 마포구 임정로 415				사업장주소	서울특별시 강남구 영동대로 202(대치동)		
	업태	출판업	종목	잡지		업태	제조, 도소매	종목	전자제품
	이메일					이메일			

작성일자	공급가액	세액	수정사유
2022. 8. 10.	30,000원		
비고			

월	일	품목	규격	수량	단가	공급가액	비고
8	10	마케팅 잡지		1	30,000원	30,000원	

합계금액	현금	수표	어음	외상미수금	이 금액을 영수/청구 함
30,000원				30,000원	

[3] 8월 20일 생산부서 직원 생일을 축하해주기 위해 회식을 하고 카드결제 후 아래의 증빙을 수취하였다(해당 음식점은 일반과세자이고, 당사는 매입세액을 공제받고자 한다). (3점)

카드매출전표

카드종류 : (주)우리카드
회원번호 : 1234-5678-****-9015
거래일시 : 2022. 8. 20. 16:05:16
거래유형 : 신용승인
매 출 : 325,000원
부 가 세 : 32,500원
합 계 : 357,500원
결제방법 : 일시불
승인번호 : 81999995
은행확인 : 국민은행

가맹점명 : 제주수산
- 이 하 생 략 -

[4] 9월 11일 사업자등록증이 없는 비사업자 한석규(주민등록번호 780705-1234567)씨에게 제품을 1,320,000원(부가가치세 포함)에 현금판매하고 현금영수증을 발급하였다. (3점)

[5] 9월 30일 당사는 (주)광고대행업과 1년간의 영업목적 광고용역계약을 체결하고 전자세금계산서를 수취하였다. 1년 기준 광고비는 1,320,000원(부가가치세 포함)이며 보통예금으로 지급하였다(비용으로 처리하시오). (3점)

문제 3 부가가치세 신고와 관련하여 다음 물음에 답하시오. (10점)

[1] 다음 자료를 보고 2022년 1기 확정신고기간의 수출실적명세서를 작성하시오(단, 거래처코드와 거래처명은 입력하지 말 것). (3점)

상대국	수출신고번호	선적일	환가일	통 화	
				선적일	환가일
일 본	13041-20-044589X	2022.04.06	2022.04.15	JPY	¥300,000
미 국	13055-10-011460X	2022.05.18	2022.05.12	USD	$60,000
영 국	13064-25-147041X	2022.06.30	2022.07.08	GBP	£75,000

[2] 다음 자료를 이용하여 2022년 제2기 부가가치세 확정신고기간의 부가가치세 신고서를 작성하시오(단, 부가가치세 신고서 이외의 기타 신고서류 작성은 생략하고, 불러오는 데이터 값은 무시하고 새로 입력할 것). (7점)

구 분	자 료
매출자료	• 전자세금계산서 발급 과세 매출액(공급가액 : 230,000,000원, 세액 : 23,000,000원) • 제품 직수출 매출액(공급가액 : 45,000,000원, 영세율)
매입자료	• 전자세금계산서 발급 과세 매입액(공급가액 : 90,000,000원, 세액 : 9,000,000원) 단, 과세 매입액 중 공급가액 10,000,000원은 공장 기계장치 구매금액이며 나머지는 재고자산 상품 매입액이다. • 법인신용카드 매입액(공급대가 : 8,800,000원). 전액 본사 사무용품 매입액이며, 매입세액은 공제가능하다.
예정신고 누락분	직수출액(공급가액 3,000,000원, 영세율)
기 타	• 전자세금계산서의 발급 및 국세청 전송은 정상적으로 이루어졌다. • 세부담 최소화를 위하여 전자신고 세액공제를 받기로 하였다. • 부가가치세 확정신고한 날은 2023년 1월 20일이다.

문제 4 다음 결산자료를 입력하여 결산을 완료하시오. (15점)

[1] 당사는 결산일 현재 다음과 같은 매도가능증권(투자자산)을 보유하고 있다. 매도가능증권평가에 대한 기말 회계처리를 하시오(제시된 자료만 고려하여 하나의 전표로 입력할 것). (3점)

회사명	2021년 취득가액	2021년 기말 공정가액	2022년 기말 공정가액
(주)금성전자	15,000,000원	12,000,000원	22,000,000원

[2] 당사는 2022년 9월 1일 거래처에 30,000,000원을 대여하고, 이자는 2023년 8월 31일 수령하기로 약정하였다(단, 대여금에 대한 이자율은 연 7%이고 월할계산하시오). (3점)

[3] 전기에 유동성장기부채로 대체한 중앙은행의 장기차입금 20,000,000원에 대하여 자금사정이 어려워 상환기간을 2년 연장하기로 계약하였다. 결산 회계처리하시오(단, 관련 회계처리 날짜는 12월 31일 결산일로 함). (3점)

[4] 회사는 자금을 조달할 목적으로 사채를 아래와 같이 발행하였다. 이외의 다른 사채는 없다고 가정할 경우 결산시점의 적절한 회계처리를 하시오. (3점)

- 액면가액 10,000,000원의 사채를 2022년 1월 1일에 할인발행하였다(만기 3년).
- 발행가액은 9,455,350원이고, 액면이자율은 연 3%, 유효이자율은 연 5%이다.
- 액면이자는 매년 말 현금으로 지급하며, 유효이자율법을 이용하여 상각한다.
- 원 단위 미만은 절사하기로 한다.

[5] 당사는 당해 연도 결산을 하면서 법인세 22,000,000원(지방소득세 포함)을 확정하였다. 이자수익에 대한 원천징수세액 600,000원 및 법인세 중간예납세액 8,000,000원은 선납세금으로 계상되어 있다. (3점)

문제 5 2022년 귀속 원천징수자료와 관련하여 다음의 물음에 답하시오. (15점)

[1] 다음 자료를 보고 내국인이며 거주자인 사무직 사원 권예원(여성, 입사일자 2022년 7월 1일, 국내근무)를 사원등록(코드번호 101)하고, 권예원의 부양가족을 모두 부양가족명세에 등록 후 세부담이 최소화 되도록 공제 여부를 입력하시오(단, 기본공제대상자가 아닌 경우 기본공제 여부에 '부'로 표시할 것). (5점)

성 명	관 계	주민등록번호	내/외국인	동거 여부	비 고
권예원	본 인	890123-2548754	내국인	-	연간 총급여액 3,000만원
구정민	배우자	850420-1434561	내국인	동 거	연간 총급여액 7,000만원
권정무	본인의 아버지	600324-1354877	내국인	비동거	복권당첨소득 50만원(주거형편상 별거)
손미영	본인의 어머니	630520-2324876	내국인	비동거	양도소득금액 800만원(주거형편상 별거)
구태성	아 들	170103-3143571	내국인	동 거	소득없음
권우성	오 빠	850112-1454522	내국인	동 거	소득없음, 장애인(장애인복지법)

※ 본인 및 부양가족의 소득은 위의 소득이 전부이며, 위의 주민등록번호는 정확한 것으로 가정한다.

[2] 다음은 영업부 사원 최원호(사번 : 120 / 입사년월일 : 2022.01.01)의 연말정산을 위한 자료이다. 부양가족은 별도의 소득이 없고, 최원호와 생계를 같이하고 있다. 지출내역은 모두 국세청 연말정산 간소화 자료 및 기타증빙에서 확인된 내역이며 주민등록번호는 모두 옳은 것으로 가정한다. 사원등록 메뉴의 [부양가족명세] 탭에서 부양가족 입력, 연말정산추가자료입력 메뉴의 [부양가족] 탭에서 의료비지급명세서 작성 및 [월세,주택임차] 탭과 [연말정산입력] 탭을 작성하시오(단, 최원호의 총급여액은 60,000,000원이며 최원호의 세부담 최소화를 가정할 것). (10점)

■ **최원호(본인, 세대주, 주민등록번호 : 860530-1245672)**

1. 신용카드 등 사용액
   (1) 신용카드 사용액 : 20,000,000원(의료비 지출 포함)
   (2) 직불카드 사용액 : 10,000,000원(전통시장 사용분 500,000원 포함)
   (3) 현금영수증 사용액 : 1,000,000원(독일어 학원비 결제금액임)
2. 보험료 : 1,200,000원(상해보험료 : 일반보장성보험)
3. 의료비(국세청장 증빙)
   (1) 진찰・진료를 위해 「의료법」 제3조에 따른 의료기관에 지급한 비용 : 2,500,000원(1건)
   (2) 시력보정용 콘택트렌즈 구입비용 : 600,000원(1건)
   (3) 「약사법」 제2조에서 정하는 의약품 등이 아닌 건강기능식품 구입비용 : 500,000원(1건)
4. 교육비
   (1) 「독학에 의한 학위 취득에 관한 법률」에 따른 교육과정 지출비용 : 3,000,000원
   (2) 독일어 학원 지출비용(대학부설 어학원 아님) : 1,000,000원
5. 기부금
   (1) 천재지변으로 생기는 이재민을 위한 구호금품의 가액 : 200,000원
   (2) 「정치자금에 관한 법률」에 의해 특정 정당에 기부한 정치자금 : 100,000원

■ **윤선희(배우자, 주민등록번호 : 891204-2567541, 별도의 소득은 없음)**

1. 의료비 : 「모자보건법」 제2조 제10호 따른 산후조리원 지출비용 3,000,000원(기타영수증)
2. 교육비 : 「고등교육법」에 따른 통신대학 교육비 지출비용 1,000,000원

■ **최슬기(첫째 자녀, 주민등록번호 : 220101-4561788)**

1. 의료비 : 500,000원(의료기관 건강진단비, 국세청장 증빙)

■ **월세・주택임차 내역**

1. 임대인 : 서현근(사업자등록번호 797-97-01255)
2. 임차인 : 최원호
3. 주택유형/계약전용면적 : 단독주택/84.00m^2
4. 임대차계약서상 주소지(주민등록표등본상의 주소지) : 서울시 중랑구 망우로 200
5. 임대차계약기간 : 2022.01.01 ~ 2023.12.31
6. 매월 월세 지급액 : 월 70만원(2022년 연간 총지급액 840만원)

제98회 기출문제

시험일자 : 2021.10.03
합격률 : 13.86%

회사선택 : (주)감성전자 (회사코드 5098) 정답 및 해설 p.127

이 론 시 험

다음 문제를 보고 알맞은 것을 골라 [이론문제 답안작성] 메뉴에 입력하시오. (객관식 문항당 2점)

〈 기 본 전 제 〉

문제에서 한국채택국제회계기준을 적용하도록 하는 전제조건이 없는 경우 일반기업회계기준을 적용한다.

01 **다음 중 재무제표의 작성과 표시에 대한 설명으로 틀린 것은?**

① 재무제표는 재무상태표, 손익계산서, 현금흐름표, 자본변동표로 구성되며, 주석을 포함한다.
② 재무제표를 작성할 때 계속기업으로서의 존속가능성을 평가해야 한다.
③ 중요한 항목은 재무제표의 본문이나 주석에 그 내용을 가장 잘 나타낼 수 있도록 통합하여 표시할 수 있다.
④ 재무제표가 일반기업회계기준에 따라 작성된 경우에는 그러한 사실을 주석으로 기재하여야 한다.

02 **다음 중 재고자산의 단가결정방법에 대한 설명으로 틀린 것은?**

① 선입선출법은 기말재고자산이 가장 최근 매입분으로 구성되어 기말재고자산가액이 시가에 가깝다.
② 개별법은 실무에 적용하기 쉬우며 가장 정확한 단가 산정방법이다.
③ 후입선출법은 매출원가가 가장 최근 매입분으로 구성되므로 수익·비용의 대응이 선입선출법보다 적절히 이루어진다.
④ 평균법에는 총평균법과 이동평균법이 있다.

03 다음 중 유형자산에 대한 설명으로 틀린 것은?

① 유형자산은 재화의 생산, 용역의 제공, 타인에 대한 임대 또는 자체적으로 사용할 목적으로 보유하는 물리적 형체가 있는 자산을 말한다.
② 특정 유형자산을 재평가할 때, 해당 자산이 포함되는 유형자산 분류 전체를 재평가한다.
③ 유형자산은 최초에는 취득원가로 측정한다.
④ 새로운 시설을 개설하는 데 소요되는 원가는 유형자산의 원가이다.

04 다음 중 회계추정의 변경에 해당하지 않는 것은?

① 재고자산 평가방법을 후입선출법에서 선입선출법으로 변경하는 경우
② 기계설비의 감가상각대상 내용연수를 변경하는 경우
③ 매출채권에 대한 대손추정률을 변경하는 경우
④ 비품의 감가상각방법을 정률법에서 정액법으로 변경하는 경우

05 다음의 거래로 증감이 없는 자본항목은 무엇인가?

> (주)절세는 자기주식 500주(액면금액 주당 200원)를 주당 300원에 취득한 후, 이 중 300주는 주당 400원에 매각하고, 나머지 200주는 소각하였다. 단, (주)절세의 자기주식 취득 전 자본항목은 자본금뿐이다.

① 자본금　　② 자본잉여금
③ 자본조정　　④ 기타포괄손익누계액

06 다음 중 원가계산항목이 아닌 것은?

① 생산시설 감가상각비　　② 생산직 근로자 인건비
③ 생산시설 전기요금　　④ 영업용 차량 유지비

07 (주)세금은 제조간접비를 직접노무시간으로 예정배부하고 있다. 당초 제조간접비 예산금액은 1,500,000원이고, 예산직접노무시간은 500시간이다. 당기말 현재 실제제조간접비는 1,650,000원이 발생하였고, 제조간접비의 배부차이가 발생하지 않을 경우 실제직접노무시간은 얼마인가?

① 450시간　　② 500시간
③ 550시간　　④ 600시간

08 다음의 자료를 이용하여 당월의 제품 매출원가를 계산하면 얼마인가?

- 월초 제품수량 500개, 월말 제품수량 300개, 당월 제품판매수량 1,000개
- 월초 제품원가 67,000원, 월말 제품원가 55,000원
- 당월에 완성된 제품 단위당 원가 110원

① 80,000원 ② 90,000원
③ 100,000원 ④ 110,000원

09 다음 중 제조원가명세서에서 제공하고 있는 정보가 아닌 것은?

① 매출원가 ② 당기제품제조원가
③ 당기총제조원가 ④ 기말재공품재고액

10 당사의 제조활동과 관련된 물량흐름은 다음과 같다. 설명 중 옳은 것은?

- 기초재공품 : 1,500개
- 당기착수량 : 8,500개
- 기말재공품 : 700개
- 공손품 : 1,300개

① 완성품의 3%가 정상공손이면 완성품수량은 10,000개이다.
② 완성품의 3%가 정상공손이면 비정상공손수량은 1,060개이다.
③ 완성품의 3%가 정상공손이면 정상공손수량은 300개이다.
④ 완성품의 3%가 정상공손이면 비정상공손수량은 1,000개이다.

11 다음 자료는 2022년 2기 예정신고기간의 자료이다. 부가가치세 과세표준은 얼마인가?(단, 제시된 자료 이외는 고려하지 말 것)

- 발급한 세금계산서 중 영세율세금계산서의 공급가액은 2,000,000원이다. (그 외의 매출 및 매입과 관련된 영세율 거래는 없다)
- 세금계산서를 받고 매입한 물품은 공급가액 15,500,000원, 부가가치세 1,550,000원이다. (이 중 거래처 선물용으로 매입한 물품(공급가액 500,000원, 부가가치세 50,000원)이 포함되어 있다)
- 납부세액은 2,500,000원이다.

① 40,000,000원 ② 40,500,000원
③ 42,000,000원 ④ 45,000,000원

12 부가가치세법상 사업자등록과 관련된 설명 중 틀린 것은?

① 신규로 사업을 시작하려는 자는 사업 개시일 이전이라도 사업자등록을 신청할 수 있다.
② 사업자등록의 신청을 받은 관할세무서장은 신청일부터 3일 이내에 사업자등록증을 신청자에게 발급하는 것이 원칙이다.
③ 휴업 또는 폐업을 하는 경우 지체 없이 사업장 관할 세무서장에게 신고하여야 한다.
④ 과세사업을 경영하는 자가 면세사업을 추가할 경우에는 면세사업자등록 신청을 별도로 할 필요가 없다.

13 다음 중 해당 과세기간에 전액 필요경비에 불산입하는 항목이 모두 몇 개인지 고르시오.

가. 사업과 직접적인 관계없이 무상으로 지급하는 법령에서 정한 기부금 나. 가사의 경비와 이에 관련되는 경비 다. 벌금, 과료, 과태료 라. 선급비용 마. 대손금

① 2개 ② 3개
③ 4개 ④ 5개

14 다음 중 부가가치세법상 영세율 적용대상이 아닌 것은?

① 사업자가 내국신용장 또는 구매확인서에 의하여 공급하는 수출용 재화(금지금(金地金)은 아님)
② 수출업자와 직접 도급계약에 의한 수출재화임가공용역
③ 국외에서 공급하는 용역
④ 수출업자가 타인의 계산으로 대행위탁수출을 하고 받은 수출대행수수료

15 다음 중 소득세법상 이자소득이 아닌 것은?

① 직장공제회 초과반환금
② 비영업대금이익
③ 연금저축의 연금계좌에서 연금외수령하는 일시금
④ 저축성보험의 보험차익(10년 미만)

실 무 시 험

(주)감성전자(회사코드 : 5098)는 제조, 도・소매 및 부동산임대업을 영위하는 중소기업이며, 당기(10기)의 회계기간은 2022.1.1 ~ 2022.12.31이다. 전산세무회계 수험용 프로그램을 이용하여 다음 물음에 답하시오.

〈 기 본 전 제 〉

문제에서 한국채택국제회계기준을 적용하도록 하는 전제조건이 없는 경우 일반기업회계기준을 적용한다.

문제 1 다음 거래를 일반전표입력 메뉴에 추가 입력하시오. (15점)

〈 입력 시 유의사항 〉

- 일반적인 적요의 입력은 생략하지만, 타계정 대체거래는 적요번호를 선택하여 입력한다.
- 채권・채무와 관련된 거래는 별도의 요구가 없는 한 반드시 기등록되어 있는 거래처코드를 선택하는 방법으로 거래처명을 입력한다.
- 제조경비는 500번대 계정코드를, 판매비와관리비는 800번대 계정코드를 사용한다.
- 회계처리과목은 별도제시가 없는 한 등록되어 있는 계정과목 중 가장 적절한 과목으로 한다.

[1] 2월 15일 당사가 10%의 지분을 소유하고 있는 (주)한국으로부터 현금배당 5,000,000원과 주식배당 100주(주당 액면가액 5,000원)를 보통예금 및 주식으로 수령하였다. 배당에 관한 회계처리는 기업회계기준을 준수하였고, 원천징수금액은 없다. (3점)

[2] 3월 11일 정기예금이 만기가 되어 원금 5,000,000원과 예금이자(이자소득 490,000원, 원천징수세액 75,460원)가 보통예금으로 이체되었다. 원천징수금액은 자산으로 처리한다. (3점)

[3] 3월 15일 업무와 관련된 자산을 취득하는 조건으로 서울시청으로부터 정부보조금 50,000,000원(이 중 50%는 상환의무가 없는 지원금이며, 나머지 50%는 3년 후 원금을 상환해야 함)을 받아 보통예금에 입금하였다. (3점)

[4] 8월 15일 (주)당진으로부터 제품 매출 후 외상매출금 4,830,000원에 대하여 조기 회수에 따른 매출 할인액(할인율 2%)을 차감한 나머지 금액이 보통예금으로 입금되었다(단, 부가가치세는 고려하지 않는다). (3점)

[5] 10월 31일 경영관리부에서 사용할 문구류를 구매하고 보통예금 계좌에서 이체하였다(사무용품비 계정으로 회계처리할 것). (3점)

NO. 01	영수증 (공급받는자용)			
				귀 하
공급자	사업자등록번호	778-61-12347		
	상 호	대박문구	성 명	김대박
	사업장소재지	서울특별시 구로구 구로동 27		
	업 태	도소매	종 목	문 구

작성일자	금액합계	비 고
2022.10.31	27,500	

공급내역				
월/일	품 명	수 량	단 가	금 액
10/31	볼 펜	25	1,000	25,000
10/31	샤프심	5	500	2,500
합 계		₩		27,500
위 금액을 영수(청구)함				

문제 2 다음 거래자료를 매입매출전표입력 메뉴에 추가로 입력하시오. (15점)

〈 입력 시 유의사항 〉

- 일반적인 적요의 입력은 생략하지만, 타계정 대체거래는 적요번호를 선택하여 입력한다.
- 별도의 요구가 없는 한 반드시 기등록되어 있는 거래처코드를 선택하는 방법으로 거래처명을 입력한다.
- 제조경비는 500번대 계정코드를, 판매비와관리비는 800번대 계정코드를 사용한다.
- 회계처리 시 계정과목은 별도제시가 없는 한 등록되어 있는 계정과목 중 가장 적절한 과목으로 한다.
- 입력화면 하단의 분개까지 처리하고, 전자세금계산서 및 전자계산서는 전자입력으로 반영한다.

[1] 7월 22일 당사가 생산한 제품(원가 500,000원, 시가 700,000원, 부가가치세 별도)을 거래처인 (주)세무에 선물로 제공하였다. (3점)

[2] 8월 5일 (주)현명상사에게 제품을 납품하고 다음의 전자세금계산서를 발급하였다. (3점)

<table>
<tr><td colspan="5">전자세금계산서(공급자 보관용)</td><td>승인번호</td><td colspan="3">20220805-23000000-000000</td></tr>
<tr><td rowspan="5">공급자</td><td>사업자등록번호</td><td>110-81-35557</td><td>종사업장번호</td><td></td><td rowspan="5">공급받는자</td><td>사업자등록번호</td><td>412-81-28461</td><td>종사업장번호</td><td></td></tr>
<tr><td>상 호(법인명)</td><td>(주)감성전자</td><td>성 명(대표자)</td><td>이준호</td><td>상 호(법인명)</td><td>(주)현명상사</td><td>성 명(대표자)</td><td>김현명</td></tr>
<tr><td>사업장주소</td><td colspan="3">서울 성북구 대사관로 50(성북동)</td><td>사업장주소</td><td colspan="3">서울 강남구 테헤란로 32</td></tr>
<tr><td>업 태</td><td>제조업</td><td>종 목</td><td>전자제품</td><td>업 태</td><td>도소매</td><td>종 목</td><td>전자제품</td></tr>
<tr><td>이메일</td><td colspan="3"></td><td>이메일</td><td colspan="3"></td></tr>
</table>

작성일자	공급가액	세 액	수정사유
2022-08-05	5,000,000원	500,000원	
비 고			

월	일	품 목	규 격	수 량	단 가	공급가액	세 액	비 고
8	5	전자제품		100	50,000원	5,000,000원	500,000원	

합계금액	현 금	수 표	어 음	외상미수금	이 금액을 영수/청구 함
5,500,000원	3,000,000원			2,500,000원	

[3] 8월 31일 제조부 직원의 식사를 (주)식신으로부터 제공받고, 8월분 식대(공급가액 900,000원, 세액 90,000원)에 대한 종이세금계산서를 수취하고 법인카드(신한카드)로 결제하였다. (3점)

[4] 9월 7일 (주)삼진건설로부터 사옥신축계약을 체결하고 본사건물을 신축하기로 하였다. 공사도급계약서중 대금지급에 관한 내용은 다음과 같다. 당일에 계약금에 대한 전자세금계산서를 적절하게 발급받았다. (3점)

> • 총도급금액 : 480,000,000원(부가가치세 48,000,000원 별도)
> • 대금 지급 방식
> - 계약금(2022.09.07/공사착공일) : 48,000,000원(부가가치세 4,800,000원 별도)
> - 중도금(2023.02.07) : 288,000,000원(부가가치세 28,800,000원 별도)
> - 잔금(2023.07.31/공사완공일) : 144,000,000원(부가가치세 14,400,000원 별도)
> - 대금은 위 기재된 날짜에 부가가치세 포함하여 보통예금으로 계좌이체가 이루어진 것으로 가정한다.

[5] 9월 30일 당사는 (주)명국에 제품을 10,000,000원(공급가액)에 판매하고 전자세금계산서를 발급하였다(단, 4월 30일 계약금을 지급받았으며 잔액은 10월 15일에 지급받기로 하였다). (3점)

문제 3 부가가치세 신고와 관련하여 다음 물음에 답하시오. (10점)

[1] 다음의 자료를 이용하여 2022년 2기 확정신고기간에 대한 [건물등감가상각자산취득명세서]를 작성하시오(다음의 지출금액에 대해서는 자산처리하기로 함). (3점)

일 자	내 역	공급가액	부가가치세	상 호	사업자등록번호
10/6	영업부서에서 사용할 개별소비세 과세대상 승용차 구입(전자세금계산서 수취)	28,000,000원	2,800,000원	(주)경기자동차	126-81-11152
11/22	제조부서에서 사용할 기계구입(전자세금계산서 수취)	13,000,000원	1,300,000원	(주)한국상사	621-81-20059
12/20	영업부서에서 사용할 복사기 구입 (종이세금계산서 수취)	1,800,000원	180,000원	시원전자 (일반과세자)	358-52-91995

[2] 다음 자료만을 이용하여 2022년 제1기 확정신고기간(4월 ~ 6월)의 부가가치세 신고서를 작성하시오(단, 부가가치세 신고서 이외의 부속서류와 과세표준명세의 작성은 생략하며, 불러오는 데이터는 무시하고 직접 입력할 것). (7점)

[매출자료]

- 전자세금계산서 과세 매출액(영세율 매출 포함) : 공급가액 400,000,000원, 세액 35,000,000원
- 신용카드 · 현금영수증 과세 매출액 : 공급가액 5,000,000원, 세액 500,000원
- 정규영수증 외 과세 매출액 : 공급가액 700,000원, 세액 70,000원
  (최종소비자와의 거래이며, 당사가 영위하는 업종은 현금영수증 의무발행업종이 아님)
- 해외 직수출액 : 40,000,000원
- 회수기일이 2년 6개월 지난 외상매출금(특수관계인과의 거래가 아님) : 11,000,000원(부가가치세 포함)

[매입자료]

- 세금계산서 수취한 매입내역

구 분	공급가액	세 액
일반 매입	250,000,000원	25,000,000원
접대성 물품 매입	1,000,000원	100,000원
기계장치 매입	30,000,000원	3,000,000원
예정신고 누락분 매입	3,000,000원	300,000원
합 계	284,000,000원	28,400,000원

- 신용카드 사용분 매입내역

구 분	공급가액	세 액
일반 매입	25,000,000원	2,500,000원
사업무관 매입	2,000,000원	200,000원
비품 매입	5,000,000원	500,000원
합 계	32,000,000원	3,200,000원

[기타자료]
- 예정신고 미환급세액 : 800,000원
- 당사는 부가가치세 신고 시 홈택스로 전자신고를 하였으므로 세액공제를 적용한다.
- 세부담 최소화를 가정할 것

문제 4 다음 결산자료를 입력하여 결산을 완료하시오. (15점)

[1] 당사는 별빛은행으로부터 1년마다 갱신조건의 마이너스통장(보통예금)을 개설하였다. 12월 31일 현재 통장잔고는 (−)10,154,000원이다(단, 회계처리는 음수(−)로 하지 말 것). (3점)

[2] 당사는 10월 1일 회사 경영에 필요한 보증보험료(보험기간 : 2022년 10월 1일 ~ 2023년 9월 30일) 2,700,000원을 보통예금 계좌에서 지출하고 전액 보험료로 당기 비용처리하였다(보험료의 기간배분은 월할계산한다). (3점)

[3] 다음의 자산의 당기(2022년) 감가상각비를 결산에 반영하시오(월할상각할 것). (3점)

구 분	취득가액	전기말 상각누계액	상각방법	내용연수	상각률	취득일자
건물(영업부서 사무실)	200,000,000원	12,500,000원	정액법	40	0.025	2019.07.01
기계장치(제품생산)	50,000,000원	15,650,000원	정률법	8	0.313	2021.01.01

[4] 당기말 현재 당사의 재고자산은 다음과 같다. (3점)

- 기말원재료 : 4,000,000원
- 기말재공품 : 8,030,000원
- 기말제품 : 7,000,000원(위탁재고 1,000,000원 별도)

[5] 결산일 현재 다음 채권 잔액에 대해 대손충당금(보충법)을 설정하시오. (3점)

과 목	대손추정률
외상매출금	1%
단기대여금	2%

문제 5 2022년 귀속 원천징수자료와 관련하여 다음의 물음에 답하시오. (15점)

[1] 2022년 1월 10일에 입사한 사원코드 101번인 나인턴(배우자 및 부양가족은 없음)은 2022년 2월 28일에 퇴사하였다. 1월과 2월의 급여자료는 아래와 같다. 1월과 2월의 급여자료를 [급여자료입력]에 반영하고, 2월의 [원천징수이행상황신고서]를 작성하시오(단, 급여지급일은 귀속월의 말일이고, 2월분 급여자료 입력 시 중도퇴사에 대한 연말정산을 포함하여 작성할 것). (5점)

[급여자료]

구 분	1월	2월	비 고
기본급	2,000,000원	3,000,000원	
식 대	120,000원	180,000원	비과세 요건을 충족한다.
국민연금	–	135,000원	공제항목
건강보험	–	102,900원	
장기요양보험	–	12,620원	
고용보험	16,160원	24,640원	
소득세	20,170원		
지방소득세	2,010원		

※ 국민연금, 건강보험, 장기요양보험, 고용보험은 요율표를 무시하고 주어진 자료를 이용한다.

[2] 다음은 최태호(사번 : 103번)와 부양가족(자녀를 제외하고는 본인과 생계를 같이함)에 대한 자료이다. 이 자료를 바탕으로 연말정산추가자료입력의 [소득명세], [부양가족], [연금저축 등 Ⅰ] 탭을 완성하고 [연말정산입력] 탭과 [의료비지급명세서]를 작성하시오(단, 제시된 자료 이외에는 부양가족의 소득금액은 없으며, 최태호의 세부담 최소화를 위해 모든 가능한 공제는 최태호가 받기로 한다). (10점)

〈자료 1〉

〈전 근무지 근로소득 원천징수영수증 자료〉

	구 분		주(현)	종(전)	⑯-1 납세조합	합 계
Ⅰ. 근무처별소득명세	⑨ 근무처명		(주)태평성대			
	⑩ 사업자등록번호		126-85-33149			
	⑪ 근무기간		2022.1.1 ~ 2022.6.30	~	~	~
	⑫ 감면기간		~	~	~	~
	⑬ 급 여		18,000,000원			
	⑭ 상 여		5,000,000원			
	⑮ 인정상여					
	⑮-1 주식매수선택권 행사이익					
	⑮-2 우리사주조합인출금					
	⑮-3 임원 퇴직소득금액 한도 초과액					
	⑯ 계		23,000,000원			
Ⅱ. 비과세및감면소득명세	⑱ 국외근로	M0X				
	⑱-1 야간근로수당	O0X				
	⑱-2 출산・보육수당	Q0X				
	⑱-4 연구보조비	H0X				
	~					
	⑱-29					
	⑲ 수련보조수당	Y22				
	⑳ 비과세소득 계					
	⑳-1 감면소득 계					

	구 분			⑦⑧ 소득세	⑦⑨ 지방소득세	⑧⓪ 농어촌특별세
Ⅲ. 세액명세	⑦② 결정세액			382,325원	38,232원	
	기납부세액	⑦③ 종(전)근무지 (결정세액란의 세액을 적습니다)	사업자 등록번호			
		⑦④ 주(현)근무지		878,120원	87,812원	
	⑦⑤ 납부특례세액					
	⑦⑥ 차감징수세액(⑦② - ⑦③ - ⑦④ - ⑦⑤)			△495,795원	△49,580원	

(국민연금 1,035,000원, 건강보험 763,600원, 장기요양보험 61,088원, 고용보험 149,500원)

위의 원천징수액(근로소득)을 정히 영수(지급)합니다.

〈자료 2〉 연말정산 자료(모두 국세청 자료로 가정)

구분	내용
본인(최태호) (730505-1111117)	• 야간대학원 학비 : 5,000,000원 • 보장성보험료 납입액 : 600,000원 • 저축성보험료 납입액 : 1,200,000원 • 본인의 신용카드사용액 : 21,000,000원[이 중에는 대중교통요금 3,000,000원, 전통시장 사용액 7,000,000원, 도서공연 사용액(문체부장관이 지정한 사업자) 1,000,000원 포함됨, 직불/선불카드・현금영수증 사용액 없음] • 연금저축납입액 : 1,200,000원[(주)우리은행 / 1002-484-652358]
아버지(최진성) (470815-1111112)	질병치료비 : 12,000,000원(이 중 실손보험 수령금 11,000,000원)
어머니(김순녀) (540804-2222222)	• 상가임대소득금액 : 12,000,000원 • 임대상가의 화재보험료 : 1,200,000원 • 질병치료비 : 3,000,000원(실손보험 수령금 없고, 본인이 실제 어머니 치료비를 부담) • 종교단체 기부금 : 1,500,000원
배우자(신미미) (780822-2222220)	• 연간총급여 : 6,000,000원(이 중에는 일용근로소득자로서 받은 총급여 3,000,000원이 포함되어 있음) • 시력보정용 안경구입비 : 900,000원 • 질병치료비 : 3,000,000원(이중 실손보험 수령금 1,700,000원) • 건강기능식품 구입비 2,000,000원 • 배우자 명의의 신용카드 사용액 : 5,000,000원(이 중에는 대중교통요금 2,000,000원, 전통시장 사용액 1,000,000원 포함, 직불/선불카드・현금영수증 사용액 없음)
자녀(최샛별) (041031-4444443)	• 미국 현지 소재 고등학교(우리나라 교육법에 따른 학교에 해당하는 교육기관임) 수업료 : 6,000,000원 • 보장성보험료 납입액 : 300,000원 • 건강증진 목적의 한약구입비 : 1,500,000원

〈유의사항〉

※ 부양가족 입력 시 기본공제대상자가 아닌 경우 기본공제 여부에 '부'로 표시할 것

※ 의료비지급명세서 작성 시 의료증빙은 모두 1건으로 입력하여 의료비 반영

제99회 기출문제

시험일자 : 2021.12.04
합격률 : 25.36%

회사선택 : (주)문래전자 (회사코드 5099)

정답 및 해설 p.133

이 론 시 험

다음 문제를 보고 알맞은 것을 골라 [이론문제 답안작성] 메뉴에 입력하시오. (객관식 문항당 2점)

〈 기 본 전 제 〉

문제에서 한국채택국제회계기준을 적용하도록 하는 전제조건이 없는 경우 일반기업회계기준을 적용한다.

01 **다음과 같은 특징이 있는 재고자산의 평가방법으로 옳은 것은?**

- 기말재고자산이 최근에 매입한 단가가 적용되므로 시가에 가깝게 표시된다.
- 현재의 수익에 과거의 원가가 대응된다.
- 물가가 상승하는 상황에서는 당기순이익이 과대계상된다.

① 선입선출법
② 후입선출법
③ 이동평균법
④ 총평균법

02 **다음 중 일반기업회계기준에 따른 부채와 자본의 표시에 대한 설명으로 옳지 않은 것은?**

① 보고기간종료일로부터 1년 이내에 상환되어야 하는 채무는 보고기간종료일과 재무제표가 사실상 확정된 날 사이에 보고기간종료일로부터 1년을 초과하여 상환하기로 합의하더라도 유동부채로 분류한다.
② 보고기간종료일로부터 1년 이내에 상환기일이 도래하는 채무는 기존의 차입약정에 따라 보고기간종료일로부터 1년을 초과하여 상환할 수 있고 기업이 그러한 의도가 있음에도 유동부채로 분류한다.
③ 자본잉여금은 주식발행초과금과 기타자본잉여금으로 구분하여 표시한다.
④ 이익잉여금은 법정적립금, 임의적립금 및 미처분이익잉여금(또는 미처리결손금)으로 구분하여 표시한다.

03 다음 중 유동성배열법에 의한 재무상태표 작성 시 가장 나중에 배열되는 항목은?

① 상 품
② 단기대여금
③ 임차보증금
④ 선납세금

04 다음 중 사채에 대한 설명으로 옳은 것은?

① 시장이자율이 액면이자율보다 높다면 할증발행된다.
② 시장이자율이 액면이자율보다 낮다면 할인발행된다.
③ 사채를 할인발행하는 경우 보통예금에 유입되는 금액은 액면가액과 동일하다.
④ 사채 발행 유형에 관계없이 액면이자액은 동일하다.

05 (주)건축은 2020년에 (주)한국의 사옥을 신축하기로 계약하였다. 총공사계약금은 10,000,000원이며, 공사가 완료된 2022년까지 (주)한국의 사옥 신축공사와 관련된 자료는 다음과 같다. (주)건축이 진행기준에 따라 수익을 인식할 경우 2022년에 인식하여야 할 공사수익은 얼마인가?

구 분	2020년	2021년	2022년
당기발생공사원가	1,000,000원	5,000,000원	2,000,000원
추가소요추정원가	6,500,000원	1,500,000원	–

① 2,000,000원
② 2,200,000원
③ 2,500,000원
④ 10,000,000원

06 다음 중 원가의 사용 목적에 따른 분류로서 가장 적합하지 않은 것은?

① 원가계산 시점 : 실제원가, 예정원가
② 제품과의 관련성 : 직접원가, 간접원가
③ 조업도 변화에 의한 원가행태 : 순수변동비, 준변동비, 준고정비
④ 경제적 효익 : 제품원가, 기간원가

07 다음 중 제조간접비의 배부기준을 설정할 때 고려해야 하는 요소 중 가장 합리적이고 우선으로 적용되어야 하는 요소는 무엇인가?

① 원가절감
② 인과관계
③ 예측가능성
④ 부담능력

08 (주)은아의 기초재공품은 150개(완성도 40%), 당기완성품은 400개이며, 기말재공품은 100개(완성도 20%)이다. 선입선출법에 따른 가공비의 완성품환산량은 얼마인가?(다만, 가공비는 공정 전반에 걸쳐 균등하게 투입된다)

① 360단위 ② 480단위
③ 510단위 ④ 570단위

09 다음 자료를 이용하여 가공원가를 계산하면 얼마인가?

- 직접재료원가 : 500,000원
- 직접노무원가 : 1,000,000원
- 고정제조간접원가 : 700,000원
- 변동제조간접원가는 직접노무원가의 80%이다.

① 1,500,000원 ② 2,200,000원
③ 2,500,000원 ④ 3,000,000원

10 (주)정원은 각각 두 개의 제조부문 A1, A2와 보조부문 Z1, Z2를 운영하고 있다. 보조부문의 제조부문에 대한 용역제공 비율은 다음과 같다. Z1의 원가는 830,000원, Z2의 원가는 680,000원일 때 단계배부법에 따른 Z2의 배분 대상 원가는 얼마인가? 단, Z1의 원가를 먼저 배부하는 것으로 가정한다.

사용부문 / 제공부문	제조부문		보조부문	
	A1	A2	Z1	Z2
Z1	50%	40%	0%	10%
Z2	30%	20%	50%	0%

① 228,900원 ② 381,500원
③ 763,000원 ④ 898,000원

11 **다음 중 부가가치세법상 환급과 관련된 설명으로 가장 틀린 것은?**

① 납세지 관할 세무서장은 환급세액을 원칙적으로 확정신고기한이 지난 후 30일 이내에 환급하여야 한다.
② 납세지 관할 세무서장은 조기환급세액이 발생하는 경우 조기환급신고기한이 지난 후 20일 이내에 환급하여야 한다.
③ 조기환급신고는 개인사업자와 법인사업자 구분없이 가능하다.
④ 법인사업자의 예정신고기간의 환급세액은 조기환급 대상에 해당하지 않는 경우 확정신고 시 납부할 세액에서 차감된다.

12 **다음 중 근로소득에 포함되지 않는 것은?**

① 근로를 제공하고 받은 보수
② 주주총회 등 의결기관의 결의에 따라 받은 상여
③ 퇴직함으로써 받은 소득으로 퇴직소득에 속하지 않은 소득
④ 사업주가 종업원을 위하여 직장회식비로 지출한 금액

13 **다음 중 부가가치세법상 간이과세에 대한 설명으로 가장 틀린 것은?**

① 원칙적으로 직전 연도의 공급대가의 합계액이 8,000만원에 미달하는 개인사업자는 간이과세를 적용받는다.
② 원칙적으로 간이과세자 중 해당 과세기간에 대한 공급대가의 합계액이 4,800만원 미만이면 납부의무를 면제한다.
③ 간이과세자가 면세농산물 등을 공급받는 경우 면세농산물 등의 가액에 업종별 공제율을 곱한 금액을 납부세액에서 공제한다.
④ 다른 사업자로부터 세금계산서 등을 발급받은 경우 공급대가의 0.5%를 납부세액에서 공제한다.

14 **다음은 소득세법상 인적공제에 관한 설명이다. 옳지 않은 것은?**

① 기본공제대상 판정에 있어 소득금액 합계액은 종합소득금액, 퇴직소득금액, 양도소득금액을 합하여 판단한다.
② 배우자가 없는 거주자로서 기본공제대상자인 자녀가 있는 경우에도 종합소득금액이 3천만원을 초과하는 경우에는 한부모 추가공제를 적용받을 수 없다.
③ 형제자매의 배우자는 공제대상 부양가족에서 제외한다.
④ 부양기간이 1년 미만인 경우에도 인적공제는 월할계산하지 않는다.

15 부가가치세법상 재화 또는 용역의 공급이 다음과 같을 경우 세금계산서 발급 대상에 해당하는 공급가액의 합계액은 얼마인가?(단, 아래의 금액에 부가가치세는 포함되어있지 않다)

> • 내국신용장에 의한 수출액 : 25,000,000원
> • 외국으로 직수출액 : 15,000,000원
> • 일반과세자의 부동산 임대 용역 : 12,000,000원
> • 일반과세자의 부동산 임대보증금에 대한 간주임대료 : 350,000원
> • 견본품 무상제공(장부가액 : 4,000,000원, 시가 : 5,000,000원)

① 37,000,000원 ② 37,350,000원
③ 42,000,000원 ④ 42,320,000원

실 무 시 험

(주)문래전자(회사코드 : 5099)는 제조 및 도 · 소매업과 부동산임대업을 영위하는 중소기업으로, 당기(9기)의 회계기간은 2022.1.1 ~ 2022.12.31이다. 전산세무회계 수험용 프로그램을 이용하여 다음 물음에 답하시오.

〈 기 본 전 제 〉

> 문제에서 한국채택국제회계기준을 적용하도록 하는 전제조건이 없는 경우 일반기업회계기준을 적용한다.

문제 1 다음 거래를 일반전표입력 메뉴에 추가 입력하시오. (15점)

〈 입력 시 유의사항 〉

> • 일반적인 적요의 입력은 생략하지만, 타계정 대체거래는 적요번호를 선택하여 입력한다.
> • 채권 · 채무와 관련된 거래는 별도의 요구가 없는 한 반드시 기등록되어 있는 거래처코드를 선택하는 방법으로 거래처명을 입력한다.
> • 제조경비는 500번대 계정코드를, 판매비와관리비는 800번대 계정코드를 사용한다.
> • 회계처리과목은 별도제시가 없는 한 등록되어 있는 계정과목 중 가장 적절한 과목으로 한다.

[1] 3월 28일 주주총회에서 현금배당 5,000,000원과 현금배당금액의 10%인 500,000원의 이익준비금 설정을 결정하였다. (3점)

[2] 5월 25일 미지급금으로 계상된 창고 임차료 2,200,000원을 임대인인 (주)제일과 합의하여 임차보증금과 상계하였다. (3점)

[3] 6월 15일 거래처인 (주)신화의 파산으로 외상매출금 34,000,000원의 회수 불가능이 확정되었다. 장부를 조회하여 처리하시오. (3점)

[4] 11월 11일 (주)태양산업으로부터 구매한 상품을 제조부서의 소모품으로 모두 사용하였다. 해당 상품의 구매가는 900,000원, 판매가는 1,200,000원이며, 비용으로 처리한다. (3점)

[5] 11월 30일 당사는 1주당 액면가액 5,000원의 주식 1,000주를 1주당 8,000원에 발행하고 신주발행비 35,000원을 제외한 대금을 보통예금 계좌로 송금받았다. (3점)

문제 2 다음 거래자료를 매입매출전표입력 메뉴에 추가로 입력하시오. (15점)

〈 입력 시 유의사항 〉

- 일반적인 적요의 입력은 생략하지만, 타계정 대체거래는 적요번호를 선택하여 입력한다.
- 별도의 요구가 없는 한 반드시 기등록되어 있는 거래처코드를 선택하는 방법으로 거래처명을 입력한다.
- 제조경비는 500번대 계정코드를, 판매비와관리비는 800번대 계정코드를 사용한다.
- 회계처리 시 계정과목은 별도제시가 없는 한 등록되어 있는 계정과목 중 가장 적절한 과목으로 한다.
- 입력화면 하단의 분개까지 처리하고, 전자세금계산서 및 전자계산서는 전자입력으로 반영한다.

[1] 7월 30일 당사는 신규 취득한 기계장치의 설치비를 (주)경건에 보통예금에서 지급하고 아래의 현금영수증을 수취하였다. (3점)

(주)경건

229-81-12993 민경건
서울특별시 서초구 서초동 11 TEL : 950-8885
홈페이지 http://www.kacpta.or.kr

현금(지출증빙)

구매일자 2022/07/30/12:02 거래번호 : 151

품 명	금 액
기계장치 설치비	300,000원
부가가치세	30,000원
합 계	330,000원

[2] 8월 10일 원재료를 수입하고 인천세관으로부터 수입전자세금계산서(공급가액 2,000,000원, 부가가치세액 200,000원)를 발급받았으며, 부가가치세는 현금으로 지급하였다(단, 원재료에 대한 회계처리는 생략한다). (3점)

[3] 9월 10일 당사의 영업부서에 필요한 실무용 서적을 책방에서 구입하고 다음의 전자계산서를 발급받았으며, 대금은 보통예금에서 이체하였다. (3점)

<table>
<tr><td colspan="5">전자계산서(공급받는자 보관용)</td><td>승인번호</td><td colspan="4">20220910-2038712-00009123</td></tr>
<tr><td rowspan="5">공급자</td><td>사업자등록번호</td><td>750-91-31625</td><td>종사업장번호</td><td></td><td rowspan="5">공급받는자</td><td>사업자등록번호</td><td>132-81-11332</td><td>종사업장번호</td><td></td></tr>
<tr><td>상 호(법인명)</td><td>책 방</td><td>성 명(대표자)</td><td>김현수</td><td>상 호(법인명)</td><td>(주)문래전자</td><td>성 명(대표자)</td><td>김미래</td></tr>
<tr><td>사업장주소</td><td colspan="3">경기도 부천시 신흥로 11</td><td>사업장주소</td><td colspan="3">서울시 강동구 천호대로975</td></tr>
<tr><td>업 태</td><td>도소매</td><td>종 목</td><td>서 적</td><td>업 태</td><td>제조외</td><td>종 목</td><td>컴퓨터외</td></tr>
<tr><td>이메일</td><td colspan="3">book11@naver.com</td><td>이메일</td><td colspan="3">bu@naver.com</td></tr>
<tr><td colspan="2">작성일자</td><td colspan="2">공급가액</td><td colspan="6">수정사유</td></tr>
<tr><td colspan="2">2022.09.10.</td><td colspan="2">220,000원</td><td colspan="6"></td></tr>
<tr><td colspan="2">비 고</td><td colspan="8"></td></tr>
<tr><td>월</td><td>일</td><td>품 목</td><td>규 격</td><td>수 량</td><td>단 가</td><td>공급가액</td><td colspan="3">비 고</td></tr>
<tr><td>09</td><td>10</td><td>영업 실무서</td><td></td><td>2</td><td>110,000원</td><td>220,000원</td><td colspan="3"></td></tr>
<tr><td></td><td></td><td></td><td></td><td></td><td></td><td></td><td colspan="3"></td></tr>
<tr><td colspan="2">합계금액</td><td>현 금</td><td colspan="2">수 표</td><td>어 음</td><td>외상미수금</td><td colspan="3" rowspan="2">이 금액을 영수/청구 함</td></tr>
<tr><td colspan="2">220,000원</td><td></td><td colspan="2"></td><td></td><td></td></tr>
</table>

[4] 9월 13일 구매확인서를 통해 (주)국제에 제품 35,000,000원을 공급하고 영세율전자세금계산서를 발급하였으며, 대금은 전액 외상으로 하였다. (3점)

[5] 9월 20일 제조공장에서 사용하고 있는 화물트럭의 타이어를 구입하고 대금은 법인카드(시민카드)로 결제하였다. (3점)

매출전표

단말기번호	11213692	전표번호	
카드종류	시민카드	거래종류	결제방법
카드번호		신용구매	일시불
회원번호(Card No)		취소 시 원거래일자	
4015-4122-5210-1250			
유효기간	거래일시	품 명	
2025/03/10	2022/09/20		
전표제출		금 액/AMOUNT	150,000
		부가세/VAT	15,000
전표매입사		봉사료/TIPS	
시민카드		합 계/TOTAL	165,000
거래번호		승인번호/(Approval No.)	
210920135		98421147	
가맹점	삼진타이어		
대표자	이삼진	TEL : 031-2122-7580	
가맹점번호	137137	사업자번호	617-18-46610
주소	경기 양주시 고덕로 219		
		서 명	Semusa

문제 3 부가가치세 신고와 관련하여 다음 물음에 답하시오. (10점)

[1] 다음 자료와 유의사항을 토대로 2022년 제2기 확정신고기간의 부동산임대공급가액명세서 및 부가가치세 신고서를 작성하시오. (4점)

층 수	호 수	상 호 (사업자번호)	면적(m^2)	용 도	계약기간	보증금(원)	월세(원)
지상 1층	101	혼맥잔치 (108-11-96301)	330	점 포	2021.07.01 ~ 2023.06.30	40,000,000	2,500,000
지상 2층	201	(주)정선상회 (108-81-61668)	330	사무실	2020.11.01 ~ 2022.10.31 2022.11.01 ~ 2024.10.31	20,000,000	1,800,000

※ 유의사항
- 불러온 데이터는 무시하고, 적용 이자율은 1.2%로 한다.
- (주)정선상회는 2022.11.01 임대차계약을 갱신하였다.
- 월세에 대해서는 정상적으로 세금계산서를 발급하였고, 간주임대료에 대한 부가가치세는 임대인이 부담한다.

[2] 다음 자료를 이용하여 2022년 제1기 확정신고기간(4.1 ~ 6.30)에 대한 부가가치세 신고서를 작성하시오. 단, 부가가치세 신고서 이외의 부속서류 및 과세표준명세 입력은 생략한다. (6점)

구 분	내 역	공급가액	부가가치세	비 고
매출자료	제품매출	50,000,000원	5,000,000원	전자세금계산서 발급
	신용카드로 결제한 상품매출	17,000,000원	1,700,000원	전자세금계산서 미발급
	재화의 직수출	30,000,000원	0원	
	대손확정된 매출채권	1,000,000원	100,000원	대손세액 공제요건 충족(소멸시효완성)
매입자료	원재료 매입	40,000,000원	4,000,000원	전자세금계산서 수취
	원재료 매입	1,040,000원	–	전자계산서 수취, 의제매입세액 공제대상
	법인카드로 구입한 소모품 매입	500,000원	50,000원	세금계산서 미수취, 매입세액 공제요건 충족
	재무팀 업무용 승용차 구입 (5인승, 1,500CC)	17,000,000원	1,700,000원	전자세금계산서 수취
	상품 매입	3,000,000원	300,000원	예정신고 누락분 공급시기에 종이세금계산서를 정상적으로 수취함
기 타	• 부가가치세 신고는 홈택스에서 직접 신고하였다. • 전자세금계산서 발급과 전송은 정상적으로 이뤄졌다. • 이 문제에 한하여 의제매입세액 공제율 4/104를 적용받는 법인(중소기업)으로, 공제액은 공제 한도 내의 금액으로 가정한다. • 세부담 최소화를 가정한다.			

문제 4 다음 결산자료를 입력하여 결산을 완료하시오. (15점)

[1] 당기 중에 취득하여 기말 현재 보유 중인 단기매매증권의 내역은 다음과 같다. 기말 단기매매증권의 평가는 기업회계기준에 따라 처리하기로 한다. (3점)

주식명	주식수	1주당 취득원가	기말 1주당 공정가치
(주)세무	5,000주	2,000원	2,500원

[2] 사무실의 화재보험(계약기간 : 2022.08.01 ~ 2023.07.31)을 계약하고 1년치 보험료 1,500,000원을 일시에 전액 지급하였으며, 이를 선급비용으로 회계처리하였다(단, 월할계산할 것). (3점)

[3] 당기 중 현금시재가 부족하여 현금과부족으로 처리했던 225,000원을 결산일에 확인한 결과 내용은 다음과 같았다(단, 기중에 인식된 현금과부족은 적절히 회계처리되었다고 가정하고, 관련 회계처리 날짜는 결산일로 하여 하나의 전표로 입력한다). (3점)

내 용	금 액	비 고
영업부 거래처 과장님 결혼 축의금	200,000원	적절한 계정과목 선택
판매부서 서류 배송(퀵)비 지급액 누락분(간이영수증 수령)	25,000원	적절한 계정과목 선택

[4] 서울은행으로부터 차입한 장기차입금 중 100,000,000원은 2023년 9월 30일에 상환기일이 도래한다. (2점)

[5] 결산일 현재 재고자산을 실사 평가한 결과는 다음과 같다. 관련하여 결산에 반영하시오(각 기말재고자산의 시가와 취득원가는 동일한 것으로 가정한다). (4점)

구 분	취득단가	장부상 기말재고	실사한 기말재고	수량 차이 원인
원재료	1,000원	700개	700개	
제 품	2,500원	550개	550개	
상 품	1,500원	950개	880개	비정상감모

문제 5 2022년 귀속 원천징수자료와 관련하여 다음의 물음에 답하시오. (15점)

[1] 다음은 연구기관에서 근무하는 김기안(사번 : 1)의 급여 내역 및 관련 자료이다. 해당 자료를 이용하여 필요한 수당공제를 등록하고, 12월분 급여자료입력 및 원천징수이행상황신고서를 작성하시오. (5점)

1. 12월 급여명세내역

- 급여항목	- 공제항목
기본급 : 3,500,000원 식대 : 100,000원 자가운전보조금 : 300,000원 [연구기관등]연구보조비 : 200,000원 직책수당 : 600,000원	국민연금 : 184,500원 건강보험 : 140,630원 장기요양보험 : 16,200원 고용보험 : 33,600원 소득세 : 237,660원 지방소득세 : 23,760원

2. 추가 자료 및 요청 사항
   (1) 12월분 급여지급일은 12월 30일이다.
   (2) 급여항목 내역
   - 식대 : 회사는 근로자에게 별도로 식사 또는 기타 음식물을 제공하지 않는다.
   - 자가운전보조금 : 직원 단독 명의의 차량을 소유하고 있고, 그 차량을 업무수행에 이용하고 있다. 또한, 시내교통비를 별도로 지급하고 있지 않다.
   - 당사는 연구기관 등(연구보조비)의 법적 요건을 충족하며, 연구보조비는 비과세요건을 충족한다.
3. 공제항목 내역 : 불러온 데이터는 무시하고 직접 작성한다.
4. 수당공제등록
   (1) 수당등록은 모두 월정액 "여"로 체크하고, 사용하는 수당 이외의 항목은 "부"로 체크하기로 한다.
   (2) 공제등록은 그대로 둔다.
5. 전월미환급세액 20만원이 이월되었다.

[2] 다음은 박대박(사번 : 103) 사원의 연말정산 관련 자료이다. 아래의 자료와 유의사항을 토대로 연말정산추가자료입력 메뉴의 부양가족 탭을 수정(의료비는 의료비지급명세서 작성)한 뒤, 월세, 주택임차 탭과 연말정산입력 탭(의료비 이외 공제항목)을 입력하시오. (10점)

〈자료 1〉 생계를 같이하는 부양가족 현황

성 명	관 계	연령(만)	비 고
박대박	본 인	37세	무주택 세대주, 총급여 7,000만원
박정우	아버지	62세	복권당첨금 200만원
김유진	어머니	62세	장애인(장애인복지법), 총급여 500만원
서지혜	배우자	39세	일용근로소득 700만원
서민우	처 남	27세	대학원생, 소득 없음
박하나	자 녀	14세	중학생, 소득 없음
박하연	자 녀	5세	미취학 아동, 사업소득금액 200만원

〈자료 2〉 연말정산 관련 자료(국세청 자료로 가정)

항 목	내 용
보험료	• 아버지 : 보장성보험료 80만원(피보험자 : 박정우, 계약자 : 박대박) • 어머니 : 장애인전용보장성보험료 100만원(피보험자 : 김유진, 계약자 : 박대박)
의료비 (국세청)	• 어머니 : 보청기 구입비 100만원, 간병비 70만원 • 배우자 : 질병 치료비(미국 현지 병원에서 치료) 300만원 ※ 실손의료보험금 수령액은 없음
교육비	• 본인 : 대학원 교육비 1,100만원 • 처남 : 대학원 교육비 900만원 • 자녀(박하나) : 교복구입비 70만원, 체험학습비 50만원 • 자녀(박하연) : 영어학원비 100만원 • 어머니 : 장애인 재활교육을 위하여 사회복지시설에 지급하는 특수교육비 300만원
기부금	• 본 인 : 정치자금기부금 15만원 • 처 남 : 사립 대학교 연구비 50만원
월세, 주택임차	• 임대인 : 김창명(760227-1234561) • 주택유형 및 전용면적 : 아파트(84m^2) • 임차인 : 서지혜 • 공동주택가격(기준시가) : 4억원 • 임대차계약서상 주소지(주민등록표등본의 주소지) : 서울시 구로구 구로동 999 • 임대차 계약 기간 : 2021.04.01 ~ 2023.03.31 • 매월 월세액 : 70만원(2022년 총지급액 840만원) • 월세액은 전액 박대박이 납부하였다.

신용카드 등 사용액	• 신용카드 : 2,500만원(아래의 항목이 포함된 금액이다) – 전통시장 사용분 50만원 – 대중교통 이용분 30만원 – 회사경비 사용금액 100만원 – 항공기에서 판매하는 면세물품의 구입비용 150만원 • 현금영수증 : 보청기 구입비 100만원(위 어머니 보청기 구입비용) • 보장성보험료 납부액 80만원(위 아버지 보장성보험료 지출액, 현금영수증 수취분) • 위 신용카드, 현금영수증 사용액은 모두 본인이 지출한 것임

※ 유의사항 : 부양가족의 소득·세액공제 내용 중 박대박이 공제받을 수 있는 내역은 모두 박대박이 공제받는 것으로 한다.

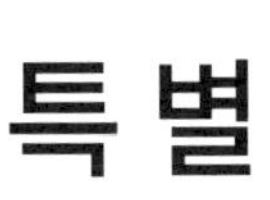

기출특선 26문제
제59회 ~ 제88회

회사선택 : (주)기출zip (회사코드 : 5100) 정답 및 해설 p.141

1 64회 기출문제

2월 28일 당사는 제품 판매 후 3년 이내에 발생하는 하자에 대해서는 무상으로 수리하여 주고 있다. 전기 말에 장기제품보증부채로 계상한 금액은 50,000,000원이고, 당일 제품의 하자보증에 따른 비용으로 7,000,000원이 당좌수표로 지출되었다.

2 64회 기출문제

12월 25일 본사 영업부서에 근무하는 직원인 김정숙씨의 급여명세서를 아래와 같이 확정하고 12월 15일에 가불한 1,000,000원을 차감 후 보통예금에서 지급하였다. 가불 시 '임직원등단기채권' 계정으로 회계처리하였다(공제액은 하나의 계정과목으로 처리한다).

성 명	급 여	상여금	국민연금 등 본인부담액	소득세 등	가불금	차감지급액
김정숙	2,000,000원	800,000원	170,000원	30,000원	1,000,000원	1,600,000원

3 65회 기출문제

7월 19일 거래처인 (주)태영에 대한 외상매출금 22,000,000원을, 금전소비대차계약으로 전환처리하여 36개월간 대여하기로 하였다.

4 67회 기출문제

5월 12일 본사건물에 대한 감가상각비가 전년도에 25,000,000원만큼 과대계상된 오류를 발견하였다. 본 사항은 중대한 오류로 판단된다.

5 67회 기출문제

5월 9일 제품(원가 800,000원, 시가 1,100,000원)을 국군장병 위문금품으로 전달하였다(국군장병 위문금품은 법인세법상 법정기부금에 해당한다).

6 71회 기출문제

11월 18일 (주)우리기공에 대한 장기대여금 11,000,000원이 소멸시효가 완성되어 대손처리를 하였다. 필요한 자료를 조회하여 대손에 관한 회계처리를 하시오.

7 73회 기출문제

7월 30일 주주총회의 승인을 얻어 당사의 보통주 1,000주(주당액면가액 5,000원)를 소각하기 위하여 주당 5,500원에 매입하고 현금을 지급하였다. 취득한 주식은 전액을 즉시 소각하였다(하나의 전표로 입력할 것).

8 78회 기출문제

3월 19일 대표이사 이만수씨로부터 시가 30,000,000원의 업무용차량을 증여받고, 취득세로 2,100,000원을 현금으로 지출하였다(하나의 전표로 처리할 것).

9 78회 기출문제

4월 16일 투자목적으로 비사업자인 홍길동으로부터 건물을 90,000,000원에 매입하고, 대금은 당좌수표로 발행하였다. 취득 시 소요된 취득세 4,000,000원은 보통예금 통장에서 이체하였다(하나의 분개로 처리할 것).

10 78회 기출문제

4월 27일 상환일 현재 사채할인발행차금 3,000,000원이 남아있는 사채(액면가액 50,000,000원) 전액을 62,000,000원에 보통예금 계좌에서 이체하여 중도상환하였다(다른 사채발행은 없으며, 상환기간까지의 이자는 고려하지 아니하고 주어진 자료를 토대로 회계처리할 것).

11 78회 기출문제

6월 25일 당사는 미지급세금으로 처리되어있는 전기분 2기 확정신고기간의 부가가치세 미납세액 1,000,000원을 납부불성실 가산세 50,000원과 함께 법인카드(국민카드)로 납부하였다. 국세카드납부 수수료는 결제대금의 1%로 가정한다(단, 가산세는 세금과공과(판), 카드수수료는 수수료비용(판)으로 하나의 전표에 회계처리할 것).

12 79회 기출문제

4월 5일 전기에 회수불능채권으로 대손처리했던 외상매출금 4,400,000원(부가가치세 포함) 중 절반을 현금 회수하였다(단, 당시 대손요건 충족으로 대손세액 공제를 받은 바 있다).

13 88회 기출문제

3월 24일 회사가 보유하고 있던 매도가능증권(투자자산)을 다음과 같은 조건으로 처분하고 대금은 현금으로 회수하였다(단, 전기의 기말평가는 일반기업회계기준에 따라 처리하였다).

취득가액	시가(전기 12월 31일 현재)	처분가액	비 고
28,000,000원	24,000,000원	26,000,000원	시장성이 있다.

14 59회 기출문제

6월 25일 매입한 원재료 중 원가 600,000원(판매가 880,000원)을 매출처인 (주)영동기업에 접대용으로 제공하였다(단, 매입 시 원재료는 적법하게 매입세액 공제를 받았다).

15 62회 기출문제

4월 15일 광고를 목적으로 (주)컨버스에서 4월 1일 매입한 판촉용 수건에 하자가 있어 일부를 반품하고 수정전자세금계산서(공급가액 −100,000원, 부가가치세 −10,000원)를 교부받고 대금은 미지급금과 상계처리하였다.

16 64회 기출문제

7월 9일 대표이사의 업무용 소형승용자동차(3,300cc)의 주차권을 정성카상사로부터 500,000원(부가가치세 별도)에 현금으로 구입하고, 전자세금계산서를 수취하였다.

17 64회 기출문제

10월 31일 당사는 제품 제조에 사용하던 기계장치를 중국의 (주)베이징에 수출하고, 매각대금은 다음달 말일 받기로 하였다. 매각자산의 당기 감가상각비는 고려하지 않기로 한다.

- 매각대금 : 60,000위안(적용환율 : 1위안당 180원)
- 취득가액 : 20,000,000원
- 전기 말 감가상각누계액 : 12,000,000원

18 65회 기출문제

8월 6일 (주)중앙으로부터 건물을 50,000,000원(부가가치세별도)에 구입하고, 전자세금계산서를 수령하였다. 회사는 자금사정이 어려워 대금지급 대신 보유 중인 자기주식 8,000주(1주당 취득가액 5,000원) 전부를 지급하였고, 부가가치세는 보통예금으로 지급하였다.

19 66회 기출문제

5월 31일 당사는 (주)정석기업이 보유하고 있는 상표권을 10,000,000원(부가가치세 별도)에 취득하고 전자세금계산서를 수취하였으며, 상표권 취득에 대한 대가로 당사의 주식을 1,500주 발행하여 교부하였다. 당사의 주식에 대한 정보는 아래와 같다. 하나의 전표로 입력하시오.

- 주식의 액면가액 : 주당 5,000원
- 주식의 시가 : 주당 10,000원

20 75회 기출문제

9월 23일 업무용 승용차를 (주)파이낸셜코리아로부터 운용리스조건으로 리스하여 영업팀에서 사용하고 발급받은 전자계산서 내역은 다음과 같다(당사는 리스료를 임차료로 분류하며 대금은 다음 달에 지급하기로 함).

전자계산서(공급받는자 보관용)					승인번호	20220923-3420211		
공급자	등록번호	211-86-78437		공급받는자	등록번호	137-81-87797		
	상호(법인명)	(주)파이낸셜	성명(대표자) 박예가		상호(법인명)	(주)기출zip	성명(대표자)	손흥민
	사업장주소	서울 중구 퇴계로 125			사업장주소	경기도 오산시 외삼미로 104-12		
	업태	금융	종목 기타여신금융, 할부금융		업태	제조외	종목	전자제품
	이메일	bmwbest@gmai.com			이메일	cidar@daum.net		

작성일자	공급가액	수정사유	비고
2022-09-23	3,000,000	해당없음	19바3525

월	일	품목	규격	수량	단가	공급가액	비고
09	23	월리스료				3,000,000	

합계금액	현금	수표	어음	외상미수금	이 금액을 (영수/청구) 함
3,000,000				3,000,000	

21 83회 기출문제

9월 30일 공장부지로 사용할 목적으로 토지를 매입하는 과정에서 법무사 수수료 1,000,000원(부가가치세 별도)이 발생되어 당사 발행 1년 만기 약속어음으로 지급하고 종이세금계산서를 수취하였다.

세금계산서(공급받는자 보관용)

공급자	사업자 등록번호	130-01-31761			공급받는자	사업자 등록번호	137-81-87797		
	상 호 (법인명)	장앤김법률 사무소	성 명 (대표자)	장기하		상 호 (법인명)	(주)기출zip	성 명 (대표자)	손흥민
	사업장주소	서울 구로구 안양천로539길 6				사업장주소	경기도 오산시 외삼미로 104-12		
	업 태	서비스	종 목	법무사		업 태	제조외	종 목	전자제품
	이메일	bmwbest@gmai.com				이메일	cidar@daum.net		

작성일자	공급가액	세 액	비 고
2022년 9월 30일	1,000,000	100,000	

월	일	품 목	규 격	수 량	단 가	공급가액	세 액	비 고
9	30	소유권이전등기				1,000,000	100,000	

합계금액	현 금	수 표	어 음	외상미수금	이 금액을 영수/청구 함
1,100,000			1,100,000		

22 87회 기출문제

7월 13일 마케팅 부서의 업무용 차량(5인승 승용차, 2,500cc)을 (주)경기운수에서 35,000,000원(부가가치세 별도)에 취득하면서 전자세금계산서를 수취하였다. 대금은 취득세 2,240,000원과 함께 보통예금에서 지급하였다(하나의 전표로 회계처리하시오).

23 76회 기출문제

11월 21일 직원이 업무용으로 사용하던 자동차를 (주)한강에 판매하기로 계약하고 계약금 5,000,000원을 만기가 3개월인 (주)한강에서 발행한 약속어음으로 수령하였다.

24 87회 기출문제

12월 31일 제2기 확정신고기간의 부가가치세와 관련된 내용이 다음과 같다고 가정한다. 입력된 데이터는 무시하고 12월 31일 부가세예수금과 부가세대급금을 정리하는 회계처리를 하시오(단, 납부세액(또는 환급세액)은 미지급세금(또는 미수금)으로, 경감공제세액은 잡이익으로, 가산세는 세금과공과로 회계처리할 것).

- 부가세대급금 : 12,400,000원
- 부가세예수금 : 8,450,000원
- 전자신고 세액공제액 : 10,000원
- 전자세금계산서 미발급 가산세 : 40,000원

25 66회 기출문제

12월 31일 당사는 재평가모형에 따라 유형자산을 인식하고 있으며, 2016년 12월 31일자로 보유하고 있던 토지에 대한 감정평가를 시행한 결과 다음과 같이 평가액이 산출되어 유형자산재평가익(손)으로 처리하였다.

- 2022년 토지 취득가액 : 455,000,000원
- 2022년 12월 31일자 토지 감정평가액 : 600,000,000원

26 85회 기출문제

12월 31일 아래에 제시된 자료를 토대로 할인발행된 사채의 이자비용에 대한 회계처리를 하시오(단, 전표는 하나로 입력할 것).

- 2022년 귀속 사채의 액면이자는 300,000원으로 12월 31일에 보통예금에서 이체하다.
- 2022년 귀속 사채할인발행차금상각액은 150,254원이다.

좋은 책을 만드는 길
독자님과 함께하겠습니다.

도서나 동영상에 궁금한 점, 아쉬운 점, 만족스러운 점이
있으시다면 어떤 의견이라도 말씀해 주세요.
SD에듀는 독자님의 의견을 모아 더 좋은 책으로 보답하겠습니다.

www.sdedu.co.kr

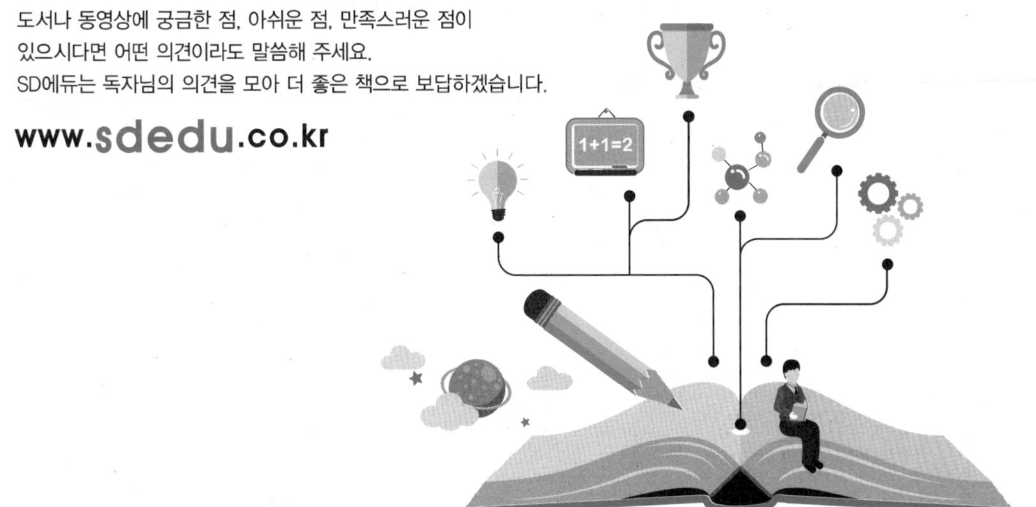

전산세무 2급 한권으로 끝내기

초판1쇄 발행	2022년 7월 5일(인쇄 2022년 5월 31일)
발 행 인	박영일
책 임 편 집	이해욱
편 저	박명희
편 집 진 행	김준일 · 백한강 · 최석진
표 지 디 자 인	조혜령
편 집 디 자 인	장하늬 · 장성복
발 행 처	(주)시대고시기획
출 판 등 록	제10-1521호
주 소	서울시 마포구 큰우물로 75 [도화동 538 성지 B/D] 9F
전 화	1600-3600
팩 스	02-701-8823
홈 페 이 지	www.sdedu.co.kr
I S B N	979-11-383-2320-8 (13320)
정 가	26,000원

SD에듀와 함께하는

합격의 STEP

Step. 1 회계를 처음 접하는 당신을 위한 도서

★☆☆☆☆
회계 입문자

문제은행 방식에 최적화된
hoa 전산회계 운용사 3급(필기)

최신기출과 핵심꿀팁 요약집으로 쉽게 정리한
[기출이 답이다] FAT 2급

진짜 초보도 한 번에 합격하는
hoa 회계관리 2급

자격증, 취업, 실무를 위한 기초 회계 입문서
왕초보 회계원리

Step. 2 회계의 기초를 이해한 당신을 위한 도서

★★☆☆☆
회계 초급자

합격의 핵심이 수록된
전산회계 1급 한권으로 끝내기

자세한 해설로 동영상이 필요 없는
[기출이 답이다] FAT 1급

3주 만에 합격하는
hoa 전산회계 운용사 2급(실기)

문제은행 방식에 최적화된
hoa 전산회계 운용사 2급(필기)

본 도서는 **항균잉크**로 인쇄하였습니다.

한국세무사회 주관 국가공인자격시험

전산세무

이론 + 실무 + 기출문제

한권으로 끝내기 2급

정답 및 해설

PROFILE

◑ 박명희 저자

홍익대학교 경영대학원 세무학 석사

현) 토마토패스 금융 세무회계 강사
현) 아이티고 세무회계 강사
현) ㈜아이비김영 유니스터디 회계학 강사
현) 구로여성인력개발센터 여성가족부 직업훈련강사
현) 이패스코리아 세무회계 강사
전) 국민법률세무교육원 세무회계 강사
전) 한성경상고시학원 세무회계 강사
전) 서울특별시기술교육원 세무회계 강사

토마토패스에서 제공하는 다양한 혜택

1. 기초회계 전강의 6개월 무료수강
2. 전산세무 2급 전강의(이론 + 실무 + 기출) 48시간 무료수강
3. 흡입력 있는 저자직강 명품 유료강의

※ 위 혜택은 도서 구매자에 한하여 제공될 예정이며, 토마토패스의 사정에 따라 변경될 수 있으니 정확한 내용은 토마토패스(www.tomatopass.com)에서 확인하여 주십시오.

SD에듀 도서 및 동영상 강의 문의 1600-3600

책 출간 이후에도 끝까지 최선을 다하는 SD에듀!
도서 출간 이후에 발견되는 오류와 바뀌는 시험정보, 기출문제, 도서 업데이트 자료 등을 홈페이지 자료실 및 시대에듀 합격 스마트 앱을 통해 알려 드리고 있습니다. 또한, 도서가 파본인 경우에는 구입하신 곳에서 교환해 드립니다.

편집진행 김준일 · 백한강 · 최석진 | **표지디자인** 조혜령 | **본문디자인** 장하늬 · 장성복

정답 및 해설편

이론편 정답 및 해설

01 재무회계

빈출 객관식문제 <재무회계 개념체계>

문항	정답	해설
01	③	관리회계에 관한 설명이다.
02	④	특정 시점의 재무상태를 나타내는 보고서는 재무상태표이다.
03	①	재무회계 개념체계에 따른 재무보고의 목적에는 기업 근로자의 근로 성과평가의 유용한 정보의 제공이 해당하지 않는다.
04	③	제조업, 판매업 및 건설업 외의 업종에 속하는 기업이 매출총손익의 구분표시를 생략할 수 있다. (일반기업회계기준 2.45)
05	④	만기보유증권평가손익이 아니라 매도가능증권평가손익을 기타포괄손익누계액으로 표시한다.
06	①	재무제표 항목의 표시나 분류방법이 변경되는 경우에는 당기와 비교하기 위하여 전기의 항목을 재분류하고, 재분류 항목의 내용, 금액 및 재분류가 필요한 이유를 주석으로 기재한다. 다만, 재분류가 실무적으로 불가능한 경우에는 그 이유와 재분류되어야 할 항목의 내용을 주석으로 기재한다.
07	①	재무상태표 : 일정 시점에 기업이 보유하고 있는 자산, 부채, 자본에 대한 정보를 제공한다. 손익계산서 : 일정 기간 동안의 경영성과를 제공하는 보고서이다.
08	③	부채는 과거 사건과의 인과관계가 존재하여야 하므로 단지 예상만으로는 부채를 인식할 수 없다.
09	④	① 재무상태표는 자산, 부채, 자본으로 구성되어 있다. ② 재무상태표는 일정 시점의 기업의 재무상태에 대한 정보를 제공한다. ③ 기타포괄손익누계액은 자본에 표시된다.
10	③	보고기간종료일로부터 1년 이내에 상환기일이 도래하더라도, 기존의 차입약정에 따라 보고기간종료일로부터 1년을 초과하여 상환할 수 있고 기업이 그러한 의도가 있는 경우에는 비유동부채로 분류한다. (기업회계기준 2.25)
11	④	보수주의는 논리적 일관성이 결여되어 이익조작의 가능성이 있다.
12	③	내용연수를 이익조정목적으로 단축하는 것은 회계처리의 오류에 해당한다.
13	①	목적적합성에 대한 내용으로 적시성에 해당한다.
14	③	재무제표는 재무상태표, 손익계산서, 현금흐름표, 자본변동표로 구성되며, 주석을 포함한다.
15	②	계속성의 원칙은 회계처리의 기간별 비교를 위해 필요하다.
16	②	표현의 충실성은 재무정보의 질적특성 중 신뢰성을 갖추기 위한 속성에 해당한다.

17	①	구 분 / 목적적합성 / 신뢰성 ① 자산평가방법 / 시가법 / 원가법 ② 수익인식방법 / 진행기준 / 완성기준 ③ 손익인식방법 / 발생주의 / 현금주의 ④ 재무제표 보고시기 / 분기·반기재무제표 / 결산재무제표
18	①	재무제표는 추정에 의한 측정치를 포함하고 있다. (재무회계 개념체계 87호)
19	②	재무상태표에 나타난 자산과 부채의 가액만으로 기업실체의 가치를 직접 평가할 수 있는 것은 아니지만, 재무상태표는 다른 재무제표와 함께 기업가치의 평가에 유용한 정보를 제공하여야 한다.
20	③	이익잉여금처분계산서는 이익잉여금의 처분사항에 대해서만 표시한다.
21	④	재무제표의 작성과 표시에 대한 책임은 경영자에게 있다.
22	③	소액의 비용을 당기비용으로 처리하는 회계개념은 중요성이다.
23	③	수익의 인식은 실현주의에 의하며, 비용의 인식은 수익비용대응에 의한다.
24	③	중립성이 아닌 검증가능성에 대한 설명이다.
25	②	기업실체의 공준은 회계보고대상으로서의 범위를 결정하는 기준으로서 이에 의하면 개인기업의 경우 기업과 기업주의 가정은 독립적인 실체로 보아 회계처리를 하여야 한다.
26	①	반기별 재무제표의 공시는 외부정보이용자에게 적시에 보고하기 위함이다.
27	①	중소기업 회계처리의 특례기준에 재고자산을 저가법으로 평가하지 않는 기준은 없다.

빈출 분개연습 <재무상태표(당좌자산)>

1	(차) 보통예금	10,000,000	(대) 외상매출금 [(주)나라]	10,000,000
2	(차) 보통예금 외환차손	57,500,000 2,500,000	(대) 외상매출금 [New York]	60,000,000
3	(차) 보통예금 외환차손	110,000,000 10,000,000	(대) 외상매출금 [STAR]	120,000,000
4	(차) 보통예금	10,670,000	(대) 외상매출금 [(주)동남상사]	10,670,000
5	(차) 보통예금 수수료비용(판)	950,000 50,000	(대) 외상매출금 [비씨카드]	1,000,000
6	(차) 부도어음과수표 [광주상사]	2,200,000	(대) 받을어음 [광주상사]	2,200,000
7	(차) 보통예금 매출채권처분손실	29,300,000 700,000	(대) 받을어음 [강서상사]	30,000,000
8	(차) 당좌예금 수수료비용(판)	11,930,000 70,000	(대) 받을어음 [그린(주)]	12,000,000
9	(차) 외상매입금 [(주)진달래]	1,430,000	(대) 받을어음 [(주)대신] 보통예금	1,000,000 430,000
10	(차) 단기대여금 [(주)현대]	5,000,000	(대) 보통예금	5,000,000
11	(차) 보통예금	3,300,000	(대) 단기대여금 [(주)중진상사] 외환차익	3,000,000 300,000
12	(차) 단기매매증권 수수료비용(영)	13,000,000 80,000	(대) 보통예금	13,080,000

13	(차) 미수금 [에스제이(주)] 9,000,000 (대) 단기매매증권 9,500,000 단기매매증권처분손실 500,000
14	(차) 보통예금 14,990,000 (대) 단기매매증권 16,000,000 단기매매증권처분손실 1,055,000 현 금 45,000 ※ 전기 말 단기매매증권의 시가로 평가하므로 장부상 단가는 주당 16,000원이다. (취득 시 단가, 부대비용은 처분 시 회계처리에 영향을 주지 않음)
15	(차) 보통예금 39,970,000 (대) 단기매매증권 30,000,000 단기매매증권처분이익 9,970,000
16	(차) 현 금 800,000 (대) 배당금수익 800,000 ※ 주식배당은 회계처리 하지 않음
17	(차) 전도금 1,000,000 (대) 보통예금 1,000,000
18	(차) 여비교통비(제) 850,000 (대) 가지급금 [정찬호] 700,000 현 금 150,000
19	(차) 여비교통비(판) 150,000 (대) 선급금 500,000 접대비(판) 300,000 현 금 50,000
20	(차) 선급금 [(주)SV전자] 5,000,000 (대) 보통예금 5,000,000
21	(차) 선급금 [(주)지순상사] 2,000,000 (대) 당좌예금 2,000,000
22	(차) 선급금 [(주)팽전자] 7,000,000 (대) 지급어음 [(주)팽전자] 7,000,000 ※ 원재료 매입관련 계약금이므로 어음으로 결제 시 매입채무인 지급어음으로 처리함
23	(차) 보통예금 169,200 (대) 이자수익 200,000 선납세금 30,800
24	(차) 보통예금 30,761,400 (대) 정기적금 30,000,000 선납세금 138,600 이자수익 900,000
25	(차) 단기대여금 [신속전자] 4,700,000 (대) 외상매출금 [신속전자] 4,700,000
26	(차) 보통예금 6,250,000 (대) 단기매매증권 6,400,000* 단기매매증권처분손실 150,000 *처분 500주의 장부가액 (3,960,000원 + 5,000,000원) × 500주/700주 = 6,400,000원
27	(차) 대손충당금(외) 10,000,000 (대) 외상매출금 [강북상사] 33,000,000 대손상각비 23,000,000
28	(차) 대손충당금(단) 9,000,000 (대) 단기대여금 [(주)호주무역] 20,000,000 기타의대손상각비 11,000,000
29	(차) 보통예금 2,000,000 (대) 대손충당금(외) 2,000,000
30	(차) 보통예금 8,800,000 (대) 대손충당금(외) 8,000,000 부가세예수금 800,000
31	(차) 소모품 200,000 (대) 소모품비(판) 200,000
32	(차) 접대비(판) 100,000 (대) 현금과부족 130,000 원재료 30,000
33	(차) 단기매매증권 14,000,000 (대) 단기매매증권평가이익 14,000,000 ※ 기말현재 보유주식은 700주(1,000주 − 300주)이며, 보유단가는 취득단가 100,000원이므로 주당 20,000원 증가하였음
34	(차) 단기매매증권평가손실 500,000 (대) 단기매매증권 500,000

빈출 객관식문제 <재무상태표(당좌자산)>

문 항	정 답	해 설
01	①	당좌차월은 당좌예금 잔액 이상의 수표를 발행하였을 경우 잔액을 초과하여 지불된 부분을 말하는 부채이다.
02	①	담보로 제공된 예금 또는 법적으로 사용이 제한된 예금 등 사용이 제한되어 있는 예금으로서 1년 이내에 해당 제한 사유를 해제하여 예금으로 현금화할 수 있는 경우에는 단기금융상품으로 분류하고 그 제한사유를 주석으로 기재하여야 한다.
03	④	단기대여금은 당좌자산에 속하는 채권으로써 현금및현금성자산으로 분류되지 않는다.
04	③	현금성자산은 현금으로 전환이 용이하고 이자율 변동에 따른 위험이 경미한 금융상품으로서 취득 당시 만기일(또는 상환일)이 3개월 이내인 것을 말한다.
05	②	현금, 자기앞수표, 우편환증서, 취득 당시 만기일이 3개월 이내인 환매조건부 채권이 해당된다.
06	④	선급비용, 선급금, 선수수익, 선수금은 현금이나 다른 금융자산의 수취・지급이 아닌 재화 또는 용역의 수취・제공을 가져오게 되므로 금융상품이 아니다. 금융자산: 현금및현금성자산, 매출채권, 기타채권, 대여금, 유가증권 등 금융부채: 매입채무, 기타채무, 차입금, 사채 등 비금융자산: 선급금, 선급비용, 재고자산, 유・무형자산 등 비금융부채: 선수금, 선수수익, 충당부채 등
07	④	선수수익은 부채항목이다.
08	②	임차보증금은 기타비유동자산이다.
09	③	투자자산, 유형자산, 무형자산은 비유동자산으로 구분한다.
10	③	판매관리비로 비용처리한다.
11	②	12월 1일 회계처리 : (차) 대손충당금 1,000,000 (대) 외상매출금 1,000,000 따라서 회계처리 과정에서 비용으로 인식되는 금액은 없다.
12	③	당기의 공정가치 변동에 따른 공정가치와 장부금액의 차액은 단기매매증권평가이익(또는 손실)으로 인식하여 당기손익(영업외손익)에 반영한다.
13	②	매출채권 이외의 채권은 영업외비용으로 처리한다.
14	④	**〈매각 시〉** (차) 현금 등 9,500,000 (대) 받을어음 10,000,000 매출채권처분손실 500,000 **〈차입 시〉** (차) 현금 등 9,500,000 (대) 차입금 10,000,000 이자비용 500,000
15	④	단기매매증권에 대한 미실현보유손익은 당기손익항목으로 처리한다.
16	④	만기가 확정된 채무증권으로서 상환금액이 확정되었거나 확정이 가능한 채무증권을 만기까지 보유할 적극적인 의도와 능력이 있는 경우에는 만기보유증권으로 분류한다.
17	①	상품권은 그 자체가 매매대상이 아니기 때문에 회계상 유가증권에서 제외된다.
18	③	(130,000원 − 150,000원) × (20주 − 6주) = △280,000원(평가손실)
19	④	처분손실(2,000,000원) = 8,000,000원(처분가액) − 10,000,000원(장부가액)

20	②	• 단기매매증권인 경우 : 수수료비용 50,000원, 단기매매증권평가이익 500,000원(1,000주 × 500원) → 따라서 당기손익은 500,000 − 50,000 = 450,000원 증가함 • 매도가능증권인 경우 : 취득 시 거래비용은 매도가능증권의 취득가액으로 가산하며, 매도가능증권평가이익은 기타포괄손익누계액으로 처리하므로 당기손익에는 영향이 없음 ∴ 따라서 단기매매증권으로 분류되는 경우와 매도가능증권으로 분류되는 경우의 당기손익 차이는 450,000원이 된다.
21	②	유가증권의 취득 시 단가는 특정 가정에 의해 변동되지 않으므로 취득할 때마다 평균단가를 설정하는 이동평균법을 산정하여 사용하는 경우가 많다.
22	②	(1,500주 × 10,000원) − {(500주 × 10,000원) + (1,000주 × 7,000원)} = 3,000,000원 평가이익
23	④	단기매매증권평가손익은 손익계산서항목으로서 당기손익에 반영한다.
24	②	기말 대손충당금 = 기초 대손충당금 − 당기 대손발생액 + 전기 대손금 회수액 + 당기 설정액 210,000원 = 180,000원 − 150,000원 + 10,000원 + 당기 설정액(170,000원)
25	①	(1) 기중 대손처리 : (차) 대손충당금 500,000원 (대) 매출채권 700,000원 대손상각비 200,000원 (2) 기말 추가설정 : (차) 대손상각비 1,000,000원 (대) 대손충당금 1,000,000원 • 기말 대손충당금 잔액 : 500,000원 − 500,000원 + 1,000,000원 = 1,000,000원 • 기말 대손충당금 추가설정 : (100,000,000원 × 2%) − 1,000,000원 = 1,000,000원 → 기중 대손처리액 200,000원 + 기말 추가설정액 1,000,000원 = 대손상각비 1,200,000원
26	①	기말 대손충당금 = 기초 대손충당금 − 당기 대손발생액 + 전기 대손금 회수액 + 당기 설정액 = 18,000원 − 15,000원 + 10,000원 + X = 21,000원 X = 8,000원
27	④	(10,000,000원 × 5%) + (5,000,000원 × 20%) = 1,500,000원

빈출 분개연습 <재무상태표(재고자산)>

01	(차) 원재료	30,000	(대) 보통예금	30,000
02	(차) 기부금	800,000	(대) 제품 [적요 : ❽타계정으로 대체]	800,000
03	(차) 접대비(판)	1,000,000	(대) 원재료 [적요 : ❽타계정으로 대체]	1,000,000
	※ 미가공식료품은 면세이므로 부가세법상 간주공급에 해당되지 않음			
04	(차) 수선비(제)	700,000	(대) 원재료 [적요 : ❽타계정으로 대체]	700,000
05	(차) 복리후생비(제)	100,000	(대) 제품 [적요 : ❽타계정으로 대체]	100,000
06	(차) 기부금	10,000,000	(대) 상품 [적요 : ❽타계정으로 대체]	10,000,000
07	(차) 보통예금	4,900,000	(대) 외상매출금 [일흥기획]	5,000,000
	매출할인(406.제품매출 차감)	100,000		
	※ 10일 이내 결제 시 2% 할인이 되어 4,900,000원 입금됨			
08	(차) 외상매입금 [제일물산]	500,000	(대) 매입환출및에누리(147.상품 차감)	500,000
09	(차) 외상매입금 [동국상사(주)]	8,200,000	(대) 매입환출및에누리(154.원재료 차감)	700,000
			당좌예금	7,500,000
10	(차) 재고자산감모손실	700,000	(대) 제품 [적요 : ❽타계정으로 대체]	700,000

빈출 객관식문제 <재무상태표(재고자산)>

문 항	정 답	해 설
01	④	부동산임대업의 경우 토지나 건물을 임대용으로 보유하고 있으므로 판매목적 재고자산으로 볼 수 없다.
02	③	추가 생산단계에 투입하기 전에 보관이 필요한 경우 이외의 보관비용은 재고자산에 포함할 수 없으며 발생기간의 비용으로 인식하여야 한다.
03	③	당기순매입액 = 매입가액 + 매입부대비용 − 매입환출 및 매입할인 950,000원 = 1,000,000 + 80,000 − 100,000 − 30,000
04	②	도착지 인도조건인 경우에는 상품이 도착된 시점에 소유권이 매입자에게 이전되기 때문에 미착상품은 매입자(판매회사)의 재고자산에 포함되지 않는다.
05	①	매출운임은 판매하는 과정에서 발생되는 판매비용이므로 판매비와관리비인 운반비 계정으로 계상된다.
06	②	판매수수료는 취득원가에 포함되지 않고 판관비로 처리한다.
07	②	적송품은 위탁자의 재고자산에 포함되는 재고자산이다.
08	③	반품률을 합리적으로 추정 가능한 상태로 판매하는 경우에는 판매자의 재고자산에서 제외하고 구매자의 재고자산에 포함한다.
09	④	개별법은 각 재고자산별로 매입원가 또는 제조원가를 결정하는 방법이므로 수익비용대응에 가장 적절한 단위원가 결정방법이다.
10	①	실지재고조사법은 기말재고자산의 수량의 결정방법이다.
11	③	선입선출법에 대한 설명이다.
12	④	원재료를 투입하여 완성할 제품의 시가가 원가보다 높을 때는 저가법을 적용하지 아니한다.
13	③	완성하거나 판매하는데 필요한 원가가 상승한 경우에 시가인 순실현가치(추정판매가 − 추정판매비)는 상승한다.
14	④	기말상품가액은 선입선출법이 이동평균법보다 크게 평가된다.
15	④	시가가 장부가액보다 상승한 경우에는 최초의 장부가액을 초과하지 않는 범위 내에서 평가손실을 환입하고 매출원가에서 차감한다.
16	①	시가가 취득원가보다 하락한 경우 재고자산평가손실로 처리한다.
17	①	재고자산은 이를 판매하여 수익을 인식한 기간에 매출원가로 인식한다. 재고자산의 시가가 장부금액 이하로 하락하여 발생한 평가손실은 재고자산의 차감계정으로 표시하고 매출원가에 가산한다. 재고자산의 장부상 수량과 실제 수량과의 차이에서 발생하는 감모손실의 경우 정상적으로 발생한 감모손실은 매출원가에 가산하고 비정상적으로 발생한 감모손실은 영업외비용으로 분류한다.
18	③	총평균법에 비해 이동평균법이 보다 더 현행원가의 변동을 단가에 민감하게 반영한다.
19	③	후입선출법하에서 물가가 지속적으로 하락 시 선입선출법보다 이익을 크게 계상한다.
20	③	계속기록법하의 평균법을 이동평균법이라 한다.
21	②	①, ③, ④는 재고자산의 감모손실을 나타낸 것이며, ②는 재고자산의 평가손실이다.
22	①	선입선출법은 후입선출법에 비해 기말재고가 현재의 시가에 근접하며 일반적으로 물가상승 시 당기순이익을 과대계상하게 된다.
23	①	선입선출법은 매출은 최근 단가이고 매출원가는 과거의 원가이므로 수익비용대응이 적절하지 않다.

24	①	기말재고가 과소계상되면 순이익이 과소계상되어 이익잉여금이 과소계상되는 효과가 발생한다. 개별법은 원가결정방법 중의 하나이고, 정상적인 감모손실은 매출원가에 포함한다.
25	②	후입선출법은 현행수익에 대하여 현행원가가 대응되므로 기말재고는 과거의 상품원가로 구성된다.
26	②	재고자산 평가손실은 매출원가에 가산한다.
27	②	이동평균법은 계속기록법하에서의 평균법이다.
28	②	후입선출법은 선입선출법에 비해 수익비용대응이 원칙에 부합하며 일반적으로 물가상승 시 당기순이익을 과소계산하여 법인세를 이연하는 효과가 있다.
29	④	기초재고 100,000원 + (당기매입 500,000원 - 미착상품 30,000원) - 기말재고자산(실사액 50,000원 + 시송품 중 고객매입의사 미표시분 20,000원 + 적송품 중 미판매분 40% 40,000원) = 460,000원
30	①	• 매출원가 : 800,000원 × 80%(원가율) = 640,000원 • 장부상 기말재고 : (80,000원 + 1,020,000원) - 640,000원 = 460,000원
31	②	재고자산의 비정상감모손실의 경우에만 영업외비용으로 처리한다.
32	③	매출원가 = 3,000,000 + 2,500,000 - 1,000,000 - 2,000,000 = 2,500,000 2,600,000(매출총이익) = X(매출액) - 2,500,000(매출원가) X(매출액) = 5,100,000원
33	①	(기초재고)30개 × (단가)10원 + (당기매입)50개 × (단가)12원 = (기말재고)80개, 900원
34	②	기초재고액 + 당기순매입액 - 타계정대체 - 기말재고액 = 매출원가 150,000원 + (270,000원 - 50,000원 - 30,000원) - 20,000원 - 30,000원 = 290,000원

빈출 분개연습 <재무상태표(투자자산)>

01	(차) 특정현금과예금	1,700,000	(대) 현 금	1,700,000
02	(차) 투자부동산	92,000,000	(대) 보통예금	80,000,000
			현 금	4,000,000
			미지급금 [(주)제일건업]	8,000,000
03	(차) 장기대여금 [(주)대한]	9,000,000	(대) 보통예금	9,000,000
04	(차) 장기대여금 [RET]	2,000,000	(대) 외화환산이익	2,000,000
05	(차) 장기대여금 [(주)설현]	20,000,000	(대) 외상매출금 [(주)설현]	20,000,000
06	(차) 미수금 [삼진상사]	250,000,000	(대) 투자부동산	200,000,000
			투자자산처분이익	50,000,000
07	(차) 매도가능증권 178	12,050,000	(대) 보통예금	12,050,000
08	(차) 매도가능증권 178	100,000	(대) 매도가능증권평가이익 (기타포괄손익)	100,000
09	(차) 매도가능증권 178	1,500,000	(대) 매도가능증권평가손실 (기타포괄손익)	500,000
			매도가능증권평가이익 (기타포괄손익)	1,000,000

10	(차) 매도가능증권평가이익 (기타포괄손익) 매도가능증권평가손실 (기타포괄손익)	500,000 1,000,000	(대) 매도가능증권 178	1,500,000
11	(차) 현 금 매도가능증권처분손실 (영업외비용)	26,000,000 2,000,000	(대) 매도가능증권 178 매도가능증권평가손실 (기타포괄손익)	24,000,000 4,000,000
12	(차) 만기보유증권 181	1,030,000	(대) 현 금	1,030,000
13	(차) 차량운반구 만기보유증권 181	400,000 600,000	(대) 현 금	1,000,000

빈출 객관식문제 <재무상태표(투자자산)>

문 항	정 답	해 설
01	①	상품권은 회계상 유가증권이 아니다.
02	②	만기보유증권은 채무증권만 해당되고, 단기매매증권평가손익은 당기손익항목으로 처리하며, 지분법적용투자주식은 채무증권이 아니다.
03	③	계정과목명을 단기매매증권으로 분류변경하는 것이 아니라, 만기보유증권(유동자산 124)으로 분류변경한다.
04	③	매도가능증권의 미실현보유손익은 자본항목(기타포괄손익누계액)으로 처리한다.
05	④	지분증권과 만기보유증권으로 분류되지 아니하는 채무증권은 단기매매증권과 매도가능증권 중의 하나로 분류한다.
06	④	매도가능증권은 만기보유증권으로 재분류할 수 있으며, 만기보유증권은 매도가능증권으로 재분류할 수 있다.
07	②	①번 : 유가증권 중 채권은 취득한 후에 단기매매증권, 매도가능증권, 만기보유증권으로 구분할 수 있다. ③번 : 단기매매증권은 공정가치 평가, 만기보유증권은 상각후원가로 평가한다. ④번 : 매도가능증권은 주로 장기투자 목적으로 취득한 유가증권이다.
08	①	만기보유증권이란 만기가 확정된 채무증권으로서 상환금액이 확정되었거나 확정이 가능한 채무증권을 만기까지 보유할 적극적인 의도와 능력이 있는 경우를 말한다.
09	④	만기가 확정된 채무증권으로서 상환금액이 확정되었거나 확정이 가능한 채무증권을 만기까지 보유할 적극적인 의도와 능력이 있는 경우에는 만기보유증권으로 분류한다.
10	②	500주 × (6,000 − 7,000) + (2,000,000 × 500주/1,000주) = 500,000원 처분이익
11	②	• 단기매매증권인 경우 : 수수료비용 70,000원, 단기매매증권평가이익 500,000원(1,000주 × 500원) 따라서 당기손익은 500,000원 − 70,000원 = 430,000원 증가 • 매도가능증권인 경우 : 취득 시 거래비용은 매도가능증권의 취득가액으로 가산하며, 매도가능증권평가이익은 기타포괄손익누계액으로 처리하므로 당기손익에는 영향이 없음 ∴ 따라서 단기매매증권으로 분류되는 경우와 매도가능증권으로 분류되는 경우의 당기손익 차이는 430,000원이 된다.

빈출 분개연습 <재무상태표(유형자산)>

번호	차변	금액	대변	금액
01	(차) 토 지	52,600,000	(대) 현 금	2,600,000
			보통예금	50,000,000
02	(차) 건 물	2,000,000	(대) 보통예금	2,000,000
03	(차) 차량운반구	12,360,000	(대) 당좌예금	12,000,000
			현 금	360,000
04	(차) 건설중인자산	2,200,000	(대) 당좌예금	2,200,000
05	(차) 단기매매증권	200,000	(대) 현 금	1,250,000
	차량운반구	1,050,000		
06	(차) 기계장치	70,000,000	(대) 자산수증이익	70,000,000
07	(차) 토 지	315,000,000	(대) 자산수증이익	300,000,000
			현 금	15,000,000
08	(차) 감가상각누계액(기계장치 차감)	4,500,000	(대) 기계장치	10,000,000
	재해손실	5,500,000		
09	(차) 선급금 [(주)지순상사]	2,000,000	(대) 당좌예금	2,000,000
10	(차) 토 지	308,000,000	(대) 보통예금	257,000,000
			선급금	50,000,000
			현 금	780,000
			예수금	220,000
11	(차) 수선비(제)	1,000,000	(대) 현 금	600,000
			미지급금 [(주)금강]	400,000
12	(차) 수선비(제)	1,000,000	(대) 원재료	1,000,000
			[적요 : ❽타계정으로 대체]	
13	(차) 건 물	200,000,000	(대) 미지급금 [(주)남방건설]	300,000,000
	토 지	100,000,000		
14	(차) 감가상각누계액(차량 차감)	8,499,000	(대) 차량운반구	8,500,000
	현 금	10,000	유형자산처분이익	9,000
15	(차) 토 지	105,000,000	(대) 보통예금	100,000,000
			당좌예금	5,000,000
16	(차) 토지(신)	200,000,000	(대) 토지(구)	120,000,000
			당좌예금	40,000,000
			유형자산처분이익	40,000,000
	※ 이종자산의 교환거래는 제공한 자산의 공정가치로 한다. 단, 본 거래는 제공한 자산의 공정가치가 없으므로 제공받은 자산의 공정가치로 처리한다.			
17	(차) 외상매입금 [(주)부천전자]	15,000,000	(대) 토 지	23,000,000
	보통예금	25,000,000	유형자산처분이익	17,000,000
18	(차) 감가상각누계액(차량 차감)	8,800,000	(대) 차량운반구	12,000,000
	현 금	300,000		
	유형자산처분손실	2,900,000		
19	(차) 보통예금	30,000,000	(대) 정부보조금(보통예금 차감)	30,000,000

20	(차) 감가상각비(제) 정부보조금(기계장치 차감)	1,000,000 1,000,000	(대) 감가상각누계액(기계장치 차감)	2,000,000
21	(차) 토 지	145,000,000	(대) 재평가잉여금(기타포괄손익)	145,000,000
22	(차) 재평가손실(영업외비용)	100,000,000	(대) 토 지	100,000,000

빈출 객관식문제 <재무상태표(유형자산)>

문항	정답	해설
01	④	내용연수는 실제 사용시간이 아니라 예상 사용시간이다.
02	①	차입원가는 기간비용처리함을 원칙으로 한다. 다만 자본화대상자산에 해당될 경우 취득원가에 산입할 수 있다.
03	②	새로운 건물을 신축하기 위하여 사용 중이던 기존건물을 철거하는 경우 기존건물의 장부가액은 제거하여 처분손실로 반영하고, 철거비용은 전액 당기비용(유형자산처분손실)으로 처리한다.
04	③	임차보증금은 기타의 비유동자산으로 분류하고 나머지 자산들은 유형자산으로 분류한다.
05	②	투자목적으로 보유하는 토지는 유형자산이 아닌 투자자산으로 분류된다.
06	②	상표권은 무형자산으로 분류되며 나머지 자산들은 모두 유형자산으로 분류된다.
07	③	보유기간 동안의 지출은 자본적 지출과 수익적 지출로 구분하여 처리한다.
08	②	유형자산의 취득원가는 매입원가 또는 제작원가와 자산을 사용할 수 있도록 준비하는데 직접적으로 관련된 지출 등으로 구성이 된다. 재산세는 취득과 관련되어 발생한 지출이 아니라 보유와 관련된 지출이므로 기간비용으로 처리한다.
09	③	매입할인은 조기결제로 인해 할인받는 금액으로 취득원가에서 차감한다.
10	③	재산세는 당기비용(세금과공과)으로 처리한다.
11	①	이종자산 간의 교환 시에 취득자산의 원가는 제공한 자산의 공정가치로 측정한다.
12	④	감가상각비가 내용연수 동안 매기간 감소하는 방법은 정률법, 연수합계법 등이 있다.
13	②	감가상각대상자산은 토지와 사업에 사용하지 아니하는 것(유휴설비는 감가상각 가능), 건설중인자산, 시간의 경과에 따라 그 가치가 감소되지 아니하는 자산은 제외한다.
14	④	건설중인자산은 완공 시까지 감가상각을 할 수 없는 임시계정이다.
15	①	사용 중인 자산(유휴설비 포함)은 감가상각대상자산이다.
16	④	유형자산의 감가상각방법은 자산의 경제적 효익이 소멸되는 행태를 반영한 합리적인 방법이어야 한다. 절세 등을 고려한 현금흐름은 기준서상의 감가상각방법의 선택기준이 될 수 없다.
17	②	30,000,000원 + 3,700,000원 − 2,100,000원 + 1,400,000원 = 33,000,000원 취득가액
18	④	정률법과 이중체감법, 연수합계법은 모두 가속상각법으로 초기에 비용을 많이 계상하므로 이익이 정액법보다 적게 계상된다.
19	④	비용을 자산으로 계상하게 되면 자산과 당기순이익이 과대계상되고, 자본이 과대계상된다. 현금유출액에는 영향을 미치지 않는다.
20	③	자산계정으로 계상될 항목이 비용계정으로 계상되었으므로 당기순이익이 과소계상된다.
21	④	건물의 도색 등 자산의 현상유지를 위한 지출은 수익적 지출로 처리한다.
22	①	불가피하게 취득한 국공채의 경우에는 매입가액과 공정가치와의 차액이 취득원가에 가산된다.

23	④	• 3차년도 말 감가상각비(정률법) 144,000원 = (1,000,000원 - 400,000원 - 240,000원) × 0.4 • 3차년도 말 감가상각비(연수합계법) 180,000원 = (1,000,000원 - 100,000원) × 3/15 • 3차년도 말 감가상각비(정액법) 180,000원 = (1,000,000원 - 100,000원) × 1/5
24	②	20×2년 : 2,000,000 × 0.1 = 200,000 20×3년 : 1,800,000 × 0.1 = 180,000 380,000
25	④	자산을 비용으로 계상하게 되면 자산과 당기순이익이 과소계상되고, 자본이 과소계상된다. 현금 유출액에는 영향을 미치지 않는다.
26	②	물가변동이 있는 경우에는 잔존가액을 수정하지 아니한다.
27	④	손상차손누계액은 유형자산의 취득가액에서 차감하는 형태로 표시한다.

빈출 분개연습 <재무상태표(무형자산)>

1	(차) 개발비	20,000,000	(대) 보통예금	20,000,000
2	(차) 소프트웨어	50,000,000	(대) 당좌예금	50,000,000
3	(차) 보통예금	20,000,000	(대) 특허권 무형자산처분이익	15,000,000 5,000,000
4	(차) 무형자산손상차손	2,000,000	(대) 특허권	2,000,000
5	(차) 무형자산상각비 ※ 4,800,000원(20×1년 상각 이후 4년간 미상각잔액) ÷ 4년(남은 내용연수) = 1,200,000원	1,200,000	(대) 개발비	1,200,000
6	(차) 무형자산상각비 ※ 3,300,000원(20×1년 상각 이후 3년간 미상각잔액) ÷ 3년(남은 내용연수) = 1,100,000원	1,100,000	(대) 영업권	1,100,000

빈출 객관식문제 <재무상태표(무형자산)>

문항	정답	해설
01	②	무형자산의 상각은 취득원가에 기초한다.
02	②	내부적으로 창출한 영업권은 원가를 신뢰성 있게 측정할 수 없을 뿐만 아니라 기업이 통제하고 있는 식별가능한 자원도 아니기 때문에 자산으로 인식하지 않는다.
03	④	무형자산의 합리적인 상각방법을 정할 수 없는 경우에는 정액법을 사용한다.
04	③	연구비는 무형자산이 아닌 발생한 기간의 비용으로 인식한다. (일반기업회계기준 11.19)
05	①	• 무형자산의 상각대상금액을 내용연수 동안 합리적으로 배분하기 위해 다양한 방법을 사용할 수 있다. 이러한 상각방법에는 정액법, 체감잔액법(정률법 등), 연수합계법, 생산량비례법 등이 있다. 다만, 합리적인 상각방법을 정할 수 없는 경우에는 정액법을 사용한다. • 법적 권리기간과 경제적 내용연수 중 보다 짧은 기간 동안 상각한다. • 내부적으로 창출된 영업권은 무형자산으로 인식할 수 없다. • 개발단계에서 발생한 지출 중 일정한 요건을 충족시키는 경우에만 무형자산으로 인식한다.
06	③	미래 경제적 효익을 창출하기 위하여 발생한 지출이라도 무형자산의 인식기준을 충족하지 못하면 무형자산으로 인식할 수 없다. 그러한 지출은 대부분 내부적으로 영업권을 창출하지만, 내부적으로 창출한 영업권은 원가를 신뢰성 있게 측정할 수 없을 뿐만 아니라 기업이 통제하고 있는 식별가능한 자원도 아니기 때문에 자산으로 인식하지 않는다.

07	②	무형자산을 사용하는 동안 내용연수에 대한 추정이 적절하지 않다는 것이 명백해지는 경우에는 상각기간의 변경이 필요할 수 있다. 이러한 지표가 존재한다면 기업은 종전의 추정치를 재검토해야 하며 최근의 기대와 달라진 경우 잔존가치, 상각방법 또는 상각기간을 변경한다. (일반기업회계기준 11.35, 11.36)
08	②	무형자산의 인식요건은 식별가능성, 통제가능성, 미래 경제적 효익의 유입가능성이다.
09	③	무형자산 내용연수는 법적 내용연수와 경제적 내용연수 중 짧은 기간으로 한다.
10	②	상각은 자산이 사용가능한 때부터 시작한다. (일반기업회계기준 11.26) 무형자산의 공정가치 또는 회수가능액이 증가하더라도 상각은 원가에 기초한다. (일반기업회계기준 11.27) 무형자산의 잔존가치는 없는 것을 원칙으로 한다. (일반기업회계기준 11.33)
11	④	이미 비용으로 인식한 지출은 무형자산의 원가로 인식이 불가능하다.
12	④	제조와 관련된 경우에는 제조원가로 그 밖의 경우에는 판매비와관리비로 처리한다.
13	③	개발비상각액은 제조와 관련 있는 경우에는 관련 제품의 제조원가에 포함시키고, 기타의 경우에는 판매비와관리비로 처리한다.
14	④	무형자산의 상각대상금액을 내용연수 동안 합리적으로 배분하기 위해 다양한 방법을 사용할 수 있다. 이러한 상각방법에는 정액법, 체감잔액법(정률법 등), 연수합계법, 생산량비례법 등이 있다. 다만, 합리적인 상각방법을 정할 수 없는 경우에는 정액법을 사용한다.
15	②	무형자산을 운용하는데 지출되는 취득과 관련된 비용으로 볼 수 없으므로 직원훈련비는 비용(교육훈련비)으로 처리한다.

빈출 분개연습 <재무상태표(기타비유동자산)>

1	(차) 임차보증금 [(주)동국]	15,000,000	(대) 선급금 [(주)동국] 보통예금	5,000,000 10,000,000
2	(차) 임차보증금	200,000,000	(대) 당좌예금	200,000,000
3	(차) 부도어음과수표 [(주)부진전자]	50,000,000	(대) 받을어음 [(주)부진전자]	50,000,000
4	(차) 장기미수금 [(주)만도]	90,000,000	(대) 토 지 유형자산처분이익	50,000,000 40,000,000
5	(차) 장기미수금 [중도물산]	250,000,000	(대) 투자부동산 투자자산처분이익	230,000,000 20,000,000

빈출 분개연습 <재무상태표(유동부채)>

1	(차) 외상매입금 [상신물산]	10,000,000	(대) 보통예금 단기차입금 [상신물산]	5,000,000 5,000,000
2	(차) 선급금 [(주)경일상사]	3,000,000	(대) 지급어음 [(주)경일상사]	3,000,000
3	(차) 교육훈련비(판)	150,000	(대) 미지급금 [삼성카드]	150,000
4	(차) 보통예금	11,000,000	(대) 선수금 [(주)우주상사]	11,000,000
5	(차) 현 금	3,000,000	(대) 선수금	3,000,000
6	(차) 이자비용 보험료(판)	2,000,000 1,000,000	(대) 미지급비용	3,000,000

7	(차) 단기차입금 [뉴욕은행]	13,000,000	(대) 보통예금 외환차익	12,000,000 1,000,000
8	(차) 외상매입금 [소나상사] 외환차손	9,000,000 500,000	(대) 현 금	9,500,000
9	(차) 미지급배당금	7,000,000	(대) 예수금 당좌예금	1,724,800 5,275,200
10	(차) 미지급세금	10,000,000	(대) 미지급금 [비씨카드]	10,000,000
11	(차) 임금(제)	2,000,000	(대) 예수금 보통예금	302,000 1,698,000
12	(차) 예수금	110,000	(대) 보통예금 현 금	100,000 10,000
13	(차) 보통예금	20,000,000	(대) 선수금 [(주)마중]	20,000,000
14	(차) 미지급세금 세금과공과(판) 수수료비용(판)	1,000,000 50,000 10,500	(대) 미지급금 [우리카드]	1,060,500
15	(차) 미수금 [(주)인성]	5,000,000	(대) 선수금 [(주)인성]	5,000,000
16	(차) 단기차입금 [국민은행]	500,000	(대) 외화환산이익	500,000
17	(차) 장기차입금 [신한은행]	60,000,000	(대) 유동성장기부채 [신한은행]	60,000,000
18	(차) 유동성장기부채 [중앙은행]	20,000,000	(대) 장기차입금 [중앙은행]	20,000,000
19	(차) 부가세예수금	36,020,000	(대) 부가세대급금 잡이익 미지급세금	31,945,000 10,000 4,065,000
20	(차) 이자비용	2,000,000	(대) 예수금 현 금	550,000 1,450,000
21	(차) 임대료(영)	600,000	(대) 선수수익	600,000
22	(차) 이자비용	1,300,000	(대) 미지급비용	1,300,000
23	(차) 법인세등	22,000,000	(대) 선납세금 미지급세금	7,053,900 14,946,100
24	(차) 접대비(판)	250,000	(대) 미지급금 [비씨카드]	250,000
25	(차) 미지급금 [(주)로그자동차]	11,000,000	(대) 당좌예금 당좌차월 [국민은행]	5,000,000 6,000,000

빈출 분개연습 <재무상태표(비유동부채)>

1	(차) 외화장기차입금 [공상은행] 이자비용 외환차손	214,000,000 6,600,000 6,000,000	(대) 보통예금	226,600,000
2	(차) 외화환산손실	2,000,000	(대) 외화장기차입금 [외환은행]	2,000,000
3	(차) 보통예금	10,200,000	(대) 사 채 사채할증발행차금	10,000,000 200,000

4	(차) 보통예금 사채할인발행차금	12,000,000 500,000	(대) 사 채 현 금	10,000,000 2,500,000
5	(차) 사 채 사채상환손실	20,000,000 330,000	(대) 보통예금	20,330,000
6	(차) 사 채 사채상환손실	50,000,000 15,000,000	(대) 사채할인발행차금 보통예금	3,000,000 62,000,000
7	(차) 이자비용	450,254	(대) 보통예금 사채할인발행차금	300,000 150,254
8	(차) 퇴직급여(제) 퇴직급여(판) ※ 생산직 : (40,000,000원 × 100%) − 15,000,000원 = 25,000,000원 ※ 사무직 : (20,000,000원 × 100%) − 9,000,000원 = 11,000,000원	25,000,000 11,000,000	(대) 퇴직급여충당부채	36,000,000
9	(차) 퇴직급여(제) 퇴직급여충당부채 ※ 생산직 : (500,000,000원 × 5%) − 5,000,000원 = 20,000,000원 ※ 영업직 : (200,000,000원 × 5%) − 16,000,000원 = −6,000,000원	20,000,000 6,000,000	(대) 퇴직급여충당부채 퇴직급여충당부채환입(판−)	20,000,000 6,000,000
10	(차) 퇴직연금운용자산	150,000	(대) 이자수익	150,000
11	(차) 퇴직급여(제) 퇴직급여(판)	4,000,000 6,000,000	(대) 보통예금	10,000,000
12	(차) 퇴직급여충당부채 퇴직급여(판)	2,000,000 10,000,000	(대) 보통예금 예수금	11,600,000 400,000
13	(차) 장기제품보증부채	7,000,000	(대) 당좌예금	7,000,000

빈출 객관식문제 <재무상태표(비유동부채)>

문 항	정 답	해 설
01	①	선수금은 유동부채로 분류한다.
02	③	사채할증발행차금은 사채의 액면가액에 부가하는 형식으로 기재한다.
03	③	사채가 할인발행되면 매년 인식하는 이자비용은 증가한다.
04	①	사채할인발행차금은 사채의 발행금액이 아니라 액면금액에서 차감하는 형식으로 표기한다.
05	②	사채가 액면발행인 경우에 매년 인식하는 이자비용은 동일하며 할인발행되면 매년 인식하는 이자비용은 증가하고 할증발행되면 매년 인식하는 이자비용은 감소한다.
06	④	사채할인발행차금 및 사채할증발행차금은 사채발행 시부터 최종상환 시까지의 기간에 유효이자율법을 적용하여 상각 또는 환입하고 동 상각 또는 환입액은 사채이자에 가감한다.
07	④	사채 할증발행 시 사채발행비는 사채할증발행금액을 감액시킨다.
08	③	사채할증발행차금 상각액은 매년 증가한다.
09	②	투자자의 입장에서 할증발행의 경우 투자시점에 액면가액보다 높게 구입하는 것이기 때문에 높게 구입된 금액만큼 매년 이자수익에서 분할하여 차감한다. 따라서 인식하는 이자수익은 매년 감소한다.
10	①	유효이자율법에 의해 계산된 사채할인발행차금 상각액은 매기 증가한다.
11	③	충당부채는 거래상대방이 명확하지 않다.

12	③	우발부채는 부채로 인식하지 아니한다. 의무를 이행하기 위하여 자원이 유출될 가능성이 아주 낮지 않는 한, 우발부채를 주석에 기재한다.
13	④	충당부채는 최초의 인식시점에서 의도한 목적과 용도에만 사용하여야 한다. 다른 목적으로 충당부채를 사용하면 상이한 목적을 가진 두 가지 지출의 영향이 적절하게 표시되지 못하기 때문이다.

빈출 분개연습 <재무상태표(자본)>

1	(차) 보통예금	12,000,000	(대) 자본금 주식발행초과금 현 금	10,000,000 1,500,000 500,000
2	(차) 보통예금 주식발행초과금 주식할인발행차금	80,000,000 10,000,000 10,000,000	(대) 자본금	100,000,000
3	(차) 보통예금 주식발행초과금 주식할인발행차금	45,000,000 3,000,000 3,500,000	(대) 자본금 현 금	50,000,000 1,500,000
4	(차) 당좌예금	80,000,000	(대) 자본금 주식발행초과금 주식할인발행차금 현 금	50,000,000 29,000,000 750,000 250,000
5	(차) 자기주식	800,000	(대) 현 금	800,000
6	(차) 보통예금	1,710,000	(대) 자기주식 자기주식처분이익	1,012,500 697,500
7	(차) 보통예금 자기주식처분이익	18,000,000 2,000,000	(대) 자기주식	20,000,000
8	(차) 현 금 자기주식처분이익 자기주식처분손실	240,000 50,000 10,000	(대) 자기주식	300,000
9	(차) 자본금 감자차손	600,000 400,000	(대) 자기주식	1,000,000
10	(차) 자본금	10,000,000	(대) 현 금 감자차익	8,000,000 2,000,000
11	(차) 기타자본잉여금	20,000,000	(대) 자본금	20,000,000
12	(차) 미지급배당금 미교부주식배당금	10,000,000 5,000,000	(대) 현 금 예수금 자본금	8,460,000 1,540,000 5,000,000
13	(차) 보통예금 주식할인발행차금	51,000,000 500,000	(대) 자본금 현 금	50,000,000 1,500,000

빈출 객관식문제 <재무상태표(자본)>

문 항	정 답	해 설
01	③	매도가능증권평가손익은 기타포괄손익누계액의 항목이다.
02	①	자본금은 법정 납입자본금으로서 발행주식수에 발행가액이 아닌 액면가액을 곱한 금액을 말한다.
03	②	감자차익에 대한 설명으로 기업이 주주에게 순자산을 반환하지 않고 주식의 액면금액을 감소시키거나 주식수를 감소시키는 경우에는 감소되는 액면금액 또는 감소되는 주식수에 해당하는 액면금액을 감자차익으로 하여 자본잉여금으로 회계처리한다.
04	②	자본잉여금 항목은 주식발행초과금, 감자차익, 자기주식처분이익임
05	③	주식배당 배당결의일 : (차) 이월이익잉여금 ××× (대) 자본금 ××× 따라서 자본금은 증가하고 이익잉여금은 감소하며 자본총액은 동일하다.
06	④	감자차익은 기타자본잉여금에 포함되며 다른 구성요소는 자본조정에 포함되는 요소이다.
07	①	나와 다는 잉여금의 감소를 초래하면서 동시에 다른 자본항목의 증가를 가져오므로 자본의 증감에 영향이 없다.
08	④	현금배당은 실질자본의 감소를 가져오지만 주식배당은 외부로의 자본유출이 없는 자본 간 대체이므로 실질자본이 불변이다. 또한 이익준비금의 자본전입도 자본항목 간 대체이므로 실질자본이 불변이다. 당기순손실의 인식은 자본의 감소를 가져온다.
09	①	(차) 미처분이익잉여금 20,000,000원 (대) 미지급배당금 15,000,000원 미교부주식배당금 5,000,000원 미처분이익잉여금 감소(−20,000,000원) + 미교부주식배당금 증가(+5,000,000원) = −15,000,000원
10	②	자본잉여금은 자본에 전입함으로써 무상증자를 할 수 있다.
11	③	매도가능증권평가손익은 기타포괄손익누계액으로 분류한다.
12	③	분개시 (차) 현 금 500,000원 (대) 외상매출금 500,000원으로 자산의 감소와 자산의 증가가 동시에 발생되므로 자본에 미치는 영향은 없다.
13	④	이익의 현금배당 시 자산의 감소와 동시에 이익잉여금이 감소된다. (차) 미처분이익잉여금 ××× (대) 현 금 ×××
14	③	주식할인발행차금은 주식발행 연도부터 또는 증자 연도부터 3년 이내의 기간에 매기 균등액을 상각하고 동 상각액은 이익잉여금처분으로 한다. 다만, 처분할 이익잉여금이 부족하거나 결손이 있는 경우에는 차기 이후 연도에 이월하여 상각할 수 있다.
15	②	① 결손보전의 상계처리순서는 기업이 자율적으로 선택하고 있다. ③ 3년간 균등상각하므로 정액법에 의해 상각하고 있다. ④ 이익준비금은 현금배당액에 대해서만 적립한다.
16	②	40,000,000원 + (액면가액 1,000원 × 10,000주) = 50,000,000원 자본금(= 액면가액)
17	①	미교부주식배당금은 자본으로 계상한다.
18	③	자본의 증가는 유상증자(①의 경우), 자기주식의 처분(②의 경우), 현물출자(④의 경우) 등이 있다. 유상감자(③의 경우)의 경우에는 실질적인 자본이 감소하게 된다.
19	②	이익잉여금은 영업활동의 결과 발생한 순이익을 사내에 유보한 금액으로 이익준비금, 임의적립금 등이 있다. 따라서 이익잉여금의 합계는 이익준비금(400,000원) + 임의적립금(150,000원)을 합한 550,000원이다.
20	④	주식배당 후에는 발행주식수가 증가한다.

21	④	자본변동표는 자본의 크기와 그 변동에 관한 정보를 제공하는 재무보고서로서, 자본을 구성하고 있는 자본금, 자본잉여금, 자본조정, 기타포괄손익누계액, 이익잉여금(또는 결손금)의 변동에 대한 포괄적인 정보를 제공하는 수단이지 자본의 구성요소는 아니다.
22	②	(가), (다), (라) : 자본의 변동 없다. (나) 회계처리 : (차) 이월이익잉여금 ××× (대) 현 금 ××× (마) 회계처리 : (차) 자본금 5,000원 (대) 현 금 4,000원 감자차익 1,000원
23	②	이익배당결의와 동시에 현금배당시 현금(자산)의 감소와 동시에 이익잉여금(자본)이 감소된다.
24	④	가와 라는 자본의 변동은 없다. 나는 자본이 증가한다.
25	②	결손금 10,000,000원 중 이익잉여금 보전액 9,000,000원(= 3,000,000원 + 6,000,000원)을 제외한 1,000,000원이 자본잉여금으로 보전될 금액이다.

빈출 분개연습 <손익계산서>

1	(차) 복리후생비(판)	500,000	(대) 미지급금 [부자카드]	500,000
2	(차) 교육훈련비(판)	3,000,000	(대) 예수금 현 금	264,000 2,736,000
3	(차) 광고선전비(판)	3,000,000	(대) 제 품 [적요 : ❽타계정으로 대체]	3,000,000
4	(차) 소모품비(제)	22,000	(대) 현 금	22,000
5	(차) 접대비(제)	500,000	(대) 보통예금	500,000
6	(차) 수수료비용(제)	600,000	(대) 예수금 보통예금	19,800 580,200
7	(차) 세금과공과(판) 세금과공과(제)	700,000 1,200,000	(대) 보통예금	1,900,000
8	(차) 세금과공과(판)	70,500	(대) 보통예금	70,500
9	(차) 보험료(제)	1,500,000	(대) 보통예금	1,500,000
10	(차) 선급비용	800,000	(대) 보통예금	800,000
11	(차) 운반비(판)	300,000	(대) 현 금	300,000
12	(차) 여비교통비(판) 소모품비(판) 복리후생비(판)	25,000 100,000 220,000	(대) 보통예금	345,000
13	(차) 여비교통비(제) 접대비(제) 현 금	150,000 300,000 50,000	(대) 선급금	500,000
14	(차) 세금과공과(판) 수수료비용(판)	120,000 100,000	(대) 현 금	220,000
15	(차) 세금과공과(판) 세금과공과(제)	200,000 100,000	(대) 보통예금	300,000

16	(차) 급여(판) 상여금(판)	2,000,000 800,000	(대) 예수금 임직원등단기채권 [김정숙] 보통예금	200,000 1,000,000 1,600,000
17	(차) 접대비(판)	250,000	(대) 미지급금 [비씨카드]	250,000
18	(차) 전력비(제) 수도광열비(판)	500,000 300,000	(대) 보통예금	800,000
19	(차) 미지급세금 수수료비용(판)	3,000,000 30,000	(대) 미지급금 [국민카드]	3,030,000
20	(차) 세금과공과(판)	500,000	(대) 보통예금	500,000
21	(차) 잡급(제)	300,000	(대) 현 금	300,000
22	(차) 복리후생비(제)	100,000	(대) 제 품 [적요 : ❽타계정으로 대체]	100,000
23	(차) 미지급세금 세금과공과(판)	1,000,000 9,000	(대) 보통예금	1,009,000
24	(차) 예수금 세금과공과(판) 세금과공과(제)	225,000 112,500 112,500	(대) 현 금	450,000
25	(차) 소모품	200,000	(대) 소모품비(판)	200,000
26	(차) 소모품	500,000	(대) 광고선전비(판)	500,000
27	(차) 이자비용	2,000,000	(대) 예수금 현 금	550,000 1,450,000
28	(차) 기부금	10,000,000	(대) 보통예금	10,000,000
29	(차) 기부금	9,000,000	(대) 제 품 [적요 : ❽타계정으로 대체]	9,000,000
30	(차) 수도광열비(판) 가스수도료(제)	350,000 740,000	(대) 보통예금	1,090,000
31	(차) 기계장치	70,000,000	(대) 자산수증이익	70,000,000
32	(차) 차량운반구	32,100,000	(대) 자산수증이익 현 금	30,000,000 2,100,000
33	(차) 외상매입금 [(주)바른]	50,000,000	(대) 당좌예금 채무면제이익	40,000,000 10,000,000
34	(차) 임대료(영)	4,500,000	(대) 선수수익	4,500,000
35	(차) 장기대여금 [RETONA]	3,000,000	(대) 외화환산이익	3,000,000
36	(차) 보통예금 선납세금	86,000 14,000	(대) 이자수익	100,000
37	(차) 현 금	800,000	(대) 배당금수익	800,000

빈출 객관식문제 <손익계산서>

문 항	정 답	해 설
01	②	용역성과를 신뢰성 있게 측정할 수 없다면 수익을 인식하지 않는다.
02	①	용역제공 수익은 진행기준으로 인식한다.
03	④	수익 관련한 비용은 대응하여 인식한다. 즉, 특정 거래와 관련하여 발생한 수익과 비용은 동일한 회계기간에 인식한다. 일반적으로 재화의 인도 이후 예상되는 품질보증비나 기타 비용은 수익인식 시점에 신뢰성 있게 측정할 수 있다. 그러나 관련된 비용을 신뢰성 있게 측정할 수 없다면 수익을 인식할 수 없다. 이 경우에 재화 판매의 대가로 이미 받은 금액은 부채로 인식한다.
04	③	시송품의 수익인식시기는 매입의사표시가 있을 때 한다.
05	④	비용을 자산으로 계상하게 되면 자산과 당기순이익이 과대계상되고, 자본이 과대계상된다. 현금유출액에는 영향을 미치지 않는다.
06	④	현금의 유입 가능성이 매우 높을 때 인식한다.
07	③	진행기준으로 사용하는 판매형태는 예약판매, 용역매출 등이 있다.
08	②	재화의 판매의 인식기준에 해당하지 않는다.
09	①	• 판매비와관리비 : 대손상각비, 건물감가상각비, 임원의 급여 • 영업외비용 : 기부금, 이자비용 • 영업외수익 : 이자수익
10	③	계속사업 영업손익이란 항목은 없다.
11	②	당기 발생한 미지급 자동차보험료를 비용으로 계상하면 당기순이익은 7,000원 감소하고 외상매출금의 보통예금 수령은 당기손익에 영향이 없다.
12	④	매출액에서 매출원가를 차감한 손익은 매출총이익이다.
13	④	상품권의 발행과 관련된 수익은 상품권을 회수하여 재화를 인도하거나 판매한 시점에 인식하고, 상품권 판매 시에는 선수금으로 처리한다.
14	④	단기시세차익 목적으로 보유한 단기매매증권의 평가손실은 영업외비용으로 영업이익에는 영향을 미치지 아니한다.
15	④	자기주식처분손실은 자본조정계정이므로 당기순이익에 영향을 미치지 않는다.
16	③	①번 : 광고제작사 등의 광고제작용역수익은 진행기준에 따라 수익으로 인식한다. ②번 : 수강료는 강의시간 동안 발생기준에 따라 수익으로 인식한다. ④번 : 예술공연 등의 행사에서 발생하는 입장료 수익은 행사가 개최되는 시점에 인식한다.
17	④	중도금 또는 선수금에 기초하여 계산한 진행률은 작업 진행정도를 반영하지 않을 수 있으므로 적절한 진행률로 보지 아니한다.
18	①	위탁판매는 수탁자가 위탁품을 판매하는 시점이다.
19	④	매출채권에 대한 대손상각비는 판관비에 해당하므로 영업손익에 영향을 미친다.
20	②	(차) 이자비용 900,000원 (대) 미지급비용 900,000원의 결산분개가 누락되어 비용 900,000원 및 부채 900,000원이 과소계상되었다.
21	④	영업이익 = 매출액 − 매출원가 − 판매관리비(임직원급여 + 직원회식비 + 광고선전비 + 거래처접대비)

번호	정답	해설
22	③	영업이익 = 매출총이익(매출액 – 매출원가) – 판매비와관리비 손익계산서 → 계 산 1. 매출액 → 20,000,000원 2. 매출원가 → 15,000,000원 3. 매출총이익 → 5,000,000원 4. 판매비와관리비 → 2,100,000원 (급여, 감가상각비, 매출 대손상각비, 접대비) 5. 영업손익 → 2,900,000원
23	②	500,000원 – 200,000원(보험료) = 300,000원(외상매출금의 보통예금 수령은 손익과 무관함)
24	②	기부금은 영업외비용에 해당한다. 영업외비용을 판매비와관리비로 처리하면, 영업이익(매출총이익 – 판매비와 관리비)이 과소계상된다. 하지만 매출총이익(매출 – 매출원가)이나 법인세차감전순이익에는 변화가 없다. 매출원가에 미치는 영향도 없다.
25	①	매출운임은 판매하는 과정에서 발생되는 판매비용이므로 판매비와관리비의 운반비 계정으로 계상된다.
26	③	영업외이익 = 영업외수익 – 영업외비용 영업외수익(외환차익 1,500,000원, 이자수익 400,000원) – 영업외비용(기부금 300,000원, 유형자산처분손실 200,000원) = 영업외이익 1,400,000원
27	④	수정 전 당기순이익 500,000원 선급비용 과소계상 +10,000원 → 비용 과대계상하여 비용 차감(이익 증가) 미수수익 과소계상 +6,000원 → 수익 과소계상하여 수익 가산(이익 증가) 수정 후 당기순이익 516,000원
28	③	올바른 회계처리는 (차) 미수수익 4,000,000원 (대) 임대료 4,000,000원 이다. 따라서 임차료 4,000,000원 비용 과대계상분과 임대료 수익 누락분 4,000,000원을 포함하여 당기순이익이 8,000,000원 과소계상되어 있다.
29	③	매출원가 = 3,000,000 + 2,500,000 1,000,000 – 2,000,000 = 2,500,000 2,600,000(매출총이익) = X(매출액) – 2,500,000(매출원가) X(매출액) = 5,100,000
30	③	경제적 효익의 유입 가능성이 매우 높으면 되므로, 단기간 내에 획득할 것을 전제로 하는 인식조건은 올바른 조건이 아니다.
31	①	20×3년 인식할 공사수익 2,000,000원 = 20×3년 누적공사수익 – 20×2년 누적공사수익 (2) 20×3년 누적공사수익 10,000,000원 • 누적공사진행률 : 누적공사원가 8,000,000원 ÷ 총공사원가 8,000,000원 = 100% • 누적공사수익 : 총공사수익 10,000,000원 × 100% = 10,000,000원 (1) 20×2년 누적공사수익 8,000,000원 • 누적공사진행률 : 누적공사원가 6,000,000원 ÷ 예상총공사원가 7,500,000원 = 80% • 누적공사수익 : 총공사수익 10,000,000원 × 누적공사진행률 80% = 8,000,000원

빈출 분개연습 <회계변경과 오류수정>

1	(차) 보통예금	300,000	(대) 전기오류수정이익 912	300,000
2	(차) 감가상각누계액(건물차감)	25,000,000	(대) 전기오류수정이익 370	25,000,000

빈출 객관식문제 <회계변경과 오류수정>

문 항	정 답	해 설
01	④	세법의 규정을 따르기 위한 회계변경은 정당한 회계변경으로 보지 않는다.
02	③	전기 이전 기간에 발생한 중대한 오류의 수정은 자산, 부채 및 자본의 기초금액에 반영한다.
03	④	회계변경의 속성상 그 효과를 회계정책의 변경효과와 회계추정의 변경효과로 구분하기가 불가능한 경우에는 이를 회계추정의 변경으로 본다.
04	②	세무신고나 상호변경 등은 회계변경 사례에 적합하지 않다.
05	②	유가증권의 단가 산정방법의 변경은 회계정책의 변경에 해당한다.
06	④	회계변경의 속성상 그 효과를 회계정책의 변경효과와 회계추정의 변경효과로 구분하기가 불가능한 경우 이를 회계추정의 변경으로 본다.
07	②	감가상각방법의 변경은 회계추정의 변경에 해당한다.
08	①	대손율의 변경, 감가상각의 변경은 모두 회계추정의 변경이다.
09	③	회계추정 변경의 효과는 당해 회계연도 개시일부터 적용한다.
10	②	소급법은 회계변경의 누적효과를 전기손익수정항목으로 하여 당기초이익잉여금을 수정하는 방법이며, 비교목적으로 공시되는 전기재무제표는 변경된 방법으로 소급하여 재작성한다. 따라서, 전기와 당기재무제표의 회계처리방법이 동일하므로 기간별 비교가능성이 향상되는 반면 전기재무제표의 신뢰성은 감소된다. ④번은 전진법에 관한 설명이다.
11	②	재고자산 단가결정방법의 변경은 회계정책의 변경이고, 나머지는 회계추정의 변경사항이다.
12	①	감가상각비가 과대계상된 경우, 별도의 수정절차를 취하지 않는 한 회계기간이 경과되더라도 발생한 오류가 자동으로 상쇄되지 않는다.
13	②	유가증권 평가방법의 변경의 회계정책의 변경이다.
14	④	오류수정이 아니라 회계추정의 변경이다.
15	④	재고자산 평가방법의 변경은 오류수정이 아닌 회계정책의 변경이다.
16	②	재고자산 평가방법의 변경은 회계변경 중 회계정책의 변경에 해당한다.

02 부가가치세

빈출 객관식문제 <부가가치세 개념>

문항	정답	해설
01	④	부가가치세는 간접세이다.
02	②	우리나라의 부가가치세는 전단계세액공제법, 일반소비세, 국세의 특징이 있다.
03	③	우리나라 부가가치세는 전단계세액공제법을 채택하고 있다.
04	④	역진성의 문제를 해결하기 위하여 면세제도를 도입하고 있다.
05	④	간이과세자란 직전 연도 공급대가의 합계액이 8,000만원에 미달하는 개인사업자를 말한다.
06	③	건설업을 영위하는 법인사업자의 사업장은 법인 등기부상의 소재지로 한다.
07	④	간이과세자는 직전 연도의 공급대가의 합계액이 8,000만원에 미달하는 개인사업자를 말하므로 기준금액의 기준이 공급가액이 아니고 '공급대가(부가세포함)'가 기준금액이 된다.
08	②	과세의 대상이 되는 행위 또는 거래의 귀속이 명의일 뿐이고 사실상 귀속되는 자가 따로 있는 경우에는 사실상 귀속되는 자에 대하여 부가가치세법을 적용한다.
09	③	둘 이상의 사업장이 있는 경우 주사업장총괄납부 신청을 하여 주된 사업장에서 총괄하여 납부할 수 있다.
10	③	사업자는 사업장마다 대통령령으로 정하는 바에 따라 사업개시일부터 20일 이내에 사업장 관할 세무서장에게 사업자등록을 신청하여야 한다. 다만, 신규로 사업을 시작하려는 자는 사업개시일 이전이라도 사업자등록을 신청할 수 있다.
11	③	증여로 인한 사업자 명의 변경은 기존사업장 폐업과 신규사업자 등록사유이다.
12	①	폐업한 사업자의 부가가치세 확정신고기한은 폐업한 날이 속하는 달의 다음 달 25일까지이다.
13	③	주사업장 총괄 납부제도가 아닌, 사업자 단위 과세제도에 대한 설명이다. 사업자등록번호는 사업장마다 관할 세무서장이 부여한다. 다만, 법 제8조 제3항 및 제4항에 따라 사업자 단위로 등록신청을 한 경우에는 사업자 단위 과세 적용 사업장에 한 개의 등록번호를 부여한다.
14	④	사업자 단위 과세 사업자의 경우에는 사업장별로 사업자등록을 하지 아니하고, 사업자의 본점 또는 주사무소에서 사업자등록을 한다.
15	③	법인의 자본금 변동사항은 사업자등록을 정정해야할 사항은 아니고 법인등기부등본만 변경하면 된다.
16	②	1월 20일에 사업을 개시한 경우 최초의 과세기간은 1월 20일부터 6월 30일까지가 된다.
17	④	부가가치세는 사업장 단위로 과세를 하고 있으므로 둘 이상의 사업장이 있는 경우에도 사업장별로 신고・납부하는 것이 원칙이다. 사업자 단위 과세 제도와 주사업장 총괄 납부제도는 특례제도이다.
18	④	① 비사업자는 납세의무가 없음 ② 토지는 면세대상임 ③ 유가증권은 과세대상인 재화가 아님

빈출 객관식문제 <과세대상>

문 항	정 답	해 설
01	③	화폐대용증권(수표・어음 등), 지분증권(주식, 출자지분), 채무증권(회사채, 국공채), 상품권은 과세대상 재화로 보지 않는다.
02	①	조세의 물납은 재화의 공급으로 보지 않는다.
03	③	간주공급에는 면세사업에 전용하는 재화, 영업 외의 용도로 사용하는 개별소비세 과세대상 차량과 그 유지를 위한 재화, 판매 목적으로 다른 사업장에 반출하는 재화, 개인적 공급, 사업을 위한 증여, 폐업 시 남아있는 재화가 해당된다.
04	②	현물출자는 재화의 실질공급에 해당된다.
05	②	특수관계 없는 자에게 용역의 무상공급은 용역의 공급으로 보지 아니하고, 국가 등에 무상으로 공급하는 재화는 면세대상이다.
06	①	용역의 무상공급과 고용관계 근로제공은 과세되지 않으며 또한 용역의 수입도 저장이 불가능하고 형체가 없으므로 과세대상에서 제외된다.
07	①	고용관계에 의하여 근로를 제공하는 경우 부가가치세법상 용역의 공급으로 보지 않는다. 그리고 사업자가 특수관계 있는 자에게 사업용 부동산의 임대용역을 무상공급하는 경우 용역의 공급으로 본다.
08	④	①, ②, ③은 실비변상적이거나 복리후생적인 목적으로 제공해 재화의 공급으로 보지 않는 경우에 해당하며 ④는 재화의 공급으로 간주하는 경우에 해당한다,
09	②	사업자가 자기의 과세사업을 위하여 자기생산・취득재화 중 승용자동차를 고유의 사업목적(판매용, 운수업용 등)에 사용하지 않고 비영업용 또는 업무용(출퇴근용 등)으로 사용하는 경우는 간주공급에 해당한다.
10	①	법률에 따라 조세를 물납하는 것은 재화의 공급으로 보지 아니한다.
11	②	사업자가 실비변상적이거나 복리후생적인 목적으로 그 사용인에게 대가를 받지 않거나 시가보다 낮은 대가를 받고 공급하는 것으로서 아래의 경우는 재화의 공급으로 보지 않는다. - 작업복, 작업모, 작업화의 제공 - 직장체육, 직장연예와 관련된 재화의 제공 - 1인당 연간 10만원 이내의 경조사와 관련된 재화의 제공
12	④	개별소비세 과세대상 자동차가 아닌 사업 관련 트럭에 주유를 무상으로 하는 것은 비영업용 소형승용차가 아니므로 간주공급(자가공급)에 해당되지 않는다.
13	④	화폐 및 화폐대용증권(어음수표), 유가증권(주식, 사채) 등은 재화에 해당하지 않는다.
14	②	판매목적의 타사업장반출에 해당하므로 과세거래에 해당한다.
15	②	토지의 임대는 용역의 공급에 해당하므로 용역의 무상공급은 과세거래에 해당하지 않는다.

빈출 객관식문제 <영세율과 면세>

문항	정답	해설
01	④	영업권만 과세대상 재화이고 나머지는 면세대상 재화에 해당한다.
02	③	직수출하는 재화의 경우에는 세금계산서 발급의무가 면제된다.
03	①	부가가치세법에서는 매출금액에 영의 세율을 적용함으로써 매출단계에서도 부가가치세를 면제받고 전단계 거래에서 부담한 매입세액도 환급받게 되어 부가가치세 부담이 전혀 없게 되는 완전면세 형태인 영세율제도와 그 적용대상이 되는 단계의 부가가치세만을 단순히 면제해 줌으로써 전단계 거래에서는 부가가치세를 부담(매입세액불공제)하게 되는 면세제도가 있다.
04	②	내국신용장 또는 구매확인서에 의하여 공급하는 재화 등은 세금계산서를 발급하여야 한다.
05	④	항공법에 따른 항공기에 의한 여객운송 용역은 과세대상이다.
06	①	식용으로 제공되지 아니하는 농산물로서 미가공된 것은 우리나라에서 생산된 것만 면세한다.
07	④	예술 및 문행사는 부가가치세법상 면세대상 거래에 해당된다.
08	④	토지의 공급은 면세이나, 토지의 임대용역은 과세이다.
09	④	영세율의 적용 대상이 되는 부가가치세 면세 재화는 면세포기 절차에 의해서 영세율을 적용할 수 있다.
10	③	ⓒ 가공식료품은 과세에 해당한다.
11	①	나대지(토지)의 임대는 과세대상이다.
12	③	구매확인서 또는 내국신용장에 의한 재화의 공급은 영세율(0%) 적용대상이다. ①, ②, ④는 부가가치세법에 의한 재화의 공급으로서 적용세율은 10%이다.
13	①	주택에 부수되는 토지의 임대(일정비율)는 면세대상이지만, 상가에 부수되는 토지의 임대는 과세대상이다.
14	④	소비지국과세원칙의 구현은 영세율제도에 해당한다.
15	③	면세포기는 과세기간 중 언제라도 할 수 있으며 승인을 요하지 아니한다.
16	④	수출업자가 타인의 계산으로 대행위탁수출을 하고 받은 수출대행수수료는 세금계산서를 발급하여야 함. 영세율 아닌 일반세율(10%)을 적용한다.
17	③	간이과세자도 기본적으로 영세율을 적용받을 수 있으므로 간이과세를 포기해야만 영세율을 적용받는 것은 아니다.
18	②	면세사업관련 매입세액은 공제받지 못할 매입세액으로 하여 매입원가에 해당한다.
19	①	주택의 임대와 토지의 공급은 면세에 해당한다.
20	③	산후조리원을 운영하고 있는 사업자는 면세사업자에 속한다.
21	③	ⓒ은 면세에 해당된다. 부수재화 및 용역의 공급에 대하여 주된 공급에 흡수되어 주된 재화 및 용역에 따라 과세여부가 결정된다.
22	③	토지의 매매는 면세대상이지만, 토지의 임대(전·답·과수원 등은 제외)는 과세 대상이다.
23	①	도서의 대여는 면세대상이다.
24	③	면세포기는 신청이 아닌 신고에 해당하므로 승인을 요하지 아니한다.
25	③	수출대행수수료는 영세율대상이 아니다.

빈출 객관식문제 <공급시기와 세금계산서>

문 항	정 답	해 설
01	④	거래징수는 공급자에 의해 과세되는 것이므로 공급받는 자가 과세사업자이건 면세사업자이건 상관없이 공급자가 과세사업자라면 거래징수의무를 진다.
02	④	무인판매기를 이용하여 재화를 공급하는 경우 해당 사업자가 무인판매기에서 현금을 꺼내는 때를 재화의 공급시기로 본다.
03	④	상품권 등을 현금으로 판매하고 그 후 그 상품권이 현물과 교환되는 경우의 공급시기는 재화가 실제로 인도되는 때이다.
04	②	재화 또는 용역의 공급시기가 되기 전에 재화 또는 용역에 대한 대가의 전부 또는 일부를 받고, 이와 동시에 그 받은 대가에 대하여 세금계산서를 먼저 발급하면, 그 세금계산서 등을 발급하는 때를 각각 그 재화 또는 용역의 공급시기로 본다.
05	①	상품권 등을 현금 또는 외상으로 판매하고 그 후 해당 상품권 등이 현물과 교환되는 경우에는 재화가 실제로 인도되는 때를 공급시기로 본다.
06	①	기한부판매조건은 그 기한이 지나 판매가 확정되는 때이다.
07	②	위탁가공무역방식의 수출은 외국에서 해당 재화가 인도되는 때이다.
08	④	면세사업자는 재화를 공급하는 경우 계산서를 발급하여야 한다.
09	③	공급연월일은 임의적 기재사항이다.
10	①	외국으로의 직수출과 간주임대료는 세금계산서 발급 면제이고, 견본품의 제공은 재화의 공급으로 보지 아니한다.
11	③	폐업일을 재화의 공급시기로 본다.
12	①	세금계산서는 공급시기에 발급하는 것이 원칙이다.
13	③	월합계세금계산서는 예외적으로 재화 또는 용역의 공급일이 속하는 달의 다음 달 10일까지 세금계산서를 발급할 수 있다.
14	③	세금계산서를 발급하기 어렵거나 또는 발급이 불필요한 경우(대통령령으로 정함)란 노점, 행상, 무인판매기, 미용, 욕탕, 간주공급, 간주임대료, 영세율 적용대상의 재화나 용역 등을 의미한다. 다만, 영세율 적용대상 재화나 용역의 공급이라 할지라도 내국신용장 또는 구매확인서에 의하여 공급하는 재화는 반드시 (영세율)세금계산서를 발급하여야 한다.
15	①	법인사업자는 반드시 전자세금계산서를 발급하여야 하지만, 개인사업자는 일정규모 이상인 개인사업자에 한하여 전자세금계산서 발급의무가 있다.
16	②	사업상 증여의 공급시기는 재화를 증여하는 때, 무인판매기를 이용하여 재화를 공급하는 경우의 공급시기는 무인판매기에서 현금을 인취하는 때, 판매 목적 타사업장 반출 시 공급시기는 해당 재화를 반출하는 때이다.
17	①	법인사업자이며 휴대폰은 과세대상이므로 전자세금계산서 의무발급자에 해당한다.
18	④	면세사업자는 세금계산서를 발급할 수 없다. 또한 간이과세자 중 직전년도 총 공급대가가 4,800만원 이상 8,000만원 미만인 경우에는 세금계산서를 발급해야 한다.
19	③	내국물품 외국반출(직수출) : 수출재화의 선(기)적일이다.
20	③	부가가치세법 시행령 제71조 제1항 5호. 국외제공 용역은 용역을 제공받는 자가 국내에 사업장이 없는 비거주자 또는 외국법인인 경우에 한하여 세금계산서 발급의무가 면제된다.
21	③	도매업이나 소매업은 거래상대방이 세금계산서를 요구하면 발급해야 하므로 면제대상에 해당하지 않는다.

22	①	영세율이 적용되는 경우 내국신용장, 구매확인서에 의하는 경우 영세율세금계산서를 발급하여야 하며, 직수출의 경우 세금계산서 발급이 면제된다.
23	④	공급시기가 속하는 과세기간 종료 후 25일 이내에 내국신용장이 개설된 경우 당초 세금계산서 작성일을 적는다.
24	③	세율을 잘못 적용하여 발급한 경우 : 처음에 발급한 세금계산서의 내용대로 세금계산서를 붉은색 글씨로 쓰거나 음의 표시를 하여 발급하고, 수정하여 발급하는 세금계산서는 검은색 글씨로 작성하여 발급한다.
25	④	항공운송사업 중 여객운송사업은 세금계산서를 발급할 수 없다.
26	③	선(후)불로 받은 임대료의 공급시기는 예정신고기간(과세기간) 종료일이 된다.
27	④	공급시기가 속하는 과세기간의 확정신고기한 이내에 세금계산서를 수취하면 매입세액공제를 받을 수 있다. 다만, 가산세가 적용된다.
28	①	과세표준 또는 세액을 경정할 것을 미리 알고 있는 경우는 제외한다.
29	③	위탁자 명의로 세금계산서 발급하고 비고란에 수탁자의 사업자등록번호 부기
30	②	B와 C가 옳지 않음 B : 장기할부의 경우는 대가의 각 부분을 받기로 한 날이며, 단기할부는 인도일에 세금계산서를 발급한다. C : 월합계세금계산서는 다음 달 10일까지 세금계산서를 발급한다.
31	④	중간지급조건부 거래형태의 공급시기는 각 대가를 받기로 한 때이다.

빈출 객관식문제 <과세표준과 납부세액>

문 항	정 답	해 설
01	①	일반과세자의 과세표준은 공급가액이다.
02	④	공급받는 자에게 도달하기 전에 파손되거나 훼손되거나 멸실한 재화의 가액은 포함하지 않으나 도달한 후에는 공급자의 과세표준에서 차감할 필요가 없다.
03	③	50,000,000 + 3,500,000 + 5,000,000 = 58,500,000 ※ 매출할인액과 대손금 판매장려금은 과세표준에서 공제하지 않는다. ※ 장려물품(현물)과 물품증정은 과세표준에 산입한다.
04	③	주사업장 총괄 납부승인을 받지 아니한 사업장에 대한 반출분에 대하여는 재화의 공급에 해당되어 과세표준에 포함되나, 공급받는 자에게 도달하기 전에 파손된 재화는 과세표준에 포함하지 아니하며, 장려금은 과세표준에서 공제하지 아니한다. (부가가치세법 제29조)
05	①	비반환조건부 용기대금은 과세표준에 포함하여야 한다.
06	④	취득세는 취득 관련 신고 시 지방자치단체에 납부하는 지방세이다.
07	④	대가를 받지 아니하고 특수관계인이 아닌 타인에게 용역을 공급하는 경우 용역의 공급으로 보지 아니한다.
08	③	매입세액 공제를 받은 과세재화를 사업과 관계없이 개인적으로 사용하는 것은 간주공급에 해당되어 시가로 부가가치세를 과세한다.
09	④	공급받는 자에게 도달하기 전에 공급자의 귀책사유로 인하여 파손, 훼손 또는 멸실된 재화의 가액은 공급가액에 포함하지 않는다.
10	③	($2,000 × 1,200) + ($18,000 × 1,300) = 25,800,000원

<table>
<tr><td>11</td><td>③</td><td>대가의 지급지연으로 받는 연체이자는 과세표준에 포함하지 않는다.</td></tr>
<tr><td>12</td><td>③</td><td>제품매출 100,000,000원 + 1,000,000원 = 101,000,000원</td></tr>
<tr><td>13</td><td>④</td><td>• 매출세액 : 1,000,000원
• 매입세액 : 500,000원 - 10,000원 = 490,000원
• 납부세액 : 1,000,000원 - 490,000원 = 510,000원
(비영업용 소형승용차 관련 비용은 매입세액 불공제 사항이다)</td></tr>
<tr><td>14</td><td>①</td><td>매출할인 및 에누리액와 매출환입액은 과세표준의 차감항목이고, 대손금은 과세표준에서 공제하지 않는 금액이다.
과세표준 108,000,000원 = 120,000,000원 - 5,000,000원 - 7,000,000원</td></tr>
<tr><td>15</td><td>②</td><td><table><tr><th>구 분</th><th>근 거</th><th>공급가액</th></tr><tr><td>총매출액</td><td></td><td>1,000,000원</td></tr><tr><td>매출할인</td><td>과세표준에서 차감한다.</td><td>△50,000원</td></tr><tr><td>연체이자</td><td>과세표준에 포함되지 않는다.</td><td>-</td></tr><tr><td>폐업 시 잔존재화</td><td>시가를 공급가액으로 한다.</td><td>400,000원</td></tr><tr><td>과세표준</td><td></td><td>1,350,000원</td></tr></table></td></tr>
<tr><td>16</td><td>③</td><td>자동차판매업의 영업에 직접 사용되는 승용자동차는 매입세액 공제대상이다.</td></tr>
<tr><td>17</td><td>①</td><td>건물은 5%, 그외는 25%를 적용한다.</td></tr>
<tr><td>18</td><td>④</td><td>① 대손세액 공제는 예정신고 시 발생한 경우 확정신고 시 신고하여 적용해야 한다.
② 비영업용 소형승용차의 구입비용, 사업에 직접 사용이 입증된 임차와 유지비용은 매입세액 공제를 받지 못한다.
③ 사업에 직접 사용이 입증된 접대비는 매입세액 공제를 받지 못한다.</td></tr>
<tr><td>19</td><td>①</td><td>재화 또는 용역의 공급시기 이후에 발급받은 세금계산서로서 해당 공급시기가 속하는 과세기간에 대한 확정신고기한까지 발급받은 경우 당해 매입세액은 공제가능하다.</td></tr>
<tr><td>20</td><td>③</td><td>음식업자가 계산서를 받고 면세로 구입한 축산물의 의제매입세액은 공제가능하다.</td></tr>
<tr><td>21</td><td>④</td><td>해당 공통사용재화의 공급가액이 5천만원 이상(공통매입세액 5백만원)인 경우에는 직전 과세기간의 면세공급가액이 총공급가액의 5% 미만이라 하더라도 안분계산한다.</td></tr>
<tr><td>22</td><td>②</td><td>의제매입세액의 공제시기는 면세농산물 등을 공급받은 날이 속하는 예정신고 또는 확정신고 시 매입세액으로 공제된다. 사용하는 날은 틀린 설명이다.</td></tr>
<tr><td>23</td><td>②</td><td>간이과세자(직전 공급대가 4,800만원 미만)로부터 매입한 물품은 매입세액 공제를 받을 수 없다.</td></tr>
<tr><td>24</td><td>①</td><td>접대비 및 이와 유사한 비용과 관련된 매입세액, 면세사업 등에 관련된 매입세액, 사업과 직접 관련이 없는 지출과 관련된 매입세액은 공제하지 아니하는 매입세액에 해당한다.</td></tr>
<tr><td>25</td><td>③</td><td>공급일이 속하는 과세기간 이후의 과세기간에 발급받은 매입세금계산서는 매입세액 공제를 받을 수 없다.</td></tr>
<tr><td>26</td><td>①</td><td>면세비율 5% 이상 증감한 경우는 납부세액(환급세액) 재계산의 요건이다.</td></tr>
<tr><td>27</td><td>①</td><td>사업과 관련되었다 하더라도 세금계산서의 기능을 하지 못하는 간이영수증에 의한 매입세액은 매입세액의 공제가 불가능하다.</td></tr>
<tr><td>28</td><td>④</td><td>직전 과세기간에 누락된 매입세액을 공제받기 위해서는 당해 과세기간에 대한 경정청구에 의하여야 한다.</td></tr>
<tr><td>29</td><td>②</td><td>납부세액 = 매출세액 - 매입세액
매출세액(2,550,000원) = 28,050,000원 × 10/110
매입세액(1,800,000원) = 300,000원 + 1,500,000원 (거래처 선물구입비는 불공제)
납부세액(750,000원) = 매출세액(2,550,000원) - 매입세액(1,800,000원)</td></tr>
</table>

30	④	여객운송업(전세버스운송 사업은 제외)은 공급받는 자가 요구하더라도 세금계산서를 교부하지 않는 업종으로서, 신용카드로 결제하더라도 매입세액 공제를 받을 수 없다.
31	②	어음은 부도발생일로부터 6개월이 지난시점에서 대손세액 공제가 가능하다.
32	①	청과물 도/소매업은 부가가치세 면세사업자이다. 따라서, 면세사업과 관련한 고정자산을 매각한 경우에는 주된 사업이 면세이므로 그 고정자산도 면세분 매출에 해당되어 부가가치세법상 세금계산서 발급 대상은 아니다. 즉, 소득세법상 계산서 발급 대상임에 유의해야 한다.
33	③	확정신고 시에만 납부세액 재계산을 한다.
34	②	조제매출은 면세이나, 일반의약품매출은 과세이므로 공통매입세액을 안분계산해야 한다.

빈출 객관식문제 <신고 및 납부>

문 항	정 답	해 설
01	④	영세율 등 조기환급기간별로 당해 조기환급신고기한 경과 후 15일 이내에 환급해야 한다.
02	④	개인사업자의 경우 휴업 또는 사업 부진으로 인하여 각 예정신고기간의 공급가액 또는 납부세액이 직전 과세기간의 공급가액 또는 납부세액의 1/3에 미달하거나, 조기환급을 받고자 하는 경우에 예정신고납부가 가능하다.
03	④	일반환급은 확정신고기한 경과 후 30일 이내에 환급한다.
04	①	조기환급은 조기환급신고기한 경과 후 15일 이내에 환급한다.
05	①	조기환급의 사유에 해당하지 않는다. (부가가치세법 제24조 ②)
06	①	조기환급신고를 받은 세무서장은 각 조기환급기간별로 당해 조기환급신고기한 경과 후 15일 이내에 사업자에게 환급한다.
07	③	예정신고기간 또는 과세기간 최종 3개월로 구분하여 각각 매월 또는 매 2월에 대하여 조기환급신고를 할 수 있으므로 예정신고기간에 해당하는 20×8년 9월과 과세기간 최종 3개월에 해당하는 20×8년 10월에 대하여 함께 조기환급신고를 할 수 없다.
08	②	조기환급은 신고일로부터 15일 이내에 환급이 되며, 신고서상의 환급세액 전액을 조기에 환급받는 것이며, 예정신고를 조기환급신고한 경우 확정신고를 하지 않는다.
09	②	2월 1일 ~ 28일 → 3월 25일 조기환급신고 → 신고일로부터 15일 이내 환급

빈출 객관식문제 <간이과세자>

문 항	정 답	해 설
01	①	음식점업은 부가가치세법상 간이과세 적용배제 업종에 해당하지 않는다.
02	④	① 직전 연도 재화와 용역의 공급대가의 합계액이 8,000만원에 미달하는 개인사업자이다. ② 세법개정으로 2021년 7월 1일 이후 재화 또는 용역을 공급하는 분부터는 48,000,000원 이상 간이과세자는 세금계산서 발급이 원칙이다. ③ 세법개정으로 2021년 7월 1일 이후부터 48,000,000원 이상 간이과세자는 공급대가의 0.5%에 해당하는 매입세액을 공제할 수 있다.
03	②	간이과세자의 과세기간은 1월 1일부터 12월 31일까지이다.
04	④	부동산임대업으로서 일정한 기준에 해당하는 것만 간이과세 배제대상이다.
05	②	간이과세를 포기하고 일반과세사업자로 신고한 자는 간이과세자를 포기한 날부터 3년이 되는 날이 속하는 과세기간까지는 간이과세자에 대한 규정을 적용받지 못한다.

06	④	간이과세자가 다른 사업자로부터 신용카드매출전표등을 교부받은 경우 신용카드매출전표등에 기재된 공급대가의 0.5%에 해당하는 매입세액을 공제할 수 있다.
07	②	간이과세가 적용되지 아니하는 다른 사업장을 보유하고 있는 사업자는 간이과세자가 될 수 없다.
08	①	간이과세자도 영세율을 적용받을 수 있다.
09	④	일반과세자와 달리 간이과세자는 환급세액이 발생하지 않는다.
10	④	간이과세자의 과세기간에 대한 공급대가의 합계액이 4,800만원 미만인 경우에도 재고납부세액에 대하여는 납부의무가 있다.

03 소득세

빈출 객관식문제 <소득세 개념(소득세 기본개념)>

문 항	정 답	해 설
01	③	소득세법은 종합과세제도와 분류과세제도, 분리과세제도를 통하여 과세된다. 모든 소득을 합산하여 과세하지 않는다.
02	③	소득세의 과세기간은 사업개시나 폐업에 의하여 영향을 받지 않는다.
03	④	퇴직소득과 양도소득은 분류과세한다.
04	①	거주자란 국내에 주소를 두거나 183일 이상의 거소를 둔 개인을 말한다.
05	④	소득세는 단계별 초과누진세율을 적용하여 소득이 많은 개인에게 상대적으로 많은 세금을 납부하게 한다.
06	④	소득세의 과세기간은 1월 1일부터 12월 31일까지 1년으로 한다.
07	③	소득세법은 열거주의 과세방식이나 이자소득이나 배당소득은 유형별 포괄주의를 채택하고 있다.
08	④	소득세는 응능과세제도에 속한다.
09	④	이자소득, 배당소득은 필요경비가 없으며, 근로소득은 소득금액 계산 시 실제로 지출된 필요경비를 대신하여 근로소득공제를 산식으로 공제한다.

빈출 객관식문제 <소득세 개념(소득의 구분)>

문 항	정 답	해 설
01	④	이자소득에는 필요경비가 없으며, 연금소득과 근로소득은 근로소득공제 및 연금소득공제를 일률적으로 공제받는다. 사업소득의 경우 장부를 작성하여 신고하면 실제 지출한 필요경비를 인정받을 수 있다.
02	②	6% 단일세율을 적용한다.
03	③	가. 25% 나. 20% 다. 42%(또는 90%) 라. 6%

04	③	식사를 제공받는 경우 비과세가 적용되지 않는다.
05	②	원천징수되지 않은 이자소득은 금액에 상관없이 종합소득과세표준에 합산된다.
06	④	저축성보험의 보험차익은 이자소득이다.
07	①	연금소득은 2002년 1월 1일 이후에 불입된 연금기여금 및 사용자부담금을 기초로 하거나 2002년 1월 1일 이후 근로의 제공을 기초로 하여 지급받는 연금소득으로 하며, 소득세법 제20조의2 제1항 제4호의2의 규정에 따른 연금소득은 실제로 소득공제를 받은 금액을 기초로 하여 지급받는 연금소득으로 한다.
08	①	①만 배당소득에 해당하고 나머지는 이자소득이다.
09	④	사업자의 은행예금 이자는 이자소득으로 과세된다.
10	②	이자소득의 원천징수세율은 이자소득의 성격에 따라 다르게 적용된다.
11	③	사회통념상 타당하다고 인정되는 범위의 경조금은 근로소득으로 보지 아니한다.
12	④	고용관계 없이 부여받은 주식매수선택권의 행사 또는 퇴사 후에 행사하여 얻은 이익에 대하여는 기타소득으로 과세한다.
13	④	본인차량을 소유하지 않은 임직원에게 지급된 자가운전보조금은 과세대상에 해당한다.
14	②	연차수당은 소득세가 과세되는 근로소득에 해당한다.
15	④	자본잉여금인 주식발행액면초과액은 법인세가 과세되지 않기 때문에 이를 재원으로 한 의제배당은 Gross-up 적용 대상이 아니다.
16	④	• 산업재산권의 대여, 점포임차권의 양도, 영업권의 대여 등은 기타소득에 해당한다. • 공장재단의 대여, 상가의 임대, 사무실용 오피스텔의 임대는 부동산임대 사업소득에 해당한다.
17	③	금융소득이 2천만원 이하인 경우에는 분리과세가 된다.
18	②	근로소득금액과 배당소득금액은 종합과세대상소득이며, 양도소득금액과 퇴직소득금액은 분류과세되는 소득이다.
19	①	잉여금의 처분에 의한 배당소득의 수입시기는 당해 법인의 잉여금 처분결의일이다.
20	③	• 총수입금액 2,000,000원 − 필요경비(60%) 1,200,000원 = 기타소득금액 800,000원 • 원천징수세액 160,000원 = 800,000원 × 20%
21	①	부가가치세법상 매입세액이 불공제된 부가가치세 매입세액은 소득세법상 필요경비에 산입함을 원칙으로 한다.
22	①	이자소득금액 = 총수입금액 사업소득금액 = 총수입금액 − 필요경비 연금소득금액 = 총수입금액 − 연금소득공제 근로소득금액 = 총급여액 − 근로소득공제
23	①	비영업대금의 이익은 25%이다.
24	③	출자임원이 주택을 제공받음으로써 얻는 이익은 근로소득에 해당한다.
25	④	가. 비영업대금의 이익 1,000,000원 × 25% = 250,000원 나. 상장법인의 대주주로서 받은 배당소득 2,500,000원 × 14% = 350,000원 다. 사업소득에 해당하는 봉사료 수입금액 6,000,000원 × 5% = 300,000원 라. 복권 당첨금 1,000,000원 × 20% = 200,000원
26	④	기타소득 중 뇌물 또는 알선수재 및 배임수재에 의하여 받는 금품은 원천징수소득에서 제외한다.
27	①	1주택 소유자의 주거용 건물임대업에서 발생한 총수입금액은 비과세한다.
28	③	① 상품, 제품 또는 그 밖의 생산품의 판매 : 그 상품 등을 인도한 날 ② 무인판매기에 의한 판매 : 당해 사업자가 무인판매기에서 현금을 인출하는 때 ④ 상품 등의 위탁판매 : 수탁자가 그 위탁품을 판매하는 날

29	①	다수순위경쟁 상금의 경우 필요경비 80%를 공제한 기타소득금액(소득의 20%)의 원천징수세율 20%를 과세한다. (X - 0.8X) × 20% = 400,000원, X = 10,000,000원
30	②	복권 당첨금의 소득은 분리과세되며 종합소득에 합산되지 않는다. ① 국외에서 받은 이자소득은 무조건 종합과세대상이다. ② 소득세법상 성실신고대상사업자의 차량매각차익은 2016년부터 종합과세대상이다. ④ 근로소득자의 급여는 종합과세대상소득에 해당한다.
31	③	알선수재 및 배임수재, 뇌물, 계약금이 위약금으로 대체되는 경우에는 원천징수하지 않는다.
32	③	저작자 이외의 자에게 귀속되는 소득은 기타소득이지만 저작자 자신에게 귀속되는 소득은 사업소득이다.
33	①	근로소득도 종합과세대상이다.
34	①	1,300,000원 × 3% = 39,000원
35	②	사업자가 비치·기록한 장부에 의하여 해당 과세기간의 사업소득금액을 계산할 때 발생한 결손금은 그 과세기간의 종합소득과세표준을 계산할 때 근로소득금액 - 연금소득금액 - 기타소득금액 - 이자소득금액 - 배당소득금액에서 순서대로 공제한다.
36	③	부동산임대업(주거용건물임대 제외)에서 발생한 이월결손금은 부동산임대업의 소득금액에서 공제한다.
37	③	비주거용 부동산임대업에서 발생한 결손금은 해당 연도의 다른 소득금액에서 공제할 수 없다.

빈출 객관식문제 <과세표준 및 세액>

문항	정답	해설
01	①	의료비세액공제는 총급여액의 3%를 초과하는 금액이 있을 때 적용받을 수 있다.
02	④	근로소득과 사업소득이 있는 경우 반드시 확정신고 해야 한다.
03	④	기부금세액공제의 경우 근로자만 적용받을 수 있으며, 사업소득이 있는 자는 기부금을 필요경비에 산입할 수 있다. 신용카드등사용금액 소득공제는 근로자에게만 적용된다.
04	①	특별세액공제인 보장성보험료공제는 근로소득자에게만 적용한다.
05	②	금융소득 발생여부와 관련없이 기장세액공제, 재해손실세액공제는 사업소득 또는 부동산임대소득이 있는 경우, 근로소득세액공제는 근로소득이 있는 경우에 적용되는 것이다.
06	④	기부금세액공제는 일정한 사업소득자, 의료비 및 교육비 세액공제는 성실사업자의 경우 세액공제가 가능하다.
07	③	한부모 추가공제는 거주자 본인의 소득금액의 제한이 없다.
08	②	연 12만원이 아니고 연 13만원을 종합소득산출세액에서 공제한다.
09	③	건강증진을 위한 의약품 구입비는 의료비세액공제 대상이 아니다.
10	④	신용카드로 결제한 교복구입비는 신용카드등사용금액 소득공제가 가능하다.

빈출 객관식문제 <신고납부와 징수>

문항	정답	해설
01	④	중간예납 대상자가 중간예납기간의 종료일 현재 그 중간예납기간 종료일까지의 종합소득금액에 대한 소득세액이 중간예납기준액의 100분의 30에 미달하는 경우이다.
02	②	이자소득은 다음 연도 2월 말일이며, 나머지 소득은 다음 연도 3월 10일이다.
03	③	소득세법상 사업자는 사업소득이 있는 거주자로서 업종・규모 등을 기준으로 간편장부대상자와 복식부기의무자로 구분하며, 사업자 중에 복식부기의무자가 과세표준 확정신고 시 재무상태표, 손익계산서와 그 부속서류, 합계잔액시산표 및 조정계산서를 첨부하지 아니하면 무신고로 본다. 따라서 간편장부대상자의 경우에는 간편장부소득금액계산서를 제출하면 된다.
04	②	근로소득은 연말정산으로 종결되고, 퇴직소득은 분류과세되어 종합소득에 합산하지 않으므로 확정신고를 하지 아니하여도 된다.
05	①	기타소득은 원칙적으로 종합소득과세표준에 합산하여 신고한다. 다만, 예외적으로 복권 당첨금 등은 무조건 분리과세가 적용된다.
06	②	해당 과세기간의 기타소득금액이 300만원을 초과하는 경우 종합소득과세표준에 합산하여야 한다.
07	③	이자소득은 소액부징수 규정이 적용되지 않는다.
08	③	두 군데의 근로소득이 있는데 연말정산 시 합산신고하지 않은 경우 종합소득세 확정신고를 하여야 된다.
09	③	사업장현황신고는 부가가치세 신고를 하지 않는 면세사업만 하는 개인 면세사업자가 한다. 과세사업(광고업)과 면세사업(신문발행업)의 겸영사업자의 경우에는 사업장현황신고를 할 필요가 없다.
10	②	국내 정기예금 이자소득은 2천만원 초과인 경우 종합과세하고, 일시적인 강연료 기타소득금액은 300만원 초과인 경우 종합과세한다. ① : 퇴직소득과 양도소득은 종합과세하지 않고, 분류과세한다. ③ : 일용근로소득은 무조건 분리과세하고, 공적연금소득은 다음 해 1월분 연금소득을 지급하는 때에 연말정산 한다. ④ : 근로소득은 종합과세 합산대상 타 소득이 없는 경우 연말정산에 의하여 납세의무가 종결되므로 확정신고를 할 필요가 없고, 복권 당첨금은 무조건 분리과세한다.

04 원가회계

빈출 객관식문제 <원가 기본개념>

문 항	정 답	해 설
01	④	원가회계의 목적은 외부정보이용자를 위한 정보제공 목적이 아니다.
02	③	원가계산은 획일화 되어있는 동일한 원가계산방식에 의하여 계산하지 않는다.
03	②	가공원가는 직접노무비와 제조간접비의 합을 의미한다.
04	②	제조간접비는 변동비와 고정비가 혼합되어 있다.
05	②	토지의 구입은 자산(미상각자산)의 증가이므로 제조원가에는 영향을 주지 않는다.
06	③	가공비는 직접노무비, 제조간접비로 구성된다.
07	②	제품 홍보책자 인쇄비는 판매비및일반관리비에 해당하므로 제품제조원가를 구성하지 않는다.
08	③	기초원가란 직접재료비와 직접노무비의 합을 말한다. 재료비와 노무비는 직접과 간접을 모두 포함하는 원가이므로 적절하지 않은 설명이다.
09	①	과거에 발생한 원가로서 의사결정에 고려되어서는 안되는 원가는 매몰원가이다.
10	②	매몰원가는 미발생하여 현재의 의사결정과는 관련이 없는 원가를 말한다. 기계장치의 장부가액(취득원가 - 감가상각누계액)은 이미 발생하여 사용한 매몰원가이다.
11	②	㉡은 고정비에 대한 그래프이다. 조업도가 증가하면 총원가는 일정하지만 단위당 원가는 감소한다.
12	③	조업도 10개당 포장지 한 개의 원가가 소요되므로 준고정원가에 해당한다.
13	②	조업도가 증가할 때 단위당 원가는 일정하고 총원가는 비례적으로 증가하는 원가는 변동비이다.
14	②	직접비와 간접비는 원가의 추적가능성에 따른 분류 중 하나에 해당한다.
15	②	준변동비에 대한 설명이다. 계단원가는 준고정비라고 한다.
16	④	임차료는 관련범위 내에서 고정비에 해당한다.
17	③	고정원가 단위당 원가는 조업도가 증가할수록 감소하며 감소폭은 줄어든다.
18	④	준고정원가(계단원가)는 관련범위의 조업도 수준에서는 일정한 금액이 발생하지만, 관련범위를 벗어나면 원가총액이 일정액만큼 증가 또는 감소하는 원가를 말한다.
19	③	직접재료비 500 + 직접노무비 300 + 변동제조간접비 90(30 × 3시간)
20	②	혼합비(준변동비)란 고정비와 변동비가 혼합된 원가를 의미하므로, 조업도가 0인 경우에도 일정액이 발생하며 조업도가 증가함에 따라서 총원가가 비례적으로 증가되는 원가를 말한다.
21	④	기초제품재고액은 손익계산서에 표시된다.
22	③	제품의 광고선전비는 판매비및일반관리비에 해당하므로 제품제조원가를 구성하지 않는다.
23	②	생산라인에 직접 투입되지 않는 공장장의 임금은 간접노무비로 분류한다.
24	①	기본원가(직접재료비와 직접노무비)이면서 전환원가(직접노무비와 제조간접비)인 것은 직접노무비이다.
25	③	당기제품제조원가 = 기초재공품재고액 + 당기총제조원가 - 기말재공품재고액
26	①	제조원가의 계산은 원칙적으로 요소별 → 부문별 → 제품별 원가계산의 순서에 따라 행한다.
27	①	기초재공품 + 당기총제조비용 = 기말재공품 + 당기제품제조원가

번호	정답	해설
28	④	기초의 제품원가 계상 오류는 손익계산서의 제품매출원가에 영향을 미치나 당기제품제조원가에는 영향을 미치지 않는다.
29	④	(2,000Kwh − 1,500Kwh) × 50원 = 25,000원
30	④	염색부문 근로자의 임금액은 A제품과 B제품의 공통원가이므로 간접비로 구분된다.
31	①	재무상태표에 반영될 재고자산은 기말원재료와 기말재공품이다. 따라서 가액은 70,000원이다. 손익계산서상 매출원가 계산 시 반영되는 금액은 당기제품제조원가를 의미한다.
32	①	(기초원재료(x) + 당기매입원재료(y)) = (당기사용원재료(1,000,000) + 기말원재료(x + 200,000)) (x + y) = (x + 1,200,000) 따라서 당기매입원재료(y)는 1,200,000원
33	②	3,000 + 10,000 + 6,000 + 4,200 = 20,000 + 1,000 + 700 + 직접재료비 따라서 직접재료비 = 1,500원
34	①	제조간접비는 당기총제조원가의 30% = 6,500,000원 × 30% = 1,950,000원 직접노무비의 75%는 제조간접비 = 1,950,000원 ÷ 75% = 2,600,000원 당기총제조원가 = 직접재료비 + 2,600,000원 + 1,950,000원 = 6,500,000원 직접재료비 = 1,950,000원
35	④	당기총제조원가 = (10,000,000원 + 5,000,000원) × 200% = 30,000,000원 30,000,000원 = 4,000,000원 + 10,000,000원 + 5,000,000원 + x − 5,000,000원 x = 16,000,000원
36	④	매출원가 : 1,100,000원/1.1 = 1,000,000원 제조간접비 = 1,000,000원 − 300,000원 − 200,000원 − 150,000원 + 100,000원 = 450,000원
37	③	당기제품제조원가(350,000원) = 기초재공품(150,000원) + 직접재료비(160,000원) + 직접노무비(100,000원) + 제조간접비(50,000원) − 기말재공품(110,000원) 기말제품재고액 = 기초제품 + 당기제품제조원가 − 제품매출원가 200,000원 = 130,000원 + 350,000원 − 280,000원
38	②	(1) 당기제품제조원가 : (360,000 + 480,000 + 530,000) − 45,000 = 1,325,000원 (2) 기말재고액 : (620,000 + 1,325,000) − 1,350,000 = 595,000원
39	①	당기총제조원가 = x + y + 5,000 당기제품제조원가 = x + y + 15,000 매출원가 = x + y + 35,000

원재료

기 초	5,000	사 용	x + 5,000
당기매입	x	기 말	0
	x + 5,000		x + 5,000

재공품

기 초	10,000	당기제품제조원가	x + y + 15,000
재료비	x + 5,000		
가공비	y	기 말	0
	x + y + 5,000		x + y + 15,000

제 품

기 초	20,000	매출원가	x + y + 35,000
당기제품제조원가	x + y + 15,000	기 말	0
	x + y + 35,000		x + y + 35,000

40	②	판매원가 11,000,000원에서 제조원가 8,000,000원을 차감한 3,000,000원이 판매원가에 포함될 판매비와관리비가 된다.

빈출 객관식문제 <원가배분>

<table>
<tr><th>문 항</th><th>정 답</th><th>해 설</th></tr>
<tr><td>01</td><td>④</td><td>ⓓ - ⓑ - ⓐ - ⓒ</td></tr>
<tr><td>02</td><td>②</td><td>원가배분기준의 적용순서는 인과관계기준을 우선적용하되 인과관계기준을 알 수 없는 경우에는 부담능력기준, 수혜기준 등을 적용한다.</td></tr>
<tr><td>03</td><td>③</td><td>보조부문비의 배부기준은 보조부문비의 발생과 인과관계가 있는 것이어야 한다. 전력부는 전력사용량을 기준으로 배부하는 것이 가장 적절하다.</td></tr>
<tr><td>04</td><td>③</td><td>보기에서 가장 적합한 것은 임대업이므로 임대면적이다.</td></tr>
<tr><td>05</td><td>②</td><td>① 건물관리부문 : 사용면적, ③ 식당부문 : 종업원수, ④ 구매부문 : 주문횟수, 주문수량</td></tr>
<tr><td>06</td><td>①</td><td>비례배부법은 제조간접비 배부차이를 조정하는 방법이다.</td></tr>
<tr><td>07</td><td>③</td><td>직접배부법은 보조부문 상호 간의 용역수수를 완전히 무시하고 배분하는 방법이다.</td></tr>
<tr><td>08</td><td>②</td><td>단계배부법은 보조부문 간의 배부순서에 따라 배부액이 달라진다.</td></tr>
<tr><td>09</td><td>②</td><td>보조부문의 배부순서를 고려해야 하는 것은 단계배부법이다.</td></tr>
<tr><td>10</td><td>①</td><td>직접배부법은 보조부문 간 용역수수관계를 전혀 고려하지 않는 배부방법이다.</td></tr>
<tr><td>11</td><td>④</td><td>상호배분법은 보조부문의 용역수수관계까지 고려한 가장 정확한 방법이지 순이익을 높이기 위한 방법이 아니다.</td></tr>
<tr><td>12</td><td>③</td><td>• 직접배부법 : 보조부문 상호 간 용역수수 완전무시 → 간단, 정확도・신뢰도 가장 낮음
• 단계배부법 : 직접배부법과 상호배부법의 절충
• 상호배부법 : 보조부문 상호 간의 용역수수 완전 인식 → 복잡, 정확도・신뢰도 가장 높음</td></tr>
<tr><td>13</td><td>②</td><td>전력부문에서 절단부문으로 배부된 제조간접비
90,000원 × 150kW/(300kW + 150kW) = 30,000원</td></tr>
<tr><td>14</td><td>①</td><td>• 전력부문이 조립부문에 배분한 금액 = 100,000원 × 80kw/160kw = 50,000원
• 수선부문이 조립부문에 배분한 금액 = 200,000원 × 300시간/500시간 = 120,000원
• 조립부문 총원가 = 50,000원 + 120,000원 + 500,000원 = 670,000원</td></tr>
<tr><td>15</td><td>②</td><td>전력부문부터 배분하므로 전력부분은 관리부문, 조립부문, 절단부문에 모두 배부한다.
관리부문은 전력부문으로 배부받은 20,000원을 포함하여 720,000원을 조립부문(30%/90%)과 절단부문(60%/90%)에만 배부한다.
100,000원 + 240,000원 = 340,000원
<table>
<tr><th>구 분</th><th colspan="2">보조부문</th><th colspan="2">제조부문</th></tr>
<tr><td>배분 전 원가</td><td>전력부문</td><td>관리부문</td><td>조립부문</td><td>절단부문</td></tr>
<tr><td>배분 전 원가</td><td>200,000원</td><td>700,000원</td><td>3,000,000원</td><td>1,500,000원</td></tr>
<tr><td>전력부문 배분율</td><td>−200,000원</td><td>20,000원</td><td>100,000원</td><td>80,000원</td></tr>
<tr><td>관리부문 배분율</td><td></td><td>−720,000원</td><td>240,000원</td><td>480,000원</td></tr>
</table></td></tr>
</table>

<table>
<tr><td>16</td><td>④</td><td>배부해야 할 S1보조부문 변동원가 : (200,000원 × 0.4) + 400,000원 = 480,000원
제조부문 A에 배분해야하는 보조부문 총변동원가 : (200,000원 × 0.2) + (480,000원 × 0.5) = 280,000원
<table><tr><th>구 분</th><th>S1</th><th>S2</th><th>A</th><th>B</th><th>합 계</th></tr><tr><td>배분 전 원가</td><td>400,000원</td><td>200,000원</td><td></td><td></td><td>600,000원</td></tr><tr><td>S1원가배분</td><td>(480,000원)</td><td></td><td>240,000원</td><td>240,000원</td><td>0원</td></tr><tr><td>S2원가배분</td><td>80,000원</td><td>(200,000원)</td><td>40,000원</td><td>80,000원</td><td>0원</td></tr><tr><td>배분 후 원가</td><td>0원</td><td>0원</td><td>280,000원</td><td>320,000원</td><td>600,000원</td></tr></table>※ S2의 서비스 제공비율 0.4 : 0.2 : 0.4
S1의 서비스 제공비율(S2 제공서비스 제외) 0.4 : 0.4</td></tr>
<tr><td>17</td><td>④</td><td>상호배분법에 의한 배분대상 보조부문의 제조간접비는 자기부문의 제조간접원가에 타 보조부문으로부터 배분받은 제조간접비를 합하여 계산한다.</td></tr>
<tr><td>18</td><td>③</td><td>• 변동제조간접원가 = 1,500,000원 × 2,500시간/7,500시간 = 500,000원
• 고정제조간접원가 = 3,000,000원 × 7,000시간/15,000시간 = 1,400,000원
∴ 합계 = 1,900,000원</td></tr>
</table>

빈출 객관식문제 <원가계산(개별원가계산)>

문 항	정 답	해 설
01	①	공정별 원가집계는 종합원가계산에 대한 설명이다.
02	③	개별원가계산의 경우에는 제조간접비의 배분이 매우 중요하다.
03	②	실제개별원가계산에서는 제조간접비를 기말 전에 배부할 수 없으므로 제품원가계산이 지연된다.
04	①	작업원가표는 개별원가계산에 사용되는 방식이다. 완성품환산량, 선입선출법, 가중평균법 등은 모두 종합원가계산과 관련이 있다.
05	②	제조원가가 아니고 제조간접비이다.
06	④	예정제조간접비 배부액 = 개별 제품 등의 실제조업도(실제배분기준) × 제조간접비 예정배부율
07	④	실제조업도가 정상조업도보다 높은 경우에는 실제조업도에 기초하여 고정제조간접원가를 배부함으로써 재고자산이 실제 원가를 반영하도록 한다.
08	②	제조간접비 총액 20,000원 × $\frac{40시간}{500시간}$ = 1,600원
09	③	배부율 = 1,800,000원/6,000,000원 = 30% 배부액 = (8,000,000 − 6,000,000) × 30% = 600,000원
10	④	예정배부율(50원) = 제조간접비예상 ÷ 예정배부기준(예상기계사용시간) 예정배부액(1,845,000원) = 예정배부율(50원) × 실제기계사용시간(36,900시간) 실제발생액(1,650,000원) < 예정배부액(1,845,000원) = 195,000원(과대배부)
11	②	직접노무원가 = 1,200,000원 × 100%/120% = 1,000,000원
12	①	50원/시간당 = {400,000원(실제발생액) + 100,000원(과대배부)} ÷ 10,000시간
13	③	예정배부액 : 5,000시간 × 2,500원 = 12,500,000원 예정배부액이 300,000원 과대배부된 경우라면 실제발생액은 12,200,000원이다.

14	②	제조간접비 예정배부율 = 400,000원/100,000시간 = 4원/시간 제조간접비 예정배부액 = 9,000시간 × 4원/시간 = 36,000 따라서, 실제제조간접비(34,000)에 비해 2,000원 과대배부
15	①	제조간접비 (차변) 실제발생액 / 배부차이 125,000원 | (대변) 예정배부액
16	①	50,000원 × {50,000원 / (30,000원 + 50,000원 + 20,000원)} = 25,000원
17	①	총원가배부법에 의할 경우에 비해 매출원가 배부법에 의할 경우의 매출원가가 400,000원 증가한다. 따라서 매출총이익은 400,000원 감소한다.
18	②	예정배부율 = 예정제조간접원가총액 / 예정배부기준 = 600,000원 ÷ 30,000시간 = @20원 예정배부액 = 실제배부기준 × 예정배부율 = 20,000시간 × @20원 = 400,000원 실제발생제조간접원가 = 예정배부액 + 과소배부차이 = 400,000원 + 30,000원 = 430,000원
19	①	(3,000,000원 ÷ 10,000시간) = 시간당 300원 300원 × 8,000시간 = 2,400,000원 (제조간접비 배부액) 제조원가 7,900,000원 = 1,500,000 + 4,000,000 + 2,400,000
20	④	상기자료에서 제조간접비 배부차이에 해당하는 금액만큼 제조원가에서 가산하게 된다.
21	②	재료비 중에서 간접재료비는 제조간접비를 구성하므로 제조간접비 배부대상이 될 수 있다.
22	④	제조간접비 배부차이의 조정 시 회계처리 방법에는 매출원가조정법, 비례배분법, 영업외손익법이 있다. 따라서 제조간접비 배부차이를 영업외손익으로 처리가 가능하다.

빈출 객관식문제 <원가계산(종합원가계산)>

문 항	정 답	해 설
01	③	실제원가회계는 실제원가가 집계된 회계기말에 실제원가를 기초로 원가를 계산하는 방법이다.
02	③	전화기 제조업은 대량생산하는 업종에 해당한다.
03	①	개별원가는 작업원가계산표에 개별작업의 원가를 집계하여 통제하나, 종합원가는 공정별제조원가보고서에 공정원가를 집계하여 통제한다.
04	①	공정에 투입되어 현재 생산 진행 중에 있는 가공 대상물이 어느 정도 진척되었는가를 나타내는 척도를 '완성도'라 한다.
05	③	다음 공정으로 넘어갈 때의 전공정원가는 전공정에서 원가가 모두 발생한 것이므로 항상 완성도를 100%로 환산한다.
06	①	기초재공품이 없는 경우에는 평균법과 선입선출법의 결과치는 일치한다.
07	④	선입선출법은 당기발생원가만을 완성품과 기말재공품에 배분하고, 기초재공품원가는 완성품 원가에 가산한다.
08	①	종합원가계산에서 재료비와 가공비로 구분하는 이유는 재료비와 가공비의 투입시점이 틀리기 때문이다. 따라서 재료비와 가공비의 투입시점이 같다면 굳이 재료비와 가공비를 구분하는 실익이 없다.
09	③	평균법은 전기와 당기발생작업량 모두를 대상으로 완성품환산량을 구하기 때문에 선입선출법에 비해 상대적으로 계산하기 편리하다.

10	①	선입선출법은 기초재공품 완성분과 당기착수 완성분으로 구분이 가능하다고 가정하는 원가흐름이며, 평균법은 기초재공품 완성분과 당기착수 완성분으로 구분하지 않고, 모두 당기에 착수되어 완성된 것으로 가정한다.
11	②	평균법은 선기와 당기발생작업량 모두를 대상으로 계산하기 때문에 기초재공품원가와 당기발생원가가 배분할 총원가이다.
12	②	종합원가계산은 직접비와 간접비의 구분이 필요없는 대신 직접재료비와 가공비로 분류하게 된다.
13	②	가 → 마 → 라 → 다 → 나
14	①	평균법 : 600개 + (400개 × 70%) = 880개 선입선출법 : 600개 + (400개 × 70%) − (200개 × 30%) = 820개
15	③	재료비 : 1,300개 + (500개 × 100%) − (300개 × 100%) = 1,500개 가공비 : 1,300개 + (500개 × 40%) − (300개 × 70%) = 1,290개
16	③	재료비 = 1,200개 + (600개 × 100%) = 1,800개 가공비 = 1,200개 + (600개 × 40%) = 1,440개
17	②	기말재공품은 완성도가 재료비가 투입되는 시점인 50%에 도달하지 않았으므로 기말재공품에 대한 재료비 완성품환산량은 0개이다. 재료비 : 1,000개 + 0 = 1,000개 가공비 : 1,000개 + (500개 × 40%) = 1,200개
18	②	재료비 : 8,000개 + 0개 = 8,000개 가공비 : 8,000개 + (2,000개 × 20%) = 8,400개
19	①	평균법에 의한 가공비의 완성품환산량 = 190,000개 + (8,000개 × 0.4) = 193,200개 선입선출법에 의한 가공비의 완성품환산량 = 190,000개 + (8,000개 × 0.4) − (10,000개 × 0.2) = 191,200개 따라서 완성품환산량의 차이는 193,200개 − 191,200개 = 2,000개이다(기초재공품환산량).
20	③	• 당기완성품수량(95,000) = 판매수량(90,000) + 기말제품재고량(20,000) − 기초제품재고량(15,000) • 당기완성품환산량(100,000) = 당기완성품수량(95,000) + 기말재고완성품환산량(10,000 × 0.5 = 5,000)
21	①	재료비 : 35,000 + (6,000 × 90%) − (5,000 × 100%) = 35,400단위 가공비 : 35,000 + (6,000 × 50%) − (5,000 × 40%) = 36,000단위
22	①	완성품환산량 : 재료비 600개(400 + 200), 가공비 520개(400 + 120) 단위당 원가 : 재료비 300원(180,000원/600개), 가공비 500원(260,000원/520개) 제품원가 : 400개 × 800원 = 320,000원
23	③	기말재공품 재료비 : (30,000 + 18,000원)/800개 × 200개 = 12,000원 기말재공품 가공비 : (23,000원 + 40,000원)/700개 × 100개 = 9,000원 제품제조원가 = 총원가 − 기말재공품원가 90,000원 = {(30,000 + 18,000) + (23,000 + 40,000)} − (12,000 + 9,000)
24	①	완성품환산량 : 완성품 4,000개 + 기말재공품 (1,250개 × 80%) = 5,000개 원가계산 : 총제조원가(기초재공품 + 당기제조원가) = 9,400,000원 단위당 제조원가 : 9,400,000원 ÷ 5,000개 = 1,880원
25	②	가공비 단위당 원가 : 1,500,000원 ÷ [500개 + (200개 × 60%)] = 2,419원

<table>
<tr><td>26</td><td>④</td><td>
<table>
<tr><th>구 분</th><th>재료비</th><th>가공비</th></tr>
<tr><td>완성품</td><td>3,000단위</td><td>3,000단위</td></tr>
<tr><td>기말재공품</td><td>2,000단위</td><td>1,000단위(2,000단위 × 50%)</td></tr>
<tr><td>완성품환산량</td><td>5,000단위</td><td>4,000단위</td></tr>
<tr><td>단위원가</td><td>25,000원/5,000단위 = 5원</td><td>16,000원/4,000단위 = 4원</td></tr>
</table>
기말재공품원가 = (재료비 : 2,000단위 × 5원) + (가공비 : 1,000단위 × 4원) = 14,000원
</td></tr>
<tr><td>27</td><td>③</td><td>완성품환산량 : 2,000개 + (200개 × 50%) = 2,100개
배분원가 : 기초재공품원가 1,430,000원 + 당기제조원가 10,540,000원 = 11,970,000원
단위당 원가 : 배분원가 11,970,000원 ÷ 완성품환산량 2,100개 = 5,700원
기말재공품원가 : 기말재공품환산량 (200개 × 50%) × 단위당 원가 5,700원 = 570,000원</td></tr>
<tr><td>28</td><td>①</td><td>완성품환산량 3,180개 : 완성수량 3,200개 + 기말재공품 280개(700 × 40%) - 기초재공품 300개 (400 × 75%)
당기가공원가발생액 : 3,180단위 × 12,000원 = 38,160,000원</td></tr>
<tr><td>29</td><td>④</td><td>〈완성품환산량〉
재료비 : 8,000개 - (1,000개 × 100%) + (1,000개 × 100%) = 8,000개
가공비 : 8,000개 - (1,000개 × 30%) + (1,000개 × 50%) = 8,200개
〈환산량 단위당 원가〉
재료비 : 당기제조원가 1,000,000원 ÷ 8,000개 = @125원
가공비 : 당기제조원가 820,000원 ÷ 8,200개 = @100원
〈기말재공품원가〉
(1,000개 × 125원) + (500개 × 100원) = 175,000원</td></tr>
<tr><td>30</td><td>③</td><td>정상공손원가는 제조원가로 처리하고, 비정상공손원가는 영업외비용으로 처리한다.</td></tr>
<tr><td>31</td><td>④</td><td>해당 설명은 정상공손의 허용한도에 대한 설명이다.</td></tr>
<tr><td>32</td><td>①</td><td>공손수량 50개 : 기초 + 착수 - 기말 - 완성
정상공손량 45개 : 900개 × 5%
비정상공손량 5개 : 공손수량 50개 - 정상공손수량 45개</td></tr>
<tr><td>33</td><td>④</td><td>비정상공손은 영업외비용으로 처리한다.</td></tr>
<tr><td>34</td><td>③</td><td>공손품의 발생시점(불량품 검사시점)이 기말재공품의 완성도 이후인 경우에는 기말재공품은 불량품 검사를 받지 않았으므로 기말재공품에는 정상공손품원가가 배분되지 아니한다.</td></tr>
<tr><td>35</td><td>③</td><td>품질검사를 공정의 50% 시점에서 한다고 가정하였을 경우에 기말재공품은 검사시점을 통과하지 못하였으므로, 공손품은 완성품에서만 발생되므로 기말재공품에 공손품원가를 배부할 필요가 없다.</td></tr>
<tr><td>36</td><td>①</td><td>
재공품(단위)
<table>
<tr><td>기 초</td><td>950</td><td>당기완성</td><td>4,750</td><td></td></tr>
<tr><td>당기착수</td><td>6,200</td><td>정상공손</td><td>475</td><td rowspan="2">공손수량 900개</td></tr>
<tr><td></td><td></td><td>비정상공손</td><td>425</td></tr>
<tr><td></td><td></td><td>기 말</td><td>1,500</td><td></td></tr>
<tr><td></td><td>7,150</td><td></td><td>7,150</td><td></td></tr>
</table>
</td></tr>
<tr><td>37</td><td>④</td><td>
재공품
<table>
<tr><td>기초재공품</td><td>500개</td><td>완성품</td><td>3,500개</td><td></td></tr>
<tr><td>당기투입</td><td>4,000개</td><td>공손품</td><td>800개</td><td>→ (정상 500, 비정상 300)</td></tr>
<tr><td></td><td></td><td>기말재공품</td><td>200개</td><td></td></tr>
</table>
</td></tr>
</table>

<table>
<tr><td>38</td><td>④</td><td>(차) 현 금 ××× (대) 제조간접비 ×××</td></tr>
<tr><td>39</td><td>②</td><td>정상공손 = 9,000 × 5% = 450개
비정상공손품 = 600개 − 450개 = 150개</td></tr>
<tr><td>40</td><td>①</td><td>동종의 제품을 여러 단계의 제조공정에서 생산하는 경우는 공정별 종합원가계산방법에 대한 설명이다.</td></tr>
<tr><td>41</td><td>②</td><td>상대적 판매가치법이란, 결합원가를 분리점에서 개별제품을 시장에 판매한다면 획득할 수 있는 수익을 기준으로 원가를 배분하는 방법이다.
<table>
<tr><th>제 품</th><th>상대적판매가치</th><th>비 율</th></tr>
<tr><td>A</td><td>1,500개 × 1,000원 = 1,500,000원</td><td>25%</td></tr>
<tr><td>B</td><td>2,000개 × 800원 = 1,600,000원</td><td>26.67%</td></tr>
<tr><td>C</td><td>2,500개 × 600원 = 1,500,000원</td><td>25%</td></tr>
<tr><td>D</td><td>4,000개 × 350원 = 1,400,000원</td><td>23.33%</td></tr>
</table>
A제품 배부액 : 3,000,000원 × 25% = 750,000원</td></tr>
<tr><td>42</td><td>①</td><td>B등급품에 배부될 원가는 8,000,000원 × 180,000g/300,000g = 4,800,000원이다.</td></tr>
<tr><td>43</td><td>①</td><td>연산품 종합원가계산방법에서 필요로 하는 요소이다.</td></tr>
</table>

실무편 정답 및 해설

01 재무회계 실무

빈출 실무수행문제 <기초정보관리>

(주)빈출상사A (회사코드 : 5003)

1 일반전표입력

일 자	일반전표입력 답안							
2월 17일	처분되는 주식의 장부가액 : 1,350,000원 × 300주/400주 = 1,012,500원							
	일	번호	구분	계 정 과 목	거 래 처	적 요	차 변	대 변
	17	00001	차변	0103 보통예금			1,710,000	
	17	00001	대변	0383 자기주식				1,012,500
	17	00001	대변	0343 자기주식처분이익				697,500
3월 15일	일	번호	구분	계 정 과 목	거 래 처	적 요	차 변	대 변
	15	00001	차변	0387 미교부주식배당금			5,000,000	
	15	00001	대변	0331 자본금				5,000,000
3월 29일	합계잔액시산표에서 받을어음의 대손충당금 잔액 306,660원 확인							
	일	번호	구분	계 정 과 목	거 래 처	적 요	차 변	대 변
	29	00010	대변	0110 받을어음	00149 에이스전자(주)			2,200,000
	29	00010	차변	0111 대손충당금			306,660	
	29	00010	차변	0835 대손상각비			1,893,340	
4월 12일	일	번호	구분	계 정 과 목	거 래 처	적 요	차 변	대 변
	12	00001	대변	0107 단기매매증권				9,500,000
	12	00001	차변	0120 미수금	00114 에스티앤(주)		9,000,000	
	12	00001	차변	0958 단기매매증권처분손실			500,000	
7월 21일	일	번호	구분	계 정 과 목	거 래 처	적 요	차 변	대 변
	21	00001	차변	0331 자본금			15,000,000	
	21	00001	대변	0103 보통예금				12,000,000
	21	00001	대변	0342 감자차익				3,000,000

2 결산자료입력

<table>
<tr><th>문항</th><th>일자</th><th>결산수행</th></tr>
<tr><td>1</td><td>12월 31일
일반전표입력</td><td>
<table>
<tr><th>일</th><th>번호</th><th>구분</th><th>계정과목</th><th>거래처</th><th>적요</th><th>차변</th><th>대변</th></tr>
<tr><td>31</td><td>00001</td><td>차변</td><td>0255 부가세예수금</td><td></td><td></td><td>20,000,000</td><td></td></tr>
<tr><td>31</td><td>00001</td><td>대변</td><td>0135 부가세대급금</td><td></td><td></td><td></td><td>18,000,000</td></tr>
<tr><td>31</td><td>00001</td><td>대변</td><td>0120 미수금</td><td></td><td></td><td></td><td>2,000,000</td></tr>
</table>
예정신고 미환급세액은 9월 30일 미수금 계정으로 처리된 내역을 확인
</td></tr>
<tr><td>2</td><td>12월 31일
일반전표입력</td><td>
<table>
<tr><td>31</td><td>00002</td><td>차변</td><td>0179 장기대여금</td><td>00155 RET</td><td></td><td>2,000,000</td><td></td></tr>
<tr><td>31</td><td>00002</td><td>대변</td><td>0910 외화환산이익</td><td></td><td></td><td></td><td>2,000,000</td></tr>
</table>
</td></tr>
<tr><td>3</td><td>①과 ② 중
선택하여
입력</td><td>
① 당기 상각비 1,000,000원 = 남은 잔존가액 4,000,000원 ÷ 남은 내용연수 4년
결산자료입력 메뉴 6)무형자산상각비-영업권 1,000,000원 직접 입력 → F3전표추가
<table>
<tr><td>6). 무형자산상각비</td><td></td><td></td><td>1,000,000</td><td>1,000,000</td></tr>
<tr><td>영업권</td><td></td><td></td><td>1,000,000</td><td>1,000,000</td></tr>
</table>
② 일반전표입력 직접 입력
<table>
<tr><td>31</td><td>00011</td><td>결차</td><td>0840 무형자산상각비</td><td></td><td></td><td>1,000,000</td><td></td></tr>
<tr><td>31</td><td>00011</td><td>결대</td><td>0218 영업권</td><td></td><td></td><td></td><td>1,000,000</td></tr>
</table>
</td></tr>
<tr><td>4</td><td>①과 ② 중
선택하여
입력</td><td>
① 결산자료입력 메뉴의 F8대손상각 대손율 2% 수정하여 설정액 결산반영 → F3전표추가
대손상각
대손율(%) 2.00
<table>
<tr><th rowspan="2">코드</th><th rowspan="2">계정과목명</th><th rowspan="2">금액</th><th colspan="3">설정전 충당금 잔액</th><th rowspan="2">추가설정액(결산반영)
[(금액x대손율)-설정전충당금잔액]</th><th rowspan="2">유형</th></tr>
<tr><th>코드</th><th>계정과목명</th><th>금액</th></tr>
<tr><td>0108</td><td>외상매출금</td><td>566,340,000</td><td>0109</td><td>대손충당금</td><td>1,025,600</td><td>10,301,200</td><td>판관</td></tr>
<tr><td>0110</td><td>받을어음</td><td>150,726,000</td><td>0111</td><td>대손충당금</td><td></td><td></td><td>판관</td></tr>
<tr><td>0246</td><td>부도어음과수표</td><td>20,000,000</td><td>0247</td><td>대손충당금</td><td></td><td></td><td>판관</td></tr>
<tr><td>0114</td><td>단기대여금</td><td>50,000,000</td><td>0115</td><td>대손충당금</td><td></td><td></td><td>영업외</td></tr>
<tr><td>0120</td><td>미수금</td><td>9,000,000</td><td>0121</td><td>대손충당금</td><td></td><td>180,000</td><td>영업외</td></tr>
<tr><td></td><td colspan="5">대손상각비 합계</td><td>10,301,200</td><td>판관</td></tr>
<tr><td></td><td colspan="5">기타의 대손상각비</td><td>180,000</td><td>영업외</td></tr>
</table>
새로불러오기 | 결산반영 | 취소(Esc)
<table>
<tr><td>5). 대손상각</td><td></td><td>1,893,340</td><td>10,301,200</td><td>12,194,540</td></tr>
<tr><td>외상매출금</td><td></td><td></td><td>10,301,200</td><td>10,301,200</td></tr>
<tr><td>받을어음</td><td></td><td></td><td></td><td></td></tr>
</table>
<table>
<tr><td>2). 기타의대손상각</td><td></td><td></td><td>180,000</td><td>180,000</td></tr>
<tr><td>단기대여금</td><td></td><td></td><td></td><td></td></tr>
<tr><td>미수금</td><td></td><td></td><td>180,000</td><td>180,000</td></tr>
</table>
② 일반전표입력 직접 입력
<table>
<tr><td>31</td><td>00010</td><td>결차</td><td>0835 대손상각비</td><td></td><td></td><td>10,301,200</td><td></td></tr>
<tr><td>31</td><td>00010</td><td>결대</td><td>0109 대손충당금</td><td></td><td></td><td></td><td>10,301,200</td></tr>
</table>
<table>
<tr><td>31</td><td>00012</td><td>결차</td><td>0954 기타의대손상각비</td><td></td><td></td><td>180,000</td><td></td></tr>
<tr><td>31</td><td>00012</td><td>결대</td><td>0121 대손충당금</td><td></td><td></td><td></td><td>180,000</td></tr>
</table>
</td></tr>
<tr><td>5</td><td>①과 ② 모두
순서대로
수행</td><td>
① 12월 31일 일반전표입력
<table>
<tr><td>31</td><td>00003</td><td>차변</td><td>0959 재고자산감모손실</td><td></td><td></td><td>1,400,000</td><td></td></tr>
<tr><td>31</td><td>00003</td><td>대변</td><td>0150 제품</td><td></td><td>8 타계정으로 대체액 손익</td><td></td><td>1,400,000</td></tr>
</table>
② 결산자료입력 메뉴 - 기말재고자산(원재료, 재공품, 제품) 입력
*기말원재료 300,000원은 도착지 인도기준으로 운송 중이므로 재고에 포함되지 않음
<table>
<tr><td>1)원재료비</td><td></td><td>1,098,208,273</td><td></td><td>1,097,508,273</td></tr>
<tr><td>원재료비</td><td></td><td>1,098,208,273</td><td></td><td>1,097,508,273</td></tr>
<tr><td>① 기초 원재료 재고액</td><td></td><td>40,000,000</td><td></td><td>40,000,000</td></tr>
<tr><td>② 당기 원재료 매입액</td><td></td><td>1,060,208,273</td><td></td><td>1,060,208,273</td></tr>
<tr><td>⑥ 타계정으로 대체액</td><td></td><td>2,000,000</td><td></td><td>2,000,000</td></tr>
<tr><td>⑩ 기말 원재료 재고액</td><td></td><td></td><td>700,000</td><td>700,000</td></tr>
</table>
<table>
<tr><td>8)당기 총제조비용</td><td></td><td>1,874,486,023</td><td></td><td>1,873,786,023</td></tr>
<tr><td>① 기초 재공품 재고액</td><td></td><td>36,520,000</td><td></td><td>36,520,000</td></tr>
<tr><td>⑩ 기말 재공품 재고액</td><td></td><td></td><td>800,000</td><td>800,000</td></tr>
<tr><td>9)당기완성품제조원가</td><td></td><td>1,911,006,023</td><td></td><td>1,909,506,023</td></tr>
<tr><td>① 기초 제품 재고액</td><td></td><td>108,950,000</td><td></td><td>108,950,000</td></tr>
<tr><td>⑥ 타계정으로 대체액</td><td></td><td>1,400,000</td><td></td><td>1,400,000</td></tr>
<tr><td>⑩ 기말 제품 재고액</td><td></td><td></td><td>12,600,000</td><td>12,600,000</td></tr>
</table>
F3전표추가 하면 일반전표 자동 생성
</td></tr>
</table>

(주)빈출상사B (회사코드 : 5004)

1 일반전표입력

일 자	일반전표입력 답안
5월 15일	(아래 전표)

5월 15일

일	번호	구분	계정과목		거래처		적요	차변	대변
15	00002	차변	0103	보통예금				57,500,000	
15	00002	차변	0952	외환차손				2,500,000	
15	00002	대변	0108	외상매출금	00157	New York			60,000,000

6월 27일

주식발행초과금 잔액을 우선상계하고 주식할인발행차금으로 처리함

일	번호	구분	계정과목		거래처		적요	차변	대변
27	00001	차변	0103	보통예금				45,000,000	
27	00001	차변	0341	주식발행초과금				3,000,000	
27	00001	차변	0381	주식할인발행차금				3,500,000	
27	00001	대변	0331	자본금					50,000,000
27	00001	대변	0101	현금					1,500,000

8월 20일

일	번호	구분	계정과목		거래처		적요	차변	대변
20	00003	차변	0103	보통예금				3,300,000	
20	00003	대변	0114	단기대여금	00104	(주)아주물산			3,000,000
20	00003	대변	0907	외환차익					300,000

10월 3일

일	번호	구분	계정과목		거래처		적요	차변	대변
3	00004	차변	0136	선납세금				138,600	
3	00004	차변	0103	보통예금				30,761,400	
3	00004	대변	0106	정기적금					30,000,000
3	00004	대변	0901	이자수익					900,000

11월 11일

일	번호	구분	계정과목		거래처		적요	차변	대변
11	00004	차변	0512	여비교통비				850,000	
11	00004	대변	0134	가지급금	00158	정찬호			700,000
11	00004	대변	0101	현금					150,000

2 결산자료입력

문항 1 — 12월 31일 일반전표입력

유형자산의 재평가모형은 최초평가 시 공정가액이 장부가액보다 하락한 부분을 당기손익(재평가손실)으로 처리함

일	번호	구분	계정과목		거래처	적요	차변	대변
31	00001	차변	0983	재평가손실			50,000,000	
31	00001	대변	0201	토지				50,000,000

문항 2 — ①과 ② 중 선택하여 입력

개발비 상각비 1,200,000원 = 남은 잔존가액 4,800,000원 ÷ 남은 내용연수 4년

① 결산자료입력 메뉴 – 무형자산상각비 개발비 1,200,000원 입력 → F3 전표추가 전표생성

항목			결산분개금액	결산후금액
6). 무형자산상각비			1,200,000	1,200,000
특허권				
개발비			1,200,000	1,200,000

② 일반전표입력 직접 입력

일	번호	구분	계정과목		거래처	적요	차변	대변
31	00010	결차	0840	무형자산상각비			1,200,000	
31	00010	결대	0226	개발비				1,200,000

문항 3 — 12월 31일 일반전표입력

매도가능증권 전기 말 공정가액 25,500,000원 – 당기 말 공정가액 24,000,000원 = 손실 1,500,000원 중 전기에 매도가능증권평가이익 500,000원을 우선상계하고 차액 1,000,000원은 매도가능증권평가손실로 처리함

일	번호	구분	계정과목		거래처	적요	차변	대변
31	00002	차변	0394	매도가능증권평가이익			500,000	
31	00002	차변	0395	매도가능증권평가손실			1,000,000	
31	00002	대변	0178	매도가능증권				1,500,000

4 — ①과 ② 중 선택하여 입력

① 결산자료입력 메뉴의 9. 법인세등란(선납세금 2,138,600원, 추가계상액 19,861,400원) 입력 → F3 전표추가

9. 법인세등			22,000,000	22,000,000
1). 선납세금		2,138,600	2,138,600	2,138,600
2). 추가계상액			19,861,400	19,861,400

② 일반전표입력 직접 입력

일	번호	구분	계정과목	거래처	적요	차변	대변
31	00011	결차	0998 법인세등			2,138,600	
31	00011	결대	0136 선납세금				2,138,600
31	00012	결차	0998 법인세등			19,861,400	
31	00012	결대	0261 미지급세금				19,861,400

5 — 이익잉여금처분계산서 작성 후 F6전표추가

자동결산 수행한 뒤 이익잉여금처분계산서 조회 – 처분내용 입력 후 – F6 전표추가

당기처분예정일: 2023 년 2 월 25 일 전기처분확정일: 2022 년 2 월 25 일

과목	계정과목명		제 8(당)기 2022년01월01일~2022년12월31일 제 8기(당기) 금액		제 7(전)기 2021년01월01일~2021년12월31일 제 7기(전기) 금액	
Ⅰ.미처분이익잉여금				1,214,241,350		612,583,140
1.전기이월미처분이익잉여금			612,583,140		417,636,860	
2.회계변경의 누적효과	0369	회계변경의누적효과				
3.전기오류수정이익	0370	전기오류수정이익				
4.전기오류수정손실	0371	전기오류수정손실				
5.중간배당금	0372	중간배당금				
6.당기순이익			601,658,210			
Ⅱ.임의적립금 등의 이입액						
1.						
2.						
합계				1,214,241,350		612,583,140
Ⅲ.이익잉여금처분액				37,000,000		
1.이익준비금	0351	이익준비금	2,000,000			
2.재무구조개선적립금	0354	재무구조개선적립금				
3.주식할인발행차금상각액	0381	주식할인발행차금				
4.배당금			30,000,000			
가.현금배당	0265	미지급배당금	20,000,000			
주당배당금(률)		보통주				
		우선주				
나.주식배당	0387	미교부주식배당금	10,000,000			
주당배당금(률)		보통주				
		우선주				
5.사업확장적립금	0356	사업확장적립금	5,000,000			
6.감채적립금	0357	감채적립금				
7.배당평균적립금	0358	배당평균적립금				
Ⅳ.차기이월미처분이익잉여금				1,177,241,350		612,583,140

입력

일반전표에 40건 추가되었습니다.

확인

(주)빈출상사C (회사코드 : 5005)

1 일반전표입력

6월 12일

자본금의 감소는 액면가액으로 처리, 감자로 인한 손실은 감자차손

일	번호	구분	계정과목	거래처	적요	차변	대변
12	00001	차변	0331 자본금			700,000	
12	00001	차변	0389 감자차손			300,000	
12	00001	대변	0383 자기주식				1,000,000

7월 24일

일	번호	구분	계정과목	거래처	적요	차변	대변
24	00003	차변	0179 장기대여금	00110 (주)신영산업		15,000,000	
24	00003	대변	0108 외상매출금	00110 (주)신영산업			15,000,000

7월 31일

일	번호	구분	계정과목	거래처	적요	차변	대변
31	00002	차변	0817 세금과공과			500,000	
31	00002	대변	0103 보통예금				500,000

9월 7일

일	번호	구분	계정과목	거래처	적요	차변	대변
7	00001	차변	0103 보통예금			6,930,000	
7	00001	차변	0956 매출채권처분손실			70,000	
7	00001	대변	0110 받을어음	00112 (주)소백전자			7,000,000

10월 21일

일	번호	구분	계정과목	거래처	적요	차변	대변
21	00005	대변	0178 매도가능증권				5,000,000
21	00005	대변	0395 매도가능증권평가손실				2,000,000
21	00005	차변	0103 보통예금			6,000,000	
21	00005	차변	0971 매도가능증권처분손실			1,000,000	

2 결산자료입력

문항	일자	결산수행

문항 1 — 12월 31일 일반전표입력

무형자산은 매 회계연도말에 회수가능가액을 평가하고 감액손실을 인식한다.

일	번호	구분	계정과목		거래처		적요	차변	대변
31	00001	차변	0965	무형자산손상차손				2,000,000	
31	00001	대변	0219	특허권					2,000,000

문항 2 — ①과 ② 중 선택하여 입력

① 결산자료입력 메뉴 – 감가상각비 해당 란에 입력 → F3전표추가 전표생성

코드	과목				
0818	4). 감가상각비			5,500,000	5,500,000
0202	건물				
0206	기계장치				
0208	차량운반구			4,000,000	4,000,000
0210	공구와기구				
0212	비품			1,500,000	1,500,000

코드	과목				
0518	2). 일반감가상각비			5,000,000	5,000,000
0202	건물				
0206	기계장치			5,000,000	5,000,000
0208	차량운반구				

② 일반전표입력 직접 입력

일	번호	구분	계정과목		거래처		적요	차변	대변
31	00010	결차	0818	감가상각비				5,500,000	
31	00010	결대	0209	감가상각누계액					4,000,000
31	00010	결대	0213	감가상각누계액					1,500,000

일	번호	구분	계정과목		거래처		적요	차변	대변
31	00006	결차	0518	감가상각비		1	당기말 감가상각비 계	5,000,000	
31	00006	결대	0207	감가상각누계액		4	당기 감가상각누계액		5,000,000

문항 3 — ①과 ② 중 선택하여 입력

① 결산자료입력 메뉴의 F8대손상각 – 채권별로 상이한 대손율을 각각 설정 → 결산반영 → F3전표추가

- 대손충당금(외상매출금) : 386,760,000원 × 3% – 1,000,000원 = 10,602,800원
- 대손충당금(받을어음) : 149,840,000원 × 1% – 1,250,000원 = 248,400원

코드	계정과목명	금액	설정전 충당금 잔액			추가설정액(결산반영) [(금액×대손율)-설정전충당금잔액]	유형
			코드	계정과목명	금액		
0108	외상매출금	386,760,000	0109	대손충당금	1,000,000	3%적용 10,602,800	판관
0110	받을어음	149,840,000	0111	대손충당금	1,250,000	1%적용 248,400	판관

② 일반전표입력 직접 입력

일	번호	구분	계정과목		거래처		적요	차변	대변
31	00011	결차	0835	대손상각비				10,851,200	
31	00011	결대	0109	대손충당금					10,602,800
31	00011	결대	0111	대손충당금					248,400

문항 4 — ①과 ② 모두 순서대로 결산수행

① 12월 31일 일반전표입력

일	번호	구분	계정과목		거래처		적요	차변	대변
31	00002	차변	0959	재고자산감모손실				200,000	
31	00002	대변	0153	원재료		8	타계정으로 대체액 원		200,000

② 결산자료입력 메뉴 – 기말재고자산(원재료, 재공품, 제품) 실사액 입력 → F3전표추가

1)원재료비		1,780,621,060		1,779,821,060
원재료비		1,780,621,060		1,779,821,060
① 기초 원재료 재고액		73,600,000		73,600,000
② 당기 원재료 매입액		1,707,221,060		1,707,221,060
⑥ 타계정으로 대체액		200,000		200,000
⑩ 기말 원재료 재고액			800,000	800,000

8)당기 총제조비용		2,198,469,950		2,202,669,950
① 기초 재공품 재고액		15,000,000		15,000,000
⑩ 기말 재공품 재고액			4,900,000	4,900,000
9)당기완성품제조원가		2,213,469,950		2,212,769,950
① 기초 제품 재고액		62,000,000		62,000,000
⑩ 기말 제품 재고액			9,000,000	9,000,000

문항 5 — 이익잉여금처분계산서 작성 후 전표추가

자동결산 수행한 뒤 이익잉여금처분계산서 조회 – 처분내용 입력 후 – F6전표추가

당기처분예정일: 2023 년 2 월 15 일 전기처분확정일: 2022 년 2 월 25 일

과목	코드	계정과목	금액	
III.이익잉여금처분액				23,200,000
1.이익준비금	0351	이익준비금	1,200,000	
2.재무구조개선적립금	0354	재무구조개선적립금		
3.주식할인발행차금상각액	0381	주식할인발행차금		
4.배당금			22,000,000	
가.현금배당	0265	미지급배당금	12,000,000	
주당배당금(률)		보통주		
		우선주		
나.주식배당	0387	미교부주식배당금	10,000,000	
주당배당금(률)		보통주		
		우선주		

일반전표에 40건 추가되었습니다.

확인

02 부가가치세 실무

빈출 실무수행문제 <매출전표입력>

(주)소망상사 (회사코드 : 5006)

일자/유형	매입매출전표입력 답안

10월 1일 [11.과세매출]

월	일	번호	유형	품목	수량	단가	공급가액	부가세	합계	코드	공급처명	사업/주민번호	전자	분개
10	1	50005	과세	제품	1,000	80,000	80,000,000	8,000,000	88,000,000	00156	(주)삼구	130-81-79409	여	혼합

구분	계정과목	적요	거래처	차변(출금)	대변(입금)
대변	0255 부가세예수금	제품 1000X80000	00156 (주)삼구		8,000,000
대변	0404 제품매출	제품 1000X80000	00156 (주)삼구		80,000,000
차변	0110 받을어음	제품 1000X80000	00156 (주)삼구	40,000,000	
차변	0108 외상매출금	제품 1000X80000	00156 (주)삼구	48,000,000	

10월 3일 [11.과세매출]

월	일	번호	유형	품목	수량	단가	공급가액	부가세	합계	코드	공급처명	사업/주민번호	전자	분개
10	3	50011	과세	반품	-2	2,500,000	-5,000,000	-500,000	-5,500,000	00138	랜드전자	122-26-91077	여	외상

구분	계정과목	적요	거래처	차변(출금)	대변(입금)
차변	0108 외상매출금	반품 -2X2500000	00138 랜드전자	-5,500,000	
대변	0255 부가세예수금	반품 -2X2500000	00138 랜드전자		-500,000
대변	0404 제품매출	반품 -2X2500000	00138 랜드전자		-5,000,000

10월 6일 [22.현과매출]

월	일	번호	유형	품목	수량	단가	공급가액	부가세	합계	코드	공급처명	사업/주민번호	전자	분개
10	6	50013	현과	비품 매각			300,000	30,000	330,000	00171	김철수	800213-1234567		혼합

구분	계정과목	적요	거래처	차변(출금)	대변(입금)
대변	0255 부가세예수금	비품 매각	00171 김철수		30,000
대변	0212 비품	비품 매각	00171 김철수		1,200,000
차변	0213 감가상각누계액	비품 매각	00171 김철수	1,000,000	
차변	0101 현금	비품 매각	00171 김철수	330,000	
대변	0914 유형자산처분이익	비품 매각	00171 김철수		100,000

10월 7일 [11.과세매출]

월	일	번호	유형	품목	수량	단가	공급가액	부가세	합계	코드	공급처명	사업/주민번호	전자	분개
10	7	50001	과세	제품	1	1,000,000	1,000,000	100,000	1,100,000	00900	이수원	700418-1234568	여	혼합

구분	계정과목	적요	거래처	차변(출금)	대변(입금)
대변	0255 부가세예수금	제품 1X1000000	00900 이수원		100,000
대변	0404 제품매출	제품 1X1000000	00900 이수원		1,000,000
차변	0103 보통예금	제품 1X1000000	00900 이수원	600,000	
차변	0108 외상매출금	제품 1X1000000	00900 이수원	500,000	

10월 8일 [14.건별매출]

월	일	번호	유형	품목	수량	단가	공급가액	부가세	합계	코드	공급처명	사업/주민번호	전자	분개
10	8	50001	건별	제품			500,000	50,000	550,000	00171	김철수	800213-1234567		혼합

구분	계정과목	적요	거래처	차변(출금)	대변(입금)
대변	0255 부가세예수금	제품	00171 김철수		50,000
대변	0404 제품매출	제품	00171 김철수		500,000
차변	0103 보통예금	제품	00171 김철수	550,000	

10월 9일 [11.과세매출]

월	일	번호	유형	품목	수량	단가	공급가액	부가세	합계	코드	공급처명	사업/주민번호	전자	분개
10	9	50004	과세	제품			13,000,000	1,300,000	14,300,000	00101	고려상사	130-30-47981	여	혼합

구분	계정과목	적요	거래처	차변(출금)	대변(입금)
대변	0255 부가세예수금	제품	00101 고려상사		1,300,000
대변	0404 제품매출	제품	00101 고려상사		13,000,000
차변	0259 선수금	제품	00101 고려상사	5,000,000	
차변	0103 보통예금	제품	00101 고려상사	9,300,000	

10월 10일 [12.영세매출]

월	일	번호	유형	품목	수량	단가	공급가액	부가세	합계	코드	공급처명	사업/주민번호	전자	분개
10	10	50003	영세	제품			6,000,000		6,000,000	00103	(주)청주	441-86-00073	여	혼합

영세율구분 3 내국신용장 · 구매확인서 서류번호

NO : 50003 (대 체) 전 표 일 자 : 2022 년 10

구분	계정과목	적요	거래처	차변(출금)	대변(입금)
대변	0404 제품매출	제품	00103 (주)청주		6,000,000
차변	0101 현금	제품	00103 (주)청주	6,000,000	

10월 13일 [16.수출매출]

월	일	번호	유형	품목	수량	단가	공급가액	부가세	합계	코드	공급처명	사업/주민번호	전자	분개
10	13	50002	수출				115,000,000		115,000,000	00172	OTP사			외상

영세율구분 1 직접수출(대행수출 포함) 수출신고번호

NO : 50002 (대 체) 전 표 일 자 : 2022 년 10

구분	계정과목	적요	거래처	차변(출금)	대변(입금)
차변	0108 외상매출금		00172 OTP사	115,000,000	
대변	0404 제품매출		00172 OTP사		115,000,000

10월 14일 [16.수출매출]

수출일 이전에 외화를 원화로 환전한 경우에는 그 환전액을 부가가치세 과세표준으로 한다. 또한 해당 문제의 회계처리는 일반기업회계기준(선적일 기준환율)을 따라 하므로 외환차손익이 발생한다.

월	일	번호	유형	품목	수량	단가	공급가액	부가세	합계	코드	공급처명	사업/주민번호	전자	분개
10	14	50001	수출	제품			100,000,000		100,000,000	00181	바야로			혼합

영세율구분 1 직접수출(대행수출 포함) 수출신고번호

NO : 50001 (대 체) 전 표 일 자 : 2022 년 10

구분	계정과목	적요	거래처	차변(출금)	대변(입금)
대변	0404 제품매출	제품	00181 바야로		115,000,000
차변	0259 선수금	제품	00181 바야로	100,000,000	
차변	0952 외환차손	제품	00181 바야로	15,000,000	

10월 15일 [16.수출매출]

과세표준 계산 = ($20,000 × @1,200 환가일 환율) + ($280,000 × @1,300 선적일 환율)

수출일 이전에 외화를 원화로 환전한 경우에는 그 환전액을 부가가치세 과세표준으로 한다. 또한 해당 문제의 회계처리는 부가세법(환가일 기준환율)을 따라 하므로 외환차손익이 발생하지 않는다.

월	일	번호	유형	품목	수량	단가	공급가액	부가세	합계	코드	공급처명	사업/주민번호	전자	분개
10	15	50004	수출	제품			388,000,000		388,000,000	00184	SELLA CO.LTD			혼합

영세율구분 1 직접수출(대행수출 포함) 수출신고번호

NO : 50004 (대 체) 전 표 일 자 : 2022 년 10

구분	계정과목	적요	거래처	차변(출금)	대변(입금)
대변	0404 제품매출	제품	00184 SELLA CO.LTD		388,000,000
차변	0259 선수금	제품	00184 SELLA CO.LTD	24,000,000	
차변	0108 외상매출금	제품	00184 SELLA CO.LTD	364,000,000	

10월 16일 [16.수출매출]

월	일	번호	유형	품목	수량	단가	공급가액	부가세	합계	코드	공급처명	사업/주민번호	전자	분개
10	16	50001	수출	제품			110,000,000		110,000,000	00179	아일랜드			혼합

영세율구분 1 직접수출(대행수출 포함) 수출신고번호

NO : 50001 (대 체) 전 표 일 자 : 2022 년 10

구분	계정과목	적요	거래처	차변(출금)	대변(입금)
대변	0404 제품매출	제품	00179 아일랜드		110,000,000
차변	0103 보통예금	제품	00179 아일랜드	66,000,000	
차변	0108 외상매출금	제품	00179 아일랜드	44,000,000	

10월 17일 [16.수출매출]

월	일	번호	유형	품목	수량	단가	공급가액	부가세	합계	코드	공급처명	사업/주민번호	전자	분개
10	17	50002	수출	기계 매각			10,800,000		10,800,000	00175	(주)베이징			혼합

영세율구분 1 직접수출(대행수출 포함) 수출신고번호

NO : 50002 (대 체) 전 표 일 자 : 2022 년 10

구분	계정과목	적요	거래처	차변(출금)	대변(입금)
대변	0206 기계장치	기계 매각	00175 (주)베이징		20,000,000
차변	0207 감가상각누계액	기계 매각	00175 (주)베이징	12,000,000	
차변	0120 미수금	기계 매각	00175 (주)베이징	10,800,000	
대변	0914 유형자산처분이익	기계 매각	00175 (주)베이징		2,800,000

10월 18일 [11.과세매출]

월	일	번호	유형	품목	수량	단가	공급가액	부가세	합계	코드	공급처명	사업/주민번호	전자	분개
10	18	50001	과세	제품			3,000,000	300,000	3,300,000	00142	(주)경남기업	620-81-14933	여	혼합

구분	계정과목	적요	거래처	차변(출금)	대변(입금)
대변	0255 부가세예수금	제품	00142 (주)경남기업		300,000
대변	0404 제품매출	제품	00142 (주)경남기업		3,000,000
차변	0260 단기차입금	제품	00142 (주)경남기업	3,300,000	

10월 20일 [11.과세매출]

월	일	번호	유형	품목	수량	단가	공급가액	부가세	합계	코드	공급처명	사업/주민번호	전자	분개
10	20	50003	과세	특허권 매각			25,000,000	2,500,000	27,500,000	00154	(주)전자월드	880-86-00128	여	혼합

구분	계정과목	적요	거래처	차변(출금)	대변(입금)
대변	0255 부가세예수금	특허권 매각	00154 (주)전자월드		2,500,000
대변	0219 특허권	특허권 매각	00154 (주)선사월드		30,000,000
차변	0103 보통예금	특허권 매각	00154 (주)전자월드	27,500,000	
차변	0979 무형자산처분손실	특허권 매각	00154 (주)전자월드	5,000,000	

10월 21일 [11.과세매출]

외상매출금은 백두상사 거래처로 반드시 수정한다.

월	일	번호	유형	품목	수량	단가	공급가액	부가세	합계	코드	공급처명	사업/주민번호	전자	분개
10	21	50002	과세	제품			10,000,000	1,000,000	11,000,000	00183	한국상사	106-81-51688	여	혼합

구분	계정과목	적요	거래처	차변(출금)	대변(입금)
대변	0255 부가세예수금	제품	00183 한국상사		1,000,000
대변	0404 제품매출	제품	00183 한국상사		10,000,000
차변	0108 외상매출금	제품	00130 백두상사	2,000,000	
차변	0103 보통예금	제품	00183 한국상사	9,000,000	

11월 2일 [11.과세매출]

월	일	번호	유형	품목	수량	단가	공급가액	부가세	합계	코드	공급처명	사업/주민번호	전자	분개
11	2	50002	과세	건물 매각			40,000,000	4,000,000	44,000,000	00176	(주)신방	105-81-00809	여	혼합

구분	계정과목	적요	거래처	차변(출금)	대변(입금)
대변	0255 부가세예수금	건물 매각	00176 (주)신방		4,000,000
대변	0202 건물	건물 매각	00176 (주)신방		100,000,000
차변	0203 감가상각누계액	건물 매각	00176 (주)신방	40,000,000	
차변	0251 외상매입금	건물 매각	00177 (주)나이스	30,000,000	
차변	0103 보통예금	건물 매각	00176 (주)신방	14,000,000	
차변	0970 유형자산처분손실	건물 매각	00176 (주)신방	20,000,000	

11월 4일 [11.과세매출]

월	일	번호	유형	품목	수량	단가	공급가액	부가세	합계	코드	공급처명	사업/주민번호	전자	분개
11	4	50003	과세	폐지 매각			3,000,000	300,000	3,300,000	00185	(주)대일재활용	122-85-07805	여	혼합

구분	계정과목	적요	거래처	차변(출금)	대변(입금)
대변	0255 부가세예수금	폐지 매각	00185 (주)대일재활용		300,000
대변	0930 잡이익	폐지 매각	00185 (주)대일재활용		3,000,000
차변	0101 현금	폐지 매각	00185 (주)대일재활용	3,300,000	

11월 5일 [11.과세매출]

단기할부판매의 경우 공급시기는 인도시점이므로 세금계산서는 인도시점에 총액으로 발행한다.

월	일	번호	유형	품목	수량	단가	공급가액	부가세	합계	코드	공급처명	사업/주민번호	전자	분개
11	5	50002	과세	제품			30,000,000	3,000,000	33,000,000	00174	(주)미생	105-86-56536	여	혼합

구분	계정과목	적요	거래처	차변(출금)	대변(입금)
대변	0255 부가세예수금	제품	00174 (주)미생		3,000,000
대변	0404 제품매출	제품	00174 (주)미생		30,000,000
차변	0103 보통예금	제품	00174 (주)미생	11,000,000	
차변	0108 외상매출금	제품	00174 (주)미생	22,000,000	

11월 6일 [11.과세매출]

장기할부판매의 경우 공급시기는 각 대가를 받기로 한 때로서 세금계산서도 각 대가를 받기로 한 때 발행하여 교부하는 것이다. 따라서 2022년 11월 6일에 제품은 인도되었으나 세금계산서는 1차 할부금에 대하여만 발행 교부한다. 또한 수익인식기준은 문제에서 제시한 방법대로 하며 해당 문제는 회수기일 도래기준에 따라 처리한다.

월	일	번호	유형	품목	수량	단가	공급가액	부가세	합계	코드	공급처명	사업/주민번호	전자	분개
11	6	50003	과세	제품 1차			75,000,000	7,500,000	82,500,000	00135	(주)하이테크	129-13-71878	여	혼합

구분	계정과목	적요	거래처	차변(출금)	대변(입금)
대변	0255 부가세예수금	제품 1차	00135 (주)하이테크		7,500,000
대변	0404 제품매출	제품 1차	00135 (주)하이테크		75,000,000
차변	0103 보통예금	제품 1차	00135 (주)하이테크	82,500,000	

11월 7일 [11.과세매출]

장기할부판매의 경우 공급시기는 각 대가를 받기로 한 때로서 세금계산서도 각 대가를 받기로 한 때 발행하여 교부하는 것이다. 따라서 2022년 11월 6일에 제품은 인도되었으나 세금계산서는 1차 할부금에 대하여만 발행 교부한다. 또한 수익인식기준은 문제에서 제시한 방법대로 하며 해당 문제는 판매대가 전액인 600,000,000원을 수익으로 인식한다.

월	일	번호	유형	품목	수량	단가	공급가액	부가세	합계	코드	공급처명	사업/주민번호	전자	분개
11	7	50002	과세	제품 1차			200,000,000	20,000,000	220,000,000	00180	(주)해동무역	127-81-49025	여	혼합

구분	계정과목	적요	거래처	차변(출금)	대변(입금)
대변	0255 부가세예수금	제품 1차	00180 (주)해동무역		20,000,000
대변	0404 제품매출	제품 1차	00180 (주)해동무역		600,000,000
차변	0103 보통예금	제품 1차	00180 (주)해동무역	220,000,000	
차변	0108 외상매출금	제품 1차	00180 (주)해동무역	400,000,000	

11월 10일 [17.카과매출]

월	일	번호	유형	품목	수량	단가	공급가액	부가세	합계	코드	공급처명	사업/주민번호	전자	분개
11	10	50004	카과	제품			400,000	40,000	440,000	00171	김철수	800213-1234567		카드

신용카드사 99600 비씨카드　　봉사료

NO : 50004　　(대 체) 전 표　　일 자 : 2022 년 11 월

구분	계정과목	적요	거래처	차변(출금)	대변(입금)
차변	0108 외상매출금	제품	99600 비씨카드	440,000	
대변	0255 부가세예수금	제품	00171 김철수		40,000
대변	0404 제품매출	제품	00171 김철수		400,000

11월 14일 [22.현과매출]

월	일	번호	유형	품목	수량	단가	공급가액	부가세	합계	코드	공급처명	사업/주민번호	전자	분개
11	14	50003	현과	제품			800,000	80,000	880,000	00178	김미선			혼합

구분	계정과목	적요	거래처	차변(출금)	대변(입금)
대변	0255 부가세예수금	제품	00178 김미선		80,000
대변	0404 제품매출	제품	00178 김미선		800,000
차변	0259 선수금	제품	00178 김미선	1,000,000	
대변	0101 현금	제품	00178 김미선		120,000

11월 15일 [18.카면매출]

쌀은 면세재화이며, 기타채권인 미수금으로 계정과목을 수정해야 한다.

월	일	번호	유형	품목	수량	단가	공급가액	부가세	합계	코드	공급처명	사업/주민번호	전자	분개
11	15	50002	카면	쌀 판매			500,000		500,000	00182	충남상회	204-81-37258		카드

신용카드사 99601 국민카드　　봉사료

NO : 50002　　(대 체) 전 표　　일 자 : 2022 년 11 월

구분	계정과목	적요	거래처	차변(출금)	대변(입금)
차변	0120 미수금	쌀 판매	99601 국민카드	500,000	
대변	0122 소모품	쌀 판매	00182 충남상회		500,000

11월 20일 [14.건별매출]

월	일	번호	유형	품목	수량	단가	공급가액	부가세	합계	코드	공급처명	사업/주민번호	전자	분개
11	20	50001	건별	접대			900,000	90,000	990,000	00144	(주)미래전자	105-87-51159		혼합

구분	계정과목	적요	거래처	차변(출금)	대변(입금)
대변	0255 부가세예수금	접대	00144 (주)미래전자		90,000
대변	0153 원재료	08 타계정으로 대체액	00144 (주)미래전자		600,000
차변	0813 접대비	접대	00144 (주)미래전자	690,000	

11월 30일 [11.과세매출]

복 수 거 래 내 용 (F7)　　(입력가능갯수 : 100개)

No	품목	규격	수량	단가	공급가액	부가세	합계	비고
1	제품		1,000	10,000	10,000,000	1,000,000	11,000,000	
2	제품		500	10,000	5,000,000	500,000	5,500,000	

월	일	번호	유형	품목	수량	단가	공급가액	부가세	합계	코드	공급처명	사업/주민번호	전자	분개
11	30	50003	과세	제품외			15,000,000	1,500,000	16,500,000	00119	(주)지성상사	120-81-28432	여	혼합

구분	계정과목	적요	거래처	차변(출금)	대변(입금)
대변	0255 부가세예수금	제품외	00119 (주)지성상사		1,500,000
대변	0404 제품매출	제품외	00119 (주)지성상사		15,000,000
차변	0108 외상매출금	제품외	00119 (주)지성상사	11,000,000	
차변	0110 받을어음	제품외	00119 (주)지성상사	5,500,000	

빈출 실무수행문제 <매입전표입력>

(주)믿음상사 (회사코드 : 5007)

일자/유형	매입매출전표입력 답안

8월 1일 [51.과세매입]

월	일	번호	유형	품목	수량	단가	공급가액	부가세	합계	코드	공급처명	사업/주민번호	전자	분개
8	1	50001	과세	원재료			7,300,000	730,000	8,030,000	00108	(주)소림상사	104-81-37225	여	혼합

구분	계정과목		적요	거래처		차변(출금)	대변(입금)
차변	0135	부가세대급금	원재료	00108	(주)소림상	730,000	
차변	0153	원재료	원재료	00108	(주)소림상	7,300,000	
대변	0131	선급금	원재료	00108	(주)소림상		2,000,000
대변	0110	받을어음	원재료	00112	(주)강원		5,000,000
대변	0101	현금	원재료	00108	(주)소림상		1,030,000

8월 3일 [51.과세매입]

월	일	번호	유형	품목	수량	단가	공급가액	부가세	합계	코드	공급처명	사업/주민번호	전자	분개
8	3	50010	과세	신축			1,000,000,000	100,000,000	1,100,000,000	00201	(주)금상건설	122-81-14782	여	혼합

구분	계정과목		적요	거래처		차변(출금)	대변(입금)
차변	0135	부가세대급금	신축	00201	(주)금상건	100,000,000	
차변	0202	건물	신축	00201	(주)금상건	1,000,000,000	
대변	0214	건설중인자산	신축	00201	(주)금상건		660,000,000
대변	0103	보통예금	신축	00201	(주)금상건		440,000,000

8월 4일 [51.과세매입]

월	일	번호	유형	품목	수량	단가	공급가액	부가세	합계	코드	공급처명	사업/주민번호	전자	분개
8	4	50002	과세	계약금			20,000,000	2,000,000	22,000,000	00202	(주)한국토목건설	119-81-46779	여	혼합

구분	계정과목		적요	거래처		차변(출금)	대변(입금)
차변	0135	부가세대급금	계약금	00202	(주)한국토	2,000,000	
차변	0214	건설중인자산	계약금	00202	(주)한국토	20,000,000	
대변	0253	미지급금	계약금	00202	(주)한국토		22,000,000

8월 6일 [51.과세매입]

월	일	번호	유형	품목	수량	단가	공급가액	부가세	합계	코드	공급처명	사업/주민번호	전자	분개
8	6	50002	과세	오토바이 대			300,000	30,000	330,000	00203	(주)삼성바이크렌	125-20-44552	여	혼합

구분	계정과목		적요	거래처		차변(출금)	대변(입금)
차변	0135	부가세대급금	오토바이 대여	00203	(주)삼성바	30,000	
차변	0819	임차료	오토바이 대여	00203	(주)삼성바	300,000	
대변	0253	미지급금	오토바이 대여	00203	(주)삼성바		330,000

8월 7일 [51.과세매입]

복수거래 입력

No	품목	규격	수량	단가	공급가액	부가세	합계	비고
1	창호공사				1,400,000	140,000	1,540,000	
2	지붕교체				25,000,000	2,500,000	27,500,000	

월	일	번호	유형	품목	수량	단가	공급가액	부가세	합계	코드	공급처명	사업/주민번호	전자	분개
8	7	50002	과세	창호공사외			26,400,000	2,640,000	29,040,000	00193	(주)대한토목	105-81-00809	여	혼합

구분	계정과목		적요	거래처		차변(출금)	대변(입금)
차변	0135	부가세대급금	창호공사외	00193	(주)대한토	2,640,000	
차변	0202	건물	창호공사외	00193	(주)대한토	26,400,000	
대변	0253	미지급금	창호공사외	00193	(주)대한토		29,040,000

8월 8일 [51.과세매입]

월	일	번호	유형	품목	수량	단가	공급가액	부가세	합계	코드	공급처명	사업/주민번호	전자	분개
8	8	50003	과세	승용차 80C			5,000,000	500,000	5,500,000	00136	(주)국제자동차	137-81-11981	여	혼합

구분	계정과목		적요	거래처		차변(출금)	대변(입금)
차변	0135	부가세대급금	승용차 800cc	00136	(주)국제자	500,000	
차변	0208	차량운반구	승용차 800cc	00136	(주)국제자	5,000,000	
대변	0101	현금	승용차 800cc	00136	(주)국제자		5,500,000

8월 9일 [51.과세매입]

월	일	번호	유형	품목	수량	단가	공급가액	부가세	합계	코드	공급처명	사업/주민번호	전자	분개
8	9	50009	과세	특허권 취득			8,000,000	800,000	8,800,000	00121	(주)현대전기	122-46-87983	여	혼합

구분	계정과목		적요	거래처		차변(출금)	대변(입금)
차변	0135	부가세대급금	특허권 취득	00121	(주)현대전	800,000	
차변	0219	특허권	특허권 취득	00121	(주)현대전	8,000,000	
대변	0331	자본금	특허권 취득	00121	(주)현대전		5,000,000
대변	0341	주식발행초과	특허권 취득	00121	(주)현대전		3,000,000
대변	0253	미지급금	특허권 취득	00121	(주)현대전		800,000

8월 10일 [51.과세매입]

월	일	번호	유형	품목	수량	단가	공급가액	부가세	합계	코드	공급처명	사업/주민번호	전자	분개
8	10	50001	과세	ERP 구축			30,000,000	3,000,000	33,000,000	00204	한국소프트	134-81-21118	여	혼합

구분	계정과목		적요	거래처		차변(출금)	대변(입금)
차변	0135	부가세대급금	ERP 구축	00204	한국소프트	3,000,000	
차변	0227	소프트웨어	ERP 구축	00204	한국소프트	30,000,000	
대변	0101	현금	ERP 구축	00204	한국소프트		33,000,000

8월 12일 [51.과세매입]

월	일	번호	유형	품목	수량	단가	공급가액	부가세	합계	코드	공급처명	사업/주민번호	전자	분개
8	12	50008	과세	고열가공 외			11,000,000	1,100,000	12,100,000	00205	(주)상원기계	108-81-21220		혼합

구분	계정과목		적요	거래처		차변(출금)	대변(입금)
차변	0135	부가세대급금	고열가공 외주	00205	(주)상원기	1,100,000	
차변	0533	외주가공비	고열가공 외주	00205	(주)상원기	11,000,000	
대변	0102	당좌예금	고열가공 외주	00205	(주)상원기		12,100,000

8월 13일 [51.과세매입]

월	일	번호	유형	품목	수량	단가	공급가액	부가세	합계	코드	공급처명	사업/주민번호	전자	분개
8	13	50004	과세	기계장치 반			-30,000,000	-3,000,000	-33,000,000	00189	(주)오리엔트	136-81-00652	여	혼합

구분	계정과목		적요	거래처		차변(출금)	대변(입금)
차변	0135	부가세대급금	기계장치 반품	00189	(주)오리엔	-3,000,000	
차변	0206	기계장치	기계장치 반품	00189	(주)오리엔	-30,000,000	
대변	0253	미지급금	기계장치 반품	00189	(주)오리엔		-33,000,000

※ 미지급금을 차변에 (+)로 반영해도 된다.

8월 15일 [51.과세매입]

월	일	번호	유형	품목	수량	단가	공급가액	부가세	합계	코드	공급처명	사업/주민번호	전자	분개
8	15	50003	과세	부품 교체			2,000,000	200,000	2,200,000	00177	(주)나이스	120-81-33158	여	혼합

구분	계정과목		적요	거래처		차변(출금)	대변(입금)
차변	0135	부가세대급금	부품 교체	00177	(주)나이스	200,000	
차변	0208	차량운반구	부품 교체	00177	(주)나이스	2,000,000	
대변	0253	미지급금	부품 교체	00177	(주)나이스		2,200,000

8월 16일 [51.과세매입]

월	일	번호	유형	품목	수량	단가	공급가액	부가세	합계	코드	공급처명	사업/주민번호	전자	분개
8	16	50001	과세	998cc 렌트			500,000	50,000	550,000	00206	(주)탐라렌트카	107-35-21410	여	혼합

구분	계정과목		적요	거래처		차변(출금)	대변(입금)
차변	0135	부가세대급금	998cc 렌트	00206	(주)탐라렌	50,000	
차변	0819	임차료	998cc 렌트	00206	(주)탐라렌	500,000	
대변	0253	미지급금	998cc 렌트	00206	(주)탐라렌		550,000

8월 18일 [51.과세매입]

건물의 취득원가(부가세 제외) 50,000,000원을 자기주식(취득 40,000,000원)으로 지급하였으므로 자기주식처분이익 10,000,000원이 발생한다.

월	일	번호	유형	품목	수량	단가	공급가액	부가세	합계	코드	공급처명	사업/주민번호	전자	분개
8	18	50001	과세	건물 취득			50,000,000	5,000,000	55,000,000	00177	(주)나이스	120-81-33158	여	혼합

구분	계정과목		적요	거래처		차변(출금)	대변(입금)
차변	0135	부가세대급금	건물 취득	00177	(주)나이스	5,000,000	
차변	0202	건물	건물 취득	00177	(주)나이스	50,000,000	
대변	0383	자기주식	건물 취득	00177	(주)나이스		40,000,000
대변	0343	자기주식처분	건물 취득	00177	(주)나이스		10,000,000
대변	0103	보통예금	건물 취득	00177	(주)나이스		5,000,000

8월 20일 [52.영세매입]

월	일	번호	유형	품목	수량	단가	공급가액	부가세	합계	코드	공급처명	사업/주민번호	전자	분개
8	20	50001	영세	상품			10,000,000		10,000,000	00168	(주)영일	220-81-39938	여	혼합

구분	계정과목		적요	거래처		차변(출금)	대변(입금)
차변	0146	상품	상품	00168	(주)영일	10,000,000	
대변	0103	보통예금	상품	00168	(주)영일		5,000,000
대변	0251	외상매입금	상품	00168	(주)영일		5,000,000

8월 20일 [52.영세매입]

공급대가는 부가세 포함이므로 공급가액란에는 5,000,000원을 입력한다. 현금 지급액 900,000원은 부가세와 관세를 포함한 금액이므로 관세는 400,000원임을 알 수 있으며 관세는 매입 시 부대비용이므로 수입하는 자산의 취득원가에 포함시킨다.

월	일	번호	유형	품목	수량	단가	공급가액	부가세	합계	코드	공급처명	사업/주민번호	전자	분개
8	21	50003	수입	원재료			5,000,000	500,000	5,500,000	00195	인천세관	220-85-04460	여	혼합

구분	계정과목		적요	거래처		차변(출금)	대변(입금)
차변	0135	부가세대급금	원재료	00195	인천세관	500,000	
차변	0153	원재료	원재료	00195	인천세관	400,000	
대변	0101	현금	원재료	00195	인천세관		900,000

8월 22일 [53.면세매입]

월	일	번호	유형	품목	수량	단가	공급가액	부가세	합계	코드	공급처명	사업/주민번호	전자	분개
8	22	50006	면세	사과	40	50,000	2,000,000		2,000,000	00109	하나로마트	136-03-68260	여	혼합

구분	계정과목		적요	거래처		차변(출금)	대변(입금)
차변	0811	복리후생비	사과 40X50000	00109	하나로마트	1,000,000	
차변	0511	복리후생비	사과 40X50000	00109	하나로마트	1,000,000	
대변	0103	보통예금	사과 40X50000	00109	하나로마트		1,000,000
대변	0253	미지급금	사과 40X50000	00109	하나로마트		1,000,000

8월 23일 [53.면세매입]

월	일	번호	유형	품목	수량	단가	공급가액	부가세	합계	코드	공급처명	사업/주민번호	전자	분개
8	23	50002	면세	승합차 리스			3,000,000		3,000,000	00191	서울캐피탈		여	혼합

구분	계정과목		적요	거래처		차변(출금)	대변(입금)
차변	0819	임차료	승합차 리스	00191	서울캐피탈	3,000,000	
대변	0253	미지급금	승합차 리스	00191	서울캐피탈		3,000,000

8월 24일 [53.면세매입]

월	일	번호	유형	품목	수량	단가	공급가액	부가세	합계	코드	공급처명	사업/주민번호	전자	분개
8	24	50001	면세	신문구독			15,000		15,000	00208	전자신문사	327-91-73444	여	혼합

구분	계정과목		적요	거래처		차변(출금)	대변(입금)
차변	0826	도서인쇄비	신문구독	00208	전자신문사	15,000	
대변	0253	미지급금	신문구독	00208	전자신문사		15,000

8월 25일 [53.면세매입]

월	일	번호	유형	품목	수량	단가	공급가액	부가세	합계	코드	공급처명	사업/주민번호	전자	분개
8	25	50001	면세	한우갈비세트			1,000,000		1,000,000	00109	하나로마트	136-03-68260		혼합

구분	계정과목		적요	거래처		차변(출금)	대변(입금)
차변	0511	복리후생비	한우갈비세트	00109	하나로마트	300,000	
차변	0813	접대비	한우갈비세트	00109	하나로마트	700,000	
대변	0253	미지급금	한우갈비세트	00109	하나로마트		1,000,000

9월 1일 [54.불공매입]

월	일	번호	유형	품목	수량	단가	공급가액	부가세	합계	코드	공급처명	사업/주민번호	전자	분개
9	1	50002	불공	거래처 선물			1,500,000	150,000	1,650,000	00209	(주)한국백화점	107-35-21410	여	혼합

불공제사유 4 ④접대비 및 이와 유사한 비용 관련

NO : 50002 (대 체) 전 표 일 자 : 2022

구분	계정과목		적요	거래처		차변(출금)	대변(입금)
차변	0813	접대비	거래처 선물	00209	(주)한국백화점	1,650,000	
대변	0253	미지급금	거래처 선물	00209	(주)한국백화점		1,650,000

9월 2일 [54.불공매입]

새 건물을 신축하기 위하여 기존 건물이 있는 토지를 취득하고 그 건물을 철거하는 경우 기존 건물의 철거 관련 비용에서 철거된 건물의 부산물을 판매하여 수취한 금액을 차감한 금액은 토지의 취득원가에 포함한다.

월	일	번호	유형	품목	수량	단가	공급가액	부가세	합계	코드	공급처명	사업/주민번호	전자	분개
9	2	50002	불공	구건물 철거			15,000,000	1,500,000	16,500,000	00210	부천용역	101-81-25415	여	혼합

불공제사유 6 ⑥토지의 자본적 지출 관련

NO : 50002 (대 체) 전 표 일 자 : 2022

구분	계정과목		적요	거래처		차변(출금)	대변(입금)
차변	0201	토지	구건물 철거	00210	부천용역	16,500,000	
대변	0102	당좌예금	구건물 철거	00210	부천용역		10,000,000
대변	0253	미지급금	구건물 철거	00210	부천용역		6,500,000

9월 3일 [54.불공매입]

차량유지비를 여비교통비로 처리하여도 정답으로 인정한다.

월	일	번호	유형	품목	수량	단가	공급가액	부가세	합계	코드	공급처명	사업/주민번호	전자	분개
9	3	50001	불공	3,300cc 주차권			500,000	50,000	550,000	00140	삼미빌딩	121-81-33433	여	혼합

불공제사유 3 ③비영업용 소형승용자동차 구입·유지 및 임차

NO : 50001 (대 체) 전 표 일 자 : 2022

구분	계정과목		적요	거래처		차변(출금)	대변(입금)
차변	0822	차량유지비	3,300cc 주차권	00140	삼미빌딩	550,000	
대변	0101	현금	3,300cc 주차권	00140	삼미빌딩		550,000

9월 4일 [54.불공매입]

차량운반구를 합하여 48,600,000원으로 처리하여도 된다.

월	일	번호	유형	품목	수량	단가	공급가액	부가세	합계	코드	공급처명	사업/주민번호	전자	분개
9	4	50006	불공	3800cc 승			40,000,000	4,000,000	44,000,000	00211	(주)중고나라	301-81-21488	여	혼합

불공제사유 3 ③비영업용 소형승용자동차 구입· 유지 및 임차

NO : 50006 (대 체) 전 표 일 자 : 2022

구분	계정과목	적요	거래처	차변(출금)	대변(입금)
차변	0208 차량운반구	3800cc 승용차	00211 (주)중고나	44,000,000	
차변	0208 차량운반구	3800cc 승용차 취득세	00211 (주)중고나	4,600,000	
대변	0101 현금	3800cc 승용차	00211 (주)중고나		4,600,000
대변	0253 미지급금	3800cc 승용차	00211 (주)중고나		44,000,000

9월 5일 [54.불공매입]

월	일	번호	유형	품목	수량	단가	공급가액	부가세	합계	코드	공급처명	사업/주민번호	전자	분개
9	5	50012	불공	2000cc 임			2,000,000	200,000	2,200,000	00206	(주)탐라렌트카	107-35-21410	여	혼합

불공제사유 3 ③비영업용 소형승용자동차 구입· 유지 및 임차

NO : 50012 (대 체) 전 표 일 자 : 2022

구분	계정과목	적요	거래처	차변(출금)	대변(입금)
차변	0819 임차료	2000cc 임차	00206 (주)탐라렌	2,200,000	
대변	0253 미지급금	2000cc 임차	00206 (주)탐라렌		2,200,000

9월 6일 [54.불공매입]

비영업용소형승용차의 취득 시 부대비용은 차량운반구 취득원가에 포함, 매입세액 공제불가능하다.

월	일	번호	유형	품목	수량	단가	공급가액	부가세	합계	코드	공급처명	사업/주민번호	전자	분개
9	6	50008	불공	운반비			150,000	15,000	165,000	00157	(주)달리는자동차	127-86-29567		혼합

불공제사유 3 ③비영업용 소형승용자동차 구입· 유지 및 임차

NO : 50008 (대 체) 전 표 일 자 : 2022

구분	계정과목	적요	거래처	차변(출금)	대변(입금)
차변	0208 차량운반구	운반비	00157 (주)달리는	165,000	
대변	0101 현금	운반비	00157 (주)달리는		165,000

9월 8일 [53.면세매입]

버스 자체는 과세이지만, 면세사업자인 학원으로부터 공급되는 경우에는 면세로 공급된다.

월	일	번호	유형	품목	수량	단가	공급가액	부가세	합계	코드	공급처명	사업/주민번호	전자	분개
9	8	50001	면세	버스 구입			20,000,000		20,000,000	00212	고려학원	140-81-32186	여	혼합

구분	계정과목	적요	거래처	차변(출금)	대변(입금)
차변	0208 차량운반구	버스 구입	00212 고려학원	20,000,000	
대변	0101 현금	버스 구입	00212 고려학원		20,000,000

9월 10일 [51.과세매입]

예정신고누락분
↓
F11 간편집계
↓
SF5 예정신고누락분

예정신고누락분 확정신고

선택 : [1]건
[ ]건 : 예정신고누락분 기 체크분
[1]건 : 예정신고누락분 아닌것

[ ]건 : 확정기간데이타(수정못함)
[ ]건 : 일마감 데이타(수정못함)

확정신고 개시년월: 2022 년 10 월 1 일
예정신고 누락분을 위의 기간에 반영하여 합계표를 작성합니다.

삭제(F5) 확인(Tab) 취소(Esc)

2022 년 09 월~ 2022 년 09 월 변경 현금잔액: 425,447,100 대차차액: 매입 누락

□	월	일	번호	유형	품목	수량	단가	공급가액	부가세	합계	코드	공급처명	사업/주민번호	전자	분개
□	9	10	50006	과세	원재료			1,000,000	100,000	1,100,000	00110	(주)코리아물산	620-81-24727		외상

구분	계정과목	적요	거래처	차변(출금)	대변(입금)
대변	0251 외상매입금	원재료	00110 (주)코리아		1,100,000
차변	0135 부가세대급금	원재료	00110 (주)코리아	100,000	
차변	0153 원재료	원재료	00110 (주)코리아	1,000,000	

9월 12일 [57.카과매입]

월	일	번호	유형	품목	수량	단가	공급가액	부가세	합계	코드	공급처명	사업/주민번호	전자	분개
9	12	50001	카과	직무연수			8,000,000	800,000	8,800,000	00213	대한연수원	113-81-41117		카드

신용카드사 99602 하나카드 봉사료

NO : 50001 (대체) 전표 일 자 : 2022

구분	계정과목		적요	거래처		차변(출금)	대변(입금)
대변	0253	미지급금	직무연수	99602	하나카드		8,800,000
차변	0135	부가세대급금	직무연수	00213	대한연수원	800,000	
차변	0525	교육훈련비	직무연수	00213	대한연수원	8,000,000	

9월 13일 [57.카과매입]

월	일	번호	유형	품목	수량	단가	공급가액	부가세	합계	코드	공급처명	사업/주민번호	전자	분개
9	13	50013	카과	3000cc 9인			400,000	40,000	440,000	00158	(주)해피카센타	141-81-08831		카드

신용카드사 99603 우리카드 봉사료

NO : 50013 (대체) 전표 일 자 : 2022

구분	계정과목		적요	거래처		차변(출금)	대변(입금)
대변	0253	미지급금	3000cc 9인승	99603	우리카드		440,000
차변	0135	부가세대급금	3000cc 9인승	00158	(주)해피카	40,000	
차변	0822	차량유지비	3000cc 9인승	00158	(주)해피카	400,000	

9월 14일 [57.카과매입]

월	일	번호	유형	품목	수량	단가	공급가액	부가세	합계	코드	공급처명	사업/주민번호	전자	분개
9	14	50002	카과	경유			150,000	15,000	165,000	00123	공유주유소	624-29-00146		카드

신용카드사 99603 우리카드 봉사료

NO : 50002 (대체) 전표 일 자 : 2022

구분	계정과목		적요	거래처		차변(출금)	대변(입금)
대변	0253	미지급금	경유	99603	우리카드		165,000
차변	0135	부가세대급금	경유	00123	공유주유소	15,000	
차변	0522	차량유지비	경유	00123	공유주유소	150,000	

9월 15일 [57.카과매입]

월	일	번호	유형	품목	수량	단가	공급가액	부가세	합계	코드	공급처명	사업/주민번호	전자	분개
9	15	50001	카과	계약금			2,000,000	200,000	2,200,000	00148	(주)강한종합상사	131-81-38298		카드

신용카드사 99604 삼성카드 봉사료

NO : 50001 (대체) 전표 일 자 : 2022

구분	계정과목		적요	거래처		차변(출금)	대변(입금)
대변	0253	미지급금	계약금	99604	삼성카드		2,200,000
차변	0135	부가세대급금	계약금	00148	(주)강한종	200,000	
차변	0131	선급금	계약금	00148	(주)강한종	2,000,000	

9월 18일 [61.현과매입]

월	일	번호	유형	품목	수량	단가	공급가액	부가세	합계	코드	공급처명	사업/주민번호	전자	분개
9	18	50001	현과	야식			30,000	3,000	33,000	00109	하나로마트	136-03-68260		혼합

구분	계정과목		적요	거래처		차변(출금)	대변(입금)
차변	0135	부가세대급금	야식	00109	하나로마트	3,000	
차변	0811	복리후생비	야식	00109	하나로마트	30,000	
대변	0101	현금	야식	00109	하나로마트		33,000

9월 19일 [61.현과매입]

월	일	번호	유형	품목	수량	단가	공급가액	부가세	합계	코드	공급처명	사업/주민번호	전자	분개
9	19	50008	현과	중개수수료			500,000	50,000	550,000	00214	강남공인중개사	108-91-51403		혼합

구분	계정과목		적요	거래처		차변(출금)	대변(입금)
차변	0135	부가세대급금	중개수수료	00214	강남공인중	50,000	
차변	0831	수수료비용	중개수수료	00214	강남공인중	500,000	
대변	0103	보통예금	중개수수료	00214	강남공인중		550,000

9월 20일 [61.현과매입]

월	일	번호	유형	품목	수량	단가	공급가액	부가세	합계	코드	공급처명	사업/주민번호	전자	분개
9	20	50002	현과	광고			500,000	50,000	550,000	00215	(주)우리광고	108-91-52116		혼합

구분	계정과목		적요	거래처		차변(출금)	대변(입금)
차변	0135	부가세대급금	광고	00215	(주)우리광	50,000	
차변	0833	광고선전비	광고	00215	(주)우리광	500,000	
대변	0101	현금	광고	00215	(주)우리광		550,000

9월 22일 [61.현과매입]

월	일	번호	유형	품목	수량	단가	공급가액	부가세	합계	코드	공급처명	사업/주민번호	전자	분개
9	22	50001	현과	설치비			3,500,000	350,000	3,850,000	00216	다모서비스	114-81-80641		혼합

구분	계정과목		적요	거래처		차변(출금)	대변(입금)
차변	0135	부가세대급금	설치비	00216	다모서비스	350,000	
차변	0206	기계장치	설치비	00216	다모서비스	3,500,000	
대변	0103	보통예금	설치비	00216	다모서비스		3,850,000

9월 23일 [61.현과매입]

월	일	번호	유형	품목	수량	단가	공급가액	부가세	합계	코드	공급처명	사업/주민번호	전자	분개
9	23	50001	현과	복사용지			800,000	80,000	880,000	00155	빠른유통상사	113-01-86067		혼합

구분	계정과목		적요	거래처		차변(출금)	대변(입금)
차변	0135	부가세대급금	복사용지	00155	빠른유통상/	80,000	
차변	0122	소모품	복사용지	00155	빠른유통상/	800,000	
대변	0101	현금	복사용지	00155	빠른유통상/		880,000

9월 25일 [61.현과매입]

월	일	번호	유형	품목	수량	단가	공급가액	부가세	합계	코드	공급처명	사업/주민번호	전자	분개
9	25	50001	현과	원재료 운일			500,000	50,000	550,000	00217	천일화물	107-42-51402		혼합

구분	계정과목		적요	거래처		차변(출금)	대변(입금)
차변	0135	부가세대급금	원재료 운임	00217	천일화물	50,000	
차변	0153	원재료	원재료 운임	00217	천일화물	500,000	
대변	0103	보통예금	원재료 운임	00217	천일화물		550,000

9월 26일 [61.현과매입]

월	일	번호	유형	품목	수량	단가	공급가액	부가세	합계	코드	공급처명	사업/주민번호	전자	분개
9	26	50011	현과	판매 운임			300,000	30,000	330,000	00218	(주)가나운송	138-81-14491		혼합

구분	계정과목		적요	거래처		차변(출금)	대변(입금)
차변	0135	부가세대급금	판매 운임	00218	(주)가나운:	30,000	
차변	0824	운반비	판매 운임	00218	(주)가나운:	300,000	
대변	0103	보통예금	판매 운임	00218	(주)가나운:		330,000

9월 28일 [61.현과매입]

월	일	번호	유형	품목	수량	단가	공급가액	부가세	합계	코드	공급처명	사업/주민번호	전자	분개
9	28	50001	현과	회식비			700,000	70,000	770,000	00159	부활식당	122-21-89237		혼합

구분	계정과목		적요	거래처		차변(출금)	대변(입금)
차변	0135	부가세대급금	회식비	00159	부활식당	70,000	
차변	0511	복리후생비	회식비	00159	부활식당	700,000	
대변	0101	현금	회식비	00159	부활식당		770,000

9월 30일 [58.카면매입]

월	일	번호	유형	품목	수량	단가	공급가액	부가세	합계	코드	공급처명	사업/주민번호	전자	분개
9	30	50002	카면	한돈세트			1,100,000		1,100,000	00209	(주)한국백화점	107-35-21410		카드

신용카드사 99602 하나카드 봉사료

NO : 50002 (대 체) 전 표 일 자 : 2022

구분	계정과목		적요	거래처		차변(출금)	대변(입금)
대변	0253	미지급금	한돈세트	99602	하나카드		1,100,000
차변	0511	복리후생비	한돈세트	00209	(주)한국백:	400,000	
차변	0813	접대비	한돈세트	00209	(주)한국백:	700,000	

빈출 실무수행문제 <부가세 부속신고서 작성>

1 신용카드매출전표등수령명세서 작성(조회기간 : 4월 ~ 6월)

작성방법

- 6월 3일 : 여객운송업은 세금계산서를 발급할 수 없는 영수증발행업에 해당하므로 신용카드매출전표가 세금계산서의 기능을 하지 못하여 매입세액 공제를 받을 수 없다.
- 6월 5일 : 비영업용 소형승용차는 매입세액 불공제 대상에 해당하므로 매입세액 공제를 받을 수 없다.

작성화면

조회기간 : 2022 년 04 월 ~ 2022 년 06 월 구분 1기 확정

2. 신용카드 등 매입내역 합계

구분	거래건수	공급가액	세액
합 계	2	80,000	8,000
현금영수증	1	30,000	3,000
화물운전자복지카드			
사업용신용카드			
그 밖의 신용카드	1	50,000	5,000

3. 거래내역입력

No		월/일	구분	공급자	공급자(가맹점) 사업자등록번호	카드회원번호	그 밖의 신용카드 등 거래내역 합계		
							거래건수	공급가액	세액
1	□	06-04	신용	엑스오일	314-81-11803	1111-2222-3333-4444	1	50,000	5,000
2	□	06-06	현금	별다방	204-25-33620		1	30,000	3,000

2 신용카드매출전표등수령명세서 작성(조회기간 : 7월 ~ 9월)

작성방법

- 7월 15일 : 세금계산서를 수취한 신용카드매출전표는 매입세액 공제를 받을 수 없다.
- 9월 14일 : 입장권발행업으로 수취한 신용카드매출전표는 매입세액 공제를 받을 수 없으며, 해당 거래는 동시에 접대비에도 해당하므로 매입세액 공제를 받을 수 없다.
- 9월 25일 : 여객운송업에 해당하는 신용카드매출전표이므로 매입세액 공제를 받을 수 없다.

작성화면

조회기간 : 2022 년 07 월 ~ 2022 년 09 월 구분 2기 예정

2. 신용카드 등 매입내역 합계

구분	거래건수	공급가액	세액
합 계	1	75,000	7,500
현금영수증	1	75,000	7,500
화물운전자복지카드			
사업용신용카드			
그 밖의 신용카드			

3. 거래내역입력

No	□	월/일	구분	공급자	공급자(가맹점) 사업자등록번호	카드회원번호	그 밖의 신용카드 등 거래내역 합계 거래건수	공급가액	세액
1	□	08-10	현금	아컴사(주)	124-81-00606		1	75,000	7,500
2	□								

3 신용카드매출전표등수령명세서 및 부가세 신고서 작성

(1) 신용카드매출전표등수령명세서 작성(조회기간 : 10월 ~ 12월)

작성방법

- 두리슈퍼 : 접대비에 해당하므로 매입세액 공제를 받을 수 없다.
- 알파문구 : 영수증발행의무자인 간이과세자에 해당하므로 알파문구(간이과세자)로부터 수취한 신용카드등의 매입세액은 공제받을 수 없다.

작성화면

조회기간 : 2022 년 10 월 ~ 2022 년 12 월 구분 2기 확정

2. 신용카드 등 매입내역 합계

구분	거래건수	공급가액	세액
합 계	2	800,000	80,000
현금영수증			
화물운전자복지카드			
사업용신용카드	2	800,000	80,000
그 밖의 신용카드			

3. 거래내역입력

No	□	월/일	구분	공급자	공급자(가맹점) 사업자등록번호	카드회원번호	그 밖의 신용카드 등 거래내역 합계 거래건수	공급가액	세액
1	□	10-20	사업	일동상회	222-22-22227	1234-5678-9000-0000	1	300,000	30,000
2	□	11-20	사업	왕궁호텔	555-55-55553	1234-5678-9000-0000	1	500,000	50,000
3	□								

(2) 부가세 신고서 작성(조회기간 : 10월 ~ 12월)

작성방법

복리후생비와 여비교통비에 해당하는 비용은 [41번]란 일반매입에 입력해야 하므로 해당 란에 800,000원과 80,000원을 입력하면 [14번]란 그밖의공제매입세액란에 반영된다.

작성화면

구분			번호	금액		세액
매입세액	세금계산서 수취분	일반매입	10			
		수출기업수입분납부유예	10			
		고정자산매입	11			
	예정신고누락분		12			
	매입자발행세금계산서		13			
	그 밖의 공제매입세액		14	800,000		80,000
	합계(10)-(10-1)+(11)+(12)+(13)+(14)		15	800,000		80,000
	공제받지못할매입세액		16			
	차감계 (15-16)		17	800,000	ⓛ	80,000
납부(환급)세액(매출세액㉮-매입세액ⓛ)					ⓒ	-80,000
경감공제세액	그 밖의 경감·공제세액		18			
	신용카드매출전표등 발행공제등		19			
	합계		20		ⓡ	
소규모 개인사업자 부가가치세 감면세액			20		ⓜ	
예정신고미환급세액			21		ⓑ	

구분			번호	금액		세액
정누락분	합계		40			
	신용카드매출 수령금액합계	일반매입				
		고정매입				
	의제매입세액					
	재활용폐자원등매입세액					
	과세사업전환매입세액					
	재고매입세액					
	변제대손세액					
	외국인관광객에대한환급/					
	합계					
14.그 밖의 공제매입세액						
신용카드매출 수령금액합계표		일반매입	41	800,000		80,000
		고정매입	42			

④ 부동산임대공급가액명세서 및 부가세 신고서 작성

(1) 부동산임대공급가액명세서 작성(조회기간 : 4월 ~ 6월)

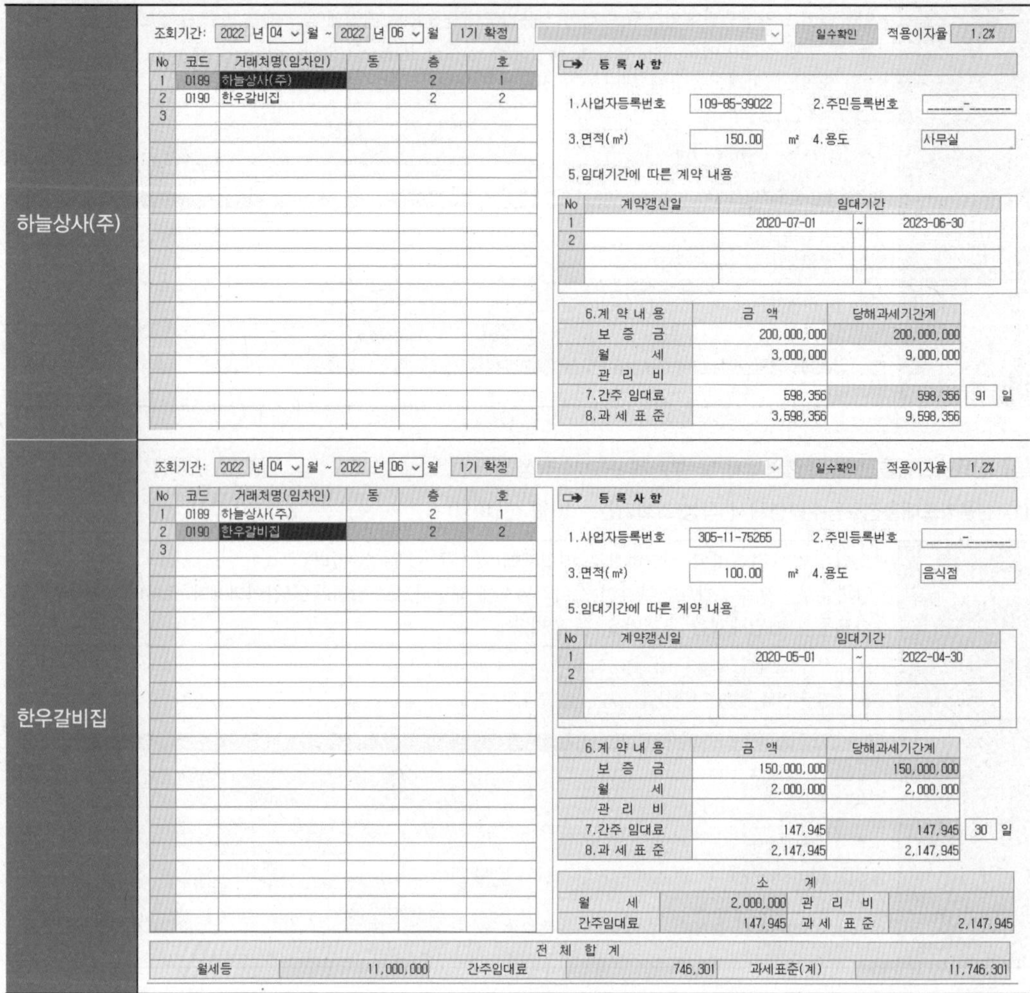

하늘상사(주)

조회기간: 2022 년 04 월 ~ 2022 년 06 월 1기 확정 일수확인 적용이자율 1.2%

No	코드	거래처명(임차인)	동	층	호
1	0189	하늘상사(주)		2	1
2	0190	한우갈비집		2	2
3					

등록사항

1.사업자등록번호 109-85-39022 2.주민등록번호 ______-_______

3.면적(㎡) 150.00 ㎡ 4.용도 사무실

5.임대기간에 따른 계약 내용

No	계약갱신일	임대기간		
1		2020-07-01	~	2023-06-30
2				

6.계 약 내 용	금 액	당해과세기간계	
보 증 금	200,000,000	200,000,000	
월 세	3,000,000	9,000,000	
관 리 비			
7.간주 임대료	598,356	598,356	91 일
8.과 세 표 준	3,598,356	9,598,356	

한우갈비집

조회기간: 2022 년 04 월 ~ 2022 년 06 월 1기 확정 일수확인 적용이자율 1.2%

No	코드	거래처명(임차인)	동	층	호
1	0189	하늘상사(주)		2	1
2	0190	한우갈비집		2	2
3					

등록사항

1.사업자등록번호 305-11-75265 2.주민등록번호 ______-_______

3.면적(㎡) 100.00 ㎡ 4.용도 음식점

5.임대기간에 따른 계약 내용

No	계약갱신일	임대기간		
1		2020-05-01	~	2022-04-30
2				

6.계 약 내 용	금 액	당해과세기간계	
보 증 금	150,000,000	150,000,000	
월 세	2,000,000	2,000,000	
관 리 비			
7.간주 임대료	147,945	147,945	30 일
8.과 세 표 준	2,147,945	2,147,945	

소 계			
월 세	2,000,000	관 리 비	
간주임대료	147,945	과 세 표 준	2,147,945

전 체 합 계					
월세등	11,000,000	간주임대료	746,301	과세표준(계)	11,746,301

(2) 부가세 신고서 작성(조회기간 : 4월 ~ 6월)

작성방법

간주임대료(보증금이자) 746,301원을 부가세 신고서 [4번]란 과세(기타)란에 직접 입력한다. 세액 74,630원은 자동 반영된다.

작성화면

조회기간 : 2022 년 4 월 1 일 ~ 2022 년 6 월 30 일 신고구분 : 1

구분				정기신고금액 금액	세율	세액
과세표준및매	과세	세금계산서발급분	1		10/100	
		매입자발행세금계산서	2		10/100	
		신용카드 · 현금영수증발행분	3		10/100	
		기타(정규영수증외매출분)	4	746,301		74,630
	영세	세금계산서발급분	5		0/100	
		기타	6		0/100	

5 부동산임대공급가액명세서 작성(조회기간 : 7월 ~ 9월)

갱신 전

조회기간: 2022 년 07 월 ~ 2022 년 09 월 2기 예정 | 일수확인 | 적용이자율 1.2%

No	코드	거래처명(임차인)	동	층	호
1	0191	(주)매트	1	1	1
2					

등록사항

1.사업자등록번호 201-81-13655 2.주민등록번호 ______-_______

3.면적(㎡) 100.00 ㎡ 4.용도 학원

5.임대기간에 따른 계약 내용

No	계약갱신일	임대기간		
1		2020-09-01	~	2022-08-31
2	2022-09-01	2022-09-01	~	2024-08-31
3				

6.계약내용	금액	당해과세기간계	
보증금	40,000,000	40,000,000	
월세	3,000,000	6,000,000	
관리비			
7.간주 임대료	81,534	81,534	62 일
8.과세표준	3,081,534	6,081,534	

갱신 후

5.임대기간에 따른 계약 내용

No	계약갱신일	임대기간		
1		2020-09-01	~	2022-08-31
2	2022-09-01	2022-09-01	~	2024-08-31
3				

6.계약내용	금액	당해과세기간계	
보증금	40,000,000	40,000,000	
월세	3,000,000	3,000,000	
관리비			
7.간주 임대료	39,452	39,452	30 일
8.과세표준	3,039,452	3,039,452	

소계			
월세	9,000,000	관리비	
간주임대료	120,986	과세표준	9,120,986

전체합계

6 부동산임대공급가액명세서, 부가세 신고서 작성

(1) 부동산임대공급가액명세서 작성(조회기간 : 10월 ~ 12월)

작성방법 임대기간이 2022년 12월 1일부터 적용되므로 일수는 31일로 적용되어 계산된다.

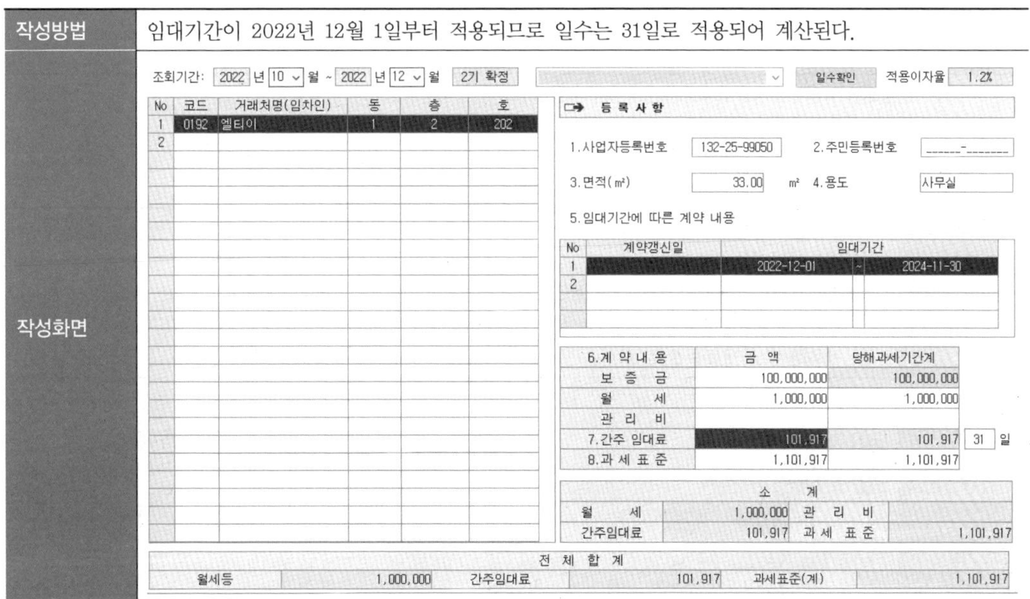

작성화면

조회기간: 2022 년 10 월 ~ 2022 년 12 월 2기 확정 | 일수확인 | 적용이자율 1.2%

No	코드	거래처명(임차인)	동	층	호
1	0192	엘티이	1	2	202
2					

등록사항

1.사업자등록번호 132-25-99050 2.주민등록번호 ______-_______

3.면적(㎡) 33.00 ㎡ 4.용도 사무실

5.임대기간에 따른 계약 내용

No	계약갱신일	임대기간		
1		2022-12-01	~	2024-11-30
2				

6.계약내용	금액	당해과세기간계	
보증금	100,000,000	100,000,000	
월세	1,000,000	1,000,000	
관리비			
7.간주 임대료	101,917	101,917	31 일
8.과세표준	1,101,917	1,101,917	

소계			
월세	1,000,000	관리비	
간주임대료	101,917	과세표준	1,101,917

전체합계					
월세등	1,000,000	간주임대료	101,917	과세표준(계)	1,101,917

(2) 부가가치세 신고서 작성(조회기간 : 10월 ~ 12월)

작성방법	월세는 [1번]란, 간주임대료는 [4번]란에 직접 반영한다.
작성화면	조회기간 : 2022 년 10 월 1 일 ~ 2022 년 12 월 31 일 신고구분 : 1

구분					정기신고금액 금액	세율	세액
과세표준및매출	과세	세금계산서발급분	1		1,000,000	10/100	100,000
		매입자발행세금계산서	2			10/100	
		신용카드 · 현금영수증발행분	3			10/100	
		기타(정규영수증외매출분)	4		101,917		10,191
	영세	세금계산서발급분	5			0/100	
		기타	6			0/100	
	예정신고누락분		7				

7 매입매출전표입력 및 수출실적명세서 작성

(1) 매입매출전표입력

작성방법	1월 15일 [16.수출] $45,000 × 1,210(선적일환율) = 54,450,000원
작성화면	

월	일	번호	유형	품목	수량	단가	공급가액	부가세	합계	코드	공급처명	사업/주민번호	전자	분개
1	15	50002	수출	제품			54,450,000		54,450,000	00193	Ga.Co.Ltd			외상

영세율구분 1 직접수출(대행수출 포함) 수출신고번호 41757-17-050611X

NO : 50002 (대 체) 전 표 일 자 : 2022

구분	계정과목	적요	거래처	차변(출금)	대변(입금)
차변	0108 외상매출금	제품	00193 Ga.Co.Ltd	54,450,000	
대변	0404 제품매출	제품	00193 Ga.Co.Ltd		54,450,000

(2) 수출실적명세서 작성(조회기간 : 1월 ~ 3월)

작성방법	SF4전표불러오기 → 환율 입력 → 저장
작성화면	

F3 입력기간설정 CF4 적요설정 F4 전표처리 SF4 전표불러오기 F6 엑셀작업 F7 마감 F8 신고일 F11 저장

조회기간 : 2022 년 01 월 ~ 2022 년 03 SF4 [SHIFT-F4]전표 불러오기 과세기간별입력

구분	건수	외화금액	원화금액	비고
⑨합계	1	45,000.00	54,450,000	
⑩수출재화[=⑫합계]	1	45,000.00	54,450,000	
⑪기타영세율적용				

No		(13)수출신고번호	(14)선(기)적일자	(15)통화코드	(16)환율	금액 (17)외화	금액 (18)원화	전표정보 거래처코드	전표정보 거래처명
1	□	41757-17-050611X	2022-01-15	USD	1,210.0000	45,000.00	54,450,000	00193	Ga.Co.Ltd

8 수출실적명세서 및 영세율매출명세서 작성

(1) 수출실적명세서 작성(조회기간 : 4월 ~ 6월)

작성방법

- 일본 : JPY환율 입력 시 1엔당 환율 9.94로 수정하여 입력한다.
- 미국 : 선적일(5월 18일 공급시기) 도래 전에 원화로 환산한 경우(5월 12일)에는 그 환가한 금액($60,000 × 1,080/$)을 과세표준으로 한다.
- 영국 : 선적일(6월 30일 공급시기) 이후에 원화로 환산하였으므로 선적일 환율($75,000 × 1,110/$)을 적용하여 과세표준으로 한다.

작성화면

조회기간 : 2022 년 04 월 ~ 2022 년 06 월 구분 : 1기 확정 과세기간별입력

구분	건수	외화금액	원화금액	비고
⑨합계	3	435,000.00	151,032,000	
⑩수출재화[=⑫합계]	3	435,000.00	151,032,000	
⑪기타영세율적용				

No		(13)수출신고번호	(14)선(기)적일자	(15)통화코드	(16)환율	금액 (17)외화	금액 (18)원화	전표정보 거래처코드	전표정보 거래처명
1	□	13041-20-044589X	2022-04-06	JPY	9.9400	300,000.00	2,982,000		
2	□	13055-10-011460X	2022-05-18	USD	1,080.0000	60,000.00	64,800,000		
3	□	13064-25-147041X	2022-06-30	USD	1,110.0000	75,000.00	83,250,000		

(2) 영세율매출명세서 작성(조회기간 : 4월 ~ 6월)

작성방법	직접수출란에 과세표준 합계 151,032,000원을 입력한다.

작성화면

조회기간 2022 년 04 월 ~ 2022 년 06 월 1기 확정

부가가치세법 | 조세특례제한법

(7)구분	(8)조문	(9)내용	(10)금액(원)
	제21조	직접수출(대행수출 포함)	151,032,000
		중계무역·위탁판매·외국인도 또는 위탁가공무역 방식의 수출	
		내국신용장·구매확인서에 의하여 공급하는 재화	
		한국국제협력단 및 한국국제보건의료재단에 공급하는 해외반출용 재화	
		수탁가공무역 수출용으로 공급하는 재화	

9 수출실적명세서 작성(조회기간 : 7월 ~ 9월)

작성방법	히로상사 : 선적일(8월 20일 공급시기) 도래 전에 원화로 환산한 경우(8월 15일)에는 그 환가한 금액($200,000 × 900/$)을 과세표준으로 한다.

작성화면

조회기간 : 2022 년 07 월 ~ 2022 년 09 월 구분 : 2기 예정 과세기간별입력

구분	건수	외화금액	원화금액	비고
⑨합계	3	500,000.00	505,000,000	
⑩수출재화[=⑫합계]	3	500,000.00	505,000,000	
⑪기타영세율적용				

No	□	(13)수출신고번호	(14)선(기)적일자	(15)통화코드	(16)환율	금액 (17)외화	금액 (18)원화	전표정보 거래처코드	전표정보 거래처명
1	□	13042-10-044689X	2022-08-20	USD	900.0000	200,000.00	180,000,000	00194	히로상사
2	□	13045-10-011470X	2022-08-22	USD	1,050.0000	100,000.00	105,000,000	00300	LA상사
3	□	13064-25-247041X	2022-09-17	USD	1,100.0000	200,000.00	220,000,000	00500	킹덤상사

10 수출실적명세서 및 영세율매출명세서 작성

(1) 수출실적명세서 작성(조회기간 : 10월 ~ 12월)

작성방법	선적일 기준환율을 적용한다(수출신고일과 통관일의 환율은 과세표준 계산 시 적용되지 않음).

작성화면

조회기간 : 2022 년 10 월 ~ 2022 년 12 월 구분 : 2기 확정 과세기간별입력

구분	건수	외화금액	원화금액	비고
⑨합계	2	1,050,000.00	67,000,000	
⑩수출재화[=⑫합계]	2	1,050,000.00	67,000,000	
⑪기타영세율적용				

No	□	(13)수출신고번호	(14)선(기)적일자	(15)통화코드	(16)환율	금액 (17)외화	금액 (18)원화	전표정보 거래처코드	전표정보 거래처명
1	□	13041-00-044588X	2022-10-06	USD	1,100.0000	50,000.00	55,000,000	00195	마틴사
2	□	13064-25-011460X	2022-10-20	JPY	12.0000	1,000,000.00	12,000,000	00700	도쿄상사

(2) 영세율매출명세서 작성(조회기간 : 10월 ~ 12월)

작성방법	직접수출란에 과세표준 67,000,000원을 직접 입력한다.

작성화면

조회기간 2022 년 10 월 ~ 2022 년 12 월 2기 확정

부가가치세법 | 조세특례제한법

(7)구분	(8)조문	(9)내용	(10)금액(원)
	제21조	직접수출(대행수출 포함)	67,000,000
		중계무역·위탁판매·외국인도 또는 위탁가공무역 방식의 수출	
		내국신용장·구매확인서에 의하여 공급하는 재화	
		한국국제협력단 및 한국국제보건의료재단에 공급하는 해외반출용 재화	
		수탁가공무역 수출용으로 공급하는 재화	

11 대손세액 공제(변제)신고서 작성(조회기간 : 10월 ~ 12월)

작성방법

- 충성물산 : 채무자의 재산에 대하여 저당권을 설정하고 있는 경우에는 대손세액 공제를 받을 수 없다.
- 영광상회 : 소멸시효가 완성된 외상매출금은 대손세액 공제가 가능하다.
- (주)상신건업 : 공급일로부터 10년이 되는 날이 속하는 과세기간의 확정신고기한 이후에 대손이 확정되었으므로, 대손세액 공제를 받을 수 없다.

작성화면

대손세액공제신고서

종료 인쇄 조회 [5009] (주)만물상사 143-81-14912 법인 11기 2022-01-01-202

F8 신고일 F11저장

대손발생 | 대손변제

조회기간 2022 년 10 월 ~ 2022 년 12 월 2기 확정

당초공급일	대손확정일	대손금액	공제율	대손세액	거래처		대손사유
2019-10-21	2022-10-21	33,000,000	10/110	3,000,000	영광상회	6	소멸시효완성

12 대손세액 공제(변제)신고서 작성(조회기간 : 4월 ~ 6월)

작성방법

- 삼고초려 : 외상매출금(부가세포함)은 대손사유(파산)에 해당하므로 대손세액 공제를 받을 수 있다.
- 한국푸드 : 받을어음(부가세포함)은 부도발생일(2022.2.28)로부터 6개월이 경과되지 않았으므로 대손세액 공제를 받을 수 없다.
- 민국산업 : 미수금(부가세포함)은 대손사유(사망)에 해당하므로 대손세액 공제를 받을 수 있다.
- 청아상사 : 장기대여금은 부가세가 없는 기타채권이다. 따라서 대손세액 공제와는 무관하다.

작성화면

대손발생 | 대손변제

조회기간 2022 년 04 월 ~ 2022 년 06 월 1기 확정

당초공급일	대손확정일	대손금액	공제율	대손세액	거래처		대손사유
2020-10-06	2022-04-10	12,100,000	10/110	1,100,000	삼고초려	1	파산
2018-04-20	2022-06-20	22,000,000	10/110	2,000,000	민국산업	3	사망,실종

13 신용카드매출전표등발행금액집계표 작성(조회기간 : 4월 ~ 6월)

작성방법

- (주)프레디 6,600,000원 : 세금계산서와 신용카드가 발급되었으므로 신용카드-과세매출란에 반영하고 하단 세금계산서발급금액란 [3번]란에도 반영한다.
- 고창석 880,000원 : 440,000원은 신용카드-과세매출란에 추가 입력하고, 나머지 절반 440,000원은 현금영수증-과세매출란에 반영한다.

작성화면

2. 신용카드매출전표 등 발행금액 현황

구 분	합 계	신용 · 직불 · 기명식 선불카드	현금영수증	직불전자지급 수단 및 기명식선불 전자지급수단
합 계	7,480,000	7,040,000	440,000	
과세 매출분	7,480,000	7,040,000	440,000	
면세 매출분				
봉 사 료				

3. 신용카드매출전표 등 발행금액중 세금계산서 교부내역

세금계산서발급금액	6,600,000	계산서발급금액	

14 의제매입세액 공제신고서 작성(조회기간 : 1월 ~ 3월)

작성방법

- 비중소기업 제조업 공제율 2/102 적용한다.
- (주)영일축산으로부터 수취한 증빙이 영수증이므로 의제매입세액 공제를 받을 수 없다(사업자로부터 매입 시 증빙(계산서, 신용카드, 현금영수증)을 반드시 수취해야 한다).
- 농어민으로부터의 매입은 해당 사업자가 제조업자에 해당하므로 공제가능하다.

작성화면

조회기간 2022 년 01 월 ~ 2022 년 03 월 1기 예정　관리용 = 신고용

관리용 | 신고용

공급자	사업자/주민등록번호
(주)한세축산	132-84-56586
(주)해일수산	132-84-56475
(주)우일수산	129-81-66753
김한세	630121-1222311
이세무	290125-1023214

취득일자	구분	물품명	수량	매입가액	공제율	의제매입세액	건수
2022-01-02	계산서	축산물	10	3,003,900	2/102	58,900	1

조회기간 2022 년 01 월 ~ 2022 년 03 월 1기 예정　관리용 = 신고용

관리용 | 신고용

공급자	사업자/주민등록번호
(주)한세축산	132-84-56586
(주)해일수산	132-84-56475
(주)우일수산	129-81-66753
김한세	630121-1222311
이세무	290125-1023214

취득일자	구분	물품명	수량	매입가액	공제율	의제매입세액	건수
2022-02-12	신용카드등	해산물	10	3,060,000	2/102	60,000	1

조회기간 2022 년 01 월 ~ 2022 년 03 월 1기 예정　관리용 = 신고용

관리용 | 신고용

공급자	사업자/주민등록번호
(주)한세축산	132-84-56586
(주)해일수산	132-84-56475
(주)우일수산	129-81-66753
김한세	630121-1222311
이세무	290125-1023214

취득일자	구분	물품명	수량	매입가액	공제율	의제매입세액	건수
2022-03-21	계산서	해산물	10	2,099,670	2/102	41,170	1

조회기간 2022 년 01 월 ~ 2022 년 03 월 1기 예정　관리용 = 신고용

관리용 | 신고용

공급자	사업자/주민등록번호
(주)한세축산	132-84-56586
(주)해일수산	132-84-56475
(주)우일수산	129-81-66753
김한세	630121-1222311
이세무	290125-1023214

취득일자	구분	물품명	수량	매입가액	공제율	의제매입세액	건수
2022-03-12	농어민매입	견과류	10	1,999,200	2/102	39,200	1

조회기간 2022 년 01 월 ~ 2022 년 03 월 1기 예정　관리용 = 신고용

관리용 | 신고용

공급자	사업자/주민등록번호
(주)한세축산	132-84-56586
(주)해일수산	132-84-56475
(주)우일수산	129-81-66753
김한세	630121-1222311
이세무	290125-1023214

취득일자	구분	물품명	수량	매입가액	공제율	의제매입세액	건수
2022-03-25	농어민매입	해산물	10	4,115,700	2/102	80,700	1
합계			10	4,115,700		80,700	1

	매입가액 계	의제매입세액 계	건수 계
계산서 합계	5,103,570	100,070	2
신용카드등 합계	3,060,000	60,000	1
농·어민등 합계	6,114,900	119,900	2
총계	14,278,470	279,970	5

⑮ **의제매입세액 공제신고서 작성(조회기간 : 10월 ~ 12월)**

작성방법

- 음식업을 하는 법인 공제율은 6/106 적용한다.
- 농민으로부터의 매입은 제조업자에 한하여 공제가능하므로 음식업인 해당 사업자는 농어민매입분은 공제받을 수 없다.

〈의제매입세액 정산명세〉

A. 한도액 200,000,000원 = 1기 과세기간 과세표준 500,000,000원 × 한도율 40%
B. 당기매입액 216,000,000원 = 1기 예정 106,000,000원 + 1기 확정 110,000,000원
공제대상금액 200,000,000원 = MIN(한도액 200,000,000, 당기매입액 216,000,000)
C. 공제대상세액 11,320,754원 = 한도액 200,000,000원 × 공제율 6/106
D. 공제(납부)할 세액 5,320,754원 = 11,320,754원 − 예정신고분 이미 공제받은 의제매입세액 6,000,000원

작성화면

조회기간 2022 년 10 월 ~ 2022 년 12 월 2기 확정 관리용 = 신고용

관리용 | 신고용

공급자	사업자/주민등록번호
(주)세미	211-81-87421
(주)진우	212-81-30450

취득일자	구분	물품명	수량	매입가액	공제율	의제매입세액	건수
2022-10-31	계산서	야채	1	30,000,000	6/106	1,698,113	1

조회기간 2022 년 10 월 ~ 2022 년 12 월 2기 확정 관리용 = 신고용

관리용 | 신고용

공급자	사업자/주민등록번호
(주)세미	211-81-87421
(주)진우	212-81-30450

취득일자	구분	물품명	수량	매입가액	공제율	의제매입세액	건수
2022-11-24	신용카드등	정육	1	80,000,000	6/106	4,528,301	1
합계			1	80,000,000		4,528,301	1

	매입가액 계	의제매입세액 계	건수 계
계산서 합계	30,000,000	1,698,113	1
신용카드등 합계	80,000,000	4,528,301	1
농·어민등 합계			
총계	110,000,000	6,226,414	2

〈의제매입세액 정산명세〉

면세농산물등 | 제조업 면세농산물등

가. 과세기간 과세표준 및 공제가능한 금액등 불러오기

과세표준			대상액 한도계산		B.당기매입액	공제대상금액 [MIN (A,B)]
합계	예정분	확정분	한도율	A.한도액		
500,000,000	242,000,000	258,000,000	40/100	200,000,000	216,000,000	200,000,000

나. 과세기간 공제할 세액

공제대상세액		이미 공제받은 금액			공제(납부)할세액 (C-D)
공제율	C.공제대상금액	D.합계	예정신고분	월별조기분	
6/106	11,320,754	6,000,000	6,000,000		5,320,754

⑯ 의제매입세액 공제신고서 작성(조회기간 : 4월 ~ 6월)

작성방법	제조업인 중소기업 공제율은 4/104 적용한다.

작성화면

조회기간 2022 년 04 월 ~ 2022 년 06 월 1기 확정 관리용 = 신고용

관리용 | 신고용

공급자	사업자/주민등록번호
(주)호연	215-81-93662

취득일자	구분	물품명	수량	매입가액	공제율	의제매입세액	건수
2022-04-07	계산서	연어	100	12,000,000	4/104	461,538	1
	합계		100	12,000,000		461,538	1

	매입가액 계	의제매입세액 계	건수 계
계산서 합계	12,000,000	461,538	1
신용카드등 합계			
농·어민등 합계			
총계	12,000,000	461,538	1

면세농산물등 | 제조업 면세농산물등

가. 과세기간 과세표준 및 공제가능한 금액등 불러오기

과세표준			대상액 한도계산		B.당기매입액	공제대상금액 [MIN (A,B)]
합계	예정분	확정분	한도율	A.한도액		
52,000,000	24,000,000	28,000,000	40/100	20,800,000	12,000,000	12,000,000

나. 과세기간 공제할 세액

공제대상세액		이미 공제받은 금액			공제(납부)할세액 (C-D)
공제율	C.공제대상금액	D.합계	예정신고분	월별조기분	
4/104	461,538				461,538

⑰ 공제받지못할매입세액명세서 – 공제받지못할매입세액내역 탭 작성(조회기간 : 1월 ~ 3월)

작성방법	공급받는 자의 상호 및 성명, 공급자의 날인은 필요적 기재사항이 아니므로 매입세액 공제가 가능하다.

작성화면

조회기간 : 2022 년 01 월 ~ 2022 년 03 월 구분 : 1기 예정

공제받지못할매입세액내역 | 공통매입세액안분계산내역 | 공통매입세액의정산내역 | 납부세액또는환급세액재계산

매입세액 불공제 사유	세금계산서		
	매수	공급가액	매입세액
①필요적 기재사항 누락 등			
②사업과 직접 관련 없는 지출	1	1,200,000	120,000
③비영업용 소형승용자동차 구입·유지 및 임차	1	21,500,000	2,150,000
④접대비 및 이와 유사한 비용 관련	1	2,000,000	200,000
⑤면세사업등 관련			
⑥토지의 자본적 지출 관련			
⑦사업자등록 전 매입세액			
⑧금·구리 스크랩 거래계좌 미사용 관련 매입세액			

⑱ 공제받지못할매입세액명세서 – 정산내역 탭 작성(조회기간 4월 ~ 6월)

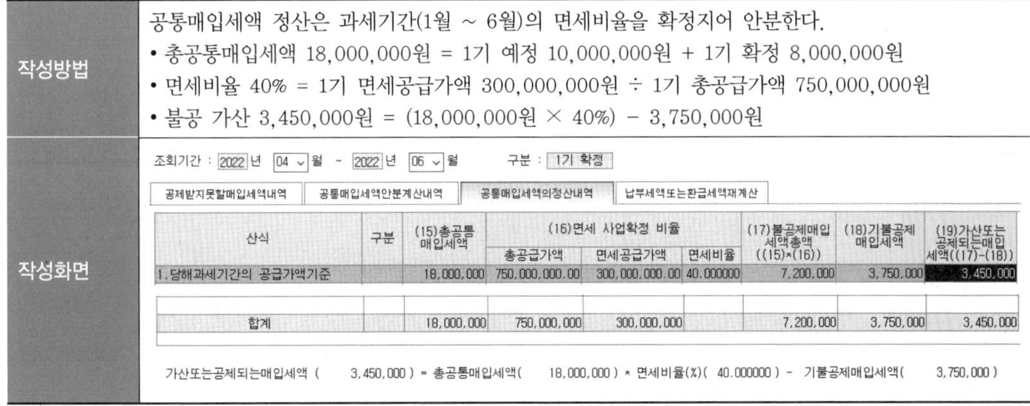

작성방법

공통매입세액 정산은 과세기간(1월 ~ 6월)의 면세비율을 확정지어 안분한다.

- 총공통매입세액 18,000,000원 = 1기 예정 10,000,000원 + 1기 확정 8,000,000원
- 면세비율 40% = 1기 면세공급가액 300,000,000원 ÷ 1기 총공급가액 750,000,000원
- 불공 가산 3,450,000원 = (18,000,000원 × 40%) – 3,750,000원

작성화면

조회기간 : 2022 년 04 월 ~ 2022 년 06 월 구분 : 1기 확정

공제받지못할매입세액내역 | 공통매입세액안분계산내역 | 공통매입세액의정산내역 | 납부세액또는환급세액재계산

산식	구분	(15)총공통매입세액	(16)면세 사업확정 비율			(17)불공제매입세액총액((15)*(16))	(18)기불공제매입세액	(19)가산또는공제되는매입세액((17)-(18))
			총공급가액	면세공급가액	면세비율			
1.당해과세기간의 공급가액기준		18,000,000	750,000,000.00	300,000,000.00	40.000000	7,200,000	3,750,000	3,450,000
합계		18,000,000	750,000,000	300,000,000		7,200,000	3,750,000	3,450,000

가산또는공제되는매입세액 (3,450,000) = 총공통매입세액(18,000,000) * 면세비율(%)(40.000000) - 기불공제매입세액(3,750,000)

⑲ 공제받지못할매입세액명세서 – 안분계산 탭 작성(조회기간 : 7월 ~ 9월)

작성방법

예정신고 시 안분계산은 3개월간 면세비율만큼 불공제매입세액을 계산한다.

- 2기 예정 면세비율 60% = 면세공급가액(매출액) 60,000,000원 ÷ 총공급가액 100,000,000원
- 불공제매입세액 3,000,000원 = 공통매입세액 5,000,000원 × 60%

작성화면

조회기간 : 2022 년 07 월 ~ 2022 년 09 월　구분 : 2기 예정

공제받지못할매입세액내역 | 공통매입세액안분계산내역 | 공통매입세액의정산내역 | 납부세액또는환급세액재계산

산식	구분	과세·면세사업 공통매입 ⑩공급가액	⑪세액	⑫총공급가액등	⑬면세공급가액등	면세비율 (⑬÷⑫)	⑭불공제매입세액 [⑪*(⑬÷⑫)]
1.당해과세기간의 공급가액기준		50,000,000	5,000,000	100,000,000.00	60,000,000.00	60.000000	3,000,000
합계		50,000,000	5,000,000	100,000,000	60,000,000		3,000,000

불공제매입세액 (3,000,000) = 세액(5,000,000) * 면세공급가액 (60,000,000) / 총공급가액 (100,000,000)

⑳ 공제받지못할매입세액명세서 – 재계산 탭 작성(조회기간 10월 ~ 12월)

작성방법

- 토지와 상품은 재계산 대상 자산이 아니므로 제외한다.
- 직전 과세기간의 면세비율은 100%이며, 당해 과세기간의 면세비율은 60%에 해당한다. 따라서 40%만큼 감소(5% 이상)하였으므로 납부(환급)세액 재계산한다.

구 분	2021년 제2기	2022년 제1기	2022년 제2기
면세비율	60%	100%	60%

작성화면

조회기간 : 2022 년 10 월 ~ 2022 년 12 월　구분 : 2기 확정

공제받지못할매입세액내역 | 공통매입세액안분계산내역 | 공통매입세액의정산내역 | 납부세액또는환급세액재계산

자산	(20)해당재화의 매입세액	(21)경감률 [1-(체감률*경과된과세기간의수)] 취득년월	체감률	경과과세기간	경감률	(22)증가 또는 감소된 면세공급가액(사용면적)비율 당기 총공급	당기 면세공급	직전 총공급	직전 면세공급	증가율	(23)가산또는 공제되는 매입세액 (20)*(21)*(22)
1.건물,구축물	15,000,000	2021-01	5	3	85	1,000,000,000.00	600,000,000.00	350,000,000.00	350,000,000.00	-40.000000	-5,100,000
2.기타자산	5,000,000	2022-02	25	1	75	1,000,000,000.00	600,000,000.00	350,000,000.00	350,000,000.00	-40.000000	-1,500,000
합계											-6,600,000

가산또는공제되는매입세액 (-1,500,000) = 해당재화의매입세액(5,000,000) * 경감률(%)(75) * 증가율(%)(-40.000000)

㉑ 공제받지못할매입세액명세서 – 재계산 탭 작성(조회기간 4월 ~ 6월)

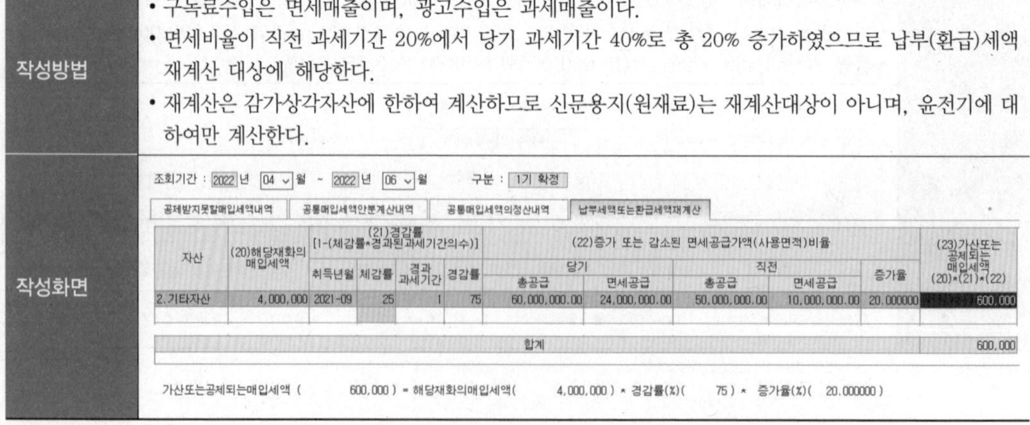

작성방법

- 구독료수입은 면세매출이며, 광고수입은 과세매출이다.
- 면세비율이 직전 과세기간 20%에서 당기 과세기간 40%로 총 20% 증가하였으므로 납부(환급)세액 재계산 대상에 해당한다.
- 재계산은 감가상각자산에 한하여 계산하므로 신문용지(원재료)는 재계산대상이 아니며, 윤전기에 대하여만 계산한다.

작성화면

조회기간 : 2022 년 04 월 ~ 2022 년 06 월　구분 : 1기 확정

공제받지못할매입세액내역 | 공통매입세액안분계산내역 | 공통매입세액의정산내역 | 납부세액또는환급세액재계산

자산	(20)해당재화의 매입세액	(21)경감률 [1-(체감률*경과된과세기간의수)] 취득년월	체감률	경과과세기간	경감률	(22)증가 또는 감소된 면세공급가액(사용면적)비율 당기 총공급	당기 면세공급	직전 총공급	직전 면세공급	증가율	(23)가산또는 공제되는 매입세액 (20)*(21)*(22)
2.기타자산	4,000,000	2021-09	25	1	75	60,000,000.00	24,000,000.00	50,000,000.00	10,000,000.00	20.000000	600,000
합계											600,000

가산또는공제되는매입세액 (600,000) = 해당재화의매입세액(4,000,000) * 경감률(%)(75) * 증가율(%)(20.000000)

빈출 실무수행문제 <부가세 신고서 및 가산세>

1 부가가치세 신고서 작성 [(주)일반상사]

수정신고금액

① 조회기간 : 4월 ~ 6월, 신고구분[2.수정신고], 신고차수[1] 입력한다.
부가세 신고서 왼쪽 메뉴은 정기신고서(7월 25일 신고)를 의미하며, 오른쪽 메뉴에 수정신고서(10월 23일 신고)를 작성하는 메뉴이다.

조회기간 : 2022 년 4 월 1 일 ~ 2022 년 6 월 30 일 신고구분 : 2.수정신고 신고차수 : 1

② 수정신고금액 6번란 : 직수출 50,000,000원을 추가 입력한다.

③ 수정신고금액 4번란 : 중고트럭 20,000,000원과 접대목적 사업상증여(시가) 2,500,000원을 추가 입력한다.

조회기간 : 2022 년 4 월 1 일 ~ 2022 년 6 월 30 일 신고구분 : 2.수정신고 신고차수 : 1 부가율

구분				정기신고금액				수정신고금액		
				금액	세율	세액		금액	세율	세액
과세표준및매출세액	과세	세금계산서발급분	1	153,200,000	10/100	15,320,000	1	153,200,000	10/100	15,320,000
		매입자발행세금계산서	2		10/100		2		10/100	
		신용카드·현금영수증발행분	3		10/100		3		10/100	
		기타(정규영수증외매출분)	4				4	22,500,000		2,250,000
	영세	세금계산서발급분	5		0/100		5		0/100	
		기타	6		0/100		6	50,000,000	0/100	
	예정신고누락분		7				7			
	대손세액가감		8				8			
	합계		9	153,200,000	㉮	15,320,000	9	225,700,000	㉮	17,570,000

과세표준

④ F4 과표명세 우측 28번란 : 50,000,000원을 추가하여 203,200,000원으로 수정한다.

⑤ F4 과표명세 우측 31번란 : 중고트럭매각액과 간주공급 22,500,000원을 추가 입력한다.

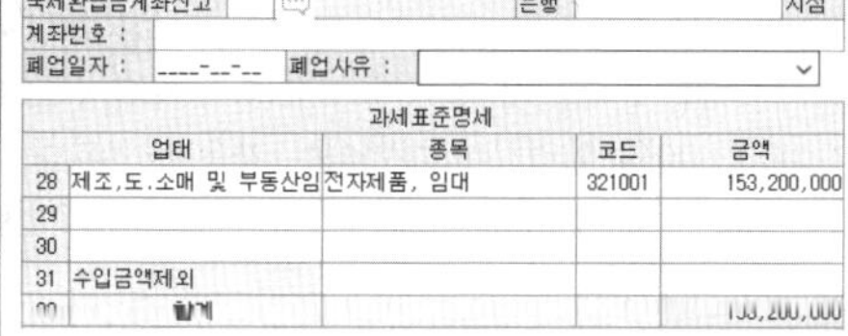

신고구분 : 2 (1.예정 2.확정 3.영세율 조기환급 4.기한후과세표준)
국세환급금계좌신고 은행 지점
계좌번호 :
폐업일자 : ----‑--‑-- 폐업사유 :

	과세표준명세			
	업태	종목	코드	금액
28	제조,도.소매 및 부동산임	전자제품, 임대	321001	153,200,000
29				
30				
31	수입금액제외			
32	합계			153,200,000

신고구분 : 2 (1.예정 2.확정 3.영세율 조기환급 4.기한후과세표준)
국세환급금계좌신고 은행 지점
계좌번호 :
폐업일자 : ----‑--‑-- 폐업사유 :

	과세표준명세			
	업태	종목	코드	금액
28	제조,도.소매 및 부동산임	전자제품, 임대	321001	203,200,000
29				
30				
31	수입금액제외	트럭매각, 사업상증여	321001	22,500,000
32	합계			225,700,000

가산세

⑥ 수정신고금액 메뉴 26번란 : TAB하여 가산세를 직접 입력한다.
[64번란] 미발급 가산세 : 20,000,000원 × 2% = 400,000원
[71번란] 신고불성실 가산세 : 2,250,000원 × 10% × 25%(감면 75%) = 56,250원
[73번란] 납부지연 가산세 : 2,250,000원 × 90일 × 2.2/10,000 = 44,550원
[74번란] 영세율과표신고불성실 가산세 : 50,000,000원 × 0.5% × 25%(감면 75%) = 62,500원

- 중고트럭 20,000,000원(부가세 2,000,000원)은 7월 25일까지 미발급하였으므로 미발급 가산세 적용된다(불특정 다수에게 홍보하는 것은 부가세법상 사업상 증여에 해당하지 않으므로 가산세 적용되지 않음).
- 미납세액 2,250,000원 : 미납한 매출세액 2,250,000원(매입세액 없으므로 매출세액 전액이 미납세액에 해당)
- 감면율 75% : 1기 확정신고 시 누락분을 3개월 이내(90일 내) 수정신고하는 경우이므로 감면적용
- 미납일수 : 납부지연 2,250,000원을 입력하고 당초 및 수정신고일자를 입력하면 미납일수 90일 계산(초일불산입, 말일산입)

부가세신고서 2쪽 수정신고

25.가산세명세					
사업자미등록등		61		1/100	
세 금 계산서	지연발급 등	62		1/100	
	지연수취	63		5/1,000	
	미발급 등	64		뒤쪽참조	
전자세금 발급명세	지연전송	65		5/1,000	
	미전송	66		5/1,000	
세금계산서 합계표	제출불성실	67		5/1,000	
	지연제출				
신고 불성실	무신고(일반)				
	무신고(부당)				
	과소·초과환급(일반)				
	과소·초과환급(부당)				
납부지연					
영세율과세표준신고불성실					
현금매출명세서불성실					
부동산임대공급가액명세서					
매입자 납부특례	거래계좌 미사용	77		뒤쪽	
	거래계좌 지연입금	78		뒤쪽	
합계		79			

납부지연일수 계산

당초납부기한	2022	년	07	월	25	일
납부일 또는 고지일	2022	년	10	월	23	일
미납일수	90					

확인[Tab] 취소[Esc]

25.가산세명세					
사업자미등록등		61		1/100	
세 금 계산서	지연발급 등	62		1/100	
	지연수취	63		5/1,000	
	미발급 등	64	20,000,000	뒤쪽참조	400,000
전자세금 발급명세	지연전송	65		5/1,000	
	미전송	66		5/1,000	
세금계산서 합계표	제출불성실	67		5/1,000	
	지연제출	68		3/1,000	
신고 불성실	무신고(일반)	69		뒤쪽	
	무신고(부당)	70		뒤쪽	
	과소·초과환급(일반)	71	2,250,000	뒤쪽	56,250
	과소·초과환급(부당)	72		뒤쪽	
납부지연		73	2,250,000	뒤쪽	44,550
영세율과세표준신고불성실		74	50,000,000	5/1,000	62,500
현금매출명세서불성실		75		1/100	
부동산임대공급가액명세서		76		1/100	
매입자 납부특례	거래계좌 미사용	77		뒤쪽	
	거래계좌 지연입금	78		뒤쪽	
합계		79			563,300

2 부가가치세 신고서 작성 [(주)일반상사]

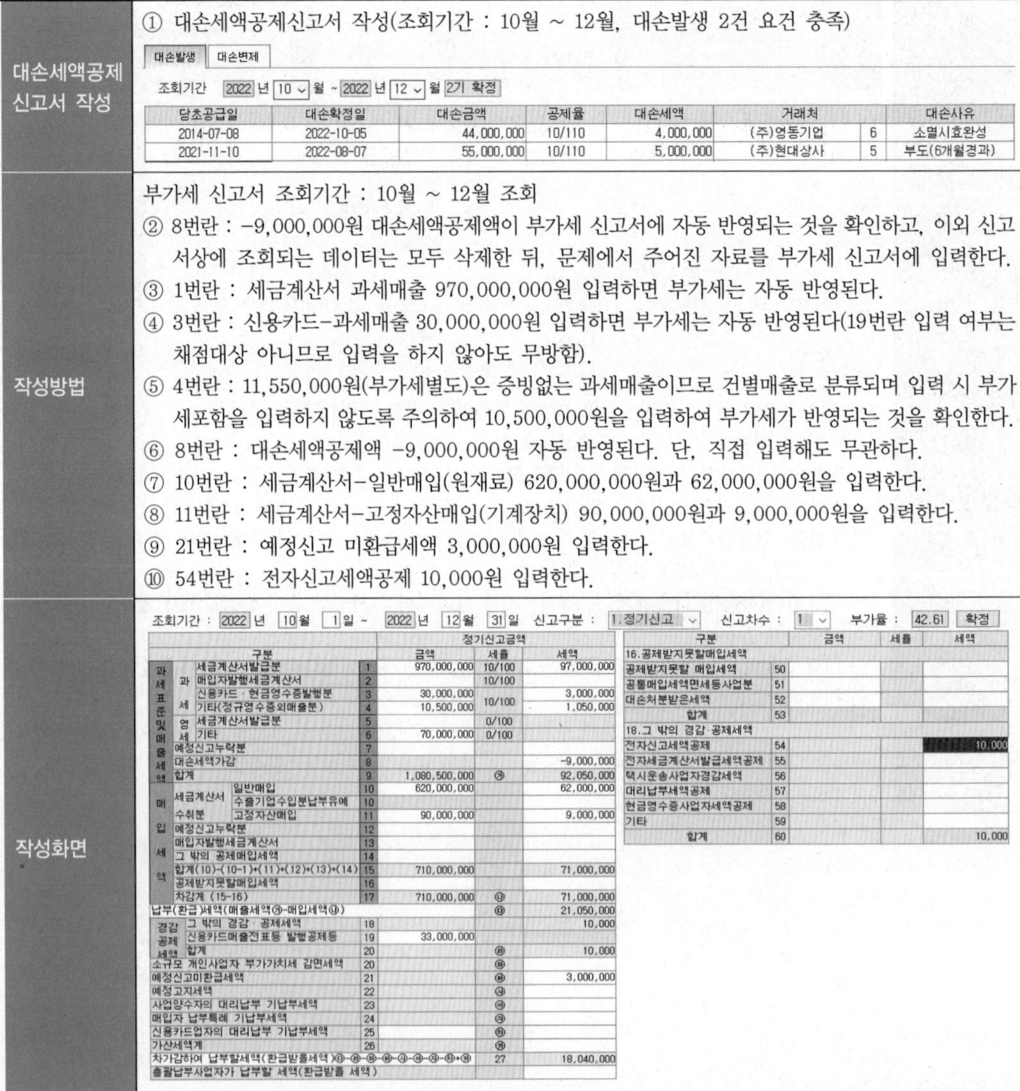

대손세액공제 신고서 작성

① 대손세액공제신고서 작성(조회기간 : 10월 ~ 12월, 대손발생 2건 요건 충족)

대손발생 | 대손변제

조회기간 2022 년 10 월 ~ 2022 년 12 월 2기 확정

당초공급일	대손확정일	대손금액	공제율	대손세액	거래처		대손사유
2014-07-08	2022-10-05	44,000,000	10/110	4,000,000	(주)영동기업	6	소멸시효완성
2021-11-10	2022-08-07	55,000,000	10/110	5,000,000	(주)현대상사	5	부도(6개월경과)

작성방법

부가세 신고서 조회기간 : 10월 ~ 12월 조회

② 8번란 : -9,000,000원 대손세액공제액이 부가세 신고서에 자동 반영되는 것을 확인하고, 이외 신고서상에 조회되는 데이터는 모두 삭제한 뒤, 문제에서 주어진 자료를 부가세 신고서에 입력한다.

③ 1번란 : 세금계산서 과세매출 970,000,000원 입력하면 부가세는 자동 반영된다.

④ 3번란 : 신용카드-과세매출 30,000,000원 입력하면 부가세는 자동 반영된다(19번란 입력 여부는 채점대상 아니므로 입력을 하지 않아도 무방함).

⑤ 4번란 : 11,550,000원(부가세별도)은 증빙없는 과세매출이므로 건별매출로 분류되며 입력 시 부가세포함을 입력하지 않도록 주의하여 10,500,000원을 입력하여 부가세가 반영되는 것을 확인한다.

⑥ 8번란 : 대손세액공제액 -9,000,000원 자동 반영된다. 단, 직접 입력해도 무관하다.

⑦ 10번란 : 세금계산서-일반매입(원재료) 620,000,000원과 62,000,000원을 입력한다.

⑧ 11번란 : 세금계산서-고정자산매입(기계장치) 90,000,000원과 9,000,000원을 입력한다.

⑨ 21번란 : 예정신고 미환급세액 3,000,000원 입력한다.

⑩ 54번란 : 전자신고세액공제 10,000원 입력한다.

작성화면

조회기간 : 2022 년 10 월 1 일 ~ 2022 년 12 월 31 일 신고구분 : 1.정기신고 신고차수 : 1 부가율 : 42.61 확정

구분				정기신고금액 금액	세율	세액
과세표준 및 매출세액	과세	세금계산서발급분	1	970,000,000	10/100	97,000,000
		매입자발행세금계산서	2		10/100	
		신용카드·현금영수증발행분	3	30,000,000	10/100	3,000,000
		기타(정규영수증외매출분)	4	10,500,000		1,050,000
	영세	세금계산서발급분	5		0/100	
		기타	6	70,000,000	0/100	
	예정신고누락분		7			
	대손세액가감		8			-9,000,000
	합계		9	1,080,500,000	㉮	92,050,000
매입세액	세금계산서 수취분	일반매입	10	620,000,000		62,000,000
		수출기업수입분납부유예	10			
		고정자산매입	11	90,000,000		9,000,000
	예정신고누락분		12			
	매입자발행세금계산서		13			
	그 밖의 공제매입세액		14			
	합계(10)-(10-1)+(11)+(12)+(13)+(14)		15	710,000,000		71,000,000
	공제받지못할매입세액		16			
	차감계 (15-16)		17	710,000,000	㉯	71,000,000
납부(환급)세액(매출세액㉮-매입세액㉯)					㉰	21,050,000
경감 공제 세액	그 밖의 경감·공제세액		18			10,000
	신용카드매출전표등 발행공제등		19	33,000,000		
	합계		20		㉱	10,000
소규모 개인사업자 부가가치세 감면세액			20		㉲	
예정신고미환급세액			21		㉳	3,000,000
예정고지세액			22		㉴	
사업양수자의 대리납부 기납부세액			23		㉵	
매입자 납부특례 기납부세액			24		㉶	
신용카드업자의 대리납부 기납부세액			25		㉷	
가산세액계			26		㉸	
차가감하여 납부할세액(환급받을세액)㉰-㉱-㉲-㉳-㉴-㉵-㉶-㉷+㉸					27	18,040,000
총괄납부사업자가 납부할 세액(환급받을 세액)						

구분		금액	세율	세액
16.공제받지못할매입세액				
공제받지못할 매입세액	50			
공통매입세액면세등사업분	51			
대손처분받은세액	52			
합계	53			
18.그 밖의 경감·공제세액				
전자신고세액공제	54			10,000
전자세금계산서발급세액공제	55			
택시운송사업자경감세액	56			
대리납부세액공제	57			
현금영수증사업자세액공제	58			
기타	59			
합계	60			10,000

3 부가가치세 신고서 작성 [(주)결산상사]

작성방법

① 조회기간 : 4월 ~ 6월, 조회 시 불러오는 자료는 모두 삭제한다.
② 1번란 : 세금계산서-과세매출 1,243,000,000원 입력하면 부가세는 자동 반영된다.
③ 4번란 : 사업상증여(시가) 12,000,000원 입력하면 부가세는 자동 반영된다.
④ 8번란 : 전기에 대손세액 공제받은 채권 중 50% 상당의 금액 13,750,000원(부가세포함)을 회수하였으므로 대손세액납부 1,250,000원(13,750,000 × 10/110)을 양수로 기재한다.
⑤ 11번란 : 세금계산서-고정자산매입(기계장치) 235,000,000원을 입력하고, 나머지 565,000,000원은 10번란(일반매입)에 입력한다. 단, 일반매입액 중 접대비는 불공제매입세액에 해당하므로 16번란에 입력하고, 원재료 매입액 중 지연수취한 20,000,000원은 가산세가 적용된다.
⑥ 21번란 : 예정신고 미환급세액 11,500,000원 입력하고, 본 문제는 전자신고세액공제는 생략한다.
⑦ 26번란 : [63번란] 세금계산서 지연수취 가산세 : 20,000,000원 × 0.5% = 100,000원

25.가산세명세					
사업자미등록등		61		1/100	
세 금 계산서	지연발급 등	62		1/100	
	지연수취	63	20,000,000	5/1,000	100,000
	미발급 등	64		뒤쪽참조	

작성화면

조회기간 : 2022 년 4 월 1 일 ~ 2022 년 6 월 30 일 신고구분 : 1.정기신고 신고차수 : 부가율 : 54.98 확정

구분				정기신고금액 금액	세율	세액
과세표준및매출세액	과세	세금계산서발급분	1	1,243,000,000	10/100	124,300,000
		매입자발행세금계산서	2		10/100	
		신용카드·현금영수증발행분	3		10/100	
		기타(정규영수증외매출분)	4	12,000,000		1,200,000
	영세	세금계산서발급분	5		0/100	
		기타	6		0/100	
	예정신고누락분		7			
	대손세액가감		8			1,250,000
	합계		9	1,255,000,000	㉮	126,750,000
매입세액	세금계산서 수취분	일반매입	10	565,000,000		56,500,000
		수출기업수입분납부유예	10			
		고정자산매입	11	235,000,000		23,500,000
	예정신고누락분		12			
	매입자발행세금계산서		13			
	그 밖의 공제매입세액		14			
	합계(10)-(10-1)+(11)+(12)+(13)+(14)		15	800,000,000		80,000,000
	공제받지못할매입세액		16	5,000,000		500,000
	차감계 (15-16)		17	795,000,000	㉯	79,500,000
납부(환급)세액(매출세액㉮-매입세액㉯)					㉰	47,250,000
경감공제세액	그 밖의 경감·공제세액		18			
	신용카드매출전표등 발행공제등		19			
	합계		20		㉱	
소규모 개인사업자 부가가치세 감면세액			20		㉲	
예정신고미환급세액			21		㉳	11,500,000
예정고지세액			22		㉴	
사업양수자의 대리납부 기납부세액			23		㉵	
매입자 납부특례 기납부세액			24		㉶	
신용카드업자의 대리납부 기납부세액			25		㉷	
가산세액계			26		㉸	100,000
차가감하여 납부할세액(환급받을세액)㉰-㉱-㉲-㉳-㉴-㉵-㉶-㉷+㉸					27	35,850,000
총괄납부사업자가 납부할 세액(환급받을 세액)						

구분		금액	세율	세액
16.공제받지못할매입세액				
공제받지못할 매입세액	50	5,000,000		500,000
공통매입세액면세등사업분	51			
대손처분받은세액	52			
합계	53	5,000,000		500,000
18.그 밖의 경감·공제세액				
전자신고세액공제	54			
전자세금계산서발급세액공제	55			
택시운송사업자경감세액	56			
대리납부세액공제	57			
현금영수증사업자세액공제	58			
기타	59			
합계	60			

4 부가가치세 신고서 작성 [(주)결산상사]

작성방법

① 조회기간 : 10월 ~ 12월, 조회 시 불러오는 자료는 모두 삭제한다.

② 1번란 : 세금계산서-과세매출(전자+종이) 160,000,000원 입력하여 부가세를 자동 반영한다. 단, 법인사업자는 전자세금계산서 발급의무자이므로 종이세금계산서 발급분에 대해 가산세가 적용된다.

③ 3번란 : 부가세포함으로 6,820,000원은 부가세 별도로 계산하여 6,200,000원을 입력하고 부가세를 자동 반영시킨다. 6,820,000원을 19번란에 입력하는 여부는 채점대상 아니다.

④ 8번란 : 대손세액공제액 -400,000원을 입력한다.

⑤ 10번 ~ 11번란 : 고정자산매입액 20,000,000원은 11번란에 입력하고 이외 일반매입액 80,000,000원은 10번란에 입력한다. 매입세액은 자동으로 반영되지 않으므로 직접 입력해야 한다.

⑥ 12번란[38번란] : 예정신고누락분 매입자료는 38번란에 입력하여 12번란에 반영한다. 매입세금계산서는 종이로 수취하여도 가산세 적용이 되지 않는다.

⑦ 26번란 : [64번란] 세금계산서 미발급 가산세 : 10,000,000원 × 1% = 100,000원
종이세금계산서를 발급한 10,000,000원에 대하여 미발급 가산세를 적용된다. 단, 가산세율이 2%가 아닌 1%를 적용해야 하므로 가산세를 100,000원으로 수정한다(해당 가산세를 [62번란] 지연발급 가산세(1%)란에 입력해도 정답으로 인정).

25.가산세명세					
사업자미등록등		61		1/100	
세금계산서	지연발급 등	62		1/100	
	지연수취	63		5/1,000	
	미발급 등	64	10,000,000	뒤쪽참조	100,000
전자세금발급명세	지연전송	65		3/1,000	
	미전송	66		5/1,000	
세금계산서합계표	제출불성실	67		5/1,000	
	지연제출	68		3/1,000	

작성화면

조회기간 : 2022 년 10 월 1 일 ~ 2022 년 12 월 31 일 신고구분 : 1.정기신고 신고차수 : 부가율 : 49.15 확정

구분			번호	정기신고금액 금액	세율	세액
과세표준및매출세액	과세	세금계산서발급분	1	160,000,000	10/100	16,000,000
	과세	매입자발행세금계산서	2		10/100	
	과세	신용카드 · 현금영수증발행분	3	6,200,000	10/100	620,000
	과세	기타(정규영수증외매출분)	4			
	영세	세금계산서발급분	5		0/100	
	영세	기타	6		0/100	
	예정신고누락분		7			
	대손세액가감		8			-400,000
	합계		9	166,200,000	㉮	16,220,000
매입세액	세금계산서수취분	일반매입	10	80,000,000		8,000,000
	세금계산서수취분	수출기업수입분납부유예	10			
	세금계산서수취분	고정자산매입	11	20,000,000		2,000,000
	예정신고누락분		12	4,500,000		450,000
	매입자발행세금계산서		13			
	그 밖의 공제매입세액		14			
	합계(10)-(10-1)+(11)+(12)+(13)+(14)		15	104,500,000		10,450,000
	공제받지못할매입세액		16			
	차감계 (15-16)		17	104,500,000	㉯	10,450,000
납부(환급)세액(매출세액㉮-매입세액㉯)					㉰	5,770,000
경감공제세액	그 밖의 경감 · 공제세액		18			
	신용카드매출전표등 발행공제등		19	6,820,000		
	합계		20		㉱	
소규모 개인사업자 부가가치세 감면세액			20		㉲	
예정신고미환급세액			21		㉳	
예정고지세액			22		㉴	
사업양수자의 대리납부 기납부세액			23		㉵	
매입자 납부특례 기납부세액			24		㉶	
신용카드업자의 대리납부 기납부세액			25		㉷	
가산세액계			26		㉸	100,000
차가감하여 납부할세액(환급받을세액)㉰-㉱-㉲-㉳-㉴-㉵-㉶-㉷+㉸					27	5,870,000
총괄납부사업자가 납부할 세액(환급받을 세액)						

구분			번호	금액	세율	세액
7.매출(예정신고누락분)						
예정누락분	과세	세금계산서	33		10/100	
	과세	기타	34		10/100	
	영세	세금계산서	35		0/100	
	영세	기타	36		0/100	
	합계		37			
12.매입(예정신고누락분)						
예정누락분	세금계산서		38	4,500,000		450,000
	그 밖의 공제매입세액		39			
	합계		40	4,500,000		450,000
	신용카드매출수령금액합계	일반매입				
	신용카드매출수령금액합계	고정매입				
	의제매입세액					
	재활용폐자원등매입세액					
	과세사업전환매입세액					
	재고매입세액					
	변제대손세액					
	외국인관광객에대한환급/					
	합계					
14.그 밖의 공제매입세액						
신용카드매출수령금액합계표	일반매입		41			
신용카드매출수령금액합계표	고정매입		42			
의제매입세액			43		뒤쪽	
재활용폐자원등매입세액			44		뒤쪽	
과세사업전환매입세액			45			
재고매입세액			46			
변제대손세액			47			
외국인관광객에대한환급세액			48			
합계			49			

5 부가가치세 신고서 작성 [(주)빈출상사A]

작성방법

① 조회기간 : 4월 ~ 6월, 조회 시 불러오는 자료는 삭제하지 않는다.
② 부가세 신고서 우측 33번 ~ 36번까지 매출-예정신고누락분 입력하고, 38번란에는 매입-예정신고누락분을 입력한다. 매입 영세율세금계산서의 매입세액은 없음을 주의한다.
③ 26번란 : 가산세 계산하여 직접 입력한다.
[71번란] 신고불성실 가산세 : 400,000원 × 10% × 25%(감면 75%) = 10,000원
[73번란] 납부지연 가산세 : 400,000원 × 91일 × 2.2/10,000 = 8,008원
[74번란] 영세율과표신고불성실 가산세 : 5,000,000원 × 0.5% × 25%(감면 75%) = 6,250원
- 영세율과표신고불성실가산세는 직수출 5,000,000원 예정신고누락분에 대해 부과됨
- 미납세액 400,000원 : 미납한 매출세액 400,000원
- 감면율 75% : 1기 예정신고 시 누락분을 1기 확정신고 시 3개월 이내 신고하는 경우이므로 감면적용됨
- 미납일수 : 73번란 납부지연 입력하고 당초신고 및 수정신고일자를 입력하면 미납일수 91일이 계산됨

작성화면

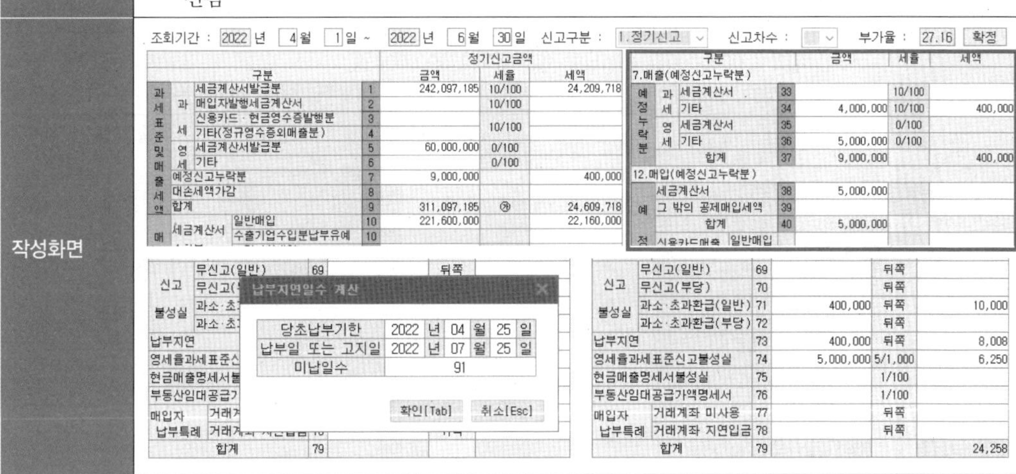

조회기간 : 2022 년 4 월 1 일 ~ 2022 년 6 월 30 일 신고구분 : 1.정기신고 신고차수 : 부가율 : 27.16 확정

구분				금액	세율	세액
과세표준및매출세액	과세	세금계산서발급분	1	242,097,185	10/100	24,209,718
		매입자발행세금계산서	2		10/100	
		신용카드·현금영수증발행분	3		10/100	
		기타(정규영수증외매출분)	4			
	영세	세금계산서발급분	5	60,000,000	0/100	
		기타	6		0/100	
	예정신고누락분		7	9,000,000		400,000
	대손세액가감		8			
	합계		9	311,097,185	㉮	24,609,718
매	세금계산서	일반매입	10	221,600,000		22,160,000
		수출기업수입분납부유예	10			

구분				금액	세율	세액
7.매출(예정신고누락분)						
예정누락분	과세	세금계산서	33		10/100	
		기타	34	4,000,000	10/100	400,000
	영세	세금계산서	35		0/100	
		기타	36	5,000,000	0/100	
	합계		37	9,000,000		400,000
12.매입(예정신고누락분)						
예정	세금계산서		38	5,000,000		
	그 밖의 공제매입세액		39			
	합계		40	5,000,000		
	신용카드매출	일반매입				

납부지연일수 계산

당초납부기한	2022	년	04	월	25	일
납부일 또는 고지일	2022	년	07	월	25	일
미납일수	91					

확인[Tab] 취소[Esc]

구분		번호	금액	세율	세액
신고불성실	무신고(일반)	69		뒤쪽	
	무신고(부당)	70		뒤쪽	
	과소·초과환급(일반)	71	400,000	뒤쪽	10,000
	과소·초과환급(부당)	72		뒤쪽	
납부지연		73	400,000	뒤쪽	8,008
영세율과세표준신고불성실		74	5,000,000	5/1,000	6,250
현금매출명세서불성실		75		1/100	
부동산임대공급가액명세서		76		1/100	
매입자납부특례	거래계좌 미사용	77		뒤쪽	
	거래계좌 지연입금	78		뒤쪽	
합계		79			24,258

⑥ 부가가치세 신고서 작성 [(주)빈출상사A]

작성방법

① 조회기간 : 10월 ~ 12월, 조회 시 불러오는 자료는 모두 삭제한다.
② 1번란 : 세금계산서-과세매출 450,000,000원 입력하면 부가세는 자동 반영된다.
③ 3번란 : 신용카드-과세매출 30,000,000원 입력하면 부가세는 자동 반영된다.
④ 6번란 : 직수출 100,000,000원 입력한다.
⑤ 34번란 : 예정신고누락-카드매출 10,000,000원을 입력하면 부가세는 자동 반영되고 7번란에 해당 금액이 반영된다.
⑥ 11번란 : 비영업용소형승용차 50,000,000원과 부가세를 입력하고, 16번란 클릭하여 50번란에 불공제매입세액으로 50,000,000원과 부가세 5,000,000원을 입력한다.
⑦ 10번란 : 일반매입액 220,000,000원과 부가세 22,000,000원을 입력한다.
⑧ 41번란 : 현금영수증-일반매입액 10,000,000원과 부가세를 입력한다.
⑨ 해당 부가세 신고는 전자신고가 아닌 서류로 제출하였으므로 전자신고세액공제는 해당사항 없다.
⑩ 26번란 : 가산세 계산하여 직접 입력한다.
[71번란] 신고불성실 가산세 : 1,000,000원 × 10% × 25%(감면 75%) = 25,000원
[73번란] 납부지연 가산세 : 1,000,000원 × 92일 × 2.2/10,000 = 20,240원
• 미납세액 1,000,000원 : 미납한 매출세액 1,000,000원
• 감면율 75% : 2기 예정신고 시 누락분을 2기 확정신고 시(3개월 이내) 신고하는 경우로 감면적용됨

작성화면

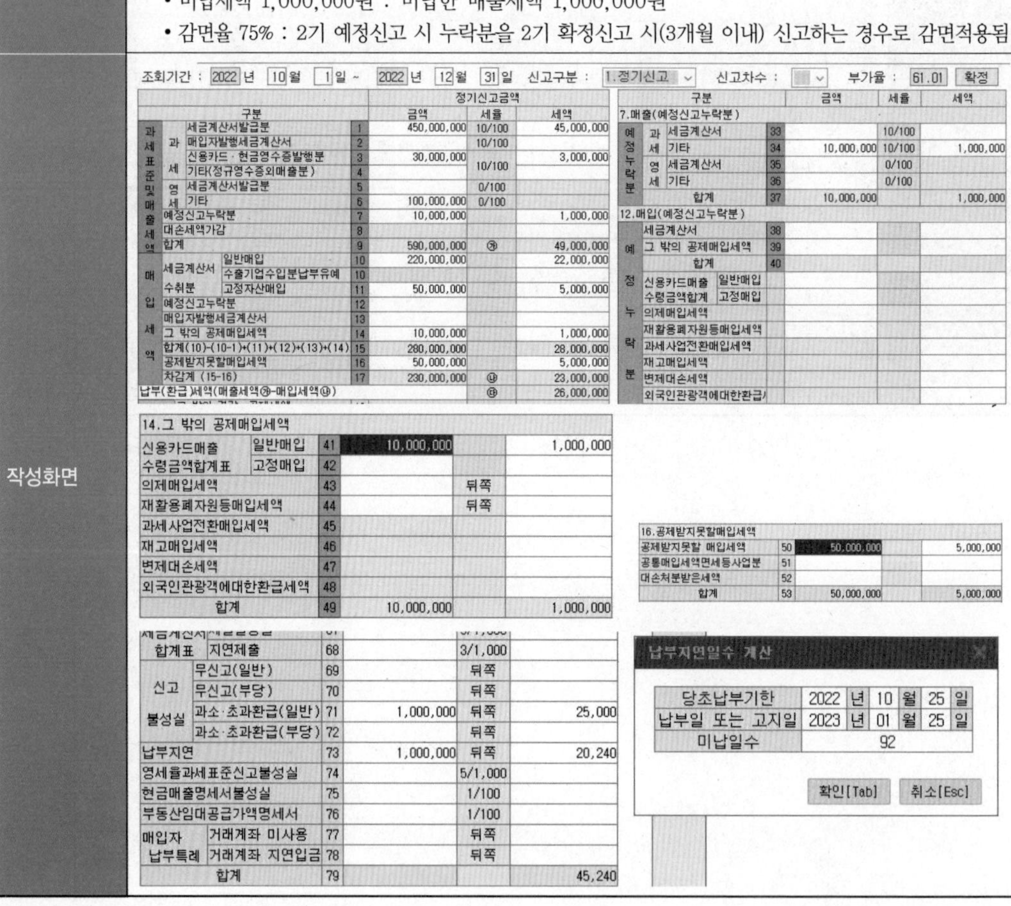

조회기간 : 2022 년 10 월 1 일 ~ 2022 년 12 월 31 일 신고구분 : 1.정기신고 신고차수 : 부가율 : 61.01 확정

구분			번호	금액	세율	세액
과세표준및매출세액	과세	세금계산서발급분	1	450,000,000	10/100	45,000,000
		매입자발행세금계산서	2		10/100	
		신용카드·현금영수증발행분	3	30,000,000	10/100	3,000,000
		기타(정규영수증외매출분)	4			
	영세	세금계산서발급분	5		0/100	
		기타	6	100,000,000	0/100	
	예정신고누락분		7	10,000,000		1,000,000
	대손세액가감		8			
	합계		9	590,000,000	㉮	49,000,000
매입세액	세금계산서수취분	일반매입	10	220,000,000		22,000,000
		수출기업수입분납부유예	10			
		고정자산매입	11	50,000,000		5,000,000
	예정신고누락분		12			
	매입자발행세금계산서		13			
	그 밖의 공제매입세액		14	10,000,000		1,000,000
	합계(10)-(10-1)+(11)+(12)+(13)+(14)		15	280,000,000		28,000,000
	공제받지못할매입세액		16	50,000,000		5,000,000
	차감계 (15-16)		17	230,000,000	㉯	23,000,000
납부(환급)세액(매출세액㉮-매입세액㉯)					㉰	26,000,000

구분			번호	금액	세율	세액
7.매출(예정신고누락분)						
예정누락분	과세	세금계산서	33		10/100	
		기타	34	10,000,000	10/100	1,000,000
	영세	세금계산서	35		0/100	
		기타	36		0/100	
	합계		37	10,000,000		1,000,000
12.매입(예정신고누락분)						
예정누락분	세금계산서		38			
	그 밖의 공제매입세액		39			
	합계		40			
	신용카드매출수령금액합계	일반매입				
		고정매입				
	의제매입세액					
	재활용폐자원등매입세액					
	과세사업전환매입세액					
	재고매입세액					
	변제대손세액					
	외국인관광객에대한환급					

14.그 밖의 공제매입세액		번호	금액	세율	세액
신용카드매출수령금액합계표	일반매입	41	10,000,000		1,000,000
	고정매입	42			
의제매입세액		43		뒤쪽	
재활용폐자원등매입세액		44		뒤쪽	
과세사업전환매입세액		45			
재고매입세액		46			
변제대손세액		47			
외국인관광객에대한환급세액		48			
합계		49	10,000,000		1,000,000

16.공제받지못할매입세액	번호	금액	세율	세액
공제받지못할 매입세액	50	50,000,000		5,000,000
공통매입세액면세등사업분	51			
대손처분받은세액	52			
합계	53	50,000,000		5,000,000

구분		번호	금액	세율	세액
합계표	지연제출	68		3/1,000	
신고불성실	무신고(일반)	69		뒤쪽	
	무신고(부당)	70		뒤쪽	
	과소·초과환급(일반)	71	1,000,000	뒤쪽	25,000
	과소·초과환급(부당)	72		뒤쪽	
납부지연		73	1,000,000	뒤쪽	20,240
영세율과세표준신고불성실		74		5/1,000	
현금매출명세서불성실		75		1/100	
부동산임대공급가액명세서		76		1/100	
매입자납부특례	거래계좌 미사용	77		뒤쪽	
	거래계좌 지연입금	78		뒤쪽	
합계		79			45,240

납부지연일수 계산

당초납부기한	2022 년 10 월 25 일
납부일 또는 고지일	2023 년 01 월 25 일
미납일수	92

확인[Tab] 취소[Esc]

7 부가가치세 신고서 작성 [(주)빈출상사C]

작성방법

① 조회기간 : 4월 ~ 6월
② 1번란 : 세금계산서-과세매출 370,000,000원 입력하면 부가세는 자동 반영된다.
③ 3번란 : 신용카드 + 현금영수증 27,000,000원(부가세별도) 입력하면 부가세는 자동 반영된다.
④ 6번란 : 직수출 100,000,000원을 입력한다.
⑤ 11번란 : 고정자산매입 50,000,000원과 부가세 5,000,000원을 입력하고, 비영업용승용차에 해당하므로 50번란에 입력하여 16번란 공제받지못할매입세액란에 반영되도록 한다.
⑥ 10번란 : 일반매입 180,000,000원과 부가세 18,000,000원을 입력한다.
⑦ 54번란 : 홈택스 전자신고세액공제 10,000원 입력한다.
⑧ 43번란 : 과일통조림 제조업 비중소기업(2/102)으로 면세매입액(과일) 153,000,000원에 대한 의제매입세액공제액을 계산하여 직접 입력한다. 의제매입세액 3,000,000원 = 면세농수산물등 매입액 153,000,000원 × 비중소업 공제율 2/102

14.그 밖의 공제매입세액					
신용카드매출 수령금액합계표	일반매입	41			
	고정매입	42			
의제매입세액		43	153,000,000	뒤쪽	3,000,000
재활용폐자원등매입세액		44		뒤쪽	
과세사업전환매입세액		45			
재고매입세액		46			
변제대손세액		47			
외국인관광객에대한환급세액		48			
합계		49	153,000,000		3,000,000

작성화면

조회기간 : 2022 년 4 월 1 일 ~ 2022 년 6 월 30 일 신고구분 : 1.정기신고 신고차수 : 부가율 : 32.99 확정

구분				정기신고금액 금액	세율	세액
과세표준및매출세액	과세	세금계산서발급분	1	370,000,000	10/100	37,000,000
		매입자발행세금계산서	2		10/100	
		신용카드·현금영수증발행분	3	27,000,000	10/100	2,700,000
		기타(정규영수증외매출분)	4			
	영세	세금계산서발급분	5		0/100	
		기타	6	100,000,000	0/100	
	예정신고누락분		7			
	대손세액가감		8			
	합계		9	497,000,000	㉮	39,700,000
매입세액	세금계산서 수취분	일반매입	10	180,000,000		18,000,000
		수출기업수입분납부유예	10			
		고정자산매입	11	50,000,000		5,000,000
	예정신고누락분		12			
	매입자발행세금계산서		13			
	그 밖의 공제매입세액		14	153,000,000		3,000,000
	합계(10)-(10-1)+(11)+(12)+(13)+(14)		15	383,000,000		26,000,000
	공제받지못할매입세액		16	50,000,000		5,000,000
	차감계 (15-16)		17	333,000,000	㉯	21,000,000
납부(환급)세액(매출세액㉮-매입세액㉯)					㉰	18,700,000
경감공제세액	그 밖의 경감·공제세액		18			10,000
	신용카드매출전표등 발행공제등		19	29,700,000		
	합계		20		㉱	10,000
소규모 개인사업자 부가가치세 감면세액			20		㉲	
예정신고미환급세액			21		㉳	
예정고지세액			22		㉴	
사업양수자의 대리납부 기납부세액			23		㉵	
매입자 납부특례 기납부세액			24		㉶	
신용카드업자의 대리납부 기납부세액			25		㉷	
가산세액계			26		㉸	
차가감하여 납부할세액(환급받을세액)㉰-㉱-㉲-㉳-㉴-㉵-㉶-㉷+㉸					27	18,690,000
총괄납부사업자가 납부할 세액(환급받을 세액)						

구분		금액	세율	세액
16.공제받지못할매입세액				
공제받지못할 매입세액	50	50,000,000		5,000,000
공통매입세액면세등사업분	51			
대손처분받은세액	52			
합계	53	50,000,000		5,000,000
18.그 밖의 경감·공제세액				
전자신고세액공제	54			10,000
전자세금계산서발급세액공제	55			
택시운송사업자경감세액	56			
대리납부세액공제	57			
현금영수증사업자세액공제	58			
기타	59			
합계	60			10,000

8 부가가치세 신고서 작성 [(주)빈출상사C]

작성방법

① 조회기간 : 10월 ~ 12월
② 1번란 : 세금계산서-과세매출 15,000,000원 입력하면 부가세는 자동 반영된다. 단, 법인사업자가 종이세금계산서를 발급하였으므로 미발급(1%) 가산세가 적용된다.
③ 10번란 : 세금계산서-일반매입액 10,000,000원과 부가세 1,000,000원을 입력한다. 단, 이 중 3,000,000원과 부가세 300,000원은 불공제 접대비에 해당하므로 50번란에 입력하여 16번란에 반영되도록 한다.
④ 36번란 : 예정신고 시 누락한 직수출 30,000,000원을 입력한다.
⑤ 39번란 : 예정신고 시 누락한 그밖의공제매입세액으로 반영해야 하며 입력방법은 하단부 신용카드-일반매입란에 5,000,000원과 부가세 500,000원을 입력하면 39번란에 반영된다.
⑥ 26번란 : 가산세 계산하여 직접 입력한다.
[64번란] 미발급 가산세 : 10,000,000원 × 1% = 100,000원
[74번란] 영세율과표신고불성실 가산세 : 30,000,000원 × 0.5% × 25%(감면 75%) = 37,500원

- 미발급 가산세 세율은 2%로 설정되어 있으나 종이세금계산서를 발급하여 미발급 가산세를 적용하는 경우에는 1%를 적용해야 한다. 따라서 가산세를 100,000원으로 수정하여 입력한다(단, 이 경우 지연발급 가산세(1%)란에 입력해도 정답으로 인정해줌).
- 감면율 75% : 예정신고 시 누락분을 확정신고 시 반영하면 3개월 이내 수정신고하는 것으로 감면적용됨
- 미납세액이 없으므로 신고불성실, 납부지연 가산세는 적용되지 않음

작성화면

조회기간 : 2022 년 10 월 1 일 ~ 2022 년 12 월 31 일 신고구분 : 1.정기신고 신고차수 : 부가율 : 66.66 확정

구분			번호	정기신고금액 금액	세율	세액
과세표준및매출세액	과세	세금계산서발급분	1	15,000,000	10/100	1,500,000
		매입자발행세금계산서	2		10/100	
		신용카드 · 현금영수증발행분	3		10/100	
		기타(정규영수증외매출분)	4			
	영세	세금계산서발급분	5		0/100	
		기타	6		0/100	
	예정신고누락분		7	30,000,000		
	대손세액가감		8			
	합계		9	45,000,000	㉮	1,500,000
매입세액	세금계산서 수취분	일반매입	10	10,000,000		1,000,000
		수출기업수입분납부유예	10			
		고정자산매입	11			
	예정신고누락분		12	5,000,000		500,000
	매입자발행세금계산서		13			
	그 밖의 공제매입세액		14			
	합계(10)-(10-1)+(11)+(12)+(13)+(14)		15	15,000,000		1,500,000
	공제받지못할매입세액		16	3,000,000		300,000
	차감계 (15-16)		17	12,000,000	㉯	1,200,000
납부(환급)세액(매출세액㉮-매입세액㉯)					㉰	300,000
경감	그 밖의 경감 · 공제세액		18			
	신용카드매출전표등 발행공제등		19			

구분			번호	금액	세율	세액
7.매출(예정신고누락분)						
예정누락분	과세	세금계산서	33		10/100	
		기타	34		10/100	
	영세	세금계산서	35		0/100	
		기타	36	30,000,000	0/100	
	합계		37	30,000,000		
12.매입(예정신고누락분)						
예정누락분	세금계산서		38			
	그 밖의 공제매입세액		39	5,000,000		500,000
	합계		40	5,000,000		500,000
	신용카드매출 수령금액합계	일반매입		5,000,000		500,000
		고정매입				
	의제매입세액					
	재활용폐자원등매입세액					
	과세사업전환매입세액					
	재고매입세액					
	변제대손세액					
	외국인관광객에대한환급/					
	합계			5,000,000		500,000

25.가산세명세		번호	금액	세율	세액
사업자미등록등		61		1/100	
세금계산서	지연발급 등	62		1/100	
	지연수취	63		5/1,000	
	미발급 등	64	10,000,000	뒤쪽참조	100,000
전자세금발급명세	지연전송	65		3/1,000	
	미전송	66		5/1,000	
세금계산서합계표	제출불성실	67		5/1,000	
	지연제출	68		3/1,000	
신고불성실	무신고(일반)	69		뒤쪽	
	무신고(부당)	70		뒤쪽	
	과소·초과환급(일반)	71		뒤쪽	
	과소·초과환급(부당)	72		뒤쪽	
납부지연		73		뒤쪽	
영세율과세표준신고불성실		74	30,000,000	5/1,000	37,500
현금매출명세서불성실		75		1/100	
부동산임대공급가액명세서		76		1/100	
매입자납부특례	거래계좌 미사용	77		뒤쪽	
	거래계좌 지연입금	78		뒤쪽	
합계		79			137,500

16.공제받지못할매입세액	번호	금액	세율	세액
공제받지못할 매입세액	50	3,000,000		300,000
공통매입세액면세등사업분	51			
대손처분받은세액	52			
합계	53	3,000,000		300,000

18.그 밖의 경감·공제세액	번호	금액	세율	세액
전자신고세액공제	54			
전자세금계산서발급세액공제	55			
택시운송사업자경감세액	56			
대리납부세액공제	57			
현금영수증사업자세액공제	58			
기타	59			
합계	60			

03 소득세 실무

빈출 실무수행문제 <사원등록>

1 엄태식 : 부양가족명세 탭 작성

작성방법

엄태식	기본공제와 장애인(3.중증환자)공제 가능하다.
엄유석	일용근로소득은 무조건 분리과세이므로 소득요건 충족한다. 기본공제, 경로우대(70세 이상)공제 가능하다.
진유선	사적연금소득은 연 1,200만원 이하의 경우 분리과세 신청이 가능하므로 소득요건 충족하다. 기본공제, 경로우대(70세 이상), 장애인(1.장애인복지법)공제 가능하다.
김옥경	총급여액 500만원 이하까지 소득요건 충족하므로 기본공제 가능하다.
엄기수	20세 초과이므로 기본공제 불가능하므로 '0:부' 입력한다.
엄지영	20세 이하이고 소득이 없으므로 기본공제, 7세 이상 자녀로 자녀세액공제가 가능하다.
엄지철	삼촌은 기본공제대상자에 해당하지 않으므로 부양가족명세에 입력을 하지 않는다.

작성화면

사번	성명		주민(외국인)번호
108	엄태식	1	710210-1354633

기본사항 | 부양가족명세 | 추가사항

연말관계	성명	내/외국인		주민(외국인)번호	나이	기본공제	부녀자	한부모	경로우대	장애인	자녀	출산입양	위탁관계
0	엄태식	내	1	710210-1354633	51	본인				3			
1	엄유석	내	1	400814-1557890	82	60세이상			○				
1	진유선	내	1	430425-2631211	79	60세이상			○	1			
3	김옥경	내	1	761214-2457690	46	배우자							
4	엄기수	내	1	990505-1349871	23	부							
4	엄지영	내	1	040214-4652148	18	20세이하					○		

◆ 부양가족 공제 현황

1. 기본공제 인원 (세대주 구분 1 세대주)

본인	○	배우자	유	20세 이하	1	60세 이상	2

2. 추가공제 인원

경로 우대	2	장 애 인	2	부 녀 자	부
한 부 모	부	출산입양자			

3. 자녀세액공제 인원

자녀세액공제	1

◆ 자녀세액공제는 7세 이상 20세 이하의 자녀인 경우 공제 받을 수 있습니다.

2 신나라 : 사원등록, 부양가족명세 탭 작성

작성방법

신나라	기본공제 가능하며 '1.세대주' 입력한다.
오연지	복권당첨금은 무조건 분리과세이므로 소득요건 충족하여 기본공제 가능하다.
박순례	소득금액의 합이 90만원으로 100만원 이하에 해당하므로 기본공제, 경로우대(70세 이상)공제 가능하다.
신기해	장애인은 연령요건에 제한이 없으나 퇴직소득금액 100만원 초과하므로 기본공제 불가능하여 '0:부' 입력한다.
신아름	일용근로소득은 무조건 분리과세되지만 연령요건이 충족되지 않아 기본공제 불가능하여 '0:부' 입력한다.
신보름	당해 연도(2022년)에 입양한 자녀로 기본공제, 출산입양(2.둘째)공제 가능하다. 7세 미만이므로 자녀세액공제는 적용되지 않는다.

안심Touch

작성화면 〈기본사항〉

사번	성명	주민(외국인)번호
108	엄태식	1 710210-1354633
201	신나라	1 750420-1234567

기본사항 | 부양가족명세 | 추가사항

1.입사년월일 2022 년 8 월 1 일
2.내/외국인 1 내국인
3.외국인국적 KR 대한민국 체류자격
4.주민구분 1 주민등록번호 주민등록번호 750420-1234567
5.거주구분 1 거주자 6.거주지국코드 KR 대한민국
7.국외근로제공 0 부 8.단일세율적용 0 부 9.외국법인 파견근로자 0 부
10.생산직등여부 0 부 연장근로비과세 0 부 전년도총급여

작성화면 〈부양가족명세〉

사번	성명	주민(외국인)번호
108	엄태식	1 710210-1354633
201	신나라	1 750420-1234567

기본사항 | 부양가족명세 | 추가사항

연말관계	성명	내/외국인	주민(외국인)번호	나이	기본공제	부녀자	한부모	경로우대	장애인	자녀	출산입양	위탁관계
0	신나라	내	1 750420-1234567	47	본인							
3	오연지	내	1 750320-2951351	47	배우자							
1	박순례	내	1 481228-2346418	74	60세이상			○				
6	신기해	내	1 781124-2514614	44	부							
4	신아름	내	1 980508-2145188	24	부							
4	신보름	내	1 180120-4665154	4	20세이하						둘째	

③ 김미소 : 사원등록, 부양가족명세 탭 작성

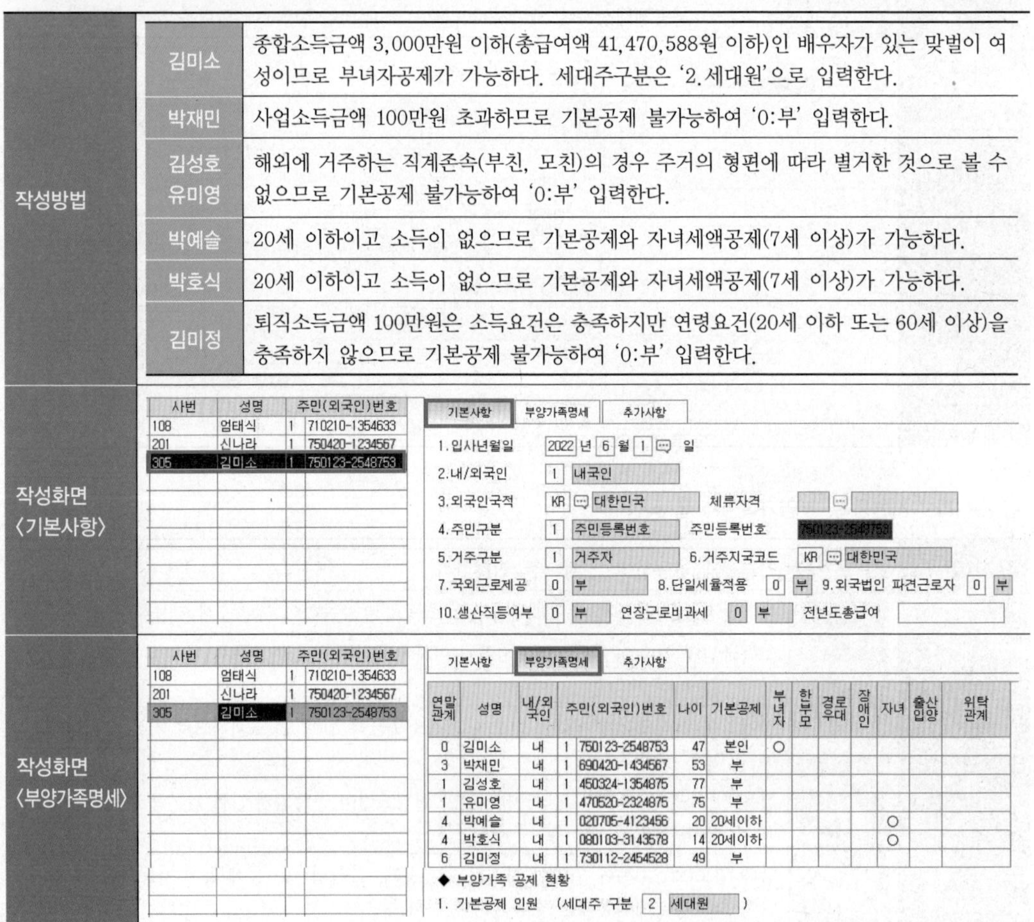

작성방법

김미소	종합소득금액 3,000만원 이하(총급여액 41,470,588원 이하)인 배우자가 있는 맞벌이 여성이므로 부녀자공제가 가능하다. 세대주구분은 '2.세대원'으로 입력한다.
박재민	사업소득금액 100만원 초과하므로 기본공제 불가능하여 '0:부' 입력한다.
김성호 유미영	해외에 거주하는 직계존속(부친, 모친)의 경우 주거의 형편에 따라 별거한 것으로 볼 수 없으므로 기본공제 불가능하여 '0:부' 입력한다.
박예슬	20세 이하이고 소득이 없으므로 기본공제와 자녀세액공제(7세 이상)가 가능하다.
박호식	20세 이하이고 소득이 없으므로 기본공제와 자녀세액공제(7세 이상)가 가능하다.
김미정	퇴직소득금액 100만원은 소득요건은 충족하지만 연령요건(20세 이하 또는 60세 이상)을 충족하지 않으므로 기본공제 불가능하여 '0:부' 입력한다.

작성화면 〈기본사항〉

사번	성명	주민(외국인)번호
108	엄태식	1 710210-1354633
201	신나라	1 750420-1234567
305	김미소	1 750123-2548753

기본사항 | 부양가족명세 | 추가사항

1.입사년월일 2022 년 6 월 1 일
2.내/외국인 1 내국인
3.외국인국적 KR 대한민국 체류자격
4.주민구분 1 주민등록번호 주민등록번호 750123-2548753
5.거주구분 1 거주자 6.거주지국코드 KR 대한민국
7.국외근로제공 0 부 8.단일세율적용 0 부 9.외국법인 파견근로자 0 부
10.생산직등여부 0 부 연장근로비과세 0 부 전년도총급여

작성화면 〈부양가족명세〉

사번	성명	주민(외국인)번호
108	엄태식	1 710210-1354633
201	신나라	1 750420-1234567
305	김미소	1 750123-2548753

기본사항 | 부양가족명세 | 추가사항

연말관계	성명	내/외국인	주민(외국인)번호	나이	기본공제	부녀자	한부모	경로우대	장애인	자녀	출산입양	위탁관계
0	김미소	내	1 750123-2548753	47	본인	○						
3	박재민	내	1 690420-1434567	53	부							
1	김성호	내	1 450324-1354875	77	부							
1	유미영	내	1 470520-2324875	75	부							
4	박예슬	내	1 020705-4123456	20	20세이하					○		
4	박호식	내	1 080103-3143578	14	20세이하					○		
6	김미정	내	1 730112-2454528	49	부							

◆ 부양가족 공제 현황

1. 기본공제 인원 (세대주 구분 2 세대원)

④ **황진이 : 사원등록, 부양가족명세 탭 작성**

작성방법

구분	내용
황진이	종합소득금액 3,000만원 이하(총급여액 41,470,588원 이하)인 배우자가 있는 맞벌이 여성이므로 부녀자공제가 가능하다. 세대주구분은 '2.세대원'으로 입력한다.
홍길동	일용근로소득은 무조건 분리과세되므로 기본공제 가능하다.
사임당	부동산임대소득금액 100만원 초과하므로 기본공제 불가능하여 '0:부' 입력한다. 소득금액 요건이 충족되지 않으면 인적공제를 받을 수 있다.
홍순아	20세 이하이고 소득이 없으므로 기본공제와 자녀세액공제(만 7세 이상)가 가능하다.
황매화	장애인은 연령의 제한이 없으며 증여재산가액은 기본공제대상 여부를 판단하는 소득금액에 해당하는 소득이 아니므로 기본공제, 장애인(3.중증환자) 추가공제 가능하다.

작성화면 〈기본사항〉

사번	성명		주민(외국인)번호
108	엄태식	1	710210-1354633
201	신나라	1	750420-1234567
305	김미소	1	750123-2548753
400	황진이	1	750128-2436807

기본사항 | 부양가족명세 | 추가사항

1.입사년월일 2022 년 12 월 1 일

2.내/외국인 1 내국인

3.외국인국적 KR 대한민국 체류자격

4.주민구분 1 주민등록번호 주민등록번호 750128-2436807

5.거주구분 1 거주자 6.거주지국코드 KR 대한민국

작성화면 〈부양가족명세〉

사번	성명		주민(외국인)번호
108	엄태식	1	710210-1354633
201	신나라	1	750420-1234567
305	김미소	1	750123-2548753
400	황진이	1	750128-2436807

기본사항 | 부양가족명세 | 추가사항

연말관계	성명	내/외국인		주민(외국인)번호	나이	기본공제	부녀자	한부모	경로우대	장애인	자녀	출산입양	위탁관계
0	황진이	내	1	750128-2436807	47	본인	○						
1	사임당	내	1	420310-2412811	80	부							
3	홍길동	내	1	730826-1476711	49	배우자							
4	홍순아	내	1	021130-4035224	20	20세이하					○		
6	황매화	내	1	780427-1412312	44	장애인				3			

※ 연말관계 : 0.소득자 본인, 1.소득자의 직계존속, 2.배우자의 직계존속, 3.배우자,
4.직계비속(자녀+입양자), 5.직계비속(4 제외), 6. 형제자매, 7.수급자(1~6 제외)
8.위탁아동(만 18세 미만, 보호기간 연장 시 20세 이하/직접선택)

◆ 부양가족 공제 현황

1. 기본공제 인원 (세대주 구분 2 세대원)

빈출 실무수행문제 <급여자료입력>

1 (주)빈출상사C (회사코드 : 5005)

수당등록

• 사용하지 않는 수당(상여, 직책수당, 야간근로수당, 자가운전보조금)은 '부' 체크한다.

수당등록 | 공제등록

No	코드	과세구분	수당명	근로소득유형 유형	코드	한도	월정액	통상임금	사용여부
1	1001	과세	기본급	급여			정기	여	여
2	1002	과세	상여	상여			부정기	부	부
3	1003	과세	직책수당	급여			정기	부	부
4	1004	과세	월차수당	급여			정기	부	여
5	1005	비과세	식대	식대	P01	(월)100,000	정기	부	여
6	1006	비과세	자가운전보조금	자가운전보조금	H03	(월)200,000	부정기	부	부
7	1007	비과세	야간근로수당	야간근로수당	001	(년)2,400,000	부정기	부	부
8	2001	비과세	육아수당	육아수당	Q01	(월)100,000	정기	부	여
9	2002	과세	출퇴근수당	급여			정기	부	여

급여자료입력

귀속연월 7월, 지급연월일 7월 31일

귀속년월: 2022 년 07 월 지급년월일: 2022 년 07 월 31 일 급여

사번	사원명	감면율
201	최민호	
총인원(퇴사자)	1(0)	

급여항목	금액
기본급	2,200,000
월차수당	400,000
식대	150,000
육아수당	200,000
출퇴근수당	200,000
과세	2,950,000
비과세	200,000
지급총액	3,150,000

공제항목	금액
국민연금	99,000
건강보험	76,890
장기요양보험	9,430
고용보험	23,600
소득세(100%)	80,140
지방소득세	8,010
농특세	
공제총액	297,070
차인지급액	2,852,930

만약, 4대 보험료 공제금액이 자동으로 산출된 금액이 급여명세서의 공제금액과 다르게 산출된 경우에는 급여명세서에 제시되어 있는 공제금액으로 직접 수정하여 급여자료입력을 작성한다.
(문제가 출제된 시점과 실무수행을 하는 연도가 다른 경우에 공제율 변경으로 인해 산출액이 다를 수 있음)

원천징수 이행상황신고서

원천징수이행상황신고서(귀속기간과 지급기간 : 7월 ~ 7월)
기간을 입력하고 조회하면 급여자료입력 메뉴에 입력한 자료가 자동으로 반영된다. 왼쪽 하단 12.전월미환급란에 210,000원을 직접 입력하고 메뉴 종료 시 '저장하기'를 하여야만 추가로 입력한 전월미환급세액이 최종답안에 저장된다.

귀속기간 2022 년 07 월 ~ 2022 년 07 월 지급기간 2022 년 07 월 ~ 2022 년 07 월 신고구분 1.정기신고 차수

신고구분	☑매월	□반기	□수정	□연말	□소득처분	□환급신청	귀속년월	2022년 7월	지급년월	2022년 7월
일괄납부여부	부	사업자단위과세여부	부	부표 작성			환급신청서 작성		승계명세 작성	

원천징수명세및납부세액 | 원천징수이행상황신고서 부표 | 원천징수세액환급신청서 | 기납부세액명세서 | 전월미환급세액 조정명세서 | 차월이월환급세액 승계명세

			코드	소득지급 인원	총지급액	징수세액 소득세 등	농어촌특별세	가산세			별세
개인	근로소득	간이세액	A01	1	3,050,000	80,140					
		중도퇴사	A02								
		일용근로	A03								
		연말정산	A04								
		(분납신청)	A05								
		(납부금액)	A06								
		가 감 계	A10	1	3,050,000	80,140			80,140		
	퇴직소	연금계좌	A21								
		그 외	A22								

데이타를 저장하시겠습니까?
예(Y) 아니오(N)

전월 미환급 세액의 계산 12.전월미환급	13.기환급	14.차감(12-13)	당월 발생 환급세액 15.일반환급	16.신탁재산	금융회사 등	합병 등	18.조정대상환급(14+15+16+17)	19.당월조정환급세액계	20.차월이월환급세액	21.환급신청액
210,000		210,000					210,000	80,140	129,860	

② (주)소망상사 (회사코드 : 5006)

수당등록 공제등록

수당등록 | 공제등록

No	코드	과세구분	수당명	근로소득유형: 유형	근로소득유형: 코드	근로소득유형: 한도	월정액	통상임금	사용여부
1	1001	과세	기본급	급여			정기	여	여
2	1005	비과세	식대		P01	(월)100,000	정기	부	부
3	1006	비과세	자가운전보조금	자가운전보조금	H03	(월)200,000	부정기	부	여
4	1007	비과세	야간근로수당	야간근로수당	001	(년)2,400,000	정기	부	여
5	2001	과세	식대				정기	부	여
6	2002	비과세	육아수당	육아수당	Q01	(월)100,000	정기	부	여
7	2003	과세	직무수당	급여			정기	부	여
8	1002	과세	상여	상여			부정기	부	부
9	1003	과세	직책수당	급여			정기	부	부
10	1004	과세	월차수당	급여			정기	부	부

비과세-식대 '부'

과세-식대 추가등록

수당등록 | 공제등록

No	코드	공제항목명	공제소득유형	사용여부
1	5001	국민연금	고정항목	여
2	5002	건강보험	고정항목	여
3	5003	장기요양보험	고정항목	여
4	5004	고용보험	고정항목	여
5	5005	학자금상환	고정항목	여
6	6001	사내대출금	대출	여

- 구내식당에서 식사를 별도로 제공하면 식대는 과세가 된다. 따라서 기 설정되어 있는 비과세 식대는 '부'로 수정하고, '과세'로 추가 등록한다.
- 야간근로수당은 기존에 등록되어 있는 공제항목을 그대로 사용하여도 무방하다. 사무직 근로자의 야간근로수당은 비과세로 등록되어 있다 할지라도 과세로 계산된다.
- 6세 이하 자녀가 있는 경우 지급되는 육아수당은 매월 10만원씩 비과세 적용이 가능하므로 비과세 육아수당 항목을 추가로 등록한다.
- 나머지 사용하지 않는 항목들은 모두 사용여부를 '부'로 수정한다.

급여자료입력

귀속연월 4월, 지급연월일 4월 30일

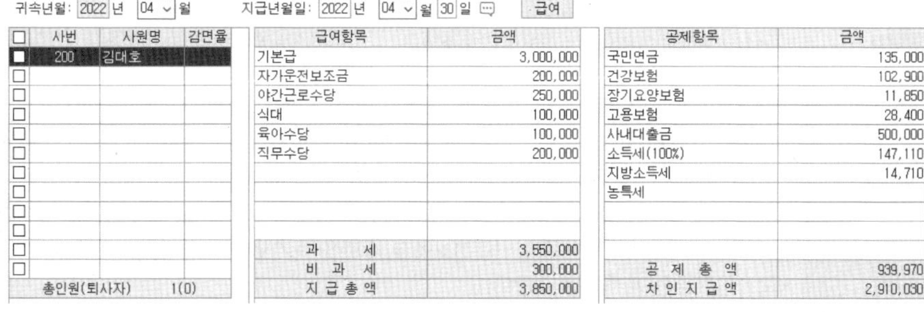

귀속년월: 2022 년 04 월 지급년월일: 2022 년 04 월 30 일 급여

사번	사원명	감면율
200	김대호	
총인원(퇴사자)	1(0)	

급여항목	금액
기본급	3,000,000
자가운전보조금	200,000
야간근로수당	250,000
식대	100,000
육아수당	100,000
직무수당	200,000
과세	3,550,000
비과세	300,000
지급총액	3,850,000

공제항목	금액
국민연금	135,000
건강보험	102,900
장기요양보험	11,850
고용보험	28,400
사내대출금	500,000
소득세(100%)	147,110
지방소득세	14,710
농특세	
공제총액	939,970
차인지급액	2,910,030

만약, 4대 보험료 공제금액이 자동으로 산출된 금액이 급여명세서의 공제금액과 다르게 산출된 경우에는 급여명세서에 제시되어 있는 공제금액으로 직접 수정하여 급여자료입력을 작성한다.

3 (주)믿음상사 (회사코드 : 5007)

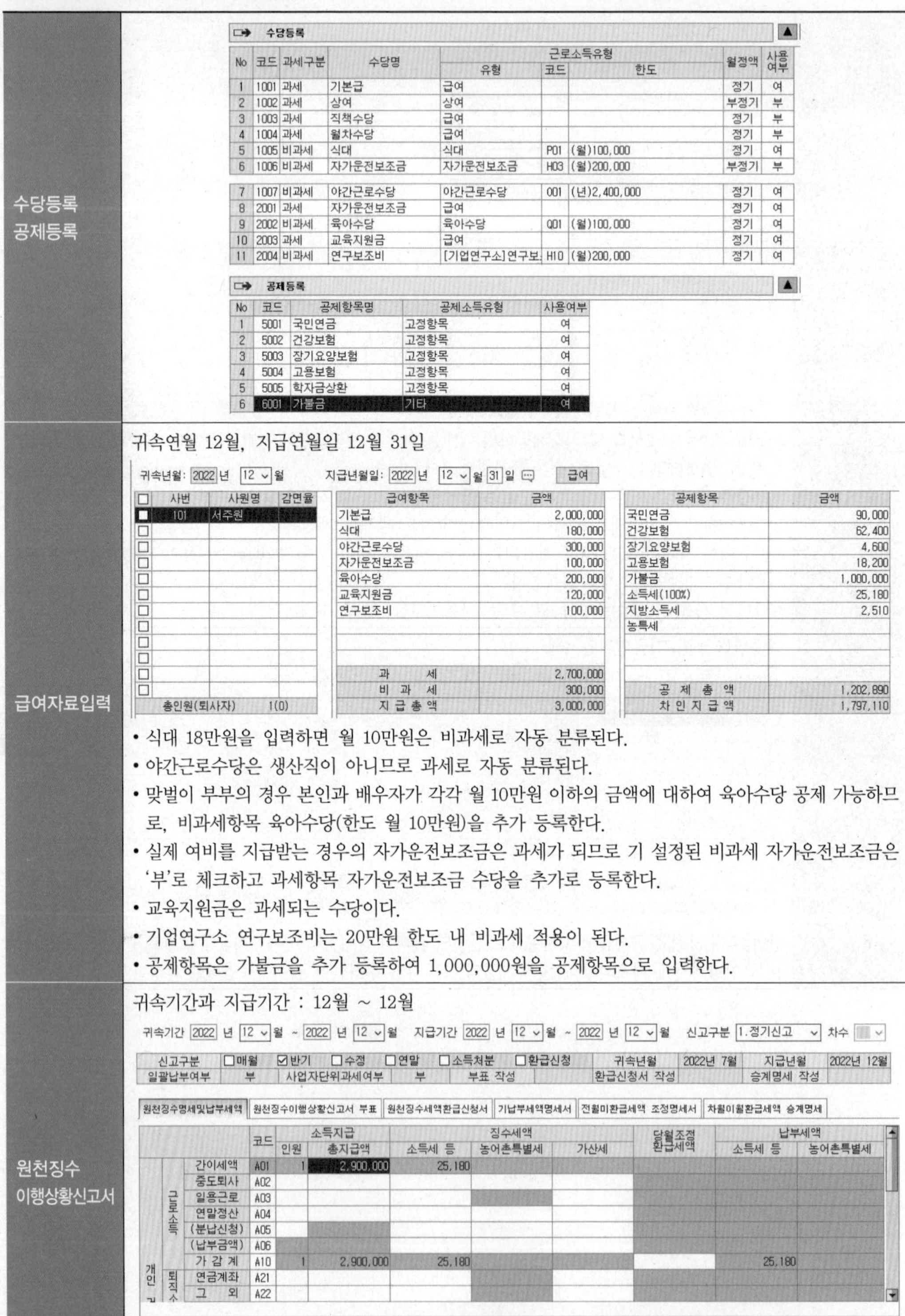

수당등록 공제등록

수당등록

No	코드	과세구분	수당명	근로소득유형 유형	코드	한도	월정액	사용여부
1	1001	과세	기본급	급여			정기	여
2	1002	과세	상여	상여			부정기	부
3	1003	과세	직책수당	급여			정기	부
4	1004	과세	월차수당	급여			정기	부
5	1005	비과세	식대	식대	P01	(월)100,000	정기	여
6	1006	비과세	자가운전보조금	자가운전보조금	H03	(월)200,000	부정기	부
7	1007	비과세	야간근로수당	야간근로수당	001	(년)2,400,000	정기	여
8	2001	과세	자가운전보조금	급여			정기	여
9	2002	비과세	육아수당	육아수당	Q01	(월)100,000	정기	여
10	2003	과세	교육지원금	급여			정기	여
11	2004	비과세	연구보조비	[기업연구소]연구보	H10	(월)200,000	정기	여

공제등록

No	코드	공제항목명	공제소득유형	사용여부
1	5001	국민연금	고정항목	여
2	5002	건강보험	고정항목	여
3	5003	장기요양보험	고정항목	여
4	5004	고용보험	고정항목	여
5	5005	학자금상환	고정항목	여
6	6001	가불금	기타	여

급여자료입력

귀속연월 12월, 지급연월일 12월 31일

귀속년월: 2022 년 12 월 지급년월일: 2022 년 12 월 31 일 급여

사번	사원명	감면율
101	서주원	
총인원(퇴사자)	1(0)	

급여항목	금액
기본급	2,000,000
식대	180,000
야간근로수당	300,000
자가운전보조금	100,000
육아수당	200,000
교육지원금	120,000
연구보조비	100,000
과세	2,700,000
비과세	300,000
지급총액	3,000,000

공제항목	금액
국민연금	90,000
건강보험	62,400
장기요양보험	4,600
고용보험	18,200
가불금	1,000,000
소득세(100%)	25,180
지방소득세	2,510
농특세	
공제총액	1,202,890
차인지급액	1,797,110

- 식대 18만원을 입력하면 월 10만원은 비과세로 자동 분류된다.
- 야간근로수당은 생산직이 아니므로 과세로 자동 분류된다.
- 맞벌이 부부의 경우 본인과 배우자가 각각 월 10만원 이하의 금액에 대하여 육아수당 공제 가능하므로, 비과세항목 육아수당(한도 월 10만원)을 추가 등록한다.
- 실제 여비를 지급받는 경우의 자가운전보조금은 과세가 되므로 기 설정된 비과세 자가운전보조금은 '부'로 체크하고 과세항목 자가운전보조금 수당을 추가로 등록한다.
- 교육지원금은 과세되는 수당이다.
- 기업연구소 연구보조비는 20만원 한도 내 비과세 적용이 된다.
- 공제항목은 가불금을 추가 등록하여 1,000,000원을 공제항목으로 입력한다.

원천징수 이행상황신고서

귀속기간과 지급기간 : 12월 ~ 12월

귀속기간 2022 년 12 월 ~ 2022 년 12 월 지급기간 2022 년 12 월 ~ 2022 년 12 월 신고구분 1.정기신고 차수

신고구분	□매월	☑반기	□수정	□연말	□소득처분	□환급신청	귀속년월	2022년 7월	지급년월	2022년 12월
일괄납부여부	부	사업자단위과세여부	부	부표 작성			환급신청서 작성		승계명세 작성	

원천징수명세및납부세액 | 원천징수이행상황신고서 부표 | 원천징수세액환급신청서 | 기납부세액명세서 | 전월미환급세액 조정명세서 | 차월이월환급세액 승계명세

			코드	소득지급 인원	총지급액	징수세액 소득세 등	농어촌특별세	가산세	당월조정 환급세액	납부세액 소득세 등	농어촌특별세
개인	근로소득	간이세액	A01	1	2,900,000	25,180					
		중도퇴사	A02								
		일용근로	A03								
		연말정산	A04								
		(분납신청)	A05								
		(납부금액)	A06								
		가감계	A10	1	2,900,000	25,180				25,180	
	퇴직소	연금계좌	A21								
		그 외	A22								

전월 미환급 세액의 계산 12.전월미환급	13.기환급	14.차감(12-13)	당월 발생 환급세액 15.일반환급	16.신탁재산	금융회사 등	합병 등	18.조정대상환급(14+15+16+17)	19.당월조정 환급세액계	20.차월이월 환급세액	21.환급신청액

④ (주)우주상사 (회사코드 : 5008)

수당등록

수당등록

No	코드	과세구분	수당명	근로소득유형			월정액	사용여부
				유형	코드	한도		
1	1001	과세	기본급	급여			정기	여
2	1002	과세	상여	상여			부정기	여
3	1003	과세	직책수당	급여			정기	부
4	1004	과세	월차수당	급여			정기	부
5	1005	비과세	식대	식대	P01	(월)100,000	정기	여
6	1006	비과세	자가운전보조금	자가운전보조금	H03	(월)200,000	부정기	부
7	1007	비과세	야간근로수당	야간근로수당	001	(년)2,400,000	부정기	여
8	2001	과세	자가운전보조금	급여			정기	여
9	2002	과세	자격수당	급여			정기	여
10	2003	비과세	육아수당	육아수당	Q01	(월)100,000	정기	여

급여자료입력

귀속연월 2월, 지급연월일 3월 25일

귀속년월: 2022 년 02 월　지급년월일: 2022 년 03 월 25 일　급상여

사번	사원명	감면율
201	조인호	
총인원(퇴사자)	1(0)	

급여항목	금액
기본급	1,800,000
상여	250,000
식대	120,000
야간근로수당	200,000
자가운전보조금	150,000
자격수당	50,000
육아수당	200,000
과세	2,570,000
비과세	200,000
지급총액	2,770,000

공제항목	금액
국민연금	81,000
건강보험	55,080
장기요양보험	4,060
고용보험	16,700
소득세(100%)	47,620
지방소득세	4,760
농특세	
공제총액	209,220
차인지급액	2,560,780

- 귀속년월은 2월이며 지급년월일은 다음 달 25일이므로 3월 25일로 입력한다.
- 식대는 120,000원을 입력하면 비과세 10만원, 과세 2만원으로 분류된다.
- 과세항목인 자격수당을 등록하고 50,000원을 입력한다.
- 본인 명의가 아닌 배우자명의 차량은 비과세를 적용받을 수 없으므로, 기 설정된 비과세 자가운전보조금은 '부'로 체크하고 과세 자가운전보조금을 추가 등록한다. 만약, 배우자와 공동명의 차량의 경우라면 비과세가 적용된다.
- 자녀수에 관계없이 만 6세 이하의 육아수당은 월 10만원 이내 비과세 적용된다.
- 비과세 야간근로수당을 '여'로 설정하여 입력해도 과세로 자동계산되므로 기 설정된 수당을 사용하여도 무방하다.
- 소득세와 지방소득세를 제외한 공제항목은 제시된 금액을 직접 입력한다.

원천징수 이행상황신고서

귀속기간 : 2월 ~ 2월, 지급기간 : 3월 ~ 3월

① 귀속기간은 2월 ~ 2월, 지급기간은 3월 ~ 3월로 조회하고, 전월미환급세액 300,000원을 입력한 후 상단 F8마감을 하여 전자신고파일을 생성한다.

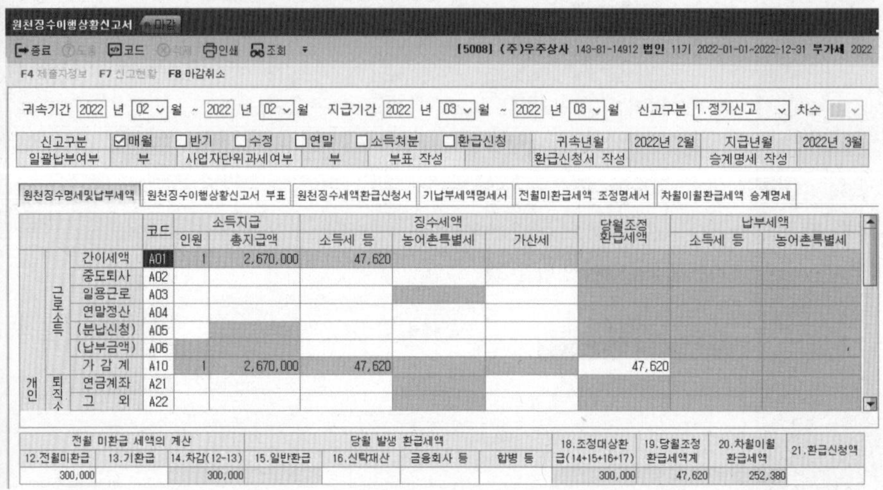

원천징수이행상황신고서 마감

[5008] (주)우주상사 143-81-14912 법인 11기 2022-01-01-2022-12-31 부가세 2022

귀속기간 2022 년 02 월 ~ 2022 년 02 월 지급기간 2022 년 03 월 ~ 2022 년 03 월 신고구분 1.정기신고 차수

신고구분	☑매월	□반기	□수정	□연말	□소득처분	□환급신청	귀속년월	2022년 2월	지급년월	2022년 3월
일괄납부여부	부	사업자단위과세여부	부	부표 작성			환급신청서 작성		승계명세 작성	

원천징수명세및납부세액 | 원천징수이행상황신고서 부표 | 원천징수세액환급신청서 | 기납부세액명세서 | 전월미환급세액 조정명세서 | 차월이월환급세액 승계명세

			코드	소득지급 인원	소득지급 총지급액	징수세액 소득세 등	징수세액 농어촌특별세	징수세액 가산세	당월조정 환급세액	납부세액 소득세 등	납부세액 농어촌특별세
개인	근로소득	간이세액	A01	1	2,670,000	47,620					
		중도퇴사	A02								
		일용근로	A03								
		연말정산	A04								
		(분납신청)	A05								
		(납부금액)	A06								
		가 감 계	A10	1	2,670,000	47,620			47,620		
	퇴직소득	연금계좌	A21								
		그 외	A22								

12.전월미환급	13.기환급	14.차감(12-13)	15.일반환급	16.신탁재산	금융회사 등	합병 등	18.조정대상환급(14+15+16+17)	19.당월조정환급세액계	20.차월이월환급세액	21.환급신청액
300,000		300,000					300,000	47,620	252,380	

② 원천징수 메뉴의 전자신고 메뉴를 클릭한다. 신고인구분은 '2.납세자자진신고'를 선택하고 조회된 신고서를 선택한 후 상단 F4제작을 클릭한다(비밀번호 : 11111111).

③ 상단 F6홈택스바로가기를 클릭한다. 가상홈택스 홈페이지에서 전자신고파일(자동생성)을 C드라이브에서 조회하여 선택하여 불러온다.

④ 하단 형식검증하기를 선택하여 비밀번호(11111111)를 입력 → 형식검증결과확인 → 내용검증하기 → 내용검증결과확인 → 전자파일제출을 순서대로 수행한다.

⑤ 전자파일제출하기를 완료하면 원천세신고서 접수증(접수완료)을 확인할 수 있다.

전자파일 제출

번호	상호	사업자(주민)등록번호	과세년월	신고서 종류	신고구분	신고유형	접수여부(첨부서류)	총지급액
1	(주)우주…	1438114912	202203	원천징수이…	정기(확정)	정기신고	미제출(0종)	2,670,000

빈출 실무수행문제 <연말정산추가자료입력>

(주)연말정산 (회사코드 : 5013)

1 김사랑 연말정산(중도퇴사)

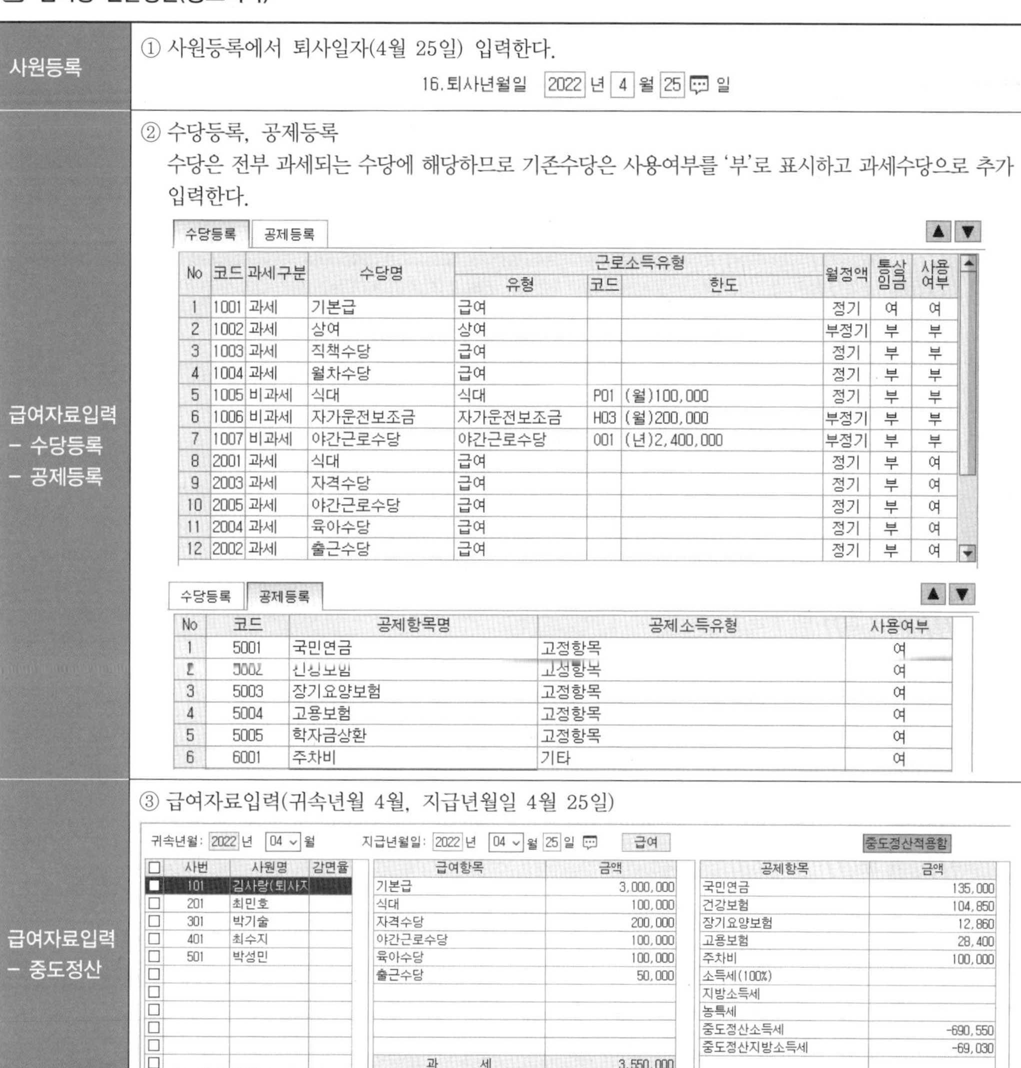

사원등록

① 사원등록에서 퇴사일자(4월 25일) 입력한다.

16.퇴사년월일 2022 년 4 월 25 일

급여자료입력 – 수당등록 – 공제등록

② 수당등록, 공제등록

수당은 전부 과세되는 수당에 해당하므로 기존수당은 사용여부를 '부'로 표시하고 과세수당으로 추가 입력한다.

수당등록 | 공제등록

No	코드	과세구분	수당명	근로소득유형 유형	근로소득유형 코드	근로소득유형 한도	월정액	통상임금	사용여부
1	1001	과세	기본급	급여			정기	여	여
2	1002	과세	상여	상여			부정기	부	부
3	1003	과세	직책수당	급여			정기	부	부
4	1004	과세	월차수당	급여			정기	부	부
5	1005	비과세	식대	식대	P01	(월)100,000	정기	부	부
6	1006	비과세	자가운전보조금	자가운전보조금	H03	(월)200,000	부정기	부	부
7	1007	비과세	야간근로수당	야간근로수당	001	(년)2,400,000	부정기	부	부
8	2001	과세	식대	급여			정기	부	여
9	2003	과세	자격수당	급여			정기	부	여
10	2005	과세	야간근로수당	급여			정기	부	여
11	2004	과세	육아수당	급여			정기	부	여
12	2002	과세	출근수당	급여			정기	부	여

수당등록 | 공제등록

No	코드	공제항목명	공제소득유형	사용여부
1	5001	국민연금	고정항목	여
2	5002	건강보험	고정항목	여
3	5003	장기요양보험	고정항목	여
4	5004	고용보험	고정항목	여
5	5005	학자금상환	고정항목	여
6	6001	주차비	기타	여

급여자료입력 – 중도정산

③ 급여자료입력(귀속년월 4월, 지급년월일 4월 25일)

귀속년월: 2022 년 04 월 지급년월일: 2022 년 04 월 25 일 급여 중도정산적용함

사번	사원명	감면율
101	김사랑(퇴사자)	
201	최민호	
301	박기술	
401	최수지	
501	박성민	
총인원(퇴사자)	5(1)	

급여항목	금액
기본급	3,000,000
식대	100,000
자격수당	200,000
야간근로수당	100,000
육아수당	100,000
출근수당	50,000
과세	3,550,000
비과세	
지급총액	3,550,000

공제항목	금액
국민연금	135,000
건강보험	104,850
장기요양보험	12,860
고용보험	28,400
주차비	100,000
소득세(100%)	
지방소득세	
농특세	
중도정산소득세	-690,550
중도정산지방소득세	-69,030
공제총액	-378,470
차인지급액	3,928,470

급여자료입력 – 중도정산

④ 중도퇴사자 연말정산 : 주차비를 입력 후 엔터를 치면 자동으로 중도퇴사자 연말정산 메뉴 활성화된다. 또는 상단의 F7중도퇴사자정산을 클릭한다.

F3 검색 ▾ F4 수당공제 F6 지급일자 F7 중도퇴사자정산 ▾ F8 마감 F9 인쇄 ▾ CF5 요약 CF6 재계산 SF5 사원간편등록및기타 ▾ SF7 건강보험

귀속년월: 2022 년 04 월 지급년월일: 2022 년 04 월 25 일 급여

□	사번	사원명	감면율
■	101	김사랑(퇴사자)	
□	201	최민호	
□	301	박기술	
□	401	최수지	
□	501	박성민	
	총인원(퇴사자)		5(1)

급여항목	금액
기본급	3,000,000
식대	100,000
자격수당	200,000
야간근로수당	100,000
육아수당	100,000
출근수당	50,000
과세	3,550,000
비과세	
지급총액	3,550,000

공제항목	금액
국민연금	135,000
건강보험	104,850
장기요양보험	12,860
고용보험	28,400
주차비	Enter 100,000
소득세(100%)	
지방소득세	
농특세	
공제총액	381,110
차인지급액	3,168,890

⑤ 하단의 급여반영(Tab)을 클릭하면 환급세액이 급여에 반영된다.

중도퇴사 연말정산

정산(지급)년월 2022 년 4 월 귀속기간 2022 년 1 월 1 일 ~ 2022 년 4 월 25 일 영수일자 2022 년 4 월 30 일

구분	지출액	공제금액
21.총급여		15,550,000
22.근로소득공제		7,582,500
23.근로소득금액		7,967,500
종합소득공제 기본공제 24.본인		1,500,000
25.배우자		
26.부양가족 명)		
추가공제 27.경로우대 명)		
28.장애인 명)		
29.부녀자		
30.한부모가족		
연금보험료공제 31.국민연금보험료	540,000	540,000
32.공적연금보험공제 공무원연금		
군인연금		
사립학교교직원		
별정우체국연금		
특별소득공제 33.보험료	595,240	
건강보험료	470,840	
고용보험료	124,400	
34.주택차입금원리금상환액 대출기관		
거주자		

구분	지출액	공제대상금액	공제금액
48.종합소득 과세표준			5,927,500
49.산출세액			355,650
세액감면 50. 「소득세법」			
51. 「조세특례제한법」(52제외)			
52. 「조세특례제한법」제30조			
53.조세조약			
54.세액감면 계			
55.근로소득 세액공제			195,607
56.자녀세액공제 ㉮자녀 명)			
㉯ 출산.입양 명)			
세액공제 연금계좌 57.과학기술공제			
58.근로자퇴직연금			
59.연금저축			
59-1.ISA연금계좌전환			
특별세액 60.보장성보험 일반			
장애인			
61.의료비			
62.교육비			

구분		소득세	지방소득세	농어촌특별세	계
72.결정세액		30,043	3,004		33,047
기납부세액	73.종(전)근무지				
	74.주(현)근무지	720,600	72,040		792,640
75.납부특례세액					
76.차감징수세액		환급세액 -690,550	-69,030		-759,580

□크게보기 퇴사월소득세반영 연말삭제(F5) 급여반영(Tab) 급여 미반영(F3) 취소(Esc)

원천징수 이행상황신고서

⑥ 귀속기간 4월, 지급기간 4월 조회하여 중도퇴사란에 환급세액(690,550원) 반영되는 것을 확인한다.

귀속기간 2022 년 04 월 ~ 2022 년 04 월 지급기간 2022 년 04 월 ~ 2022 년 04 월 신고구분 1.정기신고 차수

신고구분	☑매월	□반기	□수정	□연말	□소득처분	□환급신청	귀속년월	2022년 4월	지급년월	2022년 4월
일괄납부여부	부	사업자단위과세여부		부	부표 작성		환급신청서 작성		승계명세 작성	

원천징수명세및납부세액 | 원천징수이행상황신고서 부표 | 원천징수세액환급신청서 | 기납부세액명세서 | 전월미환급세액 조정명세서 | 차월이월환급세액 승계명세

		코드	소득지급 인원	소득지급 총지급액	징수세액 소득세 등	징수세액 농어촌특별세	징수세액 가산세	당월조정환급세액	납부세액 소득세 등	납부세액 농어촌특별세
근로소득	간이세액	A01	2	8,550,000	350,470					
	중도퇴사	A02	1	15,550,000	-690,550					
	일용근로	A03								
	연말정산	A04								
	(분납신청)	A05								
	(납부금액)	A06								
	가감계	A10	3	24,100,000	-340,080					

2 최민호 연말정산

부양가족 탭

- 모친 김숙자는 임대소득금액 100만원 초과이므로 기본공제대상자에 해당하지 않으므로 '부'로 체크한다.
- 배우자 박우리는 일용근로소득은 무조건 분리과세, 총급여 500만원까지 소득금액 요건을 충족하므로 기본공제대상자에 해당한다.

□	사번	사원명	완료
■	201	최민호	×

소득명세 | 부양가족 | 연금저축 등I | 연금저축 등II | 월세,주택임차 | 연말정산입력

연말관계	성명	내/외국인		주민(외국인)번호	나이	기본공제	세대주구분	부녀자	한부모	경로우대	장애인	자녀	출산입양
0	최민호	내	1	700514-1001212	52	본인	세대주						
1	최종원	내	1	470401-1012345	75	60세이상				○			
1	김숙자	내	1	530501-2111111	69	부							
3	박우리	내	1	720909-2063692	50	배우자							
4	최자녀	내	1	050401-4012345	17	20세이하						○	

부양가족 탭 – 의료비

〈의료비지급명세서 작성〉

- 시력보정용안경구입비는 50만원 한도까지만 공제됨

의료비지급명세서

(2022) 년 의료비 지급명세

의료비 공제대상자					지급처			지급명세					14.산후조리원 해당여부 (7천만원이하)
성명	내/외	5.주민등록번호	6.본인등 해당여부		8.상호	7.사업자 등록번호	9.의료증빙코드	10.건수	11.금액	11-1.실손 의료보험금	12.난임시술비 해당여부	13.미숙아 해당여부	
최종원	내	470401-1012345	2	0			국세청장	1	12,000,000		X	X	X
박우리	내	720909-2063692	3	X			국세청장	1	3,500,000		X	X	X

F8부양가족탭불러오기 – 연말정산입력 탭 : 의료비

의료비

구분	지출액	실손의료비	공제대상금액	공제금액
난임시술비				
미숙아.선청성 이상아 치료비				
본인				
65세,장애인.건강보험산정특례자	12,000,000		12,000,000	1,800,000
그 밖의 공제대상자	3,500,000		1,460,000	219,000

연말정산 입력 탭 – 보험료 – 교육비 – 의료비

- 보험료 : 임대상가화재보험료는 인적보험료가 아니므로 공제되지 않음
- 의료비 : 자동 반영
- 교육비 : 직계존속의 교육비(노인대학하비)는 공제되지 않음

60.보장성보험	일반		400,000	400,000	48,000
	장애인				
61.의료비		15,500,000	15,500,000	13,460,000	2,019,000
62.교육비			11,000,000	8,000,000	1,200,000

교육비

구분	지출액	공제대상금액	공제금액
취학전아동(1인당 300만원)			
초중고(1인당 300만원)	6,000,000		
대학생(1인당 900만원)		8,000,000	1,200,000
본인(전액)	5,000,000		
장애인 특수교육비			

초.중.고 교육비

No	지출금액
1	6,000,000
2	

연말정산 입력 탭 – 신용카드등

- 총급여액 7,000만원 이하자므로 도서공연사용분란에 1,000,000원을 구분하여 입력한다.

▶ 신용카드 등 사용금액 공제액 산출 과정

총급여	68,000,000	최저사용액(총급여 25%)	17,000,000

구분		대상금액	공제율금액		공제제외금액	공제가능금액	공제한도	일반공제금액	추가공제금액	최종공제금액
㉮신용카드	전통시장/ 대중교통비 제외	12,000,000	15%	1,800,000	3,700,000	3,600,000	3,000,000	3,000,000	600,000	3,600,000
㉯직불/선불카드			30%							
㉰현금영수증			30%							
㉱도서공연등사용분(7천이하)		1,000,000	30%	300,000						
㉲전통시장 사용분		8,000,000	40%	3,200,000						
㉳대중교통 사용분		5,000,000	40%	2,000,000						
신용카드 등 사용액 합계(㉮~㉳)		26,000,000		7,300,000	아래참조 *1	공제율금액-공제제외금액	아래참조 *2	MIN[공제가능금액,공제한도]	아래참조 *3	일반공제금액+추가공제금액

3 박기술 연말정산

사원등록 메뉴 - 부양가족명세

기본사항 | 부양가족명세 | 추가사항

연말관계	성명	내/외국인		주민(외국인)번호	나이	기본공제	부녀자	한부모	경로우대	장애인	자녀	출산입양	위탁관계
0	박기술	내	1	730906-1458320	49	본인							
3	김배우	내	1	750822-2184326	47	부							
1	박직계	내	1	401203-1284322	82	60세이상			○	1			
4	박일번	내	1	050703-4675359	17	20세이하					○		
4	박이번	내	1	110203-3954114	11	20세이하					○		

연말정산 입력 탭 - 보험료 - 교육비

〈보험료〉

60.보장성보험	일반				
	장애인		940,000	940,000	141,000

〈교육비〉

교복구입비는 인당 50만원 한도 내까지 공제됨

62.교육비		1,460,000	1,460,000	219,000

교육비

구분	지출액	공제대상금액	공제금액
취학전아동(1인당 300만원)			
초중고(1인당 300만원)	1,460,000		
대학생(1인당 900만원)		1,460,000	219,000
본인(전액)			
장애인 특수교육비			

초.중.고 교육비

No	지출금액
1	1,460,000

연말정산 입력 탭 - 기부금

4)지정기부금(종교단체외)	120,000	120,000	18,000
5)지정기부금(종교단체)	2,400,000	2,400,000	360,000

소법 제34조 3항 1호(종교외) 당기	120,000	120,000	18,000
소법 제34조 3항 1호(종교) 2014년이월			
소법 제34조 3항 1호(종교) 2015년이월			
소법 제34조 3항 1호(종교) 2016년이월			
소법 제34조 3항 1호(종교) 2017년이월			
소법 제34조 3항 1호(종교) 2018년이월			
소법 제34조 3항 1호(종교) 2019년이월			
소법 제34조 3항 1호(종교) 2020년이월			
소법 제34조 3항 1호(종교) 2021년이월			
소법 제34조 3항 1호(종교) 당기	2,400,000	2,400,000	360,000

4 최수지 연말정산

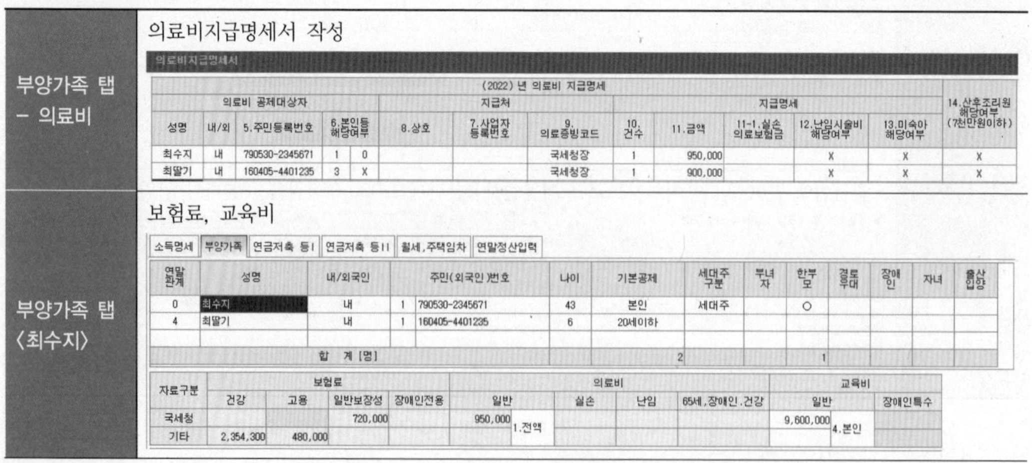

부양가족 탭 - 의료비

의료비지급명세서 작성

의료비지급명세서

(2022) 년 의료비 지급명세

의료비 공제대상자					지급처			지급명세					14.산후조리원 해당여부 (7천만원이하)
성명	내/외	5.주민등록번호	6.본인등 해당여부		8.상호	7.사업자 등록번호	9.의료증빙코드	10.건수	11.금액	11-1.실손 의료보험금	12.난임시술비 해당여부	13.미숙아 해당여부	
최수지	내	790530-2345671	1	0			국세청장	1	950,000		X	X	X
최딸기	내	160405-4401235	3	X			국세청장	1	900,000		X	X	X

부양가족 탭 〈최수지〉

보험료, 교육비

소득명세 | 부양가족 | 연금저축 등I | 연금저축 등II | 월세,주택임차 | 연말정산입력

연말관계	성명	내/외국인		주민(외국인)번호	나이	기본공제	세대주구분	부녀자	한부모	경로우대	장애인	자녀	출산입양
0	최수지	내	1	790530-2345671	43	본인	세대주		○				
4	최딸기	내	1	160405-4401235	6	20세이하							
합 계 [명]						2			1				

자료구분	보험료				의료비					교육비		
	건강	고용	일반보장성	장애인전용	일반		실손	난임	65세,장애인.건강	일반		장애인특수
국세청			720,000		950,000	1.전액				9,600,000	4.본인	
기타	2,354,300	480,000										

부양가속 탭 〈최딸기〉

의료비, 교육비

소득명세 | 부양가족 | 연금저축 등I | 연금저축 등II | 월세,주택임차 | 연말정산입력

연말관계	성명	내/외국인		주민(외국인)번호	나이	기본공제	세대주구분	부녀자	한부모	경로우대	장애인	자녀	출산입양
0	최수지	내	1	790530-2345671	43	본인	세대주		○				
4	최딸기	내	1	160405-4401235	6	20세이하							
합 계 [명]						2			1				

자료구분	보험료				의료비					교육비		
	건강	고용	일반보장성	장애인전용	일반		실손	난임	65세,장애인.건강	일반		장애인특수
국세청					900,000	2.일반				300,000	1.취학전	
기타												

연말정산 입력 탭
– 보험료
– 교육비
– 의료비

F8부양가족탭불러오기 : 보험료, 의료비, 교육비 자동 반영

60.보장성보험	일반	720,000	720,000	720,000	86,400
	장애인				
61.의료비		1,850,000	1,850,000	50,000	7,500
62.교육비		9,900,000	9,900,000	9,900,000	1,485,000

연말정산 입력 탭
– 신용카드등

▶ 신용카드 등 사용금액 공제액 산출 과정

총급여	60,000,000	최저사용액(총급여 25%)	15,000,000

구분		대상금액	공제율금액		공제제외금액	공제가능금액	공제한도	일반공제금액	추가공제금액	최종공제금액
⑦신용카드	전통시장/대중교통비 제외	15,000,000	15%	2,250,000	2,250,000	135,000	3,000,000	135,000		135,000
ⓛ직불/선불카드			30%							
ⓒ현금영수증		250,000	30%	75,000						
ⓓ도서공연등사용분(7천이하)			30%							
ⓔ전통시장 사용분		150,000	40%	60,000						
ⓑ대중교통 사용분			40%							
신용카드 등 사용액 합계(⑦~ⓑ)		15,400,000		2,385,000	아래참조 *1	공제율금액-공제제외금액	아래참조 *2	MIN[공제가능금액,공제한도]	아래참조 *3	일반공제금액+추가공제금액

연말정산 입력 탭
– 기부금

기부금

구분	지출액	공제대상금액	공제금액
정치자금(10만원 이하)	100,000	100,000	90,909
정치자금(10만원 초과)	200,000	200,000	30,000
소법 제34조 2항 1호(구.법정) 2013년이월			
소법 제34조 3항 1호(종교외) 2021년이월			
소법 제34조 3항 1호(종교외) 당기	360,000	360,000	54,000

5 박성민 연말정산

사원등록 메뉴
– 부양가족 명세

□	사번	성명		주민(외국인)번호
□	101	김사랑	1	820218-1234560
□	201	최민호	1	700514-1001212
□	301	박기술	1	730906-1458320
□	401	최수지	1	790530-2345671
■	501	박성민	1	740101-1234567
□	601	장현성	1	770226-1041318
□				
□				
□				

기본사항 | 부양가족명세 | 추가사항

연말관계	성명	내/외국인		주민(외국인)번호	나이	기본공제	부녀자	한부모	경로우대	장애인	자녀	출산입양	위탁관계
0	박성민	내	1	740101-1234567	48	본인							
3	김소연	내	1	790701-2234567	43	배우자							
4	박상아	내	1	121130-4035224	10	20세이하					○		
4	박상혁	내	1	140228-3078514	8	20세이하				1	○		
4	박상철	내	1	220515-3078516	0	20세이하						셋째	

부양가족 탭
– 의료비

의료비지급명세서 작성

- 2022년 3월 지출된 의료비는 근로제공기간에 지출한 의료비가 아니므로 공제 안 됨
- 성형수술비는 의료비 공제대상에서 제외
- 박성민은 총급여액 7,000만원 이하자이므로 1회 산후조리원 200만원 한도까지 공제 가능
- 시력보정용 안경구입비는 1명당 연 50만원 한도까지 공제 가능

의료비지급명세서

(2022) 년 의료비 지급명세

의료비 공제대상자					지급처			지급명세					14.산후조리원 해당여부 (7천만원이하)
성명	내/외	5.주민등록번호	6.본인등 해당여부		8.상호	7.사업자 등록번호	9.의료증빙코드	10.건수	11.금액	11-1.실손 의료보험금	12.난임시술비 해당여부	13.미숙아 해당여부	
박성민	내	740101-1234567	1	0			국세청장	1	1,350,000		X	X	X
김소연	내	790701-2234567	3	X			국세청장	1	2,000,000		X	X	0
박상아	내	121130-4035224	3	X			국세청장	1	500,000		X	X	X

F8부양가족탭불러오기 : 61.의료비란에 반영

61.의료비	3,850,000	3,850,000	2,230,000	334,500

의료비

구분	지출액	실손의료비	공제대상금액	공제금액
난임시술비				
미숙아.선청성 이상아 치료비				
본인	1,350,000		1,350,000	202,500
65세,장애인.건강보험산정특례자				
그 밖의 공제대상자	2,500,000		880,000	132,000

연말정산 입력 탭 – 보험료

• 2022년 2월 지출된 보험료는 근로제공기간에 지출한 보험료가 아니므로 공제 안 됨
• 저축성보험료는 공제 안 됨

60.보장성보험	일반		900,000	900,000	108,000
	장애인		700,000	700,000	105,000

연말정산 입력 탭 – 교육비

취학한 아동인 초등학생의 학원비는 공제 안 됨

62.교육비		4,040,000	4,040,000	606,000

교육비

구분	지출액	공제대상금액	공제금액
취학전아동(1인당 300만원)			
초중고(1인당 300만원)	800,000		
대학생(1인당 900만원)		4,040,000	606,000
본인(전액)			
장애인 특수교육비	3,240,000		

연말정산 입력 탭 – 기부금

소법 제34조 2항 1호(구.법정) 2021년이월			
소법 제34조 2항 1호(구.법정) 당기	250,000	250,000	37,500

소법 제34조 3항 1호(종교) 2020년이월			
소법 제34조 3항 1호(종교) 2021년이월			
소법 제34조 3항 1호(종교) 당기	1,200,000	312,620	46,893

연말정산 입력 탭 – 신용카드등

• 재산세 납부액은 공제 안 됨

▶ 신용카드 등 사용금액 공제액 산출 과정

총급여	54,000,000	최저사용액(총급여 25%)	13,500,000

구분		대상금액	공제율금액		공제제외금액	공제가능금액	공제한도	일반공제금액	추가공제금액	최종공제금액
㉮신용카드	전통시장/대중교통비 제외	3,700,000	15%	555,000						
㉯직불/선불카드		1,400,000	30%	420,000						
㉰현금영수증		350,000	30%	105,000						
㉱도서공연등사용분(7천이하)			30%							
㉲전통시장 사용분		1,000,000	40%	400,000						
㉳대중교통 사용분		400,000	40%	160,000						
신용카드 등 사용액 합계(㉮~㉳)		6,850,000		1,640,000	아래참조 *1	공제율금액-공제제외금액	아래참조 *2	MIN[공제가능금액,공제한도]	아래참조 *3	일반공제금액+추가공제금액

최저사용액 13,500,000원을 초과하지 않아 소득공제가 되지 않을 뿐 수험생은 신용카드등사용액을 해당 란에 입력하면 된다.

⑥ 장현성 연말정산

소득명세 탭

전근무지 소득자료 입력(기납부세액란 : '전근무지 결정세액'을 입력)

소득명세 | 부양가족 | 연금저축 등I | 연금저축 등II | 월세,주택임차 | 연말정산입력

	구분	합계	주(현)	납세조합	종(전) [1/2]
소득명세	9.근무처명		(주)연말정산		(주)오리전자
	9-1.종교관련 종사자		부		부
	10.사업자등록번호		610-81-22436	___-__-_____	245-81-22547
	11.근무기간		2022-06-01 ~ 2022-12-31	____-__-__ ~ ____-__-__	2022-01-01 ~ 2022-05-31
	12.감면기간		____-__-__ ~ ____-__-__	____-__-__ ~ ____-__-__	____-__-__ ~ ____-__-__
	13-1.급여(급여자료입력)	60,000,000	40,000,000		20,000,000
	13-2.비과세한도초과액				
	13-3.과세대상추가(인정상여추가)				
	14.상여	5,000,000			5,000,000
	15.인정상여				
	15-1.주식매수선택권행사이익				
	15-2.우리사주조합 인출금				
	15-3.임원퇴직소득금액한도초과액				
	15-4.직무발명보상금				
	16.계	65,000,000	40,000,000		25,000,000
	18.국외근로				

구분			합계	주(현)	납세조합	종(전)
공제보험료명세	직장	건강보험료(직장)(33)	1,765,300	957,800		807,500
		장기요양보험료(33)	186,220	117,520		68,700
		고용보험료(33)	482,500	320,000		162,500
		국민연금보험료(31)	2,070,000	1,090,000		980,000
	공적연금보험료	공무원 연금(32)				
		군인연금(32)				
		사립학교교직원연금(32)				
		별정우체국연금(32)				
세액	기납부세액	소득세	2,745,900	2,425,900		320,000
		지방소득세	274,590	242,590		32,000
		농어촌특별세				

부양가족 탭 – 의료비

의료비지급명세서 작성

- 난임시술비 해당여부에 '1:여' 체크한다.
- 실손의료보험금을 수령한 경우 의료비지출액 전액과 보험금수령액을 모두 입력한다.

의료비지급명세서

[illegible]

의료비 공제대상자					지급처			지급명세					14.산후조리원 해당여부 (7천만원이하)
성명	내/외	5.주민등록번호	6.본인등 해당여부		8.상호	7.사업자 등록번호	9.의료증빙코드	10.건수	11.금액	11-1.실손 의료보험금	12.난임시술비 해당여부	13.미숙아 해당여부	
장현성	내	770226-1041318	1	0			국세청장	1	500,000		X	X	X
장현성	내	770226-1041318	1	0			국세청장	1	4,500,000	1,500,000	0	X	X

연말정산입력 탭 → F8부양가족탭불러오기 : 61.의료비란에 반영

61.의료비	5,000,000	5,000,000	1,550,000	465,000

의료비

구분	지출액	실손의료비	공제대상금액	공제금액
난임시술비	4,500,000	1,500,000	1,550,000	465,000
미숙아.선청성 이상아 치료비				
본인	500,000			
65세,장애인.건강보험산정특례자				
그 밖의 공제대상자				

부양가족 탭
– 보험료
– 교육비

저축성 보험료는 공제 안 됨

소득명세 | 부양가족 | 연금저축 등I | 연금저축 등II | 월세,주택임차 | 연말정산입력

연말관계	성명	내/외국인		주민(외국인)번호	나이	기본공제	세대주구분	부녀자	한부모	경로우대	장애인	자녀	출산입양
0	장현성	내	1	770226-1041318	45	본인	세대주						
합 계 [명]						1							

자료구분	보험료				의료비					교육비		
	건강	고용	일반보장성	장애인전용	일반		실손	난임	65세,장애인.건강	일반		장애인특수
국세청			880,000		500,000	1.전액	1,500,000	4,500,000		6,000,000	4.본인	
기타	1,075,320	320,000										

연말정산입력 탭 → F8부양가족탭불러오기 : 60.보장성보험료란에 반영

60.보장성보험	일반	880,000	880,000	880,000	105,600
	장애인				
61.의료비		5,000,000	5,000,000	1,550,000	465,000
62.교육비		6,000,000	6,000,000	6,000,000	900,000

연말정산 입력 탭
– 신용카드등

▶ 신용카드 등 사용금액 공제액 산출 과정

총급여	65,000,000	최저사용액(총급여 25%)	16,250,000

구분		대상금액	공제율금액		공제제외금액	공제가능금액	공제한도	일반공제금액	추가공제금액	최종공제금액
㉮신용카드	전통시장/	11,700,000	15%	1,755,000						
㉯직불/선불카드	대중교통비	1,530,000	30%	459,000						
㉰현금영수증	제외	1,200,000	30%	360,000						
㉱도서공연등사용분(7천이하)			30%							
㉲전통시장 사용분			40%							
㉳대중교통 사용분			40%							
신용카드 등 사용액 합계(㉮~㉳)		14,430,000		2,574,000	아래참조 *1	공제율금액-공제제외금액	아래참조 *2	MIN[공제가능금액,공제한도]	아래참조 *3	일반공제금액+추가공제금액

최저사용액 16,250,000원을 초과하지 않아 소득공제가 되지 않을 뿐 수험생은 신용카드등사용액을 해당 란에 입력하면 된다.

월세 탭

소득명세 | 부양가족 | 연금저축 등I | 연금저축 등II | 월세,주택임차 | 연말정산입력

1 월세액 세액공제 명세 크게보기

임대인명(상호)	주민등록번호(사업자번호)	유형	계약면적(㎡)	임대차계약서 상 주소지	계약서상 임대차 계약기간 개시일	~	종료일	연간 월세액	공제대상금액	세액공제금액
김민수	470531-1535487	오피스텔	55.00	서울 관악구 관악로 155	2022-01-01	~	2022-12-31	6,000,000	6,000,000	600,000

연금저축 I 탭

소득명세 | 부양가족 | 연금저축 등I | 연금저축 등II | 월세,주택임차 | 연말정산입력

1 연금계좌 세액공제 - 퇴직연금계좌(연말정산입력 탭의 57.과학기술인공제, 58.근로자퇴직연금) 크게보기

퇴직연금 구분	코드	금융회사 등	계좌번호(증권번호)	납입금액	공제대상금액	세액공제금액
1.퇴직연금	304	(주) 우리은행	120-350-120	1,200,000	1,200,000	144,000

기출문제편 정답 및 해설

제92회 기출문제

이론시험

01	02	03	04	05	06	07	08	09	10	11	12	13	14	15
③	②	①	②	①	③	③	②	④	④	②	①	③	④	①

문 항	해 설
01	정보이용자의 당초 기대치를 확인 또는 수정할 수 있는 것은 피드백가치에 대한 설명이다.
02	만기보유증권으로 분류되지 아니하는 채무증권은 단기매매증권과 매도가능증권 중의 하나로 분류한다.
03	우발자산은 자산으로 인식하지 않는다.
04	자기주식을 처분하는 경우 처분금액이 장부금액보다 크다면 그 차액을 자기주식처분이익인 '자본잉여금'으로 회계처리한다.
05	취득 당시 만기가 3개월 이내에 도래하는 양도성예금증서(CD)는 현금및현금성자산에 속한다.
06	기회비용(기회원가)은 현재 이 대안을 선택하지 않았을 경우 포기한 대안 중 최대 금액이다.
07	기말재공품은 재무상태표에 반영된다. 손익계산서에 반영되는 것은 기말제품이다.
08	수선부문이 절단부문에 배분한 금액 : 400,000원 × 200/800 = 100,000원 전력부문이 절단부문에 배분한 금액 : 200,000원 × 500/1,000 = 100,000원 절단부문의 총원가 : 100,000원 + 100,000원 + 500,000원 = 700,000원
09	공정별원가집계는 종합원가계산에 대한 설명이다.
10	정상공손량 = 650개 × 10% = 65개 비정상공손량 = 총공손수량 100개 − 정상공손수량 65개 = 35개
11	법인의 경우에는 '본점'만 주된 사업장이 가능하다.
12	재화의 공급이 수출에 해당하면 영세율을 적용한다.
13	처음 공급한 재화가 환입된 경우 : 재화가 환입된 날을 작성일로 적고 비고란에 처음 세금계산서 작성일자를 덧붙여 적은 후 붉은색 글씨로 쓰거나 음(陰)의 표시를 하여 발급한다.
14	비거주자란 거주자가 아닌 개인을 말하므로 국적으로 거주자 여부를 판단하지 않는다.
15	해당 과세기간의 소득금액에 대하여 추계신고를 하거나 추계조사결정하는 경우에는 이월결손금 공제규정을 적용하지 아니한다. 다만, 천재지변이나 그 밖의 불가항력으로 장부나 그 밖의 증명서류가 멸실되어 추계신고하거나 추계조사결정을 하는 경우에는 그러하지 아니한다.

실무시험

[문제 1] 일반전표입력

문 항	일 자	일반전표입력 답안

1 | 3월 21일

구분	계 정 과 목		거 래 처		적 요		차 변	대 변
차변	0251	외상매입금	00227	(주)SJ컴퍼니			11,000,000	
대변	0110	받을어음	00112	(주)영동물산				6,000,000
대변	0103	보통예금						5,000,000

2 | 4월 30일

구분	계 정 과 목		거 래 처		적 요		차 변	대 변
차변	0186	퇴직연금운용자산					3,000,000	
대변	0103	보통예금						3,000,000

3 | 5월 12일

구분	계 정 과 목		거 래 처		적 요		차 변	대 변
차변	0251	외상매입금	00226	(주)상생유통			40,000,000	
대변	0103	보통예금						38,000,000
대변	0918	채무면제이익						2,000,000

4 | 5월 25일

구분	계 정 과 목		거 래 처		적 요		차 변	대 변
차변	0103	보통예금					200,000,000	
차변	0341	주식발행초과금					20,000,000	
차변	0381	주식할인발행차금					30,000,000	
대변	0331	자본금						250,000,000

5 | 6월 15일

구분	계 정 과 목		거 래 처		적 요		차 변	대 변
차변	0103	보통예금					46,955,000	
차변	0958	단기매매증권처분손실					3,045,000	
대변	0107	단기매매증권						50,000,000

[문제 2] 매입매출전표입력

문 항	일자/유형	매입매출전표입력 답안

1 | 6월 13일 [11.과세]

유형	품목	수량	단가	공급가액	부가세	코드	공급처명	사업/주민번호	전자	분개
과세	전자제품	30	500,000	15,000,000	1,500,000	00235	(주)대한	203-85-12757	여	외상

구분	계정과목		적요		거래처		차변(출금)	대변(입금)
차변	0108	외상매출금	전자제품 30X500000		00235	(주)대한	16,500,000	
대변	0255	부가세예수금	전자제품 30X500000		00235	(주)대한		1,500,000
대변	0404	제품매출	전자제품 30X500000		00235	(주)대한		15,000,000

2 | 7월 25일 [57.카과]

유형	품목	수량	단가	공급가액	부가세	코드	공급처명	사업/주민번호	전자	분개
카과	책상			2,000,000	200,000	00219	(주)카이마트	116-81-52796		카드

신용카드사 99700 세무카드 봉사료

NO : 50001 (대 체) 전 표 일 자 : 2022

구분	계정과목		적요		거래처		차변(출금)	대변(입금)
대변	0253	미지급금	책상		99700	세무카드		2,200,000
차변	0135	부가세대급금	책상		00219	(주)카이마!	200,000	
차변	0212	비품	책상		00219	(주)카이마!	2,000,000	

3 | 9월 15일 [54.불공]

유형	품목	수량	단가	공급가액	부가세	코드	공급처명	사업/주민번호	전자	분개
불공	선물			1,500,000	150,000	00203	(주)영선	104-81-24832	여	혼합

불공제사유 4 ④접대비 및 이와 유사한 비용 관련

NO : 50001 (대 체) 전 표 일 자 : 2022

구분	계정과목		적요		거래처		차변(출금)	대변(입금)
차변	0513	접대비	선물		00203	(주)영선	1,650,000	
대변	0103	보통예금	선물		00203	(주)영선		300,000
대변	0253	미지급금	선물		00203	(주)영선		1,350,000

4 9월 22일 [14.건별]

유형	품목	수량	단가	공급가액	부가세	코드	공급처명	사업/주민번호	전자	분개
건별	제품			1,000,000	100,000	00237	김길동	621012-1045922		혼합

구분	계정과목		적요	거래처		차변(출금)	대변(입금)
대변	0255	부가세예수금	제품	00237	김길동		100,000
대변	0404	제품매출	제품	00237	김길동		1,000,000
차변	0103	보통예금	제품	00237	김길동	1,100,000	

5 9월 28일 [51.과세]

유형	품목	수량	단가	공급가액	부가세	코드	공급처명	사업/주민번호	전자	분개
과세	원재료			50,000,000	5,000,000	00222	(주)진행상사	104-81-37225	여	혼합

구분	계정과목		적요	거래처		차변(출금)	대변(입금)
차변	0135	부가세대급금	원재료	00222	(주)진행상/	5,000,000	
차변	0153	원재료	원재료	00222	(주)진행상/	50,000,000	
대변	0103	보통예금	원재료	00222	(주)진행상/		15,000,000
대변	0251	외상매입금	원재료	00222	(주)진행상/		40,000,000

[문제 3] 부가세 신고서

1 수출실적명세서(4월 ~ 6월)

DEF사의 과세표준은 공급시기(선적일)가 되기 전에 원화로 환가하였으므로 원화 환가일의 환율을 적용한다.

조회기간 : 2022 년 04 월 ~ 2022 년 06 월 구분 : 1기 확정 과세기간별입력

구분	건수	외화금액	원화금액	비고
⑨합계	3	810,000.00	244,300,000	
⑩수출재화[=⑫합계]	3	810,000.00	244,300,000	
⑪기타영세율적용				

No	☐	(13)수출신고번호	(14)선(기)적일자	(15)통화코드	(16)환율	금액 (17)외화	금액 (18)원화	전표정보 거래처코드	전표정보 거래처명
1	☐	13042-10-044689X	2022-04-06	USD	1,150.0000	50,000.00	57,500,000	00238	ABC사
2	☐	13045-10-011470X	2022-05-01	USD	1,130.0000	60,000.00	67,800,000	00239	DEF사
3	☐	13064-25-247041X	2022-06-29	CNY	170.0000	700,000.00	119,000,000	00240	베이징사

2 부가세 신고서(10월 ~ 12월) 및 가산세

- 8번란 −2,000,000원 : (주)성담의 외상매출금은 대손세액 공제요건에 해당하며, (주)한국의 받을어음은 부도발생일(9월 25일)로부터 6개월이 지나지 않았으므로 대손세액 공제가 불가능하다.
- 65번란 전자세금계산서 지연전송 가산세 : 5,000,000원 × 3/1,000 = 15,000원

조회기간 : 2022 년 10 월 1 일 ~ 2022 년 12 월 31 일 신고구분 : 1.정기신고 신고차수 : 부가율 : 34.04 확정

구분			번호	정기신고금액 금액	세율	세액
과세표준및매출세액	과세	세금계산서발급분	1	800,000,000	10/100	80,000,000
	과세	매입자발행세금계산서	2		10/100	
	과세	신용카드·현금영수증발행분	3	60,000,000	10/100	6,000,000
	과세	기타(정규영수증외매출분)	4			
	영세	세금계산서발급분	5	60,000,000	0/100	
	영세	기타	6	20,000,000	0/100	
	예정신고누락분		7			
	대손세액가감		8			-2,000,000
	합계		9	940,000,000	㉮	84,000,000
매입세액	세금계산서수취분	일반매입	10	610,000,000		61,000,000
	세금계산서수취분	수출기업수입분납부유예	10			
	세금계산서수취분	고정자산매입	11	90,000,000		9,000,000
	예정신고누락분		12	10,000,000		1,000,000
	매입자발행세금계산서		13			
	그 밖의 공제매입세액		14			
	합계(10)-(10-1)+(11)+(12)+(13)+(14)		15	710,000,000		71,000,000
	공제받지못할매입세액		16	30,000,000		3,000,000
	차감계 (15-16)		17	680,000,000	㉯	68,000,000
납부(환급)세액(매출세액㉮-매입세액㉯)					㉰	16,000,000
경감공제세액	그 밖의 경감·공제세액		18			
	신용카드매출전표등 발행공제등		19	66,000,000		
	합계		20		㉱	
소규모 개인사업자 부가가치세 감면세액			20		㉲	
예정신고미환급세액			21		㉳	3,000,000
예정고지세액			22		㉴	
사업양수자의 대리납부 기납부세액			23		㉵	
매입자 납부특례 기납부세액			24		㉶	
신용카드업자의 대리납부 기납부세액			25		㉷	
가산세액계			26		㉸	15,000
차가감하여 납부할세액(환급받을세액)㉰-㉱-㉲-㉳-㉴-㉵-㉶-㉷+㉸					27	13,015,000
총괄납부사업자가 납부할 세액(환급받을 세액)						

구분			번호	금액	세율	세액
7.매출(예정신고누락분)						
예정누락분	과세	세금계산서	33		10/100	
	과세	기타	34		10/100	
	영세	세금계산서	35		0/100	
	영세	기타	36		0/100	
	합계		37			
12.매입(예정신고누락분)						
예정누락분	세금계산서		38	10,000,000		1,000,000
	그 밖의 공제매입세액		39			
	합계		40	10,000,000		1,000,000
	신용카드매출수령금액합계	일반매입				
	신용카드매출수령금액합계	고정매입				
	의제매입세액					
	재활용폐자원등매입세액					
	과세사업전환매입세액					
	재고매입세액					
	변제대손세액					
	외국인관광객에대한환급/					
	합계					
14.그 밖의 공제매입세액						
신용카드매출수령금액합계표		일반매입	41			
신용카드매출수령금액합계표		고정매입	42			
의제매입세액			43		뒤쪽	
재활용폐자원등매입세액			44		뒤쪽	
과세사업전환매입세액			45			
재고매입세액			46			
변제대손세액			47			
외국인관광객에대한환급세액			48			
합계			49			

구분		금액	세율	세액
16.공제받지못할매입세액				
공제받지못할 매입세액	50	30,000,000		3,000,000
공통매입세액면세등사업분	51			
대손처분받은세액	52			
합계	53	30,000,000		3,000,000

25.가산세명세					
사업자미등록등		61		1/100	
세 금 계산서	지연발급 등	62		1/100	
	지연수취	63		5/1,000	
	미발급 등	64		뒤쪽참조	
전자세금 발급명세	지연전송	65	5,000,000	3/1,000	15,000
	미전송	66		5/1,000	

[문제 4] 결 산

<table>
<tr><th>문 항</th><th>일 자</th><th>결산수행</th></tr>
<tr><td>1</td><td>12월 31일
일반전표입력</td><td>

구분	계 정 과 목		거 래 처	적 요	차 변	대 변
차변	0133	선급비용			5,000,000	
대변	0821	보험료				5,000,000

</td></tr>
<tr><td>2</td><td>12월 31일
일반전표입력</td><td>

구분	계 정 과 목		거 래 처	적 요	차 변	대 변
차변	0951	이자비용			2,000,000	
대변	0262	미지급비용				2,000,000

</td></tr>
<tr><td>3</td><td>결산자료입력</td><td>

결산자료입력 메뉴에 해당 금액을 입력 → F3전표추가 → 결산대체분개 자동 생성
기말원재료 : 3,440,000원, 기말재공품 : 6,300,000원, 기말제품 : 11,350,000원

코드	과목		결산분개금액	결산전금액	결산반영금액	결산후금액
	1)원재료비			1,873,584,696		1,870,144,696
0501	원재료비			1,873,584,696		1,870,144,696
0153	① 기초 원재료 재고액			75,000,000		75,000,000
0153	② 당기 원재료 매입액			1,798,584,696		1,798,584,696
0153	⑩ 기말 원재료 재고액				3,440,000	3,440,000
0455	8)당기 총제조비용			2,244,412,696		2,240,972,696
0169	① 기초 재공품 재고액			25,000,000		25,000,000
0169	⑩ 기말 재공품 재고액				6,300,000	6,300,000
0150	9)당기완성품제조원가			2,269,412,696		2,259,672,696
0150	① 기초 제품 재고액			65,000,000		65,000,000
0150	⑩ 기말 제품 재고액				11,350,000	11,350,000

자동 생성된 전표확인(결산전표 中 일부)

구분	코드	계정과목			적요	차변	대변
결차	0150	제품			1 제조원가 제품대체	2,259,672,696	
결대	0169	재공품					2,259,672,696
결차	0455	제품매출원가			1 제품매출원가 대체	2,313,322,696	
결대	0150	제품					2,313,322,696

</td></tr>
<tr><td>4</td><td>결산자료입력
(반드시)</td><td>

결산자료입력 메뉴 – F8대손상각의 외상매출금 대손충당금 보충설정액 −1,400,600원 결산반영 → F3전표추가 → 결산대체분개 자동 생성

대손상각

대손율(%) 1.00

코드	계정과목명	금액	설정전 충당금 잔액 코드	계정과목명	금액	추가설정액(결산반영) [(금액x대손율)-설정전충당금잔액]	유형
0108	외상매출금	659,940,000	0109	대손충당금	8,000,000	-1,400,600	판관
0110	받을어음	263,750,000	0111	대손충당금	4,500,000		판관
0114	단기대여금	4,000,000	0115	대손충당금			영업외
0131	선급금	10,250,000	0132	대손충당금			영업외
	대손상각비 합계					-1,400,600	판관

자동 생성된 전표확인 : 대손충당금환입 계정으로 회계처리하지 않음

구분	코드	계정과목	차변	대변
결차	0835	대손상각비	-1,400,600	
결대	0109	대손충당금		-1,400,600

</td></tr>
<tr><td>5</td><td>①과 ② 중
선택하여
입력</td><td>

① 결산자료입력 메뉴에 영업권 상각액 입력 → F3전표추가 → 결산대체분개 자동 생성
기중 취득 월할 상각액 4,000,000원 = 30,000,000원 ÷ 5년 × 8월/12월

코드	과목	결산전금액	결산반영금액	결산후금액
0840	6). 무형자산상각비		4,000,000	4,000,000
0218	영업권		4,000,000	4,000,000
0219	특허권			
0226	개발비			

② 일반전표입력 : 직접 전표 입력

구분	코드	계정과목	차변	대변
결차	0840	무형자산상각비	4,000,000	
결대	0218	영업권		4,000,000

</td></tr>
</table>

[문제 5] 원천징수

1 급여자료입력(수당등록), 원천징수이행상황신고서 작성

① 수당등록

수당등록 | 공제등록

No	코드	과세구분	수당명	근로소득유형 유형	코드	한도	월정액	통상임금	사용여부
1	1001	과세	기본급	급여			정기	여	여
2	1002	과세	상여	상여			부정기	부	부
3	1003	과세	직책수당	급여			정기	부	여
4	1004	과세	월차수당	급여			정기	부	부
5	1005	비과세	식대	식대	P01	(월)100,000	정기	부	여
6	1006	비과세	자가운전보조금	자가운전보조금	H03	(월)200,000	정기	부	여
7	1007	비과세	연장수당	야간근로수당	001	(년)2,400,000	정기	부	여
8	2001	비과세	[기업연구소]연구보조	[기업연구소]연구보	H10	(월)200,000	정기	부	여

② 급여자료입력

귀속년월: 2022 년 09 월 지급년월일: 2022 년 10 월 10 일 급여

사번	사원명	감면율
101	김현철	
102	최민국	
총인원(퇴사자)	2(0)	

급여항목	금액
기본급	2,500,000
직책수당	300,000
식대	150,000
자가운전보조금	300,000
연장수당	200,000
[기업연구소]연구보조비	300,000
과세	3,250,000
비과세	500,000
지급총액	3,750,000

공제항목	금액
국민연금	146,250
건강보험	104,970
장기요양보험	12,870
고용보험	26,000
소득세(100%)	110,430
지방소득세	11,040
농특세	
공제총액	411,560
차인지급액	3,338,440

③ 원천징수 이행상황 신고서
(귀속 9월, 지급 10월)
12.전월미환급세액 180,000원 입력

귀속기간 2022 년 09 월 ~ 2022 년 09 월 지급기간 2022 년 10 월 ~ 2022 년 10 월 신고구분 1.정기신고 차수

신고구분	☑매월 □반기 □수정 □연말 □소득처분 □환급신청	귀속년월	2022년 9월	지급년월	2022년 10월
일괄납부여부	부 / 사업자단위과세여부 부 / 부표 작성	환급신청서 작성		승계명세 작성	

원천징수명세및납부세액 | 원천징수이행상황신고서 부표 | 원천징수세액환급신청서 | 기납부세액명세서 | 전월미환급세액 조정명세서 | 차월이월환급세액 승계명세

구분			코드	소득지급 인원	총지급액	징수세액 소득세 등	농어촌특별세	가산세	당월조정 환급세액	납부세액 소득세 등	농어촌특별세
개인	근로소득	간이세액	A01	1	3,450,000	110,430					
		중도퇴사	A02								
		일용근로	A03								
		연말정산	A04								
		(분납신청)	A05								
		(납부금액)	A06								
		가감계	A10	1	3,450,000	110,430			110,430		
	퇴직소	연금계좌	A21								
		그 외	A22								

전월 미환급 세액의 계산 12.전월미환급	13.기환급	14.차감(12-13)	당월 발생 환급세액 15.일반환급	16.신탁재산	금융회사 등	합병 등	18.조정대상환급(14+15+16+17)	19.당월조정 환급세액계	20.차월이월 환급세액	21.환급신청액
180,000		180,000					180,000	110,430	69,570	

2 연말정산입력

① 소득명세 탭

소득명세 | 부양가족 | 연금저축 등I | 연금저축 등II | 월세,주택임차 | 연말정산입력

	구분	합계	주(현)	납세조합	종(전) [1/2]
소득명세	9.근무처명		용인전자(주)		(주)안전양회
	9-1.종교관련 종사자		부		부
	10.사업자등록번호		122-81-04585	---‐--‐-----	114-86-06122
	11.근무기간		2022-06-01 ~ 2022-12-31	----‐--‐-- ~ ----‐--‐--	2022-01-01 ~ 2022-05-31
	12.감면기간		----‐--‐-- ~ ----‐--‐--	----‐--‐-- ~ ----‐--‐--	----‐--‐-- ~ ----‐--‐--
	13-1.급여(급여자료입력)	37,200,000	19,200,000		18,000,000
	13-2.비과세한도초과액				
	13-3.과세대상추가(인정상여추가)				
	14.상여	2,000,000			2,000,000
	15.인정상여				
	15-1.주식매수선택권행사이익				
	15-2.우리사주조합 인출금				
	15-3.임원퇴직소득금액한도초과액				
	15-4.직무발명보상금.				
	16.계	39,200,000	19,200,000		20,000,000

공제보험료명세	직장	건강보험료(직장)(33)	1,425,320	640,320		785,000
		장기요양보험료(33)	115,200	65,600		49,600
		고용보험료(33)	287,600	153,600		134,000
		국민연금보험료(31)	1,824,000	864,000		960,000
	공적연금보험료	공무원 연금(32)				
		군인연금(32)				
		사립학교교직원연금(32)				
		별정우체국연금(32)				
세액	기납부세액	소득세	1,535,556	1,289,680		245,876
		지방소득세	153,547	128,960		24,587
		농어촌특별세				

② 의료비 지급명세서

- 치료・요양 목적이 아닌 한약 구입비는 공제하지 아니한다.
- 시력보정용 안경구입비는 1인당 연 50만원을 한도로 공제한다.

의료비지급명세서

(2022) 년 의료비 지급명세

의료비 공제대상자					지급처			지급명세					14.산후조리원 해당여부 (7천만원이하)
성명	내/외	5.주민등록번호	6.본인등 해당여부		8.상호	7.사업자 등록번호	9. 의료증빙코드	10. 건수	11.금액	11-1.실손 의료보험금	12.난임시술비 해당여부	13.미숙아 해당여부	
최민국	내	790503-1248542	1	0			국세청장		4,100,000		X	X	X

F8부양가족탭불러오기하여 연말정산입력 탭에 반영한다.

61.의료비	4,100,000	4,100,000	2,924,000	438,600

의료비

구분	지출액	실손의료비	공제대상금액	공제금액
난임시술비				
미숙아.선청성 이상아 치료비				
본인	4,100,000		2,924,000	438,600
65세,장애인.건강보험산정특례자				

③ 보험료

저축성보험료는 공제하지 아니한다.

60.보장성보험	일반		750,000	750,000	90,000
	장애인				

④ 교육비

대학원 교육비는 본인은 가능하고 업무관련성이 없는 학원비용은 공제하지 아니한다.

62.교육비		10,000,000	10,000,000	665,282

교육비

구분	지출액	공제대상금액	공제금액
취학전아동(1인당 300만원)		10,000,000	665,282
초중고(1인당 300만원)			
대학생(1인당 900만원)			
본인(전액)	10,000,000		
장애인 특수교육비			

⑤ 신용카드 등 사용금액

법인의 비용 해당분은 공제하지 아니하나, 의료비 사용액은 공제가능하다.

▶ 신용카드 등 사용금액 공제액 산출 과정

총급여	39,200,000	최저사용액(총급여 25%)	9,800,000

구분		대상금액	공제율금액		공제제외금액	공제가능금액	공제한도	일반공제금액	추가공제금액	최종공제금액
㉮신용카드	전통시장/대중교통비 제외	26,000,000	15%	3,900,000	1,470,000	3,210,000	3,000,000	3,000,000	156,000	3,156,000
㉯직불/선불카드			30%							
㉰현금영수증		2,080,000	30%	624,000						
㉱도서공연등사용분(7천이하)		120,000	30%	36,000						
㉲전통시장 사용분			40%							
㉳대중교통 사용분		300,000	40%	120,000						
신용카드 등 사용액 합계(㉮~㉳)		28,500,000		4,680,000	아래참조 *1	공제율금액-공제제외금액	아래참조 *2	MIN[공제가능금액,공제한도]	아래참조 *3	일반공제금액+추가공제금액

⑥ 기부금

소법 제34조 3항 1호(종교외) 당기	100,000		
소법 제34조 3항 1호(종교) 2014년이월			
소법 제34조 3항 1호(종교) 2015년이월			
소법 제34조 3항 1호(종교) 2016년이월			
소법 제34조 3항 1호(종교) 2017년이월			
소법 제34조 3항 1호(종교) 2018년이월			
소법 제34조 3항 1호(종교) 2019년이월			
소법 제34조 3항 1호(종교) 2020년이월			
소법 제34조 3항 1호(종교) 2021년이월			
소법 제34조 3항 1호(종교) 당기	3,000,000		

⑦ 월세 탭

소득명세 | 부양가족 | 연금저축 등Ⅰ | 연금저축 등Ⅱ | 월세,주택임차 | 연말정산입력

1 월세액 세액공제 명세   크게보기

임대인명 (상호)	주민등록번호 (사업자번호)	유형	계약 면적(㎡)	임대차계약서 상 주소지	계약서상 임대차 계약기간 개시일	-	종료일	연간 월세액	공제대상금액	세액공제금액
임부자	631124-1655498	다가구	52.00	서울시 영등포구 여의나루로 121	2022-01-01	-	2022-12-31	8,400,000	7,500,000	

연간 월세액 8,400,000원만 정확히 입력하면 된다(세액공제액이 계산되지 않는 이유는 해당 사원이 공제받을 세액이 없기 때문이며, 세액공제액은 점수와는 무관하다).

제93회 기출문제

이론시험

01	02	03	04	05	06	07	08	09	10	11	12	13	14	15
①	②	①	④	④	①	①	④	④	①	①	④	④	②	④

문 항	해 설
01	회계추정의 변경은 전진적으로 처리하는 것이 원칙이다.
02	증여, 기타 무상으로 취득한 자산은 공정가치를 취득원가로 한다.
03	무형자산의 상각방법에는 정액법, 정률법, 연수합계법, 생산량비례법 등이 있다(유효이자율법은 사채이자 상각방법에 해당함).
04	매도가능증권평가이익은 기타포괄손익누계액의 구성항목이다.
05	외화환산이익 계정은 결산시점에 발생하는 계정이다.
06	B는 고정원가의 총원가 그래프이고, D는 변동원가와 고정원가에 해당하지 않는 그래프이다.
07	500,000원(기초재공품재고액) + 2,000,000원(당기총제조원가) − 1,000,000원(기말재공품재고액) = 1,500,000원(당기제품제조원가) 400,000원(기초제품재고액) + 1,500,000원(당기제품제조원가) − 450,000원(기말제품재고액) = 1,450,000원(매출원가)
08	상호배분법은 계산의 복잡성으로 인하여 효율적이지 않다.
09	개별원가계산이 종합원가계산에 비해서 제품별 원가계산이 보다 정확하다.
10	평균법 : 완성품수량 500개 + 기말 100개(200개 × 50%) = 600개 선입선출법 : 완성품수량 500개 + 기말 100개(200개 × 50%) − 기초 60개(200개 × 30%) = 540개
11	재화나 용역을 공급한 후 그 공급일로부터 10년이 지난 날이 속하는 과세기간에 대한 확정신고기한까지 대손이 확정되어야 한다.
12	질권, 저당권 또는 양도담보의 목적으로 동산, 부동산 및 부동산상의 권리를 제공하는 경우에는 재화의 공급으로 보지 아니한다. 다만, 채무불이행으로 담보물이 채무변제에 충당된 경우에는 재화의 공급으로 본다.
13	재화 또는 용역의 공급시기 이후에 발급받은 세금계산서로서 해당 공급시기가 속하는 과세기간에 대한 확정신고기한 다음 날부터 1년 이내에 발급받은 경우의 매입세액은 공제가능하다. (2022년 개정)
14	비영업대금의 이익은 약정에 의한 이자지급일이 원칙이다. 다만, 이자지급일의 약정이 없거나 약정에 의한 이자지급일 전에 이자를 지급받는 경우 또는 회수 불능으로 인하여 총수입금액계산에서 제외하였던 이자를 지급받는 경우에는 그 이자지급일로 한다.
15	거주자의 양도소득은 원천징수대상 소득이 아니다.

실무시험

[문제 1] 일반전표입력

문항	일자	일반전표입력 답안
1	4월 1일	

구분	계정과목		거래처	적요	차변	대변
차변	0813	접대비			300,000	
대변	0103	보통예금				300,000

문항	일자	일반전표입력 답안
2	4월 10일	

구분	계정과목		거래처	적요	차변	대변
차변	0817	세금과공과			50,000	
대변	0101	현금				50,000

문항	일자	일반전표입력 답안
3	5월 1일	

구분	계정과목		거래처	적요	차변	대변
차변	0214	건설중인자산			3,500,000	
대변	0102	당좌예금				3,500,000

문항	일자	일반전표입력 답안
4	6월 5일	

구분	계정과목		거래처	적요	차변	대변
차변	0103	보통예금			99,000,000	
차변	0292	사채할인발행차금			1,000,000	
대변	0291	사채				100,000,000

문항	일자	일반전표입력 답안
5	6월 10일	

구분	계정과목		거래처	적요	차변	대변
차변	0254	예수금			550,000	
대변	0103	보통예금				550,000

[문제 2] 매입매출전표입력

문항	일자/유형	매입매출전표입력 답안
1	8월 7일 [12.영세]	

유형	품목	수량	단가	공급가액	부가세	코드	공급처명	사업/주민번호	전자	분개
영세	제품	10	2,000,000	20,000,000		00133	(주)서울	130-81-55668	여	외상

영세율구분 3 내국신용장 · 구매확인서 서류번호

NO : 50001 (대 체) 전 표 일 자 : 2022

구분	계정과목		적요	거래처		차변(출금)	대변(입금)
차변	0108	외상매출금	제품 10X2000000	00133	(주)서울	20,000,000	
대변	0404	제품매출	제품 10X2000000	00133	(주)서울		20,000,000

문항	일자/유형	매입매출전표입력 답안
2	8월 21일 [22.현과]	

유형	품목	수량	단가	공급가액	부가세	코드	공급처명	사업/주민번호	전자	분개
현과	제품 A			300,000	30,000	00166	장현성	680402-1248553		혼합

구분	계정과목		적요	거래처		차변(출금)	대변(입금)
대변	0255	부가세예수금	제품 A	00166	장현성		30,000
대변	0404	제품매출	제품 A	00166	장현성		300,000
차변	0101	현금	제품 A	00166	장현성	330,000	

문항	일자/유형	매입매출전표입력 답안
3	9월 5일 [11.과세]	

유형	품목	수량	단가	공급가액	부가세	코드	공급처명	사업/주민번호	전자	분개
과세	제품			40,000,000	4,000,000	00103	(주)항체	718-86-00027	여	혼합

구분	계정과목		적요	거래처		차변(출금)	대변(입금)
대변	0255	부가세예수금	제품	00103	(주)항체		4,000,000
대변	0404	제품매출	제품	00103	(주)항체		40,000,000
차변	0101	현금	제품	00103	(주)항체	3,000,000	
차변	0108	외상매출금	제품	00103	(주)항체	41,000,000	

문항	일자/유형	매입매출전표입력 답안
4	9월 27일 [54.불공]	

유형	품목	수량	단가	공급가액	부가세	코드	공급처명	사업/주민번호	전자	분개
불공	건물즉시철거			40,000,000	4,000,000	00157	(주)새로용역	156-85-01051	여	혼합

불공제사유 6 ⑥토지의 자본적 지출 관련

NO : 50001 (대 체) 전 표 일 자 : 2022

구분	계정과목		적요	거래처		차변(출금)	대변(입금)
차변	0201	토지	건물즉시철거	00157	(주)새로용역	44,000,000	
대변	0103	보통예금	건물즉시철거	00157	(주)새로용역		25,000,000
대변	0253	미지급금	건물즉시철거	00157	(주)새로용역		19,000,000

5	12월 12일 [16.수출]	(아래 화면)

유형	품목	수량	단가	공급가액	부가세	코드	공급처명	사업/주민번호	전자	분개
수출	제품			22,000,000		00164	미국 SUNA사			외상

영세율구분 1 직접수출(대행수출 포함) 수출신고번호

NO : 50001 (대 체) 전 표 일 자 : 2022

구분	계정과목	적요	거래처	차변(출금)	대변(입금)
차변	0108 외상매출금	제품	00164 미국 SUNA사	22,000,000	
대변	0404 제품매출	제품	00164 미국 SUNA사		22,000,000

[문제 3] 부가세 신고서

1 건물등감가상각자산취득명세서(1월 ~ 3월)

조회기간 2022 년 01 월 ~ 2022 년 03 월 구분 1기 예정

취득내역

감가상각자산종류	건수	공급가액	세 액	비 고
합 계	3	47,000,000	4,700,000	
건물 · 구축물				
기 계 장 치	1	30,000,000	3,000,000	
차 량 운 반 구	1	15,000,000	1,500,000	
기타감가상각자산	1	2,000,000	200,000	

거래처별 감가상각자산 취득명세

No	월/일	상호	사업자등록번호	자산구분	공급가액	세액	건수
1	02-15	(주)대한전자	118-81-20586	기타	2,000,000	200,000	1
2	02-28	(주)상신기계	120-81-47521	기계장치	30,000,000	3,000,000	1
3	03-30	(주)대한모터스	114-87-12242	차량운반구	15,000,000	1,500,000	1

2 부가세 신고서(4월 ~ 6월) 및 가산세

- 71번란 신고불성실 가산세 : 300,000 × 10% × 25%(75% 감면) = 7,500원
- 73번란 납부지연 가산세 : 300,000 × 84일 × 2.2/10,000 = 5,544원

조회기간 : 2022 년 4 월 1 일 ~ 2022 년 6 월 30 일 신고구분 : 1.정기신고 신고차수 : 부가율 : 54.04 확정

구분				정기신고금액 금액	세율	세액
과세표준및매출세액	과세	세금계산서발급분	1	250,000,000	10/100	25,000,000
		매입자발행세금계산서	2		10/100	
		신용카드 · 현금영수증발행분	3	9,000,000	10/100	900,000
		기타(정규영수증외매출분)	4	1,000,000		100,000
	영세	세금계산서발급분	5		0/100	
		기타	6	52,500,000	0/100	
	예정신고누락분		7	3,000,000		300,000
	대손세액가감		8			
	합계		9	315,500,000	㉮	26,300,000
매입세액	세금계산서수취분	일반매입	10	145,000,000		14,500,000
		수출기업수입분납부유예	10			
		고정자산매입	11			
	예정신고누락분		12			
	매입자발행세금계산서		13			
	그 밖의 공제매입세액		14	3,500,000		350,000
	합계(10)-(10-1)+(11)+(12)+(13)+(14)		15	148,500,000		14,850,000
	공제받지못할매입세액		16	30,000,000		3,000,000
	차감계 (15-16)		17	118,500,000	㉯	11,850,000
납부(환급)세액(매출세액㉮-매입세액㉯)					㉰	14,450,000
경감공제세액	그 밖의 경감 · 공제세액		18			
	신용카드매출전표등 발행공제등		19	9,900,000		
	합계		20		㉱	
소규모 개인사업자 부가가치세 감면세액			20		㉲	
예정신고미환급세액			21		㉳	
예정고지세액			22		㉴	
사업양수자의 대리납부 기납부세액			23		㉵	
매입자 납부특례 기납부세액			24		㉶	
신용카드업자의 대리납부 기납부세액			25		㉷	
가산세액계			26		㉸	13,044
차가감하여 납부할세액(환급받을세액)㉰-㉱-㉲-㉳-㉴-㉵-㉶-㉷+㉸					27	14,463,044

구분				금액	세율	세액
7.매출(예정신고누락분)						
예정누락분	과세	세금계산서	33	3,000,000	10/100	300,000
		기타	34		10/100	
	영세	세금계산서	35		0/100	
		기타	36		0/100	
	합계		37	3,000,000		300,000
12.매입(예정신고누락분)						
예정누락분	세금계산서		38			
	그 밖의 공제매입세액		39			
	합계		40			
	신용카드매출 수령금액합계	일반매입				
		고정매입				
	의제매입세액					
	재활용폐자원등매입세액					
	과세사업전환매입세액					
	재고매입세액					
	변제대손세액					
	외국인관광객에대한환급/					
	합계					
14.그 밖의 공제매입세액						
신용카드매출 수령금액합계표		일반매입	41			
		고정매입	42	3,500,000		350,000
의제매입세액			43		뒤쪽	
재활용폐자원등매입세액			44		뒤쪽	
과세사업전환매입세액			45			
재고매입세액			46			
변제대손세액			47			
외국인관광객에대한환급세액			48			

16.공제받지못할매입세액			
공제받지못할 매입세액	50	30,000,000	3,000,000
공통매입세액면세등사업분	51		
대손처분받은세액	52		
합계	53	30,000,000	3,000,000

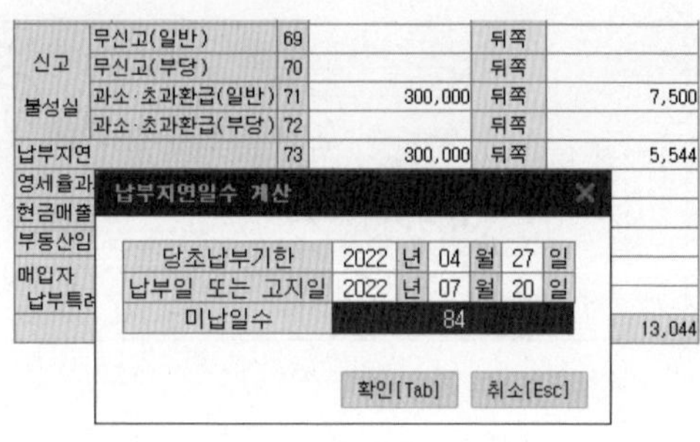

신고불성실	무신고(일반) 69		뒤쪽	
	무신고(부당) 70		뒤쪽	
	과소·초과환급(일반) 71	300,000	뒤쪽	7,500
	과소·초과환급(부당) 72		뒤쪽	
납부지연	73	300,000	뒤쪽	5,544
				13,044

납부지연일수 계산

당초납부기한	2022 년	04	월	27	일	
납부일 또는 고지일	2022 년	07	월	20	일	
미납일수	84					

확인[Tab] 취소[Esc]

[문제 4] 결 산

문항	일자	결산수행
1	12월 31일 일반전표입력	차입일(9월 1일) 단기차입금의 거래처 입력이 되어있지 않으므로 생략한다.

구분	계정과목		거래처		적요	차변	대변
차변	0260	단기차입금				200,000	
대변	0910	외화환산이익					200,000

문항	일자	결산수행
2	12월 31일 일반전표입력	

구분	계정과목		거래처		적요	차변	대변
차변	0904	임대료				2,000,000	
대변	0263	선수수익					2,000,000

문항	일자	결산수행
3	12월 31일 일반전표입력	

구분	계정과목		거래처		적요	차변	대변
차변	0255	부가세예수금				20,000,000	
대변	0135	부가세대급금					14,000,000
대변	0120	미수금	00167	분당세무서			4,000,000
대변	0930	잡이익					10,000
대변	0261	미지급세금					1,990,000

문항	일자	결산수행
4	12월 31일 일반전표입력	

구분	계정과목		거래처		적요	차변	대변
차변	0293	장기차입금	98004	대한은행		45,000,000	
대변	0264	유동성장기부채	98004	대한은행			45,000,000

문항	일자	결산수행
5	①과 ② 중 선택하여 입력	

① 결산자료입력 메뉴 해당 금액 입력 → F3전표추가 → 결산대체분개 자동 생성

0998	9. 법인세등			54,000,000	54,000,000
0136	1). 선납세금		36,000,000	36,000,000	36,000,000
0998	2). 추가계상액			18,000,000	18,000,000

② 일반전표입력 : 직접 전표 입력

구분	계정과목		거래처		적요	차변	대변
결차	0998	법인세등				36,000,000	
결대	0136	선납세금					36,000,000
결차	0998	법인세등				18,000,000	
결대	0261	미지급세금					18,000,000

[문제 5] 원천징수

1 급여자료입력(수당등록), 원천징수이행상황신고서 작성

① 수당등록

수당등록 | 공제등록

No	코드	과세구분	수당명	근로소득유형 유형	코드	한도	월정액	통상임금	사용여부
1	1001	과세	기본급	급여			정기	여	여
2	1002	과세	상여	상여			부정기	부	부
3	1003	과세	직책수당	급여			정기	부	여
4	1004	과세	월차수당	급여			정기	부	여
5	1005	비과세	식대	식대	P01	(월)100,000	정기	부	여
6	1006	비과세	자가운전보조금	자가운전보조금	H03	(월)200,000	정기	부	여
7	1007	비과세	야간근로수당	야간근로수당	001	(년)2,400,000	부정기	부	부

② 급여자료입력

귀속년월: 2022 년 04 월 지급년월일: 2022 년 04 월 30 일 급여

사번	사원명	감면율
1	이희민	
500	최수정	
총인원(퇴사자)	2(0)	

급여항목	금액
기본급	4,000,000
직책수당	300,000
월차수당	600,000
식대	100,000
자가운전보조금	200,000
과세	4,900,000
비과세	300,000
지급총액	5,200,000

공제항목	금액
국민연금	218,700
건강보험	163,410
장기요양보험	20,050
고용보험	39,200
소득세(100%)	336,440
지방소득세	33,640
농특세	
공제총액	811,440
차인지급액	4,388,560

③ 원천징수 이행상황신고서 (귀속 4월, 지급 4월) 12.전월미환급세액 126,000원 입력

귀속기간 2022 년 04 월 ~ 2022 년 04 월 지급기간 2022 년 04 월 ~ 2022 년 04 월 신고구분 1.정기신고 차수

신고구분	☑매월 □반기 □수정 □연말 □소득처분 □환급신청	귀속년월	2022년 4월	지급년월	2022년 4월
일괄납부여부	부	사업자단위과세여부	부	부표 작성	
환급신청서 작성		승계명세 작성			

원천징수명세및납부세액 | 원천징수이행상황신고서 부표 | 원천징수세액환급신청서 | 기납부세액명세서 | 전월미환급세액 조정명세서 | 차월이월환급세액 승계명세

		코드	소득지급 인원	총지급액	징수세액 소득세 등	농어촌특별세	가산세	당월조정 환급세액	납부세액 소득세 등	농어촌특별세
개인	근로소득 간이세액	A01	1	4,900,000	336,440					
	중도퇴사	A02								
	일용근로	A03								
	연말정산	A04								
	(분납신청)	A05								
	(납부금액)	A06								
	가감계	A10	1	4,900,000	336,440			126,000	210,440	
	퇴직소득 연금계좌	A21								
	그 외	A22								

전월 미환급 세액의 계산 12.전월미환급	13.기환급	14.차감(12-13)	당월 발생 환급세액 15.일반환급	16.신탁재산	금융회사 등	합병 등	18.조정대상환급(14+15+16+17)	19.당월조정 환급세액계	20.차월이월 환급세액	21.환급신청액
126,000		126,000					126,000	126,000		

2 연말정산입력

① 사원등록 메뉴 – 부양가족명세 탭 수정

사번	성명	주민(외국인)번호	
1	이희민	1	801214-1120511
500	최수정	1	851006-2458322

기본사항 | 부양가족명세 | 추가사항

연말관계	성명	내/외국인		주민(외국인)번호	나이	기본공제	부녀자	한부모	경로우대	장애인	자녀	출산입양	위탁관계
0	최수정	내	1	851006-2458322	37	본인		○					
1	윤여선	내	1	630122-2184321	59	장애인				1			
4	최안나	내	1	170203-3954210	5	20세이하							

② 월세 탭

소득명세 | 부양가족 | 연금저축 등I | 연금저축 등II | 월세,주택임차 | 연말정산입력

1 월세액 세액공제 명세 크게보기

임대인명(상호)	주민등록번호(사업자번호)	유형	계약면적(m²)	임대차계약서 상 주소지	계약서상 임대차 계약기간 개시일	~	종료일	연간 월세액	공제대상금액
홍현우	740103-1234567	단독주택	60.00	경기도 성남시 분당구 판교동	2022-01-01	~	2022-12-31	8,400,000	7,500,000

③ 의료비 지급명세서

- 본인의 시력보정용 안경구입비 60만원 중 실손의료보험금수령액 30만원이 있으므로 각각 총액을 입력한다. 보험금수령액을 차감한 의료비 실제 지출액이 30만원이므로 인당 50만원 한도 내에 해당하므로 30만원은 의료비 공제가 가능하다.

해설 실제로 안경구입비는 실손의료보험 대상이 아니다. 그러나 문제로 출제되었으므로 연말정산에 반영하도록 한다.

의료비지급명세서

(2022) 년 의료비 지급명세

성명	내/외	5.주민등록번호	6.본인등 해당여부		8.상호	7.사업자 등록번호	9.의료증빙코드	10.건수	11.금액	11-1.실손 의료보험금	12.난임시술비 해당여부	13.미숙아 해당여부	14.산후조리원 해당여부(7천만원이하)
최수정	내	851006-2458322	1	0			국세청장	1	600,000	300,000	X	X	X
윤여선	내	630122-2184321	2	0			국세청장	1	1,200,000		X	X	X
최안나	내	170203-3954210	3	X			국세청장	1	500,000		X	X	X

F8부양가족탭불러오기하여 연말정산입력 탭에 반영한다.

61.의료비	2,300,000	2,300,000	500,000

의료비

구분	지출액	실손의료비	공제대상금액	공제금액
난임시술비				
미숙아.선청성 이상아 치료비				
본인	600,000	300,000	300,000	
65세,장애인.건강보험산정특례자	1,200,000		200,000	
그 밖의 공제대상자	500,000			

④ 보험료

60.보장성보험	일반		1,000,000	1,000,000
	장애인		2,000,000	1,000,000

⑤ 교육비

직계존속(어머니)의 노인대학 교육비는 공제되지 않는다.

62.교육비		2,500,000	2,500,000

교육비

구분	지출액	공제대상금액	공제금액
취학전아동(1인당 300만원)	500,000	2,500,000	
초중고(1인당 300만원)			
대학생(1인당 900만원)			
본인(전액)	2,000,000		
장애인 특수교육비			

⑥ 신용카드 등 사용금액

신용카드 등 사용금액은 의료비(안경구입비)와 교육비(학원비)는 중복공제가 가능하다.

▶ 신용카드 등 사용금액 공제액 산출 과정

총급여	50,000,000	최저사용액(총급여 25%)	12,500,000

구분		대상금액	공제율금액		공제제외금액	공제가능금액	공제한도	일반공제금액	추가공제금액	최종공제금액
㉮신용카드	전통시장/대중교통비 제외	20,000,000	15%	3,000,000	1,875,000	1,945,000	3,000,000	1,945,000		1,945,000
㉯직불/선불카드		1,000,000	30%	300,000						
㉰현금영수증		1,200,000	30%	360,000						
㉱도서공연등사용분(7천이하)			30%							
㉲전통시장 사용분		400,000	40%	160,000						
㉳대중교통 사용분			40%							
㉴소비증가분(전년대비5%초과)			10%							
㉵전통시장 소비증가분			10%							
신용카드 등 사용액 합계(㉮~㉳)		22,600,000		3,820,000	아래참조 *1	공제율금액-공제제외금액	아래참조 *2	MIN[공제가능금액,공제한도]	아래참조 *3	일반공제금액+추가공제금액

제94회 기출문제

이론시험

01	02	03	04	05	06	07	08	09	10	11	12	13	14	15
③	③	④	①	④	③	③	③	①	②, ③	②	④	②	④	②

문 항	해 설
01	선입선출법은 물가가 상승하는 경우 과거의 취득원가가 현행 매출에 대응되므로 당기순이익이 과대계상된다.
02	대손충당금 변동내역 : 50,000 - 20,000 + 30,000 = 60,000원 당기 대손충당금 설정액 : 100,000 - 60,000 = 40,000원
03	초기 감가상각비의 크기는 가속상각법 중 하나인 정률법이 정액법보다 더 크다.
04	급여(개인의 소득)를 지급 시 원천징수하는 세액은 부채계정인 '예수금'으로 처리한다.
05	기타의대손상각비는 판매비와관리비가 아닌 '영업외비용' 중 하나이다.
06	고정원가는 조업도의 변동에 관계없이 총원가는 일정하고 단위당 원가는 조업도의 증가에 따라 감소한다.
07	원재료 사용액 = 100,000 + 150,000 - 30,000 = 220,000원 당기총제조원가 = 220,000 + 200,000 + 200,000 = 620,000원 당기제품제조원가 = 10,000 + 620,000 - 150,000 = 480,000원
08	이중배분율법은 원가 배분절차가 복잡하여 비용과 시간이 절약되지는 않는 단점이 있다.
09	개별원가계산에서는 총원가에 비하여 생산량이 적기 때문에 단위당 원가가 일반적으로 크게 나타난다.
10	② 품질검사를 20% 시점에 한다면 기초재공품 2,000개(40%)는 이미 전기에 검사시점을 통과한 물량이므로 당기착수완성수량은 4,000개(6,000개 - 2,000개)이며, 기말재공품 2,500개(25%)는 검사시점을 통과한 물량이다. 따라서 검사를 통과한 정상품 6,500개(4,000개 + 2,500개)의 10%에 해당하는 650개가 정상공손품이다. ③ 공정의 60% 시점에서 한다고 가정할 경우 당기완성품에만 배부하면 된다.
11	재화의 간주공급에 대해서는 원칙적으로 세금계산서 발급의무가 면제되나, 직매장 반출(판매목적 타사업장 반출)이 과세거래에 해당하는 경우에는 세금계산서를 발급하여야 한다.
12	일반과세자와 달리 간이과세자는 환급세액이 발생하지 않는다.
13	국외에서 공급하는 용역에 대해서는 영세율을 적용한다.
14	거래상대방으로부터 받는 장려금 등은 총수입금액에 산입한다.
15	② 국내 정기예금 이자소득은 2천만원 초과인 경우 종합과세하고, 일시적인 강연료 기타소득금액은 300만원 초과인 경우 종합과세한다. ① 퇴직소득과 양도소득은 종합과세하지 않고, 분류과세한다. ③ 일용근로소득은 무조건 분리과세하고, 공적연금소득은 다음 해 1월분 연금소득을 지급하는 때에 연말정산 한다. ④ 근로소득은 종합과세합산대상 타 소득이 없는 경우 연말정산에 의하여 납세의무가 종결되므로 확정신고를 할 필요가 없고, 복권당첨소득은 무조건 분리과세한다.

실무시험

[문제 1] 일반전표입력

문항	일자	구분	코드	계정과목	거래처	적요	차변	대변
1	4월 20일	차변	0103	보통예금			317,766,000	
		차변	0136	선납세금			3,234,000	
		대변	0105	정기예금				300,000,000
		대변	0901	이자수익				21,000,000
2	5월 25일	차변	0341	주식발행초과금			5,000,000	
		대변	0331	자본금				5,000,000
3	6월 18일	차변	0201	토지			103,500,000	
		대변	0103	보통예금				103,500,000
4	7월 1일	차변	0103	보통예금			19,900,000	
		차변	0394	매도가능증권평가이익			3,000,000	
		대변	0178	매도가능증권				21,000,000
		대변	0915	매도가능증권처분이익				1,900,000
5	8월 21일	차변	0103	보통예금			8,800,000	
		차변	0952	외환차손			800,000	
		대변	0114	단기대여금	00118 (주)치료상사			9,600,000

[문제 2] 매입매출전표입력

1. 7월 25일 [54.불공]

유형	품목	수량	단가	공급가액	부가세	코드	공급처명	사업/주민번호	전자	분개
불공	임차료			500,000	50,000	00113	(주)세무캐피탈	206-81-54549	여	혼합

불공제사유 3 ③비영업용 소형승용자동차 구입 · 유지 및 임차

NO : 50001 (대체) 전표 일 자 : 2022

구분	코드	계정과목	적요	거래처	차변(출금)	대변(입금)
차변	0819	임차료	임차료	00113 (주)세무캐피	550,000	
대변	0103	보통예금	임차료	00113 (주)세무캐피		550,000

2. 8월 13일 [52.영세]

유형	품목	수량	단가	공급가액	부가세	코드	공급처명	사업/주민번호	전자	분개
영세	상품			20,000,000		00115	(주)항원	312-86-09252	여	혼합

구분	코드	계정과목	적요	거래처	차변(출금)	대변(입금)
차변	0146	상품	상품	00115 (주)항원	20,000,000	
대변	0103	보통예금	상품	00115 (주)항원		20,000,000

3. 9월 11일 [51.과세]

유형	품목	수량	단가	공급가액	부가세	코드	공급처명	사업/주민번호	전자	분개
과세	원재료	1,000	30,000	30,000,000	3,000,000	00230	(주)리소스	106-86-66833	여	혼합

구분	코드	계정과목	적요	거래처	차변(출금)	대변(입금)
차변	0135	부가세대급금	원재료 1000X30000	00230 (주)리소스	3,000,000	
차변	0153	원재료	원재료 1000X30000	00230 (주)리소스	30,000,000	
대변	0101	현금	원재료 1000X30000	00230 (주)리소스		3,300,000
대변	0251	외상매입금	원재료 1000X30000	00230 (주)리소스		29,700,000

4	9월 28일 [17.카과]	(아래 표 참조)
5	9월 30일 [57.카과]	(아래 표 참조)

4 — 9월 28일 [17.카과]

유형	품목	수량	단가	공급가액	부가세	코드	공급처명	사업/주민번호	전자	분개
카과	중고차 판매			2,500,000	250,000	00237	신윤복	580501-2145221		혼합

신용카드사 99600 미래카드 봉사료

NO : 50001 (대 체) 전 표 일 자 : 2022

구분	계정과목		적요	거래처		차변(출금)	대변(입금)
대변	0255	부가세예수금	중고차 판매	00237	신윤복		250,000
대변	0212	비품	중고차 판매	00237	신윤복		4,000,000
차변	0213	감가상각누계	중고차 판매	00237	신윤복	800,000	
차변	0120	미수금	중고차 판매	99600	미래카드	2,750,000	
차변	0970	유형자산처분	중고차 판매	00237	신윤복	700,000	

5 — 9월 30일 [57.카과]

유형	품목	수량	단가	공급가액	부가세	코드	공급처명	사업/주민번호	전자	분개
카과	경유			80,000	8,000	00223	(주)강남주유소	502-85-10321		카드

신용카드사 99800 하나카드 봉사료

NO : 50001 (대 체) 전 표 일 자 : 2022

구분	계정과목		적요	거래처		차변(출금)	대변(입금)
대변	0253	미지급금	경유	99800	하나카드		88,000
차변	0135	부가세대급금	경유	00223	(주)강남주	8,000	
차변	0522	차량유지비	경유	00223	(주)강남주	80,000	

[문제 3] 부가세 신고서

1 공제받지못할매입세액명세서 – 정산내역 탭(4월 ~ 6월)

조회기간 : 2022 년 04 월 ~ 2022 년 06 월 구분 : 1기 확정

공제받지못할매입세액내역 | 공통매입세액안분계산내역 | 공통매입세액의정산내역 | 납부세액또는환급세액재계산

산식	구분	(15)총공통매입세액	(16)면세 사업확정 비율			(17)불공제매입세액총액((15)*(16))	(18)기불공제매입세액	(19)가산또는공제되는매입세액((17)-(18))
			총공급가액	면세공급가액	면세비율			
1.당해과세기간의 공급가액기준		2,000,000	38,000,000.00	12,000,000.00	31.578947	631,578	240,000	391,578

2 부가세 신고서(10 ~ 12월) 및 가산세

- 8번란 대손세액납부 : 대손금회수 11,000,000원 중 대손세액 1,000,000원은 양수로 입력하여 납부한다.
- 62번란 지연발급 가산세 : 20,000,000원 × 1% = 200,000원

조회기간 : 2022 년 10 월 1 일 ~ 2022 년 12 월 31 일 신고구분 : 1.

구분				번호	정기신고금액 금액	세율	세액
과세표준및매출세액	과세	세금계산서발급분		1	300,000,000	10/100	30,000,000
		매입자발행세금계산서		2		10/100	
		신용카드·현금영수증발행분		3	60,000,000	10/100	6,000,000
		기타(정규영수증외매출분)		4	400,000		40,000
	영세	세금계산서발급분		5	50,000,000	0/100	
		기타		6	100,000,000	0/100	
	예정신고누락분			7			
	대손세액가감			8			1,000,000
	합계			9	510,400,000	㉮	37,040,000
매입세액	세금계산서수취분	일반매입		10	300,000,000		30,000,000
		수출기업수입분납부유예		10			
		고정자산매입		11			
	예정신고누락분			12			
	매입자발행세금계산서			13			
	그 밖의 공제매입세액			14	20,000,000		2,000,000
	합계(10)-(10-1)+(11)+(12)+(13)+(14)			15	320,000,000		32,000,000
	공제받지못할매입세액			16	20,000,000		2,000,000
	차감계 (15-16)			17	300,000,000	㉯	30,000,000
납부(환급)세액(매출세액㉮-매입세액㉯)						㉰	7,040,000
경감공제세액	그 밖의 경감·공제세액			18			
	신용카드매출전표등 발행공제등			19	66,000,000		
	합계			20		㉱	
소규모 개인사업자 부가가치세 감면세액				20		㉲	
예정신고미환급세액				21		㉳	3,000,000
예정고지세액				22		㉴	
사업양수자의 대리납부 기납부세액				23		㉵	
매입자 납부특례 기납부세액				24		㉶	
신용카드업자의 대리납부 기납부세액				25		㉷	
가산세액계				26		㉸	200,000
차가감하여 납부할세액(환급받을세액)㉰-㉱-㉲-㉳-㉴-㉵-㉶-㉷+㉸						27	4,240,000
총괄납부사업자가 납부할 세액(환급받을 세액)							

14.그 밖의 공제매입세액					
신용카드매출 수령금액합계표	일반매입	41	20,000,000		2,000,000
	고정매입	42			
의제매입세액		43		뒤쪽	
재활용폐자원등매입세액		44		뒤쪽	
과세사업전환매입세액		45			
재고매입세액		46			

16.공제받지못할매입세액			
공제받지못할 매입세액	50	20,000,000	2,000,000
공통매입세액면세등사업분	51		
대손처분받은세액	52		
합계	53	20,000,000	2,000,000

구분		번호	금액	세율	세액
사업자미등록등		61		1/100	
세금계산서	지연발급 등	62	20,000,000	1/100	200,000
	지연수취	63		5/1,000	
	미발급 등	64		뒤쪽참조	

[문제 4] 결 산

문 항	일 자	결산수행

1 | 12월 31일 일반전표입력

구분	계 정 과 목		거 래 처		적 요		차 변	대 변
차변	0530	소모품비					1,800,000	
대변	0122	소모품						1,800,000

2 | 12월 31일 일반전표입력

구분	계 정 과 목		거 래 처		적 요		차 변	대 변
차변	0141	현금과부족					50,000	
대변	0930	잡이익						50,000

3 | 12월 31일 일반전표입력

구분	계 정 과 목		거 래 처		적 요		차 변	대 변
차변	0116	미수수익					2,250,000	
대변	0901	이자수익						2,250,000

4 | 12월 31일 일반전표입력

구분	계 정 과 목		거 래 처		적 요		차 변	대 변
차변	0108	외상매출금	00238	ABC사			1,000,000	
대변	0910	외화환산이익						1,000,000

5 | ①과 ② 중 선택하여 입력

① 결산자료입력 메뉴 - CF8 퇴직충당 클릭하여 퇴직급여추계액을 입력하고 추가설정액을 구한 뒤 결산반영 → F3전표추가 → 결산대체분개 자동 생성

퇴직충당부채

코드	계정과목명	퇴직급여추계액	설정전 잔액				추가설정액(결산반영) (퇴직급여추계액-설정전잔액)	유형
			기초금액	당기증가	당기감소	잔액		
0508	퇴직급여	30,000,000	15,000,000			15,000,000	15,000,000	제조
0806	퇴직급여	10,000,000	13,000,000			13,000,000	-3,000,000	판관

0504	임금			136,850,000		136,850,000
0507	잡급			19,920,000		19,920,000
0508	2). 퇴직급여(전입액)				15,000,000	15,000,000
0550	3). 퇴직연금충당금전입액					

0801	급여			295,000,000		295,000,000
0803	상여금			32,000,000		32,000,000
0806	2). 퇴직급여(전입액)				-3,000,000	-3,000,000
0850	3). 퇴직연금충당금전입액					

② 일반전표입력 : 직접 전표 입력

구분	코드	계정과목			적요		차변	대변
결차	0508	퇴직급여			1	퇴직충당금 당기분전입익	15,000,000	
결대	0295	퇴직급여충당부채			7	퇴직급여충당부채당기설		15,000,000

구분	코드	계정과목			적요		차변	대변
결차	0806	퇴직급여			1	퇴직충당금 당기분전입익	-3,000,000	
결대	0295	퇴직급여충당부채			7	퇴직급여충당부채당기설		-3,000,000

(또는 판관비 퇴직급여보충설정액을 음수처리하지 않고 아래와 같이 '퇴직급여충당부채환입' 계정으로 대변에 회계처리하여도 된다)

구분	코드	계정과목			적요		차변	대변
결차	0295	퇴직급여충당부채			7	퇴직급여충당부채당기설	3,000,000	
결대	0852	퇴직급여충당부채환입				퇴직급여충당부채당기설		3,000,000

[문제 5] 원천징수

1 사원등록

① 사원등록

사번	성명	주민(외국인)번호
111	김미영	1 730831-2345677
105	김한국	1 770226-1041318

기본사항 | 부양가족명세 | 추가사항

1.입사년월일 2022 년 1 월 1 일
2.내/외국인 1 내국인
3.외국인국적 KR 대한민국 체류자격
4.주민구분 1 주민등록번호 주민등록번호 770226-1041318
5.거주구분 1 거주자 6.거주지국코드 KR 대한민국

② 부양가족명세

① 나여성(배우자)은 사업소득금액이 100만원을 초과하므로 기본공제대상자에 해당 안 됨
② 김조선(소득자의 직계존속)은 무조건 분리과세만 있으므로 기본공제대상자 및 70세 이상 경로우대공제에 해당한다.
③ 직계비속 김우주, 김관우는 주소(거소)에 관계없이 생계를 같이하는 것으로 본다.
④ 강춘자는 양도소득금액이 100만원이므로 기본공제대상자 및 70세 이상 경로우대공제에 해당한다(100만원 초과하는 경우에 기본공제대상자에 해당하지 않는다).
⑤ 김부산은 장애인으로 소득이 없는 동거가족이므로 기본공제대상자에 해당한다.

기본사항 | 부양가족명세 | 추가사항

연말관계	성명	내/외국인	주민(외국인)번호	나이	기본공제	부녀자	한부모	경로우대	장애인	자녀	출산입양	위탁관계
0	김한국	내	1 770226-1041318	45	본인							
3	나여성	내	1 801226-2056917	42	부							
1	김조선	내	1 470912-1005618	75	60세이상			○				
2	강춘자	내	1 491213-2055618	73	60세이상			○				
4	김우주	내	1 160622-4061316	6	20세이하				1			
4	김관우	내	1 170912-3061624	5	20세이하							
6	김부산	내	1 790926-1005616	43	장애인				3			

2 연말정산입력

① 부양가족 탭 수정

• 본인 김미영은 종합소득금액 3,000만원 초과이므로 부녀자공제를 받지 못하며, 한부모에 해당하므로 한부모 추가공제를 적용한다(만약 부녀자공제가 중복으로 적용되더라도 한부모공제를 적용받아야 함).
• 부친 김철수는 퇴직소득금액이 200만원이 있어서 기본공제대상자가 아니다.

계속 | 중도 | 전체 편리한연말정산 엑셀 | 참고:특별소득(세액)공제 적용!

사번	사원명	완료
111	김미영	×

소득명세 | 부양가족 | 연금저축 등I | 연금저축 등II | 월세,주택임차 | 연말정산입력

연말관계	성명	내/외국인	주민(외국인)번호	나이	기본공제	세대주구분	부녀자	한부모	경로우대	장애인	자녀	출산입양
0	김미영	내	1 730831-2345677	49	본인	세대주		○				
1	김철수	내	1 400321-1234567	82	부							
1	전영희	내	1 441111-2456788	78	60세이상				○			
4	박문수	내	1 090606-3567898	13	20세이하						○	
4	박분수	내	1 181007-3345676	4	20세이하							

② 의료비 지급명세서

의료비지급명세서

(2022) 년 의료비 지급명세

의료비 공제대상자					지급처		지급명세						14.산후조리원 해당여부 (7천만원이하)
성명	내/외	5.주민등록번호	6.본인등 해당여부		8.상호	7.사업자 등록번호	9.의료증빙코드	10.건수	11.금액	11-1.실손 의료보험금	12.난임시술비 해당여부	13.미숙아 해당여부	
김미영	내	730831-2345677	1	0			국세청장		1,000,000		X	X	X
전영희	내	441111-2456788	2	0			국세청장		600,000		X	X	X
박문수	내	090606-3567898	3	X			국세청장		850,000		X	X	X

F8부양가족탭불러오기하여 연말정산입력 탭에 반영한다.

61.의료비	2,450,000	2,450,000	560,000	84,000

의료비

구분	지출액	실손의료비	공제대상금액	공제금액
난임시술비				
미숙아.선청성 이상아 치료비				
본인	1,000,000		560,000	84,000
65세,장애인.건강보험산정특례자	600,000			
그 밖의 공제대상자	850,000			

③ 보험료

보장성 보험료: 900,000(김미영 암보험료) + 180,000(박문수 상해보험) = 1,080,000

60.보장성보험	일반		1,080,000	1,000,000	120,000
	장애인				

④ 교육비

- 중학교 1,050,000원 = 800,000(등록금) + 250,000(교복)
- 취학전아동 1,800,000(유치원)

62.교육비		2,850,000	2,850,000	427,500

교육비

구분	지출액	공제대상금액	공제금액
취학전아동(1인당 300만원)	1,800,000	2,850,000	427,500
초중고(1인당 300만원)	1,050,000		
대학생(1인당 900만원)			
본인(전액)			
장애인 특수교육비			

⑤ 신용카드 등 사용금액

총급여액 7천만원 이하자이므로 도서공연등사용분으로 공제가능함

▶ 신용카드 등 사용금액 공제액 산출 과정

총급여	63,000,000	최저사용액(총급여 25%)	15,750,000

구분		대상금액	공제율금액		공제제외금액	공제가능금액	공제한도	일반공제금액	추가공제금액	최종공제금액
㉮신용카드	전통시장/대중교통비 제외	7,300,000	15%	1,095,000	3,630,000	3,675,000	3,000,000	3,000,000	675,000	3,675,000
㉯직불/선불카드		5,000,000	30%	1,500,000						
㉰현금영수증		6,750,000	30%	2,025,000						
㉱도서공연등사용분(7천이하)		950,000	30%	285,000						
㉲전통시장 사용분		4,000,000	40%	1,600,000						
㉳대중교통 사용분		2,000,000	40%	800,000						
신용카드 등 사용액 합계(㉮~㉳)		26,000,000		7,305,000	아래참조 *1	공제율금액-공제제외금액	아래참조 *2	MIN[공제가능금액,공제한도]	아래참조 *3	일반공제금액+추가공제금액

⑥ 기부금

김철수가 지출한 기부금은 세액공제 대상이 아님(소득요건 불충족)

1)정치자금기부금	10만원이하			
	10만원초과			
2)법정기부금(전액)				
3)우리사주조합기부금				
4)지정기부금(종교단체외)		200,000	200,000	30,000
5)지정기부금(종교단체)		2,000,000	2,000,000	300,000
64.특별세액공제 계				961,500
표준세액공제				
납세조합공제				
주택차입금				
외국납부	▶			
월세액				

소법 제34조 3항 1호(종교외) 2020년이월			
소법 제34조 3항 1호(종교외) 2021년이월			
소법 제34조 3항 1호(종교외) 당기	200,000	200,000	30,000
소법 제34조 3항 1호(종교) 2014년이월			
소법 제34조 3항 1호(종교) 2015년이월			
소법 제34조 3항 1호(종교) 2016년이월			
소법 제34조 3항 1호(종교) 2017년이월			
소법 제34조 3항 1호(종교) 2018년이월			
소법 제34조 3항 1호(종교) 2019년이월			
소법 제34조 3항 1호(종교) 2020년이월			
소법 제34조 3항 1호(종교) 2021년이월			
소법 제34조 3항 1호(종교) 당기	2,000,000	2,000,000	300,000

제95회 기출문제

이론시험

01	02	03	04	05	06	07	08	09	10	11	12	13	14	15
②	②	③	②	①	④	②	④	①	③	①	③	①	④	③

문 항	해 설
01	재무제표의 기본가정에는 기업실체의 가정, 계속기업의 가정, 기간별 보고의 가정이 있다.
02	창고재고 2,000,000원 + 미착상품 150,000원 + 시송품 300,000원 + 적송품 100,000원 = 2,550,000원
03	단기매매증권이 시장성을 상실한 경우에는 매도가능증권으로 분류한다.
04	토지 취득과 관련하여 취득세가 발생하면 토지의 취득원가로 처리한다.
05	위탁판매는 수탁자가 위탁품을 판매하는 시점에 수익을 인식한다.
06	관련원가는 여러 대안 사이에 차이가 나는 원가로서 의사결정에 직접적으로 관련되는 원가이다.
07	단계배부법을 사용하는 경우에는 가장 먼저 배부되는 보조부문원가는 다른 보조부문에 배부된다.
08	완성품환산량 5,000개 = 완성품수량 3,400개 + 기말재공품환산량 2,000개(100%) − 기초재공품환산량 400개(100%)
09	조업도가 증가하면 총원가의 고정비는 일정하고 단위당 원가의 고정비는 감소한다. 조업도가 감소하면 총원가의 고정비는 일정하고 단위당 원가의 고정비는 증가한다.
10	당월제품제조원가 3,504,000원 = 3,124,000원 + 380,000원 당월기말제품재고 500,000원 = 기초제품재고 620,000원 + 제품제조원가 3,504,000원 − 제품매출원가 3,624,000원
11	뇌물, 알선수재 및 배임수재에 의한 금품은 무조건 종합과세대상이며, 나머지는 무조건 분리과세대상이다.
12	본인과 배우자가 세대를 달리하여 주택을 소유하여도 주택수를 합산한다.
13	해당 과세기간의 총공급가액 중 면세공급가액이 5% 미만인 경우는 안분계산을 배제한다. 다만, 공통매입세액이 500만원 이상인 경우는 제외한다.
14	국가・지방자치단체・지방자치단체조합이 공급하는 재화 또는 용역은 면세대상에 해당한다.
15	내국신용장・구매확인서에 의해 공급하는 재화는 세금계산서 발급대상에 해당한다.

실무시험

[문제 1] 일반전표입력

문 항	일 자	번호	구분	계 정 과 목		거 래 처		적 요	차 변	대 변
1	6월 5일	00001	차변	0811	복리후생비				22,500	
		00001	대변	0101	현금					22,500
2	6월 10일	00001	차변	0115	대손충당금				3,000,000	
		00001	차변	0954	기타의대손상각비				2,000,000	
		00001	대변	0114	단기대여금	00234	(주)보영			5,000,000

3 / 7월 8일

번호	구분	계정과목		거래처		적요	차변	대변
00001	차변	0821	보험료				650,000	
00001	차변	0521	보험료				1,650,000	
00001	대변	0103	보통예금					2,300,000

4 / 8월 20일

번호	구분	계정과목		거래처		적요	차변	대변
00001	차변	0293	장기차입금	98003	(주)만길은행		20,000,000	
00001	대변	0103	보통예금					19,000,000
00001	대변	0918	채무면제이익					1,000,000

5 / 10월 31일

번호	구분	계정과목		거래처		적요	차변	대변
00001	차변	0232	임차보증금	00228	(주)동국		15,000,000	
00001	대변	0131	선급금	00228	(주)동국			5,000,000
00001	대변	0103	보통예금		(주)동국			10,000,000

[문제 2] 매입매출전표입력

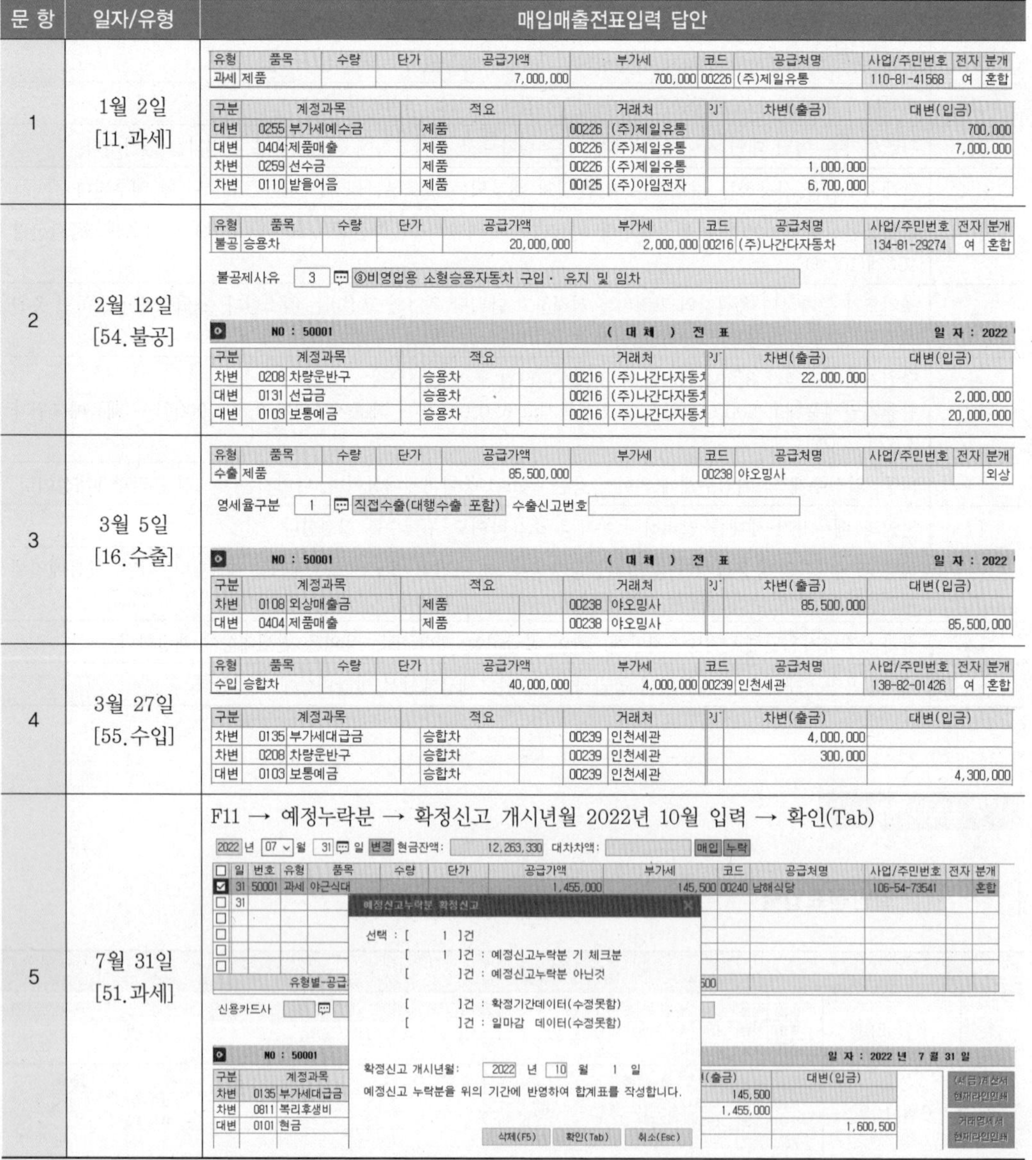

문항	일자/유형	매입매출전표입력 답안

1 / 1월 2일 [11.과세]

유형	품목	수량	단가	공급가액	부가세	코드	공급처명	사업/주민번호	전자	분개
과세	제품			7,000,000	700,000	00226	(주)제일유통	110-81-41568	여	혼합

구분	계정과목		적요	거래처		차변(출금)	대변(입금)
대변	0255	부가세예수금	제품	00226	(주)제일유통		700,000
대변	0404	제품매출	제품	00226	(주)제일유통		7,000,000
차변	0259	선수금	제품	00226	(주)제일유통	1,000,000	
차변	0110	받을어음	제품	00125	(주)아임전자	6,700,000	

2 / 2월 12일 [54.불공]

유형	품목	수량	단가	공급가액	부가세	코드	공급처명	사업/주민번호	전자	분개
불공	승용차			20,000,000	2,000,000	00216	(주)나간다자동차	134-81-29274	여	혼합

불공제사유 3 ③비영업용 소형승용자동차 구입· 유지 및 임차

NO : 50001 (대 체) 전 표 일 자 : 2022

구분	계정과목		적요	거래처		차변(출금)	대변(입금)
차변	0208	차량운반구	승용차	00216	(주)나간다자동차	22,000,000	
대변	0131	선급금	승용차	00216	(주)나간다자동차		2,000,000
대변	0103	보통예금	승용차	00216	(주)나간다자동차		20,000,000

3 / 3월 5일 [16.수출]

유형	품목	수량	단가	공급가액	부가세	코드	공급처명	사업/주민번호	전자	분개
수출	제품			85,500,000		00238	야오밍사			외상

영세율구분 1 직접수출(대행수출 포함) 수출신고번호

NO : 50001 (대 체) 전 표 일 자 : 2022

구분	계정과목		적요	거래처		차변(출금)	대변(입금)
차변	0108	외상매출금	제품	00238	야오밍사	85,500,000	
대변	0404	제품매출	제품	00238	야오밍사		85,500,000

4 / 3월 27일 [55.수입]

유형	품목	수량	단가	공급가액	부가세	코드	공급처명	사업/주민번호	전자	분개
수입	승합차			40,000,000	4,000,000	00239	인천세관	138-82-01426	여	혼합

구분	계정과목		적요	거래처		차변(출금)	대변(입금)
차변	0135	부가세대급금	승합차	00239	인천세관	4,000,000	
차변	0208	차량운반구	승합차	00239	인천세관	300,000	
대변	0103	보통예금	승합차	00239	인천세관		4,300,000

5 / 7월 31일 [51.과세]

F11 → 예정누락분 → 확정신고 개시년월 2022년 10월 입력 → 확인(Tab)

2022 년 07 월 31 일 변경 현금잔액: 12,263,330 대차차액: 매입 누락

일	번호	유형	품목	수량	단가	공급가액	부가세	코드	공급처명	사업/주민번호	전자	분개
31	50001	과세	야근식대			1,455,000	145,500	00240	남해식당	106-54-73541		혼합
31												

예정신고누락분 확정신고

선택 : [1]건

[1]건 : 예정신고누락분 기 체크분

[ ]건 : 예정신고누락분 아닌것

[ ]건 : 확정기간데이터(수정못함)

[ ]건 : 일마감 데이터(수정못함)

확정신고 개시년월: 2022 년 10 월 1 일

예정신고 누락분을 위의 기간에 반영하여 합계표를 작성합니다.

삭제(F5) 확인(Tab) 취소(Esc)

NO : 50001 일 자 : 2022 년 7 월 31 일

구분	계정과목		차변(출금)	대변(입금)
차변	0135	부가세대급금	145,500	
차변	0811	복리후생비	1,455,000	
대변	0101	현금		1,600,500

[문제 3] 부가세 신고서

1 신용카드매출전표등수령명세서 작성(7월 ~ 9월)

- 접대비, 비영업용 소형승용자동차 유지비용의 매입세액은 공제되지 않으므로 입력하지 않는다.
- 일반과세자라 하더라도 입장권 발행사업자(영수증 발급대상자)는 매입세액 공제를 받을 수 없다.

조회기간 : 2022 년 07 월 ~ 2022 년 09 월 구분 2기 예정

2. 신용카드 등 매입내역 합계

구분	거래건수	공급가액	세액
합 계	2	295,000	29,500
현금영수증	1	45,000	4,500
화물운전자복지카드			
사업용신용카드	1	250,000	25,000
그 밖의 신용카드			

3. 거래내역입력

No	□	월/일	구분	공급자	공급자(가맹점) 사업자등록번호	카드회원번호	그 밖의 신용카드 등 거래내역 합계		
							거래건수	공급가액	세액
1	□	07-25	현금	다사소	101-20-45671		1	45,000	4,500
2	□	08-14	사업	강남돼지집	109-60-22227	1005-2001-3001-1306	1	250,000	25,000

2 부가세 신고서 작성(4월 ~ 6월), 가산세

공급시기(04.30) 이후에 공급시기가 속하는 과세기간에 대한 확정신고기한(07.25)까지 발급받은 세금계산서의 경우 매입세액공제는 가능하나, 해당 공급가액의 0.5%만큼 지연수취 가산세가 발생한다.

조회기간 : 2022 년 4 월 1 일 ~ 2022 년 6 월 30 일 신고구분 : 1.정기신고 신고차수 : 부가율 : 51.02 확정

구분				정기신고금액 금액	세율	세액
과세표준및매출세액	과세	세금계산서발급분	1	200,000,000	10/100	20,000,000
		매입자발행세금계산서	2		10/100	
		신용카드 · 현금영수증발행분	3	25,000,000	10/100	2,500,000
		기타(정규영수증외매출분)	4			
	영세	세금계산서발급분	5		0/100	
		기타	6	20,000,000	0/100	
	예정신고누락분		7			
	대손세액가감		8			
	합계		9	245,000,000	㉮	22,500,000
매입세액	세금계산서 수취분	일반매입	10	120,000,000		12,000,000
		수출기업수입분납부유예	10			
		고정자산매입	11	20,000,000		2,000,000
	예정신고누락분		12			
	매입자발행세금계산서		13			
	그 밖의 공제매입세액		14			
	합계(10)-(10-1)+(11)+(12)+(13)+(14)		15	140,000,000		14,000,000
	공제받지못할매입세액		16	10,000,000		1,000,000
	차감계 (15-16)		17	130,000,000	㉯	13,000,000
납부(환급)세액(매출세액㉮-매입세액㉯)					㉰	9,500,000
경감공제세액	그 밖의 경감 · 공제세액		18			10,000
	신용카드매출전표등 발행공제등		19	27,500,000		
	합계		20		㉱	10,000
소규모 개인사업자 부가가치세 감면세액			20		㉲	
예정신고미환급세액			21		㉳	
예정고지세액			22		㉴	
사업양수자의 대리납부 기납부세액			23		㉵	
매입자 납부특례 기납부세액			24		㉶	
신용카드업자의 대리납부 기납부세액			25		㉷	
가산세액계			26		㉸	5,000
차가감하여 납부할세액(환급받을세액)㉰-㉱-㉲-㉳-㉴-㉵-㉶-㉷+㉸					27	9,495,000
총괄납부사업자가 납부할 세액(환급받을 세액)						

구분		금액	세율	세액
16.공제받지못할매입세액				
공제받지못할 매입세액	50	10,000,000		1,000,000
공통매입세액면세등사업분	51			
대손처분받은세액	52			
합계	53	10,000,000		1,000,000
18.그 밖의 경감·공제세액				
전자신고세액공제	54			10,000
전자세금계산서발급세액공제	55			
택시운송사업자경감세액	56			
대리납부세액공제	57			
현금영수증사업자세액공제	58			
기타	59			
합계	60			10,000

25.가산세명세					
사업자미등록등		61		1/100	
세금계산서	지연발급 등	62		1/100	
	지연수취	63	1,000,000	5/1,000	5,000
	미발급 등	64		뒤쪽참조	

[문제 4] 결 산

문 항	일 자	결산수행

1 | 12월 31일 일반전표입력

구분	계 정 과 목	거 래 처	적 요	차 변	대 변
차변	0107 단기매매증권			2,500,000	
대변	0905 단기매매증권평가이익				2,500,000

2 | 12월 31일 일반전표입력

구분	계 정 과 목	거 래 처	적 요	차 변	대 변
차변	0901 이자수익			230,000	
대변	0263 선수수익				230,000

3 | 12월 31일 일반전표입력

구분	계 정 과 목	거 래 처	적 요	차 변	대 변
차변	0305 외화장기차입금	00250 CVS사		5,000,000	
대변	0910 외화환산이익				5,000,000

4 | ①과 ② 중 선택하여 입력

① 결산자료입력 메뉴에 감가상각비(제/판)입력 → F3전표추가 → 결산대체분개 자동 생성

코드	과목			금액	금액
0518	2). 일반감가상각비			12,600,000	12,600,000
0202	건물				
0206	기계장치			12,000,000	12,000,000
0208	차량운반구				
0210	공구와기구			600,000	600,000

코드	과목			금액	금액
0818	4). 감가상각비			2,000,000	2,000,000
0202	건물				
0206	기계장치				
0208	차량운반구			2,000,000	2,000,000
0210	공구와기구				

② 일반전표입력 : 직접 전표 입력

구분	계 정 과 목	거 래 처	적 요	차 변	대 변
결차	0518 감가상각비		1 당기말 감가상각비 계상	12,000,000	
결대	0207 감가상각누계액		4 당기 감가상각누계액 설		12,000,000
결차	0518 감가상각비		1 당기말 감가상각비 계상	600,000	
결대	0211 감가상각누계액		4 당기감가상각누계액 설정		600,000

구분	계 정 과 목	거 래 처	적 요	차 변	대 변
결차	0818 감가상각비			2,000,000	
결대	0209 감가상각누계액				2,000,000

5 | 이익잉여금처분계산서 작성

이익잉여금처분계산서 작성 → F6전표추가 → 결산대체분개 자동 생성

F3 영어계정 F4 칸추가 F6 전표추가

당기처분예정일: 2023 년 3 월 15 일 전기처분확정일: 2021 년 2 월 28 일

과목	계정과목명		제 11(당)기 2022년01월01일~2022년12월31일		제 10(전)기 2020년01월01일~2021년12월31일	
			제 11기(당기)		제 10기(전기)	
			금액		금액	
I.미처분이익잉여금				1,390,470,910		742,800,000
1.전기이월미처분이익잉여금			742,800,000			
2.회계변경의 누적효과	0369	회계변경의누적효과			655,052,295	
3.전기오류수정이익	0370	전기오류수정이익				
4.전기오류수정손실	0371	전기오류수정손실				
5.중간배당금	0372	중간배당금				
6.당기순이익			647,670,910			
II.임의적립금 등의 이입액						
1.						
2.						
합계				1,390,470,910		742,800,000
III.이익잉여금처분액				47,000,000		
1.이익준비금	0351	이익준비금	2,000,000			
2.재무구조개선적립금	0354	재무구조개선적립금				
3.주식할인발행차금상각액	0381	주식할인발행차금				
4.배당금			40,000,000			
가.현금배당	0265	미지급배당금	20,000,000			
주당배당금(률)		보통주				
		우선주				
나.주식배당	0387	미교부주식배당금	20,000,000			
주당배당금(률)		보통주				
		우선주				
5.사업확장적립금	0356	사업확장적립금	5,000,000			
6.감채적립금	0357	감채적립금				
7.배당평균적립금	0358	배당평균적립금				
8.기 업 합 리화 적립금	0352	기업합리화적립금				
IV.차기이월미처분이익잉여금				1,343,470,910		742,800,000

일반전표에 39건 추가되었습니다.

확인

[문제 5] 원천징수

1 급여자료입력(수당등록), 원천징수이행상황신고서 작성

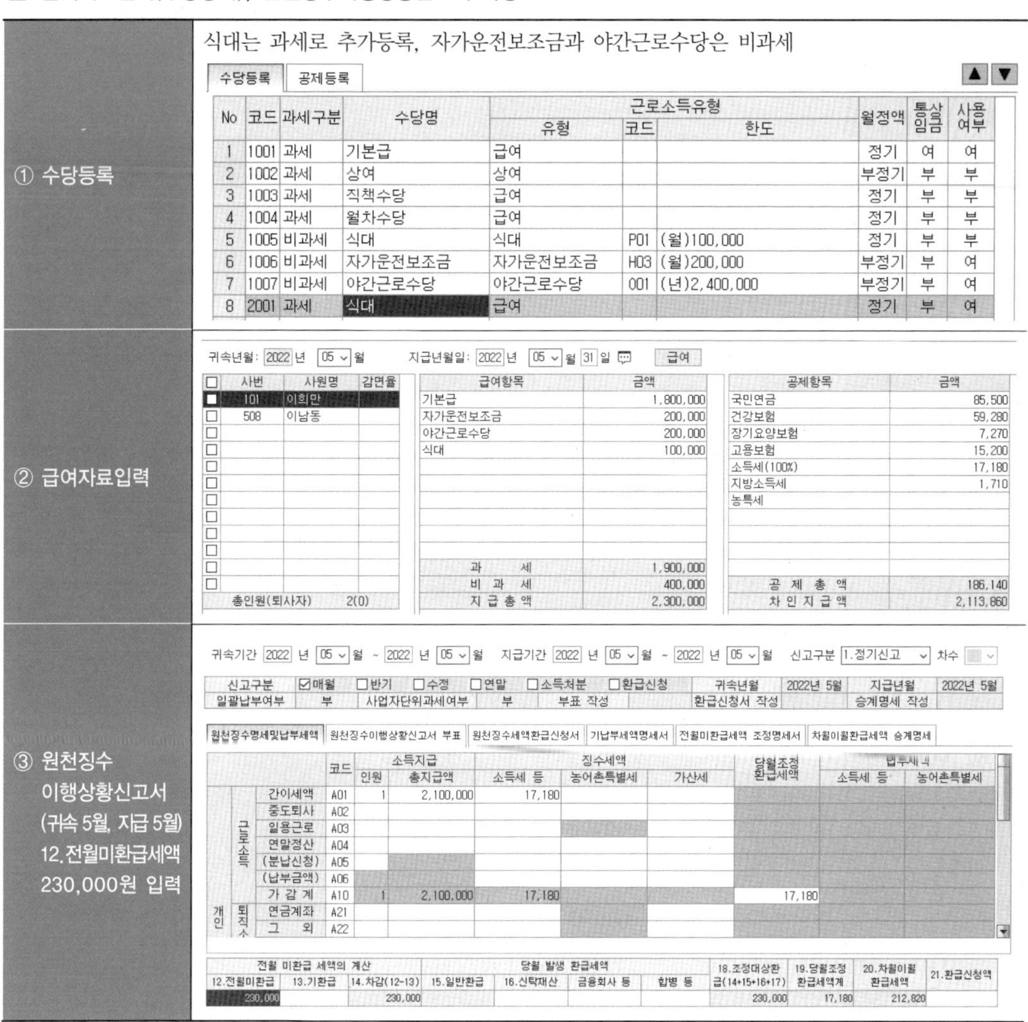

① 수당등록

식대는 과세로 추가등록, 자가운전보조금과 야간근로수당은 비과세

수당등록 | 공제등록

No	코드	과세구분	수당명	근로소득유형 유형	코드	한도	월정액	통상임금	사용여부
1	1001	과세	기본급	급여			정기	여	여
2	1002	과세	상여	상여			부정기	부	부
3	1003	과세	직책수당	급여			정기	부	부
4	1004	과세	월차수당	급여			정기	부	부
5	1005	비과세	식대	식대	P01	(월)100,000	정기	부	부
6	1006	비과세	자가운전보조금	자가운전보조금	H03	(월)200,000	부정기	부	여
7	1007	비과세	야간근로수당	야간근로수당	001	(년)2,400,000	부정기	부	여
8	2001	과세	식대	급여			정기	부	여

② 급여자료입력

귀속년월: 2022 년 05 월　지급년월일: 2022 년 05 월 31 일　급여

사번	사원명	감면율
101	이희만	
508	이남동	
총인원(퇴사자)	2(0)	

급여항목	금액
기본급	1,800,000
자가운전보조금	200,000
야간근로수당	200,000
식대	100,000
과세	1,900,000
비과세	400,000
지급총액	2,300,000

공제항목	금액
국민연금	85,500
건강보험	59,280
장기요양보험	7,270
고용보험	15,200
소득세(100%)	17,180
지방소득세	1,710
농특세	
공제총액	186,140
차인지급액	2,113,860

③ 원천징수 이행상황신고서 (귀속 5월, 지급 5월) 12.전월미환급세액 230,000원 입력

귀속기간 2022 년 05 월 ~ 2022 년 05 월　지급기간 2022 년 05 월 ~ 2022 년 05 월　신고구분 1.정기신고　차수

신고구분	☑매월 □반기 □수정 □연말 □소득처분 □환급신청	귀속년월	2022년 5월	지급년월	2022년 5월
일괄납부여부	부 / 사업자단위과세여부 부 / 부표 작성	환급신청서 작성		승계명세 작성	

원천징수명세및납부세액 | 원천징수이행상황신고서 부표 | 원천징수세액환급신청서 | 기납부세액명세서 | 전월미환급세액 조정명세서 | 차월이월환급세액 승계명세

구분		코드	소득지급 인원	소득지급 총지급액	징수세액 소득세 등	징수세액 농어촌특별세	징수세액 가산세	당월조정 환급세액	납부세액 소득세 등	납부세액 농어촌특별세
근로소득	간이세액	A01	1	2,100,000	17,180					
	중도퇴사	A02								
	일용근로	A03								
	연말정산	A04								
	(분납신청)	A05								
	(납부금액)	A06								
	가감계	A10	1	2,100,000	17,180			17,180		
개인 퇴직소	연금계좌	A21								
	그 외	A22								

12.전월미환급	13.기환급	14.차감(12-13)	15.일반환급	16.신탁재산	금융회사 등	합병 등	18.조정대상환급(14+15+16+17)	19.당월조정 환급세액계	20.차월이월 환급세액	21.환급신청액
230,000		230,000					230,000	17,180	212,820	

(12~14: 전월 미환급 세액의 계산 / 15~17: 당월 발생 환급세액)

2 연말정산입력

① 부양가족 탭 수정

배우자 최연수는 소득금액 100만원 초과하므로 기본공제대상자에 해당하지 않음

사번	사원명	완료
508	이남동	×

소득명세 | 부양가족 | 연금저축 등 I | 연금저축 등 II | 월세,주택임차 | 연말정산입력

연말관계	성명	내/외국인	주민(외국인)번호		나이	기본공제	세대주구분	부녀자	한부모	경로우대	장애인	자녀	출산입양
0	이남동	내	1	851111-1111111	37	본인	세대주						
2	김강화	내	1	571111-2111111	65	60세이상							
3	최연수	내	1	871111-2111111	35	부							
4	이준	내	1	131111-3111111	9	20세이하						○	
4	이미도	내	1	161111-4111111	6	20세이하							
6	이송도	내	1	881111-1111111	34	장애인					2		

② 의료비 지급명세서

건강증진용 의료비는 공제되지 않으며, 의사처방에 의한 의료기기는 공제대상에 해당함

의료비지급명세서

(2022)년 의료비 지급명세														
의료비 공제대상자					지급처			지급명세						14.산후조리원 해당여부 (7천만원이하)
성명	내/외	5.주민등록번호	6.본인등 해당여부		8.상호	7.사업자 등록번호	9.의료증빙코드	10.건수	11.금액	11-1.실손 의료보험금	12.난임시술비 해당여부	13.미숙아 해당여부		
최연수	내	871111-2111111	3	X			국세청장		600,000		X	X		X
김강화	내	571111-2111111	2	0			국세청장		2,750,000		X	X		X

F8부양가족탭불러오기하여 연말정산입력 탭에 반영한다.

61.의료비	3,350,000	3,350,000	2,450,000	

의료비

구분	지출액	실손의료비	공제대상금액	공제금액
난임시술비				
미숙아.선청성 이상아 치료비				
본인				
65세,장애인.건강보험산정특례자	2,750,000		2,450,000	
그 밖의 공제대상자	600,000			

③ 월세 탭

해당 주택이 국민주택규모를 초과하지만 기준시가가 3억원 이하에 해당하므로 월세액 세액공제가 가능하다.

소득명세 | 부양가족 | 연금저축 등I | 연금저축 등II | 월세,주택임차 | 연말정산입력

1 월세액 세액공제 명세 　　크게보기

임대인명 (상호)	주민등록번호 (사업자번호)	유형	계약 면적(㎡)	임대차계약서 상 주소지	계약서상 임대차 계약기간			연간 월세액	공제대상금액	세액공제금액
					개시일	~	종료일			
서장미	631218-2345678	다세대주택	106.00	서울특별시 영등포구 영신로	2022-11-01	~	2023-10-31	1,000,000	1,000,000	

④ 보험료

60.보장성보험	일반		600,000	600,000	18,939
	장애인		1,300,000	1,000,000	

⑤ 교육비

직계존속을 위해 지출한 교육비는 공제대상에서 제외되고, 현장학습비 공제대상금액의 한도는 30만원이다.

62.교육비		2,900,000	2,900,000	

교육비

구분	지출액	공제대상금액	공제금액
취학전아동(1인당 300만원)	2,600,000	2,900,000	
초중고(1인당 300만원)	300,000		
대학생(1인당 900만원)			
본인(전액)			
장애인 특수교육비			

⑥ 신용카드 등 사용금액

최연수는 소득금액기준을 초과하여 신용카드 등 사용금액에 대한 공제대상에서 제외된다.

▶ 신용카드 등 사용금액 공제액 산출 과정 　　총급여 30,000,000 　최저사용액(총급여 25%) 7,500,000

구분		대상금액	공제율금액		공제제외금액	공제가능금액	공제한도	일반공제금액	추가공제금액	최종공제금액
㉮신용카드	전통시장/ 대중교통비 제외	19,500,000	15%	2,925,000	1,125,000	1,800,000	3,000,000	1,800,000		1,800,000
㉯직불/선불카드			30%							
㉰현금영수증			30%							
㉱도서공연등사용분(7천이하)			30%							
㉲전통시장 사용분			40%							
㉳대중교통 사용분			40%							
㉴소비증가분(전년대비5%초과)			10%							
㉵전통시장 소비증가분			10%							
신용카드 등 사용액 합계(㉮~㉵)		19,500,000		2,925,000	아래참조 *1	공제율금액-공제제외금액	아래참조 *2	MIN[공제가능금액,공제한도]	아래참조 *3	일반공제금액+추가공제금액

⑦ 기부금

불우이웃돕기성금은 기부처가 어디냐에 따라 달라짐(법정기부금으로 입력해도 무방함)

63.기부금		200,000		
1)정치자금 기부금	10만원이하			
	10만원초과			
2)법정기부금(전액)				
3)우리사주조합기부금				
4)지정기부금(종교단체외)		200,000		
5)지정기부금(종교단체)				

소법 제34조 3항 1호(종교외) 2017년이월		
소법 제34조 3항 1호(종교외) 2018년이월		
소법 제34조 3항 1호(종교외) 2019년이월		
소법 제34조 3항 1호(종교외) 2020년이월		
소법 제34조 3항 1호(종교외) 2021년이월		
소법 제34조 3항 1호(종교외) 당기	200,000	
소법 제34조 3항 1호(종교) 2014년이월		

제96회 기출문제

이론시험

01	02	03	04	05	06	07	08	09	10	11	12	13	14	15
④	④	③	②	③	③	①	②	①	③	③	③	①	④	②

문 항	해 설
01	특정 기간의 손익상태를 나타내는 보고서는 손익계산서이다.
02	계속기록법을 적용한 평균법을 이동평균법이라 하고, 실지재고조사법을 적용한 평균법을 총평균법이라 한다.
03	회계정책의 변경과 회계추정의 변경을 구분하기가 불가능한 경우에는 이를 회계추정의 변경으로 본다.
04	이익준비금은 이익잉여금에 속한다.
05	1,500,000원 – 500,000원 = 1,000,000원 • 단기매매증권 경우 처분이익 500,000원(1,000주 × (7,500원 – 7,000원)) • 매도가능증권 경우 처분이익 1,500,000원(1,000주 × (7,500원 – 6,000원))
06	정상공손은 원가성이 있는 것으로 제조원가에 포함되지만, 비정상공손은 영업외비용으로써 제조원가에 포함 시키지 않는다.
07	• 제조간접비 배부율 = 제조간접비 250,000원 ÷ 총직접노무비 500,000원 = 50% • 당기총제조원가(유람선B) 900,000원 = 직접재료비 600,000원 + 직접노무비 200,000원 + 제조간접비 200,000 × 50%
08	㉡은 고정비에 대한 그래프이다. 조업도가 증가하면 총원가는 일정하지만 단위당 원가는 감소한다.
09	1,000원 × 1,000시간 100,000원 – 900,000원
10	수선 → 성형 배부 : 600,000 × 800 ÷ 1,200 = 400,000원 동력 → 성형 배부 : 630,000 × 9,100 ÷ 12,600 = 455,000원 ∴ 400,000 + 455,000 = 855,000원
11	공급대가의 지급 지연으로 지급받은 연체이자는 공급가액에 포함하지 않는다.
12	출산·보육수당의 비과세는 월 10만원 이하의 금액이다.
13	간주공급 중 직매장(타사업장) 반출의 경우 세금계산서를 발급한다.
14	새마을금고에 지출한 기부금은 비지정기부금에 해당하여 필요경비에 산입하지 않는다.
15	종이세금계산서도 수정발급이 가능하다. 계약의 해제로 인한 발급의 경우 작성일은 계약해제일로 적는다. 과세유형이 전환되기 전에 공급한 재화나 용역의 수정발급의 경우는 처음에 발급한 세금계산서 작성일을 수정발급의 작성일로 한다.

실무시험

[문제 1] 일반전표입력

문 항	일 자	일반전표입력 답안

1 | 8월 31일

번호	구분	계 정 과 목		거 래 처		적 요		차 변	대 변
00001	차변	0136	선납세금					5,000,000	
00001	대변	0103	보통예금						5,000,000

2 | 9월 3일

번호	구분	계 정 과 목		거 래 처		적 요		차 변	대 변
00001	차변	0260	단기차입금	00155	바이든은행			24,000,000	
00001	대변	0103	보통예금						22,000,000
00001	대변	0907	외환차익						2,000,000

3 | 9월 30일

번호	구분	계 정 과 목		거 래 처		적 요		차 변	대 변
00001	차변	0801	급여					2,500,000	
00001	차변	0504	임금					2,300,000	
00001	대변	0254	예수금						445,890
00001	대변	0103	보통예금						4,354,110

4 | 11월 2일

번호	구분	계 정 과 목		거 래 처		적 요		차 변	대 변
00001	차변	0103	보통예금					32,000,000	
00001	대변	0291	사채						30,000,000
00001	대변	0313	사채할증발행차금						2,000,000

5 | 12월 8일

번호	구분	계 정 과 목		거 래 처		적 요		차 변	대 변
00001	차변	0812	여비교통비					9,000	
00001	대변	0253	미지급금	99602	나라카드				9,000

[문제 2] 매입매출전표입력

문 항	일자/유형	매입매출전표입력 답안

1 | 5월 11일 [61. 현과]

번호	유형	품목	수량	단가	공급가액	부가세	합계	코드	공급처명	사업/주민번호	전자	분개
50001	현과	컴퓨터			1,000,000	100,000	1,100,000	00144	(주)전자랜드	128-85-46204		혼합

구분	계정과목		적요	거래처		차변(출금)	대변(입금)
차변	0135	부가세대급금	컴퓨터	00144	(주)전자랜	100,000	
차변	0212	비품	컴퓨터	00144	(주)전자랜	1,000,000	
대변	0101	현금	컴퓨터	00144	(주)전자랜		1,100,000

2 | 7월 16일 [57. 카과]

번호	유형	품목	수량	단가	공급가액	부가세	합계	코드	공급처명	사업/주민번호	전자	분개
50001	카과	휘발유			30,000	3,000	33,000	00137	(주)가득주유소	129-86-38970		카드

신용카드사 99600 국민카드 봉사료

NO : 50001 (대 체) 전 표 일 자 : 2022

구분	계정과목		적요	거래처		차변(출금)	대변(입금)
대변	0253	미지급금	휘발유	99600	국민카드		33,000
차변	0135	부가세대급금	휘발유	00137	(주)가득주	3,000	
차변	0822	차량유지비	휘발유	00137	(주)가득주	30,000	

3 | 8월 11일 [11. 과세]

번호	유형	품목	수량	단가	공급가액	부가세	합계	코드	공급처명	사업/주민번호	전자	분개
50001	과세	전자제품	2,000	3,400	6,800,000	680,000	7,480,000	00138	(주)오대양	213-81-52063	여	혼합

구분	계정과목		적요	거래처		차변(출금)	대변(입금)
대변	0255	부가세예수금	전자제품 2000X3400	00138	(주)오대양		680,000
대변	0404	제품매출	전자제품 2000X3400	00138	(주)오대양		6,800,000
차변	0101	현금	전자제품 2000X3400	00138	(주)오대양	3,000,000	
차변	0108	외상매출금	전자제품 2000X3400	00138	(주)오대양	4,480,000	

4 | 8월 16일 [14. 건별]

번호	유형	품목	수량	단가	공급가액	부가세	합계	코드	공급처명	사업/주민번호	전자	분개
50001	건별	제품			800,000	80,000	880,000	00157	한지평	800207-1234567		혼합

구분	계정과목		적요	거래처		차변(출금)	대변(입금)
대변	0255	부가세예수금	제품	00157	한지평		80,000
대변	0404	제품매출	제품	00157	한지평		800,000
차변	0103	보통예금	제품	00157	한지평	880,000	

5	9월 5일 [51.과세]	(아래 화면 참조)

번호	유형	품목	수량	단가	공급가액	부가세	합계	코드	공급처명	사업/주민번호	전자	분개
50001	과세	증축공사외			37,000,000	3,700,000	40,700,000	00129	(주)다고쳐	104-86-36968	여	혼합

복 수 거 래 내 용 (F7) (입력가능갯수 : 100개)

No	품목	규격	수량	단가	공급가액	부가세	합계	비고
1	증축공사				35,000,000	3,500,000	38,500,000	
2	도색공사				2,000,000	200,000	2,200,000	

구분	계정과목	적요	거래처	차변(출금)	대변(입금)
차변	0135 부가세대급금	증축공사외	00129 (주)다고쳐	3,700,000	
차변	0202 건물	증축공사외	00129 (주)다고쳐	35,000,000	
차변	0520 수선비	증축공사외	00129 (주)다고쳐	2,000,000	
대변	0108 외상매출금	증축공사외	00129 (주)다고쳐		10,000,000
대변	0253 미지급금	증축공사외	00129 (주)다고쳐		30,700,000

[문제 3] 부가세 신고서

1 대손세액공제신고서(4월 ~ 6월)

(주)순호상사의 채권(어음)은 부도발생일로부터 6개월이 경과하지 않아 대손세액 공제를 받을 수 없다.

대손발생 | 대손변제

조회기간 2022 년 04 월 ~ 2022 년 06 월 1기 확정

당초공급일	대손확정일	대손금액	공제율	대손세액	거래처		대손사유
2020-07-27	2022-06-01	3,300,000	10/110	300,000	신라상사	3	사망,실종
2019-03-15	2022-03-15	11,000,000	10/110	1,000,000	(주)민교전자	6	소멸시효완성
2021-07-20	2022-05-31	-23,100,000	10/110	-2,100,000	(주)경건상사	7	대손채권 일부회수

2 부가세 신고서 작성(예정신고누락분 반영)

① 9월 25일 매입매출전표에 입력 후 상단 간편집계 메뉴의 예정누락분 클릭 또는 Shift + F5 입력 후 확정신고 개시년월 2022년 10월 입력

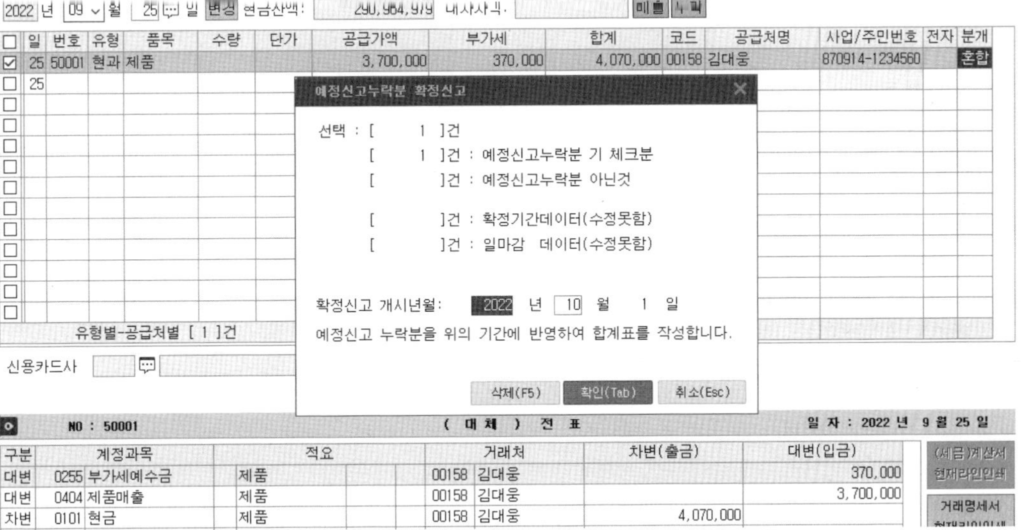

일	번호	유형	품목	수량	단가	공급가액	부가세	합계	코드	공급처명	사업/주민번호	전자	분개
25	50001	현과	제품			3,700,000	370,000	4,070,000	00158	김대웅	870914-1234560		혼합

예정신고누락분 확정신고

선택 : [1]건
[1]건 : 예정신고누락분 기 체크분
[ ]건 : 예정신고누락분 아닌것
[ ]건 : 확정기간데이터(수정못함)
[ ]건 : 일마감 데이터(수정못함)

확정신고 개시년월: 2022 년 10 월 1 일

예정신고 누락분을 위의 기간에 반영하여 합계표를 작성합니다.

삭제(F5) 확인(Tab) 취소(Esc)

NO : 50001 (대 체) 전 표 일 자 : 2022 년 9 월 25 일

구분	계정과목	적요	거래처	차변(출금)	대변(입금)
대변	0255 부가세예수금	제품	00158 김대웅		370,000
대변	0404 제품매출	제품	00158 김대웅		3,700,000
차변	0101 현금	제품	00158 김대웅	4,070,000	

② 9월 16일 매입매출전표에 입력 후 상단 간편집계 메뉴의 예정누락분 클릭 또는 Shift + F5 입력 후 확정신고 개시년월 2022년 10월 입력

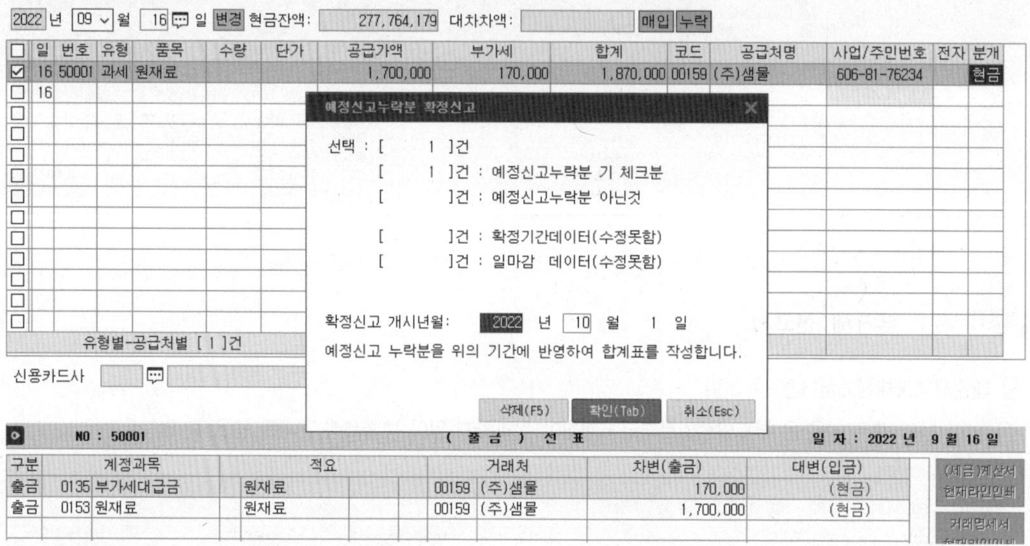

2022 년 09 월 16 일 변경 현금잔액: 277,764,179 대차차액: 매입 누락

일	번호	유형	품목	수량	단가	공급가액	부가세	합계	코드	공급처명	사업/주민번호	전자	분개
16	50001	과세	원재료			1,700,000	170,000	1,870,000	00159	(주)샘물	606-81-76234		현금
16													

유형별-공급처별 [1]건

신용카드사

예정신고누락분 확정신고

선택 : [1]건
[1]건 : 예정신고누락분 기 체크분
[ ]건 : 예정신고누락분 아닌것
[ ]건 : 확정기간데이터(수정못함)
[ ]건 : 일마감 데이터(수정못함)

확정신고 개시년월: 2022 년 10 월 1 일
예정신고 누락분을 위의 기간에 반영하여 합계표를 작성합니다.

삭제(F5) 확인(Tab) 취소(Esc)

NO : 50001 (출 금) 전 표 일 자 : 2022 년 9 월 16 일

구분	계정과목		적요	거래처		차변(출금)	대변(입금)
출금	0135	부가세대급금	원재료	00159	(주)샘물	170,000	(현금)
출금	0153	원재료	원재료	00159	(주)샘물	1,700,000	(현금)

(세금)계산서 현재라인인쇄 / 거래명세서

③ 부가가치세 신고서 작성(10월 ~ 12월) 및 가산세

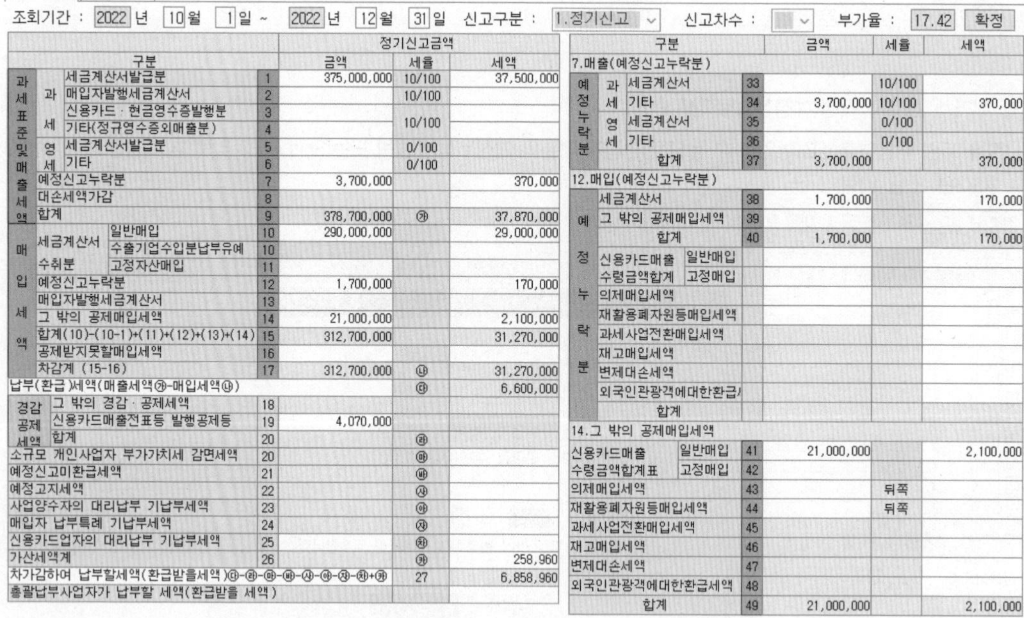

조회기간 : 2022 년 10 월 1 일 ~ 2022 년 12 월 31 일 신고구분 : 1.정기신고 신고차수 : 부가율 : 17.42 확정

구분				정기신고금액 금액	세율	세액
과세표준및매출세액	과세	세금계산서발급분	1	375,000,000	10/100	37,500,000
		매입자발행세금계산서	2		10/100	
		신용카드 · 현금영수증발행분	3		10/100	
		기타(정규영수증외매출분)	4			
	영세	세금계산서발급분	5		0/100	
		기타	6		0/100	
	예정신고누락분		7	3,700,000		370,000
	대손세액가감		8			
	합계		9	378,700,000	㉮	37,870,000
매입세액	세금계산서 수취분	일반매입	10	290,000,000		29,000,000
		수출기업수입분납부유예	10			
		고정자산매입	11			
	예정신고누락분		12	1,700,000		170,000
	매입자발행세금계산서		13			
	그 밖의 공제매입세액		14	21,000,000		2,100,000
	합계(10)-(10-1)+(11)+(12)+(13)+(14)		15	312,700,000		31,270,000
	공제받지못할매입세액		16			
	차감계 (15-16)		17	312,700,000	㉯	31,270,000
납부(환급)세액(매출세액㉮-매입세액㉯)					㉰	6,600,000
경감공제세액	그 밖의 경감 · 공제세액		18			
	신용카드매출전표등 발행공제등		19	4,070,000		
	합계		20		㉱	
소규모 개인사업자 부가가치세 감면세액			20		㉲	
예정신고미환급세액			21		㉳	
예정고지세액			22		㉴	
사업양수자의 대리납부 기납부세액			23		㉵	
매입자 납부특례 기납부세액			24		㉶	
신용카드업자의 대리납부 기납부세액			25		㉷	
가산세액계			26		㉸	258,960
차가감하여 납부할세액(환급받을세액)㉰-㉱-㉲-㉳-㉴-㉵-㉶-㉷+㉸					27	6,858,960
총괄납부사업자가 납부할 세액(환급받을 세액)						

구분				금액	세율	세액
7.매출(예정신고누락분)						
예정누락분	과세	세금계산서	33		10/100	
		기타	34	3,700,000	10/100	370,000
	영세	세금계산서	35		0/100	
		기타	36		0/100	
	합계		37	3,700,000		370,000
12.매입(예정신고누락분)						
예정누락분	세금계산서		38	1,700,000		170,000
	그 밖의 공제매입세액		39			
	합계		40	1,700,000		170,000
	신용카드매출 수령금액합계	일반매입				
		고정매입				
	의제매입세액					
	재활용폐자원등매입세액					
	과세사업전환매입세액					
	재고매입세액					
	변제대손세액					
	외국인관광객에대한환급/					
	합계					
14.그 밖의 공제매입세액						
신용카드매출 수령금액합계표		일반매입	41	21,000,000		2,100,000
		고정매입	42			
의제매입세액			43		뒤쪽	
재활용폐자원등매입세액			44		뒤쪽	
과세사업전환매입세액			45			
재고매입세액			46			
변제대손세액			47			
외국인관광객에대한환급세액			48			
합계			49	21,000,000		2,100,000

25.가산세명세					
사업자미등록등		61		1/100	
세 금 계산서	지연발급 등	62		1/100	
	지연수취	63		5/1,000	
	미발급 등	64	25,000,000	뒤쪽참조	250,000
전자세금 발급명세	지연전송	65		3/1,000	
	미전송	66		5/1,000	
세금계산서 합계표	제출불성실	67		5/1,000	
	지연제출	68		3/1,000	
신고 불성실	무신고(일반)	69		뒤쪽	
	무신고(부당)	70		뒤쪽	
	과소·초과환급(일반)	71	200,000	뒤쪽	5,000
	과소·초과환급(부당)	72		뒤쪽	
납부지연		73	200,000	뒤쪽	3,960
영세율과세표준신고불성실		74		5/1,000	
현금매출명세서불성실		75		1/100	
부동산임대공급가액명세서		76		1/100	
매입자 납부특례	거래계좌 미사용	77		뒤쪽	
	거래계좌 지연입금	78		뒤쪽	
합계		79			258,960

[가산세]

(1) 미발급 : 25,000,000원 × 1% = 250,000원(전자세금계산서 의무발급 사업자가 발급시기에 전자세금계산서 외의 세금계산서를 발급한 경우 공급가액의 1% 가산세 적용)

(2) 일반과소신고 : 200,000원 × 10% × 25%(75%감면)
= 5,000원(3개월 이내 수정신고를 할 경우 과소신고 가산세 75% 감면 적용)

(3) 납부지연 : 200,000원 × 90일 × 2.2/10,000
= 3,960원

[문제 4] 결 산

문항	일자	결산수행

1 — 12월 31일 일반전표입력

번호	구분	계 정 과 목		거 래 처		적 요		차 변	대 변
00001	차변	0521	보험료					900,000	
00001	대변	0133	선급비용						900,000

2 — 12월 31일 일반전표입력

번호	구분	계 정 과 목		거 래 처		적 요		차 변	대 변
00002	차변	0255	부가세예수금					70,000,000	
00002	대변	0135	부가세대급금						47,000,000
00002	대변	0930	잡이익						10,000
00002	대변	0261	미지급세금						22,990,000

3 — 12월 31일 일반전표입력

300,000,000원 × 4% × 8/12 = 8,000,000원

번호	구분	계 정 과 목		거 래 처		적 요		차 변	대 변
00003	차변	0951	이자비용					8,000,000	
00003	대변	0262	미지급비용						8,000,000

4 — ①과 ② 중 선택하여 입력

18,000,000원 ÷ 5년 × 3월/12월 = 900,000원(월할상각)

① 결산자료입력 메뉴에 상표권 900,000원 입력 → F3전표추가 → 결산대체분개 자동 생성

0840	6). 무형자산상각비			900,000	900,000
0218	영업권				
0220	상표권			900,000	900,000

② 일반전표입력 : 직접 전표 입력

31	00012	결차	0840	무형자산상각비				900,000	
31	00012	결대	0220	상표권					900,000

5 — ①과 ② 중 선택하여 입력

① 결산자료입력 메뉴 - CF8 퇴직충당 클릭하여 퇴직급여추계액을 입력하여 추가설정액을 구한 뒤 결산반영 → F3전표추가 → 결산대체분개 자동 생성

퇴직충당부채

코드	계정과목명	퇴직급여추계액	설정전 잔액				추가설정액(결산반영) (퇴직급여추계액-설정전잔액)	유형
			기초금액	당기증가	당기감소	잔액		
0508	퇴직급여	40,000,000	15,000,000			15,000,000	25,000,000	제조
0806	퇴직급여	20,000,000	9,000,000			9,000,000	11,000,000	판관

	3)노 무 비		562,300,000	25,000,000	587,300,000
	1). 임금 외		562,300,000		562,300,000
0504	임금		362,300,000		362,300,000
0505	상여금		200,000,000		200,000,000
0508	2). 퇴직급여(전입액)			25,000,000	25,000,000
	4. 판매비와 일반관리비		503,758,440	11,900,000	515,658,440
	1). 급여 외		227,500,000		227,500,000
0801	급여		182,500,000		182,500,000
0803	상여금		45,000,000		45,000,000
0806	2). 퇴직급여(전입액)			11,000,000	11,000,000

② 일반전표입력 : 직접 전표 입력

31	00006	결차	0508	퇴직급여			1	퇴직충당금 당기분전입액	25,000,000	
31	00006	결대	0295	퇴직급여충당부채			7	퇴직급여충당부채당기설정액		25,000,000
31	00011	결차	0806	퇴직급여			1	퇴직충당금 당기분전입액	11,000,000	
31	00011	결대	0295	퇴직급여충당부채			7	퇴직급여충당부채당기설정액		11,000,000

[문제 5] 원천징수

1 사원등록

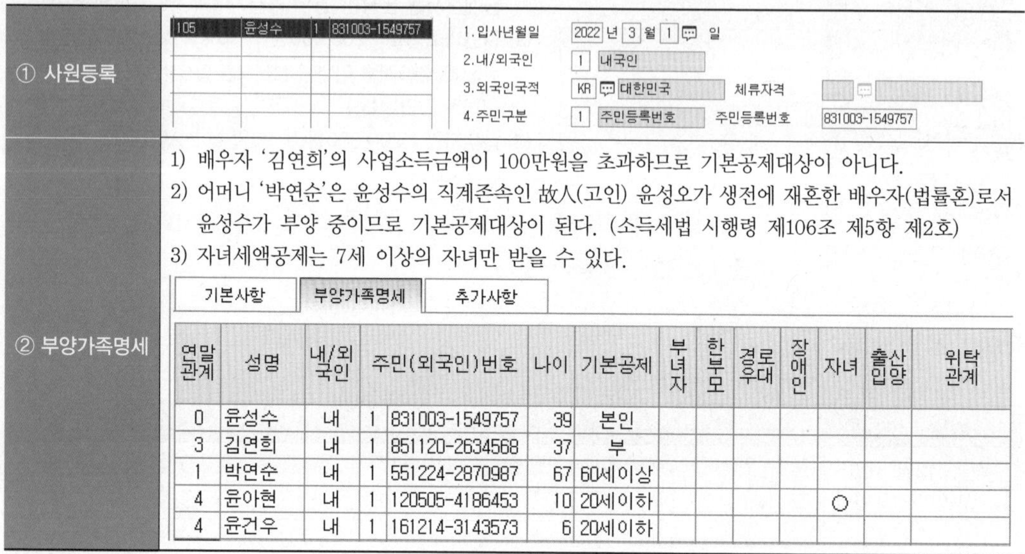

① 사원등록

사번	성명		주민등록번호
105	윤성수	1	831003-1549757

1.입사년월일: 2022 년 3 월 1 일
2.내/외국인: 1 내국인
3.외국인국적: KR 대한민국 체류자격
4.주민구분: 1 주민등록번호 주민등록번호 831003-1549757

② 부양가족명세

1) 배우자 '김연희'의 사업소득금액이 100만원을 초과하므로 기본공제대상이 아니다.
2) 어머니 '박연순'은 윤성수의 직계존속인 故人(고인) 윤성오가 생전에 재혼한 배우자(법률혼)로서 윤성수가 부양 중이므로 기본공제대상이 된다. (소득세법 시행령 제106조 제5항 제2호)
3) 자녀세액공제는 7세 이상의 자녀만 받을 수 있다.

기본사항 | 부양가족명세 | 추가사항

연말관계	성명	내/외국인	주민(외국인)번호		나이	기본공제	부녀자	한부모	경로우대	장애인	자녀	출산입양	위탁관계
0	윤성수	내	1	831003-1549757	39	본인							
3	김연희	내	1	851120-2634568	37	부							
1	박연순	내	1	551224-2870987	67	60세이상							
4	윤아현	내	1	120505-4186453	10	20세이하					○		
4	윤건우	내	1	161214-3143573	6	20세이하							

2 연말정산입력

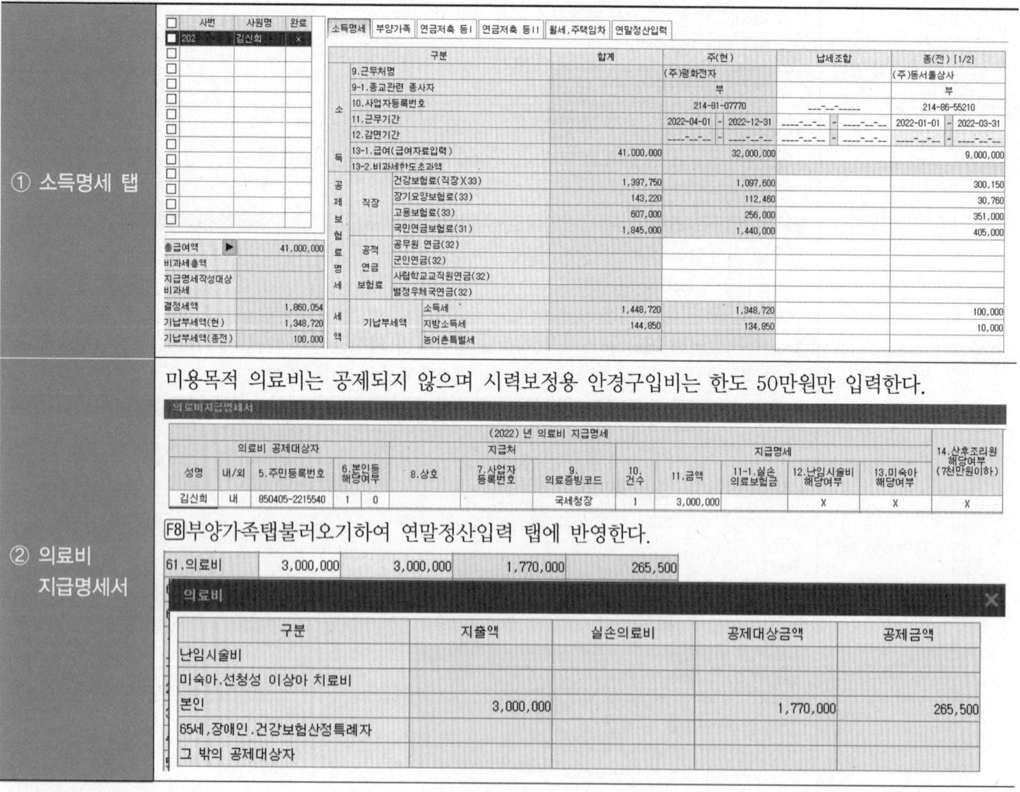

① 소득명세 탭

사번	사원명	완료
202	김신희	×

총급여액	41,000,000
비과세총액	
지급명세작성대상 비과세	
결정세액	1,860,054
기납부세액(현)	1,348,720
기납부세액(종전)	100,000

소득명세 | 부양가족 | 연금저축 등I | 연금저축 등II | 월세,주택임차 | 연말정산입력

구분			합계	주(현)		납세조합		종(전) [1/2]	
소득	9.근무처명			(주)평화전자				(주)동서울상사	
	9-1.종교관련 종사자			부				부	
	10.사업자등록번호			214-81-07770		___-__-_____		214-86-55210	
	11.근무기간			2022-04-01	2022-12-31	____-__-__	____-__-__	2022-01-01	2022-03-31
	12.감면기간			____-__-__	____-__-__	____-__-__	____-__-__	____-__-__	____-__-__
	13-1.급여(급여자료입력)		41,000,000	32,000,000				9,000,000	
	13-2.비과세한도초과액								
공제보험료명세	직장	건강보험료(직장)(33)	1,397,750	1,097,600				300,150	
		장기요양보험료(33)	143,220	112,460				30,760	
		고용보험료(33)	607,000	256,000				351,000	
		국민연금보험료(31)	1,845,000	1,440,000				405,000	
	공적연금보험료	공무원 연금(32)							
		군인연금(32)							
		사립학교교직원연금(32)							
		별정우체국연금(32)							
세액	기납부세액	소득세	1,448,720	1,348,720				100,000	
		지방소득세	144,850	134,850				10,000	
		농어촌특별세							

② 의료비 지급명세서

미용목적 의료비는 공제되지 않으며 시력보정용 안경구입비는 한도 50만원만 입력한다.

의료비지급명세서

(2022) 년 의료비 지급명세

의료비 공제대상자					지급처			지급명세					14.산후조리원 해당여부 (7천만원이하)
성명	내/외	5.주민등록번호	6.본인등 해당여부		8.상호	7.사업자 등록번호	9.의료증빙코드	10.건수	11.금액	11-1.실손 의료보험금	12.난임시술비 해당여부	13.미숙아 해당여부	
김신희	내	850405-2215540	1	0			국세청장	1	3,000,000		X	X	X

F8부양가족탭불러오기하여 연말정산입력 탭에 반영한다.

61.의료비	3,000,000	3,000,000	1,770,000	265,500

의료비

구분	지출액	실손의료비	공제대상금액	공제금액
난임시술비				
미숙아.선청성 이상아 치료비				
본인	3,000,000		1,770,000	265,500
65세,장애인.건강보험산정특례자				
그 밖의 공제대상자				

③ 보험료

60.보장성보험	일반		850,000	850,000	102,000
	장애인				

④ 교육비

62.교육비		4,000,000	4,000,000	600,000

교육비

구분	지출액	공제대상금액	공제금액
취학전아동(1인당 300만원)		4,000,000	600,000
초중고(1인당 300만원)			
대학생(1인당 900만원)			
본인(전액)	4,000,000		
장애인 특수교육비			

⑤ 신용카드 등 사용금액

▶ 신용카드 등 사용금액 공제액 산출 과정

총급여	41,000,000	최저사용액(총급여 25%)	10,250,000

구분		대상금액	공제율금액		공제제외금액	공제가능금액	공제한도	일반공제금액	추가공제금액	최종공제금액
㉮신용카드	전통시장/대중교통비 제외	10,000,000	15%	1,500,000	1,575,000	465,000	3,000,000	465,000		465,000
㉯직불/선불카드		1,500,000	30%	450,000						
㉰현금영수증		300,000	30%	90,000						
㉱도서공연등사용분(7천이하)			30%							
㉲전통시장 사용분			40%							
㉳대중교통 사용분			40%							
신용카드 등 사용액 합계(㉮~㉳)		11,800,000		2,040,000	아래참조 *1	공제율금액-공제제외금액	아래참조 *2	MIN[공제가능금액,공제한도]	아래참조 *3	일반공제금액+추가공제금액

⑥ 월세 탭

소득명세 | 부양가족 | 연금저축 등I | 연금저축 등II | 월세,주택임차 | 연말정산입력

1 월세액 세액공제 명세 (크게보기)

임대인명(상호)	주민등록번호(사업자번호)	유형	계약면적(㎡)	임대차계약서 상 주소지	계약서상 임대차 계약기간 개시일	~	종료일	연간 월세액	공제대상금액	세액공제금액
박부자	700610-1977210	다가구	35.00	경기도 성남시 분당구 탄천로	2022-01-01	~	2023-12-31	4,800,000	4,800,000	576,000

☞ 총급여액 5,500만원 이하자이므로 12% 월세세액공제율이 적용된 것을 알 수 있음

⑦ 개인연금저축 탭

2000년 12월 31일 이전 가입한 개인연금저축은 [1.개인연금저축] 소득공제항목임

소득명세 | 부양가족 | 연금저축 등I | 연금저축 등II | 월세,주택임차 | 연말정산입력

1 연금계좌 세액공제 - 퇴직연금계좌(연말정산입력 탭의 57.과학기술인공제, 58.근로자퇴직연금) (크게보기)

퇴직연금 구분	코드	금융회사 등	계좌번호(증권번호)	납입금액	공제대상금액	세액공제금액
퇴직연금						
과학기술인공제회						

2 연금계좌 세액공제 - 연금저축계좌(연말정산입력 탭의 38.개인연금저축, 59.연금저축) (크게보기)

연금저축구분	코드	금융회사 등	계좌번호(증권번호)	납입금액	공제대상금액	소득/세액공제액
1.개인연금저축	308	(주) 신한은행	110-120-1300	1,200,000		480,000

제97회 기출문제

이론시험

01	02	03	04	05	06	07	08	09	10	11	12	13	14	15
④	③	②	①	③	②	①	③	④	④	③	④	④	①	②

문 항	해 설
01	대손충당금을 과소설정한 것은 손익계산서에 계상될 대손상각비를 과소계상했거나, 대손충당금환입을 과대계상한 경우이다. 따라서 자산 및 당기순익이 과대계상되고 이익잉여금은 과대계상된다.
02	무형자산의 감가상각은 자산이 사용가능한 때부터 시작한다.
03	부채는 금액이 반드시 확정되어어야 부채의 정의를 의미하는 것은 아니다.
04	당기 발생한 외상매출을 결산 시 반영할 경우 당기순이익은 100,000원이 증가한다. 한편 1기 확정 부가가치세의 납부는 미지급세금을 현금으로 납부하므로 당기손익에 영향을 주지 않는다.
05	신주발행비는 주식발행초과금에서 차감하거나 주식할인발행차금에 가산한다.
06	제조간접비의 배부차이는 비례배부법, 매출원가조정법, 영업외손익법으로 조정한다.
07	(1) 물량흐름 파악 **재공품** 기 초 500개 | 완 성 1,200개 착 수 1,100개 | 기 말 400개 (2) 완성품환산량 • 재료비 : 완성품 1,200개 + 기말 400개(100%) = 1,600개 • 가공비 : 완성품 1,200개 + 기말 200개(50%) = 1,400개 (3) 완성품환산량 단위당 원가 • 재료비 : (500,000원 + 700,000원) ÷ 1,600개 = 750원 • 가공비 : (300,000원 + 400,000원) ÷ 1,400개 = 500원 (4) 기말재공품원가 400,000원 = 재료비(400개 × 750원) + 가공비(200개 × 500원)
08	기초재고액 + 당기원재료매입액 − 당기재고사용액 = 기말재고액 x + y − 3,000,000 = x + 200,000
09	제품매출원가는 매출원가 계정의 차변으로 대체된다.
10	생산근로자의 식대는 제조원가이나 판매근로자의 식대는 비제조원가이다.
11	내국물품 외국반출(직수출)의 공급시기는 수출재화의 선(기)적일이다.
12	수출을 대행하는 수출업자는 그 수출대행수수료에 대해서 10%의 부가가치세를 적용한다.
13	① 직전 연도 공급대가의 합계액이 8,000만원에 미달하는 개인사업자이다. ② 직전 연도 공급대가의 합계액이 4,800만원 이상인 간이과세자는 세금계산서 발급이 원칙이다. ③ 2022년 7월 1일 이후부터 간이과세자는 공급대가의 0.5%에 해당하는 매입세액을 공제받을 수 있다.
14	주거용 건물 임대업에서 발생한 수입금액 합계액이 2천만원을 초과하는 경우 종합과세대상이다.
15	주식매수선택권의 근로소득 수입시기는 주식매수선택권을 행사한 날이다.

실무시험

[문제 1] 일반전표입력

문항	일자	일반전표입력 답안

1 | 5월 1일

번호	구분	계정과목		거래처		적요	차변	대변
00001	차변	0107	단기매매증권				10,000,000	
00001	차변	0984	수수료비용				200,000	
00001	대변	0103	보통예금					10,200,000

2 | 5월 6일

번호	구분	계정과목		거래처		적요	차변	대변
00001	차변	0953	기부금				30,000,000	
00001	대변	0150	제품			8 타계정으로 대체액 손익		30,000,000

3 | 6월 11일

번호	구분	계정과목		거래처		적요	차변	대변
00001	차변	0103	보통예금				3,150,000	
00001	대변	0383	자기주식					3,000,000
00001	대변	0390	자기주식처분손실					30,000
00001	대변	0343	자기주식처분이익					120,000

4 | 7월 1일

번호	구분	계정과목		거래처		적요	차변	대변
00001	대변	0206	기계장치					30,000,000
00001	차변	0207	감가상각누계액				5,500,000	
00001	차변	0979	유형자산손상차손				24,500,000	

5 | 7월 30일

번호	구분	계정과목		거래처		적요	차변	대변
00001	차변	0508	퇴직급여				5,000,000	
00001	대변	0103	보통예금					5,000,000

[문제 2] 매입매출전표입력

문항	일자/유형	매입매출전표입력 답안

1 | 7월 15일 [12. 영세]

번호	유형	품목	수량	단가	공급가액	부가세	합계	코드	공급처명	사업/주민번호	전자	분개
50001	영세	제품	100	200,000	20,000,000		20,000,000	00159	(주)대박인터내셔	104-86-09990	여	외상

영세율구분 3 내국신용장 · 구매확인서 서류번호

NO : 50001 (대 체) 전 표 일 자 : 2022

구분	계정과목		적요	거래처		차변(출금)	대변(입금)
차변	0108	외상매출금	제품 100X200000	00159	(주)대박인터	20,000,000	
대변	0404	제품매출	제품 100X200000	00159	(주)대박인터		20,000,000

2 | 8월 10일 [53. 면세]

번호	유형	품목	수량	단가	공급가액	부가세	합계	코드	공급처명	사업/주민번호	전자	분개
50001	면세	잡지	1	30,000	30,000		30,000	00164	(주)마케팅	211-81-73441	여	혼합

구분	계정과목		적요	거래처		차변(출금)	대변(입금)
차변	0826	도서인쇄비	잡지 1X30000	00164	(주)마케팅	30,000	
대변	0253	미지급금	잡지 1X30000	00164	(주)마케팅		30,000

3 | 8월 20일 [57. 카과]

번호	유형	품목	수량	단가	공급가액	부가세	합계	코드	공급처명	사업/주민번호	전자	분개
50001	카과	생산부회식			325,000	32,500	357,500	00165	제주수산	621-09-88878		카드

신용카드사 99601 (주)우리카드 봉사료

NO : 50001 (대 체) 전 표 일 자 : 2022

구분	계정과목		적요	거래처		차변(출금)	대변(입금)
대변	0253	미지급금	생산부회식	99601	(주)우리카!		357,500
차변	0135	부가세대급금	생산부회식	00165	제주수산	32,500	
차변	0511	복리후생비	생산부회식	00165	제주수산	325,000	

4 | 9월 11일 [22. 현과]

번호	유형	품목	수량	단가	공급가액	부가세	합계	코드	공급처명	사업/주민번호	전자	분개
50001	현과	제품			1,200,000	120,000	1,320,000	00166	한석규	780705-1234567		혼합

구분	계정과목		적요	거래처		차변(출금)	대변(입금)
대변	0255	부가세예수금	제품	00166	한석규		120,000
대변	0404	제품매출	제품	00166	한석규		1,200,000
차변	0101	현금	제품	00166	한석규	1,320,000	

5	9월 30일 [51.과세]	

번호	유형	품목	수량	단가	공급가액	부가세	합계	코드	공급처명	사업/주민번호	전자	분개
50001	과세	광고용역			1,200,000	120,000	1,320,000	00145	(주)광고대행업	212-81-08055	여	혼합

구분	계정과목		적요	거래처		차변(출금)	대변(입금)
차변	0135	부가세대급금	광고용역	00145	(주)광고대행	120,000	
차변	0833	광고선전비	광고용역	00145	(주)광고대행	1,200,000	
대변	0103	보통예금	광고용역	00145	(주)광고대행		1,320,000

[문제 3] 부가세 신고서

① 수출실적명세서(4월 ~ 6월)

조회기간 : 2022 년 04 월 ~ 2022 년 06 월 구분 : 1기 확정 과세기간별입력

구분	건수	외화금액	원화금액	비고
⑨합계	3	435,000.00	151,032,000	
⑩수출재화[=⑫합계]	3	435,000.00	151,032,000	
⑪기타영세율적용				

No	□	(13)수출신고번호	(14)선(기)적일자	(15)통화코드	(16)환율	금액 (17)외화	금액 (18)원화	전표정보 거래처코드	전표정보 거래처명
1	□	13041-20-044589X	2022-04-06	JPY	9.9400	300,000.00	2,982,000		
2	□	13055-10-011460X	2022-05-18	USD	1,080.0000	60,000.00	64,800,000		
3	□	13064-25-147041X	2022-06-30	GBP	1,110.0000	75,000.00	83,250,000		
	□								
		합계				435,000	151,032,000		

② 부가세 신고서 작성(10월 ~ 12월), 가산세

영세율과세표준 신고불성실 가산세 : 3,000,000원 × 0.5% × 25%(감면 75%) = 3,750원

조회기간 : 2022 년 10 월 1 일 ~ 2022 년 12 월 31 일 신고구분 : 1.정기신고 신고차수 : 부가율 : 68.34 확정

구분				번호	정기신고금액 금액	세율	세액
과세표준및매출세액	과세	세금계산서발급분		1	230,000,000	10/100	23,000,000
		매입자발행세금계산서		2		10/100	
		신용카드·현금영수증발행분		3		10/100	
		기타(정규영수증외매출분)		4			
	영세	세금계산서발급분		5		0/100	
		기타		6	45,000,000	0/100	
	예정신고누락분			7	3,000,000		
	대손세액가감			8			
	합계			9	278,000,000	㉮	23,000,000
매입세액	세금계산서 수취분	일반매입		10	80,000,000		8,000,000
		수출기업수입분납부유예		10			
		고정자산매입		11	10,000,000		1,000,000
	예정신고누락분			12			
	매입자발행세금계산서			13			
	그 밖의 공제매입세액			14	8,000,000		800,000
	합계(10)-(10-1)+(11)+(12)+(13)+(14)			15	98,000,000		9,800,000
	공제받지못할매입세액			16			
	차감계 (15-16)			17	98,000,000	㉯	9,800,000
납부(환급)세액(매출세액㉮-매입세액㉯)						㉰	13,200,000
경감공제세액	그 밖의 경감·공제세액			18			10,000
	신용카드매출전표등 발행공제등			19			
	합계			20		㉱	10,000
소규모 개인사업자 부가가치세 감면세액				20		㉲	
예정신고미환급세액				21		㉳	
예정고지세액				22		㉴	
사업양수자의 대리납부 기납부세액				23		㉵	
매입자 납부특례 기납부세액				24		㉶	
신용카드업자의 대리납부 기납부세액				25		㉷	
가산세액계				26		㉸	3,750
차가감하여 납부할세액(환급받을세액)㉰-㉱-㉲-㉳-㉴-㉵-㉶-㉷+㉸						27	13,193,750
총괄납부사업자가 납부할 세액(환급받을 세액)							

구분			번호	금액	세율	세액
7.매출(예정신고누락분)						
예정누락분	과세	세금계산서	33		10/100	
		기타	34		10/100	
	영세	세금계산서	35		0/100	
		기타	36	3,000,000	0/100	
	합계		37	3,000,000		
12.매입(예정신고누락분)						
예정누락분	세금계산서		38			
	그 밖의 공제매입세액		39			
	합계		40			
	신용카드매출 수령금액합계	일반매입				
		고정매입				
	의제매입세액					
	재활용폐자원등매입세액					
	과세사업전환매입세액					
	재고매입세액					
	변제대손세액					
	외국인관광객에대한환급/					
	합계					
14.그 밖의 공제매입세액						
신용카드매출 수령금액합계표		일반매입	41	8,000,000		800,000
		고정매입	42			
의제매입세액			43		뒤쪽	
재활용폐자원등매입세액			44		뒤쪽	
과세사업전환매입세액			45			
재고매입세액			46			
변제대손세액			47			
외국인관광객에대한환급세액			48			
합계			49	8,000,000		800,000

18.그 밖의 경감·공제세액				
전자신고세액공제	54			10,000
전자세금계산서발급세액공제	55			
택시운송사업자경감세액	56			
대리납부세액공제	57			
현금영수증사업자세액공제	58			
기타	59			
합계	60			10,000

구분		번호	금액	세율	세액
신고불성실	무신고(일반)	69		뒤쪽	
	무신고(부당)	70		뒤쪽	
	과소·초과환급(일반)	71		뒤쪽	
	과소·초과환급(부당)	72		뒤쪽	
납부지연		73		뒤쪽	
영세율과세표준신고불성실		74	3,000,000	5/1,000	3,750
현금매출명세서불성실		75		1/100	
부동산임대공급가액명세서		76		1/100	
매입자 납부특례	거래계좌 미사용	77		뒤쪽	
	거래계좌 지연입금	78		뒤쪽	
합계		79			3,750

[문제 4] 결 산

<table>
<tr><th>문 항</th><th>일 자</th><th>결산수행</th></tr>
<tr><td>1</td><td>12월 31일
일반전표입력</td><td>번호 | 구분 | 계 정 과 목 | 거 래 처 | 적 요 | 차 변 | 대 변
00010 | 차변 | 0178 매도가능증권 | | | 10,000,000 |
00010 | 대변 | 0395 매도가능증권평가손실 | | | | 3,000,000
00010 | 대변 | 0394 매도가능증권평가이익 | | | | 7,000,000</td></tr>
<tr><td>2</td><td>12월 31일
일반전표입력</td><td>30,000,000원 × 7% × 4/12(당기 9월 ~ 12월) = 700,000원
번호 | 구분 | 계 정 과 목 | 거 래 처 | 적 요 | 차 변 | 대 변
00001 | 차변 | 0116 미수수익 | | | 700,000 |
00001 | 대변 | 0901 이자수익 | | | | 700,000</td></tr>
<tr><td>3</td><td>12월 31일
일반전표입력</td><td>번호 | 구분 | 계 정 과 목 | 거 래 처 | 적 요 | 차 변 | 대 변
00002 | 차변 | 0264 유동성장기부채 | 98002 중앙은행 | | 20,000,000 |
00002 | 대변 | 0293 장기차입금 | 98002 중앙은행 | | | 20,000,000</td></tr>
<tr><td>4</td><td>12월 31일
일반전표입력</td><td>• 사채 이자비용 472,767원 = 발행가액 9,455,350원 × 유효이자율 5%
• 사채 이자지급 300,000원 = 액면가액 10,000,000원 × 액면이자율 3%
• 상각액 172,767원 = 472,767원 − 300,000원
번호 | 구분 | 계 정 과 목 | 거 래 처 | 적 요 | 차 변 | 대 변
00001 | 차변 | 0951 이자비용 | | | 472,767 |
00001 | 대변 | 0292 사채할인발행차금 | | | | 172,767
00001 | 대변 | 0101 현금 | | | | 300,000</td></tr>
<tr><td>5</td><td>①과 ② 중
선택하여
입력</td><td>① 결산자료입력 메뉴에 해당 금액을 입력 → F3전표추가 → 결산대체분개 자동 생성
0998 | 9. 법인세등 | | 22,000,000 | 22,000,000
0136 | 1). 선납세금 | 8,600,000 | 8,600,000 | 8,600,000
0998 | 2). 추가계상액 | | 13,400,000 | 13,400,000
② 일반전표입력 : 직접 전표 입력
31 | 00007 | 결차 | 0998 법인세등 | 8,600,000 |
31 | 00007 | 결대 | 0136 선납세금 | | 8,600,000
31 | 00008 | 결차 | 0998 법인세등 | 13,400,000 |
31 | 00008 | 결대 | 0261 미지급세금 | | 13,400,000</td></tr>
</table>

[문제 5] 원천징수

1 사원등록

① 기본사항

사번	성명		주민(외국인)번호
120	최원호	1	860530-1245672
101	권예원	1	890123-2548754

기본사항 | 부양가족명세 | 추가사항

1. 입사년월일 2022 년 7 월 1 일

2. 내/외국인 1 내국인

② 부양가족명세

기본사항 | 부양가족명세 | 추가사항

연말관계	성명	내/외국인		주민(외국인)번호	나이	기본공제	부녀자	한부모	경로우대	장애인	자녀	출산입양	위탁관계
0	권예원	내	1	890123-2548754	33	본인	○						
3	구정민	내	1	850420-1434561	37	부							
1	권정무	내	1	600324-1354877	62	60세이상							
1	손미영	내	1	630520-2324876	59	부							
4	구태성	내	1	170103-3143571	5	20세이하							
6	권우성	내	1	850112-1454522	37	장애인				1			

2 연말정산입력

① 부양가족 탭

사번	성명		주민(외국인)번호
120	최원호	1	860530-1245672

기본사항 | 부양가족명세 | 추가사항

연말관계	성명	내/외국인		주민(외국인)번호	나이	기본공제	부녀자	한부모	경로우대	장애인	자녀	출산입양
0	최원호	내	1	860530-1245672	36	본인						
3	윤선희	내	1	891204-2567541	33	배우자						
4	최슬기	내	1	220101-4561788	0	20세이하						첫째

② 의료비 지급명세서

- 건강기능식품 의료비는 공제되지 않는다.
- 총급여액 7,000만원 이하인 근로자의 경우 1회 산후조리원 200만원 공제가능하다.

의료비지급명세서

(2022) 년 의료비 지급명세														
의료비 공제대상자					지급처			지급명세					14.산후조리원 해당여부 (7천만원이하)
성명	내/외	5.주민등록번호	6.본인등 해당여부		8.상호	7.사업자 등록번호	9.의료증빙코드	10.건수	11.금액	11-1.실손 의료보험금	12.난임시술비 해당여부	13.미숙아 해당여부	
최원호	내	860530-1245672	1	0			국세청장	1	2,500,000		X	X	X
최원호	내	860530-1245672	1	0			국세청장	1	500,000		X	X	X
윤선희	내	891204-2567541	3	X			기타영수증	1	2,000,000		X	X	0
최슬기	내	220101-4561788	3	X			국세청장	1	500,000		X	X	X

F8부양가족탭불러오기하여 연말정산입력 탭에 반영한다.

61.의료비	5,500,000	5,500,000	3,700,000	555,000

의료비

구분	지출액	실손의료비	공제대상금액	공제금액
난임시술비				
미숙아.선천성 이상아 치료비				
본인	3,000,000		3,000,000	450,000
65세,장애인.건강보험산정특례자				
그 밖의 공제대상자	2,500,000		700,000	105,000

③ 보장성보험료

60.보장성보험	일반		1,200,000	1,000,000	120,000
	장애인				

④ 교육비

62.교육비		4,000,000	4,000,000	600,000

교육비

구분	지출액	공제대상금액	공제금액
취학전아동(1인당 300만원)		4,000,000	600,000
초중고(1인당 300만원)			
대학생(1인당 900만원)	1,000,000		
본인(전액)	3,000,000		
장애인 특수교육비			

⑤ 신용카드 등 사용금액

▶ 신용카드 등 사용금액 공제액 산출 과정

총급여	60,000,000	최저사용액(총급여 25%)	15,000,000

구분		대상금액	공제율금액		공제제외금액	공제가능금액	공제한도	일반공제금액	추가공제금액	최종공제금액
㉮신용카드	전통시장/ 대중교통비 제외	20,000,000	15%	3,000,000	2,250,000	4,100,000	3,000,000	3,000,000	200,000	3,200,000
㉯직불/선불카드		9,500,000	30%	2,850,000						
㉰현금영수증		1,000,000	30%	300,000						
㉱도서공연등사용분(7천이하)			30%							
㉲전통시장 사용분		500,000	40%	200,000						
㉳대중교통 사용분			40%							
신용카드 등 사용액 합계(㉮~㉳)		31,000,000		6,350,000	아래참조 *1	공제율금액-공제제외금액	아래참조 *2	MIN[공제가능금액,공제한도]	아래참조 *3	일반공제금액+추가공제금액

⑥ 기부금

기부금

구분	지출액	공제대상금액	공제금액
정치자금(10만원 이하)	100,000	100,000	90,909
정치자금(10만원 초과)			
소법 제34조 2항 1호(구.법정) 2013년이월			
소법 제34조 2항 1호(구.법정) 2021년이월			
소법 제34조 2항 1호(구.법정) 당기	200,000	200,000	30,000
우리사주조합기부금			

⑦ 월세 탭

소득명세 | 부양가족 | 연금저축 등I | 연금저축 등II | 월세,주택임차 | 연말정산입력

1 월세액 세액공제 명세 크게보기

임대인명 (상호)	주민등록번호 (사업자번호)	유형	계약 면적(㎡)	임대차계약서 상 주소지	계약서상 임대차 계약기간 개시일	~	종료일	연간 월세액	공제대상금액	세액공제금액
서현근	797-97-01255	단독주택	84.00	서울시 중랑구 망우로 200	2022-01-01	~	2023-12-31	8,400,000	7,500,000	750,000

제98회 기출문제

이론시험

01	02	03	04	05	06	07	08	09	10	11	12	13	14	15
③	②	④	①	④	④	③	③	①	②	③	②	②	④	③

문 항	해 설
01	중요한 항목은 재무제표의 본문이나 주석에 그 내용을 가장 잘 나타낼 수 있도록 구분하여 표시하며, 중요하지 않은 항목은 성격이나 기능이 유사한 항목과 통합하여 표시할 수 있다.
02	개별법은 가장 정확한 단가 산정방법이지만 실무적으로 적용하기 어렵다.
03	새로운 시설을 개설하는 데 소요되는 원가는 취득원가에 포함하지 않는다.
04	재고자산 평가방법의 변경은 회계정책의 변경에 해당한다.
05	자기주식 소각-자본금 감소, 자기주식처분이익-자본잉여금, 감자차손-자본조정 (차) 자기주식 150,000 (대) 현금 등 150,000 (차) 현금 등 120,000 (대) 자기주식 90,000 자기주식처분이익 30,000 (차) 자본금 40,000 (대) 자기주식 60,000 감자차손 20,000
06	영업용 차량에 대한 유지비는 판매관리비 항목이다.
07	예정배부율 : 1,500,000원 ÷ 500시간 = 3,000원/시간당 실제발생제조간접비 = 1,650,000원 = 예정배부액과 동일 실제직접노무시간 : 1,650,000원 ÷ 3,000원 = 550시간
08	당기제품제조수량 = 1,000개 + 300개 - 500개 = 800개 매출원가 = 67,000원 + 88,000원(800개 × 110원) - 55,000원 = 100,000원
09	매출원가는 손익계산서에서 제공되는 정보이다.
10	완성품수량 8,000개 = 1,500 + 8,500 - 1,300 - 700 정상공손수량 240개 = 완성품수량 8,000개 × 3% 비정상공손수량 1,060개 = 공손수량 1,300개 - 정상공손수량 240개
11	납부세액 2,500,000원 = 매출세액 - 매입세액 + 매입세액 불공제 매출세액 = 납부세액 + 매입세액 - 매입세액 불공제 4,000,000원 = 2,500,000원 + 1,550,000원 - 50,000원 과세 공급가액 = 매출세액 ÷ 10% 과세표준 42,000,000원 = 과세 공급가액(4,000,000원 ÷ 10%) + 영세율 공급가액(2,000,000원)
12	신청일부터 2일 이내에 신청자에게 발급하여야 한다. (부가가치세법 시행령 제11조 제5항)
13	가와 마는 세법에서 정한 범위 내에서 필요경비에 산입가능하다.
14	수출대행수수료는 세금계산서를 발급하고 일반세율(10%)을 적용한다.
15	연금저축의 연금계좌에서 연금외수령하는 일시금은 기타소득에 해당된다.

실무시험

[문제 1] 일반전표입력

문항 1 | 2월 15일

주식배당을 받으면 회계처리 없음

번호	구분	계정과목	거래처	적요	차변	대변
00001	차변	0103 보통예금			5,000,000	
00001	대변	0903 배당금수익				5,000,000

문항 2 | 3월 11일

번호	구분	계정과목	거래처	적요	차변	대변
00001	차변	0103 보통예금			5,414,540	
00001	차변	0136 선납세금			75,460	
00001	대변	0105 정기예금				5,000,000
00001	대변	0901 이자수익				490,000

문항 3 | 3월 15일

상환의무가 없는 정부보조금은 보통예금의 차감계정으로 처리한다.

번호	구분	계정과목	거래처	적요	차변	대변
00001	차변	0103 보통예금			50,000,000	
00001	대변	0122 정부보조금				25,000,000
00001	대변	0293 장기차입금	00166 서울시청			25,000,000

문항 4 | 8월 15일

번호	구분	계정과목	거래처	적요	차변	대변
00001	대변	0108 외상매출금	00147 (주)당진			4,830,000
00001	차변	0103 보통예금			4,733,400	
00001	차변	0406 매출할인			96,600	

문항 5 | 10월 31일

번호	구분	계정과목	거래처	적요	차변	대변
00001	차변	0829 사무용품비			27,500	
00001	대변	0103 보통예금				27,500

[문제 2] 매입매출전표입력

문항 1 | 7월 22일 [14.건별]

번호	유형	품목	수량	단가	공급가액	부가세	합계	코드	공급처명	사업/주민번호	전자	분개
50001	건별	사업상증여			700,000	70,000	770,000	00153	(주)세무	417-81-05459		혼합

구분	계정과목	적요	거래처	차변(출금)	대변(입금)
대변	0255 부가세예수금	사업상증여	00153 (주)세무		70,000
대변	0150 제품	08 타계정으로 대체액 손익계산서 반영	00153 (주)세무		500,000
차변	0813 접대비	사업상증여	00153 (주)세무	570,000	

문항 2 | 8월 5일 [11.과세]

번호	유형	품목	수량	단가	공급가액	부가세	합계	코드	공급처명	사업/주민번호	전자	분개
50001	과세	전자제품	100	50,000	5,000,000	500,000	5,500,000	00150	(주)현명상사	412-81-28461	여	혼합

구분	계정과목	적요	거래처	차변(출금)	대변(입금)
대변	0255 부가세예수금	전자제품 100X50000	00150 (주)현명상/		500,000
대변	0404 제품매출	전자제품 100X50000	00150 (주)현명상/		5,000,000
차변	0101 현금	전자제품 100X50000	00150 (주)현명상/	3,000,000	
차변	0108 외상매출금	전자제품 100X50000	00150 (주)현명상/	2,500,000	

문항 3 | 8월 31일 [51.과세]

번호	유형	품목	수량	단가	공급가액	부가세	합계	코드	공급처명	사업/주민번호	전자	분개
50001	과세	8월분식대			900,000	90,000	990,000	00162	(주)식신	122-81-88867		카드

구분	계정과목	적요	거래처	차변(출금)	대변(입금)
대변	0253 미지급금	8월분식대	99601 신한카드		990,000
차변	0135 부가세대급금	8월분식대	00162 (주)식신	90,000	
차변	0511 복리후생비	8월분식대	00162 (주)식신	900,000	

문항 4 | 9월 7일 [51.과세]

번호	유형	품목	수량	단가	공급가액	부가세	합계	코드	공급처명	사업/주민번호	전자	분개
50001	과세	건물신축계			48,000,000	4,800,000	52,800,000	00142	(주)삼진건설	206-81-65691	여	혼합

구분	계정과목	적요	거래처	차변(출금)	대변(입금)
차변	0135 부가세대급금	건물신축계약금	00142 (주)삼진건	4,800,000	
차변	0214 건설중인자산	건물신축계약금	00142 (주)삼진건	48,000,000	
대변	0103 보통예금	건물신축계약금	00142 (주)삼진건		52,800,000

5	9월 30일 [11.과세]	(아래 화면)

번호	유형	품목	수량	단가	공급가액	부가세	합계	코드	공급처명	사업/주민번호	전자	분개
50001	과세	제품			10,000,000	1,000,000	11,000,000	00145	(주)명국	403-81-36536	여	혼합

구분	계정과목		적요	거래처		차변(출금)	대변(입금)
대변	0255	부가세예수금	제품	00145	(주)명국		1,000,000
대변	0404	제품매출	제품	00145	(주)명국		10,000,000
차변	0259	선수금	제품	00145	(주)명국	2,000,000	
차변	0108	외상매출금	제품	00145	(주)명국	9,000,000	

[문제 3] 부가세 신고서

① 건물등감가상각자산취득명세서(10월 ~ 12월)

조회기간 2022 년 10 월 ~ 2022 년 12 월 구분 2기 확정

취득내역

감가상각자산종류	건수	공급가액	세 액	비 고
합 계	3	42,800,000	4,280,000	
건물 · 구축물				
기 계 장 치	1	13,000,000	1,300,000	
차 량 운 반 구	1	28,000,000	2,800,000	
기타감가상각자산	1	1,800,000	180,000	

No	거래처별 감가상각자산 취득명세						
	월/일	상호	사업자등록번호	자산구분	공급가액	세액	건수
1	10-06	(주)경기자동차	126-81-11152	차량운반구	28,000,000	2,800,000	1
2	11-22	(주)한국상사	621-81-20059	기계장치	13,000,000	1,300,000	1
3	12-20	시원전자	358-52-91995	기타	1,800,000	180,000	1

② 부가세 신고서 작성(4월 ~ 6월)

- 신용카드사용분 중 사업무관한 매입은 매입세액 공제가 불가능하므로 부가세 신고시에 반영하지 않는다.
- 중소기업의 외상매출금으로서 회수기일이 2년 이상 경과한 외상매출금(특수관계인 제외)은 대손세액 공제가 가능하다.

일반과세 | 간이과세

조회기간 : 2022 년 4 월 1 일 ~ 2022 년 6 월 30 일 신고구분 : 1.정기신고 신고차수 : 부가율 : 37.4 확정

구분				정기신고금액 금액	세율	세액
과세표준및매출세액	과세	세금계산서발급분	1	350,000,000	10/100	35,000,000
		매입자발행세금계산서	2		10/100	
		신용카드 · 현금영수증발행분	3	5,000,000	10/100	500,000
		기타(정규영수증외매출분)	4	700,000		70,000
	영세	세금계산서발급분	5	50,000,000	0/100	
		기타	6	40,000,000	0/100	
	예정신고누락분		7			
	대손세액가감		8			-1,000,000
	합계		9	445,700,000	㉮	34,570,000
매입세액	세금계산서수취분	일반매입	10	251,000,000		25,100,000
		수출기업수입분납부유예	10			
		고정자산매입	11	30,000,000		3,000,000
	예정신고누락분		12	3,000,000		300,000
	매입자발행세금계산서		13			
	그 밖의 공제매입세액		14	30,000,000		3,000,000
	합계(10)-(10-1)+(11)+(12)+(13)+(14)		15	314,000,000		31,400,000
	공제받지못할매입세액		16	1,000,000		100,000
	차감계 (15-16)		17	313,000,000	㉯	31,300,000
납부(환급)세액(매출세액㉮-매입세액㉯)					㉰	3,270,000
경감공제세액	그 밖의 경감 · 공제세액		18			10,000
	신용카드매출전표등 발행공제등		19	5,500,000		
	합계		20		㉱	10,000
소규모 개인사업자 부가가치세 감면세액			20		㉲	
예정신고미환급세액			21		㉳	800,000
예정고지세액			22		㉴	

구분				금액	세율	세액
7.매출(예정신고누락분)						
예정누락분	과세	세금계산서	33		10/100	
		기타	34		10/100	
	영세	세금계산서	35		0/100	
		기타	36		0/100	
	합계		37			
12.매입(예정신고누락분)						
예정누락분	세금계산서		38	3,000,000		300,000
	그 밖의 공제매입세액		39			
	합계		40	3,000,000		300,000
	신용카드매출수령금액합계	일반매입				
		고정매입				
	의제매입세액					
	재활용폐자원등매입세액					
	과세사업전환매입세액					
	재고매입세액					
	변제대손세액					
	외국인관광객에대한환급/					
	합계					
14.그 밖의 공제매입세액						
신용카드매출수령금액합계표	일반매입		41	25,000,000		2,500,000
	고정매입		42	5,000,000		500,000
의제매입세액			43		뒤쪽	

구분				금액	세율	세액
과세표준및매출세액	과세	세금계산서발급분	1	350,000,000	10/100	35,000,000
		매입자발행세금계산서	2		10/100	
		신용카드 · 현금영수증발행분	3	5,000,000	10/100	500,000
		기타(정규영수증외매출분)	4	700,000		70,000
	영세	세금계산서발급분	5	50,000,000	0/100	
		기타	6	40,000,000	0/100	
	예정신고누락분		7			
	대손세액가감		8			-1,000,000
	합계		9	445,700,000	㉮	34,570,000
매입세액	세금계산서 수취분	일반매입	10	251,000,000		25,100,000
		수출기업수입분납부유예	10			
		고정자산매입	11	30,000,000		3,000,000
	예정신고누락분		12	3,000,000		300,000
	매입자발행세금계산서		13			
	그 밖의 공제매입세액		14	30,000,000		3,000,000
	합계(10)-(10-1)+(11)+(12)+(13)+(14)		15	314,000,000		31,400,000
	공제받지못할매입세액		16	1,000,000		100,000
	차감계 (15-16)		17	313,000,000	㉯	31,300,000
납부(환급)세액(매출세액㉮-매입세액㉯)					㉰	3,270,000
경감공제세액	그 밖의 경감 · 공제세액		18			10,000
	신용카드매출전표등 발행공제등		19	5,500,000		
	합계		20		㉱	10,000
소규모 개인사업자 부가가치세 감면세액			20		㉲	
예정신고미환급세액			21		㉳	800,000
예정고지세액			22		㉴	
사업양수자의 대리납부 기납부세액			23		㉵	
매입자 납부특례 기납부세액			24		㉶	
신용카드업자의 대리납부 기납부세액			25		㉷	
가산세액계			26		㉸	
차가감하여 납부할세액(환급받을세액)㉰-㉱-㉲-㉳-㉴-㉵-㉶-㉷+㉸					27	2,460,000
총괄납부사업자가 납부할 세액(환급받을 세액)						

16.공제받지못할매입세액				
공제받지못할 매입세액	50	1,000,000		100,000
공통매입세액면세등사업분	51			
대손처분받은세액	52			
합계	53	1,000,000		100,000
18.그 밖의 경감·공제세액				
전자신고세액공제	54			10,000
전자세금계산서발급세액공제	55			
택시운송사업자경감세액	56			
대리납부세액공제	57			
현금영수증사업자세액공제	58			
기타	59			
합계	60			10,000

[문제 4] 결 산

문 항	일 자	결산수행
1	12월 31일 일반전표입력	(아래 전표)

번호	구분	계 정 과 목		거 래 처		적 요	차 변	대 변
00001	차변	0103	보통예금	98004	별빛은행		10,154,000	
00001	대변	0260	단기차입금	98004	별빛은행			10,154,000

문 항	일 자	결산수행
2	12월 31일 일반전표입력	(아래 전표)

번호	구분	계 정 과 목		거 래 처		적 요	차 변	대 변
00002	차변	0133	선급비용				2,025,000	
00002	대변	0821	보험료					2,025,000

문 항	일 자	결산수행
3	①과 ② 중 선택하여 입력	(아래)

① 결산자료입력 메뉴에 해당 금액을 입력 → F3전표추가 → 결산대체분개 자동 생성

- 영업부 건물 감가상각비(판) 5,000,000원 = 200,000,000원 ÷ 40년
- 생산부 기계장치 감가상각비(제) 10,751,550원 = (50,000,000원 − 15,650,000원) × 0.313

코드	과목				
0518	2). 일반감가상각비			10,751,550	10,751,550
0202	건물				
0206	기계장치			10,751,550	10,751,550

코드	과목				
0818	4). 감가상각비			5,000,000	5,000,000
0202	건물			5,000,000	5,000,000
0206	기계장치				

② 일반전표입력 : 직접 전표 입력

2022 년 12 월 31 일 변경 현금잔액: 6,657,250 대차차액: 결산

일	번호	구분	계 정 과 목		거 래 처	적 요	차 변	대 변
31	00006	결차	0518	감가상각비		1 당기말 감가상각비 계상	10,751,550	
31	00006	결대	0207	감가상각누계액		4 당기 감가상각누계액 설		10,751,550
31	00009	결차	0455	제품매출원가		1 제품매출원가 대체	1,709,880,100	
31	00009	결대	0150	제품				1,709,880,100
31	00010	결차	0818	감가상각비			5,000,000	
31	00010	결대	0203	감가상각누계액				5,000,000
31	00011	결차	0835	대손상각비			3,399,700	
31	00011	결대	0109	대손충당금				3,399,700
31	00012	결차	0954	기타의대손상각비			1,600,000	
31	00012	결대	0115	대손충당금				1,600,000

문 항	일 자	결산수행
4	결산자료입력 (자동결산)	결산자료입력 : 해당 금액을 입력 → F3전표추가 → 결산대체분개 자동 생성 • 기말원재료재고액 4,000,000원 • 기말재공품재고액 8,030,000원 • 기말제품재고액 8,000,000원(위탁재고 1,000,000원 포함하여 입력)

5	①과 ② 중 선택하여 입력

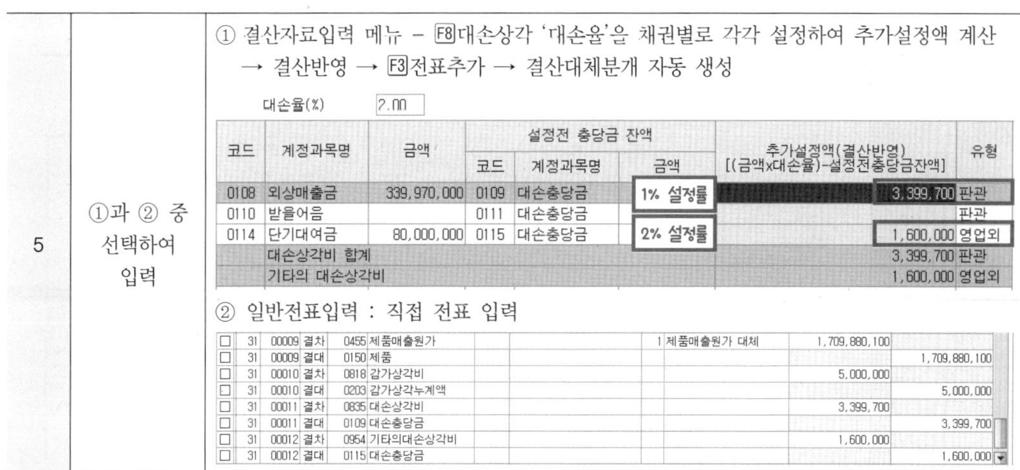

① 결산자료입력 메뉴 - F8대손상각 '대손율'을 채권별로 각각 설정하여 추가설정액 계산 → 결산반영 → F3전표추가 → 결산대체분개 자동 생성

대손율(%) 2.00

코드	계정과목명	금액	설정전 충당금 잔액			추가설정액(결산반영) [(금액x대손율)-설정전충당금잔액]	유형
			코드	계정과목명	금액		
0108	외상매출금	339,970,000	0109	대손충당금	1% 설정률	3,399,700	판관
0110	받을어음		0111	대손충당금			판관
0114	단기대여금	80,000,000	0115	대손충당금	2% 설정률	1,600,000	영업외
	대손상각비 합계					3,399,700	판관
	기타의 대손상각비					1,600,000	영업외

② 일반전표입력 : 직접 전표 입력

□	31	00009	결차	0455	제품매출원가			1	제품매출원가 대체	1,709,880,100	
□	31	00009	결대	0150	제품						1,709,880,100
□	31	00010	결차	0818	감가상각비					5,000,000	
□	31	00010	결대	0203	감가상각누계액						5,000,000
□	31	00011	결차	0835	대손상각비					3,399,700	
□	31	00011	결대	0109	대손충당금						3,399,700
□	31	00012	결차	0954	기타의대손상각비					1,600,000	
□	31	00012	결대	0115	대손충당금						1,600,000

[문제 5] 원천징수

1 급여자료입력, 원천징수이행상황신고서 작성

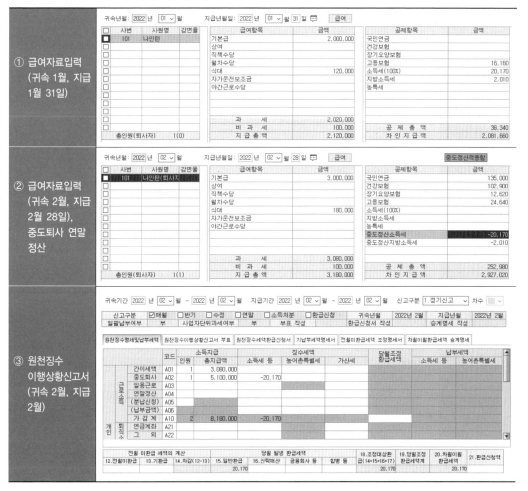

① 급여자료입력 (귀속 1월, 지급 1월 31일)

귀속년월: 2022 년 01 월 지급년월일: 2022 년 01 월 31 일 급여

□	사번	사원명	감면율
■	101	나인턴	
	총인원(퇴사자)	1(0)	

급여항목	금액	공제항목	금액
기본급	2,000,000	국민연금	
상여		건강보험	
직책수당		장기요양보험	
월차수당		고용보험	16,160
식대	120,000	소득세(100%)	20,170
자가운전보조금		지방소득세	2,010
야간근로수당		농특세	
과세	2,020,000		
비과세	100,000	공제총액	38,340
지급총액	2,120,000	차인지급액	2,081,660

② 급여자료입력 (귀속 2월, 지급 2월 28일), 중도퇴사 연말정산

귀속년월: 2022 년 02 월 지급년월일: 2022 년 02 월 28 일 급여 중도정산적용함

□	사번	사원명	감면율
■	101	나인턴(퇴사자)	
	총인원(퇴사자)	1(1)	

급여항목	금액	공제항목	금액
기본급	3,000,000	국민연금	135,000
상여		건강보험	102,900
직책수당		장기요양보험	12,620
월차수당		고용보험	24,640
식대	180,000	소득세(100%)	
자가운전보조금		지방소득세	
야간근로수당		농특세	
		중도정산소득세	-20,170
		중도정산지방소득세	-2,010
과세	3,080,000		
비과세	100,000	공제총액	252,980
지급총액	3,180,000	차인지급액	2,927,020

③ 원천징수 이행상황신고서 (귀속 2월, 지급 2월)

귀속기간 2022 년 02 월 ~ 2022 년 02 월 지급기간 2022 년 02 월 ~ 2022 년 02 월 신고구분 1.정기신고 차수

신고구분	☑매월	□반기	□수정	□연말	□소득처분	□환급신청	귀속년월	2022년 2월	지급년월	2022년 2월
일괄납부여부	부	사업자단위과세여부	부	부표 작성			환급신청서 작성		승계명세 작성	

원천징수명세및납부세액 | 원천징수이행상황신고서 부표 | 원천징수세액환급신청서 | 기납부세액명세서 | 전월미환급세액 조정명세서 | 차월이월환급세액 승계명세

			코드	소득지급 인원	소득지급 총지급액	징수세액 소득세 등	징수세액 농어촌특별세	징수세액 가산세	당월조정 환급세액	납부세액 소득세 등	납부세액 농어촌특별세
개인	근로소득	간이세액	A01	1	3,080,000						
		중도퇴사	A02	1	5,100,000	-20,170					
		일용근로	A03								
		연말정산	A04								
		(분납신청)	A05								
		(납부금액)	A06								
		가감계	A10	2	8,180,000	-20,170					
	퇴직소	연금계좌	A21								
		그 외	A22								

전월 미환급 세액의 계산			당월 발생 환급세액				18.조정대상환급(14+15+16+17)	19.당월조정 환급세액계	20.차월이월 환급세액	21.환급신청액
12.전월미환급	13.기환급	14.차감(12-13)	15.일반환급	16.신탁재산	금융회사 등	합병 등				
			20,170				20,170		20,170	

2 연말정산입력

① 소득명세 탭

• 전근무지의 기납부세액란에는 전근무지의 '기납부세액'을 입력해야 한다.

소득명세 | 부양가족 | 연금저축 등I | 연금저축 등II | 월세,주택임차 | 연말정산입력

	구분		합계	주(현)		납세조합		종(전) [1/2]	
소득명세	9.근무처명			(주)감성전자				(주)태평성대	
	9-1.종교관련 종사자			부				부	
	10.사업자등록번호			110-81-35557		---‐--‐-----		126-85-33149	
	11.근무기간			2022-07-01	2022-12-31	----‐--‐--	----‐--‐--	2022-01-01	2022-06-30
	12.감면기간			----‐--‐--	----‐--‐--	----‐--‐--	----‐--‐--	----‐--‐--	----‐--‐--
	13-1.급여(급여자료입력)		63,000,000	45,000,000				18,000,000	
	13-2.비과세한도초과액								
	13-3.과세대상추가(인정상여추가)								
	14.상여		5,000,000					5,000,000	
공제보험료명세	직장	건강보험료(직장)(33)	1,964,080	1,200,480				763,600	
		장기요양보험료(33)	199,328	138,240				61,088	
		고용보험료(33)	429,460	279,960				149,500	
		국민연금보험료(31)	2,609,950	1,574,950				1,035,000	
	공적연금보험료	공무원 연금(32)							
		군인연금(32)							
		사립학교교직원연금(32)							
		별정우체국연금(32)							
세	기납부세액	소득세	3,293,885	2,911,560				382,325	
		지방소득세	329,352	291,120				38,232	

② 부양가족 탭

소득명세 | 부양가족 | 연금저축 등I | 연금저축 등II | 월세,주택임차 | 연말정산입력

연말관계	성명	내/외국인		주민(외국인)번호	나이	기본공제	세대주구분	부녀자	한부모	경로우대	장애인	자녀	출산입양
0	최태호	내	1	730505-1111117	49	본인	세대주						
1	최진성	내	1	470815-1111112	75	60세이							
1	김순녀	내	1	540804-2222222	68	부							
3	신미미	내	1	780822-2222220	44	배우자							
4	최샛별	내	1	031031-4444443	19	20세이하						○	
합 계 [명]						4				1		1	

: 소득금액 100만원 초과자이므로 기본공제 '부'로 수정

③ 의료비 지급명세서 작성

• 의료비는 소득 및 연령요건을 따지지 않으므로 어머니(김순녀) 의료비는 공제된다.
• 배우자의 건강기능식품 구입비와 자녀의 건강증진한약비는 공제되지 않는다.

해설 국세청 자료는 건수를 입력하지 않으나 문제에서 제시하면 입력한다.

의료비지급명세서

(2022) 년 의료비 지급명세													
의료비 공제대상자					지급처			지급명세					14.산후조리원 해당여부 (7천만원이하)
성명	내/외	5.주민등록번호	6.본인등 해당여부		8.상호	7.사업자 등록번호	9.의료증빙코드	10.건수	11.금액	11-1.실손 의료보험금	12.난임시술비 해당여부	13.미숙아 해당여부	
최진성	내	470815-1111112	2	0			국세청장	1	12,000,000	11,000,000	X	X	X
김순녀	내	540804-2222222	2	0			국세청장	1	3,000,000		X	X	X
신미미	내	780822-2222220	3	X			국세청장	1	3,500,000	1,700,000	X	X	X

F8부양가족탭불러오기하여 연말정산입력 탭에 반영한다.

61.의료비	18,500,000	18,500,000	3,760,000	564,000

의료비

구분	지출액	실손의료비	공제대상금액	공제금액
난임시술비				
미숙아.선청성 이상아 치료비				
본인				
65세,장애인.건강보험산정특례자	15,000,000	11,000,000	3,760,000	564,000
그 밖의 공제대상자	3,500,000	1,700,000		

④ 연금저축1 탭

2 연금계좌 세액공제 - 연금저축계좌(연말정산입력 탭의 38.개인연금저축, 59.연금저축) 크게보기

연금저축구분	코드	금융회사 등	계좌번호(증권번호)	납입금액	공제대상금액	소득/세액공제액
2.연금저축	304	(주) 우리은행	1002-484-652358	1,200,000	1,200,000	144,000
개인연금저축						
연금저축				1,200,000	1,200,000	144,000

⑤ 보장성보험료

보장성보험료 900,000원(본인 600,000원, 자녀 300,000원). 단, 저축성보험은 해당 안 됨

60.보장성보험	일반		900,000	900,000	108,000
	장애인				

⑥ 교육비

62.교육비		11,000,000	8,000,000	1,200,000

교육비

구분	지출액	공제대상금액	공제금액
취학전아동(1인당 300만원)		8,000,000	1,200,000
초중고(1인당 300만원)	6,000,000		
대학생(1인당 900만원)			
본인(전액)	5,000,000		
장애인 특수교육비			

⑦ 기부금

기부금 세액공제는 소득제한이 있으므로 어머니 기부금은 공제대상이 아니다.

⑧ 신용카드 등 사용금액

▶ 신용카드 등 사용금액 공제액 산출 과정

총급여	68,000,000	최저사용액(총급여 25%)	17,000,000

구분		대상금액	공제율금액		공제제외금액	공제가능금액	공제한도	일반공제금액	추가공제금액	최종공제금액
㉮신용카드	전통시장/대중교통비 제외	12,000,000	15%	1,800,000	3,700,000	3,600,000	3,000,000	3,000,000	600,000	3,600,000
㉯직불/선불카드			30%							
㉰현금영수증			30%							
㉱도서공연등사용분(7천이하)		1,000,000	30%	300,000						
㉲전통시장 사용분		8,000,000	40%	3,200,000						
㉳대중교통 사용분		5,000,000	40%	2,000,000						
신용카드 등 사용액 합계(㉮~㉳)		26,000,000		7,300,000	아래참조 *1	공제율금액-공제제외금액	아래참조 *2	MIN[공제가능금액,공제한도]	아래참조 *3	일반공제금액+추가공제금액

제99회 기출문제

이론시험

01	02	03	04	05	06	07	08	09	10	11	12	13	14	15
①	②	③	④	①	④	②	①	③	③	②	④	③	②	①

문 항	해 설
01	재고자산 평가방법 중 선입선출법이 실제 물량의 흐름과 가장 일치한다.
02	보고기간종료일로부터 1년 이내에 상환기일이 도래하더라도, 기존의 차입약정에 따라 보고기간종료일로부터 1년을 초과하여 상환할 수 있고 기업이 그러한 의도가 있는 경우에는 비유동부채로 분류한다.
03	임차보증금은 비유동자산이므로 유동자산 다음에 배열된다.
04	사채의 할증 및 할인 또는 액면발행 여부와 관계없이 액면이자는 매기 동일한 금액이다. • 시장이자율이 액면이자율보다 높다면 할인발행된다. • 시장이자율이 액면이자율보다 낮다면 할증발행된다. • 사채를 할인발행하는 경우 보통예금에 유입되는 금액은 액면가액 보다 적게 유입된다.
05	2022년 공사수익 2,000,000원 = 2022년 누적공사수익 10,000,000원 – 2021년 누적공사수익 8,000,000원 (2021년) • 누적공사진행률 : 누적공사원가 6,000,000원 ÷ 예상총공사원가 7,500,000원 = 80% • 누적공사수익 : 총공사수익 10,000,000원 × 누적공사진행률 80% = 8,000,000원 (2022년) • 누적공사진행률 : 누적공사원가 8,000,000원 ÷ 총공사원가 8,000,000원 = 100% • 누적공사수익 : 총공사수익 10,000,000원 × 100% = 10,000,000원
06	경제적 효익에 따른 분류는 미소멸원가, 소멸원가이며, 제품원가, 기간원가는 수익대응에 의한 분류이다.
07	인과관계를 고려하여 배부하는 것이 가장 합리적이다.
08	완성품환산량 360단위 = 당기완성품 400단위 + 기말재공품 20단위 – 기초재공품 60단위 • 당기완성품 : 400단위 • 기말재공품 : 100단위 × 20% = 20단위 • 기초재공품 : 150단위 × 40% = 60단위

09	2,500,000원 = 직접노무원가 1,000,000원 + 변동제조간접원가 800,000원 + 고정제조간접원가 700,000원 • 변동제조간접원가 : 직접노무원가 1,000,000원 × 80% = 800,000원
10	763,000원 = Z2 배분 전 원가 680,000원 + Z1 배부액 83,000원 Z1의 원가(830,000원)를 먼저 배부하므로 Z1의 원가 중 Z2가 소비한 10%인 83,000원을 Z2에 배부한다. 따라서 Z2에서 배부해야 하는 금액은 Z2의 배분 전 원가(680,000원)와 Z1으로부터 배부받은 금액(83,000원)인 763,000원이다.
11	관할 세무서장은 조기환급세액이 발생하는 경우 각 조기환급 예정신고기간별로 그 예정신고기한이 지난 후 15일 이내에 예정신고한 사업자에게 환급하여야 한다.
12	근로자의 근로소득이 아닌 사업자의 복리후생비로 본다.
13	간이과세자에 대한 의제매입세액 공제는 2021년 7월 1일부터 폐지되었다.
14	한부모 추가공제는 소득금액의 제한을 받지 않는다.
15	37,000,000원 = 내국신용장 수출액 25,000,000원 + 부동산 임대용역 12,000,000원 • 외국으로의 직수출과 부동산임대보증금에 대한 간주임대료는 세금계산서 발급의무가 면제된다. • 견본품의 제공은 재화의 공급으로 보지 아니한다.

실무시험

[문제 1] 일반전표입력

문항	일자	번호	구분	계정과목		거래처		적요		차변	대변
1	3월 28일	00001	차변	0375	이월이익잉여금					5,500,000	
		00001	대변	0265	미지급배당금						5,000,000
		00001	대변	0351	이익준비금						500,000
2	5월 25일	00001	차변	0253	미지급금	00123	(주)제일			2,200,000	
		00001	대변	0232	임차보증금	00123	(주)제일				2,200,000
3	6월 15일	00001	대변	0108	외상매출금	00141	(주)신화				34,000,000
		00001	차변	0109	대손충당금					9,000,000	
		00001	차변	0835	대손상각비					25,000,000	
4	11월 11일	00001	차변	0530	소모품비					900,000	
		00001	대변	0146	상품			8	타계정으로 대체액 손익		900,000
5	11월 30일	00001	차변	0103	보통예금					7,965,000	
		00001	대변	0331	자본금						5,000,000
		00001	대변	0341	주식발행초과금						2,965,000

[문제 2] 매입매출전표입력

문 항	일자/유형	매입매출전표입력 답안
1	7월 30일 [61.현과]	

번호	유형	품목	수량	단가	공급가액	부가세	합계	코드	공급처명	사업/주민번호	전자	분개
50001	현과	기계설치비			300,000	30,000	330,000	00135	(주)경건	229-81-12993		혼합

구분	계정과목	적요	거래처	차변(출금)	대변(입금)
차변	0135 부가세대급금	기계설치비	00135 (주)경건	30,000	
차변	0206 기계장치	기계설치비	00135 (주)경건	300,000	
대변	0103 보통예금	기계설치비	00135 (주)경건		330,000

문 항	일자/유형	매입매출전표입력 답안
2	8월 10일 [55.수입]	

번호	유형	품목	수량	단가	공급가액	부가세	합계	코드	공급처명	사업/주민번호	전자	분개
50001	수입	원재료수입			2,000,000	200,000	2,200,000	00154	인천세관	220-85-04460	여	혼합

구분	계정과목	적요	거래처	차변(출금)	대변(입금)
차변	0135 부가세대급금	원재료수입	00154 인천세관	200,000	
대변	0101 현금	원재료수입	00154 인천세관		200,000

문 항	일자/유형	매입매출전표입력 답안
3	9월 10일 [53.면세]	

번호	유형	품목	수량	단가	공급가액	부가세	합계	코드	공급처명	사업/주민번호	전자	분개
50001	면세	영업실무서	2	110,000	220,000		220,000	00155	책방	750-91-31625	여	혼합

구분	계정과목	적요	거래처	차변(출금)	대변(입금)
차변	0826 도서인쇄비	영업실무서 2X110000	00155 책방	220,000	
대변	0103 보통예금	영업실무서 2X110000	00155 책방		220,000

문 항	일자/유형	매입매출전표입력 답안
4	9월 13일 [12.영세]	

번호	유형	품목	수량	단가	공급가액	부가세	합계	코드	공급처명	사업/주민번호	전자	분개
50001	영세	제품			35,000,000		35,000,000	00110	(주)국제	204-81-63737	여	외상

영세율구분 3 내국신용장 · 구매확인서 서류번호

NO : 50001 (대 체) 전 표 일 자 : 2022

구분	계정과목	적요	거래처	차변(출금)	대변(입금)
차변	0108 외상매출금	제품	00110 (주)국제	35,000,000	
대변	0404 제품매출	제품	00110 (주)국제		35,000,000

문 항	일자/유형	매입매출전표입력 답안
5	9월 20일 [57.카과]	

번호	유형	품목	수량	단가	공급가액	부가세	합계	코드	공급처명	사업/주민번호	전자	분개
50001	카과	타이어			150,000	15,000	165,000	00105	삼진타이어	617-18-46610		카드

신용카드사 99601 시민카드 봉사료

NO : 50001 (대 체) 전 표 일 자 : 2022

구분	계정과목	적요	거래처	차변(출금)	대변(입금)
대변	0253 미지급금	타이어	99601 시민카드		165,000
차변	0135 부가세대급금	타이어	00105 삼진타이어	15,000	
차변	0522 차량유지비	타이어	00105 삼진타이어	150,000	

[문제 3] 부가세 신고서

1 부동산임대공급가액명세서, 부가세 신고서

① 부동산임대공급가액명세서 작성(10월 ~ 12월)

〈혼맥잔치〉

조회기간: 2022 년 10 월 ~ 2022 년 12 월 2기 확정 일수확인 적용이자율 1.2%

No	코드	거래처명(임차인)	동	층	호
1	0156	혼맥잔치		1	101
2	0157	(주)정선상회		2	201
3					

등 록 사 항

1.사업자등록번호 108-11-96301 2.주민등록번호 ______-_______

3.면적(㎡) 330.00 ㎡ 4.용도 점포

5.임대기간에 따른 계약 내용

No	계약갱신일	임대기간		
1		2021-07-01	~	2023-06-30
2				

6.계 약 내 용	금 액	당해과세기간계
보 증 금	40,000,000	40,000,000
월 세	2,500,000	7,500,000
관 리 비		
7.간주 임대료	120,986	120,986 (92 일)
8.과 세 표 준	2,620,986	7,620,986

〈(주)정선상회 : 갱신 전〉

조회기간: 2022 년 10 월 ~ 2022 년 12 월 2기 확정 일수확인 적용이자율 1.2%

No	코드	거래처명(임차인)	동	층	호
1	0156	혼맥잔치		1	101
2	0157	(주)정선상회		2	201
3					

등 록 사 항

1.사업자등록번호 108-81-61668 2.주민등록번호 ______-_______

3.면적(㎡) 330.00 ㎡ 4.용도 사무실

5.임대기간에 따른 계약 내용

No	계약갱신일	임대기간		
1		2020-11-01	~	2022-10-31
2	2022-11-01	2022-11-01	~	2024-10-31
3				

6.계 약 내 용	금 액	당해과세기간계
보 증 금	20,000,000	20,000,000
월 세	1,800,000	1,800,000
관 리 비		
7.간주 임대료	20,383	20,383 (31 일)
8.과 세 표 준	1,820,383	1,820,383

〈(주)정선상회 : 갱신 후〉

조회기간: 2022 년 10 월 ~ 2022 년 12 월 2기 확정 | 일수확인 | 적용이자율 1.2%

No	코드	거래처명(임차인)	동	층	호
1	0156	혼맥잔치		1	101
2	0157	(주)정선상회		2	201
3					

등록사항

1.사업자등록번호 108-81-61668 2.주민등록번호 ______-_______

3.면적(m²) 330.00 m² 4.용도 사무실

5.임대기간에 따른 계약 내용

No	계약갱신일	임대기간		
1		2020-11-01	~	2022-10-31
2	2022-11-01	2022-11-01	~	2024-10-31
3				

6.계 약 내 용	금 액	당해과세기간계
보 증 금	20,000,000	20,000,000
월 세	2,000,000	4,000,000
관 리 비		
7.간주 임대료	40,109	40,109 61 일
8.과 세 표 준	2,040,109	4,040,109

전 체 합 계					
월세등	13,300,000	간주임대료	181,478	과세표준(계)	13,481,478

② 부가세 신고서 작성(10월 ~ 12월)

조회기간 : 2022 년 10 월 1 일 ~ 2022 년 12 월 31 일 신고구분 : 1.정기신고 신고차수 : 부가율 : 100 확정

구분			번호	정기신고금액 금액	세율	세액
과세표준및매출세액	과세	세금계산서발급분	1	13,300,000 (↳ 월세 과세표준)	10/100	1,330,000
		매입자발행세금계산서	2		10/100	
		신용카드·현금영수증발행분	3		10/100	
		기타(정규영수증외매출분)	4	181,478 (↳ 간주임대료 과세표준)		18,147
	영세	세금계산서발급분	5			
		기타	6			
	예정신고누락분		7			
	대손세액가감		8			
	합계		9	13,481,478	㉮	1,348,147

구분			번호	금액	세율	세액
7.매출(예정신고누락분)						
예정누락분	과세	세금계산서	33		10/100	
		기타	34		10/100	
	영세	세금계산서	35		0/100	
		기타	36		0/100	
	합계		37			
12.매입(예정신고누락분)						
예	세금계산서		38			
	그 밖의 공제매입세액		39			

2 부가세 신고서 작성(4월 ~ 6월)

- 8번란 대손세액공제 −100,000원 : 대손확정된 채권은 대손세액 공제사유에 해당되므로 음수로 기재한다.
- 43번란 의제매입세액공제 : 의제매입세액 공제대상(전자계산서 수취) 원재료 매입액 1,040,000원의 4/104를 적용한 40,000원을 매입세액란에 기재한다.

일반과세 | 간이과세

조회기간 : 2022 년 4 월 1 일 ~ 2022 년 6 월 30 일 신고구분 : 1.정기신고 신고차수 : 부가율 : 54.08 확정

구분			번호	정기신고금액 금액	세율	세액
과세표준및매출세액	과세	세금계산서발급분	1	50,000,000	10/100	5,000,000
		매입자발행세금계산서	2		10/100	
		신용카드·현금영수증발행분	3	17,000,000	10/100	1,700,000
		기타(정규영수증외매출분)	4			
	영세	세금계산서발급분	5		0/100	
		기타	6	30,000,000	0/100	
	예정신고누락분		7			
	대손세액가감		8			-100,000
	합계		9	97,000,000	㉮	6,600,000
매입세액	세금계산서수취분	일반매입	10	40,000,000		4,000,000
		수출기업수입분납부유예	10			
		고정자산매입	11	17,000,000		1,700,000
	예정신고누락분		12	3,000,000		300,000
	매입자발행세금계산서		13			
	그 밖의 공제매입세액		14	1,540,000		90,000
	합계(10)-(10-1)+(11)+(12)+(13)+(14)		15	61,540,000		6,090,000
	공제받지못할매입세액		16	17,000,000		1,700,000
	차감계 (15-16)		17	44,540,000	㉯	4,390,000
납부(환급)세액(매출세액㉮-매입세액㉯)					㉰	2,210,000
경감공제세액	그 밖의 경감·공제세액		18			10,000
	신용카드매출전표등 발행공제등		19	18,700,000		
	합계		20		㉱	10,000
소규모 개인사업자 부가가치세 감면세액			20		㉲	
예정신고미환급세액			21		㉳	
예정고지세액			22		㉴	
사업양수자의 대리납부 기납부세액			23		㉵	

구분			번호	금액	세율	세액
7.매출(예정신고누락분)						
예정누락분	과세	세금계산서	33		10/100	
		기타	34		10/100	
	영세	세금계산서	35		0/100	
		기타	36		0/100	
	합계		37			
12.매입(예정신고누락분)						
예정누락분	세금계산서		38	3,000,000		300,000
	그 밖의 공제매입세액		39			
	합계		40	3,000,000		300,000
	신용카드매출수령금액합계	일반매입				
		고정매입				
	의제매입세액					
	재활용폐자원등매입세액					
	과세사업전환매입세액					
	재고매입세액					
	변제대손세액					
	외국인관광객에대한환급/					
	합계					
14.그 밖의 공제매입세액						
신용카드매출수령금액합계표	일반매입		41	500,000		50,000
	고정매입		42			
의제매입세액			43	1,040,000	뒤쪽	40,000
재활용폐자원등매입세액			44		뒤쪽	

일반과세 | 간이과세

조회기간 : 2022 년 4월 1일 ~ 2022 년 6월 30일 신고구분 : 1.정기신고 신고차수 : 부가율 : 54.08 확정

구분				정기신고금액 금액	세율	세액
과세표준및매출세액	과세	세금계산서발급분	1	50,000,000	10/100	5,000,000
	과세	매입자발행세금계산서	2		10/100	
	과세	신용카드 · 현금영수증발행분	3	17,000,000	10/100	1,700,000
	과세	기타(정규영수증외매출분)	4			
	영세	세금계산서발급분	5		0/100	
	영세	기타	6	30,000,000	0/100	
	예정신고누락분		7			
	대손세액가감		8			-100,000
	합계		9	97,000,000	㉮	6,600,000
매입세액	세금계산서수취분	일반매입	10	40,000,000		4,000,000
	세금계산서수취분	수출기업수입분납부유예	10			
	세금계산서수취분	고정자산매입	11	17,000,000		1,700,000
	예정신고누락분		12	3,000,000		300,000
	매입자발행세금계산서		13			
	그 밖의 공제매입세액		14	1,540,000		90,000
	합계(10)-(10-1)+(11)+(12)+(13)+(14)		15	61,540,000		6,090,000
	공제받지못할매입세액		16	17,000,000		1,700,000
	차감계 (15-16)		17	44,540,000	㉯	4,390,000
납부(환급)세액(매출세액㉮-매입세액㉯)					㉰	2,210,000
경감공제세액	그 밖의 경감 · 공제세액		18			10,000
	신용카드매출전표등 발행공제등		19	18,700,000		
	합계		20		㉱	10,000
소규모 개인사업자 부가가치세 감면세액			20		㉲	
예정신고미환급세액			21		㉳	
예정고지세액			22		㉴	
사업양수자의 대리납부 기납부세액			23		㉵	
매입자 납부특례 기납부세액			24		㉶	
신용카드업자의 대리납부 기납부세액			25		㉷	
가산세액계			26		㉸	
차가감하여 납부할세액(환급받을세액)㉰-㉱-㉲-㉳-㉴-㉵-㉶-㉷+㉸					27	2,200,000
총괄납부사업자가 납부할 세액(환급받을 세액)						

구분		금액	세율	세액
16.공제받지못할매입세액				
공제받지못할 매입세액	50	17,000,000		1,700,000
공통매입세액면세등사업분	51			
대손처분받은세액	52			
합계	53	17,000,000		1,700,000
18.그 밖의 경감·공제세액				
전자신고세액공제	54			10,000
전자세금계산서발급세액공제	55			
택시운송사업자경감세액	56			
대리납부세액공제	57			
현금영수증사업자세액공제	58			
기타	59			
합계	60			10,000

[문제 4] 결 산

문항	일자	결산수행
1	12월 31일 일반전표입력	(아래 전표)

번호	구분	계정과목		거래처		적요		차변	대변
00001	차변	0107	단기매매증권					2,500,000	
00001	대변	0905	단기매매증권평가이익						2,500,000

문항	일자	결산수행
2	12월 31일 일반전표입력	(아래 전표)

번호	구분	계정과목		거래처		적요		차변	대변
00002	차변	0821	보험료					625,000	
00002	대변	0133	선급비용						625,000

문항	일자	결산수행
3	12월 31일 일반전표입력	(아래 전표)

번호	구분	계정과목		거래처		적요		차변	대변
00003	대변	0141	현금과부족						225,000
00003	차변	0813	접대비					200,000	
00003	차변	0824	운반비					25,000	

문항	일자	결산수행
4	12월 31일 일반전표입력	(아래 전표)

번호	구분	계정과목		거래처		적요		차변	대변
00004	차변	0293	장기차입금	98003	서울은행			100,000,000	
00004	대변	0264	유동성장기부채	98003	서울은행				100,000,000

문항	일자	결산수행
5	①과 ② 결산사항을 모두 입력	(아래 내용)

① 일반전표입력(직접 입력)

번호	구분	계정과목		거래처		적요		차변	대변
00005	차변	0959	재고자산감모손실					105,000	
00005	대변	0146	상품			8	타계정으로 대체액 손익		105,000

② 결산자료입력 메뉴에 해당 금액을 입력 → F3전표추가 → 결산대체분개 자동 생성

기말상품재고액 1,320,000원, 기말원재료재고액 700,000원, 기말제품재고액 1,375,000원

기 간 2022 년 01 월 ~ 2022 년 12 월

±	코드	과목	결산분개금액	결산전금액	결산반영금액	결산후금액
	0451	상품매출원가				27,675,000
	0146	① 기초 상품 재고액		30,000,000		30,000,000
	0146	⑥ 타계정으로 대체액		1,005,000		1,005,000
	0146	⑩ 기말 상품 재고액			1,320,000	1,320,000
	0455	제품매출원가				2,017,861,023
		1)원재료비		1,097,808,273		1,097,108,273
	0501	원재료비		1,097,808,273		1,097,108,273
	0153	① 기초 원재료 재고액		50,000,000		50,000,000
	0153	② 당기 원재료 매입액		1,049,808,273		1,049,808,273
	0153	⑥ 타계정으로 대체액		2,000,000		2,000,000
	0153	⑩ 기말 원재료 재고액			700,000	700,000
	0208	차량운반구				
	0212	비품				
	0455	8)당기 총제조비용		[illegible]3		1,874,786,023
	0169	① 기초 재공품 재고액		[illegible]0		35,500,000
	0169	⑩ 기말 재공품 재고액				
	0150	9)당기완성품제조원가		[illegible]3		1,910,286,023
	0150	① 기초 제품 재고액		108,950,000		108,950,000
	0150	⑩ 기말 제품 재고액			1,375,000	1,375,000

결산분개를 일반전표에 추가하시겠습니까?

예(Y) 아니오(N)

[문제 5] 원천징수

1 급여자료입력(수당등록), 원천징수이행상황신고서 작성

① 수당등록

수당등록 | 공제등록

No	코드	과세구분	수당명	근로소득유형: 유형	근로소득유형: 코드	근로소득유형: 한도	월정액	통상임금	사용여부
1	1001	과세	기본급	급여			정기	여	여
2	1002	과세	상여	상여			부정기	부	부
3	1003	과세	직책수당	급여			정기	여	여
4	1004	과세	월차수당	급여			정기	부	부
5	1005	비과세	식대	식대	P01	(월)100,000	정기	여	여
6	1006	비과세	자가운전보조금	자가운전보조금	H03	(월)200,000	정기	여	여
7	1007	비과세	야간근로수당	야간근로수당	001	(년)2,400,000	부정기	부	부
8	2001	비과세	연구보조비	[연구기관등]연구보	H09	(월)200,000	정기	여	여

② 급여자료입력

귀속년월: 2022 년 12 월　지급년월일: 2022 년 12 월 30 일　급여

사번	사원명	감면율
1	김기안	
103	박대박	
총인원(퇴사자)	2(0)	

급여항목	금액
기본급	3,500,000
직책수당	600,000
식대	100,000
자가운전보조금	300,000
연구보조비	200,000
과세	4,200,000
비과세	500,000
지급총액	4,700,000

공제항목	금액
국민연금	184,500
건강보험	140,630
장기요양보험	16,200
고용보험	33,600
소득세(100%)	237,660
지방소득세	23,760
농특세	
공제총액	636,350
차인지급액	4,063,650

③ 원천징수 이행상황신고서 (귀속 12월, 지급 12월) 12.전월미환급세액 200,000원 입력

귀속기간 2022 년 12 월 ~ 2022 년 12 월　지급기간 2022 년 12 월 ~ 2022 년 12 월　신고구분 1.정기신고　차수

신고구분	☑매월	□반기	□수정	□연말	□소득처분	□환급신청	귀속년월	2022년 12월	지급년월	2022년 12월
일괄납부여부	부	사업자단위과세여부	부	부표 작성			환급신청서 작성		승계명세 작성	

원천징수명세및납부세액 | 원천징수이행상황신고서 부표 | 원천징수세액환급신청서 | 기납부세액명세서 | 전월미환급세액 조정명세서 | 차월이월환급세액 승계명세

구분			코드	소득지급: 인원	소득지급: 총지급액	징수세액: 소득세 등	징수세액: 농어촌특별세	징수세액: 가산세	당월조정 환급세액	납부세액: 소득세 등	납부세액: 농어촌특별세
개인	근로소득	간이세액	A01	1	4,400,000	237,660					
		중도퇴사	A02								
		일용근로	A03								
		연말정산	A04								
		(분납신청)	A05								
		(납부금액)	A06								
		가감계	A10	1	4,400,000	237,660			200,000	37,660	
	퇴직소득	연금계좌	A21								
		그 외	A22								

전월 미환급 세액의 계산: 12.전월미환급	13.기환급	14.차감(12-13)	당월 발생 환급세액: 15.일반환급	16.신탁재산	금융회사 등	합병 등	18.조정대상환급(14+15+16+17)	19.당월조정 환급세액계	20.차월이월 환급세액	21.환급신청액
200,000		200,000					200,000	200,000		

2 연말정산입력

① 부양가족 탭 수정

사번	사원명	완료
103	박대박	×

소득명세 | 부양가족 | 연금저축 등 I | 연금저축 등 II | 월세,주택임차 | 연말정산입력

연말관계	성명	내/외국인	주민(외국인)번호		나이	기본공제	세대주구분	부녀자	한부모	경로우대	장애인	자녀	출산입양
0	박대박	내	1	850501-1245147	37	본인	세대주						
1	박정우	내	1	601111-1111111	62	60세이상							
1	김유진	내	1	601111-2111111	62	60세이상					1		
3	서지혜	내	1	831111-2111111	39	배우자							
4	박하나	내	1	081111-4111111	14	20세이하						○	
4	박하연	내	1	171111-3111111	5	부							
6	서민우	내	1	951111-1111111	27	부							

② 의료비 지급명세서

간병비, 해외지출 의료비는 공제되지 않는다.

의료비지급명세서

(2022) 년 의료비 지급명세

의료비 공제대상자: 성명	내/외	5.주민등록번호	6.본인등 해당여부		지급처: 8.상호	7.사업자 등록번호	9.의료증빙코드	지급명세: 10.건수	11.금액	11-1.실손 의료보험금	12.난임시술비 해당여부	13.미숙아 해당여부	14.산후조리원 해당여부 (7천만원이하)
김유진	내	601111-2111111	2	0			국세청장	1	1,000,000		X	X	X

F8부양가족탭불러오기하여 연말정산입력 탭에 반영한다.

61.의료비	1,000,000	1,000,000		

의료비

구분	지출액	실손의료비	공제대상금액	공제금액
난임시술비				
미숙아.선청성 이상아 치료비				
본인				
65세,장애인.건강보험산정특례자	1,000,000			
그 밖의 공제대상자				

③ 월세 탭

총급여액이 7천만원 이하인 무주택 세대주로서 국민주택규모(84㎡)의 주택을 임차하고 있으므로 해당 주택의 기준시가가 3억원을 초과하더라도 월세액 세액공제가 가능하다.

소득명세 | 부양가족 | 연금저축 등I | 연금저축 등II | 월세,주택임차 | 연말정산입력

1 월세액 세액공제 명세 크게보기

임대인명 (상호)	주민등록번호 (사업자번호)	유형	계약 면적(㎡)	임대차계약서 상 주소지	계약서상 임대차 계약기간 개시일	~	종료일	연간 월세액	공제대상금액
김창명	760227-1234561	아파트	84.00	서울시 구로구 구로동 999	2021-04-01	~	2023-03-31	8,400,000	7,500,000

④ 보장성보험료

60.보장성보험	일반		800,000	800,000	96,000
	장애인		1,000,000	1,000,000	150,000

⑤ 교육비

- 대학원 교육비는 본인만 가능하다.
- 초·중·고등학생 체험학습비는 1인당 30만원을 한도로 공제가 가능하다.
- 중·고등학생 교복구입비는 1인당 50만원을 한도로 공제가 가능하다.
- 자녀 박하연은 소득금액 100만원 초과하므로 교육비 공제를 받을 수 없다.
- 장애인인 직계존속(어머니)의 특수교육비는 공제가 가능하다.

62.교육비		14,800,000	14,800,000	2,220,000

교육비

구분	지출액	공제대상금액	공제금액
취학전아동(1인당 300만원)		14,800,000	2,220,000
초중고(1인당 300만원)	800,000		
대학생(1인당 900만원)			
본인(전액)	11,000,000		
장애인 특수교육비	3,000,000		

⑥ 신용카드 등 사용금액

- 회사경비 사용금액, 면세물품 구입 비용은 신용카드 등 사용금액에서 제외한다.
- 보장성보험료는 보험료공제와 신용카드사용액을 중복 공제하지 않는다.

▶ 신용카드 등 사용금액 공제액 산출 과정 | 총급여 | 70,000,000 | 최저사용액(총급여 25%) | 17,500,000

구분		대상금액	공제율금액		공제제외금액	공제가능금액	공제한도	일반공제금액	추가공제금액	최종공제금액
㉮신용카드	전통시장/대중교통비 제외	21,700,000	15%	3,255,000	2,625,000	1,250,000	3,000,000	1,250,000		1,250,000
㉯직불/선불카드			30%							
㉰현금영수증		1,000,000	30%	300,000						
㉱도서공연등사용분(7천이하)			30%							
㉲전통시장 사용분		500,000	40%	200,000						
㉳대중교통 사용분		300,000	40%	120,000						
신용카드 등 사용액 합계(㉮~㉳)		23,500,000		3,875,000	아래참조 *1	공제율금액-공제제외금액	아래참조 *2	MIN[공제가능금액,공제한도]	아래참조 *3	일반공제금액+추가공제금액

⑦ 기부금

기부금 세액공제는 나이제한이 없으므로 처남의 법정기부금은 공제받을 수 있다.

1)정치자금 기부금	10만원이하	100,000	100,000	90,909
	10만원초과	50,000	50,000	7,500
2)법정기부금(전액)		500,000	500,000	75,000

기부금

구분	지출액	공제대상금액	공제금액
정치자금(10만원 이하)	100,000	100,000	90,909
정치자금(10만원 초과)	50,000	50,000	7,500
소법 제34조 2항 1호(구.법정) 2013년이월			
소법 제34조 2항 1호(구.법정) 2021년이월			
소법 제34조 2항 1호(구.법정) 당기	500,000	500,000	75,000
우리사주조합기부금			

기출특선 26문제

1 2월 28일 일반전표입력

구분	계 정 과 목	거 래 처	적 요	차 변	대 변
차변	0314 장기제품보증부채			7,000,000	
대변	0102 당좌예금				7,000,000

2 12월 25일 일반전표입력

구분	계 정 과 목	거 래 처	적 요	차 변	대 변
차변	0801 급여			2,000,000	
차변	0803 상여금			800,000	
대변	0254 예수금				200,000
대변	0137 임직원등 단기채권	00111 김정숙			1,000,000
대변	0103 보통예금				1,600,000

3 7월 19일 일반전표입력

구분	계 정 과 목	거 래 처	적 요	차 변	대 변
차변	0179 장기대여금	00142 (주)태영		22,000,000	
대변	0108 외상매출금	00142 (주)태영			22,000,000

4 5월 12일 일반전표입력

구분	계 정 과 목	거 래 처	적 요	차 변	대 변
차변	0203 감가상각누계액			25,000,000	
대변	0370 전기오류수정이익				25,000,000

☞ 중대한 오류이므로 자본계정과목의 일종인 전기오류수정이익(370)으로만 분개함

5 5월 9일 일반전표입력

구분	계 정 과 목	거 래 처	적 요	차 변	대 변
차변	0953 기부금			800,000	
대변	0150 제품		8 타계정으로 대체액 손익		800,000

6 11월 18일 일반전표입력

구분	계 정 과 목	거 래 처	적 요	차 변	대 변
대변	0179 장기대여금	00126 (주)우리기공			11,000,000
차변	0180 대손충당금			4,000,000	
차변	0954 기타의대손상각비			7,000,000	

7 7월 30일 일반전표입력

구분	계 정 과 목	거 래 처	적 요	차 변	대 변
차변	0331 자본금			5,000,000	
차변	0389 감자차손			500,000	
대변	0101 현금				5,500,000

8 3월 19일 일반전표입력

구분	계 정 과 목	거 래 처	적 요	차 변	대 변
차변	0208 차량운반구			32,100,000	
대변	0917 자산수증이익				30,000,000
대변	0101 현금				2,100,000

9 4월 16일 일반전표입력

구분	계 정 과 목		거 래 처		적 요		차 변	대 변
차변	0183	투자부동산					94,000,000	
대변	0102	당좌예금						90,000,000
대변	0103	보통예금						4,000,000

10 4월 27일 일반전표입력

구분	계 정 과 목		거 래 처		적 요		차 변	대 변
차변	0291	사채					50,000,000	
차변	0968	사채상환손실					15,000,000	
대변	0292	사채할인발행차금						3,000,000
대변	0103	보통예금						62,000,000

11 6월 25일 일반전표입력

구분	계 정 과 목		거 래 처		적 요		차 변	대 변
차변	0261	미지급세금					1,000,000	
차변	0817	세금과공과					50,000	
차변	0831	수수료비용					10,500	
대변	0253	미지급금	99603	국민카드				1,060,500

12 4월 5일 일반전표입력

구분	계 정 과 목		거 래 처		적 요		차 변	대 변
차변	0101	현금					2,200,000	
대변	0109	대손충당금						2,000,000
대변	0255	부가세예수금						200,000

13 3월 24일 일반전표입력

구분	계 정 과 목		거 래 처		적 요		차 변	대 변
차변	0101	현금					26,000,000	
차변	0971	매도가능증권처분손실					2,000,000	
대변	0178	매도가능증권						24,000,000
대변	0395	매도가능증권평가손실						4,000,000

14 6월 25일 매입매출전표입력

유형	품목	수량	단가	공급가액	부가세	코드	공급처명	사업/주민번호	전자	분개
건별	접대제공			800,000	80,000	00146	(주)영동기업	211-88-64091		혼합

구분	계정과목		적요		거래처		차변(출금)	대변(입금)
대변	0255	부가세예수금		접대제공	00146	(주)영동기		80,000
대변	0153	원재료	08	타계정으로 대체액 원가명세서 반영	00146	(주)영동기		600,000
차변	0813	접대비		접대제공	00146	(주)영동기	680,000	

15 4월 15일 매입매출전표입력

유형	품목	수량	단가	공급가액	부가세	코드	공급처명	사업/주민번호	전자	분개
과세	반품			-100,000	-10,000	00156	(주)컨버스	122-81-07995	여	혼합

구분	계정과목		적요		거래처		차변(출금)	대변(입금)
차변	0135	부가세대급금		반품	00156	(주)컨버스	-10,000	
차변	0833	광고선전비		반품	00156	(주)컨버스	-100,000	
대변	0253	미지급금		반품	00156	(주)컨버스		-110,000

16 7월 9일 매입매출전표입력

유형	품목	수량	단가	공급가액	부가세	코드	공급처명	사업/주민번호	전자	분개
불공	주차권			500,000	50,000	00128	정성카상사	139-39-00216	여	혼합

불공제사유 3 ⑧비영업용 소형승용자동차 구입 · 유지 및 임차

NO : 50001 (대 체) 전 표 일 자 : 2022

구분	계정과목		적요	거래처		차변(출금)	대변(입금)
차변	0822	차량유지비	주차권	00128	정성카상사	550,000	
대변	0101	현금	주차권	00128	정성카상사		550,000

17 10월 31일 매입매출전표입력

유형	품목	수량	단가	공급가액	부가세	코드	공급처명	사업/주민번호	전자	분개
수출	기계장치 수출			10,800,000		00124	(주)베이징			혼합

영세율구분 1 직접수출(대행수출 포함) 수출신고번호

NO : 50005 (대 체) 전 표 일 자 : 2022 년 10 월 31

구분	계정과목		적요	거래처		차변(출금)	대변(입금)
대변	0206	기계장치	기계장치 수출	00124	(주)베이징		20,000,000
차변	0207	감가상각누계액	기계장치 수출	00124	(주)베이징	12,000,000	
차변	0120	미수금	기계장치 수출	00124	(주)베이징	10,800,000	
대변	0914	유형자산처분이익	기계장치 수출	00124	(주)베이징		2,800,000

18 8월 6일 매입매출전표입력

유형	품목	수량	단가	공급가액	부가세	코드	공급처명	사업/주민번호	전자	분개
과세	건물			50,000,000	5,000,000	00158	(주)중앙	239-88-00023	여	혼합

구분	계정과목		적요	거래처		차변(출금)	대변(입금)
차변	0135	부가세대급금	건물	00158	(주)중앙	5,000,000	
차변	0202	건물	건물	00158	(주)중앙	50,000,000	
대변	0383	자기주식	건물	00158	(주)중앙		40,000,000
대변	0343	자기주식처분이익	건물	00158	(주)중앙		10,000,000
대변	0103	보통예금	건물	00158	(주)중앙		5,000,000

19 5월 31일 매입매출전표입력

유형	품목	수량	단가	공급가액	부가세	코드	공급처명	사업/주민번호	전자	분개
과세	상표권			10,000,000	1,000,000	00159	(주)정석기업	134-86-50317	여	혼합

구분	계정과목		적요	거래처		차변(출금)	대변(입금)
차변	0135	부가세대급금	상표권	00159	(주)정석기업	1,000,000	
차변	0220	상표권	상표권	00159	(주)정석기업	10,000,000	
대변	0331	자본금	상표권	00159	(주)정석기업		7,500,000
대변	0341	주식발행초과금	상표권	00159	(주)정석기업		3,500,000

20 9월 23일 매입매출전표입력

유형	품목	수량	단가	공급가액	부가세	코드	공급처명	사업/주민번호	전자	분개
면세	월리스료			3,000,000		00155	(주)파이낸셜	211-86-78437	여	혼합

구분	계정과목		적요	거래처		차변(출금)	대변(입금)
차변	0819	임차료	월리스료	00155	(주)파이낸셜	3,000,000	
대변	0253	미지급금	월리스료	00155	(주)파이낸셜		3,000,000

21 9월 30일 매입매출전표입력

유형	품목	수량	단가	공급가액	부가세	코드	공급처명	사업/주민번호	전자	분개
불공	토지관련 등기			1,000,000	100,000	00166	장앤김법률사무소	130-01-31761		혼합

불공제사유 6 ⑥토지의 자본적 지출 관련

NO : 50001 (대 체) 전 표 일 자 : 2022 년

구분	계정과목	적요	거래처	차변(출금)	대변(입금)
차변	0201 토지	토지관련 등기	00166 장앤김법률사무소	1,100,000	
대변	0253 미지급금	토지관련 등기	00166 장앤김법률사무소		1,100,000

22 7월 13일 매입매출전표입력

유형	품목	수량	단가	공급가액	부가세	코드	공급처명	사업/주민번호	전자	분개
불공	승용차			35,000,000	3,500,000	00122	(주)경기운수	709-87-00471	여	혼합

불공제사유 3 ③비영업용 소형승용자동차 구입· 유지 및 임차

NO : 50005 (대 체) 전 표 일 자 : 2022 년

구분	계정과목	적요	거래처	차변(출금)	대변(입금)
차변	0208 차량운반구	승용차	00122 (주)경기운수	38,500,000	
차변	0208 차량운반구	승용차	00122 (주)경기운수	2,240,000	
대변	0103 보통예금	승용차	00122 (주)경기운수		40,740,000

23 11월 21일 일반전표입력

구분	계 정 과 목	거 래 처	적 요	차 변	대 변
차변	0120 미수금	00164 (주)한강		5,000,000	
대변	0259 선수금	00164 (주)한강			5,000,000

24 12월 31일 일반전표입력

번호	구분	계 정 과 목	거 래 처	적 요	차 변	대 변
00001	대변	0135 부가세대급금				12,400,000
00001	대변	0930 잡이익				10,000
00001	차변	0817 세금과공과			40,000	
00001	차변	0255 부가세예수금			8,450,000	
00001	차변	0120 미수금			3,920,000	

25 12월 31일 일반전표입력

번호	구분	계 정 과 목	거 래 처	적 요	차 변	대 변
00002	차변	0201 토지			145,000,000	
00002	대변	0392 재평가차익				145,000,000

26 12월 31일 일반전표입력

구분	계 정 과 목	거 래 처	적 요	차 변	대 변
차변	0951 이자비용			450,254	
대변	0103 보통예금				300,000
대변	0292 사채할인발행차금				150,254

한국세무사회 주관 국가공인자격시험

전산세무

이론 + 실무 + 기출문제

한권으로 끝내기

2급